Lexikon der östlichen Weisheitslehren

Lexikon der östlichen Weisheitslehren

Buddhismus
Hinduismus
Taoismus
Zen

Otto Wilhelm Barth Verlag

Herausgeber und Verfasser der Beiträge

Buddhismus, Taoismus:
Ingrid Fischer-Schreiber,
Sinologin, Buddhologin; Universität Wien

Tibetischer Buddhismus:
Franz-Karl Ehrhard,
Tibetologe, Ethnologe, Indologe; Universität Hamburg

Hinduismus:
Kurt Friedrichs,
Orientalist; Präsident der deutschen Vedanta-Gesellschaft

Zen:
Michael S. Diener,
Japanologe; Tokio

Konzeption und Redaktion:

Stephan Schuhmacher und Gert Woerner
Indologische Beratung: Christiane Willers

4. Auflage der Sonderausgabe 1997

Schutzumschlaggestaltung: Adolf Bachmann.

Einführung und Hinweise zur Benutzung des Lexikons

Das vorliegende Lexikon stellt erstmals die grundlegende Terminologie und die Lehrsysteme der vier großen östlichen Weisheitslehren Buddhismus, Hinduismus, Taoismus und Zen in enzyklopädischer Form allgemeinverständlich dar. Wie alle »Pionierunternehmen« dieser Art ist es sicherlich mit Mängeln behaftet, die aber hoffentlich von seinem Nutzen aufgewogen werden.

Es ist klar, daß die rund 4000 Stichwortartikel, die in diesen Band aufgenommen werden konnten, nicht das vollständige Begriffsrepertoire der vier behandelten Lehrsysteme abdecken. Jedes einzelne dieser Systeme hat eine ungeheuer umfangreiche Literatur und Terminologie hervorgebracht; allein die gesamte buddhistische Literatur zu studieren, würde bereits mehrere Menschenleben in Anspruch nehmen. So ist dieses Lexikon denn auch nicht in erster Linie für den akademischen Gebrauch und für die wenigen Spezialisten der jeweiligen Fachgebiete im deutschsprachigen Raum konzipiert. Es soll vielmehr all jenen, die in den verschiedensten Lebensbereichen – sei es in den Wissenschaften, in den Medien oder in der täglichen Praxis von Heilkunde, Psychotherapie, Meditation oder auf einem körperlich-geistigen Schulungsweg – heute immer häufiger auf Begriffe und Vorstellungen aus den östlichen Weisheitslehren treffen, durch das Dickicht der fremdartigen Termini einen ersten Pfad zu ihrem Verständnis schlagen.

Schwierigkeiten ergeben sich dabei nicht nur daraus, daß diese Begriffe aus mindestens fünf asiatischen Sprachen (Sanskrit, Pali, Tibetisch, Chinesisch, Japanisch) stammen, die sich ebenso stark untereinander wie vom Deutschen unterscheiden, so daß allein schon die Transkription und Übersetzung der jeweiligen Wörter problematisch ist. Sie ergeben sich auch und vor allem aus dem Gegenstand der Weisheitslehren selbst. »Weisheit« wird hier vor allem im Sinne der buddhistischen Bedeutung von Prajñā verstanden, also nicht als eine bloße intellektuelle Errungenschaft, sondern als unmittelbar erfahrene, intuitive Weisheit, deren entscheidendes Moment das Begreifen und die Einsicht in das wahre Wesen der Welt und die sogenannten Letzten Dinge ist.

Es handelt sich also nicht um eine Ansammlung von »Wissen« in Form der (wenn auch nur vermeintlich) objektiven Daten und Meßergebnisse einer Naturwissenschaft im abendländischen Sinn. Zwar sind die »Forschungsmethoden« der östlichen Weisheitslehren nicht weniger pragmatisch als die der westlichen Wissenschaft (ihre Ergebnisse haben allerdings über die Jahrtausende und alle Kulturen hinweg eine unvergleichlich größere Kohärenz und Beständigkeit gezeigt als die wenig dauerhaften »Fakten« der Naturwissenschaften), doch die *Einsichten*, die dabei gewonnen werden, sind, wie alle Weisheitslehren immer wieder betonen, in ihrem wesentlichen Gehalt nicht begrifflich, nicht rational zu vermitteln.

So sind die verwendeten Termini immer nur Hinweise auf »allgemeingültige« menschliche Erfahrungen, deren Gehalt jedoch letztlich *nur* durch eigenes, unmittelbares Erleben zu begreifen ist. Was z. B. die Begriffe »süß« oder »sauer« *bedeuten*, vermag keine noch so detaillierte chemische Analyse zu vermitteln; der Biß in einen Pfirsich oder eine Zitrone macht jedoch »süß« und »sauer« unmittelbar erfahrbar. Nur wer eine solche Erfahrung gemacht hat, vermag die Begriffe in dem Wissen um ihre Bedeutung anzuwenden.

Die Einsichten, von denen in diesem Lexikon die Rede ist, wurden also auf dem Weg der unmittelbaren Erfahrung, nicht durch Messung oder philosophische Spekulation gewonnen. Die Methode ist die der Innenschau, der Erforschung des *Bewußtseins* durch meditative Techniken – des Bewußtseins, das sich heute auch in den abendländischen Naturwissenschaften immer deutlicher als der vorrangige und entscheidende Aspekt im Ringen um Erkenntnis der Wirklichkeit erweist.

Auf diesem Weg sind die östlichen Erforscher des Bewußtseins zur Einsicht in Zusammenhänge und Feinheiten in der Differenzierung der Faktoren, die die Welt und unser Bewußtsein »im innersten zusammenhalten«, gelangt, die dem Abendland größtenteils noch völlig unbekannt sind und für die es deshalb auch keine Begriffe hat. In Ermangelung aus eigener Erfahrung gewonnenen Wissens um die Bedeutung der in den Weisheitslehren gebrauchten Termini, war der Spekulation, Interpretation und Projektion der westlichen Gelehrten bisher Tür und Tor geöffnet – weshalb es kaum zwei Werke verschiedener Autoren gibt, in denen die hier behandelten Begriffe genau gleich verstanden werden. Selbst dort, wo tatsächlich Erfahrungswissen zugrunde liegt, variiert der sprachliche Ausdruck oft beträchtlich. Hinzu kommt, daß lange Zeit fast jeder westliche Gelehrte seine eigene Transkription der asiatischen Sprachen entwarf und deshalb eine Vielzahl unterschiedlicher Schreibweisen der einzelnen Begriffe in Umlauf ist.

Dieses Lexikon wagt sich also in einen Bereich vor, der – was die Darstellung der Materie für einen westlichen Leser angeht – noch in keiner Hinsicht, weder im Formalen noch im Inhaltlichen, eindeutig festgelegt und auch nicht festlegbar ist. Aus dieser Tatsache mögen sich kritische Einwände ergeben – eine Kritik, die dazu beitragen kann, den hier vorliegenden Ansatz zur Gewinnung einer einheitlichen Terminologie zu verbessern.

Die oben beschriebenen Schwierigkeiten machen sich auch in den zitierten deutschen Übersetzungen von Originaltexten aus der indischen, chinesischen oder japanischen Literatur bemerkbar. Der Leser sollte deshalb berücksichtigen, daß das, was in gewissem Maße für jede Übersetzung gilt, hier besonders stark hervortritt: Eine Übersetzung ist zugleich eine Interpretation, die nur das wiedergibt, was der Übersetzer vom Sprachlichen wie vom Erfahrungsgehalt her begriffen hat. Deshalb gibt es von diesen oft schwer zugänglichen Texten viele mögliche, aber keine *einzig richtige* Übersetzung. Aus diesem Grund sind in der Bibliographie im Anhang, sofern möglich, mehrere

Übersetzungen des gleichen Basistextes angeführt. – Da es bislang vom Standpunkt der Zen-Schulung aus kaum brauchbare Übersetzungen der großen Kōan-Sammlungen des Zen gibt, sind die aus diesen Werken zitierten Abschnitte eigens angefertigte Übersetzungen nach japanischen Ausgaben.
Im Zusammenhang mit der Terminologie des Zen tauchen einige Schreibweisen auf, die auf den ersten Blick befremdlich wirken mögen, jedoch mit Bedacht gewählt sind. Der Begriff »Wahres-Wesen« z. B. weist auf eine Wirklichkeit hin, die nicht dualistisch zu verstehen ist. »Wahres-Wesen« bezeichnet kein »wahres Wesen« im Gegensatz zu einem »falschen« oder »unwahren Wesen«; auch ist »Wesen« hier kein Nomen, dessen Attribute oder Eigenschaften durch Adjektive bezeichnet werden. Das Wahre-Wesen, wie das Zen es versteht, ist ja gerade *eigenschaftslos*, »der Eine-Geist ohne ein Zweites«. *Darauf* weist diese Schreibweise hin.
Ferner: Im Zen hat die philosophisch-religiöse Theorie weniger Bedeutung als in den anderen hier behandelten Weisheitslehren; eine um so größere Rolle spielen die einzelnen Zen-Meister, die in einer bis auf Buddha Shākyamuni zurückführbaren ungebrochenen Linie der Zen-Tradition stehen (s. a. Traditionstafel des Zen, S. 474). Was Zen ist, wird vor allem durch ihr Leben exemplifiziert, weshalb die Biographien der Meister breiteren Raum einnehmen. Ebenso lassen sich gewisse für das Zen typische Entwicklungen und Vorstellungen oft am besten am Beispiel eines Zen-Meisters erläutern, weshalb die Länge eines biographischen Artikels nicht immer ein Maßstab für die »Bedeutung« der behandelten Person ist.

Hinweise zur Benutzung

Die Stichwortartikel aus allen vier Sachbereichen (Hinduismus, Buddhismus, Taoismus, Zen) sind zusammen in alphabetischer Reihenfolge, d. h. in *einem* Alphabet aufgeführt. Die Reihenfolge der Stichwörter wird dabei durch die Buchstabenfolge des *gesamten* Stichworts bestimmt, nicht durch Wortbestandteile (also z. B. Ch'i-hai . . ., Chih-i . . . Ch'i-kung, und nicht wie in chinesischen Lexika: Ch'i-hai . . . Ch'i-kung . . . Chih-i).
Die wörtliche Bedeutung eines Stichwortes ist dort angegeben, wo sie sich von der Stichwort-Definition unterscheidet oder die wörtliche Übertragung der Stichwort-Bestandteile zu seinem Verständnis beiträgt.
Die Zugehörigkeit eines Stichworts zu einem Sachbereich wird jeweils durch **B** für Buddhismus, **H** für Hinduismus, **T** für Taoismus und **Z** für Zen gekennzeichnet. Wird der gleiche Begriff in mehreren Sachbereichen verwendet, doch mit unterschiedlicher Bedeutung (vor allem Hinduismus/Buddhismus), so werden beide Erklärungen nach-

einander aufgeführt, wobei die zumeist ältere und ursprüngliche Verwendung im Rahmen des Hinduismus an erster Stelle behandelt wird.
Das Zen, obwohl vielfach als eine unter vielen Schulen des Buddhismus verstanden, nahm eine derart selbständige Entwicklung, daß es hier als eigenes Sachgebiet behandelt wird – was auch seinem Selbstverständnis als »außerhalb der orthodoxen Lehre« stehend entspricht.
Im Bereich des Buddhismus wird im überwiegenden Teil der Literatur die sog. hybride Sanskrit-Form der aus dem indischen Sprachraum stammenden Stichwörter verwendet, auch wenn es eine ältere Pali-Form gibt; deshalb sind die Stichwörter ebenfalls in dieser Form gegeben. Taucht in der Literatur öfter auch eine von der Sanskrit-Form abweichende Pali-Form auf, so ist sie in Klammern hinzugefügt. Pali-Formen tauchen nur dort als Stichwort auf, wo keine Sanskrit-Formen geläufig sind. Falls beide Schreibweisen gleich geläufig sind, wird von Pali auf Sanskrit verwiesen.
Das Zen in seiner typischen Form entstand in China und erlebte dort seine erste Blüte. Heute ist es allerdings nur noch in Japan lebendig, und deshalb ist die »Sprache des Zen« heute das Japanische. Die Sachbegriffe sind daher – wie im überwiegenden Teil der Literatur – in ihrer japanischen Form angeführt; von den wenigen chinesischen Formen, die ebenfalls geläufig sind, wird auf die japanische Form verwiesen (z. B. Kung-an → Kōan). Personennamen sind jedoch in ihrer ursprünglichen Form gegeben; von der häufiger verwendeten japanischen Lesart der Namen wird auf die ursprüngliche Form verwiesen (z. B. Rinzai Gigen → Lin-chi I-hsüan).
Im Chinesischen wie im Japanischen gibt es viele gleichlautende (homonyme) Wörter mit unterschiedlicher Bedeutung; daß im Original für jedes dieser verschiedenen Wörter ein anderes Schriftzeichen verwendet wird, ist an der – nur an der Aussprache der Schriftzeichen orientierten – Umschrift nicht erkennbar. So kommt es vor, daß ein Stichwort in gleicher Form zweimal auftaucht, jedoch mit unterschiedlicher wörtlicher Bedeutung. Es handelt sich dabei dann nicht um *dasselbe* Wort, das nur unterschiedlich intepretiert wird, sondern um zwei verschiedene Wörter bzw. Schriftzeichen, die jedoch gleich transkribiert werden.

Zur Transkription und Aussprache

Sanskrit: Die Stichwort-Begriffe werden in einer vereinfachten Umschrift wiedergegeben; sie entspricht derjenigen, die im überwiegenden Teil der für Nicht-Sanskritgelehrte bestimmten Literatur verwendet wird. Die wissenschaftliche Transkription mit allen diakritischen Zeichen ist dort, wo sie sich von der vereinfachten unterscheidet, in Klammern angegeben. Die vereinfachte Transkription **(A)** unterscheidet sich von der wissenschaftlichen **(B)** in folgenden Punkten:

A		**B**
ch	für	c, also Chakra statt Cakra
n oder m		ṃ, also Sanskrit statt Saṃskrit, aber Dīpamkara statt Dīpaṃkara
ri		ṛ, also Rigveda statt Ṛgveda
sh		ś oder ṣ, also Shiva statt Śiva, Krishna statt Kṛṣna

Konsonanten mit Punkt in **B** sind in **A** ohne Punkt geschrieben.
Die Aussprache der in der hier gebrauchten Transkription vorkommenden Buchstaben entspricht im wesentlichen der im Deutschen üblichen.
Dabei bedeutet ein Querstrich über einem Vokal, daß dieser lang ausgesprochen wird (also ā wie in »Maß«, nicht wie in »Masse«). Grundsätzlich lang gesprochen werden auch e (wie in »Lehre«) und o (wie in »Lob«).
Ein h hinter einem Konsonanten deutet eine für deutsche Ohren nur schwer nachvollziehbare »aspirierte« Aussprache an, die im allgemeinen Gebrauch vernachlässigt werden kann. Ebenso in der Aussprache vernachlässigt werden können Punkte (in der wissenschaftlichen Transkription) unter oder über t, d, h und n.
Beachten sollte man folgende Fälle, die von der üblichen deutschen Aussprache abweichen:

ch	sprich	tsch
j u. jh		dsch
y		j
v		w
sh		sch

Chinesisch: Auch wenn vor einigen Jahren die sogenannte Pinyin-Umschrift des Chinesischen von der Volksrepublik China zur verbindlichen und international gültigen Umschrift des Chinesischen erklärt wurde, wird heute noch weitgehend das bis zur Umschrift-Reform am häufigsten verwendete Transkriptionsschema angewandt. Um eine Übereinstimmung mit der Schreibform im größten Teil der Literatur zu gewährleisten, sind die Stichwörter deshalb in der geläufigen Wade-Giles-Umschrift angeführt. Stößt der Leser in der neuesten Literatur doch schon auf die Pinyin-Umschrift, kann er diese anhand der untenstehenden Tabelle in die hier verwendete Wade-Giles-Umschrift übertragen.

Zur Übertragung von Pinyin- in Wade-Giles-Umschrift (Silben, die nicht angeführt sind, schreiben sich in beiden Umschriften gleich):

Pinyin	Wade-Giles	Pinyin	Wade-Giles	Pinyin	Wade-Giles
ba	pa	chi	ch'ih	dong	tung
bai	pai	chong	ch'ung	dou	tou
ban	pan	chou	ch'ou	du	tu
bang	pang	chu	ch'u	duan	tuan
bao	pao	chua	ch'ua	dui	tui
bei	pei	chuai	ch'uai	dun	tun
ben	pen	chuan	ch'uan	duo	to
beng	peng	chuang	ch'uang	e	eh
bi	pi	chui	ch'ui	er	erh
bian	pien	chun	ch'un	ga	ka
biao	piao	chuo	ch'o	gai	kai
bie	pieh	ci	tz'u (ts'u)	gan	kan
bin	pin	cong	ts'ung	gang	kang
bing	ping	cou	ts'ou	gao	kao
bo	po	cu	ts'u	ge	ke, ko
bu	pu	cuan	ts'uan	gei	kei
ca	ts'a	cui	ts'ui	gen	ken
cai	ts'ai	cun	ts'un	geng	keng
can	ts'an	cuo	ts'o	gong	kung
cang	ts'ang	da	ta	gou	kou
cao	ts'ao	dai	tai	gu	ku
ce	ts'e	dan	tan	gua	kua
cen	ts'en	dang	tang	guai	kuai
ceng	ts'eng	dao	tao	guan	kuan
cha	ch'a	de	te	guang	kuang
chai	ch'ai	deng	teng	gui	kui
chan	ch'an	di	ti	gun	kun
chang	ch'ang	dian	tien	guo	kuo
chao	ch'ao	diao	tiao	he	he, ho
che	ch'e	die	tieh	hong	hung
chen	ch'en	ding	ting	ji	chi
cheng	ch'eng	diu	tiu	jia	chia

Pinyin	Wade-Giles	Pinyin	Wade-Giles	Pinyin	Wade-Giles
jian	chien	pai	p’ai	si	su, szu, ssu
jiang	chiang	pan	p’an	song	sung
jiao	chiao	pang	p’ang	suo	so
jie	chieh	pao	p’ao	ta	t’a
jin	chin	pei	p’ei	tai	t’ai
jing	ching	pen	p’en	tan	t’an
jiong	chiung	peng	p’eng	tang	t’ang
jiu	chiu	pi	p’i	tao	t’ao
ju	chü	pian	p’ien	te	t’e
juan	chüan	piao	p’iao	teng	t’eng
jue	chüeh, chüo	pie	p’ieh	ti	t’i
jun	chün	pin	p’in	tian	t’ien
ka	k’a	ping	p’ing	tiao	t’iao
kai	k’ai	po	p’o	tie	t’ieh
kan	k’an	pou	p’ou	ting	t’ing
kang	k’ang	pu	p’u	tong	t’ung
kao	k’ao	qi	ch’i	tou	t’ou
ke	k’e, k’o	qia	ch’ia	tu	t’u
ken	k’en	qian	ch’ien	tuan	t’uan
keng	k’eng	qiang	ch’iang	tui	t’ui
kong	k’ung	qiao	ch’iao	tun	t’un
kou	k’ou	qie	ch’ieh	tuo	t’o
ku	k’u	qin	ch’in	xi	hsi
kua	k’ua	qing	ch’ing	xia	hsia
kuai	k’uai	qiong	ch’iung	xian	hsien
kuan	k’uan	qiu	ch’iu	xiang	hsiang
kuang	k’uang	qu	ch’ü	xiao	hsiao
kui	k’ui	quan	ch’üan	xie	hsieh
kun	k’un	que	ch’üeh	xin	hsin
kuo	k’uo		ch’üo	xing	hsing
le	le, lo	qun	ch’ün	xiong	hsiung
lian	lien	ran	jan	xiu	hsiu
lie	lieh	rang	jang	xu	hsü
long	lung	rao	jao	xuan	hsüan
	lüeh	re	je	xue	hsüeh, hsüo
lüe	lüo	ren	jen	xun	hsün
	lio	reng	jeng	yan	yen
mian	mien	ri	jih	ye	yeh
mie	mieh	rong	jung	yong	yung
nian	nien	rou	jou	you	yu
nie	nieh	ru	ju	yu	yü
nong	nung	ruan	juan	yuan	yüen
	nüeh	rui	jui	yue	yüeh
nüe	nüo	run	jun	yun	yün
	nio	ruo	jo	za	tsa
nuo	no	shi	shih	tai	tsai
pa	p’a	shuo	sho	zan	tsan

Pinyin	Wade-Giles	Pinyin	Wade-Giles	Pinyin	Wade-Giles
zang	tsang	zhei	chei	zhun	chun
zao	tsao	zhen	chen	zhuo	cho
ze	tse	zheng	cheng	zi	tzu (tsu)
zei	tsei	zhi	chih	zong	tsung
zen	tsen	zhong	chung	zou	tsou
zeng	tseng	zhou	chou	zu	tsu
zha	cha	zhu	chu	zuan	tsuan
zhai	chai	zhua	chua	zui	tsui
zhan	chan	zhuai	chuai	zun	tsun
zhang	chang	zhuan	chuan	zuo	tso
zhao	chao	zhuang	chuang		
zhe	che	zhui	chui		

Zur Aussprache: Folgende Regeln ermöglichen, die Wörter nach der verwendeten Wade-Giles-Umschrift annähernd richtig auszusprechen:

ch	sprich	dsch(h)
ch'		tsch(h)
e		fast ö wie in »können«
j		wie engl. r in »ready«
k		g
k'		k
p		b
p'		p
s		ss bzw. ß
sh		sch
t		d
t'		t
ts		ds
ts'		zh
hs		(x)ss
y		j

Japanisch: Die verwendete Umschrift des Japanischen entspricht der in Japan selbst und international überwiegend verwendeten Hepburn-Umschrift, die erkennen läßt, aus welchen Silben der japanischen Silbenschrift sich das Wort zusammensetzt.
Zur Aussprache: Vokale ohne Längungsstriche werden kurz, mit Längungsstrich (z. B. Kōan) lang gesprochen.

s	sprich	scharfes s wie deutsch ss oder ß
z		weiches s wie in deutsch »Sahne«
ch		wie tsch
tsu		oft mit stimmlosem u (also wie deutsch z), vor allem am Wortende und vor k und t
fu		gehaucht, das f zwischen deutschem f und h
y		wie deutsch j, auch in Kombination mit Konsonant (z. B. Tōkyō sprich Too-kjoo [2 Silben], *nicht* Too-ki-oo [3 Silben])
j		wie dsch
ei		ee wie in »Tee«

Tibetisch: Die wissenschaftliche Transkription des Tibetischen ist derart kompliziert, daß sie für den Laien oft unverständlich und unaussprechlich bleibt. Deshalb wurde auch hier die im überwiegenden Teil der Literatur verwendete, an der Aussprache orientierte vereinfachte Umschrift verwendet und die wissenschaftliche Transkription in Klammern hinzugefügt.

Abkürzungen

B	Buddhismus	konfuzian.	konfuzianisch
H	Hinduismus	konfuzianist.	konfuzianistisch
T	Taoismus	korean.	koreanisch
Z	Zen	lamaist.	lamaistisch
asiat.	asiatisch	mahayanist.	mahayanistisch
bengal.	bengalisch	mongol.	mongolisch
birman.	birmanisch	NA	Neuausgabe
brahman.	brahmanisch	östl.	östlich
buddhist.	buddhistisch	pers.	persisch
ceylones.	ceylonesisch	philosoph.	philosophisch
chin.	chinesisch	reg.	regierte
dt.	deutsch	shintoist.	shintoistisch
engl.	englisch	shivaist.	shivaistisch
griech.	griechisch	singhales.	singhalesisch
hinayanist.	hinayanistisch	Skrt.	Sanskrit
hinduist.	hinduistisch	taoist.	taoistisch
Hrsg.	Herausgeber	tibet.	tibetisch
hrsg. v.	herausgegeben von . . .	u. d. T.	unter dem Titel
ind.	indisch	ved.	vedisch
jap.	japanisch	westl.	westlich
Jh.	Jahrhundert(s)	zit. n.	zitiert nach . . .

A

Ābhāsa-Chaitanya 🅷 (Ābhāsa-Caitanya), Skrt., wörtl. *ābhāsa:* »Schein, Reflexion«, *chaitanya:* »Bewußtsein«; das absolute Bewußtsein (→ Chit), das sich im Denken des Menschen reflektiert. Diese Reflexion wird vom sterblichen, in seinem Ego begrenzten Menschen (→ Jīva) für den einzigen Bewußtseinszustand gehalten und verhindert dadurch die Entdeckung des absoluten Bewußtseins, das identisch ist mit → Brahman. Überwindet der Jīva diese Begrenzung, so wird er sich seines wahren Selbst (→ Ātman) und dessen Einheit mit Brahman bewußt und erlangt Befreiung.

Ābhāsa-Vāda, 🅷 Skrt.; die Vorstellung, daß der sterbliche Mensch (→ Jīva) als Erscheinung Brahmans nur eine Denkprojektion des Inneren Organs (→ Antahkarana) ist.

Abhava, 🅷 Skrt.; 1. Nicht-Existenz, das Fehlen manifestierter Objekte; 2. Erlösung.

Abhaya-Mudrā, 🅱 Skrt. → Mudrā, 5.

Abhaya-Vachana 🅷 (Abhaya-Vacana), Skrt., wörtl. *abhaya:* »Furchtlosigkeit«, *vachana:* »Worte«; Worte, die nur gesprochen werden können, wenn ein Mensch durch spirituelle Erkenntnis die Furcht überwunden hat, deren Wurzel die Identifizierung mit dem Körper ist.

Abheda-Bodha-Vākya, 🅷 Skrt., wörtl. *abheda:* »Identität«, *bodha:* »Erwachen«, *vākya:* »Satz, Ausspruch«; eine Formel, mit der die höchste Intelligenz, die Letzte Wahrheit angerufen wird.

Abhibhāvāyatana, 🅱 Skrt. → Acht Überwindungen

Abhidhammika, 🅱 Pali; buddhist. Mönch, der sich auf das Studium des → Abhidharma spezialisiert hat. Dies bedeutet aber nicht, daß er nicht auch mit dem → Sūtra-Pitaka und dem → Vinaya-Pitaka vertraut ist. Der historische Buddha Shākyamuni gilt traditionell als der erste Abhidhammika, obwohl der Abhidharma erst lange nach seinem Tode kompiliert wurde.

Im frühen Buddhismus genossen die Abhidhammikas in der Schule des → Theravāda ein höheres Ansehen als andere Mönche. Der chin. Pilger → Fa-hsien berichtet von einem → Stūpa, der zu Ehren des Abhidharma errichtet und von den Abhidhammikas an bestimmten Festtagen verehrt wurde.

Abhidharma, 🅱 Skrt. (Pali: Abhidhamma), wörtl.: »Besondere Lehre«; der dritte Teil des buddhist. Kanons (→ Tripitaka). Der Abhidharma stellt das früheste Kompendium buddhist. Philosophie und Psychologie dar, in dem die in den Reden des Buddha und seiner Hauptschüler enthaltenen Lehren und Analysen psychischer und geistiger Phänomene systematisch angeordnet sind. Er bildet die dogmatische Grundlage von → Hīnayāna und → Mahayana und ist in der Zeit zwischen dem 3. vor- und 3. nachchristl. Jh. entstanden. Die endgültige Kodifizierung erfolgte zwischen 400 und 450 n. Chr. Er ist in verschiedenen Fassungen erhalten (Abhidharma des → Theravāda, → Sarvāstivāda). Der Abhidharma spiegelt die Lehrauffassungen der einzelnen buddhist. Schulen wider, indem er Interpretationen und Erklärungen der in den Sūtras vorkommenden Begriffe liefert. Er dient vor allem dem Studium der Lehre.

Der Abhidharma der Theravāda-Schule, der seine endgültige Form von → Buddhaghosha erhielt, ist in Pali geschrieben und umfaßt sieben Bücher: 1. das Buch der Daseinselemente *(Dhammasangani),* das eine Aufzählung der psychischen Elemente, nach den verschiedenen Meditationen geordnet, und der materiellen Elemente, in Gruppen gegliedert, enthält; 2. das Buch der Klassifizierungen *(Vibhanga),* das Begriffsbestimmungen der Gruppen (→ Skandha), Gebiete (→ Āyatana), Fähigkeiten (→ Indriya) usw. liefert; 3. das Buch der Streitfragen *(Kathāvatthu),* das 219 Streitfragen behandelt, die für die Entwicklungsgeschichte des buddhist. Denkens von Bedeutung sind; 4. das Buch der Person *(Puggalapaññati),* das die verschiedenen Arten von Heiligen und Laien beschreibt; 5. das Buch der Elemente *(Dhātukathā),* das sich mit den Elementen (→ Dhātu) beschäftigt; 6. das Buch der Paare *(Yamaka),* das seinen Namen von der Behandlung der Fragen auf »doppelte« Weise, positiv und negativ, ableitet; 7. das Buch der Kausalität *(Patthāna),* das die Beziehungen, die zwischen den einzelnen → Dharmas bestehen, bestimmt.

Der in Skrt. verfaßte Abhidharma der Sarvāstivāda-Schule besteht ebenfalls aus sieben Büchern, die sich z. T. beträchtlich von der Version der Theravāda-Schule unterscheiden. Seine endgültige Fassung geht auf → Vasubandhu zurück. Die sieben Bücher dieses Abhidharma sind: 1. das Buch der Lehrrezitationen *(Sangītiparyāya),* das nach Monaden, Triaden usw. eingeteilte Lehrelemente erklärt; 2. das Buch der Dinge *(Dharmaskandha),* das z. T. mit dem o. g. *Vibhanga* identisch ist, bestimmt Gruppen, Meditationen usw.; 3. das Buch der Beschreibungen *(Prajñaptishāstra),* das in Form von Liedern die Beweise für viele legendäre Ereignisse liefert; 4. das Buch der Erkenntnisse *(Vijñānakāya),* das einige Kapitel über Streitfragen enthält, die an das *Kathāvatthu,* sowie Kapitel, die an das *Patthāna* und *Dhātukathā* des Theravāda-Abhidharma erinnern; 5. das Buch der Elemente *(Dhātukāya),* das im wesentlichen dem *Dhātukathā* der Theravādins entspricht;

6. das Buch der literarischen Abhandlungen *(Prakarana)*, das die Bestimmung der verschiedenen Lehrelemente und ihre Einteilung in Kategorien vornimmt; 7. das Buch des Ausgangspunktes der Erkenntnis *(Jñānaprasthāna)*, das verschiedene Aspekte der Lehre wie Neigungen (→ Anushaya), Erkenntnis (→ Jñāna), Versenkungen (→ Dhyāna) usw. bespricht.

Abhidharmakosha 🅱 (Abhidharmakośa), Skrt., wörtl.: »Schatzkammer des Abhidharma«; das wichtigste Kompendium der → Sarvāstivāda-Lehre, von → Vasubandhu im 5. Jh. n. Chr. in Kaschmir verfaßt. Es besteht aus zwei Teilen: einer Sammlung von 600 Versen *(Abhidharmakosha-Kārikā)* und einem Prosakommentar zu diesen Versen *(Abhidharmakosha-Bhāshya)*. Es ist heute nur noch in chin. und tibet. Version erhalten und gilt als höchste Autorität in dogmatischen Fragen.

Der *Abhidharmakosha* spiegelt den Übergang von hinayanist. zu mahayanist. Lehrauffassung wider und ist das grundlegende Werk der buddhist. Schulen Chinas, wo er wesentlich zur Verbreitung des Buddhismus beigetragen hat. Es werden darin neun Punkte behandelt: → Dhātu (Elemente), → Indriya (Fähigkeiten), Loka (Welten, Existenzweisen, → Triloka), → Karma, → Anushaya (Neigungen), Pudgala-Mārga (der Erlösungsweg), → Jñāna (Erkenntnis), → Samādhi (Sammlung), Pudgala-Vinischaya (Theorien zur Person). Dieser letzte Teil bildet eine selbständige Einheit und tritt der von den → Vātsīputrīyas vertretenen Auffassung der Existenz einer »Person« entgegen.

Abhidharma-Pitaka 🅱 (Abhidharma-Piṭaka), Skrt. (Pali: Abhidhamma-Pitaka), wörtl.: »Korb der besonderen Lehre«; 3. Teil des buddhist. Kanons (→ Tripitaka), meist kurz → Abhidharma genannt.

Abhijñā, 🅱 Skrt. (Pali: Abhinnā); übernatürliche Kräfte, die Fähigkeiten, die ein Buddha, Bodhisattva oder → Arhat besitzt. Im allgemeinen unterscheidet man sechs verschiedene Arten von Abhijñās, wovon die ersten fünf, die als weltlich angesehen werden, durch die Verwirklichung der vier Versenkungsstufen (→ Dhyāna), die sechste, die als überweltlich gilt, nur durch den höchsten Hellblick (→ Vipashyanā) erlangt werden können. Diese Kräfte werden sowohl vom Hīnayāna als auch vom Mahāyāna anerkannt. Die sechs Abhijñās sind: 1. → Riddhi; 2. »Himmlisches Gehör« (Wahrnehmen menschlicher und göttlicher Stimmen); 3. Wahrnehmen der Gedanken anderer Wesen; 4. Erinnerung an frühere Existenzen; 5. »Göttliches Auge« (Erkennen des Kreislaufs von Leben und Tod aller Wesen); 6. Erkennen des Erlöschens der eigenen Befleckungen und Leidenschaften (→ Āsrava), das die Gewißheit bedeutet, die Befreiung erreicht zu haben.

Abhimāna, 🅷 Skrt.; Hochmut, verletzter Stolz, Selbstsucht, Überheblichkeit – alles Merkmale eines mit seinem Körper identifizierten Ego, das sich aus der Einheit gelöst hat und glaubt, eine gesonderte Individualität zu sein.

Abhimukti, 🅷 🅱 Skrt.; Befreiung vom Kreislauf der Wiedergeburt, der nur fortgesetzt wird, solange Wünsche vorhanden sind.

Abhinivesha 🅷 (Abhiniveśa), Skrt.; 1. Neigung, Zuneigung; 2. Lebenslust, Anklammern ans Leben; 3. Hartnäckigkeit, das Bestehen darauf, einen Zweck zu verfolgen oder ein Objekt zu erlangen.

Abhirati, 🅱 Skrt., wörtl.: »Reich der Freude«; das im »Osten« des Universums gelegene »Paradies« des Buddha → Akshobhya. Im Buddhismus werden die Buddha-Paradiese ebenso wie die verschiedenen »Höllen« und die anderen Daseinsbereiche nicht als Lokalitäten verstanden, sondern als Bewußtseinszustände, wenn sie im Volksglauben auch oft als Orte angesehen und geographischen Bereichen zugeordnet werden. Die den verschiedenen Buddhas zugeordneten Himmelsrichtungen haben symbolische und ikonographische Bedeutung.

Abhisheka 🅱 (Abhiṣeka), Skrt., wörtl.: »Salbung, Weihe«; der für die Methoden des → Vajrayāna zentrale Vorgang der Initiation, bei dem der Schüler vom Meister (→ Guru) für die Ausübung spezieller Meditationsübungen »ermächtigt« wird. Im Tibetischen Buddhismus spricht man daher von Kraftübertragung *(dbang-bskur)*. Für das höchste Yoga-Tantra (→ Tantra) gelten vier verschiedene, sukzessive Stufen der Einweihung:

1. Einweihung der Vase *(kalābhisheka)*
2. Geheime Einweihung *(guhyābhisheka)*
3. Weisheitseinweihung *(prajñābhisheka)*
4. Vierte Einweihung *(chaturthābhisheka)*

Die Einweihung der Vase beinhaltet dabei die Einweihung in die fünf Aspekte der Buddha-Familien (→ Buddhakula).

In der Regel wird eine Einweihung begleitet von der Lesung des entsprechenden → Sādhana, die den Schüler autorisiert, den entsprechenden Text zu lesen und zu praktizieren, sowie von einem mündlichen Kommentar des Meisters, wodurch die richtige Ausübung gewährleistet wird.

Abhyāsa, 🅷 Skrt., wörtl.: »Wiederholung, wiederholte Beschäftigung, Übung«; das Ausüben spiritueller Disziplinen.

Āchamana H (Ācamana), Skrt., wörtl.: »Mundreinigung«; das Schlürfen und Versprengen von Wasser, wodurch der Anbetende symbolisch nicht nur alles reinigt, was durch den Mund eingeht, sondern auch, was von ihm ausgeht, d. h. alle Worte, die er spricht. Dies ist ein Teil der → Pūjā, der formalen Gottesverehrung, durch die der Hindu sein Denken von der Sinnenwelt abzieht und auf Gott richtet.

Āchārya H B (Ācārya), Skrt.; Lehrer, Meister. H Spiritueller Meister, der nicht nur die philosophischen Systeme beherrscht, sondern auch die in ihnen enthaltenen Wahrheiten verwirklicht hat. Zahlreiche große Heilige erhielten diese Bezeichnung als Namensergänzung, z. B. Shankarāchārya für → Shankara.
B (Pali: Ācāriya); eine der zwei Arten von geistigen Führern, die der Buddhismus kennt; der zweite Typ des Lehrers ist der → Upādhyāya. Ursprünglich verstand man unter Āchārya den Meister des → Dharma, während der Upādhyāya die Disziplin und Einhaltung der Regeln lehrt. Jeder Novize in einem buddhist. Kloster wählt sich unter den älteren Mönchen seine beiden Lehrmeister (→ Shrāmanera, → Bhikshu, → Ordination).

In der frühbuddhist. Zeit wurde der Upādhyāya als wichtiger angesehen, was den Vorrang des Einhaltens von Riten und Regeln in der Mönchsgemeinde der damaligen Zeit widerspiegelt. Im Lauf der Entwicklung nahm die Rolle des Āchārya an Wichtigkeit zu, und seit dem 5. Jh. übertrifft er den Upādhyāya an Bedeutung.

Achintya-Shakti H (Acintya-Śakti), Skrt.; die Kraft des Undenkbaren, des Göttlichen, im → Mantra, die vom Verstand nicht begriffen werden kann.

Acht Befreiungen B (Skrt. Ashta-Vimoksha [Aṣṭa-Vimokṣa]); Meditationsübung, in der acht Stufen der Sammlung durchlaufen werden und die jedes Hängen an Körperlichem und Unkörperlichem überwinden hilft. Die acht Stufen sind: 1. Erkennen von Formen im Inneren und Äußeren (d. h. Betrachten der Dinge inner- und außerhalb des Körpers als unrein, um die Gier nach Formen zu überwinden); 2. Erkennen von Formen im Äußeren, nicht aber im Inneren (da im Inneren keine Gier nach Form mehr besteht, wird weiterhin das »Betrachten des Äußeren als unrein« geübt, um diesen Zustand zu festigen); 3. Wahrnehmen von Schönem (wobei keine Gier nach Schönem entsteht; die Unreinheitsbetrachtung fällt weg); 4. Erlangen des Gebietes der Unendlichkeit des Raumes; 5. Erlangen des Gebietes der Unendlichkeit des Bewußtseins; 6. Erlangen des Gebietes des Nichts; 7. Erlangen des Gebietes der Weder-Wahrnehmung-Noch-Nichtwahrnehmung; 8. Erlöschen von Wahrnehmung und Gefühlen (→ Nirodha-Samāpatti). – Stufe 1 entspricht der 1. und 2., Stufe 2 der 3. und 4. der → Acht Überwindungen; die Stufen 4–7 sind identisch mit den → Vier Sphärenstufen.

Achtfacher Pfad B (Skrt. Ashtangika-Mārga [Aṣṭangika-Mārga], Pali: Atthangika-Magga); der zur Erlösung vom Leiden (→ Duhkha) führende Pfad, der Inhalt der letzten der → Vier Edlen Wahrheiten ist. Er bildet eines der 37 Erleuchtungsglieder (→ Bodhipākshika-Dharma) und umfaßt alle Gebiete der Dreifachen Schulung (→ Trishiksha). Die acht Glieder des Pfades sind: 1. Vollkommene Erkenntnis (Skrt.: Samyag-Dristhi, Pali: Sammā-Ditthi), d. h. Erkenntnis der Vier Edlen Wahrheiten und der Unpersönlichkeit des Daseins (→ Anātman); 2. Vollkommener Entschluß (Skrt.: Samyak-Samkalpa, Pali: Sammā-Sankappa), d. h. Entschluß zu Entsagung, Wohlwollen und Nicht-Schädigung von Lebewesen; 3. Vollkommene Rede (Skrt.: Samyag-Vāch, Pali: Sammā-Vāchā), d. h. Vermeiden von Lüge, übler Nachrede und Geschwätz; 4. Vollkommenes Handeln (Skrt.: Samyak-Karmānta, Pali: Sammā-Kammanta), d. h. Vermeiden von Handlungen, die gegen die Sittlichkeit (→ Shīla) verstoßen; 5. Vollkommener Lebenserwerb (Skrt.: Samyag-Ājīva, Pali: Sammā-Ājīva), d. h. Vermeiden eines andere Wesen schädigenden Berufes wie Schlächter, Jäger, Händler mit Waffen, berauschenden Mitteln usw.; 6. Vollkommene Anstrengung (Skrt.: Samyag-Vyāyāma, Pali: Sammā-Vāyāma), d. h. Fördern von karmisch Heilsamem und Vermeiden von karmisch Unheilsamen; 7. Vollkommene Achtsamkeit (Skrt.: Samyak-Smriti, Pali: Sammā-Sati), d. h. beständige Achtsamkeit auf Körper, Gefühle, Denken und Denkobjekte (→ Satipatthāna); 8. Vollkommene Sammlung (Skrt.: Samyak-Samādhi, Pali: Sammā-Samādhi), d. h. Sammlung des Geistes, die in den Vier Versenkungen (→ Dhyāna) ihren Höhepunkt findet.

In den meisten Werken westlicher Autoren über Buddhismus wird der Sanskrit-Begriff *samyak* (Pali: *sammā*) mit »recht« übersetzt. Der buddhist. Gelehrte Lama → Govinda (1898–1985) gibt ihn mit »vollkommen« wieder, um der ursprünglichen Bedeutung des Wortes im Sinne einer »Ganzheit« oder »Vollständigkeit« gerecht zu werden. Die Sanskrit- und Pali-Begriffe weisen nicht auf den Gegensatz »recht-falsch« hin, wie im Deutschen bei einer Übersetzung durch »recht« irrtümlich angenommen werden könnte.

Der Achtfache Pfad stellt keinen eigentlichen »Pfad« dar, auf dem man gradlinig fortschreitet, denn in der Praxis werden als erstes die im Sinne der Dreifachen Schulung (→ Trishiksha) zur Sittlichkeit zählenden Stufen 3–5 verwirklicht, dann die Stufen 6–8, die zu → Samādhi, und schließlich erst die Glieder 1–2, die zu → Prajñā zu rechnen sind. Vollkommene Erkenntnis ist die unmittelbare Bedingung zum Eintritt in den überweltlichen Pfad der Heiligkeit (→ Ārya-Mārga, → Ārya-Pudgala) und zur Erlangung des Nirvāna.

Das Mahāyāna gibt eine nach seinen Doktrinen modifizierte Interpretation des hinayanist. Achtfachen Pfades, den es als zu egoistisch, da nur auf die eigene Erlösung gerichtet, empfindet. Da im Mahāyāna Leiden aus dem Nicht-Wissen (→ Avidyā) um die Leere (→ Shūnyatā), das essentielle Wesen aller → Dharmas, entsteht, kann Erlösung nur durch das Aufheben dieser Unwissenheit, nicht aber nur durch ethisch richtiges Handeln erlangt werden.

→ Bhāvaviveka interpretiert den Achtfachen Pfad auf folgende, für das Mahāyāna typische Weise: Vollkommene Einsicht ist Einblick in den Dharmakāya (→ Trikāya) des Vollendeten; Vollkommener Entschluß stellt das Zur-Ruhe-Kommen aller Einbildungen dar; Vollkommene Rede ist die Erkenntnis, daß die Sprache vor den Dharmas verstummt; Vollkommenes Verhalten besteht im Unterlassen jeglicher auf karmisches Verdienst gerichteten Taten; Vollkommenes Leben ist die Einsicht, daß alle → Dharmas ohne Entstehen und Vergehen sind; Vollkommene Anstrengung heißt, absichtslos zu werden; Vollkommene Achtsamkeit bedeutet, das Nachgrübeln über Sein und Nicht-Sein aufzugeben; Vollkommene Sammlung bedeutet, von Meinungen frei zu sein, indem man keine Vorstellungen ergreift.

Acht Kostbarkeiten 🅱 (Skrt. Ashtamangala); acht Symbole, die von der Verehrung des Weltenherrschers und in übertragenem Sinn auch des Buddha zeugen. Sie sind in chin. Klöstern vielfach vor den Standbildern des Buddha auf Lotosständern aufgestellt. Die Acht Kostbarkeiten sind: Schirm (Symbol der königlichen Würde, die Unheil abhält); zwei Fische (Zeichen des ind.

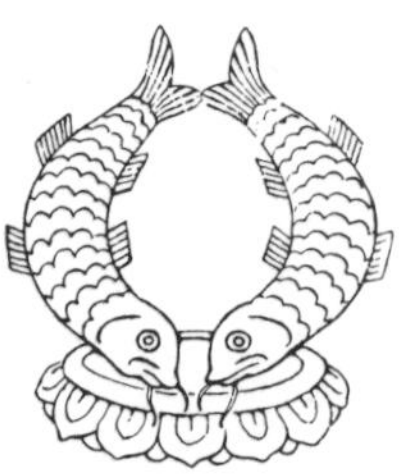

Zwei Fische

Schirm

Muschelhorn

Lotosblume

Fahne

Weihwassergefäß

Rad der Lehre

Knoten des unendlichen Lebens

Die Acht Kostbarkeiten.

Weltenherrschers); Muschelhorn (Symbol des Sieges im Kampf); Lotosblume (Symbol der Reinheit); Weihwassergefäß (gefüllt mit dem Nektar der Unsterblichkeit); zusammengerollte Fahne (Siegeszeichen der Religion); Knoten des unendlichen Lebens; Rad der Lehre (→ Dharma-Chakra).

Achtsamkeit 🅱 (Skrt. Smriti [Smṛti], Pali: Sati); im Buddhismus bedeutet Achtsamkeit zu üben, sich alle Tätigkeiten, auch die im Alltag automatisch ablaufenden Funktionen wie Atmen, Gehen usw. voll bewußt zu machen und die Haltung des »reinen Beobachtens« einzunehmen, wodurch Wissensklarheit, d. h. klar bewußtes Denken und Handeln, erlangt wird. Bei der Übung der Vollkommenen Achtsamkeit (→ Achtfacher Pfad) beginnt man mit dem Bewußtmachen der einzelnen Aktivitäten des Körpers, um die Achtsamkeit dann auf die Sinnesempfindungen, das Denken und die Denkobjekte auszudehnen. Sinn der Achtsamkeitsübung ist es, den Geist unter Kontrolle und zur Ruhe zu bringen. Diese Übung vermittelt Einsicht in die vergängliche, unbefriedigende und nicht-wesenhafte Natur allen Daseins und ist damit Grundlage für jede höhere Erkenntnis. – Systematisch geschult wird Achtsamkeit durch die in den Ländern des → Theravāda außerordentlich beliebte Übung des → Satipatthāna.

Acht Überwindungen B, auch Acht Überwindungsgebiete (Skrt. Abhibhāvayatana, Pali: Abhibhāyatana); acht Meditationsübungen zur Überwindung der Sinnensphäre durch die Beherrschung der Wahrnehmung in bezug auf verschiedene Objekte. Diese Übungen finden sich schon in der frühesten Phase des Buddhismus. Die Acht Überwindungen sind: 1. Wahrnehmen von Formen am eigenen Körper und von begrenzten Formen in der Außenwelt; 2. Wahrnehmen von Formen am Körper und von unbegrenzten äußeren Formen. Diese beiden Stufen lassen den Übenden die Gier nach Formen besiegen und entsprechen der ersten der → Acht Befreiungen. 3. Am eigenen Körper werden keine Formen wahrgenommen, außen hingegen begrenzte Formen; 4. keine Formen am eigenen Körper, außen unbegrenzte Formen. Diese beiden Stufen dienen der Festigung der Sammlung und entsprechen der zweiten Stufe der Acht Befreiungen. Auf der 5. bis 8. Stufe werden am Körper keine Formen wahrgenommen, außen jeweils blaue, gelbe, rote oder weiße Formen, was die Zügelung der Gier nach Schönem bezweckt. Die Stufen 5–8 sind identisch mit der 3. Stufe der Acht Befreiungen und der 5.–8. → Kasina-Übung.

»Wahrnehmen von Formen am eigenen Körper« bedeutet, am eigenen Körper eine begrenzte (kleine) oder unbegrenzte (große) Stelle zu wählen und seine Aufmerksamkeit voll darauf zu richten, so daß nach einigem Üben dieses Objekt als geistiger Reflex erscheint. Bei Stufe 3 und 4 wählt man ein äußeres Objekt (etwa eine Blume). Ein begrenztes, kleines Objekt soll heilsam für geistig unstete Menschen, ein großes für geistig verblendete, ein schönes für zu Ablehnung neigende, ein häßliches für zu Begierde neigende Menschen sein.

Acht Verneinungen, B Z → Nāgārjuna

Ādesha H (Ādeśa), Skrt.; Befehl oder Anweisung geben, auf etwas hinweisen. Hauptsächlich ist es der → Guru, der Anweisungen für den spirituellen Weg und für die Überwindung der Hindernisse auf demselben gibt.

Ādhāra, H Skrt., wörtl.: »Gefäß«; das, worin sich Bewußtsein manifestiert, das physisch-psychische Instrument des Körpers und Denkens, das sich aus den fünf Hüllen (→ Kosha) zusammensetzt, die das absolute Bewußtsein im Menschen (→ Ātman) umgeben.

Adharma, H Skrt.; das Fehlen von Rechtschaffenheit und Tugend, das Gegenteil von → Dharma, ein Zustand, der durch Nicht-Erkenntnis entsteht. In ihm dominieren Trägheit (→ Tamas) und Gier (→ Rajas).

Adhibūta, H Skrt. → Adhidaiva

Adhidaiva, H Skrt.; Bereich der Götter, göttlicher Aspekt, übernatürlich, übersinnlich.

In der *Bhagavad-Gītā* (VII,30) spricht Krishna von Adhidaiva und Adhibūta. Der Pāndava-Prinz Arjuna bittet Krishna, ihm diese Begriffe zu erklären (VIII,1). Krishna antwortet, die Grundlage aller erschaffenen Dinge (Adhibūta) sei die veränderliche Natur, die Grundlage der göttlichen Elemente (Adhidaiva) hingegen der kosmische Geist.

Adhidevatā H, auch Adhidaivata, Skrt.; allg. Ausdruck für eine Gottheit, die man anruft, um ihren Schutz zu erbitten.

Adhimātrā, H Skrt.; jenseits aller Maße und aller Begrifflichkeit, das Höchste; Gott oder das Absolute (→ Brahman).

Adhvaryu, H Skrt. → *Yajurveda*

Adhyāropa, H Skrt., wörtl.: »fälschliche Überdeckung«; die Wirklichkeit wird mit einer falschen Vorstellung überdeckt. → Shankara gibt das Beispiel von einem Tau, das in der Dämmerung irrtümlich mit der (falschen) Vorstellung einer Schlange überdeckt wird. Auf diesen durch Nicht-Erkenntnis (→ Avidyā) entstehenden Irrtum weist der → Advaita-Vedānta unermüdlich hin. Der Gelehrte Sadānanda widmet ihm das zweite Kapitel seines → *Vedāntasāra*. (Siehe dazu auch → Vikshepa.)

Adhyāsa, H Skrt.; Irrtum der Wahrnehmung, Nicht-Sehen dessen, was wirklich ist; annähernd sinngleich mit → Vikshepa. (Siehe dazu auch → Adhyāropa.)

Ādhyātma-Rāmāyana, H Skrt.; eine spirituelle Interpretation von → Rāmas Leben; ein Werk, das mit Begriffen des Nicht-Dualismus das → *Rāmāyana* interpretiert und das göttliche Wesen Rāmas hervorhebt. Es ist ein Teil des *Brahmānda-Purāna* (→ Purāna).

Ādhyātma-Yoga, H Skrt., von *ādhyātma:* »der höchste Ātman, das höchste Selbst«; 1. eine Übung des Yoga, die durch Selbsterkenntnis und

Selbstverwirklichung die Identifizierung mit Körper und Denken überwindet und die Erkenntnis bringt, daß der Mensch als → Ātman absolutes Bewußtsein ist und somit identisch mit → Brahman. Der auf diesem Weg erlangte überbewußte Zustand, in dem der Yogi zum → Jīvanmukta wird, wird Ādhyātma-Prasāda genannt; 2. eine philosoph. Schule der → Shankara-Tradition.

Ādhyātmika, H Skrt.; der spirituelle Weg zur Erkenntnis des Selbst bzw. das innere Erleben des Menschen auf der Reise vom Sterblichen zum Unsterblichen.

Ādi-Buddha, B Skrt. → Samantabhadra

Ādi Granth, H Hindi; heiliges Buch der Sikhs (→ Sikhismus). Es wurde von Guru Arjan 1604 begonnen und von Guru Govind → Singh 1705 vollendet. Dieser ernannte das heilige Buch zum Guru, und danach wurde es unter dem Titel *Guru Granth* bekannt. Man betrachtet das nicht weniger als 3384 Hymnen mit 15 575 Versen umfassende, größtenteils in Hindi geschriebene Kompilationswerk als Manifestation der mystischen Persönlichkeiten der Gurus und somit als Stimme der unsterblichen, spirituellen Lehrer.

Aditi, H Skrt.; 1. grenzenloser Raum, Unendlichkeit; unendliches Bewußtsein; 2. Mutter der Sonnengötter, dann Aditī (femin. Form).

Āditya, H Skrt.; Sonne, der Sonnengott; in den Veden manchmal identisch mit → Savitri, manchmal mit → Sūrya.

Als Quelle von Licht, Wärme und Wachstum genießt der Sonnengott bei allen große Verehrung. Für den tiefer Sehenden ist er das Symbol für das Licht der Erleuchtung, das, wie es in den Upanischaden heißt, »heller als tausend Sonnen« ist. Die Ādityas, die Sonnengötter, Söhne der → Aditī, sind die Söhne des unendlichen Bewußtseins.

Ādityavarna H (Ādityavarṇa), Skrt.; in einer Vision wahrgenommenes Licht in der Farbe der Sonne; eine Tatsache der spirituellen Erfahrung.

Advaita, H Skrt., wörtl.: »Nicht-Zweiheit«; ein Zustand, der nur Gott oder dem Absoluten zugeschrieben werden kann; er ist dem Verstand nicht zugänglich, da das ego-gebundene Denken des Wachzustandes aus der Dualität der Subjekt-Objekt-Beziehung nicht herauszutreten vermag. Der Begriff bekommt für den Westen Bedeutung durch die neuesten Erkenntnisse der Atomphysik. (Siehe dazu → Advaita-Vedānta.)

Advaitānanda, H Skrt.; die Seligkeit der Erkenntnis des Absoluten.

Advaita-Vedānta, H Skrt., eines der drei Denksysteme des → Vedānta, dessen wichtigster Vertreter → Shankara ist. Der Advaita-Vedānta lehrt, daß die gesamte Erscheinungswelt, die Seele und Gott identisch sind. So wie die moderne Physik bei der Untersuchung der subatomaren Teile herausfand, daß Materie aus ständig in Bewegung befindlichen Kraftfeldern von Energie besteht, so erkannten die Weisen (Rishis) des Advaita, daß die Wirklichkeit aus Energie in Form von Bewußtsein (→ Chit) besteht und der Mensch durch ego-bedingte Körperidentifizierung mit grobstofflichen Sinnesorganen ein grobstoffliches Universum wahrnimmt. Etwas Wirkliches, Unveränderliches wird vom Denken überdeckt (→ Vikshepa) mit der Vorstellung einer sich ständig verändernden Erscheinungswelt aus Namen und Formen (→ Nāmarūpa).

Shankaras bekanntestes Beispiel ist die Schlange, für die man in der Dunkelheit ein Stück Tau hält. Angst, Entsetzen, Herzklopfen werden ausgelöst durch eine Schlange, die nie geboren wurde und nie stirbt, sondern nur in unserem Denken existiert. Wird mit Hilfe einer Lichtquelle das Tau als solches erkannt, kann es nicht wieder zur Schlange werden. Hier handelt es sich nicht nur um die Nicht-Erkenntnis von Vorhandenem, sondern dazu noch um die Überdeckung (Vikshepa) mit einer Vorstellung, die mit dem Vorhandenen nichts zu tun hat. Der Advaita lehrt, daß wir in unserer Nicht-Erkenntnis das »Tau« (→ Brahman) ständig mit der Vorstellung »Schlange« (Erscheinungswelt) überdekken. Shankara sagt in einem Sanskrit-Vers: »In einem Satz sei es verkündet, was man in tausend Büchern findet: Nur Brahman ist wirklich, die Welt ist Schein, das Selbst ist nichts als Brahman allein.«

Ādya-Shakti H (Ādya-Śakti), Skrt.; 1. die Urkraft, die uranfängliche Energie; 2. das höchste, göttliche Bewußtsein bzw. die göttliche Allmacht, die alle Welten durchdringt; 3. Beiname der Göttlichen Mutter (→ Shakti).

Āgama, H B Skrt., wörtl.: »Quelle der Lehre«.
H 1. Schriften allgemein; 2. ein Tantra oder anderes Werk, das sich mit der mystischen Anbetung → Shivas und seiner → Shakti befaßt; 3. mündlicher oder schriftlicher Beweis.

B Mahayanist. Bezeichnung für Sammlungen von Schriften des Sanskrit-Kanons (→ Sūtra), die sich im wesentlichen mit dem Pali-Terminus → Nikāya deckt. Es werden vier Āgamas unterschieden: 1. *Dīrghāgama* (Lange Sammlung, bestehend aus 30 Sūtras); 2. *Madhyamāgama* (Mittlere Sammlung, die sich mit metaphysischen Problemen beschäftigt); 3. *Samyuktāgama* (Mischsammlung, über abstrakte Meditation); 4. *Ekottarikāgama* (numerische Sammlung).

Der Inhalt der Āgamas umfaßt die grundlegenden Lehren des Hīnayāna, die der Buddha in seiner ersten Lehrrede dargelegt haben soll (→ Vier Edle Wahrheiten, → Achtfacher Pfad, → Nidāna, → Karma, usw.). Der Inhalt der hinayanist. Nikāyas deckt sich im wesentlichen mit dem der Āgamas, doch kennt man noch ein fünftes Nikāya, die Kurze Sammlung (→ *Khuddaka-Nikāya*).

Āgāmi-Karma, 🅗 Skrt.; zukünftiges → Karma, das durch jetzige Handlungen und Wünsche entsteht und sich nach dem Gesetz der Kausalität in der Zukunft auswirken muß. Daneben unterscheidet man → Prārabdha-Karma (das »angefangene«, gegenwärtig in Auswirkung befindliche Karma) und → Sanchita-Karma (früher angesammeltes Karma, das noch auf seine Auswirkung wartet). Āgāmi-Karma ist insofern von besonderer Bedeutung, als man durch seine jetzigen Taten und Wünsche seine eigene Zukunft beeinflussen kann.

Agni, 🅗 Skrt.; Feuer, eines der ältesten und heiligsten Objekte der Hindu-Verehrung. Es erscheint am Himmel als Sonne, in der Luft als Blitz und auf Erden als Feuer. Personifiziert ist Agni eine der Gottheiten der Veden, der viele Hymnen gewidmet sind.

Agnihotra, 🅗 Skrt.; 1. das Ritual des allmorgendlichen und -abendlichen Milchopfers an → Agni; 2. über den bloßen Vollzug des Rituals hinaus das Verständnis dessen, was dabei geschieht. Das Ritual soll in Wirklichkeit der Vorbereitung und Unterstützung der Kontemplation dienen.

Agni-Vaishvānara 🅗 (Agni-Vaiśvānara), Skrt.; das universale, göttliche Bewußtsein, in dem alle Welten, Menschen und Götter enthalten sind.

Agni-Yātavedas, 🅗 Skrt.; das Feuer der Bewußtseinskräfte, das als »Kenner aller Geburten« bezeichnet wird. Es ist das absolute Bewußtsein, das als geistiges Feuer die Intelligenz beflügelt und sie befähigt, das Kommen und Gehen in der → Māyā beobachten zu können.

Agyo, 🅩 jap., wörtl.: »gewährte Worte«; Unterweisungen eines Zen-Meisters für einen Schüler. Auch die aufgezeichneten Ausführungen eines Zen-Meisters zu einem bestimmten Text oder einem → Kōan werden Agyo genannt.

Aham Brahman Asmi 🅗 (Aham Brahmāsmi), Skrt., wörtl.: »Ich bin Brahman«; eines der → Mahāvākyas, der großen Lehrsätze der Veden. Es erklärt die absolute Identität des Selbst mit → Brahman. Aham ist das wirkliche Ich (→ Ātman) des Menschen und muß von Ahamkāra (Ichbewußtsein) unterschieden werden.

Ahamkāra 🅗 (Ahaṃkāra), Skrt.; Ego, Ichbewußtsein, ein Teil von → Antahkarana, dem Inneren Organ, das alle geistigen Vorgänge möglich macht.

Ahamkāra ist der Motivator des Denkens, der die Vorstellung schafft, ein einmaliges, von allem anderen getrenntes Wesen zu sein. Durch diese Dualität der Subjekt-Objekt-Beziehung entsteht die Täuschung, in Brahman, dem Einen ohne ein Zweites, die Vielfalt der Erscheinungswelt → Māyā zu sehen. Alle Wahrnehmungen, Empfindungen, Wünsche und Willensakte sind natürlich und automatisch mit Ahamkāra verknüpft.

Ahampratyaya, 🅗 Skrt.; eine Formveränderung der Intelligenz, die zum Ichbewußtsein führt. Es ist der Glaube (Pratyaya), Körper und Denken zu sein, wobei die Intelligenz das absolute Bewußtsein für Denkprojektionen benutzt, die alle an das Ich (Aham) gebunden sind.

Ahimsā 🅗 🅑 (Ahiṃsā), Skrt., wörtl.: »Nicht-Verletzen«.

🅗 Das Unterlassen des Verletzens von lebenden Wesen durch Gedanken, Worte und Taten, eine der fünf Tugenden der ersten Stufe (Yama) des → Rāja-Yoga, die im *Yoga-Sūtra* des → Patañjali gefordert werden und das für alle Stufen geltende »Große Gelübde« (→ Mahāvrata) bilden. Die anderen vier sind: Satya (Aufrichtigkeit), Asteya (Nicht-Stehlen), Brahmacharya (Enthaltsamkeit) und Aparigraha (Besitzlosigkeit).

Ahimsā als »Gewaltlosigkeit« ist durch Gandhi zu einem weltweiten Begriff geworden, als er mit passivem Widerstand die brit. Kolonialherrschaft bekämpfte.

🅑 Im Buddhismus gilt das »Nicht-Verletzen« von lebenden Wesen als einer der wichtigsten Aspekte buddhistischer Geisteshaltung. Auf dem Grundsatz des Ahimsā basiert das in den meisten buddhist. Kulturen geltende Gebot vegetarischer Ernährung für Mönche und Nonnen.

Aishvara-Yoga 🅗 (Aiśvara-Yoga), Skrt.; die göttliche Einheit, von der die → *Bhagavad-Gītā* spricht, in der das Göttliche eins ist mit aller Existenz, aber als → Īshvara alle Existenz übersteigt. Aishvara ist das Adjektiv von Īshvara.

Aishvarya 🅗 (Aiśvarya), Skrt., wörtl.: »Erhabenheit«; eine der sechs Eigenschaften des → Īshvara, des Persönlichen Gottes.

Aitareya, 🅗 Skrt.; Name einer → Upanischade, die zum *Rigveda* gehört. Sie lehrt Selbsterkenntnis und beschreibt das Wesen des → Ātman.

Ajantā 🅑, Stadt im westl. Teil von Mittelindien, die berühmt ist durch buddhist. Grotten, die zwischen 200 v. und 700 n. Chr. entstanden. Die 29 Höhlen, die sich über eine Länge von 5,6 km erstrecken, bergen die besterhaltenen buddhist.

Wandmalereien der Welt. Sie stellen das großartigste Denkmal buddhist. Malerei in Indien dar und ermöglichen es, die Stilentwicklung über ein volles Jahrtausend zu verfolgen.

Die Darstellungen auf den Wandgemälden illustrieren teils das Leben des historischen Buddha → Siddhārtha Gautama, wie es aus den Sūtras bekannt ist (Prinz Siddhartha bei den vier Ausfahrten; die Verführungsversuche von → Māra; das Eingehen ins Parinirvāna usw.), teils Geschichten über die früheren Existenzen des Buddha (→ Jātaka). Sie liefern ein detailliertes Bild des Lebens in Indien um den Beginn unserer Zeitrechnung. – Vier Höhlen sind sog. → Chaityas und enthalten Stūpas.

Ajapa-Mantra, H Skrt.; die unwillkürliche Wiederholung eines → Mantra, einer heiligen Formel.

Jedes Geschöpf atmet mit dem Laut des Ein- bzw. Ausatmens nach Auffassung des → Hatha-Yoga unbewußt ein Gebet, und zwar entweder SO'HAM, »Er bin ich«, oder HAM-SA, »Ich bin Er«.

Ajari, Z jap.; Übertragung des Sanskrit-Wortes Āchārya, mit dem ein buddhist. Meister bezeichnet wird. Im jap. Buddhismus wird »Ajari« vor allem für hervorragende Mönche der Tendai- und Shingon-Schule des Buddhismus (→ Mikkyō) verwendet. Im Zen wird das Wort *charya* oder *sharya* gesprochen und bedeutet hier nicht »Meister«, sondern ist nur höfliche Anrede eines Mönchs, ähnlich wie das Wort »Lama« heute oft bei den Tibetern gebraucht wird.

Ajātasattu, B (Skrt. Ajātashatru [Ajātaśatru]), in Pali-Texten erwähnter König von Magadha, der während der letzten acht Lebensjahre des Buddha → Shākyamuni und 24 Jahre danach regierte (ca. 494–462 v. Chr.). Er war der Sohn von → Bimbisāra, den er umbrachte. Gemeinsam mit → Devadatta plante Ajātasattu ein Komplott gegen den Buddha, das jedoch fehlschlug. Später wurde er bekehrt und förderte den Buddhismus.

Ajātasattus Name bedeutet etwa »Feind vor der Geburt«, was sich der Legende nach auf den Wunsch seiner Mutter, Blut aus dem Knie ihres Mannes zu trinken, bezieht, der von den Astrologen so interpretiert wurde, daß ihr Kind seinen Vater töten werde.

Ajātasattu wird als ehrgeiziger Prinz beschrieben, der so schnell wie möglich Herrscher über das Reich werden wollte und den Tod seines Vaters nicht erwarten konnte. Gemeinsam mit Devadatta schmiedete er ein doppeltes Komplott: Da Devadatta bestrebt war, die Führung im buddhist. Orden zu übernehmen, sollte er den Buddha und Ajātasattu seinen Vater ermorden. Das Komplott wurde aufgedeckt, Bimbisāra verzieh seinem Sohn und überließ ihm den Thron. Ajātasattu fühlte sich jedoch nicht sicher, solange sein Vater noch am Leben war, und ließ ihn gemeinsam mit seiner Frau einkerkern und verhungern.

In den Texten wird ferner berichtet, daß Ajātasattu den Buddha später um Rat fragte, als er beabsichtigte, das im Norden gelegene, demokratisch regierte Land der Vajjī-Konföderation zu erobern. Der Buddha antwortete, daß die Vajjīs nicht besiegt werden könnten, solange sie einig blieben. Diese Antwort diente ihm als Gelegenheit für eine Lehrunterweisung über die Vorteile einer demokratischen Regierung und der Rolle des → Sangha als deren Unterstützer, durch die Ajātasattu zum Buddhismus bekehrt wurde. – Der Überlieferung nach soll Ajātasattu einen Teil der Asche des Buddha erhalten und einen Stūpa errichtet haben. Auch soll er für das 1. Konzil eine riesige Halle erbaut haben.

Ājñā-Chakra, H B Skrt. → Chakra, 6.

Ajñāna, H Skrt.; Nicht-Wissen. Es bezieht sich nicht auf fehlendes Wissen auf der empirischen Ebene und nicht auf Fakten der Erscheinungswelt, sondern auf den Zustand, in dem man sich für einen sterblichen Körper hält und nicht weiß, daß man als Selbst absolutes Bewußtsein (→ Brahman) ist. Seine Auswirkungen sind die gleichen wie bei → Avidyā. Das Gegenteil von diesem Nicht-Wissen ist → Jñāna.

Akāma, H Skrt.; Wunschlosigkeit, Bedürfnislosigkeit. Dieser Zustand ist identisch mit Ichlosigkeit, denn nur das Ego hat Wünsche und Bedürfnisse, nicht das Selbst (→ Ātman).

Ākāsha H B (Ākāśa), Skrt.; das Alldurchdringende, der Raum.

H Der Äther, das feinste der fünf Elemente; eine Substanz, von der man annimmt, daß sie das gesamte Universum erfüllt und durchdringt und der besondere Träger des Lebens und des Klanges ist.

B (Pali: Ākāsa); im Buddhismus nicht wie im Hinduismus als substantieller »Äther«, sondern als »Raum« verstanden. Es werden zwei Arten von Raum unterschieden: 1. der durch die Körperlichkeit begrenzte und 2. der unbegrenzte Raum. Ersterer zählt zur Körperlichkeitsgruppe (→ Skandha), letzterer ist eines der sechs Elemente (→ Dhātu), besitzt keinerlei Substanz, ist aber Grundbedingung für jede körperliche Ausdehnung und Behältnis für alle durch die vier Elemente Erde, Wasser, Feuer, Luft in Erscheinung tretende Stofflichkeit. Er ist das Leere, das keine Vermischung mit materiellen Dingen eingeht, ist unwandelbar, unvergänglich und jenseits aller Beschreibung.

Die Interpretation des Begriffes Ākāsha im letzteren Sinn divergiert in den einzelnen buddhist. Schulen: Die

→ Sarvāstivāda-Schule zählt Ākāsha zu den nicht-bedingten Dharmas (→ Asamskrita); er behindert nichts, durchdringt alles ohne Behinderung und ist frei von Veränderlichkeit. Die → Mādhyamika-Schule sieht den Raum als bedingt (→ Samskrita) an, da er von etwas »besetzt« werden kann.
Der Raum spielt in der buddhist. Meditation eine wichtige Rolle: die erste der → Vier Sphärenstufen ist die der Unendlichkeit des Raums; in der Reihe der Zehn Gesamtbereiche (→ Kasina) nimmt Ākāsha den vorletzten Platz ein.

Akrodha, H Skrt.; Freisein von Ärger, Zorn und Groll. Dieser Zustand kann durch Beherrschung des Denkens und Verwirklichung der Ichlosigkeit erlangt werden, denn nur das Ego produziert diese Eigenschaften.

Akshara H (Akṣara), Skrt.; wörtl.: »unwandelbar«; das Unzerstörbare; eine Bezeichnung für → Brahman.

Akshara-Purusha H (Akṣara-Puruṣa), Skrt.; die regungslose Seele, das unbeteiligte Selbst, das sich von den Bewegungen und Veränderungen der → Prakriti, der Natur, loslöst und nur noch der Zuschauer ihrer Vorgänge ist.

Akshobhya B Z (Akṣobhya), Skrt., wörtl.: »der Unerschütterliche«; der Buddha, der über das im Osten gelegene Paradies Abhirati herrscht, wobei »Paradies« im Buddhismus nicht als Lokalität, sondern als Bewußtseinszustand aufgefaßt wird und die den Buddhas zugeordneten Himmelsrichtungen symbolische und ikonographische Bedeutung haben (→ Reines Land).
Akshobhya soll als Mönch vor dem Buddha, der vor unendlich langer Zeit über → Abhirati herrschte, das Gelübde abgelegt haben, keinem Wesen gegenüber Abscheu oder Zorn zu empfinden. In der Verwirklichung dieses Gelübdes erwies er sich als »unerschütterlich« und wurde nach unendlich langem Streben zum Buddha Akshobhya und damit Herrscher über das Paradies Abhirati. Wer immer dort wiedergeboren wird, kann nicht mehr auf niedere Bewußtseinsebenen zurückfallen; daher sollten alle Gläubigen das von Akshobhya geleistete Versprechen ebenfalls zu erfüllen suchen. Akshobhya, der das Überwinden von Leidenschaften symbolisiert, wird ikonographisch entweder mit blauem oder goldfarbenem Oberkörper, manchmal auf einem blauen Elefanten reitend, dargestellt. Seine Hände bilden die → Mudrā der Erdberührung.

Akshobhya.

Aku-Byōdō, Z jap., wörtl.: »schlechte Gleichheit«; Gleichmacherei im Sinne eines falschen Verständnisses der auf der Erfahrung der → Erleuchtung beruhenden Lehre von der Wesensgleichheit aller Dinge und Lebewesen (→ Byōdō). Nach Ansicht des Zen ist die Erfahrung der Wesensgleichheit ein Durchgangsstadium auf dem Weg zu tieferer Erleuchtung. Wer dabei stehenbleibt und über der überwältigenden Erfahrung der Wesensgleichheit aller Dinge ihre Verschiedenheit und Einzigartigkeit übersieht, verfällt in Aku-Byōdō.

Akushala B (Akuśala), Skrt., Pali; karmisch unheilsam; jedes mit den unheilsamen Wurzeln (Akushala-Mūla) verbundene und daher den Keim zu zukünftigem Leiden in sich tragende Wirken. Die »Wurzeln des Unheilsamen« sind Gier (Lobha), Haß (Skrt. Dvesha, Pali: Dosa) und Wahn oder Verblendung (Moha). Gier ist das Hingezogensein zu einem Objekt der Befriedigung und kann durch das Üben von Freigebigkeit (→ Dāna) aufgehoben werden. Haß ist der Widerwille gegen alles, was Befriedigung im Wege steht und wird durch das Kultivieren von Güte (→ Maitrī) überwunden. Verblendung bezeichnet das Nicht-Übereinstimmen einer Handlung oder eines Denkaktes mit der Wirklichkeit und wird durch Einsicht überwunden. Die drei Akushala-Mūlas stellen die wesentlichen Faktoren dar, die ein Lebewesen an den Kreislauf der Existenzen (→ Samsāra) binden und deren Aufhebung für das Erlangen der Erleuchtung notwendig ist. – In symbolischen Darstellungen -

wird Gier durch einen Hahn, Haß durch eine Schlange und Verblendung durch ein Schwein repräsentiert. (Siehe dazu auch → Avidyā, → Klesha.)

Akushu-Kū, Z jap., wörtl.: »falsch verstandene Leere«; ein Mißverständnis der Lehre von der Leere (jap. *ku,* Skrt. → Shūnyatā), wie sie der Erfahrung der → Erleuchtung entsprungen ist. Dabei wird die Leere in einem nihilistischen Sinn als bloßes »Nichts«, als Negation jeglicher Existenz verstanden. Die Leere, von der im Zen die Rede ist, hat nichts mit diesem rein philosoph. Begriff des »Nichts« zu tun. Es ist eine Leere, die nicht im Gegensatz zur Existenz der Dinge und ihrer Eigenschaften steht, sondern die diesen zugrunde liegt, die diese hervorbringt und trägt und die, vom Standpunkt der vollkommenen Erleuchtung gesehen, mit diesen absolut identisch ist. So heißt es in dem im Zen vielzitierten *Mahāprajñāpāramitā-Hridaya-Sūtra (→ Herz-Sūtra,* jap. *Maka Hannyaharamita Shingyō):* »Form ist nichts als Leere, Leere ist nichts als Form.«

Alābha-Bhūmikātva, H Skrt.; die Unfähigkeit, gleichmäßig und ausdauernd zu üben; keinen festen Grund unter den Füßen haben; das Gefühl, die Wirklichkeit nicht erringen zu können.

Ālambana, H Skrt.; Halt, Stütze, Hilfe für die Konzentration. Dazu gehören ruhiges, beherrschtes Atmen und eine Körperhaltung, die die Konzentration nicht stört.

Ālaya-Vijñāna, B Z Skrt., wörtl.: »Speicherbewußtsein«; zentraler Begriff der → Yogāchāra-Schule des Mahāyāna, die darin das grundlegende Bewußtsein alles Existierenden sieht, die Essenz der Welt, aus der alles, was ist, entsteht. Es birgt die Erfahrungen der individuellen Leben und die Keime zu jedem geistigen Phänomen.

Die Vorstellung des Ālaya-Vijñāna bildet die Grundlage für die »Nur-Geist«-Doktrin des Yogāchāra und steht im Zentrum von dessen Individuationstheorie, nach der karmische Samen (Vāsanā) einer vergangenen empirischen Individualität ins Ālaya-Vijñāna eingehen und von dort wieder aufsteigen, um Denktätigkeit zu veranlassen. Dieses Individualdenken ist mit Unwissenheit (→ Avidyā) und Ichsucht behaftet, was die Vorstellung aufkommen läßt, es sei eine reale Persönlichkeit in der wirklichen Welt. So entstehen Ideationen, die das sich für eine Person haltende Denken veranlassen, Karma zu erzeugen. Diese karmischen Eindrücke rufen später, zur Reife gelangt (→ Vipāka), einen neuerlichen Ideationsvorgang hervor. Dieser Kreislauf wird durch die Aufhebung der Vorstellung, es gäbe eine vom Geist getrennte Objektwelt, beendet. – Das Ālaya-Vijñāna wird vielfach mit der Letzten Wirklichkeit oder »Soheit« (→ Tathatā) gleichgesetzt; nach anderer Auffassung wird es als Produkt früheren Karmas angesehen. (Siehe dazu auch → Fa-hsiang-Schule.)

Alchemie, taoist., T → Wai-tan, → Nei-tan

Ālvār, H Tamil (südind.), soviel wie: »Der die Welt beherrscht durch seine Hingabe an Gott«; die Ālvārs sind → Vaishnava-Heilige Südindiens.

Amanaska, H Skrt.; der Zustand, in dem man frei ist von Gedanken, Wünschen und Verlangen. Nur in Tiefschlaf, Bewußtlosigkeit und → Samādhi kann dieser Zustand eintreten, nicht im Wachen und nicht beim Träumen. Spirituellen Nutzen hat man von diesem Zustand jedoch nur im Samādhi.

Amarakosha H (Amarakośa), Skrt., wörtl.: »Unsterblicher Wortschatz«; das wichtigste Lexikon des klassischen Sanskrit, verfaßt von Amara-Simha, der zwischen dem 6. und 8. Jh. lebte und Buddhist war. Das buddhist. Vokabular erfährt in seinem Werk jedoch keine besondere Berücksichtigung.

Das Wörterbuch, dessen Stichwörter nach Sachgruppen gegliedert sind, war in erster Linie für den Gebrauch der Dichter bestimmt, stellt als Ganzes jedoch auch eine kulturgeschichtlich aufschlußreiche Enzyklopädie dar, zu der zahlreiche Kommentare verfaßt wurden und ein Nachtrag mit dem Titel *Trikānda-Shesha.*

Amara-Purusha H (Amara-Puruṣa), Skrt.; das unsterbliche Selbst, die Seele.

Amarāvatī, B südind. Stadt; im 2.–3. Jh. ein bedeutendes Zentrum buddhist. Kunst, in der sich die Anfänge des → Mahāyāna widerspiegeln. Die Kunstwerke bilden den Übergang zwischen früher buddhist. Kunst und dem → Gandhāra-Stil und übten großen Einfluß auf die Kunst des südostasiat. Raumes, vor allem im heutigen Sri Lanka, Indonesien, Thailand, aus.

Wichtigstes Kunstdenkmal in Amarāvatī ist ein im Osten der Stadt gelegener → Stūpa, der nach buddhist. Tradition Reliquien des historischen Buddha enthält. Die Entdeckung eines Säulenedikts des Kaisers → Ashoka (3. Jh. v. Chr.) läßt darauf schließen, daß der Stūpa von Ashoka errichtet wurde.

Amarāvatī war das Zentrum der Schule der → Mahāsānghikas. Pilger sollen sogar aus → Pātaliputra hierher gekommen sein. Der berühmte chin. Pilger → Hsüan-tsang (7. Jh.) berichtet, daß in Amarāvatī mehr als 20 blühende Klöster existierten.

Ambā, H Skrt., wörtl.: »Mutter«; ein Name für → Shakti, die Göttliche Mutter.

Ambedkar B, Bhimrao Ramji, 1891–1956, ind.

Jurist und einer der Väter der ind. Verfassung; Begründer der Bewegung zur Konvertierung von Angehörigen der untersten Kaste des ind. Sozialsystems zum Buddhismus. Ambedkar, ursprünglich selbst Hinduist, trat 1956 in Nagpur im Rahmen einer großen Zeremonie gemeinsam mit 500 000 »Unberührbaren« öffentlich zum Buddhismus über. Millionen von Unberührbaren sind ihm seitdem gefolgt, vor allem in Gebieten, in denen die von Ambedkar geführte Republikanische Partei aktiv ist. Diese Verbindung von Religion und Politik hat zu Kritik an der Bewegung geführt, deren Gegner sie als reine Zweckgemeinschaft ansehen.
Ambedkars Buch *The Buddha and his Dhamma* (1957) dient der Anleitung seiner Anhänger; darin betont er den sozialrevolutionären Aspekt der buddhist. Lehre, die für ihn eine rein rationale Religion darstellt. – Sein Werk wird von der von ihm gegründeten »Buddhistischen Gesellschaft Indiens« weitergeführt.

Amida, B Z jap. für → Amitābha

Amidismus, B Z Oberbegriff, unter dem all jene Schulen des chin. und jap. Buddhismus zusammengefaßt werden, die den Buddha → Amitābha (jap. Amida) zum Mittelpunkt ihrer Lehre gemacht haben. Dazu zählen die Reines-Land-Schule, Jōdo-shin-shū und Jōdo-shū (siehe dort).
Auch → Shinran, → Nembutsu, → Reines Land, → Sukhāvatī, → Tariki, → Hui-yüan.

Amita, B Skrt. → Amitābha

Amitābha H B Z, auch Amita, Skrt. (jap. Amida), wörtl.: »Grenzenloses Licht«; einer der wichtigsten und volkstümlichsten Buddhas des → Mahāyāna, der im frühen Buddhismus unbekannt ist. Er ist Herrscher über das »Westliche Paradies« Sukhāvatī, das nicht als Lokalität, sondern als Bewußtseinszustand zu verstehen ist (→ Reines Land). Amitābha steht im Zentrum der Verehrung in der Schule des Reinen Landes des chin. und jap. Buddhismus (→ Amidismus). Er symbolisiert Erbarmen und Weisheit.
Ikonographisch wird Amitābha manchmal geschmückt mit einer Edelsteinkrone, manchmal mit geschorenem Haupt als Mönch Dharmakara, der er in einer früheren Existenz war, dargestellt. Meist sitzt er inmitten einer Lotosblüte, dem Symbol der Reinheit. Seine Hände bilden die → Mudrā der Meditation oder der Darlegung der Lehre. Er tritt vielfach gemeinsam mit → Avalokiteshvara zu seiner Linken und → Mahāsthāmaprāpta zu seiner Rechten auf, wobei Amitābha sitzt, die beiden Bodhisattvas stehen. Eine andere Darstellungsform zeigt ihn gemeinsam mit → Bhaishajya-guru-Buddha.
Der Überlieferung nach soll Amitābha ein König gewesen sein, der, nachdem er mit der buddhist. Lehre in Berührung gekommen war, auf seinen Thron verzichtete und unter dem Namen Dharmakara Mönch wurde. Er faßte den Entschluß, ein Buddha zu werden und

Amitābha.

dadurch in den Besitz eines Paradieses zu gelangen, in dem es seine Verdienste erlauben würden, den darin Lebenden bis zu ihrem endgültigen Eingehen ins Nirvāna ein Leben in Seligkeit zu gewähren. Er legte 48 Gelübde ab, die ihn verpflichteten, die Wesen auf dem Weg zur Erlösung zu unterstützen. Die wichtigsten davon sind:
(18) »Wenn, o Herr, nachdem ich [einstmals] Erleuchtung erlangt habe, Wesen in anderen Weltsystemen durch das Hören meines Namens ein Denken an höchste vollkommene Erleuchtung entwickeln und klaren Geistes meiner gedenken – wenn ich nicht in deren Todesmoment, nachdem ich, umgeben von einer Schar von Mönchen, zu ihnen gegangen bin, als der Verehrte vor ihnen stehen sollte, um ihren Geist vor Angst zu bewahren – nicht möge ich dann zur höchsten vollkommenen Erleuchtung gelangen.« – (19) »Wenn, o Herr, nachdem ich [einstmals] Erleuchtung erlangt habe, Wesen in unermeßlichen, zahllosen Buddha-Ländern durch das Hören meines Namens ihr Denken auf Wiedergeburt dort in [meinem] Buddha-Land richten und die Wurzeln des [karmischen] Verdienstes entsprechend zur Reife bringen sollten – wenn sie nicht dort in [meinem] Buddha-Land wiederentstehen sollten, und hätten sie auch nur zehnmal das Denken [auf mich und mein Buddha-

Paradies] gerichtet ... – nicht möge ich dann zur höchsten, vollkommenen Erleuchtung gelangen.« (Zit. n. H. W. Schumann, 1976, S. 168.) Durch seine meditative Praxis verwirklichte er seine Gelübde, und er wurde zum Buddha Amitābha und Herrscher über → Sukhāvatī.

Die Amitābha-Verehrung stellt einen wesentlichen Wendepunkt in der Entwicklung des Buddhismus dar. Mit ihr eröffnet sich ein neuer Heilsweg, der nicht durch eine endlose Anzahl von Wiedergeburten führt. Nicht durch eigene Kraft wie in der ursprünglichen Lehre, sondern dank der Hilfe von außen, durch den Erlösungswillen eines Buddha, wird der Zugang zur Erlösung in schneller, leichter Weise möglich (→ Tariki). Allein das Anrufen des Namens von Amitābha, vor allem in der Todesstunde, genügt, um in einer Lotosblüte im Paradies Sukhāvatī wiedergeboren zu werden. – Die Formel der Verehrung von Amitābha lautet jap.: »Namu Amida Butsu« (→ Nembutsu), auf chin. »Namo o-mi-to-fo«, was soviel wie »Verehrung dem Buddha Amitābha« bedeutet.

Amitābha-Sūtra, 🅱 Skrt., »Sūtra des Buddha Amitābha«; eines der drei Sūtras, die die Lehrgrundlage der → Reines-Land-Schule in China und Japan bilden. Dieses Sūtra, auch »kürzeres → *Sukhāvatī-Vyūha*« genannt, beschreibt die einfachste Form der Praxis dieser Schule: das Rezitieren von Buddha Amitābhas Namen: Ist während einer gewissen Zeit der Geist des Übenden einzig und allein vom Namen Amitābhas erfüllt, so bewirkt diese ungebrochene Sammlung, daß Amitābha und sein Gefolge dem Praktizierenden in seiner Todesstunde erscheinen, dieser nicht durch Angstgefühle verwirrt wird und daher im »Reinen Land« des Buddha Amitābha (→ Sukhāvatī) wiedergeboren werden kann. – Dieses Sūtra existiert nur in chin. Übersetzungen; die berühmtesten stammen von → Kumārajīva und → Hsüan-tsang.

Amitāyurdhyāna-Sūtra, 🅱 Skrt., »Sūtra der Betrachtungen über den Buddha → Amitāyus, den Buddha des unermeßlichen Lebens«; eines der drei Sūtras, die die Lehrgrundlage der → Reines-Land-Schule bilden. Es gibt eine Beschreibung des »Reinen Landes« des Buddha Amitābha oder Amitāyus und der Praxis dieser Schulrichtung: Durch das Führen eines »reinen Lebens«, d. h. durch das Einhalten der Sittenregeln (→ Shīla) und das Rezitieren von Amitābhas Namen, können die Folgen aller unheilsamen Taten ausgelöscht und eine Wiedergeburt im Reinen Land erlangt werden.

Dieses Sūtra zeigt die traditionelle Auffassung von der Entstehung der Lehre des Reinen Landes, die schon der historische Buddha dargelegt haben soll: Königin Vaidehi, die Mutter von → Ajātasattu, der sie und ihren Gatten, König → Bimbisāra, eingekerkert hatte, flehte den Buddha, der ihr erschienen war, an und fragte ihn nach einem Ort, wo sie ein friedlicheres, glücklicheres Leben führen könnte. Der Buddha ließ alle Buddha-Länder vor ihr entstehen, unter denen sie wählen konnte. Vaidehi entschied sich für das Reine Land → Sukhāvatī. Daraufhin unterrichtete der Buddha sie in der richtigen Meditation, die zu einer Wiedergeburt in diesem Paradies führen würde. Er lehrte sie folgende 16 Visualisationen, die die Verwirklichung einer der neun möglichen Stufen der Wiedergeburt im Reinen Land, je nach Veranlagung des Wesens, bewirken können: Betrachtung der untergehenden Sonne; des Wassers; des Grundes; der wunderbaren Bäume; des Heilverleihenden Wassers; der Seligen Welt der wunderbaren Bäume; des Grundes und des Wassers; des Lotosthrones; der Erscheinungsformen der Drei Heiligen (Amitābha, → Avalokiteshvara, → Mahāsthāmaprāpta); der körperlichen Erscheinungsformen des Buddha Amitāyus; des Bodhisattva Avalokiteshvara; des Bodhisattva Mahāsthāmaprāpta; des Amitābha im Seligen Bereich; der Drei Heiligen im Seligen Bereich; der obersten Geburtsklasse im Seligen Bereich; der Mittleren und der unteren Geburtsklasse. Diese Visualisationen erlauben es dem Übenden, im gegenwärtigen Leben Amitābha und seine beiden Begleiter, Avalokiteshvara und Mahāsthāmaprāpta, zu sehen, was als sicheres Zeichen für eine Wiedergeburt im Reinen Land interpretiert wird.

Amitāyus, 🅱 Skrt., wörtl.: »Unermeßliches Leben«; Erscheinungsform des Buddha → Amitābha. Er wird ikonographisch sitzend dargestellt, ein Gefäß, das den Nektar der Todlosigkeit enthält, in den Händen.

Amoghasiddhi.

Amoghasiddhi, 🅱 🆉 Skrt., wörtl.: »Der sein Ziel unbeirrt verwirklicht«; einer der fünf transzendenten Buddhas, dem als irdischer Buddha → Maitreya und als transzendenter Bodhisattva Vishvapani zugeordnet ist. Amoghasiddhi wird meist mit der Geste der Furchtlosigkeit (→ Mudrā) dargestellt; sein Emblem ist der Doppel-Vajra (→ Vajra).

Amrita 🅷 (Amṛta), Skrt., wörtl.: »unsterblich«; Unsterblichkeitstrank, das Wasser des Lebens; ein in den Veden häufig gebrauchter Begriff. Auch der → Soma wurde oftmals so bezeichnet (→ Umrühren des Ozeans).

Amritattva 🅷 (Amṛtattva), Skrt.; Unsterblichkeit, ewiges Leben; in der Körperebene nicht möglich, sondern nur erreichbar durch Verwirklichung des wahren Selbst (→ Ātman), das als absolutes Bewußtsein identisch ist mit Gott (→ Brahman).

Ānabodhi, 🆉 12. Patriarch in der ind. Linie des → Zen; evtl. identisch mit Ashvaghosha.

Anāgāmin, 🅱 Skrt., Pali, wörtl.: »Nie-Wiederkehrer«; bezeichnet diejenigen Anhänger des → Hīnayāna, die sich auf der dritten Stufe des überweltlichen Pfades (→ Ārya-Mārga, → Ārya-Pudgala) befinden. Sie sind frei von den ersten fünf der »Fesseln« (→ Samyojana), dem Ichglauben, dem Zweifel, dem Hängen an Riten und Regeln, der Begierde und dem Groll. Ein Anāgāmin wird niemehr in dieser Welt wiedergeboren.

Anāgārika, 🅱 Pali, wörtl.: »Hausloser«; ein Mann, der in die → Hauslosigkeit geht, ohne aber formal dem buddhist. Mönchsorden beizutreten. Zu Zeiten des Buddha gab es in Indien zahlreiche Gruppen von Anāgārikas, von denen jede ihre eigene Lehrtradition besaß. Eine davon war der → Sangha. Im modernen Buddhismus verwendete → Dharmapāla zum ersten Mal diese Bezeichnung.

Anahana, 🆉 die jap. Lesart des Sanskrit-Wortes *ānāpāna,* das im ind. Yoga die Regelung des Atems bezeichnet. Anders als im Yoga wird im Zen der Atem nicht »kontrolliert« oder »geregelt«; Anahana bedeutet hier den natürlichen, rhythmischen Fluß des Atems. Der Atem spielt zwar auch in der Übung des Zen (→ Zazen) eine Rolle, aber nur so weit, als man dabei des Atemflusses gewahr ist, ohne diesen jedoch in irgendeiner Weise zu beeinflussen.

Während Yoga davon ausgeht, daß die Regelung der Atmung eine Beruhigung des Geistes zur Folge hat, baut man im Zen darauf, daß durch die Sammlung des Geistes beim Zazen der Atem sich ganz von selbst beruhigt, während eine willentliche Beeinflussung des Atems durch Einmischung eher zu inneren Spannungen führt und zudem von der eigentlichen Zen-Übung ablenkt. Anfänger im Zazen erhalten oft als erste Übung das »Zählen der Atemzüge (→ Susoku-kan), das jedoch ebenfalls kein Ānāpāna im Sinne des Yoga (→ Prānāyāma) ist. (Auch → Ānāpānasati)

Anāhata-Chakra, 🅷 🅱 Skrt. → Chakra, 4.

Anāhata-Shabda 🅷 (Anāhata-Śabda), Skrt., wörtl.: »unangeschlagener Klang«; ein mystischer Klang, oft auch Sphärenmusik genannt, der in einem gewissen Stadium der spirituellen Entwicklung in der Meditation wahrgenommen werden kann. Auch das → OM wird gelegentlich als Anāhata-Shabda bezeichnet (Siehe dazu auch → Chakra.)

Ānanda, 🅷 🅱 🆉 Skrt., wörtl.: »Seligkeit«, absolute Freude.

🅷 Nicht die Freude an den Sinnesobjekten, die ja vergänglich sind, sondern die Seligkeit eines Zustandes jenseits aller Dualität und aller Gegensatzpaare.

→ Vedānta ist der Auffassung, daß ein Bewußtseinszustand, der frei vom Denken ist, also weder Krankheit, Alter, Tod, noch Angst, Sorgen, Leid und Kummer projiziert, reine Seligkeit ist. Bei der begrifflichen Umschreibung des abstrakten Begriffs → Brahman wird im Vedānta die Formulierung »Sat-Chit-Ānanda« benutzt, wobei Ānanda, die unbeeinträchtigte, absolute Seligkeit, nur im → Samādhi erfahren wird und göttlichem Bewußtsein gleichzusetzen ist. – In den Mönchsorden der → Shankara-Tradition enden die Namen der → Sannyāsin auf *-ānanda,* z. B. Vivekānanda.

🅱 🆉 Name eines der bedeutendsten Schüler des historischen Buddha. Er war ein Vetter des Buddha und trat dem buddhist. Orden zwei Jahre nach dessen Gründung bei. Bedeutend für die Geschichte des Buddhismus wurde er, als er im 20. Jahr der Lehrtätigkeit des Buddha sein persönlicher Diener wurde. Ānanda war berühmt für sein überragendes Gedächtnis, aufgrund dessen er die Lehrreden des Buddha festzuhalten vermochte. Seine Darlegung der Lehrreden bildete die Grundlage für die Kodifizierung des → Sūtra-Pitaka beim 1. Konzil. Ānanda ist einer der → Zehn Großen Jünger des Buddha. – Im Zen gilt Ānanda als der 2. ind. Patriarch.

Ānanda wird in den kanonischen Schriften oft für seine Demut und Hingabe gegenüber dem Buddha gepriesen. Die Funktion eines persönlichen Dieners nahm

Ānanda erst an, nachdem der Buddha ihm zugesichert hatte, ihm durch seine Position keine Vorteile zukommen zu lassen. Ānanda war es auch, der das Mordkomplott des → Devadatta gegen den Buddha vereitelte. Ānanda setzte sich mehr als alle anderen für die Sache der Frauen ein, er predigte die Lehre vor Nonnen und erst auf seine Intervention hin bewilligte der Buddha die Gründung des Nonnenordens. Dies wurde Ānanda noch beim 1. Konzil vorgeworfen. Er soll erst nach dem Tode des Buddha, unmittelbar vor Beginn des 1. Konzils, die Arhatschaft erlangt haben.

Ānandagiri, H ein bedeutender Schüler von → Shankara. Er lebte im 9. oder 10. Jh. und schrieb eine der besten Biographien über den Heiligen, *Shankaravijaya* (»Shankaras Sieg«), in der er neben Shankaras Leben auch seine Kontroversen und Auseinandersetzungen mit den Gegnern seiner Lehren beschreibt. Ānandagiri ist auch der Verfasser des *Nyāyanirnaya,* eines → Advaita-Vedānta-Werks, das sich mit den Auffassungen des → Nyāya auseinandersetzt.

Ānandamaya-Kosha H (Ānandamaya-Kośa), Skrt.; die letzte Hülle, die das Selbst verdeckt, auch Seligkeitshülle oder Ursachehülle genannt (→ Kosha).

Ānandamayī Mā, H 1896–1982, wurde in Kheora (Ostbengalen, heute Bangladesh) geboren. Die Eltern gehörten der Brahmanenkaste an und gaben ihr den Namen Nirmalā Sundarī Devī. Mit zwölf Jahren wurde sie verheiratet, zeigte aber von früher Jugend an nur Interesse für ein spirituelles Leben. Innerhalb von sechs Jahren durchlief sie alle Yoga-Wege, die zur Erleuchtung führen. Sie nannte das ihr »→ Līlā des → Sādhana«. Nach ihrer Erleuchtung erhielt sie den Namen Ānandamayī Mā (»die von Seligkeit durchdrungene Mutter«). Bald sammelten sich Schüler und Verehrer um sie, die 1929 in Dacca den ersten Āshrama für sie errichteten. 1932 begab sie sich nach Dehradun am Fuße des Himālaya, wo 1936 ein weiterer Āshrama für sie entstand. Von da an reiste sie jahrzehntelang durch ganz Indien, um spirituell Suchenden aller Schichten Trost und Hilfe zu bringen. Es entstanden zahlreiche Āshramas unter ihrem Namen, die wichtigsten in Kalkutta, Benares und Kankhal/Hārdvār. Am 27. 8. 1982 hat sie in ihrem Āshrama in Dehradun ihren Körper aufgegeben. Eine Auswahl von Aussagen der Heiligen findet sich in: Anandamayi Ma, *Worte der glückseligen Mutter,* Heiligkreuzsteinach 1980.

Ānandamayī Mā erlangte Erleuchtung ohne Guru und ohne Studium der heiligen Schriften. Jede Erleuchtung führt zur Einsicht in die Nicht-Zweiheit (→ Advaita), und sie gab dieser Erfahrung konsequent Ausdruck. Sie sprach von sich selbst als »dieser Körper« oder »diese kleine Schwester«. Ihre Anhänger nannten sie auf Hindi »Mātājī« (verehrte Mutter) und auf Bengali »Mā« (Mutter). Ihre Bedeutung für die spirituelle Erneuerung des Hinduismus ist gewaltig. Sie hat nie Vorträge gehalten, sondern nur Fragen beantwortet. Ihre Antworten kamen nicht aus dem Verstand, sondern spontan aus einem höheren Bewußtseinszustand, wodurch sie in der Lage war, das richtige Wort in rechter Weise zur rechten Zeit für den Wahrheitssucher zu finden, gleich, ob er ein Gläubiger, Atheist, Künstler oder Gelehrter, Gebildeter oder Analphabet, ob er ein Anfänger oder ein Fortgeschrittener war. Sie hat oft gesagt, sie spräche nicht zu einem »Anderen«. Ihre Äußerungen verbanden alle Glaubensrichtungen, Philosophien und Yoga-Wege miteinander, aber sie selbst stand jenseits davon und darüber. Sie pflegte zu sagen: »Dieser Körper ist wie ein Musikinstrument; was ihr hört, hängt davon ab, wie ihr darauf spielt.«

Ānanda-Purusha H (Ānanda-Puruṣa), Skrt.; Begriff der → Upanischaden, mit dem klargemacht werden soll, daß unser wahres Selbst nichts anderes als Seligkeit sein kann.

Ānandatirtha, H → Madhva

Ananta, H Skrt., wörtl.: »unendlich«; 1. ein Name für → Vishnu; Bezeichnung für die Schlange, auf der Vishnu lagert; 2. wie ein spirituell Strebender Gott betrachten sollte.

Ānāpānasati, B Pali; Wachsamkeit beim Ein- und Ausatmen, Betrachtung des Atems. Eine der wichtigsten Vorübungen zur Erreichung der Vier Vertiefungen oder Versenkungen (→ Dhyāna). Ānāpānasati besteht im Zählen der Atemzüge, was eine Beruhigung des Geistes zur Folge hat. Diese Übung stellt die grundlegende Vorübung zur Meditation in den verschiedenen Schulen des Buddhismus dar. Im Ānāpānasati wurden die im Yoga so beliebten Atemübungen zur Übung der Wachsamkeit oder → Achtsamkeit (Sati). Die einzelnen Atemzüge werden bewußt ausgeführt und aufmerksam verfolgt, aber der Atem wird nicht »geregelt«. Dann wird die Aufmerksamkeit gleichzeitig auch auf andere psychische und physische Vorgänge gerichtet.

Im *Satipatthāna-Sutta* wird diese Übung so beschrieben: »Lang einatmend weiß der Mönch: ›Lang atme ich ein‹, oder lang ausatmend weiß er: ›Lang atme ich aus.‹ Kurz einatmend weiß er: ›Kurz atme ich ein‹, oder kurz ausatmend weiß er: ›Kurz atme ich aus.‹ – ›Den ganzen Körper empfindend werde ich einatmen‹, so übt er sich; ›den ganzen Körper empfindend werde ich ausatmen‹, so übt er sich. ›Die Körperfunktion besänftigend werde ich einatmen‹, so übt er sich; ›die Körperfunktion besänftigend werde ich ausatmen‹, so übt er sich. – ›Die Verzückung empfindend‹ ... ›das Wohlgefühl empfindend‹ ... ›die geistige Funktion empfindend‹ ... ›die geistige Funktion besänftigend‹ ... ›den Geist empfindend‹ ... ›den Geist erheiternd‹ ... ›den Geist sammelnd‹ ... ›den Geist befreiend‹ ... ›das Vergängliche betrachtend‹ ... ›die Loslösung betrachtend‹ ... ›die Erlöschung betrachtend‹ ... ›das Fahrenlassen betrachtend werde ich einatmen‹, so übt er sich; ›das Fahrenlassen betrachtend werde ich ausatmen‹, so übt er sich.« (Zit. n. Nyanatiloka, 1976.)

Anāthapindika, B reicher Kaufmann aus Shrāvastī, der zu Zeiten des Buddha → Shākyamuni lebte und einer seiner berühmtesten Laienanhänger war. Er erwarb um viel Geld den → Jetavana-Hain, wo er für den Buddha und dessen Schüler ein Kloster errichten ließ. Es wurde der bevorzugte Aufenthaltsort des Buddha, und er verbrachte den größten Teil der Regenzeit dort. In den Sūtras wird Anāthapindika als der größte Almosenspender beschrieben; eine Reihe von Lehrreden im → *Anguttara-Nikāya* sind an ihn gerichtet.

Anātman, B Skrt. (Pali: Anatta), Nicht-Selbst, Nicht-Wesenhaftigkeit ; eines der drei Merkmale alles Seienden (→ Trilakshana). Die Anātman-Doktrin ist eine der zentralen Lehren des Buddhismus und besagt, daß kein Selbst (→ Ātman) im Sinne einer unvergänglichen, ewigen, einheitlichen und unabhängigen Substanz innerhalb eines individuell Seienden existiert. So ist auch das Ich im buddhist. Sinn nichts als eine aus den fünf Daseinsgruppen (→ Skandha) zusammengesetzte, vergängliche und veränderliche, daher leidhafte empirische Persönlichkeit.

Im → Hīnayāna bleibt diese Vorstellung auf die Persönlichkeit beschränkt; im → Mahāyāna wurde sie auch auf alle anderen → Dharmas bezogen, die bedingt entstanden sind (→ Pratītya-Samutpāda). Dieses Freisein von einer Selbstnatur (→ Svabhāva) wird im Mahāyāna mit *shūnya* (leer) bezeichnet (→ Shūnyatā).

Nach gängiger hinduist. Vorstellung ist die Seele, das höhere Ich oder Selbst (→ Ātman), wesenhaft gekennzeichnet durch Unvergänglichkeit und Leidfreiheit. Im Buddhismus wurde die nach seiner Auffassung aus den fünf vergänglichen Skandhas bestehende Persönlichkeit nicht als ein ewiges Ich (Selbst), sondern nur als ein konventionelles Ich der alltäglichen Erfahrung angesehen.

Buddha selbst hat zu der Frage, ob ein Selbst existiere oder nicht, nie eindeutig Stellung bezogen, um keine neuen Vorstellungen, die für eine spirituelle Praxis irrelevant und hinderlich sind, aufkommen zu lassen. Die Lehre vom Nicht-Selbst ist daher mehr als »heilspädagogisches« Mittel und nicht so sehr als philosoph. Doktrin aufzufassen. Doch im Lauf der Entwicklung des buddhist. Gedankensystems kam es immer mehr zu einer eindeutigen Leugnung der Existenz eines Selbst. Nur die Schule der → Vātsīputrīyas bejaht die Vorstellung eines Selbst. Doch diese Ansicht wurde von den übrigen buddhist. Richtungen als falsch angesehen.

Im Buddhismus konzentrieren sich die Methoden zur Erlangung der Befreiung darauf, den Glauben an ein Ich, der das wesentliche Hindernis für die Verwirklichung des Nirvāna darstellt, auszuräumen. Das Festhalten an der Vorstellung eines Ich, die die Hauptursache für alle Leidenschaften bildet, muß vollständig überwunden werden; denn durchschaut man die Unpersönlichkeit des Daseins nicht und erkennt man es nicht als einen Fluß des Entstehens und Vergehens körperlicher und geistiger Phänomene, in dem es kein konstantes Ich gibt, vermag man nicht die → Vier Edlen Wahrheiten in ihrer wirklichen Bedeutung zu erfassen und die für die Erlösung wesentliche Einsicht zu erlangen.

Anātma-Vritti-Nirodha H (Anātma-Vṛtti-Nirodha), Skrt.; Zügelung grober Impulse; Beherrschung des Denkens, wenn es die Form von Zorn, Angst, Gier usw. angenommen hat.

Anavasthi-Tattva, H Skrt.; Unbeständigkeit bei den spirituellen Übungen, verursacht durch die Vorstellung, die höchste Stufe des → Samādhi schon erlangt zu haben.

Andaja, H B Skrt. → Chatur-Yoni

Anga H (Aṅga), Skrt., wörtl.: »Glied, Bestandteil«; 1. die acht Glieder oder Stufen des → Rāja-Yoga; 2. ein Teil der heiligen Schriften des → Jainismus. Die Angas gehören zum kanonischen Text, der im 5. Jh. n. Chr. endgültig festgelegt wurde und in → Prākrita geschrieben ist. Später wurde eine Sanskrit-Terminologie entwickelt, um den Jainismus gegen die orthodoxen Schulen des Hinduismus zu verteidigen.

Angkor Wat, H B Tempelanlage in Zentralkambodscha, die als Höhepunkt der klassischen Kunst und Architektur der Khmer gilt. Unter König Surjawarman II. (1113–1150) erbaut, war Angkor Wat zunächst ein → Vishnu geweihtes hinduist. Heiligtum. Seit die nachfolgenden Könige der Khmer zum Buddhismus übertraten, wurde Angkor Wat als buddhist. Heiligtum genutzt. Nach der Zerstörung von Angkor durch die Thai und die Flucht der Khmer-Könige nach Phnom Penh im 15. Jh. geriet Angkor Wat in Vergessenheit, wurde vom Urwald überwuchert und erst im 19. Jh. wiederentdeckt.

Ango, Z jap., wörtl.: »in Frieden verweilen«; dreimonatige Periode intensiver geistiger Schulung in einem Zen-Kloster während der Regenzeit im Sommer (deshalb auch Ge-Ango: Sommer-Ango, oder U-Ango: Regen-Ango).

Anguttara-Nikāya, B Pali (Skrt.: *Ekottarāgama,* auch *Ekottarikāgama*), wörtl.: »angereihte Sammlung«; vierte Sammlung des → Sūtra-Pitaka. Sie setzt sich aus Texten zusammen, die zahlenmäßig gegliedert sind, je nachdem ob die behandelten Dinge allein oder in Gruppen auftreten, wonach man elf Abteilungen (Nipāta) unterscheidet. Die hier aufgenommenen Sūtras, die i. allg. kürzer als die der anderen Sammlungen sind, weisen umfangreiche Aufzählungen auf und erinnern stark an den → Abhidharma.

Angya, Z jap., wörtl.: »Fußwanderung«; die Pilgerschaft eines jungen Zen-Mönchs (→ Unsui), der seine erste Schulungsphase in einem Provinztempel abgeschlossen hat, zu einem Zen-Kloster, in dem er Aufnahme zu finden hofft, um dort unter einem Zen-Meister (→ Rōshi) geschult zu werden.

Die Pilgerschaft zu weit entfernten Klöstern durch oft unwegsames Gelände war in alten Zeiten nicht ohne Gefahren und wurde als Gelegenheit für den Unsui angesehen, seine physische und charakterliche Stärke unter Beweis zu stellen, bei der Bewältigung unvorhergesehener Gefahren Geistesgegenwart zu entwickeln und durch das Zusammentreffen mit vielen verschiedenen Menschen in freudigen wie widrigen Situationen innerlich zu reifen. Zur vorgeschriebenen Ausrüstung eines Unsui für Angya gehört ein runder Strohhut mit tief heruntergezogenem Rand (jap. *kasa*), der den Blick des Pilgers auf den Weg vor sich lenkt und daran hindert umherzuschweifen, was der geistigen Sammlung, die der Mönch während der gesamten Pilgerschaft aufrechterhalten soll, unzuträglich wäre. Ein schwarzer Umhang, weiße Baumwollhosen und Strohsandalen gehören ebenfalls zur Ausrüstung. Auf der Brust trägt der Mönch ein Bündel mit seinen Mönchsgewändern für Sommer und Winter, seiner Eß- und Bettelschale (→ Jihatsu), einem Rasiermesser zum Scheren des Haupthaars und einigen Sūtra-Texten. Auf dem Rücken trägt er einen zusammengerollten Regenumhang aus Stroh (jap. *mino*).

Hat der Mönch alle Widrigkeiten der Pilgerschaft überstanden und ist bei seinem Zielkloster angelangt, so wird ihm dort oft der Zutritt verwehrt, um die Ernsthaftigkeit seines Verlangens nach geistiger Schulung (→ Kokorozashi) auf die Probe zu stellen. Wird er nach manchmal tagelangem Ausharren vor dem Kloster (→ Niwa-Zume), nicht selten in Regen und Schnee, oder im Vorraum des Klosters (→ Genkan) schließlich eingelassen, so muß er mit einem einwöchigen Sitzen (Zazen) in einer einsamen Zelle unter strengsten Bedingungen (→ Tanga-Zume) eine weitere Probe seiner Ernsthaftigkeit ablegen, bevor er endgültig in die Klostergemeinschaft aufgenommen wird (→ Sandō).

Animitta, B Skrt., Pali; die Formlosigkeit, Merkmallosigkeit aller → Dharmas; das Kennzeichen der absoluten Wahrheit, die keine Unterscheidungen kennt.

Aniruddha, H B Skrt.

H Ein Sohn von → Pradyumna und Enkel von Krishna.

Eine Daitya-Prinzessin namens → Ushā verliebte sich in Aniruddha und brachte ihn durch magische Kräfte in ihre Gemächer in der Stadt ihres Vaters → Bāna. Dieser sandte Häscher aus, um ihn zu fangen, aber Aniruddha erschlug sie mit einer eisernen Keule. Darauf entführte Bāna ihn durch seine okkulten Kräfte. Als Krishna, → Balarāma und Pradyumna die Entführung entdeckten, wollten sie Aniruddha retten. Eine große Schlacht entbrannte, in der Bāna von Shiva und Skanda, dem Kriegsgott, unterstützt wurde. Trotzdem unterlag er, aber durch Shivas Intervention wurde sein Leben verschont. Aniruddha kehrte mit Ushā als seiner Gemahlin nach → Dvāraka zurück.

B Einer der → Zehn Großen Jünger des Buddha.

Anīsh H (Anīś), Skrt., wörtl.: »kein Herrscher«; ein Mensch, der nicht frei ist, sondern durch Nicht-Erkenntnis gefesselt.

Anitya, H B Skrt., wörtl.: »Unbeständigkeit«.

H Nichts ist von Dauer, sondern alles ist im Fluß von Werden und Vergehen; das Merkmal der → Māyā, deren einzige Beständigkeit der Wandel ist.

B (Pali: Anicca); »Vergänglichkeit« oder »Unbeständigkeit« stellt eines der drei Merkmale alles bedingten Seiens dar (→ Trilakshana). Vergänglichkeit ist die Grundeigenschaft alles Bedingten, das entsteht, besteht und vergeht. Von ihr werden die beiden weiteren Merkmale des Daseins, Leidhaftigkeit und Nicht-Wesenhaftigkeit (→ Duhkha, → Anātman), abgeleitet. Unbeständigkeit ist die Grundlage des Lebens, ohne die Dasein nicht möglich wäre, und auch die Vorbedingung für die Möglichkeit, Erlösung zu erlangen. Ohne das Erkennen von Anitya gibt es keinen Eintritt in den überweltlichen Pfad (→ Ārya-Mārga); die zum »Stromeintritt« (→ Shrota-Āpanna) führende Einsicht wird daher auch oft gleichgesetzt mit dem Erkennen der Vergänglichkeit und Unbeständigkeit des Daseins.

Auf der Vergänglichkeit basiert die Leidhaftigkeit des Daseins, da Phänomene wie Entstehen, Existieren, Vergehen, die die Vergänglichkeit ausmachen, an sich leidhaft sind. Die Vergänglichkeit der fünf Daseinsgruppen (→ Skandha) erklärt die Nicht-Wesenhaftigkeit, da nichts, das vergänglich und damit leidhaft ist, ein »Selbst« darstellen kann, das nach hinduist. Vorstellung, die den Buddhismus geprägt hat, Unvergänglichkeit und Leidfreiheit einschließt. – Im Mahāyāna wird von der Vergänglichkeit aller → Dharmas auf ihre Leere (→ Shūnyatā) geschlossen.

Anja, Z jap.; im Zen gebräuchliche Aussprache des sonst *gyōja* gesprochenen Wortes, mit dem der Sanskrit-Terminus *achārin* für einen buddhist. Asketen oder Wandermönch ins Japanische übersetzt wird. Anja ist die Bezeichnung für einen Zen-Mönch, der dem → Rōshi aufwartet.

Añjali, H Skrt.; 1. eine Haltung des → Hatha-Yoga, bei der die Hände mit nach oben gerichteten Fingern gefaltet werden; 2. die indische Art der Begrüßung durch Zusammenlegen der Handflächen.

Añjali-Mudrā, B Skrt. → Mudrā, 9.

Anjin Z, auch Anshin, jap., wörtl.: »Herz-Geist (→ Kokoro) in Frieden«; Seelenruhe oder Frieden des Geistes, ein Bewußtseinszustand, wie er sich nach Auffassung des Buddhismus letztlich nur aus der Erfahrung der → Erleuchtung ergibt. Im Zen wird die Praxis von → Zazen als einer der kürzesten Wege angesehen, den Frieden des Geistes zu erlangen.

Um diesen Frieden des Geistes geht es in einem berühmten Kōan, das als 41. Beispiel im → *Wu-men-kuan* aufgezeichnet ist: »Bodhidharma saß der Wand zugekehrt. Der Zweite Patriarch, der im Schnee gestanden hatte, schnitt sich den Arm ab und sagte:
›Der Geist Eures Schülers findet noch keinen Frieden. Ich ersuche Euch, Meister, gebt ihm bitte Frieden.‹
Bodhidharma sagte: ›Bring mir deinen Geist her, und ich werde ihn zum Frieden bringen.‹
Der Zweite Patriarch sagte: ›Ich habe nach dem Geist gesucht, doch er ist schließlich unauffindbar.‹
Bodhidharma sagte: ›Dann habe ich ihn gründlich zum Frieden gebracht!‹«

Annamaya-Kosha H (Annamaya-Kośa), Skrt.; die Körperhülle, auch Nahrungshülle genannt, die das Selbst umgibt und uns am bekanntesten und vertrautesten ist (→ Kosha).

Annamāyā-Purusha H (Annamāyā-Puruṣa), Skrt.; nachdem Ātman, das Selbst, die Nahrungshülle (→ Annamāyā-Kosha) angelegt hat, wird es zum materialisierten Bewußtsein, zur körperlichen Person.

Annapūrnā, H Skrt., wörtl.: »die Nahrung Spendende«; 1. ein Name der Göttlichen Mutter; eine der zwei residierenden Gottheiten in → Kāshī, die andere ist → Vishvanātha; 2. Name eines Bergmassivs des Himālaya in Nepal.

Anrakudō, Z jap. → Nehandō

An Shih-kao, B 2. Jh. n. Chr., parthischer Mönch, der um 148 nach China kam und als erster buddhist. Schriften ins Chinesische übersetzte, die vor allem die Praxis des → Dhyāna und Erklärungen numerischer Kategorien zum Inhalt hatten. Er begründete damit die sog. Dhyāna-Schule des frühen chin. Buddhismus (→ Dhyāna-Buddhismus).

An Shih-kao war Kronprinz von Parthien und sollte nach dem Tode seines Vaters den Thron übernehmen, doch trat er in ein Kloster ein und ging vermutlich als Flüchtling nach China, wo er mehr als 20 Jahre lang lebte.

An Shih-kao ist die erste geschichtliche Persönlichkeit des chin. Buddhismus und initiierte die systematische Übersetzung buddhist. Texte durch sog. Übersetzungsbüros. Die Angaben über die Anzahl der von ihm übertragenen Werke variieren zwischen 34 und 176. Diese lassen sich in zwei Kategorien einteilen: 1. Schriften über die Praxis des Dhyāna, die auch vorbereitende Techniken wie Atemzählen (→ Ānāpānasati), → Kasina-Übungen, → Körperbetrachtungen usw. zum Inhalt haben, und 2. Texte, die numerische Kategorien wie die fünf → Skandhas und die sechs → Āyatanas behandeln. – Bei seinen Übersetzungen verwendete An Shih-kao vielfach taoist. Termini, um die buddhist. Fachausdrücke im Chinesischen wiedergeben zu können.

Anshin, Z jap. → Anjin

Anshō-no-Zen, Z jap., wörtl.: »Unwissenheit bezeugendes Zen«; Bezeichnung für einen Zen-Anhänger, sei er Laie oder Mönch, der zwar ein wenig von der Zen-Erfahrung gekostet hat, sich aber zu Unrecht für erleuchtet hält und mit dem Nachreden von Wahrheiten, die er nur vom Hörensagen kennt, seine Unwissenheit offenkundig macht.

Antahkarana H (Antaḥkaraṇa), auch Antarindriya, Skrt., wörtl.: »Inneres Organ«, »Inneres Instrument«; das, was uns denken, empfinden, erinnern und unterscheiden läßt. Es setzt sich zusammen aus → Manas, → Chitta, → Buddhi und → Ahamkāra. Als feine Form der → Prakriti ist Antahkarana leblos, wird aber aktiv und tätig, weil das Bewußtsein des Ātman sich in ihm reflektiert.

Antara-Kumbhaka, H Skrt.; Anhalten des Atems nach einer vollen Einatmung (→ Prānāyāma); ein Terminus des → Hatha-Yoga.

Antaranga-Sādhana H (Antaraṇga-Sādhana), Skrt., wörtl.: »innere spirituelle Übungen«; die letzten drei der acht Stufen des Yoga des → Patañjali, nämlich: → Dhāranā, → Dhyāna und → Samādhi.

Antarātman, H Skrt.; das innere Selbst, der

göttliche Funke; die Instanz, die alle Erfahrungen auswertet, spirituelle Erkenntnis entwickelt und mit der Zeit Gottverwirklichung erreicht.

Antarindriya, H Skrt., identisch mit → Antahkarana

Antarmukha, H Skrt.; nach innen gewendet bzw. Betrachtung der inneren Vorgänge. Dieser Begriff hat Ähnlichkeit mit der Forderung der fünften Stufe des → Rāja-Yoga: dem Abziehen der Sinne von den äußeren Objekten. Beides dient der Vorbereitung auf die Konzentration und Meditation.

Antaryāmin, H Skrt., wörtl.: »innerer Führer«; Gott als unser innerer Herrscher, unser wirkliches Selbst (→ Ātman), das identisch ist mit göttlichem Bewußtsein.

Anubhāva, H Skrt., wörtl. *anu:* »auf etwas hin«, *bhāva:* »Werden, reales Sein«; Erfahrung, unmittelbares Innewerden, Verwirklichung, Gewißheit. Die aus den Schriften gewonnene indirekte Erkenntnis des Göttlichen führt, wenn sie durch Erfahrung verwirklicht wird, zur Gewißheit der direkten Erkenntnis und damit zur Erleuchtung. Dieser ganze Vorgang ist in Anubhāva zusammengefaßt.

Anubhāvi-Guru, H Skrt., wörtl.: »Augenzeuge«; der Guru ist sozusagen Augenzeuge der höchsten Wahrheit, da er sie erfahren und verwirklicht hat.

Anurādhapura, B bis ins 10. Jh. Hauptstadt von Ceylon. In Anurādhapura befinden sich die Klöster Mahāvihāra (einer der Hauptsitze der Schule des → Theravāda) sowie Abhayagiri-Vihāra (das Zentrum eines liberaleren, mahayanist. geprägten Buddhismus). Als die Hauptstadt verlegt wurde, fiel Anurādhapura in Vergessenheit, und erst im 19. Jh. wurden die Tempel, Klöster und Stūpas wiederentdeckt, die wertvolle Zeugnisse der singhalesischen buddhist. Kunst darstellen.

In Anurādhapura befinden sich zwei riesige Dagobas (→ Stūpa), Ruwanweli und Thūparāma, deren Anfänge in vorchristl. Zeit zurückgehen und die den ursprünglichen Typus des Stūpa repräsentieren. Nach Anurādhapura soll ein Ableger des → Bodhi-Baums verpflanzt worden sein.

Anuruddha, B bedeutender singhalesischer Gelehrter des → Theravāda, der zwischen dem 8. und 12. Jh. gelebt hat. Er ist der Verfasser des berühmten Werks *Abhidhammattha-Sangaha* (»Sammlung der Bedeutungen des Abhidharma«) das die gesamte Lehre des Theravāda erläutert und in vieler Hinsicht dem *Visuddhi-Magga* von → Buddhaghosa ähnelt, aber kürzer und schwerer verständlich ist. Anuruddha behandelt darin vor allem Aspekte der Psychologie.

Man schreibt Anuruddha auch noch weitere, weniger bedeutende Werke zu, wie das *Nāmarūparichcheda* (»Über Name und Form, die die Persönlichkeit bilden«) und das *Paramatthavinichchaya* (»Beschluß über den höchsten Sinn«).

Anushaya B (Anuśaya), Skrt. (Pali: Anusaya), wörtl.: »Neigung«; im Buddhismus kennt man sieben Neigungen oder latente Leidenschaften: sinnliches Begehren (→ Kāma), Widerstreben, Ansicht (→ Drishti), Zweifelsucht (→ Vichikitsā), Dünkel (Māna), Daseinstrieb (→ Bhava) und Nicht-Wissen (→ Avidyā). Diese Eigenschaften, die im Unbewußten haften, gelten als Neigungen, da sie die Tendenz haben, immer wieder aufzutreten und das neuerliche Entstehen von sinnlichem Begehren hervorzurufen.

Nach Auffassung des → Theravāda und → Sarvāstivāda sind diese Neigungen geistiger Natur und stehen in Zusammenhang mit dem Denken. Sie haben ein Objekt, moralische Ursachen und sind »schlecht«. Nach Auffassung der → Mahāsānghikas, → Vātsīputrīyas, → Dharmaguptakas u. a. sind die Anushayas getrennt vom Denken und haben kein Objekt und keine moralische Ursache. Sie gelten als moralisch neutral.

Anushthāna H (Anuṣṭhāna), Skrt.; das Vollziehen religiöser Übungen und Riten. Die Anleitungen dazu sind im → Karmakānda der Veden enthalten.

Anussati, B Pali; Betrachtung. In den hinayanist. Sūtras beschriebene Übungen, die ein Freiwerden von den drei unheilsamen Wurzeln Gier, Haß und Wahn (→ Akushala) und ein Erreichen von Verständnis und Freude an der buddhist. Lehre bewirken. Meist werden darunter die sechs Betrachtungen über den Erleuchteten (→ Buddha), die Lehre (→ Dharma), die Gemeinde (→ Sangha), die Sittlichkeit (→ Shīla), die Freigebigkeit (→ Dāna) und die Himmelswesen (→ Deva) verstanden. Dazu kommen an manchen Stellen vier weitere Betrachtungen: über den Tod, den Körper, die Achtsamkeit auf Ein- und Ausatmen (→ Ānāpānasati) und den Frieden.

Anuttara-Samyaksambodhi B (Anuttara-Samyaksaṃbodhi), Skrt.; »Vollkommene universelle Erleuchtung«, vollständige Bezeichnung für Samyak-Sambodhi (Erleuchtung eines Allbuddha), vgl. → Samyak-Sambuddha.

Anuvyavasāya, H Skrt.; eine höhere Form der Wahrnehmung, die nach zäher, entschlossener

Reflexion über das Selbst (→ Ātman) entsteht. Es ist eine unmittelbare, nicht durch das begriffliche Denken gefilterte Wahrnehmung physischer und psychischer Gegebenheiten.

Anvaya, H Skrt.; eine Methode der Übereinstimmung, der logischen Verbindung; was mit unseren eigenen Erfahrungen übereinstimmt und weder ihnen noch der Logik widerspricht.

Anzen, Z jap., wörtl.: »friedvolles Zen«; ein Ausdruck für richtig geübtes → Zazen, bei dem Körper und Geist zu hellwacher Ruhe kommen.

Apadāna, B Pali → *Khuddaka-Nikāya*

Apara-Prakriti H (Apara-Prakṛti), Sktr.; die niedere Natur, in der sich alles Stoffliche wie Körper, Pflanzen und unbelebte Materie manifestiert.

Aparā-Vairāgya, H Skrt.; die Anfangsstufe der Entsagung, in der man Läuterung, Ruhe und Abstand gewinnt.

Apara-Vidyā, H Skrt., wörtl.: »geringeres Wissen«; relative oder indirekte Erkenntnis, die durch Sinne und Intellekt erlangt wird: Erkenntnis der Wissenschaften, Kunst, Schrifttum – Wissen also aus zweiter Hand. (Beispiel: die Kenntnis einer Stadt aus Bildbänden und Stadtplänen, ohne durch ihre Straßen gegangen zu sein.) Das Gegenteil ist → Para-Vidyā.

Aparigraha, H Skrt.; Besitzlosigkeit, Begierdelosigkeit; der Zustand, in dem man frei ist von dem Verlangen nach Horten und Sammeln; eine der fünf Tugenden der ersten Stufe (Yama) des → Rāja-Yoga, die im *Yoga-Sūtra* des → Patañjali gefordert werden und das für alle Stufen geltende »Große Gelübde« (→ Mahāvrata) bilden. Die übrigen vier sind: Satya (Aufrichtigkeit), Ahimsā (Nicht-Verletzen anderer), Asteya (Nicht-Stehlen) und Brahmacharya (Enthaltsamkeit).

Aparoksha H (Aparokṣa), Skrt., wörtl.: »wahrnehmbar, nicht verborgen«, auch: gegenwärtig, sichtbar; eine Bezeichnung für Bewußtsein, das als Wachen, Träumen und Tiefschlaf in jedem Menschen vorhanden ist. → Shankara hat eine Abhandlung geschrieben mit dem Titel *Aparokshānubhūti* (»Direkte Erfahrung der Wirklichkeit«).

Apāya, B Skrt., schlechte Existenzweisen; vier niedrige oder »schlechte« Existenzformen im Daseinskreislauf der Wesen (→ Gati). Dazu zählen Höllenbewohner (→ Naraka), Hungrige Geister (→ Preta), Tiere und Titanen (→ Asura). Letztere werden manchmal zu den höheren Existenzweisen gerechnet oder fehlen in einigen Schulen des südl. Buddhismus gänzlich. Die ersten drei schlechten Existenzweisen werden auch die »Drei bösen Pfade« genannt.

Apramāna, B Skrt. → Brahma-Vihāra

Apramatta, H Skrt., wörtl.: »nicht fahrlässig«; seinem inneren Gesetz treu bleiben, ohne sich selbst zu verlieren; nicht fahrlässig seine schwer zu erlangende menschliche Geburt vergeuden, deren spirituelles Ziel es ist, Befreiung zu erlangen.

Apratisamkhyā-Nirodha B (Apratisaṃkhyā-Nirodha), Skrt.; unbewußte, anstrengungslose Aufhebung (→ Nirodha), Aufhebung ohne verursachenden Grund, ohne das Mitwirken von Weisheit (→ Prajñā). Eines der nicht-bedingten Dharmas (→ Asamskrita) der Sarvāstivāda- und Yogāchāra-Schulen.

Apratishthita-Nirvāna B (Apratiṣṭhita-Nirvāṇa), Skrt., wörtl.: »nicht fixiertes, aktives Erlöschen«; in dieser Art des → Nirvāna verzichtet der Erlöste nach mahayanist. Auffassung auf das restlose Erlöschen und auf das Ausscheiden aus dem Existenzkreislauf. Dennoch ist er nicht an die Zwänge der samsarischen Welt (→ Samsāra) gebunden, in der er aus Mitleid (→ Karunā) weiterhin verbleibt, um alle Wesen auf dem Weg zur Erlösung zu leiten und zu unterstützen. Das Apratishthita-Nirvāna ist das Nirvāna eines transzendenten Bodhisattva.

Musik und Tanz der Apsarās. (Stūpa-Relief aus Bhārhut, 1. Jh. v. Chr.)

Ein aktiv Erlöster ist frei von Gier, Haß und Wahn und handelt, ohne weitere karmische Bindungen zu schaffen. Er ist unabhängig von den Naturgesetzen und kann sich in jeder beliebigen Form manifestieren.

Apsarā, H Skrt., wörtl.: »sich im Wasser bewegend«; die Apsarās sind gefeierte Nymphen im Himmel → Indras.

In den Veden werden außer → Urvashī nur wenige Apsarās erwähnt. Erst in den großen Epen spielen sie eine Rolle. Das *Rāmāyana* und die Purānas führen ihre Herkunft auf das → Umrühren des Ozeans zurück. Als sie aus dem Wasser auftauchten, wollten weder die Götter noch die Asuras sie trotz ihrer Anmut und jugendlichen Schönheit ehelichen. Sie waren deshalb für alle da und wurden Sumad-Ātmajās (»Freudentöchter«) genannt.

Ārādhana, H Skrt.; 1. Verehrung des Göttlichen, Liebe zu und Hingabe an Gott und das Streben nach ihm; 2. Gebet und Wiederholung des göttlichen Namens.

Ārambha-Vāda, H Skrt.; eine Theorie, die besagt, daß die Schöpfung auf Kausalität beruht, also Wirkung einer Ursache ist.

Āranyaka H (Āraṇyaka), Skrt., wörtl.: »zum Wald gehörend«; die Āranyakas sind Nachträge zu den → Brāhmanas, die sich wiederum an die vedischen Samhitās anschließen, und gehören deshalb jeweils zu einem bestimmten Veda (→ Veden). Sie sind als Lektüre für die Waldeinsiedler gedacht, enthalten mystische Betrachtungen sowie die Beschreibung wichtiger Riten und bilden den Ausgangspunkt für die → Upanischaden.

Die in den Āranyakas beschriebenen Riten und kultischen Handlungen galten als besonders heilig und als gefährlich für den Unberufenen, der sie zu früh vollzieht, weil er dadurch Haus, Hof und Leben verlieren könne. Deshalb wurde der Schüler darüber nicht im Dorf, sondern in der Einsamkeit des Waldes belehrt.

Ārati H, auch Aratrika, Skrt.; ein abendlicher Gottesdienst in Form einer → Pūjā mit Blumen, Räucherstäbchen und → Bhajana, bei dem Lichter vor dem Bildnis eines Gottes oder eines Heiligen geschwenkt werden.

Arghya, H Skrt.; Darbringen von Opfern für eine Gottheit bei der rituellen Anbetung der Hindus (→ Pūjā), wobei Blumen, Blätter eines heiligen Baumes, Sandelpaste, Dūrvā-Gras und Reis verwendet werden.

Arhat, B Z Skrt. (Pali: Arahat, chin. → Lo-han, jap. Rakan); Heiliger, der die höchste Stufe, die des »Nicht-mehr-Lernens« auf dem überweltlichen Pfad (→ Ārya-Mārga) des Hīnayāna erreicht hat und im Besitz der Gewißheit ist, daß alle Befleckungen (→ Āsrava) und Leidenschaften (→ Klesha) ausgelöscht sind und in Zukunft nicht wieder entstehen werden. Die Frucht der Arhatschaft ist das Nirvāna mit einem Rest von

Arhat. (9. Jh.)

Bedingungen (→ Sopadhishesha-Nirvāna). Der Arhat erlangt das völlige Erlöschen unmittelbar nach diesem Leben.

Der Arhat stellt das Ideal des frühen Buddhismus dar. Im Unterschied zum Bodhisattva des Mahāyāna, der alle Wesen erlösen will, liegt beim Arhat der Hauptakzent des Strebens auf der Gewinnung des eigenen Heils. Er ist völlig frei von den zehn an den Daseinskreislauf kettenden Fesseln (→ Samyojana), nämlich Persönlichkeitsglaube, Zweifelsucht, Hängen an Riten und Regeln, sinnlichem Begehren, Groll, Begehren nach Feinkörperlichkeit und Unkörperlichkeit, Dünkel, Aufgeregtheit und Unwissenheit. Ein Arhat wird als ein Mensch angesehen, dessen Unreinheiten ausgelöscht und dessen Wünsche erfüllt sind, der die Bürde abgelegt hat, das Ziel erreicht und den Geist durch vollkommene Erkenntnis befreit hat.

Ārjava, 🄷 Skrt.; Geradlinigkeit, Aufrichtigkeit; eine der Daiva-Gunas, der göttlichen Eigenschaften (→ Gunas), die Krishna im 16. Gesang der *Bhagavad-Gītā* aufzählt und den dämonischen gegenüberstellt. Ārjava erwähnt er im 1. Vers dieses Gesanges.

Arjuna, 🄷 Skrt., wörtl.: »weiß«; einer der fünf → Pāndava-Brüder und Kriegsheld aus dem *Mahābhārata.* Er war ein Freund und Schüler Krishnas, eines hinduist. → Avatāra. Seine Belehrung erfolgte auf dem Schlachtfeld → Kurukshetra, auf dem Krishna sein Wagenlenker war. Arjuna ist das Beispiel eines spirituell Strebenden, durch den Gott die ganze Menschheit belehrt. Arjunas Unterweisung durch Krishna finden wir in der *Bhagavad-Gītā.*

Āropa, 🄷 Skrt., identisch mit → Adhyāropa

Arpitamano-Buddhi, 🄷 Skrt.; gottergebenes Denken und Verstehen, das durch eine spirituelle Praxis von egoistischen Regungen frei geworden ist.

Artha, 🄷 Skrt.; Reichtum, Besitz; eines der vier Ziele des menschlichen Strebens, das im Hinduismus so lange nicht als verwerflich gilt, wie bei seiner Verfolgung Moral und → Dharma berücksichtigt werden. Die drei anderen Ziele sind: Dharma (Rechtschaffenheit, Tugend), → Kāma (Sinnenlust) und → Moksha (Befreiung).

Arthana-Chandata-Kriyā, 🄷 Skrt.; eine der acht okkulten Kräfte, die fortgeschrittene Yogis erlangen können. Sie befähigt den Yogi, alles, was er will, in die Tat umzusetzen.

Arunāchala 🄷 (Aruṇācala), Skrt., wörtl.: »roter Berg« oder »Hügel des Lichts«; ein heiliger Berg im heutigen Tamil-Nadu, Südindien. Der Tamil-Legende nach ist er älter als der Himālaya.

An seinem Fuß liegt der Ort Tiruvannāmalai mit dem großen Arunāchalasvara-Tempel, der Shiva geweiht ist. Im Westen wurde der Arunāchala durch Shrī → Rāmana Maharshi bekannt, der in seinen Höhlen viele Jahre meditiert hatte, bevor er einen Āshram in der Nähe von Tiruvannāmalai gründete.

Arūpadhātu, 🄱 Skrt. → Triloka

Arūpaloka, 🄱 Skrt. → Triloka

Arūpasamādhi, 🄱 Skrt., Pali → Vier Sphärenstufen

Āryadeva, 🄱 Schüler des → Nāgārjuna und Autor verschiedener kurzer Schriften, die dem → Mādhyamaka zuzurechnen sind. Āryadeva wurde wahrscheinlich im 3. Jh. auf Ceylon geboren. Unter dem Namen Kanadeva gilt er als der 15. Patriarch in der ind. Linie des → Zen. Er wurde angeblich von Gegnern des Buddhismus getötet. Seine Werke, die nur in chin. und tibet. Version vollständig erhalten sind, stellen Kommentare zu den Schriften seines Lehrers Nāgārjuna dar.

Das *Chatuh-Shataka* (»Die Vierhundert«) erklärt in 400 Strophen mit Hilfe der negativen Dialektik die Lehre der Substantialitätslosigkeit (→ Anātman, → Shūnyatā). Das *Shata-Shāstra* (»Abhandlung der 100 Lieder«) übte einen großen Einfluß auf den Buddhismus aus. Darin versucht Āryadeva, verschiedene dem Buddhismus entgegengesetzte philosoph. Theorien zu widerlegen. Es stellt eines der grundlegenden Werke der → San-lun-Schule (»Schule der drei Abhandlungen«), des chin. Mādhyamaka, dar.

Aryaman, 🄷 Skrt.; 1. einer der → Ādityas; der Herr aller Sehnsucht und allen Strebens nach spirituellem Aufstieg; 2. die strebenden Kräfte der Wahrheit; das Licht des göttlichen Bewußtseins, das als Kraft wirkt.

Ārya-Mārga, 🄱 Skrt. (Pali: Ariya-Magga); heiliger, überweltlicher Pfad. Er besteht aus den vier Stufen der »Heiligkeit«, die jeweils wieder in zwei unterteilt werden, je nachdem, ob der Edle (→ Ārya-Pudgala), der den Weg beschreitet, sich noch auf dem Weg befindet oder den angestrebten Heiligkeitsgrad, die »Frucht« (Phala), schon erreicht hat. Die 1. Stufe des überweltlichen Pfades ist die des »In den Strom Eingetretenen« (→ Shrota-Āpanna), die 2. die des »Einmalwiederkehrers« (→ Sakridāgāmin), die 3. die des »Niemehrwiederkehrers« (→ Anāgāmin) und die 4. und letzte Stufe die des »Heiligen« (→ Arhat).

Ārya-Pudgala, 🄱 Skrt. (Pali: Ariya-Puggala), wörtl.: »Edler«; Menschen, die sich auf einer der vier Stufen des überweltlichen Pfades (→ Ārya-Mārga) befinden. Diese vier Stufen sind: 1. der »In den Strom Eingetretene« (→ Shrota-Āpanna); 2. der »Einmalwiederkehrer« (→ Sakridāgāmin); 3. der »Niemehrwiederkehrer« (→ Anāgāmin); 4. der »Heilige« (→ Arhat).

Ārya-Samāj, 🄷 Skrt.; eine soziale und religiöse Reformbewegung des 19. Jh. in Indien, die von Svāmi → Dayānanda gegründet wurde und hauptsächlich in Nordindien Einfluß gewann.

Ārya-Satya, B Skrt. → Vier Edle Wahrheiten

Asamprajñāta-Samādhi, H Skrt. → Samprajñāta-Samādhi

Asamskrita B (Asaṃskṛta), Skrt. (Pali: Asankhata), wörtl.: »nicht-bedingt, nicht-gestaltet«; bezeichnet alles, was jenseits allen Bedingtseins, jenseits von Entstehen, Bestehen und Vergehen liegt. Es bildet das Gegenteil von → Samskrita. In der ursprünglichen Lehre wurde nur das → Nirvāna als nicht-bedingt angesehen. Dieser Auffassung blieben die Schulen des → Theravāda und der → Vātsīputrīyas treu. Von den anderen Schulrichtungen wurde dieser Begriff im Lauf der Entwicklung aber verschieden interpretiert.

Die → Mahāsānghikas kennen neun Kategorien von nicht-bedingten Dharmas: zwei Arten der Aufhebung (→ Nirodha), wovon eine durch das Unterscheidungsvermögen erlangt wird (→ Pratisamkhyā-Nirodha) und mit dem Nirvāna gleichgesetzt wird, die zweite Art ohne Unterscheidungsvermögen (→ Apratisamkhyā-Nirodha) oder das Mitwirken von Weisheit (→ Prajñā) bezieht sich auf die zukünftigen Leidenschaften, die bei den Heiligen nicht mehr entstehen. Ferner zählen sie den Raum (→ Ākāsha), die Unendlichkeit des Raums, die Unendlichkeit des Bewußtseins, das Nichts, die Sphäre jenseits von bewußt und unbewußt, den Inhalt der Lehre vom Bedingten Entstehen (→ Pratītya-Samutpāda) und des → Achtfachen Pfades dazu.

Die → Sarvāstivāda-Schule kennt drei Arten von Nicht-Bedingtem: den Raum und die zwei erwähnten »Aufhebungen«. – Die → Yogāchāra-Schule zählt zu diesen drei Dharmas noch ein Auslöschen durch einen Zustand des Unbewegtseins in himmlischer Meditation, das Beenden von Denken und Empfinden bei einem Arhat sowie die »Soheit« (→ Tathatā) dazu.

Die → Dharmaguptakas ordnen unter »Nicht-Bedingt« die »Soheit« und die »Beständigkeit der Dinge« ein, worunter sie deren Wesen verstehen, das, was ihre Natur nicht verändert, und alles, was z. B. zur Folge hat, daß gute Taten nicht schlechte Früchte mit sich bringen, sowie gewisse Versenkungen.

Āsana, H Skrt.; 1. die verschiedenen Körperhaltungen des → Hatha-Yoga; 2. Platz oder Matte, auf der ein spirituell Strebender sitzt. In der *Bhagavad-Gītā* heißt es, daß der Platz fest, nicht zu hoch und nicht zu tief sein soll, und still und sauber sein muß; der ind. Tradition nach soll er mit heiligem Gras bedeckt sein, worüber ein Rehfell und ein Tuch gelegt werden. Für den westl. Menschen genügt jeder bequeme Sitz, der dem Meditierenden gestattet, seinen Körper zu vergessen; 3. Körperhaltung während der Meditation, die dritte Stufe im Yoga des → Patañjali.

In der richtigen Haltung müssen Rücken, Nacken und Kopf in gerader Linie und still gehalten werden. Die Inder bevorzugen aus ihrer Gewohnheit heraus einen Sitz auf dem Boden mit verschränkten Beinen, eine sichere Haltung für den Fall, daß das Körperbewußtsein verlorengeht.

Āsana-Jaya, H Skrt.; Beherrschung einer Körperhaltung des → Hatha-Yoga; die Fähigkeit, eine Stellung ohne Schwierigkeiten beizubehalten.

Asanga H B (Asaṇga), Skrt., wörtl.: »unberührt, ungebunden, unverhaftet«.

H Der Zustand einer freien Seele (→ Ātman), die erkannt hat, daß sie nicht Körper und Denken ist, sondern absolutes Bewußtsein.

B Name eines der Begründer der Schule des → Yogāchāra. Er lebte im 4. Jh. n. Chr. und stammte aus einer Brahmanenfamilie, die im heutigen Peshavar ansässig war. Sein Bruder war → Vasubandhu. Asanga soll von einem Mönch der → Mahīshāsaka zum Buddhismus bekehrt worden sein und sich bald den Lehren des Mahāyāna zugewandt haben. Asanga kehrte sich

Asanga.

von Nāgārjunas kategorischer Auffassung von der Substantialitätslosigkeit ab und stellte eine idealistische Doktrin auf, wobei er von der → Sarvāstivāda-Schule beeinflußt wurde. Der Überlieferung nach soll er seine Lehre direkt vom zukünftigen Buddha Maitreya erhalten haben. Einige Forscher sehen in diesem aber die historische Person des → Maitreyanātha.

Die wichtigsten Werke, die Asanga (manchmal auch Maitreyanātha) zugeschrieben werden, sind das → *Yogāchārabhūmi-Shāstra* und das *Mahāyāna-Sūtrālankā-*

ra (»Zierde der Sūtras des Mahāyāna«); eindeutig von Asanga stammt das *Mahāyāna-Samparigraha* (»Kompendium des Mahāyāna«), eine in Prosa und Versen verfaßte Abhandlung, die die Grundlehren des Yogāchāra erläutert und nur in chin. und tibet. Übersetzung erhalten ist. Dieses Werk besteht aus zehn Teilen über: das Speicherbewußtsein (→ Ālaya-Vijñāna); die Theorie, daß alles nur aus dem Geist erschaffen, d. h. reine Ideation ist; die Gewinnung der Einsicht in die reine Ideation; die → Pāramitās; die → Bhūmis; Sittlichkeit (→ Shīla); Meditation; Weisheit (→ Prajñā); das höhere unterscheidungslose Wissen; die Lehre von den drei Körpern eines Buddha (→ Trikāya). Manchmal wird Asanga auch die Autorschaft des *Guhya-Samaja-Tantra* zugesprochen, was Asanga zu einer wichtigen Figur des buddhist. Tantra machen würde.

Asat, 🅷 Skrt., wörtl.: »Nicht-Sein, Nicht-Existenz«; oft als Basis der materiellen Welt bezeichnet. Es ist ein abstrakter Begriff, da wir, als Instrument des Seins, uns Nicht-Sein nicht vorstellen können und es uns nur möglich ist, vom Fehlen von Objekten zu sprechen. Asat bezeichnet deshalb auch das Unerkennbare jenseits des Seins, etwas, was der Sprache und dem Denken nicht zugänglich ist und sich jeder Definition entzieht. Es ist das eigenschaftslose Absolute des → Advaita-Vedānta.

Ashoka 🅱 (Aśoka), König des Maurya-Reiches im Norden Indiens, der von 272 bis 236 v. Chr. regierte und ca. 231 starb. Er ist eine der bedeutendsten Gestalten der alten ind. Geschichte. Ein blutiger Feldzug nach Osten und die verlustreiche Eroberung von Kalinga im Jahre 260 stürzten ihn in eine psychische Krise und ließen ihn dem Buddhismus beitreten. Er wurde Laienanhänger und beschloß, eine »Regierung des Dharma« zu beginnen. Aus seinen Edikten geht hervor, daß er Inspektionsreisen in alle Teile seines Reiches unternahm, um Rechtschaffenheit und Tugend (→ Dharma) im ganzen Land zu festigen. Speziell Beamte wurden zur Überwachung des Wohlergehens der Bürger eingesetzt; aus seiner pazifistischen Haltung heraus propagierte er das Vegetariertum und verbot Tieropfer. Er unterhielt freundschaftliche Beziehungen zu allen Nachbarstaaten. Unter seiner Herrschaft faßte der Buddhismus auch in Ceylon Fuß: → Mahinda, ein Sohn Ashokas, hat die Missionstätigkeit geleitet.

Quellen über Ashokas Leben sind einerseits die Pali-Chroniken, in denen er als buddhist. König beschrieben wird; andererseits archäologische Funde, vor allem die Stein- und Säulenedikte, die von Ashoka selbst stammen. Aus diesen geht hervor, daß er neben dem buddhist. → Sangha auch eine Reihe anderer religiöser Gemeinschaften unterstützte, wie es seine Pflicht als Herrscher war. Das in Edikten sehr oft verwendete Wort »Dharma« kann nicht unbedingt mit dem buddhist. Dharma-Begriff gleichgesetzt werden. Ashokas »Dharma« enthält keine der fundamentalen Lehren des Buddhismus, sondern ist eine Morallehre, die ihre Inspiration aus den verschiedenen religiösen Strömungen ihrer Zeit entnahm. Das Ideal des Ashoka ist ein sittliches glückliches Leben für seine Untertanen; es umfaßt Freigebigkeit, Mitleid, Abstehen vom Töten, Gehorsam, Wahrheitsliebe, innere Einsicht usw. – Unter Ashoka fand der erste Eingriff staatlicher Macht in die buddhist. Gemeinde, die von einer Spaltung bedroht war, statt, wobei ein Teil der Mönche aus dem Sangha ausgeschlossen wurde und in den Laienstand zurückkehren mußte (→ Konzile, Synode der Pali-Schule).

Āshrama 🅷 (Āśrama), Skrt.; 1. auch Āshram, ein Zentrum für religiöse Studien und Meditation; es kann ein Heim, ein Landhaus, eine Einsiedelei oder ein Kloster sein. Jeder Versammlungsort spirituell Strebender ist ein Āshram. 2. Die vier Lebensstufen, in die der Hinduismus nach vedischen Vorschriften das Leben der Menschen einteilt: die erste ist → Brahmacharya, die zweite → Grihastha, die dritte → Vānaprastha, die vierte → Sannyāsa.

Āshraya 🅷 (Āśraya), Skrt., wörtl.: »Aufenthaltsort, Zuflucht«; Bewußtsein als die Basis aller manifestierten und unmanifestierten Dinge. Āshraya ist ein Begriff aus dem Nach-Shankara-Vedānta.

Ashtamangala, 🅱 Skrt. → Acht Kostbarkeiten

Ashtānga-Yoga 🅷 (Aṣṭāṇga-Yoga), Skrt.; Achtgliedriger Yoga. Eine besondere Bezeichnung für den → Rāja-Yoga, weil er aus acht Gliedern (→ Anga) oder Stufen besteht.

Asthangika-Mārga, 🅱 Skrt. → Achtfacher Pfad

Ashtāvakra 🅷 (Aṣṭāvakra), Skrt., wörtl.: »achtfach verkrüppelt«; ein Weiser, Sohn von → Kahoda, der trotz körperlicher Mißbildung der geistige Lehrer → Patañjalis wurde. Er soll der Verfasser der *Ashtāvakra-Samhitā* (auch *Ashtāvakra-Gītā*) sein, einer kurzen Abhandlung in Dialogform über die Erkenntnisse und Wahrheiten des Vedānta, die als Standardwerk des → Advaita-Vedānta gilt. Sie liegt in dt. Übersetzung vor: *Bhagavadgita / Aschtavakragita,* übers. v. L. v. Schroeder/H. Zimmer, Düsseldorf/Köln ³1983.

Ashta-Vimoksha, 🅱 Skrt. → Acht Befreiungen

Ashubha 🅷 🅱 (Aśubha), Skrt., wörtl.: »ungünstig, unglücklich, unrein, häßlich«; das Gegenteil von *shubha* (»günstig, glücklich, Gutes verheißend«).

H Ein Sprachsymbol aus der Welt der Gegensatzpaare, deren Bedeutung relativ und subjektiv ist.

B Die Betrachtung der Zehn Ekelobjekte. Eine der 40 Meditationsübungen (→ Bhāvanā), die im → *Visuddhi-Magga* angeführt sind und die sich im wesentlichen mit der Übung der → Leichenfeldbetrachtung deckt. Manchmal bezeichnet Ashubha aber auch die Betrachtung der 32 Körperteile (→ Satipatthāna, → Körperbetrachtung).

Ashvaghosha **B** (Aśvaghoṣa), ind. Dichter und mahayanist. Philosoph, der im 1. bis 2. Jh. gelebt hat und als einer der bedeutendsten buddhist. Autoren gilt. Seine wichtigsten Werke sind das Drama *Shāriputra-Prakarana,* eine fragmentarisch erhaltene Lebensbeschreibung des Buddha (→ *Buddha-Charita)* und das Epos *Saudaranan-da-Kāvya.* Von der Überlieferung wird ihm auch das → *Mahāyānashraddhotpāda-Shāstra* zugeschrieben.

Ashvaghosha war ursprünglich Brahmane und soll von einem Mönch namens Parshva zum Buddhismus bekehrt worden sein. Alle seine Werke enthalten leicht faßliche Belehrungen und Gleichnisse zu Fragen der buddhist. Lehre. So erzählt der Autor z. B. in dem Epos über den »schönen Nanda« die Geschichte des jungen Nanda, der auch nach dem Eintritt ins Kloster in seine Frau verliebt bleibt, nur nach vielen Unterweisungen des Buddha von dieser Liebe geheilt wird und der Welt entsagt. – Ashvaghosha ist einer der vier großen buddhist. Weisen, die als die »vier Sonnen, welche die Welt erleuchten« bezeichnet wurden: Die anderen drei sind → Deva, → Nāgārjuna und Kumāralāta, ein Weiser der → Sautrāntika-Schule.

Ashvattha **H** (Aśvattha), Skrt.; 1. der als heilig verehrte Feigenbaum Indiens; 2. der Lebensbaum. Er wird dargestellt mit seinen Wurzeln im Himmel und den Zweigen und Blättern auf der Erde. Der Baum ist das Symbol für das kosmische Sein, das in transzendentalen Bereichen verwurzelt ist und dessen Zweige in die Welt reichen. → Brahman, das Eine, hat als kosmisches Sein zwei Aspekte: die Wurzeln des Ashvattha als das unmanifestierte Absolute, Stamm und Zweige als manifestierte Wesen.

Ashvatthāman **H** (Aśvatthāman), ein General der → Kauravas. Nach der letzten großen Schlacht waren (wie das *Mahābhārata* berichtet) Ashvatthāman und zwei andere Krieger die einzigen Überlebenden der Kauravas.

Ashvatthāmans Zorn auf die → Pāndavas war groß; er wollte Rache nehmen an Drishtadyumna, der seinen Vater Drona erschlagen hatte. Die drei Kauravas schlichen sich nachts ins Lager der Pāndavas und fanden den schlafenden Dhrishtadyumna. Ashvatthāman tötete ihn und noch weitere Söhne der Pāndavas. Am nächsten Morgen flohen sie, aber Draupadī wollte, daß der Mord an ihren Söhnen gerächt und die Mörder getötet würden. → Yudhishthira trat für Ashvatthāman ein, da er ein Brahmane war. Draupadī willigte ein, ihn zu verschonen, wenn sie den schützenden Edelstein, den er auf seiner Stirn trug, erhielte. Arjuna, Bhīma und Krishna verfolgten ihn, holten ihn ein und zwangen ihn, das Juwel herauszugeben, das sie Draupadī brachten; sie gab es Yudhishthira, der es später auf seiner Stirn trug.

Ashvin **H** (Aśvin), Skrt., wörtl.: »Pferdelenker«; ein Arztgötterpaar namens Nāsatya und Dasra, Symbole für die Nervenkräfte und die Vitalkräfte; zwei Gottheiten, die vor der Morgendämmerung auf einem goldenen, von Pferden oder Vögeln gezogenen Wagen am Himmel erscheinen und ihr Gefährt auf einem goldenen Weg (Hiranyarūpa) hinunter zur Erde lenken, um die Menschen vor Leid und Unglück zu bewahren und sie zur Erleuchtung zu führen.

Die Ashvins sind mit den Töchtern des Lichts vermählt und repräsentieren, Castor und Pollux vergleichbar, Kräfte, die die → Rishis wie in einem Schiff ans andere Ufer bringen und sie vor dem Ertrinken im Ozean der Nicht-Erkenntnis bewahren. Sie gebieten über die freudig aufwärts führenden geistigen und vitalen Kräfte durch den Wein göttlicher Seligkeit (Ānanda), den sie den Menschen einflößen. Darüber hinaus überqueren sie selbst die Wasser himmlischer Seligkeit mit Hilfe des → Somatranks, der alle Hindernisse auflöst und zu Brahman und damit zur endgültigen Befreiung führt.

Askese, **B** → Dhūta

Asparsha **H** (Asparśa), Skrt.; Nichtverhaftetsein. Dieser Zustand wird erreicht, wenn trotz der Subjekt-Objekt-Beziehung der → Jīva sich nur als Zuschauer betrachtet und keine Verhaftung mehr möglich ist, weil die Geschehnisse für ihn nur ein Spiel der → Māyā sind und keine Wirklichkeit. Der Weg zu diesem Zustand wird Asparsha-Yoga genannt, sein Ziel ist die Erkenntnis der transzendenten, nicht-dualen Wirklichkeit.

Āsrava, **B** Skrt. (Pali: Āsava), wörtl.: »Ausfluß, Ausscheidung«, auch »Befleckung«; Drei Befleckungen bilden die Wurzel alles Leidens und die Ursache dafür, daß die Wesen im Kreislauf der Wiedergeburten gefangen sind: die Befleckung der Begierden (Skrt.: *kāmāsrava,* Pali: *kāmāsava),* des Werdens (Skrt.: *bhavāsrava,* Pali: *bhavāsava*), und des Nicht-Wissens (Skrt.: *avidyāsrava,* Pali: *avijjāsava*). Das Auslöschen dieser drei Befleckungen bedeutet das Erlangen der Arhatschaft.

Die Lehre von den Befleckungen stellt den Endpunkt in der historischen Folge verschiedener Erklärungen der Verstrickung in den Existenzkreislauf dar. Sie umfaßt die beiden Formen von Durst (→ Trishnā) und das Nicht-Wissen (→ Avidyā), die im Lehrsatz vom Bedingten Entstehen (→ Pratītya-Samutpāda) die Wurzeln des Leidens bilden.

Asteya, 🅷 Skrt., wörtl.: »Nicht-Stehlen«; eine der fünf Tugenden der ersten Stufe (Yama) des → Rāja-Yoga, die im *Yoga-Sūtra* des → Patañjali gefordert werden und das für alle Stufen geltende »Große Gelübde« (→ Mahāvrata) bilden. Die übrigen vier sind: Ahimsā (Nicht-Verletzen anderer), Satya (Aufrichtigkeit), Brahmacharya (Enthaltsamkeit) und Aparigraha (Besitzlosigkeit).

Āstika, 🅷 Skrt., wörtl.: »orthodox, vedatreu«; ein Name für die sechs philosoph. Systeme, die → Darshanas, die als orthodox bezeichnet werden, weil sie die Autorität der Veden anerkennen.

Asura 🅷 🅱, auch Āsura, Skrt.; Dämon, böser Geist.

🅷 Im *Rigveda* bedeutet das Wort anfangs noch Gott, als Eigenschaftswort auch lebendig, göttlich. Erst in späteren Hymnen wurde Asura das Symbol für finstere Mächte und der Kampf der Asuras gegen die Götter zum immer wiederkehrenden beliebten Thema. Beide sind, wie auch die Menschen, von → Prajāpati erschaffen.

Im 16. Gesang der *Bhagavad-Gītā* zählt Krishna im 4. Vers alle dämonischen Eigenschaften des Menschen auf, die er den göttlichen gegenüberstellt. Erstere stürzen den Menschen in finstere Nicht-Erkenntnis, letztere führen zur Erleuchtung.

🅱 Die »Titanen«; eine der sechs Existenzweisen (→ Gati), die manchmal zu den »guten«, manchmal zu den »schlechten« (→ Apāya) gerechnet wird. Asura im Sinne einer »guten« Existenzweise bezeichnet die niederen Götter, die an den Hängen oder auf dem Gipfel des Weltenberges Sumeru (→ Meru) oder in Luftpalästen wohnen. Als schlechte Existenzweise gesehen sind die Asuras die Feinde der Götter (→ Deva). Sie gehören dem Bereich des sinnlichen Begehrens (→ Triloka) an. In den Klassifizierungen vieler südbuddhist. Schulen fehlen die Asuras gänzlich.

Atharvaveda, 🅷 Skrt.; der vierte Veda (→ Veden), dem »Wissen von den Zaubersprüchen« gewidmet. Er ist sehr viel später als der *Rig-*, *Sāma-* und *Yajurveda* entstanden und wurde lange Zeit nicht als Veda anerkannt, obwohl ein Teil seiner 731 Hymnen auf den *Rigveda* zurückgeht. Er unterlag keiner strengen Abgrenzung, so daß sich ihm eine lange Reihe meist kurzer → Upanischaden angeschlossen hat, von denen viele apokryphen Charakter haben und in Wirklichkeit Textbücher späterer Schulen des Hinduismus sind. Von den Anhängern des Vedānta werden nur einige von ihnen anerkannt und benutzt, insbesondere die *Mundaka-*, *Prasna-* und *Māndūkya-Upanishad.*

Der *Atharvaveda* hat viele Überlieferungen des Volksglaubens bewahrt sowie Sühnezeremonien, Verfluchungen, Hochzeits- und Begräbnisgesänge der ältesten ind. Priester, der Atharvan. Ferner kann das Werk als das älteste Dokument der ind. Medizin angesehen werden, da es viele magische Formeln gegen Krankheiten enthält. Unentbehrlich war der *Atharvaveda* für den Hofpriester des Königs, da Magie und Politik zu jener Zeit (ab 2. Jh. v. Chr.) eng miteinander verknüpft waren.

Atīsha 🅱 (Atīśa), auch Atīsha Dipamkara Shrījñāna, 980/90–1055, buddhist. Gelehrter aus königlichem Geschlecht, der vor allem die Methode der Erzeugung des Erleuchtungsgeistes (→ Bodhichitta) systematisierte. Als Patriarch von Magadha und Lehrer an der großen Klosteruniversität Vikramashīla wurde er nach Tibet eingeladen und verbrachte dort die letzten zwölf Jahre seines Lebens. Atīsha begründete die Schulrichtung der → Kadampa und seine Lehrtradition beeinflußte maßgeblich den → Tibetischen Buddhismus, besonders die Schule des → Tsongkhapa. Sein wichtigster Schüler war der Tibeter Dromtön (1003–64).

Die sog. Zweite Ausbreitung der buddhist. Lehre wurde im 10. Jh. durch die westtibet. Königsfamilie eingeleitet. Anfangs entsandte sie eigene Untertanen nach Indien, wie etwa den Übersetzer → Rinchen Sangpo, später bemühte sie sich um einen geeigneten ind. Gelehrten, und ihre Wahl fiel auf Atīsha. Im Jahre 1042 traf Atīsha in Westtibet ein, verlegte seinen Hauptsitz aber bald nach Netang in Zentraltibet, von wo aus sich seine Lehren schnell verbreiteten.

In seinem Hauptwerk *Bodhipathapradīpa* (»Lampe des Weges zur Erleuchtung«) gab er einen allgemeinen Überblick über den Weg des Großen Fahrzeugs (→ Mahāyāna) und führte eine dreifache Klassifikation der Praktizierenden ein: Personen, die eine gute Wiedergeburt anstreben, die die eigene Erleuchtung zum Ziel haben (→ Hīnayāna), und diejenigen, deren Motiv das Heil aller Lebewesen ist (→ Bodhisattva).

Atīshas Hauptanliegen war die Unterbindung einer willkürlichen Auslegung der Schriften, und seinem Wirken ist auch die Verbreitung des Kultes der → Tārā zuzuschreiben. Er vereinigte in seinen Werken die beiden großen Überlieferungen der → Prajñāpāramitā-Lehre: die Tradition der tiefen Einsicht in die Leerheit (→ Shūnyatā), wie sie von Nāgārjuna entwickelt wurde, und die von → Asanga ausgehende Lehre der allumfassenden Taten des Erleuchtungsgeistes.

Ati-Yoga, 🅱 Skrt. → Dzogchen

Ātmabodha, 🅷 Skrt., wörtl.: »Erkenntnis des Selbst«; eine kurze, aber bedeutende Abhandlung des → Advaita-Vedānta, die → Shankara zugeschrieben und in der Literatur dieser Philosophie immer wieder zitiert wird. In 68 Slokas (Versen) behandelt sie die wichtigsten Begriffe wie Ātman, Brahman, die Überdeckung Brahmans durch die Formen der Erscheinungswelt und die Methoden, die zur Erkenntnis des Selbst und damit zur Befreiung führen. – Dt. Übersetzung des Werks von Swami Nikhilananda, Frankfurt/M 1956.

Ātma-Chintana 🅷 (Ātma-Cintana), Skrt.; Gedanken, die auf das Selbst gerichtet sind.

Ātmadāna, 🅷 Skrt.; die Hingabe, das Geschenk des Selbst an das Göttliche. Nur wenn Gott als höchstes Gut erkannt wird, ist solche Hingabe (→ Bhakti) möglich.

Ātma-Darshan 🅷 (Ātma-Darśan), Skrt.; eine Vision des wirklichen Selbst (→ Ātman).

Ātma-Droha, 🅷 Skrt.; gleichgültige oder feindselige Einstellung gegenüber dem Selbst, dem → Ātman; die Denkweise der Materialisten, Atheisten und Erkenntnislosen.

Ātma-Jñāna, 🅷 Skrt.; das Wissen vom Selbst und die Erkenntnis des Selbst, die nach Auffassung des → Vedānta identisch ist mit Gotterkenntnis.

Ātman, 🅷 🅱 Skrt.; nach hinduist. Verständnis das wirkliche, unsterbliche Selbst des Menschen, das der Westen als Seele bezeichnet. Er ist der unbeteiligte Zuschauer des → Jīva, jenseits von Körper und Denken und als absolutes Bewußtsein identisch mit → Brahman. Philosophisch wird Ātman auch als → Kūtastha bezeichnet. Durch seine Identität mit Brahman sind auch seine besonderen Merkmale (Ātmakara) mit ihm identisch: ewiges, absolutes Sein, absolutes Bewußtsein und absolute Seligkeit.
Im Buddhismus wird die Existenz eines Ātman geleugnet: Weder innerhalb noch außerhalb der physischen und psychischen Daseinserscheinungen gibt es etwas, das man als unabhängige, unvergängliche Wesenheit, als Selbst bezeichnen könnte. (Siehe dazu auch → Anātman, → Skandha.)

Ātmānanda, 🅷 Skrt.; die Seligkeit des Selbst (→ Ātman).

Ātmaprasāda, 🅷 Skrt.; die Klarheit, Heiterkeit und Ruhe des göttlichen Selbst, die nur in Erscheinung tritt, wenn die Identifizierung mit Körper und Denken aufgegeben wird.

Ātmarati, 🅷 Skrt.; die friedvolle Seligkeit des göttlichen Selbst in uns, die nur in tiefer Meditation und im → Samādhi erfahren wird.

Ātmasamarpana 🅷 (Ātmasamarpaña), Skrt.; die absolute Hingabe oder Unterwerfung des Selbst an Gott.

Ātma-Shakti 🅷 (Ātma-Śakti), Skrt.; die Kräfte des göttlichen Selbst (→ Ātman) im Menschen. Als absolutes Bewußtsein haben sie die Fähigkeit, alle Denkprojektionen zuzulassen, sowohl die zur Befreiung führenden als auch die zum Haften an der Welt der Erscheinungen führenden.

Ātmavīrya, 🅷 Skrt.; die Stärke und Kraft des Selbst, die aus der Erkenntnis entspringt, eins mit Gott zu sein.

Ātmayajña, 🅷 Skrt.; die Aufopferung des kleinen Selbst oder Ich, die als das wichtigste Opfer auf dem Weg von der Dunkelheit zum Licht, vom Tod zur Unsterblichkeit, angesehen wird.

AUM, 🅷 Skrt. → OM

Aupapāduka, 🅷 🅱 Skrt. → Chatur-Yoni

Aurobindo Ghose 🅷 (Ghosh), genannt Shrī Aurobindo, 1872–1950; ind. Heiliger, Verfasser zahlreicher Werke, die sich mit dem Yoga und der Weisheit der *Bhagavad-Gītā* befassen. Um Shrī Aurobindo entstand ein Āshram, der heute weltweit bekannt ist. Er entwickelte den sog. → Purna-Yoga oder Integralen Yoga und trug mit seinen Schriften, die aufgrund seiner humanistischen Erziehung in England stark vom abendländischen Geist beeinflußt waren, viel zur Verbreitung östlicher Religiosität im Westen bei. Aurobindo betrachtete die klassischen Yogas des Hinduismus als einseitige Wege des »Aufstiegs« zum Göttlichen, das Aurobindo auch das »Supramentale« nennt. Er sagt dazu: »In Indien und anderswo wurde der Versuch gemacht, es zu erreichen, indem man sich zu ihm erhebt; was nicht erreicht wurde, war die Methode, es mit dem Leben zu integrieren und für die Umwandlung der gesamten Natur, selbst der physischen Natur, herabzubringen.« (*Briefe über den Yoga,* I, S. 172) In seinem Integralen Yoga versucht er den »Aufstieg« zum göttlichen Bewußtsein mit einem Sich-Öffnen für das »Absteigen« des göttlichen Prinzips in die Materie zu verbinden, wodurch der Mensch schließlich zum »Übermenschen« mit supramentalen Fähigkeiten werden soll.
Auch wenn Shrī Aurobindo dem Geist des Abendlandes nahestand, sah er dessen Grenzen

doch sehr deutlich. Er schreibt: »Der Gedanke, der Intellekt, der logische Verstand [das, was Aurobindo das »Mental« nennt] wurden (im Westen) mehr und mehr als die höchsten Mittel betrachtet und sogar als höchstes Ziel; in der Philosophie ist das Denken der Anfang und das Ende. Die Wahrheit muß hier durch intellektuelles Forschen und die Spekulation entdeckt werden; sogar die spirituelle Erfahrung wird aufgerufen, sich den Prüfungen des Intellekts zu unterziehen, wenn sie als gültig angesehen werden will... Westliches Denken ist nicht mehr dynamisch, es hat eine Theorie der Dinge und nicht die Verwirklichung gesucht... es wurde zu einer intellektuellen Spekulation, doch ohne jeden praktischen Weg und praktische Methoden, die Wahrheit mit Hilfe spiritueller Erfahrung, spiritueller Entdeckung und spiritueller Umwandlung zu erreichen... Was in der Überintellektualität des Mentals in Europa verlorenging, ist der spirituelle Pfad, der Weg, der über den Intellekt hinausführt, der Übergang vom äußeren Wesen zum innersten Selbst.« (*Briefe über den Yoga,* I, S. 171)

Das Ziel des Integralen Yoga im Gegensatz zum herkömmlichen hinduist. Yoga und zum Weg des abendländischen Geistes charakterisiert Aurobindo folgendermaßen: »Nicht, indem man die gesamte Wirklichkeit ›durchdenkt‹, sondern durch eine Bewußtseinsveränderung kann man aus der Unwissenheit zum Wissen gelangen, zu jenem Wissen, durch das wir zum Gewußten werden. Der *intergrale* Weg zur Wahrheit besteht darin, sich vom äußeren in ein direktes und wesenhaftes inneres Bewußtsein zu wenden, das Bewußtsein über die Grenzen von Körper und Ego auszudehnen, es durch inneren Willen und Aspiration zu erhöhen und dem Licht zu öffnen, bis es in seinem Aufsteigen das Mental überschreitet; ferner eine Herabkunft des supramentalen Göttlichen durch Selbst-Geben und Hingabe und die fortwährende Umwandlung von Mental, Leben und Körper herbeizuführen. Dies ist, was hier die Wahrheit genannt wird und das Ziel unseres Yoga ist.« (*Briefe über den Yoga,* I, S. 172)

Zu den Hauptwerken von Shrī Aurobindo gehören *Das göttliche Leben* (3 Bde., Gladenbach 1974/75) und *Die Synthese des Yoga* (Gladenbach 1976).

Aurobindo Ghose wurde in Kalkutta als Sohn des Arztes Krishna Dhan Ghose geboren, der dem → Brāhmo Samāj nahestand und sich ganz dem abendländischen Denken öffnete. Aurobindo Ghose wird bereits als Kind in einer europäisch geleiteten Schule erzogen. Im Alter von sieben Jahren schickt ihn sein Vater zur weiteren Ausbildung nach England, wo er die renommierte St.-Pauls-Schule besucht und später aufgrund seiner großen Fähigkeiten ein Stipendium am King's College in Cambridge erhält. Hier studiert er Latein, Griechisch, Französisch und Deutsch und erhält eine umfassende »humanistische« Bildung. Als 1893 sein Vater stirbt, kehrt er nach Indien zurück, wo er Professor für englische Sprache und Literatur am Baroda College und später Leiter des National College wird. Wie schon in England engagiert er sich für die Befreiung Indiens von der englischen Kolonialherrschaft und wird wegen seiner Aktivitäten im Untergrund schließlich inhaftiert.

Während der einjährigen Untersuchungshaft macht er erste spirituelle Erfahrungen und wendet sich daraufhin nach seiner Freilassung 1909 von seinen vorherigen politischen Aktivitäten ab und ganz der Praxis des Yoga zu, die ihn im Laufe seines Lebens zu immer tieferer religiöser Erfahrung führt. 1910 soll er erneut verhaftet werden, entkommt aber in die französische Enklave Pondicherry, wo er bis zu seinem Tode lebt. Hier trifft er die aus einer türkisch-ägyptischen Familie stammende, in Frankreich aufgewachsene Mira Alfassa, die ab 1920 seine ständige Weggefährtin wird.

Der Tatkraft von Mira Alfassa, die jetzt nur noch »Die Mutter« genannt wird, ist die Entstehung des Aurobindo-Āshram zu verdanken. Nach dem Tod von Shrī Aurobindo gründete sie zudem eine eigene, »Auroville« genannte Āshram-Stadt, in der Anhänger von Shrī Aurobindo und der Mutter leben und arbeiten und die Lehre von Shrī Aurobindo in einem von spirituellen Prinzipien beherrschten tätigen Leben »in der Welt« zu verwirklichen suchen.

Äußeres Elixier, **T** → Wai-tan

Avachcheda-Vāda, **H** Skrt; die Auffassung, daß der → Jīva eine Erscheinungsform → Brahmans ist, d. h. eine Manifestation des Absoluten, die aber durch Nicht-Erkenntnis (→ Avidyā) eingeschränkt ist, wobei das Absolute durch die Identifikation mit dem Körper und dem Denken überdeckt und verhüllt ist.

Avadāna, **B** Skrt., wörtl.: »Großtat«; buddhist. Literaturgattung, die am Übergang zwischen Hīnayāna und Mahāyāna steht und in der sich starke Tendenzen zur Verherrlichung des Bodhisattva-Ideals zeigen. Die Avadānas bestehen aus Legenden, die von Mönchen den gläubigen Laien vorgetragen wurden und sich auf frühere Leben der Heiligen beziehen. Sie sollen vor allem aufzeigen, daß gute Taten gute Folgen und schlechte Taten schlechte Folgen nach sich ziehen. Zu den bedeutendsten Sammlungen solcher Erzählungen gehören das *Avadāna-Shataka* (»Hundert Heldentaten«) aus dem 2. Jh. und das besonders beliebte *Divyāvadāna* (»Göttliche Taten«).

Avadhūta, **H** Skrt.; ein Mensch, der göttliche Erkenntnis erlangt und jede Verhaftung an die Welt aufgegeben hat.

Avadhūt-Gītā, 🅷 Skrt., wörtl.: »Gesang eines Erleuchteten«; Verfasser dieses 193 Verse umfassenden Liedes war der Mahātmā Dattatreya, der vermutlich im 4. Jh. v. Chr. gelebt hat.

Von Dattatreyas Leben ist nichts weiter bekannt, als daß er lange vor Christus, aber nach Krishna gewirkt und nur dieses eine Werk verfaßt hat. So kurz die *Avadhūt-Gītā* auch ist, faßt sie doch den Geist der → Advaita-Lehre und der → Upanischaden wie in einer Nußschale zusammen und wird deshalb von fortgeschrittenen spirituell Strebenden hoch geschätzt.

Avalokiteshvara 🅱 🆉 (Avalokiteśvara), Skrt.; einer der bedeutendsten → Bodhisattvas im Mahāyāna. Die wörtliche Bedeutung von »Avalokiteshvara« wird verschieden interpretiert, einerseits als »Der Herr, der herabschaut«, wobei der letzte Wortbestandteil als *»īshvara«*, »Herr«, verstanden wird, andererseits als »Der die Klänge (Schreie) der Welt wahrnimmt (erhört)« oder auch als »Der Klang, der die Welt erleuchtet«, wobei man *»svara«*, »Klang«, als letzten Bestand-

Avalokiteshvara in seiner elfköpfigen und tausendarmigen Form.

teil des Wortes ansieht. In jedem Fall verkörpert Avalokiteshvara einen der beiden wesentlichen Aspekte der Buddhaschaft, das Erbarmen (→ Karunā), weshalb man ihm oft auch den Beinamen »Mahākarunā«, das Große Erbarmen, gibt. Der andere wesentliche Aspekt der Buddhaschaft ist Weisheit (→ Prajñā), die von dem Bodhisattva → Mañjushrī verkörpert wird. Avalokiteshvara ist die als Bodhisattva wirkende Kraft des Buddha → Amitābha und tritt als einer seiner Helfer auf (→ Reines-Land-Schule). Sein grenzenloses Erbarmen drückt sich in seiner wunderbaren Macht aus, allen Wesen zu helfen, die sich in akuter Gefahr an ihn wenden. Im Volksglauben schützt er zudem vor Naturkatastrophen und gewährt Kindersegen.

Ikonographisch sind 33 verschiedene Darstellungsformen des Avalokiteshvara bekannt, die sich durch die Anzahl der Köpfe und Arme sowie die Attribute unterscheiden. Häufig wird er mit tausend Armen und Augen, elf Gesichtern und tausend Armen usw. abgebildet. Im Kopfschmuck trägt er meist eine kleine Statue des Buddha Amitābha, die sein sicherstes Erkennungszeichen darstellt. In den Händen hält er oft eine blaue Lotosblüte (daher sein Beiname Padmapāni, »Der einen Lotos Haltende«) und eine Flasche mit Nektar. Die große Anzahl von Armen symbolisiert seine Fähigkeit, jeder Situation entsprechend zum Wohle aller Lebewesen zu wirken.

Bei der Darstellung mit elf Gesichtern trägt Avalokiteshvara auf seinem Kopf in Form einer Krone weitere neun Bodhisattva-Köpfe und einen Buddha-Kopf; letzterer ist der Kopf des Buddha Amitābha. Je drei der Bodhisattva-Köpfe verkörpern Erbarmen mit den Leidenden, Zorn über das Böse und Freude über das Gute. Nach einer anderen Auffassung symbolisieren sie die zehn Stufen der Laufbahn eines Bodhisattva (→ Bhūmi) und die Frucht der Buddhaschaft.

Eine Legende erklärt die Herkunft der Darstellung mit elf Gesichtern und tausend Armen: Als Avalokiteshvara auf die Leiden der Welt herabblickte, zersprang sein Haupt buchstäblich vor Schmerz; sein geistiger Vater, Amitābha, fügte die Stücke zu elf neuen Köpfen zusammen. Der Wunsch, allen Wesen zu helfen, ließ Avalokiteshvara tausend Arme wachsen, in deren Handflächen sich je ein Auge befindet. – Manche Darstellungen symbolisieren Avalokiteshvara als Helfer der Wesen in den sechs Daseinsbereichen (→ Gati): Avalokiteshvara mit Pferdekopf oder auf einem Löwen reitend rettet die Tiere, der tausendarmige die Höllenbewohner, der elfgesichtige die → Asuras.

In China wird Avalokiteshvara unter dem Namen → Kuan-yin, in Japan unter dem Namen Kannon (auch Kanzeon oder Kwannon) verehrt und in beiden Ländern vorwiegend als weiblich betrachtet. Die tibet. Form des Avalokiteshvara ist → Chenresi.

Āvarana 🅗 (Āvaraṇa), Skrt., wörtl.: »verhüllend«; die Fähigkeit der Nicht-Erkenntnis (→ Avidyā) Brahman zu verhüllen (siehe dazu auch → Vikshepa).

Avasthā, 🅗 Skrt.; Bewußtseinsebene oder -zustand. Es gibt vier Avasthās: → Jāgrat (Wachbewußtsein, im Vedānta auch → Vaishvānara genannt), → Svapna (Traumzustand), → Sushupti (Tiefschlaf) und → Turīya (»das Vierte«).

Avatamsaka-Sūtra, 🅑 Skrt. → *Buddhāvatamsaka-Sūtra*

Avatāra 🅗, auch Avatār, Skrt., wörtl.: »Herabkunft«; eine Inkarnation des göttlichen Bewußtseins auf Erden. Ein Avatāra wird nicht aus karmischen Konsequenzen geboren wie die gewöhnlichen Menschen, sondern aus freier Entscheidung, und er ist sich während des ganzen Lebens seiner göttlichen Mission bewußt. Er kommt, um neue Wege der religiösen Verwirklichung zu finden und sie seinem Zeitalter anzupassen, und er ist in der Lage, seine göttliche Erkenntnis seinen Mitmenschen durch Berührung, Blick oder Schweigen zu übermitteln. Da er frei von allen Bindungen des Ego ist, befindet er sich jenseits der Dualität.

Rāma als Avatāra-Inkarnation Vishnus.

Nach Auffassung der Hindu-Tradition inkarniert sich nur Vishnu; in der Tradition spricht man von zehn Inkarnationen: 1. Matsya, die Fisch-Inkarnation; 2. Kūrma, die Schildkröte; 3. Varāha, der Eber; 4. Narasimha, der Löwenmensch; 5. Vāmana, der Zwerg; 6. Parashu-Rāma, d. h. Rāma mit der Axt; 7. Rāma, der Held des *Rāmāyana;* 8. Krishna; 9. Buddha; 10. Kalki; in der letzteren Form ist Vishnu noch nicht erschienen, sondern soll sich erst am Ende des Eisernen Zeitalters (→ Kali-Yuga) inkarnieren. Kalki wird auf einem weißen Pferd mit gezogenem Schwert erscheinen, um die Bösen zu vernichten und den → Dharma wiederherzustellen. – Unabhängig von dieser Tradition betrachten die Hindus aber auch Jesus als Avatāra.

Āvesha 🅗 (Āveśa), Skrt.; die Fähigkeit des fortgeschrittenen Yogis, in andere Körper eintreten zu können.

Avidyā, 🅗 🅑 🅩 Skrt., wörtl.: »Nicht-Wissen, Nicht-Erkenntnis«.

🅗 Ein Begriff der Vedānta-Philosophie, der die individuelle wie auch die kosmische Nicht-Erkenntnis bedeutet; die individuelle vermag zwischen Vergänglichem und Unvergänglichem, zwischen Wirklichem und Unwirklichem nicht zu unterscheiden, die kosmische Nicht-Erkenntnis ist → Māyā. Die Auswirkung ist die gleiche wie bei → Ajñāna.

🅑 🅩 (Pali: Avijjā); »Nicht-Wissen« oder »Verblendung«, das heißt, die Unkenntnis der → Vier Edlen Wahrheiten, der Drei Kostbarkeiten (→ Triratna) und des Gesetzes des → Karma. Avidyā ist das erste Glied in dem Konditionalnexus (→ Pratītya-Samutpāda), der zur Verstrikkung in die Welt des → Samsāra führt, sowie eine der Drei Befleckungen (→ Āsrava), eine der Leidenschaften (→ Klesha) und die letzte der Zehn Fesseln (→ Samyojana).

Avidyā gilt als die Wurzel alles Unheilsamen in der Welt und wird definiert als das Nicht-Wissen um den leidhaften Charakter des Daseins. Es ist derjenige Geisteszustand, der nicht mit der Wirklichkeit übereinstimmt, der illusorische Phänomene für Wirklichkeit hält und Leiden herbeiführt. Nicht-Wissen bedingt Gier (→ Trishnā) und ist somit der wesentliche Faktor, der die Wesen an den Kreislauf der Wiedergeburten bindet. Nach mahayanist. Auffassung bedingt Avidyā in bezug auf die Leere (→ Shūnyatā) der Erscheinungen, daß ein Nicht-Erleuchteter die phänomenale Welt als die einzige

Wirklichkeit ansieht und sich damit das Essentielle verdeckt.

Avidyā wird aber von den einzelnen Mahāyāna-Schulen unterschiedlich ausgelegt: Im → Mādhyamaka bezeichnet Nicht-Wissen das Bestimmtsein des Geistes von A-priori-Vorstellungen und Konzepten, die die Wesen eine »ideale« Welt bauen lassen, der alltäglichen Welt die Formen und die »Vielfalt« verleihen und so die Sicht auf die Wirklichkeit versperren. Avidyā ist also das Nicht-Erkennen des Wahren-Wesens der Welt, das Leere (Shūnyatā) ist, und das Verkennen der Natur der Phänomene und hat damit doppelte Funktion: Nicht-Wissen verschleiert das Wahre-Wesen und konstruiert den »Schein«; beide bedingen sich gegenseitig. In diesem System charakterisiert Avidyā die »konventionelle« Wirklichkeit.

Für die → Sautrāntikas und → Vaibhāshikas bedeutet Avidyā, die Welt als einheitlich und dauerhaft zu sehen, während sie in Wirklichkeit vielfältig und unbeständig ist. Nicht-Wissen verleiht der Welt und ihren Erscheinungen Substantialität. Nach Auffassung des → Yogāchāra bedeutet Avidyā, das Objekt als Einheit zu sehen, die unabhängig vom Bewußtsein ist, mit dem es aber in Wirklichkeit identisch ist.

Avidyā-Māyā, H Skrt., wörtl.: »Māyā der Nicht-Erkenntnis«; jene Täuschung, die zu einer dualistischen Sicht der Welt führt. Aus ihr resultieren Zorn, Gier und andere Leidenschaften, die den Menschen an die phänomenale Welt binden. Ihr Gegenstück ist Vidyā-Māyā. Beide gehören zur relativen Welt (siehe dazu auch → Māyā).

Aviveka, H Skrt.; Unterscheidungslosigkeit, mangelndes Unterscheidungsvermögen; nicht unterscheiden können, was wirklich und was unwirklich, was dauernd und was vergänglich ist, was zu Gott führt und was zur Verhaftung an die Welt.

Avyakta, H Skrt., wörtl.: »unmanifestiert«; das Latente, Verborgene, das nicht Objekt Gewordene; die Kraft, die auch vorhanden ist, wenn sich keine Erscheinungswelt manifestiert hat.

Ayam Ātman Brahman, H Skrt., wörtl.: »Dieses Selbst ist Brahman«; eines der → Mahāvākyas, der großen Lehrsätze der Veden, das feststellt, daß mein wirkliches Selbst nicht Körper und Denken, sondern mit → Brahman identisch ist.

Āyatana, B Skrt., Pali; Bereiche, speziell die zwölf Sinnesbereiche, nämlich: die fünf Sinnesorgane Auge, Ohr, Nase, Zunge, Körper und die ihnen entsprechenden Objekte Form, Ton, Geruch, Geschmack und Körperempfindungen, sowie als sechstes Sinnesorgan der denkende Geist (→ Manas) und seine Objekte, die Ideen oder → Dharmas. Manchmal versteht man unter Āyatana auch nur die Objekte der Sinnesorgane (→ Shadāyatana).

Āyurveda, H Skrt., wörtl.: »das Wissen (die Wissenschaft) vom (langen) Leben (von der Gesundheit)«; altes naturheilkundliches System Indiens, das manchmal als ein → Upaveda, und zwar als ein späterer Zusatz zum → *Atharvaveda* angesehen wird.

Zu den grundlegenden Schriften des Āyurveda gehören die *Charaka-Samhitā* des (nach M. und J. Stutley, 1977) etwa im 1. Jh. n. Chr. lebenden Arztes Charaka und die *Sushruta-Samhitā* des etwa ein Jh. später lebenden Sushruta. Nach beiden Schriften ist der Āyurveda göttlichen Ursprungs, wenn Charaka und Sushruta auch über die Einzelheiten der Offenbarung des Āyurveda unterschiedlicher Ansicht sind. Nach Charaka offenbarte → Indra den Āyurveda Bharadvāja, zu dessen Schülern Ātreya Punarvasu, der legendäre Gründer der ersten ind. Medizinschule, gehört. In der Nachfolge von Ātreya Punarvasu stand Agnivesha, auf dessen Lehre Charaka sein Werk aufbaute, weshalb die *Charaka-Samhitā* auch *Agnivesha-Tantra* genannt wird. Nach Sushruta offenbarte Indra den Āyurveda dem ved. König Divodāsa, auf dessen überlieferter Lehre die *Sushruta-Samhitā* beruht.

Diagnose und Therapie im Āyurveda basieren auf dem System der drei dynamischen Prinzipien (→ Dosha), die in Verbindung gebracht werden mit den drei Grundeigenschaften (→ Guna) des Materie-Prinzips → Prakriti. Krankheit entsteht, wenn ein oder mehrere Doshas zu stark oder zu schwach wirken. Verschiedene Mischungsverhältnisse der Doshas im Menschen führen zu unterschiedlichen Konstitutionstypen, deren Berücksichtigung im System des Āyurveda eine große Rolle spielt. Die Heilmittel, deren Wirkung vor allem mit Hilfe ihres Geschmacks *(rasa)* bestimmt wird, wirken verstärkend oder abschwächend auf die Doshas und können so zur Wiederherstellung des Gleichgewichts der Kräfte im Organismus angewendet werden.

Der Āyurveda ist ein »ganzheitliches« Heilsystem, in dem neben der Pflanzenheilkunde zur Heilung auch die rechte Lebensführung im religiösen Sinn zur Erhaltung der Gesundheit eine vorrangige Rolle spielt. Eine Einführung in die Grundlagen des Āyurveda gibt: Birgit Heyn, *Die sanfte Kraft der indischen Naturheilkunde. Ayurveda – die Wissenschaft vom langen Leben,* Bern 1983.

B

Babu, 🅷 Hindi, wörtl.: »Herr«, auch Landedelmann und Mann mit Ansehen. Das Wort wird im allgemeinen hinter den ersten Namen gesetzt, z. B. Girish Babu, und ist eine höfliche Anrede.

Baden des Buddha 🅱, Zeremonie, die vor allem in China am Geburtstag des historischen Buddha → Shākyamuni, der auf den 8. Tag des 4. Monats fällt, abgehalten wird. Dabei werden eine Miniaturstatue des Shākyamuni, der auf einem Lotosthron sitzt und mit der rechten Hand zum Himmel, mit der linken zur Erde zeigt, mit Wasser begossen und Blumenopfer dargebracht. An diesen Feierlichkeiten nimmt der gesamte → Sangha teil.

Dieser Brauch, der schon in Indien bekannt war, geht auf die Überlieferung zurück, daß neun → Nāgas den Siddhartha Gautama, den späteren Buddha Shākyamuni, unmittelbar nach seiner Geburt im → Lumbinī-Hain mit Wasser besprengt haben sollen.

Bahiranga-Sādhana 🅷 (Bahiraṇga-Sādhana), Skrt.; Entwicklung einer Abneigung gegen die äußere Welt, der Beginn des spirituellen Weges. Die ersten drei Stufen des → Patañjali-Yoga (Yama, Niyama und Āsana) sind Hilfsmittel zur Herbeiführung von Bahiranga-Sādhana.

Bahirātman, 🅷 Skrt.; das äußere Selbst, Körper und Denken; von *bahir:* außen, und → Ātman: das Selbst.

Bahir-Mukha, 🅷 Skrt., wörtl.: »sich abwendend, nach außen gerichtet«; unser Denken wendet sich, durch die Sinne veranlaßt, von unserem wahren Selbst (→ Ātman) ab und richtet sich nach außen, auf die Erscheinungswelt. Daraus haben sich alle empirischen Wissenschaften entwickelt.

Bāhya-Pūjā, 🅷 Skrt., äußere Anbetung von Gottheiten oder → Avatāras. Daraus haben sich die vielfältigen → Pūjās der Hindus entwickelt, die im → Karma-Kānda der Veden ihre Basis haben.

Bala, 🅱 Skrt., Pali, wörtl.: »Kraft«; fünf geistige Kräfte oder Fähigkeiten, die durch das Stärken der Fünf Wurzeln (→ Indriya) entwickelt werden und die die Erlangung der Erleuchtung ermöglichen. Diese Kräfte sind: 1. die Kraft des Vertrauens (→ Shraddhā), die allen Irrglauben ausschaltet; 2. die Kraft der Energie (→ Vīrya), die durch das Üben der → Vier Vollkommenen Anstrengungen zur Überwindung alles Unheilsamen führt; 3. die Kraft der Wachsamkeit, d. i. die durch das Üben der Vier Grundlagen der Achtsamkeit (→ Satipatthāna) erreichte Vollkommene Achtsamkeit; 4. die Kraft des → Samādhi, d. i. das Üben von → Dhyāna zur Ausschaltung aller Leidenschaften; 5. die Kraft der Weisheit (→ Prajñā), die auf der Einsicht in die → Vier Edlen Wahrheiten beruht und zur erlösenden Erkenntnis führt.

Die Fünf Kräfte bilden einen Teil der 37 zur Erleuchtung gehörenden Dinge (→ Bodhipākshika-Dharma).

Balarāma, 🅷 der ältere Bruder → Krishnas. Im *Mahābhārata* wird berichtet, daß → Vishnu sich ein weißes und ein schwarzes Haar auszog, und daraus wurden Balarāma und Krishna. Balarāma hatte helle Haut, Krishna eine dunkle Hautfarbe. Deshalb wird er in der Kunst blauhäutig dargestellt.

Bali 🅷, auch Mahābali; ein guter und tugendhafter → Daitya-König, der Sohn von → Vairochana und Gemahl von Vindhyavali. Seine Hauptstadt war Mahābalipura. Nach einer verlorenen Schlacht wurde er vor die Wahl gestellt, mit hundert Toren in den Himmel zu gehen oder mit einem Weisen in die Hölle. Er wählte die Hölle, weil er sagte: »Mit einem Weisen kann ich leicht die Hölle zum Himmel machen, aber mit hundert Toren wird selbst der Himmel zur Hölle.«

Durch seine Buße und Hingabe besiegte Bali den Gott des Firmaments, Indra, demütigte andere Götter und dehnte seine Herrschaft über Himmel, Erde und Unterwelt aus. Die Götter baten Vishnu um Schutz, der sich in seiner Zwerg-Inkarnation (→ Avatāra) manifestierte, um Bali Grenzen zu setzen. Dieser Zwerg bat Bali, ihm alles zu schenken, was er mit drei Schritten umschreiten könne. Als Bali ihm diesen Wunsch gewährte, stieg er in zwei Schritten über Himmel und Erde, hielt dann aber aus Achtung vor Balis Güte an und ließ ihm die unteren Regionen (→ Pātāla).

Der Ursprung der Legende von den drei Schritten ist im *Rigveda* zu finden, wo Vishnu in drei Schritten über Himmel, Erde und die untere Region hinwegsteigt, womit das Aufsteigen, Kulminieren und Versinken der Sonne symbolisiert wird.

Bāmiyān, 🅱 buddhist. Grottenheiligtum in Afghanistan, das zwischen 300 und 600 n. Chr. entstand. In eine Felswand wurden auf einer Länge von über 2 km in verschiedenen Ebenen zahlreiche kleine Grotten gemeißelt, die untereinander verbunden sind und als Versammlungsräume für die dort lebenden Mönche und als → Chaityas dienten. Der in Bāmiyān herrschende Buddhismus gehörte der Mahāyāna-Richtung an; er wurde durch Einfälle islamischer Völker und der Mongolen (13. Jh.) ausgelöscht.

Besonders bemerkenswert sind die kuppelartigen Dekken der Höhlen, die Darstellungen von Buddha-Paradiesen (→ Reines Land) und den über sie herrschenden Buddhas tragen, die bisweilen ein regelrechtes Mandala formen. Zwischen den Höhlen befinden sich zwei Kolossalfiguren des Buddha mit einer Höhe von 35 bzw. 53 m, beide heute in stark beschädigtem Zustand. Sie waren ursprünglich bemalt und vergoldet; es fehlen auch die Gesichter, die wahrscheinlich aus vergoldeten Holzkonstruktionen bestanden. Die Darstellungen zeigen, daß der Buddha als Personifikation des Universums und die unzähligen Buddhas aller Weltalter als seine Manifestationen verstanden wurden. – Der Stil zeigt sassanidischen, ind. und zentralasiat. Einfluß.

Bāna **H** (Bāṇa), ein → Daitya, der älteste Sohn von → Bali. Er war ein Freund Shivas und ein Feind Vishnus; er ist auch unter den Namen Tripura und Vairochi bekannt.

Bānas Tochter → Ushā verliebte sich in → Aniruddha, den Enkel von Krishna, und entführte ihn durch ihre magischen Kräfte. Krishna, → Balarāma und → Pradyumna wollten ihn zurückholen, stießen aber auf den Widerstand von Bāna, der von Shiva und → Skanda, dem Kriegsgott, unterstützt wurde. Shiva wurde von Krishna überwunden, Skanda wurde verletzt, und die vielen Arme von Bāna wurden durch Krishnas Wurfgeschosse abgeschlagen. Shiva bat um das Leben von Bāna, und Krishna verschonte ihn.

Bandha, **H** Skrt.; Bindung, Verhaftung, Abhängigkeit, von *bandh:* fesseln, binden. Die Verhaftung an die Sinnesobjekte der Erscheinungswelt ist das größte Hindernis für die spirituelle Entwicklung.

Deshalb sagt Krishna im zweiten Kapitel der *Bhagavad-Gītā:* »Denken an Sinnenziel bindet an Sinnenziel. Bist du gebunden, wird es zum Hang. Hinderst den Hang du, wird er zum Ärger. Ärgernis aber verwirrt dir das Denken. Verwirrtes Denken vergißt, was es erfahren. Vergessene Erfahrung verliert Erkenntnis. Verlierst du Erkenntnis, ist hin des Lebens einziger Sinn.«

Banka, **Z** jap., wörtl.: »Abend-Abschnitt«; die abendliche Sūtra-Rezitation, die zum Alltag in einem Zen-Kloster (→ Tera) gehört.

Banka-Sōji, **Z** jap., wörtl.: »Banka-Saubermachen«; Säuberung der Innenräume eines Zen-Klosters nach der abendlichen Sūtra-Rezitation (→ Banka). Eine Form von → Samu, die zum Alltag in einem Zen-Kloster (→ Tera) gehört.

Bankei Eitaku (Yōtaku) **Z**, auch Bankei Kokushi, 1622–1693, jap. Zen-Meister der → Rinzai-Schule; einer der populärsten Zen-Meister Japans und wohl der berühmteste seiner Zeit.

In jungen Jahren wanderte Bankei durch Japan und suchte zahlreiche Zen-Meister auf. Dann zog er sich für zwei Jahre in eine Einsiedelei zurück, um ausschließlich → Zazen zu üben. Er vernachlässigte während dieser Zeit seine Gesundheit dermaßen, daß er fast an Schwindsucht gestorben wäre, bevor er eines Morgens, als er einen Klumpen Blut aushustete, plötzlich zu einer ersten Erleuchtungserfahrung kam. Später wurde er Schüler des chin. Zen-Meisters Tao-che Ch'ao-yüan (jap. Dōsha Chōgen, ca. 1600–1661) in Nagasaki, der ihn zu tiefer Erleuchtung führte und ihm das Siegel der Bestätigung (→ Inka-Shōmei) verlieh. Da Bankei der einzige Schüler war, der die Bestätigung dieses Meisters erhielt, empfahl ihm dieser, sich des Nachts in aller Heimlichkeit davonzumachen – wie schon → Huineng und andere in ähnlicher Situation vor ihm –, um nicht den Neid seiner Mitschüler auf sich zu ziehen.

Da Bankei die Erfahrung machte, daß niemand seine aus tiefer Erfahrung gesprochenen lebendigen Worte verstand, lebte er viele Jahre in Verborgenheit, ehe er sich als Zen-Meister zu erkennen gab und sich schließlich Tausende von Schülern, Mönche wie Laien aus allen Gesellschaftsschichten, um ihn scharten.

1672 wurde Bankei vom Kaiserhaus zum Abt des Klosters Myōshin-ji in Kyōto berufen. Die Kraft seines Geistes, verbunden mit der Gabe, die Wahrheit des Zen in der Sprache des Volkes auf einfache und für viele Menschen begreifliche Weise darzulegen, trugen entscheidend zu einer Neubelebung des damals weitgehend in äußeren Formen erstarrten Rinzai-Zen in Japan bei. In dieser Hinsicht war Bankei ein Wegbereiter des 64 Jahre jüngeren → Hakuin Zenji. Trotz der großen Zahl seiner Schüler bestätigte Bankei allerdings nur wenige Dharma-Nachfolger.

Obwohl er selbst keine Schriften hinterließ und seinen Schülern untersagte, seine Lehren aufzuzeichnen, wurden etliche seiner Darlegungen und Dialoge von einigen seiner Anhänger niedergeschrieben. (Eine Auswahl daraus findet sich in: *The Unborn. The Life and Teaching of Zen Master Bankei*, übers. v. Norman Waddell, San Francisco 1984.)

Bansan, **Z** jap., wörtl.: »Abend-Andacht«; abendliche Sūtra-Rezitation in einem Zen-Kloster, ein Synonym für → Banka.

Banzan Hōshaku, **Z** jap. für → P'an-shan Paochi

Bardo **B** (Bar-do), tibet., wörtl.: »Zwischenzustand«; schon in Werken des Hīnayāna- und Mahāyāna-Buddhismus um das 2. Jh. finden sich Hinweise auf die Vorstellung eines Zustandes, der den Tod eines Individuums mit seiner nachfolgenden Wiedergeburt verbindet. Diese Konzeption wurde in den Lehren des → Vajrayāna weiter ausgebaut, so daß schließlich in den → Nāro Chödrug und im → *Bardo Thödol* sechs

Arten des Zwischenzustandes unterschieden werden: 1. Bardo der Geburt; 2. Bardo der Träume; 3. Bardo der Versenkung (→ Dhyāna); 4. Bardo des Augenblicks des Todes; 5. Bardo der Höchsten Wirklichkeit (→ Dharmatā); 6. Bardo des Werdens. – Während die ersten drei Bardos das diesseitige Leben als Phase von »Schwebezuständen« charakterisieren, umfassen die letzten drei Bardos den 49 Tage dauernden Prozeß des Todes und der Wiedergeburt.

Bardo Thödol B (Bar-do thos-grol), tibet., wörtl.: »Befreiung durch Hören im Zwischenzustand«; ein als Tibetisches Totenbuch bekannter Text aus einer Gruppe von Unterweisungen, die auf → Padmasambhava zurückgehen und im

Initiationskarte, wie sie bei der rituellen Lesung des *Bardo Thödol* verwendet wird. Die Symbole zeigen den mystischen Edelstein (Chintāmani), Lotos, Doppel-Vajra, Schwert, Dharma-Chakra und die Glocke (Ghantā) mit Vajra.

14. Jh. als → Terma zu einem Lehrsystem ausgearbeitet wurden. Der Prozeß des Sterbens und der Wiedergeburt wird in diesem Werk in drei Phasen oder Zwischenzustände (→ Bardo) gegliedert, die eng mit der Lehre der drei »Buddha-Körper« (→ Trikāya) verbunden sind. 1. Im Bardo des Augenblicks des Todes (Dharmakāya) manifestiert sich ein blendend weißes Licht. 2. Im Bardo der Höchsten Wirklichkeit (Sambhogakāya) zeigen sich von der Grundstruktur der fünf → Buddhakulas ausgehende fünffarbige Lichterscheinungen in Form von Mandalas. 3. Im Bardo des Werdens (Nirmānakāya) erscheinen Lichtphänomene von gedämpfter Helligkeit, die den sechs Hauptformen der Existenz (→ Bhava-Chakra) entsprechen. Alle drei Phasen bieten die Möglichkeit, durch das Hören entsprechender Anweisungen das Wesen des eigenen Geistes zu erkennen und somit Befreiung (→ Nirvāna) zu erlangen.

Eine Überlieferung von Bardo-Lehren findet sich in den → Nāro Chödrug, in der → Dzogchen-Tradition und in der Schule des → Bön. Ursprünglich als Meditationsanweisung konzipiert für Übende, denen der Vorgang des Sterbens die beste Möglichkeit bietet, ihr schon zu Lebzeiten praktiziertes → Sādhana zur Vollendung zu bringen, wurden diese Lehren im Laufe der Jahrhunderte zu einem Totenritual erweitert, das aus Zeremonien und Lesungen für den Verstorbenen besteht. Die verschiedenen Werke der Totenrituale setzen sich aus mehreren Teilen zusammen, die u. a. den Vorgang des Sterbens beschreiben, die im Bardo auftauchenden Lichterscheinungen, die Technik des Suchens nach dem Ort der Wiedergeburt oder bestimmte Rituale.

Der Sterbevorgang selbst wird im *Bardo Thödol* als ein schrittweises Auflösen der Körperorganisation aufgefaßt, als ein Verfall der fünf → Skandhas. Mit dem Zerfall der äußeren Wirklichkeit wird im Bardo des Augenblicks des Todes unmittelbar das Wahre-Wesen des Geistes als ein gleißendes Licht erfahren. Gelingt es dem Sterbenden nicht, sich mit dieser Erfahrung zu identifizieren, fällt er für drei bis vier Tage in einen unbewußten Zustand und es bildet sich ein sog. Bewußtseinskörper, das Subjekt der kommenden Erfahrungen.

Im folgenden, 14 Tage dauernden Bardo der Höchsten Wirklichkeit (→ Dharmatā) nimmt das Bewußtsein die Formen von 42 friedvollen und 58 rasenden Gottheiten (→ Erscheinungsformen) wahr. Diese treten als ein sich entfaltendes Mandala in Erscheinung, und die Möglichkeit ihrer detaillierten Beschreibung im *Bardo Thödol* leitet sich von der Tatsache ab, daß ein das menschliche Gefühlsspektrum umfassendes Sādhana zur Wiedergabe dieser Erfahrungen benutzt wird. Der Aspekt der Leerheit (→ Shūnyatā) wird dabei durch die friedvollen Gottheiten repräsentiert und der Aspekt der Klarheit durch die rasenden Gottheiten.

Ist der Bewußtseinskörper auch dieses Mal nicht in der Lage, diese Lichterscheinungen als seine eigene Projektion zu erkennen, beginnt der 28 Tage dauernde Bardo des Werdens. In den ersten drei Wochen dieses Zwischenzustandes durchlebt das Bewußtsein seine früheren Taten (→ Karma) und ist dementsprechend in den letzten sieben Tagen für die Suche nach einem der sechs Wiedergeburtsbereiche disponiert.

Vom *Bardo Thödol* gibt es bereits mehrere deutsche Übersetzungen; die einzige Originalübersetzung aus dem Tibetischen (bei den anderen Übertragungen handelt es sich um Zweitübersetzungen) ist bisher: *Das Tibetische Buch der Toten,* übers. v. Eva K. und Geshe Lobsang Dargyay, Bern 1977.

Bashashita, ☒ jap. Name für den 25. Patriarchen in der ind. Linie des → Zen

Bashō Esei, ☒ jap. für → Pa-chiao Hui-ch'ing

Baso Dōitsu, ☒ jap. für → Ma-tsu Tao-i

Bassui Zenji ☒, auch Bassui Tokushō, 1327–1387, jap. Zen-Meister der → Rinzai-Schule und einer der hervorragendsten Japans. Seit dem Tod seines Vaters, als Bassui sieben Jahre alt war, trieb es ihn dazu, die Frage nach dem Wesen seiner Seele zu lösen. Sein intensives zweifelndes Fragen (→ Dai-Gidan) führte ihn zu mehrfachen Erleuchtungserfahrungen, aber er gab sich nie mit dem Erreichten zufrieden, sondern forschte immer tiefer und suchte nach einem Zen-Meister, der ihn zu innerem Frieden führen könnte. Mit 29 Jahren empfing er die Mönchsordination, ließ sich jedoch nicht in einem Kloster nieder, da er mit dem Zeremonienwesen und dem bequemen Leben der Mönche in vielen Klöstern nichts anzufangen wußte.

»Auf seinen zahlreichen Pilgerfahrten weigerte er sich hartnäckig, auch nur über Nacht in einem Tempel zu bleiben, und bestand darauf, in einer abgelegenen Hütte hoch oben in den Bergen oder auf einem Hügel zu übernachten, wo er Stunde um Stunde abseits der Zerstreuungen des Tempellebens Zazen zu üben pflegte. Um wach zu bleiben, kletterte er oft auf einen Baum, setzte sich in den Zweigen zurecht und sann bis spät in die Nacht über sein natürliches Kōan ›Wer ist der Meister?‹ nach, unempfindlich gegen Wind und Regen. Am Morgen ging er dann, buchstäblich ohne Schlaf und Essen, zum Tempel oder Kloster, um → Dokusan beim Meister zu erhalten.« (Zit. n. Ph. Kapleau, 1981, S. 223.)

In Kohō Zenji fand er endlich einen Meister, der ihm entsprach und der ihn schließlich zu tiefer Erleuchtung führte, in der »all seine vorherigen Begriffe und Glaubensanschauungen durch den Feuerbrand seines überwältigenden Erlebnisses völlig vernichtet wurden« und durch die sein tiefer Zweifel endgültig verschwand. Nachdem er von Kohō → Inka-Shōmei erhalten hatte, setzte er sein Wanderleben fort und widersetzte sich viele Jahre lang allen Bemühungen von Zen-Schülern, ihn zu ihrem Meister zu machen.

Erst mit 50 Jahren ließ er sich in einer Einsiedelei in den Bergen nieder, wo sich bald Schüler um ihn sammelten, die er nun nicht mehr zurückwies. Schließlich willigte er ein, ein Zen-Kloster als Abt zu leiten und führte hier bis zu seinem Tode Mönche und Laien auf dem Zen-Weg. Kurz bevor er im Alter von 60 Jahren in die Verwandlung einging, setzte er sich aufrecht in Lotoshaltung hin und sagte zu denen, die um ihn versammelt waren: »Laßt euch nicht irreführen! Schaut genau her! Was ist das?« – Er wiederholte das laut und starb ruhig.

Bassui Zenji schrieb wenig, doch seine »Dharma-Worte« und die Briefe, die er an einige seiner Schüler schrieb, gehören zu den eindringlichsten Schriften der jap. Zen-Literatur. Eine deutsche Übersetzung von Bassuis »Dharma-Worten« und einigen seiner Briefe findet sich in: Ph. Kapleau (Hrsg.), *Die drei Pfeiler des Zen,* Bern 1981.

In einem Brief »An einen Mann aus Kumasaka« schreibt Bassui Zenji:

»Alle Erscheinungsformen sind Wahn und ohne Wirklichkeit. Buddhas und Geschöpfe sind Spiegelbildern im Wasser gleich. Wer das Wahre-Wesen der Dinge nicht schaut, hält Schatten irrtümlich für Wirklichkeit. So wird auch der Zustand der Leere und Ruhe (beim Zazen), der sich aus der Verminderung der Gedanken ergibt, immer wieder fälschlich für das Ur-Antlitz [→ Honrai-no-Memmoku] gehalten; doch ist auch das nur eine Spiegelung im Wasser. Du mußt über den Zustand, da Verstandeskräfte noch helfen, hinausgehen. Wenn Du überhaupt nicht mehr aus noch ein weißt, dann blicke *ihn* genau an. Was denn ist *er* nur? Er wird erst dein Vertrauter, wenn Du einen Wanderstab aus dem Horn eines Hasen zerbrochen oder einen Eisenklumpen im Feuer zerstoßen hast. So sage nun, was für ein Vertrauter ist das denn? Heute ist der achte, morgen ist der dreizehnte.«

Ben'en ☒, auch Enni Ben'en oder Enju Ben'en, ebenfalls bekannt als Shōichi (Shōitsu) Kokushi, 1202–1280, früher jap. Zen-Meister der Yōgi-Linie des Rinzai-Zen (→ Yōgi-Schule). Während eines sechsjährigen Aufenthaltes in China erhielt er das Siegel der Bestätigung (→ Inka-Shōmei) von dem chin. Zen-Meister → Wu-chun Shih-fan (jap. Bushun [Mujun] Shiban). Nach Japan zurückgekehrt, trug er maßgeblich dazu bei, das Zen in Japan heimisch zu machen.

Ben'en begann im Alter von acht Jahren die Lehren der → Tendai- und später der → Shingon-Schule des jap. Buddhismus zu studieren. 1235 ging er nach China und erfuhr Erleuchtung unter Meister Wu-chun. Nachdem er von diesem bestätigt worden war, suchte er weitere chin. Meister der Sung-Zeit auf, um in der Begegnung mit ihnen seine Erfahrung zu vertiefen. 1241 kehrte er nach Japan zurück und wirkte in verschiedenen Klöstern als Zen-Meister, wobei er Praktiken der mystischen Schulen Tendai und Shingon in seine Weise der Zen-Schulung einfließen ließ.

1255 wurde er der erste Abt des Klosters Tōfuku-ji in Kyōto; außerdem leitete er Klöster wie das Jufuku-ji in Kamakura und das Kennin-ji in Kyōto. Alle drei Klöster gehören zu den → Gosan von Kyōto bzw. Kamakura, die zu den wichtigsten Zen-Klöstern Japans zählen. Ben'en hatte mehr als 30 Dharma-Nachfolger

(→ Hassu); außer dem Ehrentitel Shōichi Kokushi erhielt er posthum noch die Ehrentitel Kōshō Kokushi und Jinkō Kokushi (→ Kokushi).

Bengali-Kalender, H zu Beginn des 19. Jh. eingeführter und bis heute in Indien gültiger Kalender, der das Jahr in Mond-Monate unterteilt, und zwar folgende: 1. Vaishākh, Mitte April bis Mitte Mai; 2. Jyaishtha, Mitte Mai bis Mitte Juni; 3. Āshad, Mitte Juni bis Mitte Juli; 4. Shrāvan, Mitte Juli bis Mitte August; 5. Bhādra, Mitte August bis Mitte September; 6. Āshvin, Mitte September bis Mitte Oktober; 7. Kārtik, Mitte Oktober bis Mitte November; 8. Āgrahāyan, Mitte November bis Mitte Dezember; 9. Paush, Mitte Dezember bis Mitte Januar; 10. Māgh, Mitte Januar bis Mitte Februar; 11. Phālgun, Mitte Februar bis Mitte März; 12. Chaitra, Mitte März bis Mitte April.

Bhadrakalpika-Sūtra, B Skrt., wörtl.: »Sūtra über das Zeitalter des Glücks«; Sūtra des Mahāyāna, das die Legenden der 1000 Buddhas des Glückszeitalters enthält, von denen → Shākyamuni der 5. ist. Es ist der Prototyp jener Sūtras, in deren Mittelpunkt das sagenhafte Leben von Buddhas, Bodhisattvas, Heiligen, Göttern usw. steht.

Bhaga, H Skrt.; 1. Name eines Gottes der → Āditya-Gruppe; 2. der göttliche Genießer im Menschen. Das Göttliche ist reine Seligkeit und unvergängliche Freude; es kann den bösen Traum, Körper zu sein und sterben zu müssen, vertreiben.

Bhāgatyāga-Lakshana H (Bhāgatyāga-Lakṣaṇa), Skrt.; ein Prozeß des Unterscheidens und Zurückweisens, wobei erkannt werden soll, was uns vom Selbst trennt. Dieser intellektuelle Vorgang muß vor der Meditation erfolgen.

Bhagavad-Gītā, H Skrt., wörtl.: »Gesang des Erhabenen«; philosoph. Lehrgedicht, das als »Evangelium« des Hinduismus gilt. Es ist ein Teil des zwischen dem 5. Jh. v. Chr. und 2. Jh. n. Chr. entstandenen ind. Nationalepos → *Mahābhārata* (6. Buch). In 18 Kapiteln (700 Verse) empfängt der Kriegsheld → Arjuna von seinem göttlichen Wagenlenker Krishna angesichts einer bevorstehenden Schlacht eine grundlegende Unterweisung. Den westl. Leser mag es verwirren, daß der Schauplatz dieser Belehrung ein Schlachtfeld ist. Doch unabhängig von Arjunas Karma, das ihn in die Schlacht getrieben hat, ist das Schlachtfeld ein Symbol für die unentwegten Kämpfe, die im Menschen stattfinden zwischen den guten und bösen Kräften, zwischen dem Ego und seiner höheren Natur.

Krishna belehrt seinen Freund und Schüler Arjuna in diesem Dialog, der auf dem berühmten Schlachtfeld → Kurukshetra geführt wird, über die Vereinigung mit der Höchsten Wirklichkeit. Er zeigt ihm die Wege von Erkenntnis (→ Jñāna-Yoga), Gottesliebe (→ Bhakti-Yoga), selbstlosem Tun (→ Karma-Yoga) und Meditation (→ Rāja-Yoga). Dies sind die klassischen Hauptwege des Yoga. Das Werk vereinigt in sinnvoller Weise in sich die Lehren der Philosophiesysteme des Sānkhya, Yoga und Vedānta.

Die *Bhagavad-Gītā* hat wie kaum ein anderes Werk auf das religiöse Leben Indiens gewirkt. Die bedeutendsten Philosophen der verschiedenen Vedānta-Schulen haben sie als heiligen Text anerkannt und erläutert. In Deutschland wurde das Werk zuerst durch die (lateinische) Übersetzung A. W. v. Schlegels (1823) und W. v. Humboldts Äußerung bekannt, daß »diese Episode des *Mahābhārata* das Schönste ist, das alle uns bekannten Literaturen aufzuweisen haben«. Die erste (unzureichende) Übertragung ins Deutsche besorgte 1870 der Literaturforscher Robert Boxberger. Eine dem Text wirklich gerecht werdende moderne dt. Übersetzung der *Bhagavad-Gītā* steht bisher aus; einen guten Eindruck von ihrem Inhalt vermittelt: S. Radhakrishnan, *Die Bhagavadgita,* Baden-Baden 1958.

Bhagavān, H Skrt., wörtl.: »erhaben, heilig, der Erhabene«; Name für Gott, wenn ein Gottesverehrer den persönlichen Gott anspricht, der Eigenschaften besitzt wie Allmacht, Allwissenheit, Weisheit, Herrlichkeit und andere; auch große Heilige werden von ihren Anhängern und Schülern oft mit Bhagavān angesprochen, so z. B. Bhagavān Shrī → Ramana Maharshi.

Bhāgavata-Purāna H, auch *Bhāgavatam* genannt, Skrt.; das »Purāna der Anhänger des Erhabenen [Vishnu]« ist das berühmteste und zugleich eines der jüngsten von den 18 »Alten Berichten« (→ Purāna). Es wurde vermutlich im 10. Jh. verfaßt, wird von manchen Kommentatoren → Vyāsa oder seinem Sohn → Shukadeva zugeschrieben und seiner kunstvollen Sprache und philosoph. Tiefe wegen von vielen mit der *Bhagavad-Gītā* und den Upanischaden auf eine Stufe gestellt. Das *Bhāgavata-Purāna* erläutert religiöse Wahrheiten durch Geschichten von Heiligen, Sehern, Königen und beschäftigt sich ausführlich mit dem Leben Krishnas, weshalb es für die → Vaishnavas als besonders heilig gilt.

Bhāgīrathī, H Skrt. → Gangā

Bhairava, H Skrt., wörtl.: »furchterregend, der Schreckliche«; 1. ein Name für → Shiva, häufig auch ein Name für einen göttlichen Gefährten Shivas; 2. Anwärter für die Aufnahme in eine tantrische Sekte (→ Tantra).

Bhaishajya-guru-Buddha B (Bhaiṣajya-guru-

Buddha), Skrt., wörtl.: »Lehrer der Heilmittel«; der buddhist. »Heiland« im ursprünglichen Sinn dieses Wortes (die häufig verwendete Übertragung »Medizin-Buddha« ist nicht nur unschön, sondern auch zu eng). Ein Buddha, der den heilenden, d. h. ganz oder vollkommen machenden Aspekt der Buddhaschaft symbolisiert. Er thront in einem östlichen Paradies (→ Reines Land). Ikonographisch wird er meist die Arzneifrucht in der linken Hand haltend, die rechte in der Geste der Schutzgewährung (→ Mudrā, 5.) oder meditativ im Schoße ruhend dargestellt. Er tritt oft in einer Dreiergruppe, gemeinsam mit → Shākyamuni und → Amitābha auf, wobei er sich links und Amitābha rechts von Shākyamuni befindet. In einem ihm gewidmeten Sūtra, das nur in chin. und tibet. Sprache erhalten ist, sind 12 Gelübde angeführt, die Bhaishajya-guru-Buddha in einer früheren Existenz abgelegt hat und bei deren Verwirklichung er von einer großen Anzahl von Helfern, von Buddhas, Bodhisattvas und den 12 Generälen der → Yakshas unterstützt wird. Er hat in China, Tibet und Japan (jap. Yakushi Nyōrai) besonders große Bedeutung erlangt.

Die 12 Gelübde sind: 1. über alle Wesen mit seinem Licht strahlen; 2. seine Macht allen Wesen kundtun; 3. die Wünsche aller Wesen erfüllen; 4. alle Wesen auf den Weg des Mahāyāna führen; 5. alle Wesen zur Einhaltung der Sittlichkeitsregeln (→ Shīla) befähigen; 6. alle Wesen heilen, deren sechs Sinne krank sind; 7. alle körperlichen und geistigen Krankheiten heilen und die Wesen zur Erleuchtung führen; 8. Frauen in der nächsten Wiedergeburt in Männer verwandeln; 9. Wesen von Irrlehren fernhalten und die Wahrheit erkennen lassen; 10. allen Wesen eine Wiedergeburt in schlechten Zeitaltern ersparen; 11. den Hungrigen Nahrung spenden; 12. den Nackten Kleidung schenken.

Bhajana 🅷, auch Bhajan, Skrt.; Form der Anbetung und Verehrung Gottes oder eines → Avatāra, die mit Musik und Gesang verbunden ist.

Bhakta, 🅷 Skrt.; ein Anhänger des Yoga-Weges, der durch Liebe zu Gott und Hingabe an ihn die Verwirklichung Gottes erstrebt (→ Bhakti-Yoga).

Bhakti, 🅷 Skrt.; Liebe zu Gott, Hingabe an den Guru und das Erwählte Ideal (→ Ishta-Deva). Der Hinduismus unterscheidet verschiedene Arten und Grade der Bhakti: Guru-Bhakti, die Hingabe an den Guru; Vaidhi-Bhakti, eine vorbereitende Stufe, auf der alle Anordnungen *(vidhi)* des Gurus zur Ausübung der Bhakti befolgt werden; Rāga-Bhakti, ein Zustand, in welchem der → Bhakta nur an Gott denkt. Alles erinnert ihn an Gott, alles bezieht er auf ihn; → Para-Bhakti, höchste Liebe zu Gott, in der nichts existiert außer ihm und dem Bewußtsein der Einheit mit ihm; Prema-Bhakti, ekstatische Liebe zu Gott; → Mahābhāva, intensive ekstatische Liebe zu Gott. Die letzten drei sind verschiedene Bezeichnungen für denselben Zustand.

Bhakti-Mārga, 🅷 Skrt.; der Weg zur Erkenntnis und Verwirklichung durch Anbetung eines persönlichen Gottes.

Bhakti-Shāstras 🅷 (Bhakti-Śāstras), Skrt.; alle Schriften, die sich mit der Anbetung und Verehrung Gottes befassen.

Bhakti-Sūtra, 🅷 Skrt.; ein von → Nārada verfaßtes Werk über die Liebe zu Gott und seine Anbetung.

Das Werk umfaßt 84 Sūtras, die weder Nächstenliebe noch geschlechtliche Liebe behandeln, sondern in zum Teil berühmt gewordenen Aphorismen herausstellen, daß in unserem Zeitalter der Weg der Bhakti der einfachste ist. Wie die Gottesminne des christl. Mittelalters, zeigt auch Nārada, daß Liebe zu Gott die einzige Erfüllung des Lebens und sein wichtigstes Ziel ist. Die einzelnen Sūtras sind nur kurz und werden in den meisten Veröffentlichungen von einem spirituellen Lehrer kommentiert, da sie sonst schwer zu verstehen sind.

Bhakti-Yoga, 🅷 Skrt.; der Weg der Liebe und Hingabe, einer der vier Haupt-Yogas oder -Wege zur Vereinigung mit Gott. Nach der Entwicklung intensiver Liebe zu den vielen Aspekten Gottes als Persönlichkeit – oft auch als göttliche Inkarnation – geht das Ego des Gottesverehrers schließlich in seinem Erwählten Ideal, seinem → Ishta-Deva, auf. Bhakti-Yoga ist der natürliche Pfad der Gotteserkenntnis. Der → Bhakta braucht seine Gefühle nicht zu unterdrücken, er intensiviert sie und richtet sie auf Gott. Die Mehrheit der Gläubigen aller großen Weltreligionen sind im Grunde Anhänger dieses Weges. Im Bhakti-Yoga werden fünf verschiedene Einstellungen zu Gott, die → Bhāvas, unterschieden.

Es gibt im Bhakti-Yoga verschiedene Stufen: 1. Bhakti, Verehrung; 2. → Bhāva, gereifte Liebe, ein ekstatischer Zustand; 3. Prema, ein Zustand, in dem der Gottesverehrer die Welt und seinen Körper völlig vergißt; 4. → Mahābhāva, die höchste Manifestation der göttlichen Liebe, als deren Verkörperung → Rādhā betrachtet wird, die Gespielin Krishnas. Nur → Avatāras und → Īshvarakotis können über den Zustand von Bhāva hinausgelangen. – Eine kompetente Einführung in die Grundlagen des Bhakti-Yoga ist: Swami Vivekananda, *Bhakti Yoga,* Freiburg 1977/83.

Bharata, 🅷 1. ein König und Heiliger aus dem

→ *Bhāgavata-Purāna,* der Sohn von → Shakuntalā und Stammvater des Volkes der Bhārata, deren großen Kampf das berühmte Heldenepos *Mahābhārata* schildert. Nach ihm wurde Indien früher Bhāratavarsha genannt, und auch heute nennen die Inder ihr Land wieder Bhārata. → Arjuna trägt oft den Beinamen Bhārata, was ihn als Angehörigen des Volks der Bhārata oder Nachkomme von Bhārata kennzeichnet. 2. ein Halbbruder von → Rāma; 3. ein Beiname von → Agni.

Bhāratavarsha, H Skrt. → Bharata

Bhāratī, H Skrt.; das umfassende Wort, das alles aus der göttlichen Quelle hervorbringt; die Weite der Weisheit und die Größe des Wahrheitsbewußtseins.

Bhārgavī-Varuni-Vidyā H (Bhārgavī-Varuṇi-Vidyā), Skrt.; die Erkenntnis von → Bhrighu (Bhārgavī-Varuni: von Bhrigu, dem Sohne Varunas, stammend), daß alle Materie Brahman ist, daß aber der Mensch durch die Identifizierung mit seinem materiellen, vergänglichen Körper Brahman als materielles Universum wahrnimmt. Hört diese Identifizierung nach der Erleuchtung auf, erkennt er, daß das ganze Universum in Wahrheit Brahman ist.

Bhāskara H, ind. Philosoph, der um 900 n. Chr. lebte und zu den Hauptkommentatoren des → *Vedānta-Sūtra* gehört. Sein Kommentar trägt den Titel *Bhāskarabhāshya.* Er vertritt darin den Bhedābheda-Vāda, die Lehre, daß aller Verschiedenheit eine Identität zugrunde liegt (→ Dvaitādvaita-Vedānta), und stimmt in vielen Punkten mit den von → Nimbārka vertretenen Ansichten überein. Er glaubt, daß eine völlige Vereinigung mit Brahman nur nach dem Tod des Körpers möglich ist.

Bhava, B Skrt., Pali: »Sein, Werden«; wird im Buddhismus in drei verschiedenen Zusammenhängen gebraucht: 1. Bhava als jede Art von Sein in den drei Welten (→ Triloka): Kāmabhava (Sein in der Sphäre der Begierden); Rūpabhava (Sein in der Sphäre der begierdelosen Körperlichkeit); Arūpabhava (Sein in der Sphäre der Körperlosigkeit). 2. Bhava als 10. Glied der Kette des Bedingten Entstehens (→ Pratītya-Samutpāda) bezeichnet einen durch das Aneignen (→ Upādāna) von Persönlichkeitskomponenten bedingten Werdeprozeß. 3. Im Mahāyāna wird Bhava in Gegensatz zu Leere (→ Shūnyatā) gebracht und erfährt je nach Schulrichtung verschiedene Interpretationen.

Bhāva, H Skrt.; Gefühl, Empfindung, Ekstase. Bezeichnung für die fünf verschiedenen Einstellungen, die ein → Bhakta seinem Erwählten Ideal (→ Ishta-Deva) gegenüber einnehmen kann: 1. Shānta, eine friedliche und heitere Atmosphäre, in der man sich Gott nahe fühlt, ohne eine bestimmte Beziehung zu ihm aufgebaut zu haben; 2. Dāsya, die Einstellung eines Dieners seinem Herrn gegenüber und eines Kindes zu seinen Eltern und Beschützern; 3. Sākhya, die Einstellung eines Freundes seinem Freund gegenüber; 4. Vātsalya, die Einstellung der Eltern ihrem Kind gegenüber (z. B. Marias und Josephs zu Jesus); 5. Madhura, die Einstellung einer Frau oder Geliebten dem Ehegatten oder Liebhaber gegenüber. – Als Bhāva wird auch die zweite Stufe des → Bhakti-Yoga bezeichnet.

Bhava-Chakra B (Bhava-Cakra), Skrt., wörtl.: »Lebensrad«; eine im → Tibetischen Buddhismus sehr verbreitete Darstellung des Kreislaufs der Existenzen (→ Samsāra). In sechs Segmenten werden die sechs Haupttypen des weltlichen Daseins unterschieden: der Bereich der Götter,

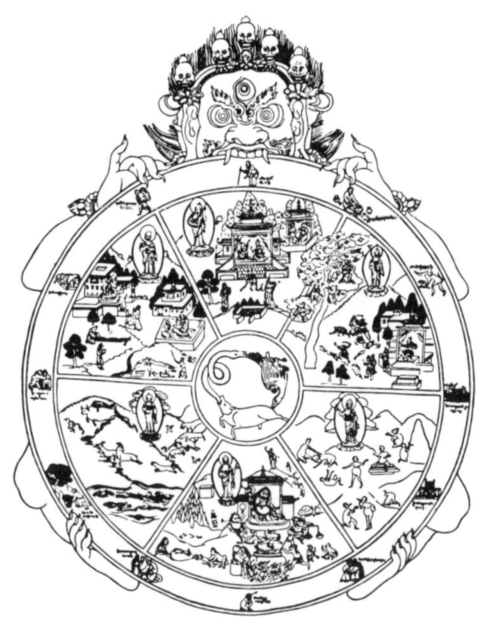

Bhava-Chakra, das Lebensrad.

der Gegengötter (Titanen) und der Menschen bilden den oberen Teil des Rades, der Bereich der Tiere, der Hungrigen Geister und der Höllenwesen den unteren Teil. Gemeinsam ist all diesen Bereichen die Erfahrung von Leiden und

Tod und die Ursache dieser Erfahrung. Der Tod wird durch → Yama, den Gott der Unterwelt, symbolisiert, der das Lebensrad in seinen Klauen hält, und die Ursache für diesen Kreislauf des Leidens repräsentieren drei im Zentrum des Rades befindlichen Tiere: Hahn (Gier), Schwein (Unwissenheit) und Schlange (Haß). Ein drittes ikonographisches Element zeigt die zwölf Begriffe des »Bedingten Entstehens« (→ Pratītya-Samutpāda), die einen äußeren Kreis bilden und die philosophische Deutung des Existenzkreislaufs bieten.

Die Symbolik des Lebensrades läßt sich auf verschiedenen Ebenen interpretieren. Im ursprünglichen Sinne wurden die sechs Daseinsbereiche als konkrete Existenzformen aufgefaßt (welche durch einen bestimmten Bewußtseinszustand charakterisiert sind), in die ein Lebewesen aufgrund seiner Handlungen (→ Karma) hineingeboren wird. Das Tibetische Totenbuch (→ *Bardo Thödol*) geht von dieser Vorstellung aus und gibt an bestimmten Stellen genaue Anweisungen, um eine Wiedergeburt in den höheren Bereichen (Götter, Gegengötter und Menschen) herbeizuführen und eine Wiedergeburt in den niederen Bereichen (Tiere, Hungrige Geister und Höllenwesen) zu vermeiden. In modernem Sinne können diese Bereiche aber auch als Persönlichkeitstypen oder Lebenssituationen verstanden werden, die sich durch einen Grundcharakter auszeichnen.

Eine spätere Entwicklung in der Darstellung des Lebensrades sind sechs Formen des → Avalokiteshvara, die sich in den sechs Bereichen befinden und den jeweiligen Lebewesen den Weg zur Befreiung vom Existenzkreislauf (→ Nirvāna) aufzeigen. Auch die sechs Silben des Mantra von Avalokiteshvara (→ OM MANI PADME HUM) wurden in diesem Sinne jeweils einem Existenzbereich zugeordnet.

Während in den sechs Bereichen die Entfaltung der Welt aufgrund der im Zentrum dargestellten Motive gezeigt wird, symbolisiert der äußere Kreis die im individuellen Leben geschaffenen Ursachen. Ausgangspunkt beider Erklärungen ist die Unwissenheit, das Nicht-Wissen (→ Avidyā). Die Formel des »Bedingten Entstehens« ist in folgende Bilder gefaßt: Blinde Frau (Unwissenheit), Töpfer (Gestaltungskräfte), Affe (Bewußtsein), zwei Menschen in einem Boot (Körper und Geist), sechsfenstriges Haus (sechs Sinne), Liebespaar (Berührung), ein das Auge durchbohrender Pfeil (Empfindung), Trinker (Begierde), früchtesammelnder Mann (Anhaften), Geschlechtsverkehr (Werden), gebärende Frau (Geburt), Leichenträger (Tod).

Bhāvamukha, H Skrt.; ein erhabener Zustand spiritueller Erfahrung, in dem das Bewußtsein des Strebenden auf der Grenze zwischen dem Absoluten und dem Relativen verweilt. Hier kann er sowohl über das eigenschaftslose → Brahman meditieren, als auch an den Tätigkeiten der Erscheinungswelt teilnehmen, die er als Manifestation des Absoluten betrachtet. Technisch ausgedrückt bewegt sich das Bewußtsein des spirituell Strebenden zwischen dem Ājñā-Chakra und dem Sahasrāra-Chakra. (Siehe dazu auch → Chakra und → Kundalinī.)

Bhāvanā, B Skrt., Pali; Meditation, Geistesentfaltung, all jene Übungen, die meist als »Meditation« bezeichnet werden. Man unterscheidet zwei Arten von Bhāvanā: die Entfaltung der Gemütsruhe (→ Shamatha) und des Hellblicks (→ Vipashyanā). Gemütsruhe stellt die Voraussetzung für die Erlangung des Hellblicks dar. Nach dem → *Visuddhi-Magga* gibt es 40 verschiedene Übungen, die zur Entfaltung der Gemütsruhe führen. Sie umfassen Versenkungen (→ Dhyāna), Betrachtungen (→ Samāpatti) und Sammlung (→ Samādhi).

Die 40 Übungen sind: die 10 → Kasina-Übungen, die Betrachtung der 10 Ekelobjekte (→ Ashubha), die 10 Betrachtungen (→ Anussati), die 4 → Brahma-Vihāras, die → Vier Sphärenstufen, die Vorstellung des Ekels der Nahrung und die Analyse der Vier Elemente (→ Dhātu-Vavatthāna).

Bhāvanā-Mārga, B Skrt. → Yogāchāra

Bhāva-Pratyaya, H Skrt.; die vollkommene Beherrschung der materiellen Welt, durch die ein hoher → Samādhi-Zustand erlangt wird.

Bhavasāgara, H Skrt., wörtl.: »Ozean des Werdens«; die Welt des Wandels. Die Welt ist ständig in einem Zustand der Veränderung und kennt keine Ruhe. Das wahre Ziel des menschlichen Lebens ist die Überwindung dieses unbeständigen Zustandes und die Verwirklichung von Wahrheit und innerem Frieden.

Bhāva-Samādhi, H Skrt.; ein Zustand der Ekstase, der durch Verehrung und Liebe zu Gott erreicht wird. Im Anbetenden bleibt eine Spur des Egos zurück, damit er Gott und sein göttliches Spiel genießen kann. Ramakrishna nannte es »Zucker schmecken, anstatt Zucker zu werden«.

Bhavatārinī H (Bhavatāriṇī), Skrt., wörtl.: »Erlöserin des Universums«; ein Name der Göttlichen Mutter → Kālī, unter dem sie im Tempel von Dakshineshvara verehrt wird.

Bhāvaviveka B, auch Bhavya genannt; Vertreter des → Mādhyamaka, der ca. zwischen 490 und 570 gelebt hat. Er wurde in Südindien geboren, kam nach Magadha, wo er die Lehre des → Nāgārjuna studierte. Danach kehrte er in seine Heimat zurück, wo er schnell großen Ruhm erlangte. In seinen Werken, die nur noch in chin.

und tibet. Übersetzung erhalten sind, greift er die Thesen des → Yogāchāra an. Er gründete die Svātantrika-Schule, eine der beiden Richtungen des Mādhyamaka, und trat gegen Buddhapālita, den Begründer der Prāsangika-Schule, auf, wobei er eine positive Dialektik verwendete. Seine Schule führte im 8. Jh. zur Gründung der Svātantrika-Yogāchāra-Schule durch Shāntirakshita.

Bheda, H Skrt.; Unterschied, Verschiedenheit, Spaltung. Das Hauptmerkmal unserer Erscheinungswelt (→ Nāmarūpa) ist Verschiedenheit.

Bhedābheda-Vāda, H Skrt., identisch mit → Dvaitādvaita-Vedānta

Bherī-Nāda, H Skrt.; der innere Widerhall des gesprochenen → OM oder eines anderen Klanges, über den meditiert wird.

Bhikshu B (Bhikṣu), Skrt. (Pali: Bhikkhu); Bettler, Mönch, männliches Mitglied des buddhist. → Sangha, das in die → Hauslosigkeit gegangen ist und die volle Ordination erhalten hat. Die Bhikshus bildeten im Altertum den Kern der buddhist. Gemeinde, da nach frühbuddhist. Auffassung nur ein Mensch, der der Welt entsagt hat, das höchste Ziel, das Nirvāna, erlangen kann. Die Haupttätigkeit der Bhikshus besteht in Meditation und Darlegung der Lehre, Arbeit ist ihnen nicht erlaubt. Buddhist. Mönche verzichten auf die Annehmlichkeiten der Welt und führen ein Wanderdasein. Grundsätze des mönchischen Lebens sind Armut, Ehelosigkeit und Friedfertigkeit; es wird durch die im → Vinaya-Pitaka niedergelegten Regeln bestimmt.
Die Armut drückt sich in der Kleidung des Mönches aus, die aus drei Teilen besteht (→ Trichīvara) und aus Lumpen gefertigt sein soll. Die Gegenstände des täglichen Bedarfs beschränken sich auf Almosenschale, Rasiermesser, Nähnadel, Wasserfilter, Wanderstab und Zahnbürste. Ein Bhikshu darf nicht mit Geld und anderen Wertsachen in Berührung kommen, Geschenke und Einladungen können nur unter bestimmten Bedingungen angenommen werden. Seine Nahrung erbettelt er sich beim täglichen Bettelgang. Als Medizin nimmt er nur Tierurin zu sich.
Anfänglich führten die Bhikshus ausnahmslos ein Wanderdasein. Während der Regenperioden waren sie allerdings verpflichtet, sich drei Monate lang in einem Kloster (→ Vihāra) aufzuhalten. Der Grund dafür liegt nach der Überlieferung darin, daß ein wandernder Mönch während der Regenzeit der Tier- und Pflanzenwelt zu großen Schaden zufügen könnte. Während dieser Ruheperiode war das Verlassen des Klosters nur unter bestimmten Bedingungen wie Verwandten- oder Krankenbesuch gestattet. Sie wurde durch die Zeremonie des Pravāranā (Pali: Pavāranā) beendet, die darin bestand, andere Mönche um Verzeihung für die ihnen während dieser Zeit der gemeinsamen Zurückgezogenheit zugefügten Beleidigungen zu bitten.
Im Laufe der Entwicklung des Sangha wurden die Mönche seßhaft und lebten in Klöstern. Pilgerfahrten stellen allerdings bis heute ein wichtiges Element des mönchischen Lebens dar. Im wesentlichen entspricht das Leben eines modernen Mönches dem eines Bhikshu zu Zeiten des Buddha. Gewisse Regeln allerdings wurden mit der Verbreitung des Buddhismus den neuen sozialen und geographischen Gegebenheiten angepaßt. Chin. Mönche arbeiten körperlich, vor allem in der Landwirtschaft, was im frühen Sangha verboten war, da damit das Töten von Lebewesen verbunden ist. Mönche gewisser Schulen des tibet. und jap. Buddhismus heiraten und haben Familie. Auch die Regeln bezüglich des Bettelganges und der Nahrungsaufnahme veränderten sich stark.

Bhikshunī B (Bhikṣuṇī), Skrt. (Pali: Bhikkunī), Nonne; weibliches vollordiniertes Mitglied des buddhist. → Sangha. Der Nonnenorden wurde von → Mahāprajāpatī Gautamī, der Stiefmutter des historischen Buddha, nach dem Tode ihres Mannes durch Vermittlung von → Ānanda gegründet, dem dies anläßlich des ersten Konzils seitens der Mönche zum Vorwurf gemacht wurde. Buddha selbst war angeblich gegen die Schaffung eines Nonnenordens, da er um die Ordensmoral fürchtete, und soll überzeugt gewesen sein, mit seiner Einwilligung zur Gründung die Lebensdauer der buddhist. Lehre von 1000 auf 500 Jahre verkürzt zu haben.
Das Leben der Nonnen ist wesentlich strenger geregelt als das der Mönche. Nonnen sind hinsichtlich der Erziehung und der zu treffenden Entscheidungen von den Mönchen abhängig; die Ordination einer Nonne muß, um gültig zu sein, vor dem Mönchsorden wiederholt werden; eine Nonne kann in keinem Fall einen Mönch zurechtweisen; die älteste der Nonnen muß sich sogar dem Jüngsten der Mönche gegenüber ehrerbietig verhalten. Die mit Ausschluß bestraften Vergehen sind im Nonnenorden viel zahlreicher als im Mönchsorden; bestimmte Verstöße, die bei den Mönchen zu einer zeitlich beschränkten Enthebung führen, werden im Nonnenorden mit endgültigem Ausschluß geahndet. Der Nonnenorden hat im buddhist. Sangha nie eine wesentliche Rolle gespielt; die Zahl der Nonnen ist im Verhältnis zu der der Mönche verschwindend klein.

Bhīshma H (Bhīṣma), der Erzieher der → Kauravas und der → Pāndavas, einer der Kriegshelden auf dem Schlachtfeld → Kurukshetra. Er wird im *Mahābhārata* und in der *Bhagavad-Gītā* erwähnt.

Bhoga, H Skrt.; 1. Genuß der Sinnesobjekte,

Sinnesvergnügen; 2. Nahrung und Speisen, die der Gottheit dargebracht werden.

Bhrānta, 🅗 Skrt.; verwirrt, getäuscht, unsicher, zweifelnd; Irrtum. Gemeint ist hier das fehlende Unterscheidungsvermögen (→ Viveka) des unspirituellen Menschen. Er kann zwischen dem Wirklichen und dem Unwirklichen, dem Dauernden und dem Vergänglichen keine Abgrenzungen vornehmen. Er sieht mit den Worten → Shankaras ständig eine Schlange, wo nur ein Stück Tau vorhanden ist. Folgen dieser Erkenntnislosigkeit sind Angst und Bedrängnis.

Bhrānti-Darshana 🅗 (Bhrānti-Darśana), Skrt.; eine Erkenntnis oder Vision, die unter falschen Voraussetzungen entsteht und somit eine Täuschung ist.

Bhrigu 🅗 (Bhṛgu), in den Veden ein Heiliger, der Sohn → Varunas; einer der sieben großen Rishis (→ Maharishi).

Bhrūmādhya-Drishti 🅗 (Bhrūmādhya-Dṛṣṭi), Skrt. wörtl.: *bhrū:* Augenbraue, *mādhya:* in der Mitte befindlich, *drishti:* sehen; eine Konzentrationsübung, bei der die Konzentration zwischen den Augenbrauen fixiert wird.

Bhūman, 🅗 Skrt., wörtl.: »Fülle, höchstes Wesen«; das höchste Ziel des menschlichen Lebens, das absolute Bewußtsein (→ Brahman), mit dem wir als → Ātman, aber nicht als begrenzter → Jīva identisch sind.

Bhūman-Vidyā, 🅗 Skrt.; Erkenntnis des unendlichen Selbst, das alles einschließt und durch seine Unsterblichkeit Dunkelheit und Sorgen, Krankheit und Tod vertreibt.

Bhūmi, 🅑 Skrt., wörtl.: »Land«; die zehn Stufen, die ein Bodhisattva bis zur Erlangung der Buddhaschaft durchlaufen muß. Die einzelnen Stufen sind in den Texten nicht ganz einheitlich beschrieben; die folgende Darstellung basiert auf dem → *Dashabhūmika-Sūtra* und dem → *Bodhisattva-Bhūmi.*

Die zehn Stufen sind: 1. Pramuditā-Bhūmi (Land der Freude): Auf dieser Stufe ist der Bodhisattva voller Freude über das Eintreten in den Pfad der Buddhaschaft. Er hat den Erleuchtungsgedanken (→ Bodhichitta) erzeugt und die Bodhisattva-Gelübde abgelegt. Er pflegt besonders die Tugend der Freigebigkeit (→ Dāna) und ist frei von egoistischen Gedanken und dem Wunsch nach karmischem Verdienst. Hier erkennt der Bodhisattva die Leerheit des Ich und aller Dharmas.

2. Vimalā-Bhūmi (Land der Reinheit): Hier vervollkommnet der Bodhisattva seine Sittlichkeit (→ Shīla) und ist frei von Verfehlungen. Er praktiziert → Dhyāna und → Samādhi.

3. Prabhākārī-Bhūmi (Land des Strahlens): Der Bodhisattva gewinnt die Einsicht in die Vergänglichkeit (→ Anitya) des Daseins und entwickelt die Tugend der Geduld (→ Kshānti) im Ertragen von Schwierigkeiten und in der tätigen Hilfe für die Erlösung aller Wesen. Er hat die drei Wurzeln des Unheilsamen (→ Akushala), Gier, Haß und Wahn, abgeschnitten. Das Erlangen dieser Stufe ist durch zehn Eigenschaften möglich, die als »Beherzigen der festen Absicht« bezeichnet werden und u. a. Festigkeit, Überdruß am weltlichen Leben und Leidenschaftslosigkeit umfassen. Der Bodhisattva verwirklicht die Vier Versenkungen (Dhyāna), die → Vier Sphärenstufen und erwirbt die ersten fünf der Sechs Übernatürlichen Kräfte (→ Abhijñā).

4. Archismatī-Bhūmi (das flammende Land): Der Bodhisattva »verbrennt« die restlichen falschen Vorstellungen und entwickelt Weisheit. Er übt sich in der Tugend der Energie (→ Vīrya) und vervollkommnet die 37 zur Erleuchtung nötigen Dinge (→ Bodhipākshika-Dharma).

5. Sudurjayā-Bhūmi (das äußerst schwer zu gewinnende Land): Auf dieser Stufe versenkt sich der Bodhisattva in Meditation (Dhyāna), um die Wahrheit intuitiv zu erfassen. So begreift er die → Vier Edlen Wahrheiten und die → Doppelte Wahrheit. Er hat Zweifel und Unsicherheit ausgeräumt und weiß, was ein Weg ist und was nicht. Er arbeitet weiter an der Vervollkommnung der 37 zur Erleuchtung nötigen Dinge.

6. Abhimukhī-Bhūmi (das im Angesicht der Weisheit stehende Land): Auf dieser Stufe erkennt der Bodhisattva, daß alle Dharmas frei von Kennzeichen, Entstehung, Vielfältigkeit und Unterscheidung nach Sein und Nichtsein sind. Er erlangt Einsicht in das Bedingte Entstehen (→ Pratītya-Samutpāda) und transzendiert in der Vollendung der Tugend der Weisheit (→ Prajñā) das unterscheidende Denken und begreift die Leere (→ Shūnyatā).

Von diesem Land aus, in dem er durch Einsicht in Leere und Vervollkommung von Weisheit die Erleuchtung (→ Bodhi) erlangt hat, könnte der Bodhisattva für immer verlöschen (→ Pratishthita-Nirvāna). Doch aus Erbarmen mit allen Lebenden Wesen tritt er nur ins sog. nicht fixierte Nirvāna (→ Apratishthita-Nirvāna) ein, in dem er frei von allen samsarischen Zwängen ist, aber in dieser Welt verbleibt.

7. Dūrangamā-Bhūmi (das weitgehende Land):

Hier angelangt, hat der Bodhisattva die Erkenntnis und Geschicklichkeit in der Methode (→ Upāya) erworben, was ihm erlaubt, jedes Wesen entsprechend dessen Möglichkeiten auf dem Weg zur Erlösung zu leiten. Diese Stufe bildet den Übergang in eine andere Existenzweise, die eines transzendenten Bodhisattva, d. h. er kann sich in jeder erdenklichen Erscheinungsform manifestieren. Nach Durchlaufen dieser Stufe ist kein Zurückfallen in niedere Existenzweisen mehr möglich.

8. Achalā-Bhūmi (unbewegtes Land): Auf dieser Stufe wird der Bodhisattva durch nichts mehr in Unruhe versetzt, da er die Prophezeiung erhielt, wann und wo er Buddhaschaft erlangen wird. Er erwirbt die Fähigkeit, sein Verdienst auf andere Wesen zu übertragen und verzichtet auf das Anhäufen weiterer karmischer Schätze.

9. Sādhumatī-Bhūmi (das mit frommem Denken versehene Land): Die Weisheit des Bodhisattva ist vollendet, er ist im Besitz der Zehn Kräfte (→ Dashabala), der Sechs übernatürlichen Kräfte (→ Abhijñā), der → Vier Gewißheiten, der → Acht Befreiungen, der → Dhāranīs. Er weiß um das Wesen aller Dharmas und legt die Lehre dar.

10. Dharmameghā-Bhūmi (Land der Wolke der Lehre): Alles Wissen (→ Jñāna) und unermeßliche Tugenden sind verwirklicht. Der Dharmakāya (→ Trikāya) des Bodhisattva ist voll ausgebildet. Er sitzt umringt von unzähligen Bodhisattvas in einem Lotos im → Tushita-Himmel. Seine Buddhaschaft wird von allen Buddhas bezeugt. Diese Stufe ist auch unter dem Namen Abhisheka-Bhūmi bekannt. Bodhisattvas dieser Stufe sind z. B. → Maitreya und → Mañjushrī.

Bhumīsparsha-Mudrā, B Skrt. → Mudrā, 4.

Bhūr, H Skrt.; eine → Vyāhriti, das erste Wort der → Gāyatrī. Aus diesem Wort, das → Prajāpati bei der Schöpfung sprach, entstand die Erde *(bhū)*.

Bhūrloka, H Skrt.; die materielle Welt; der Körper und seine materiellen Bedingungen sind die irdische Welt des Menschen.

Bhūta, H Skrt.; 1. Geschöpf, Wesen sowie allgemein etwas, das geworden ist; 2. die fünf Elemente der materiellen Welt (→ Prakriti).

Bhūtaloka, H Skrt.; die unterirdische Welt.

Bhūta-Siddhi, H Skrt.; die Beherrschung der Elemente, somit der → Prakriti. Da sich Prakriti in den drei → Gunas manifestiert, müssen diese beherrscht und überwunden werden.

Bhūtatathatā, B Skrt., wörtl.: »Soheit des Seienden«; die Wirklichkeit im Gegensatz zum Scheinbaren der phänomenalen Welt. Bhūtatathatā ist unveränderlich und ewig, während Formen und Erscheinungen entstehen, sich verändern und vergehen. Der Begriff wird in den mahayanist. Texten als gleichbedeutend mit dem Absoluten, der Letzten Wirklichkeit (→ Tathatā, → Trikāya, → Buddha-Natur) verwendet.

Bhūtātman, H Skrt., wörtl.: »mit geläutertem Geist«; das sich erinnernde Selbst, das erkannt hat, was es wirklich ist (von *bhūta:* Vergangenheit, und → Ātman: Selbst).

Bhuvaneshvara H (Bhuvaneśvara), Skrt., wörtl.: »Weltenherr«; 1. Beiname → Shivas; 2. eine Stadt in Orissa (heute Bhubaneswar), in der viele schöne Tempel Shiva geweiht sind. Der berühmteste und größte ist der Lingarāj-Tempel. Babu Rajendra Lala hat in seinem großen Werk über Orissa diese Tempel beschrieben. Die Gegend um Bhuvaneshvara war in alten Zeiten ein Waldgebiet namens Ekāmra-Kānana, das ein bevorzugter Jagdgrund Shivas gewesen sein soll.

Bhuva, H Skrt.; eine → Vyāhriti, das zweite Wort der → Gāyatrī. Aus diesem Wort, das → Prajāpati bei der Schöpfung sprach, entstand der Luftraum.

Bhuvarloka, H Skrt.; die Welt verschiedener Erscheinungen, in der Empfindungen, Gefühle, Leidenschaften und Zuneigungen existieren, die aus Wünschen resultieren. Diese vitale, nervliche Ebene ist über unserer materiellen Erde, in ihr verkehren die Götter mit den Menschen. Es ist ein verwirrendes, weites Feld, dessen Wege vielfältig und schwierig sind.

Bibhīshana, H Skrt. → Vibhīshana

Bīja, H B Skrt.; Energie, Saat, Same, Wurzelkraft; was als Kraft hinter jeder materiellen Manifestation steht; besonders wirksam im Bīja-Mantra (»Saatwort«), das von einem Guru gegeben wird. In den Buchstaben eines Bīja-Mantra ist das Wesen eines besonderen Aspektes der Letzten Wirklichkeit in Form eines Klangsymbols konzentriert. Solche Klangsymbole, die auf der spirituellen Erfahrung eines Heiligen beruhen, haben mystische, göttliche Kräfte, wenn sie von einem geeigneten, echten Guru empfangen werden. Jeder Schüler eines Guru erhält bei seiner Initiation ein solches Mantra.

Bimbisāra, B König von Magadha zu Zeiten des Buddha → Shākyamuni. Mit 30 Jahren hörte Bimbisāra eine Predigt des Buddha und wurde daraufhin sein Laienanhänger und ein aktiver Förderer des Buddhismus. Er schenkte dem Buddha den Bambuswald Venuvana, wo dieser sich gern und oft mit seinen Schülern aufhielt. Bimbisāra wurde von seinem Sohn → Ajātasattu getötet.

Bindu, H Skrt., wörtl.: »Punkt«; ein Symbol für das Universum in seiner unmanifestierten Form. Da die Verwandlung des Unmanifestierten in die Erscheinungswelt schwer verständlich ist – Schöpfung aus dem Nichts? –, wird als Beispiel der Punkt benutzt, aus dem alle Linien und Formen entstehen können. Im Tantra bezeichnet das Wort den Samen des Mannes, aus dem neue Formen und neues Leben entstehen.

Bodai, Z jap. Aussprache der chin. Schriftzeichen, mit denen das Sanskrit-Wort → Bodhi ins Chinesische übertragen wurde. Es bedeutet »vollkommene Weisheit«, → Erleuchtung, → Buddhaschaft, »der erleuchtete Geist« (→ Kokoro). Im Zen wird Bodai i. allg. im Sinn von »die aus Erleuchtung hervorgehende Weisheit« gebraucht.

Bodaidaruma, Z jap. für → Bodhidharma

Bodaishin, Z jap., wörtl.: »Erleuchtungsgeist«; das Streben nach → Buddhaschaft, der Entschluß, vollkommene → Erleuchtung zu finden (siehe dazu auch → Hotsu-Bodaishin).

Bodh-Gayā B (kurz: Gayā), eine der vier heiligen Stätten des Buddhismus, 90 km südlich von Patna gelegen. Hier erlangte der historische Buddha → Shākyamuni Vollkommene Erleuchtung, nachdem er 49 Tage lang unter dem sog. → Bodhibaum meditiert hatte. In Bodh-Gayā befindet sich der von einem ceylones. König erbaute Mahābodhi-Tempel, der noch heute, wenn auch verändert, erhalten ist. (Siehe dazu auch → Mahābody Society. Als heilige Stadt des Hinduismus → Gayā.)

Bodhi, H B Z Skrt., Pali, wörtl.: »Erwachen«.
H Vollkommene Erkenntnis.
B Z Bodhi bezeichnet ursprünglich die Verwirklichung der vier Stufen des überweltlichen Pfades (→ Ārya-Mārga) und wird durch die Vervollkommnung der 37 zur Erleuchtung gehörenden Dinge (→ Bodhipākshika-Dharma) und die Aufhebung der Unwissenheit (→ Avidyā), d. h. durch Verwirklichung der → Vier Edlen Wahrheiten erlangt.
Im Hīnayāna wird Bodhi mit der vollkommenen Einsicht in die und Verwirklichung der Vier Edlen Wahrheiten – was die Aufhebung des Leidens bedeutet – gleichgesetzt. Hier werden drei Stufen von Erleuchtung unterschieden: die Erleuchtung eines edlen Jüngers (→ Shrāvaka), die eines Einzelerleuchteten (→ Pratyeka-Buddha) und die Erleuchtung eines Buddha (→ Samyak-Sambuddha), die vielfach mit Allwissenheit (→ Sarvajñatā) gleichgesetzt und als Mahābodhi (Große Erleuchtung) bezeichnet wird.
Im Mahāyāna hingegen wird Bodhi im wesentlichen als die auf Weisheit gegründete Einsicht in die Einheit von → Nirvāna und → Samsāra sowie von Subjekt und Objekt verstanden. Man bezeichnet es als die Verwirklichung von → Prajñā, das Innewerden der eigenen essentiellen → Buddha-Natur oder des Buddha-Wesens (→ Busshō), die Einsicht in die wesenhafte Leere (→ Shūnyatā) der Welt sowie als Allwissenheit und Erkenntnis der »Soheit« (→ Tathatā).
Das Mahāyāna kennt ebenfalls drei Arten von Bodhi: die Erleuchtung für sich selbst (d. i. die Erleuchtung eines → Arhat), die Erlösung für andere (d. i. die Erleuchtung eines Bodhisattva) und die Vollkommene Erleuchtung eines Buddha. – Die einzelnen mahayanist. Schulen interpretieren diesen Begriff gemäß der jeweiligen Lehrauffassung in unterschiedlicher Weise. (Siehe auch → Erleuchtung.)

Bodhi-Baum B Z *(Ficus religiosa),* Feigenbaum, unter dem → Siddhārtha Gautama, der historische Buddha, Vollkommene Erleuchtung erlangte.
In → Bodh-Gayā befindet sich an der linken Seite des Mahābodhi-Tempels noch heute ein »Enkel« jenes Baumes, unter dem Siddhārtha 49 Tage lang meditiert hat. Der ursprüngliche Baum wurde im 7. Jh. vom Bengalenkönig Shashanka zerstört; sein Nachkomme fiel 1876 einem Sturm zum Opfer. Der heute verehrte Baum ist ein Ableger eines Sprosses des ursprünglichen Baumes, den → Ashoka im 3. Jh. v. Chr. dem König von Ceylon überbringen ließ und der heute noch in der damaligen Hauptstadt → Anurādhapura steht.

Bodhichitta, B Skrt., wörtl.: »Erleuchtungsgeist«; das Streben oder die Erzeugung des Strebens nach Erleuchtung, einer der zentralen Gedanken des → Mahāyāna-Buddhismus. Er wird nach der tibet. Überlieferung unter zwei Aspekten gesehen: der vordergründige und der endgültige. Der vordergründige Erleuchtungsgeist selbst gliedert sich wiederum in zwei Phasen: 1. der von grenzenlosem Erbarmen genährte Vorsatz und Wunsch, zum Wohle aller Lebewesen die Erlösung (→ Nirvāna) zu erlangen; 2. das Eintreten in die eigentliche Meditation, deren Ziel die Beherrschung der angemessenen Mittel ist, um den Wunsch in die Tat umzusetzen (→ Bodhisattva).

Der endgültige Erleuchtungsgeist wird als die Einsicht in das Wahre-Wesen (→ Shūnyatā) der Phänomene aufgefaßt. Die verschiedenen Methoden zur Erzeugung des Erleuchtungsgeistes gehen vor allem auf → Atīsha zurück und gelangten über seine Lehrtradition in alle anderen Schulrichtungen des tibet. Buddhismus.

Im Unterschied zu dieser Auffassung wurde in den Systemen des → Tantra die Vorstellung des Erleuchtungsgeistes als einer konkreten physiologischen Entität entwickelt. Die gezielte Sublimierung dieses als »Samen-Essenz« vorgestellten Erleuchtungsgeistes führt zur körperlich direkt erfahrbaren → Erleuchtung.

Bodhidharma, B Z chin. P'u-t'i-ta-mo oder Tamo, jap. Bodaidaruma oder Daruma, um 470–543 (?); der 28. Patriarch nach → Shākyamuni Buddha in der ind. Linie und der 1. chin. Patriarch des Ch'an (→ Zen). Bodhidharma war

Bodhidharma, der »Barbar aus dem Westen«. (Tuschemalerei von Bokkei, 15. Jh.)

Schüler und Dharma-Nachfolger (→ Hassu) des 27. Patriarchen Prajnādhara (jap. Hannyatara) und der Meister von → Hui-k'o, den er als den 2. Patriarchen des Zen in China einsetzte. Die Begebenheit, die die Übertragung des → Buddha-Dharma von Prajnādhara auf Bodhidharma markiert, wird im → *Denkō-roku* folgendermaßen wiedergegeben:

»Einst fragte der 27. Patriarch, der Ehrwürdige Hannyatara: ›Unter allen Dingen, was ist von Nicht-Form?‹

Der Meister [Bodhidharma] sagte: ›Das Nicht-Entstehen ist von Nicht-Form.‹

Der Patriarch sagte: ›Unter allen Dingen, was ist das größte?‹

Der Meister sagte: ›Das Dharma-Wesen ist das größte.‹

Nachdem Bodhidharma von Prajnādhara als 28. Patriarch bestätigt worden war, begab er sich der Überlieferung nach im Jahre 520 zu Schiff von Indien nach Südchina. Nach einem kurzen erfolglosen Versuch, seine Lehre dort zu verbreiten, wanderte er weiter nach Lo-yang in Nordchina und ließ sich schließlich im → Shao-lin-Kloster auf dem Berg → Sung-shan (jap. Sūzan oder Sūsan) nieder. Hier übte er neun Jahre lang unerschütterlich → Zazen, weshalb diese Periode als Menpeki-Kunen (→ Menpeki) bekannt wurde, was soviel heißt wie »neun Jahre der Wand gegenüber«. Hier fand Hui-k'o, der spätere 2. Patriarch des Zen in China, zu ihm und wurde nach einem eindrucksvollen Beweis seines »Willens zur Wahrheit« (→ Kokorozashi, → Dōshin) als sein Schüler angenommen.

Die Lebensdaten von Bodhidharma, der der Sohn eines südind. Brahmanen-Königs gewesen sein soll, sind ungewiß. So gibt es eine Überlieferung, die besagt, daß sein Meister, Prajnādhara, Bodhidharma aufgetragen habe, nach seinem Tode noch 60 Jahre zu warten, ehe er nach China reise. Demnach müßte Bodhidharma bereits in hohem Alter gewesen sein, als er in China ankam. Nach anderen Quellen ist er im Alter von 60 Jahren nach China gekommen. Beide Überlieferungen sind unvereinbar mit den Lebensdaten 470–543, die in den meisten Quellen angegeben werden. Nach seiner Ankunft in der heutigen Hafenstadt Kanton reiste er auf Einladung des Kaisers Wu aus der Liang-Dynastie zu diesem nach Nanking.

Das 1. Beispiel des → *Pi-yen-lu* berichtet von der Begegnung zwischen Bodhidharma und dem Kaiser. Wuti war ein Anhänger und Förderer des Buddhismus und hatte in seinem Herrschaftsbereich einige buddhist. Klöster bauen lassen. Nun fragte er den aus Indien kommenden Meister des Buddha-Dharma, welche Verdienste für spätere Leben er sich damit erworben habe. Bodhidharma antwortete knapp: »Keine Verdienste.«

Was denn der »höchste Sinn der Heiligen Wahrheit«, also der Kern der buddhist. Lehre, sei, fragte der Kaiser daraufhin. »Leere Weite – nichts Heiliges«, antwortete Bodhidharma. Nun verlangte der Kaiser zu wissen: »Wer ist das Uns gegenüber?« – »(Ich) weiß (es) nicht«, entgegnete Bodhidharma, der dem Kaiser sehr wohl mit diesen Antworten den Kern seiner Lehre offenbarte, ohne daß dieser ihn jedoch begriff.

Die Begegnung mit dem Kaiser Wu von Liang zeigte

Bodhidharma, daß die Zeit für die Aufnahme seines Dharma in China noch nicht reif war. Er überquerte deshalb den Yangtse – wie die Legende sagt, auf einem Schilfblatt, ein beliebtes Sujet in der Zen-Malerei – und reiste weiter nach Nordchina, wo er sich schließlich im Shao-lin-Kloster niederließ.
Es ist nicht sicher, ob er dort starb, oder ob er das Kloster wieder verließ, nachdem er das Patriarchat auf Hui-k'o übertragen hatte. Nach einer im → *Ching-te ch'uan-teng-lu* aufgezeichneten Legende bekam er nach neun Jahren im Shao-lin-Kloster Heimweh nach Indien und entschloß sich, dorthin zurückzukehren. Bevor er abreiste, rief er seine Schüler zusammen, um ihre Verwirklichung seiner Lehre zu prüfen. Der erste Schüler, den er fragte, sagte: »Wie ich es verstehe, sollten wir, wenn wir die Wahrheit verwirklichen wollen, uns weder ganz auf Worte verlassen, noch sollten wir die Worte ganz abtun; wir sollten sie vielmehr als ein Werkzeug auf dem Weg [→ Dō] benutzen.« Bodhidharma antwortete ihm: »Du hast meine Haut erfaßt.«
Als nächstes trat eine Nonne vor und sagte: »Wie ich es verstehe, ist die Wahrheit wie eine glückverheißende Schau des Buddha-Paradieses; man sieht sie einmal und dann nie wieder.« Ihr antwortete Bodhidharma: »Du hast mein Fleisch erfaßt.«
Der nächste Schüler sagte: »Die vier Großen Elemente sind leer und die fünf → Skandhas sind nicht-existent. Es gibt, in der Tat, nichts, das zu erfassen wäre.« Hierauf entgegnete Bodhidharma: »Du hast meine Knochen erfaßt.«
Schließlich war Hui-k'o an der Reihe. Er sagte jedoch nichts, sondern verbeugte sich nur schweigend vor dem Meister. Ihm sagte Bodhidharma: »Du hast mein Mark erfaßt.«
Nach einer anderen Legende wurde Bodhidharma im Alter von 150 Jahren vergiftet und in den Bergen von Honan begraben. Nicht lange nach seinem Tod traf der Pilger Sung Yun, der nach Indien gereist war, um von dort Sūtra-Texte nach China zu holen, auf seinem Heimweg Bodhidharma in den Bergen von Turkestan. Der ind. Meister, der nur eine Sandale trug, sagte dem Pilger, er sei dabei, nach Indien zurückzukehren; in China werde ein chinesischer Dharma-Nachfolger seine Tradition fortsetzen. Nach seiner Heimkehr nach China berichtete Sung Yun den Schülern Bodhidharmas von dieser Begegnung. Sie öffneten sein Grab und fanden es leer – bis auf eine Sandale des Patriarchen.

Die Form der meditativen Praxis, die Bodhidharma lehrte, war noch stark dem ind. Buddhismus verpflichtet. Seine Unterweisungen basierten weitgehend auf den traditionellen Sūtras des Mahāyāna-Buddhismus; besonders betonte er die Wichtigkeit des → *Lankāvatāra-Sūtra.* Das typische chin. Zen, das erst aus der Verschmelzung des von Bodhidharma vertretenen → Dhyāna-Buddhismus mit dem bodenständigen chin. Taoismus entstand und das als eine »Besondere Überlieferung außerhalb der (orthodoxen) Lehre« (→ Kyōge-Betsuden) bezeichnet wird, entwickelte sich erst mit → Hui-neng, dem 6. Patriarchen des Zen in China, und den auf ihn folgenden großen Zen-Meistern der T'ang-Zeit.

Bodhipākshika-Dharma 🅱 (Bodhipākṣika-Dharma), Skrt. (Pali: Bodhipakkhiya-Dhamma), wörtl.: »Zur Erleuchtung gehörige Dinge«; 37 zur Erlangung der Erleuchtung notwendige Bedingungen, die sich in sieben Bereiche gliedern: 1. die Vier Grundlagen der Achtsamkeit (→ Satipatthāna); 2. die → Vier Vollkommenen Anstrengungen; 3. die Vier Machtfährten (→ Riddhipāda); 4. die Fünf Wurzeln (→ Indriya); 5. die Fünf Kräfte (→ Bala); 6. die Sieben Erleuchtungsglieder (→ Bodhyanga); 7. der → Achtfache Pfad.

Bodhiruchi 🅱 (Bodhiruci), nordind. buddhist. Mönch, der im Jahre 508 nach China ging, wo er gemeinsam mit Ratnamati, Buddhasanta und anderen das → *Dashabhūmika-Sutra* ins Chinesische übersetzte. Er gilt als der 1. Patriarch des nördlichen Zweiges der → Ti-lun-Richtung des frühen chin. Buddhismus.
Bodhiruchi lehrte daneben aber auch die Doktrin der → Reines-Land-Schule und machte um 530 T'an-luan mit diesen Lehren bekannt; dieser wurde daraufhin der erste aktive Vertreter dieser Schule in China.

Bodhisattva, 🅱 🆉 Skrt., wörtl.: »Erleuchtungswesen«; Bodhisattva heißt im Mahāyāna-Buddhismus ein Wesen, das durch die systematische Ausübung der Tugendvollkommenheiten (→ Pāramitā) die Buddhaschaft anstrebt, jedoch solange auf das Eingehen ins vollständige Nirvāna verzichtet, bis alle Wesen erlöst sind. Die sein Handeln bestimmende Eigenschaft ist das Erbarmen (→ Karunā), getragen von höchster Einsicht und Weisheit (→ Prajñā). Ein Bodhisattva leistet tätige Hilfe und ist bereit, das Leid aller Wesen auf sich zu nehmen und karmisches Verdienst auf andere Wesen zu übertragen. Der Weg eines Bodhisattva beginnt mit dem Fassen des sog. Erleuchtungsgedankens (Bodhichitta) und dem Ablegen des Bodhisattva-Gelübdes (Pranidhāna). Die Laufbahn eines Bodhisattva ist in zehn Stufen (Bhūmi) eingeteilt. Das Bodhisattva-Ideal hat im Mahāyāna das Ideal des Hīnayāna, den → Arhat, abgelöst, dessen Streben auf die Erlangung der eigenen Erlösung gerichtet ist, da dieses als zu eng und egoistisch empfunden wurde.
Der Begriff des Bodhisattva findet sich allerdings schon in hinayanist. Schriften, wo er den historischen Buddha → Shākyamuni in seinen früheren Existenzen, wie sie in den → Jātakas beschrieben sind, bezeichnet. Im Ma-

hāyāna wurzelt die Auffassung vom Bodhisattva im Glauben an zukünftige Buddhas, die als Bodhisattva schon lange existieren.

Das Mahāyāna unterscheidet zwei Arten von Bodhisattvas: irdische und transzendente. Irdische Bodhisattvas sind Menschen, die sich nur durch ihr Erbarmen und ihren Altruismus sowie das Streben nach Erlangung der Buddhaschaft von anderen Menschen unterscheiden. Transzendente Bodhisattvas haben die Pāramitās verwirklicht und Buddhaschaft erlangt, ihr Eingehen ins vollständige Nirvāna aber aufgeschoben. Sie sind im Besitz vollkommener Weisheit und nicht mehr dem → Samsāra unterworfen. Sie erscheinen in den verschiedensten Gestalten, um die Wesen auf den Weg zur Befreiung zu führen. Sie sind Objekte der Verehrung der Gläubigen, die in ihnen Wegweiser und Helfer in der Not sehen. Die wichtigsten dieser transzendenten Bodhisattvas sind → Avalokiteshvara, → Mañjushrī, → Kshitigarbha, → Mahāsthāmaprāpta, → Samantabhadra.

Bodhisattva-Bhūmi, B Skrt., wörtl.: »die Länder des Bodhisattva«; mahayanist. Werk, das → Asanga zugeschrieben wird und die Laufbahn eines Bodhisattva zum Inhalt hat (→ Bhūmi).

Bodhisattva-Gelübde, B → Pranidhāna

Bodhisattva-Shīla B (Bodhisattva-Śīla), Skrt.; Sittlichkeitsregeln eines Bodhisattva; für die Anhänger des Mahāyāna-Buddhismus verpflichtende Regeln, die sowohl von Mönchen und Nonnen, als auch von Laienanhängern eingehalten werden. Sie sind im → *Brahmajāla-Sūtra* niedergelegt, wo sich 58 Regeln finden, von denen die ersten 10 die wesentlichen sind, nämlich das Vermeiden von: 1. Töten, 2. Stehlen, 3. Unkeuschheit, 4. Lügen, 5. Genuß berauschender Mittel, 6. übler Nachrede, 7. Prahlerei, 8. Neid, 9. Groll und Übelwollen, 10. Verleumdung der Drei Kostbarkeiten (→ Triratna). Die Anhänger des Mahāyāna verpflichten sich im Rahmen der sog. Bodhisattva-Ordination, die im Anschluß an die Ordination nach hinayanist. Muster (→ Ordination) stattfindet, diese Regeln einzuhalten. Die Zeremonie beinhaltet das Annehmen der Bodhisattva-Shīla, in China außerdem das Einbrennen von Narben (→ Moxa) und die eigentliche Ordinationszeremonie, die vom Abt des Klosters geleitet wird.

Die Disziplin- und Sittlichkeitsregeln des Mahāyāna unterscheiden sich in ihrem Wesen von jenen des Hīnayāna (→ Shīla): sie sind altruistisch ausgerichtet, während die hinayanist. in erster Linie auf die Erlangung persönlicher Verdienste abzielen; sie können ohne Zeugen in Form eines persönlichen Gelübdes abgelegt werden. Bei den Bodhisattva-Shīlas kommt es im Gegensatz zu den hinayanist. Shīlas mehr auf den Geist als auf den formellen Aspekt der Regeln an. Ein Verstoß gegen die Hauptregeln hat im Hīnayāna in jedem Fall den Ausschluß aus dem → Sangha zur Folge; im Mahāyāna dann nicht, wenn gegen diese Shīlas zum Wohle eines anderen Wesens verstoßen wurde.

Bodhyanga B (Bodhyaṅga), Skrt. (Pali: Bojjhanga), wörtl.: »Erleuchtungsglieder«; sieben Faktoren, die zur Erleuchtung (→ Bodhi) führen. Sie bilden das sechste Glied der 37 zur Erleuchtung gehörenden Dinge (→ Bodhipākshika-Dharma) und umfassen: 1. Achtsamkeit (→ Smriti); 2. Unterscheiden von richtig und falsch gemäß der buddhist. Lehre; 3. Energie und Anstrengung in der Praxis (→ Vīrya); 4. Freude über die Einsicht in die Lehre (Prīti); 5. Befriedung durch das Überwinden der Leidenschaften (→ Klesha); 7. Gleichmut (→ Upekshā) und Freisein von Unterscheidungen.

Bōkatsu, Z jap., wörtl.: »Stock (und) Schrei«; Ausdruck für eine Weise der Zen-Schulung, wie sie seit → Te-shan Hsüan-chien (jap. Tokusan Senkan) und → Lin-chi I-hsüan (jap. Rinzai Gigen) im Zen gebräuchlich wurde. Sie beinhaltet den geschickten Gebrauch von Stockschlägen (→ Kyosaku, → Shippei) und dem Schrei (→ Katsu) durch einen erfahrenen Zen-Meister, der diese zum Besten seiner Schüler im rechten Moment einzusetzen weiß.

Te-shan (Tokusan) ist in der Zen-Tradition für seinen Gebrauch des Stocks ebenso berühmt wie Lin-chi (Rinzai) für den des Schreis. Der große jap. Zen-Meister → Ikkyū Sōjun hielt zu einer Zeit, da das Zen in Japan im Niedergang begriffen war und in äußeren Formen zu erstarren drohte, das Erbe von Te-shan und Lin-chi hoch. In dem für die Zen-Literatur so typischen spöttischen Tonfall singt Ikkyū, der sich selbst »Verrückte Wolke« nannte, in einem seiner im → *Kyōun-shū* aufgezeichneten Gedichte das Lob seiner chin. Vorväter.

Verrückte Wolke,
Verrückter Wind –
Ihr fragt, was das heißt?
Morgens in den Bergen,
Am Abend in der Stadt.
Ich treffe
Den rechten Moment
Für Stock und Schrei,
Mache Tokusan
Und Rinzai
Erröten.

Bokujū Chinsonshuku, Z jap. für → Mu-chou Ch'en-tsun-su

Bokushū Chinsonshuku, Z jap. für → Mu-chou Ch'en-tsun-su

Bokuseki, Z jap., wörtl.: »Tuschespur«; Schriftkunstwerk von der Hand von Zen-Meistern und

-Mönchen. Inhalt der Bokuseki ist meist ein »Dharma-Wort« (→ Hōgo) der alten Zen-Meister und Patriarchen (→ Soshigata). Ein Bokuseki wird nicht in der Absicht geschaffen, ein »Kunstwerk« zu verfertigen, sondern ist Ausfluß und Ausdruck lebendiger Zen-Erfahrung.

Die Tuschespuren werden von den Schrift-Weg (→ Shōdō) ausübenden Zen-Mönche zur Inspiration ihrer Anhänger und zuweilen auf deren Bitte hin ausgeführt. Der Meister, der seinem Schüler eine Tuscheschrift schenkt, »teilt« diesem damit »seinen Herz-Geist mit« (jap. *kokoro-o ataeru*). Die Bokuseki bestehen manchmal nur aus einem einzigen Schriftzeichen, einem für die Lehre des Zen zentralen Wort, oder aus einem Zen-Gedicht oder Hōgo. Die Bokuseki von Zen-Meistern wie → Musō Soseki, → Ikkyū Sōjun, → Hakuin Zenji und z. B. → Yamamoto Gempo in unserem Jh. gehören zu den hervorragenden Werken der jap. Schriftkunst. Zu einer für das Zustandekommen von Bokuseki typischen Szene → Gyō-Jū-Za-Ga.

Bokushū Dōmei 🅉, auch Bokushū Dōmyō, jap. für → Mu-chou Tao-ming

Bompu, 🅉 jap. → Bonpu

Bon, 🄱 tibet. → Bön

Bön 🄱, auch Bon, tibet., wörtl.: »herbeirufen, rezitieren«; im Tibetischen Buddhismus Sammelbegriff für die verschiedenen religiösen Strömungen in Tibet vor der Einführung des Buddhismus durch → Padmasambhava. Das Wort »Bönpo« bezeichnete ursprünglich Priester mit unterschiedlichen Funktionen, wie etwa die Ausübung von Divinationen oder Durchführung von Grabriten zum Schutze der Lebenden und Toten. In einer späteren Phase kam es zur Ausbildung eines theoretischen Lehrgebäudes, das maßgeblich von Fremden aus den westl. Nachbarländern beeinflußt wurde. Eine besondere Rolle spielte dabei das Reich Shang-Shung, eine gewöhnlich für das heutige Westtibet gehaltene geographische Einheit. Mit dem Beginn des 11. Jh. tritt die Bön-Schule als eine eigenständige Schulrichtung auf, die sich hauptsächlich durch den Anspruch, die Kontinuität des alten Bön zu bewahren, von den buddhist. Schulen unterscheidet. Diese noch heute existierende Schule teilt bestimmte Lehren mit den → Nyingmapas.

Die tibet. Überlieferung spricht davon, daß im vorbuddhist. Tibet das Volk mit seinen Oberhäuptern, vor allem dem König, von drei Personengruppen bzw. deren Praktiken beschützt wurde: von den Bönpos, von den Barden und ihren Liedern sowie von besonderen Rätselspielen. Mit der Zeit änderten und erweiterten sich die Aufgaben der für die Beschwörung feindseliger Mächte zuständigen Bönpos, und in späterer Zeit werden drei Phasen in diesem Prozeß unterschieden.

Das »offenbarte« Bön stellt das erste, noch literaturlose Stadium dar, dessen Vertreter sich verschiedener Mittel bedienten, um »unten die Dämonen zu zähmen, oben den Göttern zu opfern, und in der Mitte die Feuerstelle zu reinigen«. Zukunftsdeutungen mit Hilfe von Schnüren und Losbefragungen ließen dabei die Entscheidungen der Götter sichtbar werden.

Mit der Ermordung des legendären Königs Trigum setzt das »abweichende« Bön ein, dessen Hauptaufgabe die rituelle Bestattung des Königs war. In diese Periode fällt jedoch auch der Kontakt zu nichttibet. Bönpos aus dem Westen und der theoretische Ausbau zu einem philosophischen System.

In der Phase des »verwandelten« Bön machte sich dieses System bedeutende Teile der buddhist. Lehre zu eigen, ohne aber die alten Elemente der Volksreligion aufzugeben. Dieser Zeitraum fällt wohl mit der sog. Ersten Verbreitung der buddhist. Lehre zwischen dem 8. und 10. Jh. zusammen und hängt mit dem Auftreten des Lehrers Shenrab zusammen, dem Begründer der eigentlichen Bön-Schule.

Die verschiedenen Lehren dieser Schule wurden schließlich zu einem Kanon organisiert, dessen Aufbau in etwa dem buddhist. Schrifttum (→ Kangyur/Tengyur) entspricht. Die Unterweisungen des Shenrab klassifizierten spätere Generationen in neun Fahrzeuge (→ Yāna). Die ersten vier Fahrzeuge sind die »Ursache«, die nächsten vier die »Wirkung«, und parallel zur Nyingmapa-Schule besitzen die Bönpos eine eigene Version der → Dzogchen-Lehren als neuntes Fahrzeug.

Bonnō, 🅉 jap., wörtl.: »weltliche Sorgen, sinnliche Begierde, Leidenschaften, unselige Wünsche, Leiden, Schmerzen«; die (weltlichen) Sorgen, Leiden und Leidenschaften, die sich aus einer verblendeten (→ Verblendung) Sicht der Welt ergeben. Bonnō wird i. allg. mit »Leidenschaften« übersetzt, obwohl das, wie die oben angeführten Bedeutungen des jap. Wortes zeigen, ein zu enger Begriff ist. In den Vier Großen Gelübden (→ Shiguseigan) gelobt der Zen-Anhänger, diese »Leidenschaften«, die der Verwirklichung der Erleuchtung im Wege stehen, auszurotten.

Bönpo, 🄱 tibet. → Bön

Bonbu, 🅉 jap. → Bonpu

Bonpu 🅉, auch Bompu oder Bonbu, jap., wörtl.: »Jedermann, der gewöhnliche oder Durchschnitts-Mensch«; Ausdruck des Zen, mit dem der »Jedermann«, der gewöhnliche, unerleuchtete Mensch im Gegensatz zu einem Erleuchteten oder Heiligen bezeichnet wird. (Siehe dazu auch → Bonpu-no-Jōshiki.)

Bonpu-no-Jōshiki, 🅉 jap., wörtl.: »das Jedermanns-Bewußtsein«; das gewöhnliche Bewußtsein im Gegensatz zum Bewußtsein des erleuchteten Menschen. Das Jedermanns-Bewußtsein ist charakterisiert durch → Verblendung, die Identifikation mit einem imaginären, abgetrennten → Ich als Subjekt im Gegensatz zu den Objekten »da draußen« und durch die daraus resultierende Intoxikation mit den drei Geistesgiften: Ärger, Gier und Torheit (auch Unwissenheit, Nicht-Wissen, → Avidyā). Im buddhist. Verständnis ist das Bonpu-no-Jōshiki ein »krankhafter« Bewußtseinszustand, in dem der Mensch seines Wahren-Wesens oder Buddha-Wesens (→ Busshō) nicht gewahr ist und deshalb in dem durch endloses Leiden charakterisierten Kreislauf von Leben-und-Tod gefangen bleibt, bis er den verblendeten Bewußtseinszustand durch → Erleuchtung und die Verwirklichung der Erleuchtungserfahrung im Alltag (→ Mujōdō-no-Taigen) überwindet.

Sieht man den Zen-Weg als einen Vorgang, der von der Verblendung zur Erleuchtung führt, so ist die oben gemachte Unterscheidung von »erleuchtetem« und »unerleuchtetem« Bewußtsein durchaus angebracht. Vom Standpunkt der Erleuchtung jedoch ist das »Jedermanns-Bewußtsein« nicht vom »erleuchteten Bewußtsein« verschieden. Erleuchtetes und unerleuchtetes Bewußtsein, → Samsāra und → Nirvāna, sind dem Wesen nach identisch. Der Unterschied besteht nur darin, daß der im Bonpu-no-Jōshiki lebende Mensch seiner in jedem Moment gegebenen Vollkommenheit nicht inne wird.

Was es aus der Sicht des Zen mit dem »gewöhnlichen Bewußtsein« auf sich hat, kommt in einem berühmten Kōan aus dem → *Wu-men-kuan* (19. Beispiel) zum Ausdruck; siehe dazu → Heijōshin kore dō.

Bonpu-Zen, 🅩 jap. → Fünf Arten des Zen, 1.

Borobudur, 🅑 berühmter → Stūpa auf Java, der etwa um das 9. Jh. errichtet wurde. Borobudur ist eine Darstellung des Erleuchtungsweges in Mandala-Form. Dieser Stūpa besteht aus fünf quadratischen, abgestuften Terrassen, auf denen sich drei kreisrunde Plattformen und ein Abschluß-Stūpa befinden. Die Wände der Terrassen sind mit Reliefs und Buddha-Figuren geschmückt, die runden Terrassen tragen insgesamt 72 Stūpas.

Der Mandala-Charakter kommt durch die Anordnung der Buddha-Bildnisse auf den ersten vier Terrassen klar zum Ausdruck: sie tragen jeweils die Buddhas der vier Weltenrichtungen: → Akshobhya im Osten, → Ratnasambhava im Süden, → Amitābha im Westen und → Amoghasiddhi im Norden. Der zentrale Buddha ist → Vairochana, der sich auf der fünften Terrasse an allen ihren Seiten befindet. Der Pilger, der den Stūpa von unten besteigt, gelangt symbolisch auf immer höhere Ebenen des Weges zur Erleuchtung: Die unterste Terrasse zeigt in Reliefs die

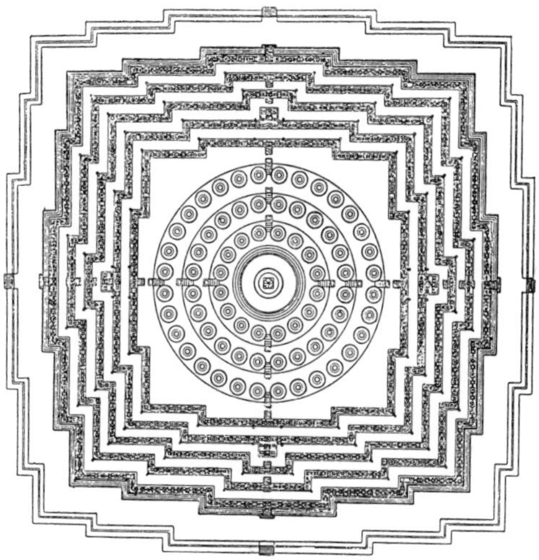

Mandalaförmiger Grundriß des Stūpa von Borobudur.

Welt der Begierden (Kāmaloka, → Loka) und die Höllenwelt, d. h. das → Samsāra. Darauf folgen Reliefs, die das Leben des Buddha Shākyamuni darstellen, und weiter oben Illustrationen zu verschiedenen Sūtras und Symbole der Welt der Formen (Rūpaloka). Die kreisförmigen Terrassen versinnbildlichen die Welt des Formlosen (Arūpaloka) und die Leere (→ Shūnyatā).

Bosatsu, 🅑 🅩 jap. für → Bodhisattva

Brahmā, 🅗 Skrt., der erste Gott des → Trimūrti, der Hindu-Trinität von Brahmā, Vishnu und Shiva. Brahmā ist Gott in seinem Aspekt als Schöpfer des Universums. Zunächst genoß er die gleiche Verehrung wie Vishnu und Shiva. Im heutigen Indien tritt der → Brahmanismus jedoch hinter dem → Vaishnavismus, → Shaivismus und → Shaktismus zurück. Brahmā ist eine Vorstellung innerhalb der → Māyā (vgl. Īshvara) und darf keinesfalls mit → Brahman verwechselt werden. Dargestellt wird er häufig mit vier Gesichtern und vier Armen, in denen er neben anderen Symbolen die Veden und einen Gebetskranz hält.

Brahma-Chaitanya 🅗 (Brahma-Caitanya), Skrt.; Brahman-Bewußtsein, auch → Turīya genannt. Es ist der vierte, überbewußte Zustand, der nur im → Samādhi erfahren wird und in dem keine Identifizierung mit Körper und Denken mehr existiert.

Brahmachāri 🅗 (Brahmacārin), Skrt.; 1. ein re-

Brahmā. (Sandsteinskulptur aus Baset, Kambodscha, 10. Jh.)

ligiös Strebender, der sich spirituellen Übungen unterzieht und die ersten Mönchsgelübde abgelegt hat; 2. ein junger Mensch auf der ersten der vier ved. Lebensstufen, dem → Brahmacharya.

Brahmacharya 🅷 🅱 (Brahmacarya), Skrt.; Enthaltsamkeit, Keuschheit.

🅷 1. Enthaltsamkeit in Gedanken, Worten und Taten, eine der fünf Tugenden der ersten Stufe (Yama) des → Rāja-Yoga, die im *Yoga-Sūtra* des → Patañjali gefordert werden und das für alle Stufen geltende »Große Gelübde« (→ Mahāvrata) bilden. Die übrigen vier dazugehörenden sind: Ahimsā (Nicht-Verletzen anderer), Asteya (Nicht-Stehlen), Satya (Aufrichtigkeit) und Aparigraha (Besitzlosigkeit); 2. Einweihung, bei der der Novize die ersten Mönchsgelübde ablegt, sowie die Stellung, die der → Brahmachāri nach dem Ablegen der Gelübde einnimmt; 3. die Lehrzeit, die erste der vier Stufen (→ Āshrama), in die das Leben eines Menschen nach ved. Auffassung eingeteilt wird. In dieser Zeit lernt der junge Mensch von seinen Eltern und Lehrern und erhält weltliche und religiöse Anweisungen. Er entwickelt sein Denken und die Tugenden eines spirituellen Lebens.

🅱 (Pali: Brahmacariya); heiliger Lebenswandel, das Führen eines Lebens in Einklang mit den buddhist. Sittlichkeitsregeln (→ Shīla) und vor allem in Keuschheit. Der Lebenswandel eines buddhist. Mönchs.

Brahmajāla-Sūtra, 🅱 Skrt., wörtl.: »Sūtra des Netzes des Brahman«; Sūtra des Mahāyāna-Buddhismus, das die grundlegenden Lehren über die Sittlichkeit (→ Shīla) enthält und daher von besonderer Bedeutung für den chin. und jap. Buddhismus ist.

Es beinhaltet die zehn Regeln des Mahāyāna, die für jeden Anhänger verbindlich sind, nämlich das Vermeiden von: 1. Töten, 2. Stehlen, 3. Unkeuschheit, 4. Lügen, 5. Genuß berauschender Mittel, 6. übler Nachrede, 7. Prahlerei, 8. Neid, 9. Groll und Übelwollen, 10. Verleumdung der Drei Kostbarkeiten (→ Triratna). Ein Verstoß gegen diese Regeln bewirkt den Ausschluß aus dem → Sangha.

Außerdem enthält das *Brahmajāla-Sūtra* noch 48 weniger wichtige Gebote. In diesem Sūtra wird ferner die Selbstordination gestattet, für den Fall, daß die Erfordernisse einer offiziellen → Ordination nicht erfüllt werden können. – Die 58 im *Brahmajāla-Sūtra* enthaltenen Regeln bilden den Inhalt des Bodhisattva-Gelübdes, das jeder mahayanist. Mönch nach der eigentlichen Ordination ablegt.

Brahmajñāna 🅷, auch Brahmavidyā, Skrt.; die transzendente Erkenntnis Brahmans, seine Verwirklichung. »Wer Brahman erkennt, der wird zu Brahman«, sagen die Upanischaden, und im 4. Gesang der *Bhagavad-Gītā* heißt es: »Wer Brahman erkennt in jeglichem Tun, der kommt zu Brahman.« Das höchste Ziel des menschlichen Lebens ist nach Auffassung des Hinduismus die Verwirklichung Brahmans, und somit ist Brahmajñāna die höchstmögliche Erkenntnis überhaupt. Wer es erreicht hat, wird Brahmajñāni (wörtl.: »ein Kenner Brahmans«) genannt.

Brahmakāra-Vritti 🅷 (Brahmakāra-Vṛtti), Skrt.; andächtige Gedanken, die sich mit der Erfahrung Gottes und des göttlichen Bewußtseins befassen.

Brahmāloka, 🅷 Skrt.; ein Himmel oder eine Existenzebene, wohin der spirituell Entwickelte nach dem Tode gelangt, um in göttlicher Gemeinschaft zu leben.

Brāhmamuhūrta, 🅷 Skrt., wörtl.: »die Stunde Brahmās«; die Tageszeit, die für die Meditation am günstigsten ist: die Stunden der Dämmerung, wenn die Nacht in den Tag übergeht oder der Tag in die Nacht.

Brahman, 🅷 Skrt.; das ewige, unvergängliche Absolute; die höchste, nicht-duale Wirklichkeit des Vedānta (nicht zu verwechseln mit → Brahmā); Brahman ist ein Begriff, für den es in den dual aufgefaßten Religionen mit einem persönlichen Gott kein Äquivalent gibt. Als absolutes Bewußtsein ist er in seiner Abstraktion dem Denken nicht zugänglich. Bei jeder Konkretisierung wird er → Īshvara.

Da Brahman ein Zustand reiner Transzendenz ist, kann er vom Denken und der Sprache nicht erfaßt werden. Shrī Rāmakrishna sagte treffend: »Keine Zunge hat Brahman je befleckt.« Als sprachliche Annäherung für den Suchenden werden Bezeichnungen wie »Das Eine ohne ein Zweites« und → »Satchidānanda« gebraucht. Damit soll gesagt werden, daß Brahman absolutes Sein, absolutes Bewußtsein und absolute Seligkeit ist. Ohne Brahman als absolutes Sein ist das gesamte Dasein nicht möglich, und Brahman als Bewußtsein macht die Wahrnehmung des Seins und der Seligkeit möglich. Brahman als → Chit, absolutes Bewußtsein, reflektiert im → Jīva, ermöglicht Denkbewußtsein, das die gesamte Erscheinungswelt aus Namen und Formen (→ Nāmarūpa) projiziert. Der ved. Ausspruch → »Kham Brahm« (Alles ist Brahman) besagt, daß nur Brahman existiert und wir darauf eine Vorstellungswelt des Denkens projizieren wie eine Schlange auf ein Tau.

Brāhmana **H** (Brāhmaṇa), Skrt.; 1. Brahmane, Priester, Angehöriger der Priesterkaste (→ Varna); 2. auch Brāhmanam; zu jedem Veda (→ Veden) gehört ein Brāhmana, eine Anleitung *(vidhi)* zum praktischen Gebrauch des in der → Samhitā vorliegenden Materials. Daran schließen sich Erklärungen *(arthavāda)* der verschiedensten Art an. Sie sind der Ausgangspunkt für Betrachtungen und Gedanken philosophischer Art, welche meist gegen Ende der Brāhmanas entstehen und deshalb unter dem Namen → Vedānta (»Veda-Ende«) zusammengefaßt werden. Er bildet den Inhalt der Nachträge zu den Brāhmanas, den sogenannten → Āranyakas, aus denen später die → Upanischaden hervorgegangen sind, die deshalb jeweils einem bestimmten Veda zugeordnet werden.

Brahma-Nadī, **H** Skrt.; eine Bezeichnung des Tantra für den Energiekanal im Körper, durch den die → Kundalinī aufzusteigen beginnt.

Brahmā-Nāma, **H** Skrt.; eine → Japa-Übung, bei der Brahmās Name wiederholt wird.

Brahmānanda, **H** Skrt., wörtl.: »die Seligkeit Brahmans«; 1. In der Auffassung des Vedānta ist Brahman absolutes Bewußtsein, und da dieses keine Gegensatzpaare kennt, muß es reine, ungetrübte Seligkeit sein. 2. Einer der beiden Hauptschüler → Rāmakrishnas (1863–1922); der andere war Svāmi → Vivekānanda.

Svāmi Brahmānanda, mit bürgerlichem Namen Rakhal Chandra Gosh, kam 1881 zu Rāmakrishna nach Dakshinesvara und wurde sein Schüler. Nach dem Tode des Meisters entsagte er der Welt und wurde als Svāmi Brahmānanda 1897 Leiter des Hauptklosters des → Rāmakrishna-Ordens in Belur und 1900 sein Präsident. Er bereiste ganz Indien, um die bestehenden Zentren des Ordens zu besuchen und neue zu gründen.

Brahmanaspati **H** (Brahmaṇaspati), Skrt.; Brahmā als einer der drei großen Götter des → Trimūrti. Er wird zum Schöpfer durch das Wort; durch seinen Schrei läßt er werden; er bringt alle Existenz, alle Bewegungen des Lebens und jede bewußte Erkenntnis zum Ausdruck.

Brahman-Bhāvanā, **H** Skrt.; Identifizierung des eigenen Selbst mit der letzten Wirklichkeit, dem absoluten Bewußtsein (→ Chit).

Brahmānda **H** (Brahmāṇḍa), Skrt., wörtl.: »Ei des Brahmā«; das Universum, die Erscheinungswelt.

Brahmanentum **H**, gründet sich auf die Stellung der Brahmanen als der Priester, die die oberste der vier Kasten (→ Varna) bilden. In altved. Zeit waren die Brahmanen nichts weiter als die Priester, die die von den → Rishis offenbarten Hymnen des *Rigveda* sangen. Diese Hymnen wurden jedoch niemals Gemeingut des Volkes, sondern in den Familien der Sänger vom Vater an den Sohn weitergegeben. Je weiter die Zeit fortschritt, je weiter sich das Volk vom Ursprung der alten Hymnen entfernte, desto dunkler und unklarer wurde ihm der Sinn und Vorstellungskreis dieser Hymnen und desto höher stiegen die Brahmanen, die Bewahrer jenes geistigen Schatzes, in seiner Achtung. Um ihre Vormachtstellung auszubauen, nährten die Brahmanen im Volk die Vorstellung, daß nur durch die alten Hymnen und die mit ihnen verknüpften Opferhandlungen der rechte Verkehr mit den Göttern möglich sei, von deren Gunst wiederum alles irdische Glück, Nachkommenschaft, Reichtum, Sieg über die Feinde usw. abhinge.

Die → Kshatriyas widersetzten sich der Überlegenheit der Brahmanen. Zwischen den beiden Kasten wogte ein erbitterter Kampf um die Vormachtstellung. Das Verhältnis zwischen den beiden Rishis → Vasishtha und → Vishvāmitra spiegelt dieses Ringen deutlich wider. Schließlich gewannen die Brahmanen die Oberhand. Als durch ihr Machtstreben die lebendige Religion allmählich zu erstarren drohte, kam Buddha → Shākyamuni, dessen Lehre die Herrschaft der Brahmanen überwand, die übrigen Kasten von ihrem Druck befreite und ganz Indien reformierte. Als nach über tausend Jahren der Buddhismus in Indien seine innere

Kraft verloren hatte und in äußeren Formen erstarrte, trat → Shankara als großer Reformator auf den Plan, der auf die tiefen Lehren der → Veden und → Upanischaden zurückgriff und sie durch seine Kommentare und Schriften, seine Lehren und Klostergründungen neu belebte.

Brahmānī 🅷 (Brahmāṇī), Skrt.; 1. ein anderer Name für → Durgā; 2. Gemahlin → Brahmās.

Brahmanirvāna, 🅷 Skrt.; das Aufgehen und Verlöschen in Brahman. Dies ist nur möglich im → Nirvikalpa-Samādhi, wo auch die letzte Spur von Dualität verlöscht.

Brahmanismus, 🅷 1. die im Westen bekanntere Bezeichnung für den → Hinduismus; 2. die Verehrung → Brahmās als Schöpfergott. Die Vorstellung eines Schöpfergottes spielt in Indien eine weit geringere Rolle als im Westen. Brahmā wird in den Veden als Schöpfergott kaum erwähnt. Dort ist → Prajāpati der Herr der Geschöpfe, dem Brahmā mitunter gleichgesetzt wird. Beide sind hervorgegangen aus → Hiranyagarbha. Im *Rigveda,* dem ältesten der Veden, heißt es in dem berühmten Schöpfungshymnus, dem → *Nāsadāsīya,* im 6. Vers sogar, die Götter seien erst nach der Schöpfung entstanden, »diesseits der Schöpfung entsprungen«.
Erst im viel später entstandenen → Trimūrti, der Hindu-Trinität, wird Brahmā als Schöpfergott verehrt, muß aber seine Stellung mit Vishnu, dem Gott der Erhaltung, und Shiva, dem Gott der Zerstörung, teilen, wobei bald dem einen, bald dem anderen der Vorrang gewährt wird, bis Brahmā schließlich hinter den beiden anderen zurücktritt.

Brahman Satyam, Jagat Mithyā, 🅷 Skrt.; berühmter Ausspruch des → Advaita-Vedānta, der besagt, daß einzig Brahman wirklich ist und die Welt nur eine Überdeckung, nur Täuschung und Schein.

Brahmarandhra, 🅷 Skrt.; Scheitelpunkt des Kopfes, der durch bestimmte Übungen des Yoga durchgängig gemacht wird, wodurch das Bewußtsein in höhere Bereiche aufsteigen kann. Symbol für die Entmaterialisierung des Bewußtseins (→ Kundalinī).

Brahma-Samādhi, 🅷 Skrt.; ein → Samādhi-(Erleuchtungs-)Zustand des Brahman-Bewußtseins, von dem man annimmt, daß er sich durch → Japa, der mit einem Mantra richtig und ausdauernd ausgeübt wird, erreichen läßt, wobei aber keine Kausalverbindung besteht zwischen der Zeitdauer und Anzahl des Japa und der Erleuchtung, die ein Zustand jenseits der Kausalität ist.

Brahmasthiti, 🅷 Skrt.; ein fester Stand im Göttlichen; von *sthā:* stehen. Gemeint ist das Festgegründetsein in Gott, bei dem jeder Zweifel über sein Vorhandensein verschwunden ist. Der Glaube an Gott als »Arbeitshypothese« ist in dem, der Brahmasthiti gewonnen hat, abgelöst worden durch die Gewißheit, daß Gott vorhanden ist.
Im 2. Kapitel der *Bhagavad-Gītā,* in dem Krishna den Menschen von beständiger Weisheit beschreibt, heißt es am Schluß: »So steht es um den in Gott Erleuchteten. Niemals stürzt er von hier wieder zur Täuschung zurück. Selbst in der Stunde des Todes lebt er im Lichte der Wahrheit. Gott und er sind Eins.«

Brahma-Sūtra, 🅷 Skrt.; eine Sammlung von Aphorismen und Versen über die Vedānta-Philosophie; sie sollen von Bādarāyana oder → Vyāsa verfaßt sein und sind auch als → *Vedānta-Sūtra* bekannt.

Brahmatejas, 🅷 Skrt.; die Macht und Herrlichkeit Brahmans, das Feuer bzw. die brennende Glut des Göttlichen.

Brahma-Vastu, 🅷 Skrt.; die Wahrheit, die Wirklichkeit Gottes. Solange sie im Denken existiert, ist sie nicht die Letzte Wahrheit. Diese erfüllt sich nur in der Vereinigung mit Gott (→ Brahman), und dann ist sie ohne Aussage.

Brahmavid, 🅷 Skrt.; einer, der Gott geschaut und erkannt hat. Ein Erleuchteter, für den Gott wirklich geworden ist, der, wie die christl. Mystiker sagten, die »Visio Dei« gehabt hat.

Brahmavid-Varishtha 🅷 (Brahmavid-Variṣṭha), Skrt.; einer, der die höchste Erkenntnis des Göttlichen erlangt hat bzw. der beste der Gotteskenner.

Brahmavidyā, 🅷 Skrt.; das Wissen um Brahman, identisch mit → Brahmajñāna.

Brahma-Vihāra, 🅱 Skrt., Pali, wörtl.: »Göttliche Verweilungszustände«; Inhalt einer Meditationsübung, bei der der Übende vier positive Geisteszustände in sich erweckt und sie nach allen Himmelsrichtungen ausstrahlt. Die vier Brahma-Vihāras sind: grenzenlose Güte (→ Maitrī) allen Wesen gegenüber; grenzenloses Erbarmen (→ Karunā) mit den Leidenden; grenzenlose Freude (→ Muditā) über die Errettung anderer vom Leid; grenzenloser Gleichmut (→ Upekshā) Freund und Feind gegenüber. Das Entwickeln dieser Geisteszustände erlaubt es dem Übenden, Böswilligkeit, Schadenfreude, Unzufriedenheit und Begierde zu überwinden.
Im Mahāyāna zählen die Brahma-Vihāras zu den »Tugendvollkommenheiten« (→ Pāramitā). Es sind Geisteszustände, die ein Bodhisattva benö-

tigt, um alle Wesen zur Erlösung führen zu können. Das Praktizieren der Brahma-Vihāras soll eine Wiedergeburt im Brahmahimmel (→ Deva) bewirken. Aus dieser Auffassung erklärt sich auch ihr Name. – Die Brahma-Vihāras sind auch als vier »Unermeßlichkeiten« (Skrt. Apramāna, Pali: Appamannā) bekannt.

Der Sūtra-Text zu dieser Meditationsübung lautet: »Vier Unermeßlichkeiten gibt es. Da, ihr Brüder, durchstrahlt der Mönch mit einem von Güte (Mitleid, Mitfreude, Gleichmut) erfüllten Geist erst eine Richtung, dann eine zweite, dann eine dritte, dann die vierte, ebenso nach oben, unten und ringsherum; und überall mit allem sich verbunden fühlend durchstrahlt er die ganze Welt mit einem von Güte (Mitleid, Mitfreude, Gleichmut) erfüllten Geist, mit weitem, erhabenem, unbeschränktem Geist frei von Gehässigkeit und Groll.« (Zit. nach Nyanatiloka, 1976, S. 53.)

Brahma-Yoga, H Skrt.; Vereinigung mit der göttlichen Unendlichkeit, mit dem All, mit allem Manifestierten und Unmanifestierten.

Brahmopāsana, H Skrt.; die Anbetung Brahmās oder des Göttlichen (→ Upāsana).

Brāhmo-Samāj, H Skrt.; soziale und religiöse Reformbewegung des 19. Jh. in Indien. Sie hatte einen theistischen Einschlag und widmete sich der Anbetung und Verehrung des Ewigen, Unergründlichen und Unwandelbaren, das als Schöpfer und Erhalter hinter diesem Universum steht.

Der Gründer dieser Bewegung war Rājā Rammohan Roy (1772–1833). Er starb in Bristol. Der Organisator war Devendranāth → Tagore (1817–1905). Die Mitgliedschaft stand allen offen, unabhängig von Konfession, Kaste, Rasse oder Nationalität. 1857 wurde → Keshab Chandra Sen (1838–1884) der dritte Leiter dieser Bewegung. Keshab geriet unter christl. Einfluß, verließ den Samāj von Devendranāth und gründete den Sādhāran-Brāhmo-Samāj. Er ist mehrere Male mit Shrī Rāmakrishna zusammengetroffen und starb zwei Jahre vor Rāmakrishna, von diesem aufrichtig betrauert.

Braja, H Skrt. → Vrindāvan

Brihadāranyaka-Upanishad H (Bṛhadāranyaka-Upaniṣad), Skrt., wörtl.: *brihat:* »groß«, *āranyaka:* »zum Wald gehörend«; eine Upanischade des *Weißen → Yajurveda.* Sie wird »groß« genannt, weil sie lang und tiefgründig ist. Sie ist berühmt wegen der Belehrung, die der Heilige Yājñavalkya darin seinem Weib Maitreyī über das Selbst gibt. Das Werk lehrt die absolute Identität von Ātman und Brahman. Shankara hat einen Kommentar dazu geschrieben. (Dt. Übers. v. P. Deussen in: *Sechzig Upanishad's des Veda*, Leipzig 1905)

Brihaspati H (Bṛhaspati), identisch mit Brahmanaspati (Brahmaṇaspati), Skrt., wörtl.: »Herr des Gebets«; er ist der Schöpfer des Wortes, das schon in den Veden (wie im Johannes-Evangelium) am Anfang aller Schöpfung steht und eins ist mit Gott. Durch das Wort übermittelt Brihaspati Erkenntnis, Überzeugungskraft und die Fähigkeit zum schöpferischen Rhythmus des Ausdrucks.

Brihaspati schafft mit Hilfe des Wortes die Fähigkeit, Dinge anzudeuten, die jenseits des Verstandes liegen und nur durch Intuition erfaßt werden können. Außerdem ist der Mensch durch die Beherrschung aller Feinheiten der Sprache fähig, andere zu beeinflussen und durch Argumente seine Gegner zu besiegen. Das alles erklärt die große Bedeutung, die im Hinduismus dem Wort beigemessen wird. Aus diesem Grunde stieg Brihaspati von einem anfangs unbedeutenden Gott zu immer höherem Rang auf.

Brindāban H, auch Brindāvan, Skrt. → Vrindāvan

Buddha, B Z Skrt., Pali, wörtl.: »der Erwachte«.

1. Ein Mensch, der die zur Erlösung aus dem Kreislauf der Existenzen (→ Samsāra) führende Vollkommene Erleuchtung verwirklicht und damit die vollkommene Befreiung (→ Nirvāna) erreicht hat. Inhalt seiner, auf der Erleuchtungserfahrung basierenden Lehre sind die → Vier Edlen Wahrheiten. Ein Buddha hat jede Art von Gier (Trishnā) überwunden; obwohl auch er angenehme und unangenehme Empfindungen hat, wird er von ihnen nicht beherrscht und bleibt im Inneren davon unberührt. Nach seinem körperlichen Tod wird er nicht mehr wiedergeboren.

Man unterscheidet zwei Arten von Buddhas: den Pratyeka-Buddha, der vollkommen erleuchtet ist, aber die Lehre nicht darlegt, und den Samyak-Sambuddha, der die von ihm aufs neue entdeckte Lehre auch zum Heile aller Wesen darlegt. Ein Samyak-Sambuddha ist allwissend (Sarvajñatā), verfügt über die Zehn Kräfte eines Buddha (Dashabala) und über die → Vier Gewißheiten. Der Buddha unseres Zeitalters ist → Shākyamuni (siehe auch Buddha, 2.)

Shākyamuni Buddha, der historische Buddha, ist nicht der erste und einzige Buddha. Schon in frühen hinayanist. Texten werden sechs ihm in früheren Weltzeitaltern vorausgegangene Buddhas erwähnt: Vipashyin (Pali: Vipassi), Shikin (Sikhī), Vishvabhū (Vessabhū), Krakuchchanda (Kakusandha), Konagāmana und Kāshyapa

Frühe Darstellung des Buddha mit Begleitern unter dem Bodhi-Baum. (Sandsteinskulptur aus Mathurā, 2. Jh.)

(Kassapa). Der in einem künftigen Zeitalter der Wiederbelebung des → Dharma auf Shākyamuni folgende Buddha ist → Maitreya. Darüber hinaus findet man in der Literatur Hinweise auf 13 weitere Buddhas, von denen der wichtigste → Dīpamkara ist, dessen Schüler vor unendlich langer Zeit Shākyamuni in einer früheren Existenz als der Asket Sumedha war. Die Geschichten dieser legendären Buddhas sind im *Buddhavamsa,* einem Werk aus dem *Khuddaka-Nikāya,* enthalten.

Die Laufbahn eines Buddha beginnt damit, daß er als → Bodhisattva vor einem früheren Buddha, dessen Jünger er ist, das Gelübde ablegt, ein Erwachter zu werden. Während unzähliger Existenzen praktiziert er daraufhin die zehn → Pāramitās. Vor seiner letzten Geburt weilt er im → Tushita-Himmel. Wird er das letzte Mal wiedergeboren, trägt der Bodhisattva die Zweiunddreißig Merkmale der Vollkommenheit (→ Dvātrimshadvara-Lakshana) und die 80 Nebenmerkmale. Er ist im Besitz der 37 zur Erleuchtung gehörenden Dinge (→ Bodhipākshika-Dharma). Die Mutter jedes Buddha stirbt sieben Tage nach seiner Geburt. Der werdende Buddha geht zu gegebener Zeit in die → Hauslosigkeit und gründet nach Erlangung der Buddhaschaft einen Orden. Das Ende der Laufbahn eines Buddha stellt das endgültige Verlöschen im Nirvāna (→ Parinirvāna) dar.

2. der historische Buddha. Er wurde um das Jahr 563 v. Chr. als Sohn eines Fürsten aus dem Geschlecht der Shākyas geboren, dessen kleines Königreich im Vorgebirge des Himālaya im heutigen Nepal lag. Sein Vorname war Siddhārtha, sein Familienname Gautama, weshalb er auch als »Gautama Buddha« bezeichnet wird. (Seine Lebensgeschichte → Siddhārtha Gautama.) Während seines Lebens als wandernder Asket wurde er als »Shākyamuni«, d. h. »der schweigende Weise aus dem Geschlecht der Shākyas« bekannt. Um den historischen Buddha von den transzendenten Buddhas (siehe Buddha, 3.) zu unterscheiden, wird er i. allg. Shākyamuni Buddha oder Buddha Shākyamuni genannt.

3. das »Buddha-Prinzip«, das sich in den verschiedensten Erscheinungsformen manifestiert. Während im Hīnayāna nur die Existenz eines Buddha in jedem Zeitalter angenommen wird (wobei dieser als irdisches Wesen und Lehrer der Menschen angesehen wird), gibt es für das Mahāyāna unzählige transzendente Buddhas. Nach der mahayanist. Trikāya-Lehre manifestiert sich das Buddha-Prinzip in drei hauptsächlichen Formen, den sog. Drei Körpern (→ Trikāya), wobei die transzendenten Buddhas Verkörperungen verschiedener Aspekte des Buddha-Prinzips darstellen.

Zu den transzendenten Buddhas gehören Amitābha, Akshobhya, Vairochana, Ratnasambhava, Amoghasiddhi, Vajrasattva (siehe dort) und viele andere. Sie sind Lehrer der Bodhisattvas und herrschen jeweils über ein »Paradies« (→ Reines Land). Die transzendenten Buddhas sind überweltlich (→ Lokottara), geistig und körperlich vollkommen rein und verfügen über ewiges Leben und unendliche Macht. Nach der Trikāya-Lehre sind sie sog. Sambhogakāya-Buddhas, die je nach Anschauung als geistige Schöpfungen der Bodhisattvas angesehen werden, denen ihre Leitbilder so deutlich werden, daß sie als subjektive Wirklichkeit Gestalt annehmen, oder als objektiv vorhandene überirdische, feinstoffliche Wesen. Als Sambhogakāya-Erscheinungsformen sind sie die geistigen Väter der Nirmānakāya-Buddhas, der Verkörperungen des Buddha-Prinzips in menschlicher Gestalt.

Um 750 n. Chr. findet ausgehend vom → Vajrayāna in allen Schulen des Mahāyāna ein hierarchisches Schema Eingang, das außer dem Dharmakāya (→ Trikāya), den alle Buddhas gemeinsam haben, fünf transzendente Buddhas annimmt. Jedem dieser Buddhas werden ein irdischer Buddha und ein transzendenter Bodhisattva zugeordnet: dem transzendenten Buddha Vairochana wird der irdische Buddha Krakucchanda und der transzendente Bodhisattva → Samantabhadra zugeordnet; dem transzendenten Buddha Akshobhya der irdische Buddha Kanakamuni und der Bodhisattva Vajrapāni;

zu Ratnasambhava gehören Kāshyapa als irdischer Buddha und Ratnapāni als Bodhisattva; dem transzendenten Buddha Amoghasiddhi ist der irdische Buddha Maitreya und der transzendente Bodhisattva Vishvapāni zugeordnet. (Siehe dazu auch →Buddhakula.)

4. ein Synonym für das Absolute, die form-, farb- und in jeder anderen Hinsicht eigenschaftslose Letzte Wirklichkeit, das Buddha-Wesen (auch Buddha-Natur). Wird im Zen die Frage gestellt »Was ist Buddha?«, so ist das weder eine Frage nach historischen Daten über einen irdischen Buddha, noch eine Frage nach den philosoph. und psycholog. Feinheiten der Trikāya-Lehre, sondern eine Frage nach der ewigen, d. h. zeitlosen Wahrheit des Buddha-Wesens.

(Siehe dazu auch →Busshō, →Buddha-Natur.)

Buddhabhadra, B 359–429, aus Kaschmir gebürtiger Mönch der →Sarvāstivāda-Schule. 409 ging Buddhabhadra nach China, wo er, zum Teil gemeinsam mit →Fa-hsien, bedeutende Werke der mahayanist. Sanskrit-Literatur ins Chinesische übersetzte.

Buddhabhadra trat mit 17 Jahren in den buddhist. Orden ein und war bald berühmt für seine Versiertheit in den Disziplinregeln und der Meditation. In seiner Heimat begegnete er dem chin. Mönch Chih-yen, der ihn überredete, nach China zu gehen. 409 traf er in Ch'ang-an ein, wo er die Auffassungen seines Lehrers Buddhasena, eines berühmten Dhyāna-Meisters (→Dhyāna), vertrat, woraufhin er mit den Mönchen aus →Kumārajīvas Schule, die vom Kaiserhof unterstützt wurden, in Konflikt geriet. Buddhabhadra war gezwungen, die Hauptstadt zu verlassen.

410 erreichte Buddhabhadra mit etwa 40 Schülern den →Lu-shan, wo er mit Hui-yüan (→Reines-Land-Schule) zusammentraf. Im Jahre 415 kam er ins heutige Nanking. Dort übersetzte er grundlegende Werke des Buddhismus: z. B. das →Vinaya-Pitaka und das →*Mahāparinirvāna-Sūtra;* zwischen 418 und 421 verfaßte er ferner eine 60bändige Version des →*Buddhāvatamsaka-Sūtra.*

Buddha-Charita, B Skrt., wörtl.: »Der Lebenslauf des Buddha«; dichterisches Werk des →Ashvaghosha. Es ist die erste vollständige Lebensgeschichte des Buddha →Shākyamuni von seiner Geburt bis zum Parinirvāna. Das *Buddha-Charita* bestand ursprünglich aus 28 Liedern, wovon nur 13 in Skrt. erhalten sind. Es existiert auch in einer tibet. Übersetzung.

Chin. Pilger, die im 7. Jh. nach Indien kamen, berichten, daß das *Buddha-Charita* sich dort großer Beliebtheit erfreute und häufig gelesen und rezitiert wurde. In seinem Stil ähnelt das Werk dem klassischen ind. Heldengedicht und ist reich an poetischen Beschreibungen. Es spiegelt den Trend zur Verehrung (→Bhakti) des Buddha als Kultfigur wider und trug so zur großen Verbreitung des Buddhismus bei.

Buddhadatta, B Gelehrter des →Theravāda, der im 4.–5. Jh. lebte. Er war tamilischer Abstammung und wurde in Uragapura auf Ceylon geboren, wo er nach längeren Reisen in die Hauptstadt Anurādhapura seine Werke schrieb. Buddhadatta verfaßte Kommentare zum →Vinaya-Pitaka und zum *Buddhavamsa* (→*Khuddaka-Nikāya*), sowie das *Abhidhammāvtāra* und das *Rūpārūpa-Vibhāga,* beides Handbücher zum →Abhidharma, die die Lehre des Theravāda in knapper, klarer Weise darlegen.

Buddha-Dharma, B Z Skrt. (jap. Buppō); das »Buddha-Gesetz«, die »Buddha-Lehre«, die »Buddha-Ordnung« – allgemein die Lehre des historischen Buddha →Shākyamuni, die auf Erleuchtung beruht und zu dieser hinführen soll. Als solche ein Synonym für »Buddhismus«. Im Zen wird Buddha-Dharma (Buppō) nicht im Sinne einer Lehre verstanden, die begrifflich, also durch Schriften und mündliche Erklärungen, übermittelt werden kann, sondern als die begrifflich unfaßbare essentielle Wahrheit, aus deren Erfahrung die Lehre des Buddha entsprang und die nur unmittelbarem Begreifen in eigener Erleuchtungserfahrung zugänglich ist.

Buddhaghosha B (Buddhaghoṣa), Pali, Skrt., wörtl.: »Stimme des Buddha«; Gelehrter der →Theravāda-Schule. Er wurde gegen Ende des 4. Jh. in Magadha bei →Bodh-Gayā in eine Brahmanenfamilie geboren. Nach der Lektüre buddhist. Texte bekehrte er sich zum Buddhismus und ging nach Ceylon, wo er im Kloster Mahāvihāra unter Anleitung des Mönchs Sanghapala Thera die theravadische Lehre studierte. In Anurādhapura schrieb er 19 Kommentare zu kanonischen Werken, u. a. zum →Vinaya-Pitaka und zu den →Nikāyas, zum *Dhammasangani* und *Vibhanga* des →Abhidharma. Als sein Hauptwerk gilt das →*Visuddhi-Magga* (»Weg der Reinheit«), das eine vollständige Darstellung der im Kloster Mahāvihāra vertretenen Theravāda-Lehre ist.

Buddhakula, B Skrt., wörtl.: »Buddha-Familie«; die fünf grundlegenden Qualitäten des Sambhogakāya (→Trikāya), die im Mandala der fünf →Tathāgatas zur Entfaltung kommen. Sie verkörpern die Eigenschaften von fünf verschiedenen Aspekten der Weisheit (→Prajñā), manifestieren sich jedoch nicht nur als positive

Energien, sondern kommen auch als negative Geisteshaltungen zum Tragen. Da ein jedes Phänomen eine dieser fünf Qualitäten aufweist, werden sie als »Familien« bezeichnet, denen alle Phänomene zuzuordnen sind. Es ist dies ein im → Vajrayāna vielfältig angewandtes Ordnungsprinzip, auf dem die gesamte Ikonographie und Symbolik basiert. Die Typologie der fünf Buddha-Familien bildet auch die Grundstruktur der im → Sādhana visualisierten Gottheiten. Die »Herren« der fünf Familien sind: Vairochana, Akshobhya, Ratnasambhava, Amitābha und Amoghasiddhi (siehe dort).

Der erste der fünf Tathāgatas, von weißer Farbe und im Zentrum des Mandala plaziert, ist Vairochana. Er repräsentiert die Unwissenheit (→ Avidyā), den Ursprung des Kreislaufs der Existenzen (→ Samsāra), aber auch die allem zugrunde liegende Weisheit der Letzten Wirklichkeit. Da er die Ausgangs- und Zentralfigur ist, erhielt die ihm zugeordnete Familie die Bezeichnung Tathāgata- oder Buddha-Familie.

Auf der östl. Seite des Mandala (der ind. Tradition folgend »unten«) befindet sich Akshobhya. Er ist der Herr der Vajra-Familie und seine negative Energie zeigt sich als Aggression, die jedoch in die alles unverzerrt reflektierende »spiegelgleiche Weisheit« umgewandelt werden kann. Seine Körperfarbe ist blau.

Im südl. Teil des Mandala (auf der linken Seite) wird der gelbe Ratnasambhava dargestellt, der Herr der Ratna-Familie. Ihm entspricht der Stolz, aber auch dessen Gegenmittel, die Weisheit des Gleichmuts.

Oben, im Westen, erscheint Amitābha aus der Padma- oder Lotos-Familie. Mit seiner roten Farbe symbolisiert er Leidenschaft und Verlangen, denen die analytische Weisheit der Unterscheidung entspricht.

Auf der rechten, nördl. Seite ist Amoghasiddhi aus der Karma-Familie mit seiner grünen Körperfarbe zu sehen. Die mit ihm assoziierte negative Eigenschaft ist Neid, dem die alles vollendende Weisheit gegenübergestellt wird.

In bestimmten Tantras variieren einige dieser Zuordnungen, vor allem in der Buddha- und Vajra-Familie. Die Tathāgatas besitzen noch weitere Attribute und werden auch von einem weiblichen Aspekt begleitet.

Buddhamitra, Z 9. Patriarch in der ind. Linie des → Zen

Buddhanandi, Z 8. Patriarch in der ind. Linie des → Zen

Buddha-Natur B (Skrt.: Buddhatā); nach mahayanist. Auffassung die wahre unveränderliche und ewige Natur aller Wesen. Da alle Wesen diese Buddha-Natur besitzen, ist es ihnen möglich, Erleuchtung zu erlangen und ein Buddha zu werden, unabhängig davon, auf welcher Ebene der Existenzen sie sich befinden.

Die Auffassungen über das Wesen der Buddha-Natur variieren von Schule zu Schule; es besteht Uneinigkeit darüber, ob tatsächlich alle Wesen und auch Unbelebtes Buddha-Natur besitzen.

Die Antwort auf die Frage, ob den Wesen diese Buddha-Natur immanent ist, bestimmt im wesentlichen die Zugehörigkeit der jeweiligen Schule zu den beiden großen Strömungen innerhalb des Buddhismus, → Hīnayāna und → Mahāyāna. Im Hīnayāna ist dieser Begriff unbekannt; die Möglichkeit, ein Buddha zu werden, ist hier nicht jedem Wesen gegeben. Das Mahāyāna hingegen sieht die Erlangung der Buddhaschaft als höchstes Ziel an; sie kann durch das Verwirklichen der jedem Wesen innewohnenden Buddha-Natur durch entsprechende spirituelle Praxis erreicht werden.

(Siehe auch → Busshō.)

Buddhapālita, B → Mādhyamika

Buddhaschaft, B Z Ausdruck für die Verwirklichung der Vollkommenen Erleuchtung, die einen → Buddha auszeichnet. Das »Erlangen« der Bhuddaschaft ist das Geburtsrecht und höchste Ziel aller Lebewesen. Nach den höchsten Lehren des Buddhismus, wie sie z. B. im Zen formuliert sind, hat oder, richtiger noch, *ist* jedes Lebewesen und jedes Ding immer schon Buddha-Natur oder Buddha-Wesen (jap. → Busshō); die Buddhaschaft kann demnach nicht »erlangt« weren – es gilt vielmehr nur das Gegebensein dieser Ur-Vollkommenheit zu erfahren und im Alltag zu verwirklichen.

Buddhas der drei Zeiten, B Buddhas der Vergangenheit, Gegenwart und Zukunft, nämlich Kāshyapa, → Shākyamuni und → Maitreya. Bei bildlichen Darstellungen der Buddhas der drei Zeiten ist zumeist → Dīpamkara der Buddha der Vergangenheit.

Buddha-Shāsana B (Buddha-Śāsana), Skrt. (Pali: Buddha-Sāsana); Buddha-Disziplin, Lehre des Buddha. In Asien gebräuchlicher Terminus für die buddhist. Religion, der die Lehre, die Sittlichkeitsregeln (→ Shīla), Verehrungs- und Meditationspraktiken, die alle auf den Buddha selbst zurückgehen sollen, umfaßt.

Im engeren Sinn bezeichnet Buddha-Shāsana im → Theravāda die neun Formen, in denen die Botschaft des Buddha enthalten ist: Sūtras; mit Versen vermischte Prosa; Verse (Gāthā); feierliche Aussprüche (Udāna); Geschichten über frühere Existenzen des Buddha (Jātaka); Worte des Meisters (Itivuttaka); außergewöhnliche Dinge; Analysen.

Buddhatā, B Skrt. → Buddha-Natur

Buddhavamsa, B Skrt. → *Khuddaka-Nikāya*

Buddhāvatamsaka-Sūtra B Z (Buddhāvataṃsaka-Sūtra), kurz: *Avatamsaka-Sūtra*, Skrt., wörtl.: »Sūtra der Buddha-Girlande«; mahayanist. Sūtra, das die Grundlage der Lehren der chin. Hua-yen-(jap. Kegon-)Schule bildet, welche vor allem die Lehre von der »gegenseitigen ungehinderten Durchdringung« aller Dinge hervorhebt. Außerdem lehrt es, daß der menschliche Geist das Universum selbst und identisch mit dem Buddha ist – ja, daß Buddha, Geist und alle Lebewesen und Dinge ein und dasselbe sind. Dieser Aspekt der mahayanist. Lehre wurde besonders von der chin. Ch'an-(jap. Zen-)Schule betont, weshalb das *Avatamsaka-Sūtra* auch hier häufig zitiert wird.

Das *Buddhāvatamsaka-Sūtra* gehört zu den → Vaipulya-Sūtras, ist also eine Sammlung von mehreren einzelnen Schriften, deren längste das → *Ganda-Vyūha* ist; ein weiterer wichtiger Teil ist das → *Dashabhūmika*. Das Sūtra ist nur in chin. und tibet. Übersetzung erhalten; die älteste chin. stammt aus dem 5. Jh. Die hier vorgetragenen Lehren werden nicht von → Shākyamuni Buddha selbst verkündet; er schweigt die meiste Zeit. Sie sind vielmehr Äußerungen des Dharmakāya-Aspekts (→ Trikāya) aller Buddhas. Das Schweigen des Buddha entspricht der Leere (→ Shūnyatā), und die Verkündigung der Lehre ist die aus dem Schweigen geborene, dem menschlichen Bewußtsein faßbare Erscheinungsform der Wahren-Wirklichkeit. (Siehe dazu auch → Hua-yen-Schule, → Kegon-Schule.)

Buddha-Wesen, Z → Busshō

Buddhehparatah H (Buddheḥparataḥ), Skrt.; über dem Verstand stehend, höheres Bewußtsein, Intuition. Ohne Intuition sind spirituelle Erfahrungen nicht möglich, und diese persönlichen Erfahrungen stehen höher als Logik und Verstand.

Buddhi, H Skrt.; Intelligenz. Diejenige Instanz im → Antahkarana, die durch Unterscheidungsvermögen alle Sinneseindrücke zu klassifizieren vermag. Als Instrument leblos, leiht sie sich die Intelligenz und das Bewußtsein des → Ātman und entfaltet alle Fähigkeiten des Menschen bis hin zur Intuition.

Buddhīndriya, H Skrt. → Indriya

Buddhismus, B die Religion des Erwachten (→ Buddha, → Buddha-Dharma); eine der drei großen Weltreligionen. Sie wurde im 6.–5. Jh. v. Chr. von dem historischen Buddha → Shākyamuni begründet. Als Antwort auf die Frage nach der Ursache der Verstrickung der Wesen in den Daseinskreislauf (→ Samsāra) und den Möglichkeiten ihrer Aufhebung – die zentrale Frage der ind. Philosophie zu Buddhas Zeiten – verkündete er die → Vier Edlen Wahrheiten, die den Kern seiner Lehre ausmachen und die er im Augenblick der Erleuchtung (→ Bodhi) erkannt hat. Das Leben wird vom Buddha als vergänglich (→ Anitya), nicht-wesenhaft (→ Anātman, → Skandha) und daher leidhaft (→ Duhkha) angesehen. Die Erkenntnis dieser Drei Merkmale des Daseins (→ Trilakshana) stellt den Anfang des buddhist. Weges dar. Die Leidhaftigkeit des Daseins ist bedingt durch Begehren (→ Trishnā) und Unwissenheit (→ Avidyā), durch deren Aufhebung eine Befreiung aus dem Samsāra erreicht werden kann. Diese Verstrickung der Wesen im Daseinskreislauf wird im Buddhismus durch die Kette des Bedingten Entstehens (→ Pratītya-Samutpāda) erklärt. Das Beenden des Kreislaufs bedeutet das Verwirklichen des → Nirvāna.

Der Weg dazu ist gemäß den Vier Edlen Wahrheiten der → Achtfache Pfad, der die Schulung in Sittlichkeit (→ Shīla), Meditation (→ Samādhi, → Dhyāna), Weisheit und Einsicht (→ Prajñā) umfaßt.

Diese Grundgedanken des Buddhismus finden sich in allen buddhist. Schulen wieder, werden aber unterschiedlich interpretiert und liefern die Basis für die komplexen philosoph. Systeme des Buddhismus.

Die buddhist. Lehren sind im → Tripitaka zusammengefaßt. Die buddhist. Gemeinschaft (→ Sangha) besteht aus Mönchen und Nonnen (→ Bhikshu, → Bhikshunī) sowie Laienanhängern (→ Upāsaka).

Die geschichtliche Entwicklung des Buddhismus kann in 4 große Phasen eingeteilt werden:

1. Mitte 6.–Mitte 5. Jh. v. Chr.: Phase des Ur-Buddhismus, in der die Lehre vom Buddha verkündet und von seinen Schülern weiter verbreitet wurde.
2. ab Mitte 4. Jh. v. Chr.: Phase der Spaltung in verschiedene Schulen aufgrund von unterschiedlichen Auslegungen der Lehre (→ Hīnayāna, → Konzile).
3. ab 1. Jh. n. Chr.: Aufkommen des → Mahāyāna mit den zwei großen Strömungen des → Mādhyamaka und → Yogāchāra.
4. nach dem 7. Jh.: Entstehung des buddhist. Tantrismus (→ Tibetischer Buddhismus, → Vajrayāna, → Tantra).

Nach dem 13. Jh. ist der Buddhismus in seinem Ursprungsland Indien praktisch erloschen.

Ab ca. dem 3. Jh. kommt es zur Verbreitung des Buddhismus in Gebieten außerhalb Indiens, wo er sich jeweils den lokalen Gegebenheiten anpaßt. Heute ist das Hīnayāna mit der Schule des → Theravāda in Ceylon (Sri Lanka), Thailand, Burma und Kambodscha verbreitet, das Mahāyāna in China, Japan, Vietnam und Korea, das Vajrayāna in Tibet, der Mongolei und Japan.

Über die Zahl der Buddhisten in der Welt lassen sich keine genaueren Angaben (150–500 Millionen) machen, da die Zugehörigkeit zum Buddhismus nicht diejenige zu anderen Religionen ausschließt.

Buddhismus in Burma: Der Überlieferung nach soll Burma während der Herrschaft des Königs → Ashoka (3. Jh. v. Chr.) mit dem Buddhismus in Kontakt gekommen sein. Einer anderen Tradition nach soll der Buddhismus noch zu Zeiten des Buddha von zwei Kaufleuten nach Burma gebracht worden sein; diese sollen Haare des Buddha, die noch heute in der Shwe-Dagon-Pagode in Rangun aufbewahrt werden, aus Indien mitgebracht haben.

Ab dem 5. Jh. gibt es Beweise für ein blühendes buddhist. Leben in Burma. Der Theravāda und eine Schule, die sich des Skrt. bediente, wahrscheinlich die des → Sarvāstivāda, lassen sich nachweisen. Im 7. Jh. haben sowohl Hīnayāna als auch Mahāyāna (vor allem im Norden) nebeneinander existiert. Im folgenden Jahrhundert drang der buddhist. Tantrismus nach Burma ein. Im 11. Jh. wurde das ganze Land unter der Herrschaft des Königs Anaratha zum Theravāda bekehrt, was das Ende des Mahāyāna in Burma bedeutete. Langsam assimilierte der Theravāda auch den urspr. Volksglauben an »Nats« genannte Geister und wandelte ihn in buddhist. Sinne um.

Pagan im Norden des Landes wurde das Zentrum des Buddhismus. Burma unterhielt intensive Kontakte mit Ceylon, wo gegen Ende des 12. Jh. der im Kloster Mahāvihāra praktizierte Buddhismus als verbindlich für alle Buddhisten Ceylons erklärt wurde. Dies wirkte sich auf den birman. Buddhismus negativ aus, da nach Meinung birman. Mönche, die sich in Ceylon aufgehalten hatten, nur die von den Mönchen des Mahāvihāra vollzogene Ordination Gültigkeit hatte. Dies stieß auf Widerstand innerhalb des Sangha in Burma und hatte die Spaltung der Gemeinde in mehrere rivalisierende Gruppen zur Folge. Im 15. Jh. einigte der König Dhammacheti die birman. Gemeinschaft im Zeichen der Lehre des Klosters Mahāvihāra. Damit ist diese Form des Theravāda die bis heute vorherrschende Form des Buddhismus in Burma geworden.

Die Eroberung des Landes durch die Engländer im 19. Jh. zog die traditionelle Ordnung des Sangha schwer in Mitleidenschaft. Erst nach Wiedererlangung der Unabhängigkeit im Jahre 1947 konnten die alten Strukturen durch staatliche Förderung wiederhergestellt werden.

1956 fand in Rangun ein Konzil statt, auf dem der vollständige Text des Tripitaka rezitiert wurde. Heute bekennen sich ungefähr 85 % der Bevölkerung Burmas zum Buddhismus, der die offizielle Religion des Landes ist.

Buddhismus in Ceylon: Der Überlieferung nach soll der Buddhismus um 250 v. Chr. von → Mahinda und Sanghamitta, den Kindern des Königs Ashoka, von Indien nach Ceylon gebracht worden sein. Der König von Ceylon, Devanampiya Tissa, wurde selbst Buddhist und errichtete das Kloster Mahāvihāra, wo er den Zweig des → Bodhi-Baums aufbewahrte, den Mahinda und seine Schwester mitgebracht hatten. Dieses Kloster blieb während vieler Jahrhunderte das Zentrum des orthodoxen Theravāda.

Im Laufe der Zeit bildeten sich verschiedene Schulen heraus, unter denen zum Teil sehr heftige Rivalitäten bestanden, die manche Könige durch Einberufen von Synoden oder Verfolgung bestimmter Schulen beenden wollten. Die Hauptgegner waren die Mönche des Mahāvihāra einerseits und die des Abhayagirivihāra und Jetavanavihāra andererseits. Letztere standen unter dem Einfluß ind. Schulen; es konnten auch Spuren des Mahāyāna und des buddhist. Tantrismus nachgewiesen werden. Doch gewann der Theravāda die Oberhand, wozu auch → Buddhaghosha, einer der größten Gelehrten des Theravāda, entscheidend beitrug. Sein Werk prägt bis heute den ceylones. Buddhismus. Die Vielfältigkeit des Buddhismus auf Ceylon fand im 12. Jh. ein jähes Ende, als König Parakkambahu I. eine Synode einberief und alle feindseligen Schulen zwang, sich den Lehren des Mahāvihāra anzuschließen.

Die Ankunft der Portugiesen auf Ceylon im 16. Jh., die den Katholizismus mit Gewalt einzuführen versuchten, und der Holländer im 17. Jh. erweckte die nationalen Gefühle und bewirkte eine Stärkung des im Zerfall begriffenen Buddhismus.

Einige Könige ergriffen Maßnahmen, um dem Buddhismus neue Impulse zu verleihen: sie sandten Delegationen nach Burma (Ende 17. Jh.) und Thailand (18. Jh.), um dort Unterstützung zu suchen. In der Folge führten birman. Mönche Reformen innerhalb des ceylones. Sangha durch; thailänd. Mönche strukturierten

ihn um, führten allerdings ein aristokratisches Auswahlprinzip ein, was den Widerstand weiter Schichten der Bevölkerung weckte, aber trotzdem eine der Hauptrichtungen des ceylones. Buddhismus begründete.
1802 entstand ein weiterer Zweig des Sangha, Amarapura, dessen Mitglieder aus einfachen Schichten der Bevölkerung stammen. Dieser geht auf den Einfluß birman. Mönche zurück. Beide Richtungen bestehen bis heute; die thailändisch inspirierte ist die stärkere.
Aus jüngerer Zeit stammt eine dritte Strömung, die birman. Ursprungs ist und sich durch ihre besondere Strenge auszeichnet. – Im 19. Jh. befand sich der Buddhismus in Ceylon auf seinem Tiefpunkt; zu seiner Wiederbelebung trugen entscheidend westliche Buddhisten bei, die neue Zentren und Organisationen bildeten (→ Mahābodhi Society).
Bei Erlangung der Unabhängigkeit im Jahre 1948 war der Buddhismus wieder die treibende Kraft der ceylones. Kultur und übt heute einen beachtlichen Einfluß in anderen asiatischen, aber auch westlichen Ländern aus.
Buddhismus in China: Nach chin. Überlieferung drang der Buddhismus im Jahre 2 n. Chr. von Zentralasien kommend in China ein. Anfänglich wurde er als eine Spielart des Taoismus angesehen und mit Lao-tzu in Verbindung gebracht. Dieser soll auf einem Ochsen reitend China verlassen haben, um den »Barbaren« im Westen seine Lehre zu bringen. Der Buddhismus wurde also als die barbarische Version des Taoismus verstanden. Diese Gleichsetzung von Taoismus und Buddhismus beruhte wahrscheinlich darauf, daß beide Religionen eine Erlösungslehre darstellen und die Unterschiede zwischen beiden in dieser frühen Phase nicht erkannt wurden. Ein Grund dafür war, daß die chin. Sprache keine adäquaten Begriffe für die abstrakten Gedanken des Buddhismus kannte und daher bei der Übersetzung von → Sūtras auf die Terminologie des Taoismus zurückgreifen mußte. Die Verwendung vertrauter Begriffe trug wesentlich zur Verbreitung des Buddhismus in China bei.
Im 3. Jh. begann eine rege Übersetzungstätigkeit; die wichtigsten Sanskrit-Texte wurden ins Chinesische übertragen. Die bedeutendsten Vertreter dieser Periode sind → An Shih-kao, der vor allem hinayanist. Sūtras übersetzte, und Chih-lou Chia-ch'an, der sich der Übertragung mahayanist. Werke widmete.
Im Jahre 355 wurde es Chinesen offiziell gestattet, dem buddhist. Sangha beizutreten, was die Verwurzelung des Buddhismus in China entscheidend förderte. Im 4. Jh. entstanden die verschiedenen Prajñāpāramitā-Schulen (→ Sechs Häuser und Sieben Schulen), deren wichtigster Vertreter → Chih-tun war. 399 reiste → Fa-hsien als erster chin. Pilger nach Indien; eine Reihe anderer sollte folgen (→ Hsüan-tsang, → I-ching).
Im 5. und 6. Jh. fand der Buddhismus im gesamten chin. Gebiet Verbreitung und wurde vom Herrscherhaus unterstützt, das den Bau von Klöstern und das Studium der Lehre förderte. Zu dieser Zeit entstanden die berühmten Höhlentempel von → Yün-kang und → Lung-men. In den Jahren 446 und 574–577 kam es zweimal zu Verfolgungen des Buddhismus, die aber seinen Aufschwung nicht beeinträchtigten. Die Übersetzungen von Sūtras erreichten dank der Arbeit von → Kumārajīva und → Paramārtha ein sehr hohes Niveau; zu dieser Zeit existierten bereits alle wichtigen Texte des Hīnayāna und Mahāyāna in chin. Sprache. Die für die Entwicklung der buddhist. Philosophie bedeutendsten waren das → *Lankāvatāra-Sūtra* sowie das → *Mahāparinirvāna-Sūtra* und das → *Satyasiddhi,* unter deren Einfluß sich die → San-lun-, → Satyasiddhi- und → Nirvāna-Schulen herausbildeten.
In der Sui- und T'ang-Dynastie (Ende 6.–Anfang 10. Jh.) erreichte der Buddhismus in China seine Hochblüte. Es entstanden die großen Schulen des chin. Buddhismus: → Hua-yen-, → T'ien-t'ai-, Ch'an- (→ Zen), → Reines-Land-, → Fa-hsiang-Schule; die bedeutendsten Vertreter des Buddhismus dieser Periode waren Hsüan-tsang, → Chih-i, → Tu-shun.
Die Klöster wurden wirtschaftlich so mächtig, daß sie eine Bedrohung für das Herrscherhaus darstellten. Da die Klöster von Steuerzahlungen befreit waren, schenkten viele Bauern ihren Besitz den Klöstern und pachteten das Land. So konnten sie Zwangsarbeit und Militärdienst entgehen, während die Klöster immer reicher wurden. 845 kam es deshalb zu einer weiteren Verfolgung des Buddhismus: die Klöster wurden aufgelöst, Mönche und Nonnen zur Rückkehr ins weltliche Leben gezwungen. Von diesem Schlag erholte sich der Buddhismus in China nie mehr ganz, doch hatte er bereits auf allen Gebieten der chin. Kultur unauslöschliche Spuren hinterlassen.
In der Sung-Dynastie (10.–13. Jh.) erfolgte eine Verschmelzung von buddhist. mit konfuzianist. und taoist. Gedankengut; von den vielen Schu-

len des Buddhismus waren auf breiter Basis nur noch die des Ch'an (Zen) und des Reinen Landes von Bedeutung, die übrigen wurden im wesentlichen Objekt buddhist.-philosoph. Studien. Unter der Ming-Dynastie (14.–17. Jh.) kam es durch → Chu-hung zu einer Synthese der Ch'an- und der Reines-Land-Schule, und es entwickelte sich eine starke buddhist. Laienbewegung.

Unter der mandschurischen Ch'ing-Dynastie (17.–Anfang 20. Jh.) erlebte der → Lamaismus einen großen Aufschwung, doch machte sich bald eine stark dekadente Tendenz bemerkbar.

Der Buddhismus des 20. Jh. ist charakterisiert durch das Bestreben nach Reformierung (→ T'ai-hsü) und Anpassung an die moderne Zeit. – Unter kommunist. Herrschaft blieb die »Religionsfreiheit« nominell bestehen, was von den Parteifunktionären aber dahingehend ausgelegt wurde, daß die Bürger nicht die Freiheit haben, etwas zu glauben, was in Gegensatz zu den Grundsätzen der kommunist. Politik steht. Es war den Buddhisten gestattet, innerhalb der Klöster ihre Aktivitäten fortzusetzen. Während der Bodenreform der Jahre 1950–52 wurden die meisten Klöster enteignet, die Mönche, denen ihre Lebensgrundlage entzogen war, kehrten zum Großteil wieder ins weltliche Leben zurück. Nach 1957 fanden keine Ordinationen mehr statt.

1953 wurde die Chinesische Buddhistische Vereinigung gegründet, deren Aufgabe darin besteht, die Direktiven der Regierung an die Buddhisten weiterzugeben und über deren Aktivitäten zu berichten. 1956 wurde in Peking das Chinesische Buddhistische Institut gegründet, dessen Lehrplan auch politische Schulung umfaßt. Seine Aufgabe besteht darin, buddhist. Gelehrte und Klosterverwalter auszubilden.

Während der Kulturrevolution (1966–76) wurden zahlreiche Klöster und andere buddhist. Denkmäler zerstört; die letzten noch verbliebenen Mönche verließen die Klöster. Nach dem Ende der Kulturrevolution wurden die noch existierenden bedeutenden Klöster renoviert; die Mönche konnten in beschränktem Ausmaß wieder dorthin zurückkehren. Die Chinesische Buddhistische Vereinigung nahm ihre Tätigkeit wieder auf; in allen Provinzen wurden lokale Vereinigungen geschaffen. Die Chinesischen Buddhistischen Institute in Peking und in anderen großen Städten bilden wieder Mönche in buddhist. Philosophie aus; diese übernehmen nach Abschluß des dreijährigen Studiums leitende Positionen in den Klöstern.

Seit 1981 erscheint die Zeitschrift *Fa-yin* (»Stimme der Lehre«), die die Aufgabe hat, die Regierung bei der Durchführung ihrer Religionspolitik zu unterstützen, die aber auch praktische Anweisungen für die buddhist. Praxis gibt und Probleme der buddhist. Philosophie erörtert.

In Taiwan ist der Buddhismus vor allem in seiner populären Form der Reines-Land-Schule lebendig, daneben besteht aber auch reges Interesse an der Schule des Ch'an. Außer diesem »orthodoxen« Buddhismus gibt es auf Taiwan aber auch einen Volksbuddhismus, der unter der Bezeichnung »Chai-chiao« (»Religion der Vegetarier«) bekannt ist und taoist. und konfuzianist. Elemente miteinbezieht. Die Anhänger sind Laien und tragen weiße Gewänder. Auch auf Taiwan gibt es starke Erneuerungsbewegungen, die den Buddhismus der modernen Zeit anpassen wollen und daher vor allem seine »Wissenschaftlichkeit« betonen.

Buddhismus in Indonesien: Die ersten Spuren des Buddhismus in Indonesien lassen sich anhand von Buddha-Statuen bis ins 3. Jh. n. Chr. zurückverfolgen. Nach Berichten des chin. Pilgers Fa-hsien, der 418 Indonesien bereiste, war der Buddhismus dort noch sehr wenig entwikkelt, doch schon Ende des 5. Jh. sind beträchtliche Fortschritte feststellbar, die auf das Wirken ind. Mönche zurückgingen. Im 7. Jh. waren Sumatra und Java bereits bedeutende Studienzentren des Buddhismus, wie aus Berichten von I-ching hervorgeht. Die vorherrschende Strömung war das Mahāyāna; daneben bestanden aber auch hinayanist. Gemeinschaften, die wahrscheinlich der Schule des Sarvāstivāda angehörten. Im 8. Jh. nahm das Mahāyāna unter der buddhist. Dynastie der Shailendra einen großen Aufschwung. Zu dieser Zeit wurde auch der berühmte Stūpa von → Borobudur errichtet. Gegen Ende des 8. Jh. fand der buddhist. Tantrismus in Indonesien Verbreitung. Das Mahāyāna und speziell der Tantrismus bestanden bis ins 15. Jh. Inschriften bezeugen, daß König Ādityavarman (Mitte 14. Jh.) ein Anhänger des → Kālachakra war und als Verkörperung von → Lokeshvara galt. Zu dieser Zeit pflegte Indonesien rege Kontakte mit Indien, u. a. mit der Klosteruniversität → Nālandā. Auf Sumatra und Java kam es zu einer Verschmelzung von buddhist. Tantrismus, Shiva- und Königskult.

Mit dem Eindringen des Islam verschwand der Buddhismus aus Sumatra am Ende des 14. Jh., aus Java im frühen 15. Jh., und in den folgenden

Jh. aus ganz Indonesien. Heute bestehen nur kleinere buddhist. Enklaven, außerdem sind die eingewanderten Chinesen zum großen Teil Buddhisten. Allerdings gibt es auch Tendenzen, den Buddhismus in Indonesien neu zu beleben.
Buddhismus in Japan: Hier wurde der Buddhismus im Jahre 522 von Korea kommend eingeführt. Anfangs stieß er als eine fremde Religion auf Widerstand, wurde aber 585 von Kaiser Yomei anerkannt. Während der Regierungszeit von Prinz Shōtoku (593–621) war der Buddhismus die offizielle Religion Japans: Shōtoku verordnete 594 per Dekret, die Drei Kostbarkeiten (→ Triratna) zu verehren. Er förderte das Studium buddhist. Schriften, verfaßte selbst wichtige Kommentare zu einigen Sūtras und ließ Klöster errichten. Er gründete u. a. das berühmte Kloster Hōryū-ji in Nara. Chin. und korean. Mönche wurden als Lehrer eingeladen, und die ersten Japaner traten der buddhist. Gemeinschaft bei. Während dieser frühen Periode war vor allem die → Sanron-Schule verbreitet.
Während der Nara-Zeit (710–794) existierten bereits sechs buddhist. Schulen in Japan, die von China übernommen und im 9. Jh. offiziell anerkannt wurden: die → Kosha-, → Hossō-, Sanron-, → Jōjitsu-, → Ritsu- und → Kegon-Schule. Der Buddhismus war auch im Kaiserhaus fest verankert, das besonders die Lehren der Kegon-Schule zur Grundlage seiner Regierung machte. Von großer Bedeutung war das → *Sūtra des Goldenen Lichtes.* Aus dieser Zeit stammen die berühmtesten Klöster in Nara. Während der Heian-Zeit (794–1184) gewannen die → Tendai- und die → Shingon-Schule an Einfluß und wurden die beherrschende Form des Buddhismus in Japan. Die Verbindungen der Mönche zum Kaiserhaus gestalteten sich immer enger; der Buddhismus wurde de facto zur Staatsreligion.
Um die Mitte des 10. Jh. begann sich der → Amidismus auszubreiten, der sich in der Kamakura-Zeit (1185-1333) in der → Jōdo-shū und → Jōdo-shinshū organisierte. 1191 kam das → Zen nach Japan, das bis heute die vitalste Form des jap. Buddhismus geblieben ist. Zwei Schulen des Zen sind von besonderer Bedeutung: → Sōtō und → Rinzai.
Im 13. Jh. entstand die → Nichiren-Schule. In den folgenden Jahrhunderten kam es, u. a. auch aufgrund der politischen Situation, zu keinen wesentlichen Neuentwicklungen im jap. Buddhismus.
Im 19. Jh. wurde der → Shintoismus zur Staatsreligion erhoben. Erst seit dem 2. Weltkrieg sind in Japan deutliche Anzeichen einer Renaissance des Buddhismus zu spüren. Es entstanden eine Reihe von buddhist. Volksbewegungen wie → Sōka Gakkai, → Risshō Koseikai, → Nipponzan Myōhōji, die dank ihres Bemühens um eine Anpassung des Buddhismus an die moderne Zeit über eine sehr große Anhängerschaft verfügen.
Buddhismus in Kambodscha: Diese Region hat im 3. Jh. n. Chr. den Buddhismus der Sanskrit-Tradition, wahrscheinlich den der Schule des Sarvāstivāda gekannt, der im 5. und 6. Jh. seinen Höhepunkt erreichte. Eine in der Nähe von → Angkor Wat gefundene Inschrift aus dem Jahre 791 bezeugt die Existenz des Mahāyāna in Kambodscha, das auch unter dem Einfluß des Shiva-Kultes stand. Die Synthese, die sich aus der Vermischung beider Religionen ergab, ist charakterisiert durch den Kult des Bodhisattva Lokeshvara, einer Verbindung des Avalokiteshvara mit Shiva. Die Könige Kambodschas galten als Inkarnationen des Lokeshvara. In der Folge scheint das shivaistische Element ausgeschaltet worden zu sein, doch kam es am Ende des 13. Jh. zu einem Aufschwung des Shiva-Kultes, im Zuge dessen der buddhist. Sangha schweren Verfolgungen ausgesetzt war.
Aus Berichten chin. Pilger geht hervor, daß zu dieser Zeit der Theravāda mit zahlreichen Anhängern vertreten war, während das Mahāyāna an Einfluß verlor. Die erste Inschrift in Pali stammt aus dem Jahre 1309 und beweist, daß der Theravāda im Schutze des Königshauses stand. Er ist seitdem die in Kambodscha herrschende Form des Buddhismus. Gegen Ende des 19. Jh. faßte die thailänd. Schule der Dhammayut in Kambodscha Fuß.
Buddhismus in Korea. Der Buddhismus drang im 4. Jh. n. Chr. von China kommend in Korea ein. Er erlebte seine einzige Hochblüte zwischen dem 6. und 9. Jh. während der Drei Königreiche von Koguryo, Paekche und Silla und dem geeinigten Reich von Groß-Silla (668–935). Zu dieser Zeit faßten die wichtigsten Schulen des chin. Buddhismus in Korea Fuß; von besonderer Bedeutung waren die Schulen des Ch'an (jap. → Zen), → Hua-yen und des esoterischen Buddhismus (→ Mi-tsung, → Shingon). Auch die Lehren des → *Prajñāpāramitā-Sūtra* waren schon früh in Korea bekannt. Aus dieser Zeit stammen die bedeutendsten buddhist. Kunstschätze Koreas.
Während der Yi-Dynastie (1392–1910) wurde der → Konfuzianismus zur Staatsreligion erhoben, die buddhist. Mönche waren gezwungen,

sich in die Berge zurückzuziehen. Damit verlor der Buddhismus an Einfluß im Volk. Erst nach dem Ende der jap. Herrschaft (1945) setzte eine Wiederbelebung des Buddhismus ein, und es kam zur Entstehung neuer Bewegungen innerhalb des Buddhismus (→ Won-Buddhismus).

Im heutigen Südkorea kennt man keine Unterscheidung der Lehren nach Schulen im eigentlichen Sinn. In den Klöstern werden nebeneinander die Meditation der Rinzai-Schule des Zen, das Rezitieren von Buddha Amitābhas Namen (→ Nembutsu, → Reines-Land-Schule) und Sūtra-Lesen praktiziert. Das Rezitieren von → Dhāranīs ist ebenfalls verbreitet; es geht auf den im Mittelalter vorherrschenden Tantrismus zurück. Unter den Intellektuellen ist die Zen-Meditation am beliebtesten, in ländlichen Gebieten herrscht die Praxis des Rezitierens von Buddhas Namen vor.

In Korea wurden ebenfalls Elemente der alten autochthonen Religion in den Buddhismus aufgenommen. Mythologische Gestalten wie Berggott, Tiger und die Gottheit des Siebengestirns finden sich auf dem Lande auch in den buddhist. Tempeln. Ihre Verehrung wird von den Gläubigen als Teil ihrer religiösen Praxis aufgefaßt.

Buddhismus in Thailand: Über die Anfänge des Buddhismus im Bereich des heutigen Thailand ist wenig bekannt. Archäologische Quellen lassen darauf schließen, daß er im 6. Jh. n. Chr. aus Burma nach Thailand kam. Der anfangs dort verbreitete Buddhismus gehörte dem Hīnayāna an. Zwischen dem 8. und 13. Jh. scheint das Mahāyāna vorherrschend gewesen zu sein, wie aus Buddha-Bildnissen dieser Zeit hervorgeht. Zwischen dem 11. und 14. Jh. waren weite Teile Thailands von den hinduist. Khmer beherrscht. Im 13. Jh. verbreiteten die Thai-Könige den Theravāda. Beziehungen zu Ceylon stärkten den Einfluß dieser Schule, die zur dominierenden Form des Buddhismus wurde. 1782 wurde vom König ein Konzil einberufen, bei dem das gesamte Tripitaka überprüft wurde. Im 19. Jh. war mit Mongkut (Rama IV.) ein König an der Macht, der bei seiner Thronbesteigung selbst Mönch war und die Grundlagen für den modernen Buddhismus legte, indem er eine Reformbewegung innerhalb des buddhist. Sangha initiierte. Er begründete die Richtung der Dhammayut, die besonderes Gewicht auf die Einhaltung der → Vinaya-Regeln legt. Die Dhammayuts zählen bis heute die meisten Anhänger. König Chulalongkorn (reg. 1868–1910) ließ eine Ausgabe des Pali-Kanons veröffentlichen, die eine der bedeutendsten und vollständigsten ist. Später kam es zu weiteren Reformen, und der Buddhismus wurde der Oberherrschaft des Kaisers unterstellt, der selbst den sog. Sangharāja, das Oberhaupt der buddhist. Gemeinde, nominiert. Heute gehören 95 % der Bevölkerung dem Buddhismus an.

Buddhi-Yoga, **H** Skrt.; Selbsterkenntnis, die durch Unterscheidungsvermögen erlangt wird. In der *Bhagavad-Gītā* wird der Einsatz der → Buddhi als Intelligenz und Unterscheidungsvermögen Buddhi-Yoga genannt und als eine der wichtigsten Voraussetzungen für die Gotteserkenntnis bezeichnet.

Buji-Zen, **Z** jap.; eine übertrieben leichtfertige Haltung gegenüber der Schulung und Disziplin im Zen. Sie entsteht z. B. dadurch, daß jemand, aufgrund des bloßen Gedankens, er sei bereits Buddha, zu dem Schluß kommt, er brauche sich nicht um Übung, ein diszipliniertes Leben und → Erleuchtung zu bemühen. Dies ist eine Haltung, zu der vor allem ein falsches Verständnis der Lehre der → Sōtō-Schule des Zen (auch → Mokushō-Zen) verleiten kann.

Bukan, **Z** jap. für → Feng-kan

Bukka Zenji, **Z** jap. für → Fo-kuo-ch'an-shih

Bukkyô, **B** **Z** jap., wörtl.: »Buddha-Lehre«; der Buddhismus, → Buddha-Dharma

Bu'nan Shidō, **Z** 1602–1676, jap. Zen-Meister der → Rinzai-Schule; ein Schüler und Dharma-Nachfolger (→ Hassu) von Gudō Kokushi (gest. 1661) und der Meister von → Dōkyō Etan, dem Meister von → Hakuin Zenji.

Buppō, **B** **Z** jap. für → Buddha-Dharma

Busshin, **Z** jap., wörtl.: »Buddha-Geist (*shin* → Kokoro)«; 1. das »Große Erbarmen«, durch das ein vollkommen Erleuchteter (Buddha) sich auszeichnet; 2. ein Synonym für → Busshō.

Busshin, **Z** jap., wörtl.: »Buddha-Körper« (Skrt. Buddhakāya); Busshin bedeutete ursprünglich den physischen Körper des historischen Buddha (Shākyamuni); im Mahāyāna-Buddhismus verschob sich die Bedeutung jedoch allmählich hin zu »die grenzenlosen Fähigkeiten und Möglichkeiten, die aus der vollen Verwirklichung des Buddha-Wesens [→ Busshō] entspringen«. In diesem Sinn wird Busshin auch im Zen verwendet.

Busshin-In, **Z** jap., wörtl.: »das Siegel des Buddha-Geistes«; ein anderer Ausdruck für → Inka-Shōmei. Kurzformen für Busshin-In sind Shin-In und Butsu-In.

Busshō, Z jap., wörtl.: »Buddha-Wesen«, oft auch mit »Buddha-Natur« übersetzt; ein konkreter Ausdruck für das Substrat von Vollendung und Vollkommenheit, wie es sowohl Lebewesen als auch Dingen immanent ist. Nach der Lehre des Zen hat oder, besser noch, *ist* jeder Mensch (wie jedes andere Lebewesen und Ding) Buddha-Wesen, ohne dessen jedoch im allgemeinen gewahr zu sein und dieses Gewahrsein auch zu leben, wie es ein zu seinem Wahren-Wesen Erwachter (Buddha) tut. Dieses Erwachen (→ Erleuchtung, → Kenshō, → Satori) und ein Leben und Sterben, das von Augenblick zu Augenblick spontaner Ausdruck der eigenen Identität mit dem Buddha-Wesen ist (→ Mujōdō-no-Taigen), ist das Ziel des Zen. (Siehe auch → Shō.)

Wie Hakuun Ryōko Yasutani, ein japanischer Zen-Meister des 20. Jh., ausführt, ist Buddha-Wesen (auch: Dharma-Wesen, → Hosshō) identisch mit dem, was man im Buddhismus die Leere (jap. *ku,* Skrt. → Shūnyatā) nennt. Er sagt weiterhin: »Durch das Erlebnis der Erleuchtung, das der Ursprung aller buddhistischen Lehren ist, begreift man die Welt von Ku. Diese Welt – beweglich, frei von Masse, jenseits von Individualität und Persönlichkeit – liegt außerhalb des Bereiches unserer Vorstellungskraft. Demzufolge ist die wahre Substanz der Dinge, also ihr Buddha- oder Dharma-Wesen, unbegreiflich und unerforschlich. Da alles Vorstellbare etwas von Form und Farbe an sich hat, muß alles, was man sich als Buddha-Wesen vorstellt, notgedrungen unwirklich sein. Was man sich vorstellen kann, ist nur ein Abbild von Buddha-Wesen, nicht aber Buddha-Wesen selbst. Aber obgleich Buddha-Wesen jenseits aller Begriffe und Vorstellungen liegt, ist es doch möglich, dazu zu erwachen, da wir selbst ureigentlich Buddha-Wesen sind.« (Zit. n. Ph. Kapleau, 1981, S. 117.)

Bushun Shiban, Z jap. für → Wu-chun Shih-fan

Busso, Z jap., wörtl.: »Buddha-Patriarch(en)«; 1. der Buddha und die Patriarchen (→ Soshigata), die Urväter des Zen, auf die die Übertragungslinien aller Schulen des Zen zurückgehen (vgl. Traditionstafel des Zen, S. 474); 2. der Buddha → Shākyamuni als der Begründer des Buddhismus.

Butsu, B Z jap. für → Buddha

Butsuda, B Z jap. für → Buddha

Butsudan, Z jap.; Altarschrein, wie er sich in einem buddhist. Tempel oder Kloster, in verkleinerter Form auch in vielen jap. Wohnhäusern findet.

Butsuden, Z jap., wörtl.: »Buddha-Halle«; in größeren Kloster-Komplexen ein besonderes Bauwerk, in dem Statuen von Buddhas und Bodhisattvas stehen und verehrt werden.

Butsudō, Z jap., wörtl.: »Buddha-Weg«; 1. die Lehre des Buddha, der Buddhismus. Butsudō wird oft synonym für Buppō (Skrt. → Buddha-Dharma) verwendet, wobei der Begriff Butsudō allerdings den Aspekt der praktischen Schulung auf dem Pfad der Erleuchtung stärker betont; 2. der Weg zur → Erleuchtung, zur Buddhaschaft; 3. die vollkommene Erleuchtung, die Buddhaschaft. Im Zen wird Butsudō vor allem in der letzteren Bedeutung verwendet (z. B. im → Shiguseigan).

Butsugen-on, Z jap. für Fo-yen-yüan → Kakushin

Butsuju, Z → Myōzen Ryōnen

Buttō Kokushi, Z jap. Zen-Meister → Jakuhitsu Genkō

Byakue-Kannon, B Z jap., wörtl.: »Kannon im weißen Gewand«; eine Manifestation des Bodhisattva → Avalokiteshvara, der in Japan K(w)annon oder Kanzeon genannt und hier oft als weiblich empfunden und verehrt wird. Byakue-Kannon ist ein beliebtes Thema in der Zen-Malerei.

Byōdō, Z jap., wörtl.: »Gleichheit«; die Wesensgleichheit oder »Nicht-Unterschiedenheit« aller Phänomene, wie sie in der → Erleuchtung erfahren wird.

Byōdō-Kan, Z jap., wörtl.: »Gleichheits-Schau«; die Erfahrung, daß alle Dinge und Lebewesen ihrem Wahren-Wesen oder Buddha-Wesen (→ Busshō) nach identisch, nicht-unterschieden sind.

C

Chāddar, 🅗 Hindi; ein langes Stück Tuch, das um den oberen Teil des Körpers geschlungen wird, die traditionelle Tracht der Hindus.

Chadō, 🅩 jap., wörtl.: »Tee-Weg"; einer der japanischen Schulungswege (→ Dō), der in Japan oft auch »Cha-no-Yū« genannt wird, was »heißes Teewasser« oder einfach »Tee« heißt. In beiden Benennungen kommt zum Ausdruck, daß es sich hier nicht um eine »Zeremonie« handelt, die ein Subjekt *mit* dem Tee als Objekt durchführt – wie die unzutreffende Übersetzung »Teezeremonie« vermuten läßt. Da ist *nur Tee*, ein nicht-dualistischer Bewußtseinszustand, zu dem dieser wie die anderen vom Zen geprägten jap. Schulungswege hinführt. Im Chadō fließen viele einzelne Künste wie Architektur, Gartengestaltung, Töpferei, Malerei und der Blumen-Weg (→ Kadō) in der Schöpfung eines nur im Augenblick bestehenden Gesamtkunstwerkes zusammen, an dem alle Sinne des Menschen teilhaben, das den dualistischen Intellekt jedoch zum Schweigen bringt.

Chai, 🅣 chin., wörtl.: »Fasten«; eines der wichtigsten Feste des religiösen Taoismus (→ Tao-chiao), das seit dessen Anfängen bekannt ist. Der Terminus Chai wurde vom offiziellen Staatskult übernommen, wo er das rituelle Fasten vor Opfern bezeichnet. Im Taoismus versteht man darunter Feste, die unter der Leitung eines Lehrers mit einer bestimmten Anzahl von Teilnehmern (zwischen 6 und 38) abgehalten werden und im wesentlichen im Bekennen der Sünden bestehen, die als Ursache aller Krankheiten gelten.
Jede Schule des religiösen Taoismus feiert ihre eigenen Fastenfeste. Von besonderer Bedeutung sind die Chai im → T'ai-p'ing tao, → Wu-tou-mi tao und dem → Ling-pao p'ai. Eine der bekanntesten Zeremonien ist das T'u-t'an chai (»Fastenfest, bei dem man sich mit Kohle beschmiert«).

Die Zeremonien des Chai, die aufgrund ihrer Komplexität eine genaue Vorbereitung der Teilnehmer erfordern, finden in den Höfen der taoist. Klöster statt und können sich über mehrere Tage erstrecken. Es wird eine erhöhte Plattform mit genau festgelegten Ausmaßen errichtet, die seitlich durch Seile begrenzt ist. Die Teilnehmer, die sich an den Händen halten, betreten die Plattform nacheinander. Ihr Haar ist zerzaust, die Gesichter sind mit Kohlenstaub und Schmutz beschmiert, was die Reue der Teilnehmer symbolisiert. Unter Trommelwirbeln beginnt der Leiter der Zeremonie verschiedene Gottheiten zu beschwören, die dem Fest beiwohnen sollen. Es folgt die Verlesung aller Sünden mit ihren möglichen Folgen. Die religiöse Ekstase erreicht ihren Höhepunkt: Die Gläubigen werfen sich auf den Boden und wälzen sich im Staub, um ihre Reue zu demonstrieren. Es folgt das Rezitieren von zwölf Reuegelübden, wobei die Teilnehmer mit der Stirn gegen den Boden schlagen und um Vergebung ihrer Sünden bitten. Weitere Rituale beenden die Zeremonie. – Diese kollektiven Reueübungen werden dreimal täglich durchgeführt, wobei nur eine Mahlzeit pro Tag erlaubt ist. Die dadurch hervorgerufene physische Erschöpfung ruft einen psychischen Zusammenbruch hervor, der eine innere Läuterung bewirkt.

Chaitanya 🅗 (Caitanya), Skrt.; 1. spirituell erwachtes Bewußtsein, kein bloßes Denkbewußtsein; 2. im → Rāmakrishna-Orden Hinzufügung zum Namen eines initiierten → Brahmachāri, z. B. Bhakti-Chaitanya, d. h. »dessen Bewußtsein von Hingabe erfüllt ist«; 3. ein großer Heiliger und spiritueller Führer (1485–1534), der in Navadvip (Bengalen) geboren wurde und auch unter den Namen Gauranga, Gaur, Gorā, Nimai und Krishna-Chaitanya bekannt ist.

Chaitanya war ein hervorragender Gelehrter, der plötzlich der Welt entsagte und ein glühender Verehrer Krishnas wurde. Die → Vaishnavas halten ihn für eine Teil-Inkarnation Krishnas. Seine ekstatische Liebe, die er zu Gott empfand, umfaßte auch Sünder und Heilige, ungeachtet ihrer Kaste und ihres Glaubens. Für Chaitanya war → Bhakti-Yoga der einfachste Weg zur Gottesverwirklichung und → Japa eines der wichtigsten Hilfsmittel.

Chaitanya-Purusha 🅗 (Caitanya-Puruṣa), Skrt.; Bewußtsein des → Purusha. Obwohl der Mensch seinem wahren Wesen nach absolutes Bewußtsein (→ Chit) ist, benutzt er dieses Bewußtsein, um darauf die Vorstellung zu projizieren, Körper und Denken zu sein. Er wird dadurch zum → Jīva, der durch sein Denken die Erscheinungswelt (→ Māyā) schafft.

Chaitika, 🅑 Skrt. → Hīnayāna, → Mahāsānghika

Chaitya 🅑 (Caitya), Skrt. (Pali: Cetiya), wörtl.: »Heiligtum«; Versammlungshalle der buddhist. Gemeinde zu Meditation und Lehrvorträgen.

Die Chaitya-Halle, die sich aus den Höhlenklöstern entwickelte, war ursprünglich ein dreischiffiger rechteckiger Raum mit Säulenreihen an beiden Seiten und enthielt als Mittelpunkt einen → Stūpa in der Apsis. Dieser barg Reliquien oder häufiger → Sūtra-Texte, die auf Palmblättern, Rinde, Metallblättern usw. geschrieben waren. Die Chaitya-Halle verlor aber bald an Beliebtheit und verschmolz mit dem Raum, der das Buddha-Bild enthielt.

Chaitya-Purusha 🅗 (Caitya-Puruṣa), Skrt.; der → Sānkhya-Philosophie nach entsteht das Universum aus der Vereinigung der Weltseele (→ Purusha) mit der materiellen Natur (→ Prakriti). Die Weltseele vereinigt in sich alle Einzelseelen, die als Chaitya-Purusha bezeichnet werden.

Chakra 🅗 🅑 (Cakra), Skrt., wörtl.: »Rad, Kreis«; 1. im Hinduismus ein Kreis von Gottesverehrern. 2. Bezeichnung für die Zentren subtiler oder »feinstofflicher« Energie (→ Prāna, → Kundalinī) im Energieleib (Astralkörper) des Menschen. Sie sammeln, transformieren und verteilen die sie durchströmende Energie. Wenn die Chakras auch Entsprechungen auf der grobstofflichen, körperlichen Ebene haben (z. B. Herz oder *Solarplexus*), so sind sie mit diesen Entsprechungen jedoch nicht identisch, sondern gehören einer anderen Ebene der phänomenalen Wirklichkeit an. Die Chakras sind Punkte, an denen Seelisches und Körperliches ineinander übergehen und sich durchdringen. Die sieben Haupt-Chakras des ind. → Kundalinī-Yoga (diese Zentren sind unter anderen Namen auch in anderen Kulturen bekannt) liegen entlang der → Sushumnā, des durch die Wirbelsäule aufsteigenden Hauptkanals subtiler Energie, durch den die Kundalinī im Verlauf des geistigen Erwachens eines Menschen emporsteigt.

Die ersten sechs Chakras liegen innerhalb des grobstofflichen Körpers, das siebte Chakra außerhalb von diesem über dem Scheitelpunkt des Kopfes. Erwacht die Kundalinī, was i. allg. durch besondere Übungen eines auf diesem System aufbauenden Yoga herbeigeführt wird, so steigt sie vom ersten, untersten Haupt-Chakra, ein Chakra nach dem anderen aktivierend, zum siebten, obersten auf. In jedem Chakra, zu dem der Yogi die Kundalinī hinführt, erfährt er eine besondere Art von Glückseligkeit (Ānanda), erwirbt er besondere psychische Kräfte (→ Siddhi) und verwirklicht er eine besondere Form der Erkenntnis – weshalb die Chakras auch als Zentren des Bewußtseins (Chaitanya) bezeichnet werden. Von jedem Chakra strahlt eine bestimmte Zahl von Energiekanälen (→ Nādī) aus.

Medial begabte Menschen, die den Astralkörper des Menschen sehen können, beschreiben die Chakras als »Lotosblüten« mit unterschiedlich vielen Blütenblättern, und so werden sie auf Abbildungen traditionellerweise dargestellt. Die Zahl der Blütenblätter entspricht der Zahl der von dem jeweiligen Chakra ausstrahlenden Nādīs. Diese »Lotosblüten« befinden sich in kreisender Bewegung, wodurch der Eindruck eines »Rades« (wie bei einem wirbelnden Feuerrad) entsteht; daher die Bezeichnung »Chakra«. Nach dem System des Kundalinī-Yoga entsprechen jedem Chakra bestimmte geistig-körperliche Eigenschaften, die durch verschiedene Symbole (Formen, Farben, mantrische Silben, Tiersymbole, Gottheiten usw.) ausgedrückt werden. Die sieben Haupt-Chakras und ihre wichtigsten Zuordnungen sind:

1. *Mūlādhāra-Chakra;* es liegt an der untersten Stelle der Sushumnā, zwischen der Wurzel des Zeugungsorgans und dem Anus. Im Mūlādhāra-Chakra ruht (im unerweckten Zustand) die Kundalinī, die als zusammengerollte Schlange dargestellt wird (weshalb man auch von »Schlangenkraft« spricht) und allen Chakras Macht und Energie verleiht. Vier Nādīs gehen von diesem Chakra aus und stellen die vier Blütenblätter dieses »Lotos« dar; die symbolische Form ist das Quadrat, seine Farbe ist Gelb, die zugeordnete »Keimsilbe« (→ Bīja) ist LAM, das Tiersymbol ein Elefant mit sieben Rüsseln, die Gottheiten sind → Brahmā und Dākinī, die Brahmā als → Shakti zugeordnet ist.

Der Yogi, der in das Mūlādhāra-Chakra durch geistige Übung eingedrungen ist, hat die Erd-Eigenschaft *(prithivī-tattva)* besiegt und hat keine Furcht mehr vor dem körperlichen Tod. Indem er sich auf dieses Chakra konzentriert und darüber meditiert, erlangt er »vollkommene Erkenntnis der Kundalinī und damit die Mittel, diese zu erwecken. Ist sie erwacht, empfängt er Darduri-Siddhi, die Kraft, sich vom Boden zu erheben und den Atem, das Bewußtsein und den Samen zu beherrschen. Sein Prāna tritt in die mittlere Brahma-Nādī ein. Seine Sünden werden ausgelöscht. Er erkennt Vergangenheit, Gegenwart und Zukunft und erfreut sich der natürlichen Glückseligkeit *(sahaja-ānanda)*.« (Zit. n. Sivananda, 1953, S. 71 f.)

2. *Svādhishthāna-Chakra;* es liegt im Energiekanal Sushumnā an der Wurzel der Genitalien. Es entspricht → Bhuvarloka, und seine körperliche Entsprechung ist der *Plexus hypogastricus,* der die inneren Organe der Ausscheidung und Fortpflanzung beherrscht. Von seiner Mitte gehen sechs Nādīs (oder »Blütenblätter«) aus. Die symbolische Form ist der Halbmond, seine Farbe ist Weiß, die Keimsilbe VAM, das Tiersymbol das Krokodil, die zugeordneten Gottheiten sind → Vishnu und als Shakti die niedere Gottheit Rākinī.

»Wer sich auf dieses Chakra konzentriert und

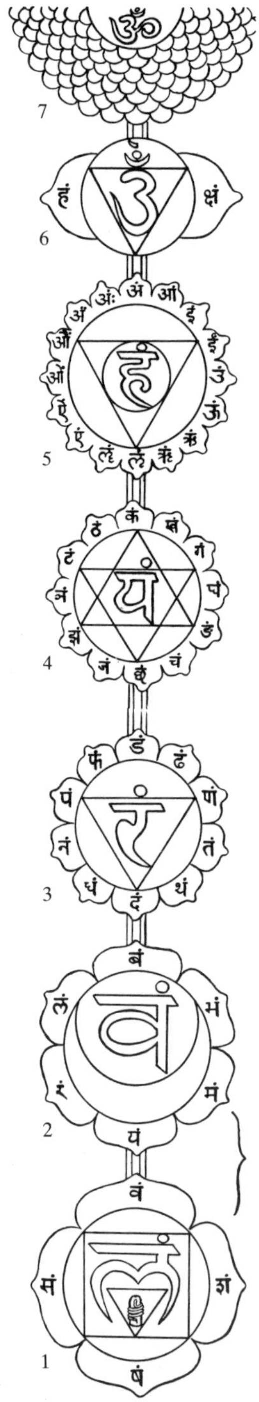

Diagramm der 7 Chakras mit ihren wichtigsten Symbolen.

über die Devatā meditiert, hat keine Furcht vor dem Wasser und beherrscht das Wasserelement vollkommen. Er erwirbt verschiedene psychische Kräfte, intuitive Erkenntnis, vollkommene Beherrschung seiner Sinne und Erkenntnis der astralen Wesenheiten. Begierde, Zorn, Gier, Täuschung, Stolz und andere Unreinheiten sind ausgelöscht. Der Yogi wird zum Sieger über den Tod [→ Mrityuñjaya-Siddhi].« (Zit. n. Sivananda, 1953, S. 73f.)

3. *Manipūra-Chakra;* es liegt im Energiekanal Sushumnā in der Nabelgegend. Das ihm entsprechende körperliche Zentrum, der *Solarplexus,* beherrscht Leber, Magen usw. Von diesem Chakra gehen zehn Nādīs aus, die die Blütenblätter dieses »Lotos« darstellen. Die symbolische Form ist das Dreieck, seine Farbe ist Rot, die Keimsilbe ist RAM, das Tiersymbol der Widder, die beherrschenden Gottheiten sind → Rudra und → Lākinī.

»Der Yogi, der sich auf dieses Chakra konzentriert, erlangt Satala-Siddhi und vermag verborgene Schätze zu finden. Er ist von allen Krankheiten befreit und kennt keine Furcht vor Feuer. ›Selbst wenn er in brennendes Feuer geworfen wird, bleibt er ohne Todesfurcht am Leben.« (Zit. n. Sivananda, 1953, S. 74f.)

4. *Anāhata-Chakra;* es liegt in der Herzgegend innerhalb des Energiekanals Sushumnā. Das dem Anāhata-Chakra entsprechende körperliche Zentrum ist der *Plexus cardiacus*; er beherrscht das Herz. Von diesem Chakra strahlen fünfzehn Nādīs aus, die die Blütenblätter dieses »Lotos« darstellen. Die symbolische Form ist das Hexagramm, seine Farbe ist Graublau, die Keimsilbe ist YAM, das Tiersymbol die Gazelle, die beherrschenden Gottheiten sind → Īsha und Kākinī.

»In diesem Zentrum wird der Klang Anāhat [→ Anāhata-Shabda], der Klang des → Shabda-Brahman, offenbar. Man vernimmt ihn sehr deutlich, wenn man sich auf dieses Zentrum konzentriert . . . Wer über dieses Zentrum meditiert, beherrscht in vollkommener Weise Vāyu-Tattva (Luft-Eigenschaft), die voller Sattvas (harmonische Eigenschaften) ist. Er vermag durch die Luft zu fliegen und in den Körper anderer einzudringen *(bhuchari-siddhi, kechari-siddhi, kaja-siddhi)*. Kosmische Liebe und andere göttliche Eigenschaften werden ihm zuteil.« (Zit. n. Sivananda, 1956, S. 76.)

5. *Vishuddha-Chakra;* es liegt in der Sushumnā-Nādī am unteren Ende des Halses und ist das Zentrum des Äther-Elements. Von diesem Chakra, dem als körperliches Zentrum der *Plexus*

laryngeus entspricht, gehen sechzehn Nādīs aus, die den Blütenblättern des »Lotos« entsprechen. Die symbolische Form ist der Kreis, seine Farbe ist Weiß, die Keimsilbe ist HAM, das Tiersymbol ein Elefant mit sechs Stoßzähnen, die beherrschenden Gottheiten sind Sadā-Shiva und die Göttin Shākinī.

»Die Konzentration auf die Eigenschaften *(tattva)* dieses Chakra heißt Ākāshi-Dhāranā. Wer diese Konzentration übt, wird selbst beim Untergang des Kosmos (→ Pralaya) nicht vergehen, denn er erlangt die höchste und vollkommene Erkenntnis der vier Veden. Er wird zu einem Trikāla-Jñāni [→ Trikāla-Jñāna], der Vergangenheit, Gegenwart und Zukunft kennt.« (Zit. n. Sivananda, 1956, S. 77.)

6. *Ājñā-Chakra;* es liegt in der Sushumnā-Nādī und hat seine physische Entsprechung im Zwischenraum zwischen den beiden Augenbrauen. In westlichen esoterischen Systemen wird dieses Chakra als das »Dritte Auge« bezeichnet. Dieser »Lotos« hat zwei Blütenblätter, d. h. es strahlen zwei Nādīs von der Mitte des Chakra aus. Seine Farbe ist ein milchiges Weiß, die Keimsilbe ist das kurze A, die zugeordneten Gottheiten sind Parama-Shiva in der Form von → Hamsa und die Göttin Hākinī. Dieses Chakra, dem als körperliches Zentrum der *Plexus cavernosus* entspricht, wird als Sitz des Bewußtseins angesehen.

»Wer sich auf dieses Chakra konzentriert, zerstört alles Karma aus vergangenen Leben. Deshalb sind die Wohltaten solcher Meditation, die den Yogi zum Jīvanmukti [→ Jīvanmukta], zu einem im Leben Befreiten macht, unbeschreiblich bedeutsam. Der Yogi erwirbt alle höheren und die zweiunddreißig niederen → Siddhis.« (Zit. n. Sivananda, 1953, S. 78.)

7. *Sahasrāra-Chakra;* dieses Chakra liegt über dem Scheitelpunkt des Kopfes, also außerhalb des grobstofflichen Körpers, über dem oberen Ende der Sushumnā. Wie der Name des Chakra besagt, hat dieser »Lotos« tausend Blätter, d. h. es strahlen tausend oder »unzählige« Nādīs von ihm aus. Die physische Entsprechung des Sahasrāra-Chakra ist das Gehirn, seine Keimsilbe ist OM, der heilige Laut (→ Pranava). Die fünfzig Buchstaben des Sanskrit-Alphabets laufen auf den tausend Blütenblättern dieses Lotos zwanzigmal rundum, so daß diese Lotosblüte die Gesamtheit aller Keimsilben und Chakras darstellt, die das Sahasrāra-Chakra als allen anderen übergeordnetes Chakra umfaßt. Es strahlt ein Licht »wie zehnmillionen Sonnen« aus und gehört zu einer höheren Ebene der Wirklichkeit als die sechs anderen Haupt-Chakras, die als die Sechs Chakras *(shat-chakra)* die Chakras im engeren Sinn des Wortes ausmachen.

Das Sahasrāra-Chakra, das als die Behausung des Gottes → Shiva angesehen wird, entspricht dem kosmischen Bewußtsein. »Ist Kundalinī mit dem Gott Shiva im Sahasrāra-Chakra vereint, erfährt der Yogi höchste Glückseligkeit (→ Paramānanda), Überbewußtsein und höchste Erkenntnis. Er wird ein → Brahmavid-Varishtha, ein vollkommener Jñāni.« (Zit. n. Sivananda, 1953, S. 78.)

Eine ausführliche Darstellung der Chakras und ihrer vielfältigen Aspekte nach der Lehre des Kundalinī-Yoga findet sich in: Arthur Avalon, *Die Schlangenkraft,* Bern 1982.

Im Hinduismus ausgebildet, spielt das System der Chakras jedoch auch im Buddhismus, vor allem im tantrischen Buddhismus (→ Tantra, → Vajrayāna, → Tibetischer Buddhismus) eine Rolle. Vom grundlegenden Entwurf her ist das System der Energiezentren (Chakras) und der sie verbindenden Energiekanäle (Nādīs) hier dasselbe wie im Kundalinī-Yoga. Die Symbolik, die sich damit verbindet, ist jedoch der buddhist. Ikonographie entnommen, und die darauf aufbauende meditative Praxis unterscheidet sich in vieler Hinsicht wesentlich von der des Kundalinī-Yoga. Eine Darstellung des buddhist. Chakra-Yoga findet sich in: Lama Anagarika Govinda, *Grundlagen tibetischer Mystik,* Bern 1985.

Chakrabandha 🅗 (Cakrabandha), Skrt.; ein Zustand, in dem alle → Chakras aktiviert sind. In diesem Zustand kann die → Kundalinī zum siebenten Zentrum feinstofflicher Energie (Sahasrāra) aufsteigen und damit die Erleuchtung bewirken.

Chakravartin 🅑 (Cakravartin), Skrt. wörtl.: »Rad-Herrscher«; ein Herrscher, von dem man sagt, daß »die Räder seines Wagens ohne Behinderung überallhin rollen«, ein Weltenherrscher. Man unterscheidet vier Arten von Chakravartin, die jeweils durch ein Rad aus Gold, Silber, Kupfer oder Eisen symbolisiert werden. Chakravartin wurde später eine Bezeichnung für einen Buddha, dessen Lehre universell ist und dessen Wahrheit den ganzen Kosmos enthält.

Chakugo, 🅩 jap. → Jakugo

Chamatkāra 🅗 (Camatkāra), wörtl.: »Staunen«; das nicht Normale, Außergewöhnliche, vor allem das, was jenseits der Sinne und des Denkens liegt. Es gehört in den Bereich des verfeinerten Bewußtseins und offenbart sich nur der Intuition.

Ch'an, B Z chin. für → Zen

Cañchala H (Cañcala), Skrt., von *cañc:* »hüpfen, springen, flackern«, soviel wie unbeständig, unzuverlässig, unstet. Gemeint ist unser unbeherrschtes Alltagsdenken, das ruhelos von einem Objekt zum anderen springt, uns ständig täuscht und in Aufregung versetzt.

Im 6. Kapitel der *Bhagavad-Gītā* sagt → Arjuna zu Krishna: »Unruhevoll ist das Denken der Menschen und durch die Fänge der Sinne zerrüttet, grob und verhärtet im starren Verlangen nach weltlichem Gut. Kann man es zähmen? Wahrlich, ich glaube, der Wind ist nicht wilder.«

Chandas H, auch Chhandas, Skrt.; jener der sechs → Vedānga, der sich mit der Verslehre (Metrik) befaßt. Es geht dabei nicht nur um Zahl und Länge der Silben, sondern auch um ihr »Gewicht«, d. h. um den Rang oder Wert, der einer Silbe zugesprochen wird.

Eine bedeutende Autorität auf dem Gebiet dieses Vedānga war → Pingalā, sein bekanntes Werk das *Chandah-Sūtra* (»Leitfaden der Metrik«). Die Lehren der → Veden wurden lange Zeit mündlich überliefert, bevor man sie aufschrieb, und dabei wurde jede Silbe aufmerksam behandelt, um sie dem Gedächtnis des Schülers tief einzuprägen.

Chandī H (Caṇḍī), Skrt.; eine heilige Schrift, in der die Göttliche Mutter (→ Shakti) als »Letzte Wirklichkeit« beschrieben wird; sie gehört zu den *Shakta-Tantras* und besteht aus 13 Kapiteln.

Chāndogya-Upanishad, H Skrt.; die »Geheimlehre der Chandoga-Schule« ist die zweitälteste der → Upanischaden und dem → *Sāmaveda* zugehörig. Sie erörtert die Grundlagen der → Vedānta-Philosophie, insbes. das Wesen des »wirklichen Selbst des Menschen« (→ Ātman) und enthält den großen Lehrsatz → Tat Tvam Asi (»Das bist du«).

Das in acht Abteilungen gegliederte Werk bietet eine Fülle von Gedanken über die Entstehung des Kosmos, die Allseele und die Individualseele sowie das Leben im Jenseits. Berühmt wurde auch die Unterhaltung zwischen dem Weisen → Uddālaka Āruni und seinem Sohn → Shvetaketu über die All-Einheit, d. h. die Lehre, daß das Sein in allem enthalten sei und der Kosmos überall vom Absoluten durchdrungen. (Dt. Übers. v. P. Deussen in: *Sechzig Upanishad's des Veda*, Leipzig 1905.)

Chandrakīrti, B → Mādhyamika

Chandra-Nādī H (Candra-Nāḍī), Skrt., wörtl.: »Kanal der Mondenergie«; eine Bezeichnung für die → Idā.

Chandrayama H (Candrayama), Skrt.; ein religiöses Gelübde, die Nahrung zu reduzieren oder zu vermehren, je nach Abnehmen oder Zunehmen des Mondes *(chandra).*

Ch'ang, T chin., wörtl.: »beständig, dauerhaft, ewig«; Begriff des philosoph. Taoismus (→ Tao-chia). Ch'ang bezeichnet das Wandellose, das Gegenteil von Wandel. Es ist eines der Kennzeichen des Tao. Im → *Tao-te ching* wird das Attribut Ch'ang all jenen Gesetzmäßigkeiten verliehen, die allgültig und nicht dem Wandel unterworfen sind. Erleuchtung (→ Ming) besteht im Erkennen des Unwandelbaren.

Im 1. Kap. des *Tao-te ching* heißt es: »Das Tao, das sich benennen läßt, ist nicht das ewige *[ch'ang]* Tao; der Name, der sich nennen läßt, ist nicht der ewige Name.« Und im 37. Kap.: »Das Tao ist beständig *[ch'ang]* ohne Aktion *[→ Wu-wei],* wodurch es nichts gibt, was ungeschehen bleibt.« Über Erleuchtung als Einsicht in das Wesen von Ch'ang heißt es im 16. Kap.: »Von all den Dingen kehrt ein jedes zu seiner Wurzel zurück. An seine Wurzel zurückgekehrt, ist es still. Hat es die Stille erreicht, ist es in seinen Urzustand zurückgekehrt. Die Rückkehr zum Urzustand ist das ewige *(ch'ang)* Gesetz.« Der Philosoph Han-fei-tzu (3. Jh. v. Chr.) beschreibt Ch'ang in seinem Kapitel über Lao-tzu mit folgenden Worten:

»Dinge, die nun bestehen und dann zerstört werden; die plötzlich geschaffen werden und plötzlich sterben; die zuerst blühen und dann dahinwelken, können nicht Ch'ang genannt werden. Nur das, was gemeinsam mit der Trennung von Himmel und Erde geschaffen wurde und nicht vergeht, bevor Himmel und Erde zerfallen und vergehen, kann Ch'ang genannt werden.«

Chang-ching Huai-hui, Z jap. Shōkyō (Shōkei) Eki, 756/59–815/18, chin. Zen-Meister; ein Schüler und Dharma-Nachfolger (→ Hassu) von → Ma-tsu Tao-i (jap. Baso Dōitsu). Wir begegnen ihm im 31. Beispiel des → *Pi-yen-lu.*

Ch'ang-ch'ing Hui-leng, Z jap. Chōkei Eryō, 854/64–932, chin. Zen-Meister; ein Schüler und Dharma-Nachfolger (→ Hassu) von → Hsüeh-feng I-ts'un (jap. Seppō Gison). Ch'ang-ch'ing hatte 26 Dharma-Nachfolger; wir begegnen ihm im 8., 22., 23., 74., 76. und 93. Beispiel des → *Pi-yen-lu.*

Von Ch'ang-ch'ing, der schon im Alter von 13 Jahren Mönch wurde und sich bereits unter anderen Zen-Meistern geschult hatte, bevor er zu Hsüeh-feng kam, berichtet das *Tsu t'ang chi,* daß er sich anfangs mit der Zen-Schulung sehr schwertat. Er kam immer wieder zum → Dokusan zu Hsüeh-feng, schien jedoch trotz ernsthafter Anstrengungen keine Fortschritte zu machen. So bot Hsüeh-feng ihm eines Tages an, ihm eine »Medizin für ein totes Pferd« zu verschreiben, wenn er diese nur annehmen wolle. Ch'ang-ch'ing versicherte,

daß er sich dem Rat des Meisters ganz anvertrauen werde. Daraufhin sagte ihm Hsüeh-feng, er solle nicht weiter zum Dokusan kommen und mehrere Jahre lang nur »wie eine hölzerne Säule in einem lodernden Feuer« in Versunkenheit sitzen (→ Zazen), dann werde er sicher Erleuchtung erfahren.
Eines Nachts, nach etwa zweieinhalb Jahren derartiger Übung, war sein Geist unruhig, und es hielt Ch'ang-ch'ing nicht mehr auf seinem Platz. So stand er auf und machte einen Spaziergang im Klostergarten. Als er bei der Rückkehr in die Mönchshalle ein Bambusrollo hochzog und in das Licht einer Lampe schaute, erfuhr er plötzlich Erleuchtung. Ch'ang-ch'ing wurde später zu einem hochgeachteten Zen-Meister.

Chang-cho Hsiu-ts'ai, Z jap. Chōsetsu Yūsai, chin. Zen-Meister der T'ang-Zeit; ein Schüler und Dharma-Nachfolger (→ Hassu) von → Shih-shuang Ch'ing-chu (jap. Sekisō Keisho). Wir begegnen ihm im 39. Beispiel des → *Wu-men-kuan*.

Chang Chüeh T, gest. 184 n. Chr., Begründer der taoist. Schule des → T'ai-p'ing tao (chin., wörtl.: »Weg des Höchsten Friedens«). Seine Lehre basiert auf der Doktrin des → *T'ai-p'ing ching* und ging aus dem → Huang-lao tao (dem Weg des Huang-ti und des Lao-tzu) hervor. Sein Ziel war die Errichtung des »Höchsten Friedens«, wobei das Gewicht auf der friedlichen Gleichheit aller Individuen lag. Dieses Ideal verschaffte ihm in einer von Hungersnöten und größter Unterdrückung des Volkes durch den Herrscher geplagten Zeit großen Zustrom. Ein weiterer Faktor seines Erfolges – innerhalb von zehn Jahren scharte er mehrere hunderttausend Anhänger um sich – war die Abhaltung kollektiver Riten zur Heilung von Krankheiten (→ Chai), die er als die Wirkung böser Taten auffaßte. Mittelpunkt dieser Praktiken war daher das Bereuen der Sünden in Reuezeremonien.
In der Zeit zwischen 165 und 184 verbreitete sich seine Lehre in acht Provinzen. Er faßte seine Anhänger in streng hierarchisch gegliederten Organisationen zusammen, an deren Spitze er als »Himmelsfürst-General« stand. 184 kam es unter seiner Leitung zum sog. Aufstand der Gelben Turbane, der von den Herrschenden blutig niedergeschlagen wurde, wobei Chang Chüeh und seine Brüder und eifrigen Mitstreiter Chang Pao und Chang Liang getötet wurden.
Ausgangspunkt für Chang Chüehs religiöse Aktivitäten war eine Offenbarung, die das Herannahen des »Höchsten Friedens«, des Paradieses auf Erden, verhieß. Der Höchste Frieden sollte an jenem Tag beginnen, an dem die Regierung der Han-Dynastie von der des »Gelben Himmels« des T'ai-p'ing tao abgelöst würde (gelb war die Farbe des Gelben Kaisers, → Huang-ti, der von den Anhängern des Chang Chüeh verehrt wurde). Diese Wende wurde für das Jahr 184 erwartet.
Seine ungeheure Popularität verdankte Chang Chüeh aber vor allem seinen Fähigkeiten als Heiler. Neben den sog. Fastenfeiern verwendete er Zaubersprüche und geweihtes Wasser (chin. *fu-shui*). Dieses segnete er, indem er, einen Bambusstab mit neun Knoten (neun ist die Zahl des Himmels) in der Hand haltend, Zauberformeln sprach. Er befahl den Kranken niederzuknien, mit dem Kopf die Erde zu berühren und über ihre Verfehlungen nachzudenken. Anschließend mußten sie von seinem geweihten Wasser trinken. Wurde der Kranke geheilt, galt er als Praktizierender des Tao. – Ähnliche Zeremonien sind auch aus anderen Schulen des religiösen Taoismus bekannt (→ Wu-tou-mi tao).

Chang Hsien, T chin., wörtl.: »Chang, der Unsterbliche«; volkstümlicher Unsterblicher (→ Hsien), der nach populärem Glauben männliche Nachkommen schenkt.
Chang Hsien wird als alter Mann dargestellt, der einen Bogen spannt und damit in den Himmel zielt. Oft findet man neben ihm den Himmelshund *(t'ien-kou)*, vor dem er die Kinder schützt. Er wird meist von seinem Sohn begleitet, der in seinen Armen den Knaben, den Chang Hsien den Gläubigen schenken wird, trägt. Manchmal begleitet ihn auch Sung-tzu niang-niang, die Dame, die Söhne bringt.

Chang Hsiu, T General der Han-Dynastie und Begründer einer Richtung innerhalb des religiösen Taoismus (→ Tao-chiao), die große Ähnlichkeit mit der des → T'ai-p'ing tao und des → Wu-tou-mi tao hatte und vor allem in der Provinz Szechwan verbreitet war. Den Mittelpunkt der Praktiken dieser Richtung bildeten Zeremonien zur Heilung von Krankheiten, wobei den Drei Herrschern (→ San-kuan) Himmel, Erde und Wasser geopfert wurden. – Chang Hsiu wurde 190 von → Chang Lu ermordet.
Chang Hsiu ging wie andere Führer taoist. Bewegungen der Frühzeit von der Auffassung aus, daß Krankheiten die Auswirkung böser Taten seien. Teil seiner Therapie war es, die Kranken in einem »Erholungsheim« einzusperren, wo sie über ihre Sünden nachdenken mußten. Endgültige Heilung war aber nur dadurch möglich, daß der Kranke seine Sünden auf drei Blatt Papier schrieb, die für die Drei Herrscher Himmel, Erde und Wasser auf einem Berggipfel hinterlegt bzw. in der Erde vergraben und in einen Fluß geworfen wurden. Die Angehörigen der Kranken hatten fünf Scheffel Reis für die Behandlung des Kranken zu zahlen.
Chang Hsiu organisierte seine Gemeinde nach streng hierarchischen Gesichtspunkten. Die wichtigsten Funktionen hatten Trankopferdarbringer *(chi-chiu)*,

deren Aufgabe es vor allem war zu kontrollieren, ob alle Anhänger die Lehren des → *Tao-te ching,* das der Basistext dieser Schule war, einhielten und praktizierten. Das *Tao-te ching* wurde allerdings auf eine dieser Richtung eigene Art und Weise interpretiert. Die religiöse Hierarchie war wie eine militärische gegliedert: Die Chi-chiu waren Offiziere, ihre Untergebenen »Dämonensoldaten«.

Chang-hsiung, Z jap. Chōyū, chin. Meister der → Fuke-Schule des Zen, → Kakushin

Chang Liang T, gest. 187 v. Chr., hoher Beamter der frühen Han-Dynastie und nach der Überlieferung Begründer des religiösen Taoismus (→ Tao-chiao). Er ist einer der ersten Unsterblichen (→ Hsien), die in der taoist. Literatur bekannt sind. Zur Erlangung der Unsterblichkeit soll er bereits Gymnastikübungen (→ Tao-yin) praktiziert und auf den Genuß von Körnerfrüchten verzichtet haben (→ Pi-ku).

Chang Lu, T 2. Jh. n. Chr., einer der Begründer des → Wu-tou-mi tao (wörtl.: »Fünf-Scheffel-Reis-Taoismus«), Enkel von → Chang Tao-ling. Um 190 gelang es Chang Lu mit Hilfe von → Chang Hsiu ein streng hierarchisch geführtes politisch-religiöses Staatsgebilde zu gründen, das 30 Jahre lang bestand. Es war allmählich aus seiner Anhängerschaft, die ihn als Wunderheiler verehrte, hervorgegangen. Seine Lehre bestand in einer Verknüpfung von äußerlichem Wohlergehen und Moral: er predigte, daß alle Krankheiten von Geistern als Vergeltung für böse Taten geschickt seien. Chang Lu hielt Massenzeremonien ab, während derer die Gläubigen ihre Vergehen bereuten und dadurch Heilung ihrer Krankheiten erlangten. Für eine derartige Heilung verlangte er ein Honorar von fünf Scheffeln Reis, woraus sich der Name der von ihm begründeten Richtung ableitet. Chang Lu selbst bezeichnete sich als Himmlischer Meister (→ T'ien-shih). Dieser Titel wird bis heute an seine Nachkommen vererbt.

Chang Lus Staatsgebilde war streng militärisch organisiert. Die lokalen Gemeinden wurden von Trankopferdarbringern, sog. Libateuren *(chi-chiu)* geleitet. Sie hielten die Zeremonien zur Heilung der Kranken ab, die Chang Lu von Chang Hsiu übernommen hatte und die in Opfern an die Drei Herrscher (→ San-kuan), nämlich Himmel, Erde und Wasser, bestanden. Zentren des öffentlichen Lebens bildeten die I-she, die Gemeinschaftshäuser, in denen jeder frei verköstigt wurde. Kennzeichnend für Chang Lus Staatsordnung ist auch die Handhabung von Strafen: Bei den ersten drei Verstößen, die als Sünden gewertet wurden, genügte ein Bereuen der bösen Taten; beim vierten Verstoß mußte der Schuldige tätige Reue üben, indem er z. B. eine Wegstrecke von tausend Schritten einer öffentlichen Straße reparierte.

Chang Po-tuan, T 984–1082, berühmter taoist. Meister, der die Lehren des Taoismus mit denen des Zen-Buddhismus und des Konfuzianismus verband. Chang Po-tuan war einer der bedeutendsten Vertreter der alchemistischen Schule des Inneren Elixiers (→ Nei-tan), die nach spiritueller Unsterblichkeit strebt. Das Innere Elixier wird nicht auf dem Wege chemischer Umwandlung bereitet, es ist vielmehr die Erleuchtung des Geistes, die Rückkehr zum Ursprung (→ Fu).

Seine Lehre erläutert Chang Po-tuan in dem Werk *Wu-chen p'ien* (»Essay über das Erwachen zur Wahrheit«).

Nach dem *Wu-chen p'ien,* das sich der Sprache der Schule des Äußeren Elixiers (→ Wai-tan) bedient, sind die Ingredienzien des Inneren Elixiers »wahres Blei« und »wahres Quecksilber«, d. h. die Essenz von Yang und Yin. Yin muß von Yang eingefangen und absorbiert werden; dies nennt Chang die Vermählung von Yin und Yang. Ein Kommentar erklärt, die Essenz von Yang sei das Wirkliche, die des Yin das Unwirkliche.

Während der Alchemist um Mitternacht und zur Wintersonnenwende in Meditation auf seinem Bett liegt, vermählt er diese beiden Essenzen in seinem Körper mit Hilfe der Lebensenergie (→ Ch'i) und gebiert einen »Embryo« (→ Sheng-t'ai), der in dem Maße wächst, in dem das Yang zunimmt. Dadurch kann der Alchemist Unsterblichkeit erlangen: Der so entstandene Embryo ist das neue Ich; es ist unsterblich, da es erleuchtet ist und keine Unterscheidung zwischen Subjekt und Objekt kennt.

Ch'ang-sha Ching-ts'en, Z jap. Chōsha Keijin, gest. 868, chin. Zen-Meister; ein Schüler und Dharma-Nachfolger (→ Hassu) von → Nan-ch'üan P'u-yüan (jap. Nansen Fugan). Nachdem Ch'ang-sha von Nan-ch'üan das Siegel der Bestätigung (→ Inka-Shōmei) erhalten hatte, wanderte er ohne festen Wohnsitz durch China und demonstrierte den Buddha-Dharma entsprechend den jeweiligen Umständen, die er antraf. Er hatte zwei Dharma-Nachfolger; wir begegnen ihm im 36. Beispiel des → *Pi-yen-lu.*

Dort erleben wir Ch'ang-sha in einem → Mondō mit einem seiner Schüler:

»Eines Tages streifte Ch'ang-sha in den Bergen umher; dann kehrte er zurück und kam ans Tor. Der Mönchsälteste fragte: ›Meister, wohin seid Ihr gegangen, von wo kehrt Ihr zurück?‹

Ch'ang-sha sagte: ›Ich komme von einem Bergspaziergang.‹

Der Mönchsälteste sagte: ›Bis wohin seid Ihr gegangen?‹

Ch'ang-sha sagte: ›Zuerst ging ich dem Duft der Kräuter nach; dann kehrte ich zurück, den fallenden Blütenblättern folgend.‹
Der Mönchsälteste sagte: ›Das klingt sehr nach Frühling.‹
Ch'ang-sha sagte: ›Es übersteigt wirklich den Herbsttau, der von den Lotosblüten tropft.‹«

Ch'ang-sheng pu-ssu, 🅃 chin., wörtl.: »lange leben, nicht sterben«; Unsterblichkeit, das Ziel der verschiedenen taoist. Praktiken. Der Begriff der Unsterblichkeit kann auf zweierlei Weise verstanden werden: als körperliche und als spirituelle Unsterblichkeit. Die Vorstellung der körperlichen Unsterblichkeit existiert seit den Anfängen des Taoismus und ist das Ziel der meisten Richtungen des religiösen Taoismus (→ Tao-chiao). Die Anhänger der alchemistischen Schule des Äußeren Elixiers (→ Wai-tan) versuchten z. B. durch das Einnehmen verschiedener lebensverlängernder Drogen, zu Unsterblichen (→ Hsien) zu werden. Andere Praktiken zur Erlangung der körperlichen Unsterblichkeit sind das Vermeiden des Genusses von Körnerfrüchten (→ Pi-ku), verschiedene Atemübungen, Gymnastik (→ Tao-yin) sowie Meditation und sexuelle Praktiken (→ Fang-chung shu).
Ein körperlich Unsterblicher steigt bei hellem Tag gen Himmel (→ Fei-sheng) oder »stirbt« zum Schein: Öffnet man seinen Sarg, ist dieser leer (→ Shih-chieh).
Spirituelle Unsterblichkeit, d. h. Erleuchtung und Erlangung der Einheit mit dem höchsten Prinzip (→ Tao), eines Zustandes jenseits der Gegensätze von Leben und Tod, der Vereinigung von Yin und Yang, ist das Ziel des philosophischen Taoismus (→ Tao-chia) des Lao-tzu und Chuang-tzu. Auch die Vertreter des Inneren Elixiers (→ Nei-tan) streben nach dieser geistigen Unsterblichkeit.
Spirituelle Unsterblichkeit impliziert neben der Freiheit von Leben und Tod auch Freiheit von Zeit und Raum und von sexueller Identität; daher werden Unsterbliche manchmal männlich, manchmal weiblich dargestellt.
In taoist. inspirierten künstlerischen Darstellungen wird die Unsterblichkeit durch verschiedene Symbole angedeutet: durch einen Kranich, einen knorrigen Stab, Kiefern, Pfirsiche (→ Hsi wang-mu), den Pilz der Unsterblichkeit (→ Ling-chih), den Gott der Unsterblichkeit (→ Shou-lao, → San-hsing) usw.
Häufig ist es schwer zu beurteilen, welche Art von Unsterblichkeit angestrebt wird, da viele Texte sich einer esoterischen Ausdrucksweise bedienen, die Interpretationen in beide Richtungen erlaubt. Selbst manche Passagen von Texten des philosoph. Taoismus wie des → *Chuang-tzu* und → *Lieh-tzu* können als Hinweise auf körperliche Unsterblichkeit aufgefaßt werden: Beschreibungen von Orten wie der → K'un-lun oder die Inseln der Unsterblichen (→ P'eng-lai, → Ying-chou, → Fang-chang), die als Wohnstätten von Unsterblichen gelten, werden sowohl abstrakt als auch konkret verstanden. Ch'in Shih Huang-ti, der erste Kaiser Chinas, setzte z. B. alles daran, um die geheimnisvollen Inseln der Unsterblichen zu entdecken und in den Besitz von Unsterblichkeitsdrogen zu gelangen. Er organisierte Expeditionen, die allerdings ergebnislos verliefen. Andere sehen in solchen Beschreibungen Fahrten des Geistes ins Innere des Menschen.
Diese Zweideutigkeit gilt in hohem Maße auch für alchemistische Texte: Vertreter des Inneren Elixiers bedienen sich der Sprache der Äußeren Alchemie, um Bewußtseinsprozesse zu veranschaulichen. In den Anfängen der chin. Alchemie bestanden die innere und äußere Methode, Unsterblichkeit zu erlangen, gleichwertig nebeneinander. Im 6. Jh. n. Chr. ist dann ein deutlicher Wandel festzustellen: Unsterblichkeit wurde immer mehr als spirituelle Unsterblichkeit aufgefaßt; statt aus Gold, Zinnober und anderen chemischen Substanzen die Droge der Unsterblichkeit herzustellen, beschäftigten sich die Alchemisten fast ausschließlich mit der Entwicklung des inneren Goldes, der Goldenen Blüte, des Heiligen Embryos (→ Sheng-t'ai). Im 13. Jh. waren die Methoden des Äußeren Elixiers vollends in den Hintergrund getreten, doch ihre Sprache wurde weiter verwendet. Die Vertreter des Nei-tan verachteten all jene, die durch chemische Umwandlungen Unsterblichkeit erlangen wollten. Auch der Einfluß des Buddhismus, vor allem der des Zen-Buddhismus, trug entscheidend zur Verinnerlichung der Suche nach Unsterblichkeit bei. Alte alchemistische Texte wurden nun fast stets nach der Lehre des Inneren Elixiers interpretiert.
Einen wesentlichen Faktor in der Suche nach Unsterblichkeit stellen sexuelle Techniken dar, die in vielen Schulen des religiösen Taoismus zwischen dem 2. und 7. Jh. öffentlich praktiziert (→ Ho-ch'i), aber unter dem Druck der konfuzian. Moral in den privaten Bereich verdrängt wurden. Sie stehen auch vielfach am Beginn der meditativen taoist. Praxis.

Chang Tao-ling 🅃, auch Chang Ling genannt, 34–156, Begründer des → Wu-tou-mi tao, einer der bedeutendsten Richtungen des religiösen Taoismus (→ Tao-chiao). Chang Tao-ling begann in der Mitte des 2. Jh.s in der Provinz Szechwan Kranke durch das Rezitieren magischer Formeln und das Verabreichen geweihten Wassers zu heilen. Als Honorar für eine Behandlung forderte er fünf Scheffel Reis. Dies gab der von ihm ins Leben gerufenen Richtung den Namen, der »Fünf-Scheffel-Reis-Taoismus« bedeutet. Seine Anhänger verehrten ihn als

»Himmlischen Meister« (→ T'ien-shih). Diesen Titel tragen bis heute seine Nachkommen.

Die Legende erzählt, daß Chang Tao-ling jahrelang alchemistische Experimente durchgeführt hat, wobei es ihm schließlich sogar gelang, die Pille der Unsterblichkeit herzustellen. Nachdem er sie gegessen hatte, war sein Gesicht so frisch und rosig wie das eines Knaben. Er soll damals bereits über 60 Jahre alt gewesen sein. Wie es heißt, hat er das Rezept zur Herstellung dieser Pille neben Anweisungen zur Heilung von Krankheiten und einem Buch mit magischen Formeln zur Vertreibung von Dämonen von → Lao-tzu selbst erhalten. Um seine kostspieligen alchemistischen Experimente durchführen zu können, wirkte er als Heiler und versammelte so eine große Anhängerschaft um sich. – In Szechwan soll er in hohem Alter bei hellem Tag gen Himmel gestiegen sein (→ Fei-sheng).

Chang Tsung-yen, 🅃 gest. 1292, Himmlischer Meister (→ T'ien-shih) der 36. Generation. 1276 wurde ihm dieser Titel von Kaiser Khubilai bestätigt und die Herrschaft über alle taoist. Gläubigen südlich des Yang-tse übertragen. 1288 rief ihn der Kaiser nochmals an den Hof und verlangte das Jadesiegel und das Schwert zu sehen, die beiden Dinge, die nach der Legende seit der Han-Dynastie von einem Himmlischen Meister an den nächsten weitergegeben wurden. In der Tatsache, daß diese Schätze Jahrhunderte überlebt hatten, sah der Kaiser ein himmlisches Zeichen. Er erklärte den Titel und die Funktionen eines T'ien-shih für erblich, womit die eigentliche Bedeutung der Familie Chang begründet wurde (→ Chang Tao-ling).

Ch'an-na, 🅉 chin. für Skrt. Dhyāna → Zen

Ch'an-shih, 🅉 chin. für → Zenji

Ch'an-tsung, 🅉 chin. (jap. Zenshū), wörtl.: »die Zen-Schule«; das Zen als eine Schule des Buddhismus (→ Zen, exoterische Definition). Das chin. *tsung* (jap. *shū*) wird oft auch mit »Sekte« übersetzt, was jedoch den Aspekt der Abtrennung, Abspaltung von der Hauptströmung einer Religion zu sehr betont und zudem – wie vor allem die Form »sektiererisch« deutlich werden läßt – einen allzu negativen Beigeschmack hat. Die verschiedenen »Schulen« des Buddhismus sind eher einander ergänzende als einander widersprechende und sich befehdende Weisen, dem einen → Buddha-Dharma Ausdruck zu geben und Menschen verschiedener Veranlagung an ihn heranzuführen. Offiziell gibt es in Japan nur die → Rinzai-Schule, die → Sōtō-Schule und die → Ōbaku-Schule und keine »Zen-Schule«, doch der Terminus »Zenshū« wird hier wie in China als Sammelbegriff verwendet.

Chao-chou Ts'ung-shen, 🅉 jap. Jōshū Jūshin, 778–897, einer der bedeutendsten Zen-Meister Chinas; ein Schüler und Dharma-Nachfolger (→ Hassu) von → Nan-ch'üan P'u-yüan (jap. Nansen Fugan). Der große jap. Meister Dōgen Zenji, der äußerst strenge Maßstäbe bei der Einschätzung von Zen-Meistern anlegte, nannte ihn ehrerbietig »Jōshū, der alte Buddha«. Chao-chou hatte 13 Dharma-Nachfolger, aber da es wenige gab, die ihm an Tiefe der Erfahrung gleichkamen, geschweige denn, ihn übertrafen, starb seine Linie nach wenigen Generationen aus.

Die Lebensgeschichte von Chao-chou ist ein besonders gutes Beispiel dafür, daß – wie die Zen-Meister immer wieder betonen – Erleuchtung erst der *Anfang* wahrer Schulung auf dem Weg des Zen ist. Chao-chou erfuhr schon im Alter von 18 Jahren tiefe Erleuchtung; danach schulte er sich noch weitere 40 Jahre unter seinem Meister Nan-ch'üan. Nach dessen Tod ging er auf Wanderschaft, um seine Erfahrung in → Hossen mit anderen Zen-Meistern noch weiter zu vertiefen. Es heißt, er habe in dieser Zeit etwa 80 der Dharma-Nachfolger seines »Großvaters im Zen«, → Ma-tsu Tao-i (jap. Baso Dōitsu), aufgesucht. Erst im Alter von 80 Jahren ließ er sich in einem kleinen Zen-Kloster in der Ortschaft Chao-chou nieder, und als sich dort schließlich Schüler um ihn sammelten, führte er sie bis zu seinem Tod im Alter von 120 Jahren auf dem Zen-Weg.

Chao-chou hatte eine Art, seine Schüler zu unterweisen, die man »Chao-chous Lippen-und-Mund-Zen« nannte. Mit leiser Stimme, oft fast flüsternd, antwortete er mit kurzen, einfachen Aussagen auf die Fragen seiner Schüler. Seine Worte waren jedoch von großer Kraft; es heißt, daß sie das verblendete Fühlen und Denken seiner Schüler abzuschneiden vermochten wie ein scharfes Schwert. Viele berühmte Kōan gehen auf Chao-chou zurück, darunter jenes, das Meister → Wu-men Hui-k'ai (jap. Mumon Ekai) als erstes Beispiel in seine berühmte Kōan-Sammlung, das *Wu-men-kuan,* aufnahm:

»Ein Mönch fragte einst Meister Chao-chou: ›Hat ein Hund wirklich Buddha-Wesen oder nicht?‹
Chao-chou sagte: ›Wu‹ [jap. Mu].«

Seit die Worte alter Meister im Zen als Mittel der Schulung eingesetzt werden (dazu → Kōan), hat dieses sogenannte Kōan Mu Tausenden von Zen-Schülern zu einer ersten Erleuchtungserfahrung (→ Kenshō, → Satori) verholfen; es wird bis heute vielen Zen-Schülern als erstes Kōan gegeben.

Wir begegnen Meister Chao-chou im 1., 7., 11., 14., 19., 31. und 37. Beispiel des → *Wu-men-kuan* sowie im 2., 9., 30., 41., 45., 52., 57., 58.,

59., 64., 80. und 96. Beispiel des → *Pi-yen-lu*. Die Biographie und die Aufzeichnung der Worte von Meister Chao-chou finden sich im *Chao-chou Chen-chi-ch'an-shih yü-lu hsing-chuan*.

Die Begebenheit, die zur Erleuchtung des achtzehnjährigen Chao-chou bei einem → Mondō mit seinem Meister Nan-ch'üan führte (*Wu-men-kuan,* 19), ist unter dem Stichwort → »Heijōshin kore dō« zitiert. Chaochous berühmte Antwort auf die Frage eines Mönchs nach dem Sinn von Bodhidharmas Kommen aus dem Westen (→ Seirai-no-I) ist unter → Mondō aufgeführt.

Chariyā-Pitaka, B Skrt. → *Khuddaka-Nikāya*

Chārvāka H (Cārvāka), ein ind. Philosoph, dessen Lehrsätze sich mit Skeptizismus und Materialismus befassen; sein angebliches Hauptwerk, *Bārhaspati-Sūtra* (ca. 600 v. Chr.), ist verlorengegangen, doch finden sich Zitate daraus in Texten der buddhist. und der Jaina-Literatur (→ Jainismus) des 8. Jh.s. Nach Chārvāka nannte sich eine philosoph. Schule, die den Weg zu Glück und Vollendung im Hier und Jetzt sucht.

Charya, Z jap. → Ajari

Chatur-Āshrama H (Catur-Āśrama), Skrt.; die vier *(chatur)* Lebensstufen der Hindus (→ Āshrama).

Chatur-Yoni H B (Catur-Yoni), Skrt.; vier *(chatur)* Arten der Geburt, in denen die Wesen der sechs Existenzweisen (→ Gati) wiedergeboren werden können: 1. Jarāyuja: lebendgeboren (Säugetiere, Menschen); 2. Andaja: eigeboren (Vögel, Reptilien); 3. Samsvedaja: feuchtigkeits- oder wassergeboren (Fische, Würmer); 4. Aupapāduka: durch Metamorphose geboren, d. h. nicht durch eine »Mutter«, sondern allein durch die Kraft des → Karma. Auf diese Art und Weise werden → Devas, → Pretas, Höllenbewohner (→ Naraka) und Wesen einer neu entstandenen Welt geboren.

Chela H B, eigentlich Cheta (Ceṭa), Skrt., wörtl.: »Diener«; allgemein Schüler, insbes. aber ein spirituell Strebender, der von seinem Guru Belehrung erwartet und ihm deshalb dient.

Die Beziehung zwischen Guru und Chela kann nur fruchtbar werden, wenn sie über das bloße Lehrer-Schüler-Verhältnis dadurch hinausgeht, daß der Schüler seinem Meister in jeder Hinsicht volles Vertrauen entgegenbringt. Um das zu können, muß er vorher kritisch prüfen, ob er den richtigen Meister gefunden hat.

Ch'eng-huang, T chin., Schutzgott einer Stadt. Nach taoist. Auffassung wehren die Schutzgötter der Städte Unheil und Katastrophen ab, schützen die Bewohner der ihnen unterstellten Städte, die sich mit ihren Anliegen an sie wenden können: In Trockenperioden lassen die Ch'eng-huang es regnen, bei Unwettern wieder die Sonne scheinen, sie gewähren eine gute Ernte und sichern den Wohlstand der Bürger.

Außerdem gelten die Ch'eng-huang als die Führer verstorbener Seelen: Will ein taoist. Priester den Seelen (→ Hun, → P'o) eines Verstorbenen aus der Hölle helfen, muß er den Stadtgott durch ein »Dokument« informieren.

Die Ch'eng-huang waren schon in ältester Zeit bekannt und wurden vom Taoismus übernommen, der sie in die Ränge seiner wichtigsten Gottheiten aufnahm. Normalerweise wurden Persönlichkeiten, die sich besonders für das Wohl ihrer Stadt eingesetzt hatten, als Ch'eng-huang verehrt. Ende des 10. Jh. kam der Brauch auf, den Stadtgöttern je nach Bedeutung der Stadt den Titel »König«, »Herzog« usw. zu verleihen. Das Fest des Stadtgottes war eines der größten Volksfeste des städtischen Lebens; man feierte es mit Umzügen, bei denen eine Statue des Ch'eng-huang durch die Stadt getragen wurde.

Cheng-i tao, T chin., wörtl.: »Weg der Rechten Einheit«; Sammelname für alle taoist. Schulen, die in ihrer religiösen Praxis Talismane, Amulette u. ä. verwenden (→ Fu-lu p'ai). Die Schule der Rechten Einheit ist seit der Yüan-Dynastie neben jener der Verwirklichung der Wahrheit (→ Ch'üan-chen tao) die bedeutendste Richtung im religiösen Taoismus (→ Tao-chiao).

Die Anfänge des Cheng-i tao gehen bis auf den Fünf-Scheffel-Reis-Taoismus (→ Wu-tou-mi tao) zurück, der in der östlichen Han-Dynastie von Chang Tao-ling begründet wurde. Diese Schule verschmolz während der T'ang- und Sung-Dynastie mit der Schule des Magischen Juwels (→ Ling-pao p'ai) und anderen Richtungen. 1304 wurde Chang Tao-lings Nachkomme in der 38. Generation »Führer der Rechten Einheit« genannt, da er die religiöse Herrschaft über verschiedene Strömungen, die Talismane verwendeten, innehatte. Von diesem Zeitpunkt an wurden alle Schulen, die an die Kraft von Talismanen glauben, als zur Rechten Einheit gehörig angesehen. In ihrer Praxis spielen Exorzismen, Zaubersprüche und andere magische Elemente eine wesentliche Rolle. Die Priester dieser Schule können im Gegensatz zu jenen des Ch'üan-chen tao heiraten. Bis heute lebt das Cheng-i tao auf Taiwan und in Hongkong weiter.

Die Priester der Schule des Cheng-i tao vererben ihre magischen Künste innerhalb ihrer Familien weiter. Die Gläubigen kommen zu ihnen, um Talismane zu erwerben, die den Träger gegen böse Geister, Zauberei, Krankheit, Feuer und anderes Unheil schützen sollen. Die → Tao-shih dieser Richtung halten auch verschiedene Zeremonien ab, etwa um die Seele eines Verstorbenen in seinen Körper zurückzurufen oder um einem Toten auf seinem Weg durch die Hölle beizustehen. Manche praktizieren Spiritismus oder Wahrsagerei, wobei sie sich auf Astrologie, Physiognomie und das Buch der Wandlungen (→ *I-ching*) stützen.

Ch'eng-kuan, B → Hua-yen-Schule

Chen-hsieh Ch'ing-liao, Z jap. Shingetsu Shōryō (Seiryō), 1089–1151, chin. Zen-Meister der → Sōtō-Schule; ein Schüler und Dharma-Nachfolger (→ Hassu) von → Tan-hsia Tzu-ch'un (jap. Tanka Shijun) und der Meister von T'ien-t'ung Ju-ching (jap. Tendō Nyojō), der wiederum der Meister von → Dōgen Zenji war.

Chen-jen, T chin., wörtl.: »Wahrer Mensch«; Idealfigur des philosoph. und des religiösen Taoismus. Der Begriff, der das erste Mal im → *Chuang-tzu* verwendet wurde, bezeichnet einen Menschen, der die Wahrheit verwirklicht und das Tao erlangt hat. Der Wahre Mensch ist frei von jeglicher Beschränkung, hat alle Vorstellungen hinter sich gelassen und absolute Freiheit erreicht. – Im 6. Buch, Kapitel 1 des *Chuang-tzu* wird der Wahre Mensch beschrieben.

»Die ›Wahren Menschen‹ des Altertums hatten nichts gegen Beschränkung, sie waren nicht stolz auf Erfolg, sie schmiedeten niemals Pläne, (wie sie) Leute von Rang (werden können). So gab es für sie, wenn sie nichts erreichten, keinen Grund zur Reue, und wenn sie etwas zuwege brachten, keinen Grund zur Befriedigung. So vermochten sie die höchsten Höhen zu erklimmen, ohne sich zu ängstigen, ins Wasser zu gehen, ohne naß zu werden, durchs Feuer zu schreiten, ohne zu brennen. So sehr waren sie in ihrem Wesen in die Nähe des ›Weges‹ (Tao) aufgestiegen. Die ›Wahren Menschen‹ des Altertums, sie schliefen ohne zu träumen und wachten auf ohne sich zu sorgen. Sie aßen, ohne nach Leckereien zu suchen, und atmeten mit vollen Lungen; denn die ›Wahren Menschen‹ ziehen ihren Atem bis zu den Fersen, die gewöhnlichen nur bis zu den Kehlen. . . . Die ›Wahren Menschen‹ des Altertums kannten keine Freude am Leben und keine Abscheu vor dem Tod. So freuten sie sich weder über ihre Geburt, noch bemühten sie sich, ihre Auflösung zu verhindern: schnell gekommen, schnell vergangen – nichts sonst. Sie vergaßen nicht, von wo sie ihren Anfang genommen, sie strebten aber auch nicht übermäßig dorthin, wo sie enden würden. Sie freuten sich über das, was sie empfangen, und sie kehrten zurück zu dem, was sie vergessen. Das ist's, was man nennt: ›sein Herz nicht vom Weg weglenken, und nicht mit Menschlichem dem Himmel helfen wollen.‹ Gerade (in dieser Handlungsweise) besteht der ›Wahre Mensch‹. Solche Menschen sind willensstark in ihrem Sinn, würdevoll in ihrem Auftreten, heiter im Ausdruck. Sie sind kühl wie der Herbst, warm wie der Frühling. Ihre Leidenschaften tauchen auf wie die vier Jahreszeiten, in Harmonie mit den Zehntausend Wesenheiten, und niemand kennt ihre Grenzen.« (Zit. n. W. Bauer, 1974, S. 65f.)

Im → *Huai-nan-tzu* heißt es über den Wahren Menschen: »Er wird nicht geboren und er stirbt nicht; er ist nicht leer und nicht erfüllt.« – Im → *T'ai-p'ing ching* wird der Chen-jen in der taoist. Hierarchie über einem Unsterblichen (→ Hsien) und unter einer Gottheit (→ Shen) angesiedelt.

Chen-jen wird seit der T'ang-Dynastie als Ehrentitel für bedeutende geschichtliche Persönlichkeiten und taoist. Meister verwendet. Kaiser T'ang Hsüan-tsung verlieh Chuang-tzu den Titel »Wahrer Mensch vom südlichen Blütenland« (Nan-hua chen-jen); sein Werk heißt daher auch »Wahres Buch vom südlichen Blütenland« *(Nan-hua chen-ching)*.

Chenresi B (sPyan-ras-gzigs), tibet., wörtl.: »Mit klaren Augen schauend«; die tibet. Form des → Avalokiteshvara, des Bodhisattva des Erbarmens. Er gilt in Tibet als Schutzpatron des »Schneelandes«, und die für den → Tibetischen Buddhismus zentralen Ereignisse und Persönlichkeiten werden mit dem Wirken des Chenresi in Zusammenhang gebracht. So sieht die Legende in ihm den Gründungsvater des tibet. Volkes, und auch der für die Einführung des Buddhismus verantwortliche König Songtsen Gampo (620–649) wird als Verkörperung des Chenresi angesehen. Zu den zahllosen Personen, die in den folgenden Jh. als Inkarnationen (→ Tulku) dieses Bodhisattva verehrt wurden, zählen auch der → Dalai Lama und der → Karmapa.

Die ihm zugeordnete Sanskrit-Formel (→ OM MANI PADME HUM, tibet. OM MANI PEME HUNG) wurde als erstes Mantra in Tibet eingeführt und ist dort bis heute das am weitesten verbreitete. In einer der wichtigsten ikonographischen Formen wird Chenresi stehend dargestellt, mit elf Köpfen und tausend Armen, und bildet den Mittelpunkt bestimmter Meditationsübungen (→ Sādhana), die mit Perioden des Fastens verbunden sind. In seiner bekanntesten Form besitzt er jedoch vier Arme, ruht auf einem Lotos, und es ist diese Erscheinung, der → Thangtong Gyelpo eine bedeutende Meditationsübung widmete.

Chen-ta-tao chiao, T chin., wörtl.: »Lehre vom wahren großen Tao«; 1142 von Liu Te-jen begründete Schule des religiösen Taoismus. Ihre Lehre, die auf den Gedanken des → *Tao-te ching* beruht, betont die Haltung des absichtslosen

Handelns (→ Wu-wei), der Wunschlosigkeit und des Altruismus. Die Anhänger des Chen-ta-tao chiao streben nach Gutem und versuchen, Böses zu vermeiden. Lebensverlängernde und magische Praktiken spielen in dieser Schule keine Rolle. Es ist stark konfuzian. Einfluß spürbar. Das Chen-ta-tao chiao erreichte seinen Höhepunkt im 13. Jh., erlosch aber bald darauf.

Chen-tsung, T 968–1022, Kaiser der Sung-Dynastie, der die Verehrung des Jadekaisers → Yü-huang initiierte, nachdem er im Jahre 1012 einen wichtigen Brief des Jadekaisers erhalten haben soll. 1016 belehnte Chen-tsung den damaligen Himmlischen Meister (→ T'ien-shih) mit einem großen Stück Land auf dem Drache-und-Tiger-Berg (→ Lung-hu-shan), wo bis 1949 die Himmlischen Meister lebten. – Chen-tsung förderte außerdem die Kompilierung des taoist. Kanons (→ Tao-tsang), der während seiner Regierungszeit zum ersten Mal gedruckt wurde (1019).

Ch'en T'uan, T ca. 906–989, ein in den Lehren des Inneren und Äußeren Elixiers (→ Nei-tan, → Wai-tan) bewanderter taoist. Gelehrter, der zurückgezogen auf dem Hua-shan, einem der heiligen taoist. Berge, lebte. Dort soll er das Diagramm des Unbedingten *(wu-chi-t'u)* in den Felsen geritzt haben. Er pflegte vor diesem Diagramm, das eine schematische Darstellung der Lehren des Nei-tan ist, zu meditieren. Er gilt auch als Schöpfer des Diagramms des vorweltlichen Himmels *(hsien-t'ien-t'u)*. Diese beiden Diagramme beeinflußten den neokonfuzian. Philosophen Chou I-tun bei der Entwicklung seines Diagramms des Höchsten Letzten (→ T'ai-chi-t'u).

Chang Chung-yüan interpretiert das Diagramm des Unbedingten: »Das Diagramm bestand aus verschiedenen Ebenen mit Kreisen, welche den Prozeß der Meditation versinnbildlichten. Auf der ersten Ebene befand sich ein Kreis, der mit Lao-tzus Worten ›Das Tor der Dunklen Weiblichkeit‹ benannt war; es ist die Grundlage von Himmel und Erde. Auf der nächsten Ebene befindet sich ein Kreis, der den Prozeß der Umwandlung von → Ching (Essenz) in → Ch'i (Atem) und dann in → Shen (Geist) darstellt ... Ching, Ch'i und Shen (sind) die Grundelemente des meditativen Atemprozesses. Diese Ebene zeigt, wie die Energie aus dem untersten Zentrum des Körpers (→ Tan-t'ien) erst in den Atemkreislauf und schließlich in spirituelles Bewußtsein umgewandelt wird. Die folgende mittlere Ebene des Diagramms besteht aus den Fünf Elementen (→ Wu-hsing): Feuer und Holz auf der linken Seite, Metall und Wasser auf der rechten Seite und Erde in der Mitte. Sie symbolisieren die fünf Beweger im kleinen (Atem-)Kreislauf, die schließlich in den großen Kreislauf übergehen. Die vierte Ebene zeigt die Vereinigung von → K'an und Li in der Form eines Kreises, der in die Yin-und-Yang-Elemente aufgeteilt ist. Die Fluktuation von Yin und Yang stellt den großen Kreislauf durch den gesamten Körper dar. Sowohl die fünf Beweger im kleinen Kreislauf als auch Yin und Yang im großen Kreislauf führen zu Shen, dem spirituellen Bewußtsein. Die oberste Ebene im Diagramm zeigt die Umwandlung von Shen zurück zum Hsü, dem Nichts.

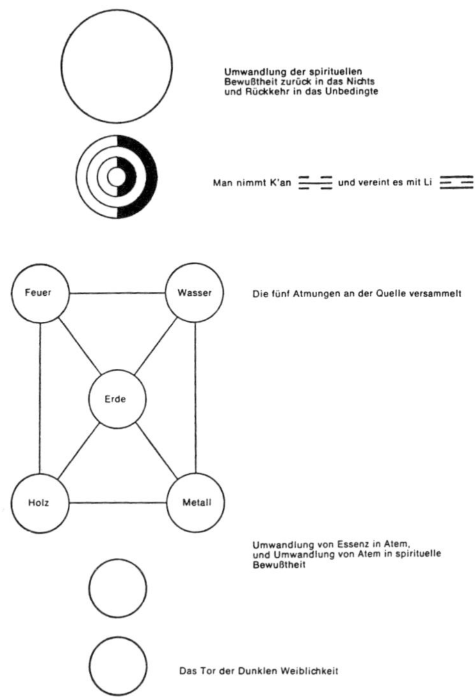

Das Diagramm des Unbedingten.

So kehren alle Dinge zum Wu-chi, dem Unbedingten, zurück. Das spirituelle Bewußtsein ist die letzte Bedingung des Individuums, das Nichts ist das Unbedingte. Mit anderen Worten gesagt, das spirituelle Bewußtsein wird zum absoluten Nichts zurückverwandelt, dem Ursprung aller Dinge.« (Zit. n. Chang Chung-yuan, 1981, S. 145.)

Chetas H (Cetas), Skrt.; Intelligenz, Denkbewußtsein; sich über etwas bewußt werden, verstehen.

Chetasika B (Cetasika), Skrt., Pali; Bewußtseins- oder Geistesfaktoren bzw. die mit dem jeweiligen Bewußtsein verbundenen, gleichzeitig damit entstehenden und durch das Bewußtsein bedingten geistigen Begleiterscheinungen. Chetasika ist eine der Einteilungskategorien des

→ Abhidharma, der dazu Gefühl (→ Vedanā), Wahrnehmung und 50 Geistformationen (→ Samskāra) zählt.

Ch'i, T chin., wörtl.: »Luft, Dampf, Hauch, Äther, Energie; auch Temperament, Kraft, Atmosphäre«; zentraler Begriff des Taoismus und der chin. Medizin.
Ch'i ist nach taoist. Auffassung die vitale Energie, die Lebenskraft, der kosmische Geist, der alle Dinge durchdringt und belebt, und ist identisch mit der Urenergie (→ Yüan-ch'i, → Nei-ch'i). Im Körper des Menschen wird das Ch'i im »Ozean des Atems« (→ Ch'i-hai) in der Nähe des Nabels akkumuliert. Dieses Ch'i muß sorgfältig gehütet und am Verströmen gehindert werden, sonst sind Krankheit und Tod die Folge.
Die Lebensenergie Ch'i steht im Mittelpunkt der taoist. Atemübungen, die zum Ziel haben, es zu stärken und zu mehren (→ Hsing-ch'i, → Fu-ch'i, → Yen-ch'i, → Lien-ch'i, → T'ai-hsi). Das Trainieren des Ch'i kann dem taoist. Adepten außergewöhnliche Fähigkeiten verschaffen, die u. a. in den verschiedenen Kampfkünsten eine wesentliche Rolle spielen. Auch die meditativen Atemtechniken der Inneren Alchemie (→ Nei-tan) arbeiten mit Ch'i, das sie läutern und transformieren wollen.
Der große taoist. Alchemist → Ko Hung schreibt in seinem Werk *Pao-p'u-tzu* über die Wichtigkeit des Ch'i: »Der Mensch ist in Ch'i und Ch'i ist innerhalb des Menschen. Himmel und Erde und die Zehntausend Wesen, alle benötigen sie das Ch'i, um am Leben zu bleiben. Der Mensch, der sich darauf versteht, sein Ch'i zirkulieren zu lassen [→ Hsing-ch'i], erhält seine Person und bannt Übel, die ihm schaden könnten.«

Neben dieser Auffassung von Ch'i als kosmische Energie bedeutet Ch'i aber auch den Atem, die ein- und ausgeatmete Luft, was im Taoismus als Äußeres Ch'i (→ Wai-ch'i) bezeichnet wird.
Eine wichtige Rolle spielt Ch'i auch in der Philosophie des neokonfuzian. Philosophen → Chu Hsi: er unterscheidet Ch'i, den materiellen Aspekt der Dinge, und Li, das Prinzip, den formellen Aspekt. Nur in Verbindung mit der formenschaffenden Kraft des Ch'i kann sich das Prinzip in der sichtbaren Welt manifestieren.
In der chin. Medizin verstand man unter Ch'i ursprünglich die allgemeine Lebensenergie, die im Körper in den sog. Meridianen zirkuliert und den Aufbau und das Wachstum des Körpers reguliert. Störungen im Kreislauf oder Blockaden des Ch'i sind verantwortlich für Krankheiten. Daneben ist Ch'i auch der Atem. Diese beiden Aspekte von Ch'i sind aber nicht voneinander zu trennen. Außerdem bezeichnet Ch'i die Emotionen des Menschen und in der modernen Auffassung auch die Tätigkeit des neurohormonalen Systems.
Nach taoist. Auffassung ist die Welt ein Ausfluß des Tao, des Einen, in dem Yin und Yang im Ur-Ch'i (→ Yüan-ch'i) vermischt sind. Durch die Trennung von Yin und Yang sind Himmel und Erde entstanden, und ihre neuerliche Vermischung hat die Zehntausend Wesen (→ Wan-wu) entstehen lassen.
In einem taoist. Text heißt es darüber: »Als Himmel und Erde noch nicht getrennt waren, war nichts als ein nicht unterschiedenes Eines. Dieses Eine wurde geteilt und es entstanden Yin und Yang. Was Yang-ch'i empfing, stieg hell und klar empor und ward Himmel. Was Yin-ch'i empfing, sank schwer und trüb zur Tiefe und ward Erde. Und was gerecht und ausgewogen sowohl Yin-ch'i als Yang-ch'i empfing, das war der Mensch.« (Zit. n. Miyuki, 1984, S. 185.)
Wie der Mensch atmen auch Himmel und Erde. Ihr Atem ist wie beim Menschen beim Einatmen rein, beim Ausatmen verbraucht. Daher teilt sich ein Tag in zwei Abschnitte: in die Zeit des lebendigen Ch'i (chin. *sheng-ch'i*), während der Himmel und die Erde einatmen; dies ist die Zeit zwischen Mitternacht und Mittag. Zwischen Mittag und Mitternacht liegt die Zeit des toten Ch'i (chin. *ssu-ch'i*), während der Himmel und Erde ausatmen. Nur während der Periode des lebendigen Ch'i dürfen nach taoist. Auffassung die Atemübungen ausgeführt werden, denn nur zu dieser Zeit kann man positive Energie in sich aufnehmen.

Chid-Ābhāsa H (Cid-Ābhāsa), Skrt., wörtl.: »Erscheinen wie Bewußtsein«; absolutes Bewußtsein (→ Chit), das sich in Denken und Nicht-Erkenntnis reflektiert; das Bewußtsein der individualisierten Seele, des → Jīva.

Chidākāsha H (Cidākāśa), Skrt.; der Bereich des alldurchdringenden, absoluten Bewußtseins (→ Chit), das identisch ist mit → Brahman.

Chidambaram, H Skrt.; 1. berühmter Pilgerort und Tempel in Südindien; 2. ein Name für Gott, der alles mit seinem Bewußtsein durchdringt.

Chidātman H (Cidātman), Skrt.; Bewußtsein des → Ātman, des Selbst. Dieses Bewußtsein (→ Chit) ist identisch mit → Brahman, dem absoluten Bewußtsein.

Chien-chen, B jap. Ganjin, 688–763, chin. Vinaya-Meister, der auf Einladung des jap. Kaisers nach Japan ging und dort die → Ritsu-Schule (Schule der Disziplin) begründete (754).
Chien-chen trat schon als Kind dem → Sangha bei; er verbrachte viele Jahre auf Wanderschaft und studierte den gesamten buddhist. Kanon. In seiner Heimatstadt Yang-chou verbreitete er die Lehre, wobei er besonders die Wichtigkeit der → Vinaya-Regeln betonte.

742 wurde er nach Japan eingeladen, doch weigerte sich der Kaiser, ein überzeugter Taoist, ihn gehen zu lassen. Fünf heimliche Versuche, China zu verlassen, schlugen fehl. Während dieser Zeit verlor Chien-chen das Augenlicht. 754 gelangte er aber schließlich doch nach Japan, wo ihm vom Kaiser in Nara ein eigenes Kloster zur Verfügung gestellt wurde. Alle Mitglieder der kaiserlichen Familie ließen sich von Chien-chen ordinieren. Er erbaute eine Ordinationshalle nach chin. Vorbild, die das Zentrum der jap. Ritsu-Schule wurde.

Chien-hsing, Z chin. für → Kenshō

Ch'ien (und) K'un, T chin.; das erste und das zweite Hexagramm des → *I-ching (Buch der Wandlung[en]),* oder zwei der Acht Trigramme (→ Pa-kua). Ch'ien besteht aus 6 (Hexagramm) bzw. 3 (Trigramm) ungebrochenen Yang-Linien und repräsentiert das reine Yang und den Himmel, das Schöpferische. K'un besteht aus 6 bzw. 3 gebrochenen Yin-Linien; es symbolisiert das reine Yin, die Erde, das Empfangende:

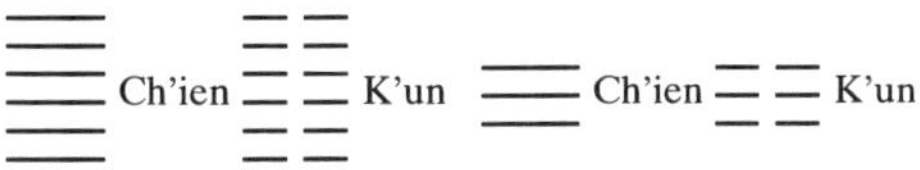

Ch'ien und K'un sind Eingang und Tor zum Wandel und gelten als die »Eltern« aller übrigen Hexagramme, die aus Kombinationen von Yin- und Yang-Linien bestehen. – In der Sprache der taoist. Alchemie (→ Nei-tan, → Wai-tan) bezeichnen Ch'ien und K'un Schmelzofen und Schmelztiegel oder Kopf und Bauch des Menschen.

Ch'ien wird ferner mit den äußerlich sichtbaren Teilen des Körpers wie Ohren, Augen, Nase, Mund und Zunge assoziiert, während K'un mit den inneren Organen, mit Herz, Milz, Lunge, Nieren in Zusammenhang gebracht wird.

Chien-yüan Chung-hsing, Z jap. Zengen Chūkō, etwa 9. Jh., chin. Zen-Meister; ein Schüler und Dharma-Nachfolger (→ Hassu) von → Tao-wu Yüan-chih (jap. Dōgo Enchi). Er taucht auf im 55. Beispiel des → *Pi-yen-lu.*

Chien-yüan gilt als Dharma-Nachfolger von Meister Tao-wu, obwohl er nach dem, was im 55. Beispiel des *Pi-yen-lu* berichtet wird, erst nach dem Tod von Tao-wu unter Meister → Shih-shuang Ch'ing-chu (jap. Sekisō Keishō) zu einem Durchblick kam.

Ch'i-hai, T chin., wörtl.: »Ozean des Atems«; in der Nähe des Unteren Zinnoberfeldes (→ Tan-t'ien), zwei bis drei Finger unterhalb des Nabels gelegener Punkt, in dem sich die vitale Energie, das → Ch'i, akkumuliert. Das Ch'i-hai spielt eine besonders wichtige Rolle bei der sog. Embryonalatmung (→ T'ai-hsi) und in der traditionellen chin. Medizin.

Chih-i B Z, auch Chih-che genannt, jap. Chisha, 538–597, eigentlicher Begründer der → T'ien-t'ai-Schule des chin. Buddhismus, als deren 4. Patriarch er gilt.

Chih-i stellte erstmals in der Geschichte des chin. Buddhismus eine vollständige, kritische und systematische Klassifizierung der buddhist. Lehre auf, um die Entstehung der vielfältigen und einander teilweise widersprechenden Doktrinen des Buddhismus zu erklären. Was die buddhist. Praxis betrifft, so entwickelte er in seinen Werken die Übung des → Chih-kuan, die noch heute zu einer der verbreitetsten Meditationsübungen im chin. und jap. Buddhismus zählt. Seine wichtigsten Werke sind: *Mo-ho chih-kuan* (»Großes Shamatha-Vipashyanā), *Liu-miao fa-men* (»Die sechs wunderbaren Dharmatore«) und *T'ung-meng chih-kuan* (»Shamatha-Vipashyanā für Anfänger«); sie zählen in China zu den meistgelesenen Werken über Meditation.

Chih-i soll sich schon als Kind durch besondere Begabung ausgezeichnet haben: Nach einmaligem Hören konnte er ein ganzes Sūtra auswendig rezitieren. Laut seiner Biographie hat er die Vergänglichkeit alles Seienden begriffen, als er sah, wie eine wertvolle Bibliothek von Truppen zerstört wurde. Dieses Erlebnis bewog ihn, in den Orden einzutreten und Schüler des 3. Patriarchen Hui-ssu (515–577) zu werden, unter dem er → Vinaya-Texte studierte. Außerdem befaßte er sich mit dem → *Lotos-Sūtra* und erlernte verschiedene Methoden des → Dhyāna. 567 ging er nach Nanking, wo seine Lehrtätigkeit begann. 576 zog er sich auf den Berg T'ien-t'ai zurück (daher der Name seiner Schule). Sein Ruhm war bald so groß, daß der Herrscher 577 befahl, die Steuereinnahmen eines Distrikts ausschließlich für den Unterhalt von Chih-i's Kloster zu verwenden. Es wurde ihm der Ehrentitel »Chih-che« (»Mann von Weisheit«) verliehen. Chih-i starb auf dem Berge T'ien-t'ai.

Chih-jen, T chin., wörtl.: »Vollkommener Mensch«; einer der Namen, die → Chuang-tzu seinem idealen Menschen verleiht. Chih-jen wird synonym mit → Chen-jen, → Shen-jen und → Sheng-jen verwendet. Ein Vollkommener Mensch hat die Einheit mit dem Tao verwirklicht und ist frei von allen Beschränkungen und Vorstellungen.

Im 2. Buch des → *Chuang-tzu* wird der Vollkommene Mensch beschrieben: »Der höchste Mensch [Chih-jen, Vollkommener Mensch] ist Geist. Wenn das große Meer im Feuer aufginge, vermöchte es ihm nicht heiß zu machen; wenn alle Ströme gefrören, vermöchte ihm das nicht kalt zu machen; wenn heftiger Donner die Berge zerrisse und der Sturm den Ozean peitschte, vermöchte ihm das nicht Schrecken einzuflößen. Einer, der also ist, der fährt auf Luft und Wolken; er reitet auf Sonne und Mond und wandelt jenseits der Welt. Leben und Tod können sein Selbst nicht verändern. Was erst sollten ihm da die Gedanken an Nutzen und Schaden sein!« (Zit. n. R. Wilhelm, 1969, S. 49.)

Chih-kuan, B chin. (Skrt. Shamatha-Vipashyanā, jap. Shikan); Gemütsruhe und Einsicht; spezielle Meditationsmethode der → T'ien-t'ai-Schule. *Chih* (bzw. *Shamatha*) bezeichnet die Beruhigung des ruhelosen Geistes und die Befreiung von Unterscheidungen, *kuan* (bzw. *Vipashyanā*) die Betrachtung, Prüfung und Einsicht in die buddhist. Wahrheiten.
In einigen Werken wird diese Methode, die in China und Japan eine sehr weit verbreitete Meditationspraxis darstellt, in allen Einzelheiten beschrieben, so z. B. in *T'ung-meng chih-kuan* (»Shamatha-Vipashyanā für Anfänger«) von → Chih-i.
Diese Übung teilt sich in einen vorbereitenden und einen Hauptteil. Die vorbereitenden Übungen gliedern sich in: Schaffung günstiger Voraussetzungen; Minderung der Wünsche; Überwindung der Hindernisse (→ Nīvarana); Regulieren von Essen, Schlafen, Körper, Atmung und Geist; Einhalten der → Shīlas.
Im Hauptteil werden die verschiedenen Arten des Chih-kuan geübt. Man unterscheidet drei Arten, Chih zu praktizieren: Fixieren der Achtsamkeit auf die Nasenspitze; Zähmen des Geistes durch Unterbrechen der aufsteigenden Gedanken im Ansatz; Erkennen des Bedingten Entstehens (→ Pratītya-Samutpāda) und der Leerheit (→ Shūnyatā).
Kuan kann auf fünf Arten geübt werden: Betrachtung der Unreinheiten (→ Ashubha); Betrachtung über die Güte (→ Maitrī), um Haß und Groll zu beseitigen; Betrachtung über die Begrenzungen in den Daseinsbereichen (→ Gati), um den Ichglauben zu überwinden; Betrachtung über die Leerheit aller Dharmas. – Diese Übungen können während aller körperlichen Aktivitäten durchgeführt werden.
Bei der darauffolgenden Kontrolle der sechs Sinnesorgane stellt Chih das Erkennen der Unwirklichkeit alles Daseins und das Vermeiden des Aufsteigens von Abneigung und Begehren dar. Kuan ist das Nach-innen-Wenden des Geistes während des Wahrnehmungsprozesses, um der Formlosigkeit des Geistes gewahr zu werden. – Die endgültige Verwirklichung erfolgt durch die Meditation des »Unwirklichen«, die zur Realisierung von Shūnyatā führt, was durch Einsicht in den → Mittleren Weg möglich ist.

Chih-men Kuang-tsu, Z jap. Chimon Kōso, gest. 1031, chin. Zen-Meister der → Ummon-Schule; ein Schüler und Dharma-Nachfolger (→ Hassu) von → Hsiang-lin Ch'eng-yüan (jap. Kyōrin Chōon) und der Meister von → Hsüeh-tou Ch'ung-hsien (jap. Setchō Jūken). Chih-men, dem wir im 21. und 90. Beispiel des *Pi-yen-lu* begegnen, hatte 30 Dharma-Nachfolger. Er war einer der ersten Zen-Meister, die Aussprüche der alten Meister mit einem »Lobspruch« in poetischer Form besangen – eine Kunst, in der ihn sein Schüler Hsüeh-tou noch überragte.
Das 90. Beispiel des *Pi-yen-lu* zeigt uns Meister Chih-men in einem → Mondō mit einem seiner Schüler:
»Ein Mönch fragte Chih-men: ›Was ist der Weisheits-Leib?‹
Chih-men sagte: ›Die Venusmuschel trägt den lichten Mond [in sich].‹
Der Mönch fragte: ›Und was ist das Weisheits-Wirken?‹
Chih-men sagte: ›Die Häsin wird schwanger.‹«

Chih Tao-lin, B → Chih-tun

Chih-tun B, auch als Chih Tao-lin bekannt, 314–366, einer der bedeutendsten Mönche des 4. Jh. und Begründer einer der sog. Prajñā-Schulen des frühen chin. Buddhismus, der Schule der »Erscheinungen als solche« (→ Sechs Häuser und Sieben Schulen).
Chih-tun war der erste, der einen zentralen Begriff der chin. Philosophie, Li, neu interpretierte: Nach klassischer Auffassung bedeutet Li die kosmische Ordnung; Chih-tun hingegen sah in Li die Höchste Wahrheit, das Letzte Prinzip, die »Soheit« (→ Tathatā). Diese Bedeutung von Li wurde im Laufe der Entwicklung des Buddhismus in China von den anderen Schulen aufgegriffen (→ Hua-yen-Schule). Chih-tun war außerdem als Kenner des → *Chuang-tzu* bekannt und erfreute sich in neotaoist. Kreisen größter Beliebtheit.

Chih-yen, B → Hua-yen-Schule

Chiji, Z jap. → Inō

Chi-kuan, Z chin. für → Kikan(-Kōan)

Chikuhei, Z jap. → Shippei

Ch'i-kung, H chin., etwa: »Bearbeiten der Energie« (→ Ch'i); chin. Gesundheitsübungen, die buddhist. und taoist. Elemente enthalten und eine wesentliche Rolle in der chin. Medizin spielen. Zu den Ch'i-kung-Übungen gehören u. a. Übungen zum Regulieren des Körpers, des Geistes (d. h. zum Beruhigen der Gedankentätigkeit), des Atems wie → T'u-ku na-hsin, Bewegungsübungen wie → T'ai-chi-ch'üan und → Tao-yin, Selbstmassage usw. Im weitesten Sinn zählen dazu auch die verschiedenen Kampfkünste (Wu-shu). Eine Anleitung zu grundlegenden Übungen des Ch'i-kung ist: Josephine Zöller, *Das Tao der Selbstheilung*, Bern 1984.
Ch'i-kung-Übungen werden meist in zwei Gruppen

eingeteilt: in aktive (Tung-kung) und passive (Ching-kung). Die passiven werden im Liegen, Sitzen oder Stehen ausgeführt und wollen eine Entspannung des Körpers, ein Regulieren des Atems und Nach-innen-Wenden des Geistes bewirken. Sie werden auch innere Übungen (Nei-kung) genannt.
Die aktiven Übungen bestehen aus Bewegungsabfolgen, die eine Koordination von Bewußtsein und Atem mit den Bewegungen der Extremitäten zum Ziel haben. Sie sind auch als äußere Übungen (Wai-kung) bekannt.

Ch'i-ming, 🅉 → Shih-shuang Ch'u-yüan

Chimon Kōso, 🅉 jap. für → Chih-men Kuang-tsu

Ching, 🅃 chin., wörtl.: »Samen, Sperma«; eine der drei Lebenskräfte, deren Zusammenspiel nach taoist. Auffassung für die Erhaltung des Lebens wesentlich ist; die anderen sind der Atem bzw. die Lebensenergie (→ Ch'i) und der Geist, das Bewußtsein (→ Shen). Ching bezeichnet eigentlich das Sperma des Mannes und das Menstruationsblut der Frau, doch wird es in taoist. Texten meist nicht in diesem konkreten Sinn verstanden, sondern vielmehr als eine feinstoffliche Substanz oder Essenz, die in der Lage ist, sich mit Ch'i zu vermischen.
Ching wird in der »Behausung des Ching« *(ching-she)* in der Nähe des Unteren Zinnoberfeldes (→ Tan-t'ien) produziert. Ist es nur in geringem Ausmaß im Körper vorhanden, erkrankt der Mensch; ist es erschöpft, tritt der Tod ein. Der taoist. Adept ist daher bestrebt, den Verlust von Ching durch verschiedene sexuelle Praktiken, die im wesentlichen auf dem Vermeiden einer Ejakulation basieren, zu beschränken und es durch den Einfluß der weiblichen Kraft des Yin (→ Yin-yang) zu mehren (→ Fang-chung shu, → Huan-ching pu-nao).
Nach dem ältesten chin. Wörterbuch bezeichnet Ching den gereinigten Reis; eine weitere Bedeutung ist Samen, der Ursprung des Lebens. Das chin. Ideogramm zeigt links das Zeichen für Reis und weist so auf die nährende Komponente hin. Im → *Huang-ti nei-ching* bedeutet Ching sowohl die Samenessenz als auch die Essenz der Organe und den Keim des Lebens. Nach der Empfängnis soll sich zuerst das Ching bilden, dann erst Gehirn und Rückenmark.
Im Taoismus sind verschiedene Verfahren bekannt, die darauf abzielen, das Ching zu stärken und zu mehren. Das einfachste besteht darin, daß der Mann möglichst oft hintereinander mit verschiedenen, vorzugsweise jungen, schönen Partnerinnen sexuellen Verkehr pflegt, es aber erst beim letzten Mal zu einem Samenerguß kommen läßt. Die Essenz wird dabei unter dem Einfluß des Yin der Frau gestärkt, Krankheiten werden geheilt, die Lebenskraft nimmt zu. – Als wirkungsvollere Technik gilt jedoch das Zurückkehrenlassen des Samens, um das Gehirn zu stärken (Huan-ching pu-nao).

Ching-ch'ing Tao-fu, 🅉 jap. Kyōsei (Kyōshō) Dōfu, 863/68–937, chin. Zen-Meister; ein Schüler und Dharma-Nachfolger (→ Hassu) von → Hsüeh-feng I-ts'un (jap. Seppō Gison). Ching-ch'ing hatte fünf Dharma-Nachfolger; wir begegnen ihm im 16., 23. und 46. Beispiel des → *Pi-yen-lu.*

Ch'ing-lung, 🅃 chin. → K'an und Li

Ch'ing-t'an, 🅃 chin., wörtl.: »Reines Gespräch«; neotaoist. Strömung (→ Hsüan-hsüeh), die im 3. Jh. n. Chr. aufkam. Das Reine Gespräch stellt eine raffinierte Form der Konversation dar, in deren Mittelpunkt die Lehren des philosoph. Taoismus (→ Tao-chia), vor allem die des Lao-tzu und Chuang-tzu stehen. Die Anhänger des Ch'ing-t'an versuchten, die konfuzian. Klassiker demgemäß zu interpretieren. Die bedeutendsten Vertreter dieser Strömung waren → Wang Pi (226–249), Kou Hsiang (?– ca. 312) und Hsiang Hsiu (221–300).
Wang Pi und andere vertraten die Auffassung, daß Konfuzius (→ K'ung-tzu) ein größerer Taoist gewesen sei als Lao-tzu oder Chuang-tzu, da er das Nichtsein (→ Wu) verwirklicht hätte, während jene sich damit begnügten, darüber zu reden. – In den Reinen Gesprächen sind auch buddhist. Einflüsse spürbar.

Ching-te ch'uan-teng-lu, 🅉 chin. (jap. *Keitoku Dentō-roku*), »Aufzeichnung über die Weitergabe der Leuchte, verfaßt in der Ching-te-Zeit«; das früheste historische Werk der Zen-Literatur, kompiliert von dem chin. Mönch Tao-hsüan (jap. Dōgen) im Jahre 1004. Es besteht aus Kurzbiographien und zahlreichen Anekdoten aus dem Leben der frühen Meister des Zen bis hin zu → Fa-yen Wen-i (jap. Hōgen Bun'eki), dem Gründer der → Hōgen-Schule.
Dieses dreißigbändige Werk, in dem die Taten und Aussprüche von über 600 Meistern aufgezeichnet und mehr als 1000 weitere Zen-Meister erwähnt sind, ist eines der wichtigsten Quellenwerke der Zen-Literatur; viele der Kōan, die sich in der späteren Zen-Literatur finden, wurden hier zum ersten Mal schriftlich fixiert. Auszüge aus diesem Werk in engl. Übersetzung finden sich in: Chang Chung-yuan, *Original Teachings of Ch'an Buddhism,* New York 1969.

Ch'ing-yüan Hsing-ssu, 🅉 jap. Seigen Gyōshi, 660?–740, früher chin. Zen-Meister, ein Schüler und Dharma-Nachfolger (→ Hassu) von → Hui-neng. Über Ch'ing-yüan Hsing-ssu ist wenig bekannt, außer daß er einer der hervorragenden Schüler von Hui-neng und der Meister von →Shih-t'ou Hsi-ch'ien (jap. Sekitō Kisen) war. Auf Ch'ing-yüan geht die erste Hauptlinie des Zen in der T'ang-Zeit zurück (vgl. Traditionstafel des Zen, S. 474). Er erhielt posthum den Ehrentitel Hung-chi-ch'an-shih (jap. Kōsai Zenji).

Chin-lien, T chin., wörtl.: »Goldener Lotos« →Ch'üan-chen tao

Chinmātra H (Cinmātra), Skrt.; Zustand des reinen Seins (→Sat) als Hinweis auf →Brahman. Brahman ist vor der Manifestation seiner Ur-Energie (→Shakti) absolutes Sein, ohne Namen und Formen.

Chinmāyākosha H (Cinmāyākośa), Skrt.; die Hülle (→Kosha), in der der →Ātman im Zustand der göttlichen Selbstgewahrwerdung noch steckt, eine Hülle aus göttlichem Bewußtsein.

Chinmātroham H (Cinmātroham), Skrt., wörtl.: »Ich bin absolutes, reines Sein«. Absolutes Sein ist für den Verstand schwer faßbar, aber Meister Eckhart meint dasselbe, wenn er von »Istheit« spricht. Da Gott als »Nicht-Objekt« nicht beschrieben werden kann, wird er im Hinduismus als absolutes Sein, absolutes Bewußtsein und absolute Seligkeit (→Satchidānanda) umschrieben, und der obige Ausspruch besagt, daß eine Identität mit Gott als Sein, Bewußtsein und Seligkeit möglich ist.

Chinnamasta, H Skrt.; die Göttliche Mutter (→Shakti) in ihrem schöpferischen und zerstörerischen Aspekt, als Symbol für Auflösung und Rückkehr in den Urgrund (→Brahman).

Chin-niu, Z jap. Kingyū, etwa 8.–9. Jh., chin. Zen-Meister; ein Schüler und Dharma-Nachfolger (→Hassu) von →Ma-tsu Tao-i (jap. Baso Dōitsu). Chin-niu taucht auf im 74. Beispiel des →*Pi-yen-lu*.

Ch'in-shan Wen-sui, Z jap. Kinzan Bunsui, chin. Zen-Meister der T'ang-Zeit; ein Schüler und Dharma-Nachfolger (→Hassu) von →Tung-shan Liang-chieh (jap. Tōzan Ryōkai). Wir begegnen ihm im 56. Beispiel des →*Pi-yen-lu*.

Im →*Ching-te ch'uan-teng-lu* wird berichtet, daß Ch'in-shan, nachdem er schon in jungen Jahren in ein Zen-Kloster eingetreten war, mit →Yen-t'ou Ch'üan-huo (jap. Gantō Zenkatsu) und →Hsüeh-feng I-ts'un (jap. Seppō Gison) auf Pilgerschaft ging, um verschiedene Zen-Meister aufzusuchen. Schließlich kamen die drei zu →Te-shan Hsüan-chieh (jap. Tokusan Senkan); während Yen-t'ou und Hsüeh-feng zu dessen hervorragendsten Schülern und Dharma-Nachfolgern wurden, konnte sich Ch'in-shan mit der äußerst strengen Weise der Schulung durch Meister Te-shan nicht anfreunden und zog, nachdem dieser ihn einmal so geschlagen hatte, daß er in die Krankenstube gebracht werden mußte, weiter zu Meister Tung-shan, unter dem er schließlich auch Erleuchtung erfuhr. Ch'in-shan soll schon im Alter von 27 Jahren Abt des Klosters auf dem Berg Ch'in geworden sein.

Chintāmani H B (Cintāmaṇi), Skrt.

H 1. Ein mystischer Edelstein, der die Kraft hat, seinem Besitzer jeden Wunsch zu erfüllen; 2. ein Name Gottes; 3. Titel bzw. Titelteile mehrerer Werke der Sanskrit-Literatur.

B 1. Das »wunscherfüllende Juwel«, Attribut verschiedener Buddhas und Bodhisattvas (→Kshitigarbha, →Avalokiteshvara, →Ratnasambhava usw.); 2. das Symbol des freien Geistes.

Chin-tan, T chin., wörtl.: »Goldener Zinnober«; das Goldene Elixier, ein Begriff der taoist. Alchemie (→Nei-tan, →Wai-tan), der unterschiedlich interpretiert wird. In Texten, die vor der T'ang- und Sung-Dynastie entstanden sind, ist mit Chin-tan meist das Äußere Elixier gemeint: Die Anhänger der Äußeren Alchemie waren bestrebt, aus verschiedenen chemischen Substanzen Gold herzustellen, das, eingenommen, Unsterblichkeit verleihen sollte.

In späteren Texten bezeichnet Chin-tan aber meist das Innere Elixier; in diesem Sinn ist Chin-tan gleichbedeutend mit dem Heiligen Embryo (→Sheng-t'ai) und der Goldenen Blüte des Nei-tan.

Chisha B Z, bekannt auch als Chisha Daishi, jap. für →Chih-i

Chit H (Cit), Skrt.; absolutes Bewußtsein; wichtiger Begriff des →Vedānta für eine Bewußtseinsvorstellung, die sich von der westlichen stark unterscheidet. Während wir in Descartes' Vorstellung »Ich denke, also bin ich« leben, stellt der Vedānta fest, daß »ich auch bin, wenn ich nicht denke«, wie etwa in der Ohnmacht, im Tiefschlaf und im →Samādhi. – Chit umfaßt vier Bewußtseinszustände: Wachen, Träumen, Tiefschlaf und Samādhi, der auch →Turīya, »das Vierte«, genannt wird. Denkbewußtsein dagegen gibt es nur im Wachen und Träumen.

Nach Auffassung des →Advaita-Vedānta gibt es weder Atheisten noch Gottesleugner, denn wer an Gott zweifelt, kann nicht zweifeln, daß er zweifelt; zum Zweifeln braucht er Chit, Bewußtsein, also gerade das, was er bezweifeln will, denn Chit ist identisch mit Gott oder →Brahman. Im gewaltigen Vorstellungsspiel des Inneren Organs (→ Antahkarana), das die Erscheinungswelt schafft, reflektiert sich ein schwacher Glanz von Chit, von einem »Licht, heller als tausend Sonnen«.

Chitam H (Cita), Skrt.; technischer Ausdruck für den Sitz des Unbewußten, Bewußten und Überbewußten. Durch Yoga wird das Unbewußte und Bewußte beherrscht, so daß sich das Überbewußte manifestieren kann.

Chit-Purusha H (Cit-Puruṣa), Skrt.; die Bewußtseinskräfte des Selbst (→ Purusha).

Chitra-Nādī H (Citra-Nāḍī), Skrt.; ein Kanal innerhalb der → Sushumnā, durch den beim Aufsteigen der → Kundalinī spirituelle Bewußtseinsströme aufsteigen, die von → Sattva beherrscht werden.

Chi-tsang B, 549–623, Vertreter der chin. → San-lun-Schule, Schüler von → Fa-lang. Chitsang schrieb berühmte Kommentare zu den drei grundlegenden Werken seiner Richtung, ein Kompendium der Lehren der San-lun-Schule sowie eine Abhandlung über die »Doppelte Wahrheit« (→ Mādhyamika) und Kommentare zu den wichtigsten Sūtras des Mahāyāna. Er gilt als derjenige Vertreter der San-lun-Schule, der diese zur Vollendung brachte.

Chi-tsang wurde 549 im heutigen Nanking geboren. Sein Vater, der kurz nach der Geburt des Sohnes Mönch wurde, war parthischer Abstammung. Chitsang trat schon mit sieben Jahren in ein San-lun-Kloster ein, wo er die Texte des Mādhyamaka studierte. Als er mit 21 Jahren die volle Mönchsordination empfing, war er schon für sein profundes Wissen berühmt. Wegen politischer Wirrnisse verließ er seine Heimatstadt und siedelte sich weiter im Süden an. In dieser Periode verfaßte er seine Kommentare. Chi-tsangs Interpretation der »Doppelten Wahrheit« ist von besonderer Bedeutung. Er faßt sie dreistufig auf:

Weltliche Wahrheit	*Höchste Wahrheit*
1. Bejahung des Seins	1. Bejahung des Nicht-Seins
2. Bejahung von Sein oder Nicht-Sein	2. Negation sowohl von Sein als auch Nicht-Sein
3. Entweder Bejahung oder Negation von Sein und Nicht-sein	3. Weder Bejahung noch Negation von sowohl Sein als auch Nicht-Sein.

So erreicht Chi-tsang durch eine Reihe von Negationen die Ebene, wo nichts bejaht und nichts negiert wird; dies ist die höchste Ebene des → Mittleren Weges.

Aufgrund seines Rufes als Meister der San-lun-Schule wurde Chi-tsang 606 vom Kaiser in die Hauptstadt Ch'ang-an eingeladen, wo mehr als 10 000 Mönche und Laien seinen Darlegungen beigewohnt haben sollen. Dank seines unschätzbaren Beitrages zur Entwicklung des Buddhismus in China wurde Chi-tsang in die Reihe der zehn bedeutendsten Mönche der Wu-te-Periode (618–626) aufgenommen. Sein korean. Schüler Ekwan brachte die San-lun-Schule nach Japan.

Chit-Shakti H (Cit-Śakti), Skrt.; Bewußtsein als höchste Energie, als Kraft, die das Universum entstehen läßt. Für den → Vedānta besteht die Erscheinungswelt nur aus Energie (→ Shakti), die mit Bewußtsein (→ Chit) identisch ist. In der Identifizierung mit dem Körper benutzen wir dieses Bewußtsein, um die Vorstellung eines materiellen Universums zu schaffen.

Chitta H B (Citta), Skrt.

H Eine Instanz im Inneren Organ (→ Antahkarana), die als Geistmaterie bezeichnet wird und Wahrnehmung und Denken entstehen läßt.

B 1. Als Synonym von → Manas (denkender Geist) und → Vijñāna (Bewußtsein) bezeichnet Chitta sämtliche geistigen Vorgänge und Erscheinungen und wird mit dem denkenden, unterscheidenden Geist gleichgesetzt. 2. Im → Abhidharma wird Chitta als getrennt von den Geistfaktoren (→ Chetasika) aufgefaßt, d. h. als eine Art geistiger Substanz, was zu einer substantialistischen Sicht der Phänomene führte. 3. In der Terminologie des → Yogāchāra ist Chitta gleichbedeutend mit dem Speicherbewußtsein (→ Ālaya-Vijñāna), der Quelle aller geistigen Aktivitäten. Dieser Auffassung nach ist das Universum nichts als Chitta, »reines Bewußtsein«. Hier wird das Wort als Synonym von »Letzte Wirklichkeit« oder »Soheit« (→ Tathatā), d. h. von Begriffen des Absoluten, gebraucht.

Chit-Tapas H (Cit-Tapas), Skrt.; die göttliche Selbstgewahrwerdung und der unendliche, alles erreichende Wille; es ist die Hülle des → Chaitanya-Purusha.

Chittaprasāda H (Cittaprasāda), Skrt.; Zufriedenheit, Heiterkeit des Gemüts; Gedankenstille.

Chitta-Shuddhi H (Citta-Śuddhi), Skrt.; die Läuterung der Denkinhalte und Gefühle.

Chitta-Vikshepa H (Citta-Vikṣepa), Skrt.; das von Zerstreuung, Verwirrung und Ablenkung überdeckte Denken; die Verwicklung in Nicht-Erkenntnis.

Chittavritti H (Cittavṛtti), Skrt., wörtl.: »Gemütsverfassung«; geistige Schwingungen, Gedanken; Zustand oder Verfassung der Geistmaterie in Form von Erinnerungen, Wünschen und Gefühlen.

Chittavritti-Nirodha H (Cittavṛtti-Nirodha), Skrt.; Zügelung der Denkbewegungen; Beherrschung des Denkens; die achte Stufe in den Übungen des → *Yoga-Sūtra*, gleichzusetzen mit → Samādhi.

Ch'iu Ch'u-chi, T → Ch'üan-chen tao

Chiu-feng Tao-ch'ien, 🅉 jap. Kyūhō Dōken, chin. Zen-Meister → Ho-shan Wu-yin

Chiu-kung, 🅃 chin., wörtl.: »Neun Paläste«; nach Auffassung der taoist. → Innere-Gottheiten-Hygiene-Schule teilt sich das Gehirn des Menschen in Neun Paläste, die von verschiedenen Gottheiten (→ Shen) bewohnt werden. Diese Neun Paläste sind in zwei Reihen zu 4 und 5 Abteilen zwischen Stirn und Nacken gelegen. Die wichtigsten sind die 3 vorderen der unteren Reihe: sie sind von → Huang-lao-chün und seinen Gehilfen bewohnt. Der Palast im Zentrum des Kopfes, → Ni-huan (nach dem buddhist. Begriff Nirvāna benannt), ist der Sitz der höchsten Körpergottheit, des Höchsten Einen (→ T'ai-i).

In manchen taoist. Texten bezeichnet der Begriff Chiu-kung auch neun Körperorgane, die ebenfalls von Gottheiten bewohnt sind. Diese Organe sind Herz, Nieren, Leber, Lunge, Milz, Gallenblase, Dünndarm, Dickdarm und Blase.

Chöd 🄱 (Gcod), tibet., wörtl.: »abschneiden, durchtrennen«. Neben der Richtung des Shijed (»besänftigen«) der andere Zweig einer von dem ind. Asketen Phadampa Sangye (gest. 1117) begründeten Schule des Tibetischen Buddhismus. Ihre theoretischen Grundlagen knüpfen an die → Prajñāpāramitā-Lehren an, wurden aber durch bestimmte schamanistische Elemente erweitert. Die zentrale Praxis des Chöd besteht darin, die falsche Vorstellung eines »Ich« (Ātman) abzuschneiden, indem man den eigenen Körper den Dämonen opfert. Dieses Ritual wurde vor allem auf Leichenplätzen durchgeführt, den Wohnstätten der Dämonen, um auch noch das latenteste Anhaften an ein Ich zu durchtrennen. Die wichtigste Schülerin des Phadampa Sangye war Machig Labdrönme (1055–1145); über sie gelangte die Lehre des Chöd in die anderen tibet. Schulen.

Phadampa Sangye, der wegen seiner »bläulichen« Hautfarbe als Südinder angesehen wurde, war ein Zeitgenosse des → Milarepa und soll fünf Reisen nach Tibet unternommen haben. Die auf ihn zurückgehende Schule des Shijed, »die den Schmerz besänftigende«, brachte zwar eine bemerkenswerte Literatur hervor, entwickelte sich aber zu keiner eigenständigen Tradition.

Die Lehre des Chöd bestand dagegen erfolgreich weiter und findet sich heute noch z. B. in der Schule der → Kagyüpa. Ausgangspunkt dieser Lehre bildet die aus der Prajñāpāramitā-Überlieferung abgeleitete Annahme, daß eine jegliche Erscheinung aus dem eigenen Bewußtsein entsteht. Besonders die Lebensängste und alle anderen Einbildungen und Täuschungen sind Produkte der unkontrollierten Gedanken.

Die Praxis des Chöd setzt sich zur Aufgabe, diesen Denkprozeß durch eine radikale Meditationstechnik gänzlich zu durchschneiden. Sie setzt sich aus einem vorbereitenden Moment zusammen, in dem der Übende die Existenz von Dämonen als wirklich voraussetzt und sie bewußt herbeiruft, damit sie seinen Körper »auffressen«, und einem zweiten Moment, wo er sie als Emanationen des Geistes erfährt und ihr Wahres-Wesen (→ Shūnyatā) erkennt. Am wirksamsten läßt sich diese Technik in der extremen Umgebung von Leichenstätten ausführen, da sich an solchen Orten Dämonen und Angstgefühle am leichtesten einstellen. Hier läßt sich der Aspirant des Chöd nieder, nur ausgestattet mit einer aus einem menschlichen Schienbein hergestellten Trompete und einer Trommel.

Der Schwerpunkt des Chöd liegt auf der unmittelbaren Ausübung; so soll Phadampa Sangye seiner Schülerin gesagt haben: »Geh auf die Leichenstätten und in die Berge, laß die Studien hinter dir, und werde eine von Ort zu Ort ziehende Yoginī!«

Chōka, 🅉 jap., wörtl.: »Morgen-Abschnitt«; die morgendliche Sūtra-Rezitation, die zum Tagesablauf in einem Zen-Kloster (→ Tera) gehört.

Chōkei Eryō, 🅉 jap. für → Ch'ang-ch'ing Hui-leng

Chörten, 🄱 tibet. für → Stūpa

Chōsan, 🅉 jap., wörtl.: »Morgen-Andacht«; morgendliche Periode des → Zazen, mit der der Tag in einem Zen-Kloster (→ Tera) beginnt.

Chōsetsu Yūsai, 🅉 jap. für → Chang-cho Hsiu-ts'ai

Chōsha Keijin, 🅉 jap. für → Ch'ang-sha Ching-ts'en

Chou-i, 🅃 chin., wörtl.: »Wandlung(en) der Chou-Dynastie«; in chin. Texten verwendete Bezeichnung für das *Buch der Wandlung(en)* (→ *I-ching*), die sowohl den Kerntext als auch die Kommentare umfaßt (→ *Shih-i*).

Chou-i ts'an-t'ung-ch'i, 🅃 chin. → Wei P'o-yang

Chou Tun-i, 🅃 → T'ai-chi-t'u

Chōyū, 🅉 jap. für Chang-hsiung → Kakushin

Cho-yü, 🅉 chin. für → Jakugo

Ch'u, 🅃 chin., wörtl.: »Küche«, Bankett; Feierlichkeiten, die von den Anhängern der Schulen des → T'ai-p'ing tao und des → Wu-tou-mi tao zu Ehren der taoist. Priester abgehalten werden, um ihnen für ihre Hilfe in allen wichtigen Familienangelegenheiten zu danken.

Bei diesen Banketten überbringen die Gemeindemitglieder dem → Tao-shih Geschenke, die je nach Anlaß verschieden wertvoll sind. Die aufwendigste Zeremonie wird anläßlich der Geburt eines Sohnes gefeiert. An

dieser nehmen zehn Gemeindemitglieder teil; das Geschenk an den Priester umfaßt hundert Blatt Papier, einige Pinsel, Tinte u. ä.
Feiert man die Geburt einer Tochter, werden nur fünf Gäste eingeladen und der Tao-shih erhält eine Strohmatte, einen Besen und einen Abfallkorb. Diese Geschenke müssen dem Priester im Monat nach der Geburt des Kindes übergeben werden oder aber die Familie läuft Gefahr, eine Schmälerung ihrer »Verdienste« zu erleiden. – Ähnliche Feiern finden auch nach dem Tode eines Familienmitgliedes und zu Neujahr statt. Die Gläubigen bitten um Reichtum und Kindersegen oder auch um Beförderung auf einen höheren Posten. Zur Heilung von Krankheiten und zum Abhalten von Unheil aller Art sind die Ch'u ebenfalls wirksam.

Ch'üan-chen tao, T chin., wörtl.: »Weg der Verwirklichung der Wahrheit«; eine der beiden großen Richtungen innerhalb des religiösen Taoismus (→ Tao-chiao); die andere ist die Schule der Rechten Einheit (→ Cheng-i tao). Das Ch'üan-chen tao ist auch unter den Namen Ch'un-yang (Reines Yang) und Chin-lien (Goldener Lotos) bekannt.
Als der Begründer des Weges der Verwirklichung der Wahrheit gilt Wang Ch'un-yang (1112–1170). Von ihm wird berichtet, daß er 1159 einen Eremiten getroffen habe, der eine Reinkarnation zweier Unsterblicher, von Lü Tung-pin und Chung Li-ch'üan (→ Pa-hsien), war. Von diesem empfing er in mündlicher Überlieferung geheime Lehren, die die Grundlage seiner Schule bilden sollten. 1167 gründete er auf der Halbinsel Shantung für seine Schüler das Kloster der Verwirklichung der Wahrheit. Nach Wangs Lehre hat ein Taoist dann die Wahrheit verwirklicht, wenn er seinen Geist erkannt und sein Wahres-Wesen realisiert hat.
Das Ch'üan-chen tao stellt eine Synthese der Grundgedanken der drei großen Religionen Chinas, des Konfuzianismus, Buddhismus und Taoismus dar, wobei das zen-buddhist. Element vorherrscht. In seinem »Traktat zur Gründung des Weges der Verwirklichung der Wahrheit« *(Li-chiao shih-wu-lun)*, das die Richtlinien der Praxis seiner Schule enthält, verbindet Wang Ch'un-yang die Lehren des *Prajñāpāramitā-Sūtra* mit denen der Schule des Inneren Elixiers (→ Nei-tan). Sieben seiner Schüler, die als die »Sieben Erleuchteten des Nordens« bekannt sind, riefen sieben verschiedene Strömungen innerhalb des Ch'üan-chen tao ins Leben. Einer von ihnen, Ch'iu Ch'u-chi, verfügte über ausgezeichnete Beziehungen zum Kaiserhof: Er war ein Schützling des Kaisers T'ai-tzu (1206–1227), dem Begründer der Yüan-Dynastie, der Ch'iu den Titel eines »Göttlichen Unsterblichen« *(shen-hsien)* verlieh. Dieser Verbindung verdankt die Schule ihre weite Verbreitung.
Im Laufe der Entwicklung erlangten zwei Strömungen innerhalb des Ch'üan-chen tao besondere Bedeutung: die von Ch'iu begründete Lung-men (d. h. Drachentor)-Schule, auch nördliche Schule genannt, zu deren wichtigsten Texten das »Geheimnis der Goldenen Blüte« (chin. → *T'ai-i chin-hua tsung-chih*) zählt, und die ihren Hauptsitz im Kloster der Weißen Wolken (→ Pai-yün kuan) hat, sowie die auf → Chang Po-tuan zurückgehende südliche Richtung, die aber nur bis ins 17. und 18. Jh. existierte.
Ziel der Anhänger des Ch'üan-chen tao ist es, die Welt des Alltags in der Erfahrung des Tao zu transzendieren. Ihre Praxis besteht in Meditation; Talismane (→ Fu-lu) und äußere alchemistische Praktiken (→ Wai-tan) spielen keine Rolle. Die → Tao-shih des Weges der Verwirklichung der Ganzheit leben in strengem Zölibat.
Das Ch'üan-chen tao beruft sich auf fünf Patriarchen: Wang Hsiao-yang, dem die Lehre von → Lao-chün, einer Inkarnation des Lao-tzu, übermittelt wurde; Chung Li-chüan; Lü Ch'un-yang; Liu Hai-shan, der den Begründer der südlichen Schule Chang Po-tuan initiiert haben soll, und schließlich auf den eigentlichen Begründer Wang Ch'ung-yang.
Die Lehre und Praxis der Schule basiert auf den 15 Punkten des »Traktats zur Gründung des Ch'üan-chen tao« von Wang Ch'ung-yang:
1. Leben in der Einsiedelei, wo Körper und Geist Ruhe und Frieden finden können und → Ch'i und → Shen (Geist) ausgeglichen und harmonisiert werden; 2. Dem Zug der Wolken folgen, d. h. unermüdlich nach dem Tao forschen; 3. Studium von Büchern, deren Sinn man tief in sich einsinken lassen muß, wodurch sich spontane Einsicht einstellt und sich der Geist der Weisheit manifestiert; 4. Über das Koagulieren der Elixier-Stoffe; 5. Über das Bauen einer Klause; 6. Über das Gewinnen von Tao-Freunden; 7. Über die richtige Meditation im Sitzen; 8. Wie man seine Seele in Zaum hält und den Geist der Stille kultiviert; 9. Wie man seine Natur im Gleichgewicht hält; 10. Über die Verschmelzung der Fünf Elemente (→ Wu-hsing); 11. Wie die Geistnatur im Leben erscheint; 12. Über den Weg der Heiligkeit; 13. Über die Transzendierung der Dreifachen Welt (d. h. der Welt der Begierden, der Erscheinungen und des Ungeformten); 14. Über das Nähren des Geistes; 15. Über das Verlassen der Welt. (Dt. Übers. dieses Traktats in: Mokusen Miyuki, *Die Erfahrung der Goldenen Blüte,* Bern 1984, S. 62 ff.)

Chuang Chou, T → Chuang-tzu

Chuang-tzu, T chin.; 1. taoist. Weiser, etwa 369–286 v. Chr., auch genannt Chuang Chou, der Autor des Werkes *Chuang-tzu* (siehe 2.), gemeinsam mit → Lao-tzu Begründer des philosoph. Taoismus (→ Tao-chia). Chuang-tzu stammte aus der heutigen Provinz Ho-nan; über

Idealporträt des Chuang-tzu.

sein Leben ist fast nichts bekannt. Er war verheiratet und bekleidete einen niedrigen Posten in Ch'i-yüan. Da er sich weigerte, einem Fürsten zu dienen, lebte er in ärmlichen Verhältnissen. In seiner Philosophie ist er den Lehren des Lao-tzu verpflichtet. Er erweist sich als ein unerbittlicher Kritiker des Konfuzianismus.

Eine Anekdote in einem Geschichtswerk aus der Westlichen Han-Dynastie läßt uns Chuang-tzus eigenwilligen Charakter erahnen: »König Wen von Ch'u, der von der Begabung des Chuang Chou gehört hatte, sandte einen Boten mit reichen Geschenken an ihn, der ihn an seinen Hof laden und ihm die Stelle eines Ministers anbieten sollte. Chuang Chou aber lachte über dieses Angebot und sagte dem Boten von Ch'u: ›Tausend Pfund Gold sind gewiß eine schöne Summe; die Stellung eines Ministers ist gewiß eine sehr ehrbare. Aber hast du schon einmal den Ochsen beobachtet, den man zum Opfer führt? Nachdem man ihn mehrere Jahre lang sorgfältig genährt hat, kleidet man ihn in reich bestickte Tücher, um ihn in den großen Tempel zu führen. Zu diesem Zeitpunkt möchte er dann wohl nur ein kleines Schweinchen sein, auf das niemand achtet, aber es ist zu spät. Verlasse mich! Beflecke mich nicht! Lieber möchte ich mich fröhlich in einer Schmutzlache tummeln als vom Herrn eines Königreichs am Strick geführt zu werden. Um leben zu können, wie es mir gefällt, werde ich niemals ein Amt annehmen.‹« (Zit. n. Kaltenmark, 1981, S. 125 f.)

2. Werk des Chuang-tzu (siehe 1.), das auch unter dem Namen *Wahres Buch vom südlichen Blütenland (Nan-hua chen-ching)* bekannt ist. Es besteht aus insgesamt 33 Büchern, wovon die ersten 7 die sog. Inneren Kapitel sind, die von Chuang-tzu selbst stammen. Die 15 Äußeren und 11 Vermischten Kapitel (Bücher) hingegen sind wahrscheinlich das Werk seiner Schüler.

Chuang-tzus Themen sind z. T. die gleichen wie die des Lao-tzu im → *Tao-te ching:* ihre Auffassungen über das Wesen des → Tao und des → Te decken sich im wesentlichen. Die Haltung des absichtslosen Handelns (→ Wu-wei) nimmt im *Chuang-tzu* ebenfalls eine zentrale Stellung ein. Es wird die Relativität aller Gegensätze, die Identität von Leben und Tod und die Wichtigkeit der Meditation zur Erlangung der Einheit mit dem Tao betont. In der Natur sieht Chuang-tzu nichts als einen unaufhörlichen Wandel aller Erscheinungen. Als einer der ersten zeigt er den illusorischen Charakter der Welt auf.

Im *Chuang-tzu* finden wir auch Einflüsse verschiedener nicht-taoist. Richtungen: Besondere Bedeutung für die Entwicklung der hier dargelegten Philosophie kommt → Hui Shih zu, der Chuang-tzus bester Freund war. Das Werk enthält zahlreiche Angriffe gegen Konfuzius (→ K'ung-tzu) und seine Schule: Chuang-tzu lehnt z. B. die zentralen konfuzian. Tugenden der Menschlichkeit (→ Jen) und Rechtlichkeit (→ I) als künstliche Kategorien ab, die leicht zu einer bloßen Idee werden, der keine gelebte Wirklichkeit entspricht.

Das *Chuang-tzu* wird nicht nur seiner philosoph. Tiefe wegen geschätzt; es zählt zu den literarisch wertvollsten Texten der chin. Literatur.

Für Chuang-tzu ist das höchste Gut des Menschen Harmonie und Freiheit, die durch ein spontanes Folgen der eigenen Natur erlangt werden können. Einen Grund für das Leiden der Menschen sieht er in der Gleichmacherei der Institutionen, die die Individualität und Besonderheit des Einzelnen ignorieren. Daher wendet sich Chuang-tzu energisch gegen das »Regieren durch Regieren«; der einzige Weg, die Welt in Ordnung zu halten, sei »Nicht-Regieren«, die Anwendung des Prinzips des absichtslosen Handelns von seiten des Herrschers. In Buch 7, Kap. 4, illustriert der Autor seine Vorstellung von einem idealen Herrscher:

»Der weisen Könige Wirken war so, daß ihre Werke die ganze Welt erfüllten und doch nicht den Anschein hatten, als gingen sie von ihnen aus. Sie wandelten und beschenkten alle Wesen, und die Leute wußten nichts davon. Ihr Name wurde nicht genannt, und doch machten sie, daß alle Wesen innere Befriedigung hatten. Sie standen im Unmeßbaren und wandelten im Nichtsein.« Im 3. Kap. desselben Buches heißt es: »Laß deine Seele wandeln jenseits der Sinnlichkeit, sammle deine Kraft im Nichts, laß allen Dingen ihren freien Lauf und dulde keine eigenen Gedanken: und die Welt wird in Ordnung sein.« (Zit. n. R. Wilhelm, 1969, S. 98/99.)

Chuang-tzu lehnt jede Unterscheidung zwischen Gut und Böse ab, da es für ihn keine allgemeingültigen Maßstäbe zur Beurteilung gibt. Der Titel des 2. Buches spiegelt diese Auffassung wider: »Die Gleichsetzung der Dinge und Meinungen«. Auch Leben und Tod sind in ihrem Wesen eins; es sind nicht endende Wandlungen, nicht aber Anfang und Ende. Diese Einsicht erklärt Chuang-tzus nach konfuzian. Ansicht ungehörig heiteres Verhalten beim Tod seiner Frau: Er erkannte, »daß ihr Ursprung jenseits der Geburt liegt; ja nicht nur jenseits der Geburt, sondern jenseits der Leiblichkeit; ja nicht nur jenseits der Leiblichkeit, sondern jenseits der Wirkungskraft [→ Ch'i]. Da entstand eine Mischung im Unfaßbaren und Unsichtbaren, und es wandelte sich und hatte Wirkungskraft; die Wirkungskraft verwandelte sich und hatte Leiblichkeit; die Leiblichkeit verwandelte sich und kam zur Geburt. Nun trat abermals eine Verwandlung ein, und es kam zum Tod. . . . Und nun sie da liegt . . ., wie sollte ich da mit Seufzen und Klagen sie beweinen? Das hieße, das Schicksal nicht verstehen.« (Zit. n. R. Wilhelm, 1969, S. 195/196.)

Immer wieder finden wir im *Chuang-tzu* das Thema des Langen Lebens. »Meister Kuang Ch'eng hat 1200 Jahre gelebt« oder »Meister Kui ist im Besitz eines Rezeptes, das es ihm erlaubt, das Aussehen eines Kindes zu erhalten.« Chuang-tzu beschreibt bereits verschiedene Methoden zur Erlangung der Unsterblichkeit, die im späteren religiösen Taoismus (→ Tao-chiao) große Bedeutung erlangten:

»Fern auf dem Gu She Berge wohnten selige Geister. Ihr Leib sei kühl wie Eis und Schnee; sie seien zart wie Jungfrauen; sie lebten nicht von Brot und Korn [→ Pi-ku], sondern schlürften den Wind und tränken den Tau [Anspielung auf verschiedene Atemtechniken: → Hsing-ch'i, → Fu-ch'i], sie führen auf Wind und Wolken und ritten auf fliegenden Drachen weit hinaus jenseits der Welt [→ Fei-sheng]. Ihr Geist sei so gesammelt, daß sie die Natur vor Seuche und Krankheit bewahren könnten und Jahr für Jahr das Korn zur Reife komme.« (Zit. n. R. Wilhelm, 1969, S. 32.)

Chuang-tzu mißt zwar Atem- und Gymnastikübungen (→ Tao-yin) keine wesentliche Bedeutung zu, doch ist eines der Kennzeichen seines Wahren Menschen (→ Chen-jen), daß er »durch die Fersen atmet« (7. Buch, Kap. 1), was als Umschreibung der Embryonalatmung (→ T'ai-hsi) aufgefaßt werden kann.

Weiterhin finden wir Beschreibungen meditativer Praktiken wie der des → Tso-wang (6. Buch, Kap. 7) und des → Shou-i (11. Buch, Kap. 3). Ein Dialog zwischen dem Gelben Kaiser (→ Huang-ti) und Meister Kuan Ch'eng kann als vollständige Meditationsanweisung verstanden werden (11. Buch, Kap. 3).

All diese Übungen verleihen übernatürliche Kräfte; wer sie beherrscht, ist unempfindlich gegen Feuer und Wasser, kann sich auf die Wolken erheben und auf Drachen durch die Lüfte reiten, Menschen von Krankheiten heilen und reiche Ernte bescheren. Damit trug Chuang-tzu wesentlich zum Entstehen des Kultes der → Hsien, der Unsterblichen, bei.

(Dt. Übers.: Richard Wilhelm (Übers. u. Hrsg.), *Dschuang Dsi. Das wahre Buch vom südlichen Blütenland,* Düsseldorf/Köln 1969.)

Ch'uan-hsin-fa-yao, **Z** chin., Abkürzung des Werktitels *Huang-po-shan Tuan-chi-ch'an-shih ch'uan-hsin-fa-yao* → Huang-po Hsi-yün

Ch'uan-teng-lu, **Z** chin. → Ching-te ch'uan-teng-lu

Chü-chih, **Z** jap. Gutei, etwa 9. Jh., chin. Zen-Meister; ein Schüler und Dharma-Nachfolger (→ Hassu) von → Hang-chou T'ien-lung (jap. Kōshū Tenryū).

Meister Chü-chih, über den sonst kaum etwas bekannt ist, taucht auf in einem berühmten Kōan aus dem → *Wu-men-kuan* (3. Beispiel).

Es lautet:

»Meister Chü-chih, wann immer ihm eine Frage gestellt wurde, hielt bloß einen Finger hoch.

Später hatte er einen Knaben [als Helfer]. Einst fragte den einer von außerhalb: ›Was für einen Dharma lehrt der Meister?‹ Der Knabe hob auch nur einen Finger hoch.

Chü-chih hörte davon, ergriff alsbald ein Küchenmesser und schnitt ihm den Finger ab. Der Knabe lief, von Schmerz überwältigt, laut schreiend davon. Da rief Chü-chih ihn zu sich. Der Schüler wandte den Kopf um. Da richtete Chü-chih wiederum einen Finger auf. Urplötzlich kam der Knabe zur Erleuchtung.

Als Chü-chih sich anschickte, die Welt zu verlassen [zu sterben], da sprach er zu seinen Schülern und sagte: ›Ich erhielt das Ein-Finger-Zen von T'ien-lung. Ein Leben lang habe ich es angewandt und nicht ausgeschöpft.‹

Sobald er zu Ende gesprochen hatte, verschied er.«

Chu Hsi, **T** 1130–1200, einer der bedeutendsten Philosophen der chin. Geschichte; Repräsentant des sog. Neokonfuzianismus, der sich vor allem mit metaphysischen Problemen befaßt und von Buddhismus und philosoph. Taoismus (→ Tao-chia) beeinflußt wurde. Mit Chu Hsi erreichte die Lehre von → Li ihren Höhepunkt: Er untersuchte vor allem das Verhältnis von Li, dem Prinzip oder Gesetz eines Dinges, zu → Ch'i, seinem materiellen Aspekt. Als höchste Realität sieht Chu Hsi das → T'ai-chi, das Größte Letzte, an.

Chu Hsis Philosophie gründet auf zwei Begriffen: Li, das Prinzip, und Ch'i, die Materie. Alles, was über die Form hinausgeht, ist Li, was etwa gleichzusetzen ist mit Tao. Ch'i hingegen hat die Fähigkeit, Formen zu schaffen. Beide sind untrennbar miteinander verbunden: wo es Materie, Ch'i, gibt, gibt es auch ein Li. Ohne ein bestimmtes Li kann es nicht das entsprechende Ding geben. Die Dinge sind also »Instrumente«, durch die sich Li ausdrückt. Die einzelnen Li der Dinge existierten bereits vor der Entstehung des physischen Universums. – Die höchste Realität, die die verschiedenen Li von Himmel und Erde umfaßt, ist T'ai-chi. Jedes Ding enthält neben seinem spezifischen Li auch diese letzte Wirklichkeit.

Das Universum ist für Chu Hsi das Resultat von einander ununterbrochen abwechselnden Phasen von Ruhe und Bewegung des Ch'i. Ch'i in Bewegung ist Yang, Ch'i in Ruhe ist Yin (→ Yin-yang). Diese lassen die Fünf Elemente (→ Wu-hsing) entstehen, die in ihren unendlichen Kombinationen die materielle Welt schaffen.

Chu-hung, 🅱 🆉 1535–1615, bedeutender chin. Mönch der Ming-Dynastie, der eine kombinierte Praxis von → Zen und → Reines-Land-Schule entwickelte und eine starke buddhist. Laienbewegung ins Leben rief.

Chu-hung ging davon aus, daß man sich beim Rezitieren von Buddhas Namen nicht nur auf den Namen, sondern vielmehr auf die dahinter liegende »Höchste Wirklichkeit« konzentrieren sollte. Außerhalb des Geistes, der den Namen des → Amitābha rezitiert, gibt es keinen Amitābha; und außerhalb des Amitābha gibt es keinen Geist. Dies ist für Chu-hung ein anderer Weg, die Auffassung des Zen, daß es außerhalb des Geistes keinen Buddha gibt, auszudrücken. Durch das Rezitieren von Buddhas Namen kann dieser absolute Geist verwirklicht werden. Demnach besteht für Chu-hung zwischen dieser Art der Meditation und der des Zen kein wesentlicher Unterschied.

Chu-hung war zweimal verheiratet. Er trat erst mit 32 dem Orden bei und wurde Schüler berühmter Meister verschiedener Schulen. Die meiste Zeit seines Lebens verbrachte er in der Nähe von Hang-chou, wo er den Yün-chi-Tempel errichtete. In diesem Kloster wurde besonderer Wert auf die strikte Einhaltung der → Vinaya-Regeln gelegt, wodurch Chu-hung den → Sangha »reinigen« wollte. Sein Bestreben, die Praxis der Reines-Land-Schule mit der des Zen zu verbinden, gründete auf der Überzeugung, daß die Anhänger dieser beiden Schulen zwar äußerlich verschiedene Wege gehen, ihre innere Einstellung aber die gleiche ist. Das Rezitieren von Buddhas Namen (→ Neinbutsu), das alles bis auf den Namen »Amitābha« aus dem Geist verbannt, ruft nach Chu-hung den gleichen Zustand wie die Meditation über ein Kōan im Zen hervor. – Unter Chu-hungs Einfluß begannen viele Laienanhänger intensiv das Rezitieren von Buddhas Namen zu praktizieren und die Disziplinregeln streng einzuhalten, ohne dem Orden formal beizutreten.

Chu-i, 🆃 chin. → Wen-ch'ang

Chūkai, 🆉 jap., wörtl.: »Ausziehen der Robe«; Ruhepause zwischen Perioden der Übung von → Zazen in einem Zen-Kloster. In diesen Pausen können die Mönche das → Zendō verlassen und sich in den Schlafräumen des Klosters zur Ruhe niederlegen.

Chū Kokushi, 🆉 jap. für → Chung-kuo-shih

Chulavamsa, 🅱 Skrt., → Mahāvamsa

Chu-lin ch'i-hsien, 🆃 chin., wörtl.: »Die sieben Weisen vom Bambushain«; Gruppe von sieben taoist. Gelehrten und Künstlern des 3. Jh. n. Chr. Der bedeutendste ist der Poet und Musiker Hsi K'ang (224–263). Seine Gefährten sind Juan Chi (210–263) und dessen Neffe Juan Hsien, ebenfalls beide Dichter und Musiker; Liu Ling (221–300), der größte Weinliebhaber unter ihnen; sowie Hsiang Hsiu, Wang Jung und Shan Tao.

Die sieben Freunde trafen sich in einem Bambushain in der Nähe von Hsi K'angs Haus, wo sie das Reine Gespräch (→ Ch'ing-t'an) pflegten und im Wein die Harmonie mit der Welt und die Einheit mit dem Tao suchten. Ihr Ideal bestand darin, ihren Impulsen zu folgen und spontan zu handeln. Charakteristisch für die Sieben Weisen ist ihre Sensibilität für die Schönheiten der Natur.

Hsi K'ang stammte aus einer reichen Familie und wurde in konfuzian. Geist erzogen, doch fühlte er sich sehr bald zum Taoismus hingezogen. Er praktizierte die Techniken des Nährens des Lebensprinzips (→ Yang-hsing). Nach ausgedehnten Reisen, während denen er die Bekanntschaft von Unsterblichen (→ Hsien) machte, ließ er sich mit seiner Frau im heutigen Ho-nan nieder, wo er seine Freunde um sich scharte. Eine Sammlung von Anekdoten gewährt Einblick in ihren Lebensstil.

Die beiden Juan waren bekannt dafür, daß sie aus einer riesigen Schale Wein tranken, die sie bisweilen mit den Schweinen der Nachbarschaft teilten. Von Juan Hsien wird erzählt, daß er als Gastgeber gegen die Etikette verstoßend ein Gelage einfach verließ, um seiner Geliebten mit dem Pferd eines Gastes nachzureiten und sie zurückzuholen.

Liu Ling pflegte nur in Begleitung seines Dieners unterwegs zu sein. Dieser trug stets in einer Hand eine Weinflasche, in der anderen einen Spaten, um im Falle eines Falles sofort ein Grab für seinen Herrn ausheben zu können. Liu Ling hielt sich meist nackt in seinem Haus auf. Einem verstörten konfuzian. Besucher erklärte er, daß das ganze Universum sein Haus und sein Zimmer seine Hosen seien und fragte ihn, was er in seinen Hosen zu suchen habe.

Chung-kuo-shih, Z jap. Chū Kokushi, »Landesmeister Chung«; ein Ehrentitel, der dem Zen-Meister → Nan-yang Hui-chung vom Kaiserhaus der T'ang-Dynastie verliehen wurde.

Chung Li-ch'üan, T → Pa-hsien, → Ch'üan-chen tao

Ch'ung-yang, T chin., wörtl.: »reines Yang« → Ch'üan-chen tao

Chün-tzu, T chin. → K'ung-tzu, → Jen

Ch'u-yüan, Z → Shih-shuang Ch'u-yüan

D

Dahara-Vidyā, H Skrt., wörtl. *dahara:* »kleiner Raum«, *vidyā:* »Erkenntnis, Wissen«; die Verwirklichung des → Ātman in der inneren Region des Herzens, der »Stadt Brahmās«.

Dai-Anjin Z, auch Dai-Anshin, jap., wörtl.: »große Seelenruhe«; ein Zen-Ausdruck für die Vollkommene → Erleuchtung. (Siehe dazu auch → Anjin.)

Daibai Hōjō, Z jap. für → Ta-mei Fa-ch'ang

Daie Sōkō, Z jap. für → Ta-hui Tsung-kao

Dai-Funshi, Z jap., wörtl.: »die große unbeugsame Entschlossenheit«; die feste Entschlossenheit, die als eine der drei wesentlichen Voraussetzungen für die Übung des → Zazen angesehen wird. Es ist die unbeugsame Entschlossenheit, den »großen Zweifel« (→ Dai-Gidan) mit aller Energie und aller Kraft unseres Willens zu beheben. Die anderen beiden Voraussetzungen sind → Dai-Shinkon und Dai-Gidan.

Der moderne jap. Zen-Meister → Hakuun Ryōko Yasutani sagt in seinen »Einführenden Unterweisungen zur Übung des Zen« über Dai-Funshi:

»Da wir mit jeder Pore unseres Seins an die Wahrheit von Buddhas Lehre glauben, nämlich, daß wir alle mit dem makellosen Bodhi-Geist begabt sind, haben wir uns entschlossen, die Wirklichkeit dieses Herz-Geistes zu entdecken und selber zu erleben.« (Zit. n. Ph. Kapleau, 1981, S. 98.)

Dai-Gedatsu, Z jap., wörtl.: »Große Befreiung«; 1. ein Ausdruck für die Vollkommene → Erleuchtung, also die Verwirklichung von Buddhaschaft; 2. ein Synonym für → Nirvāna; durch die »Große Befreiung« wird die Einheit von Nirvāna und → Samsāra verwirklicht.

Dai-Gidan, Z jap., wörtl.: »großer Zweifel«; innere Haltung zweifelnden Fragens, die als eine der drei wesentlichen Voraussetzungen für die Übung des → Zazen angesehen wird. Im Zen meint »Zweifel« keinen Skeptizismus, sondern bedeutet einen Zustand der Bestürzung, sondierenden Forschens und der intensiven Selbsterforschung. Die anderen beiden Voraussetzungen sind → Dai-Shinkon und → Dai-Funshi.

In seinen »Einführenden Unterweisungen zur Übung des Zen« sagt der moderne jap. Zen-Meister → Hakuun Ryōko Yasutani über Dai-Gidan:

»Es geht hier nicht um einen landläufigen Zweifel, wohlgemerkt, sondern um eine ganze ›Zweifel-Masse‹, wie sie sich unvermeidlich aus starkem Glauben (Dai-Shinkon) ergibt. Dieser Zweifel läßt uns fragen, warum wir und die Welt so unvollkommen zu sein scheinen, so voller Angst und Leiden, wenn unser tiefer Glaube uns doch sagt, daß in Wahrheit das Entgegengesetzte zutrifft. Das ist ein Zweifel, der uns keine Ruhe läßt. Es ist, als wüßten wir sehr genau, daß wir Millionäre sind, und fänden uns doch unerklärlicherweise in schrecklicher Not, ohne einen Pfennig in der Tasche. Die Stärke des Zweifels steht also im Verhältnis zur Stärke des Glaubens.« (Zit. n. Ph. Kapleau, 1981, S. 97.)

Daigo-Tettei, Z jap., wörtl.: »großes *(dai)* Satori *(go),* das bis zum Boden reicht *(tettei)*«; tiefe → Erleuchtung, die sich dem Grad nach von weniger tiefen Erfahrungen der »Selbst-Wesensschau« (→ Kenshō, → Satori) unterscheidet, auch wenn alle dem Wesen nach gleich sind.

Zum wesentlichen Gehalt des Daigo-Tettei gehören: das Erlebnis der Leere (jap. *ku,* Skrt. → Shūnyatā), auch »Leere Weite« genannt (→ Bodhidharma); die Aufhebung von jeglichem Antagonismus; das Erlebnis, daß die Form (jap. *sugata*) des Weltalls und die eigene Form identisch sind, daß die Form nichts ist als Leere; das weitgehende Zunichtewerden des kleinen → Ich.

Daijō, Z jap. für → Mahāyāna

Daijō-Kai, Z jap., wörtl.: »Gebote des Großen Fahrzeugs«; die Gebote für Mönche und Laien-Anhänger des → Mahāyāna-Buddhismus. (Siehe dazu auch → Jūjūkai.)

Daijō-Zen, Z jap. → Fünf Arten des Zen, 4.

Daikō Koke, Z jap. für → Ta-kuang Chü-hui

Daikōmyō-Zō, Z jap., wörtl.: »Schatzhaus des großen strahlenden Lichts«; 1. Zen-Ausdruck zur Bezeichnung des eigenen Wahren-Wesens oder Buddha-Wesens (→ Busshō), dessen man in der Erfahrung der → Erleuchtung (siehe auch → Kenshō, → Satori) inne wird; 2. Die Klause, in der der chin. Zen-Meister → T'ien-t'ung Ju-ching (jap. Tendō Nyojō) auf dem Berg T'ien-t'ung lebte.

Daimin Kokushi, Z → Mukan Fumon

Dainichi Nōnin Z, auch Jimbō Zenji genannt, 12./13. Jh., jap. Zen-Meister der Rinzai-Schule; Nōnin, der auf dem Berg Hiei in die Lehren der Tendai-Schule (→ Mikkyō) eingeführt worden war, kam ohne einen Meister zur Erleuchtung. Er gründete das Kloster Sambō-ji in der Provinz Settsu und begann, Schüler im Geist des Zen zu unterweisen. Um sich gegen den Vorwurf, nicht in der Zen-Tradition zu stehen und von keinem Meister in der Übertragungslinie des Zen autorisiert zu sein, abzusichern, sandte er schließlich zwei seiner Schüler mit Schriften über seine Zen-Erfahrung nach China. Dort legten sie diese dem Zen-Meister Yü-wang Cho-an (jap. Ikuō Setsuan) aus der → Rinzai-Schule vor, der daraufhin Nōnins Erleuchtung bestätigte.

Die von Nōnin begründete, relativ kurzlebige Schule, in der sich Elemente von Zen und der → Tendai-Schule mischten, wurde die Nihon-Daruma-Schule genannt. Zu Nōnins prominentesten Schülern gehört Koun Ejō (1198–1280), der später der 2. Patriarch (→ Soshigata) des Sōtō-Zen in Japan wurde.

Daiō Kokushi, Z → Shōmyō

Daioshō, Z jap., wörtl.: »großer Priester«; ein Ehrentitel für Meister des Zen.

Im Rahmen der täglichen Rezitationen in einem Zen-Kloster vergegenwärtigt man sich die Traditionslinie, die von → Shākyamuni Buddha bis zu dem jetzigen Zen-Meister des Klosters führt, indem die Namen der Patriarchen (→ Soshigata) und ihrer Dharma-Nachfolger (→ Hassu) in der Reihenfolge der »Überlieferung von Herz-Geist zu Herz-Geist« rezitiert werden. Dabei wird an die Namen der Zen-Meister der Titel Daioshō angehängt.

Daishi, Z jap., wörtl.: »großer Meister«; buddhist. Ehrentitel, der gewöhnlich posthum verliehen wird; nicht zu verwechseln mit dem »Daishi«, das in weiblichen Zen-Namen auftaucht und »große Schwester« bedeutet.

Daishi, Z jap., wörtl.: »großer Tod«; Ausdruck des Zen für den »Tod« des → Ich (Ego), der zur »großen Wiedergeburt« (tiefe Erleuchtung, → Daigo-Tettei) führt. Der Weg, der zum Großen Tod und zur Großen Wiedergeburt führt, ist der des → Zazen. So heißt es denn auch im Zen: »Du mußt einmal auf dem Kissen (→ Zafu) sterben.« Damit ist also nicht der körperliche Tod gemeint, sondern der Tod der Illusion des Ego, der → Verblendung.

Dai-Shinkon, Z jap., wörtl.: »große Glaubens-Wurzel«; der starke Glaube, der als eine der drei wesentlichen Voraussetzungen für die Übung des → Zazen angesehen wird. Die anderen beiden Voraussetzungen sind → Dai-Gidan und → Dai-Funshi.

In seinen »Einführenden Unterweisungen zur Übung des Zen«, sagt der moderne jap. Zen-Meister → Hakuun Ryōko Yasutani: »(Dai-Shinkon bedeutet) einen festen und tief verwurzelten Glauben, so unerschütterlich wie ein riesiger Baum oder ein gewaltiger Felsblock. Es handelt sich zudem um einen Glauben, der von keinerlei Aberglauben oder Hängen an Übernatürlichem vergiftet ist.

Man hat den Buddhismus als rationale Religion wie auch als Religion der Weisheit dargestellt. Jedenfalls aber ist er eine Religion, und was ihn dazu macht, ist das Element des Glaubens, ohne welches er nur eine Philosophie wäre. Mit der Erleuchtung des Buddha, wie er sie nach erschöpfenden Anstrengungen erlangte, nimmt der Buddhismus seinen Anfang. Unser tiefster Glaube gehört deshalb Buddhas Erleuchtungs-Erlebnis, als dessen Kern er verkündete, daß die menschliche Natur und alles Dasein von Anbeginn ganz, makellos, allmächtig seien – mit einem Wort: vollkommen. Ohne den beharrlichen Glauben an diesen Kern von Buddhas Lehre ist es unmöglich, mit der Übung weit zu kommen.« (Zit. n. Ph. Kapleau, 1981, S. 97.)

Daitō Kokushi Z, auch Kōzen Daitō Kokushi; posthumer Ehrentitel, der dem jap. Zen-Meister → Myōchō Shūhō, dem Gründer des → Daitoku-ji in Kyōto, vom kaiserlichen Hof verliehen wurde. (Siehe dazu auch → Kokushi.)

Daitoku-ji, Z jap., »Kloster der großen Tugend«; eines der großen Zen-Klöster von Kyōto. Es wurde 1319 von Akamatsu Norimura zur Unterbringung der zahlreichen Schüler gebaut, die sich um den großen jap. Zen-Meister → Myōchō Shūhō (auch Daitō Kokushi genannt) geschart hatten.

Das Daitoku-ji gehörte vorübergehend zu den »Fünf Bergen« (→ Gosan) von Kyōto, wurde schließlich jedoch zu dem Kloster erklärt, in dem für die Gesundheit des Kaisers gebetet wurde, und erhielt deshalb eine Sonderstellung außerhalb der Gosan.

Das Daitoku-ji war im jap. Mittelalter ein bedeutendes Zentrum der Kultur; große Meister des Tee-Weges

(→ Chadō) wie Sen-no-Rikyū oder Kobori Enshū lehrten hier. Es entwickelte sich im Lauf der Jahrhunderte zu einem Klosterkomplex mit zahlreichen Unterklöstern, die jeweils von einem eigenen Abt geleitet werden.

Daitsū Chishō, 🅉 jap.; ein Buddha, der in einer metaphorischen Passage des → *Lotos-Sūtra* auftaucht. Im Zen gibt es ein berühmtes Kōan (9. Beispiel des → *Wu-men-kuan*), das sich auf diese Passage bezieht.

Daitya 🄷, auch Daiteya, Skrt.; Titan, Nachkomme der Göttin → Diti. Die Daityas waren eine Rasse von Dämonen und Giganten, die gegen die Götter Krieg führten und Opferhandlungen behinderten. Sie wurden besiegt und verschwanden.

Daiun Sōgaku Harada, 🅉 1870–1961, einer der bedeutendsten Zen-Meister des modernen Japan.

Im Alter von 7 Jahren trat er als Mönch in ein Kloster der → Sōtō-Schule ein und schulte sich später im Shōgen-ji, einem Kloster der → Rinzai-Schule. Mit 40 Jahren wurde er ein Schüler und der Aufwärter von Dokutan Rōshi, dem damaligen Abt des → Nanzen-ji und geachtetsten Zen-Meister seiner Zeit. Nachdem Meister Dokutan ihm das Siegel der Bestätigung (→ Inka-Shōmei) verliehen hatte, wurde er zum Abt des Klosters Hosshin-ji in Obama berufen, das unter seiner strengen Führung zu einer Hochburg echter Zen-Schulung in einem an wahren Zen-Meistern nicht mehr reichen modernen Japan wurde.

Seine Unterweisungen für Anfänger im Zen wurden durch seinen Schüler und Dharma-Nachfolger → Hakuun Ryōko Yasutani auch im Westen bekannt. Dieser machte sie zur Grundlage seiner »Einführenden Unterweisungen zur Übung des Zazen«. (Dt. Übersetzung in: Ph. Kapleau, *Die drei Pfeiler des Zen,* Bern 1981.)

Daiva, 🄷 Skrt.; 1. Gottheit; 2. Schicksal; Omen; der Einfluß von Kräften und Mächten, die sich von der sichtbaren Mechanik der Natur unterscheiden; 3. heilige Handlung.

Daivī-Māyā, 🄷 Skrt.; es gibt zwei Arten der → Māyā: 1. die göttliche (Daivī), durch die Brahman sich in der Erscheinungswelt manifestiert; 2. die niedere Māyā, die als Materie für wirklich gehalten wird.

Daivi-Shakti 🄷 (Daivi-Śakti), Skrt., wörtl.: »göttliche Kraft«; beim Mantra, das von einem Guru gegeben wird, geht man davon aus, daß es Daivi-Shakti, also göttliche Kraft, besitzt.

Dākinī, 🄱 Skrt.; nach der volkstümlichen Auffassung Indiens ein weibl. Dämonenwesen, das sich in der Gesellschaft von Göttern befindet, im → Vajrayāna-Buddhismus die inspiratorische Kraft des Bewußtseins, die ikonographisch zumeist als rasende nackte Frauengestalt dargestellt wird (→ Erscheinungsformen). Als halbrasender oder rasender → Yidam hat die Dākinī

Die Dākinī Vajravarāhi mit Haumesser und Schädelschale, wie sie den Dämon der Unwissenheit zertritt.

die Aufgabe, die vom Übenden in der Visualisation (→ Sādhana) freigesetzten Kräfte zu integrieren. Im Tibetischen wird Dākinī mit »Khadroma« wiedergegeben: *kha* steht für Himmelsraum, die zum Bild gewordene Leerheit (→ Shūnyatā), *dro* hat die Bedeutung des Gehens und Fortbewegens, und *ma* zeigt das weibl. Geschlecht an. Die Khadroma ist also eine weibl. Gestalt, die sich auf der Ebene der Höchsten Wirklichkeit bewegt; ihre Nacktheit symbolisiert die Erkenntnis unverhüllter Wahrheit. Die Heimat der Dākinīs soll das mystische Reich → Orgyen sein.

Daksha 🄷 (Dakṣa), Skrt.; 1. Bezeichnung für → Prajāpati als Herrn der geschaffenen Wesen; 2. Name eines Gottes der → Āditya-Gruppe; 3. intuitives Unterscheidungsvermögen; das erfassende Denken; 4. Tüchtigkeit.

Dakshinā 🄷 (Dakṣiṇā), Skrt.; 1. die rechte Seite; rechts herum; 2. Milchkuh; 3. Geschenke, die man einem spirituellen Lehrer macht, um sich für seine Belehrungen und Segnungen zu bedanken. Im Hinduismus darf man nur die rechte

Hand benutzen, wenn man jemandem etwas gibt; 4. Süden; 5. Göttin der göttlichen Einsicht. Sie regiert über die Opferhandlungen und die Verteilung der Opfergaben.

Dakshinā-Agni H (Dakṣiṇāgni), Skrt.; das dritte der drei Opferfeuer, das südliche *(dakshinā)* Feuer der Einsicht; ein Symbol für den Gott der Intuition und des Geistes.

Dakshināchāra H (Dakṣiṇācāra), Skrt., wörtl. *dakshinā:* »rechts«, *āchāra:* »Brauch«; im Tantra ein Ritual, das rein ist (es gibt auch andere) und als »Rechte-Hand-Übung« bezeichnet wird. Der rechten Hand sind im Hinduismus alle reinen Handlungen vorbehalten, die schmutzigen dürfen nur mit der linken Hand ausgeführt werden.

Dakshinā-Mārga H (Dakṣiṇā-Mārga), Skrt., wörtl. *dakshinā:* »rechts«, *mārga:* »Weg«; bei der Anbetung der → Shakti im Tantra ist dieser Weg auf Erkenntnis gerichtet im Gegensatz zum Vāma-Mārga (*vāma:* »links«), auf dem Vergnügen bevorzugt wird.

Dakshināyana H (Dakṣiṇāyana), Skrt., wörtl.: »südlicher Pfad«; der Pfad, den ein Mensch während seiner Evolution auf Erden einschlagen kann. Er führt zum Totenreich, abgeleitet vom Halbjahresgang der Sonne nach Süden (d. h. Halbjahr der abnehmenden Tage). Gegenteil → Devayāna.

Dalai Lama B (Dalai bla-ma), mongol.-tibet., wörtl.: »Lehrer, dessen Weisheit so groß wie der Ozean ist«; ein 1578 von dem Mongolenfürst Altan Khan an das dritte Oberhaupt der → Gelugpa-Schule verliehener Ehrentitel. Diese enge Bindung an die Mongolei brachte die Schule des → Tsongkhapa in eine politische Vormachtstellung, die sich mit dem »Großen« 5. Dalai Lama (1617–1682) zur Herrschaft über ganz Tibet festigte. Seit diesem Zeitpunkt wird der Dalai Lama als Inkarnation des → Avalokiteshvara angesehen und der → Panchen Lama als sein geistiger Stellvertreter verehrt. Die einzelnen Dalai Lamas gelten als Wiedergeburten (→ Tulku) des jeweils vorausgegangenen Dalai Lama.
Die Dalai Lamas kamen nicht nur ihrer Rolle als Staatsoberhaupt nach, es finden sich unter ihnen auch große Gelehrte und lebensfrohe Poeten wie etwa der 6. Dalai Lama. Der jetzige 14. Dalai Lama, seit 1959 im Exil, vereint in seiner Person weiterhin die für das tibet. Volk verbindliche spirituelle und politische Autorität.

Die einzelnen Dalai Lamas waren:

1. Dalai Lama Gendün Drub	(1391–1475)
2. Dalai Lama Gendün Gyatso	(1475–1542)
3. Dalai Lama Sönam Gyatso	(1543–1588)
4. Dalai Lama Yönten Gyatso	(1589–1617)
5. Dalai Lama Losang Gyatso	(1617–1682)
6. Dalai Lama Jamyang Gyatso	(1683–1706)
7. Dalai Lama Kelsang Gyatso	(1708–1757)
8. Dalai Lama Jampel Gyatso	(1758–1804)
9. Dalai Lama Lungtog Gyatso	(1806–1815)
10. Dalai Lama Tsültrim Gyatso	(1816–1837)
11. Dalai Lama Kedrub Gyatso	(1838–1856)
12. Dalai Lama Trinle Gyatso	(1856–1875)
13. Dalai Lama Tubten Gyatso	(1876–1933)
14. Dalai Lama Tenzin Gyatso	(1935–)

Dama, H Skrt. → Shatkasampatti

Dāna, B Skrt., Pali, soviel wie »Gabe, Almosen, Spende«; das freiwillige Geben von Materiellem, Energie oder Weisheit an andere, das als eine der wichtigsten buddhist. Tugenden angesehen wird. Dāna ist eine der Sechs Vollkommenheiten (→ Pāramitā), eine der Zehn Betrachtungen (→ Anussati) und das wichtigste der verdienstvollen Werke (→ Punya).
Im Hīnayāna wird Dāna vor allem als Mittel angesehen, Habgier und Egoismus zu überwinden und Leiden in einem zukünftigen Leben zu vermeiden. Im Mahāyāna wird Dāna mit den Tugenden der Güte (→ Maitrī) und des Erbarmens (→ Karunā) verbunden und als wesentlicher Faktor aufgefaßt, um alle Wesen zur Erleuchtung zu führen.

Die Praxis des Dāna in Form von Almosengeben an bettelnde Mönche ist in vielen Ländern des → Theravāda auch heute noch weit verbreitet: Die Laienanhänger »geben« Nahrung und Kleidung an die Mönche sowie Geld ans Kloster; der Mönch seinerseits »gibt« in Form von Lehrunterweisungen u. ä. Diese Form von Dāna stellt in vielen Fällen eine Routine dar und wird vor allem als Mittel verstanden, Verdienste anzuhäufen.

Dandin H (Daṇḍin), Skrt., wörtl.: »Der mit dem Stock«; 1. ein → Sannyāsin, der während seines ganzen Mönchslebens einen Stab mit sich trägt; 2. ein Brahmane im vierten Lebensstadium (→ Varna).
3. auch Dandi, einer der berühmtesten Sanskrit-Schriftsteller. Er lebte zwischen dem 6. und 8. Jh. und hinterließ den trotz seiner Unvollständigkeit hochgeschätzten »Roman« *Dashakumāra-Charita,* (dt. Ausgabe u. d. T. *Die Abenteuer der zehn Prinzen* bzw. *Die zehn Prinzen*, zuletzt 1985). Das durch viele phantastische und humorvolle Ausschmückungen aufgelockerte Werk ist eines der wenigen der Sanskrit-Literatur, die in Prosa geschrieben sind; sein Stil ist indessen so vollkommen, daß es zu den Kunstgedichten *(kāvyas)* zählt. – Wichtig ist ferner Dandins *Kāvyādarsha* (»Spiegel der Dichtkunst«), ein drei-

bändiges Handbuch der Sanskrit-Poetik in Versen.

Dan-gyō, Z jap. für *T'an-ching* → *Liu-tsu-ta-shih fa-pao-t'an-ching*

Darani, Z jap. für → Dhāranī

Dardura-Siddhi, H Skrt., wörtl. *dardura:* »Frosch«, *siddhi:* »übernatürliche Kraft«; die durch Yoga-Übungen erlangte Kraft, sich vom Boden lösen und schweben zu können, im Westen als Levitation bezeichnet. (Siehe dazu auch → Divya-Siddhis.)

Daridrā-Shevā H (Daridrā-Śevā), Skrt., wörtl. *daridra:* »arm«, *shevā:* »Dienst, Pflege, Verehrung«; Dienst und Fürsorge für die Armen und Bedürftigen.

Svāmi → Vivekānanda hat dem Dienst am Nächsten einen ganz neuen Aspekt eröffnet, den der Hinduismus in dieser Weise bisher nicht in Betracht gezogen hatte. Er lehrte, daß es ein Privileg sei, Armen und Bedürftigen zu dienen, da jeder eine Manifestation Gottes sei und man deshalb Gelegenheit habe, in jedem bedürftigen Mitmenschen Gott zu dienen und ihn zu verehren.

Darshana H B (Darśana), auch Darshan, Skrt., wörtl.: 1. »Anblick, Anschauen«; 2. »System«.

H Zu 1: einem Heiligen oder einem heiligen Ort Achtung erweisen, um durch seinen Anblick Segnung und Läuterung zu erfahren. Jede Begegnung mit einem Guru oder Heiligen kann als Darshana betrachtet werden.

Zu 2: Bezeichnung für die sechs Systeme (Shad-Darshana), die die sechs Schulen der Hindu-Philosophie bilden, nämlich 1. → Nyāya, 2. → Vaisheshika, 3. Sānkhya, 4. Yoga (→ Rāja-Yoga), 5. → Pūrva-Mīmāmsā oder Mīmāmsā, 6. → Vedānta, auch Uttara-Mīmāmsā genannt. – Alle diese Philosophiesysteme haben ein und dasselbe Ziel: die Befreiung der Seele von der Wiedergeburt und die Vereinigung mit Gott oder dem Absoluten. Sie alle haben in der → *Bhagavad-Gītā* ihren Niederschlag gefunden.

B (Pali: Dassana); auf Vernunft gegründete Einsicht, die Leidenschaften (→ Klesha) intellektueller Natur sowie falsche Ansichten (→ Drishti), Zweifel (→ Vichikitsā) und das Hängen an Riten und Regeln ausschalten kann. – Der Weg des Schauens (Darshana-Mārga), der vom bloßen gläubigen Vertrauen in die → Vier Edlen Wahrheiten bis zum tatsächlichen Begreifen derselben führt, macht aus einem → Dharmānusārin oder → Shraddhānusārin einen »in den Strom Eingetretenen« (→ Shrota-Āpanna).

Daruma, B Z jap. für → Bodhidharma

Daruma-Ki, Z jap., wörtl.: »Darumas Todestag«; der Todestag des 1. Patriarchen des Zen in China, → Bodhidharma (jap. Daruma), der in den Zen-Klöstern am fünften Tag des zehnten Monats begangen wird.

Daruma-Shū, Z jap., wörtl.: »Daruma-Schule«; die Schule des Buddhismus, die von dem ind. Meister → Bodhidharma (jap. Daruma) von Indien nach China gebracht wurde. Ein anderer Name für das → Zen.

Daruma-Sōjō, Z jap., wörtl.: »die Daruma-Nachfolge«; Ausdruck des Zen für die Wahre Überlieferung des → Buddha-Dharma durch den indischen Meister → Bodhidharma (jap. Daruma) und seine Dharma-Nachfolger (→ Hassu), die Patriarchen der Zen-Linie (→ Soshigata).

Dashabala B (Daśabala), Skrt. (Pali: Dasabala) wörtl.: »Zehn Kräfte«; bezeichnet die zehn Fähigkeiten, die ein Buddha besitzt und die ihm folgendes Wissen verleihen: 1. Wissen um das Mögliche und Unmögliche in jeder Situation; 2. um das Reifen der Taten (→ Vipāka); 3. um die höheren und niederen Fähigkeiten der anderen Lebewesen; 4. um ihre Neigungen; 5. um die mannigfaltigen Bestandteile der Welt; 6. um die Pfade, die zu den verschiedensten Schicksalsbereichen führen; 7. um die Erzeugung der Reinheit und der Unreinheit; 8. um die Betrachtungen, Sammlungen (→ Samādhi), die → Drei Befreiungen und die Versenkungen (→ Dhyāna); 9. um die Todesfälle und Wiedergeburten und 10. um die Erschöpfung aller Befleckungen (→ Āsrava).

Dashabhūmika B (Daśabhūmika), Skrt., wörtl.: »Über die zehn Länder«; selbständiger Teil des → *Buddhāvatamsaka-Sūtra,* in dem der Bodhisattva Vajragarbha im Paradies des Indra vor dem Buddha die Laufbahn eines Bodhisattva (→ Bhūmi) erklärt. Ein Kommentar zum *Dashabhūmika* von → Vasubandhu, in der Übersetzung von → Bodhiruchi, bildet die Lehrgrundlage der → Ti-lun-Richtung des frühen chin. Buddhismus.

Dasharatha H (Daśaratha), Skrt.; König von Ayodhyā. Er hatte drei Gemahlinnen. Seine Hauptgemahlin Kausalyā gebar ihm den Prinzen → Rāma, der eine der zehn Inkarnationen → Vishnus ist und die Hauptgestalt des berühmten Heldenepos → *Rāmāyana.* Seine anderen drei Söhne waren → Bharata, → Lakshmana und Shatrughna.

Dāsya, H Skrt., wörtl.: »Knecht«; eine der fünf

Einstellungen des Gottesverehrers: Gott als Herr und der Verehrende als Diener oder Kind (→ Bhāva).

Datsuma, Z jap. Transliteration von → Dharma

Dayānanda H, Svāmi, 1824–1883, Gründer des → Ārya-Samāj, einer Reformbewegung, die hauptsächlich in Nordindien Bedeutung gewann. Svāmi Dayānanda war ein großer Gelehrter der Veden, die er streng monotheistisch auslegte. Er predigte gegen Bilderverehrung und versuchte, die alten ved. Opferriten wieder einzusetzen. Für ihn waren die Veden die höchste Autorität in bezug auf Religion, er akzeptierte jedes ihrer Worte als buchstäblich wahr.

Deha-Abhyāsha H (Deha-Abhyāśa), Skrt., wörtl. *deha:* »Körper«, *abhyāsha:* »Nähe«; Verhaftung an den Körper und Identifizierung mit ihm durch Nicht-Erkenntnis.

Den'e Z, auch Denne oder Den-i, jap., wörtl.: »Weitergabe des Gewandes«; Ausdruck des Zen für die wahre Überlieferung des → Buddha-Dharma in der Übertragungslinie des Zen. In alter Zeit war die Weitergabe der Bettelschale und des Mönchsgewandes eine Bestätigung der Übertragung des Buddha-Dharma von einem Patriarchen (→ Soshigata) des Zen auf seinen Dharma-Nachfolger (→ Hassu). (Siehe dazu auch → Inka-Shōmei, → *Denkō-roku.*)

Dengyō Daishi, B → Saichō

Den-i, Z jap. → Den'e

Denkō-roku, Z vollst.: *Keizan Oshō Denkō-roku,* jap., wörtl.: »Aufzeichnung des Mönchs Keizan über die Weitergabe des Lichts«; Sammlung von Episoden der Übermittlungs-Situation in der Übertragungslinie der 52 Patriarchen der → Sōtō-Schule von → Mahākāshyapa bis Eihei Jō (→ Dōgen Zenji), wie sie von dem japanischen Meister → Keizan Jōkin überliefert und von seinen Schülern aufgezeichnet wurden.

Das *Denkō-roku* zeigt, wie der Dharma von → Shākyamuni Buddha durch diese Patriarchen unverfälscht weitergegeben wurde; es gehört neben dem → *Shōbō-genzō* zu den wichtigsten Schriften der Sōtō-Tradition. Das *Denkō-roku* darf nicht mit dem *Dentō-roku (→ Ching-te ch'uan-teng-lu)* verwechselt werden.

Einige typische Beispiele für die »Übermittlung des Unübermittelbaren«, die für das Zen charakteristisch ist, sind folgende Episoden aus dem *Denkō-roku:*

– »Der 1. Patriarch, der Ehrwürdige Mahākāshyapa: Einst als der Welt-Verehrte mit einem Zwinkern der Augen eine Blume (zwischen den Fingern) zwirbelte [→ Nenge-Mishō], lächelte Kāshyapa. Der Welt-Verehrte sagte: ›Mein ist das Augenschatzhaus des Wahren Dharma, das wunderbare Bewußtsein des Nirvana. Damit betraue ich Mahākāshyapa.‹«

– »Der 2. Patriarch, der Ehrwürdige Ānanda, fragte den Ehrwürdigen Kāshyapa: ›Hat der Welt-Verehrte außer dem gold-brokatenen Gewand noch irgend etwas übermittelt?‹

Kāshyapa rief (ihn) an: ›Ānanda!‹

Ānanda sagte: ›Ja?‹

Kāshyapa sagte: ›Schlag die Fahnenstange vor dem Tor um.‹

Ānanda erlebte große Erleuchtung.«

– »Der 52. Patriarch, Eihei Jō Oshō [→ Dōgen Zenji], kam (zur Unterweisung) zu Meister Gen.

Eines Tages, als er um Unterweisung bat, hörte er das Kōan ›Ein einzelnes Haar (gleichzeitig) durch viele Löcher gehen lassen‹ und kam alsbald zur Erleuchtung.

Am Abend warf er sich nieder und fragte: ›Ich frage nicht nach dem einen Haar, (aber) was ist mit den vielen Löchern?‹

Gen lächelte ein wenig und sagte: ›Du bist hindurchgegangen!‹

Der Meister (Eihei) warf sich nieder.«

Denne, Z jap. → Den'e

Denshin Hōyō, Z jap. für *Ch'uan-hsin-fa-yao* → Huang-po Hsi-yün

Dentō-roku, Z jap. für *Ch'uan-teng-lu* → *Ching-te ch'uan-teng-lu*

Deva, H B Skrt., Pali, wörtl.: »der Leuchtende«.

H 1. Brahman in Form eines persönlichen Gottes; 2. Bezeichnung für die Götter, die sich auf einer höheren Ebene als die Menschen befinden, aber trotzdem sterblich sind; 3. Beifügung zum Namen Erleuchteter, die Gott verwirklicht haben.

B »Himmelswesen« oder »Götter«, Bezeichnung der Bewohner einer der »guten« Existenzweisen (→ Gati), die in glücklichen Sphären, den »Himmeln« leben, aber wie alle andere Wesen dem Kreislauf der Wiedergeburten unterliegen. Den Göttern ist ein sehr langes glückliches Leben als Lohn vergangener guter Taten (→ Karma) beschieden. Doch eben dieses Glück stellt das wesentliche Hindernis auf ihrem Weg zur Erlösung dar, da sie dadurch die Wahrheit des Leidens (→ Vier Edle Wahrheiten) nicht erkennen können.

Der Buddhismus kennt 28 göttliche Bereiche, davon 6 in der Sphäre der Begierde (Kāmaloka, Kāmadhātu), 18 in der Sphäre der begierdelosen Körperlichkeit (Rūpaloka, Rūpadhātu, auch Bereich der »reinen Form«) und 4 in der Sphäre des Körperlosen (Arūpaloka, Arūpadhātu, auch Bereich der Formlosigkeit); siehe dazu → Triloka.

In der Sphäre der Begierde leben: 1. die vier Himmelskönige, die die Hüter der vier Kardinalpunkte sind und an den Hängen des Berges → Meru wohnen; 2. die 33 Götter, die auf dem Gipfel des Meru leben und unmittelbar aus dem Brahmanismus übernommen wurden, mit dem Oberhaupt → Shakra (siehe auch → Indra); 3. die Yāma oder Suyāma, die sich in beständigem Glückszustand befinden; 4. die »Stillzufriedenen Götter« (→ Tushita); 5. Götter, die Freude an magischen Schöpfungen haben; 6. die selbstgewaltigen Götter, die von → Māra regiert werden.

Zur Sphäre der begierdelosen Körperlichkeit zählen jene Götter, die in den vier Dhyāna-Himmeln weilen, wohin sie durch die Praxis der vier → Dhyānas gelangt sind und die männlich und frei von sexueller Begierde sind, aber noch sichtbare Körper besitzen. Auf der untersten Stufe befindet sich → Brahmā.

Die Götter der Sphäre der Körperlosigkeit sind in die Betrachtung der → Vier Sphärenstufen versunken.

Devadatta, H B Skrt., wörtl.: »gottergeben«.

H 1. ein → Prāna-Strom, der Gähnen verursacht, um dem ermüdeten Körper mehr Sauerstoff zuzuführen; 2. verbreiteter ind. Männername; 3. Name von → Arjunas Muschelhorn.

B Cousin des Buddha → Shākyamuni, der dem → Sangha beitrat, nachdem er eine Lehrrede des Buddha gehört hatte. Er wurde ein hochgeschätztes Mitglied der buddhist. Gemeinde. Acht Jahre vor dem Tode des Buddha wollte er jedoch selbst das Oberhaupt des Ordens werden und plante, den Buddha zu ermorden. Der Versuch schlug fehl. Daraufhin verursachte er unter den Mönchen von → Vaishālī ein Schisma.

Bei seinen Mordplänen konnte Devadatta mit der Hilfe des Königs von Magadha, → Ajātasattu, rechnen. Sie ließen drei Anschläge auf den Buddha ausführen: das erste Mal heuerten sie eine Gruppe von Mördern an, die aber vom Buddha so beeindruckt waren, daß sie seine Anhänger wurden. Das zweite Mal wollten sie Shākyamuni von einem Felsbrocken zermalmen lassen; dieser machte aber schon vor dem Buddha halt. Beim letzten Versuch hetzten sie einen wilden Elefanten auf ihn, der aber durch den gütigen Geist des Buddha zahm wurde.

Das Schisma unter den Mönchen von Vaishālī führte Devadatta herbei, indem er für einen rigorosen Asketizismus eintrat und den Buddha eines verweichlichten Lebens beschuldigte. Der Buddha überließ es den Mönchen zu wählen, welchem Weg sie folgen wollten. Devadatta gelang es, 500 neu ordinierte Mönche auf seine Seite zu ziehen. Bei seinem Tode soll Devadatta jedoch gesagt haben, seine einzige Zuflucht (→ Trisharana) sei der Buddha. Der Legende nach ist er zu langen Qualen in den Höllen verdammt.

Deva-Dūta, B Skrt. für → Götterbote

Devakī, H die Mutter → Krishnas und Gemahlin → Vāsudevas, Kusine von → Kansa. Sie wird mitunter als Inkarnation Aditīs, der Mutter der Sonnengötter, bezeichnet.

Devarāja, B Skrt. → Himmelskönige

Devayāna H, auch Uttarayāna, Skrt., wörtl.: »Weg der Götter«; der zum höheren Bewußtsein, jenseits des Verstandes, führende Weg, d. h. der Weg der Weisheit und spirituellen Erkenntnis. Gegenteil → Dakshināyana.

Devī, H Skrt.; 1. Göttin. Das Wort kann sich auf jede weibliche Gottheit des Hinduismus beziehen. Oft wird es dem Namen einer Göttin beigefügt, z. B. Lakshmī-Devī; 2. Königin; 3. Prinzessin; 4. als Respektanrede dem ersten Namen ind. Damen beigefügt.

Dhāma, H Skrt.; in der hinduist. Mythologie urspr. eine Klasse übernatürlicher Wesen. Der → Vaishnavismus bezeichnet damit die übernatürliche Ebene göttlicher Liebe. Sie entspricht der christl. Vorstellung vom »Reich Gottes«.

Dhammapada, B Pali → *Khuddaka-Nikāya*

Dhammapāla, B Scholastiker des → Theravāda. Er wurde Mitte des 5. Jh. auf Ceylon geboren. Im Hauptkloster der Theravādin, im Mahāvihāra, schrieb er mehrere Kommentare zu Kapiteln des → *Khuddaka-Nikāya,* die unter dem Namen *Paramatthadīpanī* (»Leuchte des höchsten Sinnes«) bekannt sind.

Dhanurveda, H Skrt., wörtl.: »Bogenkunde«; zum → *Yajurveda* gehörende Schrift über die Kunst des Bogenschießens, die → Bhrigu oder → Vishvāmitra zugeschrieben wird. Auch im *Agni-Purāna* wird diese Kunst gelehrt, die jeder Fürst beherrschen mußte.

Dhanvantari H, 1. Name einer ved. Gottheit, der in der Dämmerung Opfer dargebracht wurden; 2. der Arzt der Götter. Er war der Lehrer der medizinischen Wissenschaft; der → *Āyurveda* wird ihm zugeschrieben. In einer anderen Geburt war er der Sohn des Rishi Dīrghatamas. Er war frei von menschlichen Schwächen und in jeder Existenz ein Meister universaler Erkenntnis. Er wird auch Sudāpāni genannt, wörtl.: »der

Nektar in seinen Händen trägt«, sowie Amrita, wörtl.: »der Unsterbliche«; 3. ein gefeierter Arzt, der zu den »Neun Edelsteinen« am Hofe des Königs → Vikramāditya zählte.

Dhāranā H (Dhāraṇā), Skrt.; Konzentration, die sechste der acht Stufen, die → Patañjali in seinen Yoga-Aphorismen aufführt. Im → Rāja-Yoga eine wichtige Voraussetzung für tiefe Meditation.

Dhāranī, B Z Skrt., wörtl.: »Trägerin«; kurze Sūtras, die Formeln magischen Wissens enthalten, welche aus Silben mit symbolischem Gehalt bestehen (→ Mantra). Sie können sowohl die Essenz einer Lehre als auch einen bestimmten Bewußtseinszustand repräsentieren, der durch die Wiederholung des Dhāranī jederzeit wieder zu erschaffen ist. Sie sind i. allg. kürzer als Mantras.

Dhāranīs spielen eine wichtige Rolle im chin., tibet. und jap. Tantrismus (→ Chen-yen, → Shingon, → Vajrayāna).

Dharma, H B Z Skrt., wörtl.: »tragen, halten«.
H Umfassender Begriff für »das, was unser wahres Wesen ausmacht«, Rechtschaffenheit. Die Grundlage der menschlichen Moral und Ethik, die gesetzliche Ordnung des Universums und Basis jeder Religion. Die Hindus nennen ihre Religion → Sanātana-Dharma, die ewige Religion.

Für den einzelnen ist der Dharma unzertrennlich mit dem → Karma verbunden, da er ihn nur so weit verwirklichen kann, wie seine karmische Situation es zuläßt.

B Z (Pali: Dhamma, chin. Fa, jap. Hō, auch Datsuma); zentraler Begriff des Buddhismus, der in verschiedenen Bedeutungen verwendet wird:
1. Das kosmische Gesetz, die »Große Ordnung«, der unsere Welt unterliegt, vor allem das Gesetz der karmisch gesteuerten Wiedergeburt;
2. die Lehre des → Buddha, der dieses »Gesetz« erkannt und formuliert hat, d. h. die Lehre, die die universelle Wahrheit ausdrückt. Der Dharma in diesem Sinn existierte schon vor der Geburt des historischen Buddha, der nichts als eine Manifestation desselben ist. Zu diesem Dharma nimmt der Buddhist Zuflucht (→ Trisharana);
3. Verhaltensnormen und ethische Regeln (→ Shīla, → Vinaya-Pitaka);
4. Manifestationen der Wirklichkeit, allg. Sachverhalte, Dinge, das Phänomenale;
5. Geistinhalte, Denkobjekte, Ideen, die Spiegelungen der Dinge im Geist des Menschen darstellen;
6. Bezeichnung für die sog. Daseinsfaktoren, die das → Hīnayāna als Bausteine der empirischen Persönlichkeit und ihrer Welt auffaßt.

Dharma-Chakra B (Dharma-Cakra), Skrt. (Pali: Dhamma-Chakka), Rad der Lehre; im Buddhismus Symbol der vom Buddha verkündeten Lehre, d. h. der → Vier Edlen Wahrheiten, des → Achtfachen Pfades und des → Mittleren Weges. Das Dharma-Chakra wird meist mit acht Speichen, die den Achtfachen Pfad symbolisieren, dargestellt; siehe auch → Acht Kostbarkeiten.

Nach der Überlieferung wurde das Rad der Lehre dreimal in Bewegung gesetzt: 1. in → Sārnāth, wo der Buddha seine erste Lehrrede nach Verwirklichung der Vollkommenen Erleuchtung hielt; 2. durch die Entstehung des → Mahāyāna; 3. durch das Aufkommen des → Vajraya3 Aufkommen des → Vajrayāna.

Dharmachakra-Mudrā, B Skrt. → Mudrā, 3.

Dharmadhātu, B Skrt., wörtl.: »Bereich der Lehre«; nach der Auffassung des → Hīnayāna die Natur der Dinge im Sinne einer Regel, an die sie sich halten. Im → Māhayāna entwickelte sich daraus die Vorstellung eines Wahren-Wesens, das die Phänomene durchdringt und umfaßt. Als Raum oder Bereich ist die »Sphäre des Dharma« dann die unverursachte und unwandelbare Totalität, in der alle Erscheinungen entstehen, verweilen und sich wieder auflösen. Die Idee des Ausgangspunktes oder Zentrums wurde schließlich für die Symbolik des → Vajrayāna außerordentlich wirksam; so schuf z. B. die → Shingon-Schule ein spezielles Mandala unter diesem Namen (Vajradhātu).

Dharma-Gefecht, Z → Hossen

Dharmaguptaka, B Skrt., (Pali: Dhammaguttika), wörtl.: »Beschützer der Lehre«; buddhist. Schulrichtung, die zu der großen Gruppe der → Sthaviras zählt und aus der Schule der Mahīshāsakas hervorgegangen ist. Sie wurde von dem ceylones. Mönch Dharmagupta gegründet und war vor allem in Südindien ansässig.
Ein wichtiger Punkt, in dem sich diese Schule von anderen unterscheidet, ist ihre Auffassung über die Natur des Gebens (→ Dāna): die Dharmaguptakas behaupten, nicht das dem → Sangha, sondern nur das dem Buddha dargebrachte Opfer bringe eine »große Frucht«; der Buddha stelle ein dem Sangha weit überlegenes »Verdienstfeld« (→ Punya) dar.

Das → Vinaya-Pitaka dieser Schule, das in vier Teilen aufgebaut ist, wird von den Schulen des chin. Buddhismus als verbindlich angesehen. Es wurde im Jahr 105 n. Chr. von Buddhayashas ins Chinesische übersetzt und enthält 250 Regeln für Mönche, 348 für Nonnen.

Dharmakāya, B Z Skrt. → Trikāya

Dharmakīrti, B 1. einer der bedeutendsten

buddhist. Philosophen, ein Hauptvertreter des → Yogāchara. Er stammte aus Südindien (7. Jh.), studierte bei → Dharmapāla an der buddhist. Klosteruniversität → Nālandā und war ein hervorragender Logiker. Seine Hauptwerke, *Pramānavārttika* (»Erklärung der Prüfsteine«) und *Pramānavinishchaya* (»Entschluß zu den Prüfsteinen«) behandeln die grundlegenden Fragen nach dem Wesen der Erkenntnis, ihren verschiedenen Formen und nach ihrem Verhältnis zur Außenwelt. Das *Nyāyabindu* ist ein vielgelesener knapper »Leitfaden der Logik«.

2. Devarakshita Jayabāhu Dharmakīrti, der um 1400 lebte, war das Oberhaupt der buddhist. Geistlichkeit auf seiner Heimatinsel Ceylon und verfaßte die beiden wichtigsten Werke über die Entwicklung des Buddhismus in diesem Bereich: *Nikāya-Sangrahaya* und *Saddharmālankāraya.* Sie gelten zugleich als die bedeutendsten Zeugnisse der singhales. Kunstprosa.

Dharma-Nachfolger, **Z** → Hassu

Dharmānusārin, **B** Skrt. (Pali: Dhammānusārin); Anhänger der Lehre; eine der zwei Arten von Anwärtern auf den »Stromeintritt« (→ Shrota-Āpanna). Der Anhänger der Lehre betritt nicht wie der Anhänger des Glaubens (→ Shraddhānusārin) dank seines Vertrauens in die Lehre den überweltlichen Pfad, sondern aufgrund seines intellektuellen Verständnisses der buddhist. Lehre.

Dharmapāla, **B** Skrt., wörtl.: »Schützer der Lehre«.

1. Zum Schutz seiner Lehre und seiner Institutionen gegen feindliche Kräfte wurde vom → Vajrayāna eine Gruppe von Gottheiten eingesetzt, unter deren Schutz sich auch der einzelne durch die Anrufung im → Sādhana stellen kann. Neben den eigentlichen Dharmapālas, wie etwa Mahākāla (»Der große Schwarze«), der rasende Aspekt (→ Erscheinungsformen) des → Avalokiteshvara, gibt es noch die sog. Lokapālas (Schützer der Region), die aus dem vorbuddhist. Volksglauben übernommen und durch einen Eid der buddhist. Lehre verpflichtet wurden.

Für den Vajrayāna-Buddhisten liegt die Funktion der Dharmapālas in ihrer Fähigkeit, ihn vor Gefahren und schlechten Einflüssen zu schützen, die seiner spirituellen Entwicklung hinderlich sein könnten. Dieses schützende Prinzip kann erst wirksam werden, wenn der Übende die Ermächtigung für seinen persönlichen → Yidam erhalten hat.

Mahākāla, u. a. der Schützer der → Kagyüpa-Schule und der → Dalai Lamas, besitzt ein furchterregendes Äußeres und wird mit einem schwarzen Körper dargestellt. Als Hauptaufgabe werden ihm vier Aktivitäten zugeordnet: Bezähmen, Bereichern, Anziehen und Zerstören. Diese Aktivitäten können sich auf innere und äußere Hindernisse beziehen.

Die Lokapālas wurden im Tibetischen Buddhismus vor allem durch das Wirken des → Padmasambhava von ehemaligen Göttern der → Bön-Religion in buddhist.

Mahākāla, einer der Dharmapālas. (Tibet. Blockdruck)

Schutzgottheiten verwandelt. Sie sind zum großen Teil Verkörperungen von extremen Naturgewalten. Eine Ausnahme bilden die »Schützer der vier Himmelsrichtungen«. Sie wurden aus der ind. Ikonographie übernommen und zu ihnen zählt auch → Kubera, der Gott des Reichtums.

2. Philosoph des → Yogāchāra, der im 6.–7. Jh. n. Chr. lebte. Er war Schüler von → Dignāga, dessen Nachfolger an der buddhist. Universität → Nālandā er wurde, wo er das Amt des Abtes innehatte. Danach ging er nach → Bodh-Gayā und wurde Abt des Mahābodhi-Klosters. Dharmapāla starb mit 32 Jahren. Sein literarisches Werk ist fast vollständig verlorengegangen.

Er schrieb u. a. Kommentare zum *Shata-Shāstra* des → Āryadeva, zum *Vimshatikā* des → Vasubandhu, die in chin. Übersetzung erhalten sind. Fragmente sind auch im Werk des → Hsüan-tsang zu finden. Dharmapāla und seine Schüler betonten die idealistische Seite des Yogāchāra, vor allem, daß die Welt »nichts-als-Vorstellung« sei.

3. Ceylones. Mönch, 1865–1933, Gründer der → Mahābodhi Society (1891), deren Ziel es war, das Mahābodhi-Kloster in Bodh-Gayā zu restaurieren. Dharmapāla war der erste Mönch der modernen Zeit, der sich »Hausloser« (→ Anāgārika) nannte. 1925 gründete er die Britische Mahābodhi Society in London.

Dharma-Shāstra 🅗 (Dharma-Śāstra), Skrt.; Bezeichnung für mehrere traditionelle Gesetzbücher der altind. Kultur. Als das grundlegende gilt das »Gesetzbuch des Manu«, die → *Manu-Samhitā* (auch *Mānava-Dharmashāstra*). Auf ihr basieren die meisten anderen Gesetzeswerke, so die *Dharma-Smriti,* die → Yājñavalkya zugeschrieben wird (daher auch *Yājñavalkya-Smriti*) und das *Dharma-Shāstra* des → Gotama. Älter noch als das Gesetzbuch des Manu ist wahrscheinlich das *Vasishtha-Dharmashāstra,* das mit dem Seher und *Rigveda*-Verfasser → Vasishtha in Verbindung gebracht wird, jedoch erst aus dem 4. Jh. v. Chr. zu stammen scheint.
Die Dharma-Shāstras waren in erster Linie als Kodex für den Lebenswandel der Brahmanen gedacht, doch wurden sie aufgrund ihres umfassenden Pflichtenkatalogs und ihrer weisen Rechtsregeln mit der Zeit auch für die anderen höheren Kasten verbindlich.

Dharma-Sūtra, 🅗 Skrt., wörtl.: »Leitfaden des Rechts«; Anweisungen und Regeln für konventionelle und religiöse Bräuche und Gesetze.

Dharmatā, 🅑 Skrt.; Wesen der → Dharmas, die Essenz, die allem zugrundeliegt. Philosoph. Konzept des → Mahāyāna. Gleichbedeutend mit → Tathatā, → Buddha-Natur.

Dhashanjaya 🅗 (Dhaśaṇjaya), Skrt.; der → Prāna-Strom, der nach dem Tode noch im Körper verbleibt und Veränderungen in ihm bewirkt.

Dhātu, 🅑 Skrt., Pali, wörtl.: »Region, Bereich, Element«; häufig in Zusammensetzungen auftauchender Begriff, der als Bezeichnung dient für:

1. eines der Vier Elemente (→ Mahābhūta);
2. eines der Sechs Elemente (d. h. die vier Mahābhūta, → Ākāsha, → Vijñāna);
3. eine der Drei Welten oder Drei Bereiche, d. h. die Welt der Begierde (Kāmadhātu), der begierdelosen Körperlichkeit oder »reinen Form« (Rūpadhātu) und der Formlosigkeit oder Unkörperlichkeit (Arūpadhātu). Siehe dazu auch → Triloka;
4. die 18 Elemente, die alle geistigen Vorgänge bedingen: 1. Sehorgan, 2. Hörorgan, 3. Riechorgan, 4. Schmeckorgan, 5. Körperorgan, 6. Sehobjekt, 7. Hörobjekt, 8. Riechobjekt, 9. Schmeckobjekt, 10. Körpereindruck, 11. Sehbewußtsein, 12. Hörbewußtsein, 13. Riechbewußtsein, 14. Schmeckbewußtsein, 15. Körperbewußtsein, 16. Geist-Element (Manodhātu), 17. Geistobjekt (Dharmadhātu), 18. Geistbewußtseins-Element (Manovijñānadhātu). Von diesen Elementen sind 1–10 physischer, 11–16 sowie 18 geistiger und 17 entweder geistiger oder physischer Natur. Siehe dazu auch → Āyatana, → Shadāyatana, → Vijñāna.

Dhātu-Prasāda, 🅗 Skrt., wörtl. *dhātu:* »Wurzel, Quelle«, *prasāda:* »Gnade, Klarheit, Gemütsruhe«; der Friede und die Gnade, die aus dem Inneren kommen durch Läuterung der Quellen des eigenen Wesens, das reines Bewußtsein ist.

Dhātu-Vavatthāna, 🅑 Pali; Analyse der körperlichen Elemente; eine der im → *Visuddhi-Magga* beschriebenen 40 Meditationsübungen (→ Bhāvanā), bei der man den Körper gedanklich in seine Einzelteile zerlegt und erkennt, daß er aus nichts als aus den Vier Elementen (→ Dhātu) des Festen, Flüssigen, Erhitzenden und Windigen besteht. Dadurch verschwindet im Übenden die Vorstellung eines einheitlichen, beständigen Selbst. (Siehe dazu auch → Satipatthāna, → Körperbetrachtung, → Anātman.)

Folgendes Gleichnis veranschaulicht im *Visuddhi-Magga* (XI, 2) diese Übung: »Ferner, ihr Mönche, betrachtet der Mönch eben diesen Körper, in welcher Lage und Richtung er sich auch immer befindet, und zerlegt ihn in seine Elemente: ›An diesem Körper finden sich das Erdelement, Wasserelement, Feuerelement und Windelement.‹ Gleichwie ein geschickter Rinderschlächter oder dessen Gehilfe, nachdem er eine Kuh geschlachtet und in Stücke zerlegt hat, an der Straßenkreuzung dasitzt, so auch, ihr Mönche, zerlegt der Mönch da diesen Körper, in welcher Lage und Richtung er sich auch immer befindet, in die vier Elemente . . . Dem Rinderschlächter, der die Kuh großzieht, sie zum Schlachthof führt, anbindet, hinstellt, schlachtet oder die geschlachtete tote Kuh erblickt, kommt die Vorstellung ›Kuh‹ solange nicht zum Schwinden, als er die Kuh nicht aufgeschnitten und in Stücke zerlegt hat. Sobald er aber die Kuh zerlegt hat und dort niedersitzt, schwindet ihm die Vorstellung ›Kuh‹, und die Vorstellung ›Fleisch‹ tritt ein. Und nicht denkt er: ›Eine Kuh verkaufe ich‹ oder ›Eine Kuh kaufen diese.‹ Genauso auch waren in dem Mönche früher, als er noch ein törichter Weltling war, sei's als Laie oder als Hausloser, die Begriffe ›Wesen‹ oder ›Mann‹ oder ›Individuum‹ solange nicht geschwunden, solange er eben diesen Körper, in welcher Lage und Richtung er sich auch befand, nicht in seine Teile zerlegt und Element für

Element betrachtet hat. Sobald er aber den Körper in seine Elemente zerlegt hatte, schwand ihm die Vorstellung ›Wesen‹ und der Geist festigte sich in der Betrachtung der Elemente.« (Zit. n. d. Übers. v. Nyanatiloka, 1976.)

Dhenu, 🅷 Skrt.; 1. die Kuh, die in Indien als heilig verehrt wird; Milch; 2. Erde.

Dhītika, 🆉 5. Patriarch in der ind. Linie des →Zen

Dhritarāshtra 🅷 (Dhṛtarāṣṭra), Skrt.; der blinde Bruder von →Pāndu. Beide Brüder entsagten nacheinander dem Königsthron. Zwischen ihren Söhnen, den →Kauravas und den →Pāndavas, entbrannte die große Schlacht des *Mahābhārata*. Im Alter zog er sich mit seiner Gemahlin Gāndhārī in eine Einsiedelei in den Wäldern zurück, wo beide bei einem Waldbrand ums Leben kamen.

Dhruva, 🅷 Skrt.; 1. der Polarstern; 2. morgens gepreßter, abends geopferter →Soma; 3. ein Prinz, von dem im *Bhāgavata-Purāna* berichtet wird, daß er ein großer Verehrer Vishnus war.

Dhruvas Vater hatte zwei Gemahlinnen. Schon als Kind wurde Dhruva schlecht von seiner Stiefmutter behandelt, die ihrem Sohn den Thron sichern wollte. Dhruva, der bescheiden und demütig war, erklärte, daß er nur nach solchen Ehren trachte, die er sich selbst erwerbe. Obwohl ein →Kshatriya, schloß er sich einer Gruppe von →Rishis an, unterzog sich strengen spirituellen Übungen und wurde selbst zu einem Rishi. Seine unerschütterliche Hingabe an Vishnu veranlaßte diesen, ihn in den Himmel zu erheben und zum Polarstern zu machen. Um seiner Standhaftigkeit willen wird er auch Grahādhara genannt, »der Stützpunkt der Planeten« (*graha:* »Planet«, *dhara:* »haltend, tragend«).

Dhūta, 🅱 Skrt., Pali, wörtl.: »Abschütteln«; vom Buddha gestattete asketische Übungen, die man zur Entwicklung von Bedürfnislosigkeit und Willenskraft und zum »Abschütteln« von Leidenschaften für eine gewisse Zeitspanne als Gelübde auf sich nehmen kann.

Es sind 12 solcher asketischen Übungen bekannt: 1. Tragen von Lumpenkleidung; 2. Tragen des aus drei Teilen bestehenden Gewandes (→Trichīvara); 3. Essen von erbettelter Nahrung; 4. nur eine Mahlzeit pro Tag zu sich nehmen; 5. keine Zwischenmahlzeiten einnehmen; 6. nur eine Portion zu sich nehmen; 7. sich an einem einsamen abgeschiedenen Ort, 8. auf einer Leichenstätte, 9. unter einem Baum, 10. unter freiem Himmel oder 11. an jedem beliebigen Ort aufhalten; 12. nur sitzen, nicht liegen.

Dhyāna, 🅷 🅱 🆉 Skrt.; Meditation, Versenkung. 🅷 Dhyāna gehört zu den drei Endstufen des Yoga des →Patañjali, die als →Dhāranā, Dhyāna und →Samādhi bezeichnet werden. Dhyāna ist die Technik, um Samādhi zu erlangen. Dabei muß das Denken zum Schweigen gebracht werden, damit das absolute Bewußtsein von jeder Überdeckung frei wird. Patañjali nennt Meditation den ununterbrochenen Gedankenstrom auf das Objekt der Konzentration (→Dhāranā). Ohne Dhyāna sind höhere Bewußtseinszustände nicht erlangbar.

🅱 🆉 (Pali: Jhāna, chin. Ch'an-na oder Ch'an, jap. Zenna oder Zen); i. allg. jeder durch Sammlung (→Samādhi) hervorgerufene Versenkungszustand des Geistes, der dadurch erreicht wird, daß die gesammelte Aufmerksamkeit unablässig bei einem körperlichen oder geistigen Meditationsobjekt verweilt und der Geist dabei verschiedene Stufen durchläuft, in denen die Strömungen der Leidenschaften allmählich verebben. Insbes. bezeichnet Dhyāna die durch die Aufhebung der Fünf Hindernisse (→Nīvarana) bedingten Vier Versenkungsstufen der feinkörperlichen Sphäre (Rūpadhātu, →Triloka), die das Erlangen übernatürlicher Kräfte (→Abhijñā) und höchster Erkenntnis ermöglichen, da sie den Weg zum Erkennen früherer Geburten, des Entstehens und Vergehens der Wesen und des Schwindens der Befleckungen (→Āsrava) bereiten, was die Erlösung bedeutet. Das Praktizieren der vier Dhyānas bewirkt außerdem eine Wiedergeburt in den entsprechenden Dhyāna-Himmeln (→Deva).

Die erste Stufe der Versenkung ist gekennzeichnet durch Loslösung von Begierden und unheilsamen Gegebenheiten (→Akushala) und wird durch Nachdenken *(vitarka)* und Überlegen *(vichāra)* erreicht; auf dieser Stufe herrscht Freude *(priti)* und Wohlbehagen *(sukha)*. – Die zweite Stufe ist charakterisiert durch das Zuruhekommen von Nachdenken und Überlegen sowie dem Erlangen innerer Beruhigung und der sog. Einspitzigkeit des Geistes, womit die Sammlung auf ein Meditationsobjekt gemeint ist. Man verharrt in Freude und Wohlbehagen. – Auf der dritten Stufe schwindet die Freude, und Gleichmut (→Upekshā) stellt sich ein; man ist wachsam, bewußt und empfindet Wohlbehagen. – Auf der vierten Stufe verharrt der Übende nur mehr in Gleichmut und Wachsamkeit.

Im chin. Buddhismus wird der Begriff Dhyāna in einem wesentlich weiteren Sinn gebraucht: Er umfaßt alle Meditationsübungen wie →Ānāpānasati, →Kasina-Übungen, →Körperbetrachtung und ähnliche Techniken, die die Sammlung oder Einspitzigkeit des Geistes zum Ziel haben. Er umfaßt also auch alle für Dhyāna im ersteren Sinne notwendigen vorbereitenden Übungen. Aus dem → Dhyāna-Buddhismus, der u. a. von dem ind. Meister → Bodhidharma nach China gebracht wurde, entwickelte sich dort das → Zen.

Dhyāna-Buddhismus, B Z Sammelbezeichnung für alle Schulen des Buddhismus, die besonderen Wert auf die Praxis der Meditation (→ Dhyāna) als Weg zur Erleuchtung (Skrt. Bodhi, jap. Satori) legen. Die wesentlichen Lehren des Dhyāna-Buddhismus fanden ihren klarsten Ausdruck im → Zen, das im 6.–8. Jh. in China aus der Begegnung und gegenseitigen Befruchtung von Dhyāna-Buddhismus und Taoismus entstand.

Dhyāni-Buddha, B Skrt., etwa »Meditations-Buddha«; fünf transzendente Buddhas (siehe auch → Buddha, 3.), die verschiedene Aspekte des erleuchteten Bewußtseins symbolisieren und zum Zweck der Meditation unterschieden werden, obwohl sie im Grunde Manifestationen des *einen* Buddha-Prinzips sind. Die fünf Dhyāni-Buddhas sind: → Amitābha, → Amoghasiddhi, → Akshobhya, → Ratnasambhava und → Vairochana.

Dhyāni-Mudrā, B Skrt. → Mudrā, 1.

Diamant-Sūtra B Z (Skrt. Vajrachchedikā-Prajñāpāramitā-Sūtra, wörtl.: »Sūtra vom Diamantschneider der Höchsten Weisheit«); selbständiger Teil des → *Prajñāpāramitā-Sūtra,* das vor allem in Ostasien große Bedeutung erlangt hat. Es zeigt, daß alle phänomenalen Erscheinungen nicht die Letzte Wirklichkeit, sondern Illusionen, Projektionen des eigenen Geistes sind. Jeder Meditation Praktizierende sollte in dieser Weise auf alle Phänomene und Tätigkeiten des Geistes blicken und ihn »leer, selbstlos und ruhig« halten. Das Werk heißt *Diamant-Sūtra,* weil es »scharf wie ein Diamant ist, welcher alle willkürlichen Begriffe wegschneiden und einen zum anderen Ufer der Erleuchtung bringen wird«.

Digambara, H Skrt., 1. wörtl.: »luftgekleidet«, nackt. Wenn ein → Sādhu nackt einhergeht, so wird das im Hinduismus als Zeichen dafür betrachtet, daß er dem Geschlecht nicht mehr verhaftet ist; 2. Name einer der beiden Hauptsekten des → Jainismus.

Dīgha-Nikāya, B Pali (Skrt. *Dīrghāgama*), wörtl.: »Lange Sammlung«; die erste der fünf → Nikāyas des Sūtra- bzw. Sutta-Pitaka (→ Tripitaka). Sie besteht in der Pali-Fassung aus 34 Suttas; die Mahāyāna-Fassung *(Dīrghāgama),* die in chin. Übersetzung erhalten ist, umfaßt 30 Sūtras; 27 sind beiden Versionen gemeinsam. Der Titel (*dīgha:* lang) bezieht sich auf die relativ große Länge der einzelnen Suttas. (Dt. Übers. v. K. E. Neumann in: *Die Reden Gotamo Buddhos,* Bd. 2., Zürich 1957.)

Die wichtigsten der 34 Suttas der Pali-Fassung sind: *Brahmajāla:* über philosoph. Theorien und Aberglauben aus frühbuddhist. Zeit; *Sāmaññaphala:* über die Doktrinen von sechs bedeutenden nichtbuddhist. Lehrern aus frühbuddhist. Zeit und die Früchte eines buddhist. Mönchslebens; *Mahāpadāna:* Legenden über die sechs Buddhas, die vor dem historischen Buddha existiert haben sollen; *Mahānidāna:* Erklärungen zur Kette des Bedingten Entstehens (→ Pratītya-Samutpāda), → *Mahāparinibbāna:* eine Beschreibung der letzten Wochen im Leben des historischen Buddha → Shākyamuni und seines Eingehens ins Nirvana; *Singālovāda:* von besonderer Bedeutung für Laien, da es ihre Pflichten als Eltern, Lehrer, Schüler usw. beschreibt.

Dignāga B, auch Dinnāga, ca. 480–540; Vertreter des → Yogāchāra, der eine logisch-erkenntnistheoretische Richtung dieser Schule entwikkelt hat. Die meisten seiner nur in chin. oder tibet. Übersetzung erhaltenen Werke behandeln Themen der Logik. Das wichtigste ist das *Pramānasamuchchaya* (»Zusammenstellung der Mittel zur richtigen Erkenntnis«), das das Hauptwerk der neuen Richtung wurde. Außerdem verfaßte Dignāga einen wichtigen Kommentar zum → *Abhidharmakosha.* – Sein bedeutendster Schüler war → Dharmakīrti.

Dignāga, der sich lange in der Klosteruniversität → Nālandā aufhielt, stützt sich auf die idealist. Lehre des Yogāchāra. Er erkennt zwei »Prüfsteine« der Erkenntnis an, die direkte Wahrnehmung und die Ableitung. Seine Analyse der Ableitung in ihren verschiedenen Formen und in Hinblick auf die Beziehungen, die zwischen den einzelnen Gliedern bestehen, wurde von Dharmakīrti weiterentwickelt.

Dīkshā H (Dīkṣā), Skrt., Einweihung eines spirituell Strebenden in das spirituelle Leben durch den Guru. Der Schüler erhält ein Mantra und wird in die letzten spirituellen Wahrheiten eingeführt.

Dīpamkara B (Dīpaṃkara), Skrt. (Pali: Dīpankara), wörtl.: »Anzünder der Leuchte«; legendärer Buddha, der vor unendlich langer Zeit gelebt haben soll. Dīpamkara gilt als der erste der 24 Buddhas vor dem historischen Buddha → Shākyamuni. Dieser soll in der Gestalt des Asketen Sumedha vor Dīpamkara gelobt haben, ein Buddha zu werden. Dank seiner übernatürlichen Fähigkeiten erkannte Dīpamkara, daß Sumedha nach Ablauf unendlich vieler Weltzeitalter ein Buddha namens Gautama werden würde, und verkündete der Menge die glorreiche Zukunft des Asketen.

Dīpamkara gilt als der wichtigste unter allen Vorgängern des Buddha Shākyamuni. Er symbolisiert alle Buddhas der Vergangenheit und wird vor allem in China oft gemeinsam mit Shākyamuni und → Maitreya, dem zukünftigen Buddha, als die Gruppe der »Buddhas der drei Zeiten« (Vergangenheit, Gegenwart und Zukunft) dargestellt.

Der Überlieferung nach war er »80 Ellen groß«, sein Gefolge bestand aus 84 000 → Arhats, und er lebte 100 000 Jahre. Der Stūpa, der seine Reliquien enthält, ist 36 → Yojanas hoch. Zahlreiche Legenden ranken sich um sein Leben.

Dīpāvali 🅗, auch Dīvāli oder Devali, Skrt.; eine Gruppe von Lampen oder Lichtern, eine Lichterkette; das Lichterfest in der Neumondnacht des Monats Kārttika (Mitte Oktober bis Mitte November), bei dem überall Lichter aufgestellt werden.

Dīpavamsa 🅑 (Dīpavaṃsa), Pali, wörtl.: »Geschichte der Insel«; Pali-Chronik aus dem 4. Jh. n. Chr., deren Verfasser unbekannt ist. Sie enthält Berichte aus der Zeit des historischen Buddha, der Kolonisierung Ceylons bis zur Herrschaft des Königs Mahāsena in der Mitte des 4. Jh. n. Chr. und liefert wertvolles Material zur Geschichte des Buddhismus dieser Periode.

Dīrghāgama, 🅑 Skrt. → Āgama, → *Dīgha-Nikāya*

Diti, 🅗 altind. Göttin des irdischen Bereichs; weniger mächtig als → Aditī, die das ganze Sonnensystem beherrschende Göttin, daher auch in den ved. Schriften seltener erwähnt und weniger verehrt. Sie gilt als die Mutter der → Daitya genannten Titanen.

Divya-Gandha, 🅗 Skrt., wörtl. *divya:* »himmlisch«, *gandha:* »Geruch«; himmlische Düfte, die mitunter während der Meditation wahrgenommen werden.

Divya-Jyotish 🅗 (Divya-Jyotiṣ), Skrt., wörtl. *divya:* »himmlisch«, *jyotish:* »Licht«; ein übernatürliches Licht, das mitunter während der Meditation wahrgenommen wird und ein Zeichen für spirituellen Fortschritt sein soll.

Divya-Siddhis, 🅗 Skrt.; übernatürliche, okkulte Kräfte, die sich mitunter durch Meditationsübungen einstellen. Gute spirituelle Lehrer warnen ihre Schüler davor, diese Kräfte zu beachten oder zu benutzen, da sie die spirituelle Entwicklung behindern können.

Als Beispiel für den geringen spirituellen Wert dieser Siddhis wird oft folgende Geschichte erzählt: Zwei Brüder begaben sich zwölf Jahre lang zu zwei verschiedenen Lehrern zum Studium. Als sie wieder zusammentrafen, fragte der ältere Bruder, der die Veden studiert hatte, den jüngeren, was er gelernt habe. Sie gingen zu einem Fluß, und der jüngere Bruder überquerte ihn auf der Wasseroberfläche wandelnd. Der ältere Bruder bezahlte einem Fährmann einige Kupfermünzen, gelangte auch über den Fluß und sagte zu seinem vor Stolz geschwellten Bruder: »Da siehst du, was dein zwölfjähriges Studium wert ist: ein paar Kupfermünzen!«

Dō, 🅩 jap., wörtl.: »Weg«; *dō* ist die jap. Aussprache des chin. Schriftzeichens für *tao.* Im jap. Buddhismus bedeutet Dō allg. die Nachfolge des Buddha auf dem Weg zur → Erleuchtung (auch → Butsudō) und wird synonym für → Buddha-Dharma (i. allg. übersetzt mit »Buddhismus«) gebraucht. In dieser Bedeutung wird Dō auch im Zen verwendet.

In Ableitung davon bezeichnet man in Japan die dort entwickelten und vom Geist des Zen durchdrungenen geistig-praktischen Schulungswege als Dō; zu diesen Schulungswegen gehören z. B. der Schwert-Weg (→ Kendō), der Bogen-Weg (→ Kyūdō) und der Tee-Weg (→ Chadō).

Dōan, 🅩 jap.; das jap. Wort *dōgyō,* das in der Umgangssprache soviel wie »Reisegefährte« bedeutet, wird im Zen *dōan* ausgesprochen und bezeichnet hier einen »Weggefährten« auf dem Weg zur → Erleuchtung. Zen-Schüler, die sich der Schulung unter einem Zen-Meister (→ Rōshi) unterwerfen und sich der Übung des → Zazen widmen, nennen sich gegenseitig Dōan.

Dōchō, 🅩 jap., wörtl.: »Haupt *(chō)* der Mönchshalle (*dō* → Sōdō)«; der Mönchs-Älteste in einem Zen-Kloster (→ Tera).

Dōgen Kigen, 🅩 → Dōgen Zenji

Dōgen Zenji 🅩, auch Dōgen Kigen oder Eihei Dōgen, 1200–1253, jap. Zen-Meister, der die Tradition der → Sōtō-Schule nach Japan übertrug; wohl der bedeutendste Zen-Meister Japans. Er gilt als eine der größten religiösen Persönlichkeiten Japans und wird dort von allen buddhist. Schulen wie ein Heiliger oder Bodhisattva verehrt. Außerdem wird er oft als Philosoph mißverstanden und als der »tiefgründigste und eigenwilligste Denker« bezeichnet, den Japan hervorgebracht hat. Dabei wird übersehen, daß seine Schriften, auch wenn darin die tiefsten existentiellen Fragen des Menschen angesprochen werden, nicht etwa eine Existenz*philosophie* darstellen. Was Dōgen schreibt, entspringt nicht philosoph. Spekulation, ist nicht das Er-

Dōgen Zenji. (Zeitgen. Porträt.)

gebnis von Denkprozessen, sondern Ausdruck einer unmittelbaren inneren Erfahrung der lebendigen Wahrheit des Zen.

Dōgen ging 1223 nach China, wo er unter Meister → T'ien-t'ung Ju-ching (jap. Tendō Nyojō) tiefe Erleuchtung erfuhr und von ihm das Siegel der Bestätigung (→ Inka-Shōmei) in der Traditionslinie des Sōtō-Zen erhielt. 1227 nach Japan zurückgekehrt, lebte er zehn Jahre in Kyōto, zuerst im Kloster Kennin-ji, dann im Kōshō(hōrin)-ji. Um seine Übertragungslinie vom Einfluß weltlicher Mächte, der in der Kaiserstadt oft allzu groß war, fernzuhalten, zog er sich dann in eine Einsiedelei in den Bergen der Provinz Echizen (heutige Provinz Fukui) zurück. Aus der Hütte, in der er dort lebte, entwickelte sich mit der Zeit ein großes Kloster, das zuerst Daibutsu-ji, später → Eihei-ji genannt wurde. Es ist bis heute, neben dem → Sōji-ji, das wichtigste Kloster des jap. Sōtō-Zen. Dōgens Hauptwerk, → *Shōbō-genzō,* gilt als eine der tiefgründigsten Schriften der jap. Zen-Literatur und als das hervorragendste Werk der religiösen Literatur Japans.

Gemäß den Lehren der Sōtō-Schule betonte Dōgen, daß → Shikantaza die höchste und eigentliche Form des → Zazen darstelle (siehe dazu auch → Mokushō-Zen, → Zen, esoterische Definition). Allerdings lehnte er die in der → Rinzai-Schule betonte Schulung mit Hilfe von Kōan (siehe auch → Kanna-Zen) keineswegs ab, was schon aus der Tatsache hervorgeht, daß er eine Sammlung von 300 Kōan zusammenstellte, deren jedes er mit seinem eigenen Kommentar versah und die er offenbar auch in der Zen-Schulung anwendete (*Nempyo Sambyaku Soku,* »Dreihundert Kōan mit Kommentaren«). Weitere Werke von Dōgen Zenji, die anders als das *Shōbō-genzō* eher einführenden Charakter haben, sind das → *Fukan Zazengi* und das → *Shōbō-genzō Zuimonki.*

Die wichtigsten Stadien von Dōgens Werdegang lassen sich wie folgt zusammenfassen: »Dōgen, in aristokratischer Familie geboren, gab schon als Kind Beweise seines glänzenden Geistes. Es wird berichtet, daß er als Vierjähriger chin. Gedichte und als Neunjähriger eine Abhandlung über den → Abhidharma las. Die Trauer, die er beim [frühen] Tod seiner Eltern empfand . . . prägte zweifellos seiner empfänglichen Seele eindrucksvoll die Vergänglichkeit des Lebens ein und veranlaßte ihn, Mönch zu werden. Er begann sein Noviziat auf [dem Berg] Hieizan, dem Zentrum des scholastischen Buddhismus im mittelalterlichen Japan. Er studierte dort in den folgenden Jahren die → Tendai-Lehren des Buddhismus. Als er fünfzehn Jahre alt war, wurde ihm eine brennende Frage zum Kernpunkt, um den all seine Anstrengungen kreisten: ›Wenn, wie die Sūtras sagen, unser Wesenskern Bodhi (Vollkommenheit) ist, warum mußten dann alle Buddhas um Erleuchtung und Vollkommenheit ringen?‹ Seine Unzufriedenheit mit den Antworten, die er auf dem Hieizan erhielt, führte ihn schließlich zu → Eisai Zenji, der die Lehren der Rinzai-Schule des Zen-Buddhismus von China nach Japan gebracht hatte. Eisais Antwort auf Dōgens Frage lautete: ›Kein Buddha ist sich der Existenz dessen (d. h. des Wesenskerns) bewußt, während die Tier-Ähnlichen (d. h. die in völliger Verblendung lebenden) sich dessen bewußt sind.‹

. . . Bei diesen Worten erlebte Dōgen eine innere Wesensschau [→ Kenshō], die seinen tief wurzelnden Zweifel löste . . . Daraufhin begann Dōgen unter Eisai seine Schulung, die jedoch nur kurz sein sollte. Eisai starb noch innerhalb des gleichen Jahres, und sein ältester Schüler, → Myōzen Ryōnen, wurde sein Nachfolger. In den acht Jahren, die Dōgen mit Myōzen verbrachte, löste er eine beträchtliche Anzahl von Kōan und erhielt schließlich Inka-Shōmei.

Trotz all des Erreichten, fühlte sich Dōgen geistig noch immer unbefriedigt, und diese Unruhe veranlaßte ihn, die damals gefahrvolle Seereise nach China zu unternehmen, auf der Suche nach vollkommenem Seelenfrieden [→ Anjin]. Er verweilte in allen bekannten Klöstern, übte sich unter vielen Meistern, aber sein Verlangen nach vollständiger Befreiung blieb ungestillt. In dem berühmten T'ien-t'ung-Kloster . . . errang er schließlich volle Erleuchtung, also Befreiung von Leib und Seele, durch folgende, von seinem Meister Nyojō [T'ien-t'ung Juching] geäußerten Worte: ›Ihr müßt Leib und Seele fallen lassen.‹

. . . Später erschien Dōgen dann in Nyojōs Raum, zündete ein Räucherstäbchen an (eine zeremonielle Geste, die wichtigen Gelegenheiten vorbehalten ist) und warf sich der Sitte gemäß vor seinem Meister nieder.

›Warum zündet Ihr ein Räucherstäbchen an?‹ fragte Nyojō . . .

›Ich habe das Abfallen von Leib und Seele erlebt‹, entgegnete Dōgen.

Nyojō rief aus: ›Ihr habt Leib und Seele fallen lassen; Leib und Seele sind fürwahr abgefallen!‹
Dōgen aber hielt ihm entgegen: ›Gebe der → Rōshi mir seine Bestätigung nicht so leichthin!‹
›Ich bestätige Euch nicht so leichthin.‹
Dōgen aber beharrte: ›Zeige der Rōshi mir, daß er mich nicht leichthin bestätigt.‹
Und Nyojō wiederholte: ›Dies heißt Leib und Seele fallen lassen‹, indem er es demonstrierte.
Daraufhin warf Dōgen sich wiederum vor seinem Meister nieder zum Zeichen der Verehrung und Dankbarkeit.
›Das heißt »Fallenlassen« fallengelassen‹, fügte Nyojō hinzu.« (Zit. n. Ph. Kapleau, 1981, S. 29 ff.)
Auch nach seiner tiefen Erleuchtung schulte sich Dōgen noch zwei weitere Jahre in China, bevor er nach Japan zurückkehrte und hier die jap. Tradition des Sōtō-Zen begründete, die bis auf den heutigen Tag lebendig ist.

Dōgō Enchi, 🅉 jap. für → Tao-wu Yüan-chih

Dōitsu, 🅉 jap. für Tao-i → Ma-tsu Tao-i

Dōjō, 🅉 jap., wörtl.: »Weg-Halle«; Halle oder Raum, in dem einer der japanischen »Wege« (→ Dō) geistig-praktischer Schulung geübt wird, wie etwa der Schwert-Weg (→ Kendō) oder der Bogen-Weg (→ Kyūdō). Dōjō wird auch synonym für → Zendō gebraucht.

Dokugan-Ryū, 🅉 jap. für Tu-yen-lung → Ming-chao Te-chien

Dokusan, 🅉 jap., wörtl.: »allein *(doku)* zu einem Höheren gehen (sinojap. *san,* jap. *mairu*)«; Begegnung eines Zen-Schülers mit seinem Meister in der Zurückgezogenheit von dessen Raum. Dokusan gehört zu den wichtigsten Elementen in der Schulung des Zen; es bietet dem Schüler die Möglichkeit, allein vor seinem Meister alle Probleme vorzubringen, die seine Übung (→ Zazen) betreffen, sowie in der Begegnung mit dem Meister den Stand seiner Übung zu demonstrieren und die Tiefe seiner Zen-Erfahrung auszuloten.
Viele Kōan, die ein → Mondō zwischen Meister und Schüler zum Inhalt haben, geben Begebenheiten aus Dokusan alter Zeit wieder. Der Brauch dieser individuellen Unterweisung nahm nach der Zen-Tradition mit den »geheimen Belehrungen« des → Shākyamuni Buddha seinen Anfang und wurde in dieser »Schule des Buddha-Geistes« bis heute beibehalten. War er früher in allen Linien des Zen üblich, so ist er heute in der → Sōtō-Schule fast ausgestorben und wird praktisch nur noch in der → Rinzai-Schule gepflegt.
Der Inhalt von Dokusan unterliegt aus mehreren Gründen strenger Geheimhaltung: Erstens erfordert Dokusan völlige Offenheit und Ehrlichkeit des Schülers gegenüber seinem Meister, was vielen Menschen in Gegenwart anderer nur schwer möglich ist. Zweitens demonstriert der Schüler dem Meister im Dokusan seine Lösung der Kōan; würden andere Schüler diese Antwort miterleben, so könnte ihnen das in dem Ringen um eine eigene Antwort zum Hindernis werden. Drittens ist es ganz allgemein so, daß die Einzelunterweisungen des Meisters immer der jeweiligen Situation des Schülers angemessen sind; er mag auf äußerlich gleiche Sachverhalte bei verschiedenen Schülern ganz unterschiedlich reagieren, was bei den Schülern, die noch nicht das Auge eines Meisters haben, Verwirrung stiften könnte.
In einer echten Zen-Tradition darf nur Dokusan geben, wer von einem authentischen Meister → Inka-Shōmei erhalten hat und war darüber hinaus als → Hassu bestätigt wurde.

Dōkyō, 🅉 jap. → Ichien

Dōkyō Etan 🅉, auch Shōju Rōjin, 1642–1721, jap. Zen-Meister der → Rinzai-Schule, ein Schüler und Dharma-Nachfolger (→ Hassu) von → Bu'nan Shidō und der Meister von → Hakuin Zenji.

Dölma, 🄱 tibet. für → Tārā

Dorje 🄱 (rDo-rje), tibet., wörtl.: »Herr der Steine«. Die urspr. als Blitzstrahl oder Donnerkeil (Vajra) dem hinduist. Gott Indra zugeordnete Waffe verlieh dem tantrischen Buddhismus seinen Namen (→ Vajrayāna) und wurde von diesem als unzerstörbarer Diamant interpretiert. Der Dorje ist Symbol der allem zugrundeliegenden, unveränderlichen, klaren Essenz der Wirklichkeit. Seine makellose Durchsichtigkeit, die trotzdem eine Fülle von Erscheinungen freisetzt, entspricht dem von → Nagārjuna betonten Begriff der → Shūnyatā. Siehe auch → Vajra. Im → Tibetischen Buddhismus ist der Dorje das männliche Symbol des Weges zur Erleuchtung und steht für den Aspekt von → Upāya (Methode). Drilbu, die Ritualglocke, wird als Symbol des Weiblichen aufgefaßt und ist → Prajñā (Weisheit). Beide zusammen spiegeln den Dualismus der phänomenalen Wirklichkeit, der in der Meditation aufgelöst wird.
Eine der wichtigsten → Buddhakulas besitzt als grundlegende Qualität die Festigkeit des Dorje, und als Dorje Lopön (»Diamantmeister«) wird ein Meister bezeichnet, der die Methoden des Vajrayāna vollkommen beherrscht und sie an andere weitergibt.
Ein dem Dorje verwandtes Ritualinstrument, dessen Ursprung mit der Heiligkeit des Metalls zusammenhängt, ist der → Phurbu (Dolch). Er symbolisiert vor allem die Bändigung von Dämonen (Aggression) und wurde von → Padmasambhava verwendet.

Der Geheime Geist aller Buddhas,
allwissende Weisheit,
vermittelt durch das Symbol ewiger Stärke
und Festigkeit,
Klarheit und Leerheit, des Dorje Essenz,
dem Himmelsraum gleich –
Wundervoll ist es, das Wahre Gesicht
der Realität zu sehen!

Dōsen Risshi, Z jap. für → Tao-hsüan Lü-shih

Dōshin, Z jap. für → Tao-hsin

Dōshin, Z jap., wörtl.: »Weg-Geist«; 1. das Verlangen und der Entschluß, → Erleuchtung zu verwirklichen; siehe auch → Kokorozashi; 2. ein Novize in einem Zen-Kloster (→ Tera); siehe auch → Unsui.

Dōshō, B Z 629–700, jap. buddhist. Mönch, der im 7. Jh. die → Hossō-Schule des Buddhismus in Japan begründete. Während eines Aufenthaltes in China wurde er von seinem chin. Meister → Hsüan-tsang (jap. Genjō), bei dem er die → Yogāchāra-Philosophie studierte, auch auf das Zen der → Südlichen Schule aufmerksam gemacht und suchte deshalb als erster jap. Mönch auch Meister dieser Tradition auf. In die Heimat zurückgekehrt, richtete er in einem Tempel der Hossō-Schule in Nara die erste Zen-Halle in Japan ein. Allerdings fand zu dieser Zeit noch keine echte Übertragung der Zen-Überlieferung durch einen Meister, der das »Geist-Siegel der Patriarchen« (→ Busshin-In, → Inka-Shōmei) von einem in der Übertragungslinie des Zen stehenden erleuchteten Meister erhalten hätte, nach Japan statt.

Dōsu, Z jap., wörtl.: »Verwalter *(su)* der Mönchshalle (*dō* → Sōdō)«; eine andere Bezeichnung für den → Inō eines Zen-Klosters. Dōsu wird auch als Bezeichnung für die Wohnräume des Inō verwendet.

Drachenkönig, T → Lung-wang

Draupadī, H Tochter von Drupada, dem König von Pañchāla, die Gemahlin der fünf Pāndu-Prinzen (→ Pāndavas), eine bekannte Gestalt des *Mahābhārata.*

Drei Befreiungen B, auch: Drei Tore zum Nirvāna (Skrt. Vimoksha, Pali: Vimokkha); Meditationsübung, die durch das Erkennen der Leere (→ Shūnyatā), Formlosigkeit (→ Animitta) und Wunschlosigkeit den Weg zum Nirvāna bereitet. Die Drei Befreiungen bestehen im Erkennen des Ich und aller Dharmas als leer; im Erkennen aller Dharmas als formlos und unterschiedslos; im Erkennen des Daseins als nicht wünschenswert, da es leidhaft ist.

Drei böse Pfade, B → Apāya

Dreifache Zuflucht, B → Trisharana

Drei Juwele, B → Triratna

Drei Kostbarkeiten, B → Triratna

Drei Wahrheiten, B → T'ien-t'ai-Schule

Drei Welten, B → Triloka

Drig-Drishya-Viveka H (Dṛg-Dṛśya-Viveka), Skrt., wörtl.: »die Unterscheidung *(viveka)* zwischen dem Seher *(drig)* und dem Gesehenen *(drishya)*«. Dies ist der Titel eines Sanskrit-Traktats von 46 Shlokas, der den Einstieg in die höhere → Vedānta-Philosophie ermöglicht. Drei Namen werden mit der Entstehung des Werks in Verbindung gebracht: Bhārati Tīrtha, → Shankara und Svāmi → Vidyāranya. Aller Wahrscheinlichkeit nach war Bhārati Tīrtha der Verfasser. Er war der Lehrer von Vidyāranya und von 1328 bis 1380 Leiter des von Shankara gegründeten Klosters Shringeri.

Die einzelnen Verse (Shlokas) sind für unser normales Alltagsbewußtsein zu abstrakt, da wir uns mit dem Körper identifizieren und nur ein grobstoffliches Universum sehen, also stets »die Schlange im Tau« (Shankaras berühmtes Beispiel: Im Dunkeln hält ein Mensch ein Stück Tau für eine Schlange. Ebenso sieht der im Dunkel der Nicht-Erkenntnis Befangene das unvergängliche Brahman als grobstoffliches, vergängliches Universum). Als reine Meditationstexte sollen die Shlokas die spirituelle Intuition wecken. Das *Drig-Drishya-Viveka* versucht klarzumachen, daß der Seher (→ Sākshin) mit dem Gesehenen überhaupt nichts zu tun hat. Absolutes Bewußtsein wird von einem individuellen Bewußtsein benutzt, um das Eine ohne ein Zweites (→ Advaita) in Subjekt und Objekt aufzuspalten, in Seher und Gesehenes. Dabei wird eine Vielheit projiziert, die voller Zwiespalt und Verwirrung ist (→ Māyā). In dem Traktat wird das im Körper weilende Bewußtsein in den → Jīva des Wachzustandes, den Jīva des Traumzustandes und den wirklichen Jīva unterteilt. Nur der wirkliche Jīva versucht, seine Identität mit Brahman zu erkennen und zu verwirklichen. Wenn der Strebende seine vielen falschen Vorstellungen erkennt und fragt: »Wer bin ich denn nun wirklich?«, dann antwortet sein Guru: »*Tat Tvam Asi* – Du bist Atman-Brahman.« (→ Tat Tvam Asi) Das ist die höchste Erkenntnis, die je in Worten Ausdruck gefunden hat. Dt. Übersetzung: *Drig-Drisya-Viveka,* Vedanta-Zentrum Wiesbaden, 1982.

Drilbu, B tibet.; Ritualglocke, wie sie im → Vajrayāna verwendet wird. Siehe dazu auch → Dorje.

Drishti H B (Dṛṣti), Skrt.

H Allgemein im Sinn von »Vision, Schau, Offenbarung, Auge, Weltanschauung, Theorie« verwendeter Begriff.

B (Pali: Diṭṭhi), wörtl.: »Sehen, Ansicht, Anschauung«; die sieben sog. falschen Ansichten: der Glaube an ein Ich oder Selbst (→ Anātman), die Verleugnung des Karma-Gesetzes (→ Karma), der Ewigkeitsglaube und Vernichtungsglaube, das Einhalten falscher → Shīlas, das Ansehen des durch falsche Taten geernteten Karma als richtig, und der Zweifel an den buddhist. Wahrheiten. Nach anderer Einteilung werden drei Arten von falschen Ansichten unterschieden: Glaube an die Ursachelosigkeit und Wirkungslosigkeit des Daseins sowie Nihilismus.

Unter »Ewigkeitsglaube« versteht man die Ansicht, daß es eine von den → Skandhas unabhängige Persönlichkeit gibt, die ewig ist, d. h. auch nach dem Tode und Zerfall der Skandhas weiterbesteht. Mit »Vernichtungsglaube« ist die Ansicht gemeint, eine von den Skandhas unabhängige Persönlichkeit sei nach dem Tod des Individuums »vernichtet«.

Unter »Ursachelosigkeit des Daseins« versteht man das Leugnen jeder Ursache für die Reinheit oder Unreinheit der Wesen und den Glauben an schicksalhafte Vorbestimmung. Der Glaube an eine Wirkungslosigkeit des Daseins leugnet jedwede karmische Wirkung für heilsame wie unheilsame Taten. Unter »Nihilismus« ist hier die Ansicht zu verstehen, der Mensch löse sich nach dem Tode in die Elemente auf.

Diese »falschen Ansichten« wurden vom Buddha als äußerst verwerflich bezeichnet, da sie die Grundlage für unheilsames Verhalten bilden und den Menschen in eine schlechte Wiedergeburt führen.

Drittes Auge, **H** **B** → Chakra (6. Ājñā-Chakra)

Drugpa Künleg **B** (’Brug-pa kun-legs), tibet., wörtl.: »Vollkommen guter Drache«; einer der bekanntesten »heiligen Narren« Tibets (1455–1570). Er erhielt eine religiöse Ausbildung gemäß der Überlieferung der Drugpa-Schule der → Kagyüpa, führte aber bald das unorthodoxe Leben eines umherziehenden Asketen. Drugpa Künleg gilt als Inkarnation der beiden indischen → Mahāsiddhas Saraha und Shavaripa und verfaßte in ihrer Nachfolge sog. spirituelle Lieder. Eine wichtige Rolle spielte er bei der Bekehrung Bhutans zur buddhist. Lehre, und seine Beliebtheit unter dem tibet. Volk verdankte er seiner großen Vorliebe für Mädchen und Bier.

»Ich heiße verrückter Drache, Künga Legpa.
Ich bin kein Vagabund, der um Speise oder Kleidung bettelt,
sondern habe mein Heim und meine Familie hinter mir gelassen,
um die Pilgerschaft anzutreten, die niemals endet.«

(Zit. n. K. Dowman, *Der heilige Narr,* Bern 1982.)

Dschuang Dsi, **T** chin., andere Schreibweise für → Chuang-tzu

Duhkha, **B** Skrt. (Pali: Dukkha); Leiden, Leidhaftigkeit; zentraler Gedanke des Buddhismus, der den → Vier Edlen Wahrheiten zugrunde liegt. Leidhaftigkeit stellt eines der drei Merkmale des Daseins (→ Trilakshana) dar.

Duhkha bezeichnet nicht nur Leiden im Sinne von unangenehmen Empfindungen, sondern alles Bedingte, alles Materielle und Geistige, das Entstehen und Vergehen unterworfen ist, aus den fünf → Skandhas besteht und nicht im Zustand der Erlösung ist. Damit ist auch alles momentan Angenehme Leiden, da es dem Vergehen unterliegt. – Duhkha entsteht aus Gier und Begehren (→ Trishnā) und kann durch das Aufheben der Gier überwunden werden. Die Mittel, das Erlöschen des Leidens zu erreichen, zeigt der → Achtfache Pfad auf.

Das Wesen des Leidens wird in der ersten der Vier Edlen Wahrheiten folgendermaßen beschrieben: »Geburt ist Leiden, Altern ist Leiden, Krankheit ist Leiden, Sterben ist Leiden, Kummer, Jammer, Schmerz, Trübsal und Verzweiflung sind Leiden; das Nicht-Erlangen dessen, was man begehrt, ist Leiden; kurz gesagt: die fünf mit Anhaften verbundenen Gruppen des Daseins sind Leiden.«

Duhkha-Nirodha **H** (Duḥkha-Nirodha), Skrt., wörtl. *duhkha:* »Leid«, *nirodha:* »Vernichtung«; die Überwindung, das Aufhören von Leid.

Durgā, **H** Skrt., wörtl.: »die Unergründliche«; einer der ältesten und am häufigsten gebrauchten Namen für die Göttliche Mutter, die Gemahlin Shivas.

Ihre zehnarmige Gestalt, auf einem Löwen stehend, symbolisiert ihre große Macht, die sie, nach den ved. Schriften, bald strafend, bald gnädig ausübt. Sie zerstört z. B. den Dämon der Nicht-Erkenntnis, spendet den Armen Speise und segnet mit Liebe und Erkenntnis alle, die nach Gottverwirklichung streben.

Das jährliche Anbetungsfest für die Göttin (Durgā-Pūjā) findet im Herbst statt und dauert (in Bengalen) mindestens fünf Tage. Es beginnt mit der Anrufung Durgās, damit sie aus ihrem himmlischen Reich kommen möge. Am letzten Tag wird das für das betreffende Jahr geschaffene Durgā-Bildnis in einem Fluß oder im Meer versenkt.

Dūrvā, **H** Skrt.; ein heiliges Gras, das bei der → Pūjā, dem Hindu-Ritual der Gottesverehrung, benutzt wird, wobei es aus seiner Hülse herausgezogen wird. Diese Handlung symbolisiert die Anstrengung des spirituell Strebenden, → Ātman von Körper und Denken zu trennen.

Dvaita, **H** Skrt., wörtl.: »Zweiheit«; Philosophie

des Dualismus, nach deren Auffassung der Mensch als Geschöpf von seinem Schöpfergott getrennt ist. Die exoterischen Lehren aller Religionen und die Philosophie bewegen sich in dieser Zweiheit; nur die Mystiker der Weltreligionen und die von ihnen begründeten esoterischen Traditionen sind über die Dualität von Schöpfer und Geschöpf hinausgelangt (→ Advaita-Vedānta). Unser Alltagsbewußtsein unterliegt zwangsweise der dualen Aufspaltung in Subjekt und Objekt.

Dvaitavāda, H Skrt. → Dvaita-Vedānta

Dvaitādvaita-Vedānta H, auch Bhedābheda-Vāda, Skrt., von *dvaita:* »Zweiheit« und → Vedānta; eine Philosophie des dualistischen Nicht-Dualismus, deren Hauptvertreter → Nimbārka ist. Sie lehrt, daß Brahman eins ist mit dem All (Nicht-Dualismus), aber drei verschiedene (dualistische) Formen annimmt: 1. die unbelebte Welt (→ Jagat); 2. die individuelle Seele (→ Jīva); 3. den persönlichen Gott (→ Īshvara), der für Nimbārka durch Vishnu repräsentiert wurde.

Dvaita-Vedānta, H Skrt., von *dvaita:* »Zweiheit«, → Vedānta; die dritte der drei Hauptschulen der Vedānta-Philosophie. Sie wurde von → Madhva entwickelt, der seinen Dualismus (Dvaita) → Shankaras → Advaita-Vedānta entgegenstellte. Der Dvaita-Vedānta (auch Dvaitavāda) lehrt, daß Gott und die individuelle Seele ewig getrennt sind und die Welt wirklich ist, nicht Täuschung (→ Māyā). Das Eine und die Vielfalt bleiben ewig voneinander verschieden. Zwischen Dvaita und Advaita steht der → Vishishtādvaita-Vedānta des Rāmānuja.

Dvandvamoha H (Dvaṃdvamoha), Skrt., wörtl. *dvandva:* »Paar, Gegensatz«, *moha:* »Täuschung«; die Täuschung der Gegensatzpaare wie Freude und Leid, Licht und Dunkelheit usw. Der → Advaita-Vedānta betrachtet die Gegensatzpaare als Täuschung, weil sie nur innerhalb der → Māyā möglich sind. In → Brahman, der höchsten Wirklichkeit, gibt es keine Gegensätze.

Dvāpara-Yuga, H Skrt. → Yuga

Dvārakā, H Skrt.; ein berühmter heiliger Ort am westlichsten Punkt Indiens. Der dortige Tempel ist der Anbetung Krishnas geweiht.

Dvātrimshadvara-Lakshana B (Dvātriṃśadvara-Lakṣaṇa), Skrt.; die »Zweiunddreißig Merkmale der Vollkommenheit« eines → Chakravartin, insbesondere eines Buddha, der sich auch in seiner äußeren Erscheinung von gewöhnlichen Menschen unterscheidet. Außer diesen Hauptmerkmalen sind 80 Nebenmerkmale bekannt.

Die Zweiunddreißig Merkmale sind: auf gleichem Niveau befindliche Füße; Zeichen eines tausendspeichigen Rades auf den Fußsohlen; lange schlanke Finger; breite Fersen; gekrümmte Zehen und Finger; weiche, geschmeidige Hände und Füße; gewölbte Fußrücken; Oberkörper gleich dem einer Antilope; bis an die Knie reichende Arme; männliches Glied ohne Vorhautverengung; kräftiger Körper; behaarter Körper; dichte krause Körperbehaarung; goldfarbener Körper; zehn Fuß weit in alle Richtungen Strahlen sendender Körper; weiche Haut; gerundete Hände, Schultern und Kopf; gut geformte Achseln; Oberkörper gleich dem eines Löwen; aufgerichteter Körper; kräftige muskulöse Schultern; 40 Zähne; ebenmäßige Zähne; weiße Zähne; Kiefer wie die eines Löwen; den Geschmack aller Speisen verbessernder Speichel; breite Zunge; Stimme gleich der des Brahmā; klare blaue Augen; Wimpern wie die eines Stiers; Haarlocke zwischen den Augenbrauen; kegelförmige Erhöhung auf dem Scheitel.

Einige dieser Merkmale werden in künstlerischen Darstellungen des Buddha besonders betont. Die vom Körper ausgehenden Strahlen, die nach ind. Auffassung erleuchtete Menschen aussenden und beim Buddha seine unermeßliche Güte und Weisheit symbolisieren, werden manchmal als Flammen, die von den Schultern ausgehen, abgebildet. Vielfach befindet sich über dem Kopf auch eine Aureole.

Die sich auf der Stirn zwischen den Augenbrauen befindende rechtsgedrehte Haarlocke (Ūrnā), aus der das Licht der Weisheit, das alle Wesen erleuchtet, strömt, wird meist durch einen goldenen Punkt, einen Kristall oder Halbedelstein dargestellt. Die kegelförmige Erhöhung auf dem Scheitel (Ushnīsha) wird in der → Gandhāra-Kunst und in China halbrund, in Kambodscha konisch und in Thailand spitz oder in Form einer Flamme gestaltet.

Dvija, H Skrt., wörtl.: »zweimal geboren«; als Dvija gelten die Angehörigen der oberen drei Kasten (→ Varna) der Hindu-Gesellschaft, nämlich die Brahmanen, die Kshatriyas und die Vaishyas. Die Angehörigen der vierten Kaste, die Shūdras, zählen nicht dazu.

Dyaus, H Skrt.; die dreifache, untere Welt des Denkens mit ihren drei Himmeln. Die → Rishis sahen die Welt in vielen Ebenen und teilten oftmals die Ebenen wieder in drei Regionen. Mit den drei Himmeln des menschlichen Denkens sind die Region reinen Lichts, die Region reinen Denkens und die Region eines reinen psychischen Zustands gemeint.

Dyoya-Drishti 🅗 (Dyoya-Dṛṣṭi), Skrt.; das sog. Dritte oder Göttliche Auge (*drishti:* »Auge«), das zwischen den Augenbrauen liegt und mit dem Ājñā-Chakra (→ Chakra, 6.) identisch ist. Es ist der Sitz der Intuition.

Dzogchen 🅑 (rDzogs-chen), tibet., wörtl.: »Große Vollendung«; die Hauptlehre der → Nyingmapa-Schule des Tibetischen Buddhismus. Diese auch als Ati-Yoga (Außergewöhnlicher Yoga) bekannte Lehre wird von ihren Anhängern als die endgültige und geheimste Unterweisung des → Shākyamuni Buddha angesehen. Sie wird als »groß« bezeichnet, weil es nichts Erhabeneres gibt, und es wird von »Vollendung« gesprochen, da keine weiteren Hilfsmittel nötig sind. Die Reinheit des Geistes ist nach ihrer Erfahrung ständig gegeben und braucht nur erkannt zu werden. Die Überlieferung des Dzogchen wurde im 8. Jh. von → Padmasambhava und Vimalamitra nach Tibet gebracht und schließlich von → Longchenpa im 14. Jh. zu einem einheitlichen System zusammengefaßt. Die Kondensierung dieses Systems durch Jigme Lingpa (1730–1798) stellt die bis zum heutigen Tag verbindliche Tradition der Großen Vollendung dar.
Die Dzogchen-Lehre hat ihren Ursprung in → Samantabhadra, der jenseits von Raum und Zeit liegenden Wahrheit des Dharmakāya. In einer direkten Übertragung wurde sie an → Vajrasattva, einen Aspekt des Sambhogakāya weitergegeben, und gelangte über ihn zu Garab Dorje (geb. 55 n. Chr.), dem Nirmānakāya (→ Trikāya). Garab Dorje legte diese Lehre erstmals schriftlich nieder, und zwar in 6,4 Mill. Versen, die er seinem Schüler Mañjushrīmītra überließ. Dieser klassifizierte sie in drei Zyklen: Semde (Geist-Klasse), Longde (Raum-Klasse) und Mengagde (Unterweisungsklasse), und seine Unterteilung bestimmte die Auslegung der Dzogchen-Lehren in den folgenden Jh. Mañjushrīmītras Schüler Shrīsimha redigierte nochmals die Unterweisungsklasse und in dieser Form gelangten die Lehren zu Jñānasūtra und Vimalamitra, und über letzteren nach Tibet.
Eine weitere Tradition begann mit Padmasambhava, dem die Lehren der Großen Vollendung von den → Dākinīs übermittelt wurden. Gemeinsam ist allen Unterweisungen des Dzogchen die Grundannahme, daß der Geist als selbstentstandenes Wissen seinem Wesen nach rein und unbefleckt ist. Da dies jedoch nicht erkannt wird, irren die Lebewesen im Kreislauf der Existenzen (→ Samsāra) umher. Eine der Methoden, diesen Kreislauf zu durchbrechen, ist die unmittelbare Erkenntnis des »nackten« oder »gewöhnlichen« Geistes, der jeglichen Bewußtseinsaktivitäten zugrunde liegt. Er stellt die Pforte dar zum ursprünglichen Wissen, der Einheit von Leerheit (→ Shūnyatā) und Klarheit. – Neben solchen, auf die Leerheit gerichteten Vorgehensweisen, die ohne künstliche Anstrengung bewirkt werden sollen, gibt es Methoden mit dem Schwerpunkt auf dem klaren Lichtaspekt des urspr. Wissens. Ihr Ziel ist die Verwirklichung des »Regenbogenkörpers«, d. h. die Auflösung des physischen Körpers bzw. der vier Elemente, die den Körper konstituieren, in Licht.

E

Ehatsu, 🅩 jap. → Sanne-Ippatsu

Eihei-ji, 🅩 jap., »Kloster des ewigen Friedens«; eines der beiden Hauptklöster der jap. → Sōtō-Schule. Es wurde im Jahre 1243 von → Dōgen Zenji gegründet und liegt in der für ihre strengen Winter bekannten Provinz Fukui im nördlichen Mitteljapan. Das andere Hauptkloster der Sōtō-Schule ist das → Sōji-ji.

Eihei Kōroku, 🅩 jap.; eine Sammlung der Aussprüche und Unterweisungen des großen jap. Zen-Meisters → Dōgen Zenji, die nach dessen Tod von seinem Schüler Sen'e und anderen herausgegeben wurde.

Eihei Shingi, 🅩 jap.; eine Schrift des großen jap. Zen-Meisters → Dōgen Zenji, in dem die Verhaltensregeln und die Ideale der Gemeinschaft der Anhänger des Buddhismus (Skrt. Sangha) behandelt werden. (Siehe dazu auch → Shingi.)

Einspitzigkeit des Geistes 🅑 (Skrt. Ekāgrata, Pali: Ekāgattā); das Gerichtetsein (Sammlung) des Geistes auf ein einziges Objekt. (Siehe dazu auch → Samādhi.)

Einzelunterweisung, 🅩 → Dokusan

Eisai Zenji 🅩, auch Myōan Eisai (Yōsai), ebenfalls bekannt als Senkō (Zenkō) Kokushi (→ Kokushi), 1141–1215; jap. Zen-Meister der

Ōryō-Linie des Rinzai-Zen (→ Ōryō-Schule), der als erster die Zen-Tradition erfolgreich nach Japan übertrug. Obwohl seine Linie nicht lange überdauerte, gilt Eisai als der Begründer der jap. Zen-Tradition. Er reiste zweimal (1168 und 1187) nach China. Während seines zweiten Aufenthaltes dort empfing er das Siegel der Bestätigung (→ Inka-Shōmei) von dem chin. Meister → Hsü-an Huai-ch'ang (jap. Kian Eshō) der Ōryō-Linie und gründete nach seiner Rückkehr nach Japan das Shōfuku-ji bei Hakata auf Kyūshu, das erste buddhist. Kloster in Japan, in dem Rinzai-Zen praktiziert wurde. Später wurde er zum ersten Abt des Kennin-ji in Kyōto berufen, wo er Zen, aber auch die Lehren der Tendai- und der Shingon-Schule (→ Mikkyō) lehrte. Später verlegte Eisai den Schwerpunkt seines Wirkens nach Kamakura, in die »Gegenhauptstadt« der Shōgune, wo er 1215 das Kloster Jufuku-ji gründete. Kamakura wurde neben Kyōto zum wichtigsten Zentrum des Zen in Japan (siehe dazu auch → Gosan). – Als erster Zen-Meister von → Dōgen Zenji, der später das Zen der → Sōtō-Schule nach Japan übertrug, ist Eisai auch für diese Linie des jap. Zen von Bedeutung.

Eisai wurde schon als Knabe Mönch und studierte die Lehren der → Tendai-Schule und der → Shingon-Schule auf dem Berg Hiei bei Kyōto. Bei seinem ersten Aufenthalt in China besuchte er die Zentren der → T'ien-t'ai-Schule, kam aber auch schon mit dem Zen in Berührung und fühlte sich zu ihm hingezogen. Seine zweite Reise unternahm er u. a., um Unterweisung im Zen zu finden. Von Hsü-an Huai-ch'ang als Meister in der Rinzai-Tradition bestätigt, kehrte er nach Japan zurück. Als er hier die Überlegenheit des Zen über Lehre und Praxis der Tendai-Schule propagierte, lenkte er den Zorn der etablierten Tendai-Mönche auf sich, die vorübergehend ein Verbot der neuen Schule bewirken konnten. In dem Shōgun Minamoto Yoriie, der sich als Krieger von der kargen Strenge des Zen angezogen fühlte, fand er jedoch einen mächtigen Schutzherrn und Förderer. Der Shōgun berief ihn 1204 zum Abt des Kennin-ji in Kyōto, das damit zum ersten Kloster in der Kaiserstadt wurde, in dem hauptsächlich Zen praktiziert wurde. Hier suchte ihn auch Dōgen Zenji auf. Als Zugeständnis gegenüber den etablierten buddhist. Schulen, aber auch aufgrund seines eigenen Werdeganges war das Zen, wie Eisai es lehrte, noch stark von Elementen des Tendai und Shingon durchsetzt. Die auf ihn zurückgehende jap. Linie des Zen starb schon nach wenigen Generationen aus, was daran liegen mag, daß sein wichtigster Schüler und Dharma-Nachfolger, → Myōzen Ryōnen, 1225 während eines Aufenthaltes in China starb.

Weitere Namen, unter denen Eisai Zenji bekannt wurde, sind: Myōun, Yōjō-bō und auch Senkō Kokushi. Zu seinen literarischen Werken gehören u. a. das *Kozen Gokoku-ron,* das *Ichidai Kyōron Sōshaku* und das *Kissa Yōjō-ki,* in denen er Grundfragen des Buddhismus erörtert.

Eka, Z jap. für → Hui-k'o

Ekādashī H (Ekādaśī), Skrt.; der elfte Tag nach dem Neumond oder Vollmond, den die orthodoxen Hindus mit Andacht, Meditation und Fasten verbringen. In den Klöstern wird dieser Tag mit dem Singen von → Rām-Nam verbunden.

Ekāgattā, B Pali → Einspitzigkeit des Geistes

Ekāgra H B, auch Ekāgrata, Skrt.; einzig auf einen Gegenstand oder allein *(eka)* auf einen Punkt gerichtete Aufmerksamkeit; Situation, in der alle geistigen Kräfte nur auf *ein* Objekt konzentriert werden.

Im Buddhismus als → Einspitzigkeit des Geistes bezeichnet.

Ekāgrata, H B Skrt. → Ekāgra, → Einspitzigkeit des Geistes

Ekaku, Z posthumer Name für den jap. Zen-Meister → Hakuin-Zenji

Eka-Tattvābhyāsa, H Skrt., wörtl. *eka:* »einzig«, *tattva:* »Wahrheit, Wirklichkeit«, *abhyāsa:* »wiederholte Beschäftigung«; Studium der einzigen Wirklichkeit, des höchsten Bewußtseins, das alle Wesen als innerstes Selbst durchdringt.

Ekatva, H Skrt.; Einheit, Allbetrachtung; die Fähigkeit, das Selbst oder das Göttliche in allem zu sehen und alle Dinge im Selbst.

Ekavyāvahārika, B Skrt., → Hīnayāna, → Mahāsānghika

Ekayāna B, auch Buddhayāna, Skrt., wörtl.: »das Eine Fahrzeug«; das Buddha-Fahrzeug, die eine Lehre, die zur höchsten Erleuchtung und Erlangung der Buddhaschaft führt. Der Terminus birgt zwei Aspekte: Relativ gesehen bezeichnet Ekayāna das Bodhisattva- oder Buddha-Fahrzeug im Gegensatz zum → Shrāvaka- oder → Pratyekabuddha-Fahrzeug; diese drei werden als die »Drei Fahrzeuge« (→ Triyāna) aufgefaßt, deren Lehren sich nach den Fähigkeiten der Schüler richten. Im absoluten Sinn bezeichnet Ekayāna die Letzte Wahrheit, die alle behelfsmäßigen und temporären Lehren des → Hīnayāna und → Mahāyāna umfaßt und transzendiert.

Nach Darlegung dieses absoluten Buddha-Fahrzeuges bleibt keine der anderen Methoden bestehen, da die höchste buddhist. Lehre nur in ihm zum Ausdruck kommt. Diese Auffassung des Begriffs Ekayāna findet sich im → *Lotos-Sūtra,* das den Anspruch erhebt, die vollkommenste buddhist. Lehre zu beinhalten. Es bildet die Lehrgrundlage der → Hua-yen- oder → Kegon-Schule und der → T'ien-t'ai- bzw. → Tendai-Schule.

Ekottarikāgama, B Skrt. → *Anguttara-Nikāya*

Ellora H, auch Elūrā, Höhlen- und Felsentempelanlage im ind. Staat Mahārāshtra. Der Kultbereich umfaßt 34 Tempel und Klöster aus dem 5.–9. Jh., und zwar sowohl hinduist. und jainist. als auch buddhist. Heiligtümer. Das markanteste ist der Tempel Kailāsanātha (8. Jh.), der aus einem einzigen freistehenden Felsblock herausgemeißelt wurde und den »Silbernen Berg« → Kailāsa, den Wohnsitz Shivas, symbolisieren soll. Die Steinreliefs zeigen vor allem Shivas und → Durgās Kampf gegen Dämonen; ferner Shivas Tanz, der den kosmischen Kreislauf von Erschaffen und Zerstören versinnbildlicht.

Empō Dentō-roku, Z jap.; eine von dem jap. Zen-Mönch Shiban Mangen (1625?–1710) kompilierte Schrift, die die Biographien von mehr als 1000 Zen-Mönchen enthält.

Endgültige Wahrheit, B → Paramārtha-Satya

Engaku, Z jap., wörtl.: »Vollkommene Erleuchtung«; der Grad der → Erleuchtung, den ein Buddha verwirklicht hat.

Engaku-ji, Z jap., »Kloster der Vollkommenen Erleuchtung«; ein berühmtes Zen-Kloster in Kamakura, das 1282 von dem chin. Zen-Meister → Wu-hsüeh Tsu-yüan (jap. Mugaku Sogen, auch Bukkō Kokushi) unter dem Patronat des Shōgun Hōjō Tokimune gegründet wurde. Es ist das Hauptkloster der Engaku-ji-Linie der → Rinzai-Schule in Japan und gehört zu den fünf führenden Zen-Klöstern (→ Gosan) von Kamakura. Das Engaku-ji ist eines der wenigen heute noch aktiven Zen-Klöster in Japan; zahlreiche Unter-Klöster, die über das ganze Land verstreut sind, unterstehen dem Engaku-ji.

Engaku-kyō, Z jap. für → Yüan-chüeh-ching

Engo Kokugon, Z jap. für → Yüan-wu K'o-ch'in

Enju Ben'en, Z → Ben'en

Enjudō, Z jap. → Nehandō

Enkan Seian Z, auch Enkan Saian, jap. für → Yen-kuan Ch'i-an

Enni Ben'en, Z → Ben'en

Ennin B, gen. Jikaku Daishi, 793–864, bedeutender Vertreter der jap. → Tendai-Schule; Schüler von → Saichō. Er verbrachte neun Jahre in China, wo er die Lehren der verschiedenen buddhist. Schulen studierte. Seine Erfahrungen beschreibt er in einem berühmten Reisebericht.

Mit 15 wurde Ennin Schüler von Saichō im Klosterzentrum auf dem Berge Hiei. Nach dessen Tod ging er 838 nach China, wo er sich in verschiedenen Klöstern unter berühmten Meistern schulte. 847 kehrte er mit 559 Bänden → Sūtras und Kommentaren in seine Heimat zurück.

Auf dem Berg Hiei verbreitete Ennin die Lehren der Tendai- und der → Shingon-Schule; außerdem propagierte er die Praxis des Rezitierens von Buddhas Namen (→ Nembutsu) der → Reines-Land-Schule. Er setzte das Werk seines Lehrers Saichō fort, indem er für die mahayanist. → Ordination eintrat und eine eigene Ordinationshalle errichtete. Unter Ennin erfuhr die Tendai-Schule einen großen Aufschwung. Der Bericht seiner Pilgerreise ins China der T'ang-Dynastie liefert wertvolles Material für die Erforschung des Buddhismus und der gesellschaftlichen Situation Chinas zu dieser Zeit. Er liegt in engl. Übersetzung von E. O. Reischauer vor (*Ennin's Diary,* New York 1955).

E'nō, Z jap. für → Hui-neng

Ensō Z, auch Ichi-Ensō, jap., wörtl.: »Kreisform«; der Kreis als ein Symbol des Absoluten, der Wahren-Wirklichkeit, der → Erleuchtung. Der mit einem einzigen fließenden Pinselstrich

Ensō von Tōrei (18. Jh.), einem Schüler von Hakuin Zenji.

ausgeführte Kreis ist ein beliebtes Thema in der Zen-Malerei. Es heißt, daß sich an der Ausführung eines solchen Kreises der Bewußtseinszustand des Malenden besonders gut ablesen lasse – nur wer innerlich gesammelt und im Gleichgewicht ist, vermag einen kraftvollen und ausgewogenen Ensō zu malen.

Enza, Z jap., wörtl.: »freudiges Sitzen«; ein anderer Ausdruck für das »Sitzen in Versunkenheit« (→ Zazen).

Erleuchtung, **B** **Z** damit wird in Ermangelung eines geeigneteren Ausdrucks der Sanskrit-Terminus → Bodhi (wörtl. »Erwachen«) und das jap. → Satori oder → Kenshō übersetzt; es hat allerdings nichts mit einer optischen Lichterfahrung zu tun. Vielmehr wird der Mensch dabei in einem Nu der Leere (jap. *ku;* → Shūnyatā) inne, die er selbst ist – ebenso wie das gesamte Weltall Leere ist –, und die allein es ihm ermöglicht, das Wahre-Wesen aller Dinge zu begreifen. Da »Erleuchtung« immer wieder als »Lichterfahrung« mißverstanden wird und Lichterfahrungen fälschlich für »Erleuchtung« gehalten werden, ist der deutsche Terminus »Erwachen« vorzuziehen, der die Erfahrung treffender umschreibt. Bei der hier erfahrenen »Leere« handelt es sich nicht um eine nichtige Leerheit, sondern um das Unwahrnehmbare, Undenkbare, Unfühlbare, Unendliche jenseits von Sein und Nicht-Sein. Die Leere ist kein Objekt, das ein Subjekt erführe, geht das Subjekt selbst doch in dieser Leere auf.

Die Vollkommene Erleuchtung von → Shākyamuni Buddha ist der Beginn des → Buddha-Dharma, also dessen, was »Buddhismus« genannt wird. Der Buddhismus ist eine Religion der Erleuchtung schlechthin; ohne diese Erfahrung gäbe es keinen Buddhismus.

Wenn Erleuchtung (Satori, Kenshō) ihrem Wesen nach auch stets gleich ist, so gibt es doch höchst verschiedene Grade dieser Erfahrung. Vergleichen wir den Vorgang mit dem Durchbruch durch eine Wand, so kann die Erfahrung zwischen einem winzigen Loch (einem kleinen Kenshō) und dem völligen Zunichtewerden dieser Wand wie bei der vollen Erleuchtung des Shākyamuni Buddha und allen Graden dazwischen schwanken. Die Unterschiede an Klarheit und Genauigkeit der Sicht sind enorm, auch wenn in beiden Fällen die gleiche Welt geschaut wird.

Dieses Beispiel macht zwar die Unterschiede deutlich, es hinkt jedoch insofern, als es die Welt der Erleuchtung wie ein Objekt erscheinen läßt, das man selbst als Subjekt wahrnimmt. Und weiterhin erweckt es den irrigen Eindruck, als sei die Welt der Erleuchtung, der Leere, des Absoluten, von der Welt der Phänomene geschieden. Das aber ist nicht der Fall. Bei einer tiefen Erfahrung wird klar, daß Leere/Phänomene, Absolutes/Relatives, völlig eins sind. Das Erleben der Wahren-Wirklichkeit ist eben das Erleben dieses Einsseins. »Form ist nichts als Leere, Leere ist nichts als Form«, heißt es im *Mahāprajñāpāramitā-Hridaya-Sūtra* (→ *Herz-Sūtra*) – da sind nicht zwei Welten. Durch tiefe Erleuchtung wird das Ego zunichte, es stirbt. Deshalb heißt es auch im Zen: »Du mußt einmal auf dem Kissen sterben.« Die Folge dieses »Sterbens«, des »Großen Todes«, ist das »Große Leben«, ein Leben in Freiheit und Frieden.

Erscheinungsformen (der buddhist. Gottheiten), **B** im → Tibetischen Buddhismus ist die Unterscheidung eines friedvollen und eines zornvollen oder rasenden Aspekts grundsätzlich bei jeder Gottheit des Pantheons möglich – so z. B. → Avalokiteshvara (friedvoll) und → Mahākāla (rasend). Als → Sādhana symbolisieren die Gottheiten die friedfertigen und die aggressiven oder zerstörerischen Anlagen im Bewußtsein des Übenden. Wie der moderne tibet. Meditationsmeister Chögyam Trungpa betont, ist »Zorn« hier nicht im Sinne einer ichhaften Emotion und »aggressiv oder zerstörerisch« nicht im üblichen negativen Sinn zu verstehen. Die durch die rasenden Gottheiten symbolisierten Energien sind zur Verwirklichung der Erleuchtung ebenso notwendig und hilfreich wie die friedvollen. Was hier zerstört wird, das sind die der geistigen Entwicklung hinderlichen Illusionen, und was sich angegriffen fühlt und in Schrecken versetzt wird, das ist das illusionäre Ego des Übenden.

Die gleichberechtigte Anerkennung der rasenden Energien und die große Rolle, die die in schrecklicher Erscheinungsform dargestellten rasenden Gottheiten im Tibetischen Buddhismus spielen, haben im Westen oft zu der irrigen Ansicht geführt, im Tibetischen Buddhismus würden »Dämonen verehrt«.

Neben den fünf Buddha-Familien (→ Buddhakula) kennt das → Vajrayāna auch die »Hundert Familien der edlen friedvollen und rasenden Gottheiten« (tibet. *zhi khro dam pa rigs brgya*). Diese vor allem durch das Tibetische Totenbuch (→ *Bardo Thödol*) bekannte Aufzählung von 42 friedvollen und 58 rasenden Gottheiten ist Teil der von → Padmasambhava nach Tibet eingeführten Mahāyoga-Lehren (→ Nyingmapa). Diese Gottheiten werden in zwei → Mandalas zusammengefaßt, die eine Erweiterung des Schemas der fünf Buddha-Familien darstellen. Der die rasenden Energien manifestierende Archetyp ist Chem Chog Heruka.

E'shu, **Z** jap. → Inō

E'shū Kempō, **Z** jap. für → Yüeh-chou Ch'ien-feng

F

Fa-hsiang-Schule, 🅱 chin. (jap. → Hossō), wörtl.: »Schule der Merkmale des Daseins«; bedeutende Schule des chin. Buddhismus, die die Lehren des → Yogāchāra weiterführt und auf den Schriften von → Vasubandhu und → Asanga basiert. Sie wurde von → Hsüan-tsang (600–664) und seinem Schüler K'uei-chi (632–682) begründet, die die Lehren systematisierten. Das wichtigste Werk der Schule ist das *Vijñaptimātratā-Siddhi* (chin. *Ch'eng wei-shih lun,* »Beweis des Nichts-als-Erkenntnis«) von Hsüan-tsang, ein Sammelwerk, in dem die Lehre der Schule im einzelnen dargestellt wird.
Der zentrale Gedanke der Fa-hsiang-Schule ist »Alles ist nur Ideation«, d. h. daß die äußere Welt nur das Produkt unseres Bewußtseins ist und keine »Wirklichkeit« besitzt. Die Welt ist reiner Geist. Die Dinge sind nur insofern existent, als sie Inhalt des Bewußtseins sind. Die Fa-hsiang-Schule entwickelte eine Lehre von acht Arten des Bewußtseins, um den Prozeß der Ideation zu erklären (→ Ālaya-Vijñāna). – Diese Schule erlebt heute einen großen Aufschwung und wird in China und Japan eingehend studiert.
Die Fa-hsiang-Schule reduziert alles Dasein auf 100 → Dharmas, die sie in 5 Gruppen einteilt: 1. Geist oder Bewußtsein (→ Vijñāna), 2. Geistesfaktoren (→ Chetasika), 3. Form (→ Rūpa), 4. geistunabhängige Dharmas und 5. nicht-bedingte (→ Asamskrita) Dharmas. Während andere Schulen das Bewußtsein als *ein* Dharma auffassen, unterscheidet die Fa-hsiang-Schule 8 Arten des Bewußtseins: 1.–5. die 5 Arten von Sinnesbewußtsein, 6. das → Manovijñāna, d. i. das Denkbewußtsein, das die Wahrnehmungen der Sinnesorgane verarbeitet; 7. → Manas, der selbst-bewußte, »befleckte« Geist, der denkt, will und den Hauptfaktor im Entstehen der Subjektivität bildet; und 8. das Speicherbewußtsein (Ālaya-Vijñāna); siehe dazu auch → Shiki.
Wenn nun der selbst-bewußte Geist, Manas, auf das Speicherbewußtsein einwirkt, das selbst nicht aktiv ist, sondern einem Ozean gleicht, erwachen die Samen (d. h. die von den Taten hervorgerufenen Eindrücke, die im Ālaya-Vijñāna gespeichert sind) und lassen die individuellen Objekte entstehen. Manas ist das diskriminierende Prinzip, das das Bewußtsein eines Ich und somit den Dualismus von Subjekt und Objekt hervorbringt. Die Erfahrungen der sechs Sinne werden Manas ohne Interpretation gemeldet, das die darin enthaltenen Informationen auswertet, ordnet und Befehle an die sechs Sinne gibt. Gleichzeitig speichert Manas wieder neue Samen oder Eindrücke ins Ālaya-Vijñāna ein. Diese Samen beeinflussen äußere Manifestationen, die ihrerseits wieder neue Eindrücke liefern.
Manas, das Bindeglied zwischen den Sinnen und dem Speicherbewußtsein, läßt die Vorstellung eines Ich entstehen und »beschmutzt« dadurch das Ālaya-Vijñāna. Um dies zu vermeiden, muß man den diskriminierenden Prozeß von Manas unterbrechen und es erleuchten, indem man die »Weisheit der Wesensgleichheit« entwickelt, die jenseits aller Dualismen steht. Dadurch gewinn man Einsicht in den illusionären Charakter der Welt (→ Erleuchtung).
Was die Natur der Dharmas betrifft, werden in der Fa-hsiang-Schule 3 Qualitäten unterschieden, die den »Drei Ebenen der Wahrheit« entsprechen: 1. die Ebene der vorgestellten Natur der Dharmas (→ Parikalpita): dies ist die Ebene des »falschen« illusorischen Aspekts der Wahrheit, der die Dinge so versteht, wie sie unseren Sinnen erscheinen; 2. die Ebene der »Abhängigen Natur« (Paratantra): auf dieser Ebene genießen die Dharmas nur temporäre Existenz, da alles abhängig Entstandene weder Selbstnatur noch »Wirklichkeit« besitzt; 3. die Ebene der Natur der »Letzten Wirklichkeit« (→ Parinishpanna): diese ist die Ebene der »Absoluten Wirklichkeit«, die jede Konditionalität und Relativität übersteigt. Ihr Merkmal ist die Nicht-zweiheit. Sie ist die »Soheit« (→ Tathatā), die alle Erscheinungen und spezifischen Merkmale transzendiert. Sie ist das → Nirvāna, der wahre Zustand des → Tathāgata.
Um diese letzte Ebene zu erreichen, muß man verschiedene Stufen der spirituellen Entwicklung durchmachen, bis man die Buddha-Weisheit erlangt hat. Dies ist dann verwirklicht, wenn die ersten 5 Bewußtseinsarten sich in die »Weisheit der Aktion« gewandelt haben, das Manovijñāna sich in die »Weisheit der Einsicht«, Manas in die »Weisheit der Gleichheit« und das Ālaya-Vijñāna sich in die »Weisheit des wunderbaren Spiegels« gewandelt haben. Die Fa-hsiang-Schule leugnet, daß alle Wesen → Buddha-Natur besitzen und Buddhaschaft verwirklichen können. → Ichchantikas können dieser Auffassung nach nie ein Buddha werden. Mit dieser Anschauung steht die Schule im Gegensatz zu anderen Schulen des Mahāyāna, was zu ihrem Prestigeverlust nach der T'ang-Dynastie beigetragen hat.

Fa-hsien, 🅱 ca. 337–422, chin. Mönch und Pilger, der 399 China verließ und über → Tun-huang, Khotan und den Himālaya nach Indien gelangte, wo er buddhist. Schriften, vor allem verschiedene Fassungen des → Vinaya-Pitaka, sammelte. Auf dem Seeweg kehrte er 414 nach China zurück, wo er gemeinsam mit → Buddhabhadra das → *Mahāparinirvāna-Sūtra* und das Vinaya-Pitaka der → Mahāsānghikas ins Chinesische übertrug und seinen berühmten Reisebericht *Fo-kuo chi* verfaßte, der eine der wichtigsten Informationsquellen über Geschichte und Kultur Indiens sowie den Zustand des Buddhismus im 4.–5. Jh. darstellt (engl. Ausgabe 1957 u. ö.).
Fa-hsien setzte den Anfang für eine Bewegung, der

noch viele andere chin. Pilger folgen sollten. Seine besondere Bedeutung für den Buddhismus liegt darin, daß er als erster tatsächlich Indien erreichte, Schriften sammelte, unter verschiedenen Meistern die Lehre studierte und wieder nach China zurückkehrte. Seine gemeinsam mit vier anderen Mönchen begonnene Reise führte ihn von Ch'ang-an (dem heutigen Hsi-an) auf der südlichen Route zu den Zentren des ind. Buddhismus (Benares, Gandhāra, Bodh-Gayā, Magadha, Patna) und bis nach Ceylon, wo er zwei Jahre verbrachte, schließlich nach Sumatra und Java. Insgesamt besuchte er ca. 30 verschiedene Länder.
In Pātaliputra fand er das Vinaya-Pitaka der Schulen der Mahāsānghikas und der Sarvāstivādas sowie eine Fassung des *Mahāparininirvāna-Sūtra.* Von Ceylon brachte er außerdem das Vinaya-Pitaka der → Mahīshāsakas nach China mit.

Fa-jung, **Z** jap. Hōyū, 594–657, ein früher Meister des Zen in China. Auf Fa-jung, der nach dem Namen des Berges, auf dem er lebte, auch Niu-t'ou (jap. Gozu) genannt wird, geht die → Gozu-Schule zurück. Fa-jung war ein Schüler von → Tao-hsin, dem 4. Patriarchen des Zen in China, von dem er jedoch nicht als Dharma-Nachfolger bestätigt wurde, weshalb die Gozu-Schule auch nicht zu den anerkannten Zen-Schulen in China (→ Goke-Shichishū) gehörte.

Fa-jung war in jungen Jahren ein konfuzian. Gelehrter. Er fühlte sich jedoch zum Buddhismus hingezogen, unterwarf sich einer buddhist. meditativen Schulung und zog sich schließlich in eine Höhle in der Nähe eines buddhist. Klosters auf dem Berg Niu-t'ou zurück. Es heißt, daß die Ausstrahlung seines erleuchteten Geistes so stark war, daß die Vögel der Gegend kamen, um ihm Blumenopfer darzubringen.
Wie das → *Ching-te ch'uan-teng-lu* berichtet, spürte Tao-hsin, daß auf dem Niu-t'ou-Berg ein heiliger Mann von großer Kraft leben mußte, und ging, ihn aufzusuchen. Nach einigen Tagen der Suche fand er Fa-jung auf einem Felsen in Versunkenheit sitzend. Als er sich vorgestellt hatte, ertönte aus dem Berghang das plötzliche Brüllen eines Tigers und ließ Tao-hsin zusammenfahren. »Ich sehe, Ihr seid es noch nicht los«, soll Fa-jung darauf bemerkt haben – womit er wohl meinte, daß Tao-hsin noch Spuren eines → Ich erkennen ließe. Als sich Fa-jung einige Zeit später von seinem Felsensitz erhob, schrieb Tao-hsin das chin. Schriftzeichen für »Buddha« auf dessen Sitzplatz. Als Fa-jung zurückkehrte, um seinen Platz wieder einzunehmen, schreckte er davor zurück, sich auf den heiligen Namen niederzusetzen. »Ich sehe, Ihr seid es noch nicht los«, sagte Tao-hsin darauf lächelnd. Fa-jung, der, wie seine Reaktion gezeigt hatte, noch in orthodoxen buddhist. Vorstellungen befangen war und diese Bemerkung des 4. Patriarchen nicht begriff, bat Tao-hsin daraufhin, ihn in deren tiefem Sinn zu unterweisen – was Tao-hsin auch tat.
Es heißt, daß, nachdem Tao-hsin Fa-jung wieder verlassen hatte, keine Vögel mehr mit Blumenopfern für den Heiligen auftauchten – ein Zeichen dafür, daß seine → Erleuchtung keine »Spur« mehr hinterließ (→ Goseki), der 4. Patriarch ihn also zu tiefer Erleuchtung geführt hatte. Als sich später Schüler um Fa-jung sammelten und er ihnen den → Buddha-Dharma auf seine Weise darlegte, begründete er damit die Gozu-Schule des Zen, die von dem jap. Mönch → Saichō nach Japan übertragen wurde, jedoch weder in China noch in Japan eine für das gesamte Zen bedeutsame Entwicklung nahm und nach einigen Generationen ausstarb.

Fa-lang, **B** 507–581; bedeutender Vertreter der → San-lun-Schule des chin. Buddhismus. Er trat 528 in den buddhist. Orden ein und widmete sich zuerst der Praxis des → Dhyāna und dem Studium von → Vinaya-Texten. Später beschäftigte er sich mit den Schriften der San-lun-Schule. 558 kam er in die damalige Hauptstadt (heute Nanking), wo er Tausende von Schülern um sich sammelte und der San-lun-Schule zu großer Popularität verhalf. Sein Schüler → Chi-tsang führte nach Fa-langs Tod die Tradition fort.

Fan, **T** chin. → Fu

Fang-chang, **T** chin., wörtl.: »Vierecksklafter«, auch Fang-hu (»Vierecksurne«) genannt; eine der drei Inseln der Unsterblichen vor der Ostküste Chinas, die die Heimat von Unsterblichen (→ Hsien) sein sollen und zum Inbegriff von Glückseligkeit wurden. Die Suche nach diesen Inseln der Unsterblichen spielt im religiösen Taoismus (→ Tao-chiao) eine große Rolle (→ P'eng-lai, → Ying-chou).

Die Insel wird in einem Werk des 4.–5. Jh. beschrieben: »Die Insel Fang-chang befindet sich genau in der Mitte des Ostmeers. (Ihre) vier Küsten im Westen, Süden, Osten und Norden bilden genau ein Quadrat mit einer Seitenlänge von 5000 Meilen. Die Insel wird vor allem von Drachen bevorzugt. Es gibt dort Paläste aus Gold, Jade und Kristall ... Alle Unsterblichen, die nicht zum Himmel emporfahren wollen, begeben sich auf diesen Kontinent und empfangen die ›Uranfangs-Lebens-Urkunde‹. Es sind einige hunderttausend Unsterbliche. Sie pflügen auf den Feldern und pflanzen das Unsterblichkeitskraut ... Es gibt auch Jadefelsen und unter den Quellen die (lebenspendenden) ›Neun Quellen‹. Die Prinzessinnen, die den Herrschern des Landes angetraut sind, regieren über die Wassergeister, die Drachen, Seeschlangen, Wale und alles andere Wassergetier.« (Zit. n. W. Bauer, München 1974, S. 151.)

Fang-chung shu, **T** chin., wörtl.: »Künste der inneren Kammer«; Sammelbegriff für alle sexuellen Techniken, die zur Verwirklichung des → Tao und zur Erlangung der Unsterblichkeit (→ Ch'ang-sheng pu-ssu) führen.
Die verschiedenen taoist. Sexualtechniken zielen

darauf ab, den Samen bzw. die Essenz (→ Ching) zu nähren und zu stärken, wobei der Adept jeweils der Energie des anderen Geschlechts bedarf, denn nur unter dem Einfluß des weiblichen Yin (→ Yin-yang) kann der Mann sein Yang stärken und umgekehrt. Die wichtigsten Methoden zur Stärkung des Ching sind das Vermeiden einer Ejakulation und das »Zurückkehrenlassen des Ching«, um »das Gehirn zu stärken« (→ Huan-ching pu-nao).
Kollektive sexuelle Praktiken sind aus den frühen taoist. Schulen bezeugt. Die Anhänger des Fünf-Scheffel-Reis-Taoismus (→ Wu-tou-mi tao) und des Wegs des Höchsten Friedens (→ T'ai-p'ing tao) praktizierten die sog. Vereinigung der Atem (→ Ho-ch'i). Die verschiedenen Fang-chung shu sind seit der Han-Dynastie bekannt und wurden bis ca. ins 7. Jh. privat und öffentlich geübt. Dann jedoch wurden sie unter dem Druck der konfuzian. Moral in den privaten Bereich verdrängt. Seit der Sung-Dynastie finden sich in den taoist. Texten keine Hinweise auf diese Methoden, doch ist anzunehmen, daß sie bis in die jüngste Vergangenheit geübt wurden.

Den philosoph. Hintergrund der Fang-chung shu bildet die in China verbreitete Vorstellung, daß die Entstehung der Welt aus der Vermählung von Himmel und Erde, von Yin und Yang entstanden ist, ein Prozeß, der sich in der Natur ständig wiederholt. Der menschliche Geschlechtsakt wird als Möglichkeit angesehen, an diesem kreativen Prozeß psychisch und physisch teilzuhaben und dadurch das Tao zu erfahren.
Ein wesentliches Element in den sexuellen Methoden ist der Austausch der Energien. Um sein Yang zu stärken, kann der Mann z. B. während des Liebesspiels unter der Zunge und aus den Brüsten der Frau besondere Yin-Essenzen trinken, die sich stärkend auf seine Energie auswirken. Die mächtigsten Essenzen werden aber durch den Orgasmus freigesetzt. Der Mann nimmt sie durch seinen Penis aus der Vagina der Frau auf, die Frau durch die Vagina aus dem Penis des Mannes. Dieser Austausch von Yin und Yang verleiht Gesundheit und führt zu hohem Alter.
Meist gehen die Anforderungen jedoch über den Energieaustausch hinaus, die Anhäufung von Energie tritt in den Vordergrund. Der taoist. Adept muß lernen, eine Ejakulation zu vermeiden, um sein gesamtes Ching im Körper zu bewahren. Gleichzeitig aber trachtet er danach, seine Partnerin zu möglichst vielen Höhepunkten zu bringen, um die dadurch freigesetzte Yin-Energie aufnehmen zu können. Der Mann kann die Wirksamkeit dieser Technik dadurch verstärken, daß er nacheinander mit vielen verschiedenen Partnerinnen, die jung und schön sein sollten, verkehrt. Der legendäre Gelbe Kaiser (→ Huang-ti) hat der Überlieferung nach mit 1200 Konkubinen geschlafen, ohne gesundheitliche Schäden davonzutragen, da er sich auf das Vermeiden einer Ejakulation verstand.
Die nächste Stufe stellt das sog. Zurückkehrenlassen der Essenz dar, um das Gehirn zu stärken. Diese Technik wurde auch als Vorübung zu den meditativen Atemübungen des Taoismus praktiziert, die die Entwicklung eines »Heiligen Embryos« (→ Sheng-t'ai) zum Ziel haben.
Diese Sexualtechniken wurden allerdings auf Kosten des weiblichen Partners ausgeführt. Daher lehrt eine weitere Tradition, daß beide Partner den Orgasmus unterdrükken und statt dessen eine höhere Ebene der Vereinigung anstreben sollen. Ein Text beschreibt dies so:
»Um lange zu leben, ohne alt zu werden, sollte ein Mann zuerst mit der Frau spielen. Er sollte die Jadeflüssigkeit trinken, das heißt, er sollte ihren Speichel schlucken; so steigt in Mann und Frau die Leidenschaft auf. Dann soll der Mann den P'ing-i-Punkt mit den Fingern seiner linken Hand pressen. (Der P'ing-i-Punkt liegt ungefähr 2,5 cm über der Warze der rechten Brust und wird auch als das ›im Yang anwesende Yin‹ bezeichnet.) In seinem (Unteren) Zinnoberfeld [→ Tan-t'ien] . . . sollte er sich eine helle, rote Essenz vorstellen, innen gelb und außen rot und weiß. Dann sollte er sich vorstellen, daß diese Flüssigkeit sich in eine Sonne und einen Mond teilt, die sich in seinem Bauch bewegen und dann zum → Ni-huan-Punkt in seinem Gehirn aufsteigen, wo sich die beiden Hälften wieder vereinigen.« (Zit. n. S. Colegrave, *Yin und Yang,* 1980.) Dieses symbolische Zurückholen des Samens gipfelt also in der Vereinigung des männlichen und des weiblichen Prinzips, die durch Sonne und Mond dargestellt werden.
Die Anweisungen zu den sexuellen Praktiken wurden geheimgehalten und in einer nur für Initiierte verständlichen Sprache abgefaßt, die zum Teil die Terminologie der Äußeren Alchemie (→ Wai-tan) verwendet.
Sexuelle Praktiken als Mittel zur Erleuchtung wurden nicht von allen taoist. Schulen akzeptiert. Die Schule der Vervollkommnung der Wahrheit (→ Ch'üan-chen tao) lehnt sie ab und lehrt, daß Sexualität eine ausschließlich innere Erfahrung werden müsse. Die chin. Kunst birgt zahlreiche sexuelle Symbole. Der Pfirsich mit seiner tiefen Kerbe stellt die weibliche Vulva dar. Weitere Symbole für das Weibliche sind Vase, Wolke, offene Päonienblüten, Pilze, der Weiße Tiger, nierenförmige Steine usw. Symbole für das Männliche sind u. a. Jade, Schafe, phallische Felsformationen, der Grüne Drache, die Farbe Grün, der Vogel Phönix.

Fang-hu, T chin. → Fang-chang

Fang-shih, T chin., wörtl.: »Herr der Rezepte«, Magier; Vorläufer der taoist. Gelehrten und Priester (→ Tao-shih). Die ersten Berichte über Fang-shih stammen aus dem 3. Jh. v. Chr. Diese Magier lebten vor allem an der Nordostküste Chinas und beherrschten die verschiedensten Künste (chin. *fang-shu*): Astrologie, Astronomie, Kalenderwesen, Geistheilung, Wahrsagerei, Geomantie, Sexualpraktiken usw. Sie besaßen Rezepte zur Erlangung der Unsterblichkeit und waren Experten in der Suche nach den Inseln der Unsterblichen

(→ P'eng-lai, → Fang-chang, → Ying-chou), was ihnen die Gunst der Herrscher sicherte. Sie verwendeten Drogen und Talismane (→ Fu-lu), hatten bereits Körper- und Atemtechniken zur Verlängerung des Lebens entwickelt und suchten Hilfe bei Gottheiten. Sie spielten daher eine wesentliche Rolle bei der Entstehung des religiösen Taoismus (→ Tao-chiao); ihre Kenntnisse bilden den Ausgangspunkt für die einzelnen Strömungen innerhalb des Tao-chiao. – Einer der berühmtesten und einflußreichsten Fang-shih war → Li Shao-chün.

Fang yen-k'ou, 🅑 chin. → Freilassen der Brennenden Münder

Fa-shun, 🅑 → Tu-shun

Fa-tsang, 🅑 → Hua-yen-Schule

Fa-yen-tsung, 🅩 chin. für → Hōgen-Schule

Fa-yen Wen-i, 🅩 jap. Hōgen Bun'eki, 885-958, chin. Zen-Meister; ein Schüler und Dharma-Nachfolger (→ Hassu) von → Lo-han Kuei-ch'en (jap. Rakan Keijin) und der Meister von → T'ien-t'ai Te-shao (jap. Tendai Tokushō). Fa-yen war einer der hervorragenden Zen-Meister seiner Zeit; er stand in der Nachfolge von → Hsüan-sha Shih-pei (jap. Gensha Shibi), dessen Dharma durch Fa-yen weite Verbreitung fand, weshalb die bis dahin Hsüan-sha-Schule genannte Übertragungslinie seither als Fa-yen-Schule (jap. → Hōgen-Schule) bekannt ist. Fa-yen hatte 63 Dharma-Nachfolger; wir begegnen ihm im 26. Beispiel des → *Wu-men-kuan* sowie im 7. Beispiel des → *Pi-yen-lu.*

Von Fa-yens umfangreichen Schriften sind nur wenige erhalten, darunter einige Gedichte und eine Abhandlung über das Zen und den zu seiner Zeit sich schon abzeichnenden Verfall der Zen-Schulen in China mit dem Titel *Tsung-men shih-kuei-lun.* Seine Aussprüche und Unterweisungen sind aufgezeichnet in dem in der ersten Hälfte des 17. Jh. von den Mönchen Yüan-hsin und Kuo Ning-chih kompilierten *Chin-ling Ch'ing-liang Wen-i-ch'an-shih yü-lu* (»Aufzeichnung der Worte des Zen-Meisters Wen-i vom Ch'ing-liang-Kloster in Chin-ling«).

Fa-yen wurde im Alter von sieben Jahren Mönch. Zuerst studierte er die konfuzian. Klassiker und die buddhist. Sūtras, vor allem das → *Buddhāvatamsaka-Sūtra,* die grundlegende Schrift der → Hua-yen-Schule des chin. Buddhismus. Da ihn die philosoph. Studien jedoch nicht befriedigten, suchte er schließlich Unterweisung in der Zen-Schule. Sein erster Zen-Meister war → Ch'ang-ch'ing Hui-leng (jap. Chōkei Eryō); wenn Fa-yen unter ihm auch noch keine Erleuchtung erfuhr, so war er doch in der Mönchsgemeinschaft um Ch'ang-ch'ing bereits hoch angesehen. Als er später mit einigen Gefährten auf Pilgerschaft (→ Angya) war, wurde die Gruppe von einem Unwetter gezwungen, im Ti-ts'ang-Kloster in Fu-chou Zuflucht zu suchen, wo sie dessen Abt, Lo-han Kuei-ch'en, trafen, der nach dem Namen seines Klosters auch Meister Ti-ts'ang (jap. Jizō) genannt wurde. Hier kam es zu dem → Mondō zwischen Ti-ts'ang und Fa-yen, das unter dem Stichwort → Lo-han Kuei-ch'en zitiert ist. Wie wir aus dem → *Ching-te ch'uan-teng-lu* erfahren, kam Fa-yen bei Ti-ts'angs Worten »Nicht-Wissen ist am dichtesten« zu einer Erleuchtungserfahrung. Daraufhin blieben er und seine drei Begleiter im Ti-ts'ang-Kloster, um sich weiter unter Meister Lo-han zu schulen; sie alle wurden später bedeutende Zen-Meister.

Meister Lo-han nahm Fa-yen, der noch stark unter dem Eindruck seiner früheren intellektuellen Studien stand und mit Vorliebe philosoph. Passagen aus dem *Buddhāvatamsaka-Sūtra* zitierte und diskutierte, in eine strenge Schulung. Immer wieder wischte er Fa-yens gelehrte Aussagen mit den Worten »Das ist nicht der Buddha-Dharma« beiseite. Als Fa-yen eines Tages weiterwandern wollte, begleitete Lo-han ihn zum Klostertor. Dort wies er auf einen Stein und fragte Fa-yen: »Es steht geschrieben: ›Die Drei Welten sind nichts als Geist, die Zehntausend Dinge [alle Phänomene] sind nichts als Bewußtsein.‹ Sag einmal, ist dieser Stein in deinem Bewußtsein oder nicht?«

Fa-yen antwortete: »Im Bewußtsein.«

Meister Lo-han sagte daraufhin: »Was schleppst du als Pilger einen solchen Stein mit dir herum?«

Fa-yen wußte nichts zu antworten – und blieb weiter bei Meister Lo-han, der ihn schließlich zu tiefer Erleuchtung führte.

Als Fa-yen später selbst als Zen-Meister wirkte, verbreitete sich sein Ruf schnell, und aus allen Teilen des Landes machten sich die Zen-Mönche in Scharen auf zu ihm. Die Zahl der Mönche, die sich im Ch'iung-shou-Kloster in Lin-ch'uan um ihn sammelten, soll seitdem nie kleiner als tausend gewesen sein. Die Dharma-Nachfolger von Fa-yen verbreiteten sein Dharma über ganz China und bis nach Korea, und die nach ihm benannte Schule des Zen blühte während dreier Generationen, verfiel dann jedoch und starb nach der fünften Generation aus.

Fei-sheng, 🅣 chin., etwa: » bei hellem Tag gen Himmel steigen«; Metapher, die die Schlußapotheose eines Anhängers des religiösen Taoismus (→ Tao-chiao) beschreibt, dem durch verschiedene Übungen die Umwandlung seiner Natur gelungen ist und der zum Unsterblichen (→ Hsien) wurde.

Feng-hsüeh Yen-chao, 🅩 jap. Fuketsu Enshō, 896–973, chin. Zen-Meister der → Rinzai-Schule; ein Schüler und Dharma-Nachfolger (→ Hassu) von → Nan-yüan Hui-yung (jap. Nan'in Egyō) und der Meister von → Shou-shan Sheng-nien (jap. Shuzan Shōnen). Feng-hsüeh gilt als einer der größten Meister in der Nachfolge von →Lin-chi I-hsüan (jap. Rinzai Gigen), ein – wie schon Yang-shan Hui-chi (jap. Kyōzan Ejaku) geweissagt haben soll – würdiger Erbe des Dharma von Huang-po Hsi-yün (jap. Ōbaku Kiun), dem Meister von Lin-chi. Wir begegnen Feng-hsüeh im 24. Beispiel des →*Wu-men-kuan* sowie im 38. und 61. Beispiel des →*Pi-yen-lu.*

Feng-hsüeh studierte in seiner Jugend die konfuzian. Klassiker und wollte die Beamtenprüfung für den Staatsdienst ablegen. Daß er sie im ersten Anlauf nicht bestand, brachte eine Wende in seinem Leben: Er ging in die Hauslosigkeit und trat in ein buddhist. Kloster ein, wo er sich der strengen Disziplin der →Vinaya-Schule unterwarf und zuerst die philosoph. Schriften des Mahāyāna-Buddhismus studierte, vor allem die Lehren der →T'ien-t'ai-Schule. Die bloßen philosoph. Spekulationen ließen ihn jedoch unbefriedigt, und so machte er sich auf die Suche nach einem Meister des Zen, der ihn zu eigener Erfahrung der in den Schriften angedeuteten Wahrheit führen konnte. Da es ihm an Verstand, Schlagfertigkeit und Selbstsicherheit nicht mangelte und ihm im Dialog so leicht niemand beikommen konnte, hielt er sich allerdings zu früh schon für erleuchtet, und es bedurfte eines strengen Meisters wie Nan-yüan, ihm seine Grenzen aufzuzeigen und damit eine echte Schulung zu ermöglichen. Feng-hsüehs Werdegang, der schließlich zur Erleuchtung unter Meister Nan-yüeh führte, wird in Meister Yüan-wus Darlegungen zum 38. Beispiel des →*Pi-yen-lu* ausführlich dargestellt.

Feng-kan, Z jap. Bukan, chin. Zen-Meister der T'ang-Zeit (genaue Lebensdaten unbekannt, wahrscheinlich Mitte 7. Jh.). Er war →Rōshi des Kuo-ch'ing-Klosters im T'ien-t'ai-Gebirge. Das Wenige, das man über ihn weiß, stammt zum größten Teil aus dem Vorwort zum *Han-shan-shih,* einer Sammlung von Gedichten des Einsiedlers →Han-shan, die auch einige Gedichte enthält, die Feng-kan zugeschrieben werden.

Zu seiner Rolle als Thema in der Zen-Malerei →Hanshan.

Fen-yang Shan-chao, Z jap. Fun'yō Zenshō, 947–1024, chin. Zen-Meister der →Rinzai-Schule; ein Schüler und Dharma-Nachfolger (→Hassu) von →Shou-shan Sheng-nien (jap. Shuzan Shōnen) und der Meister von →Shih-shuang Ch'u-yüan (jap. Sekisō Soen). Von Fen-yang heißt es, daß er durch China wanderte und 71 Meister der überall im Niedergang begriffenen Zen-Schulen aufsuchte in dem Bemühen, von der Zen-Tradition zu retten, was noch zu retten war. So flossen in seiner Weise der Unterweisung schließlich Elemente aus den verschiedenen Übertragungslinien zusammen und lebten innerhalb der Rinzai-Schule weiter.

Fen-yang war einer der ersten Zen-Meister, die die Aussprüche alter Meister in poetischer Form besangen und damit die Tradition des Dichtens von Lobsprüchen (→Ju) begründeten. (Siehe dazu auch →Chih-men Kuang-tsu, →Hsüeh-tou Ch'ung-hsien.)

Fo T'u-teng, B 232–348, buddhist. Mönch zentralasiat. Abstammung, der 310 nach Lo-yang kam, um dort ein religiöses Zentrum zu errichten. Aufgrund seiner magischen Fähigkeiten (u. a. Voraussehen des Ausgangs von militärischen Operationen, Regenzauber) erwarb er sich das Vertrauen des Herrschers, als dessen Berater er mehr als 20 Jahre lang fungierte.

Er betonte unermüdlich die Wichtigkeit der Menschlichkeit, des Abstehens vom Töten und von der Tyrannei, womit er einen positiven Einfluß auf den Regierungsstil der Herrscher seiner Zeit hatte. Fo T'u-teng setzte sich für die Verbreitung des Buddhismus in seiner elementarsten Form und mit einfachsten Mitteln im chin. Volk ein. Unter seinem Einfluß wurde es Chinesen erstmals offiziell gestattet, dem buddhist. →Sangha beizutreten und sich zu Mönchen ordinieren zu lassen. Er soll auch für die Gründung des chin. Nonnenordens (→Bhikshunī) gesorgt haben.

Fo-yen-yüan, Z jap. Butsugen-on; chin. Meister der →Fuke-Schule, →Kakushin.

Frage-und-Antwort, Z →Mondō

Freilassen der Brennenden Münder B (chin. Fang yen-k'ou); Zeremonie für Verstorbene. Die »Brennenden Münder« bezeichnen eine Art von »Hungrigen Geistern« (→Gati, →Preta). Dieses Ritual, das tantrischen Ursprungs ist (→Mi-tsung), will die Hungrigen Geister von ihren Qualen erlösen und ihnen eine Wiedergeburt als Mensch oder sogar im Westlichen Paradies (→Sukhāvatī) ermöglichen. Es ist eine der populärsten Zeremonien, die von Verwandten für das Wohl ihrer verstorbenen Angehörigen abgehalten und auch im Rahmen des →Ullambana-Festes durchgeführt wird. Diese Tradition ist heute nicht mehr an eine bestimmte Schule gebunden.

Die Zeremonie des Freilassens der Brennenden Münder dauert ca. fünf Stunden und findet am Abend statt, da es den Hungrigen Geistern zu dieser Zeit am leichtesten fällt, ihren Aufenthaltsort zu verlassen. Die ausführenden Mönche tragen dabei rote oder goldene Hüte in Form einer Krone, benutzen verschiedene rituelle Gegenstände wie →Dorje und Glocke und rufen die Drei Kostbarkeiten (→ Triratna) um Hilfe an. Dann durchbrechen sie kraft ihrer magischen Gesten (→ Mudrā) die Tore der Hölle (→ Naraka), öffnen die Münder der Hungrigen Geister und flößen ihnen süßen Nektar ein, d. h. Wasser, das durch das Rezitieren von → Mantras geweiht wurde. Anschließend daran nehmen die Brennenden Münder Zuflucht (→ Trisharana) und legen die → Bodhisattva-Gelübde ab. Ist die Zeremonie erfolgreich, können die Hungrigen Geister sofort als Mensch oder sogar im Westlichen Paradies wiedergeboren werden.

Diese Zermonie wird noch heute vor allem in Taiwan und Hongkong durchgeführt. Sie geht nach der Überlieferung darauf zurück, daß → Ānanda von Brennenden Mündern träumte. Um zu vermeiden, selbst als solcher wiedergeboren zu werden und um alle Brennenden Münder zu retten, wandte er sich an den Buddha um Hilfe, der daraufhin für die Hungrigen Geister bestimmte → Dhāranīs rezitierte.

Fu **T**, auch Fan, chin., wörtl.: »Wiederkehr, Rückkehr«; Begriff des → *Tao-te ching,* der die wesenhafte Bewegung des Tao beschreibt: »Rückkehr ist die Bewegung des Tao« (*Tao-te ching,* Kap. 40). Die Rückkehr aller Dinge zu ihrem Ursprung ist das allen Erscheinungen zugrundeliegende Gesetz: Alle Dinge gehen aus dem Tao hervor und müssen wieder dorthin zurückkehren. Zur Wurzel zurückzukehren bedeutet in der taoist. Meditationspraktik, Erleuchtung erlangt zu haben.

Dieser Gedanke kommt im 16. Kap. des *Tao-te ching* zum Ausdruck: »Nachdem ich die vollkommene Leerheit erreicht habe und die Stille stetig bewahren kann, vermag ich die Wiederkehr der sich regenden Zehntausend Wesen wahrzunehmen. Von all diesen wimmelnden Wesen kehrt ein jedes zu seiner Wurzel zurück. An seine Wurzel zurückgekehrt, ist es still. Hat es die Stille erreicht, ist es in seinen Urzustand zurückgekehrt. Die Rückkehr zum Urzustand ist das allgemeine Gesetz. Das allgemeine Gesetz kennen heißt erleuchtet sein. Es verkennen, heißt vergeblich wirken und das Unglück auf sich ziehen.« (Zit. n. M. Kaltenmark, 1981, S. 79.) Das *Tao-te ching* kennt verschiedene Ziele der Rückkehr: Meist ist es das Tao, dann wird es mit der Vorstellung der Heimat, der Mutter oder der Wurzel verbunden. An anderen Stellen ist das Ziel der Rückkehr die ursprüngliche Einfachheit (→ P'u), das Grenzenlose (→ Wu-chi) und ein idealer Urzustand der Gesellschaft (»Goldenes Zeitalter«). Bezieht sich aber der Begriff der Rückkehr auf das Tao selbst, so meint er die Rückkehr des Tao in seinen Urzustand, der Nicht-Wesen, Nicht-Tun (→ Wu-wei) und Namenlosigkeit ist.

Im *Buch der Wandlung(en) (→ I-ching)* bezeichnet Fu das Umschlagen einer Eigenschaft in ihr Gegenteil: Hat das Yin (→ Yin-yang) seinen Höhepunkt erreicht, kehrt das Yang zurück. Das Hexagramm »Fu«, das diese Bewegung symbolisiert, besteht aus einer ungebrochenen Yang-Linie unter fünf gebrochenen Yin-Linien. – Die Vorstellung von Fu als Wiederkehr der Jahreszeiten oder als die Abfolge von Leben und Tod spielt im chin. Denken ebenfalls eine zentrale Rolle.

Fubo-Mishō-Izen, **Z** jap., wörtl.: »vor der Geburt der eigenen Eltern«; ein Zen-Ausdruck, der auf das eigene Wahre-Wesen oder Buddha-Wesen (→ Busshō) hinweist, ein anderer Ausdruck für → Honrai-no-Memmoku.

Fu-ch'i, **T** chin., wörtl.: »sich von Atem ernähren«; taoist. Atemtechnik, bei der man die Aufmerksamkeit auf den Atem lenkt, ihn in die Fünf Eingeweide (→ Wu-tsang) eindringen und dort zirkulieren läßt. Dann schickt man ihn weiter durch Füße, Herz, Nacken, die neun Körperöffnungen und die Gelenke. Dadurch »ernährt man den Körper«. – Diese Übung dient als Vorbereitung zur Embryonalatmung (→ T'ai-hsi).

Eine besondere Form des Fu-ch'i besteht im Aufnehmen des Atems der Fünf Keime (Wu-ya): Man läßt das → Ch'i der Fünf Elemente (→ Wu-hsing) in die entsprechenden inneren Organe eindringen, indem man den Atem der Fünf Himmelsrichtungen absorbiert (das Zentrum ist die fünfte Himmelsrichtung). Bei dieser Übung folgt der Taoist im Geist dem Atem und sieht ihn in die Organe eintreten, wo er sich mit dem Sekret des jeweiligen Organs vermischt. Nur so kann er im Körper zirkulieren und seine Heilkraft entfalten. Das Absorbieren des Atems der Fünf Keime bewirkt eine Stärkung der Fünf Eingeweide.

Fudochi Shimmyō-roku, **Z** eine Schrift des jap. Zen-Meisters → Takuan. Sie legt die Prinzipien der Zen-Praxis dar, indem sie die Geisteshaltung des Zen-Übenden mit der eines Menschen vergleicht, der den jap. Schwert-Weg (→ Kendō) geht.

Fugen, **B** **Z** jap. für → Samantabhadra

Fugyō-ni-Gyō, **Z** jap., wörtl.: »Nicht-Tun beim Tun«; Ausdruck des Zen für das absichtslose Handeln, das keine Spur im Herz-Geist (→ Kokoro) des Handelnden zurückläßt, wie es sich aus tiefer → Erleuchtung ergibt. Es ist eine Weise des »Tuns«, die nicht vorbedacht ist, sondern sich als augenblickliche, spontane Reaktion auf die jeweiligen Umstände ergibt. Eine Voraussetzung hierfür ist die Entwicklung von → Jōriki; doch reicht Jōriki allein nicht aus, um den Bewußtseinszustand des Fugyō-ni-Gyō zu erreichen. Hierzu gehört auch, daß der Handelnde den Früchten seines Tuns nicht verhaftet ist, ja, daß er sich im Handeln nicht seiner selbst, d. h. seines begrenzten → Ich (Ego), als des Urhebers der Handlung bewußt ist. Das ist ohne Erleuchtung unmöglich.

Die Vorstellung des »Nicht-Tuns beim Tun« findet sich schon im Taoismus (→ Wu-wei), der Wesentliches zur Ausformung des Zen beigetragen hat.

Fuhōzō, **Z** jap., wörtl.: »Schatzhaus der Weitergabe des Dharma«; 1. die Tatsache der Übertragung des → Buddha-Dharma über eine lange Traditionslinie von Patriarchen (→ Soshigata), die von → Shākyamuni Buddha ausgeht (siehe auch Traditionstafel des Zen, S. 474); 2. ein Übermittler des Buddha-Dharma, der in der Traditionslinie der bis auf den historischen Buddha zurückgehenden Patriarchen steht.

Fu Hsi, **T** Gestalt der chin. Mythologie, Gemahl von → Nü-kua. Fu Hsi ist der erste der Drei Erhabenen Kaiser Chinas, nach traditioneller Auffassung hat er von 2852 bis 2737 oder 2952 bis 2836 v. Chr. regiert. Die Menschheit verdankt ihm zahlreiche Erfindungen: Er lehrte den Gebrauch des Fischernetzes und somit den Fischfang sowie die Zähmung wilder Tiere und die Seidenraupenzucht. Er erfand das Winkelmaß, das zu seinem Emblem wurde und mit dem später der Große Yü (→ Ta-yü) die Welt vermessen sollte. Seine wichtigsten Schöpfungen sind die Musik und die Acht Trigramme (→ Pa-kua, → *I-ching*), die die Grundlage der Schrift bilden sollen. Ferner schreibt ihm die Tradition die Erfindung des Orakelnehmens mittels Schafgarbenstengeln zu. Er soll auch die hundert chin. Familiennamen erfunden und die Heiraten geregelt haben, die nur zwischen Personen mit verschiedenen Familiennamen stattfinden durften. Fu Hsi wird als menschliches Wesen mit Schlangenleib dargestellt. Auf Abbildungen in taoist. Tempeln hält er meist eine Tafel mit den Acht Trigrammen in der Hand.

Fu jih-hsiang, **T** chin., wörtl.: »das Bildnis der Sonne in sich aufnehmen«; taoist. heliotherapeutische Technik, die begleitend zu den Atemübungen ausgeführt wird. Sie ist Männern vorbehalten; Frauen nehmen das Bildnis des Mondes in sich auf.

Bei der Übung des Fu jih-hsiang schreibt der taoist. Adept das chin. Zeichen für Sonne mit zinnoberroter Tinte auf ein grünes papierenes Rechteck. Jeden Morgen konzentriert er sich, das Gesicht nach Osten gewandt, so lange auf dieses Papier, das er in seiner Linken hält, bis es die Sonne selbst wird. Dann löst er es in Wasser auf, trinkt es, klappert neunmal mit den Zähnen (→ K'ou-ch'ih) und schluckt den Speichel (→ Yü-chiang).

Fukaku Zenji, **Z** jap. für → P'u-chüeh-ch'an-shih

Fukan Zazengi, **Z** jap., »Allgemeine Darlegung der Prinzipien des Zazen«; eine Schrift des großen jap. Zen-Meisters → Dōgen Zenji, die er nach seiner Rückkehr aus China als allgemeine Einführung in die Praxis des → Zazen verfaßte. Er betont darin, daß Zazen kein »Mittel zur Erleuchtung« ist, da man selbst dann, wenn man → Erleuchtung erlebt hat, weiterhin Zazen übt, das die grundlegende Praxis aller Buddhas ist (vgl. → Zen, esoterische Definition). Die Entwicklung setzt sich unendlich fort.

Fukasetsu, **Z** jap., wörtl.: »das Nicht-Sagbare«; wie die Mystiker aller Kulturen und Zeitalter sagt auch das Zen, daß das in der → Erleuchtung (auch → Kenshō, → Satori) Erfahrene sich aller begrifflichen Aussagbarkeit entzieht. Wer seines Wahren-Wesens oder Buddha-Wesens (→ Busshō) innegeworden ist, der ist, wie der chin. Zen-Meister → Wu-men Hui-k'ai (jap. Mumon Ekai) in seinen Darlegungen zum 1. Beispiel des *Wu-men-kuan,* dem berühmten »Kōan Mu«, sagt, »wie ein Stummer, der einen Traum gehabt hat«. Auf der Erfahrung des Fukasetsu beruht die für das Zen so typische Warnung vor dem Festhalten am Wortlaut heiliger Schriften, die immer nur »der Finger« sein können, »der auf den Mond [die Wahre-Wirklichkeit] hinweist, aber nie der Mond selbst«.

So heißt es in der Charakterisierung des Zen in vier kurzen Aussagen, die → Bodhidharma, dem 1. Patriarchen des Zen in China, in den Mund gelegt wird, nach der Meinung mancher Zen-Gelehrten aber dem Meister → Nan-ch'üan P'u-yüan (jap. Nansen Fugan) zuzuschreiben ist:

»(Eine) besondere Überlieferung außerhalb der (orthodoxen) Lehre [jap. *kyōge betsuden*],
Unabhängigkeit von (heiligen) Schriften [jap. *furyū monji*]
(und das) unmittelbare Deuten (auf des) Menschen Herz [jap. *jikishi ninshin*]
(führen zur) Schau des (eigenen) Wesens (und zur) Buddha-Werdung [jap. *kenshō jōbutsu*].«

Die Unaussprechbarkeit der Zen-Erfahrung ist es auch, die die Meister des Zen in → Mondō oder → Hossen so gern auf wortlose Gesten als das die sprachliche Mitteilung transzendierende Ausdrucksmittel zurückgreifen läßt. Wie die Tatsache, daß das Zen ein reiches Schrifttum hervorgebracht hat, zeigt, wird die Nützlichkeit von Schriften vom Zen nicht völlig geleugnet; betont wird jedoch immer wieder, daß keine die Wahre-Wirklichkeit *enthält* oder diese *mitteilen kann.* Nur wer durch die Erfahrung gegangen ist, der die Schriften Ausdruck geben, kann lesen, was da steht.

Im *Chuang-tzu,* dem Werk des großen taoist. Weisen Chuang-tzu, der mit seinem geistigen Vater Lao-tzu ebenso zu den Vorvätern des Zen zu zählen ist wie die frühen indischen Patriarchen (→ Soshigata), findet sich folgender Ausspruch des Lao-tzu, der von Zen-Meistern oft im Zusammenhang mit Fukasetsu zitiert wird: »Wenn das Tao [→ Dō] etwas wäre, das sich darbringen ließe, so würde jedermann es seinem Herrscher darbringen. Wenn das Tao etwas wäre, das sich überreichen ließe, so würde jedermann es seinen Eltern überreichen. Wenn das Tao etwas wäre, das sich anderen mitteilen ließe, so würde jedermann es seinen Brüdern mitteilen.«
Dem ist aber nicht so; es ist nur durch eigene unmittelbare Erfahrung zugänglich. Deshalb sagt Lao-tzu auch zum Abschluß des zitierten Abschnitts: »Wer das [das Tao] im Herzen nicht erfahren hat, dem öffnen sich nicht die Tore des Himmels.«

Fukashigi, Z jap., wörtl.: »das Undenkbare«; das, was sich jeder gedanklichen, begrifflichen Erfassung entzieht bzw. das, was das Denken transzendiert; das »Wunderbare«, das »Unergründliche«. Nach der Lehre des Zen ist die Letzte-Wirklichkeit, das Wahre-Wesen oder Buddha-Wesen (→ Busshō), jenseits des Denkens, also *fukashigi.* Aber wenn sie auch unausdenkbar und unbegreiflich ist, so ist sie doch unmittelbar *erfahrbar.* Die Erfahrung dieses Undenkbaren ist das, was man als → Erleuchtung (auch → Kenshō, → Satori) bezeichnet.

Fukatoku, Z jap., wörtl.: »Das, was nicht zu (be)halten ist«; der »ungreifbare«, nicht-substantielle Charakter aller Phänomene. Da nach buddhist. Verständnis alle Phänomene in Abhängigkeit von bestimmten direkten und indirekten Ursachen (→ Innen) entstehen, entbehren sie jeglicher unvergänglichen Substanz und sind letztlich »leer« (jap. *kū,* Skrt. → Shūnyatā), also *fukatoku.*

Fuke, Z jap. für → P'u-hua

Fuke-Schule, Z chin. P'u-hua-tsung oder P'u-hua-ch'an, jap. Fuke-shū; eine der unbedeutenderen Seitenlinien der chin. Zen-Tradition, die im 9. Jh. von dem exzentrischen chin. Meister → P'u-hua (jap. Fuke), einem Schüler von → P'an-shan Pao-chi (jap. Banzan Hōshaku) und »Enkel im Dharma« des großen Zen-Meisters → Ma-tsu Tao-i (jap. Baso Dōitsu), gegründet wurde. In dieser Schule, die nicht zu den → Goke-Shichishū gehört, wurde das Rezitieren von Sūtras als meditative Praxis durch das Blasen der Bambusflöte (jap. *shakuhachi*) ersetzt.
Die Fuke-Schule wurde während der Kamakura-Zeit von dem bedeutenden jap. Zen-Meister → Kakushin nach Japan übertragen. Anhänger der Schule, die zum größten Teil Laien waren, pilgerten mit bienenkorbförmigen Bambushüten, die ihr Gesicht und damit ihre persönliche Identität verbargen, durch das Land und spielten dabei die Shakuhachi, deren Klang die Gläubigen an den Buddha-Dharma gemahnen sollte; sie wurden → Komusō, Mönche der Leere, genannt. Nachdem die Fuke-Schule in der ausgehenden Tokugawa- (auch Edo-)Zeit zur Zuflucht herrenloser Samurai (jap. *rōnin*) geworden war, die den Mönchshut bei ihren Händeln oft als bloße Tarnung mißbrauchten, wurde diese Schule in der Meiji-Zeit offiziell verboten.

Fuketsu Enshō, Z jap. für → Feng-hsüeh Yen-chao

Fukyō, Z jap., wörtl.: »Sūtra-Rezitation«; Zen-Ausdruck für die gemeinsame Sūtra-Rezitation der Mönche in einem Zen-Kloster.

Fu-lu, T chin.; in vielen Schulen des religiösen Taoismus (→ Tao-chiao) verwendete magische Talismane, die der Tradition nach das erste Mal von → Chang Tao-ling gebraucht wurden. Ihm sollen sie von → Lao-tzu offenbart worden sein.

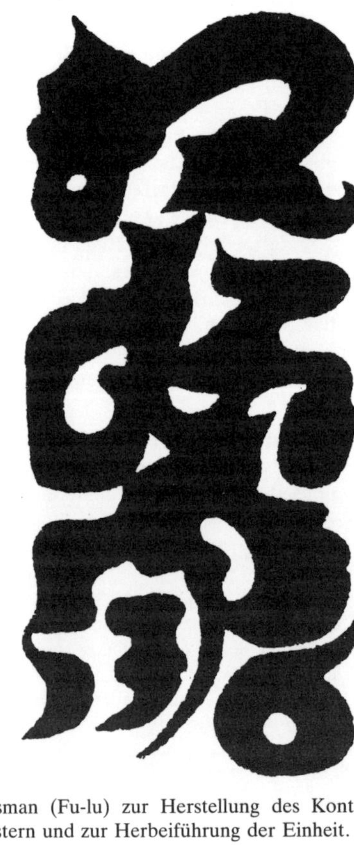

Talisman (Fu-lu) zur Herstellung des Kontakts mit Geistern und zur Herbeiführung der Einheit.

Die Fu-lu sind Papier-, Metall- oder Bambusstreifen, die chin. Schriftzeichen ähnelnde Linien tragen und vor Krankheiten schützen und Dämonen abhalten sollen. Die größte Verbreitung fand der Gebrauch von Talismanen in der Schule des → Cheng-i tao.

Ursprünglich waren die Fu-lu auf Bambus, Papier- oder Metallplättchen geschriebene »Verträge«, die man in zwei Teile spaltete, so daß jede Partei einen Teil des Vertrages behielt. Die von den Himmlischen Meistern (→ T'ien-shih) verwendeten Fu-lu waren Zaubersprüche, die die Einhaltung der mit den Gottheiten abgeschlossenen Verträge garantieren sollten. Jeder Anhänger des Taoismus war den Gottheiten gegenüber verpflichtet, nicht zu sündigen; als Gegenleistung für dieses Versprechen erhielt er die Zusicherung, nicht zu erkranken. Die Fu-lu symbolisieren diesen Kontrakt.

Später wurden die Fu-lu bei allen wichtigen Unternehmungen verwendet. → Ko Hung schreibt, daß das Tragen eines Talismans z. B. bei der Suche nach lebensverlängernden Drogen von größter Wichtigkeit sei. Ohne Talisman würde man nur den Geistern zum Opfer fallen; die Genien des Gebirges würden die Drogen vor den Suchenden verbergen.

Heute haben die Fu-lu vor allem psychologische Bedeutung: Sie heilen Krankheiten, erleichtern die Geburt und wenden Unheil jeder Art ab.

Fu-lu p'ai, T chin., wörtl.: »Schule der Talismane« (→ Fu-lu); Sammelname für all jene Richtungen innerhalb des religiösen Taoismus (→ Tao-chiao), bei denen die Verwendung von Talismanen zur Heilung von Krankheiten und zur Vertreibung von Dämonen einen zentralen Platz einnimmt. Zu diesen Richtungen zählen der Weg des Höchsten Friedens (→ T'ai-p'ing tao) und der Fünf-Scheffel-Reis-Taoismus (→ Wu-tou-mi tao) sowie der Weg der Rechten Einheit (→ Cheng-i tao).

Die Schulen gehen auf schamanistische Praktiken zurück. Gemeinsame Bestandteile der Praxis sind die Verehrung verschiedener Gottheiten, Exorzismen und die Verwendung von Zaubersprüchen. Sie hatten ihre größte Verbreitung im einfachen Volk und spielten eine wichtige Rolle bei verschiedenen Bauernaufständen.

Fu-mo ta-ti, T → Kuan-ti

Fünf Arten des Zen, Z eine von dem frühen chin. Zen-Meister → Kuei-feng Tsung-mi vorgenommene Klassifizierung der wichtigsten Kategorien des Zen. Der Begriff »Zen« steht in diesem Zusammenhang ganz allgemein für »meditative Übung«. Die fünf Arten des Zen sind:

1. *Bonpu-Zen* (jap. *bonpu* oder *bompu:* »der gewöhnliche, unerleuchtete Mensch«); jene Art des → Zazen, die ohne religiöse Motivation, also z. B. allein zur Hebung der körperlichen und geistigen Gesundheit, praktiziert wird.
2. *Gedō-Zen* (jap. *gedō:* »Weg außerhalb«); bezeichnet eine Art von Zen, die zwar religiös geprägt ist, jedoch Lehren folgt, welche außerhalb der buddhistischen Lehre liegen. Yoga-Meditation oder christliche Kontemplation würden z. B. in diese Kategorie fallen. Zum Gedō-Zen werden auch solche meditativen Praktiken gezählt, die allein auf die Entwicklung übernatürlicher Kräfte und Fähigkeiten gerichtet sind.
3. *Shōjō-Zen* (jap. *shōjō:* »Kleines Fahrzeug«, Skrt. Hīnayāna); eine Art des Zen, die zum Zustand des → Mushinjō führt, einer Verfassung, bei der alle Sinneswahrnehmungen ausgelöscht sind und das Bewußtsein aussetzt. Verweilt man in Mushinjō, bis der Tod eintritt, so findet keine Wiedergeburt statt, und eine Art des Ausscheidens aus dem Existenzkreislauf (→ Samsāra) ist erreicht. Da Shōjō-Zen nur auf die Erlangung des eigenen inneren Friedens gerichtet ist, befindet es sich nach Ansicht der Anhänger des dem Mahāyāna-Buddhismus zugehörigen Zen-Buddhismus nicht in Übereinstimmung mit den höchsten Lehren des Buddha, wie das bei den letzten beiden der fünf Arten des Zen der Fall ist.
4. *Daijō-Zen* (jap. *daijō:* »Großes Fahrzeug«, Skrt. Mahāyāna); das zentrale Anliegen des Daijō-Zen ist Selbst-Wesensschau (→ Kenshō, → Satori) und die Verwirklichung des »Großen Weges« im Alltag (→ Mujōdō-no-Taigen). Da in der Selbst-Wesensschau die Verbundenheit, ja die Einheit des Selbst mit allen Geschöpfen erfahren wird und die Verwirklichung des »Großen Weges« im Alltag ein Wirken zum Wohl aller Geschöpfe beinhaltet, ist dies ein Zen im Sinne des Mahāyāna.
5. *Saijōjō-Zen* (jap. *saijōjō:* »höchstes vortreffliches Fahrzeug«); bei dieser höchsten Form der Zen-Übung sind Weg und Ziel in eins verschmolzen. Zazen wird hier nicht so sehr als ein Mittel, → Erleuchtung zu »erlangen«, begriffen, sondern als Vergegenwärtigung des jedem Geschöpf innewohnenden Buddha-Wesens (→ Busshō). Es heißt, daß dieses Zen von allen Buddhas der Vergangenheit geübt wurde, und es gilt als Höhepunkt und Krönung des buddhistischen Zen. Diese auch → Shikantaza genannte Praxis ist das von → Dōgen Zenji besonders befürwortete Zen.

Die gelegentlich vertretene Ansicht, die Daijō-Zen als die Praxis der → Rinzai-Schule und Saijōjō als die Praxis der → Sōtō-Schule bezeichnet, ist nicht ganz richtig, da Daijō- und Saijōjō-Zen sich gegenseitig ergänzen und durchdringen und beide Formen der Praxis in bei-

den Schulen geübt werden. Beim Rinzai-Zen liegt die Betonung jedoch stärker auf der Hervorrufung von Selbst-Wesensschau mit Hilfe der → Kōan-Praxis, während das Sōtō-Zen die Praxis von Shikantaza bevorzugt.
Kuei-feng Tsung-mis Klassifizierung der fünf Kategorien des Zen spiegelt zudem eine traditionell buddhist. Auffassung, die heute, da das Zen sich über die Grenzen des buddhist. Kulturkreises hinaus ausgebreitet hat, modifiziert werden muß: So kann z. B. ein Christ oder ein Muslim im Rahmen seines eigenen religiösen Hintergrundes Shōjō-, Daijō- oder Saijōjō-Zen praktizieren, auch wenn nach der Klassifizierung der »Fünf Arten des Zen« jedes nicht-buddhist. Zen als Gedō-Zen einzustufen wäre. Diese Klassifizierung gilt also vor allem im theoretischen Rahmen des Zen-»Buddhismus« (→ Zen, exoterische Definition), während sie aus der Sicht der jeder religiösen Ausprägung vorausgehenden und zugrundeliegenden Kernerfahrung des Zen (→ Zen, esoterische Definition) wenig aussagekräftig ist.

Fünf Elemente, **T** → Wu-hsing

Fünf Grade (der Erleuchtung) **Z** (jap. Go-i); eine Klassifizierung von Verwirklichungsgraden der → Erleuchtung (auch → Kenshō, → Satori) nach ihrer Tiefe, wie sie von dem chin. Zen-Meister → Tung-shan Liang-chieh (jap. Tōzan Ryōkai) vorgenommen wurde. Vom ersten bis zum fünften zunehmend tiefe Erleuchtung bezeichnend, sind diese Grade: Shō-chū-hen, Hen-chū-shō, Shō-chū-rai, Ken-chū-shi, Ken-chū-to. Die Schriftzeichen *shō* und *hen* stehen dabei für polare Aspekte der Wirklichkeit, wie zum Beispiel:

shō für:	*hen* für:
das Absolute	das Relative
das Essentielle	das Phänomenale
die Leere	Form-und-Farbe
Gleichheit	Unterschiedenheit
Einheit	Vielheit
Wahres-Wesen	Eigenschaften

Die Fünf Grade bezeichnen die folgenden gegenseitigen Beziehungen von *shō* und *hen:*
1. *Shō-chū-hen* (wörtl.: »das *hen* inmitten des *shō*«); auf dieser Ebene der Erfahrung dominiert die Welt der Erscheinungen, aber sie wird als eine Manifestation des Essentiellen, unseres Wahren-Wesens, erlebt.
2. *Hen-chū-shō* (wörtl.: »das *shō* inmitten des *hen*«); auf dieser zweiten Stufe der Erleuchtungserfahrung tritt der Aspekt der Nicht-Unterschiedenheit stark in den Vordergrund, und die Mannigfaltigkeit weicht in den Hintergrund zurück.
3. *Shō-chū-rai* (wörtl.: »[das Eine,] aus der Mitte von shō [und *hen* in ihrer polaren Einheit] kommend«); hier handelt es sich um eine Erfahrung, bei der es keine Bewußtheit von Körper und Geist mehr gibt – beide »fallen völlig weg«. Dies ist das Erlebnis der Leere (jap. *ku,* Skrt. → Shūnyatā).
4. *Ken-chū-shi* (wörtl.: »eintreten in die Mitte von Beidem [den polaren Aspekten]«); auf dieser Stufe gewahrt man das Besondere eines jeden Dinges im höchsten Maße seiner Einzigartigkeit; die Leere ist in den Phänomenen verschwunden.
5. *Ken-chū-to* (wörtl.: »in der Mitte von Beidem angekommen«); auf der fünften und höchsten Ebene durchdringen sich Form und Leere vollkommen. Aus diesem Bewußtseinszustand entspringt selbstverständliches, absichtsloses Handeln, das heißt Handeln ohne Bewegung von Hirn oder Herz, das allen sich erhebenden Umständen augenblicklich gerecht ist (→ Fugyō-ni-Gyō).

Fünf Hemmnisse, **B** → Nīvarana

Fünf Höllische Taten **B**, auch Fünf Todsünden; fünf unverzeihliche, nach traditioneller Auffassung den Täter unmittelbar in die Tiefen der Höllen (→ Naraka) stürzende Taten: Vatermord, Muttermord, Ermordung eines → Arhat, Verwundung eines → Buddha, sowie der Versuch, eine Spaltung der buddhist. Mönchsgemeinde (→ Sangha) herbeizuführen.

Fünf Perioden und Acht Lehren, **B** → T'ien-t'ai-Schule

Fünf-Scheffel-Reis-Taoismus, **T** → Wu-tou-mi tao

Fünf Wandlungsphasen, **T** → Wu-hsing

Fun'yō Zenshō, **Z** jap. für → Fen-yang Shan-chao

Furyū-Monji, **Z** jap., wörtl.: »Nicht-Stehen (auf heiligen) Schriften«; die Unabhängigkeit des Übenden von heiligen Schriften, die eines der Charakteristika des Zen ist.

Fusa, **Z** jap., etwa: »Tee für alle«; Tee-Opfer für die Insassen eines Zen-Klosters von Gläubigen, die das Kloster unterstützen.

Fusatsu, **Z** jap.; jap. Lesart der chin. Schriftzeichen, mit denen das Sanskrit-Wort *upavasatha* ins Chinesische übertragen wurde. Fusatsu ist eine auf → Shākyamuni Buddha zurückgehende buddhist. Zeremonie, die in einem Zen-Kloster zweimal monatlich abgehalten wird und bei der die Gelübde (→ Shiguseigan) erneuert werden. Fusatsu erfordert ein Bekennen der Verstöße gegen die buddhist. Gebote (→ Jūjūkai) und eine Versöhnung mit dem daraus resultierenden → Karma.

Fusetsu, Z jap., etwa: »Verbreitung der Worte«; allg. Darlegung der buddhist. Lehren in einem Zen-Kloster. (Siehe dazu auch → Teishō.)

Fushizen-Fushiaku, Z jap., wörtl.: »nicht denken gut, nicht denken böse«; Zen-Ausdruck für die Transzendierung der dualistischen Weltsicht, die die Phänomene nach »gut« und »böse«, begehrenswert und abstoßend, unterscheidet und beurteilt. Dies ist ein Bewußtseinszustand, der nur durch die Erfahrung der Wesensgleichheit aller Phänomene in der → Erleuchtung (auch → Kenshō, → Satori) verwirklicht werden kann.

Der Ausdruck »Fushizen-Fushiaku« stammt aus einer berühmten Geschichte der Zen-Tradition, die im → *Wu-men-kuan* als 23. Beispiel wiedergegeben wird. Nachdem → Hui-neng, der 6. Patriarch des Zen in China, vom 5. Patriarchen → Hung-jen die »Schale und das Gewand« erhalten hatte (→ Den'e) und damit als sein Dharma-Nachfolger (→ Hassu) bestätigt sowie als 6. Patriarch eingesetzt worden war, wurde er von Anhängern des → Shen-hsiu verfolgt, die ihm diese Insignien des Patriarchats mit Gewalt wieder entreißen wollten. Im ersten Teil des 23. Beispiels des *Wu-men-kuan* hören wir nun weiterhin:

»Der 6. Patriarch wurde einst vom Mönch Ming bis zum Berg Ta-yü verfolgt. Als der Patriarch Ming kommen sah, legte er Gewand und Schale auf einen Felsen und sagte: ›Dieses Gewand stellt den Glauben dar. Nicht sollte gewaltsam darum gestritten werden. Ich überlasse es dir, es zu nehmen.‹

Alsbald wollte Ming es aufheben, doch es war schwer wie ein Berg und rührte sich nicht. Zitternd und bebend sagte Ming: ›Ich kam, um den Dharma zu suchen, nicht um des Gewandes willen. Ich bitte Euch, offenbart ihn mir.‹

Der Patriarch sagte: ›Denk weder gut noch böse. In diesem Augenblick, was ist das Ur-Antlitz [→ Honrai-no-Memmoku] von Mönch Ming?‹«

In diesem Augenblick erlebte Ming plötzlich tiefe Erleuchtung.«

Fushō, Z jap., wörtl.: »nicht-geboren«; das »Ungeborene«. Zen-Ausdruck für die Welt des Absoluten, die Wahre-Wirklichkeit, in der es keine Geburt und keinen Tod, kein Werden und Vergehen, keine Zeit im Sinne eines Vorher und Nachher gibt.

Futan-Kū, Z jap., wörtl.: »Nicht-nur-Leere«; die Einsicht, daß das Wahre-Wesen oder Buddha-Wesen (→ Busshō) aller Phänomene weder Existenz noch Nicht-Existenz, sondern beides und doch keines von beidem ist, je nachdem, von welchem Standpunkt aus man die Phänomene betrachtet. Ein Hinweis auf die jegliche logisch-begriffliche Faßbarkeit transzendierende (→ Fukashigi) Nicht-Unterschiedenheit von Relativem und Absolutem, die das Zen dem *Mahāprajñā-pāramitā-Hridaya-Sūtra* (jap. *Maka Hannyaharamita Shingyō*, → *Herz-Sūtra*) folgend auf die kurze Formel bringt: »Form ist nichts als Leere, Leere ist nichts als Form.«

Der Ausdruck »Futan-Kū« wird gebraucht im Gegensatz zu Tankū (»Nur-Leere«), mit dem der jap. Mahāyāna-Buddhismus die Lehrmeinung jener buddhist. Schulen bezeichnet, die aufgrund logischer Analyse die Nicht-Existenz aller Phänomene feststellen und ihre gleichzeitige Existenz leugnen. Die Einheit von Form und Leere ist auf dem Weg logischer Analyse nicht erreichbar (schon die Leere selbst ist nicht denkbar), sie wird nur in tiefer → Erleuchtung erfahren.

G

Gaki, Z jap. Ausdruck für die »Hungrigen Geister« (Skrt. Preta). In Zen-Klöstern ist es üblich, vor dem Einnehmen der Mahlzeiten ein kleines Speiseopfer für die Gaki darzubringen.

Gakudō Yōjin-shū, Z jap.; ein Werk des jap. Zen-Meisters → Dōgen Zenji, in dem er zehn Regeln für die Anfänger des Zen-Weges darlegt.

Gampopa B (sGam-po-pa), tibet., wörtl.: »Mann aus Gampo«, 1079–1153, auch bekannt als Dvagpo Lhaje, »Arzt von Dvagpo«; eine der zentralen Persönlichkeiten in der Tradition der → Kagyüpa-Schule. Nach dem frühen Tod seiner Frau wurde Gampopa im Alter von 26 Jahren Mönch und folgte den Lehren der → Kadampa-Schule. Auf der Suche nach weiteren Unterweisungen hörte er den Namen → Milarepa, suchte diesen auf und erhielt schließlich von ihm die Überlieferung der → Mahāmudrā-Lehren. Nach dem Tod des Milarepa begründete Gampopa die monastische Tradition der Kagyüpa. In seinem wichtigsten Werk, dem *Juwelenschmuck der Befreiung* (→ Lamrim), brachte er die Lehren der Kagyüpa und Kadampa zusammen, »so wie sich zwei Ströme vereinigen«.

Ganapati, 🅷 Skrt. → Ganesha

Ganda-Vyūha 🅱 (Gaṇḍa-Vyūha), Skrt., wörtl.: »Erscheinung der Protuberanz (am Kopf des Buddha)«; längster, in sich abgeschlossener Teil des → *Buddhāvatamsaka-Sūtra*. Es soll vom Buddha → Shākyamuni in Shrāvastī gepredigt worden sein und berichtet von der Pilgerschaft des jungen Sudhana, der auf seinem Weg zur Erleuchtung vom Bodhisattva → Mañjushrī geführt wird und insgesamt 53 Personen, u. a. auch den zukünftigen Buddha → Maitreya um Rat für seine religiöse Praxis bittet. Schließlich begegnet er → Samantabhadra, durch dessen Belehrungen er die Erleuchtung erlangt und die Wahre-Wirklichkeit erlebt. – Das letzte Kapitel behandelt die zehn Gelübde des Samantabhadra, die die Grundlage des Lebens eines → Bodhisattva bilden und ein grundlegender Text des → Hua-yen (auch → Kegon-Schule) sind.

Gandhāra, 🅱 die Region im äußersten Nordwesten Indiens, die heute Südafghanistan und Teile von Pakistan umfaßt, war eines der größten Zentren buddhist. Kunst und Kultur. Während der 1. Hälfte des 2. Jh. n. Chr. traten hier die ersten Darstellungen des Buddha auf, die die mahayanist. Auffassung des Buddha als Verkörperung des absoluten Weltprinzips, als Personifizierung von Weisheit und Güte widerspiegeln.

Die Kunst von Gandhāra, die stark von der oströmischen Kunst beeinflußt war, erlebte ihren Höhepunkt zwischen 130–150 und 430–450 n. Chr. Sie ist charakterisiert durch die idealisierte Darstellung der menschlichen Gestalt. Im Lauf der Entwicklung ist eine fortschreitende Vergeistigung und formale Abstrahierung festzustellen.

Von den zahlreichen Klöstern, die auf eine tiefe Verwurzelung des Buddhismus in der Bevölkerung schließen lassen, sind meist nur die Fundamente erhalten. Der Großteil der Klöster muß bei Invasionen von Fremdvölkern im 5. Jh. zerstört worden sein. Im 7. Jh. war der Buddhismus in Gandhāra nach den Berichten des chin. Pilgers → Hsüan-tsang praktisch erloschen.

Im Gegensatz zu den Anfängen der buddhist. Kunst wird Buddha in Gandhāra als Person dargestellt. Die meisten Abbildungen finden sich in Reliefs, die seine Biographie und → Jātaka-Geschichten illustrieren. Er gleicht einem Yogi in vollkommenem körperlichem und geistigem Gleichgewicht; manchmal ist er auch als Lehrer, aber immer aktionslos und nach innen gewandt, gestaltet. Andere Bildnisse wiederum zeigen den Buddha während seiner Asketenzeit, kraß realistisch, bis zum Skelett abgemagert. In Gandhāra ist das System der Symbolsprache schon ausgebildet, die Darstellungen zeigen die typischen Handhaltungen (→ Mudrā) und Merkmale des Buddha: kurze rechtsgedrehte Locken oder einen schneckenförmigen Knoten (d. h. Ūrnā und Ushnīsha → Dvātrimshadvara-Lakshana).

Typisch für die Gandhāra-Kunst ist die Ausarbeitung des Gewandes des Buddha: In der Anfangsphase zeigt es einen ruhigen, gleichmäßigen Faltenfluß und glatte Formen, später nimmt es graphische, kühle Regelmäßigkeit an und überzieht den Körper mit einem ornamentalen Liniennetz, bis es schließlich zu eingravierten Doppellinien reduziert ist.

Gandharva, 🅷 🅱 Skrt.; der himmlische Gandharva aus den hinduist. Veden ist eine Gottheit, die die Geheimnisse des Himmels und der göttlichen Wahrheit kennt und offenbart. Er ist eine Personifizierung des Lichts der Sonne. Seine Aufgabe ist es, den himmlischen Soma-Trank für die Götter zu bereiten. In den späteren Vorstellungen wurden die Gandharvas (ein Halbgöttergeschlecht) Sänger und Musiker, die an den Banketten der Götter teilnahmen; in diesem Sinn wird der Begriff auch im Buddhismus verwendet.

Gandhi 🅷, Mohandas Karamchand, gen. Mahātmā (Skrt. »Große Seele«), 1869–1948, Führer der ind. Unabhängigkeitsbewegung. Sein Programm des gewaltlosen Widerstands gegen diskriminierende Gesetze und vor allem gegen die britische Kolonialherrschaft in Indien gründete auf der Idee von → Satyāgraha (Skrt., »Festhalten an der Wahrheit«) und → Ahimsā (Skrt., »Nicht-Verletzen«, d. h. Gewaltlosigkeit). In den Satyāgraha-Kampagnen von 1920–22 und 1930–32 forderte er seine hinduist. Landsleute zur Nicht-Beteiligung an der Verwaltung Britisch-Indiens und passivem Widerstand gegen die Regierung auf, wofür er mehrmals zu langen Haftstrafen verurteilt wurde. Durch asketisches Leben, vorurteilsloses Eintreten für die »Unberührbaren« (Parias) und für die Anerkennung der ethischen Werte anderer Religionen (u. a. Studium der Bergpredigt und der Lehren Tolstois) wirkte er beispielhaft für eine Vertiefung und Neuorientierung des Hinduismus und eine friedliche Koexistenz mit den Anhängern des Islam. Am 30. 1. 1948 in Neu-Delhi von den Kugeln eines fanatischen Hindu tödlich getroffen, sank er mit den Worten »O Rāma!« zu Boden.

Gandhi wurde in Porbandar auf der Halbinsel Kathiavar im Westen Indiens geboren und gehörte zur Kaste der

Vaishyas, der Kaufleute (*gandhi* bedeutet Krämer, Gemüsehändler). 1888–91 studierte er in London Französisch, Lateinisch, Physik und Rechtswissenschaft; in die Heimat zurückgekehrt, ließ er sich in Bombay als Anwalt nieder. 1893 ging er nach Südafrika und wurde zum politischen Führer der ind. Einwanderer. Es begann der gewaltlose Kampf gegen die britischen Kolonialherren, den er, ab 1914 wieder in Indien, mit allen friedlichen Mitteln der hinduist. Lehre bis an die Grenze der Selbstaufgabe so lange fortsetzte, bis Indien 1947 unabhängig wurde – allerdings um den Preis der Teilung in die Staaten Indien und Pakistan, was er nicht zu verhindern vermochte.

Ganesha H (Gaṇeśa), auch Ganapati, Skrt., der Sohn → Shivas und → Pārvatīs; Gott der Weisheit und Beseitiger aller Hindernisse; er gewährt im weltlichen wie auch im spirituellen Leben Erfolg. Viele → Pūjās beginnen mit der Anbetung Ganeshas. Seine Herrlichkeit besingt das *Ganesha-Purāna.*

Ganesha-Statue aus Madras.

Ganesha wird dargestellt als kleiner, dicker Gott mit vorstehendem Bauch und von gelblicher Farbe. Er hat vier Hände und einen Elefantenkopf, aber nur einen Stoßzahn. In einer Hand hält er eine Muschel, in der zweiten einen Diskus, in der dritten eine Keule und in der vierten eine Wasserlilie. Sein Reittier ist eine Ratte.

Über seinen Elefantenkopf gibt es folgende Legende: Seine Mutter Pārvatī, stolz auf ihren Sohn, bat den Planetengott Shani, sich ihn anzusehen, vergaß aber die Wirkung von Shanis Blick. Als er das Kind ansah, verbrannte sein Kopf zu Asche. Brahmā gab Pārvatī in ihrer Not den Rat, ihn durch den ersten Kopf zu ersetzen, den sie finden konnte, und das war ein Elefantenkopf. Diese Legende und noch weitere über Ganesha und den Verlust eines Stoßzahnes werden im *Brahmā-Vaivarta-Purāna* erzählt.

Ganesha-Gītā H (Gaṇeśa-Gītā), Skrt.; die → *Bhagavad-Gītā,* in der Krishnas Name durch den Ganeshas ersetzt wird. Sie wird von den Ganapatyas benutzt, einer kleinen Sekte, die → Ganesha oder Ganapati als ihre Hauptgottheit verehrt.

Gangā, H der Fluß Ganges, der im Himālaya bei Gangotri entspringt und in den Golf von Bengalen mündet. Er ist für die Hindus so heilig wie der Jordan für die Christen. Die Sterbenden erhalten oft einen Schluck Gangeswasser. Auch bei jeder → Pūjā findet Gangeswasser Verwendung.

Im *Rigveda* wird der Ganges nur zweimal erwähnt. Die Purānas lassen Viyadgangā, den himmlischen Ganges, aus dem Zeh Vishnus entspringen und sagen, er sei durch die Gebete des Heiligen Bhāgīratha vom Himmel herabgerufen worden, weshalb er auch Bhāgīrathī genannt wird. Gangā war erbost darüber, den Himmel verlassen zu müssen; Shiva wollte den Stoß ihres Falles von der Erde fernhalten, fing den Fluß mit seinen Brauen auf und lenkte ihn durch seine Locken. Diese Tat trug ihm den Namen Gangā-Dhara (wörtl.: »den Ganges haltend«) ein.

Ganjin, B jap. für → Chien-chen

Gantō Zenkatsu, Z jap. für → Yen-t'ou Ch'üan-huo

Gārhapatya-Agni, H Skrt., wörtl.: »Haushälterfeuer«; der göttliche Funke im Menschen, den der Haushälter symbolisch weckt, indem er das im Holz eingeschlossene Feuer befreit; das erste, kreisförmige der drei heiligen Feuer, das vom Haushälter bei seinem Opferritual entfacht wird.

Garuda H B (Garuḍa), Skrt.; ein mythischer Vogel, halb Mensch, halb Vogel.

H Garuda ist der König der Vögel, das Reittier Vishnus und ein großer Feind der Schlangen. Diesen Haß übernahm er von seiner Mutter, die sich mit ihrer Nebenfrau Kadru, der Mutter der Schlangen, gestritten hatte. Garuda wird dargestellt mit Kopf, Schwanz und Flügeln eines Adlers und Leib und Beinen eines Menschen. Sein

Gesicht ist weiß, seine Flügel rot und sein Körper golden. Garuda soll das → Amrita von den Göttern gestohlen haben, um seine Mutter von Kadru freizukaufen. → Indra entdeckte den Diebstahl und kämpfte mit Garuda. Das Amrita wurde zurückgewonnen, aber Indra wurde besiegt und sein Donnerkeil zerbrochen.

B Im Buddhismus wird Garuda gelegentlich als Synonym für »Buddha« verwendet oder in Darstellungen des Dhyāni-Buddha → Amoghasiddhi als dessen Reittier abgebildet.

Gasshō, Z jap., wörtl.: »zusammengelegte Handflächen«; Ausdruck des Zen für die uralte, den Menschen vieler Kulturen (besonders des Ostens) geläufige Geste des Grußes, der Bitte, Dankbarkeit, Verehrung und Anbetung.

In diesem »Zusammenlegen der Handflächen« kommt spontan ein Bewußtseinszustand zum Ausdruck, in dem die Einheit der polaren Kräfte der phänomenalen Welt anklingt.

Gāthā, B → Sūtra

Gati, B Z Skrt., Pali, wörtl.: »Existenzweise«; bezeichnet die verschiedenen Daseinsformen, innerhalb derer die Wiedergeburten stattfinden und die das → Samsāra bilden. Man unterscheidet drei »gute« oder »höhere«, sowie drei »schlechte« oder »niedere« Existenzweisen. Zu den »guten« zählen Menschen, Götter (→ Deva) und die → Asuras; zu den »schlechten« Tiere, die Hungrigen Geister (→ Preta) und Höllenbewohner (→ Naraka). Diese sechs Existenzweisen haben als Schauplatz die drei Welten oder Sphären (→ Triloka).

Es sind dies die Welt der Begierde, wo sich die sechs untersten Klassen von Göttern, die Menschen und Tiere bewegen; die Welt der begierdelosen Körperlichkeit oder der »reinen Form« mit 17 Arten von Göttern und die Welt der Körperlosigkeit oder Formlosigkeit mit vier Klassen von Devas. Zwischen den einzelnen Daseinsformen besteht kein essentieller, nur ein karmisch gradueller Unterschied. In keiner ist das Leben unbegrenzt. Erlösung kann allerdings nur als Mensch erlangt werden, weshalb der Buddhismus die menschliche Existenzweise höher schätzt als die göttliche und in diesem Zusammenhang vom »kostbaren Menschenkörper« spricht. Die Inkarnation als Mensch wird als eine im Kreislauf des Samsāra seltene Chance angesehen, diesem zu entrinnen, und als eine Aufforderung und Verpflichtung, diese Chance wahrzunehmen und nach Befreiung (→ Bodhi, → Erleuchtung) zu streben.

Gatsurin Shikan, Z jap. für → Yüeh-lin Shih-kuan

Gaudapāda, H ein konsequenter Advaitin (→ Advaita-Vedānta). Berühmt wurde er durch seinen Kommentar (→ Kārikā) zur → *Māndūkya-Upanishad.*

Diese Kārikā ist vierfach unterteilt. Der 1. Teil ist im wesentlichen eine Paraphrase der Upanishad. Der 2. Teil, Vaitathya (Skrt., »Unwahrheit«), schildert die Unwahrheit der empirischen Realität und der ihr zugehörigen Theorien. Der 3. Teil, → Advaita, befaßt sich mit der Nicht-Dualität und der Identität von → Jīva und → Ātman. Der 4. Teil, Alātashānti (Skrt., wörtl. *alāta:* »Feuerbrand«, *shānti:* »Erlöschen, Aufhören«), zeigt die Widersprüche der Kausalitätsbegriffe auf. Wie durch das Schwingen einer Fackel ein feuriger Kreis entsteht, ohne daß sich der Flammenpunkt verändert, so projizieren wir die Erscheinungswelt nur mit unserem Denken. Hört das Denken auf (»Erlöschen des Feuerbrandes«), bleibt nur der eine Punkt: reines Bewußtsein, dessen Verwirklichung Erleuchtung ist.

Gaurānga, H Skrt. → Chaitanya

Gautama, H → Gotama

Gautama Siddharta, B → Siddharta Gautama

Gavishthira H (Gaviṣṭhira), Skrt., wörtl.: »standfest im Licht der Erleuchtung« (*gaviṣṭha:* »Sonne«); eine Bezeichnung für die alten → Rishis.

Gayā, H Stadt im nordind. Staat Bihar, eine der sieben heiligen Städte; berühmter Wallfahrtsort, der aber an Bedeutung verloren hat. Sein Tempel, Vishnupāda, ist den Lotosfüßen Vishnus geweiht. – Als heiliger Ort des Buddhismus Bodh-Gayā genannt.

Gāyatrī, H Skrt.; 1. Metrum von 3 × 8 Silben; 2. einer der heiligsten Verse des → *Rigveda,* ein wichtiges Mantra. Die Gāyatrī wendet sich an die Sonne als → Savitri, den Erzeuger, und wird deshalb auch Sāvitrī genannt. Als Göttin personifiziert, ist Sāvitrī die Gemahlin Brahmās, die Mutter der vier → Veden und der Zweifachgeborenen (der drei oberen Kasten der Hindu-Gesellschaft). Es gibt verschiedene Gāyatrī-Übersetzungen. Die heute gebräuchlichste lautet: »Mögen wir über das leuchtende Licht dessen meditieren, der anbetungswürdig ist und alle Welten geschaffen hat! Möge er unsere Intelligenz auf die Wahrheit lenken!« Von den Hindus der oberen drei Kasten wird erwartet, daß sie dieses Gebet täglich sprechen. – Gāyatrī ist auch der Name der Göttin, die über dieses Mantra regiert.

Ge-Ango, Z jap. → Ango

Gedatsu, Z jap., wörtl.: »Erlösung, Befreiung«; 1. die Befreiung, die zu erleben das Ziel aller Buddhisten und jeder meditativen Schulung im Buddhismus ist. Gedatsu wird auch als Synonym für → Erleuchtung verwendet. 2. anderer Ausdruck für die meditative Praxis (→ Zazen), da die Befreiung durch Meditation verwirklicht wird. (Siehe dazu auch → Dai-Gedatsu.)

Gedō, Z jap., wörtl.: »Weg außerhalb«; nichtbuddhist. Religion bzw. Philosophie. (Siehe dazu auch → Fünf Arten des Zen, 2.)

Gedō-Zen, Z jap. → Fünf Arten des Zen, 2.

Geierberg B Z (Skrt. Gridhrakūṭa); in der Nähe der Stadt Rājagriha gelegener Berg, der ein beliebter Aufenthaltsort des → Shākyamuni Buddha war. Der Überlieferung nach soll der Buddha das → *Lotos-Sūtra* auf dem Geierberg gepredigt haben.

Der Name des Berges geht einer Sage nach darauf zurück, daß → Māra in der Gestalt eines Geiers versucht hat, → Ānanda von seiner Meditation abzubringen. Siehe auch → Nenge-Mishō.

Gelbe Turbane, T → Huang-chin, → T'ai-p'ing tao

Gelugpa B (dGe-lugs-pa), tibet., etwa: »Schule der Tugendhaften«; als letzte der vier Hauptschulen des Tibetischen Buddhismus von → Tsongkhapa begründet, legt diese Lehrtradition in der Nachfolge der → Kadampa-Schule besonderen Wert auf die Einhaltung der Mönchsregeln (→ Vinaya) und ein gründliches Studium der autoritativen Texte. Maßgeblich sind dabei vor allem die Literatur zu den Stufen des Weges (→ Lamrim) und die systematischen Werke über die verschiedenen buddhist. Lehrmeinungen (→ Siddhānta). Mit der Institution der Dalai Lamas hat die Gelugpa-Schule seit dem 17. Jh. die politische Führung inne.

Das Lehrgebäude der Gelugpas basiert auf den Schriften des Tsongkhapa und seiner beiden Hauptschüler Gyaltshab (1364–1432) und Khedrub (1385–1483). Nach einer Vision des → Mañjushrī formulierte Tsongkhapa die für seine Schulrichtung verbindliche Sicht der → Mādhyamika in umfangreichen Kommentarwerken. In den von ihm verfaßten Meditationshandbüchern wird in allen Einzelheiten beschrieben, wie man zu dieser Sicht gelangt. Neben grundlegenden Betrachtungen über die Unzulänglichkeit des Existenzkreislaufs (→ Samsāra) wird vor allem die Erzeugung des Erleuchtungsgeistes (→ Bodhichitta) vorausgesetzt. Erst dann kann die Einsicht in die wahre Wirklichkeit der Phänomene (→ Shūnyatā) gewonnen werden.

Die eigentliche geistige Übung besteht nun im Erlangen der Sammlung (→ Samādhi). In seinen Schriften hat Tsongkhapa eindringlich gezeigt, wie dieses Ziel durch die differenzierte Gleichgewichtsfindung von Ruhigem Verweilen (→ Shamatha) und Besonderer Einsicht (→ Vipashyanā) erreicht wird. Auch die Lehre der → Tantras wird von der Schule der Gelugpa als eine spezielle Technik für die Verwirklichung dieses Gleichgewichts angesehen.

Gematsu, Z jap., wörtl.: »Ende des Sommers«; das Ende des → Ango, der sommerlichen Periode intensiver Schulung in einem Zen-Kloster (→ Tera).

Genjō-Kōan, Z jap., etwa: »Erleuchtung erscheint im Alltag« oder »Der Alltag ist Erleuchtung«; Schrift des jap. Zen-Meisters → Dōgen Zenji, die zu einem Kapitel seines → *Shōbō-genzō* wurde. Dieser Text, in dem es um die Beziehung von Übung (→ Zazen) und → Erleuchtung geht, gehört zu den wichtigsten Schriften der → Sōtō-Schule in Japan. Eine engl. Übersetzung mit Erläuterungen des modernen jap. Zen-Meisters Hakuyu Taizan Maezumi erschien u. d. T. *The Way of Everyday Life,* Los Angeles 1978.

Genkan, Z jap., wörtl.: »Geheimnis-Tor«; 1. Eintritt, Eingang; das Eintreten in den Buddhismus, das Sich-Aufmachen auf den Weg zur → Erleuchtung, wie er von den verschiedenen buddhist. Schulungswegen gewiesen wird; 2. das Eingangstor zu den Gästeräumen *(tanga-ryō)* in einem Zen-Kloster oder der Vorraum am Klostereingang; 3. der Vorraum zwischen Haustür und Wohnbereich in einem jap. Wohnhaus – etwa unserem Windfang entsprechend, wenn auch meist ohne Tür und Wand zur offenen, eine Stufe höher gelegenen Diele.

Gensha Shibi, Z jap. für → Hsüan-sha Shih-pei

Genzen-Sambō, Z jap. → Sambō

Gesar B (Ge-sar), tibet., wörtl.: »Lotosstempel«. Name eines mythischen Helden, dessen Gestalt das größte Epos des Tibetischen Buddhismus inspirierte. Dieses Epos breitete sich in Form von Volkserzählungen bis in die Mongolei aus und wurde von professionellen Sängern oder Barden überliefert. Als Heimat des Gesar wird das im Osten Tibets liegende Königreich Ling angegeben und die ihm gewidmeten Legenden sind im 11. Jh. entstanden. Zu dieser Zeit setzte sich auch in der Volksmeinung der Buddhismus gegen den → Bön-Glauben durch und das Hauptthema des Epos bilden eben die Kämpfe Gesars gegen das Böse (= Bön). In diesen Auseinandersetzungen für die Qualitäten des Buddhismus gilt Gesar als Verkörperung des → Avalokiteshvara und des → Padmasambhava, seine Helden werden als Inkarnationen der → Mahāsiddhas angesehen. Heute wird Gesar als Kriegs- und Reichtumsgott verehrt und seine Gattin als → Dākinī.

Nach dem Vorbild der »Spirituellen Lieder«, wie sie

etwa von → Milarepa und → Drugpa Künleg verfaßt wurden, überlieferten fahrende Sänger die ersten Versionen des Epos in mündlicher Tradition. Die späteren Legenden, die sich um die Figur des Gesar ranken, entstanden in der Regel aufgrund der Visionen und Eingebungen von tibetischen Mönchen (→ Lamas) aller Schulen.

Das Epos gliedert sich in zwei Hauptteile: die unglückliche Jugend des Helden, der von allen verachtet wird, und seine Herrschaft als mächtiger König Gesar. Seine besonderen Qualitäten zeichnen ihn als Göttersohn aus, der die Welt wieder in Ordnung bringt. Nach seiner Geburt wird er jedoch gemeinsam mit seiner Mutter verbannt und dieses Exil erst im Alter von 15 Jahren beendet. Bei der Teilnahme an einem Pferderennen, dessen Gewinner König von Ling werden soll, schlägt er entgegen allen Erwartungen seinen Hauptgegner Khrothung, wird König von Ling und erhält die Königstochter Brugmo zur Frau. Es folgen nun Kämpfe gegen verschiedene Dämonen, und die letzte und wichtigste Episode schildert die Eroberung und Bekehrung des Landes Hor.

An diese Episode wurden alle von späteren Generationen verfaßten Versionen angehängt. Gesar bekehrt dabei Länder wie China und den Iran, steigt sogar in das Höllenreich hinab, um sich mit dem Todesgott einzulassen, und erobert in einer erst im 20. Jh. erschienenen Fassung schließlich auch das Land Jar (= Deutschland).

Aus der Vielfalt der Legenden entwickelte sich in Tibet ein Kult des Gesar, der zu einer reichen Ikonographie führte: Als Kriegsgott wurden ihm Tempel errichtet und Opfergaben dargebracht; als Bezwinger dämonischer Kräfte spielt Gesar eine dem Padmasambhava vergleichbare Rolle und als zukünftiger Heilbringer wird er mit dem Reich → Shambhala assoziiert.

Getsurin Shikan, 🅩 jap. für → Yüeh-lin Shih-kuan

Gettan Zenka, 🅩 jap. für → Yüeh-an Shan-kuo

Geza, 🅩 jap., wörtl.: »Sommer-Sitzen«; ein anderer Ausdruck für → Ango, die sommerliche Schulungsperiode in einem Zen-Kloster (→ Tera).

Ghantā, 🅗 Skrt. → Pūjā

Ghāt, 🅗 Hindi; ein Platz, meist mit Stufen, an dem die Menschen zu einem Fluß oder See hinuntergehen, hauptsächlich um zu baden, aber auch, um ihre Wäsche zu waschen; Verbrennungs-Ghāts sind Bestattungen vorbehalten, damit die Beteiligten Zugang zum Wasser haben für ihre Reinigung und für das Ausstreuen der Asche.

Ghatākāsha 🅗 (Ghaṭākāśa), Skrt., wörtl.: *ghata:* »Topf«, *ākāsha:* »Raum«; Raum, der von einem Topf begrenzt wird. Das Beispiel vom Topf, der den Raum unterteilt in inneren, begrenzten Raum und äußeren, unbegrenzten Raum, wird philosoph. häufig verwandt, z. B. um den Unterschied zu erklären zwischen → Jīvātman, (d. h. → Ātman, der von einem Körper begrenzt wird) und dem reinen, unbegrenzten Ātman, der identisch ist mit → Brahman.

Ghrita 🅗 (Ghṛta), Skrt., wörtl.: »geklärte Butter«; mit Ghrita werden die Butterlämpchen bei der → Pūjā gespeist. Es ist das Symbol für Klarheit des Denkens und Erleuchtung. Die dreifache Klarheit von Ghrita besteht aus → Indra, → Sūrya und → Soma. Es ist das formgewordene Licht der Erkenntnis. Indra befreit das göttliche Licht von der dynamischen Mentalität, Sūrya von der nur reflektierenden Erkenntnis und Soma von der Sinnesverhaftung.

Gikū, 🅩 jap. für → I-k'ung

Gītā, 🅗 Skrt.; Gesang, Lied; fast immer ist damit die → *Bhagavad-Gītā* gemeint, aber es gibt auch andere bedeutende Lieddichtungen der Sanskrit-Literatur, z. B. die *Avadhūt-Gītā,* die *Ashtāvakra-Gītā,* die *Ganesha-Gītā.*

Gītagovinda, 🅗 Skrt.; lyrisches Gedicht in 12 Gesängen von Jayadeva (Anfang des 12. Jh.), dem Hofpoeten des bengal. Königs Lakshmanasena. Es besingt die Jugend Krishnas als Govinda, den Hirtenknaben im Wald von → Vrindāvan, und die Liebe zwischen ihm und → Rādhā. Sie symbolisiert die glühende Liebe der menschlichen Seele zur Gottheit (→ Bhakti). – Das Werk wird noch heute als Melodrama aufgeführt. Friedrich Rückert hat einzelne Gedichte daraus ins Deutsche übersetzt (1837).

Go, 🅗 Skrt.; 1. Kuh, die als Lebensspenderin von den Hindus hoch verehrt wird; auch allg. Rind; 2. Gestirne, Strahlen; 3. Erde.

Gō, 🅑 🅩 jap. für → Karma

Gobhila, 🅗 → Grihya-Sūtra

Godō, 🅩 jap., wörtl.: »hintere Halle«; 1. eine von zwei Sektionen der Meditationshalle in einem jap. Kloster; 2. der Mönchs-Älteste, dem die Godō-Sektion der Meditationshalle untersteht. In der → Sōtō-Schule der Mönchs-Älteste, dem die »Aufsicht« im → Zendō obliegt; in der → Rinzai-Schule entspricht dem Godō der → Jikijitsu.

Gohō Jōkan, 🅩 jap. für → Wu-feng Ch'ang-kuan

Go-I, 🅩 jap. → Fünf Grade (der Erleuchtung)

Goke-Shichishū, 🅩 jap., wörtl.: »Fünf Häuser – Sieben Schulen«; allg. Bezeichnung für die

»Sieben Schulen« des chin. Ch'an (→ Zen) während der T'ang-Zeit, die aus fünf Stammlinien (»Häusern« oder »Familien«) hervorgingen.
Die »Fünf Häuser« und ihre Begründer sind: 1. die → Rinzai-Schule / → Lin-chi I-hsüan (jap. Rinzai Gigen); 2. die → Igyō-Schule / → Kuei-shan Ling-yu (jap. Isan Reiyū) und → Yang-shan Hui-chi (jap. Kyōzan Ejaku); 3. die → Sōtō-Schule / → Tung-shan Liang-chieh (jap. Tōzan Ryōkai) und → Ts'ao-shan Pen-chi (jap. Sōzan Honjaku); 4. die → Ummon-Schule / → Yün-men Wen-yen (jap. Ummon Bun'en); 5. die → Hōgen-Schule / → Fa-yen Wen-i (jap. Hōgen Bun'eki).
Zu den »Sieben Schulen« gehören die oben genannten »Fünf Häuser« sowie die beiden Linien, in die sich die Rainzai-Schule nach → Shih-shuang Ch'u-yüan (jap. Sekisō Soen) spaltete. Diese beiden Linien und ihre Begründer sind: 6. die → Yōgi-Schule / → Yang-ch'i Fang-hui (jap. Yōgi Hōe); 7. die → Ōryō-Schule / → Huang-lung Hui-nan (jap. Ōryō E'nan). (Siehe dazu auch die Traditionstafel des Zen, S. 474.)

Gokoku Keigen, Z jap. für → Hu-kuo Ching-yüan

Gokulika, B Skrt. → Hīnayāna, → Mahāsānghika

Goldenes Elixier, T → Chin-tan

Goloka, H Skrt., wörtl.: 1. »Ort der Kühe«; 2. »Himmel«, insbes. Krishnas Himmel, eine moderne Hinzufügung zu den ursprünglichen sieben → Lokas, die Vorstellung der → Vaishnavas von einem Himmel ewiger Schönheit und Glückseligkeit; ferner der ewige Wohnsitz → Vishnus.

Gomati, H Skrt., wörtl.: »voller Licht«; eine Beschreibung der Morgendämmerung, auch der geistigen, als voller Licht; spirituell interpretiert: die Fülle der Erleuchtung.

Gomi(-no)-Zen, Z jap., wörtl.: »Zen der fünf Geschmacksarten«; die fünf Arten meditativer Praxis im Sinne der → Fünf Arten des Zen. Der Ausdruck »Gomi-Zen« wird im Gegensatz zu → Ichimi-Zen gebraucht.

Gonkyū, Z jap., wörtl.: »gedienter Alter«; ein Mönchs-Älterer in einem Zen-Kloster oder ein Zen-Meister, der bereits viele Jahre Schüler auf dem Zen-Weg geführt oder sich bereits von der Tätigkeit als → Rōshi zurückgezogen hat.

Gonsen-Kōan, Z jap. → Kōan

Gopāla, H Skrt., wörtl.: »Kuhhirte«, ein Name für den jungen Krishna, als er unter den Kuhhirten in → Vrindāvan lebte. Für den spirituell Strebenden, der die vierte der fünf Beziehungen (→ Bhāva) eines → Bhakta zu Gott einnimmt, d. h. die Beziehung der Liebe der Eltern zu ihrem Kind (→ Vātsalya), ist Gopāla oft sein »Erwähltes Ideal« (→ Ishta-Deva).

Gopīs, H Skrt., wörtl.: »Hirtenmädchen«; die Milchmädchen von → Vrindāvan, Gespielinnen und Verehrerinnen Krishnas, allen voran → Rādhā. Sie sind Vorbilder und Symbol für intensive Gottesliebe.

Gorakh, H Prophet des 10. Jh. Er war ein tantrischer Heiliger und gründete eine eigene Sekte, deren Anhänger sich Kaupatta-Yogis nennen. Viele haben den Namen Gorakh angenommen.

Goroku, Z jap. (chin. Yü-lu), wörtl.: »Worte-Aufzeichnung«; Sammlung der Unterweisungen, Darlegungen und Aussprüche eines Zen-Meisters, dessen Name meist mit einem angehängten »-goroku« (oder kurz »-roku«) den Titel des jeweiligen Werkes bildet.

Gosan Z, auch Gozan, jap. (chin. Wu-shan), wörtl.: »Fünf Berge«; die Wu-shan in China waren ein von dem Sung-Kaiser Ning-tsung institutionalisierter Zusammenschluß der fünf wichtigsten Zen-Klöster in den Städten Hang-chou und Ming-chou. Sie waren das Vorbild für die Gründung ähnlicher Zusammenschlüsse von wichtigen Zen-Klöstern der → Rinzai-Schule in Kyōto und Kamakura, die im jap. Mittelalter zu bedeutenden Zentren der Kunst und Kultur in Japan wurden.
Zu den Gosan von Kamakura gehörten die folgenden Zen-Klöster: Kenchō-ji, Engaku-ji, Jufuku-ji, Jōchi-ji und Jōmyō-ji. Die Gosan von Kyōto sind: Tenryū-ji, Shōkoku-ji, Kennin-ji, Tōfuku-ji und Manju-ji. Nanzen-ji, ein weiteres bedeutendes Zen-Kloster in Kyōto, war den Gosan von Kyōto teilweise übergeordnet.
Das Wort »Berg« (chin. *shan,* jap. *san* oder *zan*) steht in diesem Zusammenhang für »Zen-Kloster«, da die Zen-Klöster in alter Zeit i. allg. auf Bergen erbaut wurden, deren Namen oft auf die Klöster und die Alt-Zenmeister übergingen.

Gosan-Bungaku, Z jap., wörtl.: »Fünf-Berge-Literatur«; Sammelbegriff für die Schriften der Zen-Meister der fünf führenden Zen-Klöster (→ Gosan) von Kyōto während der Ashikaga-(oder Muromachi-)Zeit (1338–1573). Als Begründer der Gosan-Bungaku gelten der chin. Zen-Meister → I-shan I-ning, der 1299 nach Japan kam, und sein jap. Schüler → Sesson Yūbai. Die bekanntesten Autoren der »Literatur der fünf Berge« sind der geniale → Musō Soseki, der wie I-shan I-ning nicht nur ein bedeutender

Zen-Meister, sondern auch ein hervorragender Künstler war, sowie die Zen-Meister Gen'e (1269–1352), Shūshin (1321–1388) und Zekkai Chūshin (1336–1405), ein Schüler von Musō Soseki.

Diese Autoren pflegten besonders die chin. Dichtkunst und die neokonfuzian. Philosophie und trugen viel zur Übertragung chin. Wissenschaft und Kunst nach Japan bei. Einige von ihnen wurden auch als Maler und Meister des Schrift-Weges (→ Shōdō) bekannt. Durch seine in einfachem, gut verständlichem Japanisch abgefaßten Schriften über das Zen trug vor allem Musō Soseki zu dessen Verbreitung in Japan bei.

Goseki, Z jap., wörtl.: »Erleuchtungs-Spur«; im Zen heißt es, daß tiefe → Erleuchtung keine Spuren hinterlasse. Von jemandem, dem an seinem Verhalten anzumerken ist, daß er Erleuchtung erfahren hat, sagt man, er weise »Spuren der Erleuchtung« auf, oder – in der für das Zen oft so typischen drastischen Ausdrucksweise – er »stinke nach Erleuchtung«. Erst wenn sich dieser »Gestank« völlig gelegt hat und ein Mensch in vollkommener Natürlichkeit das in der Erleuchtung Erfahrene lebt, ohne sich der Tatsache, »erleuchtet« zu sein, bewußt zu sein und diese besonders hervorzukehren, erkennt man ihm im Zen wahre Erleuchtung zu.

Goso Hōen, Z jap. für → Wu-tsu Fa-yen

Gosvāmī, H Skrt., Priester der → Vaishnavas. Die Gosvāmīs sind Brahmanen und Nachkommen von → Nityānanda, dem Gefährten → Chaitanyas.

Gotama H, auch Gautama oder Satānanda; der Gründer der → Nyāya-Schule der sechs → Darshanas und Verfasser eines wichtigen hinduist. Gesetzbuches (→ Dharma-Shāstra), das in zwölf Bänden Schöpfung, Seelenwanderung und Befreiung behandelt und ausführliche Anweisungen für alle Schichten der Gesellschaft in bezug auf ihre Pflichten im Leben enthält.

Gottan Funei, Z jap. für → Wu-an P'u-ning

Götterbote B (Skrt. Deva-Dūta); im Buddhismus werden Alter, Krankheit und Tod als »Götterboten« bezeichnet. Sie sollen den Menschen die Leidhaftigkeit und Vergänglichkeit des Daseins bewußt machen und sie auf den Weg zur Erlösung bringen.

Göttliche Verweilungszustände, B → Brahma-Vihāra

Govinda, H Skrt.; 1. häufig für Krishna gebrauchte Anrede, womit zum Ausdruck gebracht wird, daß er der Kenner der Erde und der Sinne und der Beschützer der Kühe ist (*go:* sowohl »Kuh« als auch »Erde«); 2. ein Name für Vishnu, von dem Krishna eine Inkarnation (→ Avatāra) ist.

Govinda B, Lama Anāgārika, 1898–1985; deutschstämmiger buddhist. Gelehrter, der sich in Theorie und Praxis besonders mit dem Tibetischen Buddhismus (→ Vajrayāna) befaßte. Seine in viele westl. Sprachen übersetzten Bücher trugen dazu bei, die Gedanken des Buddhismus im Abendland zu verbreiten. Zu seinen bekanntesten Veröffentlichungen gehören ein Erlebnisbericht über seine Reisen in Tibet (*Der Weg der weißen Wolken,* 8. Auflage, Bern 1983) und eine Einführung in die Lehren des Vajrayāna (*Grundlagen tibetischer Mystik,* 6. Auflage, Bern 1985). Lama Govinda gründete im Westen den buddhist. Orden »Ārya Maitreya Mandala« (AMM).

Gozu, Z jap. für Niu-t'ou → Fa-jung

Gozu-Schule Z (chin. Niu-t'ou-tsung oder Niu-t'ou-ch'an, jap. Gozu-shū); eine wenig einflußreiche Nebenlinie des chin. Ch'an (→ Zen), die nicht zu den traditionellen Zen-Schulen (→ Goke-Shichishū) in China gehört. Sie geht auf den chin. Meister → Fa-jung (jap. Hōyū) zurück, der auch Niu-t'ou (jap. Gozu) genannt wird; er war ein Schüler von → Tao-hsin, dem 4. Patriarchen des Zen in China. Der Name dieser Schule, die während der Sung-Zeit ihren Niedergang erfuhr, rührt von dem Namen des Berges Niu-t'ou (»Ochsenkopf«) her, auf dem Fa-jung lebte und der auf ihn überging.

Die Gozu-Schule wurde von → Saichō, dem Gründer der jap. Tendai-Schule des Buddhismus (→ Mikkyō) nach Japan gebracht, wo sie jedoch ebenfalls keine bemerkenswerte eigenständige Entwicklung nahm und bald ausstarb.

Gozu-shū, Z jap. → Gozu-Schule

Granthi, H Skrt., wörtl.: »Knoten«; im metaphysischen Bereich sind die Granthis die Verstrickungen der feinen Nervenkräfte des psychophysischen Systems, die das freie Fließen der spirituellen Kräfte im Menschen blockieren. Diese Knoten, die durch Bindungen an die niedrigen Elemente unseres Wesens entstehen, erzeugen Wünsche, Leidenschaften, Selbstsucht usw., die nur durch spirituelle Übungen überwunden werden können.

Gridhrakūta, B Z Skrt. → Geierberg

Grihastha H (Gṛhastha), auch Garhasthya, Skrt., wörtl.: »Haushälter«; die zweite Lebensstufe (→ Āshrama) der Hindus, in der geheiratet und eine Familie gegründet wird. Heirat ist im Hinduismus eine spirituelle Übung, durch die man nicht nur sein Bewußtsein ausweitet, sondern gleichzeitig eine Lektion an Selbstbeherrschung erteilt bekommt.

Fast alle bekannten Götter der Hindus sind verheiratet. Kinder werden als Segen betrachtet, denn sie sind das Bindeglied zwischen den Lebenden und den Toten und gewährleisten den Fortbestand der Kultur einer Rasse. Der Haushälter unterhält durch ein vorgeschriebenes Ritual (→ *Grihya-Sūtra*) die Verbindung zu Gott. Er hat der Familie, der Gemeinschaft und der Nation gegenüber seine Pflicht zu erfüllen gemäß seinem → Dharma, das sich aus seiner Kaste (→ Varna) und gesellschaftlichen Stellung ergibt.

Grihya-Sūtra 🅷 (Gṛhya-Sūtra), Skrt.; Regeln für das häusliche Ritual und die persönlichen Pflichten, die sich von der Empfängnis bis zur Bestattung eines Menschen erstrecken. Das bekannteste *Grihya-Sūtra,* von Gobhila verfaßt, hat Friedrich Knauer ins Deutsche übersetzt (Dorpat 1884).

Gritsamada 🅷 (Gṛtsamada), Skrt.; bekannter → Rishi, der in vielen Hymnen des → *Rigveda* erwähnt wird, Hauptverfasser von *Rigveda II.*

Dem → *Vishnu-Purāna* nach war Gritsamada ein → Kshatriya und ein Sohn Sunahotras. Im *Mahābhārata* ist er ein Sohn von Vītahavya, der als König der Haihayas ein Kshatriya war, aber später ein Brahmane wurde.

Großes Fahrzeug, 🅱 → Mahāyāna

Gudakesha 🅷 (Guḍakeśa), Skrt., wörtl.: »der mit dem Haarbüschel«; ein Beiname für → Arjuna, der in der *Bhagavad-Gītā* häufig mit diesem Namen angesprochen wird.

Gufu-Shogyō-Zen, 🆉 jap., wörtl.: »das Zen des unverständigen Menschen«; Zen-Ausdruck für die Weise der Meditation, bei der man über Vorstellungen aus den orthodoxen buddhist. Lehrmeinungen (z. B. »Vergänglichkeit«, »Nicht-Ichhaftigkeit«, »Leerheit«) nachsinnt. Von dieser herkömmlichen Form der Meditation hebt das Zen die wahre Zen-Übung, das → Zazen, ab, die die gedankliche Auseinandersetzung mit religiösen Vorstellungen, seien sie noch so heilig und erhaben, ausschließt und so den Geist aus der Abhängigkeit von Gedankenformen befreit.

Guha, 🅷 Skrt., wörtl.: »Angreifer«; 1. Beiname des Kriegsgottes → Skanda; 2. Beiname → Shivas; 3. ein König der Nishadhas und Freund Prinz → Rāmas.

Guna 🅷 (Guṇa), Skrt., wörtl.: »Grundeigenschaft«; alle Objekte der Erscheinungswelt (→ Prakriti) bestehen in ihrer Struktur aus den drei Gunas Sattva, Rajas und Tamas. Als Eigenschaften der → Māyā sind die Trigunas von → Brahman abhängig, verhüllen aber dessen Wirklichkeit. Sind die Gunas in vollkommenem Gleichgewicht, so tritt nichts in Erscheinung, es gibt weder Manifestation noch Schöpfung. Wird das Gleichgewicht gestört, tritt die Schöpfung in Erscheinung. In der physikalischen Welt verkörpert Sattva das Reine und Feine (z. B. das Sonnenlicht), Rajas Aktivität (z. B. einen Vulkan) und Tamas Schwere und Unbeweglichkeit (z. B. einen Granitblock).

Vom Standpunkt der Evolution aus betrachtet, ist Sattva das Wesen dessen, was verwirklicht werden muß. Tamas ist das Hindernis, das der Verwirklichung entgegensteht, und Rajas die Kraft, die Tamas überwindet. Im Bewußtsein des Menschen drückt sich Sattva als Ruhe, Frieden und Gelassenheit aus, Rajas als Aktivität, Leidenschaft und Ruhelosigkeit, Tamas als Trägheit, Interesselosigkeit und Dummheit. Charakter und Stimmung des Menschen sind von dem jeweils dominierenden Guna abhängig. Der spirituell Strebende muß Tamas durch Rajas überwinden und Rajas durch Sattva. Bei der Verwirklichung des → Ātman muß auch Sattva überwunden werden.

Der → Vedānta nennt die Gunas drei Räuber und bringt dazu folgende Geschichte: Drei Räuber überfielen einen Kaufmann, der auf dem Weg in sein Heimatdorf war, und raubten ihn aus. Tamas wollte ihn umbringen, um alle Spuren zu beseitigen. Die anderen beiden hatten Bedenken, und Rajas sagte: »Wir binden ihn an einen Baum. Es ist sein Karma, ob er gefunden wird oder nicht.« Sie fesselten ihn an einen Baum und eilten davon. Nach einer Weile kehrte Sattva zurück und zerschnitt seine Fesseln. Der Kaufmann war überglücklich. »Du hast mich gerettet, komm mit in mein Dorf, ich werde dich belohnen.« – »Das geht nicht«, sagte Sattva, »ich bin bei der Polizei als Räuber bekannt. Das einzige, was ich tun konnte, war, dich von den Fesseln zu befreien.«

Gunātīta 🅷 (Guṇātīta), auch Trigunātīta, Skrt., wörtl.: »über die Gunas hinausgegangen«; die drei *(tri)* → Gunas sind die Grundeigenschaften der Erscheinungswelt (→ Prakriti). Wer sich von den Gunas befreit hat, der hat die materielle Welt überwunden und Brahman verwirklicht. Damit hat er Befreiung (→ Moksha) erlangt, das Ziel allen spirituellen Strebens im Hinduismus.

Gunin, 🆉 jap. für → Hung-jen

Gupta, 🅷 350–650 n. Chr., Dynastie von Königen, die in Māgadha regierten, und unter deren Herrschaft zahlreiche Tempel gebaut wurden. In der Kunstgeschichte wird sie als Gupta-Periode bezeichnet.

Guru, 🅷 🅱 Skrt.; Lehrer, insbesondere der spirituelle Meister. Die Hindu-Tradition spricht von vier Guru-Stufen: 1. die Eltern, die uns zu diesem Körper verhelfen und uns mit dem Leben und seinen Problemen bekannt machen; 2. die weltlichen Lehrer der Schule und Universität, die Handwerksmeister und alle anderen, die sich um unsere Ausbildung kümmern; 3. der spirituelle Meister, der den Weg kennt, uns den Sinn und Zweck des Lebens erklärt und den Weg zur Selbstverwirklichung, aber auch seine Gefahren und Hindernisse zeigt. Er kann uns auf diesem Weg führen und leiten, aber gehen müssen wir ihn selbst, es gibt keinen spirituellen »Huckepackverkehr«; 4. der kosmische Guru (→ Avatāra), zu dem uns der spirituelle Meister führt und der als göttliche Inkarnation vollkommen und erleuchtet ist. Für die Christen ist Jesus Christus der kosmische Guru.

Zwei Fragen werden hinsichtlich des Guru immer wieder gestellt: 1. ob ein Guru auf dem spirituellen Weg wirklich notwendig sei; 2. wie es um den unbedingten Gehorsam stehe, den man dem Guru erweisen solle.

Zur ersten Frage geben die ind. Lehrer oft ein sehr einfaches Beispiel. Wenn man in eine fremde Stadt kommt und eine bestimmte Straße aufsuchen will, kann man das auf zweierlei Weise tun: Man kann entweder Straße für Straße ablaufen, bis man zu der gesuchten kommt, die, wenn man Pech hat, die letzte ist; man kann aber auch einen Einheimischen fragen. Der wird einem den kürzesten Weg zu dem gesuchten Ziel zeigen. Ein Guru ist ein Einheimischer, der sich auf dem Gebiet der Spiritualität in allen Wegen auskennt. Darüber hinaus versichern die Schriften, daß von einem gewissen Punkt an das eigene Selbst zum Guru wird und die Führung übernimmt. Hierfür gibt es im Sanskrit die Bezeichnung Antaryāmin, wörtl.: »innerer Führer«.

Was den Gehorsam gegenüber dem Guru anbelangt, so ist er sinnlos, wenn er widerwillig und erzwungen ausgeübt wird. Wenn man das richtige Verhältnis zu seinem Guru hat, ihm volles Vertrauen schenkt, wird man ihm aus Vertrauen und Liebe gehorchen, auch wenn man seine Anweisungen mit dem Verstand nicht sofort begreift.

Gurubhāva, 🅷 Skrt.; die spirituelle Kraft eines Guru, die nur wirksam wird, wenn der Schüler aufnahmebereit ist.

Gurudeva, 🅷 Skrt.; 1. die höchste Gurustufe, eine göttliche Inkarnation (→ Avatāra); 2. Bezeichnung für Gott.

Gurukripā 🅷 (Gurukṛpā), Skrt.; die Gnade *(kripā)* des Guru, die er einem geeigneten Schüler zuteil werden läßt.

Gurumantra, 🅷 Skrt.; das vom Guru bei der Einweihung gegebene → Mantra, das der Schüler ständig wiederholen, aber geheimhalten sollte.

Guru Rimpoche, 🅱 → Padmasambhava

Gutei, 🆉 jap. für → Chü-chih

Gyōbutsu, 🆉 jap., wörtl.: »tun (wie ein) Buddha«; sich der grundlegenden Übung des Buddha-Weges (→ Butsudō) widmen, d. h. → Zazen üben.

Gyō-Jū-Za-Ga, 🆉 jap., wörtl.: »gehend-stehend-sitzend-liegend«; ein Ausdruck, der besagt, daß die Zen-Übung während jeglicher Verrichtungen des täglichen Lebens ununterbrochen durchgehalten werden soll.

Gyō-Jū-Za-Ga bedeutet die ungeteilte Aufmerksamkeit, die der Zen-Übende jeder seiner Tätigkeiten widmen sollte. Welche grundlegende Bedeutung die Übung der Aufmerksamkeit im Zen hat, macht die folgende berühmte Anekdote aus dem Leben des großen jap. Zen-Meisters → Ikkyū Sōjun deutlich:

»Eines Tages sagte ein Mann aus dem Volk zu Zen-Meister Ikkyū:

›Meister, wollt Ihr mir bitte einige Grundregeln der höchsten Weisheit aufschreiben?‹

Ikkyū griff sofort zum Pinsel und schrieb: ›Aufmerksamkeit.‹

›Ist das alles?‹ fragte der Mann. ›Wollt ihr nicht noch etwas hinzufügen?‹

Ikkyū schrieb daraufhin zweimal hintereinander: ›Aufmerksamkeit. Aufmerksamkeit.‹

›Nun‹, meinte der Mann ziemlich gereizt, ›ich sehe wirklich nicht viel Tiefes oder Geistreiches in dem, was ihr gerade geschrieben habt.‹

Daraufhin schrieb Ikkyū das gleiche Wort dreimal hintereinander: ›Aufmerksamkeit. Aufmerksamkeit. Aufmerksamkeit.‹

Halb verärgert begehrte der Mann zu wissen: ›Was bedeutet dieses Wort ‚Aufmerksamkeit' überhaupt?‹

Und Ikkyū antwortete sanft: ›Aufmerksamkeit bedeutet Aufmerksamkeit.‹«

(Zit. n. Ph. Kapleau, 1981, S. 36.)

Gyōrin, 🆉 jap. → Mokugyō

Gyulü 🅱 (sGyu lus), tibet., wörtl.: »Illusionskörper«; im → Vajrayāna die Vorstellung eines feinstofflichen Körpers, der jenseits der fünf Körperkonstituenten (→ Skandha) existiert, zur gleichen Zeit aber auch in sie eingelagert ist. Als Teil des → Nāro Chödrug und anderer Überlieferungen der Tantra-Lehren wird darunter vor allem eine bestimmte Meditationstechnik zusammengefaßt, mit deren Hilfe der gewöhnliche Körper zum Zustand der → Buddhaschaft geläutert wird.

H

Ha, H Skrt. → Hatha-Yoga

Hachi, Z jap. → Jihatsu

Haiku, Z jap.; eine siebzehnsilbige jap. Gedichtform mit der Silbenabfolge 5-7-5. Als größter jap. Haiku-Dichter und Begründer der klass. Haiku-Kunst gilt Matsuo Bashō (1644–1694). Er war ein Anhänger des Zen und übte → Zazen unter der Führung des Meisters Bu'cho (1643–1715). Seine besten Haiku, die zum Modell für alle späteren Haiku-Dichter wurden, sind vom Geist des Zen durchdrungen und geben der nicht-dualistischen Zen-Erfahrung Ausdruck.

Haklenayasha, Z 23. Patriarch in der ind. Linie des → Zen

Hakuin Zenji Z, auch Hakuin Ekaku, 1686–1769, einer der bedeutendsten jap. Zen-Meister der → Rinzai-Schule. Er wird oft als der Vater des modernen Rinzai-Zen bezeichnet, da

Selbstporträt Hakuins mit dem Fliegenwedel (Hossu).

er der Rinzai-Linie, die seit dem 14. Jh. allmählich verfallen war, neue Impulse gab und sie reformierte. Er systematisierte die Kōan-Schulung und betonte wieder die Wichtigkeit des → Zazen, dessen Praxis mehr und mehr von einer intellektuellen Beschäftigung mit den Schriften des Zen verdrängt worden war. In seinem berühmten Preisgesang des Zazen (→ *Hakuin Zenji Zazen-wasan)* besingt er die grundlegende Bedeutung des »Sitzens in Versunkenheit« für die Verwirklichung der → Erleuchtung, die das Ziel des Zen-Weges ist (siehe auch → Mujōdō-no-Taigen). Hakuins → Sekishu, »Was ist der Ton des Klatschens *einer* Hand?«, ist das bekannteste Kōan, das von einem jap. Meister stammt. Der geniale Hakuin Zenji war nicht nur ein hervorragender Zen-Meister, sondern auch ein bedeutender Maler, Schriftmeister (→ Shōdō) und Bildhauer; seine Tuschebilder gehören zu den berühmtesten Werken der Zen-Malerei.

Als Hakuin im Alter von sieben oder acht Jahren mit seiner Mutter einen buddhist. Tempel besuchte, hörte er eine Darlegung des Tempelpriesters mit an, in der dieser die in einem Sūtra beschriebenen Qualen der Höllenwesen so plastisch schilderte, daß die Schrekkensvision der Hölle den jungen Hakuin nicht mehr losließ. Er beschloß, Mönch zu werden und den Zustand eines Menschen zu verwirklichen, »den Feuer nicht verbrennen und Wasser nicht ertränken kann«. Seine Eltern widersetzten sich seinem Bestreben, Mönch zu werden, aber mit 15 Jahren verließ er sein Zuhause und trat in ein Kloster ein, wo er Tag und Nacht die Sūtras rezitierte und den Buddhas huldigte. Mit 19 Jahren las er die Geschichte des großen chin. Zen-Meisters → Yen-t'ou Ch'üan-huo (jap. Gantō Zenkatsu). Der Gedanke, daß selbst solch ein großer Meister des → Buddha-Dharma einem schmerzvollen Tod nicht entgehen konnte, ließ ihn für einige Zeit allen Glauben an die Wahrheit des Buddhismus verlieren und sich in das Studium der schönen Literatur vertiefen, um seine quälenden Zweifel zu überdecken.
Nach einer ersten Erleuchtungserfahrung (→ Kenshō, → Satori) beim Hören eines Satzes aus einer buddhist. Schrift im Alter von 22 Jahren wurde sein Wunsch, Frieden des Geistes (→ Anjin) zu erlangen, nur noch tiefer, und er widmete sich voller Hingabe der Übung des »Kōan Mu« (→ Mu). Vollkommen von diesem Kōan absorbiert, erfuhr er eines Tages beim Klang der Tempelglocke tiefe Erleuchtung. All seine früheren Ängste und Zweifel waren ausgelöscht, und er rief aus: »Wunderbar, wunderbar! Es gibt keinen Kreislauf von Geburt und Tod, den man durchlaufen muß! Es gibt keine Erleuchtung, nach der man streben muß! Die siebzehnhundert Kōan, aus alter Zeit überliefert, haben nicht den geringsten Wert!« So überwältigend war seine Erfahrung, daß er glaubte, sie sei einzigartig in der Welt. »Mein Stolz erhob sich wie ein mächtiger Berg, meine Überheblichkeit wallte auf wie eine Flutwelle«, schreibt er in einem seiner berühmten Briefe (*Orategama,* III). Er machte sich auf zu Meister → Dōkyō Etan, um diesem von seiner Erfahrung zu berichten. Doch Dōkyō durchschaute seinen Zustand und bestätigte seine Erfahrung nicht. In den folgenden Jah-

ren, in denen er Hakuin in eine strenge Zen-Schulung nahm, nannte Dōkyō diesen nur immer wieder einen »armen höhlenbewohnenden Teufel«, wenn Hakuin ihm seine tiefen Einsichten darlegte. Hakuin machte weitere Erleuchtungserfahrungen, wurde jedoch nicht von Meister Dōkyō bestätigt, der offensichtlich die große Begabung des jungen Mönchs erkannte und ihn zu immer tieferer Zen-Erfahrung antreiben wollte. Auch wenn Hakuin, wie es scheint, nie von Dōkyō → Inka-Shōmei erhielt und dessen Dharma, wie er selbst sagte, erst Jahre nach Dōkyōs Tod wirklich begriff, gilt er heute als sein Dharma-Nachfolger (→ Hassu).

Hakuins Weise der Zen-Schulung, die von seinem Schüler und Dharma-Nachfolger Tōrei Enji (1721–1792) und von dessen Dharma-Erben Inzan Ien (1751–1814) und auch Takuju Kōsen (1760–1833) in Einzelheiten noch weiter ausgeformt wurde, ist bis heute maßgeblich für die Schulung im jap. Rinzai-Zen. Nach Hakuin gibt es drei wesentliche Voraussetzungen für die Übung des Zazen: den »großen Glauben« (→ Dai-Shinkon), den »großen Zweifel« (→ Dai-Gidan) und die »große Entschlossenheit« (→ Dai-Funshi). Er betonte die Bedeutung der Kōan-Praxis und ordnete die überlieferten Kōan zu einem System, in dem der Zen-Übende nach Schwierigkeitsgraden abgestufte Kōan in einer bestimmten Reihenfolge lösen muß. Das »Kōan Mu« und später sein »Sekishu« betrachtete er als die besten Hosshin-Kōan (→ Kōan). Auf den erfolgreichen Abschluß der Kōan-Schulung, durch das Empfangen des Siegels der Bestätigung markiert, sollte – wie Meister des Rinzai-Zen in der Tradition von Hakuin betonen – eine mehrjährige Periode des Lebens in Einsamkeit folgen, die der Vertiefung und Klärung der Erfahrung eines so Bestätigten dient, bevor dieser als Meister in Erscheinung tritt.

Hakuin betonte außerdem die Bedeutung eines streng geregelten Klosterlebens und – in der Tradition von → Pai-chang Huai-hai (jap. Hyakujō Ekai) – der täglichen körperlichen Arbeit. Er betrachtete diese Arbeit (→ Samu) als Teil der meditativen Übung, die während der alltäglichen Verrichtungen im Kloster und außerhalb des Klosters weitergehen sollte.

In seinem *Orategama* schreibt er zur Bedeutung der »Übung in der Aktivität«: »Was ich sage, soll nicht heißen, daß ihr das stille Sitzen ganz abtun und vor allem nach einer Beschäftigung suchen sollt, in der ihr eure Übung fortführen könnt. Was der höchsten Achtung wert ist, ist die reine Kōan-Übung, die von Stille und Aktivität weder weiß noch sich ihrer bewußt ist. Deshalb heißt es, daß der wahrhaft übende Mönch geht, aber nicht weiß, daß er geht, sitzt, aber nicht weiß, daß er sitzt. Um zur Tiefe des eigenen Selbst-Wesens vorzudringen und eine Lebendigkeit zu verwirklichen, die sich unter allen Umständen bewährt, gibt es nichts Besseres als die stille Versunkenheit mitten in der Aktivität.« (Zit. n. Ph. B. Yampolsky, 1971, S. 15 f.)

Hakuin leitete mehrere Zen-Klöster als Abt, darunter das Ryūtaku-ji in der Provinz Shizuoka, das bis in die Gegenwart eines der wichtigsten Zen-Klöster Japans blieb und heute eines der wenigen Klöster in Japan ist, in denen noch echtes Zen im Sinne Hakuins lebendig ist. Seine umfangreichen Schriften gehören zu den inspirierendsten der jap. Zen-Literatur. (Ausgewählte Teile aus seinem Werk in engl. Übersetzung liegen vor in: *The Zen-Master Hakuin. Selected Writings,* übers. v. Ph. B. Yampolsky, New York/London 1971; *The Embossed Tea Kettle. Orategama and Other Works of Hakuin Zenji,* übers. v. R. D. M. Shaw, London 1963.)

Hakuin Zenji Zazen-wasan, 🅉 jap., wörtl.: »Hakuin Zenjis Preisgesang des Zazen«; in den Zen-Klöstern Japans häufig rezitierter Gesang des großen Zen-Meisters → Hakuin Zenji. Mit den Worten »Alle Geschöpfe sind im Grunde Buddha« beginnend, preist Hakuin darin die Übung des → Zazen als wirksamstes Mittel, zu dieser Grundwahrheit des Buddhismus zu erwachen. (Dt. Übersetzung mit Erläuterungen des modernen jap. Zen-Meisters → Shibayama Zenkei in: Zenkei Shibayama, *Zen in Gleichnis und Bild,* Bern 1974.)

Hakushi, 🅉 jap., wörtl.: »weißes Papier«; ein Ausdruck für den Bewußtseinszustand, der durch die Übung von → Zazen erreicht wird und der Voraussetzung für die Erfahrung des »Erwachens« (→ Erleuchtung) ist. Es ist – mit den Worten des abendländischen Mystikers Meister Eckehart – der Zustand des »leer und ledig aller Dinge«. Will man ihn verwirklichen, so müssen, wie die Zen-Meister betonen, alle Gedanken, Ideen, Bilder, Vorstellungen, Meinungen, Glaubensanschauungen usw. verschwinden. Der jap. Zen-Meister → Hakuun Ryōko Yasutani sagt dazu: »Solange in deinem Kopf oder Herzen noch irgend etwas geschrieben, aufgezeichnet, abgebildet ist, kannst du keine Erleuchtung finden. Wirf das alles weg. Dein Geist muß so leer, so fleckenlos sein wie ein Blatt reinen weißen Papiers: Hakushi!«

Hakuun Ryōko Yasutani, 🅉 1885–1973, bedeutender jap. Zen-Meister der Moderne. Er war einer der ersten authentischen Zen-Meister, die auch im Westen wirkten. Im Alter von elf Jahren als Mönch ordiniert, schulte er sich in jungen Jahren unter mehreren bekannten Zen-Meistern. Nachdem er 16 Jahre lang Volksschullehrer in Tōkyō gewesen war, wurde er 1925 als Schüler von → Daiun Sōgaku Harada angenommen, von dem er 1943 das Siegel der Bestätigung (→ Inka-Shōmei) erhielt.

Zwischen 1962 und 1969 besuchte er auf Einladung von Anhängern mehrfach die USA und unterwies dort wie in Japan auch westl. Schüler im Zen. Von seinen umfangreichen Schriften sind in Japan vor allem seine Darlegungen zu den großen Kōan-Sammlungen → *Pi-yen-lu*, → *Wu-men-kuan* und → *Ts'ung-jung-lu* bekannt. Im Westen wurde er besonders durch eine von Philip Kapleau herausgegebene Einführung in die Zen-Praxis bekannt, die weitgehend auf den Lehren von Yasutani Rōshi und seinem Dharma-Nachfolger Kōun Yamada Rōshi beruht (Ph. Kapleau, 1981).

Wie sein Meister Harada Rōshi bediente sich auch Yasutani Rōshi in seiner Weise der Zen-Schulung sowohl des → Shikantaza der Sōtō-Tradition (→ Mokushō-Zen) als auch vor allem der Kōan-Praxis der Rinzai-Tradition (→ Kanna-Zen).

Hakuun-Schule 🅉 (chin. Pai-yün-tsung, jap. Hakuun-shū); eine von dem chin. Meister Ch'ing-chüeh (jap. Shōkaku) gegründete unbedeutende Nebenlinie des Zen, die als eine von der wahren Dharma-Tradition des Zen abweichende Splittergruppe angesehen wird. Sie entstand während der Nördlichen Sung-Dynastie und starb zur Zeit der Yüan-Dynastie wieder aus. Ihr Name rührt vom Namen des Klosters her, in dem Ch'ing-chüeh lebte.

Hakuun Shutan, 🅉 jap. für → Pai-yün Shou-tuan

Hamsa 🄷 (Haṃsa), Skrt., wörtl.: »Schwan«; 1. Im *Bhāgavata-Purāna* Bezeichnung für die »*eine* Kaste«, als es in alten Zeiten nur einen Veda, einen Gott und eine Kaste gab; 2. im *Mahābhārata* ein Name für → Krishna; 3. eine Bezeichnung für Heilige, dann auch → Paramahamsa.

Han, 🅉 jap., wörtl.: »Brett«; ein in Zen-Klöstern gebräuchliches hölzernes Brett mit den Maßen von ca. 45×30×8 cm, das dreimal am Tag rhythmisch angeschlagen wird: in der Morgendämmerung, in der Abenddämmerung und vor dem Schlafengehen.

Oft steht der folgende Vers auf dem Han:

> Hört, ihr Mönche!
> Seid aufmerksam beim Üben.
> Die Zeit fliegt dahin wie ein Pfeil;
> Sie wartet nicht auf euch.

Han Chung-li, 🄱 → Pa-hsien

Hang-chou T'ien-lung, 🅉 jap. Kōshū Tenryū, etwa 9. Jh., chin. Zen-Meister; ein Schüler und Dharma-Nachfolger (→ Hassu) von → Ta-mei Fa-ch'ang (jap. Daibai Hōjō) und der Meister von → Chü-chih (jap. Gutei). Wir begegnen Hang-chou im 3. Beispiel des → *Wu-men-kuan* (siehe dazu → Chü-chih).

Han Hsiang-tzu, 🄱 → Pa-hsien

Hanka-Fuza, 🅉 jap.; Bezeichnung für die »halbe Lotoshaltung«, bei der nur ein Fuß auf dem Oberschenkel des anderen Beines liegt.

Hanka-Fuza ist eine Sitzhaltung für die Meditation, die denjenigen empfohlen wird, die die volle Lotoshaltung (→ Kekka-Fuza) nicht längere Zeit ohne große Schmerzen einnehmen können, wenn Hanka-Fuza auch nicht so ausgewogen und stabil und deshalb der Versenkung (→ Zazen) weniger zuträglich ist als Kekka-Fuza. Hanka-Fuza wird auch »Bosatsu-Za«, der »Bodhisattva-Sitz« genannt.

Hannya, 🅉 jap.; einer der wichtigsten Begriffe im Zen; er bedeutet »Weisheit« oder »unmittelbare intuitive Einsicht«. Er steht in enger Beziehung zur Meditation (Skrt. Dhyāna, → Zazen), und die Zen-Übung beruht auf der Untrennbarkeit von Hannya (Skrt. → Prajñā) und meditativer Praxis. Diese Untrennbarkeit wird im Zen seit → Hui-neng besonders betont.

Hannya Shingyō, 🅉 jap. Kurzform für *Maka Hannyaharamita Shingyō* → *Herz-Sūtra*

Hannyatara, 🅉 jap. für → Prajñādhāra

Han-shan, 🅉 jap. Kanzan; buddhist. Laie, der im China der T'ang-Zeit (genaue Lebensdaten unbekannt, wahrscheinlich Mitte 7. Jh.) als Einsiedler auf dem Berg Han-shan (d. i. Kalter Berg, Kalter Gipfel) im T'ien-t'ai-Gebirge lebte, dessen Name auf ihn überging. Er besang sein ungebundenes, weder an weltlichen noch an orthodox-religiösen Sittenregeln orientiertes Leben in Gedichten, die er im weiten Umkreis seiner Einsiedelei an Felswände, Bäume und die Wände von Häusern geschrieben haben soll. Diese Gedichte wurden später in einer »Gedichte vom Kalten Berg« *(Han-shan-shih)* betitelten Anthologie gesammelt.

Aus den Gedichten des Han-shan geht hervor, daß er ein praktizierender Zen-Buddhist war, der gelegentlich den Zen-Meister → Feng-kan (jap. Bukan) im nahe dem Han-shan-Berg gelegenen Kuo-ch'ing-Kloster aufsuchte, um von ihm → Dokusan zu erhalten.

In der Küche dieses Klosters arbeitete der »Findling« Shih-te (jap. Jittoku) als Küchengehilfe. Er war mit Han-shan befreundet und versorgte den in völliger Armut lebenden Einsiedler gelegentlich mit Essensresten.

Nach im Vorwort zum *Han-shan-shih* wiedergegebenen Aussagen des Meisters Feng-kan hatten Han-shan und Shih-te den → Buddha-Dharma in einem größeren Ausmaß verwirklicht als die meisten Mönche in seinem Kloster. So wurden Han-shan und Shih-te in der Zen-Literatur schließlich zu Urbildern des erleuchteten Zen-Laien, der, ganz auf sich gestellt, ohne einer bestimmten Schulrichtung anzuhängen und ohne sich der strengen Disziplin des Mönchslebens zu unterwerfen, den Weg der Nachfolge des Buddha beschreitet und dessen heitere Gelassenheit und unorthodoxe Lebensweise Ausdruck der unerschütterlichen Sicherheit sind, die die Erfahrung des Wahren-Wesens mit sich bringt.
Han-shan und Shih-te sind ein beliebtes Thema der Zen-Malerei, in China wie in Japan. Ein anderes, ebenfalls sehr häufig variiertes Thema sind die »Vier Schläfer«: Hier werden der Zen-Meister Feng-kan mit einem Tiger, der ihn oft begleitet haben soll, sowie mit Han-shan und Shih-te zu einer Gruppe schlafender Gestalten zusammengekuschelt dargestellt.

(Die Übersetzung einer Auswahl aus den ca. 300 erhaltenen Gedichten von Han-shan findet sich in: Han Shan, *150 Gedichte vom Kalten Berg,* übers. u. komment. v. Stephan Schuhmacher, Düsseldorf/Köln 1974.)

Die beiden erleuchteten Zen-Laien Han-shan und Shih-te. (Tuschemalerei von Shūbun, 15. Jh.)

Hanuman, 🅷 andere Schreibweise für → Hanumat

Hanuman-Nātaka 🅷 (Hanuman-Nāṭaka), auch *Mahānātaka,* Skrt., wörtl.: »Großes Drama des Hanumat«; eines der merkwürdigsten Werke der ind. Literatur in Form eines »Schauspiels« in 14 Akten, das jedoch genausogut ein Epos genannt werden könnte und zwischen dem 9. und 13. Jh. entstanden sein soll. Es erzählt die Abenteuer des Affenkönigs Hanumat und seiner Untertanen als tapfere Kämpfer an der Seite Rāmas. Der Legende nach war Hanumat selbst der Verfasser.

Es heißt, er habe den Text in einen Fels geritzt und diesen dann ins Meer versenkt. Erst nach Jahrhunderten habe König Vikramāditya den Fels heraufholen, das Werk abschreiben, teilweise rekonstruieren und dann verbreiten lassen.

Hanumat 🅷, auch Mahāvīra (»Großer Held«) oder Mahāvīr genannt, Skrt., wörtl.: »mit starken Kinnbacken«; ein Affenkönig. Er konnte durch die Luft fliegen und ist eine bekannte Gestalt des *Rāmāyana.* Mit seinem Affengefolge unterstützte er → Rāma in dessen Krieg gegen → Rāvana. Hanumats Taten sind auf vielen Bildern dargestellt. Wegen seiner magischen und heilenden Kräfte wird er auch Yogāchāra genannt. Im *Rāmāyana* heißt es: »Der Häuptling der Affen ist vollkommen, niemand kommt ihm gleich an Kenntnissen der → Shāstras, Gelehrsamkeit und Auslegung der Schriften.« Für den Bhakta, den Gottliebenden, ist Hanumat das Symbol für Dāsya, die Haltung des Dieners seinem Herrn gegenüber (→ Bhāva). Hanumats Abenteuer beschreibt das → *Hanuman-Nātaka.*

Hanumat war göttlichen Ursprungs und besaß übermenschliche Kräfte. Mit einem Satz sprang er von Indien nach Ceylon, riß Bäume aus, verschob den Himālaya, ergriff die Wolken und vollbrachte viele Wunder. Beschrieben wird er so: »Seine Gestalt ist groß wie ein Berg und hoch wie ein gewaltiger Turm, seine Hautfarbe gelblich und glühend wie geschmolzenes Gold, sein Gesicht rot wie ein leuchtender Rubin und sein Schwanz von gewaltiger Länge. Er steht auf einem hohen Felsen, brüllt wie der Donner, springt in die Luft und fliegt mit sausendem Geräusch durch die Wolken, während unter ihm die Wellen des Ozeans toben und donnern.« In einem seiner Kämpfe mit Rāvana und den → Rākshasas fetteten diese seinen Schwanz ein und setzten ihn in Brand, doch dabei ging ihre Hauptstadt Lankā in Flammen auf. Er erwies Rāma große Dienste, war sein Spion und gewaltiger Kämpfer, be-

Kupferstatuette des Affengottes Hanumat aus Mathurā.

gleitete ihn, als er in seine Hauptstadt Ayodhyā zurückkehrte, und wurde von ihm mit ewiger Jugend und ewigem Leben belohnt.

Hara **Z**, auch Kikai-Tanden, jap., wörtl.: »Unterleib, Bauch, Eingeweide«; im Zen hat der Begriff meist eine geistig-seelische Bedeutung im Sinne von »die (geistige) Mitte des Menschen«.
Ausgehend von der Erfahrung, daß Leib und Seele eins sind, sagt der jap. Zen-Meister → Daiun Sōgaku Harada: »Ihr müßt erkennen, daß der Mittelpunkt des Weltalls eure Bauchhöhle ist!« Dabei ist die Bauchhöhle eben »Hara«.

Harada Rōshi, **Z** → Daiun Sōgaku Harada

Hari, **H** Skrt., wörtl.: »Vertreiber der Sünde«; ein Name für Gott als Vishnu und Krishna: Später generell angewendet für den persönlichen Gott (→ Īshvara). Beim → Soma-Opfer ist Hari die bräunliche Farbe des Soma-Tranks.

Hari-Hara, **H** Skrt.; Kombination aus den Beinamen Vishnus (Hari) und Shivas (Hara), um die Einheit der beiden Götter als Eines zu manifestieren, was auf den → Advaita hinführt.
Eine Legende erzählt, daß Gott einem Vishnu-Verehrer mit zwei Gesichtern erschien, eine Seite Hari, die andere Hara. Der Verehrer brachte absichtlich nur der Hari-(Vishnu-)Seite sein Opfer dar, das von Gott zurückgewiesen wurde. Dadurch erkannte er seine Engherzigkeit und wurde der Erleuchtung nähergebracht.

HARI OM, **H** Skrt.; heilige Formel (→ Mantra), mit der die Gegenwart Gottes beschworen wird (→ OM).

Harivamsha **H** (Harivaṃśa), Skrt., wörtl.: »Das Geschlecht des Hari (oder Vishnu)«; religiöses Epos, das als Anhang zum → *Mahābhārata* gilt, obwohl es viel später entstanden ist. Das Werk hat drei Teile. Der erste befaßt sich mit der Schöpfung und den verschiedenen legendären Dynastien, der zweite schildert das Leben und die Abenteuer Krishnas, der dritte handelt von der Zukunft der Welt und der Verderbtheit des noch heute andauernden Zeitalters Kali-Yuga (→ Yuga).

Harivarman, **B** 4. Jh., buddhist. Gelehrter aus Mittelindien, der sich nach seinem Eintritt in den → Sangha den Lehren der Schule des → Sarvāstivāda zuwandte, aber bald damit unzufrieden wurde. Während einiger Jahre vertiefte er sich in den buddhist. Kanon und ging nach → Pātaliputra, wo er mit Mönchen der Schule der → Mahāsānghikas mahayanist. Texte studierte. Zu dieser Zeit entstand sein Werk *Satyasiddhi* (»Vervollkommnung der Wahrheit«), in dem er den Gedanken der Leere (→ Shūnyatā) entwikkelte und das die Grundlage der chin. → Satyasiddhi- und der jap. → Jōjitsu-Schule wurde.

Harsha **H** (Harṣa), Name zweier berühmter ind. Dichter. 1. Der Verfasser von drei handlungsreichen Dramen (*Nāgānanda,* »Die Wonne der Schlangendämonen«; *Priyadarshikā,* und *Ratnāvalī,* »Die Perlenschnur«, dt. 1928), die beliebte Stoffe der ind. Sagenwelt behandeln und teilweise buddhist. Einschlag erkennen lassen. Harsha war 606–647 Kaiser eines ausgedehnten Reiches in Nordindien. Sein abenteuerliches Leben hat der Dichter Bāna im 7. Jh. in dem Roman *Harsha-Charita* beschrieben.
2. Der Epiker und Vedānta-Philosoph Harsha, der im 12. Jh. Hofdichter der Könige von Kanauj war, wurde unter den Ehrennamen Shrīharsha bzw. Harshadeva als Verfasser des großen Kunstepos *Naishadha-Charita* berühmt, das die Liebe von → Nala und Damayantī zum Thema hat. Er schrieb auch das philosoph. Werk *Khandanakhandakhādya* (»Leckerbissen der Kritik«), das vom Standpunkt des Vedānta-Anhängers die Lehren der → Nyāya-Schule bekämpft.

Haryō Kōkan, **Z** jap. für → Pa-ling Hao-chien

Hasan, **Z** jap., etwa: »Unterbrechung der (religiösen) Praxis«; Bezeichnung für einen Zen-Schüler, der im Laufe seiner Schulung gerade zu einem Erleuchtungserlebnis (→ Erleuchtung, → Kenshō, → Satori) gekommen ist.

In einem Zen-Kloster gibt ein Hasan oft zur Feier seiner Erfahrung ein Essen für die anderen Mönche, das dann Hasan-Sai genannt wird. Im Zen wird jedoch immer wieder betont, daß eine solche Erfahrung, so freudig sie auch ist, nur ein erster Schritt auf dem Zen-Weg ist, auf den noch viele weitere Schritte folgen müssen. Wer bei einem solchen Erlebnis zu lange verweilt und seine Übung (→ Zazen, → Kōan) nicht beharrlich fortsetzt, der fällt bald wieder in einen Bewußtseinszustand zurück, in dem die Erleuchtungserfahrung nur noch eine Erinnerung und keine gelebte Gegenwart ist.

Hassu, **Z** jap., wörtl.: »Dharma-Nachfolger«; ein Zen-Schüler, der mindestens den gleichen Grad der → Erleuchtung erreicht hat wie sein Meister und von diesem dazu ermächtigt wurde, dessen → Dharma weiterzuführen und die Zen-Tradition seinerseits auf geeignete Dharma-Nachfolger zu »übertragen«. Hassu kann nur ein Schüler sein, der von seinem Meister → Inka-Shōmei erhalten hat.

Die großen Meister des Zen betonen allerdings immer wieder, daß Zen im Grunde nicht »lehrbar« und nicht »übertragbar« ist, weshalb Begriffe wie »Lehre, Übertragung, Übermittlung« usw. im Zusammenhang mit dem Zen als Notbehelfe zur Bezeichnung eines begrifflich nicht faßbaren Vorgangs gesehen werden müssen. Die Funktion des Meisters läßt sich in etwa mit der eines Katalysators vergleichen, der eine chemische Reaktion auslöst, ohne der entstehenden Verbindung eine Substanz hinzuzufügen – d. h. in der Gegenwart und durch die Schulung eines erleuchteten Meisters kann der Schüler selber zu einer Erleuchtungserfahrung kommen, ohne daß der Meister dabei etwas »weitergibt« und der Schüler etwas »empfängt«. Diesen Vorgang nennt man dann »Übertragung« (siehe dazu auch → *Denkō-roku*).

Wie der chin. Zen-Meister → Huang-po Hsi-yün im *Huang-po Ch'uan Hsin-hsin-fa-yao* betont, sagte schon Shākyamuni Buddha: »Durch die vollkommene unübertreffliche Erleuchtung habe ich wahrlich nichts dazugewonnen.«

Als Symbol der Bestätigung als Dharma-Nachfolger erhielt in der frühen Zen-Tradition der Schüler von seinem Meister dessen Mönchsgewand und Bettelschale. Der Ausdruck »Robe und Schale« wurde deshalb in der Zen-Literatur zur Metapher der »Übermittlung außerhalb der Schriften«; diese Art der Übermittlung ist einer der Wesenszüge des Zen (siehe auch → Den'e).

Hatha-Yoga, **H** Skrt.; dieser Yoga war urspr. eine Technik des Raja-Yoga, wie er von → Patañjali gelehrt wurde und mit der die Zentren psychischer Energie (→ Chakra) aktiviert wurden, um die → Kundalinī zu höheren Bewußtseinsebenen aufsteigen zu lassen. Die wichtigsten Praktiken dabei sind → Āsana und → Prānāyāma, die Beherrschung der → Prāna-Ströme. Sein Hauptziel ist es, Ha (Sonnen-Atem, als Prāna bekannt) mit Tha (Mond-Atem, als Apāna bekannt) zu vereinen. Dabei erlangt der Hatha-Yogi spirituelle Kräfte, und die Kundalinī beginnt durch die sechs Chakras aufzusteigen.

Der Hatha-Yoga kennt verschiedene Körperstellungen und Reinigungsübungen. Heute ist sein Hauptziel körperliche Gesundheit. Wenn im Westen von Yoga gesprochen wird, ist fast ausschließlich dieser Hatha-Yoga gemeint, von dem es zahlreiche Schulen und Lehrer gibt. Er ist nicht zu verwechseln mit dem traditionellen → Yoga, der nach Befreiung und Vereinigung mit Gott strebt.

Hatha-Yoga-Pradīpikā **H** (Haṭha-Yoga-Pradīpikā), Skrt., wörtl.: »Leuchte des strengen Yoga«; ein Standardwerk aus dem 16. Jh. über den → Hatha-Yoga von Svātmārāma, in welchem er in vier Kapiteln mit 395 Memorialversen die Übungen des Hatha-Yoga mit dem → Rāja-Yoga in Verbindung bringt und aufzeigt, wie sich beide ergänzen. Nach Aufzeichnungen aller Einzelheiten kommt er zu dem Schluß, daß, wo der Hatha-Yoga endet, der Rāja-Yoga beginnt. (Dt. Übersetzung: H. Walter, Diss. München 1893.)

Hatsu, **Z** jap. → Jihatsu

Hauslosigkeit **B** (Skrt. Pravrajyā, Pali: Pabbajjā); das »Ziehen in die Hauslosigkeit«, d. h. das Verlassen der Familie und Aufgeben aller sozialen Bindungen, stellt den ersten Schritt im Leben eines hinayanist. Mönches dar, der sich von der Welt abwenden muß, um in der Abgeschiedenheit den Weg zur Erlösung beschreiten zu können. Mit diesem Schritt, der durch das Scheren von Kopf- und Barthaaren und das Anlegen der gelben Robe symbolisiert wird, tritt man dem Stand der Novizen (→ Shrāmanera) bei.

Das Ziehen in die Hauslosigkeit wird in verschiedenen Texten beschrieben, z. B. so:

»›Voller Hindernisse ist das Hausleben, eine Stätte der Unreinheit, wie die freie Luft aber die Hauslosigkeit. Nicht leicht ist es, im häuslichen Leben einen fleckenlosen heiligen Wandel zu führen. Wie, wenn ich mir nun Haar und Bart scherte, das gelbe Gewand anlegte und von Hause fortzöge in die Hauslosigkeit.‹ Und nach einiger Zeit, ein kleines oder großes Vermögen und einen kleinen oder großen Verwandtenkreis aufgebend, schert er sich Haar und Bart, legt das gelbe Gewand an und zieht von Hause fort in die Hauslosigkeit.« (Zit. n. Nyanatiloka, 1976, S. 73.)

Hayagrīva, 🅗 🅑 Skrt., wörtl.: »Pferdenacken«.
🅗 Einer Legende nach stahl ein → Daitya dieses Namens den Veda, als er gerade dem Munde Brahmās entschlüpfte, der am Ende eines → Kalpas schlief. Er wurde von Vishnu in seiner Fischinkarnation (→ Matsya) getötet. Nach einer anderen Legende nahm Vishnu selbst diese Form an, um den Veda zurückzuholen, den zwei Daityas gestohlen hatten.
🅑 (tibet. Tamdrin [rta-mgrin]); zur Padma-Familie (→ Buddhakula) gehörende rasende Schutzgottheit (→ Erscheinungsformen) des → Vajrayāna; sie ist in dieser Tradition ein oft verwendeter → Yidam.

Heijōshin kore dō, 🅩 jap., wörtl.: »Das gewöhnliche Bewußtsein ist der Weg«; berühmter Zen-Spruch, der von dem großen chin. Zen-Meister → Nan-ch'üan P'u-yüan (jap. Nansen Fugen) stammt. Er ist Teil eines → Mondō mit → Chao-chou Ts'ung-shen (jap. Jōshū Jūshin), das als 19. Beispiel im → *Wu-men-kuan* auftaucht:
»Chao-chou fragte Nan-ch'üan: ›Was ist der Weg?‹
Nan-ch'üan sagte: ›Das gewöhnliche Bewußtsein ist der Weg.‹
Chao-chou sagte: ›Soll ich mich dazu hinwenden oder nicht?‹
Nan-ch'üan sagte: ›Wenn du versuchst, dich dazu hinzuwenden, wird er sich von dir abwenden.‹
Chao-chou sagte: ›Wenn ich nicht versuche, ihn zu finden, wie kann ich den Weg dann wissen?‹
Nan-ch'üan sagte: ›Der Weg gehört nicht zu Wissen oder Nicht-Wissen. Wissen ist Verblendung, Nicht-Wissen ist Nicht-Unterscheidung. Wenn du wirklich den wahren Weg jenseits allen Zweifelns erreicht hast, so wirst du erfahren, daß er so weit und grenzenlos ist wie die große Leere. Wie denn könnte da recht und unrecht sein?‹
Bei diesen Worten kam Chao-chou zu einem plötzlichen Erleuchtungserlebnis.«

Heikan, 🅩 jap., wörtl.: »Schließen des Tores«; ein Ausdruck für die Zen-Übung (→ Zazen), die beinhaltet, daß man das »Tor des Geistes« für Ablenkungen schließt und innere Sammlung und den »Erleuchtungsgeist« (→ Bodaishin) kultiviert. Heikan bedeutet jedoch nicht, daß man äußere Umstände nicht mehr wahrnimmt und weltlichen Belangen und Aufgaben nicht mehr nachkommen könnte; es heißt nur, daß man sich von weltlichen Sorgen, Leiden und Leidenschaften (→ Bonnō) nicht mehr gefangennehmen und von der geistigen Übung ablenken läßt.
Die Grundstimmung des Heikan ist in einem berühmten Gedicht des taoistisch geprägten chin. Dichters T'ao Yüan-ming (auch T'ao Ch'ien, 365–427) wiedergegeben, das im Zen oft zitiert wird. Es beginnt mit den Zeilen:

> Mein Haus baute ich mitten in der
> Menschensiedlung
> Und höre doch den Lärm von Pferd
> und Wagen nicht.
> Du fragst, wie das denn möglich sei? –
> Ist dein Herz losgelöst, ist auch der Wohnort
> friedlich . . .

Heitei-Dōji, 🅩 jap., wörtl.: »Feuer-Knabe«; der Knabe, der sich in einem Zen-Kloster um die Wartung und das Entzünden und Auslöschen der Lampen kümmert.

Hekigan-roku, 🅩 jap. für → *Pi-yen-lu*

Hekikan-Baramon, 🅩 jap., wörtl.: »der zur Wand blickende Brahmane«; ein populärer Name für → Bodhidharma, den 1. Patriarchen des Zen in China, der neun Jahre lang »der Wand gegenüber« (→ Menpeki) Zazen übte.

Hen-chū-shō, 🅩 jap. → Fünf Grade (der Erleuchtung), 2.

Heng O 🅣, auch Ch'ang O genannt; Mondgöttin der chin. Mythologie, die Gemahlin des Himmlischen Schützens, Shen I, der von der Königlichen Mutter des Westens (→ Hsi wang-mu) die Droge der Unsterblichkeit (→ Ch'ang-sheng pussu, → Hsien) erhalten hatte. Heng O entwendete sie ihm heimlich und nahm sie zu sich, doch hatte sie sie noch nicht völlig getrunken, als ihr Gemahl sie dabei ertappte. Die Unsterblichkeitsdroge verlieh ihr zwar die Kraft, sich in den Himmel zu erheben, da sie aber nicht die gesamte Menge der Droge getrunken hatte, mußte sie auf halbem Wege Halt machen und sich im Mond niederlassen. Shen I begab sich selbst in die Wohnstätte der Unsterblichen und wurde der Herrscher der Sonne. – Heng O wird auf einer dreifüßigen Kröte sitzend dargestellt.

Henkū, 🅩 jap., wörtl.: »einseitige Leere«; Bezeichnung für die vor allem im → Hīnayāna vertretene buddhist. Lehrmeinung, die besonders die Substanzlosigkeit und damit die Nicht-Existenz aller Phänomene (auch Tankū, »Nur-Leere«, genannt) betont. Damit wird nicht die Volle-Wirklichkeit erfaßt, nur die halbe, also »einseitige«. (Siehe dazu auch → Futan-Kū.)

Henshin, Z jap., wörtl.: »einseitige Wahrheit«; andere Bezeichnung für → Henkū oder die buddhist. Doktrin von Tankū, der »Nur-Leere«. (Siehe dazu auch → Futan-Kū.)

Herz-Geist Z → Kokoro

Herz-Sūtra B Z (Skrt. *Mahāprajñāpāramitā-Hridaya-Sūtra,* jap. *Maka Hannyaharamita Shingyō,* etwa »Herzstück des → *Prajñāpāramitā-Sūtra*«); kürzestes der 40 Sūtras, die das *Prajñāpāramitā-Sūtra* bilden. Es ist eines der bedeutendsten Sūtras des Mahāyāna-Buddhismus und wird vor allem in China und Japan von den Mönchen und Nonnen fast aller Schulen rezitiert. Besondere Wichtigkeit erlangte das Sūtra im Zen, da es die Lehre von → Shūnyatā – der »Leere«, um deren unmittelbare Erfahrung sich der Zen-Übende bemüht – besonders klar und konzis formuliert.

Der Kernsatz des *Herz-Sūtra* lautet: »Form ist nichts als Leere, Leere ist nichts als Form« – eine Aussage, die im Zen immer wieder zitiert wird.

Hieizan, B Z jap., wörtl.: »Berg Hiei«; Berg bei Kyōto, auf dem → Saichō (auch Dengyō Daishi, 767–822) Anfang des 9. Jh. das Stammkloster der von ihm begründeten jap. Linie des → T'ien-t'ai-Buddhismus (siehe auch → Tendai) erbaute. Der große Klosterkomplex wurde zu einem der bedeutendsten Zentren des Buddhismus im mittelalterlichen Japan; er beherbergte auch Meister aus anderen buddhist. Schulen, vor allem der → Shingon-Schule und dem → Zen.

Himavat, H Skrt., wörtl.: »Schneegipfel«; Symbol für die höchsten Gipfel des Seins; die göttlichen Kräfte in ihrer höchsten Manifestation.

In der Mythologie die Personifizierung des Himālaya und der Vater von → Umā und → Gangā.

Himmelskönige B (chin. T'ien-wang, jap. Shi-Tennō, Skrt. Devarāja), auch Weltenhüter genannt; vier dämonisch anmutende Gestalten, deren Statuen sich in jedem chin. und jap. Kloster befinden. Die Himmelskönige, die nach mythologischen Vorstellungen auf dem Weltenberg → Meru leben, sind die Hüter der vier Weltteile und der buddhist. Lehre. Sie bekämpfen das Schlechte und schützen jene Orte, an denen das Gute gelehrt wird. Ihre Körper sind durch Rüstungen geschützt, auf dem Kopf tragen sie Helme oder Kronen.

Jedem Himmelskönig ist eine Himmelsrichtung zugeordnet: Der Hüter des Nordens (Skrt. Vaishravana) hat einen grünen Körper. In seiner linken Hand hält er die schirmähnlich zusammengerollte Siegesfahne des buddhist. Dharma; in der rechten entweder eine Pagode (in der → Nāgarjuna die buddhist. Schriften im Meerespalast der → Nāgas gefunden haben soll) oder eine silberne juwelenspeiende Ratte. Er ist der wichtigste der vier Weltenhüter.

Der Hüter des Südens (Skrt. Virūdhaka) hat einen blauen Körper. Er schwingt ein zum Kampf gegen die Finsternis (d. i. Unwissenheit, → Avidyā) gezogenes Schwert. Er schützt die guten Wurzeln im Menschen.

Der Hüter des Ostens (Skrt. Dhritarāshtra) besitzt einen weißen Körper. Er spielt auf einer chin. Laute, deren Klang die Gedanken der Menschen reinigt und zur Ruhe kommen läßt.

Der Hüter des Westens (Skrt. Virūpāksha) hat einen roten Körper. In der rechten Hand hält er eine Schlange (Nāga), der er das Wunschjuwel (→ Chintāmani) vorenthält, da dieses nur Erleuchteten und Heiligen gebührt, die Nāgas jedoch auch die höchsten Schätze hüten wollen.

Jeder der vier Himmelskönige, die in China seit dem 4. Jh. bekannt sind, doch erst seit der T'ang-Dynastie in der heutigen Form verehrt werden, hat 91 Söhne, die ihnen helfen, die zehn Himmelsrichtungen zu beschützen. Je acht Generäle und andere Gehilfen verwalten die ihnen unterstellten Weltgegenden.

Die Aufstellung der Statuen der Himmelskönige in einer eigenen Halle des Klosters geht auf folgende Sage zurück: 742 holte Amoghavajra (→ Mi-tsung) durch das Rezitieren von → Dhāranīs die Himmelskönige zu Hilfe, die durch ihre Unterstützung der Belagerung von Hsi-an-fu durch Fremdvölker ein Ende setzten: Der Hüter des Nordens kam den Soldaten inmitten von Wolken mit seinem Gefolge zu Hilfe, Ratten zerbissen die Sehnen der feindlichen Bogen, der Hüter des Westens bannte die Feinde durch seinen furchterregenden Blick. Zum Dank dafür erließ der Kaiser ein Edikt, das die Aufstellung von Statuen der Himmelskönige in allen Klöstern vorschrieb.

Hīnayāna, B Z Skrt,. »Kleines Fahrzeug«; urspr. abfällige Bezeichnung seitens der Vertreter des → Mahāyāna (»Großes Fahrzeug«) für den »alten Buddhismus«. Die Anhänger des Hīnayāna selbst bezeichnen ihre Lehre meist als → Theravāda (Lehre der Ordensältesten), obwohl diese Schule nur *eine* Richtung innerhalb des Hīnayāna darstellt; sie ist jedoch die einzige noch heute existierende. Das Hīnayāna wird auch »Südlicher Buddhismus« genannt, da es vor allem in den südl. Ländern Asiens (Ceylon, Thailand, Burma, Kambodscha, Laos) verbreitet ist.

Das Hīnayāna zählt der Überlieferung nach 18 verschiedene Schulen, die sich aus der Urgemeinde entwickelt haben; in den Texten sind aber weitaus mehr angeführt.

Beim 3. buddhist. → Konzil erfolgte das erste Schisma, das die Urgemeinde in → Sthavira (Pali: Thera) und → Mahāsānghika spaltete. Die Mahāsānghikas teilten sich zwischen 280 und 240 v. Chr. in sechs Schulen: in die Ekavyāvahārikas, aus denen die Lokottaravādins hervorgingen, und in die Gokulikas, die sich in Bahushrutīyas, Prajñaptivādins und Chaitikas spalteten.
Von den Sthaviras lösten sich um 240 v. Chr. die → Vātsīputrīyas (auch Pudgalavādins genannt), die vier Untergruppen bildeten: Dharmottarīya, Bhadrayānīya, Sammatīya und Sannagarika (oder Sandagiriya). Zwei weitere von den Sthaviras ausgehende Schulen sind der → Sarvāstivāda, aus dem ca. 150 v. Chr. die → Sautrāntikas hervorgingen, und die → Vibhajyavādins, die sich als orthodoxe Sthaviras verstehen. Aus diesen entstanden die Schulen des Theravāda, der → Mahīshāsakas und Kāshyapīyas; aus den Mahīshāsakas gingen die → Dharmaguptakas hervor.
Das Hīnayāna, dessen Schulen sich in der Zeit zwischen dem Tod des Buddha und dem Beginn unserer Zeitrechnung entwickelten, stellt nach Ansicht seiner Anhänger die ursprüngliche, reine Lehre, wie sie der Buddha gepredigt hat, dar. Seine Doktrinen basieren im wesentlichen auf den Sūtras, die aus dem Munde des Buddha selbst stammen sollen. Die für die Mönche verbindlichen Disziplinregeln sind im → Vinaya-Pitaka enthalten. Im → Abhidharma, dem dritten Teil des Kanons (→ Tripitaka) werden die in den Sūtras enthaltenen Lehren analysiert und systematisiert.
Das Hīnayāna zeigt in erster Linie den Weg zur Erlösung auf. Philosoph. Spekulationen spielen dabei keine Rolle, sie gelten als hinderlich auf dem Weg. Es liefert eine Analyse der menschlichen Situation, der Natur des Daseins, der Struktur der Persönlichkeit und zeigt Methoden, die zur Aufhebung des Leidens (→ Duhkha) führen können.
Allen Schulen des Hīnayāna ist eine realistische Sicht des Daseins gemeinsam. Das Leiden, aus dem es sich zu befreien gilt, wird als real angesehen. Die Befreiung aus dem leidhaften Kreislauf (→ Samsāra) der Wiedergeburten und das Erlangen des Nirvāna werden als höchstes Ziel angesehen, das nur durch eigene Kraft, durch eine Abkehr von der Welt und ihre Überwindung erreicht werden kann. Dazu muß der Anhänger des Hīnayāna in die → Hauslosigkeit ziehen, d. h. ein mönchisches Leben führen; Laien ist das Erlangen des Nirvāna nicht möglich. Das diesen Grundsätzen entsprechende Ideal des Hīnayāna ist der → Arhat, der aus eigener Kraft die Erlösung für sich selbst erlangt hat.
Das Hīnayāna vermeidet es, über das letzte Ziel spirituellen Strebens, das Nirvāṇa, etwas auszusagen, das über die Erfahrungstatsache der Erleuchtung und damit des Verlöschens der Ich-Illusion mit ihrem Begehren (→ Trishnā) hinausgeht.
Der Buddha wird von diesen Schulen als historische Persönlichkeit, als irdischer Mensch und Lehrer angesehen, nicht aber als transzendentes Wesen.
Das wesentliche der Lehre kommt in den → Vier Edlen Wahrheiten, dem Lehrsatz vom Abhängigen Entstehen (→ Pratītya-Samutpāda), der → Anātman-Doktrin und dem Gesetz des → Karma zum Ausdruck. Die Praxis des Hīnayāna ist in Grundzügen im → Achtfachen Pfad enthalten.
Aus mahayanist. Sicht wird das Hīnayāna als »Kleines Fahrzeug« deswegen bezeichnet, weil es im Gegensatz zum Mahāyāna, das *alle* Wesen zur Erlösung führen will, nur die *eigene* Befreiung zum Ziel hat. Es wird als die erste Stufe der Lehrdarlegung des Buddha angesehen, in der nur ein kleiner Teil der buddhist. Lehre aufgezeigt wird. Erst später predigte der Buddha die vollkommene Lehre, das Mahāyāna. (Siehe dazu auch → Ekayāna, → Triyāna, → Buddhismus.)

Hindi, H in weiten Teilen Nordindiens Landessprache (Ost-Hindi und West-Hindi) mit mehreren Dialektgruppen. Das von ca. 112 Mill. Menschen gesprochene West-Hindi ist heute die offizielle Staatssprache Indiens. Sie wird in der auch für das klassische → Sanskrit üblichen Devanāgarī-Schrift geschrieben.

Hinduismus, H der im Westen eingeführte Name für die traditionellen religiösen und gesellschaftlichen Strukturen und Einrichtungen der Inder. Jene Inder, die nicht den von dieser Tradition abweichenden Lehren des Islam, des → Jainismus und → Sikhismus anhängen, bezeichnet man heute allg. als »Hindus«. In Indien wird dieser Religionsverbund → Sanātana-Dharma, die »Ewige Religion«, genannt, da alle Aspekte der Wahrheit durch Jahrhunderte hindurch darin aufgenommen wurden. Als mythologisch gewachsene Religion hat sie weder einen Stifter (wie etwa Buddhismus, Islam und Christentum) noch einen unveränderlichen Kanon. Es lassen sich zahlreiche lokale Kulte und Traditionen der Götterverehrung und der Glaubens-

auffassung unterscheiden. Gemeinsam ist allen Hindus indessen die Lehre vom Gesetz des → Karma.
Seit Eindringen der indo-arischen Völker nach Indien und dem damit beginnenden ved. Zeitalter haben Seher, Heilige und → Avatāras spirituelle Erkenntnisse und Wahrheiten gefunden, die in den → Shrutis niedergelegt sind und noch heute dem Leben der Hindus Basis und Inhalt geben. Als die Indo-Arier auf die dravidischen Kulturen Südindiens stießen, waren sie offen für deren Weisheiten, die ebenfalls in den Sanātana-Dharma eingingen. Nie hat dieser sich neuen Einsichten und Weisheiten gegenüber verschlossen und sich deshalb bis zum heutigen Tage ungebrochen seine Lebendigkeit bewahrt.
Da der Sinn der Inder von Anfang an auf die Ewigkeit gerichtet war, haben sie der zeitlichen Einordnung der Geschehnisse und Erkenntnisse keine Bedeutung beigemessen. Deshalb differieren im Hinduismus die historischen Daten von Heiligen, Philosophen, philosoph. Schulen usw. oft um Jahrhunderte. Trotzdem läßt sich in großen Zügen eine gewisse Abfolge feststellen.
Auf die → Veden und → Upanischaden folgen als weitere heilige Schriften, die allerdings nicht mehr zur Shruti, d. h. zu den Offenbarungen, gehören, die → Itihāsas, deren wichtigste die beiden großen Epen, das → *Rāmāyana* und das → *Mahābhārata* sind. Letzteres enthält die jedem Inder vertraute und oft auswendig gelernte → *Bhagavad-Gītā,* die zu den heiligsten Schriften des Hinduismus überhaupt zählt.
Auf die Itihāsas, die mehr geschichtlichen Charakter tragen, folgen die → Purānas, die hauptsächlich dazu dienen, durch ihre anschaulichen Sagen und Legenden den Menschen den abstrakten Sinn der Veden und Upanischaden, den zu erfassen sie in späteren Zeiten meist nicht mehr in der Lage waren, zugänglich zu machen. Sie bilden die Hauptschriften des → Vaishnavismus, → Shaivismus und → Brahmanismus.
Als nächstes ist das → Tantra von großer Bedeutung für die religiös-spirituelle Entwicklung des Inders. Es befaßt sich hauptsächlich mit der göttlichen Energie, die – richtig genutzt – dem Strebenden auf dem Weg zur Erleuchtung von großer Hilfe ist, falsch genutzt jedoch große Gefahren in sich birgt.
Die → Darshanas genannten sechs philosoph. Systeme wurden zwar erst verhältnismäßig spät schriftlich fixiert, ihre ersten Ansätze finden sich jedoch schon in ved. Zeiten. Vor allem die Erkenntnisse des → Vedānta ziehen sich durch die gesamte ind. Philosophie vom → *Rigveda* bis zu den Reformbewegungen der letzten zwei Jahrhunderte. Der Vedānta gilt auch bei abendländischen Gelehrten als Höhepunkt der ind. Philosophie.
Alle bisher erwähnten Entwicklungen werden als orthodox (Āstika) bezeichnet, weil sie die Autorität der Veden anerkennen. Daneben entstanden aber schon sehr früh Lehren und Schulen, die die Autorität der Veden nicht anerkennen und deshalb als Nāstika (unorthodox) bezeichnet werden. Die beiden wichtigsten sind der → Jainismus und der Buddhismus. Für den Hinduismus ist Buddha nicht nur ein Hindu, sondern einer der → Avatāras, der Inkarnationen des göttlichen Bewußtseins auf Erden, und zwar von den zehn traditionellen der neunte und bisher letzte, denn der zehnte (→ Kalki) ist noch nicht erschienen.
Die heutigen wichtigsten ind. Bewegungen der Gottesverehrung sind der Vaishnavismus, der Shaivismus sowie der → Shaktismus, während der im Westen immer wieder im Zusammenhang mit Indien genannte Brahmanismus, sofern er sich direkt auf → Brahmā bezieht, im Hinduismus nur eine untergeordnete Rolle spielt.
Nicht zuletzt waren für die historische und religiöse Entwicklung des Sanātana-Dharma auch die Einflüsse des Buddhismus, Islam, Christentums, der Jainas und der Parsen von Bedeutung und haben erheblich zur ständigen Ausweitung des Hinduismus beigetragen. Schon im *Rigveda* steht der fundamentale Satz: »*Ekam Sat Vipra Bahudhā Vadanti* – Es gibt nur eine Wahrheit, aber die Weisen nennen sie mit verschiedenen Namen.« Für diese Wahrheit hat in unserer Zeit → Rāmakrishna lebendiges Zeugnis abgelegt, als er die verschiedenen Pfade der einzelnen Religionen im Laufe seines Lebens praktizierte und auf jedem zur gleichen Erleuchtung gelangte.

Hiranyagarbha 🅷 (Hiraṇyagarbha), Skrt., wörtl.: »Goldenes Ei«; im *Rigveda* ist Hiranyagarbha der Anfang, der *eine* Gott aller Wesen, der Himmel und Erde erhält, Atem und Leben gibt, das belebende Prinzip in allen Kreaturen ist und dem alle Götter gehorchen.
Nach → Manu war Hiranyagarbha identisch mit → Brahmā, der ersten Manifestation des männlichen Prinzips. Brahmā war hervorgegangen aus der unerklärlichen ersten Ursache in Gestalt eines goldenen Eies, das leuchtete wie die Sonne. Nachdem er ein Jahr in dem Ei verbracht hatte, teilte Brahmā es durch bloßes Denken in zwei Teile und bildete aus diesen beiden Schalen Himmel und Erde.

Hiranyaparakosha 🅷 (Hiraṇyaparakośa), Skrt., wörtl.: »Goldene Hülle des Jenseits«; das Göttliche, die goldene höchste Hülle, der Körper → Brahmās.

Hiranyavat 🅷 (Hiraṇyavat), Skrt., wörtl.: »Goldreichtum«; die Grundsubstanz der Wahrheit. Hiranya bedeutet wörtl. zwar Gold, und damit Reichtum, wird aber in Wortverbindungen oft symbolisch für den strahlenden Reichtum des göttlichen Lichts gebraucht.

Hi-Shiryō, 🆉 jap., wörtl.: »das dem Denken Unermeßliche«; Zen-Ausdruck für die → Erleuchtung, die zwar erfahrbar, aber begrifflich nicht faßbar, unausdenklich ist. (Siehe dazu auch → Fukashigi, → Fukasetsu.)

Hitopadesha 🅷 (Hitopadeśa), Skrt., wörtl.: »Guter Rat oder Freundliche Unterweisung«; Sammlung von lehrreichen Geschichten und Tierfabeln, die weitgehend auf dem älteren und umfangreicheren → *Pañchatantra* fußen und zwischen dem 10. und 14. Jh. von einem gewissen Nārāyana in Bengalen verfaßt worden sein muß. Bis heute ist es ein beliebtes heiter-erbauliches Lesebuch für Jung und Alt und liegt auch in mehreren dt. Übersetzungen vor.

Ho, 🆃 chin., wörtl.: »Kranich«; taoist. Symbol der Unsterblichkeit (→ Ch'ang-sheng pu-ssu, → Shou) und der Weisheit. Der Kranich wird häufig gemeinsam mit einer Kiefer und einem Stein abgebildet, die ebenfalls Sinnbilder des langen Lebens sind. Taoist. Adepten, die Unsterblichkeit erlangt haben (→ Hsien), steigen auf einem Kranich reitend in den Himmel auf (→ Fei-sheng). Der rote Kopf des Kranichs ist ein Zeichen dafür, daß der Kranich seine Lebenskraft erhalten hat und aus reinem Yang (→ Yin-yang) besteht.

Darstellungen, auf denen ein Kranich einem Pavillon auf einem über dem Meer gelegenen Felsen zufliegt, sind Symbol für die Inseln der Unsterblichen (→ P'eng-lai, → Ying-chou, → Fang-chang). Kranichpaare hingegen sind Symbole des Glücks und des eleganten literarischen Stils und treten stellvertretend für den Stern des Glücks (→ San-hsing) und die Gottheit der Literatur (→ Wen-ch'ang) auf.

Ho!, 🆉 chin. für → Katsu!

Hō, 🅱 🆉 jap. für → Dharma

Hōbōdan-gyō, 🆉 jap. für *Fa-pao-t'an-ching* → *Liu-tsu-ta-shih Fa-pao-t'an-ching*

Hōbō Kokumon, 🆉 jap. für → Pao-feng K'o-wen

Ho-ch'i, 🆃 chin., wörtl.: »Vereinigung der Atem«; kollektive sexuelle Orgien, die seit der Han-Dynastie in den taoist. Schulen des Wegs des Höchsten Friedens (→ T'ai-p'ing tao) und Fünf Scheffeln Reis (→ Wu-tou-mi tao) praktiziert wurden und bis in die Sung-Dynastie weiterlebten. Das Ho-ch'i hat die Vereinigung von Yin und Yang (→ Yin-yang), des weiblichen und männlichen Prinzips, zum Ziel. Dadurch wird das Lebensprinzip genährt (→ Yang-hsing). Diese Übung macht die Erlangung der Unsterblichkeit möglich.

Die Zeremonie des Ho-ch'i fand an Neu- und Vollmondtagen statt. Nach dem Tanz des Drachens (Symbol für Yang) und des Tigers (Symbol des Yin) zogen sich die Teilnehmer in private Räume zurück, wo jeder mit möglichst vielen verschiedenen Partnern sexuellen Verkehr pflegte.

Das genaue Ritual des Ho-ch'i ist nicht bekannt, da unter dem Druck der konfuzian. Moral alle Beschreibungen aus dem taoist. Kanon (→ Tao-tsang) gestrichen wurden. – Die Praxis des Ho-ch'i beruht auf der Vorstellung, daß der männliche Samen (→ Ching), die Essenz des Yang, am besten durch den weiblichen Orgasmus (Yin) genährt werden kann. Verkehrt ein Mann mit möglichst vielen Partnerinnen, die einen Orgasmus erreichen, während es bei ihm selbst nur bei der letzten Vereinigung zu einer Ejakulation kommt, produziert er ein Maximum an Yang, wovon er nur einen geringen Teil wieder abgibt. Dies wirkt sich positiv auf die Lebensdauer aus. – Dank dieser Methode soll der legendäre Gelbe Kaiser (→ Huang-ti) mit 1200 Konkubinen sexuell verkehrt haben, ohne einen gesundheitlichen Schaden davongetragen zu haben.

Hō'e, 🆉 jap., wörtl.: »Dharma-Kleid«; Bezeichnung des Gewandes eines buddhist. Mönchs. Im Zen ist das Mönchsgewand ein Symbol für die Überlieferung des → Buddha-Dharma »von Herz-Geist zu Herz-Geist« (→ Ishin-Denshin) in der Linie der Patriarchen (→ Soshigata), die bis auf Shākyamuni Buddha zurückreicht. Es wurde von den frühen Patriarchen des Zen an ihre Dharma-Nachfolger (→ Hassu) als Zeichen der Bestätigung (→ Inka-Shōmei) weitergegeben. (Siehe dazu auch → Den'e.)

Hofuku Jūten, 🆉 jap. für → Pao-fu Ts'ung-chan

Hōgen Bun'eki, 🆉 jap. für → Fa-yen Wen-i

Hōgen-Schule 🆉 (chin. Fa-yen-tsung, jap. Hōgen-shū); eine Schule des Zen in China, die zu den »Fünf Häusern – Sieben Schulen« (→ Goke-Shichishū), d.h. zu den großen Schulen der wahren Zen-Tradition in China, gehörte. Sie geht zurück auf → Hsüan-sha Shih-pei (jap. Gensha Shibi, ein Schüler und Dharma-Nachfolger von → Hsüeh-feng I-ts'un, jap. Seppō Gison), nach dem sie urspr. die Hsüan-sha-Schule genannt wurde.

Meister Hsüan-shas Ruhm wurde jedoch später von dem seines Enkels im Dharma, → Fa-yen Wen-i (jap. Hōgen Bun'eki), überschattet, und seitdem ist diese Übertragungslinie als die Fa-yen-(jap. Hōgen-)Schule bekannt. Fa-yen, einer der bedeutendsten Zen-Meister seiner Zeit, zog Schüler aus allen Teilen des Landes an. Seine 63 Dharma-Nachfolger (→ Hassu) verbreiteten seinen Dharma über ganz China und bis nach Korea. Für drei Generationen blühte die Hōgen-Schule, starb dann jedoch nach der fünften Generation aus.

Hōge-Sō, 🅉 jap., wörtl.: »befreiter/abgetaner Mönch«; urspr. buddhist. Mönche, die während der Kamakura-Zeit und der Muromachi- (oder Ashikaga-)Zeit in Japan von allem weltlichen Besitz unbelastet durch das Land zogen und singend und tanzend um Essen bettelten. Im Sinn von »Einer, der allen weltlichen Besitz abgetan hat« wird Hōge-Sō im Zen als Bezeichnung für einen erleuchteten Mönch benutzt.

Hōgo, 🅉 jap., wörtl.: »Dharma-Wort(e)«; die lebendige Wahrheit des Buddhismus, insbesondere des Zen, betreffende Worte der Patriarchen (→ Soshigata) und alten Meister der Zen-Tradition. Solche Worte wurden von späteren Zen-Meistern gern in ihren → Teishō zitiert und, wenn sie auch Ausübende des Schrift-Weges (→ Shōdō) waren, zur Inspiration ihrer Schüler als künstlerischer Ausdruck der Zen-Erfahrung mit Tusche geschrieben (→ Bokuseki).

Ho Hsien-ku, 🅑 → Pa-hsien

Hōjin, 🅉 jap. für Sambhogakāya → Trikāya

Hōjō, 🅉 jap., wörtl.: »zehn Fuß im Quadrat«; 1. Bezeichnung für den Wohnraum des Mönchs-Ältesten in einem buddhist. Kloster. Der Begriff ist eine Anspielung auf die Klause des legendären buddhist. Heiligen Vimalakīrti, der als Laie den Grad der Erleuchtung eines Buddha verwirklicht haben soll, wovon im → *Vimalakīrtinirdesha-Sūtra* zu lesen ist; 2. der Abt eines buddhist. Klosters; 3. Ehrentitel für den Mönchs-Ältesten in einem Zen-Kloster.

Hōju Enshō, 🅉 jap. für → Pao-chou Yen-chao

Hokke-kyō, 🅑 🅉 jap. für → *Lotos-Sūtra*

Hō Koji, 🅉 jap. → P'ang Yün

Hokushū-Zen, 🅉 jap. für chin. Pei-tsung-ch'an, d. h. »Nördliche Schule (des Zen)«, → Südliche Schule

Hōkyō, 🅉 jap., wörtl.: »Dharma-Brücke«; Bezeichnung für den Buddhismus, der mit einer Brücke zu vergleichen ist, welche es dem Menschen erlaubt, den Fluß von Leben und Tod (→ Samsāra) zu überqueren.

Hōkyō-ki, 🅉 jap.; Sammlung der Antworten, die der chin. Zen-Meister → T'ien-T'ung Ju-ching (jap. Tendō Nyojō) auf Fragen des jap. Mönchs gab, der später als → Dōgen Zenji, der Begründer der jap. Linie der → Sōtō-Schule, bekannt wurde. Das Werk wurde von Ejō, einem Schüler von Dōgen Zenji, aufgezeichnet.

Hōkyō Zanmai, 🅉 jap. für → *San-mei-k'o*

Homa, 🅗 Skrt.; Opferhandlung aus ved. Zeit, bei der einem Feuer, das nach Anweisung der heiligen Schriften entzündet wird, Opfergaben dargebracht werden. Das Feuer wird als sichtbare Manifestation der angebeteten Gottheit verehrt. Der Homa ist ein Ritual innerer Läuterung, an dessen Schluß der Anbetende der Gottheit ein geistiges Opfer darbringt in Form all seiner Gedanken, Worte und Taten.

Hōmon, 🅉 jap., wörtl.: »Dharma-Tor(e)«; die Lehren des Buddha, des Gründers des Buddhismus. Diese Lehren werden hier mit einem Tor verglichen, durch das der Übende in die Welt der → Erleuchtung eintritt. In den Vier Großen Gelübden (→ Shiguseigan) geloben die Anhänger des Zen, alle Lehren des Buddha zu verwirklichen: »*Hōmon muryō seigangaku* – Der Dharma-Tore sind mannigfache, ich gelobe, durch alle zu gehen.« Dabei ist man sich jedoch bewußt, daß man durch das Tor nicht von einer Welt in eine andere geht.

Hōnen, 🅑 → Jōdo-shū

Honganji, 🅑 jap. → Jōdo-shin-shū

Honrai-no-Memmoku, 🅉 jap., wörtl.: »ursprüngliches *(honrai)* Antlitz *(memmoku)*«; dieser als »Ur-Antlitz« oder »Ur-Angesicht« übersetzte Ausdruck ist eine beliebte Metapher im Zen, die auf das Wahre-Wesen oder Buddha-Wesen (→ Busshō) des Menschen und jedes Dinges hinweist.

In der Frageform »Was ist dein Ur-Antlitz?« oder »Was ist dein Gesicht vor Geburt deiner Eltern?« ist dieser Ausdruck der Kern eines beliebten → Kōan. Das Ur-Antlitz erblicken, heißt, des wahren Selbst innewerden, also zur Selbst-Wesenschau (→ Kenshō) kommen.

Honshi, 🅉 jap., wörtl.: »Wurzel-Meister«; 1. im jap. Buddhismus allgemein → Shākyamuni Buddha; 2. der Gründer einer buddhist. Schulrichtung; 3. der Meister, bei dem man → Jukai empfangen hat; 4. im Zen der Meister, von dem man

→ Inka-Shōmei erhalten hat. Es kann sein, daß ein Zen-Schüler im Laufe seines Lebens von mehreren Zen-Meistern geschult wird; erhält er von einem dieser Meister das »Siegel der Bestätigung«, so ist dieser Meister nach der Zen-Tradition sein Honshi.

Honsoku, Z jap., wörtl.: »ursprüngliche Regel«; ein anderer Ausdruck für → Kōan, der in Kōan-Sammlungen wie dem → *Wu-men-kuan* oder dem → *Pi-yen-lu* das eigentliche Kōan im Gegensatz zu einem vorangestellten »Hinweis« und nachgestellten »Lobspruch« (→ Ju) bezeichnet.

Hon'u-Busshō, Z jap., wörtl.: »von Anbeginn vorhandenes Buddha-Wesen«; ein anderer Ausdruck für → Busshō.

Hōrin-ji, Z jap. für → Pao-lin-ssu

Ho-shang kung, T chin., wörtl.: »der Ehrwürdige am Fluß«; Kommentator des → *Tao-te ching,* der nach traditioneller Auffassung zu Beginn der Han-Dynastie zur Zeit des Kaisers Wen (180–157 v. Chr.) gelebt haben soll. Nach neueren Forschungen entstand der Kommentar, der seinen Namen trägt, jedoch am Ende der Han-Dynastie (2. Jh. n. Chr.). Sein Name rührt daher, daß er in einer Hütte am Ufer eines Flusses gelebt hat. Er wird im Taoismus als Unsterblicher (→ Hsien) verehrt.

Aus seinem Leben kennen wir nur eine berühmte Legende, die am Anfang des ihm zugeschriebenen Werkes erzählt wird:

»Der Kaiser Wen hatte Gefallen an den Worten des Lao-tzu. Aber es gab zahlreiche Passus, die er darin nicht verstand, und er fand niemanden, der sie ihm erklären konnte. Als er daher von der Existenz eines ehrwürdigen Taoisten erfuhr, der eine strohgedeckte Hütte an einem Fluß bewohnen sollte und sich unablässig der Lektüre des *Tao-te ching* widmete, sandte er einen Boten, um ihn über die schwierigen Passus zu befragen. Doch Ho-shang kung forderte, daß der Kaiser sich selbst zu ihm bemühte. So machte sich der Kaiser Wen höchstpersönlich auf den Weg, warf aber zunächst dem Weisen seine Arroganz vor: ›Es gibt unter dem Himmel keinen Ort, der nicht Boden des Königs wäre. Es gibt auf dieser Erde keinen Bewohner, der nicht Vasall des Königs wäre . . . Obwohl Ihr das Tao besitzt, seid Ihr nichtsdestotrotz einer meiner Untergebenen . . . Überschätzt Ihr Eure Stellung nicht, wenn Ihr Euch nicht meinen Wünschen fügt? Bedenkt, daß ich jeden zu einem Reichen oder einem Armen, einem Mächtigen oder einem Elenden machen kann.‹ Sogleich erhob sich Ho-shang kung von seinem Sitz und schwebte sehr hoch in den Lüften. Von dort aus wandte er sich mit folgenden Worten an den Kaiser: ›Nachdem ich weder im Himmel noch unter den Menschen, noch auf der Erde bin, bin ich da immer noch Euer Untergebener?‹ Kaiser Wen sah ein, daß er es mit einem übernatürlichen Wesen zu tun hatte, entschuldigte sich demütig und empfing darauf von Ho-shang kung das *Tao-te ching* und dessen Kommentar.« (Zit. n. M. Kaltenmark, 1981, S. 36.)

Ho-shan Wu-yin, Z jap. Kasan (Kazan) Muin, gest. 960; chin. Zen-Meister, ein Schüler und Dharma-Nachfolger (→ Hassu) von Meister Chiu-feng Tao-ch'ien (jap. Kyūhō Dōken), der seinerseits ein Dharma-Nachfolger von → Shih-shuang Ch'ing-chu (jap. Sekisō Keisho) war. Wir begegnen Ho-shan im 44. Beispiel des → *Pi-yen-lu.* – Ho-shan trat bereits im Alter von sieben Jahren in das Kloster von → Hsüeh-feng I-ts'un (jap. Seppō Gison) ein. Nach Hsüeh-fengs Tod, als Ho-shan 20 Jahre alt war, wurde er Schüler von Chiu-feng.

Im 44. Beispiel des *Pi-yen-lu* erleben wir ihn, wie er »die Trommel schlägt« (Borom-tom-tom):

»Ho-shan sagte bei der Unterweisung: ›Die in der Grundschule nennen wir ‚Hörer', die in der höheren Schule nennen wir ‚Nachbar'. Wer durch beide gegangen ist, nennen wir einen, ‚der jenseits gegangen ist in der Wahrheit'.‹
Ein Mönch trat vor und fragte: ›Was ist denn einer, der ‚jenseits gegangen ist in der Wahrheit'?‹
Ho-shan sagte: ›Borom-tom-tom!‹
Wiederum fragte der Mönch: ›Ich frage nicht nach dem Wort ‚Bewußtsein selbst [an sich] ist Buddha selbst [an sich]', aber was bedeutet ‚Nicht Bewußtsein, nicht Buddha'?‹
Ho-shan sagte: ›Borom-tom-tom!‹
Und wiederum fragte der Mönch: ›Wenn ein Erhabener daherkommt, in welcher Weise sollen wir mit ihm umgehen?‹
Ho-shan sagte: ›Borom-tom-tom!‹«

Hossen, Z jap., wörtl.: »Dharma-Gefecht«; die für das Zen typische Methode, die lebendige Wahrheit ohne Rückgriff auf diskursives Denken und philosophische oder religiöse Lehrmeinungen unmittelbar zu demonstrieren. Das Hossen besteht, wie das → Mondō, aus einem Wortwechsel, Frage und Antwort, Geste und Erwiderung zwischen zwei erleuchteten Menschen. Während das Mondō i. allg. nur aus einer Frage und einer Antwort besteht, kann sich das Hossen zu einem ausgedehnten Treffen entwickeln. Die meisten → Kōan bestehen aus überlieferten Hossen oder Mondō.

Anders als das Wort »Dharma-Gefecht« vermuten läßt, handelt es sich beim Hossen nicht um ein »Streitgespräch«; es geht hier nicht etwa darum, einen Gegner in einer Diskussion zu besiegen oder festzustellen, welcher der Partner in einem Hossen der »bessere« ist. Die Teilnehmer an einem Hossen sprechen aus ihrer Zen-Erfahrung, die keinen Antagonismus, keine Ich-Du-Spaltung kennt. Sie benutzen diese Gelegenheit einzig, um im Zusammentreffen mit einem Menschen von großer Geisteskraft die Tiefe ihrer eigenen Erfahrung auszuloten und sich daran zu schulen.

Das *P'ang-chü-shih yü-lu* (→ P'ang Yün) enthält eine Reihe von Hossen eines erleuchteten Laien aus der T'ang-Zeit mit berühmten Zen-Meistern, darunter auch das folgende:

»Eines Tages sprach der Laie P'ang den Meister Ma-tsu an und sagte: ›Ein Mensch, dessen ursprüngliches Angesicht nicht verdunkelt ist, bittet Euch aufzusehen.‹

Ma-tsu blickte gerade nach unten.

Der Laie sprach: ›Ihr allein beherrscht bewundernswert das Spiel auf der saitenlosen Zither.‹

Ma-tsu blickte gerade nach oben.

Der Laie warf sich nieder. Ma-tsu zog sich zurück.

›So verdirbt man's, wenn man versucht, besonders klug zu sein‹, sagte der Laie.«

Hosshin, Z jap. für Dharmakāya → Trikāya

Hosshin-Kōan, Z jap. → Kōan

Hosshō, Z jap., wörtl.: »Dharma-Wesen«; das Wahre-Wesen der phänomenalen Welt, das zwar in der → Erleuchtung erfahrbar ist, sich aber jeder Beschreibung entzieht (→ Fukasetsu, → Fukashigi). Es ist identisch mit dem Buddha-Wesen (→ Busshō), für das dieser Begriff synonym verwendet wird.

Hossō-Schule, B jap. (chin. → Fa-hsiang-Schule), wörtl.: »Schule der Merkmale der Dharmas«; Schule des jap. Buddhismus, die eine Fortsetzung der chin. Fa-hsiang-Schule (die ihrerseits im ind. → Yogāchāra fußt) darstellt.

Die Hossō-Schule wurde von dem jap. Mönch → Dōshō (629–700) nach Japan gebracht. Er kam 653 nach China und war dort zehn Jahre lang Schüler von → Hsüan-tsang, dem Begründer der Fa-hsiang-Schule. Zurück in Japan verbreitete er die Hossō-Lehre im Kloster Guango-ji. Sein erster Schüler war Gyogi (667–748). Die von ihnen begründete Linie ist die sog. »Übertragung der Lehre des Südlichen Klosters«.

716 kam der Mönch Gembo nach China und wurde Schüler des Fa-hsiang-Meisters Chih-chou. Gembo hielt sich dort ebenfalls fast zehn Jahre lang auf. Bei seiner Rückkehr nach Japan im Jahre 735 lehrte er im Kloster Kōbuku-ji. Sein Schüler war Genju, der die von Gembo vertretene Richtung weiter verbreitete. Diese Übertragungslinie ist als die des »Nördlichen Klosters« bekannt und wird i. allg. als die orthodoxe Linie angesehen. – Die Hossō-Schule erlebte in Japan nie eine mit der in Indien und China vergleichbare Blüte.

Hossu, Z jap., wörtl.: »Kleintier-Besen«; Fliegenwedel, der auf den Wedel zurückgeht, den die buddhist. Wandermönche in Indien bei sich trugen, um kleines Getier vom Weg zu fegen, damit es nicht zertreten wurde. Der Hossu ist ein kurzer Holzstab, auf dem ein Pferde- oder Yakschweif befestigt ist. In den Zen-Klöstern des alten China war es ein Vorrecht der Zen-Meister, einen solchen Fliegenwedel zu benutzen. Deshalb wurde der Hossu zu einem Symbol der »Überlieferung von Herz-Geist zu Herz-Geist« und wurde als solches auch vom Zen-Meister an seinen Dharma-Nachfolger (→ Hassu) weitergegeben.

Wie viele Kōan der Zen-Literatur zeigen, benutzten die Zen-Meister ihren Hossu gelegentlich, um ihrem Gegenüber in einem → Mondō oder → Hossen einen plötzlichen Schlag zu versetzen oder mit einer den begrifflichen Ausdruck transzendierenden Geste der Erfahrung der Wahren-Wirklichkeit Ausdruck zu geben.

So finden sich im *Lin-chi-lu* folgende Beispiele der Handhabung des Hossu durch den großen chin. Zen-Meister → Lin-chi I-hsüan:

– »Ta-chüeh kam, um Lin-chi zu sehen. Der Meister hob seinen Fliegenwedel. Ta-chüeh breitete seine Sitzmatte aus. Der Meister warf seinen Fliegenwedel zu Boden. Ta-chüeh faltete seine Sitzmatte zusammen und ging in die Mönchshalle.«

– »Ein Mönch fragte: ›Was ist die Essenz des Buddhismus?‹

Der Meister hob seinen Fliegenwedel. Der Mönch schrie: ›Ho!‹

Der Meister schrie ebenfalls: ›Ho!‹

Der Mönch zögerte. Der Meister schlug ihn.«

Hotei, B Z jap. für → Pu-tai

Hotoke, B Z jap. für → Buddha

Ho-tse Shen-hui, Z jap. Kataku Jin'e, 686–760 oder 670–762, chin. Zen-Meister der T'ang-Zeit; ein Schüler von → Hui-neng und der Gründer der → Kataku-Schule. Sein jahrzehntelanges Eintreten für die Tradition von Hui-neng und seine Beziehungen zum Hof des T'ang-Kaisers Sutsung führten Mitte des 8. Jh. zur offiziellen Anerkennung seines Meisters als 6. Patriarch, als der bis dahin → Shen-hsiu gegolten hatte. Doch ähnlich wie im Falle von Shen-hsiu führte auch bei Ho-tse Shen-hui die Allianz mit der politischen Macht nicht etwa zu einem Aufschwung, sondern zu einem Niedergang der von ihm begründeten Linie. Die Kataku-Schule, aus der fünf Generationen nach Ho-tse Shen-hui als einziger bekannter Meister der als 5. Patriarch der chin. Hua-yen-Schule (jap. Kegon-Schule) des Buddhismus bekannte → Kuei-feng Tsung-mi (jap. Keihō Shūmitsu) hervorging, erlosch, ohne einen wesentlichen Beitrag zur Entwicklung des Zen geleistet zu haben.

Ho-tse Shen-hui, urspr. ein taoist. Gelehrter, wandte sich in seinen Vierzigern dem Buddhismus zu und gelangte auf der Suche nach einem Meister schließlich in

das Kloster von Hui-neng, das Pao-lin-ssu von Ts'ao-ch'i nahe der Hafenstadt Kanton. Bis zu dessen Tod fünf Jahre später war Ho-tse ein hervorragender Schüler des 6. Patriarchen und wurde von diesem als Dharma-Nachfolger (→ Hassu) bestätigt.
Fast zwei Jahrzehnte nach dem Tod seines Meisters berief Ho-tse eine Versammlung der führenden Zen-Mönche in Südchina ein und verkündete ihnen, daß Hui-neng der rechtmäßige Erbe des 5. Patriarchen sei und der damals offiziell als 6. Patriarch anerkannte Shen-hsiu das Patriarchat zu unrecht für sich beanspruche. Er reiste auch in die Hauptstädte Ch'ang-an und Lo-yang im Norden und vertrat diesen Anspruch dort, was angesichts der kaiserlichen Protektion für Shen-hsiu und seine Nachfolger von beträchtlichem Mut zeugte. Schließlich brachte er – nicht zuletzt wegen seines großen Erfolges als Zen-Meister – das religiöse Establishment des Nordens so gegen sich auf, daß es beim Kaiser Hsüan-tsung seine Verbannung nach Südchina erwirkte.
Als sich nach der An-Lu-shan-Revolte (755–757) das geschwächte Herrscherhaus der T'ang der Popularität des Zen-Meisters Ho-tse erinnerte und sich diese zu Nutze machen wollte, um seine Stellung wieder zu festigen, wendete sich das Blatt für Ho-tse Shen-hui. Er wurde erneut als Abt des Klosters Ho-tse in Ch'ang-an (das er schon vor seiner Verbannung geleitet hatte und dessen Name auf ihn überging) eingesetzt und erlangte schließlich so viel Einfluß bei Hof, daß er die offizielle Anerkennung von Hui-neng und der → Südlichen Schule des Zen durchsetzen konnte.

Ho-tse-tsung, Z chin. → Kataku-Schule

Hotsu-Bodaishin, Z jap., wörtl.: »den Erleuchtungs-Geist hervorbringen«; der Entschluß, durch Verwirklichung des → Bodhisattva-Pfades zu höchster → Erleuchtung zu gelangen. Eine innere Haltung, die aus → Dai-Shinkon und → Dai-Gidan hervorgeht. (Siehe dazu auch → Kokorozashi.)

Hotsugammon, Z jap.; eine von → Dōgen Zenji besorgte Zusammenstellung von Gebeten und Bittgebeten für Anfänger im → Zazen.

Ho-t'u und Lo-shu, T chin., wörtl.: »Diagramm des (Gelben) Flusses und Diagramm des Flusses Lo«; zwei magische Diagramme, die im Konfuzianismus die Herkunft des *Buches der Wandlung(en) (→ I-ching)* und des → *Hung-fan* erklären. Sie sind wahrscheinlich aus der Verbindung von Zahlenspekulationen mit der → Yin-yang-Lehre des *I-ching* hervorgegangen und werden im Kommentarwerk *Hsi-tz'u (→ Shih-i)* erwähnt.
Das Ho-t'u ist so angeordnet, daß sowohl ungerade als auch gerade Zahlen die Summe 20 ergeben, wenn man die zentrale 5 und 10 außer Acht läßt. Das Lo-shu ist ein magisches Diagramm, bei dem die Summe der horizontalen und der vertikalen Reihen sowie der Diagonalen jeweils 15 ergeben. In beiden Diagrammen sind die geraden (oder Yin-)Zahlen als weiße Kreise darge-

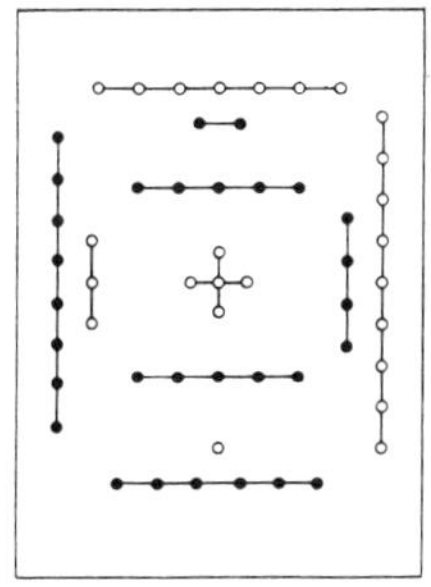

Ho-t'u

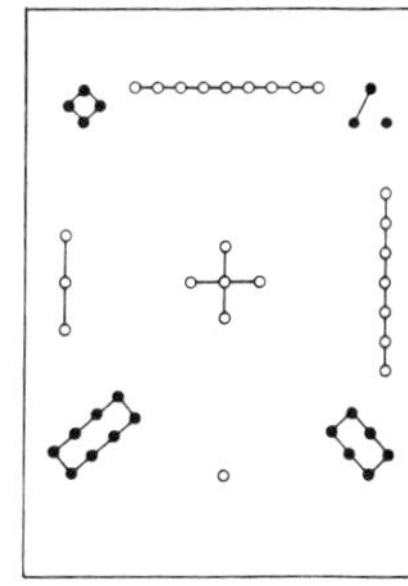

Lo-shu

stellt, die ungeraden (oder Yang-)Zahlen als schwarze Kreise.
In ältester Zeit wurden die beiden Diagramme zur Wahrsagung verwendet. In der Schule der Inneren Alchemie (→ Nei-tan) dienen das Ho-t'u und Lo-shu zur Erklärung von Vorgängen im Inneren des Körpers beim Wirken des Inneren Elixiers.

Über die Herkunft der beiden Diagramme gibt es verschiedene Berichte. Nach einer Überlieferung soll Yü der Große (→ Ta-yü) sie von zwei Wundertieren erhalten haben: Das Ho-t'u ist auf dem Rücken eines Drachenpferdes aus dem Gelben Fluß erschienen, das Lo-shu auf dem Rücken einer Schildkröte aus dem Flusse Lo.
Es heißt aber auch, daß → Fu Hsi auf dem gleichen Weg in ihren Besitz gekommen sei und aus dem Ho-t'u die Acht Trigramme (→ Pa-kua) entwickelt habe. Nach einer dritten Version stammt das Lo-shu von Yü und das Ho-t'u von Fu Hsi.
Bis ins 12. Jh. war die Bezeichnung der beiden Diagramme umgekehrt: Das heutige Lo-shu war als Ho-t'u bekannt und umgekehrt. → Chu Hsi hat die Bezeichnungen vertauscht. Sie werden heute i. allg. in seinem Sinn gebraucht.

Hou-t'ien, T chin., wörtl.: »nach dem Himmel«; nach-himmlisch, nach-der-Zeit; Begriff des *Buches der Wandlung(en) (→ I-ching),* der den Zustand nach der Schaffung des Himmels, das Phänomenale, bezeichnet. Es kann auch Form oder das, was nach der Geburt ist, bezeichnen.
In der Hou-t'ien-Ordnung der Acht Trigramme (→ Pa-kua) des Königs Wen werden diese nicht nach ihren polaren Entsprechungen wie in der vor-himmlischen Ordnung, sondern nach ihrer periodischen Wiederkehr angeordnet. – In der Inneren Alchemie (→ Nei-tan) werden die gro-

ben körperlichen Formen der drei Lebenskräfte (→ Ching, → Ch'i und → Shen) nach-himmlisch genannt.

Hōyū, **Z** jap. für → Fa-jung

Hsiang, **Z** jap. Shō, genannt der »Einsiedler vom Lotosblüten-Gipfel«, etwa 10. Jh., chin. Zen-Meister. Er begegnet uns im 25. Beispiel des → *Pi-yen-lu.* Über ihn ist wenig mehr als das in diesem Beispiel Berichtete bekannt. Er war ein »Enkel im Dharma« von Meister → Yün-men Wen-yen (jap. Ummon Bun'en) und lebte nach seiner Erleuchtung als Eremit auf dem Lotosblüten-Gipfel im T'ien-t'ai-Gebirge.

Hsiang Hsiu, **T** → Chu-lin ch'i-hsien, → Hsüan-hsüeh

Hsiang-lin Ch'eng-yüan, **Z** jap. Kyorin Chōon, etwa 908–987, chin. Zen-Meister; ein Schüler und Dharma-Nachfolger (→ Hassu) von → Yün-men Wen-yen (jap. Ummon Bun'en) und der Meister von → Chih-men Kuang-tsu (jap. Chimon Kōso). Neben → Tung-shan Shou-chu (jap. Tōsan Shusho) war Hsiang-lin der bedeutendste der mehr als 60 Dharma-Nachfolger von Meister Yün-men. In Szechwan im westlichen Zentralchina aufgewachsen, hörte er von den berühmten Meistern der → Südlichen Schule des Zen. Schließlich machte er sich auf die Wanderschaft und legte gut 2000 Kilometer zu Fuß durch unwegsame Landstriche zurück, bis er in das Kloster auf dem Berg Yün-men gelangte. Hier diente er Meister Yün-men 18 Jahre lang als Aufwärter.
Die einzige Unterweisung, die er in diesen Jahren von Yün-men erhielt, bestand darin, daß dieser ihn von Zeit zu Zeit anrief: »Aufwärter Yüan!« Wenn Hsiang-lin dann antwortete »Ja!«, sagte Yün-men nur: »Was ist das?!« Nach 18 Jahren schließlich kam Hsiang-ling bei diesem »Was ist das?!« zu tiefer Erleuchtung. – Nach Szechwan zurückgekehrt, übernahm er die Leitung des Hsiang-lin-Klosters, dessen Name auf ihn überging, und führte 40 Jahre lang Schüler auf dem Zen-Weg. Er hatte drei Dharma-Nachfolger. Bevor er in hohem Alter in Versunkenheit sitzend in die Verwandlung einging, sagte er zu seinen Schülern: »Dieser alte Mönch war vierzig Jahre lang aus einem Stück!« Wir begegnen Hsiang-lin im 17. Beispiel des → *Pi-yen-lu.*
Es lautet:
»Ein Mönch fragte Hsiang-lin: ›Was ist der Sinn von des Patriarchen Kommen aus dem Westen [→ Seirai-no-I]?‹
Hsiang-lin sagte: ›Vom langen Sitzen müde.‹«

Hsiang-sheng hsiang-k'o, **T** chin. → Wu-hsing

Hsiang-yen Chih-hsien, **Z** jap. Kyōgen Chikan, gest. 898, chin. Zen-Meister; ein Schüler und Dharma-Nachfolger (→ Hassu) von → Kuei-shan Ling-yu (jap. Isan Reiyū). Hsiang-yen taucht auf im 5. Beispiel des → *Wu-men-kuan.*
Die Geschichte der Erleuchtung von Hsiang-yen wird im Zen häufig zitiert, da sie in vieler Hinsicht aufschlußreich ist. Hsiang-yen war ein Gelehrter mit umfassenden Kenntnissen der buddhist. Texte. Er war schon ein Schüler von → Pai-chang Huai-hai (jap. Hyakujō Ekai) gewesen, hatte jedoch unter ihm noch keine Erleuchtung erfahren. Nach Pai-changs Tod setzte er seine Schulung unter dessen Meisterschüler Kuei-shan fort. Eines Tages fragte dieser ihn nach seinem »Ur-Antlitz vor der Geburt seiner Eltern« (→ Honrai-no-Memmoku), Hsiang-yen wußte jedoch keine Antwort. Auch als er in seinen Büchern, den Sūtras und den gelehrten Kommentaren dazu, nachschlug, konnte er nicht einen Satz finden, der ihm als Antwort geeignet erschien. So kehrte er schließlich verzweifelt zu seinem Meister zurück und bat ihn, ihm die Antwort zu sagen.
»Ich könnte dir leicht die Antwort geben«, sagte Kuei-shan, »aber später würdest du mir deshalb Vorwürfe machen.«
Daraufhin sagte Hsiang-yen zu sich selbst: »Ein leerer Magen läßt sich nicht mit dem Bild von Speisen füllen« – und verbrannte alle seine Bücher. Daran verzweifelnd, jemals Erleuchtung finden zu können, entschloß er sich, das Studium des Buddhismus aufzugeben, und zog sich in eine Einsiedelei nach Nan-yan zurück, wo er seine Tage damit enden wollte, das Grab des »Landesmeisters Chung« (→ Nan-yang Hui-chung) zu pflegen.
Eines Tages, als er dort den Boden fegte, sprang ein Kiesel von seinem Besen weg und schlug gegen den Stamm eines Bambus. Bei dem Ton des anschlagenden Kiesels erlebte Hsiang-yen Erleuchtung und brach in schallendes Gelächter aus. Er kehrte in seine Hütte zurück, opferte Weihrauch und warf sich dankbar in Richtung auf den Berg Kuei nieder. Dabei sagte er: »Meister, Eure Güte ist weit größer als die meiner Eltern. Hättet Ihr mir damals die Antwort gegeben, wäre ich niemals zu dieser großen Freude gekommen.«
Wie wir im → *Ching-te ch'uan-teng-lu* erfahren, sagte er später einmal zu seinen Schülern: »Der Weg wird durch das eigene innere Erwachen verwirklicht; das ist

nicht abhängig von Worten. Seht euch das Unsichtbare und Grenzenlose an, wo gäbe es da eine Lücke? Wie könntet ihr es durch Bemühung des Verstandes erreichen? (Der Weg) ist einfach eine Widerspiegelung der Erleuchtung, und darin besteht auch eure ganze tägliche Aufgabe. Nur die Unwissenden gehen in die entgegengesetzte Richtung.«

Hsien, ▣ chin., Unsterblicher; Ideal des religiösen Taoismus (→ Tao-chiao). Bezeichnung für ein Wesen, das körperliche Unsterblichkeit erlangt hat, über die »Welt des Staubs« erhaben ist und über vielerlei magische Fähigkeiten verfügt.
Der Taoismus kennt verschiedene Wege, dem Körper jene reinen Energien wiederzugeben, die er bei der Geburt besessen hat, und dadurch Unsterblichkeit (→ Ch'ang-sheng pu-ssu) zu erlangen: Die einen versuchen auf alchemistischem Weg, ein Elixier des ewigen Lebens herzustellen (→ Wai-tan), andere gelangen durch Hygiene-Übungen (→ Innere-Gottheiten-Hygiene-Schule), Atemübungen (→ Hsing-ch'i, → Fu-ch'i, → T'ai-hsi usw.), Gymnastik (→ Tao-yin), Sexualpraktiken (→ Fang-chung shu), Fasten (→ Chai) oder Meditation (→ Tso-wang, → Shou-i, → Ts'un-ssu) an ihr Ziel.
In der taoist. Literatur begegnen wir verschiedenen Typen von Unsterblichen. Der große Alchemist → Ko Hung führt drei an: himmlische, irdische und solche Unsterbliche, die sich vom Leichnam lösen (→ Shih-chieh).
Aufenthaltsorte der irdischen Unsterblichen sind die Berge und Wälder; die taoist. Himmel (→ T'ien), die Inseln der Unsterblichen (→ P'eng-lai, → Ying-chou, → Fang-chang) im Osten und das → K'un-lun-Gebirge im Westen sind die Aufenthaltsorte der himmlischen Unsterblichen.
Oft werden die Unsterblichen auf Kranichen reitend dargestellt: Diese Vögel können nach einem alten Glauben ein Alter von 1000 und mehr Jahren erreichen. Das Zinnoberrot ihres Kopfes ist Symbol dafür, daß sie ihre reine Lebenskraft erhalten haben und aus reinem Yang (→ Yin-yang) bestehen. Daher ist der Kranich der Vogel, auf dem der Unsterbliche in den Himmel aufsteigt (→ Fei-sheng).
In die Ränge der Unsterblichen wurden in späterer Zeit auch besonders verdienstvolle Gestalten der chin. Geschichte aufgenommen. Die bekanntesten Hsien sind die Acht Unsterblichen (→ Pa-hsien).

Die Unsterblichen waren jahrhundertelang ein beliebtes Thema chin. Künstler. Oft wurden die Hsien mit einem von Federn bedeckten Körper dargestellt. Dies deutet auf die frühe Interpretation des Begriffes hin, die sich auch in der Entwicklung des chin. Schriftzeichens für Hsien widerspiegelt: Urspr. wurde der Begriff durch ein Zeichen wiedergegeben, das soviel wie »sich erheben«, »in die Lüfte aufsteigen« bedeutet. Erst später verwendete man jenes Zeichen, das aus den Elementen »Mensch« und »Berg« zusammengesetzt ist. Demnach ist ein Hsien also ein Wesen, das die Einsamkeit der Gebirge sucht oder sich auf einen paradiesischen Inselberg zurückzieht.
In der Einteilung des Ko Hung haben die himmlischen Hsien die höchste Stufe der Verwirklichung erlangt. Er beschreibt sie mit folgenden Worten:
»Von den Unsterblichen steigen manche mit hoch aufgerichtetem Körper zu den Wolken empor und fliegen dort ohne Flügelschlag umher, manche reiten auf dem Dunst mit vorgespannten Drachen bis hinauf an die Stufen des Himmels, manche verwandeln sich in Tiere und durchstreifen die blauen Wolken, manche tauchen tief in die Flüsse und Meere oder flattern zu den Gipfeln berühmter Berge . . . Dieserlei Menschen ist denn auch ein ewiges Leben ohne Tod beschieden, aber sie haben (vorher) auch alle menschlichen Gefühle von sich abgetan und halten sich fern von Glanz und Freude . . . Sie haben ihre ursprüngliche Natur verloren und sind von einer fremden Lebenskraft durchpulst.« (Zit. n. W. Bauer, München 1974, S. 157.) Die irdischen Unsterblichen leben mit Vorliebe in der Einsamkeit der Berge. Sie verfügen über eine Reihe übernatürlicher Fähigkeiten: sie können Dämonen bezwingen, durch Wälder streifen, ohne das Opfer wilder Tiere zu werden, sich bei Gefahr unsichtbar machen usw. Es sind Heilige, die trotz ihres hohen Alters ihr jugendliches Aussehen bewahrt haben. Gelegentlich mischen sie sich unter die Menschen, um sie mit ihren magischen Fähigkeiten zu verblüffen und ihnen lang vergessenes Wissen zu übermitteln. Sie haben sich entschlossen, nicht zu sterben, verzichten aber darauf, in den Himmel zu fahren.

Hsien-t'ien, ▣ chin., wörtl.: »vor dem Himmel«, vor-himmlisch, vor-der-Zeit; Begriff des *Buches der Wandlung(en) (→ I-ching),* der den Zustand vor der Schaffung des Himmels, das Absolute, bezeichnet. Hsien-t'ien kann auch als das Formlose, das, was vor der Geburt war, interpretiert werden.
Die Anordnung der Acht Trigramme (→ Pa-kua) durch → Fu Hsi wird als vor-himmlisch bezeichnet. In dieser Anordnung stehen einander je zwei Kräfte in einem polaren Verhältnis gegenüber und halten einander das Gleichgewicht. Die spätere, auf König Wen zurückgehende Anordnung der Trigramme ist als die nach-himmlische (→ Hou-t'ien) bekannt.
In der Inneren Alchemie (→ Nei-tan) wird die geläuterte, kosmische Form der drei Lebenskräfte (→ Ching, → Ch'i und → Shen) auch als vorhimmlisch bezeichnet.

Hsien-t'ien-t'u, T chin. → Ch'en T'uan

Hsi K'ang, T → Chu-lin ch'i-hsien

Hsin, Z chin. für jap. Shin → Kokoro

Hsin-chai, T chin., wörtl.: »Fasten, Enthaltsamkeit des Herzens«; Begriff des → Chuang-tzu, der die Läuterung der Seele bezeichnet, die die Erfahrung des Tao ermöglicht. Chuang-tzu beschreibt die Enthaltsamkeit des Herzens mit folgenden Worten: »Mache deinen Willen einheitlich! Höre nicht mehr mit den Ohren, sondern mit dem Herzen! Höre nicht mehr mit dem Herzen, sondern mit dem → Ch'i. Denn die hörende Wahrnehmung hat in den Ohren ihre Beschränkung; das Herz (d. h. das Bewußtsein) ist beschränkt durch seine Anpassung (an bestimmte äußere Dinge); das Ch'i hingegen nimmt durch Leerheit die Wesen auf. Und das Tao stellt sich in der Leerheit ein. Diese Leerheit wird durch Enthaltsamkeit des Herzens (des Bewußtseins) erzielt.« (Zit. n. M. Kaltenmark, 1981, S. 169.)

Chai bedeutet in der offiziellen Religion das rituelle Fasten, das den Opfern vorangeht. Chuang-tzu erklärt das Hsin-chai in einem Gespräch zwischen Konfuzius und dessen Schüler Yen Hui, der versuchen will, einen Tyrannen zu zivilisieren. Konfuzius, der hier als Taoist auftritt, weist Yen Hui auf die Gefahren von bewußtem Wollen und Aktivität hin; er rät ihm, Hsin-chai zu üben und seinen Geist zu reinigen. Erst wenn der Geist auf diese Weise geläutert sei, werde es Yen Hui möglich sein, auf den Tyrannen einzuwirken: »Dann kannst du in den Zwinger (der Menschenwelt) eintreten und darin wandeln, ohne daß du ihnen äußerlich zu nahe trittst. Findest du Einlaß, so singe dein Lied, findest du keinen Einlaß, so halte ein! Nicht von außen her durch die Tür, nicht mit Gewaltmitteln und Giften (kommst du zu den Menschen). Du bist ihr Hausgenosse und wohnst unter ihnen, als könnte es gar nicht anders sein. Auf diese Weise kannst du vielleicht etwas erreichen.« (Zit. n. Dschuang Dsi, *Das wahre Buch vom südlichen Blütenland,* Köln 1984, S. 62.)

Hsing-ch'i, T chin., wörtl.: »Kreisen-Lassen des Atems«; taoist. Atemübung, bei der man den Atem im Körper zirkulieren läßt und ihn in alle Teile des Körpers führt. Das Hsing-ch'i ist Teil der Embryonalatmung (→ T'ai-hsi), der Übungen des → Tao-yin, des → T'u-ku na-hsin und anderer Techniken zum Nähren des Körpers (→ Yang-sheng). Beim Hsing-ch'i wird der Atem durch die Kraft der Gedanken gelenkt.

Jeder Übende entwickelt dabei seine eigene Methode: Manche sehen zwei weiße Linien, die der Atem hinterläßt (der Atem tritt durch die beiden Nasenlöcher ein und zirkuliert in zwei unabhängigen Strömen im Körper). Andere pflegen sich ein Männchen vorzustellen, das den Atem führt und das sie in Gedanken auf seinem Weg verfolgen. – Man läßt den Atem so langsam wie möglich im Körper kreisen und trachtet, ihn in alle Körperteile zu schicken. Dadurch können Krankheiten geheilt und Blockaden aufgelöst werden.

→ Ko Hung schreibt über das Hsing-ch'i: »Der Genuß von Drogen ist die Grundlage zur Erlangung der Unsterblichkeit; übt man aber gleichzeitig das Zirkulieren des Atems, beschleunigt man den Prozeß. Hat man keine Drogen zur Verfügung, kann man allein durch die Übung des Hsing-ch'i hunderte Jahre alt werden. Im Inneren nährt es den Körper, äußerlich hilft es, Böses abzuwehren.«

Zum Üben zieht man sich am besten in einen ruhigen Raum zurück, legt sich nieder, schiebt ein flaches Kissen unter den Kopf und schließt die Augen. Man soll nichts hören, sehen oder denken und alle Gefühlsempfindungen ausschalten. Dann atmet man ein und hält die Luft einige Herzschläge lang an. Aber erst wenn man tausend Herzschläge lang seinen Atem kreisen lassen kann, ohne einzuatmen, nähert man sich der Unsterblichkeit.

Hsing-hua Ts'ung-chiang, Z jap. Kōke Zonshō, 830–888, chin. Zen-Meister; ein Schüler und Dharma-Nachfolger (→ Hassu) von → Linchi I-hsüan und der Meister von → Nan-yüan Hui-yung. Über Hsing-hua ist wenig bekannt, außer daß er jener Dharma-Erbe von Lin-chi ist, über den die Überlieferungslinie der → Rinzai-Schule verläuft, die noch heute in Japan lebendig ist.

Hsing-ming, T chin., wörtl.: »Wesen und Leben«; nach taoist. Auffassung das spirituelle Wesen und das Leben oder Schicksal eines Menschen. Ming stellt die Substanz von Leben und Tod dar, Hsing die Wurzel des spirituellen Bewußtseins. – Ming wird als der Ursprung des lebenverleihenden Atems (→ Ch'i) angesehen, während Hsing als der Ursprung des Geistes (→ Shen) gilt.

Hsing und Ming entstehen aus dem Nichts *(hsü),* das besteht, bevor ein Mensch geboren wird: bei seiner Geburt teilt sich jedoch diese eine Kraft in die beiden Komponenten Hsing und Ming. Die Rückkehr zu diesem ursprünglichen Nichts, d. h. die Vereinigung von Hsing und Ming, ist das Ziel der Inneren Alchemie (→ Nei-tan): der Adept strebt danach, den Geist zu läutern, um ins Nichts zurückkehren zu können *(lienshen fu-hsü).* In der symbolischen Sprache der Alchemisten wird dies durch die Vereinigung von → K'an und Li oder Herz und Nieren ausgedrückt.

Hsing-yang Ch'ing-jang, Z jap. Kōyō Seijō (Shinjō), chin. Zen-Meister der → Igyō-Schule; ein Schüler und Dharma-Nachfolger (→ Hassu) von Pa-chiao Hui-ch'ing. Wir begegnen Meister

Hsing-yang, der etwa im 10./11. Jh. tätig war, im 9. Beispiel des → *Wu-men-kuan.*

Hsin-hsin-ming, 🅉 chin. → Seng-ts'an

Hsi-tang Chih-tsang, 🅉 jap. Seidō Chizō, 734/35–814, chin. Zen-Meister; ein Schüler und Dharma-Nachfolger (→ Hassu) von → Ma-tsu Taoi-i (jap. Baso Dōitsu). Hsi-tang war einer der hervorragenden Schüler von Ma-tsu; nach dessen Tod baten ihn die Mönche von Ma-tsus Kloster, das Kloster als Abt weiterzuführen und sie zu unterweisen. Wir begegnen Hsi-tang im 73. Beispiel des → *Pi-yen-lu.*

Hsi wang-mu, 🅃 chin., wörtl.: »Königliche Mutter des Westens«; taoist. Gestalt, die über das im Westen gelegene Paradies im → K'un-lun-Gebirge herrscht. Sie ist die Gebieterin der Unsterblichen (→ Hsien). Hsi wang-mu wird als schöne junge Frau in königlichen Gewändern dargestellt, manchmal auch auf einem Pfau reitend. In ihrem Paradies bewohnt sie einen neunstöckigen Palast aus Jade, der von einer Mauer aus purem Gold umgeben ist, die tausend Meilen lang ist. Die männlichen Unsterblichen bewohnen den rechten Flügel des Palastes, die weiblichen den linken.

In ihrem Garten läßt Hsi wang-mu die Pfirsiche der Unsterblichkeit heranreifen; wer von ihnen ißt, ist über den Tod erhaben. Der wunderbare Pfirsichbaum setzt allerdings nur alle 3000 Jahre eine Frucht an, die dann weitere 3000 Jahre zum Ausreifen benötigt. Ist der Pfirsich reif, lädt die Königliche Mutter des Westens alle Unsterblichen zu einem Fest ein, um ihren Geburtstag zu feiern und den Pfirsich zu essen, der erneut Unsterblichkeit verleiht. Dieses Fest ist in der chin. Literatur unzählige Male beschrieben.

Die Gestalt der Hsi wang-mu machte im Lauf der Geschichte einen beträchtlichen Bedeutungswandel durch. In alten Texten wie dem *Shan-hai ching* (»Buch der Berge und Meere«) wird sie als Monster mit menschlichem Antlitz, Tigerzähnen und Leopardenschwanz beschrieben. Sie war die Göttin der Epidemien, die im Westen lebte und über die Dämonen der Pest befahl. Zu Beginn unserer Zeitrechnung ist sie bereits eine vornehme Dame. Die Legende will, daß sie mehrmals mit chin. Herrschern zusammentraf und ihnen dabei Geschenke überbrachte: anfangs Jade, später den lebensverlängernden Pfirsich, der seitdem ihr Symbol ist.

Nach taoist. Auffassung verkörpert die Königliche Mutter des Westens, die aus der reinsten Luft des Westens entstanden ist, das passive weibliche Prinzip Yin (→ Yin-yang), während ihr männlicher Partner, Tung wang-kung, der »Fürst des Ostens«, der aus dem Atem des Ostens geboren wurde, das aktive männliche Prinzip Yang repräsentiert.

Hsi-yüan Ssu-ming, 🅉 jap. Saiin Shimyō, etwa 9. Jh., chin. Zen-Meister; ein Schüler und Dharma-Nachfolger (→ Hassu) des Zen-Meisters Pao-chou Yen-chao (jap. Hōju Enshō), der seinerseits ein Dharma-Nachfolger von → Lin-chi I-hsüan (jap. Rinzai Gigen) war. Hsi-yüan begegnen wir im 98. Beispiel des → *Pi-yen-lu.*

Hsü, 🅃 chin. → Hsing-ming

Hsüan-hsüeh, 🅃 chin., wörtl.: »Geheimnisvolle mystische Lehre«; Neotaoismus genannte philosoph. Strömung des 3. und 4. Jh., die ihre Wurzeln im philosoph. Taoismus (→ Tao-chia) des Lao-tzu und Chuang-tzu hat. Der Begriff selbst geht auf das *Tao-te ching* zurück, in dem das → Tao als »Geheimnis der Geheimnisse« beschrieben wird.

Die Vertreter des Hsüan-hsüeh verbinden taoist. mit konfuzian. Gedankengut. Sie betrachten Konfuzius (→ K'ung-tzu) als den größten Weisen, der über Lao-tzu und Chuang-tzu steht, da er eine höhere Stufe der Einsicht erreicht habe.

In neotaoist. Kreisen pflegte man eine besondere Art der Konversation, die als Reines Gespräch (→ Ch'ing-t'an) bekannt ist. Die bedeutendsten Repräsentanten des Hsüan-hsüeh waren → Wang Pi (226–249), Hsiang Hsiu (221–300) und Kuo Hsiang (?–ca. 312), die wichtige Kommentare zum *Tao-te ching* verfaßten.

Die Neotaoisten interpretieren das Tao als tatsächliches Nichts, während es bei Lao-tzu etwas bezeichnet, dem man keinen Namen beilegen kann. Aus dieser Annahme folgt, daß das Tao nichts bewirken kann: Sagt man, etwas rühre vom Tao her, bedeutet dies, daß es von sich selbst herstammt; die Neotaoisten verneinen also, daß Nicht-Sein (→ Wu) Sein (You) erzeugen kann.

An die Stelle des Tao, das der zentrale Begriff des urspr. Taoismus war, tritt im Neotaoismus immer mehr die Vorstellung des Himmels (→ T'ien): Er ist die Gesamtheit alles Existierenden. Die Welt vom Standpunkt des Himmels aus zu sehen, bedeutet, die Dinge und ihre Unterscheidungen zu transzendieren. Die Gleichheit der Dinge steht daher auch im Zentrum der neotaoist. Philosophie. Sie zu verwirklichen, bedeutet, frei von Vorliebe und Abneigung zu sein, in voller Übereinstimmung mit sich selbst zu leben, ohne von außen gelenkt zu werden. Diese Haltung führt zu absoluter Freiheit und Glück.

Im Unterschied zu Lao-tzu verurteilen die Anhänger des Hsüan-hsüeh Institutionen und Sitten nicht, solange diese sich den Veränderungen der Gesellschaft und den Bedürfnissen der jeweiligen Zeit anpassen. Sie sehen Wandel als eine sich unserer direkten Wahrnehmung entziehende, aber äußerst mächtige Kraft an, der sich alles unterwerfen muß. Dieses Anpassen ist → Wu-wei: den Entwicklungen freien Lauf lassen und sich nicht dem natürlichen Wandel entgegensetzen.

Seit dem 5. Jh. n. Chr. wurde der Neotaoismus stark vom Buddhismus beeinflußt und verlor an Bedeutung.

Hsü-an Huai-ch'ang, 🅉 jap. Kian Eshō, chin. Zen-Meister der Sung-Zeit, der der Ōryō-Linie des Rinzai-Zen (→ Ōryō-Schule) angehörte. Er war der Meister von → Eisai Zenji, der als der Vater der jap. Zen-Tradition angesehen wird.

Hsüan-sha Shih-pei, 🅉 jap. Gensha Shibi, 835–908, chin. Zen-Meister; ein Schüler und Dharma-Nachfolger (→ Hassu) von → Hsüeh-feng I-ts'un (jap. Seppō Gison) und der Meister von → Lo-han Kuei-ch'en (jap. Rakan Keijin). Hsüan-sha war einer der bedeutendsten der 56 Dharma-Nachfolger von Meister Hsüeh-feng und als Meister des Meisters von → Fa-yen Wen-i (jap. Hōgen Bun'eki) einer der Vorväter der → Hōgen-Schule, die im → *Ching-te ch'uan-teng-lu* noch als Hsüan-sha-Schule bezeichnet wird. Hsüan-sha hatte 13 Dharma-Nachfolger; wir begegnen ihm in Meister Wu-mens Worten zum 41. Beispiel des → *Wu-men-kuan* sowie im 22., 56. und 88. Beispiel des → *Pi-yen-lu.*

Hsüan-sha war bis zu seinem dreißigsten Lebensjahr ein Fischer, ein Analphabet, von dem es heißt, daß er nicht einmal die vier Schriftzeichen lesen konnte, die den damaligen Münzen eingeprägt waren. Eines Tages ließ er jedoch sein Boot zurück und trat ein in das Zen-Kloster des Meisters Ling-hsün vom Fu-jung-shan (Lotosberg). Von einem Meister der → Vinaya-Schule erhielt er die volle Mönchsordination und führte danach einige Jahre ein streng asketisches Leben in den Bergen. Als er einmal seinen Meister Ling-hsün aufsuchte, lernte er dort den nur 13 Jahre älteren Hsüeh-feng kennen und schloß sich diesem 872 an, um ihm beim Aufbau seines Klosters auf dem Berg Hsüeh-feng zu helfen. Auf einer der Pilgerschaften, die Hsüan-sha von hier aus unternahm, um andere Zen-Meister aufzusuchen, stieß er auf einem Bergpfad mit dem Zeh an einen Stein und erfuhr bei dem plötzlichen Schmerz Erleuchtung.

Zwischen Meister Hsüeh-feng und seinem Schüler und Gehilfen Hsüan-sha entwickelte sich ein so inniges Verhältnis, daß sie sich schließlich völlig wortlos miteinander verständigten. Als Hsüan-sha schließlich selbst als Zen-Meister wirkte, soll er den Dharma von Hsüeh-feng fast noch direkter und einfacher zum Ausdruck gebracht haben als dieser selbst. Hsüan-sha ging im gleichen Jahr in die Verwandlung ein wie sein Meister.

Hsüan-tsang 🄱, auch San-tsang, Sentsang, »Tripitaka« oder T'ang-seng genannt, 600–664, bedeutender chin. Mönch und Pilger; einer der vier großen Übersetzer von Sanskrit-Texten im chin. Buddhismus und Mitbegründer der → Fahsiang-Schule, der chin. Form des → Yogāchāra. Hsüan-tsang verbrachte 16 Jahre (629–645) auf einer Pilgerfahrt nach Indien, wo er u. a. in Nālandā studierte und alle wichtigen buddhist. Stätten besuchte. Seine Erlebnisse und Erfahrungen faßte er in seinem berühmten Reisebericht *(Ta-t'ang hsi-yu chi)* zusammen, der wichtige Daten für die Erforschung der Geschichte und Archäologie Indiens sowie der Situation des Buddhismus im 7. Jh. liefert.

Nach seiner Rückkehr nach China übersetzte Hsüan-tsang die grundlegenden Werke des Yogāchāra ins Chinesische, z. B. das → *Prajñāpāramitā-Sūtra* in 600 Bänden; das → *Yogāchārabhūmi-Shāstra,* das → *Abhidharmakosha,* das *Mahāyāna-Samparigraha* des → Asanga, das *Trimshikā* und *Vimshatikā* des → Vasubandhu. Außerdem schrieb er das *Vijñaptimātratā-Siddhi* (chin. *Ch'eng wei-shih lun*), in dem er die Lehren von zehn berühmten Meistern des Yogāchāra zusammenfaßte und kommentierte. Es ist eine vollständige Darstellung des Yogāchāra.

Hsüan-tsang wurde in der heutigen Provinz Honan geboren. Mit 13 Jahren trat er als Novize in den Orden ein und wurde mit 21 zum Mönch ordiniert. Er studierte unter den verschiedensten Lehrern wichtige Mahāyāna-Werke. Da aber die einzelnen Lehrer diese Werke auf unterschiedliche Weise interpretierten, beschloß Hsüan-tsang, in den Westen, nach Indien, zu gehen, wo er einen kompetenten Lehrer zu finden hoffte.

629 verließ er ohne Erlaubnis des Kaisers die Hauptstadt Ch'ang-an. Seine Route führte ihn über Kan-su, Tun-huang, Turfan (wo ihm große Unterstützung zuteil wurde, vor allem in Form von Empfehlungsschreiben an die verschiedenen Herrscher) weiter nach Taschkent, Samarkand und Baktrien, dann über den Hindukusch nach Gandhāra. 631 erreichte Hsüan-tsang Kaschmir. 633 zog er unter großen Gefahren weiter zu den heiligen Stätten des Buddhismus (Kapilavastu, Kushinagara, Vaishālī, Bodh-Gayā) und erreichte schließlich die buddhist. Klosteruniversität Nālandā, wo er unter dem Abt Shīlabhadra Texte des Yogāchāra studierte. Nach zwei Jahren verließ er Nālandā, um nach Ceylon zu gehen, doch kehrte er bald wieder an die Klosteruniversität zurück, wo er sich nun vor allem mit ind. Philosophie befaßte.

Seine Gelehrtheit wurde schnell so bekannt, daß er von vielen Herrschern eingeladen wurde. Aus einigen Streitgesprächen mit Vertretern des Hīnayāna, aber auch des Brahmanismus ging er als Sieger hervor.

645 kehrte Hsüan-tsang über die südliche Route nach Ch'ang-an zurück und brachte 520 Werke des Hīnayāna und Mahāyāna mit nach China. In den folgenden Jahren widmete er sich ausschließlich seiner Übersetzertätigkeit und übertrug insgesamt 75 Werke. Außerdem übersetzte er Lao-tzu und das → *Mahāyānashraddhotpāda-Shāstra* ins Sanskrit. Seine Übersetzungen zeichnen sich durch ihr hohes literarisches Niveau aus. Er war wesentlich an der Schaffung einer ad-

äquaten buddhist. Terminologie im Chinesischen beteiligt.

Hsüan-tsangs Erlebnisse auf seiner Pilgerfahrt lieferten den Stoff für einen berühmten Roman der chin. Literatur des 16. Jh., *Die Reise nach dem Westen (Hsi-yu chi)* von Wu Ch'eng-en, in dem Hsüang-tsang in der Figur des Mönches San-tsang auftritt und phantastische Abenteuer besteht (dt. Teilübersetzung 1961 u. ö.).

Hsüan-tsung, 🅷 685–762, chin. Kaiser der T'ang-Dynastie, einer der bedeutendsten Förderer des Taoismus in der chin. Geschichte. Er befahl die Errichtung eines taoist. Tempels in jeder Stadt des Reiches. Jede Familie mußte ein Exemplar des → *Tao-te ching* besitzen. Er selbst erwarb im Jahr 721 ein Laiendiplom, das seine Vertrautheit mit der taoist. Lehre bewies. 741 ließ er die Basistexte des philosoph. Taoismus (→ Tao-chia), nämlich → *Chuang-tzu*, das *Tao-te ching* und → *Lieh-tzu*, offiziell als Klassiker anerkennen. Für die Beamtenprüfungen konnten somit statt der konfuzian. auch taoist. Klassiker als Prüfungsgegenstände gewählt werden. Diese Regelung wurde allerdings unter dem Nachfolger von Hsüan-tsung wieder rückgängig gemacht.

Hsüeh-feng I-ts'un, 🆉 jap. Seppō Gison, 822–908, einer der bedeutendsten Zen-Meister im alten China; ein Schüler und Dharma-Nachfolger (→ Hassu) von → Te-shan Hsüan-chien (jap. Tokusan Senkan). Hsüeh-feng, der einer der Vorväter sowohl der → Ummon-Schule als auch der → Hōgen-Schule in China ist, soll 56 Dharma-Nachfolger gehabt haben, unter denen → Hsüan-sha Shih-pei (jap. Gensha Shibi) und → Yün-men Wen-yen (jap. Ummon Bun'en) die bekanntesten sind. Wir begegnen Hsüeh-feng im 13. Beispiel des → *Wu-men-kuan* sowie im 5., 22., 49., 51. und 66. Beispiel des → *Pi-yen-lu.*

Das wohl berühmteste Kōan mit Hsüeh-feng ist das 5. Beispiel des *Pi-yen-lu,* das lautet:

»Hsüeh-feng sagte bei der Unterweisung der Versammelten: ›Die ganze große Erde, zwischen die Finger genommen, ist von gleicher Größe wie ein Reiskorn. Ich werfe es vor euch hin. Ein Lackkübel, den ihr nicht erfaßt. Schlagt die Trommel, bietet alles auf und sucht, sucht!‹«

Hsüeh-feng wollte bereits mit neun Jahren Mönch werden, wurde jedoch von seinen Eltern zurückgehalten. Als er im Alter von zwölf Jahren mit seinem Vater das Yu-chien-Kloster in P'u-t'ien besuchte, sah er den dortigen → Vinaya-Meister, erklärte »Das ist mein Meister« und blieb im Kloster. Sein erster Zen-Meister war Ling-hsün, ein »Dharma-Enkel« von → Ma-tsu Tao-i (jap. Baso Dōitsu). Nachdem Hsüeh-feng alle Mönchsweihen empfangen hatte, wanderte er durch das Land, besuchte viele Zen-Meister und diente in etlichen Klöstern als Küchenmeister (→ Tenzo). Im 13. Beispiel des *Wu-men-kuan* erleben wir ihn als Tenzō im Kloster von Te-shan, als dessen Dharma-Nachfolger er angesehen wird, obwohl er bis zum Tod von Te-shan noch nicht tiefe Erleuchtung erfahren hatte. Erst nachdem Te-shan in die Verwandlung eingegangen war, erlebte Hsüeh-feng – etwa im Alter von 45 Jahren – während eines → Mondō mit seinem Dharma-Bruder → Yen-t'ou Ch'üan-huo (jap. Gantō Zenkatsu), der ebenfalls ein Schüler von Te-shan gewesen war, tiefe Erleuchtung. Die Umstände dieses Erlebnisses sowie mehr über das Leben von Hsüeh-feng erfahren wir in Meister Yüan-wus Darlegungen zum 5. Beispiel des *Pi-yen-lu.*

Mit etwa 50 Jahren ließ Hsüeh-feng sich auf das Drängen einiger Mönche hin, die ihn um Unterweisung ersuchten, auf dem Berg Hsüeh-feng (dessen Name auf ihn überging) nieder. Aus den Reisighütten, die er und seine Schüler sich dort bauten, erwuchs bald ein großes Kloster, denn innerhalb von zehn Jahren sammelten sich 1500 Mönche um ihn. Wie Hsüeh-feng, der für seine Sorgfalt und Ernsthaftigkeit bei der Übung und in allen Verrichtungen bekannt war, lebte auch die Mönchsgemeinschaft, die sich um ihn geschart hatte. Sie wurde in ganz China für ihren Fleiß und ihr allein auf das Wesentliche ausgerichtetes Leben bekannt, und etliche von Hsüeh-fengs Dharma-Nachfolgern sowie deren Dharma-Nachfolger wurden selbst zu bedeutenden Zen-Meistern.

Hsüeh-tou Ch'ung-hsien, 🆉 jap. Setchō Jūken, 980–1052, chin. Zen-Meister der → Ummon-Schule; ein Schüler und Dharma-Nachfolger (→ Hassu) von → Chih-men Kuang-tsu (jap. Chimon Kōso). Hsüeh-tou, ein »Urenkel im Dharma« von Meister → Yün-men Wen-yen (jap. Ummon Bun'en), war einer der letzten großen Meister der Ummon-Schule des Zen. Bekannt ist er vor allem als der Meister, der die 100 Kōan kompilierte, die den Grundstock des → *Pi-yen-lu,* der neben dem → *Wu-men-kuan* wohl berühmtesten Kōan-Sammlung, bilden. Er besang diese Beispiele der alten Meister zudem in Lobsprüchen (→ Ju), die zu den tiefgründigsten Gedichten der Zen-Literatur gehören. Nicht selten findet sich auch die eine oder andere Bemerkung (→ Jakugo), die Hsüeh-tou einem Kōan hinzufügte (z. B. *Pi-yen-lu,* 18).

Hsün-tzu, 🆃 → Konfuzianismus

Hsü-t'ang Chih-yü, 🆉 jap. Kidō Chigu, 1185–1269, chin. Zen-Meister der Yōgi-Linie des Rinzai-Zen (→ Yōgi-Schule). Er war der Meister von → Shōmyō, der seinen Dharma nach Japan übertrug. In ihren Bemühungen, das Rinzai-Zen in Japan vor dem Niedergang zu bewahren, beriefen sich große jap. Meister wie → Ikkyū Sōjun und → Hakuin Zenji, die in der auf Hsü-t'ang zurückgehenden Traditionslinie stehen, immer wieder auf das strenge Zen dieses großen chin. Meisters und bezeichnen sich als dessen eigentliche Dharma-Erben.

Hua-hu ching, 🅃 chin., wörtl.: »Klassiker über die Konvertierung der Barbaren«; taoist. Werk, das um 300 n. Chr. entstanden ist und die missionarischen Aktivitäten des → Lao-tzu »im Westen Chinas« (d. h. in Indien) beschreibt. Es vertritt die These, daß der Buddha ein Schüler von Lao-tzu war und der Buddhismus somit eine Variante des Taoismus darstellt.

In den Streitigkeiten zwischen Taoismus und Buddhismus spielte das *Hua-hu ching* eine zentrale Rolle: Die Taoisten wollten damit ihre Überlegenheit über den Buddhismus beweisen und den Taoismus so zur offiziellen Religion erhoben sehen. – Als Antwort auf diese Angriffe verlegten die Buddhisten die Geburt des Buddha ins 11. Jh. v. Chr.: Lao-tzu konnte unmöglich jemanden zu seiner Religion bekehrt haben, der Jahrhunderte vor ihm gelebt hatte.

Huai-hai, 🅉 → Pai-chang Huai-hai

Huai-nan-tzu, 🅃 chin.; philosoph. Werk aus dem 2. Jh. v. Chr., eine Sammlung von Schriften jener Gelehrten, die sich um Liu An, den Prinz von Huai-nan, auch genannt Huai-nan-tzu, scharten. Er selbst wurde in ein Komplott gegen den Herrscher verwickelt und beging 122 v. Chr. Selbstmord.

Ähnlich dem → *Lü-shih ch'un-ch'iu* stellt das *Huai-nan-tzu* einen Querschnitt durch die Anschauungen der philosoph. Schulen des 2. Jh. dar. Den Schwerpunkt bildet taoist. Gedankengut. Von besonderer Bedeutung sind die Kapitel über den Ursprung des Kosmos, der im *Huai-nan-tzu* klarer als in anderen Werken dargestellt wird. Ferner behandelt das *Huai-nan-tzu* u. a. die Lehre der Fünf Elemente (→ Wu-hsing) und des → Yin-yang.

Das *Huai-nan-tzu* bestand urspr. aus 21 »inneren Kapiteln«, die die Lehren des Taoismus enthielten, und 33 »äußeren Kapiteln«, die sich mit den Philosophien anderer Schulen beschäftigten. Heute sind nur noch die inneren Kapitel erhalten. In Kap. 3 wird die Entstehung des Universums beschrieben:

»Als Himmel und Erde noch nicht Form angenommen hatten, gab es einen Zustand amorpher Formlosigkeit. Dies wird der Große Anfang [→ T'ai-shih] genannt. Dieser Große Anfang schuf eine leere Ausdehnung, und diese leere Ausdehnung schuf den Kosmos. Der Kosmos produzierte den Uratem [→ Yüan-ch'i], der begrenzt war. Das, was klar und leicht war, sammelte sich und bildete den Himmel. Das, was schwer und trüb war, verschmolz und bildete die Erde. Die Vereinigung des Klaren und Leichten war besonders mühelos, während das Verschmelzen des Schweren und Trüben sehr schwierig war. Daher bildete sich zuerst der Himmel und dann erst die Erde.

Die Essenzen von Himmel und Erde formten Yin und Yang, und die konzentrierten Essenzen von Yin und Yang ließen die vier Jahreszeiten entstehen. Die verstreuten Essenzen der vier Jahreszeiten schufen die Zehntausend Dinge. Die heiße Kraft des Yang, die lange Zeit akkumuliert war, schuf das Feuer und die Essenz des Feuers wurde zur Sonne. Die kalte Kraft des Yin, die lange Zeit angehäuft war, schuf das Wasser. Die Essenz des Wassers bildete den Mond. Die geläuterten Essenzen von Sonne und Mond schufen die Sterne und Planeten. Der Himmel empfing Sonne, Mond, Sterne und Planeten, während die Erde Wasser, Flüsse, Erde und Staub empfing.«

Huan-ching, 🅃 chin., wörtl.: »den Samen zurückkehren lassen«; taoist. sexuelle Übung zur Lebensverlängerung, bei der der Taoist die mit seinem Atem (→ Ch'i) vermischte Essenz (→ Ching) im Körper zirkulieren läßt und sie vom Unteren ins Obere Zinnoberfeld (→ Tan-t'ien) führt, um das »Gehirn zu stärken« *(pu-nao)*. Voraussetzung für die Übung des Huan-ching ist, daß der Adept sein Ching bereits vermehrt und gestärkt hat, indem er beim Geschlechtsverkehr eine Ejakulation vermeidet. (Siehe dazu auch → Huan-ching pu-nao.)

Huan-ching pu-nao, 🅃 chin., wörtl.: »den Samen zurückkehren lassen, um das Gehirn zu stärken«; taoist. Sexualtechnik (→ Fang-chung shu) zur Stärkung der Essenz (→ Ching) und Verlängerung des Lebens.

Beim Huan-ching pu-nao umfaßt der Mann unmittelbar vor der Ejakulation die Peniswurzel fest mit zwei Fingern, atmet tief durch den Mund aus und knirscht mit den Zähnen (→ K'ou-ch'ih). Dadurch kann der Samen bis ins Obere Zinnoberfeld (→ Tan-t'ien) im Gehirn aufsteigen. Diese Übung darf nur an bestimmten Tagen und zu gewissen Stunden in einem Zustand meditativer Versunkenheit durchgeführt werden.

Die verjüngende Wirkung dieser Methode beruht darauf, daß sich der Samen (Ching) mit der Vitalenergie (→ Ch'i) vereinen kann. Diese Vereinigung erfolgt je nach Auffassung in der Luftröhre, wohin die Essenz aufsteigt, oder aber im Unteren Zinnoberfeld, wohin der Atem absteigt. So vereint, zirkulieren beide im Körper, bis sie schließlich wieder vom Unteren ins Obere Zinnoberfeld, genauer, in den Teil des Feldes, der als →Ni-huan bekannt ist, geführt werden, wodurch das Gehirn »repariert« wird. – Von manchen Taoisten wird diese Methode auch als Vorübung zu den meditativen Atemtechniken der Inneren Alchemie (→Nei-tan) praktiziert.

Dieses Verfahren soll nach taoist. Überzeugung bereits der legendäre Gelbe Kaiser (→Huang-ti) angewandt haben, als er nacheinander mit 1200 Konkubinen verkehrte, ohne gesundheitlichen Schaden davonzutragen. Die Methode des Huan-ching pu-nao ist seit der Han-Dynastie bekannt und war zu dieser Zeit äußerst verbreitet.

Die meisten taoist. Werke betonen, daß es sich bei dieser Technik nicht um den Samen an sich, sondern um die Essenz desselben handelt, die schon vor dem materiellen Samen besteht. Im Moment der Erektion und des Erwachens der Sexualenergie beginnt der Prozeß des Huan-ching pu-nao. Doch ist die Erektion nach taoist. Auffassung nicht unbedingt an sexuelle Aktivität gebunden; sie ist vor allem auch Zeichen dafür, daß die Energie im Körper in genügendem Maße vorhanden ist und frei zirkulieren kann. Eine Erektion kann auch dann eintreten, wenn der Übende im Laufe seiner Meditation einen von Gedanken und Wünschen freien Zustand erreicht. In diesem Sinne aufgefaßt, kann die Methode des Zurückkehrenlassens des Samens, um »das Gehirn zu stärken«, auch von jenen Taoisten praktiziert werden, die sexuelle Techniken an sich ablehnen.

Huang-chin, ▮ chin., wörtl.: »gelbes Tuch«, Gelbe Turbane; Bezeichnung für die Anhänger des von →Chang Chüeh begründeten Wegs des Höchsten Friedens (→T'ai-p'ing tao). Sie trugen ein gelbes Tuch um den Kopf geschlungen, zu Ehren des Gelben Kaisers (→Huang-ti), der neben →Lao-chün als Begründer der T'ai-p'ing-tao-Bewegung gilt.

Die im Jahre 184 n. Chr. von den Mitgliedern des Wegs des Höchsten Friedens organisierte Rebellion ist als der Aufstand der Gelben Turbane (Huang-chin ch'i-i) in die Geschichte eingegangen.

Huang-ch'üan, ▮ chin., wörtl.: »Gelbe Quellen«; nach alter chin. Auffassung die Unterwelt, in die die Yin-Seelen (→Yin-yang, →P'o) nach dem Tode des Menschen wieder zurückkehren. Sie sind ein von Wasser durchfluteter Ort, der im Norden gelegen ist. Daher wurden in ältester Zeit die Toten im Norden der Stadt mit dem Kopf nach Norden begraben.

Huang-lao, ▮ chin., wörtl.: »gelb-alt«; taoist. Gottheit. Mit Huang ist →Huang-ti, der Gelbe Kaiser, mit Lao →Lao-tzu gemeint. Beide gelten im religiösen Taoismus (→Tao-chiao) als dessen Begründer. Seit ca. 200 v. Chr. wurden beide gemeinsam als Huang-lao verehrt. Später entwickelte sich aus Huang-lao eine der wichtigsten Gottheiten des frühen Taoismus, →Huang-lao-chün, der die Hauptgottheit des Wegs des Höchsten Friedens (→T'ai-p'ing tao) war.

Huang-lao-chün, ▮ chin., wörtl.: »Herr Gelber Alter«; wichtigste Gottheit des frühen Taoismus, Hauptgottheit des Wegs des Höchsten Friedens (→T'ai-p'ing tao, →Huang-lao). – In der populären Auffassung gilt Huang-lao-chün als der Herrscher der Welt, der sich in die Welt herabläßt, um die Menschen zu leiten und ihnen hilfreich zur Seite zu stehen. Seit dem Beginn der Welt soll er immer wieder in der Gestalt taoist. Meister erschienen sein, um die taoist. Lehre zu verbreiten. →Lao-tzu ist eine seiner Inkarnationen.

Huang-lung Hui-nan, ▮ jap. Ōryō (Ōryū) E'nan, 1002–1069, chin. Zen-Meister der →Rinzai-Schule; ein Schüler und Dharma-Nachfolger (→Hassu) von →Shih-shuang Ch'u-yüan (jap. Sekisō Soen) und der Meister von →Hui-t'ang Tsu-hsin (jap. Maidō Soshin), →Yün-kai Shou-chih (jap. Ungai Shichi) und →Pao-feng K'o-wen (jap. Hōbō Kokumon). Meister Huang-lung begründete die nach ihm benannte →Ōryō-Schule des Rinzai-Zen, eine der beiden Linien, in die sich die Tradition der Rinzai-Schule nach Meister Shih-shuang aufteilte. Das Zen der Ōryō-Linie wurde Ende des 12. Jh. von Eisai Zenji als erste Schule des Zen nach Japan übertragen.

Huang-lung-p'ai, ▮ chin. für →Ōryō-Schule

Huang-mei, ▮ jap. Ōbai; ein anderer Name für →Hung-jen (jap. Gunin), den 5. Patriarchen des Zen in China. Huang-mei ist der Name des Berges, auf dem Hung-jen lebte.

Huang-po Hsi-yün, ▮ jap. Ōbaku Kiun, gest. 850, einer der größten chin. Zen-Meister; Schüler und Dharma-Nachfolger (→Hassu) von →Pai-chang Huai-hai (jap. Hyakujō Ekai) und der Meister von →Lin-chi I-hsüan (jap. Rinzai Gigen). Huang-po hatte 13 Dharma-Nachfolger; als der Meister von Lin-chi ist er einer der Vorväter der →Rinzai-Schule. Die von dem Beamten und Gelehrten P'ei Hsiu (jap. Haikyū) aufgezeichneten und unter dem Titel *Huang-po-shan Tuan-chi-ch'an-shih ch'uan-hsin-fa-yao* (kurz: *[Huang-po] Ch'uan-hsin-fa-yao*) herausgegebenen Worte und Unterweisungen des Meisters Huang-po stellen eine der tiefgründigsten Schriften des Zen dar. Eine dt. Übersetzung nach der engl. Übertragung von John Blofeld findet sich in: Huang-po, *Der Geist des Zen. Die Zen-Lehre des chinesischen Meisters Huang-po,* Bern 1983. Wir begegnen Huang-po im 2. Beispiel des → *Wu-men-kuan* sowie im 11. Beispiel des → *Pi-yen-lu.*

Huang-po verließ in jungen Jahren sein Heim und wurde Mönch in einem Kloster auf dem Berg Huang-po nahe seinem Heimatort. Seine Biographie beschreibt ihn als einen stattlichen, über zwei Meter großen Mann mit einer perlenförmigen Erhöhung auf der Stirn und einer sonoren Stimme; er sei ein einfacher und reiner Charakter gewesen. Eines Tages machte er sich auf, um Meister → Ma-tsu Tao-i (jap. Baso Dōitsu) aufzusuchen, doch als er zu dessen Kloster kam, hörte er, daß Ma-tsu bereits verstorben war. Er blieb dennoch dort und wurde ein Schüler von dessen Dharma-Nachfolger Pai-chang.

Von welcher Art die Kommunikation zwischen diesen beiden Zen-Giganten war, erfahren wir in einer im → *Ching-te ch'uan-teng-lu* aufgezeichneten Anekdote:

»Eines Tages fragte Pai-chang Huang-po, wo er gewesen sei. Der antwortete, er habe am Fuß des Berges Tahsiung Pilze gesammelt. Pai-chang fragte: ›Habt Ihr einen Tiger gesehen?‹

Sofort brüllte Huang-po wie ein Tiger. Pai-chang ergriff eine Axt und hob sie, als wolle er den Tiger erschlagen. Huang-po gab Pai-chang eine plötzliche Ohrfeige. Pai-chang lachte herzlich.

Ins Kloster zurückgekehrt, sagte Pai-chang zu den versammelten Mönchen: ›Am Fuß des Ta-hsiung-Berges gibt es einen Tiger. Ihr solltet euch in acht nehmen; mich hat er heute schon gebissen.‹« Es heißt, daß Paichang mit diesen Worten Huang-po als Dharma-Nachfolger bestätigt habe.

Nachdem Huang-po später eine Zeitlang im Kloster von → Nan-ch'üan P'u-yüan (jap. Nansen Fugan) gelebt hatte, ließ er sich im Ta-an-Kloster in Hung-chou nieder. Der Premierminister P'ei Hsiu, der zu seinen Schülern gehörte, ließ ein großes Zen-Kloster bauen und bat Huang-po, sich dort niederzulassen. Nach dem Berg, auf dem Huang-po als junger Mönch gelebt hatte, nannte er dieses Kloster Huang-po-shan, und dieser Name ging schließlich auf ihn über.

Der Geist, in dem er seine Schüler unterwies, spricht aus dem 11. Beispiel des *Pi-yen-lu;* dort heißt es:

»Huang-po sagte einst bei der Unterweisung zu den Versammelten: ›Ihr alle, ihr seid Tresterleck-Kerle! Wenn ihr immerzu auf Wanderschaft seid, wo habt ihr das Heute? Wißt ihr nicht, daß es im ganzen T'ang-Reich keinen Zen-Meister gibt?‹

Nun war da ein Mönch, der trat vor und sagte: ›Warum nur nimmt man sich überall der Schüler an und unterweist sie allenthalben?‹

Huang-po sagte: ›Ich sage nicht, daß es kein Zen gibt; nur, daß es keine Zen-Meister gibt.‹«

Huang-ti, ◘ chin., wörtl.: »Gelber Kaiser«; einer der legendären Kaiser, der 2697–2597 oder 2674–2575 gelebt haben soll und als einer der Begründer des religiösen Taoismus (→ Tao-chiao) verehrt wird. Ihm schreibt man die Erschaffung der Menschen, die Erfindung der Schrift, der Seidenraupenzucht, der Töpferscheibe und des Kompasses zu. Der Gelbe Kaiser gilt auch als »Begründer der Gesellschaftsordnung«, da er es gewesen sei, der jeder Familie einen Namen zuwies. Ferner wird ihm das erste medizinische Werk Chinas, das → *Huang-ti nei-ching,* zugeschrieben.

Eine Überlieferung berichtet, daß Huang-ti sich spontan aus dem Verschmelzen der Energien am Beginn der Welt gebildet habe. Er erschuf die Menschen, indem er Erdstatuen an den Kardinalpunkten aufstellte und diese 300 Jahre lang dem Atem des Beginns der Welt aussetzte. Nachdem sie ganz von diesen Energien durchdrungen waren, konnten sie sprechen und sich bewegen, und es entstanden die verschiedenen Rassen.

Seit der Zeit der Streitenden Reiche wird Huang-ti von den Taoisten mit der Vorstellung der Unsterblichen in Zusammenhang gebracht. Auf seinen Reisen zu den heiligen Bergen traf er mit Meister Kuan Cheng zusammen, der ihn in die Übungen zum Verwirklichen des Tao einführte. Im → *Chuang-tzu* (11. Buch, Kap. 3) wird diese Begegnung beschrieben:

»Blicke nicht umher, höre auf nichts. Werde still, indem du deine konstellierende Kraft umfängst – und deine Gestalt wird von selbst in gerader Ordnung sein. Sei still, sei klar, strapaziere nicht deine Gestalt, rühre nicht dein (Lebens-)Potential an, so kannst du lange leben. Wenn deine Augen nichts sehen und deine Ohren nichts hören, wenn in deinem Herzen (Bewußtsein) kein Wissen ist, wenn deine konstellierende Kraft (die Integrität deiner) Gestalt bewahrt, dann kann diese Gestalt lange leben. Hüte dein Inneres , schließe dich ab nach außen; denn zuviel der Wissenschaft bringt Verderben! Ich werde dich auf den Gipfel des großen Lichts führen und an die Quellen des Yang (→ Yin-yang) in seiner Vollkommenheit; ich werde dich an die Tore der Finsternis und an die Quellen des unvermischten Yin führen.« (Zit. n. M. Kaltenmark, 1981, S. 213.)

Im Alter von 100 Jahren war er im Besitz magischer Kräfte und stellte das Goldene Elixier (→ Chin-tan) her. Auf dem Berge Ching erlangte er Unsterblichkeit, worauf er auf einem Drachen gen Himmel stieg (→ Fei-sheng) und zu einem der fünf mythologischen Kaiser wurde, die über die fünf Himmelsrichtungen herrschen. Huang-ti nimmt den Platz in der Mitte ein.

Huang-ti nei-ching, ◘ chin., wörtl.: »Innerer

Klassiker des Gelben Kaisers«; erstes medizinisches Werk Chinas. Es wird dem Gelben Kaiser (→ Huang-ti) zugeschrieben, ist wahrscheinlich aber erst im 3. oder 2. Jh. v. Chr. entstanden. Es enthält die grundlegenden Theorien der chin. Medizin, wie sie heute noch gültig sind. Der Titel des Werkes wird i. allg. mit »Des Gelben Kaisers klassisches Buch der Inneren Medizin« übersetzt.

Huang-t'ing ching, **T** chin., wörtl.: »Klassisches Buch der Gelben Halle«; taoist. Werk aus dem 3. Jh., das die wichtigsten Körpergottheiten (→ Shen) und deren Funktionen beschreibt. Es enthält daneben auch Anweisungen zu Atemübungen, vor allem zum Kreisen-Lassen des Atems (→ Hsing-ch'i), zu Sexualpraktiken (→ Fang-chung shu) und anderen Techniken zur Erlangung der Unsterblichkeit.
Der Terminus »Gelbe Halle« wird bereits in einer Inschrift zu Ehren des → Lao-tzu aus dem Jahre 165 n. Chr. erwähnt: »Tritt ein und aus aus der Zinnober-Hütte, geh hoch und hinab in die Gelbe Halle.« (Zit. n. R. Homann, 1971, S. 57.)
Der vieldeutige Ausdruck »Gelbe Halle« bringt vor allem die Vorstellung des Zentrums und der Verbindung zum Ausdruck, die zwischen dem Zentrum des Himmels, des Menschen und der Erde durch das Huang-t'ing ching hergestellt werden kann. In anderen Texten wird die Gelbe Halle mit der Milz assoziiert, während es hier das Herz als zentrales Organ und Herrscher über Gedanken und Gefühle bezeichnet.
Das wiederholte Rezitieren des *Huang-t'ing ching* wendet Böses ab, läßt den Adepten seine Jugend wiedererlangen, verleiht Unverletzlichkeit. Es läßt die Gottheiten im Inneren des Körpers vor dem inneren Auge erscheinen und hilft dem Übenden, mit ihnen in Verbindung zu treten und Anweisungen zur Erlangung der Unsterblichkeit zu erhalten. Die Wirksamkeit des Werks beruht nach taoist. Überzeugung darauf, daß es die Namen der Gottheiten preisgibt; rezitiert man diese, kann man die Gottheiten dadurch evozieren.

Huan-tan, **T** chin., wörtl.: »zurückgeführter Zinnober«; in der Sprache der taoist. Alchemisten ein lebensverlängerndes Elixier, das durch zyklische Transformation gewonnen wird: Der Zinnoberstaub wird erhitzt und dadurch in Quecksilber verwandelt. Durch die anschließende Oxydation des Quecksilbers erhält der Alchemist ein zinnoberrotes Oxyd, was den Begriff »zurückgeführter« Zinnober erklärt. Dieser Prozeß wurde meist neunmal wiederholt, wodurch das »Neunmal zurückgeführte Elixier« *(Chiu-huan-tan)* entstand.
Der Begriff Huan-tan wird aber auch von den Vertretern der Schule des Inneren Elixiers (→ Nei-tan) gebraucht. Sie verstehen darunter das im Körper geschaffene → Ch'i, das eine Veränderung gealterter Körpergewebe bewirkt, so daß diese wieder denen eines Neugeborenen gleichen. Dadurch glauben sie, körperliche Unsterblichkeit erlangen zu können.

Hua T'o, **T** 2.–3. Jh., taoist. Arzt; ein berühmter Chirurg und erster Anästhesist, der wesentlich an der Entwicklung taoist. Gymnastikmethoden (→ Tao-yin) beteiligt war.
Nach Hua T'o bewirken Körperübungen das Ausscheiden negativer Energie, die durch den Genuß von Körnerfrüchten entsteht (→ Pi-ku), und die Erhaltung des freien Flusses des Blutes. Tao-yin kann dem alternden Körper wieder ein jugendliches Aussehen verleihen. Hua T'o selbst erfand die Ch'i-kung-Übung der »Bewegungen der fünf Tiere« *(wu-ch'in-hsi)*. Die Übung besteht darin, die Bewegungen von Tiger, Hirsch, Bär, Affe und Vogel nachzuahmen, was den Fluß des → Ch'i im Körper anregt und ausgleicht und damit der Gesundheit förderlich ist. Eine Anleitung zu dieser Übung findet sich in: J. Zöller, *Das Tao der Selbstheilung,* 1984, S. 256 ff.

Hua-tou, **Z** chin. für → Wato

Hua-yen-Schule, **B** chin. (jap. → Kegon-Schule, Skrt. Avatamsaka), wörtl.: »Blumengirlande-Schule«; bedeutende Schule des chin. Buddhismus, die ihren Namen vom Titel der chin. Übersetzung des → *Buddhāvatamsaka-Sūtra* herleitet. Sie wurde von Fa-tsang (643–712) begründet; ihre Anfänge gehen aber schon auf die Mönche → Tu-shun (557–640) und Chih-yen (602–668) zurück, die als die beiden ersten Patriarchen der Hua-yen-Schule gelten. Weitere bedeutende Vertreter waren Ch'eng-kuan (737–820), unter dem die Schule großen Einfluß gewann und der von seinen Nachfolgern als eine Inkarnation des → Mañjushrī angesehen wurde. Der 5. Patriarch der Schule war → Tsung-mi (780–841), der als einer der hervorragenden Meister dieser Schule gilt. – Die Hua-yen-Schule wurde im Jahre 740 von Shen-hsiang (jap. Shinshō) nach Japan gebracht, wo sie unter dem Namen »Kegon« verbreitet ist.
Diese Schule lehrt die Gleichheit aller Dinge und die Abhängigkeit aller Dinge voneinander. Ihre Lehre wird als »Lehre der Totalität« bezeichnet, da nach Hua-yen-Auffassung alle Dinge in Einem münden und dieses Eine sich in Vieles spaltet, so daß alles Vielfältige in dem Einen vereint ist. Die Grundlehre des Hua-yen besteht im Gedanken der »Universellen Ursächlichkeit des → Dharmadhātu«, d. h. darin, daß alles im

Universum gleichzeitig aus sich heraus entsteht. Alle →Dharmas besitzen die sechs Merkmale Universalität, Besonderheit, Ähnlichkeit, Unterschiedlichkeit, Integrierung und Differenzierung. Sie befinden sich im Zustand der »Soheit« (→Tathatā), dessen statischer Aspekt die Leere (→Shūnyatā) oder der Bereich des »Prinzips« (Li) ist und dessen dynamischer Aspekt der Bereich der Phänomene (Shih). Diese beiden Bereiche sind so miteinander verflochten und voneinander abhängig, daß das gesamte Universum durch gegenseitiges Bedingen entsteht.

Die Lehren des Hua-yen gehen von der Theorie der Verursachung durch das universelle Prinzip oder Dharmadhātu aus, nach der alle Dharmas des Universums voneinander abhängig sind und einander bedingen, keines kann für sich allein bestehen.
Alle Dharmas sind leer; die beiden Aspekte dieser Leere, der statische (Li, Absolutes) und der aktive (Shih, Phänomene), durchdringen einander ohne Behinderung; jedes Phänomen ist identisch mit jedem anderen.
Diese Auffassung illustriert Fa-tsang in seinem berühmten Gleichnis vom goldenen Löwen: Der Löwe symbolisiert die phänomenale Welt des Shih, das Gold das »Prinzip« oder Li, das keine eigene Form besitzt, sondern je nach Umstand jede beliebige Form annehmen kann. Jedes der Organe des Löwen hat an diesem Ganzen dadurch Anteil, daß es aus Gold ist: In jedem Teil ist das Ganze anwesend und umgekehrt. Daher sind alle Phänomene Manifestationen des einen Prinzips und jedes Phänomen umfaßt alle anderen. Gold und Löwe bestehen gleichzeitig und schließen einander gegenseitig ein, was nach Fa-tsang bedeutet, daß jedes Ding der phänomenalen Welt das Prinzip, Li, repräsentiert.
Diese Auffassung wird in der Einteilung des Universums in vier Bereiche und in der These der sechsfachen Natur der Dinge erklärt. Die vier Bereiche des Universums sind folgende: 1. Der Bereich der Realität, der Phänomene; 2. der Bereich des Prinzips, des Absoluten; 3. der Bereich, in dem Phänomene und Absolutes einander gegenseitig durchdringen; 4. der Bereich, in dem alle Phänomene sich in vollkommener Harmonie befinden und einander nicht behindern; dies ist die »ideale« Welt.
Die sechsfache Natur aller Dharmas erklärt Fa-tsang in seinem Gleichnis auf folgende Weise: 1. Das Merkmal der Universalität entspricht dem Löwen als Ganzem; 2. das der Besonderheit erklärt er mit den Organen des Löwen, die alle eine besondere Funktion erfüllen und sich vom Löwen als Ganzem unterscheiden; 3. ihre Ähnlichkeit besteht darin, daß sie alle Teile des Löwen sind; 4. ihre Unterschiedlichkeit kommt in den unterschiedlichen Funktionen, die die Organe erfüllen, zum Ausdruck; 5. das Merkmal der Integrierung erklärt er dadurch, daß alle Organe zusammen den Löwen ausmachen; 6. die Natur der Differenzierung besteht darin, daß jedes Organ seinen eigenen besonderen Platz einnimmt.
Wie die →T'ien-t'ai-Schule nimmt auch die Hua-yen-Schule eine Einteilung der Lehre des Buddha in verschiedene Kategorien vor. Sie trifft eine fünffache Unterteilung:
1. Lehre des →Hīnayāna, wie sie in den →Āgamas enthalten ist. 2. Elementare Lehre des →Mahāyāna, der die →Fa-hsiang- und →San-lun-Schule zuzurechnen sind, die alle Dharmas als leer ansehen, da diese bedingt entstehen. Diese Schulen des Mahāyāna gelten als elementar, da sie leugnen, daß alle Wesen →Buddha-Natur besitzen. 3. Endgültige Lehre des Mahāyāna, wie sie die T'ien-t'ai-Schule vertritt. Auf dieser Ebene werden alle Dinge als leer aufgefaßt, aber auch ihre scheinbare Existenz angenommen. 4. »Plötzliche« Lehre: jene Lehre, nach der die Erleuchtung plötzlich (und nicht allmählich) erlangt wird. Dies ist die Stufe des →Zen. 5. »Runde« Lehre des Mahāyāna: die Lehre der Hua-yen-Schule.
Die Hua-yen-Schule unterscheidet sich in einem wichtigen Punkt von den anderen mahayanist. Richtungen: sie konzentriert sich auf die Beziehungen zwischen Phänomen und Phänomen und nicht auf die zwischen Phänomen und Absolutem. Alle Dinge befinden sich in vollkommener Harmonie miteinander, da sie alle Manifestationen des einen Prinzips sind. Sie ähneln den einzelnen Wellen desselben Meeres. Von diesem Standpunkt aus ist alles in der Welt, egal ob belebt oder unbelebt, Ausdruck des höchsten Prinzips und ist daher eins mit dem Buddha-Geist.

Hu-ch'in Shao-lung, 🅉 jap. Kukyū (Kokyū) Jōryū, 1077–1136, chin. Zen-Meister der Yōgi-Linie des Rinzai-Zen (→Yōgi-Schule); ein Schüler und Dharma-Nachfolger (→Hassu) des großen Meisters →Yüan-wu K'o-ch'in (jap. Engo Kokugon). Über Meister Hu-ch'in verläuft die Übertragungslinie des Zen, in deren Tradition →Hakuin Zenji, der große Erneuerer des Rinzai-Zen in Japan, steht.

Hui-k'o, 🅉 jap. Eka, 487–593, der 2. Patriarch des Zen in China. Er war der Dharma-Nachfolger (→Hassu) von →Bodhidharma und Meister von →Seng-ts'an. Der Überlieferung nach kam Hui-k'o etwa in seinem vierzigsten Lebensjahr zum →Shao-lin-Kloster, um Bodhidharma um Unterweisung zu ersuchen. Es heißt, daß Bodhidharma ihn anfänglich nicht zur Kenntnis nahm und Hui-k'o mehrere Tage lang im Schnee vor der Klause (oder der Höhle) in der der 1. Patriarch »der Wand gegenüber« (→Menpeki) Zazen übte, stand. Um dem ind. Meister des →Buddha-Dharma die Ernsthaftigkeit seines Verlangens nach Erleuchtung (→Kokorozashi) zu beweisen und ihn dazu zu bewegen, ihn als Schüler anzunehmen, schnitt Hui-k'o sich

schließlich den linken Arm ab und brachte ihn Bodhidharma dar, der ihn daraufhin als Schüler akzeptierte. Ein berühmtes Kōan, das 41. Beispiel des → *Wu-men-kuan,* berichtet von der ersten Begegnung zwischen Bodhidharma und Hui-k'o:
»Bodhidharma saß der Wand gegenüber. Der 2. Patriarch, der im Schnee gestanden hatte, schnitt seinen Arm ab und sagte: ›Der Geist (das Herz, das Bewußtsein) Eures Schülers findet noch keinen Frieden. Ich bitte Euch, Meister, gebt ihm Frieden.‹
Bodhidharma sagte: ›Bring mir den Geist her, und ich werde ihn zur Ruhe bringen.‹
Der 2. Patriarch sagte: ›Ich habe nach dem Geist gesucht, doch er ist schließlich unauffindbar.‹
Bodhidharma sagte: ›Dann habe ich ihn gründlich zur Ruhe gebracht.‹«
Nach sechs Jahren intensiver meditativer Schulung unter Bodhidharma bestätigte dieser Hui-k'o durch → Inka-Shōmei als seinen Dharma-Nachfolger und übertrug ihm das Patriarchat, womit Hui-k'o zum 29. Patriarchen der Zen-Tradition (s. Traditionstafel des Zen, S. 474), oder, wie man i. allg. sagt, zum 2. Patriarchen des Zen in China wurde.

Die Begebenheit, die diese Übertragung markiert, wird im *Denkō-roku* folgendermaßen wiedergegeben:
»Der 29. Patriarch, Taisō Daishi [ein anderer Name für Hui-k'o], diente dem 28. Patriarchen. Eines Tages wandte er [Hui-k'o] sich an den Patriarchen und sagte: ›Ich habe schon aufgehört, irgend etwas mit äußeren Umständen zu tun zu haben.‹
Der Patriarch [Bodhidharma] sagte: ›Ist nicht alles ausgelöscht worden?‹
Der Meister [Hui-k'o] sagte: ›Es ist nicht ausgelöscht worden.‹
Der Patriarch sagte: ›Was für einen Beweis gibt es dafür?‹
Der Meister sagte: ›Weil ich mir immer dessen bewußt bin, so kann kein Wort es erreichen.‹
Der Patriarch sagte: ›Das eben ist der Geist-Leib, den alle Buddhas erkannten. Zweifle nicht daran!‹«
Hui-k'o, der urspr. → Seng-k'o hieß, hatte den Ruf eines Gelehrten, der in den Schriften des Konfuzianismus, Taoismus und Buddhismus wohl bewandert war. Sein Buchwissen stellte ihn jedoch nicht zufrieden, und so fühlte er sich immer mehr zur Praxis der Meditation hingezogen, um den tiefen Gehalt der Schriften durch eigene Erfahrung kennenzulernen. Nachdem Bodhidharma ihm das Patriarchat übertragen hatte und gestorben war oder das Shao-lin-Kloster verlassen hatte, soll Hui-k'o noch eine Weile dort geblieben und dann untergetaucht sein, weil er noch keine Schüler annehmen, sondern sich weiterhin schulen und das → *Lankāvatāra-Sūtra* studieren wollte, dessen Bedeutung Bodhidharma betont hatte. Es heißt, daß er in dieser Zeit unter einfachen Arbeitern lebte, um die Demut zu entwickeln, die einen Meister des Buddha-Dharma auszeichnen sollte. Nach einigen Jahren des Wanderlebens ließ er sich in Yeh-tu in Nordchina nieder und lehrte hier den Buddha-Dharma auf seine Weise. Hier begegnete er wahrscheinlich Seng-ts'an.
Hui-k'os unorthodoxe Lebensweise und sein großer Erfolg als Meister erregten schließlich den Ärger und den Neid orthodoxer buddhist. Kreise, die gegen ihn intrigierten und ihn zwangen, in den Süden Chinas zu fliehen, um einer offiziellen Verfolgung zu entgehen. Später kehrte er in den Norden, in die Hauptstadt Chang-an, zurück, wo er weiterhin lehrte und im Alter von 106 Jahren starb. Nach einigen Überlieferungen wurde er exekutiert, weil er erneut den Neid einflußreicher buddhist. Priester erregt hatte und diese die Behörden dazu brachten, ihn der Häresie anzuklagen und zum Tode zu verurteilen.

Hui-neng, 🅉 jap. E'nō, auch Wei-lang genannt, 638–713, der 6. Patriarch des Zen in China; ein Schüler und der Dharma-Nachfolger (→ Hassu) von → Hung-jen. Hui-neng, einer der bedeutendsten Zen-Meister Chinas, gab dem bis dahin noch stark vom traditionellen ind. Buddhismus geprägten Zen seine typische chin. Prägung und wird deshalb als der eigentliche Vater des chin. Zen angesehen. Er hat das Patriarchat niemals in aller Form an einen Nachfolger weitergegeben, und so ist es erloschen. Hui-neng hatte allerdings mehrere Meisterschüler und Dharma-Nachfolger. Auf zwei von ihnen, → Nan-yüeh Huai-jang (jap. Nangaku Ejō) und → Ch'ing-yüan Hsing-

Hui-neng zerreißt eine Sūtra-Rolle. (Tuschemalerei von Liang-k'ai, 12. Jh.)

ssu (jap. Seigen Gyōshi) gehen alle großen Übertragungslinien des Zen in China (→ Goke-Shichishū) zurück.
Hui-neng gilt als der Autor des einzigen originär chin. Werks, dem später der Status eines Sūtra zugesprochen wurde, des »Sūtra (gesprochen) vom Hohen Sitz des Dharma-Schatzes« *(→ Liu-tsu-ta-shih fa-pao-t'an-ching),* das einige der tiefgründigsten Passagen in der Zen-Literatur enthält. Außerdem erfahren wir aus diesem kurz *T'an-ching* (jap. *Dan-gyō*) genannten Werk Einzelheiten aus dem Leben des 6. Patriarchen. Hui-neng stammte danach aus ärmlichen Verhältnissen, hatte kaum Schulbildung genossen und mußte seine verwitwete Mutter durch das Sammeln und Verkaufen von Brennholz unterstützen. Dabei hörte er eines Tages, wie ein Mann vor dem Haus, das er gerade beliefert hatte, das → *Diamant-Sūtra* rezitierte, und bei dem Satz »Laß deinen Geist frei fließen, ohne bei irgend etwas zu verweilen« hatte Hui-neng eine Erleuchtungserfahrung. Er erfuhr von dem Mann, daß er von Hung-jen kam, und beschloß, jenen aufzusuchen. Als er in das von Hung-jen geleitete Kloster auf dem Berg Huang-mei gelangte, erkannte dieser sofort seine Begabung, ließ Hui-neng aber erst einmal als Gehilfe in der Klosterküche arbeiten, wo er Feuerholz spaltete und die Reismühle trat. Die berühmteste Episode aus seinem Leben, die die Übertragung des Patriarchats und die Spaltung des Zen in eine Nördliche Schule und eine → Südliche Schule betrifft, ist in groben Umrissen folgende:
Als der betagte 5. Patriarch die Zeit kommen sah, das Patriarchat einem Nachfolger zu übertragen, forderte er die Mönche seines Klosters auf, ihrer Zen-Erfahrung in einem Gedicht Ausdruck zu geben. Nur → Shen-hsiu, der intellektuell brillanteste seiner Schüler und von allen Mönchen des Klosters hochgeschätzte Mönchs-Älteste, schrieb ein solches Gedicht. Er verglich darin den Körper des Menschen mit dem → Bodhi-Baum (unter dem Shākyamuni Buddha Vollkommene Erleuchtung erfahren hatte) und den Geist mit einem Spiegel auf dem Gestell, den man ständig putzen müsse, um ihn von allem Staub freizuhalten. Als der in der Küche arbeitende Hui-neng von diesem Gedicht hörte, verfaßte er als Antwort darauf die folgenden Verse:

> Im Grund ist Bodhi gar kein Baum,
> noch ist der klare Spiegel ein Gestell.
> Da alles Leere ist von Anbeginn,
> wo heftete sich Staub denn hin?

Hung-jen, der in Hui-nengs Zeilen eine der Einsicht von Shen-hsiu weit überlegene Tiefe der Erfahrung erkannte, rief Hui-neng, da er Shen-hsius Eifersucht fürchtete, während der Nacht insgeheim zu sich und übergab ihm Gewand und Schale (→ Den'e) als Zeichen der Bestätigung. Damit setzte er Hui-neng, der im Gegensatz zu Shen-hsiu nicht nach diesem Auftrag strebte, als den 6. Patriarchen ein, wohl wissend um die Schwierigkeiten, die sich aus diesem Schritt für die Überlieferung seines Dharma ergeben würden. Gleichzeitig trug er ihm auf, sofort das Kloster zu verlassen und im Süden Chinas unterzutauchen, um vor den zu erwartenden Nachstellungen Shen-hsius und seiner Anhänger sicher zu sein.

Nach etwa 15 Jahren des Lebens in Verborgenheit kam Hui-neng, der bis dahin noch nicht einmal als Mönch ordiniert war, zum Fa-hsin-Kloster (jap. Hōshō-ji) in Kuang-chou, wo sich das berühmte, als 29. Beispiel in das → *Wu-men-kuan* aufgenommene Gespräch mit den um die Bewegung von Wind oder Fahne streitenden Mönchen abspielte. Yin-tsung, der Dharma-Meister dieses Klosters, hörte davon und sagte daraufhin zu Hui-neng: »Laienbruder, Ihr seid mit Sicherheit kein gewöhnlicher Mensch. Seit langem habe ich gehört, daß das Dharma-Gewand von Huang-mei nach Süden kam. Seid Ihr das nicht?« Nun gab Hui-neng sich als Dharma-Nachfolger von Hung-jen und Träger des Patriarchats zu erkennen. Meister Ying-tsung ließ ihm den Kopf scheren, ordinierte ihn damit als Mönch und bat Hui-neng, sein Meister zu sein.
So begann Hui-neng, zuerst im Fa-hsin-Kloster und später in seinem eigenen Kloster, dem Pao-lin-ssu bei Ts'ao-ch'i nahe der Hafenstadt Kanton, als Zen-Meister zu wirken und begründete damit die Südliche Schule des Zen, während Shen-hsiu und seine Schüler eine Nördliche Schule propagierten und die Nachfolge des 5. Patriarchen für sich beanspruchten. Entsprechend der Veranlagung der beiden Gründer betonte die Südliche Schule, daß die Erleuchtung in einem plötzlichen, intuitiven Sprung in eine den Intellekt transzendierende Welt der unmittelbaren Erfahrung zu erreichen sei (→ Tongo), während die Nördliche Schule die Meinung vertrat, man könne sich der Erleuchtung mit Hilfe der intellektuellen Durchdringung der Sūtras allmählich annähern (→ Zengo). Im »Wettstreit« der Verfechter der »plötzlichen« und der »allmählichen« Erleuchtung erwies sich die Südliche Schule schließlich als die vitalere, und während die Nördliche Schule nach einigen Generationen ausstarb, bezeugt eine große Zahl tief erleuchteter Meister in der Nachfolge von Hui-neng, daß diesem das Patriarchat und damit die Übertragung des wahren Buddha-Dharma nicht zu unrecht zugesprochen wurde.

Mit Hui-neng, dem als »ungebildetem Laien« und entgegen allen Konventionen des religiösen Establishments das Patriarchat übertragen worden war, war ein entscheidender Schritt zur Assimilierung des ind. → Dhyāna-Buddhismus in den chin. Geist und zur Ausformung eines mindestens ebenso stark vom Taoismus wie vom Buddhismus geprägten, bodenständigen chin. Zen getan. In seiner – schon seit Jahrhunderten von den taoist. Weisen exemplifizierten – radikalen Absage an bloße Schriftgelehrtheit und seiner für den chin. Volkscharakter typischen, mit einem derben Humor gepaarten praktischen Diesseitigkeit war es dieses Zen der Südlichen Schule, aus dem alle großen Schulen des Zen in China hervorgingen. Mit Hui-neng und seinen Schülern und Dharma-Nachfolgern begann das »Goldene Zeitalter« des Zen in China, das während der T'ang- und der darauffolgenden Sung-Zeit zahlreiche überragende Zen-Meister hervorbrachte, deren Taten und Aussprüche bis heute Inspiration und (als → Kōan) wichtige Mittel der Schulung für Übende auf dem Zen-Weg sind.

Hui Shih, T ca. 370–310 v. Chr., Philosoph der Zeit der Streitenden Reiche; Vertreter der »Schule der Namen«, die sich mit dem Problem der Beziehung zwischen Namen und Wirklichkeit auseinandersetzt. Hui Shih war mit Chuang-tzu befreundet, in dessen Werk uns seine Gedanken überliefert worden sind. Innerhalb der Schule der Namen repräsentierte er die Richtung der »Vereinigung der Gegensätze«. Sein zentraler Gedanke ist der der Einheit des Universums, das ein einziges Ganzes bildet. Dieser Gedanke kommt in der Gleichsetzung verschiedener Größenvorstellungen zum Ausdruck: »Es gibt nichts außerhalb des unendlich Großen, das ich das Große Eine (→ T'ai-i) nenne; es gibt nichts innerhalb des unendlich Kleinen, das ich das Kleine Eine (Hsiao-i) nenne.« (Zit. n. M. Kaltenmark, 1981, S. 129.)

Hui Shih relativiert alle Unterschiede und Gegensätze: Himmel und Erde sind nicht verschieden voneinander. Diese Auffassung findet ihren direkten Ausdruck in der unterschiedslosen Liebe zu allen Dingen. Seine berühmten Paradoxa zielen darauf ab, tief verwurzelte Vorstellungen über die Eigenschaften der Dinge und die Natur der Wesen in Frage zu stellen.

Das Werk des Hui Shih ist nicht vollständig erhalten; Fragmente seiner Lehren finden wir im → *Chuang-tzu*, → *Lieh-tzu* und im → *Lü-shih ch'un-ch'iu*.

Im *Chuang-tzu* (33. Buch) werden einige der berühmtesten Paradoxa des Hui Shih angeführt:

– »Was ohne Dicke ist, kann nicht durchstoßen werden, läßt sich aber auf tausend Li (Meilen) ausbreiten.«

– »Der Himmel ist so niedrig wie die Erde; ein Berg ist so eben wie ein Moor.«

– »Wenn die Sonne im Mittag steht, geht sie unter; wenn ein Wesen geboren wird, stirbt es.«

– »Ich kenne den Mittelpunkt der Welt: er ist nördlich von Yen und südlich von Yüe.« (Yen war das am weitesten im Norden gelegene Fürstentum, Yüe das am weitesten im Süden gelegene Fürstentum des Alten China.) Ein Kommentator erklärt: »Die Welt ist unendlich groß. Ihr Mittelpunkt ist überall.« (Zit. n. M. Kaltenmark, 1981, S. 129.)

Hui-t'ang Tsu-hsin, Z jap. Maidō Soshin, 1025–1100, chin. Zen-Meister der Ōryō-Linie des Rinzai-Zen (→ Ōryō-Schule); ein Schüler und Dharma-Nachfolger (→ Hassu) von → Huang-lung Hui-nan (jap. Ōryō E'nan) und der Meister von → Ssu-hsin Wu-hsin (jap. Shishin Goshin). Über Hui-t'ang verläuft die Linie des Zen, die von → Eisai Zenji als erste Schule des Zen nach Japan übertragen wurde.

Hui-tsung, T 1082–1135, Kaiser der Sung-Dynastie, der einer der bedeutendsten Förderer des Taoismus unter den chin. Kaisern war. Während seiner Regierungszeit wurden im ganzen Land zahlreiche taoist. Tempel und Klöster (→ Kuan) errichtet. Er selbst nannte sich »Edler des Tao«. Sung Hui-tsung verlieh dem Jadekaiser (→ Yü-huang), einer der wichtigsten Gottheiten des Taoismus, den Titel Shang-ti (Gott). Außerdem förderte er die Arbeiten am taoist. Kanon (→ Tao-tsang).

Hui-yüan, B 334–416, bedeutender chin. Mönch; Schüler von → Tao-an, Begründer des → Amitābha-Kultes und der Weißer-Lotos-Gesellschaft, 1. Patriarch der → Reines-Land-Schule. Zu seinen wichtigsten Werken zählt eine Abhandlung über das → Karma *(San-pao-lun),* in der er sich mit dem Problem des Reifens der Taten (→ Vipāka) und der Unsterblichkeit der »Seele« auseinandersetzt. Für den chin. → Sangha ist von Bedeutung, daß auf Hui-yüans Betreiben die Mönche von ihren weltlichen Pflichten dem Herrscher gegenüber befreit wurden.

Hui-yüan studierte die Lehren des Konfuzius, des Chuang-tzu sowie des Lao-tzu, bevor er mit 21 Jahren von Tao-an zum Mönch ordiniert wurde und sich intensiv mit dem → *Prajñāpāramitā-Sūtra* auseinandersetzte. Bei seinen Interpretationen des Werks verwendete er um des besseren Verständnisses willen taoist. Begriffe. 381 ging er zum Lu-shan, wo für ihn und seine schon zahlreichen Schüler Klöster errichtet wurden. Auf dem Berge Lu verbrachte Hui-yüan auch den Rest seines Lebens. Während dieser Zeit wurde der Lu-shan eines der bedeutendsten Zentren des Buddhismus und zeichnete sich durch seine vorbildliche Disziplin aus. Auf

Hui-yüans Einladung kam der kaschmirische Mönch Sanghadeva nach Lu-shan und übersetzte die wichtigsten Werke des → Sarvāstivāda ins Chinesische. Während vieler Jahre korrespondierte Hui-yüan mit → Kumārajīva, wobei jener vor allem Fragen über den Dharmakāya des Buddha (→ Trikāya) und den Unterschied zwischen einem → Arhat und einem → Bodhisattva stellte.

402 versammelte Hui-yüan eine Gruppe von 123 Anhängern vor einem Bildnis des Buddha Amitābha. Sie legten das Gelübde ab, im Westlichen Paradies → Sukhāvatī wiedergeboren zu werden und bildeten der Überlieferung nach die »Weißer Lotos Gesellschaft«. Hui-yüan gilt damit als der Begründer der Schule des Reinen Landes. – Hui-yüan war auch einer der ersten chin. Mönche, die die Wichtigkeit der Praxis von → Dhyāna auf dem Weg zur Erleuchtung erkannt haben.

Hu-kuo Ching-yüan, Z jap. Gokoku Keigen, 1094–1146, chin. Zen-Meister der Yōgi-Linie des Rinzai-Zen (→ Yōgi-Schule); ein Schüler und Dharma-Nachfolger (→ Hassu) von → Yüan-wu K'o-ch'in (jap. Engo Kokugon) und der Meister von → Huo-an Shih-t'i (jap. Wakuan Shitai).

Hun, T chin., »Hauchseele«; eine der beiden Arten von Seelen, die nach chin. Auffassung ein Mensch besitzt; die andere ist die sog. Körperseele (→ P'o). Leben und Gesundheit eines Menschen sind vom harmonischen Zusammenspiel dieser beiden Kräfte abhängig. Der Tod tritt dann ein, wenn sich Hun und P'o voneinander lösen.

Der Mensch besitzt drei Hun-Seelen, die als die höheren Seelen gelten. Sie entwickeln sich bei der Geburt des Menschen nach den P'o-Seelen. Sie stellen die Wirkungskraft des Yang (→ Yin-yang), der aktiven Kraft, dar und regulieren die höheren physischen Funktionen. Im Augenblick des Todes verlassen die Hun-Seelen den menschlichen Körper und kehren zum Himmel zurück. Sie vermögen sich auch in anderer Gestalt zu manifestieren, da sie den Körper verlassen können, ohne daß der betreffende Mensch sterben muß. Das ist z. B. bei einer Ohnmacht der Fall. Diese Auffassung spiegelt sich auch in dem alten Brauch des »Zurückrufens der Hun-Seelen« *(chao-hun)* wider, wobei man vor allem die Seelen von Ohnmächtigen, Erhängten und Ertrunkenen zurückwinkt, damit sie den Körper wieder beleben.

Hung-chih Cheng-chüeh, Z jap. Wanshi Shōgaku, 1091–1157, chin. Zen-Meister der → Sōtō-Schule; ein Schüler und Dharma-Nachfolger (→ Hassu) von → Tan-hsia Tzu-ch'un (jap. Tanka Shijun). Meister Hung-chih ist vor allem wegen seiner (offenbar in freundschaftlichem Geist geführten) Auseinandersetzung mit dem Rinzai-Meister → Ta-hui Tsung-kao (jap. Daie Sōkō) über die Vorteile des von der Sōtō-Schule befürworteten → Mokushō-Zen gegenüber dem → Kanna-Zen der → Rinzai-Schule bekannt. Daß die von späteren übereifrigen Anhängern der beiden Schulrichtungen gelegentlich hochgespielte Meinungsverschiedenheit der beiden Meister so tief nicht gegangen sein kann, zeigt schon die Tatsache, daß Meister Hung-chih vor seinem Tod die Vollendung seines Werkes *(→ Ts'ung-jung-lu)* Meister Ta-hui übertrug.

Hung-fan, T chin., wörtl.: »großer Plan, große Norm«; ein Kapitel aus dem *Shu-ching,* dem *Buch der Schriften,* einem der konfuzian. Klassiker, in dem u. a. zum ersten Mal die Lehre von den Fünf Elementen (→ Wu-hsing) dargelegt wird.

Die fünf Elemente Wasser, Feuer, Holz, Metall und Erde werden im *Hung-fan* als konkrete Substanzen und nicht, wie nach späterer Auffassung, als abstrakte Kräfte angesehen. Im *Hung-fan* ist die Welt der Natur von der des Menschen abhängig: Das inadäquate Verhalten des Herrschers führt zu abnormalen Phänomenen in der Natur. Diese Auffassung wurde in der Folge in der Schule des Yin-Yang (→ Yin-yang chia) voll ausgebildet.

Hung-jen, Z jap. Gunin, auch Kōnin, 601–674, der 5. Patriarch des Zen in China; der Dharma-Nachfolger (→ Hassu) von → Tao-hsin (jap. Dōshin) und Meister von → Hui-neng (jap. E'nō) und → Shen-hsiu (jap. Jinshū). Der Überlieferung nach traf Hung-jen den 4. Patriarchen, als er erst 14 Jahre alt war, und beeindruckte Tao-hsin schon bei der ersten Begegnung durch seine tiefe Verwirklichung des Zen-Geistes.

Der Dialog zwischen dem 4. und dem späteren 5. Patriarchen wird im → *Denkō-roku* wiedergegeben, wobei die beiden großen Meister mit dem Gleichklang der Schriftzeichen für »Name« und »Natur« oder »Wesen« (→ Shō) spielten, die fast gleichlautend ausgesprochen werden. Da das Wortspiel mit der doppelten Bedeutung im Deutschen nicht nachvollziehbar ist, steht in der folgenden Übersetzung für das im Japanischen *sei* oder *shō* gelesene Wort jeweils »Name«:

»Der 32. Patriarch, Daiman Zenji [Ehrentitel für Hung-jen], traf den 31. Patriarchen [Tao-hsin] auf dem Weg nach Ōbai.

Der Patriarch [Tao-hsin] fragte: ›Was ist dein Familienname?‹

Der Meister [Hung-jen] sagte: ›Obgleich ich einen Namen *[sei]* habe, ist es doch kein gewöhnlicher Name.‹

Der Patriarch sagte: ›Was für ein Name ist es denn?‹

Der Meister sagte: ›Es ist Buddha-Wesen.‹

Der Patriarch sagte: ›Hast du keinen Familiennamen?‹

Der Meister sagte: ›Habe ich nicht, da es Leeres-Wesen ist.‹

Der Patriarch war still und bestätigte, daß er ein Dharma-Gefäß war.
Und er übermittelte das Dharma-Gewand.«

Mit der Weitergabe des Gewandes (→ Den'e) bestätigte der 4. Patriarch Hung-jen als seinen Dharma-Nachfolger und setzte ihn als den 5. Patriarchen in der Übertragungslinie des Zen ein. Nach dem Tod seines Meisters gründete Hung-jen das Kloster auf dem Berg → Huang-mei (jap. Ōbai), in dem sich die denkwürdige Episode um die Dharma-Nachfolge des 5. Patriarchen abspielte (siehe dazu → Hui-neng), die das Zen in China in eine Nördliche Schule und eine → Südliche Schule spalten sollte.

Hungrige Geister, B → Preta

Huo-an Shih-t'i, Z jap. Wakuan Shitai, 1108–1179, chin. Zen-Meister der Yōgi-Linie des Rinzai-Zen (→ Yōgi-Schule); ein Schüler und Dharma-Nachfolger (→ Hassu) von Hu-kuo Ching-yüan (jap. Gokoku Keigen). Wir begegnen Meister Huo-an im 4. Beispiel des → *Wumen-kuan.*

In diesem berühmten Kōan spielt Huo-an darauf an, daß → Bodhidharma, der in der Zen-Tradition oft auch der »Barbar aus dem Westen« genannt wird, der Überlieferung nach einen dichten, dunklen Bart trug. So wird er denn auch auf allen Zen-Gemälden als urwüchsige, bärtige Gestalt dargestellt. Doch in diesem Beispiel heißt es:
»Huo-an sagt: ›Wie kommt es, daß der Barbar aus dem Westen keinen Bart hat?‹«

Hyakujō Ekai, Z jap. für → Pai-chang Huai-hai

Hyakujō Shingi, Z jap. für → *Pai-chang ch'ing-kuei*

I

I, T chin., etwa: »Rechtschaffenheit, Pflicht«; Begriff der konfuzian. Philosophie. Nach I zu handeln bedeutet, den Forderungen einer Situation aus moralischer Verpflichtung nachzukommen, ohne an den Gewinn *(li)* zu denken. I und Li stehen in krassem Gegensatz zueinander. Rechtschaffenheit ist eine der fünf Kardinaltugenden des Konfuzianismus (→ Wu-ch'ang, → K'ung-tzu).
In den *Gesprächen (Lun-yü)* des Konfuzius heißt es (IV, 16): »Der Edle ist bewandert in der Pflicht, der Gemeine ist bewandert im Gewinn.«

I, T chin., wörtl.: »Wandel, Wandlung« → I-ching

Ichchā-Mrityu, H (Iccā-Mṛtyu), Skrt., wörtl.: »nach Wunsch Tod«; die Fähigkeit, nach eigenem Willen das Leben aufzugeben, nicht durch Selbstmord, sondern, indem die Todesstunde nach eigenem Wunsch bestimmt wird.

Ichchantika B (Iccantika), Skrt., wörtl.: »Glaubensloser«; bezeichnet einen Menschen, der alle heilsamen Wurzeln (→ Kushala) in sich abgeschnitten hat und ohne Wunsch nach Erlangung der Buddhaschaft ist. Die Frage, ob ein Ichchantika → Buddha-Natur besitzt oder nicht, hat vor allem unter den Schulen des chin. Buddhismus zu Meinungsverschiedenheiten geführt. – Seltener bezeichnet Ichchantika einen → Bodhisattva, der das Gelübde abgelegt hat, nicht eher Buddhaschaft zu erlangen, als alle Wesen Erlösung gefunden haben.

Ich, Z im Buddhismus erachtet man die Vorstellung eines Ich (im Sinne des lateinischen Ego), also die Bewußtheit unserer selbst, als abgelöste Wesenheiten, als → Verblendung. Diese Ich-Vorstellung erhebt sich, da wir von unserem zwiespältigen Intellekt (dem sechsten Sinn) dazu verleitet werden, einen Dualismus von Ich und Nicht-Ich als gegeben vorauszusetzen, und demzufolge denken und handeln, als seien wir von allem anderen getrennte Entitäten und eine Welt, die außerhalb unserer selbst liegt, befände sich uns gegenüber. So festigt sich im Unterbewußtsein die Idee eines »Ich«, einer Selbstheit, aus der sich Gedankengänge wie »Ich hasse dies, ich liebe das; dies ist mein, das ist dein« ergeben. Von solchen Vorstellungen genährt, kommt es dazu, daß das Ich die Seele beherrscht und alles angreift, was immer seine Herrschaft bedroht, und begierig ist nach allem, was seine Macht erweitert. Feindschaft, Gier und Entfremdung, die in Leiden kulminieren, sind die unausweichliche Folge dieser Haltung, die im Zen durch die Praxis von → Zazen durchbrochen wird, so daß im

Laufe der Zen-Schulung unter einem → Rōshi, der Menschen auf dem Weg zur → Erleuchtung (→ Satori, → Kenshō) führt, die Herrschaft der Ich-Illusion über Denken und Trachten des Übenden allmählich überwunden wird.

Ichibō, ◼ jap., wörtl.: »Ein-Stock«; Ausdruck des Zen für den Gebrauch des Stocks (→ Kyosaku, → Shippei) durch einen Zen-Meister zum besten seiner Schüler. (Siehe dazu auch → Bōkatsu.)

Ichien ◼, auch Dōkyō oder Mujū genannt, 1226–1312; ein der → Rinzai-Schule angehöriger jap. Mönch, Schüler von → Ben'en (Shōichi Kokushi). Ichien wanderte durch Japan und schulte sich unter Meistern der verschiedenen Schulen des Zen; er ist der Autor des *Shasekishū* (»Sand-und-Steine-Sammlung«), einer populären Sammlung von oft humorvollen buddhist. Geschichten und Legenden, die die Zen-Meister in ihren Darlegungen gern zitieren.

Ichi-Ensō, ◼ jap. → Ensō

Ichiji-Fusetsu, ◼ jap., wörtl.: »nicht ein (einziges) Wort gesagt«; Ausdruck des Zen, der besagt, daß der Buddha (und die Patriarchen, → Soshigata) in all seinen Unterweisungen der Wahren-Wirklichkeit (siehe dazu → Busshō) nicht mit einem einzigen Wort Ausdruck gegeben hat, da diese »nicht sagbar« (→ Fukasetsu) ist. Im Bewußtsein dieser Tatsache wollte der Buddha nach seiner Vollkommenen → Erleuchtung anfangs ja auch keine Unterweisungen geben, bis ihn das Mitleid mit den im Kreislauf von Leben und Tod (→ Samsāra) gefangenen Geschöpfen schließlich dazu bewegte, sich – wie die Zen-Meister sagen – »ins Gras fallen zu lassen«, d. h. sich von der Ebene des Wahren-Begreifens auf die des Jedermanns-Bewußtseins (→ Bonpuno-Jōshiki) zu begeben, um denen, die ihn hören wollten, zumindest einen Fingerzeig auf den Weg zu geben, der zur Erleuchtung und damit zur Einsicht in die Wahre-Wirklichkeit führt.
In diesem Sinne betrachtet das Zen alle in den Sūtras aufgezeichneten Darlegungen des Buddha und alle Unterweisungen und Schriften der Zen-Meister nur als »den Finger, der auf den Mond [der Wahrheit] weist, nicht als den Mond selbst«. Die Letzte Wahrheit kann, wenn überhaupt, nur in jenem geheimnisvollen Vorgang »übertragen« werden (siehe dazu → Hassu), den das Zen die »Übermittlung von Herz-Geist zu Herz-Geist« (→ Ishin-Denshin) nennt.

Deshalb nennt das Zen sich auch eine »besondere Überlieferung außerhalb der (orthodoxen) Lehre« (→ Kyōge-Betsuden), betont seine »Unabhängigkeit von (heiligen) Schriften« (→ Furyū-Monji) und zieht es vor, »unmittelbar auf des Menschen Herz-Geist (→ Kokoro) zu deuten« (→ Jikishi-Ninshin), statt sich auf wörtlich überlieferte »Lehren« zu verlassen, die ein jeder doch nur so versteht, wie es seinem augenblicklichen Bewußtseinszustand entspricht – d. h. er vernimmt nur die Projektion seiner selbst.

Ichiji-Kan, ◼ jap., wörtl.: »Ein-Wort-Schranke«; Ausdruck des Zen für ein → Wato, das nur aus einem Wort besteht.

Berühmte »Ein-Wort-Schranken« sind das »Mu« des chin. Meisters → Chao-chou Ts'ung-shen (jap. Jōshū Jūshin), das Wato des Kōan »Chao-chou, Hund« (1. Beispiel des → *Wu-men-kuan*), oder das »Kan!« des chin. Meisters → Yün-men Wen-yen (jap. Ummon Bun'en) aus dem folgenden Kōan (8. Beispiel des → *Pi-yen-lu*):
»Gegen Ende der Sommerzeit [→ Ango] sagte Ts'ui-yen bei der Unterweisung der Mönche: ›Den ganzen Sommer lang habe ich zu euch gesprochen, ihr jüngeren und älteren Brüder; seht her, ob Ts'ui-yen noch seine Augenbrauen hat.‹
Pao-fu sagte: ›Bei Leuten, die stehlen, ist das Herz voll Furcht.‹
Ch'ang-ch'ing sagte: ›Gewachsen sind sie!‹
Yün-men sagte: ›Halt! [jap. *kan:* Schranke]‹.«

Ichiji-Zen, ◼ jap., wörtl.: »Ein-Wort-Zen«; Zen-Übung, in der ein einziges Wort eines Meisters (→ Ichiji-Kan) als → Kōan genommen wird. Der chin. Zen-Meister → Yün-men Wen-yen (jap. Ummon Bun'en) ist in der Zen-Tradition besonders für seine Ichiji-Kan berühmt.

Ichimi-Shabyō, ◼ jap., wörtl.: »das Ein-Geschmack-Umgießen der Schale«; Zen-Ausdruck für die unverfälschte Übertragung des → Buddha-Dharma von einem Zen-Meister auf seinen Dharma-Nachfolger (→ Hassu). Siehe dazu auch → Ishin-Denshin, → Ichimi-Zen.

Ichimi-Zen, ◼ jap., wörtl.: »Ein-Geschmack-Zen«; unverfälschtes Zen, das Zen der Buddhas und Patriarchen (→ Soshigata). »Ein-Geschmack« bezieht sich auf die Erfahrung der Nicht-Unterschiedenheit (von Form und Leere); siehe dazu auch → Erleuchtung. Der Ausdruck wird im Gegensatz zu → Gomi(-no)-Zen gebraucht.

Ichinen-Fushō, ◼ jap., wörtl.: »ein Gedanke nicht entstehen«; im Zen heißt es, daß der Bewußtseinszustand eines Menschen, in dem sich kein verblendeter Gedanke (→ Verblendung) erhebt, der eines Buddha ist. Ichinen-Fushō bezeichnet diesen, von allen verblendeten Gedanken, Vorstellungen, Gefühlen und Wahrnehmungen freien Bewußtseinszustand, der durch die Übung von → Zazen erreicht wird und gleichzeitig Zazen in seiner reinsten Form *ist.* Deshalb heißt es auch: »Fünf Minuten Zazen, fünf Minuten ein Buddha.«

Ichinen-Mannen, Z jap., wörtl.: »ein Bewußtseins-Moment (→ Nen) zehntausend Jahre«; dieser Ausdruck des jap. Buddhismus, in dem die Zahl »Zehntausend« einfach eine unendlich große, unfaßbare Zahl bedeutet, bezeichnet die den Mystikern und Heiligen aller Kulturen und Zeitalter gemeinsame Erfahrung, daß es in der Welt der → Erleuchtung keine Zeit im alltäglichen Sinn gibt und daß aus der Sicht des erleuchteten Bewußtseins *ein* Bewußtseins-Moment die »Ewigkeit« ist.

I-ching, B 635–713, einer der bedeutendsten Übersetzer buddhist. Texte aus dem Sanskrit ins Chinesische und berühmter Pilger, der 671 auf dem Seeweg nach Indien reiste, wo er mehr als 20 Jahre verbrachte. An der Klosteruniversität → Nālandā studierte er die Lehren des Hīnayāna- und Mahāyāna-Buddhismus und begann mit der Übersetzung von wichtigen religiösen Werken in seine Muttersprache. 695 kehrte I-ching in seine Heimat zurück und brachte über 400 buddhist. Texte mit. Gemeinsam mit Shikshānanda übertrug er u. a. das → *Buddhāvatamsaka-Sūtra* und das → Vinaya-Pitaka der Mulasarvāstivāda-Schule. Insgesamt übersetzte I-ching 56 Werke in 230 Bänden. Außer einem Reisebericht verfaßte er auch eine Sammlung von Biographien von 56 Mönchen, die vorwiegend auf dem Seeweg nach Indien gepilgert waren.

I-ching, T chin., wörtl.: das »Buch der Wandlung(en)«, auch »I-Ging« transkribiert; chin. Weisheits- und Orakelbuch aus der Übergangszeit von der Yin- zur Chou-Dynastie, dessen wesentliche Gedanken dem → Konfuzianismus entstammen, in das aber auch taoist. Vorstellungen eingeflossen sind. Das *Buch der Wandlung(en)* basiert auf der Vorstellung zweier polarer Kräfte, die durch ihre Aktivität alle Dinge erschaffen. Anfangs wurden sie einfach als das Helle und das Dunkle, später als Yin und Yang (→ Yin-yang) bezeichnet. Die Interaktion von Yin und Yang erzeugt den Wandel (I), der als die Bewegung des → Tao zu verstehen ist.

Das Grundgerüst des *Buches der Wandlung(en)* bilden die Acht Trigramme (→ Pa-kua), die jeweils aus einer Kombination von gebrochenen und ungebrochenen Linien bestehen. Durch Kombination von jeweils zwei Trigrammen wurden die 64 Hexagramme geschaffen. Im Kerntext des Werkes finden wir die Beschreibungen der einzelnen Hexagramme und ihrer Linien, die Bilder von Wandlungszuständen darstellen, und Erläuterungen, die die soziale und politische Dimension des jeweiligen Zeichens erfassen. Die später hinzugekommenen Kommentare (→ Shih-i) zum Text stellen Interpretationen aus konfuzian. Sicht dar.

Das *I-ching* wurde urspr. wahrscheinlich als Wahrsagebuch verwendet. In den Anfängen der chin. Orakelkunst waren die Antworten auf die Fragen nur »Ja« oder »Nein«, die durch eine ungebrochene Linie —— oder eine gebrochene – – wiedergegeben wurden. Doch bald genügten diese einfachen Striche nicht mehr, um der komplexen Wirklichkeit gerecht zu werden, und es entstanden Trigramme und Hexagramme.

Diese spiegeln die Vorgänge im Himmel und auf Erden wider, wobei der Übergang (die Wandlung) von einem Zustand in den anderen im Mittelpunkt steht. Diese Prozesse sind in knappen Sprüchen als kosmische oder soziale Situationen beschrieben. Der Wandel kommt in den Hexagrammen dadurch zum Ausdruck, daß diese ebenfalls in ständiger Bewegung begriffen sind, indem ein oder mehrere Striche des Hexagramms in ihr Gegenteil umschlagen und somit jedes andere Hexagramm bilden können. Dies erlaubt es, die gesamte Wirklichkeit einzufangen.

Das Orakelnehmen erfolgt in der traditionellen Form mittels 50 Schafgarbenstengeln oder in einer vereinfachten Prozedur mit Hilfe von drei Münzen. Dt. Übersetzungen des chin. Originaltextes (es gibt auch eine Reihe von interpretierenden »Nachempfindungen« des *I-ching* aus westlicher Sicht), die auch Beschreibungen der Technik des Orakelnehmens enthalten, sind: *I Ging. Das Buch der Wandlungen,* übers. v. R. Wilhelm, Jena 1924, Neuausg. Düsseldorf/Köln 1956; *I Ging. Das Buch der Wandlung,* hrsg. v. J. Blofeld, Bern 1983.

Die Hexagramme des *I-ching* wurden auch von den Vertretern der Inneren Alchemie (→ Nei-tan) übernommen, die durch sie verschiedene innere Prozesse versinnbildlichen (→ Ch'ien und K'un, → K'an und Li).

Nach traditioneller Auffassung geht das *Buch der Wandlung(en)* zurück auf → Fu Hsi, der als Erfinder der Acht Trigramme und einiger Hexagramme gilt. Die restlichen Zeichen sollen von König Wen, einem der Begründer der Chou-Dynastie, stammen. Nach Meinung mancher Gelehrter gehen sowohl Trigramme als auch Hexagramme auf König Wen zurück, andere wiederum sind der Ansicht, König Wen habe die Trigramme, der Herzog von Chou die Hexagramme geschaffen.

Die Kommentare zum Kerntext, die sog. Zehn Flügel, werden Konfuzius (→ K'ung-tzu) zugeschrieben, doch stammen sie aus späterer Zeit, wahrscheinlich aus der Frühen Han-Dynastie.

Das *I-ching* hat als einziges philosoph. Werk die Bücherverbrennung des Jahres 213 durch Ch'in Shih-huang-ti, den ersten historischen Kaiser von China, überlebt, der es als Wahrsagebuch benutzte. Zu dieser Zeit wurde es von den → Fang-shih sowie den Vertretern des → Yin-yang chia zur Divination verwendet. In der Folge wurde es aber vor allem als Weisheitsbuch und staatsphilosoph. Werk angesehen.

Als Orakelbuch war das *I-ching* seit der Chou-Dynastie in Gebrauch. In der Han-Dynastie entwickelte sich u. a. das Emblem- und Zahlenorakel, das in der Sung-Dynastie in konfuzian. Kreisen seine höchste Blüte erlebte. Die gängigste Methode und gleichzeitig die zuverlässigste, das Orakel zu befragen, war mittels 50 Schafgarbenstengeln. Diese Operation symbolisiert die Übereinstimmung der makrokosmischen Ordnung in der Natur mit der mikrokosmischen Ordnung im Moment der Befragung.

I-chuan, ◼ chin., wörtl.: »Kommentare zu den Wandlungen«; andere Bezeichnung für die Zehn Kommentare zum *Buch der Wandlung(en) (→ I-ching)*. Näheres dazu siehe → Shih-i.

Idā ◼ (Iḍā), Skrt.; einer der wichtigsten Kanäle feinstofflicher Energie (→ Nādī), die die Lebenskraft (→ Prāna) zu den jeweiligen Bestimmungsorten im Körper leiten, um den ganzen Körper damit zu versorgen. Die Idā nimmt den Prāna durch das linke Nasenloch auf und ist kühlend und beruhigend wie der Mond. Sie entspricht dem Parasympathikus des sympathischen Nervensystems. Ihr Gegenstück ist die → Pingalā.

Im *Rigveda* ist Idā Nahrung, Erfrischung oder ein Trankopfer aus Milch, später ein Strom des Lobes, personifiziert als Göttin der Sprache und der Opferspende. Sie gilt als die Beraterin von → Manu. Viele Schriftstellen schreiben ihr die Anordnung der Riten für die Opferhandlungen zu.

Idam, ◼ Skrt., wörtl.: »dies«. Die → Rishis (Seher, Erleuchtete) der → Upanischaden benutzten das Wort »dies« oft als Substantiv, um damit zum Ausdruck zu bringen, daß dieses Universum Gott in seiner manifestierten Form offenbart, im Gegensatz zur unbeschreibbaren, allgegenwärtigen Wirklichkeit, die allem Sichtbaren unterliegt, es durchdringt und übersteigt, und die sie als *tat,* »das«, bezeichneten, das sie dann auch als Substantiv gebrauchten, wie in dem berühmten Lehrsatz → Tat Tvam Asi.

I-Ging, ◼ chin. → *I-ching (Buch der Wandlung[en])*

Igyō-Schule ◼ (chin. Kuei-yang-tsung, jap. Igyō-shū); eine Schule des Zen in China, die zu den »Fünf Häusern – Sieben Schulen« (→ Goke-Shichishū), d. h. zu den großen Schulen der wahren Zen-Tradition in China gehörte. Der Name der Schule geht zurück auf die jeweils ersten Schriftzeichen der Namen der beiden Stammväter dieser Schule, des → Kuei-shan Ling-yu (jap. *I*san Reiyu) und seines Dharma-Nachfolgers → Yang-shan Hui-chi (jap. *Kyō*zan Ejaku).

Typisch für die Methode der Unterweisung in der Igyō-Schule war der Gebrauch eines Systems von 97 jeweils in einen Kreis eingeschriebenen Symbolen. Dieses System, das auf → Hui-neng, den 6. Patriarchen des Zen in China, zurückgehen soll (siehe auch → Tan-yüan Ying-chen), ist nicht erhalten, hat aber wohl die Ausbildung der »Zehn Ochsenbilder« (→ Jūgyū[-no]-Zu) sowie der → Fünf Grade (der Erleuchtung) von Meister Tung-shan beeinflußt. Es stellte anscheinend so etwas wie eine »Geheimsprache« dar, durch die sich Menschen von tiefer Zen-Erfahrung über die Grundprinzipien des Zen verständigen konnten. Da sich die Zen-Meister bewußt waren, daß der Umgang mit diesem System leicht zu einer bloßen formalen Spielerei entarten konnte, wurde es offenbar unter dem Siegel strengster Verschwiegenheit nur an wenige ausgewählte Schüler weitergegeben. – Mitte des 10. Jh. mündete die Igyō-Linie in die Übertragungslinie der → Rinzai-Schule ein und besteht seitdem nicht mehr als eigene Schule.

Igyō-shū, ◼ jap. für Kuei-yang-tsung → Igyō-Schule

I-hsüan, ◼ → Lin-chi I-hsüan

Ikkatsu, ◼ jap., wörtl.: »Ein-Katsu«; der Gebrauch des Schreis (→ Katsu) durch einen erfahrenen Zen-Meister in der Schulung von Zen-Schülern, für den besonders der chin. Zen-Meister → Lin-chi I-hsüan (jap. Rinzai Gigen) bekannt war und der seitdem vor allem in der → Rinzai-Schule gebräuchlich ist. (Siehe dazu auch → Bōkatsu.)

Ikkyū Sōjun, ◼ 1394–1481, jap. Zen-Meister der → Rinzai-Schule. Er ist in der Geschichte des Zen ebenso für seinen tiefsinnigen Witz wie für seine tiefe Zen-Erfahrung bekannt. Wegen seines unkonventionellen Lebensstils oft als eine Art »Eulenspiegel des Zen« bezeichnet, ist Ikkyū die wohl populärste Gestalt des Zen in Japan. In der Manier eines heiligen Narren prangerte er den Verfall des Zen in den großen Klöstern seiner Zeit an, und über sein von allen gesellschaftlichen Konventionen freies Leben sind zahlreiche authentische und legendäre Geschichten im Umlauf. Er war auch ein hervorragender Maler, Schriftmeister (→ Shōdō) und Dichter. In seinen im → *Kyōun-shū* aufgezeichneten Gedichten preist er die großen Meister alter Zeiten, beklagt den Niedergang des Zen und singt das Lob des Weines und der körperlichen Liebe. Zwei typische Gedichte Ikkyūs, der sich selbst oft »blinder Esel« nannte, lauten:

Wer von Rinzais Schülern
schert sich
um die Wahre Überlieferung?
In ihren Schulen
ist kein Obdach
für den blinden Esel,
der, unterwegs
mit Stab und Strohsandalen,
Wahrheit findet.
Dort übt man Zen auf sichrem Boden,
bequem zurückgelehnt,
für eigenen Gewinn.

Zehn Tage
im Kloster
machten mich ruhelos.
Der rote Faden
an meinen Füßen
ist lang und unversehrt.
Wenn du eines Tages kommst,
mich zu suchen,
frage nach mir
beim Fischhändler,
in der Schenke
oder im Freudenhaus.

Ikkyū wurde als unehelicher Sohn des Kaisers Go-Komatsu geboren. Schon mit fünf Jahren trat er als Novize in ein buddhist. Kloster ein. Mit großer Intelligenz begabt, lernte er früh die buddhist. Schriften lesen und Gedichte im klassischen chin. Stil schreiben. Als er etwa 20 Jahre alt war, wurde er von dem Zen-Meister Kesō Sōdon (1352–1428) als Schüler angenommen. Meister Kesō, der das Amt des Abtes des → Daitoku-ji innehatte, führte in einem kleinen Zen-Tempel abseits des – wie viele der großen Zen-Klöster seiner Zeit – in weltliche Geschäfte und politische Intrigen verwickelten Daitoku-ji ein Leben strengster Zen-Übung.

1420 erfuhr Ikkyū nächtens in einem Boot auf einem See meditierend beim plötzlichen Schrei einer Krähe Erleuchtung. Von seinem Meister als Dharma-Nachfolger bestätigt (→ Inka-Shōmei), hielt Ikkyū sich wie dieser dem Klosterleben fern und lebte zuerst als Einsiedler auf dem Berg Jōu und später in seiner »Hütte des blinden Esels« (jap. *katsuro-an*) in Kyōto. 1474 wurde er vom Kaiserhaus zum Abt des Daitoku-ji berufen; er konnte sich diesem Ruf nicht entziehen, lebte jedoch nicht im Daitoku-ji, sondern im Shūon-an, einem kleinen Tempel seines Heimatdorfes Maki, wo er bis zu seinem Tod die Menschen, die ihn aufsuchten, auf seine unkonventionelle Weise in der Wahrheit des Zen unterwies. Ikkyū, der aus Verbitterung über den Zustand des Zen seiner Tage einst seine Bestätigungsurkunde als Zen-Meister zerrissen haben soll, bestätigte selbst keine Dharma-Nachfolger.

Ikshvāku, H (Ikṣvāku), Skrt.; der Sohn des Manu → Vaivasvata, der wiederum ein Sohn des Sonnengottes Vivasvat war. Krishna erwähnt alle drei in der *Bhagavad-Gītā* (IV, 1).

Ikshvāku war der Ahnherr der Dynastie der Solarrasse und regierte in Rāmas Hauptstadt Ayodhyā. Der älteste seiner 100 Söhne war → Vikukshi. Im *Rigveda* wird Ikshvāku nur einmal erwähnt und bezeichnet da schon das ganze Volk der Ikshvāku, das in Nord- oder Nordwestindien beheimatet war.

I-k'ung, Z jap. Gikū; chin. Zen-Meister der → Rinzai-Schule, der Mitte des 9. Jh. auf Einladung der Kaiserin Tachibana Kachiko nach Japan kam, um im Kaiserpalast und später in dem für ihn errichteten Kloster Danrin-ji in Kyōto Zen zu lehren. I-k'ung fand jedoch keine geeigneten Schüler, geschweige denn Dharma-Nachfolger (→ Hassu) in Japan und kehrte einige Jahre später nach China zurück. Bis ins 12./13. Jh. (→ Eisai Zenji, → Dōgen Zenji, → Kakushin) gab es keine weiteren Versuche, das Zen nach Japan zu übertragen.

Ina, Z jap. → Inō

Indra, H der Gott des Firmaments, die personifizierte Atmosphäre. In den Veden ist er der höchste der Götter; er ist jedoch nicht ungeboren, sondern hat Vater und Mutter. Er beherrscht das Wetter und sendet Regen, Blitz und Donner. Als Spender des Regens, der Quelle der Fruchtbarkeit, wird er verehrt, als Herrscher über die Unwetter gefürchtet. In den Veden sind ihm mehr Hymnen gewidmet als allen anderen Göttern, mit Ausnahme von → Agni.

Indra wird beschrieben als ein Wesen von goldener Farbe mit Armen von ungeheurer Länge. Seine Formen sind endlos an Zahl, er kann jede Gestalt annehmen. Er fährt auf einem schimmernden, goldenen Wagen, der von zwei braunen Pferden mit wehender Mähne gezogen wird. Seine Waffe ist der Donnerkeil (→ Vajra), den er in der rechten Hand trägt. Er benutzt aber auch Pfeile, einen großen Haken und ein Netz, mit dem er seine Feinde umschlingt. Der → Soma-Trank wird von ihm besonders geschätzt; er trinkt gewaltige Mengen davon.

In der späteren Mythologie fällt Indra in die zweite Reihe der Götter zurück, bleibt aber ihr Oberhaupt. Im *Rāmāyana* wird berichtet, daß → Rāvana, der König von Lankā, Indra in seinem eigenen Himmel bekämpfte und besiegte und Rāvanas Sohn (→ Indrajit) ihn nach Lankā entführte. In den → Purānas gibt es viele Geschichten über Indra, in denen er hauptsächlich als Rivale Krishnas erscheint. Der Mythologie nach war Indra der Vater von → Arjuna. In späteren Zeiten verblaßte seine Bedeutung immer mehr, während sich die Gottesverehrung auf Krishna konzentrierte. Indra ist auch unter zahlreichen anderen Namen bekannt.

Indrajit, 🅗 Skrt.; wörtl.: »Überwinder Indras«; von → Brahmā stammender Beiname für Meghanāda, den Sohn → Rāvanas. Beide kämpften gegen → Indra, und Meghanāda, dem Shiva die magische Fähigkeit des Unsichtbarwerdens verliehen hatte, fesselte ihn und schleppte ihn nach Lankā. Die Götter, angeführt von Brahmā, wollten Indra auslösen. Das gelang ihnen aber erst, nachdem sie Indrajit Unsterblichkeit versprochen hatten.

Indriya, 🅗 🅑 auch Jñānendriya und Buddhīndriya, Skrt., wörtl.: »Sinnesorgan«.

🅗 Eine Kraft → Indras, deren Wirken uns die Erkenntnis der Erscheinungswelt (→ Nāmarūpa) verschafft. Die Indriyas bestehen aus den fünf Wahrnehmungsorganen: Sehen, Hören, Riechen, Schmecken und Tasten; ferner aus den fünf Tätigkeitsorganen: Stimme, Hände, Füße, Ausscheidung und Fortpflanzung. Das elfte Indriya ist das Denken. Die Indriyas versorgen → Manas mit den Eindrücken der äußeren Welt und gehören dadurch mit in den Bereich des → Antahkarana.

🅑 22 psychische und physische Vermögen oder Fähigkeiten: die Sechs Grundlagen (→ Āyatana, → Shadāyatana); die männliche und weibliche Potenz, die die Geschlechter unterscheidet; die vitale Fähigkeit, die alle physiologischen Phänomene bestimmt; die Fähigkeiten der Lust und des Schmerzes, der Freude, der Traurigkeit und der Indifferenz; die fünf geistigen Wurzeln, die die Grundlage der Entwicklung der Fünf Kräfte (→ Bala) bilden, nämlich die Wurzel des Glaubens (→ Shraddhā), der Energie (→ Vīrya), der Wachsamkeit, der Sammlung (→ Samādhi) und der Weisheit (→ Prajñā); drei überweltliche Fähigkeiten: die Gewißheit, das noch nicht Erkannte erkennen zu können, die am Anfang des überweltlichen Pfades (→ Ārya-Mārga) steht; höchstes Wissen, das im Moment der Verwirklichung der → Shrota-Āpanna-Schaft erreicht wird und schließlich das Vermögen desjenigen, der die vollkommene Erkenntnis besitzt, welche den → Arhat ausmacht.

Indriyasamvara 🅑 (Indriyasaṃvara), Skrt., wörtl.: »Behütung der Sinnesorgane«; Meditationstechnik, die zum objektiven reinen Beobachten erzieht und verhindern soll, daß aus Wahrnehmungsreizen Emotionen wie Sympathie, Antipathie, Begehren, Haß usw. entstehen. Die Behütung der Sinnesorgane dient auch dazu, Sammlung (→ Samādhi) zu ermöglichen.

Indriyasamvara ist eine der Vorübungen zu den eigentlichen Meditationsübungen und muß auch außerhalb reiner Meditationsperioden während alltäglicher Verrichtungen geübt werden. Es stellt eine für Mönche verbindliche, in Reinheit bestehende Sittlichkeit (→ Shīla) dar.

Die Übung der Behütung der Sinnesorgane wird mit folgenden Worten beschrieben: »Wenn der Mönch mit dem Auge eine Form (→ Rūpa) sieht, mit dem Gehör einen Ton hört, mit dem Geruch einen Duft riecht, mit der Zunge einen Geschmack kostet, mit dem Körper etwas Berührbares fühlt oder mit dem Denken eine Gegebenheit (→ Dharma) erkennt, beachtet er weder das Allgemeine noch die Einzelheiten. Vor dem, wodurch die üblen, unheilsamen Gegebenheiten der Gier und des Mißfallens auf den einströmen, der das Organ des Auges usw. nicht behütet, davor sucht er das Organ des Auges usw. zu behüten, davor schützt er das Organ des Auges usw. und erreicht die Behütung des Organes des Auges usw. Indem er diese Behütung der Sinnesorgane übt, empfindet er im Inneren Glück ohne Ablenkung. (Zit. n. E. Frauwallner, 1954, S. 165 f.)

Inga, 🅩 jap., wörtl.: »Ursache-Frucht«; Ursache und Wirkung im Sinne des buddhist. Gesetzes von Ursache und Wirkung (→ Karma, siehe auch → Innen). Im Zen, dessen Grundlage eine die Kategorien von Zeit und Raum sowie von linearen Verknüpfungen in Zeit und Raum transzendierende, unmittelbare Erfahrung der Wahren-Wirklichkeit ist, heißt es: »*Inga ichinyo* – Ursache-Wirkung sind eins.«

Ingen Hōgo, 🅩 jap., wörtl.: »Dharma-Worte des Ingen (chin. Yin-yüan)«; Sammlung der Darlegungen und Aussprüche des chin. Zen-Meisters → Yin-yüan Lung-ch'i, der Mitte des 17. Jh. in Japan die → Ōbaku-Schule gründete.

Ingen Ryūki, 🅩 jap. für → Yin-yüan Lung-ch'i

Inka, 🅩 jap., → Inka-Shōmei

Inka-Shōmei 🅩, auch Inka, jap., wörtl.: »das rechte Siegel des deutlich erbrachten Beweises«; das rechte Siegel der Bestätigung, daß wahre → Erleuchtung deutlich erwiesen ist. Terminus des Zen für die offizielle Bestätigung seitens des Meisters, daß der Schüler seine Schulung unter ihm abgeschlossen hat. Bei Meistern, die das → Kōan-System anwenden, bedeutet dies, daß der Schüler alle von seinem Meister vorgeschriebenen Kōan zu dessen voller Zufriedenheit bewältigt hat. Verwendet ein Meister keine Kōan, so heißt die Verleihung von Inka, daß er mit dem Grad des Wahren-Begreifens bei seinem Schüler zufrieden ist. Erst nach Erhalt dieser Bestätigung – und wenn andere, vom Meister einzuschätzende Voraussetzungen, wie etwa die Befähigung zur Führung von Menschen, erfüllt sind – ist ein in einer echten Zen-Tradition Stehender befugt, selbst Schüler auf dem Zen-Weg zu führen und sich Dharma-Nachfolger (→ Hassu) seines Meisters sowie → Roshi zu nennen. Doch selbst wenn die Schulung unter seinem Meister mit dem Erhalt von Inka offiziell abgeschlossen ist, bedeutet das nicht, daß die Zen-Schulung des so Bestätigten damit beendet wäre. Je tiefer ein Zen-Meister blickt, desto deutlicher wird ihm, daß die Zen-Schulung endlos ist; sie erstreckt sich über zahllose Leben. So heißt es im Zen, daß selbst der zu Vollkommener Erleuchtung gelangte Buddha sich noch heute weiter schult.

Mit Inka bestätigt der Meister, daß der Schüler mindestens den gleichen Grad der Erleuchtung erreicht hat wie er selbst und fortan ganz auf eigenen Beinen stehen kann. In der Zen-Tradition heißt es jedoch, daß der Meister stets darum bemüht sein sollte, daß sein Schüler ihn an Größe (der Erfahrung) überragt. Ist der Schüler ihm nur ebenbürtig, so besteht die Gefahr, daß es mit dem → Dharma des Meisters in den folgenden Generationen immer weiter bergab geht und seine direkten Dharma-Nachfolger und deren Nachfolger nur noch der »armselige Stempel eines armseligen Stempels« sind.

Inkin, **Z** jap.; eine kleine Topfglocke mit einem Kissen als Unterlage, die auf einem Holzstiel befestigt ist und mit einem kleinen metallenen Klöppel angeschlagen wird.

Das Inkin wird in Zen-Klöstern manchmal verwendet, um den Beginn oder das Ende von Abschnitten des → Zazen anzuzeigen oder Rezitationen einzuläuten.

Innen, **Z** jap., wörtl.: »direkte, innere Ursache und indirekte, äußere Ursache, d. h. Grund und Anlaß«; der Begriff wird im Zen und in anderen Schulen des Buddhismus in Japan im Sinne des buddhist. Verständnisses des »Gesetzes von Ursache und Wirkung« (→ Karma), nach dem jedes Geschehen sich in Abhängigkeit von direkten und indirekten Ursachen vollzieht, gebraucht. Innen wird gelegentlich auch übersetzt mit »Anlaß-Grund-Ursache«, um auf die vielfältigen Bedeutungsnuancen dieses Begriffs hinzuweisen.

Innere-Gottheiten-Hygiene-Schule, **T** spezielle Richtung innerhalb des religiösen Taoismus (→ Tao-chiao), in der allen menschlichen Körperteilen und Organen besondere Gottheiten (→ Shen) zugeordnet werden. Diese werden durch Meditation, richtige Ernährung, Anrufungen usw. dazu bewogen, den Körper zu schützen und Unsterblichkeit zu verleihen. Diese inneren Gottheiten sind identisch mit jenen, die die taoist. Himmel bewohnen. – Grundlegender Text dieser Schule, die zwischen dem 2. und 6. Jh. n. Chr. florierte, ist das → *Huang-t'ing ching*.

Das innere Pantheon besteht wie das äußere aus 36 000 Gottheiten. Die wichtigsten bewohnen die drei vitalen Zentren des Körpers, die drei Zinnoberfelder (→ Tan-t'ien). Es sind dies die Drei Einen (→ San-i), die vom Höchsten Einen (→ T'ai-i) regiert werden. Eine weitere wichtige Körpergottheit ist → Ssu-ming, der Herrscher über das Schicksal.

Die Zuordnung der Gottheiten zu den Organen ist nicht einheitlich und variiert von Text zu Text; neue Gottheiten wurden laufend in das Pantheon aufgenommen. Jeder Übende ist mit einer Gottheit besonders vertraut und kann mit ihr in direkte Verbindung treten; je höher diese in der Hierarchie der Shen gestellt ist, desto größeren Nutzen kann er aus seiner Praxis ziehen.

Die Anwesenheit der 36 000 Gottheiten im Körper ist nach Auffassung der Inneren-Gottheiten-Schule die Bedingung zum Leben: verlassen die Gottheiten den Körper, stirbt der Mensch. Der taoist. Adept kennt verschiedene Methoden, sie im Körper zu halten.

Er versucht sie durch die Innere Schau (→ Nei-kuan) zu visualisieren und hält bestimmte diätetische Vorschriften ein: Er nimmt weder Fleisch noch Wein zu sich, denn die Shen verabscheuen den Geruch dieser Speisen. Außerdem meidet er alle Körnerfrüchte (→ Pi-ku), die als Nahrung für die Feinde der Gottheiten, die Drei Würmer (→ San-ch'ung) dienen.

Doch alle diese Praktiken sind sinnlos, wenn der Taoist ein unmoralisches Leben führt; die Gottheiten verweigern ihm dann ihre Unterstützung. So gewannen gute Taten wie das Bauen von Straßen und Brücken, das Errichten von Waisenhäusern und andere karitative Taten an Bedeutung für die religiöse Praxis.

Diese Schule verlor im 6. Jh. mit dem Aufkommen der Schule des Magischen Juwels (→ Ling-pao p'ai, → *Ling-pao ching*) und dem Verlegen der Gottheiten vom Inneren ins Äußere an Bedeutung.

Inneres Elixier, **T** → Nei-tan

Inō **Z**, auch Ina, E'shu oder Chiji, jap.; Mönch, der mit der Verwaltung und der Leitung der Zeremonien in einem Zen-Kloster betraut ist.

Integraler Yoga, **H** → Aurobindo, → Pūrna-Yoga

Iro-Futo, **Z** jap., wörtl.: »dem Denk-Weg unerreichbar«; ein anderer Ausdruck für die → Erleuchtung. (Siehe dazu auch → Fukashigi.)

Isan Reiyū, ▣ jap. für → Kuei-shan Ling-yu

Īshā ▣ (Īśā), Skrt.; 1. Name der Hindus für Jesus; 2. Name einer Upanischade des *Weißen → Yajurveda.* Sie ist mit ihren 18 Versen wohl die kürzeste Upanischade, trotzdem aber von großem Wert. Ihren Namen hat sie von ihren Anfangsworten und wird deshalb mitunter auch *Īshavāsya* genannt. Sie pflegt meistens die ind. Upanischaden-Sammlungen zu eröffnen; zeitlich gesehen gehört sie aber einer ziemlich späten Entwicklungsstufe an. Sie stellt die empirische Erkenntnis der Vielheit, die für sie → Avidyā ist, der Erkenntnis der *einen* Wirklichkeit, → Ātman oder → Brahman, gegenüber. → Shankara schrieb einen Kommentar zu dieser Upanischade. Ihre bekanntesten Mantras lauten SO'HAM und SO'HAM ASMI. Beide bedeuten »Er bin ich«, womit ausgedrückt werden soll, daß der Ātman, das Selbst des Menschen, identisch ist mit Gott, Brahman. (Dt. Übersetzung in: P. Deussen, *Sechzig Upanishad's des Veda,* Leipzig 1905; F. Dispeker, *Die schönsten Upanischaden,* Zürich 1951.)

I-shan I-ning, ▣ jap. Issan Ichinei, 1247–1317, chin. Zen-Meister der → Rinzai-Schule. Nach dem Sturz der Sung-Dynastie durch die Mongolen wurde er vom Mongolenkaiser Ch'en-tsung nach Japan geschickt, um die seit den mongol. Invasionsversuchen abgerissenen Kontakte mit Japan wieder aufzunehmen. Als er 1299 in Japan landete, ließ ihn der Shōgun Hōjō Sadatoki zunächst als Spion gefangensetzen. I-shan konnte diesen aber bald von seinen lauteren Absichten überzeugen. Er wurde zum 10. Abt des → Kenchō-ji in Kamakura berufen und 1302 auch zum Abt des → Engaku-ji. 1312 ging er auf Wunsch des Kaisers Go-Uda als 3. Abt des → Nanzen-ji nach Kyōto. Er ist nicht nur als Zen-Meister, sondern auch als Maler und Meister des Schrift-Weges (→ Shōdō) bekannt.

Zusammen mit seinem Schüler → Sesson Yūbai gilt I-shan außerdem als Begründer der »Literatur der Fünf Berge« (→ Gosan-Bungaku). → Musō Soseki, der eine Zeitlang zu seinen Schülern zählte, trug wesentlich dazu bei, die Zen-Klöster von Kyōto zu Zentren von Kunst und Wissenschaft zu machen, in denen ein starker chin. Einfluß spürbar war.

Ishin-Denshin, ▣ jap., wörtl.: »durch Geist (*shin* → Kokoro) Geist übermitteln«; ein Ausdruck des Zen für die unverfälschte Übermittlung des → Buddha-Dharma vom Meister auf den Schüler und Dharma-Nachfolger (→ Hassu) innerhalb der Übertragungslinien der Zen-Tradition (siehe auch → Soshigata, → Inka-Shōmei). Dieser i. allg. mit »Übertragung von Herz-Geist zu Herz-Geist« übersetzte Ausdruck wurde zu einem Zentralbegriff des Zen. Er stammt aus dem »Sūtra (gesprochen) vom Hohen Sitz des Dharma-Schatzes« *(→ Liu-tsu-ta-shih fa-pao-t'an-ching)* des 6. Patriarchen des Zen in China, → Hui-neng. Er weist darauf hin, daß das, was in dieser Traditionslinie bewahrt und »tradiert« wird, kein Buchwissen in Form von in heiligen Schriften festgehaltenen »Lehren« und Doktrinen ist, sondern ein unmittelbares Begreifen der Wahren-Wirklichkeit durch unmittelbare eigene Erfahrung und Einsicht, zu der ein erleuchteter Zen-Meister (→ Erleuchtung, → Rōshi) einen Schüler durch Schulung auf dem Weg des Zen (→ Zazen) führen kann.

Ishta-Deva ▣ (Iṣṭa-Deva), auch Ishta-Devatā oder nur Ishta, Skrt., wörtl. *ishta:* »1. Geliebter; 2. Wunsch«, *deva:* »Gott«, *devatā:* »Gottheit«; gewöhnlich übersetzt mit »Erwähltes Ideal«. Da der Mensch auf dem Weg des → Bhakti-Yoga für seine Hingabe und Anbetung ein konkretes Objekt braucht, sucht er nach einem Ideal, auf das er seine Aufmerksamkeit konzentrieren kann, sei es eine Gottheit, eine besondere Manifestation Gottes, ein Heiliger, ein → Avatāra oder ein anderes Symbol, das ihn besonders anzieht.

Empfängt er von einem Guru Initiation (Einweihung), so gibt dieser ihm zusammen mit dem Mantra oft auch den für ihn geeigneten Ishta-Deva, da ein echter Guru seinen Schüler völlig durchschauen und deshalb am besten beurteilen kann, welcher Aspekt des Göttlichen auf die Dauer für ihn die stärkste Anziehungskraft besitzen und deshalb die größte Hilfe für ihn sein wird.

Ishta-Mantra ▣ (Iṣṭa-Mantra), Skrt., wörtl.: »erwähltes Mantra«; beim → Japa mit einem Mantra, das nicht von einem Guru gegeben wurde, stehen zahlreiche Mantras traditioneller Prägung zur Verfügung, z. B. OM NAMO NĀRĀYANĀYA (»OM! Ehre sei Gott, dem inneren Führer«) oder OM NAMAH SHIVĀYA (»OM! Ehre sei Shiva«).

Īshvara ▣ (Īśvara), Skrt., wörtl.: »Herr des Universums« (von der Wurzel *ish:* »herrschen«); die Vorstellung eines Persönlichen Gottes als Schöpfer der Welt. → Brahman in Verbindung mit der Erscheinungswelt und als Objekt unserer Anbetung und Verehrung ist Īshvara; in Svāmi → Vivekānandas Worten: »Īshvara ist die höchstmögliche Lesart des Absoluten (Brahman) durch das menschliche Denken.« (Siehe dazu auch → Aishvara-Yoga.)

Der Gott der Christen und Mohammedaner und alle Götter der Hindu-Mythologie sind Aspekte von Īshvara. Unser Verstand kann sich nur mit formhafter Göttlichkeit befassen und braucht dafür die Vorstellung von Īshvara, die aber in der Auffassung des → Advaita-Vedānta nur eine Überdeckung von Brahman ist. Den verbreitetsten Īshvara-Aspekt der Hindus finden wir in → Trimūrti, der Trinität von Brahmā, Vishnu und Shiva.

Īshvarakoti 🅗 (Īśvarakoti), Skrt.; eine freie, vollkommene Seele, die noch einmal auf Erden geboren wird, um der Menschheit zu helfen, die letzten spirituellen Wahrheiten zu erfassen. Sie besitzt dafür gewisse Eigenschaften eines → Avatāra.

Īshvara-Pranidhāna 🅗 (Īśvara-Pranidhāna), Skrt.; Hingabe aller Handlungen in Gedanke, Wort und Tat an Gott, ein Bemühen, das auf der zweiten Stufe von → Patañjalis Yoga gefordert wird, aber auch wichtiger Bestandteil des → Bhakti-Yoga und des → Karma-Yoga ist.

Issan Ichinei, 🅩 jap. für → I-shan I-ning

Isshi-Injō, 🅩 jap., wörtl.: »Ein-Meister-Siegel-Bestätigung«; die Schulung eines Zen-Schülers durch einen einzigen Zen-Meister (→ Rōshi). Die Notwendigkeit des Isshi-Injō wurde seit dem 17. Jh. vor allem im jap. Sōtō-Zen (→ Sōtō-Schule) betont, um der Tendenz bei manchen Zen-Schülern, von Meister zu Meister zu laufen, entgegenzuwirken.

Da es in der Zen-Schulung nicht um das »Lehren« und »Lernen« von objektivierbarem »Wissen« geht, das jeder, der sich dieses Wissen auf logisch-begrifflicher Ebene angeeignet hat, an jeden weitergeben kann, der fähig und willens ist zu lernen (→ Fukasetsu), sondern um die Übermittlung des → Buddha-Dharma »von Herz-Geist zu Herz-Geist« (→ Ishin-Denshin) durch einen erleuchteten Zen-Meister (→ Erleuchtung) auf seinen Schüler, ist hier die Schüler-Meister-Beziehung von besonderer Bedeutung.

Da es zudem für die Zen-Schulung keine kodifizierbaren Regeln gibt, sondern jeder Rōshi nach Maßgabe seiner eigenen Zen-Erfahrung und auf seine ganz persönliche Weise auf die Bedürfnisse des Schülers eingeht, kann eine von einem bestimmten Meister begonnene Schulung nicht nahtlos von einem anderen Meister fortgesetzt werden. Der äußeren Form (wenn auch nicht dem wesentlichen Inhalt) nach unterschiedliche Weisen der Führung und Unterweisung durch verschiedene Zen-Meister würden einen noch nicht zu tiefer Zen-Erfahrung gereiften Schüler eher verwirren als ihm helfen.

Deshalb ist es wichtig, daß ein Zen-Schüler, nachdem er einen für ihn geeigneten Rōshi gefunden hat, sich dessen Führung vorbehaltlos und ausschließlich anvertraut. Ist er einmal zur gleichen Tiefe der Erleuchtung gelangt wie sein Meister, was dieser durch → Inka-Shōmei bestätigt, dann ist es von Nutzen, wenn er seine schon zu einem gewissen Grad ausgereifte Zen-Erfahrung durch → Mondō und → Hossen mit anderen Zen-Meistern vertiefen kann.

Itihāsa, 🅗 Skrt., wörtl.: »So war es«; Legenden, legendäre Gedichte, Heldensagen, Geschichten mythologischen Inhalts. Die bekanntesten Werke dieser Literaturgattung sind das → *Mahābhārata* und das → *Rāmāyana.*

Ittai, 🅩 jap., wörtl.: »Ein-Leib«; die Erfahrung, mit dem gesamten Kosmos eins und identisch zu sein, zu der man in tiefer → Erleuchtung kommt. Alle Phänomene sind dann nichts als der (eigene) Eine-Leib. (Siehe dazu auch → Sambō.)

Ittai, 🅩 jap., wörtl.: »Eine-Wahrheit«; die Eine-Wahrheit, die zu begreifen und zu verwirklichen das Ziel der Schulung im Zen ist. Dieser Ausdruck weist auf das nicht-dualistische Wesen der in der → Erleuchtung erfahrenen Wahrheit hin, die keine Wahrheit im Unterschied oder Gegensatz zu anderen Wahrheiten ist, sondern die eine Wahre-Wirklichkeit, in der es keine dualistische Opposition, kein »wahr« und kein »falsch« im logisch-philosoph. Sinn gibt.

Ittai-Sambō, 🅩 jap. → Sambō

J

Jābāli, 🅗 ein Priester des Königs → Dasharatha, der skeptische philosoph. Ansichten vertrat und, wie es im *Rāmāyana* heißt, seine Ansichten → Rāma aufzwingen wollte, die dieser energisch ablehnte. Darauf behauptete Jābāli, die atheistischen Ansichten nur vertreten zu haben, um Rāma zu prüfen. In Wirklichkeit sei er religiös und fromm. Er war ein Logiker und hat wahrscheinlich der → Nyāya-Schule angehört.

Jada-Prakriti 🅗 (Jaḍa-Prakṛti), Skrt.; die leblose, unbewußte Natur, in der → Tamas dominiert (→ Prakriti).

Jada-Samādhi 🅷 (Jaḍa-Samādhi), Skrt., von: *jada,* »starr, apathisch, stumpf«; ein Zustand, in dem das Denken aufgehört hat, d. h. ein inaktiver Bewußtseinszustand, der eine gewisse Zeit andauert. Er entspricht mehr oder weniger dem Zustand des traumlosen Schlafs, den wir alle kennen, von dem wir jedoch kein Bewußtsein haben. Er wird zwar Jada-»Samādhi« genannt, ist aber kein echter → Samādhi, da in ihm nicht das absolute Bewußtsein erfahren wird, sondern nur das Denken aussetzt.

Jagannātha, 🅷 Skrt., wörtl.: »Herr der Welt«; Name für → Vishnu. Jagannātha wird hauptsächlich in Bengalen verehrt. Puri im Staat Orissa beherbergt den berühmten Tempel seiner Anbetung. Große Pilgerscharen versammeln sich dort, besonders zu den Festen Rathayātrā (Wagenfest) und Snānayātrā (Badefest).

Folgende Legende rankt sich um das Bildnis von Jagannātha in Puri: Krishna wurde von einem Jäger getötet, und sein Leichnam verweste unter einem Baum. Ein frommer Mensch fand die Knochen und legte sie in einen Kasten. Vishnu forderte den König Indradyumna auf, dafür zu sorgen, daß eine Statue von Jagannātha angefertigt würde, um Krishnas Gebeine darin aufzubewahren. → Vishvakarma, der Architekt unter den Göttern, übernahm den Auftrag unter der Bedingung, daß ihn niemand bei der Arbeit stören dürfe. Nach 15 Tagen wurde der König ungeduldig und besuchte ihn. Das machte Vishvakarma sehr zornig, und er ließ das Werk liegen, bevor er Hände und Füße geformt hatte. Indradyumna betete zu Brahmā, der ihm versprach, das Bildnis berühmt zu machen. Brahmā gab ihm Augen und eine Seele und übernahm als Oberpriester seine Einweihung.

Jagat, 🅷 Skrt.; das Universum, die Erscheinungswelt.

Jāgrat, 🅷 Skrt.; eine der vier → Avasthās, der Zustand des Wachbewußtseins, in dem der Mensch denkt und handelt, sobald er aufgewacht ist. Es ist das Bewußtsein, das die Intelligenz benutzt, um äußere Dinge zu erkennen und zu genießen, ein Zustand, in dem Sinne und Denken sich nach außen wenden.

Unter Jāgrata-Avasthā versteht man die Wahrnehmung aller vier Bewußtseinszustände: Jāgrat, → Svapna (Traumbewußtsein), → Sushupti (Tiefschlafbewußtsein) und → Turīya (wörtl.: »das Vierte«).

Jahānaka, 🅷 Skrt. → Mahāpralaya

Jahnu, 🅷 Skrt.; 1. ein Heiliger, der bei seiner Meditation vom Geräusch des vorbeifließenden Ganges gestört wurde und deshalb dessen Wasser verschluckte. Später bedauerte er es und ließ das Wasser wieder aus seinem Ohr herausfließen. Seitdem wird der Ganges auch Jahnāvī, die Tochter des Jahnu, genannt; 2. Name einer Höhle im Himālaya, der der Ganges entströmt.

Jai, 🅷 Skrt. → Jaya

Jaimini, 🅷 ein Heiliger dieses Namens, Schüler des Veda-Vyāsa. Er soll von seinem Meister den → *Sāmaveda* empfangen haben und wurde sein Verbreiter und Interpret. Wahrscheinlich ist er nicht identisch mit dem Gelehrten Jaimini, der mit seinem → *Mīmāmsā-Sūtra* die → Mīmāmsā-Philosophie begründete.

Jainismus 🅷 (Skrt. Jaina); eine unorthodoxe ind. Religion, die die Autorität der Veden ablehnt. Ihre Tradition spricht von 24 Lehrern oder → Tīrthankaras, auch Jinas (wörtl.: »die Erobernden«) genannt. Der letzte Lehrer und zugleich der Begründer der Religion war → Mahāvīra, ein Zeitgenosse Buddhas.

Die Jainas glauben nicht an Gott. Ihre Religion lehrt eine jeder Seele innewohnende Göttlichkeit und die Verehrung vollkommener Seelen als den Höchsten Geist. Befreiung wird erlangt durch richtigen Glauben, richtige Erkenntnis und richtiges Verhalten, wobei das Nicht-Verletzen lebender Wesen besonders betont wird.

Jakugo 🆉, auch Chakugo, jap., wörtl.: »Ankunfts-Worte«; kurzer, kraftvoller Ausspruch, der dem Wahren-Begreifen des Gehalts eines → Kōan oder von Teilen eines Kōan Ausdruck gibt.

In Kōan-Sammlungen wie etwa dem → *Pi-yen-lu* finden sich häufig Jakugo, die als »Zwischenbemerkungen« des Kompilators, der oft ein bekannter Zen-Meister war, in die Aufzeichnung des Kōan später eingestreut wurden.

In der jap. → Rinzai-Schule wurde es seit → Hakuin Zenji üblich, daß die Zen-Schüler ihrer »Lösung« des Kōan ein oder mehrere Jakugo, oft in poetischer Form, als zusätzlichen Ausdruck ihrer Durchdringung des Kōan hinzufügen mußten. Diese kurzen poetischen Aussagen mußten nicht unbedingt von dem Zen-Schüler selbst stammen; er konnte auf berühmte Sprüche oder Gedichtzeilen aus der Literatur, auch der weltlichen, zurückgreifen.

Die Hauptquelle für solche Zitate wurde das → *Zenrin-kushū,* eine Anthologie von Zitaten aus chin. Quellen, die Hakuin Zenji in seiner Jugend oft konsultiert hatte. – Das Jakugo ist nicht zu verwechseln mit dem »Lobspruch« (→ Ju).

Jakuhitsu Genkō, Z 1290–1367, jap. Zen-Meister der → Rinzai-Schule. Er wurde mit 15 Jahren als Mönch ordiniert und bald darauf Schüler des Zen-Meisters Buttō Kokushi (→ Kokushi) in Kamakura.
Später ging Jakuhitsu nach China, wo er Meister Ming-pen und andere Zen-Meister aus der Rinzai-Schule der Yüan-Zeit aufsuchte, die alle seine tiefe Zen-Erfahrung bestätigten. Jakuhitsu war der letzte bekannte jap. Zen-Meister, der nach China ging, wo das Zen in dieser Zeit schon im Niedergang war.
Einst, als sein Meister krank war, fragte Jakuhitsu, der sich um dessen Medizin kümmerte, ihn nach dem »Letzten Wort« (eine Frage nach der lebendigen Wahrheit des Zen). Buttō Kokushi schlug ihn, und in diesem Augenblick erfuhr Jakuhitsu Erleuchtung. Er war damals 18 Jahre alt.

Jakujō, Z jap., wörtl.: »Stille/Frieden«; vollkommene innere Stille und innerer Frieden, das Freisein von Unwissenheit (→ Avidyā, → Verblendung) und den daraus resultierenden (weltlichen) Sorgen, Leiden und Leidenschaften (→ Bonnō). Ein Begriff, der auf den Zustand des → Jakumetsu verweist.

Jakumetsu, Z jap., wörtl.: »Stille/ausgelöscht (-Sein)«; jap. Aussprache der beiden Schriftzeichen, mit denen das Sanskrit-Wort Nirvāna ins Chinesische übertragen wurde. Jakumetsu bedeutet einen Zustand vollkommenen Friedens jenseits von Geburt und Tod, Werden und Vergehen, Zeit und Raum, jenseits jeglicher Bedingtheit und aller Eigenschaften, den Bewußtseinszustand, in dem ein vollkommen Erwachter (d. h. Buddha, siehe auch → Erleuchtung) lebt. Dieser Zustand entzieht sich jeder Definition – auch der hier versuchten –, da er sich nicht denken (→ Fukashigi) und nicht aussagen läßt (→ Fukasetsu). Jede positive Aussage über ihn stellt den schon vom Logischen her unmöglichen Versuch dar, das »Grenzenlose« zu begrenzen (lat. *definire*). Die einzig möglichen Aussagen über Jakumetsu sind negative Aussagen, die besagen, daß es »nicht dies, nicht das« ist (Skrt. *Neti, Neti*) oder eben »jenseits« aller Kategorien des Denkens und Verstehens.
Nach den höchsten Lehren des Buddhismus, wie sie vor allem im Zen hervorgehoben werden, ist Jakumetsu, also → Nirvāna, jedoch vollkommen eins mit → Samsāra: Das »Grenzenlose«, »Unbedingte«, »Eigenschaftslose« ist identisch mit dem Begrenzten (Formhaften), dem Bedingten (dem »Ursache und Wirkung«, d. h. dem → Karma Unterworfenen), der phänomenalen Welt der Eigenschaften. Ist schon Nirvāna jenseits des Denkbaren, dann erst recht die Einheit von Nirvāna und Samsāra, die nur in der Erleuchtung erfahrbar ist. Die Verwirklichung Vollkommener Erleuchtung bedeutet, daß ein Buddha *in* der Welt der Erscheinungen (Samsāra) in vollkommenem Frieden (Jakumetsu, Nirvāna) leben kann, das Nirvāna also nicht erst nach dem Tod in irgendeiner »jenseitigen«, von der »diesseitigen« verschiedenen Welt verwirklicht wird.

Jamgon Kongtrul B ('Jam-mgon Koṅ-sprul), 1813–1899, »Sanfter Beschützer, Inkarnation von Kong«; einer der wichtigsten Gelehrten des → Tibetischen Buddhismus im 19. Jh. Als Kind mit den Lehren der → Bön-Schule vertraut, wurde er sowohl von der → Nyingmapa- als auch von der → Karma-Kagyü-Schule zum Mönch ordiniert. Gemeinsam mit dem → Sakyapa-Lehrer Jamyang Khyentse Wangpo (1820–1892) schuf er in Osttibet eine Atmosphäre allgemeiner religiöser Toleranz (→ Rime) und übte auch politischen Einfluß aus. Seine fünf wichtigsten Schriften werden ehrerbietig die »Fünf Schätze« genannt. Sein *Nges-don sgron-me,* ein Meditationshandbuch, erschien in dt. Übersetzung u. d. T. *Das Licht der Gewißheit,* Freiburg 1979.

Jamgon Kongtrul mit der Vitarka-Mudrā-Gebärde.

Im Alter von 30 Jahren hatte Jamgon Kongtrul sein Studium abgeschlossen und Unterweisungen von über 60 Lehrern erhalten. Zu dieser Zeit wurde er auch als → Tulku anerkannt. Auf der Grundlage seines Wissens

um die Überlieferungen der Bön- und Nyingmapa-Schule begann er mit dem Sammeln aller zu seiner Zeit verfügbaren → Terma-Traditionen und beendete diese Aufgabe mit 59 Jahren. Diese Sammlung wurde später in 60 Bänden gedruckt und bildet eines seiner fünf Hauptwerke.
Sein Bemühen, alle Traditionen des Tibetischen Buddhismus als gleichwertig zu betrachten, schlug sich auch in seinen anderen Werken nieder; neben religiöser Literatur finden sich darin auch Abhandlungen über Malerei und Medizin. Jamgon Kongtruls Verbundenheit mit der Karma-Kagyü-Schule zeigt sich darin, daß er ihre Lehren neu kommentierte und bis zum heutigen Tage verwendete Meditationshandbücher verfaßte. Sein Einfluß verstärkte sich nach seinem Tode noch, da verschiedene Wiedergeburten anerkannt wurden. Die einflußreichsten Inkarnationen waren Zhechen Kongtrul (1901–1960) und Pälpung Kongtrul (1904–1953).

Janaka, H 1. König von Videha, der Vater von → Sītā. Er ist der ideale → Karma-Yogi des Altertums. Durch selbstloses, wunschfreies Tun, das er Gott als Opfer darbrachte, frei von Verhaftung und egoistischer Zielsetzung, erlangte er Vollkommenheit. Er gilt als Beispiel dafür, wie man nach der Befreiung ruhig und gelassen in der Welt weiterleben kann. Der Heilige → Yājñavalkya war Janakas Priester und Ratgeber.
In den → Brāhmanas wird berichtet, daß Janaka sich gegen die Bevormundung durch die Brahmanen wehrte und das Recht beanspruchte, auch ohne Intervention der Priester Opfer darzubringen. Er setzte seinen Anspruch durch. Durch sein reines, rechtschaffenes Leben wurde er ein Brahmane und einer der → Rājarishis.
Janaka wird auch Sīradhvaja (wörtl.: »der mit dem Pflugbanner«) genannt, weil seine Tochter Sītā (wörtl.: »Ackerfurche«) fertig geformt aus einer Furche sprang, als er pflügte und ein Opfer vorbereitete, um Erben zu bekommen.

2. Zwanzig Generationen vor Janaka gab es einen ersten bedeutenden Träger dieses Namens, den König von Mithilā, der späteren Hauptstadt von Videha. Nach dem Tod seines Vorgängers Nimi soll ein Heiliger aus dessen Leib einen Prinzen geformt haben, den man Janaka nannte, was »ohne Vorfahren geboren« bedeutet.

Japa H, auch Japam, Skrt., wörtl.: 1. »flüstern, murmeln«; 2. »Rose«; die Wiederholung eines heiligen Namens oder einer heiligen Formel (→ Mantra) als Form der Meditation. Diese Wiederholung kann verbal oder in Gedanken geschehen. Es kann dafür irgendein Name Gottes oder das vom Guru gegebene Mantra genommen werden. Japa ist eine wichtige Übung zur Beruhigung und Läuterung des Denkens, wobei ein Rosenkranz (→ Mālā) oder eine andere Kette eine große Hilfe sein kann. Man unterscheidet drei Japa-Arten: 1. laute Wiederholung (Likhita-Japa); 2. Wiederholung in Gedanken (Mānasika-Japa); 3. tonloses Wiederholen mit den Lippen (Vaikhari-Japa).

Jarāyuja, H B Skrt. → Chatur-Yoni

Jātaka, B Pali, wörtl.: »Geburtsgeschichte(n)«; ein Teil des → *Khuddaka-Nikāya.* Die 547 Jātakas bilden für sich allein den umfangreichsten Teil des → Sūtra-Pitaka. Diese Geburtsgeschichten erzählen von den früheren Leben des Buddha, seiner Anhänger und Gegner, und sie zeigen auf, wie das Verhalten während früherer Leben die Umstände der gegenwärtigen Existenz dem Gesetz des → Karma gemäß beeinflußt.
Viele der Jātakas sind ind. Volkserzählungen aus vorbuddhist. Zeit, die von den Buddhisten für ihre Zwecke adaptiert wurden. Als wichtigster Teil jedes Jātaka gelten die Verse, die die Moral der Geschichte enthalten. Streng genommen bilden sie allein den kanonischen Teil der Jātakas. Die Jātakas, die viele künstlerische Darstellungen, vor allem in Form von Reliefs auf Stūpas und Pagoden, inspiriert haben, erfreuen sich unter den Laien der buddhist. Länder Südostasiens, denen sie die Grundbegriffe der Lehre vermitteln, großer Beliebtheit. – Die Jātakas sind außer in der Pali-Fassung auch in einer chin. Übersetzung erhalten, der eine verlorengegangene Sanskrit-Version zugrunde liegt. Dt. Übersetzungen einzelner Jātakas liegen in Anthologien buddhist. Märchen und Mythen vor.

Jaya H, auch Jai, Skrt./Hindi: »Heil!« oder »Sieg Ihm!« oder »Ruhm sei Ihm!«; der Ausruf wird oft bei der → Pūjā gebraucht und im Chor gesprochen, z. B. in Verbindung mit »Jai Shrī Guru Mahārāj« oder »Jai Shrī Durgā« und anderen Preisungen von Heiligen und Göttern.

Jen, T chin., etwa: »Menschlichkeit, Menschenliebe«; zentrale Tugend des → Konfuzianismus, wichtigste Charaktereigenschaft des idealen Menschen (*chün-tzu:* »Fürstensohn«) der Lehre des Konfuzius (→ K'ung-tzu). Jen ist die Manifestation der unverfälschten Natur des Menschen in Übereinstimmung mit den Geboten der Sittlichkeit (→ Li). Sie gründet auf der Sympathie für die Mitmenschen und findet ihren Ausdruck in der Haltung der Gegenseitigkeit *(shu)* und Loyalität *(chung).*
In den *Gesprächen (Lun-yü)* sagt Konfuzius (VI, 28): »Die eigenen Wünsche als Maßstab für das Verhalten anderen gegenüber zu verwenden, das ist die Methode von Jen.« Auf die Frage, was das Wesen von Jen sei, antwortete er: »Die Menschen zu lieben.« (Zit. n. *Gespräche,* Düsseldorf/Köln 1982.)
Die Wurzeln von Jen sind Pietät *(hsiao),* d. h. die Ver-

ehrung, die die Kinder ihren Eltern im Leben und nach dem Tod entgegenbringen müssen, und brüderlicher Gehorsam *(ti),* d. h. die Unterordnung des jüngeren unter den älteren Bruder: »Der Edle pflegt die Wurzel; steht die Wurzel fest, so wächst der Weg. Pietät und Gehorsam: das sind die Wurzeln von Jen.« Das Praktizieren von Gegenseitigkeit und Loyalität ist im Grunde nichts anderes als die Verwirklichung der Haltung des Jen. Ein tieferes Verständnis des Begriffes Jen ermöglicht uns die Analyse des chin. Zeichens für Jen: Es besteht aus dem Zeichen für »Mensch« und dem Zeichen für »zwei«: Jen umfaßt all jene moralischen Qualitäten, die das Verhalten eines Menschen seinen Mitmenschen gegenüber im Idealfall bestimmen.

Jetavana, B Kloster in Shrāvastī (Indien), das der reiche Kaufmann → Anāthapindika dem historischen Buddha gestiftet hat und das der bevorzugte Aufenthaltsort des Buddha wurde, der dort 19 Regenzeiten verbrachte. – Das älteste Kloster Chinas, das → Pai-ma-ssu, ist nach dem Muster des Jetavana-Klosters errichtet worden.

Jigme Lingpa, B → Dzogchen

Jihatsu Z, auch Hatsu, Hachi, jap.; hölzerne Schale, die einem buddhist. Mönch als Eß- und Bettelschale dient. (Siehe dazu auch → Oryōki.)

Jikijitsu, Z jap.; in der → Rinzai-Schule der Mönchs-Älteste, dem die Aufsicht im → Zendō obliegt. (Siehe dazu auch → Godō.)

Jikishi-Ninshin, Z jap., wörtl.: »unmittelbares Deuten (auf des) Menschen Herz-Geist (*shin* → Kokoro)«; Bezeichnung der für das Zen charakteristischen Weise der Darlegung des → Buddha-Dharma ohne Rückgriff auf begriffliches Denken oder auf ein von einer dualistischen Welterfahrung motiviertes Handeln. (Siehe dazu auch → Fukasetsu.)

Jikishi-Tanden, Z jap., wörtl.: »unmittelbares Deuten – Eine-Übertragung«; ein anderer Ausdruck für → Ishin-Denshin, die Übertragung des Buddha-Dharma von Herz-Geist (→ Kokoro) zu Herz-Geist, die die Grundlage der Zen-Tradition ist.

Jina, H Skrt. → Jainismus, → Tīrthankara

Jiri, Z jap., wörtl.: »Ding(e)/Prinzip«; das Relative und das Absolute, die phänomenale Welt und die Wahre-Wirklichkeit, die Vielheit und die Nicht-Unterschiedenheit.

Jiriki, B Z jap., wörtl.: »eigene Kraft«; ein Ausdruck, der die Bemühung bezeichnet, → Erleuchtung durch eigene Anstrengungen (z. B. → Zazen) zu verwirklichen. Jiriki wird gewöhnlich im Gegensatz zu → Tariki gebraucht, was so viel bedeutet wie »Kraft des Anderen«. Es heißt, daß die Anhänger einiger buddhist. Schulen darauf vertrauen, daß der bloße Glaube an Buddha (i. allg. in seiner Manifestation als → Amitābha) und die Anrufung seines Namens zu einer Wiedergeburt in einem »Buddha-Paradies« (→ Reines Land) und damit zur Erlösung des Gläubigen führt (→ Amidismus). Dies ist eine Haltung, die die Kraft des Buddha-Prinzips, den Menschen zu erlösen, in den Vordergrund stellt und deshalb als Tariki, »Kraft des Anderen«, bezeichnet wird. Im Gegensatz dazu setzen andere Schulen des Buddhismus wie z. B. das Zen auf das Vermögen, durch eigene Anstrengungen, d. h. durch meditative Schulung (Zazen) die Erleuchtung zu verwirklichen und damit Befreiung zu finden – was man als Jiriki bezeichnet.
In einem tieferen Verständnis ist jedoch, wie das Zen betont, jedes Lebewesen und Ding von Anbeginn mit Buddha-Wesen (→ Busshō) begabt. Aus dieser Sicht ist die Gegenüberstellung von Jiriki und Tariki als eine künstliche anzusehen, die zwar auf eine Akzentverschiebung in der religiösen Praxis hinweist, letztlich jedoch hinfällig ist. Einerseits bedarf es nämlich auch auf einem Tariki-Weg eigener Anstrengung, um sich für die »Erlösungskraft« des vermeintlich »Anderen« zu öffnen, andererseits ist die »eigene Anstrengung« des Übenden auf einem Jiriki-Weg nichts anderes als eine Manifestation der »Kraft des Anderen«.

Jishō, Z jap., wörtl.: »Selbst-Wesen«; ein anderer Ausdruck für das Wahre-Wesen oder Buddha-Wesen (→ Busshō), das aller Existenz immanent ist und das in der Selbst-Wesensschau (→ Kenshō) erfahren wird. (Siehe auch → Shō.)

Jishō-Shōjō-Shin, Z jap., wörtl.: »der reine/klare Herz-Geist (*shin* → Kokoro) des Selbst-Wesens (→ Jishō)«; ein Ausdruck für die Ur-Vollkommenheit, das Buddha-Wesen (→ Busshō), das allen Geschöpfen immanent ist und nicht erst »erlangt« werden muß. Diese Vollkommenheit ist immer gegenwärtig – eine Tatsache, die allerdings für das Jedermanns-Bewußtsein (→ Bonpu-no-Jōshiki) durch → Verblendung verdeckt ist.

Jīva, H Skrt., von *jīv:* »leben«; ein im Körper Lebender, also ein Sterblicher; das verkörperte Selbst, das sich mit Körper und Denken identifiziert, als Ego die Vorstellung von Dualität und Kausalität schafft und somit an den Kreislauf von Geburt und Tod gefesselt ist. (Siehe dazu auch → Jīvātman.)
Jīva ist → Īshvara, aber nur in seiner teilweisen Manife-

station. Philosoph. betrachtet ist es Brahman, das sich durch seine → Shakti als individuelles Selbst manifestiert. Die Jīvas sind endlos an Zahl, das wirkliche Selbst (→ Ātman) ist nur Einer.

Jīvakoti, H Skrt., wörtl.: »höchster Sterblicher«; ein Mensch, der nach der Verwirklichung Brahmans nicht wiedergeboren wird, im Gegensatz zum → Īshvarakoti.

Jīvanmukta, H Skrt., wörtl.: »zu Lebzeiten Befreiter«; ein Mensch, der sich noch im Körper befindet, sich aber von den Fesseln der Nicht-Erkenntnis (→ Avidyā) und der → Māyā befreit hat. Er hat die Identifizierung mit Körper und Denken aufgegeben und Befreiung (→ Mukti) erlangt. Als Selbst (→ Ātman) weiß er sich eins mit Brahman.

Jīvanmukti-Viveka, H Skrt., wörtl.: »zu Lebzeiten befreit durch Unterscheidung«; ein bedeutendes Werk von → Vidyāranya (14. Jh.), das in fünf Kapiteln den Weg zur Erleuchtung aufzeigt. Das Werk stützt sich auf die Autorität der Veden und leitet daraus Beweise für die Möglichkeit der Befreiung ab, fordert die Überwindung aller Wünsche, schildert, wie das Denken ausgeschaltet werden muß, um Befreiung zu erlangen, und endet mit der Beschreibung der Entsagung des Erleuchteten (→ Vidvat-Sannyāsa).

Jīvātman, H Skrt.; → Ātman, der sich als verkörpertes Selbst manifestiert. Er weilt im Körper und benutzt ihn als Instrument, weiß aber, daß er in Wirklichkeit Ātman ist.

Jizō, B Z jap. für → Kshitigarbha

Jizō, Z jap. für Ti-ts'ang → Lo-han Kuei-ch'en

Jñāna, H B Skrt., von der Wurzel *jñā:* »wissen«.
H 1. Allgemeines Wissen; 2. spirituelle Weisheit und Erleuchtung; Erkenntnis der letzten Wirklichkeit; die transzendente Verwirklichung, daß → Ātman und → Brahman eins sind.
Jñāna ist der rein intellektuelle, logische Weg der Gotteserkenntnis, der durch das heute stark entwickelte Denkvermögen einfach, klar und logisch zu sein scheint, aber in der Praxis einer der schwersten Wege ist. Sein Prozeß des → Neti, Neti (»Nicht dies, nicht das«) setzt ein kompromißloses Unterscheidungsvermögen voraus, das alles, was → Māyā ist, als unwirklich abtut, somit auch alle Wünsche und Vorstellungen, bis als einzige Wirklichkeit nur Brahman übrigbleibt. Es ist ein abstrakter, trockener Weg zu Gott, von dem → Rāmakrishna einmal sagte: »Ich will nicht Zucker sein, sondern Zucker schmecken.«
B (Pali: Ñāna); das intellektuelle Wissen um die Phänomene und ihre Gesetze, um die richtige Definition aller → Dharmas. Jñāna stellt eine Komponente von → Prajñā (Weisheit) dar.
Der Mahāyāna-Buddhismus versteht unter Jñāna die Beherrschung aller rationalen Lehrinhalte, wie sie in den Schriften des Hīnayāna dargelegt sind. Jñāna wird auf der 10. Stufe der Laufbahn eines Bodhisattva (→ Bhūmi) verwirklicht.

Jñāna-Kānda H (Jñāna-Kāṇḍa), Skrt.; der Erkenntnisteil der Veden, der in Form von Upanischaden und weiteren → Shrutis das System der → Vedānta-Philosophie bildet. Der andere Teil ist der → Karma-Kānda.

Jñāna-Karma-Samuchchaya-Vāda H (Jñāna-Karma-Samuccaya-Vāda), Skrt., wörtl. *jñāna:* »Erkenntnis«, *karma:* »Handeln«, *samuchchaya:* »sowohl als auch«; eine Theorie, die von Bhartriprapañcha, → Rāmānuja und anderen Philosophen vertreten wird und besagt, daß nur eine Verbindung von Erkenntnis und Tätigkeit zur Befreiung führen kann.

Jñāna-Mudrā, H Skrt.; eine Handgebärde (→ Mudrā), bei der Zeigefinger und Daumen sich berühren, während die anderen Finger gestreckt bleiben, ein Symbol für → Jñāna. Der Zeigefinger symbolisiert die individuelle Seele, der Daumen die kosmische Seele. Die Vereinigung der beiden ist das Symbol für wahre Erkenntnis.

Jñāna-Yoga, H Skrt.; der Weg der Erkenntnis, einer der vier Haupt-Yogas, der durch intellektuelle Analyse und Erkenntnis zu Gott führt. Durch Unterscheidungsvermögen (→ Viveka) wird die gesamte Erscheinungswelt als vergänglich und unwirklich erkannt und festgestellt, daß es nur *eine* unwandelbare, unvergängliche, ewige Wirklichkeit gibt: Brahman. Dieser Weg erfordert nicht nur einen scharfen Verstand, sondern auch Bindungslosigkeit, Entsagung und Läuterung des Denkens. Im Jñāna-Yoga muß jede Nicht-Erkenntnis (→ Avidyā) überwunden werden. Die Meditation des Jñāna-Yogi richtet sich auf das eigenschaftslose Absolute (Brahman), mit dem Ātman identisch ist. Eine Einführung in den Jñāna-Yoga ist: Swami Vivekananda, *Jnana-Yoga,* 1977/83.

Jñānendriya, H Skrt. → Indriya

Jñānin, H Skrt.; 1. ein Anhänger des → Jñāna-Yoga, der durch Logik und Unterscheidungsvermögen (→ Viveka) Gott zu verwirklichen sucht; 2. ein Nicht-Dualist, d. h. ein Vertreter einer nicht-dualistischen Religion oder Philosophie (→ Advaita); 3. ein Kenner von → Brahman.

Jñāni-Bhakta, 🅗 Skrt.; eine besondere Art von Gottesverehrer: der Gottliebende, der auch die Erkenntnis der Letzten Wirklichkeit besitzt, also die rein intellektuelle Gotteserkenntnis (→ Jñāna) und die reine Liebe zu Gott (→ Bhakti), in sich vereinigt hat.

Jōbutsu, 🅩 jap., wörtl.: »Buddha-Werdung«; ein Ausdruck des Zen für die Verwirklichung des eigenen Buddha-Wesens (→ Busshō). Nach dem Verständnis des Zen kann ein Mensch nicht zum Buddha *werden,* da er immer schon Buddha *ist,* d. h. sein Wahres-Wesen mit dem Buddha-Wesen identisch ist. Allerdings ist der im Jedermanns-Bewußtsein (→ Bonpu-no-Jōshiki) befangene Mensch dieser Tatsache nicht gewahr, und so erscheint es ihm, als »werde« er Buddha, wenn er seines Buddha-Wesens zum ersten Mal inne wird. Ein Synonym für Jōbutsu ist → Jōdō.

Jōdō, 🅩 jap., wörtl.: »Hinaufsteigen (in die Zen-)Halle«; zeremonieller Eintritt des → Rōshi in das → Zendō, um ein → Teishō zu halten.

Jōdō, 🅩 jap., wörtl.: »Verwirklichung des Weges«; ein anderer Ausdruck für → Jōbutsu.

Jōdo-Schule, 🅑 → Jōdo-shū

Jōdo-shin-shū, 🅑 jap., wörtl.: »Wahre Schule des Reinen Landes«, kurz Shin-shū (Shin-Schule) genannt; Schule des jap. Buddhismus, die von → Shinran (1173–1262) begründet, aber erst von Rennyo (1415–1499) als Schule organisiert wurde. Sie basiert auf dem → *Sukhāvatī-Vyūha,* dessen Kern die 48 Gelübde des Buddha Amitābha (jap. Amida) bilden. Die Essenz der Lehre des Jōdo-shin-shū ist in der Verehrungsformel für Amida (→ Nembutsu) enthalten, die alle Tugenden des Buddha in sich vereint. Das Rezitieren dieser Formel erlaubt dem Gläubigen, im → Reinen Land des Amida wiedergeboren zu werden und Buddhaschaft zu verwirklichen, selbst wenn er schlechtes Karma angesammelt hat. Dies ist auf die tätige Hilfe des Amida zurückzuführen. Das wichtigste Element in der Praxis ist daher der unerschütterliche Glaube an die Macht des Buddha Amida.

Das Jōdo-shin-shū kennt kein mönchisches Leben, es ist eine reine Laiengemeinschaft. Eine Besonderheit der Schule besteht darin, daß das Amt des Abtes des Haupttempels und damit die Funktion als Oberhaupt der Schule erblich sind. Heute ist das Jōdo-shin-shū die bedeutendste Schule des Buddhismus in Japan und besteht aus zwei Richtungen: Ōtani und Honganji, deren Haupttempel sich beide in Kyōto befinden. Diese Teilung geht ins 17. Jh. zurück; die Trennung beruht auf der unterschiedlichen Durchführung der Rituale. Beide Richtungen unterhalten große Universitäten.

Im Unterschied zur → Jōdo-shū, für die das Rezitieren von Amidas Namen wesentlich für die Stärkung des Vertrauens in Amida ist, sieht die Shin-Schule darin einen Akt der Dankbarkeit des Individuums. Diese entsteht aus der Einsicht, daß der Buddha Amida seine ganze Macht für die Rettung dieses Individuums einsetzt. In der Shin-Schule wird ausschließlich Amida verehrt, der aber nicht für rein private Interessen angerufen werden darf.

Das Jōdo-shin-shū stellt die extremste Ausformung des »leichten Weges« dar, bei dem sich der Übende auf die »Kraft des Anderen« (→ Tariki), also des Amida verläßt. Außer dem absoluten Vertrauen in Amida wird keinerlei eigene Anstrengung, die Erleuchtung zu erlangen, gefordert. Das Vertrauen und Sich-Verlassen auf Amida allein bewirken die Erlösung.

In dieser Schule wird die alte buddhist. Idee, sich der Welt so weit wie möglich anzupassen, logisch weitergeführt: Wenn die Vertreter der Schule so leben wie alle anderen Menschen auch, d. h. als Laien, vermeiden sie es, Schranken zwischen sich und der Umwelt aufzubauen. Daher neigt die Shin-Schule auch dazu, alle religiösen Regeln abzuschaffen. So ist z. B. Heirat ein Weg, am Leben des einfachen Volkes teilzuhaben und sowohl der Welt als auch dem Buddha zu dienen.

Jōdo-shū, 🅑 jap., wörtl.: »Schule des Reinen Landes«; Schule des jap. Buddhismus, die auf die → Reines-Land-Schule in China zurückgeht. Das Jōdo-shū wurde neben anderen buddhist. Schulen von dem Mönch → Ennin (793–864), der in China die Lehren des → T'ien-t'ai, der → Mi-tsung und der Reines-Land-Schule studierte, nach Japan gebracht. Ennin verbreitete die Praxis des Rezitierens von Amidas Namen (→ Nembutsu). Bedeutende Vertreter in der Anfangszeit dieser Schule waren Kūya (903–972), genannt »der Weise von der Straße«, und Genshin (942–1017). Zu ihrer Zeit war das Rezitieren von Amidas Namen Bestandteil der Praxis aller buddhist. Richtungen, besonders der → Tendai- und der → Shingon-Schule.

Im 12. Jh. begründete Hōnen (1133–1212) die eigentliche Jōdo-Schule. Er wollte damit den notleidenden Menschen der »Endzeit« einen »leichten Weg« eröffnen. Es gelang ihm, eine große Schar von Anhängern um sich zu sammeln und sie zu einer mächtigen Organisation zusammenzuschließen. Da er seine Lehre als die höchste ansah, wurde er von den Vertretern anderer buddhist. Richtungen angefeindet und im Alter von 74 Jahren zum Exil in einer entlegenen Gegend verurteilt.

Lehrgrundlage seiner Schule sind die drei wichtigsten Texte der Reines-Land-Schule: → *Sukhāvatī-Vyūha,* → *Amitābha-Sūtra,* → *Amitāyurdhyāna-Sūtra.* Die Praxis des Jōdo-shū besteht ausschließlich im Rezitieren von Amidas Namen in der Formel »Namu Amida Butsu« (»Verehrung dem Buddha Amida«). Dies ist wesentlich, um das Vertrauen in Amida zu stärken, ohne das eine Wiedergeburt im Reinen Land des Amida (→ Sukhāvatī), die das Ziel der Praxis darstellt, nicht möglich ist. – Die Anhänger des Jōdo-shū führen im Gegensatz zu denen des → Jōdo-shinshū ein mönchisches Leben.

Kūya war der erste Anhänger des Amida-Glaubens, der diesen öffentlich verbreitete. Der »Weise von der Straße« zog tanzend durch die Straßen und sang zu einer selbst erfundenen Melodie die Verehrungsformel des Amida, wobei er auf einer Schale den Takt schlug. Ryōnin, ein Angehöriger der Tendai-Schule, ist vor allem für die Verbreitung der Anrufungsformel durch Volkslieder bekannt. Er war stark von der totalistischen Philosophie der Tendai- und der → Kegon-Schule beeinflußt und entwickelte das »alldurchdringende Nembutsu«: Wenn ein Mensch den Namen Amidas rezitiert, kommt dies allen Menschen zugute, und genauso kann ein Mensch an den Verehrungen anderer teilhaben. Diese Auslegung der Lehre verschaffte Ryōnin großen Einfluß am Kaiserhof. Nach seinem Tod wurde die Lehre von seinen Schülern weitergeführt. – Genshin, Mönch auf dem Berg Hiei, einem Zentrum der Amida-Schulen, war überzeugt, daß es einen Weg zur Erlösung aller Wesen geben müsse. Seine Methode legte er in einem Werk über den Glauben an Amida dar, in dem er in zehn Abschnitten die Greuel der Höllen (→ Naraka) und die Vorteile der Jōdo-Praxis beschrieb. Er glaubte, die zwei wesentlichen Grundzüge des menschlichen Wesens zu kennen: die Abscheu und Angst vor der Hölle und die Sehnsucht nach einer Wiedergeburt im Reinen Land. Dieses Werk wurde zu einem der einflußreichsten in der Geschichte des jap. → Amidismus. Genshin war aber nicht nur als Schriftsteller tätig, er versuchte, durch Malerei und Bildhauerei seine Botschaft auch ungebildeten Menschen näher zu bringen. Noch aber stellte die Verehrung des Buddha Amida keine eigenständige Schule dar, sondern war Teil der Praxis anderer buddhist. Richtungen.

Erst mit Hōnen wurde dieser Glaube in der Jōdo-Schule institutionalisiert. In seinem Werk *Senchakushū* über das Gelübde des Amida vertritt Hōnen unmißverständlich die Ansicht, daß die Anrufung des Amida die höchste aller religiösen Praktiken darstellt. Er unterschied in Anlehnung an die Lehren des Tao-ch'o (7. Jh.), einem Vertreter der chin. Schule des Reinen Landes, zwischen dem »Heiligen« (oder »Schweren«) Weg traditioneller Methoden, die strenge Disziplin und Anstrengung fordern, und dem »Weg des Reinen Landes« (oder »Leichten Weg«), der nur das Vertrauen auf Amida und das Rezitieren von dessen Namen verlangt. Hōnen war der Meinung, daß in einem Zeitalter des religiösen Verfalls die Mehrheit der Menschen nicht fähig ist, dem »Heiligen Weg« zu folgen; ihre einzige Chance bestehe im zweiten Weg, der sich auf das Mitleid und die Hilfe des Amida, der »Kraft des Anderen« (→ Tariki) gründet.

Jōjitsu-Schule, B jap., wörtl.: »Schule der Vervollkommnung der Wahrheit«; Bezeichnung für die jap. Form der → Satyasiddhi-Schule. Sie wurde im Jahre 625 von Ekwan, einem korean. Mönch, der die Lehren dieser Schule in China studiert hatte, nach Japan gebracht. Seitdem wurde sie von Vertretern vieler buddhist. Richtungen studiert, aber nie als eigenständige Schule, sondern nur als Teil der → Sanron-Schule (Skrt. → Mādhyamika, chin. → San-lun-Schule) betrachtet.

Jō Jōza, Z jap. für → Ting Shang-tso

Jōkin, Z → Keizan Jōkin

Jōriki, Z jap., wörtl.: »Geisteskraft«; jene besondere Kraft oder Macht, die aus gesammeltem Geist erwächst und die durch die Schulung im → Zazen bewirkt wird. Jōriki befähigt u. a. zu einer durchgehenden Geistesgegenwart sowie dazu, auch unter unvorhergesehenen und schwierigen Umständen stets spontan das Richtige zu tun.

Nach dem modernen jap. Zen-Meister → Hakuun Ryōko Yasutani ist Jōriki »mehr als Konzentrationsfähigkeit im üblichen Sinn des Wortes. Es ist eine dynamische Kraft, die uns, einmal in Bewegung gesetzt, dazu befähigt, in gänzlich unvorhergesehenen Situationen blitzschnell zu handeln, wie es den Gegebenheiten am besten entspricht, ohne erst nachsinnend innezuhalten. Wer Jōriki entwickelt hat, ist nicht länger ein Sklave seiner Leidenschaften, noch ist er der Umwelt preisgegeben. Stets Meister über sich und die Umstände seines Lebens, vermag er sich in völliger Freiheit und Gelassenheit zu bewegen . . . Obgleich viele außerordentliche Kräfte aus Jōriki hervorgehen, so können wir durch Jōriki allein nicht unsere trügerische Weltschau mit den Wurzeln ausrotten . . ., das Satori-Erwachen muß hinzukommen.« (Zit. n. Ph. Kapleau, 1981, S. 82.)

Da Jōriki und die »Wunderkräfte« (→ Siddhis), die daraus hervorgehen können, für viele Menschen eine besondere Anziehung darstellen, betonte der große chin. Meister → Shih-t'ou Hsi-ch'ien (jap. Sekitō Kisen): »In unserer Schule steht die Verwirklichung des Buddha-Wesens an erster Stelle und nicht bloße Andachtsübungen oder aus der Sammlung erwachsende Kräfte.«

Jōshin, Z jap., von *jo = sadameru:* »bestimmen, festsetzen, entscheiden, sich entschließen«; *shin:* → Kokoro; der »gesammelte Geist«, ein Bewußtseinszustand, in dem der Geist völlig in eins gesammelt, von einer Sache absorbiert und mit dieser einsgeworden ist. Diese Sammlung ist keine »Konzentration« im herkömmlichen Sinn, die i. allg. von »hier« (Subjekt) nach »da« (auf ein Objekt) gerichtet – also im Gegensatz zur Sammlung ein dualistischer Bewußtseinszustand – und meist mit einer »aktiven« Anspannung verbunden ist, während das Kennzeichnende der Sammlung eine eher »passive«, wenn auch wache Empfänglichkeit ist. Die Fähigkeit zur »Sammlung des Geistes« ist eine wesentliche Voraussetzung zur Übung von → Zazen.

Jōshū Jūshin, Z jap. für → Chao-chou Ts'ung-shen

Ju, Z jap., wörtl.: »Lobspruch, Preisgesang«; in seiner allg. Bedeutung ist Ju die jap. Übersetzung des Sanskrit-Wortes *gāthā,* welches den Ausdruck buddhist. Weisheit in Form eines Gedichts bezeichnet. Im Zen wird der Begriff vor allem für die »Lobsprüche« verwendet, die die Kompilatoren von Kōan-Sammlungen wie dem → *Pi-yen-lu* oder dem → *Wu-men-kuan* oder andere Zen-Meister den einzelnen Beispielen (→ Kōan) einer solchen Sammlung hinzugefügt haben und worin sie ihrem Wahren-Begreifen des Kōan Ausdruck geben. Ein anderer Ausdruck für Ju ist → Juko.

Einige dieser Lobsprüche gehören zu den großartigsten Werken buddhist. Dichtkunst in der chin. Sprache, vor allem die Lobsprüche, die der große Zen-Meister → Hsüeh-tou Ch'ung-hsien (jap. Setchō Jūken) den von ihm gesammelten 100 Kōan hinzufügte, die Meister → Yüan-wu K'o-ch'in (jap. Engo Kokugon) zur Grundlage seiner »Niederschrift von der blaugrünen Felswand« *(Pi-yen-lu)* machte.

Juan Chi, T → Chu-lin ch'i-hsien

Juan Hsien, T → Chu-lin ch'i-hsien

Ju ching, T chin., wörtl.: »in die Stille eintreten«; das Stillwerden am Beginn der taoist. Meditation. Der Taoist zieht sich dazu an einen ruhigen Ort zurück, schließt die Augen, schaltet alle störenden Gedanken aus und reinigt den Geist. Erst in diesem Zustand ist er für die eigentliche Meditation bereit.

Jūgyū(-no)-Zu, Z jap., wörtl.: »zehn Ochsenbilder«; Darstellung der Stadien des Zen-Weges oder der verschiedenen Ebenen der Erleuchtungserfahrung anhand von zehn Bildern eines Ochsen (oder Wasserbüffels) und seines Hirten. Die zehn, meist in einen Kreis gemalten Bilder und die begleitenden Texte in Form kurzer Darlegungen und Gedichte wurden in Japan im 14./15. Jh. populär und sind in vielen Versionen überliefert. Die wohl bekannteste geht zurück auf den chin. Zen-Meister K'uo-an Chih-yüan (oder Shih-yüan, jap. Kakuan Shien, etwa 1150). Die hier dargestellten Stadien sind: 1. Die Suche nach dem Ochsen; 2.

Sechstes der zehn Ochsenbilder: der Heimritt.

Erblicken der Spuren; 3. Erblicken des Ochsen; 4. Einfangen des Ochsen; 5. Zähmen des Ochsen; 6. Heimritt auf dem Ochsen; 7. Der Ochse ist vergessen, der Mensch bleibt; 8. Ochse und Mensch sind vergessen; 9. Zum Ursprung zurückgekehrt; 10. Betreten des Marktes mit offenen Händen. – Dieser Zyklus mit einer dt. Übersetzung der begleitenden Texte findet sich in: Ph. Kapleau, *Die drei Pfeiler des Zen,* Bern 1981.

Es gibt frühere Versionen der Ochsenbilder, die aus fünf oder acht Bildern bestehen, auf denen der Ochse anfangs schwarz ist und immer weißer wird, bis er schließlich ganz verschwindet. Dieses letzte Stadium ist durch einen leeren Kreis dargestellt. »Das besagt, daß die Erkenntnis des Eins-Seins (d. h. das Austilgen jeder Vorstellung von ›Ich und Anderes‹) das höchste Ziel des Zen war. Da Chih-yüan das aber für unvollständig hielt, fügte er zwei weitere Bilder nach dem Kreis hinzu, um klarzumachen, daß der Zen-Mensch von höchster geistiger Entwicklung in der irdischen Welt der Formen und Vielfalt lebt und sich mit völliger Freiheit unter die gewöhnlichen Menschen mischt, die er durch sein Erbarmen und seine Strahlkraft dazu inspiriert, den Weg des Buddha zu gehen.« (Zit. n. Ph. Kapleau, a. a. O., S. 407.)

Juhotsu, Z jap., etwa: »aufrechter Hossu«; die wortlose Geste eines Zen-Meisters, der seinen

Fliegenwedel (→Hossu) in die Höhe hält, um der Unaussprechlichkeit (→Fukasetsu) der Zen-Erfahrung Ausdruck zu geben.

Ju-i, **B** **T** **Z** chin. (jap. Nyoi), wörtl.: »wie man will«; Bezeichnung für das »wunscherfüllende Zepter«, ein häufiges Attribut taoist. oder buddhist. Heiliger oder Meister.

Das Ju-i ist aus Bambus, Jade, Knochen o. ä. geschnitzt. Das obere Ende hat meist die Form des Unsterblichkeitspilzes (→Ling-chih). Es ist leicht geschwungen. Siehe auch →Kotsu.

Jui-yen Shih-yen, **Z** jap. Zuigan Shigen, 9. Jh., chin. Zen-Meister; ein Schüler und Dharma-Nachfolger (→Hassu) von →Yen-t'ou Chüan-huo (jap. Gantō Zenkatsu). Über Jui-yens Leben ist kaum etwas bekannt. Er taucht auf in einem berühmten Kōan, das als 12. Beispiel im →*Wu-men-kuan* aufgezeichnet ist:

»Meister Jui-yen Shih-yen rief sich jeden Tag selbst an: ›Meister!‹

Und er antwortete auch sich selbst: ›Ja!‹

Und wiederum: ›Bist du wach?‹ fragte er und antwortete: ›Ja! Ja!‹

›Laß dich nie von anderen täuschen.‹ – ›Nein! Nein!‹«

Juji-Sambō, **Z** jap. →Sambō

Jūjūkai **Z**, auch Jūjūkinkai, jap., wörtl.: »die Zehn Hauptgebote«; die Zehn Hauptgebote des →Mahāyāna-Buddhismus, von denen es eine exoterische und eine esoterische Form gibt:

I. In ihrer exoterischen Form verbieten die Jūjūkai: 1. Leben zu nehmen; 2. Diebstahl; 3. Unkeuschheit; 4. Lügen; 5. Alkohol zu verkaufen oder zu kaufen (d. h. andere zum Trinken zu veranlassen oder selbst zu trinken); 6. über schlechte Taten anderer zu sprechen; 7. sich selbst zu loben und andere zu verunglimpfen; 8. geistige oder materielle Hilfe widerwillig zu geben; 9. Ärger; 10. die Drei Kostbarkeiten (Skrt. Triratna, →Sambō) zu lästern. Diese Gebote sind, mit Ausnahme des Keuschheitsgebots, für Mönche und Laien die gleichen.

Das Halten der Gebote ist nicht allein aus ethischen Gründen wichtig. Die Gebote sind die Grundlage einer spirituellen Praxis, da man auf dem Weg geistiger Schulung nicht fortschreiten kann, wenn Herz und Geist nicht frei von der inneren Unruhe sind, die ein gedankenloser, gegen diese Gebote verstoßender Lebenswandel mit sich bringt. Ungeachtet ihrer Entschlußkraft sind jedoch nur wenige Novizen imstande, ein jedes Gebot hochzuhalten, und so sind Übertretungen in diesem oder jenem Ausmaß unvermeidlich. Solche Übertretungen hindern jedoch nicht daran, den Weg zur →Erleuchtung zu beschreiten – vorausgesetzt, daß man sie eingesteht, wahrhaft bereut und sich anstrengt, in Zukunft den Geboten gemäß zu leben. Mit dem Fortschreiten auf dem Weg und durch zunehmende Kraft, Reinheit und Einsicht durch die meditative Praxis (→Zazen) werden es weniger Übertretungen. Was jedoch nach buddhist. Verständnis dauernden Schaden anrichtet, sich gar verhängnisvoll auf das geistig-seelische Fortschreiten auswirkt, das ist der Verlust des Glaubens an den Buddha, an die Wahrheit, die er durch das Erlebnis seiner Vollkommenen Erleuchtung enthüllte (→Dharma), und an die bekräftigenden Worte der Patriarchen (→Sangha). In diesem Fall, so heißt es, ist Vollkommene Erleuchtung und damit die Ausrottung der tiefsten Wurzel des Bösen, nämlich der Unwissenheit (→Avidyā) und →Verblendung, unmöglich.

II. Mit den Jūjūkai in ihrer esoterischen Form gelobt man: 1. nicht vom rechten Dharma abzulassen; 2. das Streben nach Erleuchtung nicht aufzugeben; 3. nach nichts zu gieren und mit nichts zu geizen; 4. es nicht an Barmherzigkeit mit allen Geschöpfen fehlen zu lassen; 5. keine der buddhist. Lehren zu lästern; 6. an nichts festzuhalten; 7. keine falschen Vorstellungen zu hegen; 8. die Menschheit zum Streben nach Erleuchtung zu ermutigen; 9. die Lehre des Mahāyāna auch den Anhängern des →Hīnayāna darzulegen; 10. stets das Almosengeben für die →Bodhisattvas zu üben.

Jukai, **Z** jap.; 1. wörtl.: »die Gebote *(kai)* empfangen *(ju)*«; das Empfangen und die Anerkennung der buddhist. Gebote (→Kairitsu, →Jūjūkai), womit man sich offiziell zum Buddhismus bekennt.

2. wörtl.: »die Gebote *(kai)* gewähren *(ju)*«; zeremonielle Initiation in den Buddhismus. Bei dieser Zeremonie verpflichtet man sich, sich ganz den drei Kostbarkeiten (Skrt. Triratna, →Sambō) hinzugeben, die Zehn Hauptgebote des Buddhismus zu halten, alles Böse zu meiden, Gutes zu tun und sich um die Errettung aller Geschöpfe zu bemühen (→Bodhisattva-Gelübde). Jukai wird als wesentlicher Schritt auf dem Weg zur Buddhaschaft angesehen.

Juko, **Z** jap., wörtl.: »Lobspruch der Alten«; ein anderes Wort für →Ju.

Jvāla-Mukhī, **H** Skrt., wörtl.: »Mund des Feuers«; ein bekannter Pilgerort im Pandschab in den Vorbergen des Himālaya, wo Feuer der Erde entsteigt. Der Legende nach wurde es von →Satī, der Gefährtin Shivas, entzündet, die sich später selbst darin verbrannte. Satī (wörtl.: »treue Gattin«) gab der Witwenverbrennung in Indien ihren Namen.

Jyotis, 🅷 Skrt., wörtl.: »Licht, Glanz«; das leuchtende, spirituelle Licht des höheren Bewußtseins, das die Kluft zwischen Erkenntnis und Tun überbrückt und nicht nur ein Gefühl des Glücks, sondern absolute Seligkeit (→ Ānanda) verschafft.

Jyotisha 🅷 (Jyotiṣa), Skrt.; die Wissenschaft der Astronomie, einer der → Vedāngas. Der Zweck dieses Vedānga besteht darin, die günstigste Jahreszeit und den günstigsten Tag für die Opferhandlungen festzulegen. Vermutlich ist dieser Vedānga erst im 3. Jh. v. Chr. entstanden.

K

Ka, 🅷 Skrt.; 1. der erste Konsonant des → Sanskrit-Alphabets; 2. das Fragewort »Wer?« Es wurde später zu einer Gottheit erhoben. Den Verfassern der → Brāhmanas ging das Verständnis für den poetischen Charakter der ved. Hymnen und das Fragen ihrer Dichter nach einem unbekannten Gott verloren, und deshalb begriffen sie das Fragewort Ka als Gott.

Im *Taittirīya-, Kaushītaki-* und *Shatapatha-Brāhmana* stellt der Verfasser, sobald fragende Verse auftauchen, fest, daß Ka → Prajāpati, der Herr aller Geschöpfe, ist. Hymnen und Opfergaben für die Götter wurden Kāya genannt. Zur Zeit von → Pānini war das Wort so eingebürgert, daß Regeln für seine Erklärung eingeführt wurden. In der späteren Sanskrit-Literatur der → Purānas erscheint Ka als anerkannter Gott, und in den Gesetzen des → Manu erscheint eine Form der Verheiratung, die unter der Bezeichnung Kāya allgemein als Prajāpati-Hochzeit bekannt ist. Im *Mahābhārata* wird Ka mit → Daksha identifiziert.

Kabīr, 🅷 ind. Dichter und Mystiker, ca. 1440–1518, lebte in Nordindien nach dem Eindringen des Islam, als Hindus und Muslime versuchten, ihre Glaubensansichten und spirituellen Übungen einander zu nähern. Seine Adoptiveltern, arme Weber in Benares, gehörten sowohl im Hinduismus als auch im Islam einem niederen Stand an, der sie von der Bürde religiöser Tradition befreite. Das hatte großen Einfluß auf Kabirs Gedichte und Lieder (gesammelt u. d. T. *Bījak*, »Der Same«), die bis heute von Muslimen und Hindus gleichermaßen gern gesungen werden.

Kabīrs Vorbild war → Rāmānanda, und er mußte, wie alle Mystiker, das Stadium der seelischen Dunkelheit und Angst durchleben, bevor er Erleuchtung erlangte. Seine unkonventionelle Art, öffentlich von Gott zu sprechen, und seine Kritik an der Oberflächlichkeit der geistlichen Würdenträger zog ihm deren Zorn zu, so daß er Benares verlassen mußte und von da an mit seinen Anhängern singend und Gott preisend von Ort zu Ort zog. Gott war für ihn der alldurchdringende Höchste Geist, der allen Wesen innewohnt und doch alle Formen übersteigt. Zugleich sah er aber, wie die abendländischen Mystiker des Mittelalters, in Gott den ewigen Geliebten der Seele, der nur durch reine Liebe erkannt werden kann. Der Legende nach stritten sich nach seinem Tod Hindus und Muslime über die Art seiner Bestattung. Als sie aber das Leichentuch hoben, fanden sie darunter nur Blumen.

Kadampa 🅱 (bKa'-gdams-pa), tibet., wörtl.: »Mündliche Unterweisung«; auf → Atīsha zurückgehende Schulrichtung des → Tibetischen Buddhismus. Sie sah nach dem Verfall des Buddhismus in Tibet im 10. Jh. ihre Hauptaufgabe darin, die richtige Auslegung der Schriften zu gewährleisten. Die wichtigsten Lehren der Kadampas wurden unter dem Namen Lo-jong (»Läuterung des Geistes«) bekannt. Ohne daß sie im Rahmen einer eigenständigen Schule überlebten, wurden die Überlieferungen der Kadampas von den anderen Schulen absorbiert, vor allem von der → Gelugpa-Schule.

Der wichtigste Beitrag der Kadampas für das spirituelle Leben in Tibet war eine Gruppe klar konzipierter meditativer Übungsprogramme, die noch heute zur »Läuterung des Geistes« gelehrt werden. Sie orientieren sich am Ideal des → Bodhisattva und werden als eine spezielle Methode zur Erzeugung des Erleuchtungsgeistes (→ Bodhichitta) angesehen.
Nachdem diese Lehren zu Zeiten des Atīsha nur mündlich weitergegeben wurden, kam es später zur Abfassung leicht memorierbarer Texte. Die beiden bekanntesten sind die »Acht Verse zur Läuterung des Geistes« des Kadampa Geshe Langri Thangpa und die »Sieben Bedeutungen der Läuterung des Geistes«. Eine der wichtigsten Persönlichkeiten der frühen Kadampa-Schule war Dromtön (1008–1064), von dem der folgende Vers stammt:

Hörst du Worte, die dir unangenehm sind,
dann achte sie gleich dem Schall des Echos!
Wenn dein Körper Schaden nimmt,
so erkenne darin deine früheren Taten!

Kadō, Z jap., wörtl.: »Blumen-Weg«; einer der vom Geist des Zen durchdrungenen jap. Schulungswege (→ Dō), die zur geistigen Entwicklung des diesen Weg Praktizierenden beitragen. Beim Kadō, das oft auch als Ikebana (wörtl.: »Teichblume«) bezeichnet wird, geht es nicht darum, Blumen zu »stecken« oder zu »arrangieren«, was ein Subjekt voraussetzt, das mit den Blumen als Objekt hantiert, sondern darum, einen nichtdualistischen Bewußtseinszustand zu verwirklichen, in dem die Blume allein (All-ein) ihr Wesen offenbart.

Kagyüpa B (bKa'-brgyud-pa), tibet., wörtl.: »Mündliche Übertragungslinie«; eine der vier Hauptschulen des → Tibetischen Buddhismus. Im Zentrum dieser Schule stehen die Lehren des Großen Siegels (→ Mahāmudrā) und die dem → Nāropa zugeschriebenen Sechs Doktrinen (→ Nāro Chödrug). Von → Marpa wurden die Unterweisungen im 11. Jh. von Indien nach Tibet gebracht und → Gampopa, ein Schüler des → Milarepa, organisierte diese Überlieferung zur Schule der Kagyüpas. Daraus leiten sich u. a. die → Karma-Kagyüs ab. Besonderen Wert legt diese Schule auf die direkte Übertragung der Unterweisungen von Lehrer auf Schüler.

Die Lehren der Kagyüpas nahmen ihren Ursprung in Vajradhara (Träger des Vajra), einer Verkörperung des Dharmakāya (→ Trikāya), und wurden von → Tilopa an Nāropa weitergegeben. Marpa, der Übersetzer, brachte diese Lehren nach Tibet, und seinem Schüler Milarepa gelang es in jahrelanger Askese, sie in ihrer Gesamtheit zu meistern. Im 12. Jh. wurden durch den Arzt Gampopa die Unterweisungen der → Kadampas in diese Lehrtradition integriert, und es kam zur Ausbildung einer eigenständigen Schule, die nach dem Geburtsort ihres Begründers Dagpo-Kagyü genannt wurde. Schon in der nächsten Generation entwickelten sich daraus vier weitere Schulen: 1. Kamtshang oder Karma-Kagyü; 2. Tsälpa-Kagyü; 3. Baram-Kagyü; 4. Phagmo-Drupa-Kagyü. Letztere unterteilte sich in acht weitere Unterschulen, von denen die Drukpa-Kagyü und Drigung-Kagyü bis zum heutigen Tag bestehen.

Eine weitere, mit den Kagyüpas assoziierte Schule wurde von Khyungpo Näljor (geb. 1310) gegründet. Sie trägt den Namen Shangpa-Kagyü und besitzt eine spezielle Mahāmudrā-Überlieferung, die auf Nāropas Schwester Niguma zurückgeht. Durch die Bemühungen der → Rime-Bewegung existiert diese Tradition weiterhin.

Kaidan-Seki, Z jap., wörtl.: »Kaidan-Stein«; eine Steintafel, die vor Zen-Klöstern aufgestellt ist und die Aufschrift trägt: »(Der Genuß von) Fleisch, Fisch und Alkohol (ist hier) untersagt.« »Kaidan« ist die Ordinationshalle in einem Kloster, in der die Mönche in den Buddhismus initiiert werden (→ Jukai) und dabei die buddhist. Gebote (→ Kairitsu, → Jūjūkai) erhalten.

Kaifuku Dōnei, Z jap. für → K'ai-fu Tao-ning

K'ai-fu Tao-ning, Z jap. Kaifuku Dōnei, gest. 1113, chin. Zen-Meister der Yōgi-Linie des Rinzai-Zen (→ Yōgi-Schule); ein Schüler und Dharma-Nachfolger (→ Hassu) von → Wu-tsu Fa-yen (jap. Goso Hōen) und der Meister von → Yüeh-an Shan-kuo (jap. Gettan Zenka).

Kaigen, Z jap., wörtl.: »das Auge öffnen«; 1. Ausdruck für die Erfahrung des Erwachens (→ Erleuchtung), bei der man Einblick in die Welt der Wahren-Wirklichkeit erhält. Das Wahre-Begreifen eines Schülers oder Meisters auf dem Zen-Weg bezeichnet man oft auch als sein »Dharma-Auge«.

2. Ausdruck für die Zeremonie, in der das Bildnis eines Buddha oder Bodhisattva von einem buddhist. Meister seiner Bestimmung übergeben wird. Es heißt, daß ein solches Bildnis (sei es eine Plastik oder ein Gemälde) erst von »Leben« erfüllt wird, wenn es seine Augen erhält. In einem feierlichen Akt setzt der Meister deshalb tatsächlich oder symbolisch die Augen des Bildnisses ein und bekräftigt mit diesem »Öffnen der Augen«, daß das Bildnis formhafter Ausdruck des in ihm verehrten formlosen Buddha-Wesens (→ Busshō) ist.

Kaijō, Z jap., wörtl.: »Öffnen der Stille«; das morgendliche Wecken der Mönche in einem Zen-Kloster durch das Anschlagen des Holzbretts (→ Han) oder eines Gongs (→ Umpan). Der Ausdruck wird auch benutzt für das Beendigen von Perioden des Sitzens in Versunkenheit (→ Zazen) durch ein Klangsignal.

Kaikeyī, H Gemahlin des Königs → Dasharatha und Mutter seines dritten Sohnes → Bharata. Als Dasharatha in der Schlacht verwundet wurde, pflegte sie ihn gesund und durfte dafür zwei Wünsche äußern. Sie machte später davon Gebrauch, indem sie den König veranlaßte, Prinz → Rāma in die Verbannung zu schicken, um ihrem eigenen Sohn Bharata seinen Platz zu verschaffen.

Kailāsa H B, auch Kailāsh oder Rajatādri, Skrt., wörtl.: »silberner Berg«; ein vom Mythos umwobener Berg im Himālaya. Das Paradies Shivas soll sich dort befinden. Er ist für die Hindus der heiligste Berg und das Ziel vieler Pilgerfahrten. Zahllose Hymnen und Legenden sind ihm gewidmet.

Auch im Buddhismus wird der Kailāsh als heiliger Berg verehrt.

Kaimyō, **Z** jap., von *kai:* »buddhist. Gebot« (→ Kairitsu, → Jūjūkai) und *myō:* »Name«; 1. der buddhist. Name, den ein Mönch oder Laie bei seiner Initiation in den Buddhismus (→ Jukai) von dem ihn initiierenden Meister erhält. Für den Mönch in einem Kloster löst dieser Name den bisherigen bürgerlichen Namen ab, womit eine Abwendung des Mönchs von (weltlichen) Sorgen, Leiden und Leidenschaften (→ Bonnō) symbolisiert wird; er beginnt mit dem Ablegen der Gelübde ein neues Leben, das ganz auf Verwirklichung des Erwachens (→ Erleuchtung) ausgerichtet ist.
2. der im heutigen Japan für einen hohen Preis käufliche posthume buddhist. Ehrentitel für Laien und für Mönche.

Kairitsu, **Z** jap., wörtl.: »Gebote und Regeln«; Terminus des jap. Buddhismus für die buddhist. Gebote (→ Jūjūkai), die man bei → Jukai, der zeremoniellen Initiation in den Buddhismus, erhält und anerkennt.

Kaisan, **Z** jap., wörtl.: »Berg-Begründer«; Bezeichnung für den Gründer eines Zen-Klosters. Da die Zen-Klöster in alter Zeit i. allg. auf einem Berg lagen und der Name des Berges meist auf das Kloster (und oft auch auf den ersten Abt dieses Klosters) überging, steht das jap. *san* (»Berg«) in diesem Zusammenhang für »Kloster«. Der Ausdruck »Kaisan« wird auch für den Gründer einer buddhist. Schule gebraucht. Die Gedenkfeier zum Todestag des Gründers eines Klosters oder einer Schule des Buddhismus heißt Kaisan-Ki.

Kaivalya, **H** Skrt., wörtl.: »Ausschließlichkeit, Einzigkeit, vollkommene Erlösung«; ein Begriff, der hauptsächlich im → Rāja-Yoga gebraucht wird und den Zustand bezeichnet, den die Seele erreicht, wenn sie erkennt, daß sie vollkommen ist und von nichts abhängt, weder von den Göttern noch von den Atomen. Der Zustand wird erreicht, wenn das Bewußtsein so rein geworden ist wie der → Ātman selbst.

Kaivalya-Mukti, **H** Skrt., wörtl.: »absolute Befreiung«; sie bringt die Loslösung von aller Materie und Befreiung von weiteren Wiedergeburten. Diese Befreiung von jeder Verkörperung ist das Ziel des → Rāja-Yoga.

Kaivalya-Pāda, **H** Skrt.; der vierte und letzte Teil des *Yoga-Sūtra* des → Patañjali, der von der endgültigen Befreiung handelt.

Kajishō, **Z** jap., wörtl.: »Wie sieht das Wesen aus?«; eine im Zen häufig benutzte Frage, die nach dem Wesen, d. h. dem Wahren-Wesen oder Buddha-Wesen (→ Busshō) der Dinge fragt.

Kakunen-Daigo, **Z** jap., wörtl.: »uneingeschränktes großes Satori«; ein anderer Ausdruck für → Daigo-Tettei. (Siehe dazu auch → Satori.)

Kakushin **Z**, auch Shinchi (Shinji) Kakushin, 1207–1298; jap. Zen-Meister, der das → *Wumen-kuan* nach Japan brachte und wesentlich zur Übertragung der → Kōan-Praxis nach Japan beitrug (→ Kanna-Zen). Er praktizierte zuerst auf dem Kōya-san (Berg Kōya) den esoterischen Buddhismus der Shingon-Schule (→ Mikkyō) und fand hier auch seinen ersten Zen-Meister, einen Schüler von → Eisai Zenji namens Gyōyū. Er schulte sich unter verschiedenen Zen-Meistern, darunter auch → Dōgen Zenji, und reiste 1249 nach China.
In China schulte er sich zunächst unter den Meistern Fo-yen-yüan (jap. Butsugen-on) und Chang-hsiung (jap. Chōyū) der → Fuke-Schule; von Chang-hsiung lernte er das Blasen der Bambusflöte (jap. *shakuhachi*), das in der Fuke-Schule an die Stelle des Rezitierens von Sūtras trat. Schließlich gelangte er zu dem bedeutendsten chin. Zen-Meister jener Zeit, → Wu-men Hui-k'ai (jap. Mumon Ekai), der zur → Yōgi-Schule des Rinzai-Zen gehörte, und wurde schnell einer seiner hervorragendsten Schüler. Meister Wu-men verlieh Kakushin das Siegel der Bestätigung (→ Inka-Shōmei) und setzte ihn als seinen Dharma-Nachfolger (→ Hassu) ein. Als Kakushin 1254 nach Japan zurückkehrte, schenkte Meister Wu-men ihm eine eigenhändige Abschrift des von ihm kompilierten → *Wumen-kuan.*
Nach seiner Heimkehr ließ Kakushin sich zunächst wieder auf dem Kōya-san nieder und gründete wenig später in der heutigen Präfektur Wakayama das Zen-Kloster Saihō-ji, das er später in Kōkoku-ji umbenannte. Vom Kaiser Kameyama und dessen Nachfolger Go-Uda wurde Kakushin mehrfach nach Kyōto gerufen, wo er im Shōrin-Kloster lebte, von wo aus er aber immer wieder in das Kōkoku-ji zurückkehrte.
Kakushin brachte das Rinzai-Zen der Yōgi-Schule nach Japan und gilt als einer der bedeutendsten jap. Zen-Meister; er führte viele Schüler auf dem Weg der Kōan-Schulung zur → Erleuchtung. Seine Lehrweise enthielt jedoch auch Elemente des esoterischen Shingon-Buddhismus. Außerdem übertrug er die Tradition der Fuke-Schule nach Japan. Sein Dharma-Nachfolger in der vierten Generation, der Zen-Meister

→ Shun'o Reizan, gab 1405 die bis heute maßgebliche jap. Edition des *Wu-men-kuan* (jap. *Mumonkan*) heraus.

Vom Kaiser Kameyama erhielt Kakushin den posthumen Ehrentitel Hōtō (Hottō) Zenji und vom Kaiser Go-Daigo den Ehrentitel Hōtō (Hottō) Emmyō Kokushi (auch → Kokushi).

Kāla, 🅷 Skrt., wörtl.: »Zeit«, ein Name für → Yama, den Gott des Todes. Im → *Atharvaveda* wird die Zeit als Ursache und Beherrscher aller Dinge angesprochen: »Er ist es, der die Welten entstehen ließ und sie umspannt. Er ist der Vater aller Dinge. Es gibt keine höhere Kraft als ihn.«

Im *Vishnu-, Bhāgavata-* und *Padma-Purāna* heißt es, daß → Brahmā in Form von Zeit existiert, aber die Purānas betrachten Zeit nicht als ein Element der ersten Ursache (→ Brahman). In der *Bhagavad-Gītā* sagt Krishna: »Ich bin die Zeit.«

Kāla-Bhairava, 🅷 Skrt., wörtl. *kāla:* »Zeit« und »schwarz«, *bhairava:* »grausig, schrecklich«; → Shiva in seinem Aspekt als schreckliche, alles verschlingende Zeit. Hauptsächlich in zwei Shiva-Sekten in Kashmir gebräuchlich. Im übrigen Indien wird der zerstörerische Aspekt Shivas meist durch die »schwarze Göttin« → Kālī vertreten, die in ganz Indien auch als »Göttliche Mutter« verehrt wird. In der *Bhagavad-Gītā* sagt auch Krishna an einer Stelle: »Ich bin Zeit, die alles verschlingt« (Kap. XI, 32.). Sarvepalli Radhakrishnan sagt in seinem Kommentar zu diesem Vers: »Kāla oder die Zeit ist der erste Beweger des Alls. Wenn man von Gott als von der Zeit denkt, ist er der unaufhörlich Schaffende und Zerstörende. Die Zeit ist ein sich endlos fortbewegender Strom.«

Kālachakra 🅱 (Kālacakra), Skrt., wörtl.: »Rad der Zeit«; das letzte und komplexeste buddhist. → Tantra (10. Jh.), dessen Niederschrift auf den mythischen König Suchandra von → Shambhala zurückgehen soll. In der Kālachakra-Lehre spielen Zeitrechnung und Astronomie eine große Rolle, und die Einführung des Kālachakra-Tantra in Tibet (1027 n. Chr.) gilt als Grundlage des tibet. Kalenders. Eine Besonderheit des Meditationssystems des Kālachakra-Tantra ist der Ausbau der Lehre von einem Ādi-Buddha (Ur-Buddha), der die Zahl der fünf Buddha-Familien (→ Buddhakula) auf sechs erhöht. Das »Zehnfache machtvolle → Mantra« symbolisiert die Lehre des Kālachakra.

Nach der tibet. Tradition wird das Kālachakra-Tantra durch sieben Könige von Shambhala und 25 autorisierte »Verkünder« überliefert. Zur Zeit des 12. Verkünders erreichte die Lehre Indien und bald darauf Tibet. Eine der wichtigsten Übertragungslinien verlief über den Gelehrten Butön (1290–1364) zu → Tsongkhapa, und noch heute wird das Kālachakra-Tantra in der Schule der → Gelugpas praktiziert.

Das Tantra selbst besteht aus drei Teilen: dem »Äußeren«, dem »Inneren« und dem »Anderen«. Der Äußere Teil hat die physische Welt zum Gegenstand, er beschreibt die Entstehung des Universums und entwickelt eine Geographie und Astronomie. Der Schwerpunkt liegt dabei auf der Zeitrechnung und der dazu notwendigen Mathematik. Im Gegensatz dazu beschreibt der Innere Teil den Aufbau der psychischen Welt wie etwa die Funktion der → Nādīs, und der Andere Teil ist den im → Sādhana visualisierten Gottheiten gewidmet. Alle drei Teile gelten als verschiedene Aspekte des Prinzips des Ādi-Buddha (→ Samantabhadra).

Das Kālachakra-Tantra weist ferner eine Abfolge von sechs Meditationsübungen auf, die zwar ihrer Anzahl nach den → Nāro Chödrug entsprechen und auch von → Nāropa kommentiert wurden, aber mit diesen nur die Technik des → Tumo (»Innere Hitze«) gemeinsam haben.

Kali, 🅷 Skrt.; 1. Personifizierung des Bösen im Kali-Yuga (→ Yuga); 2. beim Würfelspiel die Eins, die schlechteste Würfelseite, das Symbol für Pech.

Kālī 🅷, auch Kālikā, Skrt., wörtl.: »die Schwarze«; in den Veden ist dieser Name mit → Agni, dem Gott des Feuers, verbunden, der sieben zukkende Flammenzungen besaß. Von diesen war Kālī die schwarze, fürchterliche Zunge. Diese Bedeutung des Wortes ist verlorengegangen, es wurde daraus die Göttin Kālī, die grimmige Gemahlin Shivas, seine → Shakti, auch als Göttliche Mutter bezeichnet.

Als Göttliche Mutter wird Kālī gewöhnlich tanzend und in sexueller Vereinigung mit → Shiva dargestellt. Während Shiva den transzendenten Aspekt darstellt, symbolisiert sie den dynamischen Aspekt, die Ur-Energie. Als Bhavatārinī, die Erlöserin des Universums, steht sie auf der hingestreckten Gestalt ihres Gatten Shiva. Sie trägt einen Gürtel aus abgeschlagenen Armen, eine Halskette aus Schädeln, und von ihren vier Armen hält die untere linke Hand den blutenden Kopf eines Dämons, die obere linke ein Schwert. Mit ihrer oberen rechten Hand macht sie ein Zeichen, das Furchtlosigkeit bedeutet, mit der unteren rechten gewährt sie Wohltaten. Sie zerstört die Nicht-Erkenntnis, hält die Weltordnung aufrecht und segnet und befreit diejenigen, die nach Gotteserkenntnis streben. Kālī ist das Symbol für Auflösung und Zerstörung. Sie wird besonders in Bengalen verehrt. Ihre bekanntesten Tempel befinden sich in Kālighāt und in Dakshineshvara, wo → Rāmakrishna Priester der Kālī war.

Kālidāsa, 🅷 der bedeutendste altind. Dichter und Dramatiker. Über sein Leben im 4./5. Jh. ist wenig bekannt. Er soll einer der »Neun Edelsteine« am Hof des Königs → Vikramāditya gewesen und von den Gupta-Herrschern gefördert worden sein. Seine Werke waren die ersten, die aus dem Sanskrit in westl. Sprachen übersetzt

Kālī in ihrem Aspekt der Vernichtung. (Ind. Malerei, 18. Jh.)

wurden und die ind. Literatur in Europa bekannt machten. Zu seinen Hauptwerken gehören die beiden Kunstepen *Kumāra-Sambhava* (*Die Entstehung des Kriegsgottes Kumāra,* dt. v. O. Walter, 1913) und *Raghuvamsha* (*Der Stamm des Raghu,* dt. v. O. Walter, 1914); ein weiteres Epos, *Setubandha* (»Der Brückenbau«), wird Kālidāsa nur zugeschrieben (→ Rāmasetu). Rein lyrischen Charakter haben die Dichtungen *Meghadūta* (*Der Wolkenbote,* dt. 1847 u. ö.), eine Art poetische Geographie Indiens in 111 Strophen, und *Ritusamhāra* (*Kreis der Jahreszeiten,* dt. v. H. Kreyenborg, 1919), ebenfalls nur eine Zuschreibung.
Größte Beliebtheit im Volk und größten Ruhm in der Geschichte der Weltliteratur errang Kālidāsa jedoch als Dramatiker. Sein siebenaktiges Schauspiel → *Shakuntalā* (dt. Übersetzungen seit 1791, zuletzt 1960) begeisterte schon Goethe und wurde in viele Sprachen übersetzt. Die Handlung, eine märchenhafte Liebesgeschichte, basiert auf einer Episode aus dem *Mahābhārata.* Auch die beiden anderen großen Dramen, *Mālavikāgnimitra* (*Mālavikā und Agnimitra,* dt. v. A. Weber, 1856 u. ö.) und → *Vikramorvashīya* (*Der Held Vikrama und die Nymphe Urvashī,* dt. v. L. Fritze, 1880 u. ö.), behandeln Stoffe aus den Tagen der legendären Königsdynastien mit politischen und amourösen Verwicklungen, in die Indra und andere Götter eingreifen.

Kālikā, 🅷 identisch mit → Kālī

Kālikā-Purāna 🅷 (Kālikā-Purāṇa), Skrt.; eines der 18 Upa-Purānas. Es enthält 9000 Stanzen in 98 Kapiteln und behandelt die Anbetung der Braut → Shivas in ihren vielfältigen Formen als Girijā, → Devī, → Kālī, → Mahāmāyā und anderen. Es gehört zur → Shakti-Auffassung des Hindu-Glaubens, die eine Anbetung der weiblichen Kräfte der Gottheiten empfiehlt.

Kali-Yuga, 🅷 Skrt. → Yuga

Kalki 🅷, auch Kalkin, Skrt., wörtl.: »Weißes Pferd«, der zehnte → Avatāra, der noch kommen soll: Weißes Pferd als Symbol für die Stärke (des Pferdes) und die Kraft (der weißen Farbe, die alle Farben des Spektrums in sich vereint), die er besitzen wird. Er wird Yama, den Tod, besiegen und alle Gegensätze wie auch alle Dunkelheit überwinden. Er wird der göttliche Mensch auf Erden sein, eins mit der unendlichen Göttlichkeit.

Kalpa, 🅷 🅱 🆉 Skrt.; Weltenzyklus, Weltperiode.
🅷 Ein Tag und eine Nacht → Brahmās, nach den ved. Schriften eine Zeitspanne, die aus vier Weltzeitaltern (→ Yuga) besteht und insgesamt 4 320 000 Menschenjahre dauert.
🅱 🆉 (Pali: Kappa); Bezeichnung für einen unendlich großen Zeitraum, der die Grundlage der buddhist. Zeitrechnung darstellt. Die Länge eines Kalpa wird durch folgendes Gleichnis veranschaulicht: Angenommen, alle hundert Jahre streicht ein Seidenschal einmal über einen Felsblock von einer Kubikmeile, so vergeht ein Kalpa, bis der Felsen von diesem Windhauch abgetragen ist.
Ein Kalpa wird in vier Abschnitte eingeteilt: Weltentstehung, Fortdauer der entstandenen Welten, Weltuntergang, Fortdauer des Chaos. – In der Periode der Weltentstehung bilden sich die einzelnen Welten mit ihren Lebewesen. In der zweiten Periode entstehen Sonne und Mond, differenzieren sich die Geschlechter und entwickelt sich das soziale Leben. In der Phase des Weltuntergangs zerstören Feuer, Wasser und

Wind alles außer dem vierten → Dhyāna. Das Chaos stellt die totale Vernichtung dar.

Diese vier Phasen bilden ein Großes Kalpa (Mahākalpa) und bestehen jeweils aus zwanzig Kleinen Kalpas. Ein kleines Kalpa wird in die Zeit des Eisens, Kupfers, Silbers und Goldes unterteilt. Während dieser Phase des Entstehens des Kleinen Kalpa nimmt die Lebensdauer des Menschen alle 100 Jahre um 1 Jahr zu, bis sie 84 000 Jahre erreicht hat. Der menschliche Körper wächst gleichzeitig auf eine Länge von 8400 Fuß heran. In der Periode des Vergehens des Kleinen Kalpa, die sich in die Phase der Pest, des Krieges und der Hungersnot gliedert, verkürzt sich das menschliche Leben bis auf 10 Jahre, und der menschliche Körper bis auf 1 Fuß.

Kalpa-Sūtra, 🅗 Skrt.; Vorschriften für das ved. Zeremoniell, einer der → Vedāngas. Anweisungen für das Ritual in Form von kurzen, technischen Regeln. (Siehe dazu auch → Sūtra.)

Kalpataru, 🅗 Skrt., wörtl.: »wunscherfüllender Baum«; 1. Name für Gott; 2. der himmlische Baum der Hindu-Mythologie, der alle Wünsche, die man unter ihm äußert, erfüllt.

Kalyānamitra 🅑 (Kalyāṇamitra), Skrt. (Pali: Kalyāna-Mitta), wörtl.: »edler Freund«; ein über reiche Erfahrung in der buddhist. Lehre und Meditation verfügender Freund, der einem anderen auf dem Wege zur Erleuchtung hilfreich zur Seite steht.

Der historische Buddha → Shākyamuni schätzte den Wert eines Freundes auf dem Wege sehr hoch ein: »Dieses ganze religiöse Leben besteht in guter Freundschaft . . . Ein Mönch, der ein guter Freund, guter Gefährte, guter Kamerad ist, von dem kann man erwarten, daß er den Edlen → Achtfachen Pfad (zur Erlösung auch bei seinen Mitmönchen) entwickelt und pflegt.« (Zit. n. H. W. Schumann, 1976, S. 34.)

Kalyāna-Shraddhā 🅗 (Kalyāṇa-Śraddhā), Skrt.; unerschütterlicher Glaube, eine der Vier Vollkommenheiten des Herzens. Die drei anderen sind Saumyatva (Sanftheit, Güte), Tejas (feuriger Geist) und Prema-Sāmarthya (Kraft der Liebe). Alle vier sind Begriffe des von → Aurobindo entwickelten → Pūrna-Yoga.

Kāma, 🅗 🅑 Skrt., Pali; Sinnesverlangen, Wünsche, geschlechtliche Lust.

🅗 Im *Rigveda* wird Verlangen dargestellt als erste Regung des Absoluten, sich zu manifestieren: »Verlangen entstand in Ihm, der die Quelle des Bewußtseins ist, den die Heiligen durch ihre Ergründungen in ihren Herzen gefunden haben und der das Absolute Sein mit der Erscheinungswelt verbindet.«

Diesen Kāma, dieses Verlangen – nicht geschlechtlicher Art, sondern als Drang, Gutes zu tun – feiert eine Hymne des *Atharvaveda,* in der Kāma zu einem Gott und Schöpfer erhoben wird. »Kāma wurde zuerst geboren. Weder Götter noch Väter, noch Menschen kommen ihm gleich.« In einem anderen Teil des gleichen Veda ist Kāma das erste Verlangen und auch die Kraft, Wünsche zu erfüllen. Als Kāma-Deva, zum Gott der Liebe erhoben, ähnlich wie im Westen Eros und Cupido, ist er im *Taittirīya-Brāhmana* der Sohn → Dharmas, des Gottes der Gerechtigkeit, und → Shraddhās, der Göttin des Glaubens. Der *Harivamsha* macht ihn zum Sohn der → Lakshmī, ein anderer Bericht läßt ihn dem Herzen → Brahmās entspringen. Der geheimnisvolle Ursprung von Kāma und die weltweiten Wirkungen seiner Leidenschaften haben ihm viele Namen und Attribute eingetragen.

🅑 Eines der Charakteristika des Daseins in der untersten der drei das Universum bildenden Sphären (→ Triloka), der Sphäre sinnlichen Begehrens (Kāmaloka). Kāma bezeichnet das Begehren nach Objekten sinnlicher Befriedigung und die Freude an diesen Dingen. Im Buddhismus wird Kāma als eines der Haupthindernisse auf dem spirituellen Weg angesehen. Es werden fünf Arten von sinnlichem Begehren unterschieden, die den Objekten der fünf Sinnesorgane entsprechen: Begehren nach Form, Klang, Geruch, Geschmack, Körperempfindung.

Kāma stellt eine der drei Arten von Durst (→ Trishnā), eines der Fünf Hemmnisse (→ Nīvarana) und eine der Befleckungen (→ Āsrava) dar.

Kāmadhātu, 🅑 Skrt. → Triloka

Kāmadhenu, 🅗 Skrt. → Surabhī

Kamalashīla, 🅑 → Mādhyamika

Kāmaloka, 🅑 Skrt. → Triloka

Kāma-Sūtra, 🅗 Skrt., etwa: »Leitfaden der Erotik«; ein Basistext des → Shaktismus von → Vātsyāyana. Darstellungen daraus findet man als Skulpturen an und in einigen ind. Tempeln. Am bekanntesten sind die Skulpturen des Tempels von Konarak in Orissa, der im 13. Jh. von König Narahimsa dem Sonnengott → Sūrya zu Ehren erbaut wurde.

Annähernd dem Original entsprechende deutsche Übersetzungen erschienen 1897 und 1964. Die meisten im Handel befindlichen »Orientalischen Liebesschulen« mit dem Titel »Kāma-Sūtra« haben mit dem »in Keuschheit und höchster Andacht« verfaßten Werk des Vātsyāyana so gut wie nichts gemein.

Kāminikānchana 🅗 (Kāminikāñcana), Skrt., wörtl.: »Frauen und Gold«; ein Sammelbegriff für Lust, Gier und alle anderen menschlichen Leidenschaften; von → Rāmakrishna oft benutzter Ausdruck.

Kāmya, H Skrt., wörtl.: »wünschenswert, angenehm« (von → *kāma:* »Wunsch, Begierde«). Besonders hervorgehoben wird dieser Begriff im ersten Teil der → *Katha-Upanishad* (II, 1–2): »Das Gute ist das eine, das andere das Angenehme. Diese beiden, in ihren Zielen grundverschieden, sind der Beweggrund unseres Handelns. Zum Heil gereicht es jenen, die das Gute wählen. Wer das Angenehme sucht, verfehlt das Ziel. Gutes und Angenehmes bietet sich dem Menschen. Der Weise, beide prüfend, unterscheidet, und zieht das Gute dem Angenehmen vor. Der Tor, von Fleischeslust getrieben, wählt das Angenehme.« (Dt. Übers. v. P. Deussen in: *Sechzig Upanishad's des Veda,* Leipzig 1905, und Prabhavananda/F. Dispeker, *Die schönsten Upanischaden,* Zürich 1951.)

Kanāda, H (Kaṇāda), Skrt.; ein Heiliger und der Begründer der → Vaisheshika-Philosophie. Er war im 2. Jh. v. Chr. vermutlich das Oberhaupt einer Priesterschule und gilt als Verfasser einer Urversion des *Vaisheshika-Sūtra.* Dieses erste systematische Werk der Vaisheshika-Schule enthält in seinen naturphilosoph. Kapiteln bereits eine Atomlehre. (Dt. Übers. v. E. Roer, 1867/68.)

Kanadeva Z, auch → Āryadeva; 15. Patriarch in der ind. Linie des → Zen

Kan Chi, T → Yü Chi

Kāñchī H (Kāñcī), Skrt.; eine der sieben heiligen Städte Indiens, ca. 70 km südlich von Madras gelegen (das heutige Conjeeveram oder Kanchipuram). Dort sollen einmal 108 Shiva-Tempel gestanden haben.

Kanchō, Z jap.; ein von der Meiji-Regierung 1872 in Japan eingeführter Titel für das Oberhaupt einer buddhist. Schule. Im Zen bezeichnet man damit den Abt eines Zen-Klosters, dem eine Reihe von Unter-Klöstern unterstehen.

Kānda H (Kāṇḍa), Skrt., wörtl.: »Abschnitt, Teil«; hauptsächlich gebraucht hinsichtlich der Einteilung der Veden in den → Karma-Kānda, den Werkteil, und den → Jñāna-Kānda, den Erkenntnisteil.

Kandōnin, Z jap., wörtl.: »Mensch des Wegs der Muße«; ein Mensch, der durch tiefe → Erleuchtung völlige Freiheit gewonnen hat, ein tief erleuchteter Zen-Meister.

Kangi-Zatori Z, auch Gangi-Zatori, jap., wörtl.: »stufenweises Satori«; Ausdruck für die Annäherung an tiefe → Erleuchtung (auch → Satori) durch eine Aufeinanderfolge von mehreren kleinen → Kenshō-Erfahrungen. In der Geschichte des Zen wird die Vorstellung von der »stufenweisen Erleuchtung« vor allem mit der auf → Shen-hsiu (jap. Jinshū), einen Schüler des 5. Patriarchen des Zen in China, zurückgehenden Nördlichen Schule in Verbindung gebracht. (Siehe dazu auch → Zengo, → Südliche Schule.)

Kangyur/Tengyur B (bKa'-'gyur/bsTan-'gyur), tibet., wörtl.: »Übersetzung der Verkündigung des Buddha/Übersetzung der Lehre des Buddha«. Der über 300 Bände umfassende Kanon des → Tibetischen Buddhismus. Er enthält alle nach einem Sanskrit-Original ins Tibetische übersetzten buddhist. Werke und ist in verschiedenen Editionen überliefert, die sich in der Anordnung der Texte unterscheiden. Der Kangyur, die Sammlung der Unterweisungen des Buddha → Shākyamuni, besteht aus 92 Bänden mit 1055 Texten, während der Tengyur, die ind. Kommentarwerke, 224 Bände füllt und 3626 Texte umfaßt.

Das buddhist. Schrifttum Indiens ist zum Großteil nur in tibet. und chin. Übersetzungen erhalten. In der ersten Epoche des Buddhismus in Tibet wurden viele Werke übersetzt, doch die, von denen später keine Sanskrit-Originale mehr vorlagen, wurden nicht in den Kanon aufgenommen. Erst im 11. Jh. begann eine systematische Bearbeitung der Übersetzungen, deren Resultat die Sammlung des Kangyur und Tengyur war. Der Kangyur ist in sechs Abteilungen gegliedert: 1. → Tantra, 2. → Prajñāpāramitā, 3. Ratnakūta, 4. *Avatamsaka* (→ *Buddhāvatamsaka*), 5. Sūtra (Mahāyāna- und Hīnayāna-Lehren), 6. → Vinaya.
Der Tengyur unterteilt sich in drei große Abschnitte: 1. → Stotras, 2. Kommentare zu den Tantras, 3. Kommentare zu den Sūtras. Die Kommentare zu den Sūtras enthalten Werke der Prajñāpāramitā-Literatur, der → Mādhyamika- und → Yogāchāra-Schulen sowie des → Abhidharma, aber es finden sich auch Abhandlungen zur Logik und zur Poesie, zur Medizin und Grammatik. In enger Verbindung zu diesen Übersetzungen entwickelte sich in Tibet auch eine umfangreiche originaltibet. Literatur, die den gleichen enzyklopädischen Charakter trägt.

K'an-hua-ch'an, Z chin. für → Kanna-Zen

Kanna-Zen, Z jap. (chin. K'an-hua-ch'an), wörtl.: »das Zen des Betrachtens der Worte«; ein Ausdruck, der zu Lebzeiten des chin. Meisters → Ta-hui Tsung-kao (jap. Daie Sōkō, 1089–1163) geprägt wurde, um die Weise der Zen-Schulung zu bezeichnen, die das → Kōan als wichtigstes Mittel der Schulung auf dem Weg zum Erwachen (→ Erleuchtung, → Kenshō, → Satori) ansah. Schon seit Mitte des 10. Jh. wurden Kōan zur Schulung eingesetzt, doch Ta-hui, ein Schüler und Dharma-Nachfolger (→ Hassu) von → Yüan-wu K'o-ch'in (jap. Engo Kokugon), dem Kompilator des → *Pi-yen-lu,* trug Wesentliches dazu bei, die Kōan-Praxis als Schulungsweg in der → Rinzai-Schule zu etablieren und ihr die endgültige Ausformung zu geben. Seit dieser Zeit wurde »Kanna-Zen« praktisch zu einem Synonym für das Zen der Rinzai-Linie; die Praxis der → Sōtō-Schule wurde als → Mokushō-Zen bezeichnet.

Kannō-Dōkō, Z jap., etwa: »gegenseitige Erwiderung des Gefühls«; im Zen die unmittelbare Kommunikation zwischen Meister und Schüler in einem → Dokusan oder → Mondō oder zwischen Meistern in einem → Hossen. Es ist eine augenblickliche, nicht-dualistische Übereinstimmung im Denken, Fühlen und Handeln, die nicht mehr als Austausch zwischen zwei voneinander verschiedenen Personen, sondern als einheitliches Geschehen erfahren wird, und zu der es i. allg. nur in einem Zustand erhöhter, gesammelter Aufmerksamkeit kommt, wie sie z. B. durch die Übung von → Zazen herbeigeführt wird.

Kannon B Z, auch Kanzeon oder Kwannon, jap. für → Avalokiteshvara

Kansa H (Kaṃsa), Skrt.; ein Tyrannenkönig von Mathurā und Vetter von Devakī, der Mutter Krishnas. Er heiratete zwei Töchter von Jarāsandha, dem König von Magadha.

Kansa vertrieb seinen Vater, und als vorausgesagt wurde, daß ein Sohn Devakīs ihn töten würde, versuchte er, all ihre Kinder umzubringen. Balarāma, ihr siebenter Sohn, wurde heimlich nach Gokula gebracht. Als Krishna, Devakīs achter Sohn, geboren wurde, flohen seine Eltern mit ihm. Der Tyrann gab Befehl, alle männlichen Kinder zu töten. Kansa wurde der große Verfolger Krishnas, aber schließlich tötete dieser ihn. Er wird auch Kalānkura (»Kranich«) genannt und zu den → Asuras gerechnet.

Kan-Shiketsu, Z jap., wörtl.: »getrockneter Scheiß-Spatel«; ein Zen-Ausdruck, mit dem eine Person bezeichnet wird, die der Welt der Erscheinungen verhaftet ist. »Kan-Shiketsu« ist das → Wato eines berühmten Kōan (21. Beispiel des → *Wu-men-kuan*). Der Ausdruck stammt aus Zeiten, da man in China statt Toilettenpapier noch einen Holzspatel zur Säuberung benutzte.

K'an und Li, T chin.; 29. und 30. Hexagramm des → *I-ching,* zwei der Acht Trigramme (→ Pa-kua). Das Trigramm K'an besteht aus einer gebrochenen, einer ungebrochenen und einer gebrochenen Linie: ☵; das Hexagramm K'an besteht aus 2 Trigrammen: ䷜.
Das Trigramm Li besteht aus einer ungebrochenen, einer gebrochenen und einer ungebrochenen Linie: ☲; das Hexagramm ist ebenfalls eine Verdoppelung des Trigramms: ䷝.
K'an und Li stellen die Vereinigung von Yin und Yang (→ Yin-yang) dar, die durch die Trigramme bzw. Hexagramme → Ch'ien ☰ ䷀ und K'un ☷ ䷁ symbolisiert werden, aber auch die Funktion des → Tao, das Himmel (Ch'ien) und Erde (K'un), den Mikro- und den Makrokosmos durchdringt. Wie es im *Buch der Wandlung(en)* heißt, können sie nicht fixiert werden, sondern zirkulieren in der Leere zwischen den sechs Zeilen eines Hexagramms und bilden somit die übrigen Hexagramme. Gemeinsam mit Ch'ien und K'un gelten sie als die »Eltern« der restlichen Hexagramme.
In den Texten der taoist. Alchemisten (→ Nei-tan, → Wai-tan) sind K'an und Li die Ingredienzien, aus denen das Elixier gewirkt wird.

In den Texten der Inneren Alchemie (Nei-tan) wird oft von der Vereinigung von K'an und Li gesprochen; diese Vereinigung läßt im Inneren des Übenden den Heiligen Embryo (→ Sheng-t'ai) entstehen: Die gebrochene Yin-Linie von Li steigt ab, um im Zentrum der Yang-Linie von K'an, die ihrerseits aufsteigt, zu begegnen und sich mit ihr zu vereinigen. Die Aufwärtsbewegung der Yang-Linie von K'an symbolisiert die Läuterung der Essenz (→ Ching) und der Energie (→ Ch'i), die Abwärtsbewegung der Yin-Linie von Li symbolisiert die Kristallisation des Geistes (→ Shen).
Die Alchemisten symbolisieren K'an häufig durch den Weißen Tiger *(pai-hu),* eine Mondsichel oder einen Hasen; ferner wird es assoziiert mit dem Winter, dem Norden, dem Wasser, der Farbe Schwarz, den Nieren und dem Blei.
Li, symbolisiert durch den Grünen Drachen *(ch'ing-lung),* die Sonne oder eine Krähe, wird außerdem mit dem Sommer, dem Süden, der Farbe Rot, dem Herzen, dem Feuer und dem Quecksilber in Verbindung gebracht.
In einem der wichtigsten Texte der Inneren Alchemie, dem *Chou-i ts'an-t'ung-ch'i* des → Wei P'o-yang, heißt es über K'an und Li:
»Die ›Wandlung‹ beruht auf K'an, dem Wasser, Abgründigen, Herz, Seele, Licht, Vernunft;
und Li, dem Feuer, dem Haftenden, der Helligkeit, der Natur in ihrer Verklärung,
und diese beiden, K'an und Li, sind die Funktionen des Schöpferischen und des Empfangenden.
Diese beiden Funktionen haben keine bestimmte Position,
sie wirken und weben zwischen den leeren sechs Positionen hin und her.
Kommen und Gehen sind an nichts gebunden,
auch Oben und Unten schweben frei,
sie sinken ins Verborgene, entschwinden ins Dämmrige.
Verwandlung und Wechsel (von K'an und Li) vollziehen

sich in den sechs leeren Räumen (zwischen den Linien der Hexagramme).
Sie umfangen die Myriaden der Erscheinungen und werden damit zum Großen Prinzip des Tao.«
(Zit. n. Mokusen Miyuki, *Die Erfahrung der Goldenen Blüte,* 1984, S. 49.)

Kanva H (Kaṇva), Skrt.; Name eines → Rishi, dem einige Hymnen des → *Rigveda* zugeschrieben werden. Er gilt als einer der sieben großen Rishis und hat → Shakuntalā als seine Tochter großgezogen. Es gibt noch verschiedene andere, die diesen Namen tragen.

Kanyā-Kumārī, H Skrt., wörtl.: »junges Mädchen, Jungfrau«; in Südindien wird → Durgā, die Göttliche Mutter, als junges Mädchen unter diesem Namen verehrt. Der berühmte Tempel der Kanyā-Kumārī liegt an der südlichsten Spitze des indischen Subkontinents am Kap Komorin, dessen Name von Kumārī abgeleitet ist.

Kanzan, Z jap. für → Han-shan

Kanzan Egen Z, auch Musō Daishi, 1277–1360, jap. Zen-Meister der → Rinzai-Schule; ein Schüler und Dharma-Nachfolger (→ Hassu) von → Myōchō Shūhō (auch Daitō Kokushi). Nach Myōchō, der das → Daitoku-ji, eines der wichtigsten Zen-Klöster von Kyōto, gründete, war Kanzan Egen der zweite Abt dieses Klosters. Später war er der erste Abt des Myōshin-ji ebenfalls in Kyōto, eines Zen-Klosters, das der abgedankte Kaiser Go-Komatsu für ihn bauen ließ.
Nachdem er von Myōchō das Siegel der Bestätigung (→ Inka-Shōmei) erhalten hatte, zog Kanzan, dem Beispiel seines Meisters folgend, sich für viele Jahre in die Berge zurück, um seine Erfahrung dort weiter zu vertiefen. Während dieser Zeit arbeitete er tagsüber als Tagelöhner und saß während der Nacht in Versunkenheit (→ Zazen).
Nach seinem Tod erhielt Kanzan Egen vom jap. Kaiserhaus eine Reihe posthumer Ehrentitel, darunter: Musō Daishi, Honnu Enjō Zenji, Busshin Kakusho Zenji, Daijō Shōō Zenji, Hōmu Ryōkō Zenji.

Kanzeon B Z, auch Kannon oder Kwannon, jap. für → Avalokiteshvara

Kāpāla, H Skrt., wörtl.: »aus Schädeln gebildet«; Anhänger Shivas, die ihn als den »Schrecklichen« verehren. Shivas → Shakti trägt als seine Gemahlin → Kālī eine Kette aus Schädeln um den Hals.

Kapila, H Begründer der → Sānkhya-Philosophie; ein → Rishi, über dessen Leben nichts Näheres bekannt ist. Auch seine Werke sind verlorengegangen. Der ihm zugeschriebene, nur aus 54 Wörtern bestehende *Tattvasamāsa* (»Zusammenfassung der Wahrheit«) gibt keinen Aufschluß über die Anfänge der Sānkhya-Lehre, deren ältestes authentisches Textbuch die sogenannte *Sānkhya-Kārikā* von Īshvarakrishna ist und noch aus der Zeit vor 500 n. Chr. stammen muß.

Kapilavastu, B Skrt. (Pali: Kapilavatthu), Vaterstadt des historischen Buddha, → Siddhārtha Gautama, am Fuße des Himālaya im heutigen Nepal gelegen. Kapilavastu war die Hauptstadt des Reiches der → Shākya. Der Buddha wurde in Lumbinī nahe Kapilavastu geboren und verbrachte Kindheit und Jugend in Kapilavastu.
Wie aus den Texten hervorgeht, besuchte der Buddha seine Heimatstadt auch nach seiner Erleuchtung häufig und hielt dort einige Lehrreden. Sein Vater, Suddhodana, erlangte dabei den Grad des »Stromeintritts« (→ Shrota-Āpanna); Buddhas Sohn → Rāhula wurde dort als Novize (→ Shrāmanera) in den Orden aufgenommen.
In Kapilavastu wurden 1898 Reliquien des Buddha gefunden: In einem → Stūpa entdeckte man eine Urne mit Beigaben und einen Steinkasten, der fünf Gefäße enthielt. Eines davon, eine Urne aus Speckstein, trägt folgende Inschrift: »Diese Urne mit Reliquien des erhabenen Buddha aus dem Shākya-Stamme ist eine Stiftung des Sukiti und seiner Brüder mitsamt Schwestern, Söhnen und Frauen.« (Zit. n. H. W. Schumann, 1976, S. 49.)

Kapimala, Z 13. Patriarch in der ind. Linie des → Zen

Kārana-Purusha H (Kāraṇa-Puruṣa), Skrt.; das Selbst des Menschen, ein Begriff des → Pūrna-Yoga von → Aurobindo, identisch mit → Ātman und → Jīvātman.

Kārana-Sharīra H (Kāraṇa-Śarīra), Skrt., wörtl. *kārana:* »Ursache«, *sharīra:* »Leib, Hülle«; das dritte der → Sharīras, die das Selbst des Menschen überdecken, auch Ursachehülle genannt und identisch mit → Ānandamaya-Kosha, der Seligkeitshülle (→ Kosha).

Kāranopādhi H (Kāraṇopādhi), Skrt.; identisch mit → Kāranā-Sharīra. Im → Rāja-Yoga werden die → Sharīras auch als → Upādhis bezeichnet.

Kārikā, H Skrt.; Kommentar zu einer heiligen Schrift in Versform. Am bekanntesten ist → Gaudapādas Kārikā zur → *Māndūkya-Upanishad.*

Karma, H B Z Skrt., wörtl.: »Tat«.
H Karma wird verstanden als 1. eine geistige oder körperliche Handlung; 2. die Konsequenz einer geistigen oder körperlichen Handlung; 3.

die Summe aller Konsequenzen des Tuns eines Individuums in diesem oder einem vorangegangenen Leben; 4. die Kette von Ursache und Wirkung in der moralischen Welt.
Das Karma eines jeden entsteht aus seinen → Samskāras. Dieses Potential leitet sein Verhalten und steuert seine Motive bei seinen gegenwärtigen wie auch zukünftigen Gedanken und Handlungen. So ist jedes Karma die Saat für ein weiteres. Die Früchte des Karma werden in Form von Freude oder Leid geerntet, je nach der Art der Gedanken oder Handlungen.

Obgleich jeder Mensch sich die Begrenzungen seines Charakters selbst auferlegt, weil sie durch seine vergangenen Gedanken und Handlungen entstanden sind, hat er die Wahl, diesen Tendenzen, die er geformt hat, weiter zu folgen oder sie zu bekämpfen. Die Willensfreiheit und die Möglichkeit der freien Wahl reflektieren in jedem die Freiheit des → Ātman, des innewohnenden Bewußtseins. Hingabe an Gott, das Schaffen von gutem Karma und Auslöschen von schlechtem Karma lockert die Fesseln des Karma-Gesetzes. Nach der Erleuchtung wird kein neues Karma mehr erzeugt.
Man unterscheidet drei Arten von Karma: → Āgāmi-Karma, → Prārabdha-Karma und → Sanchita-Karma. In den Veden bedeutet Karma auch rituelle Anbetung und philanthropisches Verhalten.

B **Z** (Pali: Kamma). Universelles Gesetz von Ursache und Wirkung, das nach buddhist. Auffassung auf folgende Weise wirksam wird: »Die Tat (Karma) erzeugt unter gewissen Umständen eine Frucht (Phala); ist sie reif, dann fällt sie auf den Verantwortlichen nieder. Damit eine Tat Frucht bringt, muß sie moralisch gut (→ Kushala) oder schlecht (→ Akushala) und durch eine Willensregung bedingt sein, die, indem sie in der Psyche des Täters eine Spur hinterläßt, sein Geschick in die durch die Vergeltung der Tat bestimmte Richtung lenkt. Da die Dauer des Reifens gewöhnlich die der Existenz überschreitet, hat die Vergeltung der Taten notwendigerweise eine oder mehrere Wiedergeburten zur Folge, die zusammen den Daseinskreislauf (→ Samsāra) ausmachen.« (Zit. n. A. Bareau, 1964, S. 41.)

Die Wirkung einer Tat, die körperlicher, geistiger oder sprachlicher Natur sein kann, wird also nicht in erster Linie durch den Vollzug der Tat selbst, sondern vor allem durch die Tat*absicht* bestimmt. Es sind die Tatabsichten, die eine karmische Wirkung entstehen lassen. Wenn eine Tat nicht vollzogen werden kann, aber die Absicht dazu besteht, erzeugt schon dies allein Wirkung. Ohne karmische Wirkung ist nur eine Tat, die man frei von Gier, Haß und Wahn ausführt. Dabei ist zu beachten, daß auch gute Taten, die »Belohnungen« mit sich bringen, »Karma« und somit eine neuerliche Wiedergeburt bewirken. Um sich aus dem Kreislauf der Wiedergeburten zu befreien, muß man sich also »guter« und »schlechter« Taten enthalten.
Die Lehre vom Karma stellt keinen Determinismus dar: Die Taten bestimmen zwar die Art der Wiedergeburt, nicht aber die Handlungen eines Menschen; das Karma liefert nur die Situation, nicht die Antwort auf die Situation.

Karma-Kagyü **B** (Kar-ma bKa'-brgyud), tibet., wörtl.: »Mündliche Übertragungslinie der Karmapas«; eine Unterschule der → Kagyüpas, die im 12. Jh. von Düsum Khyenpa (1. → Karmapa) ins Leben gerufen wurde. Die Lehrtradition der Karma-Kagyüs ist aufs engste mit der Linie der Karmapas verbunden. Ihren Namen verdankt diese Schule einer Schwarzen Krone, die aus den Haaren von → Dākinīs gefertigt wurde und die Heilsaktivität (Karma) aller Buddhas vereint. Die Karma-Kagyüs leisteten einen wesentlichen Beitrag zum Erstarken der → Rime-Bewegung und sind heute eine der erfolgreichsten buddhist. Schulen im Westen.

Der 1. Karmapa (1110–1193) gründete die drei Hauptklöster der Schule und wählte Tsurphu als seine Residenz. Mit dem 2. Karmapa (1204–1283) dehnte sich der Einfluß der Karma-Kagyüs bis in die Mongolei aus. Der 3. Karmapa (1284–1339) verfaßte einige der wichtigsten Lehrbücher seiner Schule und schuf eine Synthese zwischen den → Mahāmudrā- und → Dzogchen-Lehren. Wie seine beiden Vorgänger war auch der 5. Karmapa (1384–1415) Lehrer des Kaisers von China und erhielt von diesem die sog. Schwarze Krone (siehe dazu → Karmapa). Der 8. Karmapa (1507–1554) zeichnete sich als Autor auf allen Gebieten der buddhist. Philosophie aus, und auf den 9. Karmapa (1556–1603) gehen die grundlegenden Meditationstexte der Schule zurück. Dem 16. Karmapa (1924–1982) gelang es schließlich, nach der Besetzung Tibets durch die Chinesen, die Lehren seiner Schule zu bewahren und seine Residenz nach Rumtek/Sikkim zu verlegen.
Unterstützt wurden die Karmapas in ihrem Wirken von drei weiteren bedeutenden Inkarnationslinien (→ Tulku): dem Shamar-Tulku, dessen Name sich von einer Roten Krone ableitet, dem Situ-Tulku und dem Gyaltshab-Tulku. Eine der wichtigsten Persönlichkeiten für die Karma-Kagyü-Schule im 19. Jh. war der Gelehrte → Jamgon Kongtrul mit seinem alle Wissensgebiete umfassenden Werk.

Karma-Kānda **H** (Karma-Kāṇḍa), Skrt.; der Werkteil der → Veden, der sich mit Ritualen, Opferhandlungen und Zeremonien befaßt, die später in der → Pūrva-Mīmāmsā-Philosophie interpretiert worden sind.

Dieser Ritualteil, der auch Karma-Mārga genannt wird, besteht aus den → Samhitās und den → Brāhmanas. Der andere Teil der Veden ist der → Jñāna-Kānda, der Erkenntnisteil.

Karmapa, ◼B Skrt.-tibet., etwa: »Mann der Buddha-Aktivität«; die spirituelle Autorität der → Karma-Kagyü-Schule und älteste → Tulku-Linie des Tibetischen Buddhismus. Als Verkörperung des Erbarmens wurde das Auftreten seiner Person sowohl von → Shākyamuni Buddha, als auch von → Padmasambhava prophezeit. In 16 Inkarnationen wirkte er bisher »zum Wohle aller Lebewesen« – seit dem 15. Jh. vor allem durch eine besondere Zeremonie, in der er sich durch das Tragen der Schwarzen Krone als Verkörperung des → Avalokiteshvara zu erkennen gibt.
Die Biographien seiner einzelnen Inkarnationen zeigen den Karmapa als Gelehrten, Asketen, Künstler und Poeten. Die wichtigste Funktion des Karmapa ist die ungebrochene Überlieferung der → Vajrayāna-Lehren. Die Linie der Inkarnationen des Karmapa erstreckt sich über einen Zeitraum von mehr als 800 Jahren:

1. Karmapa Düsum Khyenpa (1110–1193)
2. Karmapa Karma Pakshi (1204–1283)
3. Karmapa Rangjung Dorje (1284–1339)
4. Karmapa Rölpe Dorje (1340–1383)
5. Karmapa Deshin Shegpa (1384–1415)
6. Karmapa Tongwa Dönden (1416–1453)
7. Karmapa Chödrag Gyatsho (1454–1506)
8. Karmapa Mikyo Dorje (1507–1554)
9. Karmapa Wangchuk Dorje (1556–1603)
10. Karmapa Chöying Dorje (1604–1674)
11. Karmapa Yeshe Dorje (1676–1702)
12. Karmapa Changchub Dorje (1703–1732)
13. Karmapa Düdül Dorje (1733–1797)
14. Karmapa Thegchog Dorje (1798–1868)
15. Karmapa Khachab Dorje (1871–1922)
16. Karmapa Rigpe Dorje (1924–1982)

Karmaphalatyāga, ◼H Skrt., wörtl. *karma:* »Handeln«, *phala:* »Frucht, Erfolg, Lohn«, *tyāga:* »Aufgeben, Loslassen«; der Verzicht auf alle Früchte des Handelns, den die → *Bhagavad-Gītā* fordert, die wichtigste Übung des → Karma-Yoga.

Karma-Yoga, ◼H Skrt.; einer der vier Haupt-Yogas, der Wege zur Vereinigung mit Gott. Er besteht aus selbstlosem Tun, bei dem der spirituell Strebende jede Handlung und ihre Ergebnisse Gott als Opfer darbringt.
Im 3. Kapitel der *Bhagavad-Gītā* sagt Krishna zu Arjuna: »Für den Besinnlichen gibt es den Pfad der Erkenntnis, für den Tätigen den Weg der selbstlosen Tat. Niemand wird vollkommen dadurch, daß er der Arbeit entsagt. Niemand kann dem Tun entsagen, jeden zwingen dazu unausweichlich die Gunas. Deshalb mußt du jede Tat vollziehen als eine Darbringung an Gott und frei sein von aller Bindung an die Ergebnisse. Auf diese Weise erreicht der Mensch die Letzte Wahrheit durch Arbeit, ohne sich um ihre Früchte zu sorgen. Der Nichtweise wirkt für die Früchte des Handelns. Der Weise wirkt gleichfalls, doch ohne Verlangen nach Lohn.«
Der Strebende sollte zu einer Einstellung kommen, in der er sich als Zuschauer und nicht als Handelnder betrachtet, weil er erkennt, daß er der → Ātman ist, getrennt von den → Gunas, die alle Handlungen auslösen. Eine Einführung in den Karma-Yoga findet sich in: Swami Vivekananda, *Karma-Yoga und Bhakti-Yoga,* Freiburg 1983.

Karmendriya, ◼H Skrt., wörtl. *karma:* »Tätigkeit«, *indriya:* »Organ«; die fünf Tätigkeitsorgane sind: 1. die Sprache; 2. die Hände; 3. die Füße; 4. das Ausscheidungsorgan; 5. das Zeugungsorgan.

Karosu, ◼Z jap.; ein Zen-Ausdruck für den menschlichen Körper, der auf dessen Vergänglichkeit hinweist und gleichzeitig darauf, daß er eine Art »Gefängnis« darstellen kann. Der Ausdruck, der sich aus den Schriftzeichen für »nicht können«, »entkommen« und »Kind« zusammensetzt, bezeichnete ursprünglich die Schale eines Eis, später allg. eine »Hülle« und wird im Zen jetzt in der genannten Bedeutung benutzt.

Kartavyam-Karma, ◼H Skrt.; eine Handlung, die ausgeführt werden muß, weil das → Karma dazu zwingt; eine Pflicht, die nicht umgangen werden kann.

Kartritva-Abhimāna ◼H (Kartṛtva-Abhimāna), Skrt.; die falsche Vorstellung, daß das Selbst der Handelnde sei, die entsteht, wenn man das Selbst mit dem Körper identifiziert (*abhimāna:* »falsche Voraussetzung«).

Kārttikeya, ◼H Skrt.; 1. der Planet Mars; 2. Name des Kriegsgottes → Skanda.
Im *Mahābhārata* und im *Rāmāyana* ist Kārttikeya als Sohn Shivas bekannt. Er hatte keine Mutter; er entstand daraus, daß Shiva seinen Samen dem Feuer übergab und der Ganges diesen aufnahm. Daraus wurde Kārttikeya geboren. Er wird deshalb auch Agnibhū und Gangāja genannt. Sein Reittier ist der Pfau Paravāni. In einer Hand hält er einen Bogen, in der anderen einen Pfeil.

Karunā ◼H ◼B ◼Z (Karuṇā), Skrt., Pali; Erbarmen, tätiges Mitgefühl, zärtliche Zuneigung.
◼H Alle Handlungen, die helfen, das Leiden anderer zu verringern.

B Z Die hervorragende Eigenschaft aller Bodhisattvas und Buddhas; einer der vier → Brahma-Vihāras. Das Erbarmen erstreckt sich unterschiedslos auf alle Lebewesen und gründet auf der Erfahrung der Einheit alles Seienden in der Erleuchtung (→ Bodhi). Karunā muß von Weisheit (→ Prajñā) begleitet sein, um in der rechten Weise wirksam werden zu können. Die Tugend des Erbarmens ist im Bodhisattva → Avalokiteshvara verkörpert.

Karunā wird oft auch mit »Mitleid« oder »Mitgefühl« übersetzt; da diese Begriffe aber eher passive Einstellungen bezeichnen, die den für Karunā wesentlichen Aspekt der tätigen Hilfe nicht beinhalten, ist der Begriff »Erbarmen« besser geeignet.

Karunā und Prajñā stellen die Haupttugenden der Anhänger des Mahāyāna dar, während im Hīnayāna die Weisheit als wichtigster Faktor auf dem Weg zur Erleuchtung angesehen wurde. – In den Schulen des → Amidismus in China und Japan findet die erbarmende Haltung in der »rettenden Gnade« des Buddha → Amitābha ihren höchsten Ausdruck.

Kārya-Brahman, H Skrt., Kārya wörtl.: »wirkend«; → Brahman als die wirkende Ursache des Universums. Brahman ist nicht nur die abstrakte, sondern durch seine → Shakti auch die wirkende Ursache des Universums. Sonst wäre keine Erscheinungswelt entstanden.

Kasan Muin, Z jap. für → Ho-shan Wu-yin

Kashaku, Z jap., wörtl.: »den Priesterstab (*shaku* = → Shakujō) aufhängen (*ka* = *kakeru*)«; Eintritt eines Mönchs in ein Zen-Kloster zum Zweck der Schulung unter einem → Rōshi nach Beendigung des → Angya.

Die Wahl des Klosters, in das er eintreten will, steht dem Mönch frei; es ist für den weiteren Verlauf seiner Schulung von größter Wichtigkeit, daß er einen Zen-Meister findet, zu dem er absolutes Vertrauen haben und eine tiefe menschliche Beziehung entwickeln kann. So sucht der Mönch auf seiner Pilgerschaft oft mehrere Klöster auf und begegnet den dort lebenden Meistern, bevor er »seinen« Rōshi gefunden hat und in dessen Kloster eintritt. Doch ebenso wie der Mönch seinen Meister, wählt auch der Meister seine Schüler aus. Ist dem Meister klar, daß er nicht der geeignete geistige Führer für einen bestimmten Mönch ist, so wird er ihn zu einem anderen Meister schicken, der den geistigen und charakterlichen Veranlagungen des Mönches besser entspricht.

Gelangt der Mönch (→ Unsui) auf seiner Pilgerschaft zum Eingangstor eines Klosters, so findet er dort zwei links und rechts des Eingangs aufgehängte Holztafeln vor: Auf der einen steht der Name des Klosters geschrieben, auf der anderen der Titel des Zen-Textes, über den der Rōshi des Klosters in dieser Schulungsperiode → Teishō hält. Das Durchschreiten des massiven, oft wie ein Bollwerk gegen die Außenwelt anmutenden Tempeltors in der Absicht, um Aufnahme in das Kloster zu bitten, ist äußeres Zeichen des Entschlusses, sich auf den endlosen Weg der geistigen Schulung zur Verwirklichung des → Buddha-Dharma zu begeben.

Kashāya H (Kaṣāya), Skrt., wörtl.: »Leidenschaft«; der feine Einfluß, den die Befriedigung der Sinne im Bewußtsein als → Samskāra zurückläßt.

Kāshī H (Kāśī), Skrt.; der alte Name für das heutige Vārānasī, das die Engländer Benares genannt haben. Ein berühmter Pilgerort am Ganges, eine der sieben heiligen Städte. In Kāshī wird außer → Annapūrnā im Annapūrnā-Tempel hauptsächlich Shiva unter dem Namen → Vishvanātha als Herr des Universums im gleichnamigen Tempel verehrt. Man nennt Benares auch die Stadt Shivas.

Viele Hindus kommen zum Sterben nach Kāshī, weil der Tod in der »Goldenen Stadt«, wie sie in der Mythologie genannt wird, Befreiung verheißt. Man sagt, daß, wer in Benares stirbt, die Vision Shivas haben werde. Er flüstere dem Sterbenden ins Ohr: »Was du jetzt siehst, ist meine Verkörperung in Māyā. Ich nehme diese Form um derer willen an, die mich verehren. Aber siehe: Jetzt gehe ich ein in das unsichtbare → Satchidānanda.« Mit diesen Worten löse Shiva seine Form auf und ermögliche es dem Sterbenden, Brahman zu schauen und dadurch Befreiung zu erlangen. Es gibt Heilige, die eine Vision von Benares als einer goldenen Stadt hatten und sahen, wie Shiva von einem Sterbenden zum anderen schritt und ihm die obigen Worte ins Ohr flüsterte.

Kashyapa H (Kaśyapa), Skrt.; ein Heiliger der Veden, dem zahlreiche Hymnen, vor allem über die Schöpfung, zugeschrieben werden.

Im *Mahābhārata,* im *Rāmāyana* und in den Purānas ist er der Sohn von → Brahmā und der Vater von Vivasvat, der wiederum der Vater von → Manu war. Kashyapa bedeutet Schildkröte, als amphibisches Wesen ein Symbol dafür, daß alles aus dem Wasser entstanden ist, und deshalb sagte man: »Alle Geschöpfe sind Nachkommen von Kashyapa.« Im *Atharvaveda* heißt es: »Der selbstgeborene Kashyapa entstand aus Zeit«, und Zeit ist identisch mit → Vishnu. Da er der Vater von allen ist, wird er auch oft → Prajāpati genannt. Er ist einer der sieben großen → Rishis und war der Priester von → Parashu-Rāma und Rāmachandra (→ Rāma).

Kāshyapa, B Z 1. Der Buddha des dem jetzigen vorausgegangenen Weltzeitalters, siehe auch → Buddha, 1.

2. → Mahākāshyapa.

Kasina, B Pali, wörtl.: »Gesamtbereich«; Bezeichnung für die zehn »Gesamtbereiche«, die als Meditationsobjekte, d. h. als Hilfsmittel zur

Sammlung des Geistes dienen, wobei dieser ausschließlich und mit voller Deutlichkeit nur von diesem einen Objekt erfüllt ist und schließlich damit eins wird (→ Samādhi). Fährt man in der Übung fort, wird jegliche Sinnestätigkeit ausgeschaltet, und man tritt in den Zustand der ersten Versunkenheit (→ Dhyāna) ein. Die zehn Kasina sind: Erde, Wasser, Feuer, Wind, Blau, Gelb, Rot, Weiß, Raum (→ Ākāsha), Bewußtsein (→ Vijñāna), die man in Form einer Erdscheibe, einer Wasserschüssel, eines brennenden Stabes, einer farbigen Scheibe usw. als Meditationsobjekte benutzt.

Kassapa, B Z Pali → Mahākāshyapa

Kataku Jin'e, Z jap. für → Ho-tse Shen-hui

Kataku-Schule Z (chin. Ho-tse-tsung, jap. Kataku-shū); eine Schule des Zen in China, die auf → Ho-tse Shen-hui (jap. Kataku Jin'e), einen Schüler des 6. Patriarchen (→ Hui-neng) zurückgeht. Im Gegensatz zu den Lehren des traditionellen indischen Meditations-Buddhismus (→ Dhyāna-Buddhismus), in dessen Tradition → Bodhidharma, der 1. Patriarch des Zen in China, stand und der das Zen der Vorgänger von Hui-neng und damit die Nördliche Schule des Zen in China (siehe dazu → Südliche Schule) prägte, betonte Ho-tse, daß sich die → Erleuchtung nicht mit Hilfe meditativer »Techniken« durch »allmähliches« Fortschreiten verwirklichen ließe. Die wahre Übung des Zen bestünde vielmehr in der Verwirklichung der »Abgeschiedenheit des Geistes« (chin. *wu-hsin*, auch mit »Nicht-Geist« oder »Nicht-Denken« übersetzt, → Mushin), welche zur augenblicklichen, unmittelbaren Schau des eigenen Wesens (→ Kenshō), der »plötzlichen Erleuchtung«, führe. Obwohl Ho-tse Wesentliches zur offiziellen Anerkennung von Hui-neng und seiner Südlichen Schule beitrug, gehört die von ihm gegründete Kataku-Schule nicht zu den »Fünf Häusern – Sieben Schulen« (→ Goke-Shichishū) und starb nach einigen Generationen aus.

Der einzige bekannte Meister, der aus dieser Linie hervorging, war → Kuei-feng Tsung-mi (jap. Keihō Shūmitsu), der jedoch weniger als Zen-Meister bekannt ist, sondern als der 5. Patriarch der → Kegon-Schule des chin. Buddhismus (chin. Hua-yen-tsung, jap. Kegonshū). Nach seinem Tod erhielt Ho-tse den Ehrentitel Chen-tsung-ta-shih (jap. Shinshū Daishi).

Kathaka, H Skrt.; 1. eine Auslegung des → *Yajurveda,* die eine Position zwischen dem *Schwarzen* und dem *Weißen Yajurveda* einnimmt; 2. Bezeichnung für jemanden, der öffentlich aus heiligen Schriften vorliest und sie erklärt, was in Indien besonders häufig geschieht, weil viele nicht lesen können.

Katha-Upanishad H (Kaṭha), auch Kathaka, Skrt.; eine Upanischade des *Schwarzen* → *Yajurveda,* in der die Unterweisung → Nachiketas durch Yama, den Gott des Todes, beschrieben wird. (Dt. Übers. v. P. Deussen in: *Sechzig Upanishad's des Veda,* Leipzig 1905.)

Katsu! Z, auch Kwatsu!, jap. (chin. Ho!); Ausruf ohne eindeutige Bedeutung, der von den Zen-Meistern ähnlich wie der Stock (→ Kyosaku) eingesetzt wird, der aber auch in der Begegnung mit anderen Meistern (→ Mondō, → Hossen) als ein Ausdrucksmittel dient, das den begrifflich-verbalen Ausdruck transzendiert. Wie ein Stockhieb zur rechten Zeit, so kann auch ein kraftvoller Schrei des Meisters genau im rechten Moment dem Zen-Schüler zu einem Durchbruch zur erleuchteten Sicht (→ Erleuchtung, → Kenshō, → Satori) verhelfen.

Der Überlieferung nach wurde dieser Schrei zuerst von dem großen chin. Meister → Ma-tsu Tao-i (jap. Baso Dōitsu) benutzt, der für seine donnernde Stimme bekannt war. Berühmt für den geschickten Einsatz von »Stock und Schrei« war auch → Lin-chi I-hsüan (jap. Rinzai Gigen), der vier Arten des »Ho!« unterschied: »Manchmal ist es wie das Diamantschwert des Vajra-Königs; manchmal ist es wie der goldhaarige Löwe, der sich geduckt anschleicht; manchmal ist es wie eine Lockstange, an deren Ende ein Büschel Gras baumelt; manchmal ist es überhaupt kein Ho.«

Das *Lin-chi lu* enthält zahlreiche Episoden, in denen Meister Lin-chi »Stock und Schrei« anwendet. Zwei Beispiele dafür sind:

– »Ein Mönch fragte: ›Meister, woher kommt das Lied, das Ihr singt? Was ist eure Weise?‹

Der Meister sagte: ›Als ich noch bei Huang-po war, befragte ich ihn dreimal, und dreimal schlug er mich.‹ Der Mönch zögerte. Der Meister schrie ›Ho!‹, schlug ihn und sagte: ›Man kann keinen Nagel in den leeren Raum treiben.‹«

– »Ein Mönch fragte: ›Was ist die Essenz des Buddhismus?‹

Der Meister hob seinen Fliegenwedel [→ Hossu]. Der Mönch schrie ›Ho!‹

Der Meister schrie ebenfalls ›Ho!‹ Der Mönch zögerte, der Meister schlug ihn.«

Kattō, Z jap., wörtl.: »Schlingpflanzen (-Dickicht)«; Zen-Ausdruck, mit dem allzu wortreiche Darlegungen des → Buddha-Dharma bezeichnet werden. Auch gebraucht für ein Hängen an Wörtern und deren buchstäblicher Bedeutung. Mit Kattō-Zen (auch Moji-Zen) bezeichnet man ein Zen, das am Wortlaut der

Schriften hängt, statt deren tiefere Bedeutung unmittelbar zu erfassen.

Katyāyana, B → Zehn Große Jünger des Buddha

Kātyāyana, H bedeutender Schriftsteller des 3./2. Jh. v. Chr., der → Pāninis Grammatik vervollständigte und identisch sein soll mit → Vararuchi, dem Verfasser von *Prākrita-Prakāsha* (»Das ursprüngliche Licht«). – Der Legende nach war Kātyāyana als → Pushpadanta ein Begleiter Shivas, der dessen Gespräch mit → Pārvatī belauschte und ausplauderte, was ihm die Strafe eintrug, Mensch zu werden.

Kaupīna H, auch Kaupīn, Skrt.; das Lendentuch der Sādhus und Asketen, ein Symbol für ihre Entsagung.

Kauravas, H Skrt., wörtl.: »von Kuru stammend«; ein Volksstamm, der die → Pāndavas überfiel und aus ihrem Reich vertrieb. Diese kehrten später zurück und besiegten mit Hilfe von Indra, Arjuna und Balarāma die Kauravas und erlangten ihr Königreich zurück. In dieser großen Schlacht, die im → *Mahābhārata* ausführlich beschrieben wird, ist Krishna der Wagenlenker Arjunas. Unmittelbar vor der Schlacht belehrt Krishna im Angesicht der beiden Heere den zögernden Arjuna. Dieses Gespräch ist die berühmte → *Bhagavad-Gītā.*

Kaushītaki H (Kauṣītaki), Skrt.; 1. ein → Shākhā des *Rigveda;* 2. Name eines → Brāmana und → Āranyaka; 3. Name einer Upanischade des *Rigveda,* die sich hauptsächlich mit der Lehre über den → Ātman befaßt. (Dt. Übers. v. P. Deussen in: *Sechzig Upanishad's des Veda,* Leipzig 1905.)

Kautsa, H ein rationalistischer Philosoph, der vor → Yāska, dem Verfasser des → *Nirukta,* lebte, die Veden für bedeutungslos hielt und die → Brāhmanas als Fehlinterpretation bezeichnete. Yāska ist diesen Einwänden entgegengetreten.

Kavi, H Skrt., wörtl.: »Dichter, Seher«; jemand, der aus eigener Einsicht das höhere Licht der Erkenntnis enthüllt. → Aurobindo sagt dazu: »Die Rishis des alten Indiens waren sowohl Kenner des Göttlichen als auch Kavis, dichterische Seher, die die ewigen Wahrheiten, die sie intuitiv erfaßten, in poetische Hymnen kleideten, die heute als *Rigveda* bekannt sind.«

Kāyagatā-Sati, B Pali → Körperbetrachtung

Kazan Muin, Z jap. für → Ho-shan Wu-yin

Kedārnāth, H Skrt.; ein Gipfel im Himālaya, einer der vier heiligen Plätze Indiens (die anderen drei sind → Dvārakā, → Puri und → Rāmeshvara), ein bekannter Pilgerort, der nur im Sommer erreichbar ist. In dem dortigen Tempel wird einer der zwölf großen → Lingas als Kedārnāth (ein Name für → Shiva) verehrt. Auch in → Kāshī gibt es einen Tempel, in dem Shiva als Kedārnāth verehrt wird.

Kegon-kyō, B Z jap. für → *Buddhāvatamsaka-Sūtra*

Kegon-Schule, B jap., wörtl.: »Schule der Blumengirlande«; Schule des jap. Buddhismus, die der chin. → Hua-yen-Schule entspricht. Sie wurde um 740 von Shen-hsiang (jap. Shinshō) von China nach Japan gebracht. Erster jap. Vertreter der Kegon-Schule war Roben (689–772).

Kaiser Shōmu (724–748) wollte Japan nach den Prinzipien des Kegon regieren. Er ließ das Tōdai-ji (»Großes östliches Kloster«) in Nara errichten, worin sich eine riesige Statue des Buddha → Vairochana (jap. Birushana) befindet. Dieses Kloster ist noch heute das Zentrum der Kegon-Schule.

Die Kegon-Schule war für die philosoph. Entwicklung des jap. Buddhismus von außerordentlicher Bedeutung. Das grundlegende Sūtra dieser Schule, das → *Buddhāvatamsaka-Sūtra* (jap. *Kegon-kyō*), wurde politisch gedeutet und als Bestätigung des Einheitsideals des Staatswesens und der dem jap. Buddhismus eigenen nationalpolitischen Färbung aufgefaßt.

Über die Lehren der Kegon-Schule → Hua-yen-Schule.

Keihō Shūmitsu, Z jap. für → Kuei-feng Tsung-mi

Keitoku Dentō-roku, Z jap. für → *Ching-te ch'uan-teng-lu*

Keizan Jōkin, Z 1268–1325, nach → Dōgen Zenji der bedeutendste Zen-Meister in der → Sōtō-Schule in Japan; er wird auch als der 4. Patriarch (→ Soshigata) des jap. Sōtō-Zen bezeichnet. Keizan Jōkin gründete das → Sōji-ji, eines der beiden Hauptklöster der jap. Sōtō-Schule, und verfaßte das → *Denkō-roku,* das zu den wichtigsten Schriften des Sōtō-Zen gehört. Weitere Schriften von Keizan Jōkin sind das *Keizan Shinki,* das → *Zazen Yōjinki,* das *Sankon Zazen Setsu* und das *Kyōjukaimon.*

Kekka-Fusa, Z jap.; Bezeichnung für die Lotoshaltung (Skrt. Padmāsana), die im Fernen Osten als die für die Meditation geeignetste Sitzhaltung

angesehen wird. In dieser Haltung wird der Buddha ikonographisch dargestellt.
In der Lotos-Haltung sind die Beine verschränkt, der rechte Fuß liegt auf dem linken Oberschenkel, der linke Fuß auf dem rechten Oberschenkel, der Rücken ist aufrecht, und die Hände ruhen mit nach oben gekehrten Handflächen auf den Fersen beider Füße. Anders als in den meisten anderen buddhist. Schulen liegt bei der Übung des → Zazen die linke Handfläche auf der rechten, worin die Vorherrschaft der passiven über die aktive Körperseite bei dieser Form der meditativen Übung zum Ausdruck kommt.

Kena-Upanishad **H**, auch *Talavakāra-Upanishad,* Skrt.; eine Upanischade des → *Sāmaveda.* Sie befaßt sich mit dem eigenschaftslosen → Brahman und seiner Unerreichbarkeit durch den Verstand, macht aber klar, daß es die Sehnsucht aller Kreaturen ist, über die Begrenzung des Verstandes hinauszugelangen und eins mit Brahman zu werden. (Dt. Übers. v. P. Deussen in: *Sechzig Upanishad's des Veda,* Leipzig 1905; Prabhavananda/F. Dispeker, *Die schönsten Upanischaden,* Zürich 1951.)

Kenchō-ji, **Z** jap.; Kloster der jap. → Rinzai-Schule, zu dessen erstem Abt 1253 der chin. Zen-Meister → Lan-ch'i Tao-lung (jap. Rankei Dōryū) berufen wurde. Es liegt in Kamakura und gehört zu den »Fünf Bergen« (→ Gosan) dieses Zentrums des Zen in Japan. Das Kenchō-ji ist eines der wenigen jap. Klöster, in denen heute noch Mönche in echter Zen-Tradition geschult werden.

Ken-chū-shi, **Z** jap. → Fünf Grade (der Erleuchtung), 4.

Ken-chū-to, **Z** jap. → Fünf Grade (der Erleuchtung), 5.

Kendō, **Z** jap., wörtl.: »Schwert-Weg«; das Fechten im jap. Stil, bei dem das Schwert mit beiden Händen geführt wird. Besonders im mittelalterlichen Japan, in dem die Kunst des Schwertkampfes in besonderem Ansehen stand und geradezu eine Lebensnotwendigkeit war, aber auch noch bis in die Neuzeit war es üblich, daß die Adepten des Kendō sich im Zen schulten, um Geistesgegenwart und spontane Reaktionsfähigkeit (→ Jōriki) sowie furchtlose Todesbereitschaft zu entwickeln. Einige jap. Zen-Meister waren zugleich hervorragende Schwert-Meister.
In einem Text des Zen-Meisters → Takuan, in dem er die Geisteshaltung des Zen-Übenden mit der des Schwertkämpfers vergleicht, heißt es:
»Vom recht verstandenen Ken aus gesehen, sind nicht nur das Zen, sondern auch das große Gesetz von Himmel und Erde sowie alle Gesetze des Weltalls nichts anderes als Kendō; und umgekehrt, vom Zen her gesehen sind nicht bloß das Ken, sondern auch alle Dinge des Universums nichts anderes als Wellenbewegungen auf dem Ozean des Zen. Noch eindringlicher gesagt: Die Einheit von Ken und Zen bedeutet jene Stufe, auf der es weder Ken noch Zen gibt und wir trotzdem im Weltall nichts finden können, was kein Ken und kein Zen wäre.« (Übers. von Fumio Hashimoto, zit. in: K. Dürckheim, *Wunderbare Katze,* 1979, S. 37.)

Kennin-ji, **Z** jap.; ein Kloster der → Rinzai-Schule in Japan, zu dessen erstem Abt 1202 → Eisai Zenji berufen wurde. Auf dem Gelände des Kennin-ji befanden sich auch Kultstätten der zur Zeit der Gründung des Kennin-ji in Kyōto vorherrschenden Schulen des Buddhismus, der Tendai- und der Shingon-Schule (→ Mikkyō). Viele der Äbte des Kennin-ji hatten, vor allem während des jap. Mittelalters, enge Beziehungen zum Tendai-Buddhismus und waren in ihrer Lehrweise von diesem beeinflußt. Das Kennin-ji gehört zu den »Fünf Bergen« (→ Gosan) von Kyōto.

Kenshō, **Z** jap., wörtl.: »Wesensschau«; Ausdruck des Zen für die Erfahrung des Erwachens (→ Erleuchtung). Da es sich dabei um die »Schau ins eigene Wahre-Wesen« handelt, wird Kenshō i. allg. mit »Selbst-Wesensschau« übersetzt. Wie alle Wörter, die die begrifflich nicht faßbare Erleuchtungserfahrung auf einen Begriff zu bringen versuchen, ist auch dieses nicht ganz treffend und sogar mißverständlich, da die Erfahrung keine Dualität von »Schauendem« und »Geschautem« beinhaltet – da ist kein »Selbst-Wesen« als Objekt, das von einem von diesem verschiedenen Subjekt »geschaut« würde.
Semantisch hat Kenshō im Grunde die gleiche Bedeutung wie → Satori, und beide Begriffe werden oft synonym gebraucht. Es ist jedoch üblich, das Wort »Satori« zu verwenden, wenn man von der Erleuchtung des Buddha und der Zen-Patriarchen spricht, während man bei einer anfänglichen Erleuchtungserfahrung, die noch besonders der Vertiefung bedarf, eher von einem Kenshō spricht.

Kenshō-Jōbutsu, **Z** jap., wörtl.: »(Selbst-)Wesensschau – Buddha-Werdung«; knappe Umschreibung des Ziels der Zen-Schulung, die den Übenden mit Hilfe von → Zazen und der → Kōan-Schulung zur Erfahrung des Erwachens (→ Erleuchtung, → Kenshō, → Satori) führen soll und durch unendliche Vertiefung dieser Erfahrung schließlich zur Vollkommenen Erleuchtung eines Buddha.
»Buddha-Werdung« ist hier vom Erleben her zu

verstehen, denn nach der Lehre des Zen ist jedes Lebewesen ja bereits »im Grunde« Buddha, d.h. mit dem makellosen Buddha-Wesen (→ Busshō) begabt, also vollkommen. Allerdings ist sich der Unerleuchtete (→ Bonpu-no-Jōshiki) dieser Identität mit dem Buddha-Wesen nicht bewußt, weshalb es für ihn den Anschein hat, daß er »zum Buddha wird«, wenn er in der Erleuchtung seines Wahren-Wesens zum ersten Mal inne wird.

Kentan, Z jap., wörtl.: »Ansehen des → Tan«; Rundgang des Zen-Meisters durch das → Zendō entlang der Reihen der → Zazen-Übenden früh morgens während der ersten Sitzrunde eines → Sesshin-Tages. Der Meister verschafft sich dabei einen Eindruck von der Verfassung der Übenden und wird von diesen mit → Gasshō begrüßt.

Kentsui, Z jap., wörtl.: »Zange (und) Schmiedehammer«; ein Ausdruck des Zen für die Weise, in der ein Zen-Meister seine Schüler schult – sie ist, wie viele Beispiele der alten Meister (→ Kōan) zeigen, nichts für zimperliche Gemüter. Diese oft hart anmutende Schulungsweise ist jedoch Ausdruck größter Barmherzigkeit des Meisters, der seinen Schülern damit hilft, ihre tiefsten Potentiale zu verwirklichen und auf dem Weg zum Erwachen (→ Erleuchtung) so weit wie möglich voranzuschreiten.

Kesa, Z jap., wörtl.: »grobe Woll-Stola«; urspr. das Schultertuch, das zu den Kleidungsstücken eines buddhist. Mönchs gehört. Im Zen ist dieser aus grobem Stoff (gewöhnlich Flickwerk) gefertigte Umhang stilisiert zu einem Brustlatz aus Brokatstücken, der das Flickengewand verkörpert und von Zen-Meistern und -Priestern zu festlichen Gelegenheiten oder bei → Sesshin getragen wird.

Keshab Chandra Sen, H 1838–1884, bekannter ind. Reformator und dritter Leiter des → Brāhmo-Samāj.

Keshab war vom Christentum beeinflußt und wollte den Samāj entsprechend reformieren, weshalb er sich 1868 von Devendranāth → Tagore trennte. Er glaubte, den göttlichen Auftrag erhalten zu haben, Gottes Gesetz neu zu interpretieren. Er nannte es Navavidhān (wörtl.: »Neue Austeilung«). Interessant sind seine Begegnungen mit → Rāmakrishna.

Ketsuge, Z jap., wörtl.: »den Sommer beginnen«; der erste Tag des → Ango, der sommerlichen Schulungsperiode in einem Zen-Kloster.

Kevala Asti, H Skrt., wörtl.: »Du bist allein«; Hinweis, daß man mit der Vielfalt der Erscheinungswelt als → Nāmarūpa nichts zu tun hat, sondern einzig und allein → Ātman ist.

Kevalādvaita-Vedānta, H Skrt., *kevala* wörtl.: »einzig, vollständig«; der eigenschaftslose Nicht-Dualismus → Shankaras, der lehrt, daß Gott und die individuelle Seele in ihrer Transzendenz identisch sind. Alles andere ist → Māyā und somit unwirklich.

Khadroma, B tibet. für → Dākinī

Kham Brahm, H Skrt., wörtl.: »Alles ist Brahman«; ein → Advaita-Ausspruch der Veden, der besagt, daß nichts anderes existiert als → Brahman, weil alles nur Brahman ist. Jede andere Auffassung ist eine Täuschung, ist nur eine Überdeckung Brahmans mit Denkinhalten.

Kheyala, H Skrt.; eine plötzliche, unerwartete psychische Regung in Form eines Wunsches oder von Wille, Aufmerksamkeit, Erinnerung oder Erkenntnis. Die Heiligen haben Kheyala auch als unergründlichen Akt Gottes interpretiert, wie z.B. seine Aufteilung in die Vielfalt der Schöpfung. Wenn ein Erleuchteter ohne Ego fühlt, denkt und sich bewegt, dann ist das Kheyala, weil ein göttlicher, spontaner Wille sich in einem menschlichen Körper manifestiert.

Khuddaka-Nikāya, B Pali, wörtl.: »Kurze Sammlung«; fünfter Teil des Sutta- bzw. → Sūtra-Pitaka, bestehend aus 15 »kurzen« Abschnitten: 1. *Khuddaka-Pātha:* Sammlung von Regeln und Vorschriften für Zeremonien u.ä. 2. *Dhammapada:* Besteht aus 426 Versen über die Grundlagen der buddhist. Lehre und erfreut sich in den Ländern des → Theravāda-Buddhismus großer Beliebtheit. Es ist in 26 Kapiteln angeordnet. 3. *Udāna:* Enthält 80 feierliche Aussprüche des Buddha. 4. *Itivuttaka:* (wörtl.: »So ist gesagt worden«) Besteht aus Abhandlungen über moralische Fragen, die dem Buddha zugeschrieben werden. 5. *Sutta-Nipāta:* Einer der ältesten Teile der kanonischen Literatur, weist hohen literarischen Wert auf. 6. *Vimāna-Vatthu:* Sammlung von 83 Legenden, die zeigen, wie man durch ein tugendhaftes Leben eine Wiedergeburt als Gott (→ Deva) erlangen kann. 7. *Peta-Vatthu:* Über die Wiedergeburt als Hungriger Geist (→ Preta) nach einem Leben in Untugend. 8. *Thera-Gāthā:* Sammlung von 107 Liedern *(Gāthā)*, die den »ältesten« Mönchen (→ Thera) zugeschrieben werden; sie stammen aus der frühen Zeit des Buddhismus. 9. *Therī-Gāthā:* 73 Lieder der weiblichen »Ältesten« (→ Therī), die durch ihre Tugenden berühmt wurden. 10. → *Jā-*

taka. 11. *Niddesa:* Kommentar zum *Sutta-Nipāta* (s. Nr. 5). 12. *Patisambhidā-Magga:* Analytische Abhandlungen im Stil des → Abhidharma. 13. *Apadāna:* Enthält Geschichten über die früheren Existenzen von Mönchen, Nonnen und Heiligen, die für ihre Wohltätigkeit berühmt waren. 14. *Buddhavamsa:* Verserzählungen über die 24 Buddhas, die dem Buddha → Shākyamuni vorausgegangen sind. 15. *Chariyā-Pitaka:* Sammlung von Erzählungen, die Themen des *Jātaka* aufgreifen. Sie zeigen, wie der Buddha in seinen früheren Existenzen die Zehn Vollkommenheiten (→ Pāramitā) verwirklicht hat.

Dhammapada, Sutta-Nipāta, Thera-Gāthā und *Therī-Gāthā* wurden von K. E. Neumann ins Deutsche übertragen (*Die Reden Gotamo Buddhos,* Zürich 1957).

Ki, Z jap., wörtl.: »das Wirken«; im Zen die bei jedem Meister seiner individuellen Persönlichkeit und der tiefe seiner Zen-Erfahrung entspringende, ganz eigene Weise, seine Schüler zu schulen.

Kian Eshō, Z jap. für → Hsü-an Huai-ch'ang

Kiangsi Tao-i, Z → Ma-tsu Tao-i

Kichijō-ji, Z jap.; ein zur → Sōtō-Schule gehörendes Zen-Kloster in Kyōto, das 1457 von Ōta Dōkan gegründet wurde und während der Tokugawa-Zeit zu den wichtigsten Zentren des Zen in Japan gehörte.

Kidō Chigu, Z jap. für → Hsü-t'ang Chih-yü

Kikai-Tanden, Z jap. → Hara

Kikan-Kōan, Z jap. → Kōan

Kimō-Tokaku, Z jap., wörtl.: »Schildkröten-Haar (und) Hasen-Horn«; ein Zen-Ausdruck, mit dem der Glaube an etwas, das es nicht wirklich gibt, bezeichnet wird – d. h. der Glaube an eine unvergängliche Substanz der Phänomene oder an ein → Ich als Subjekt, das getrennt und verschieden ist von Objekten »da draußen«. (Siehe dazu auch → Verblendung.)

Kingyū, Z jap. für → Chin-niu

Kinhin, Z jap.; Übung des Zen im Gehen, wie es in Zen-Klöstern zwischen den einzelnen Sitzzeiten (→ Zazen) geübt wird.

In der → Rinzai-Schule geht man schnell und energisch, oft im Laufschritt, während in der → Sōtō-Schule ein Kinhin im »Zeitlupentempo« geübt wird. In der auf den modernen Zen-Meister → Daiun Sōgaku Harada zurückgehenden Linie des Zen wird eine etwa in der Mitte zwischen diesen beiden Extremen liegende Gangart geübt.

Kinzan Bunsui, Z jap. für → Ch'in-shan Wen-sui

Kīrtana H, auch Kīrtan oder Sankīrtan, Skrt.; gemeinsames Rezitieren, Singen und Tanzen zu Ehren Gottes, das besonders im → Bhakti-Yoga eine große Rolle spielt, da es die Gefühle des Bhakta steigert und ihn dadurch auf dem Weg zu Gott voranbringt.

Kissako, Z jap., wörtl.: »Trink (eine Schale) Tee!«; ein Zen-Spruch, der auf den großen chin. Zen-Meister → Chao-chou Ts'ung-shen (jap. Jōshū Jūshin) zurückgeht. Er weist darauf hin, daß ein Leben aus der Zen-Erfahrung nicht etwas »Besonderes«, von alltäglichen Verrichtungen Getrenntes, ist.

Kleines Fahrzeug, B → Hīnayāna

Klesha H B (Kleśa), Skrt., wörtl.: »Plage, Befleckung, Leidenschaft«.

H Ein Begriff der Yoga-Philosophie des → Patañjali. In seinem *Yoga-Sūtra* werden fünf Plagen, d. h. Hindernisse auf dem Weg zum → Samādhi, aufgezählt: Nicht-Wissen (→ Avidyā), Egoismus, Liebe, Haß und Lebensdurst, wobei Avidyā die Wurzel der vier übrigen ist.

B (Pali: Kilesa); bezeichnet alle den Geist trübenden Eigenschaften, die die Grundlage aller unheilsamen (→ Akushala) Handlungen bilden und den Menschen so an den Kreislauf der Wiedergeburten (→ Samsāra) binden. Die Erlangung der Arhatschaft (→ Arhat) bedeutet die Auslöschung aller Kleshas.

Die Kleshas werden ganz verschieden eingeteilt; im → *Visuddhi-Magga* findet man zehn Kleshas angeführt: Gier (→ Trishnā), Haß, Wahn, Stolz, falsche Ansichten (→ Drishti), Zweifel (→ Vichikitsā), Starrheit, Aufgeregtheit, Schamlosigkeit, Gewissenlosigkeit. Oft findet man auch die Einteilung in Mūlaklesha und Upaklesha: unter Mūlaklesha versteht man Gier, Haß, Wahn, Stolz, Zweifel, falsche Ansichten (z. B. Persönlichkeits-, Ewigkeits- und Vernichtungsglaube, Verneinung des Karma-Gesetzes, Beharren auf diesen falschen Ansichten, und der Glaube, daß falsche Lehren zum Heil führen können). Upakleshas sind die mit den Mūlakleshas verbundenen Leidenschaften. Manchmal werden darunter auch die Fünf Hemmnisse (→ Nīvarana) verstanden.

Die falschen Ansichten können durch bloßes Anschauen (→ Darshana) ausgeschaltet werden; die anderen Leidenschaften, die auf Gier, Haß und ähnlichen emotionellen Faktoren beruhen und nicht wie die vorhergehenden intellektueller Natur sind, können nur viel schwerer und langsamer ausgeschaltet werden. Man kann sich ihrer durch wiederholtes Üben von Meditation (→ Bhāvanā) wie → Dhyāna, → Samāpatti und Sammlung (→ Samādhi) entledigen.

Kōan, Z jap., wörtl.: »öffentlicher Aushang«; im Chinesischen *(kung-an)* bedeutet es ursprünglich einen juristischen Präzedenzfall. Im Zen ist es eine Formulierung aus einem → Sūtra oder einer Darlegung der Zen-Erfahrung (→ Teishō), eine Episode aus dem Leben alter Meister, ein → Mondō oder → Hossen, die alle jeweils auf die Letzte-Wahrheit hindeuten. Das Wesentliche eines jeden

Bildliche Darstellung eines berühmten Kōan: Na-ch'üan tötet die Katze (*Mumonkan* 14). (Tuschemalerei von Sengai.)

Kōan ist das Paradoxon, also das, was »jenseits (griech. *para*) des Denkens (griech. *dokein*)« ist, was logisches, begriffliches Verstehen transzendiert. Das Kōan ist also kein »Rätsel«, da es nicht mit dem Verstand zu lösen ist; zu seiner »Lösung« bedarf es eines Sprunges auf eine andere Ebene des Begreifens.

Etwa seit Mitte des 10. Jh. wurden Kōan im Zen systematisch als Mittel der Schulung eingesetzt. Da sich das Kōan jeder Lösung mit den Mitteln des Verstandes entzieht, macht es dem Zen-Schüler die Grenzen des Denkens deutlich und zwingt ihn schließlich, sie in einem intuitiven Sprung zu transzendieren, durch den er sich in der Welt jenseits aller logischen Widersprüche und dualistischen Denkweisen wiederfindet. Aus dieser Erfahrung heraus kann der Schüler dem Meister im → Dokusan seine eigene Lösung des Kōan spontan und ohne Rückgriff auf Hörensagen demonstrieren. Das Wort oder der Ausdruck, in das sich das Kōan auflöst, wenn man damit als einem geistigen Schulungsmittel ringt, wird → Wato (chin. *hua-tou*) genannt; es ist die »Pointe« des Kōan. In dem berühmten Kōan »Chao-chou, Hund« ist z. B. das → Mu das Wato; manche längeren Kōan haben mehrere Wato.

Es soll insgesamt etwa 1700 Kōan geben, von denen die heutigen jap. Zen-Meister jedoch nur 500–600 verwenden, da viele Wiederholungen darstellen oder zur Schulung nicht so wertvoll sind. Die meisten dieser Kōan sind in den großen Sammlungen → *Wu-men-kuan* (jap. *Mumonkan*), → *Pi-yen-lu* (jap. *Hekigan-roku*), → *Ts'ung-jung-lu* (jap. *Shōyō-roku*), *Lin-chi-lu* (jap. *Rinzai-roku*) und → *Denkō-roku* enthalten.

Im allgemeinen wird die Kōan-Praxis mit der → Rinzai-Schule in Verbindung gebracht (→ Kanna-Zen), doch wurden Kōan in China wie in Japan auch in der → Sōtō-Schule (→ Mokushō-Zen) verwendet. Durch die Kōan-Schulung wird zunächst verhindert, daß der Schüler nach einer ersten Erleuchtungserfahrung (→ Erleuchtung, → Kenshō, → Satori) wieder ins Jedermanns-Bewußtsein (→ Bonpu-no-Jōshiki) zurückfällt; darüber hinaus helfen sie ihm, seine Erfahrung zu vertiefen und auszuweiten.

Man unterscheidet innerhalb der in der Rinzai-Schule vorgenommenen Systematisierung der Kōan-Schulung fünf Arten von Kōan: Hosshin-, Kikan-, Gonsen-, Nantō- und Go-i-Kōan.

1. Hosshin-Kōan (*hosshin:* jap. für Dharmakāya, → Trikāya) sind Kōan, die dem Schüler zu einem Durchbruch zur erleuchteten Sicht verhelfen und ihm helfen, in der Welt des Wahren-Wesens, des Buddha-Wesens (→ Busshō), heimisch zu werden.

2. In den Hosshin-Kōan geht es um die Welt der »Nicht-Unterschiedenheit«, doch darf der Schüler auf dieser Erfahrungsebene nicht stehenbleiben. Die Kikan-Kōan (jap. *kikan:* »Hilfsmittel, Werkzeug«) sollen das Vermögen des Schülers zur Unterscheidung in der Nicht-Unterschiedenheit schulen.

3. Bei den Gonsen-Kōan (jap. *gonsen:* »Klärung der Worte«) geht es um den jenseits von lexikalischer Definition und begrifflicher »Repräsentation« liegenden tiefsten Sinn und Gehalt der Aussprüche und Formulierungen der alten Meister.

4. Die Nantō-Kōan (jap. *nanto:* »schwer zu bestehen«) schließlich sind solche Kōan, die, wie schon ihr Name sagt, besonders schwer zu lösen sind.

5. Hat der Schüler die verschiedenen Kōan der Klassen 1–4 bewältigt, dann wird mit den Go-i, den → Fünf Graden (der Erleuchtung) von Meister → Tung-shan Liang-chieh (jap. Tōzan Ryōkai) sein Wahres-Begreifen noch einmal gründlich durchleuchtet und auf die Probe gestellt.

Nach einer ersten Erleuchtungserfahrung, oft mit dem Kōan »Chao-chou, Hund«, beginnt die Kōan-Schulung »im Raum« (jap. *shitsu-nai*); am Ende der Kōan-Schulung steht das Sich-Vertrautmachen mit dem wahren Gehalt von Regeln und Geboten wie den → Jūjūkai und den verschiedenen Bedeutungsebenen der »Drei Kostbarkeiten« (→ Sambō). Hat ein Schüler die Kōan der verschiedenen Grade zur vollen Zufriedenheit seines Meisters bewältigt, so hat er damit eine der wesentlichen Voraussetzungen zum Erhalten von → Inka-Shōmei erfüllt.

Kōbō-Daishi, B → Kūkai

Kobusshin, Z jap., wörtl.: »Herz-Geist eines alten Buddha«; ehrerbietige Bezeichnung des Geistes eines tief erleuchteten Zen-Meisters (→ Erleuchtung).

Kobutsu, Z jap., wörtl.: »Alter Buddha«; ursprünglich ein Buddha vergangener Weltzeitalter. Im Zen wird der Ausdruck, ähnlich wie → Kobusshin, als ehrerbietige Bezeichnung eines tief erleuchteten Zen-Meisters benutzt.

Ko Hung, T 284–364, einer der bedeutendsten Alchemisten und Theoretiker des Taoismus; der Autor des *Pao-p'u-tzu,* einer Enzyklopädie der Methoden, Unsterblichkeit zu erreichen. Im esoterischen Teil beschreibt er neben Methoden zur Erlangung der Unsterblichkeit Verfahren zur Verwandlung der äußeren Gestalt, zur Herstellung von Talismanen sowie Zaubersprüche u. ä. Dabei benutzte er alle ihm zur Verfügung stehenden taoist. Texte, was manche Widersprüchlichkeit der Angaben erklärt. – Der exoterische Teil enthält konfuzian. Gedankengut.

Das Verdienst von Ko Hung war es, die Unsterblichkeitslehren zu systematisieren und mit den zentralen Lehren des → Konfuzianismus (→ K'ung-tzu) zu verbinden. Er betont, daß es unmöglich ist, Unsterblichkeit zu erreichen, wenn man sich nicht gleichzeitig in den konfuzian. Tugenden (→ Wu-ch'ang) übt. Damit beeinflußte er entscheidend die moralische Orientierung des Taoismus. Ko Hung war ein Gegner der neotaoist. Strömung des → Ch'ing-t'an (→ Hsüan-hsüeh), dem er jeden Wert für die religiöse Praxis absprach.

Ko Hung war auch ein hervorragender Arzt. In einem seiner medizinischen Werke finden wir die erste Beschreibung der Pocken und der Papageienkrankheit.

Im *Pao-p'u-tzu* vertritt Ko Hung die Meinung, daß Unsterblichkeit einzig und allein durch das Wirken des Elixiers (→ Nei-tan, → Wai-tan) erlangt werden kann; Gesundheits- und Sexualübungen seien nur Methoden, das Leben zu verlängern. Auf dem alchemistischen Weg erwerbe man auch verschiedene übernatürliche Fähigkeiten: Man könne über Wasser gehen, Tote wieder zurückrufen, jeden beliebigen Beamtenrang erlangen usw. Außerdem beschreibt Ko Hung alle geistigen Vorübungen zur Erlangung der Unsterblichkeit. Die wichtigsten sind die Verehrung des Höchsten Einen (→ T'ai-i), des Herdgottes (→ Tsao-chün) und des → Lao-tzu.

Die Unsterblichen teilt Ko Hung je nach ihren Praktiken in verschiedene Gruppen ein. Der höchsten gehören all jene an, die Elixiere aus Gold oder Jade eingenommen und 1200 gute Taten vollbracht haben; diese steigen bei hellem Tag gen Himmel (→ Fei-sheng). Sie können aber auch noch in der Welt verbleiben: Dann legen sie dem gewöhnlichen Volk die Lehren des Konfuzius dar und weihen die Initiierten in die Geheimnisse der Alchemie ein. Andere Unsterbliche verfügen nicht über diese Kraft, sowohl sich selbst als auch andere zu erlösen. Diese widmen sich ganz den Hygieneübungen und ziehen sich vollständig aus der Welt zurück.

Ko Hung war bekannt für sein profundes klassisches Wissen. Im Laufe seines Lebens bekleidete er mehrere hohe militärische und zivile Posten, die ihm die Achtung der Konfuzianer einbrachten. Er spielte eine wesentliche Rolle bei der erfolgreichen Unterdrückung eines Bauernaufstandes. Daraufhin kehrte er aber dem öffentlichen Leben den Rücken und widmete sich in den Bergen bei Kanton alchemistischen Praktiken.

Kōke Zonshō, Z jap. für → Hsing-hua Ts'ung-chiang

Kokoro, Z jap. (sino-jap. Shin); jap. Lesart des chin. Schriftzeichens *hsin,* das übersetzt werden kann mit »Herz, Geist, Bewußtsein, Seele, Gemüt, Gesinnung, Sinn, Inneres, Denken« usw. Im Zen bedeutet es je nach dem Sinnzusammenhang entweder den Geist eines Menschen im Sinne von allen seinen Kräften des Bewußtseins, Gemüts, des Herzens und der Seele, oder aber die Absolute-Wirklichkeit, den GEIST jenseits der Unterscheidung von Geist und Materie (→ Busshō), das Selbst-Wesen oder Wahre-Wesen.

Kokorozashi, Z jap., wörtl.: »Wille, Wollen, Absicht, Vorhaben, Gesinnung, Ziel, Ehrgeiz, Wunsch, Hoffnung, Entschluß«; im Zen, vor allem bei → Bassui Zenji, nicht im alltäglichen Sinn, sondern etwa so wie bei Meister Eckehart verwendet. Diesem Willen eignet das Verlangen nach der Wahrheit, nach der Wirklichkeit; er ist der Antrieb, sich auf den Weg zum Erwachen (→ Erleuchtung) zu begeben und ihn endlos immer weiter zu gehen.

Kokushi, B Z jap., wörtl.: »Lehrer der Nation« oder »Landesmeister«; Ehrentitel für den buddhist. Lehrer eines jap. Kaisers. Das jap. Äquivalent für den chin. → Kuo-shih.

Kokushittsū, Z jap., wörtl.: »ein Eimer von schwarzem Lack«; Zen-Ausdruck, der den Zustand totaler Finsternis bezeichnet, in dem sich ein das Sitzen in Versunkenheit (→ Zazen) Übender manchmal vor dem Durchbruch zu einer Erfahrung des Erwachens (→ Erleuchtung, → Kenshō, → Satori) findet.

Kokyū Jōryū, Z jap. für → Hu-ch'in Shao-lung

Kokyū-no-Daiji, Z jap., wörtl.: »große Erfahrung des eigenen Selbst«; ein anderer Ausdruck für die Erfahrung des Erwachens (→ Erleuchtung, → Kenshō, → Satori).

Komusō, Z jap., wörtl.: »Mönch der Leere«; ein Mönch der → Fuke-Schule, der durch das Land wandert und die Bambusflöte *(shakuhachi)* bläst. Die Komusō tragen bienenkorbförmige Bambushüte, die ihr Gesicht und damit ihre individuelle Identität verbergen.

Konagāmana, B Skrt.; Buddha eines früheren Weltzeitalters, siehe auch → Buddha, 1.

Konfuzianismus T (chin. Ru-chia, etwa: »Schule der Gelehrten«); auf der Lehre des Konfuzius (→ K'ung-tzu) basierende universalistische Staatsdoktrin, in der philosophische, religiöse, sozialpolitische und lebensanschauliche Aspekte miteinander verbunden sind. Ausgangspunkt des Konfuzianismus stellen die dem Konfuzius zugeschriebenen Klassiker dar. Für die Erweiterung der Lehre waren vor allem → Meng-tzu (ca. 372–289 v. Chr., im deutschen Sprachraum als Mencius bekannt) und Hsün-tzu (ca. 313–238 v. Chr.) maßgeblich. Im Zentrum der Lehre des Meng-tzu steht der Glaube an die vom Himmel (→ T'ien) gegebene Güte der menschlichen Natur, die im konfuzian. »Heiligen« ihre Vollkommenheit erlangt. Der Heilige spielt bei Meng-tzu eine wesentliche Rolle in der Aufrechterhaltung des sog. königlichen Weges *(wang-tao)* gegenüber allen Irrlehren und moralischem Verfall. Im Gegensatz zu Meng-tzu vertritt Hsün-tzu die Auffassung, daß der Mensch von Natur aus nicht gut sei, sondern erst dazu erzogen werden müßte. Er betont außerdem die Rolle von → Li als kosmisches Ordnungsprinzip.
Der ritualistische Aspekt des Konfuzianismus kommt vor allem in zwei Teilen des *Buches der Riten* (*Li-chi*, → K'ung-tzu), nämlich der »Großen Lehre« *(Ta-hsüeh)*, die die Verbindung zwischen Persönlichem und Kosmischem betont, sowie in der »Anwendung der Mitte« *(Chung-yung)*, die die Rolle des Heiligen als Mittler zwischen Himmel und Erde beschreibt, zum Ausdruck.
In der Folge wurde die konfuzian. Lehre vom sog. Legalismus verdrängt und gewann erst wieder während der Han-Dynastie an Bedeutung. Unter Kaiser Han Wu-ti wurde der Konfuzianismus, bereichert um politisch wesentliche legalistische Elemente, zur orthodoxen Lehre erhoben. An der kaiserlichen Akademie wurden Gelehrte für die klass. Werke angestellt, was den Beginn der Rekrutierung von Staatsbeamten durch staatliche Prüfungen, die die konfuzian. Lehre zum Inhalt hatten, darstellt.
Wesentlich an der Schöpfung der konfuzian. Staatsdoktrin war T'ung Chung-shu beteiligt, der die kosmologischen Spekulationen des → Yin-yang chia und der Lehre der Fünf Elemente (→ Wu-hsing) mit den staats- und sozialethischen Elementen der konfuzian. Klassiker verband.
Zwischen dem 3. und 8. Jh. drangen Elemente anderer philosoph. Strömungen in den Konfuzianismus ein, vor allem taoist. und buddhist. Gedankengut, was die Vorstufe zu einer Wiederbelebung mystischer Traditionen im Konfuzianismus zur Folge hatte. In dieser Zeit erhielt das → *I-ching* seine mystische Bedeutung. An die Stelle mechanistischer Entsprechungen zwischen Mensch und Natur trat die Suche nach einer inneren Verbindung mit dem Urprinzip der Welt, dem → Tao. Die Phase der Wiederbelebung mystischer Traditionen und deren Einbeziehung in den konfuzian. Kanon ist im Westen als Neokonfuzianismus bekannt. Die sog. Vier Bücher (Ssu-shu), nämlich die *Gespräche* des Konfuzius sowie das *Meng-tzu, Ta-hsüeh* und *Chung-yung,* übertrafen die fünf Klassiker des frühen Konfuzianismus an Bedeutung. Die wesentlichste Neuerung des Neokonfuzianismus war die metaphysische Begründung der traditionellen Ethik. Von besonderer Bedeutung ist der Begriff des Li, des Prinzips, der auch im Mittelpunkt des Werkes des wohl bedeutendsten Vertreters des Neokonfuzianismus, → Chu Hsi, steht.
In der Folge nahmen philosoph. Spekulationen einen immer breiteren Raum ein. Erste kritische Ansätze sind in der ausgehenden Ming-Dynastie zu erkennen, doch erst im 19. Jh. trat die Hohlheit des orthodoxen konfuzian. Denkens unter dem Einfluß westl. Philosophie klar hervor.
Auf verschiedene Reformbewegungen folgten konservative Reaktionen. 1905 wurden die Staatsprüfungen abgeschafft, was das Ende des konfuzian. Staates bedeutete.
In der Republikzeit wurde der Konfuzianismus vor allem in Zusammenhang mit dem Problem des Selbstverständnisses des chin. Volkes gesehen. Er spielt bis heute als Lebensphilosophie eine wesentliche Rolle.

Konfuzius, T → K'ung-tzu

Kōnin, Z jap. für → Hung-jen

Konventionelle Wahrheit, B → Samvriti-Satya

Konzile, buddhistische B (Skrt. Samgīti); in der Entwicklung des Buddhismus sind vier Konzile

bekannt, deren Geschichte zum Teil noch im dunkeln liegt. Diese Konzile waren urspr. wahrscheinlich örtliche Versammlungen einzelner Mönchsgemeinden, denen erst von der späteren Überlieferung der Anstrich von allgemeinen Konzilen verliehen wurde.
Das erste Konzil ist das von Rājagriha, das unmittelbar nach dem Parinirvāna, d. h. nach dem Tode des Buddha, stattgefunden haben soll. Das 2. Konzil wurde in Vaishālī ungefähr ein Jahrhundert nach dem von Rājagriha um 386 v. Chr. abgehalten. Das 3. fand in Pātaliputra, dem heutigen Patna, während des 2. Jh. nach dem Parinirvāna des Buddha statt. Dieses Konzil wird vom → Theravāda nicht anerkannt; das 3. Konzil in der Tradition dieser Schule ist die sog. Synode der Pali-Schule, die während der Regierungszeit des Königs → Ashoka abgehalten wurde. Das 4. Konzil hat in Kaschmir stattgefunden. Auch darüber gibt es in den Texten verschiedene Meinungen: Die einen sehen es als allgemeines Konzil an, das von König Kanishka einberufen wurde, andere als Synode der → Sarvāstivāda-Schule.
Ziel und Zweck der Konzile war i. allg. die Beilegung von Meinungsverschiedenheiten innerhalb der Gemeinden, das Vortragen, Umgestalten und Festlegen der kanonischen Schriften u. ä.

1. Konzil: Berichte darüber finden sich im → Vinaya-Pitaka. Diese Versammlung wurde von → Mahākāshyapa einberufen, der nach dem Tode des Buddha Aufweichungstendenzen innerhalb des → Sangha festgestellt hatte. 500 Mönche, alles → Arhats, kamen um 480 v. Chr. in der Nähe von Rājagriha zusammen. Mahākāshyapa befragte → Upāli über die Disziplinregeln und → Ānanda über die Lehre. Aufgrund der Antworten des Upāli wurde das Vinaya-Pitaka und basierend auf den Antworten des Ānanda das → Sūtra-Pitaka niedergelegt. Der Text, auf den man sich gemeinsam geeinigt hatte, wurde dann rezitiert.
Bei diesem Konzil war Ānanda harten Vorwürfen seitens Mahākāshyapa ausgesetzt, da Ānanda bei Beginn des Konzils noch nicht Arhatschaft verwirklicht hatte – was aber dann noch während des Konzils geschah. Außerdem war Ānanda vom Buddha ermächtigt worden, gewisse weniger wichtige Gebote aufzuheben, doch hatte er es versäumt, den Buddha um genaue Instruktionen hierzu zu fragen. Ein weiterer Streitpunkt war Ānandas Eintreten für die Gründung des Nonnenordens (→ Bhikshunī). Als schwerstes Versäumnis gilt, daß Ānanda den Buddha nicht darum gebeten hatte, sein Eingehen ins Parinirvāna hinauszuschieben.
Die Geschichtlichkeit dieses Konzils, zumindest in der oben beschriebenen Form, wird von vielen angezweifelt. Doch ist es wahrscheinlich, daß die erste Sammlung von Schriften relativ früh erfolgte. Diese traditionelle Überlieferung zeigt vor allem, wie die einzelnen Schulen sich diesen Vorgang vorstellten.
2. Konzil: Es ist in den Texten wesentlich besser belegt als das erste und wird i. allg. als geschichtlich anerkannt. Grund für die Einberufung des Konzils von ca. 386 v. Chr. waren disziplinäre Uneinigkeiten. Die Mönche von Vaishālī hatten entgegen den Vinaya-Regeln von Laienanhängern Gold und Silber angenommen. Außerdem wurden ihnen von Yasha, einem Schüler des Ānanda, noch weitere neun Vergehen wie Nahrungsaufnahme zu unrechter Zeit, getrennte → Uposatha-Feiern der Mönche einer Gemeinde, Genuß von alkoholischen Getränken u. ä. vorgeworfen. Die Mönche ihrerseits schlossen Yasha wegen seiner Anschuldigungen aus der Gemeinde aus. Dieser suchte daraufhin Unterstützung bei einflußreichen Mönchen in allen Gebieten, in denen sich der Buddhismus schon ausgebreitet hatte. Schließlich trat ein Konzil von 700 Mönchen, alle Arhats, in Vaishālī zusammen. Die Mönche von Vaishālī wurden von einem Komitee, bestehend aus je vier Mönchen der westlichen und östlichen Gebiete, für schuldig befunden; sie nahmen das Urteil auch an.
Aufzeichnungen über dieses Konzil finden sich sowohl in der Pali- als auch in der Sanskrit-Fassung des Vinaya-Pitaka.
Die ceylonesische Tradition (Theravāda) erklärt mit den Streitigkeiten, die zur Einberufung dieses Konzils führten, das Schisma zwischen → Sthavira und → Mahāsānghika. Dieser Auffassung nach sollen sich die Mönche von Vaishālī in einem Gegenkonzil als Mahāsānghikas etabliert haben.
3. Konzil: Im Vinaya-Pitaka existieren keine Berichte darüber. Die Aufzeichnungen in anderen Texten divergieren stark, doch geben die meisten als Einberufungsgrund Streitigkeiten über die Natur des Arhat an. Ein Mönch aus Pātaliputra, Mahādeva, stellte folgende Thesen auf: Ein Arhat kann noch verführt werden, d. h. er kann nächtliche Samenergüsse haben. Er ist noch nicht frei von Unwissenheit (→ Avidyā). Außerdem soll er noch Zweifeln über die Lehre unterliegen. Ferner kann Mahādevas Auffassung nach ein Arhat mit fremder Hilfe auf dem Weg der Erlösung fortschreiten, und auch durch das Aussprechen gewisser Laute Sammlung (→ Samādhi) und damit sein Vorankommen auf dem Erlösungsweg fördern.
Die unterschiedlichen Auffassungen über diese fünf Thesen führten unter den Mönchen zu einer Spaltung in zwei Lager. Das Konzil, das den Streit schlichten sollte, konnte nur mehr die Spaltung feststellen.
Die Anhänger der fünf Thesen, die sich in der Mehrzahl glaubten, bezeichneten sich als Mahāsānghika (Große Gemeinde), ihre Gegner, vertreten durch die »Ältesten«, die sich durch besondere Weisheit und Tugend auszeichneten, nannten sich »Sthavira«.
Die Pali-Schule von Ceylon erkennt dieses Konzil nicht an. Sie versteht unter 3. Konzil die sog. Synode der Pali-Schule von Pātaliputra, die während der Regierungszeit des Königs Ashoka um 244 v. Chr. stattgefunden hat. Anlaß dazu waren Zwistigkeiten zwischen

»echten« buddhist. Mönchen und solchen, die sich in den buddhist. Sangha drängen wollten, um ebenfalls in den Genuß gewisser Privilegien zu kommen. Auf Ashokas Betreiben berief Moggaliputta Tissa die Synode ein, bei der jene Mönche, die den von ihm vertretenen Thesen widersprachen, ausgeschlossen wurden. In seinem Werk *Kathāvatthu,* das in den → Abhidharma der Theravāda-Schule aufgenommen wurde, widerlegte er die ketzerischen Ansichten. Auch bei dieser Synode wurde der gesamte Kanon vorgetragen.
Diese Synode stellt die Gründung der Schule des Theravāda dar, die in Ceylon ansässig ist.
4. Konzil: Es scheint ebenfalls die Synode einer Schule, der Sarvāstivādins, und nicht ein allgemeines Konzil gewesen zu sein. Es soll unter der Herrschaft des Königs Kanishka stattgefunden und der Neuinterpretation eines Teils des → Abhidharma gedient haben, womit man reformatorischen Tendenzen zuvorkommen wollte. Verschiedenen Quellen zufolge sollen diesem Konzil 500 Arhats und ebenso viele Bodhisattvas beigewohnt haben. Die Hauptrolle wird Vasumitra zugeschrieben, der die Niederschrift der *Mahāvibhāshā,* eines Kommentars zum Abhidharma, geleitet haben soll. Aufgrund der späteren großen Bedeutung der Sarvāstivādins wurde diese Synode zu einem Konzil allgemeiner Verbindlichkeit aufgewertet.

Körperbetrachtung B (Pali: Kāyagatā-Sati); auf den Körper gerichtete Achtsamkeit. Eine Teilübung der Vier Grundlagen der Achtsamkeit (→ Satipatthāna), bestehend aus: Achtsamkeit auf das Ein- und Ausatmen (→ Ānāpānasati) sowie auf die vier Körperhaltungen (Sitzen, Liegen, Gehen, Stehen); Bewußtseinsklarheit über alle Aktivitäten; Betrachtung der 32 Körperteile; Analyse der körperlichen Elemente (→ Dhātu-Vavatthāna); → Leichenfeldbetrachtung.
Vielfach bezeichnet der Begriff »Körperbetrachtung« nur die Betrachtung der 32 Körperteile.

Im → *Satipatthāna-Sutta* wird die Betrachtung der 32 Körperteile mit folgenden Worten beschrieben: »Und ferner noch, ihr Mönche, betrachtet da der Mönch eben diesen Körper von der Fußsohle aufwärts und vom Haarschopfe abwärts, den hautüberzogenen, mit vielerlei unreinen Dingen angefüllten, so nämlich: ›Dieser Körper hat Kopfhaare, Körperhaare, Nägel, Zähne, Haut, Fleisch, Sehnen, Knochen, Knochenmark, Niere, Herz, Leber, Fell, Milz, Lunge, Gedärm, Darmgekröse, Mageninhalt, Kot, Gehirn, Galle Schleim, Eiter, Blut, Schweiß, Fett, Tränen, Lymphe, Speichel, Rotz, Gelenköl, Urin.‹« (Zit. n. Nyanaponika, 1984.)

Körper, Rede, Geist, B Schon im alten Buddhismus (→ Hīnayāna) wurden die Handlungen, die → Karma erzeugen, unter die Kategorien Körper, Rede und Geist subsumiert. Die Lehren des → Vajrayāna gaben dieser Dreiteilung des Individuums einen neuen Sinn, indem sie die verschiedenen meditativen Übungsmethoden als eine Sublimierung dieser drei Aspekte betrachteten. Das Ziel der durch das → Sādhana zu vollziehenden Verwandlung besteht in der Verwirklichung der drei »Buddha-Körper« (→ Trikāya). Durch bestimmte Körperhaltungen und Gesten (→ Mudrā), geistige Sammlung (→ Samādhi) und das Rezitieren heiliger Silben (→ Mantra) wird dieses Ziel erreicht. Diese Zusammenhänge und die Mittlerrolle der Rede bzw. des Mantra lassen sich wie folgt darstellen:

Vordergründige Wirklichkeit		*Methode*		*Höchste Wirklichkeit*
Körper	---------	Mudrā	------→	Nirmānakāya
↑				↑
Rede	---------	Mantra	------→	Sambhogakāya
↓				↓
Geist	---------	Samādhi	------→	Dharmakāya

Diese Vorstellung der Dreiteilung wird in zahlreichen Ritualtexten durch die »Keimsilben« OM ĀH HŪM symbolisiert. Sie stehen im Mittelpunkt der für die Ausübung des Sādhana notwendigen Initiation und sind häufig Ausgangspunkt der Visualisationen. Auf den Übenden selbst projiziert, ist die weiße Silbe OM der Stirn zugeordnet und steht für den Körper, das rote ĀH entspricht dem Kehlzentrum und der Rede, und das blaue HŪM ruht im Herzen, das in diesem System dem Geist gleichgesetzt wird. Die negativen Tendenzen dieser drei Erfahrungsebenen, die es zu verwandeln gilt, werden auch mit den drei Grundursachen des → Samsāra in Verbindung gebracht: Gier, Haß, Nicht-Wissen. In ihrem geläuterten Aspekt werden Körper, Rede und Geist jeweils mit einem → Dorje gleichgesetzt, Zeichen der Verwirklichung ihres Wahren-Wesens. Diese Symbolik findet auch bei der Weihung von Rollbildern Verwendung, indem auf der Rückseite der Buddha-Darstellungen in der Höhe der Stirn, der Kehle und des Herzens die Silben OM, ĀH, HŪM aufgetragen werden.

Die eigentliche Verwandlung von Körper, Rede und Geist wird in den Lehren der → Mahāmudrā und des → Dzogchen durch vier spezielle Übungen (Ngöndro) eingeleitet, deren ritualisierte Ausführung in den Meditationshandbüchern der jeweiligen Überlieferung genau vorgeschrieben ist: 1. Akt der Zufluchtnahme (→ Kyabdro) und die Erzeugung des Erleuchtungsgeistes (→ Bodhichitta), 2. die Praxis des → Vajrasattva zur Reinigung von Körper, Rede und Geist, 3. Ansammeln weiteren Verdienstes durch das symbolische Opfer von → Mandalas, 4. Integration der Persönlichkeit des Übenden in die vom Meister (→ Guru) repräsentierte Tradition.

Zahlreiche weitere Konzepte des Tibetischen Buddhismus wurden mit dem Prinzip von Körper, Rede und Geist in Verbindung gebracht. Auffallend ist dabei immer wieder die Auflösung des Gegensatzpaares Körper–Geist durch das kommunikative Element der Rede.

Kosha 🅗 (Kośa), Skrt., wörtl.: »Hülle, Überdeckung«. In der → *Taittirīya-Upanishad* werden fünf Koshas beschrieben, die den → Ātman umhüllen. Die erste, äußerste Hülle ist Annamaya-Kosha, die grobstoffliche Hülle, auch Nahrungshülle genannt. Die zweite, Prānamaya-Kosha, ist die feinstoffliche oder Vitalhülle, die Körper und Denken belebt und zusammenhält. Solange diese Vitalhülle im Organismus vorhanden ist, bleibt er am Leben. Die grobe Manifestation dieser Hülle ist der Atem. Die dritte Hülle ist Manomaya-Kosha, die Denkhülle, die alle Sinneseindrücke empfängt. Die vierte ist Vijñānamaya-Kosha, die Intelligenzhülle, mit der Fähigkeit des Unterscheidens und Wollens. Die fünfte ist Ānandamaya-Kosha, die Seligkeitshülle, weil der Mensch in ihr dem beseligenden Ātman am nächsten ist. Der Ātman bleibt immer getrennt von den Hüllen und unberührt von ihren Eigenschaften.

Koshala 🅑 (Kośala), ind. Staat zur Zeit des historischen Buddha → Shākyamuni, der sich im Gebiet des heutigen Nepal befand. Die Hauptstadt war Shrāvastī. Koshala war der mächtigste Staat in Nordindien, bis er im 3. Jh. von Magadha absorbiert wurde. Der Buddha hielt sich oft in der Hauptstadt von Koshala, vor allem im Kloster Jetavana auf.

Kosha-Schule, 🅑 von Skrt. Kosha (chin. Chüshe, jap. Kusha), eig.: »Schule des → *Abhidharmakosha*«; Schule des chin. Buddhismus, die auf dem *Abhidharmakosha* des → Vasubandhu basiert, der von → Paramārtha und → Hsüan-tsang ins Chinesische übersetzt wurde. Die Kosha-Schule zählt ihrer Lehre nach zu den »realistischen« Schulen des Hīnayāna, da sie von der Existenz aller → Dharmas in Vergangenheit, Gegenwart und Zukunft ausgeht.

Die Schule existierte als solche nur während der T'ang-Dynastie, 793 wurde sie in einem offiziellen Dokument nur mehr als Teil der idealistischen → Fa-hsiang-Schule angeführt, da niemand ausschließlich dieser Richtung angehörte. Im 7. und 8. Jh. wurde diese Richtung nach Japan gebracht.

Die Kosha-Schule faßt die Dharmas als die Bausteine des Seienden auf und teilt sie in zwei Kategorien ein: bedingte (→ Samskrita) und nicht-bedingte (→ Asamskrita) Dharmas. Die Dharmas existieren immer, die aus ihnen gebildeten Dinge sind allerdings vergänglich. Doch die Substanz eines jeden Dinges geht von der Vergangenheit in die Gegenwart und von der Gegenwart in die Zukunft über. Dies bedeutet aber nicht, daß die Schule die Existenz eines unvergänglichen Selbst, des → Ātman, annimmt.

Die bedingten Dharmas werden von der Kosha-Schule in vier Gruppen eingeteilt: Form (11 Dharmas), d. h. Materie; Bewußtsein (1 Dharma); Geistfaktoren (→ Chetasika, 46 Dharmas, die Wahrnehmung, Willen, Intellekt, Vertrauen, Nicht-Wissen u. ä. umfassen); und Elemente, die weder der Materie noch dem Geist zuzurechnen sind (14 Dharmas, darunter Geburt, Tod, Name, Vergänglichkeit usw.). Die nicht-bedingten Dharmas sind Raum (→ Ākāsha), → Pratisamkhyā-Nirodha und → Apratisamkhyā-Nirodha. Diese 75 Dharmas sind in unserer Welt miteinander verbunden, was mit der These des kausalen Zusammenhangs erklärt wird, die sechs Haupt- und vier Nebenursachen in der Entstehung einer Wirkung unterscheidet.

Kōshū Tenryū, 🅩 jap. für → Hang-chou T'ien-lung

Kotsu, 🅩 jap., wörtl.: »Knochen«, auch Nyoi (jap. für → Ju-i); der etwa 35 cm lange Stab eines Meisters (→ Rōshi) im Zen, der ihm von seinem Meister verliehen wird und Zeichen seiner Meisterschaft ist.

Der Stab hat eine leichte S-förmige Biegung wie eine menschliche Wirbelsäule. Der Rōshi benutzt den Kotsu z. B., um bei einem → Teishō einer Stelle Nachdruck zu verleihen, um sich beim Sitzen darauf zu lehnen oder auch gelegentlich einem Schüler einen Schlag damit zu versetzen.

K'ou Ch'ien-chih, 🅣 365–448, taoist. Meister, der urspr. der Schule des Fünf-Scheffel-Reis-Taoismus (→ Wu-tou-mi tao) angehörte. Aufgrund verschiedener Visionen, in denen ihm → Lao-tzu erschien, führte er Reformen innerhalb dieser Schule durch, die vor allem darauf abzielten, sie von sexuellen Praktiken zu säubern. 415 nahm er den Titel eines Himmlischen Meisters (→ T'ien-shih) an. Unter dem Einfluß des K'ou Ch'ien-chih wurde der Taoismus zur Staatsreligion erhoben. Er gab auch den Anstoß zur Verfolgung der Buddhisten in Nordchina in den Jahren 438 bis 445.

In seinen Visionen sagte ihm Lao-tzu voraus, er würde den Taoismus von den falschen Lehren des → Chang Chüeh reinigen, das Vereinigen der Atem (→ Ho-ch'i) sowie die Abgabe von fünf Scheffeln Reis als Honorar an die Priester abschaffen. Außerdem erhielt K'ou Anweisungen zu → Tao-yin- und Atemübungen. Er betonte die Notwendigkeit guter Taten im Leben eines Taoisten. Der so reformierte Taoismus wurde unter dem Namen »Neuer Weg des Himmlischen Meisters« oder »Nördlicher Weg des Himmlischen Meisters« bekannt.

K'ou Ch'ien-chih, der die Konkurrenz buddhist. Gottheiten und Rituale fürchtete, überzeugte gemeinsam mit dem reaktionären Konfuzianer Ts'ui Hao den Kaiser der Nördlichen Wei-Dynastie von der Gefahr, die der Buddhismus für den Staat darstelle, worauf dieser den Taoismus zur Staatsreligion erhob. Unter dem Einfluß von K'ou erließ der Kaiser Edikte, die jedem Mann über 50 die Ordination zum buddhist. Mönch untersagten (438). 441 wurden die meisten Tempel geschlossen, 444 wurde den Mönchen ihr Wanderleben verboten, 445 wurden alle Mönche in der Hauptstadt und schließlich im Reich der Nördlichen Wei (Nordchina) getötet. K'ou wehrte sich zwar gegen diese radikalen Maßnahmen, doch sein konfuzian. Verbündeter wollte um jeden Preis die »Bösen töten, um den Guten zu helfen«. In der damaligen Hauptstadt wurden taoist. Tempel errichtet; der Kaiser selbst nahm den Titel »Wahrer Fürst des Höchsten Friedens« an.

K'ou-ch'ih, 🅃 chin., wörtl.: »Zähneklappern«; taoist. Gesundheitsübung, bei der man sechsunddreißigmal Ober- und Unterkiefer zusammenschlagen läßt. Das K'ou-ch'ih wird zu Beginn der meisten Atem- und sonstigen Hygieneübungen durchgeführt. Es fördert die Speichelproduktion (→ Yü-chiang) und dient nach Auffassung der → Inneren-Gottheiten-Hygiene-Schule dazu, die Aufmerksamkeit der Körpergottheiten (→ Shen) zu wecken.

Kōyō Seijō 🅉, auch Kōyō Shinjō → Hsing-yang Ch'ing-jang

Kozen Gokoku-ron, 🅉 jap.; ein Werk des jap. Zen-Meisters → Esai Zenji, der als erster erfolgreich das Zen nach Japan übertrug. Er schrieb es als Antwort auf die Vorwürfe aus rivalisierenden buddhist. Schulen und legte darin dar, daß die Aufnahme der Lehren des Zen Japan nur zum Wohle gereichen könnte. Das *Kozen Gokoku-ron* ist das erste in Japan geschriebene Buch über Zen.

Krakuchchanda, 🄱 Skrt.; Buddha eines früheren Weltzeitalters, siehe auch → Buddha, 1.

Krishna 🄷 (Kṛṣṇa), Skrt., wörtl.: »schwarz« oder »dunkelblau«; ein Symbol für den unendlichen Raum des Universums. Der Name Krishna erscheint im → *Rigveda* ohne Beziehung zur späteren Gottheit. Die früheste Erwähnung Krishnas als Sohn der → Devakī finden wir in der → *Chāndogya-Upanishad,* wo er als Gelehrter bezeichnet wird.
Der spätere Gott Krishna ist der gefeiertste Held der ind. Mythologie und die bekannteste aller Gottheiten. Er ist die achte Inkarnation von → Vishnu. Dieser Held und → Avatāra, um den sich viele Fabeln, Legenden und Geschichten gebildet haben, lebte in einer Zeit, in der die Hindus den Nordwesten von Indien noch nicht verlassen hatten. Im → *Mahābhārata* ist er eine herausragende Gestalt, und als der »Göttliche« gibt er → Arjuna seine Unterweisungen in der → *Bhagavad-Gītā,* dem berühmtesten »Gesang« des Hinduismus. Arjuna spricht Krishna darin

Krishnas Geburt aus der Seite der Göttlichen Mutter. (Relief, 11. Jh.)

als höchstes, universales Bewußtsein an, als göttlich, vor den Göttern existierend, ungeboren, allgegenwärtig.
Als Krishna zum Gott erklärt worden war, festigte sich dies weiter in den → Purānas, besonders im → *Bhāgavata-Purāna.* Hierin wird Krishnas Lebensgeschichte von seiner frühesten Jugend an in allen Einzelheiten erzählt. Die vielen Geschichten des *Bhāgavata-Purāna* sind später weit verbreitet worden, als eine Übersetzung aus dem Sanskrit ins Hindi unter dem Titel *Prem-Sāgar* (»Ozean der Liebe«) erschien.
Über Krishnas Geburt wird im *Mahābhārata* und im *Vishnu-Purāna* berichtet, daß sich Vishnu zwei Haare ausriß, ein weißes und ein schwarzes. Diese beiden Haare gerieten in den Schoß von Rohinī und Devakī. Aus dem weißen Haar wurde → Balarāma, aus dem schwarzen Krishna. Von seiner Jugend unter den Hirten in → Vrindāvan bis zum Schlachtfeld → Kurukshetra, auf dem Krishna als Wagenlenker Arjunas die Lehren der *Bhagavad-Gītā* verkündet, hat er unzählige Dämonen und Feinde vernichtet und zahlreiche Schlachten geschlagen. Es gibt darüber in Indien eine umfangreiche Literatur.

Krishna-Chaitanya, 🄷 → Chaitanya, 3.

Krita-Kritya 🄷 (Kṛta-Kṛtya), Skrt., wörtl.: »Der vollbracht hat, was zu tun war«; jemand, der als einzigen Sinn des Lebens die Verwirklichung Gottes erkannt und dadurch Befreiung erlangt hat.

Kritātman 🄷 (Kṛtātman), Skrt., wörtl. *krita:* »vollkommen«, *ātman:* »Selbst«; Bezeichnung für eine vollkommene Seele.

Krita-Yuga, 🄷 Skrt. → Yuga

Kriyā, 🄷 Skrt., wörtl.: »Tat, Ausführung, Mühe«; das wirksame Ausüben des → Yoga-Weges; jede Übung, die dazu angetan ist, höheres Wissen zu erwerben.

Kriyamāna-Karma, 🅗 Skrt., identisch mit → Āgāmi-Karma

Kshānti 🅗 🅑 (Kṣānti), Skrt., wörtl.: »Geduld«. 🅗 1. äußere Umstände und das Temperament anderer Menschen ertragen; 2. Geduld mit sich selbst; 3. Geduld durch spirituelle Erkenntnis, die zur Freiheit von Verhaftung führt.
🅑 (Pali: Khanti); eine der Zehn Vollkommenheiten (→ Pāramitā). Kshānti umfaßt Geduld im Ertragen von Haß und Schädigung durch andere Wesen, im Ertragen von Widrigkeiten, ohne dadurch vom spirituellen Streben abzukommen, und Geduld bei der Ergründung schwieriger Punkte der buddhist. Lehre.

Kshara 🅗 (Kṣara), Skrt.; vergänglich, wandelbar, unbeständig; das Göttliche in seiner vergänglichen, sich ständig wandelnden Form des Universums, im Gegensatz zu Akshara, dem Unwandelbaren (→ Brahman).

Kshara-Purusha 🅗 (Kṣara-Puruṣa), Skrt., wörtl. *kshara:* »das Vergängliche«, *purusha:* »Weltgeist«; das unvergängliche Bewußtsein in der vergänglichen Erscheinungswelt und ihrem Prozeß des kosmischen Werdens. Purusha ist hauptsächlich ein Begriff der → Sānkhya-Philosophie.

Kshatriya 🅗 (Kṣatriya), Skrt.; die zweite Kaste (→ Varna) der Hindu-Gesellschaft, die der Krieger, Fürsten und Könige. Ihre Aufgabe war es, die Gemeinschaft zu beschützen. Sie werden symbolisiert durch → Rajas, den → Guna der Aktivität.

Kshetrajña 🅗 (Kṣetrajña), Skrt., wörtl.: »Kenner des Feldes«; einer, der alles kennt, was auf dem Feld des Lebens in Körper und Denken geschieht; behandelt im 13. Gesang der → *Bhagavad-Gītā:* »Das Feld und der Kenner des Feldes«.

Kshitigarbha 🅑 🅩 (Kṣitigarbha), Skrt., wörtl.: »Mutterschoß der Erde«; ein → Bodhisattva, der volkstümlich als der Erretter aus den Höllenqualen und Helfer verstorbener Kinder verehrt wird. Manchmal wird er auch als Beschützer der Reisenden angesehen. Er ist der einzige Bodhisattva, der als Mönch, aber mit einer Ūrnā, einem der Zweiunddreißig Merkmale der Vollkommenheit (→ Dvātrimshadvara-Lakshana), auf der Stirn dargestellt wird. Seine Attribute sind das Wunscherfüllende Juwel → Chintāmani und der Mönchsstab mit sechs Ringen, die symbolisieren, daß Kshitigarbha allen Wesen in den sechs Daseinsbereichen (→ Gati) beisteht. – In China ist Kshitigarbha als → Ti-ts'ang, in Japan als Jizō bekannt.

Kū, 🅑 🅩 jap. für → Shūnyatā

Kuan, 🅣 chin., wörtl.: »Schauen«; Bezeichnung für ein taoist. Kloster. In den Kuan, die nach buddhist. Vorbild errichtet wurden, lebten in der Frühzeit des Taoismus je nach der Schule entweder Mönche, die das Zölibat einhielten (→ Taoshih) oder Laienpriester mit ihren Familien. Im 6. Jh. wurden die Klöster unter dem Einfluß von → Sung Wen-ming zu reinen Mönchs- und Nonnenklöstern. Die verheirateten taoist. Lehrer (Shih-kung) leben mit ihren Familien außerhalb der Klostermauern.

Die Benennung der Klöster mit dem Wort für »Schauen« wird nach traditioneller Auffassung folgendermaßen erklärt: Einige Jahrhunderte vor unserer Zeitrechnung, als → Yüan-shih t'ien-tsun in der Gestalt des → Lao-tzu auf die Erde herabstieg, um die Menschen den Weg (→ Tao) zu lehren, lebte im Westen ein glühender Anhänger des Taoismus, → Yin Hsi, der Wächter eines Passes. Dieser hatte sich aus Reisig eine Hütte gebaut, um zu »schauen«. Nach einer Überlieferung wurde Yin Hsi durch eine übernatürliche Lichterscheinung im Osten davon in Kenntnis gesetzt, daß Lao-tzu über seinen Paß kommen würde. Nach einer anderen Überlieferung war Yin Hsi ein Astrologe, der in die Sterne »schaute«, die ihm sagten, daß Lao-tzu vorbeikommen würde. So konnte er ihm entgegengehen, wurde sein Schüler und erhielt das → *Tao-te ching* von ihm. Die Hütte des Yin Hsi war somit der Vorläufer der taoist. Klöster.

Kuan-ti, 🅣 chin., wörtl.: »Kaiser Kuan«; taoist. Kriegsgottheit, die gegen alle Friedensstörer zu Felde zieht. Kuan-ti, dessen Verehrung im 7. Jh. aufkam, hat die Aufgabe, das Reich gegen alle äußeren Feinde und inneren Rebellen zu schützen. Kuan-ti ist außerdem für die Beamten zuständig, die ihm spezielle Verehrung zukommen lassen. In der Volksreligion ist er vor allem als Dämonenaustreiber von Bedeutung; er wird Fumo Ta-ti, der große Herrscher, der die Dämonen bannt, genannt. Kuan-ti wird als neun Fuß großer Riese dargestellt, der einen zwei Fuß langen Bart trägt. Sein Gesicht ist puterrot, seine Augen ähneln denen eines Phönix, seine Augenbrauen gleichen Seidenraupen. Meist steht er in voller Rüstung und mit einer Hellebarde bewaffnet neben seinem Pferd. Eine andere Art der Darstellung zeigt ihn im Kostüm eines Militärmandarins. Er ist unbewaffnet und nimmt eine sitzende Stellung ein. Mit einer Hand streicht er über seinen Bart, in der anderen Hand hält er eines der klassischen konfuzian. Werke, die »Frühlings- und Herbst-Annalen« *(Ch'un-ch'iu)*.

Die Gottheit Kuan-ti ist eine historische Persönlichkeit, nämlich der General Kuan Yü, der im 3. Jh. lebte. Er stand im Dienst des Begründers eines der Drei Reiche und wurde 220 auf Befehl eines feindlichen Herrschers getötet. Sein Leben steht im Mittelpunkt eines der populärsten chin. Romane und vieler Dramen.

Der Kult um die Gottheit Kuan-ti ist relativ jung und stark von buddhist. Vorstellungen beeinflußt. Manchmal wird Kuan-ti sogar als → Bodhisattva bezeichnet. Er war im 7. Jh. einer der Beschützer der buddhist. Tempel und Klöster. Im 16. Jh. wurde er unter dem Titel »Großer gerechter Kaiser, der dem Himmel beisteht und den Staat schützt« in das taoist. Pantheon aufgenommen. Im 19. Jh. wurde ihm vom Kaiser der Titel »Militärischer Kaiser« verliehen und er auf die gleiche Stufe wie Konfuzius (→ K'ung-tzu) gestellt.

Im ganzen Reich wurden Tempel zu seinen Ehren errichtet, wo ihm die kaiserlichen Funktionäre bis zum Ende des Kaiserreichs (1911) am 13. des 1. Monats und am 13. des 5. Monats Opfer darbrachten. Kuan-ti wurde auch in spiritistischen Sitzungen angerufen, während derer er durch ein Medium den Pinsel führte und u. a. Auskunft über das Schicksal von Verstorbenen gab, aber auch Prophezeiungen über das zukünftige Leben und die Vergeltung der Taten machte.

Kuan-yin 🅱, auch Kuan-shi-yin, chin., wörtl.: »den (flehenden) Ton der Welt betrachtend«; chin. Ausprägung des Bodhisattva → Avalokiteshvara. Kuan-yin zählt neben → Samantabhadra, → Kshitigarbha (→ Ti-ts'ang) und → Mañjushrī (→ Wen-shu) zu den vier großen Bodhisattvas des chin. Buddhismus, denen besondere Verehrung zukommt.

Kuan-yin manifestiert sich in allen erdenklichen Formen dort, wo ein Wesen seiner Hilfe bedarf, vor allem wenn jemand von Wasser, Dämonen, Feuer und Schwert bedroht ist. Außerdem ist Kuan-yin derjenige Bodhisattva, an den sich kinderlose Frauen um Hilfe wenden. Im → *Sukhāvatī-Vyūha* ist Kuan-yin einer der Begleiter des Buddha → Amitābha.

In jüngeren Darstellungen wird Kuan-yin oft mit weiblichen Zügen dargestellt, was auf taoist. und tantrische Einflüsse zurückzuführen ist.

Ikonographisch sind viele verschiedene Arten der Darstellung bekannt (→ Avalokiteshvara): die in China häufigste ist der tausendarmige und tausendäugige → Bodhisattva. Auf manchen Abbildungen hält Kuan-yin ein Kind auf dem Arm oder erscheint in Begleitung eines Mädchens, das einen Fischkorb trägt, oder gemeinsam mit → Wei-t'o, dem Beschützer der Lehre. Andere wiederum zeigen Kuan-yin auf Wolken stehend oder auf einem Drachen reitend vor einem Wasserfall. Als »Kuan-yin der südlichen Meere« steht er auf einem Felsen inmitten brandender Wogen und rettet Schiffbrüchige aus dem Meer, das das → Samsāra symbolisiert. In der Hand hält Kuan-yin meist eine Lotosblüte oder einen Weidenzweig und das Gefäß mit dem »himmlischen Tau« oder dem Nektar der Unsterblichkeit.

Kuan-yin ist nach volkstümlicher Auffassung im Osten Chinas, auf der Insel P'u-t'uo-shan, die als das Heiligtum dieses Bodhisattva gilt, beheimatet.

In China wurde Kuan-yin bis in die frühe Sung-Dynastie männlich, in den Höhlenmalereien von → Tun-huang sogar oft mit einem Schnurrbart dargestellt. Ungefähr ab dem 10. Jh. herrscht die Gestalt der Kuan-yin in weißem Gewand (Pai-i Kuan-yin), die weibliche Gesichtszüge aufweist, vor. Diese Entwicklung ist wahrscheinlich einerseits auf die Vermischung mit taoistisch-volksreligiösem Gedankengut seit der Sung-Zeit, in der der Buddhismus in China einen starken Verlust an sozialem und intellektuellem Niveau erlitt, zurückzuführen. Andererseits wird sie auch mit dem Eindringen tantrischer Elemente in Verbindung gebracht: Im tantrischen Buddhismus werden die beiden wesentlichen Faktoren der Erleuchtung, Erbarmen (→ Karunā) und Weisheit (→ Prajñā), durch den weiblichen und männlichen Aspekt symbolisiert; jedem Buddha und Bodhisattva wird eine weibliche Begleiterin zugeschrieben. Die des Avalokiteshvara ist die Weiße → Tārā; das chin. Wort Pai-i Kuan-yin ist die wörtliche Übersetzung. Die Figur der Kuan-yin in weißem Gewand wurde von der chin. Volksreligion aufgegriffen und zur Gestalt der kinderbringenden Kuan-yin umstilisiert.

Kuan-yin in typischer Haltung. (Holzfigur, 12. Jh.)

Um diese Bodhisattva-Figur ranken sich eine große Anzahl von Legenden. Nach der bekanntesten ist Kuan-yin die dritte Tochter des Königs Miao-chung, Miao-shan (»die wundersame Gute«). Gegen den Willen ihres Vaters tritt sie ins Kloster der Weißen Spatzen ein. Ihr Vater versucht mit allen Mitteln, sie zur Rückkehr ins weltliche Leben zu bewegen. Schließlich will er sie durchs Schwert töten lassen. Doch in diesem Moment erscheint der Herr der Höllen (→ Yama) und entführt sie in die Unterwelt, wo sie die Qualen der Verdammten lindert und die Hölle in ein Paradies verwandelt. Daraufhin läßt Yama sie frei und sie wird auf der Insel P'u-t'uo-shan wiedergeboren, wo sie die Seeleute vor Stürmen schützt (daher gilt sie als Patronin der Seefahrer). Als ihr Vater schwer erkrankt, heilt sie ihn, indem sie ein Stück ihres eigenen Fleisches auf die kranke Stelle legt. Aus Dankbarkeit läßt ihr Vater ihr zu Ehren eine Statue errichten; aufgrund eines sprachlichen Mißverständnisses zwischen dem König und dem Bildhauer schafft dieser eine Statue mit 1000 Armen und 1000 Augen, heute noch eine der populärsten Darstellungsformen dieses Bodhisattva.

Kuan-yin-tzu, **T** → Yin Hsi

Kubera **H**, auch Kuvera, Skrt.; 1. Gott der Geister in der Tiefe; Gott der Schätze und Reichtümer; 2. der Hüter des Punktes Norden auf dem Kompaß.

Kuei, **T** chin., wörtl.: »Gespenster, Geister, Dämonen«; Totengeist, zu dem die negativen Yin-Komponenten (→ Yin-yang) der Seele des Menschen, die → P'o-Seelen, nach dem Tode werden.

Als Kuei gelten alle toten Seelen, außer die der Angehörigen der eigenen Familie. Die Kuei sind gefürchtet, da sie sich für das während des Lebens erlittene Unrecht oder Beleidigungen usw. rächen können. Im besonderen gilt dies für die Seelen von Menschen, die fern der Heimat gestorben sind oder durch Ertrinken und Erhängen den Tod gefunden haben, aber auch für solche, für die keine Ahnentafel (→ Tzu) errichtet wurde. Diese sind die sog. Hungergeister.

Den Kuei opfert man Papiergeld, um sie wohlzustimmen und um Verdienste in der Welt der Kuei anzusammeln: Dabei werden Bündel chin. Geldscheine, die von der »Bank der Unterwelt« ausgegeben werden, verbrannt. Oft werden auch Papierhäuser den Flammen übergeben. Im 7. Monat wird das Fest der Hungergeister gefeiert, bei dem die Gemeinschaft diese verlassenen Seelen durch Opferzeremonien zu befriedigen sucht.

Nach gängiger Vorstellung tragen die Kuei ungesäumte Kleider. Ihr Körper wirft keinen Schatten, von den Menschen werden sie nur als Lufthauch wahrgenommen. Die Kuei hingegen sehen die Menschen als einen roten Schein. Ihre Stimmen klingen nicht menschlich.

In der Lehre des Inneren Elixiers (→ Nei-tan) existiert die Vorstellung, daß der Heilige Embryo (→ Sheng-t'ai) aus reinem Yang bestehen muß, denn wenn auch nur ein geringer Teil von Yin vorhanden ist, kann er den Kuei zum Opfer fallen.

K'uei-chi **B**, auch Kui Ji, 632–682; bedeutender Mönch des chin. Buddhismus; Schüler von → Hsüan-tsang und Mitbegründer der → Fa-hsiang-Schule.

K'uei-chi wurde mit 17 Jahren Mönch und mit 25 Mitglied des Übersetzungsbüros von Hsüan-tsang, wo er an der Übersetzung des *Vijñapti-mātratā-Siddhi,* dem Basiswerk der Fa-hsiang-Schule, mitarbeitete und einen Kommentar dazu verfaßte. Darin und in anderen Werken systematisierte er die Lehren seines Meisters.

Kuei-feng Tsung-mi, **Z** jap. Keihō Shūmitsu, 780–841, chin. Zen-Meister, der aus der → Kataku-Schule in China hervorging. Er wurde nicht so sehr als Zen-Meister, sondern vielmehr als 5. Patriarch der Hua-yen-Schule (jap. Kegon-Schule) des Buddhismus bekannt, einer Schule, die in China und während der Frühzeit des Zen in Japan immer enge Beziehungen zum Zen hatte. Kuei-feng schrieb zahlreiche Bücher, die z. T. auch für das Zen von Bedeutung waren.

Zu seiner Bedeutung für die → Hua-yen-Schule siehe unter dem dort gebräuchlichen Namen → Tsung-mi.

Kuei-shan Ling-yu **Z**, auch Wei-shan Ling-yu (jap. Isan Reiyū), 771–853, großer chin. Zen-Meister; ein Schüler und Dharma-Nachfolger (→ Hassu) von → Pai-chang Huai-hai (jap. Hyakujō Ekai) und der Meister von → Yang-shan Hui-chi (jap. Kyōzan Ejaku) und → Hsiang-yen Chih-hsien (jap. Kyōgen Chikan). Kuei-shan war wohl der berühmteste buddhist. Meister seiner Zeit im südl. China; die Mönchsgemeinschaft, die sich um ihn geschart hatte, zählte 1500 Menschen und er hatte 41 Dharma-Nachfolger. Er und sein Meisterschüler Yang-shan begründeten die Igyō-Schule, die nach den jeweils ersten Schriftzeichen ihrer Namen benannt ist (→ Igyō-Schule). Kuei-shan taucht auf im 40. Beispiel des → *Wu-men-kuan* sowie im 4., 24. und 70. Beispiel des → *Pi-yen-lu.* Seine Aussprüche und Unterweisungen sind aufgezeichnet im *T'an-chou Kuei-shan Ling-yu-ch'an-shih yü-lu* (»Aufzeichnung der Worte des Zen-Meisters Kuei-shan Ling-yu aus T'an-chou«). Kuei-shan wurde schon im Alter von 15 Jahren Mönch und schulte sich zuerst in einem Kloster der → Vinaya-Schule des Buddhismus. Mit 22 Jahren kam er zu Pai-chang, wurde sein Schüler und erfuhr unter ihm tiefe Erleuchtung. Auch nach seiner Erleuchtung schulte er sich weiter unter Pai-chang und diente etwa 20 Jahre lang in dessen Kloster als Küchenmeister (→ Tenzo). Er ist der bedeutendste der Dharma-Nachfolger von Pai-chang, von dem Kuei-shan als Zeichen der Bestätigung (→ Inka-Shōmei) den → Hossu erhielt, der in dem berühmten → Hossen mit Meister Te-shan (*Pi-yen-lu,* 4. Beispiel) eine Rolle spielt. Als Meister Pai-chang eines Tages einen geeigneten Abt für ein neu zu gründendes Kloster auf dem Berg Kuei-shan suchte, kam es zu dem Begebnis, das als 40. Beispiel im *Wu-men-kuan* erscheint.

Das Kōan lautet:

»Meister Kuei-shan, als er zuerst unter Pai-chang geschult wurde, wirkte als Küchenmeister. Pai-chang wollte einen Abt für das Kuei-shan-Kloster auswählen. Er eröffnete das dem Mönchs-Ältesten und allen Mönchen, und sie sollten sprechen; der rechte sollte gehen. Daraufhin hielt Pai-chang einen Krug hoch, stellte ihn auf den Boden und sagte fragend: ›Dies sollt ihr nicht »Krug« nennen; wie also nennt ihr es?‹

Daraufhin sagte der Mönchs-Älteste: ›Man kann es nicht Holzsandale nennen.‹

Nun fragte Pai-chang Kuei-shan. Kuei-shan stieß alsbald den Krug um und ging weg.

Pai-chang sagte lachend: ›Der erste Mönch hat gegen Kuei-shan verloren‹, und er ordnete an, daß Kuei-shan das neue Kloster begründen solle.«

Daraufhin begab sich der also Betraute auf den Berg Kuei-shan, dessen Name später auf ihn überging, baute sich eine Hütte und tat nichts, als sich dort allein weiter zu schulen: Er errichtete keine Bauten, bot sich keinen Schülern an. Erst nach sieben, acht Jahren wurde man auf ihn aufmerksam, Schüler begannen, sich um ihn zu sammeln, und bald entstand ein großes Kloster.

Kūkai 🅑, genannt Kōbō Daishi, 774–835; Begründer der → Shingon-Schule des jap. Buddhismus. Kūkai studierte die esoterische Lehre (→ Mi-tsung) unter Hui-kuo in China. Nach seiner Rückkehr nach Japan gründete er ein Kloster auf dem Berg Kōya, das zum Zentrum der Shingon-Schule wurde. Seine wichtigsten Werke sind eine Abhandlung über Konfuzianismus, Taoismus und Buddhismus, die er im Alter von 17 Jahren verfaßte und sechs Jahre später überarbeitete, sowie die »Zehn Stufen des religiösen Bewußtseins«, urspr. auf Befehl des Kaisers geschrieben, worin er die Grundzüge der Lehre der Shingon-Schule darlegt.

Kūkai gründete außerdem eine Schule für Kunst und Wissenschaft, die Angehörigen aller sozialen Schichten offenstand und religiöse und weltliche Studien umfaßte. Neben Buddhismus wurden auch Konfuzianismus und Taoismus gelehrt. Er ist auch berühmt als Maler, Bildschnitzer und Ingenieur.

Kūkai legte besonderen Wert auf das Studium des Sanskrit, da seiner Meinung nach nur in dieser Sprache die wahre Bedeutung der im Shingon so wichtigen → Mantras und → Dhāranīs zum Ausdruck gebracht werden kann. Er war außerdem der erste, der shintoist. Gottheiten als Bodhisattvas in den Buddhismus einführte. Später entwickelten seine Nachfolger das System des Ryobu-Shintō, in dem Buddhismus und → Shintoismus kombiniert sind.

Kūkai stammte aus einer aristokratischen Familie. 791 trat er in ein konfuzianist. Kolleg ein, wo er im gleichen Jahr seine Abhandlung über die drei großen Lehren seiner Zeit verfaßte. Darin unterstrich er die Überlegenheit des Buddhismus gegenüber Konfuzianismus und Taoismus, deren Begrenztheit er aufzeigte. Der Buddhismus schließt Kūkais Ansicht nach alle wertvollen Elemente des Konfuzianismus und Taoismus ein.

»Zehn Stufen des religiösen Bewußtseins« war bei weitem das bedeutendste der sechs Werke, die die Vertreter der damals in Japan existierenden buddhist. Schulen dem Kaiser vorlegten. Es besteht aus zehn Kapiteln, die die einzelnen Stufen in der Entwicklung des religiösen Bewußtseins beschreiben. Kūkai versucht darin zum ersten Mal in der Geschichte des jap. Buddhismus, die Lehren einer Schule unter Heranziehung der Doktrinen anderer, auch nicht-buddhist. zu erläutern.

Die 1. Stufe umfaßt die Welt der Tiere, die ihre Leidenschaften nicht kontrollieren können und deren Leben frei von jedem religiösen Streben ist.

Die 2. Stufe ist die des Konfuzianismus, der das Ausüben weltlicher Tugenden lehrt, aber keine religiösen Ziele kennt.

Die 3. Stufe ist die des Taoismus, dessen Anhänger an einen Himmel voller Glückseligkeit glauben, wohin sie durch gewisse Meditationsübungen gelangen wollen.

Die 4. Stufe entspricht dem → Shrāvaka-Fahrzeug des → Hīnayāna, das die Nicht-Wirklichkeit des Selbst (→ Anātman) anerkennt, da dieses nur aus den fünf → Skandhas besteht.

Die 5. Stufe stellt das Fahrzeug der → Pratyeka-Buddhas dar, die durch Einsicht in das Bedingte Entstehen (→ Pratītya-Samutpāda) die Vergänglichkeit und Nicht-Wesenhaftigkeit aller Dinge erkennen und so die Entstehung neuen Karmas verhindern.

Die 6. Stufe ist die der → Hossō-Schule (→ Yogāchāra).

Die 7. Stufe entspricht der → Sanron-Schule (→ Mādhyamika), die 8. Stufe der → Tendai-Schule (→ T'ien-t'ai), die 9. Stufe der → Kegon-Schule (→ Hua-yen).

Die 10. Stufe ist die der Shingon-Schule, die im Gegensatz zu den ersten neun Stufen, die nur »Krankheiten des Geistes« kurieren, die wirkliche Wahrheit enthält.

Kukyū Jōryū, 🅩 jap. für → Hu-ch'in Shao-lung

Kuladevatā, 🅗 Skrt., wörtl.: »Familiengottheit«; im Hinduismus ist es üblich, daß eine Familie Gott unter einem bestimmten Aspekt und Namen anbetet. So mag z. B. → Rāma in einer

Familie als Rāmchandra, in einer anderen als Raghuvir angebetet werden, oder → Krishna wird in einer Familie als Govinda, in einer anderen als Gopāla (Krishna als Kind) angebetet usw. Damit vergleichbar ist, daß viele Familien auch einen Familien-Guru haben. Die Mitglieder lassen sich dann i. allg. von ihrem Familien-Guru in das spirituelle Leben einführen. Sie können aber auch von einem anderen Guru eine besondere Einweihung erhalten.

Kumārajīva, B 344–413, bedeutendster Übersetzer buddhist. Sanskrit-Texte Chinas. Kumārajīva, der aus einer adeligen Familie aus Kucha (im heutigen Sinkiang) stammte, studierte zuerst die Lehren des Hīnayāna und wurde später Anhänger des Mahāyāna. 401 kam er nach Ch'ang-an (heute Xi'an), wo er mit der Unterstützung von Tausenden von Mönchen seiner Übersetzungstätigkeit nachging. 402 wurde ihm der Titel »Lehrer der Nation« (→ Kuo-shih) verliehen.
Die wichtigsten von Kumārajīva übersetzten Werke sind: das → *Amitābha-Sūtra* (402), das → *Lotos-Sūtra* (406), das → *Vimalakīrtinirdesha-Sūtra* (406), das *Shata-Shāstra* des → Āryadeva (404), sowie die *Mādhyamaka-Kārikā* (409), das *Mahāprajñāpāramitā-Shāstra* (412), das *Dvādashadva-Shāstra* (409), die von dem Begründer des Mādhyamaka, → Nāgārjuna, stammen. Mit der Übersetzung der drei letzteren Werke war Kumārajīva wesentlich an der Verbreitung der Schule der → Mādhyamikas in China (→ San-lun) beteiligt.

Kumārajīva trat mit sieben Jahren gemeinsam mit seiner Mutter, einer Prinzessin, in den buddhist. Orden ein. Beide gingen nach Kaschmir, wo sie drei Jahre lang unter den berühmtesten Lehrern das Hīnayāna studierten. Danach lebten sie ein Jahr in Kashgar, wo Kumārajīva außer Buddhismus auch Astronomie, Mathematik und okkulte Wissenschaften studierte. Dort kam er auch mit dem Mahāyāna in Berührung, dem er sich in der Folge ausschließlich widmete. Nach seiner Rückkehr nach Kucha drang sein Ruf als Gelehrter bald bis an den chin. Kaiserhof. 384 wurde er bei der Eroberung von Kucha durch die Chinesen gefangengenommen und 17 Jahre lang von einem dem Buddhismus feindlich gesinnten General festgehalten, bis er schließlich 402 nach Ch'ang-an kam, wo er mit Unterstützung des Kaisers seine Übersetzertätigkeit aufnahm. Kumārajīva verbesserte entscheidend die bis zu seiner Ankunft in China vorherrschende Übersetzungsmethode: Er selbst sprach fließend Chinesisch, und seine Mitarbeiter verfügten über ausgezeichnete Kenntnisse des Buddhismus und des Sanskrit. Der Übersetzungsprozeß lief folgendermaßen ab: Kumārajīva erklärte zweimal die Bedeutung des Textes auf Chinesisch, worauf die Mönche den Inhalt der Stelle diskutierten und versuchten, sie in literarisches Chinesisch zu übertragen, wobei Kumārajīva immer wieder Original und Übersetzung verglich, bis eine endgültige Fassung gefunden wurde.
Kumārajīva bemühte sich im Gegensatz zu anderen Übersetzern, die Essenz eines Sūtra zu vermitteln und vermied wörtliche Übersetzungen. Er wagte es auch, die Texte zu kürzen und dem chin. Geschmack anzupassen.

Kumāralāta, Z 19. Patriarch in der ind. Linie des → Zen

Kumārī, H Skrt., wörtl.: »Jungfrau«; ein Name, der sowohl für → Sītā als auch für → Durgā gebraucht wird. Im Tempel Kanyā-Kumārī an der Südspitze Indiens wird die Göttliche Mutter (→ Shakti) als Jungfrau verehrt.

Kumārila Bhatta H (Kumārila Bhaṭṭa), auch Kumārila Svāmin, Skrt.; ein gefeierter Lehrer der → Mīmāmsā-Philosophie, der einen Kommentar zu Jaiminis → *Mīmāmsā-Sūtra* geschrieben hat. Er war ein Gegner der Buddhisten, die er durch Argumente und Überzeugungskraft besiegt haben soll. Er wurde vor → Shankara geboren und soll sich in seiner Gegenwart verbrannt haben.

Kumbhaka, H Skrt.; 1. das Anhalten des Atems zwischen Ausatmung (Rechaka) und Einatmung (Pūraka) und umgekehrt. Eine Übung, die im → Rāja-Yoga und im → Hatha-Yoga beschrieben wird; 2. Aussetzen des Atems. Dies kann durch zwei verschiedene Methoden eintreten. Einerseits kann durch die Atemübungen des → Prānāyāma künstlich eine Konzentration erreicht werden, die Kumbhaka, das Aussetzen des Atems, zur Folge hat. Andererseits hört durch spirituelle Übungen, bei denen das Denken nicht mit dem Atem beschäftigt ist, sondern durch Hingabe an das Objekt der Meditation eine hohe Konzentration erreicht, das Atmen von selber auf. Kumbhaka stellt sich dann auf natürliche Weise ein, ohne daß körperliche Schäden zu befürchten sind. Deshalb ist dieser natürliche Weg der gefahrlosere. In seinem Buch *Kundalini-Yoga* (1953) sagt → Shivānanda, Kumbhaka diene dazu, den → Prāna im Körper wieder anzureichern.

Kumbha-Melā, H Skrt., wörtl. *kumbha:* »Wassergefäß (der → Sādhus, ein Symbol ihrer Entsagung)«, *melā:* »Versammlung«; ein berühmtes Treffen der Sādhus in der Nähe von Allahabad, das alle zwölf Jahre stattfindet. Ein weiteres erfolgt alle vier Jahre in Hārdvār. Andere, weniger bekannte, finden alle drei Jahre in verschiedenen heiligen Städten Indiens statt.

Kundalinī H (Kuṇḍalinī), Skrt., wörtl.: »Schlange«, auch »Schlangenkraft« genannt, weil diese spirituelle Kraft schlafend aufgerollt in jedem

Menschen am unteren Ende der Wirbelsäule ruht. Wird sie wachgerufen, findet sie bei ihrem Aufstieg durch die verschiedenen Zentren (→ Chakra) ihren Ausdruck in Form von spirituellen Erkenntnissen und mystischen Visionen. Nach Auffassung des Tantra gibt es sechs Zen-

Darstellung der Schlange (Kundalinī) als Symbol der mikrokosmischen Energie.

tren feinstofflicher Energie (Chakras) im menschlichen Körper, durch die die Kundalinī aufsteigt und die als »Lotos« bezeichnet werden. Das erste Zentrum, das am unteren Ende der Wirbelsäule die Geschlechts- und Ausscheidungsorgane beherrscht, ist Mūlādhāra (»Wurzelzentrum«), vierblättrig und mit Blütenblättern von roter Farbe; es folgt Svādishthāna (»eigener Ort«), sechsblättrig mit zinnoberroten Blütenblättern, die Eingeweide beherrschend; darauf Manipūra (»voller Strahlen«), zehnblättrig mit bläulichen Blütenblättern, dem Solarplexus entsprechend; dann Anāhata (»klangloser Klang«), zwölfblättrig mit scharlachroten Blütenblättern, in der Region des Herzens; als nächstes Vishuddha (»Reinheit«), sechzehnblättrig mit dunkelpurpurroten Blütenblättern im Bereich der Kehle; darauf Ājñā (»Befehl des Guru«), zweiblättrig und weiß, zwischen den Augenbrauen. Durch diese Zentren steigt die Kundalinī vom unteren Ende der Wirbelsäule bis über den Scheitel auf. Dort befindet sich als siebtes Chakra Sahasrāra (»Sitz Shivas«), tausendblättrig, strahlend weiß und leuchtend wie ein Blitz. Hier entwickelt die erwachte spirituelle Energie ihre volle Kraft und Herrlichkeit als Erleuchtung (→ Samādhi).

Nach den Schilderungen derer, die das Aufsteigen der Kundalinī erfahren haben, kann dies auf fünf verschiedene Weisen geschehen: wie das Kriechen einer Ameise; wie das freudige Schwimmen eines Fisches im Ozean göttlicher Ekstase; wie ein Affe, der mit einem großen Sprung den Scheitel des Übenden erreicht; wie ein Vogel, der von einem Zweig zum nächsten hüpft; und wie eine Schlange, die sich im Zickzack aufwärts bis zum Scheitel bewegt.

Die dt. Übersetzung eines Standardwerks über die Kundalinī und den Kundalinī-Yoga, des → *Shat-Chakra-Nirūpana,* mit Kommentaren und Erläuterungen findet sich in: A. Avalon, *Die Schlangenkraft,* Bern 1982.

Kundalinī-Shakti **H** (Kuṇḍalinī-Śakti), Skrt., wörtl.: »Schlangenkraft«; die im Menschen am unteren Ende der Wirbelsäule ruhende kosmische Energie, die durch spirituelle Übungen geweckt und zum Aufsteigen durch die → Chakras gebracht werden kann. (Siehe dazu auch → Kundalinī, → Kundalinī-Yoga.)

Kundalinī-Yoga **H** (Kuṇḍalinī-Yoga), auch Tantra-Yoga, Skrt.; das Ziel dieses Yoga ist, die spirituelle Kraft, die in jedem Menschen am unteren Ende der Wirbelsäule schlafend ruht (→ Kundalinī), aufzuwecken und sie durch die sechs Zentren (→ Chakras) entlang der Wirbelsäule aufsteigen zu lassen, bis diese kosmische Energie sich im siebenten Zentrum über dem Scheitel des Kopfes mit Shiva, dem Göttlichen, vereinigt. Dabei werden alle göttlichen Kräfte, die im Menschen schlummern, aktiviert und manifestieren sich als Weisheit und Seligkeit. In der Praxis geschieht dies durch Reinigungsübungen, Atemschulung, verschiedene Stellungen des → Hatha-Yoga, bestimmte → Mudrās und intensive Konzentration. (Siehe dazu auch → Chakra.) Eine Einführung in Theorie und Praxis des Kundalinī-Yoga von dem großen ind. Meister → Shivānanda ist: *Kundalini-Yoga,* München-Planegg 1953.

Kung-an, **Z** chin. für → Kōan

K'ung-fu-tzu, **T** → K'ung-tzu

Kung Sun-lung, **T** chin. Philosoph der Zeit der Streitenden Reiche, Vertreter der »Schule der Namen«, die sich mit dem Problem des Verhältnisses von Name und Wirklichkeit beschäftigte; Zeitgenosse von → Chuang-tzu und → Hui Shih. – Kung Sun-lung trachtete nach der »Richtigstellung der Namen«, d. h. nach der Wiederherstellung der Übereinstimmung von Namen und Wirklichkeit. (Siehe dazu auch → K'ung-tzu.)

Eines der bekannten Paradoxe des Kung Sun-lung lautet: »Ein weißes Pferd ist kein Pferd«: zwischen »Pferd« und »weißem Pferd« besteht nämlich der Unterschied von Allgemeinem und Besonderem; es sind verschiedene »Namen«, d. h. verschiedene Begriffe.

Durch seine Analyse der Determiniertheit aller Begriffe und der zwischen diesen bestehenden Unterschiede trug er wesentlich zur Entwicklung der chin. Logik bei.

K’ung-tzu 🅃, auch K’ung-fu-tzu, latinisiert: Konfuzius, 551–479; Begründer der ersten Weisheitsschule Chinas, dessen Lehren bis ins 20. Jh. das Leben in China, Japan und Korea bestimmten. Konfuzius stellte sich die Aufgabe, die vom

Idealporträt des K’ung-tzu.

Untergang bedrohten Ideale der Alten zu retten. Er formulierte die in den klass. Schriften (die die Tradition ihm in der Folge zuschrieb) enthaltenen Gedanken neu und systematisierte sie. Im Zentrum seiner Philosophie stehen die Begriffe Menschlichkeit (→ Jen) sowie Sittlichkeit und Riten (→ Li), welche die Haupttugenden eines »fürstlichen Menschen« *(chün-tzu),* des Ideals des Konfuzius, bilden. Seine politische Haltung basiert im wesentlichen auf der Vorstellung, daß, damit Ordnung herrschen kann, zuerst die »Namen richtiggestellt« werden müssen *(cheng-ming),* so daß die Dinge mit den ihnen von ihren Namen verliehenen Qualitäten übereinstimmen: Der Fürst muß sich als Fürst verhalten.

Konfuzius hatte ein starkes Bewußtsein seiner himmlischen Berufung; er ordnete sich dem Himmlischen Mandat (→ T’ien-ming), dem Willen des Himmels, unter. – Seine Lehren sind in den *Gesprächen (Lun-yü)* überliefert.

K’ung-tzu entstammte einer adeligen Familie aus dem Staate Lu (heute Prov. Shantung) und wuchs in ärmlichen Verhältnissen auf. Mit 15 faßte er den Entschluß, die Beamtenlaufbahn einzuschlagen, mit ungefähr 20 bekleidete er den Posten eines Lagerhalters, dann den eines Aufsehers über die königlichen Felder. Er vertiefte sich unter verschiedenen Lehrern in das Studium des Altertums und begann als erster in der chin. Geschichte, eine Gruppe von Schülern um sich zu sammeln. Mit 50 hatte Konfuzius den Posten des Justizministers inne. Doch infolge politischer Intrigen sah er sich gezwungen, diesen aufzugeben und ins Exil zu gehen. Es folgten Jahre der Wanderschaft von einem Staat zum anderen, in der Hoffnung, seine Vorstellungen von politischen und sozialen Reformen durchsetzen zu können, denn er war überzeugt davon, daß sie die Welt erneuern könnten. Mit 67 durfte er in seine Heimat zurückkehren, wo er 479 starb.

Während der letzten Jahre seines Lebens hat K’ung-tzu nach traditioneller Auffassung jene Werke verfaßt, die später die Klassiker des → Konfuzianismus werden sollten: Man schreibt ihm die Autorschaft des *Shih-ching* (*Buch der Lieder,* dt. in Auszügen v. P. Weber-Schäfer, Köln 1967), des *Shu-ching* (*Buch der Schriften,* dt. in Auszügen v. R. Wilhelm, 1931) sowie des *Ch’un-ch’iu* (»Frühlings- und Herbst-Annalen«), des ersten chin. Geschichtswerks, zu. Teile des → *I-ching* und des *Chia-yü* (*Schulgespräche,* dt. v. R. Wilhelm, Düsseldorf/Köln 1981) sollen ebenfalls auf ihn zurückgehen. Das *Yüeh-ching* (»Buch der Musik«) und das *Li-chi* (»Buch der Riten«) sollen von ihm redigiert worden sein.

Die Lehren des Konfuzius wurden von seinen Schülern – er sammelte ca. 3000 um sich – im *Lun-yü* (*Gespräche,* dt. v. R. Wilhelm, Düsseldorf/Köln 1982, u. R. Moritz, Frankfurt/M. 1983) niedergelegt. Die zentrale Idee seiner Lehre läßt sich in dem Begriff der Menschlichkeit (Jen) zusammenfassen: »Was du selbst nicht wünscht, das füge auch den anderen Menschen nicht zu« (*Lun-yü,* XV, 23). Die Praxis des Jen hat → Li, die Sittlichkeit, zur Norm: »Sich selbst überwinden und sich Li zuwenden, das ist Menschlichkeit« (*Lun-yü* XII, 1). Menschlichkeit umfaßt außerdem die Tugenden der Gewissenhaftigkeit (Chung) und der Gegenseitigkeit (Shu). Das soziale Zusammenleben wird von den Fünf Beziehungen (→ Wu-lun) bestimmt, die das sittliche Verhalten der Menschen untereinander regeln und jedem Individuum seinen Platz in der Gesellschaft zuweisen. Die Fünf Beziehungen sind die zwischen Vater und Sohn, Mann und Frau, älterem und jüngerem Bruder, Fürst und Untertan, Freund und Freund. Um Ordnung in der Welt zu schaffen, müssen zuerst die Familien geordnet werden, sodann die Territorialstaaten. Danach ordnet sich das Reich ganz natürlich. Das Familienleben wird von der Haltung der Pietät der Kinder gegenüber den Eltern bestimmt.

In bezug auf die religiösen Vorstellungen seiner Zeit nahm Konfuzius eine zurückhaltende Position ein. Religiöse Spekulationen fehlen in seinem Denken, doch fühlte er sich als ein vom Himmel (→ T’ien) Berufener. Es lag nicht in seiner Absicht, den bestehenden Ahnen-

kult, der die offizielle Religion bildete, abzuschaffen, er bettete ihn vielmehr gemeinsam mit den Trauerriten in die Pflichten der Pietät gegenüber den Vorfahren ein. Er weigerte sich, über das Schicksal der Verstorbenen eine Aussage zu treffen: »Wenn man das Leben nicht kennt, wie kann man dann den Tod kennen?« Aberglauben hat keinen Platz im konfuzian. System. Der Ahnenkult ist eher vom ethischen als vom religiösen Standpunkt zu verstehen. Konfuzius vertritt die Ansicht, daß es sinnlos sei, die Götter im Himmel um Hilfe zu bitten; der Wille des Himmels könne durch die Gebete der Menschen nicht verändert werden.
Seine Auffassung des Regierens ist einfach: Ist der Fürst rechtschaffen, ist es auch das Volk. Jede Reform muß an der Spitze ansetzen. Auf die Frage, was er als erstes tun würde, wenn er an die Regierung käme, antwortete Konfuzius: Die Namen richtig stellen, denn wenn »die Namen nicht richtig sind, dann stimmen die Worte nicht; stimmen die Worte nicht, dann werden die Handlungen nicht vollendet; werden die Handlungen nicht vollendet, dann gedeihen Riten (Li) und Musik nicht; gedeihen Riten und Musik nicht, so verfehlen die Strafen ihren Zweck; verfehlen die Strafen ihren Zweck, so weiß das Volk nicht, wohin es Hand und Fuß setzen soll. Darum sorgt sich der Edle, daß er seine Namen unter allen Umständen zu Worte bringen und seine Worte unter allen Umständen zu Taten machen kann. Der Edle duldet es nicht, daß in seinen Worten irgend etwas in Unordnung ist. Das ist es, worauf es ankommt« (*Lun-yü,* XIII, 3).
Und: »Der Fürst sei Fürst, der Minister Minister, der Vater Vater und der Sohn Sohn« (*Lun-yü,* XII, 11).
Der erste Schritt in der Richtigstellung der Namen ist demnach, daß der Fürst sich wie ein Fürst verhält, womit alle übrigen Namen ebenfalls richtiggestellt und die Ordnung in der Gesellschaft wiederhergestellt würden. Jeder Name beinhaltet Qualitäten, die die Essenz des jeweiligen Dinges ausmachen. Die Dinge müssen ihrer idealen Essenz entsprechen. Folgt ein Herrscher dem Weg (→ Tao) eines Herrschers, dann ist er der Essenz und nicht nur dem bloßen Namen nach ein Herrscher. Es besteht dann eine Übereinstimmung zwischen dem Namen und der äußeren Wirklichkeit. Nach der Auffassung des Konfuzius muß jeder, egal ob Vater, Sohn oder Ehefrau usw., den in seinem Namen begründeten Pflichten nachkommen. K'ung-tzu sah also seine Aufgabe darin, den Herrschern ein Bild des wahren Herrschers zu vermitteln, damit sie dem Namen gerecht werden könnten.
Auch wenn das Modell des Konfuzius keine unmittelbare Wirkung auf die damalige Gesellschaft zeitigte, so wurde es doch in den folgenden Jahrtausenden Vorbild für die Menschen in China, Japan und Korea, deren gesamtes Leben nach den Vorstellungen des Konfuzius ausgerichtet war (siehe dazu auch → Konfuzianismus).
(Zitate im Text nach P. J. Opitz [Hrsg.], *Chinesisches Altertum und konfuzianische Klassik,* München 1968.)

K'un-lun, **T** Gebirge im Westen Chinas, das im Taoismus als Paradies verherrlicht wird. Es wird von der Königlichen Mutter des Westens (→ Hsi wang-mu) bewohnt und ist der Aufenthaltsort der Unsterblichen (→ Hsien). Das K'un-lun, einer der zehn Kontinente und drei Inseln der taoist. Kosmologie, ist drei (nach manchen Texten neun) Stockwerke hoch. Wer es erklimmen kann, erlangt Zugang zu den Himmeln. Es reicht ebenfalls drei oder neun Stockwerke tief unter die Erde, wodurch es die unterirdischen Wasser, die Aufenthaltsstätte der Toten, mit der Welt der Götter verbindet. – Im K'un-lun wachsen die Unsterblichkeit verleihenden Pfirsiche der Hsi wang-mu, nach denen die Taoisten in unzähligen Expeditionen immer wieder gesucht haben.
Die → Innere-Gottheiten-Hygiene-Schule setzt das K'un-lun-Gebirge mit dem Kopf des Menschen gleich.

König Mu von Chou soll der Überlieferung nach der erste gewesen sein, der dieses Paradies besuchte, wo er einen Palast des Gelben Kaisers (→ Huang-ti) entdeckte und ein steinernes Denkmal errichtete. Dann wurde er von der Königlichen Mutter des Westens empfangen.
Seit Beginn der Han-Dynastie häufen sich in der chin. Literatur Beschreibungen des K'un-lun-Massivs. Im → *Huai-nan-tzu* heißt es: »(Die Berge) ›Hängender Garten‹, ›Kühler Wind‹ und ›Umzäunter Paulonienpark‹ liegen in der K'un-lun-Stadt, sie bilden ihre Parkanlagen. Die Teiche in diesen Parkanlagen werden von einem gelben Wasser gespeist, das, wenn es die drei (Parkanlagen) durchflossen hat, wieder zu seiner Quelle zurückkehrt. Man spricht von ihm als dem ›Zinnober-Wasser‹, wer es trinkt, wird unsterblich . . . Wenn man den ersten (der drei) übereinander emporragenden Berge des K'un-lun besteigt, der den Namen ›Kühler Wind‹ trägt, so wird man (ebenfalls bereits) unsterblich. Wenn man den zweiten, doppelt so hohen, besteigt, der den Namen ›Hängender Garten‹ trägt, wird man zu einem zauberkräftigen Geist und vermag Wind und Regen zu gebieten. Wenn man den dritten, wiederum doppelt so hohen, besteigt, . . . kann man direkt von dort in den Himmel aufsteigen und zu einem Göttergeist [→ Shen] werden, denn dann ist man in dem Palast des höchsten Himmelskaisers (Ta-ti).« (Zit. n. W. Bauer, 1974, S. 143.)

Kuntī **H**, auch Prithā genannt, Skrt., die Gemahlin → Pāndus und Mutter von → Yudishthira, Bhīma und → Arjuna, der in der *Bhagavad-Gītā* von Krishna oft Kuntīs Sohn genannt wird.

Kuntī war die Tochter des Yādava-Königs Sura. Sie zeigte große Verehrung für den Heiligen Durvāsa und erhielt von ihm die Gunst, ein Kind von einem Gott zu bekommen, den sie sich aussuchen konnte. Sie wählte den Sonnengott und bekam einen Sohn → Karna, den sie am Ufer der Yamunā aussetzte.
Nach dem Ende des großen Krieges *(→ Mahābhārata)* zog Kuntī sich mit → Dhritarāshtra, dem Bruder ihres

Gatten Pāndu, und dessen Gemahlin Gāndhārī in die Waldeinsamkeit zurück, in der alle drei bei dem großen Waldbrand umkamen.

Kuo Hsiang, T → Hsüan-hsüeh

Kuo-shih, B Z chin. (jap. → Kokushi), wörtl.: »Lehrer der Nation« oder »Landesmeister«; Ehrentitel, der hervorragenden buddhist. Meistern, vor allem solchen, als deren Schüler sich ein Kaiser betrachtete, vom chin. Kaiserhaus verliehen wurde.

Kūrma, H Skrt., wörtl.: »Schildkröte«; → Vishnu in seiner zweiten Inkarnation (→ Avatāra) als Schildkröte. Symbolisch bedeutet die Schildkröte, ein amphibisches Wesen, den vitalen, physischen Menschen mit seinen kühnsten transzendenten Wünschen nach Unendlichkeit, die beim → Umrühren des Ozeans mit Kūrmas Hilfe zutage traten.

Kūrma-Purāna H (Kūrma-Purāṇa), Skrt.; dieses Purāna umfaßt 17 000 Verse, in denen → Vishnu in Gestalt einer Schildkröte die vier verschiedenen Ziele (Purushārtha) des Lebens, nämlich Artha (Reichtum), Kāma (Vergnügen), Dharma (Pflicht) und Moksha (Befreiung) erklärt.

Da Kūrma der Name einer → Avatāra-Form Vishnus ist, könnte man annehmen, daß es ein → Vaishnava-Werk sei; es wird aber stets zu den Shaiva-Purānas gezählt, da es sich vorwiegend mit der Verehrung von → Shiva und → Durgā beschäftigt.

Kurukshetra H (Kurukṣetra), Skrt., wörtl.: »das Feld der Kurus«; eine Ebene in der Nähe des heutigen Delhi, auf der die große Schlacht zwischen den → Kauravas und den → Pāndavas ausgetragen wurde *(→ Mahābhārata).*

Hier unterwies Krishna, wie in der *Bhagavad-Gītā* berichtet, → Arjuna in göttlicher Erkenntnis. Kurukshetra gilt auch als ein Symbol für das Schlachtfeld des Lebens, auf dem das Ego und die niedere Natur des Menschen bekämpft werden müssen.

Kusha H (Kuśa), Skrt.; ein Gras, das als Meditationsunterlage dient, aber auch beim Ritual der Gottesverehrung benutzt wird.

Kushala B (Kuśala), Skrt. (Pali: Kusala), wörtl.: »heilsam«; jedes mit den Wurzeln des Heilsamen (Skrt. Kushala-Mūla, Pali: Kusala-Mūla), d. h. mit Gier-, Haß- und Wahnlosigkeit verbundene Wirken. Der Gegensatz dazu ist → Akushala.

Ku-shen, T chin., wörtl.: »Gottheit des Tales«; im → *Tao-te ching* erwähnte Gottheit, die dort mit dem »Dunklen Weibchen« (Hsüan-p'in) gleichgesetzt wird, das seinerseits ein Symbol für das → Tao darstellt. Im 6. Kap. des *Tao-te ching* heißt es:

»Die Gottheit des Tales stirbt nicht; es ist das Dunkle Weibchen. Das Tor des Dunklen Weibchens, dies ist der Ursprung des Himmels und der Erde. Unerkennbar, doch stets gegenwärtig, wer sie gebraucht, erschöpft sie doch nicht.« (Zit. n. M. Kaltenmark, 1981, S. 72.)

Auf diese Passage berufen sich die späteren Vertreter des religiösen Taoismus (→ Tao-chiao), um die verschiedenen sexuellen Praktiken zur Erlangung der Unsterblichkeit zu rechtfertigen.

Im *Tao-te ching* ist das Tal ein Sinnbild des Tao oder des → Te. Es symbolisiert die Leere (→ Wu) und weist auch auf den Ort hin, an dem alle Gewässer zusammenfließen. Es ist ein Symbol für die Haltung des Taoisten schlechthin.

Im engen Sinn bezeichnet der Begriff Ku einen Gebirgsquell; dies läßt darauf schließen, daß die Gottheit des Tales vielleicht urspr. ein Quellengeist gewesen ist.

Kushinagara B (Kuśinagara), auch Kushinara, heute Kasia im ind. Staat Uttar Pradesh; eine der vier Heiligen Stätten des Buddhismus. Hier ging der Buddha → Shākyamuni ins → Parinirvāna ein.

Nach seinem Tode wurden die sterblichen Überreste außerhalb von Kushinagara verbrannt. Der Überlieferung nach wurde ein Teil der Reliquien in einem → Stūpa in Kushinagara aufbewahrt. Die Stadt wurde so zu einem der wichtigsten Pilgerorte der Buddhisten, war aber schon im 7. Jh., als der chin. Pilger → Hsüan-tsang Kushinagara besuchte, verfallen.

Kūtastha H (Kūṭastha), Skrt., wörtl.: »unveränderlich, an der Spitze stehend«; eine Bezeichnung für das unvergängliche Selbst, das jenseits von Wechsel und Wandel steht. Es ist das in jedem Menschen vorhandene absolute Bewußtsein, getrennt von Körper und Denken, identisch mit → Ātman. Im → *Pañchadashi* wird der Begriff besonders eingehend erläutert.

Kūya, B → Jōdo-shū

Kwannon B Z, auch Kannon oder Kanzeon, jap. für → Avalokiteshvara

Kwatsu! Z, auch Kwatz!, jap. → Katsu!

Kyabdro B (sKyabs-'gro), tibet., etwa: »Zuflucht nehmen«. Für alle Schulen des → Tibetischen Buddhismus ist der ritualisierte Akt der Zufluchtnahme die unerläßliche Voraussetzung für jede Art der Beschäftigung mit der buddhist. Lehre (→ Dharma). Im → Hīnayāna und → Mahāyāna sind die drei Objekte der Zuflucht: 1. der → Buddha; 2. die Lehre (Dharma); 3. die spirituelle Gemeinschaft (→ Sangha). Diese gewähren dem geistig Suchenden Schutz und werden auch als Drei Kostbarkeiten (→ Triratna) bezeichnet. Die ungeteilte Anerkennung der und Hingabe an diese drei Prinzipien wird durch die formelle Zufluchtnahme ausgedrückt. Das »Diamantfahrzeug« (→ Vajrayāna) erweiterte die Objekte der Zuflucht durch Hinzufügung des Meisters (→ Lama), und in bestimmten Schulen gibt es eine sechsfache Zuflucht. Dabei werden den Drei Kostbarkeiten die »Drei Wurzeln« hinzugefügt: 4. Lama; 5. Persönliche Gottheit (→ Yidam); 6. Inspirationskräfte (→ Dākinī).

Die Bedeutung des Buddha als Meister und die der Gemeinde von Mönchen als Träger der von ihm vermittelten Lehre wurde schon früh erkannt und schließlich als Grundlage der buddhist. Weltanschauung angesehen. Nachdem mit der Entwicklung der verschiedenen Schulen des Mahāyāna der historische Buddha in seiner Bedeutung zurückgetreten und die universell existierende »Buddhaschaft« in den Vordergrund getreten war, wurde schließlich im Vajrayāna der geistige Lehrer als Verkörperung dieser Buddhaschaft angesehen.

Die buddhist. → Tantras weisen immer wieder auf die zentrale Rolle des Meisters hin, der in der Lage ist, die schwierigen Übungen zu erläutern und auszuführen. Die Stellung des Meisters als vierte Zuflucht und schließlich die Auffassung, er sei die Verkörperung aller Drei Kostbarkeiten, hängt direkt mit den Praktiken des Vajrayāna zusammen.

Ungefähr zur Zeit der Übertragung der Tantras nach Tibet wurde die Zuflucht zum Meister formalisiert, und die Biographien des → Nāropa und des → Milarepa legen ein deutliches Zeugnis davon ab. Auch → Atīsha betonte die besondere Bedeutung des Lama und der Zuflucht und erhielt aus diesem Grunde den Beinamen Kyabdro Pandita (»Gelehrter der Zuflucht«).

Im Aufbau der Meditationstechniken der einzelnen Schulen des Tibetischen Buddhismus bildete in den folgenden Jh. die Zuflucht zusammen mit der Erzeugung des Erleuchtungsgeistes (→ Bodhichitta) eine der »Vorbereitenden Übungen« für jede Vajrayāna-Praxis. Nāropa selbst werden folgende Worte zugeschrieben: »Mein Geist ist der vollkommene Buddha. Meine Worte sind die vollkommene Lehre. Mein Körper ist die vollkommene Gemeinschaft.«

Kyō, B Z jap. für → Sūtra

Kyōge-Betsuden, Z jap., wörtl.: »besondere Überlieferung außerhalb der (orthodoxen) Lehre«; die Übertragung des → Buddha-Dharma von Herz-Geist zu Herz-Geist (→ Ishin-Denshin) in der Tradition des Zen, die nicht mit der Überlieferung der Lehre des Buddha durch heilige Schriften zu verwechseln ist. (Siehe dazu auch → Fukasetsu.)

Kyōgen Chikan, Z jap. für → Hsiang-yen Chih-hsien

Kyōrin Chōon, Z jap. für → Hsiang-lin Ch'eng-yüan

Kyosaku Z, auch Keisaku, jap., wörtl.: »Erwekkungs-Stock«; abgeflachter Stock von 75 bis 100 cm Länge, mit dem die »Sitzenden« in einem Zen-Kloster während längerer Perioden des → Zazen zur Ermunterung und zum Ansporn auf Schultern und Rücken geschlagen werden. Der Kyosaku wird immer nur zur Hilfe, *nie* – wie oft fälschlich angenommen – zur Strafe angewandt. Er symbolisiert das Schwert der Weisheit des Bodhisattva → Mañjushrī, das alle Verblendung abschneidet, und wird deshalb stets verehrungsvoll gehandhabt. Er hilft, Müdigkeit zu überwinden, löst Verspannungen, steigert die Intensität, weckt latente Kräfte und kann, genau im rechten Moment angewandt, sogar jemandem zu einer Erfahrung des Erwachens (→ Erleuchtung, → Kenshō, → Satori) verhelfen.

Kyōsei Dōfu, Z jap. für → Ching-ch'ing Tao-fu

Kyōshō Dōfu, Z jap. für → Ching-ch'ing Tao-fu

Kyōun-shū, Z jap., wörtl.: »Sammlung von der Verrückten Wolke«; Sammlung der Gedichte des jap. Zen-Meisters → Ikkyū Sōjun, der sich selbst den Dichternamen »Verrückte Wolke« gab. In den hier gesammelten, im chin. Stil (jap. *kambun*) geschriebenen Gedichten besingt Ikkyū die großen Zen-Meister alter Zeit, beklagt er mit beißendem Spott den Niedergang des Zen im Japan seiner Zeit, geißelt er die Schwächen der korrupten Priester und stellt deren Lebensstil seinen eigenen nonkonformistischen Lebenswandel zwischen Einsiedelei und Freudenhaus gegenüber. Die Gedichte über seine Geliebte, die blinde Dienerin Shin, gehören zu den schönsten erotischen Gedichten der jap. Literatur. (Eine Auswahl von Gedichten aus dem *Kyōun-shū* in dt. Übersetzung findet sich in: Ikkyū Sōjun, *Im Garten der schönen Shin,* Düsseldorf/Köln 1979.)

Ein typisches Gedicht aus dem *Kyōun-shū* ist:

Ansehen und Reichtum
der Zen-Welt sind groß,
rasend ist ihr Niedergang.
Nur falsche Priester gibt es,
keine wahren Meister. –
Man sollte
eine Bootsstange nehmen
und Fischer werden.
Auf Seen und Flüssen
bläst heutzutage
ein frischer Gegenwind.

Kyōzan Ejaku, 🅉 jap. für → Yang-shan Hui-chi

Kyūdō, 🅉 jap., wörtl.: »Bogen-Weg«; die »Kunst des Bogenschießens«, einer der körperlich-geistigen Schulungswege (→ Dō) Japans, deren Praxis vom Geist des Zen durchdrungen ist. Von den geistigen Wurzeln des Kyūdō handelt Eugen Herrigels Buch *Zen in der Kunst des Bogenschießens,* Bern 1985 (24. Aufl.), das zu den besten von einem Abendländer geschriebenen Büchern über den Geist des Zen gehört.

Kyūhai, 🅉 jap. → Sampai

Kyūhō Dōken, 🅉 jap. für Chiu-feng Tao-ch'ien → Ho-shan Wu-yin

L

Lachender Buddha 🄱 🅉 (chin. Mi-lo-fo); chin. Darstellungsform des Buddha → Maitreya, die auf das 10. Jh. zurückgeht. Die Statue des Lachenden Buddha befindet sich in der Halle der vier → Himmelskönige in chin. Klöstern. Er wird

Lachender Buddha, stehende Form (Holzstatuette).

meist sitzend, das rechte Bein aufgestellt (die für Maitreya charakteristische Sitzhaltung), mit dikkem, nacktem Bauch, gerunzelter Stirn und breit lachend dargestellt. Meist ist er von einer Kinderschar umgeben. Der Überlieferung nach ist diese Gestalt der Mönch → Pu-tai, der als Inkarnation des zukünftigen Buddha Maitreya gilt.

In dieser Figur sind einige chin. Lebensideale verkörpert: Der dicke Bauch symbolisiert Reichtum; sein Lachen und die lockere Sitzhaltung weisen auf seine Gelassenheit und Zufriedenheit mit sich und der Welt hin. Die Kinder, die ihn umgeben, zeigen seine große Kinderliebe, eine der chin. Haupttugenden.

Laghiman, 🄷 Skrt., wörtl.: »Leichtheit«; eine spezielle psychische Fähigkeit (→ Siddhi). Durch Yoga-Übungen kann eine Gewichtlosigkeit eintreten, deren Folge ein Schweben des Körpers ist. Im Westen ist dieses mehrfach bezeugte Phänomen als Levitation bekannt (z. B. bei Theresa von Avila). Wenn das Bewußtsein sich vom Körperlichen immer mehr auf das Spirituelle verlagert, kann die Schwerkraft der Körpermaterie schließlich aufgehoben werden.

Lakshana 🄷 (Lakṣaṇa), Skrt., wörtl.: »günstiges Zeichen, Merkmal«; 1. Merkmale der Selbstverwirklichung; 2. fünf Punkte, die in den Purānas, den Legenden über die alten Zeiten, beachtet werden sollten.

Jedes Purāna sollte, dem Sanskrit-Gelehrten Amara-Simha nach, fünf Lakshanas haben, d. h. es sollte fünf bestimmte Themen behandeln: 1. die Schöpfung der Welt; 2. ihre Auflösung und Erneuerung; 3. die Herkunft und Abstammung der Götter, Patriarchen und Helden; 4. die Herrschaft der → Manus, der ursprünglichen Gesetzgeber, in den verschiedenen Stadien der gesellschaftlichen Entwicklung der Menschheit; und 5. Leben und Werke der Nachkommen des Manu. – Die Purānas sind stets in Versform geschrieben als Dialog zwischen einem erleuchteten Meister und seinem Schüler, in den Betrachtungen und Dialoge anderer Personen eingeflochten sind. Aber nicht alle Purānas halten sich an die Einteilung in die fünf Lakshanas.

Lakshana-Vākya 🅗 (Lakṣaṇa-Vākya), Skrt.; unfehlbare, letzte Erkenntnis, die sich nur auf die Wirklichkeit Gottes und die Vergänglichkeit der Welt bezieht.

Lakshmana 🅗 (Lakṣmaṇa), Skrt.; Sohn des Königs → Dasharatha und seiner Gattin Sumitrā. Er war ein Halbbruder und besonderer Freund von → Rāma, begleitete ihn ins Exil und auf allen seinen Wanderungen. Rāmas Gemahlin → Sītā war er sehr ergeben.

Lakshmanas Gattin war Ūrmilā, die Schwester von Sītā. Sie hatten zwei Söhne, Angada und Chandraketu. Als Rāma und Lakshmana in der Wildnis lebten, verliebte sich eine Rākshasī, eine Schwester von → Rāvana, in Rāma. Dieser verwies sie an Lakshmana, der sie wiederum zu Rāma zurückschickte. Abgewiesen, griff sie Sītā an, die von Rāma beschützt wurde. Rāma bat Lakshmana, die Rākshasī zu entstellen, worauf er ihr Nase und Ohren abschnitt. Die Verunstaltete forderte von ihrem Bruder, sie zu rächen, und so entbrannte ein gewaltiger Krieg, in dessen Verlauf Sītā von Rāvana entführt wurde. Lakshmana begleitete Rāma auf der Suche nach ihr und stand ihm im Kampf gegen den Dämonenkönig bei. Nach Kriegsende zog sich Lakshmana in die Einsamkeit am Flusse Sarayū zurück und ergab sich den Göttern, die Blumen auf ihn herabschütteten und ihn in den Himmel holten.

Lakshmī 🅗 (Lakṣmī), Skrt.; im *Rigveda* hat das Wort nur die Bedeutung »Glück«. Im *Atharvaveda* ist es personifiziert als weibliches Wesen, teils Glück, teils Unglück bringend. Später wird Lakshmī oder Shrī zur Göttin des Glücks, zur Gemahlin → Vishnus und zur Mutter von → Kāma. Sie soll vier Arme besitzen, aber da sie ein Symbol der Schönheit ist, wird sie gewöhnlich nur mit zwei Armen dargestellt, in einer Hand eine Lotosblüte. Ihr sind keine Tempel geweiht, doch als Göttin des Überflusses und Glücks wird sie ständig angebetet und gerät nicht in Gefahr, vernachlässigt zu werden.

Der Legende nach stieg Lakshmī wie Aphrodite aus dem Schaum des Ozeans, als er von den Göttern und → Asuras aufgewühlt wurde (→ Umrühren des Ozeans). Sie war von vollendeter Schönheit. Nach einer anderen Legende lag sie bei der Schöpfung auf einer Lotosblüte. Dem → *Vishnu-Purāna* nach wurde sie mehrfach aus dem Schaum des Ozeans geboren. Als Vishnu in seinen verschiedenen Inkarnationen (→ Avatāra) als Vāmana erschien, entstieg Lakshmī einem Lotos. Als er als → Parashu-Rāma geboren wurde, war sie seine Gemahlin Dharanī. Als er als Rāma geboren wurde, war sie → Sītā. Als er als Krishna geboren wurde, war sie Rukminī.

Lakshya 🅗 (Lakṣya), Skrt., wörtl.: 1. »bildlich ausgedrückt«, 2. »Ziel«; die Wahl des → Ishta-Deva (Erwähltes Ideal), auf dessen bildliche Form sich die Konzentration und Meditation des spirituell Strebenden richtet.

Lalitavistara, 🅑 Skrt., wörtl.: »Ausführliche Darstellung des Spiels« (d. i. des Lebens von Buddha); Text aus der Übergangszeit zwischen → Hīnayāna und → Mahāyāna, der die letzten beiden Existenzen des Buddha → Shākyamuni bis zu seiner ersten Lehrrede beschreibt. Diese zwischen dem 2. Jh. v. Chr. und dem 2. Jh. n. Chr. entstandene Buddha-Biographie mehrerer Verfasser geht wahrscheinlich auf die Schule des → Sarvāstivāda zurück und wurde später nach mahayanist. Gesichtspunkten überarbeitet. (Dt. Teilübersetzung von S. Lefman, Berlin 1874.)

Lama 🅑 (Bla-ma), tibet., wörtl.: »Höherstehender«; im → Tibetischen Buddhismus ein religiöser Meister, dem vom Schüler Verehrung entgegengebracht wird, da sich in seiner Gestalt die buddhist. Lehre unverfälscht verkörpert. Die Bezeichnung »Lama« wird für → Guru im traditionellen ind. Sinne verwendet, umfaßt aber noch weitere Bedeutungen. Für das → Vajrayāna ist der Lama besonders wichtig, da es nicht nur in seiner Kompetenz liegt, Rituale zu lehren, sondern auch, sie auszuführen. Als geistige Autorität kann er einem oder mehreren Klöstern vorstehen und politischen Einfluß besitzen (→ Tulku). Auf den spirituellen »Wert« des Lama weist der besonders qualifizierten Meistern verliehene Ehrentitel Rimpoche (»Außerordentlich Kostbarer«) hin. Heute wird »Lama« allerdings als höfliche Anrede für jeden tibet. Mönch verwendet, ungeachtet des Standes seiner geistigen Entwicklung.

Da der Lama im tibet. Buddhismus eine hervorragende Rolle spielt, wurde diese Form des Buddhismus im Westen als »Lamaismus« bezeichnet. Dabei ist jedoch die Gleichsetzung von Lama und Mönch irreführend. Der Lama wird als Verkörperung des Buddha selbst betrachtet, während der Mönch nur Insasse eines Klosters ist und die buddhist. Lehre studiert.

Um die Vajrayāna-Lehren als Laie oder Mönch zu meistern, ist es unbedingt notwendig, Unterweisungen von einem oder mehreren Lamas zu erhalten. Nach den höchsten Belehrungen, wie z. B. der → Mahāmudrā und dem → Dzogchen, konzentrieren sich die meditativen Übungen von Anfang an auf die Person des Lama, auch wenn er physisch nicht präsent ist. In seiner Gegenwart ist dann das Verhalten des Schülers stark ritualisiert, und der unbedingte Gehorsam gegenüber dem Meister wird betont.

Die Funktion als Vermittler der buddhist. Überlieferung hat der Lama nicht nur gegenüber seinen Schülern, sondern er macht die überlieferte Lehre durch öffentliche Rituale auch der Allgemeinheit zugänglich. Dabei tritt er als Schützer vor widrigen Einflüssen (Dämonen) auf und bedient sich dazu der verschiedensten Hilfsmittel. Zu den bekanntesten zählen die sog. Lama-Tänze und das Rezitieren des → *Bardo Thödol.*

Die traditionelle Ausbildung eines Lama umfaßte ein jahrelanges Studium in den verschiedenen Disziplinen der buddhist. Philosophie und der Meditation. Erst nach Ableistung einer sog. Zurückgezogenheit für die Dauer von über drei Jahren war der Lama schließlich berechtigt, sich als solcher zu bezeichnen und sein Wissen weiterzugeben.

Lamaismus, 🅱 der in Tibet, China und der Mongolei verbreitete Buddhismus tibet. Prägung (→ Tibetischer Buddhismus, → Vajrayāna).

Lamdre 🅱 (Lam-'bras), tibet., wörtl.: »Weg (und) Ziel«; ein Zyklus von → Vajrayāna-Lehren, der vor allem von der → Sakyapa-Schule überliefert wurde. Die für das Vajrayāna spezifische Tendenz, das Ziel des Weges im Weg selbst zu sehen, kommt in dieser Lehre klar zum Ausdruck. Der Grundtext des Lamdre-Systems basiert auf einem der ältesten buddhist. → Tantras und wurde im 11. Jh. von dem Übersetzer Drogmi nach Tibet gebracht. Der 1. Hierarch der Sakyapa verfaßte verschiedene Kommentare dazu und schuf somit die Grundlage für die Sakyapa-Tradition des Lamdre.

Als Begründer der Lamdre-Lehre wird der ind. → Mahāsiddha Virūpa angesehen. Er gab seinem Schüler Nagpopa den Grundtext, die sog. Vajra-Verse. Dieser Text ist extrem kurz und wird nur durch mündliche Unterweisungen verständlich. Die Basis des Lamdre ist die Erfahrung, daß ihrem Wahren-Wesen nach der Existenzkreislauf (→ Samsāra) und die Befreiung davon (→ Nirvāna) nicht verschieden sind.

Diese Sicht ist aber nur zu realisieren, wenn das Wahre-Wesen des Geistes durch Erleuchtung erkannt wird. Im Lamdre wird der Geist in dreifacher Weise definiert: 1. Der Geist ist klar; 2. der Geist ist leer (→ Shūnyatā); und 3. der Geist ist die Einheit dieser beiden Aspekte. Erst die Verwirklichung aller drei Charakteristika garantiert die Erkenntnis des Weges als Ziel.

In der Sakyapa-Schule sind die Lamdre-Lehren jedoch undenkbar ohne die Übungsprogramme zur »Läuterung des Geistes«, die zur gleichen Zeit wie die der → Kadampa-Schule entwickelt wurden. Die bekannteste unter diesen Übungen ist die sog. Loslösung von den vier Anhaftungen. Auch sie geht auf den 1. Hierarchen der Sakyapas, Sachen Künga Nyingpo (1092–1158), zurück, der sie nach einer Vision des → Mañjushrī schriftlich niederlegte.

Lamrim 🅱 (Lam-rim), tibet., wörtl.: »Stufen des Weges«; Bezeichnung für eine Gruppe von Lehrbüchern, die eine komplette Darstellung der einzelnen Stufen des spirituellen Weges geben. Als ältestes Lamrim-Werk gilt im → Tibetischen Buddhismus der *Juwelenschmuck der Befreiung* des Kagyüpa-Lehrers → Gampopa (1079–1153), der von den Lehren der → Kadampa-Schule maßgeblich beeinflußt war. Nach dem Vorbild dieser Lehren verfaßte im 14. Jh. auch → Tsongkhapa, der Gründer der → Gelugpa-Schule, seinen *Stufenweg zur Erleuchtung.* In den anderen Schulen erfreute sich diese Gattung religiöser Literatur der gleichen Beliebtheit, wie z. B. die »Unterweisungen des allumfassend guten Lehrers« des → Nyingmapa-Meisters Pältrül Rimpoche (geb. 1809) zeigen. Gemeinsam ist diesen Werken ihre praktische Einführung in alle Aspekte der buddhist. Lehre.

Gampopas *Juwelenschmuck der Befreiung* ist in sechs Hauptabschnitte unterteilt: 1. Den Ausgangspunkt bildet die sog. → Tathāgata-Garbha-Lehre, d. h. die im frühen tibet. Buddhismus verbreitete Auffassung, daß als Grundlage in jedem Lebewesen bereits die → Buddhaschaft vorhanden ist. Diese Lehre führte aber in den späteren Jahrhunderten zu heftigen Auseinandersetzungen und findet sich nicht mehr in Tsongkhapas klassischem Werk. 2. Die menschliche Existenz bietet die beste Möglichkeit, die potentiell vorhandene Buddhaschaft zu verwirklichen. Daher gilt es, diese Gelegenheit zu nutzen. 3. Die unerläßliche Bedingung für ein solches Handeln sind jedoch die nötigen Unterweisungen von einem »spirituellen Freund« (→ Guru, → Lama). Dieser und die Schüler besitzen unterschiedliche Qualitäten. 4. Die Mittel, um die Buddhaschaft zu verwirklichen, sind die Unterweisungen des Meisters. Es sind dies die Belehrung über die Unzulänglichkeit des Existenzkreislaufs (→ Samsāra), das Gesetz des → Karma, die Funktion von Liebe und Erbarmen, die Erzeugung des Erleuchtungsgeistes (→ Bodhichitta), die sechs Vollkommenheiten (→ Pāramitā), die fünf Wege (→ Pañcha-Mārga) und die zehn Stufen (→ Bhūmi). 5. Die verschiedenen Belehrungen führen den Übenden zu seinem Ziel, das auf verschiedenen Ebenen erfahren wird (→ Trikāya). 6. Dieses Ziel ist aber nicht nur das eigene Wohl, es erfüllt vielmehr seine eigentliche Bedeutung erst im Wirken für die anderen Lebewesen.

Der Aufbau der weiteren großen Lamrim-Werke entspricht in etwa dem des Gampopa-Textes, es werden nur unterschiedliche Schwerpunkte gesetzt. So steht im Zentrum der »Großen Darlegung der Stufen des Weges« die Lehre des »Ruhigen Verweilens« (→ Shamatha) und der »Besonderen Einsicht« (→ Vipashyanā), während das Werk des Pältrül Rimpoche Elemente der → Dzogchen-Tradition enthält. – Als Handbücher zur Anleitung von Laien oder zur Ausbildung von Mönchen haben diese Werke bis heute ihre Gültigkeit behalten.

Lan-ch'i Tao-lung 🆉, auch Lan-hsi Tao-lung,

jap. Rankei Dōryū, 1203–1268 oder 1213–1278, chin. Zen-Meister der Yōgi-Linie des Rinzai-Zen (→ Yōgi-Schule). Er schulte sich unter mehreren berühmten Zen-Meistern der Provinz Chekiang, darunter auch → Wu-chun Shih-fan (jap. Bushun [Mujun] Shiban). 1246 reiste er nach Japan. Dort lebte er zuerst in Kyōto, ging 1247 aber auf Einladung des Shōgun Hōjō Tokiyori nach Kamakura, wo er unter dessen Patronat das Kloster Jōraku-ji und 1253 das → Kenchō-ji, eines der bedeutendsten Zen-Klöster von Kamakura (siehe auch → Gosan) gründete, dem er als erster Abt vorstand.

Zwischenzeitlich wirkte Lan-ch'i auch im → Kennin-ji in Kyōto, wo er den abgedankten Kaiser Go-Saga im → Buddha-Dharma unterwies. Lan-ch'i gehört zu den hervorragenden chin. Zen-Meistern, die dazu beitrugen, das Zen nach Japan zu übertragen und hier heimisch werden zu lassen. Er starb im Kenchō-ji in Kamakura und erhielt posthum den Ehrentitel Daikaku Zenji.

Landesmeister, B Z → Kokushi, → Kuo-shih

Lan-hsi Tao-lung, Z → Lan-ch'i Tao-lung

Lankā H (Laṅkā), Skrt.; der alte Name der Insel Ceylon, die heute wieder Sri Lanka heißt, sowie der alte Name ihrer Hauptstadt.

Im *Rāmāyana* wird Lankā mit ihren gewaltigen Mauern beschrieben. Es heißt, daß sie von → Vishvakarma aus Gold als Residenz für → Kubera erbaut und dann von → Rāvana erobert worden sei. Im *Bhāgavata-Purāna* ist die Insel die Spitze des Berges → Meru, die der Gott des Windes abgebrochen und ins Meer geschleudert hat.

Lankāvatāra-Sūtra B Z (Laṅkāvatāra-Sūtra), Skrt., wörtl.: »Sūtra über das Herabsteigen nach Ceylon«; mahayanist. Sūtra, das die Lehre der »inneren Erleuchtung« betont, die alle Dualität aufhebt und über alle Unterscheidungen erhaben ist. Diese Erfahrung wird durch die Verwirklichung des → Tathāgata-Garbha (siehe auch → Busshō), das jedem Wesen immanent ist, möglich. In diesem Sūtra findet man auch die Auffassung, daß Worte nicht wesentlich für das Übertragen der Lehre seien. Hier kommt die Verwandtschaft zur Lehre des → Zen klar zum Ausdruck; es ist daher neben dem → *Diamant-Sūtra* und dem → *Mahāyānashraddhotpāda-Shāstra* einer der wenigen traditionellen Mahāyāna-Texte, die großen Einfluß auf diese Schule ausgeübt haben. Es soll von → Bodhidharma, dem 1. chin. Patriarchen des Zen, an seinen Schüler → Hui-k'o weitergegeben worden sein. Auch die Lehre der »allmählichen Erleuchtung« (→ Zengo) des → Shen-hsiu kann auf das *Lankāvatāra-Sūtra* zurückverfolgt werden.

Das Sūtra besteht aus neun mit Liedern vermischten Prosakapiteln und einem Kapitel in Versen. Es wurde im 5. Jh. zum ersten Mal ins Chinesische übersetzt. Die Rahmenhandlung dieses Sūtra bildet eine Lehrversammlung auf Ceylon, bei der der Buddha auf Einladung eines Königs verschiedene Fragen beantwortet, die ihm von Bodhisattva Mahāmati gestellt werden, und bei der er eine dem → Yogāchāra verwandte Lehre verkündet.

Lan Ts'ai-ho, T → Pa-hsien

Lao-chün, T chin., wörtl.: »Herr Lao«; auch T'ai-shang lao-chün (»Höchster Herr Lao«); Name des → Lao-tzu in seiner vergöttlichten Form. Lao-chün zählt neben → Yüan-shih t'ien-tsun und → T'ai-shang tao-chün zu den höchsten Gottheiten des religiösen Taoismus (→ Tao-chiao).

Die Vergöttlichung des Lao-tzu begann im 2. Jh. v. Chr. Damals war er bereits eine sagenumwobene Gestalt, der besondere Langlebigkeit zugeschrieben wurde. Während der Östlichen oder Späten Han-Dynastie war er eine der wichtigsten Gottheiten des Taoismus. Von manchen Anhängern des Tao wurde er als eine Emanation des Urchaos angesehen. Er soll sich viele Male in menschlicher Gestalt inkarniert haben, um als Lehrer der Menschen zu wirken. Es wird von ihm berichtet, daß er in die Praktiken des Langen Lebens eingeweiht war, wie sie für die meisten der späteren taoist. Sekten typisch sind.

Lao-chün gilt zwar allgemein als der Offenbarer heiliger Schriften und Lehrer der Menschen, doch wird er nicht von allen als die höchste Gottheit verehrt. Meist wird er Yüan-shih t'ien-tsun untergeordnet, ja, manche Taoisten gehen soweit, seine göttliche Natur in Frage zu stellen, wie z. B. → Ko Hung, für den er ein außergewöhnlicher Mensch, aber keine Gottheit ist.

Lao-na Tsu-teng, Z jap. Rōnō Sotō, etwa 12. Jh., chin. Zen-Meister der Yōgi-Linie des Rinzai-Zen (→ Yōgi-Schule); ein Schüler und Dharma-Nachfolger (→ Hassu) von → Yüeh-an Shan-kuo (jap. Gettan Zenka) und der Meister von → Yüeh-lin Shih-kuan (jap. Gatsurin Shikan).

Lao Tan, T in frühen Texten vorkommender Name für → Lao-tzu. Tan bedeutet eigentlich »Langohr«, ein Symbol für langes Leben (→ Li Erh).

Lao-tzu, T chin., wörtl.: »Alter Meister«; auch als → Lao Tan und → Li Erh bekannt; nach traditioneller Auffassung der Autor des → *Tao-te ching*. Lao-tzu war der Überlieferung nach ein Zeitgenosse des Konfuzius (6. Jh. v. Chr., → K'ung-tzu). In der Biographie des Lao-tzu im *Shih-chi* (»Historische Aufzeichnungen«) des 2./1. Jh. v. Chr. heißt es, daß er aus dem Dorfe Hu-hsien im Lande Ch'u, der heutigen Provinz Honan, stammt. Sein Familienname war Li, sein

Lao-tzu, auf einem Wasserbüffel reitend. (Holzschnitzerei, 19. Jh.).

Vorname Erh und sein Großjährigkeitsname Tan. In den meisten philosoph. Texten wird er Lao-tzu oder Lao Tan genannt.
Lao Tan war nach dieser Quelle Archivar am Hofe des Königs von Chou. Zu dieser Zeit soll er mit Konfuzius zusammengetroffen sein. Diese Begegnung wird oft beschrieben, kann aber nicht als historisch angesehen werden. Aufgrund von Zwistigkeiten am Hofe des Königs gab Lao Tan seinen Posten auf und ging nach Westen. Am Hsien-ku-Paß traf er mit dem Wächter → Yin Hsi zusammen, auf dessen Bitten er das 5000 Zeichen umfassende *Tao-te ching* verfaßte. Danach verlieren sich seine Spuren.
In der Tradition gilt Lao-tzu zwar als der Autor des *Tao-te ching*, doch hat die Forschung gezeigt, daß dieses Werk nicht vor dem 4. oder 3. Jh. v. Chr. entstanden sein und daher nicht von Lao-tzu selbst stammen kann.
Vom Autor des *Shih-chi* wird Lao-tzu so charakterisiert: »Lao-tzu pflegte das Tao und das Te. Nach seiner Lehre muß man danach trachten, namenlos im Verborgenen zu leben.« (Zit. n. M. Kaltenmark, 1981, S. 25.) Diese Haltung spiegelt sich auch im Dialog des Lao-tzu mit Konfuzius wider: »Als Konfuzius nach Chou ging, erkundigte er sich bei Lao-tzu nach den Riten [→ Li]. Jener antwortete: ›Die Knochen jener, von denen du sprichst, sind längst zu Staub zerfallen; nur ihre Worte sind uns erhalten. Im übrigen, ist die Zeit dem Edlen günstig, dann begibt er sich im Wagen an den Hof. Ist sie ihm ungünstig, so streift er unscheinbar gekleidet umher. Ich habe gehört, daß ein guter Kaufmann seine Reichtümer verbirgt, als ob er mittellos wäre. Besitzt der Edle innere Tugend in Fülle, so wirkt er äußerlich wie ein Tor. Leg ab deine hochfahrende Miene, deine Begierden, deine Eitelkeit und deinen Eifer, alles Dinge, die dir zu nichts frommen! Das ist alles, was ich dir zu sagen habe.‹ Konfuzius zog sich zurück und sagte zu seinen Schülern: ›Vom Vogel weiß ich, daß er fliegen kann, vom Fisch, daß er schwimmen kann, von den Vierfüßern, daß sie laufen können. Die Tiere, die laufen, kann man mit dem Netz, die Tiere, die schwimmen, in der Reuse fangen; die Tiere, die fliegen, sind mit dem Pfeil zu treffen. Allein der Drache läßt sich mit Gedanken nicht fassen. Er schwingt sich auf dem Wind und den Wolken gen Himmel. Heute habe ich Lao-tzu gesehen. Er ist wie ein Drache!‹« (Zit. n. M. Kaltenmark, 1981, S. 21.)

Im religiösen Taoismus (→ Tao-chiao) wird die Gestalt des Lao-tzu ins Göttliche erhoben und als → T'ai-shang lao-chün oder Tao-te t'ien-tsun (»Himmlischer Ehrwürdiger des Tao und des Te«) verehrt und gilt als der Begründer des religiösen Taoismus. Es ranken sich viele Legenden um seine Person. So wurde sein Verschwinden im Westen damit erklärt, daß Lao-tzu nach Indien ging, wo er mit dem Buddha zusammentraf, der sein Schüler geworden sein soll. Diese Auffassung wird von den Taoisten in ihren Auseinandersetzungen mit den Buddhisten vertreten (→ Hua-hu ching).

Laya, 🅷 Skrt.; Auflösung, Verschmelzung, Verschwinden; das Eingehen der Einzelseele in das Absolute; Vereinigung mit Gott.

Laya-Samādhi, 🅷 Skrt., von *laya:* »Das Eingehen in« bzw. die Verschmelzung mit dem höchsten Überbewußtsein, das auch → Turīya (»das Vierte«) genannt wird.

Laya-Yoga, 🅷 Skrt.; der Weg der Vereinigung mit Gott durch intensive Anbetung und hingebende Verehrung, die zur Erweckung der → Kundalinī führen.

Leere, 🅱 🆉 (auch übersetzt mit »Leerheit«) → Shūnyatā

Leichenfeldbetrachtung 🅱 (Pali: Sīvathikā), ein Teil der Übung der → Körperbetrachtung im Rahmen der Vier Grundlagen der Achtsamkeit (→ Satipatthāna).

Der diese Übung erklärende Sūtra-Text lautet:
»Es ist gleichsam, ihr Mönche, als sähe der Mönch eine auf das Leichenfeld geworfene Leiche, ein, zwei oder

drei Tage nach dem Tode, aufgedunsen, blauverfärbt, in Eiterung übergegangen: als sähe er das, schließt er auf seinen eigenen Körper: ›Auch dieser mein Körper hat ein solches Schicksal, ein solches Los, kann dem nicht entgehen.‹ Oder ferner, ihr Mönche, als sähe der Mönch eine auf das Leichenfeld geworfene Leiche, wie sie von Krähen, Seeadlern, Geiern, Hunden, Schakalen oder von vielerlei Würmerarten gefressen wird . . . als sähe er ein von Sehnen zusammengehaltenes Knochengerüst, an dem noch Fleisch und Blut klebt . . . ein von Sehnen noch zusammengehaltenes blutbeflecktes Knochengerüst, von dem das Fleisch abgegangen ist . . . Knochen von den Sehnen losgelöst, nach allen Richtungen verstreut, hier einen Handknochen, da einen Fußknochen, da einen Beinknochen, da das Rückgrat, da den Schädelknochen . . . gebleichte, wie Muscheln aussehende Knochen . . . aufgehäufte Knochen nach Verlauf vieler Jahre . . . vermoderte und in Staub zerfallene Knochen: als sähe er das, schließt er auf seinen eigenen Körper: ›Auch dieser Körper hat ein solches Schicksal, ein solches Los, kann dem nicht entgehen.‹« (Zit. n. Nyanatiloka, *Der Weg zur Erlösung,* Konstanz 1956.)

Leichter Weg, B → Jōdo-shū, → Reines-Land-Schule

Leiden im Buddhismus, B → Duhkha

Lei-kung, T chin., wörtl.: »Donner-Herzog«; Donnergottheit. Im taoist. Pantheon ist Lei-kung ein Beamter des sog. Donnerministeriums der himmlischen Bürokratie.
Lei-kung wird mit dem Schnabel, den Flügeln und Krallen eines Uhus dargestellt. Sein menschlicher Rumpf ist von blauer Farbe. Er ist nur mit einem Lendenschurz bekleidet und trägt in der Hand eine Trommel, auf die er mit einem Hammer schlägt, um den Donner zu erzeugen. Sein Abbild findet sich in vielen Tempeln.

Li, B chin., etwa: »Prinzip, das Absolute, die kosmische Ordnung« → Chih-tun, → Hua-yen-Schule

Li, T chin., etwa: »Riten, Formen, Sittlichkeit«; zentraler Begriff des Konfuzianismus (siehe auch → K'ung-tzu); die Verhaltensregeln, die alle zwischenmenschlichen Beziehungen sowie die Zeremonien bestimmen und festlegen,wie in einer bestimmten Situation gehandelt werden muß. Li dient auch dazu, die innere Haltung der Menschlichkeit (→ Jen) zum Ausdruck zu bringen. Es ist die rechte Form für die rechte Gesinnung. Der Darstellung von Li ist ein konfuzian. »Klassiker« gewidmet, das *Li-chi* (dt. *Li Gi,* übers. v. R. Wilhelm, Neuausg. Düsseldorf/Köln 1981).
In den *Gesprächen (Lun-yü)* des Konfuzius heißt es (VIII, 2): »Ehrerbietung ohne Form (Li) wird Kriecherei, Vorsicht ohne Form wird Furchtsamkeit, Mut ohne Form wird Auflehnung, Aufrichtigkeit ohne Form wird Grobheit.« (*Lun Yü,* übers. v. R. Wilhelm, Düsseldorf/Köln 1982.)
Um diese Regeln korrekt anwenden und um unterscheiden zu können, was schicklich ist und was nicht, muß man über Weisheit *(chih),* d. h. die Fähigkeit zur Unterscheidung, verfügen, die jede Verwirrung ausschalten kann. → Meng-tzu, ein bedeutender Konfuzianist des 4. Jh. v. Chr., schreibt über diese Weisheit: »Wo man etwas annehmen mag oder auch nicht annehmen mag, ist es uneigennütziger, nichts anzunehmen. Wo man etwas schenken mag oder auch nicht schenken mag, da ist es rücksichtsvoller nichts zu schenken. Wo man sterben mag oder auch nicht sterben mag, da ist es mutiger, nicht zu sterben.« (*Mong Dsi,* übers. v. R. Wilhelm, Düsseldorf/Köln 1982.)
Im vorkonfuzian. China bezog sich Li vor allem auf religiöse Rituale in Zusammenhang mit der Ahnenverehrung. Aufgrund der großen Bedeutung, die diese im politischen Leben hatten, bezeichnete der Begriff Li allmählich nicht nur das korrekte Verhalten beim Abhalten solcher Rituale, sondern richtiges Verhalten überhaupt.

Liä Dsi, T andere Schreibweise für → Lieh-tzu

Liang-chieh, Z → Tung-shan Liang-chieh

Liang-i, T chin., zwei Formen oder Grundkräfte; Begriff des *Buches der Wandlung(en) (→ I-ching).* Die zwei Grundkräfte sind Yin und Yang (→ Yin-yang). Im Kommentar *Hsi-tz'u* heißt es (XI, 5): »In den Wandlungen gibt es das Höchste Letzte (→ T'ai-chi), das die beiden Grundkräfte erzeugt. Diese beiden Grundkräfte erzeugen die Vier Bilder (→ Ssu-hsiang). Die Vier Bilder erzeugen die Acht Trigramme (→ Pa-kua).«
Der gleiche Gedanke kommt in Kap. 42 des → *Tao-te ching* zum Ausdruck: »Das Tao erzeugt die Eins, die Eins erzeugt die Zwei. Die Zwei erzeugt die Drei. Die Drei erzeugt die Zehntausend Dinge.«

Li-chiao shih-wu-lun, T chin. → Ch'üan-chen tao

Lieh-tzu T, auch Liä Dsi transkribiert; taoist. Philosoph der Zeit der Streitenden Reiche und der Tradition nach Verfasser des gleichnamigen Werkes, das auch den Titel *Ch'ung-hsü chen-ching* (»Wahres Buch von der quellenden Leere«) trägt. Untersuchungen haben jedoch ergeben, daß dieses Werk erst wesentlich später entstanden ist und aus der Chin-Dynastie stammt. Lieh-tzu vermittelte seine Gedanken mittels alter Volkssagen und Mythen, die er neu interpretierte. Charakteristisch für seine Weltsicht ist die mechanistische Auffassung vom Ablauf der Natur und des menschlichen Lebens, in dem es keinen freien Willen gibt. Er greift, um seine Ideen zu illustrieren, auch auf Themen des Konfuzius (→ K'ung-tzu), des → *Tao-te ching* und des → *I-ching* zurück. – Das 7. Kap. des *Lieh-tzu* ist den Lehren eines anderen Philosophen, → Yang Chu, gewidmet. (Dt.: *Liä Dsi. Das wahre Buch vom quellenden Urgrund,* übers. v. R. Wilhelm, Neuausg. Düsseldorf/Köln 1981.)

Im *Lieh-tzu* finden wir die ersten Hinweise auf die Inseln der Unsterblichen (→ P'eng-lai, → Fang-chang, → Ying-chou), die von den → Hsien bewohnt werden. Auf diese Darstellungen geht zu einem Teil die Suche nach diesen Inseln im späteren religiösen Taoismus (→ Tao-chiao) zurück. Lieh-tzu selbst dürfte diese Beschreibungen allegorisch, als Reisen der Seele, gemeint haben.

Über das Leben von Lieh-tzu ist nur wenig bekannt. Er soll nach Berichten in taoist. Texten 40 Jahre lang an ein und demselben Ort gelebt haben und doch ein Unbekannter geblieben sein. Er hat Kuan-yin-tzu (→ Yin Hsi) über das Tao befragt und verschiedene andere Lehrer gehabt. Nach neun Jahren taoist. Praxis konnte er auf dem Wind reiten. – In Kap. 2 beschreibt Lieh-tzu seine Geistesverfassung, nachdem er mit dem Tao einsgeworden ist:

»Nach neunjährigen Bemühungen kann ich meinen Geist nun vollkommen freisetzen und meine Worte beim Sprechen ungezwungen hervorströmen lassen. Ich weiß nicht, ob wahr oder falsch, Gewinn oder Verlust mein oder dein sind. Ich bin mir dessen nicht bewußt, daß der alte Meister Shang-tzu mein Meister und daß Pai-kao mein Freund ist. Mein Selbst, sowohl innen als auch außen, ist verwandelt. Alles um mich ist Eins. Mein Auge wird mein Ohr, mein Ohr wird meine Nase, meine Nase wird mein Mund. Mein Geist ist aufs Höchste integriert, und mein Körper löst sich auf. Meine Knochen und mein Fleisch schmelzen hinweg. Ich kann nicht sagen, wodurch mein Körper aufrecht gehalten wird und worauf meine Füße schreiten. Ich wehe umher nach Osten und Westen wie ein trockenes Blatt, das vom Baum losgerissen ist. Ich weiß nicht einmal, ob der Wind auf mir reitet, oder ob ich auf dem Wind reite.« (Zit. n. Chang Chung-yuan, *Tao, Zen und schöpferische Kraft,* Düsseldorf/Köln 1981.)

Lien-ch'i, **T** chin., wörtl.: »Schmelzen des Atems«; taoist. Atemübung, bei der der Atem nicht wie bei der Übung des Kreisen-Lassens des Atems (→ Hsing-ch'i) gezielt in einen bestimmten Kreislauf gelenkt wird, sondern frei im Körper strömen kann.

Das Schmelzen des Atems hilft Krankheiten zu heilen, übernatürliche Fähigkeiten und Unsterblichkeit zu erlangen.

Bei der Übung des Lien-ch'i zieht man sich in einen ruhigen Raum zurück, entledigt sich aller beengenden Kleidungsstücke und legt sich auf eine feste Unterlage. Beine und Arme sind ausgestreckt. Dann harmonisiert man den Atem (→ T'iao-ch'i) und schluckt ihn (→ Yen-ch'i). Anschließend versucht man, die Luft so lange wie möglich anzuhalten (→ Pi-ch'i). Dabei trachte man danach, alle Gedanken auszuschalten und den Geist zu beruhigen. Dann läßt man den Atem wandern, wohin er will, ohne einzugreifen. Wird es unerträglich, öffnet man den Mund und läßt den Atem langsam entweichen.

Diese Übung, die man am besten anschließend an die des → Fu-ch'i ausführt, wiederholt man zehnmal; ist man geübt, kann man sie auch fünfzigmal und mehr wiederholen. Wird das Lien-ch'i korrekt ausgeführt, spürt man den Atem im ganzen Körper; die Poren öffnen sich und Blockaden lösen sich auf. Das beste Zeichen für die Wirksamkeit der Übung ist Schwitzen. Das Lien-ch'i darf aufgrund seiner starken Wirkung nur alle fünf bis zehn Tage praktiziert werden.

Lien-tan, **T** chin., wörtl.: »Schmelzen des Zinnobers«; eine der Methoden in der taoist. Alchemie, die zur Unsterblichkeit (→ Ch'ang-sheng pu-ssu) führt.

Urspr. bezeichnete Lien-tan das Verfahren, in einem Dreifuß verschiedene Substanzen wie Gold, Zinnober, Quecksilber und Blei zu schmelzen, um das Goldene Elixier (→ Chin-tan) zu erhalten. Nimmt man dieses Elixier zu sich, kann man unsterblich werden. Diese Methode wurde später als die des Äußeren Elixiers (→ Wai-tan) bezeichnet und allmählich von der des Inneren Elixiers (→ Nei-tan) abgelöst. Bei letzterer Methode schmilzt der Adept in seinem Körper wie im Dreifuß der Alchemisten die Lebensenergie (→ Ch'i), den Samen (→ Ching) und den Geist (→ Shen) und läßt den Heiligen Embryo (→ Sheng-t'ai), das Symbol spiritueller Unsterblichkeit, entstehen.

Li Erh, **T** nach chin. Geschichtsquellen der eigentliche Name des → Lao-tzu. Er wird ihm vom Historiker Ssu-ma Ch'ien (2./1. Jh.) aufgrund eines seiner Biographie angehängten Stammbaumes einer Familie Li aus Shantung, die ihren Ursprung auf Lao-tzu zurückführt, zugeschrieben.

Diese Behauptung ist zwar historisch nicht beweisbar, doch der Familienname Li verband sich in der chin. Tradition so sehr mit der Gestalt des Lao-tzu, daß später die Kaiser der T'ang-Dynastie, die den Familiennamen Li trugen, Lao-tzu als ihren Ahnherrn betrachteten.

Li Hsüan, **T** → Pa-hsien

Līlā, **H** Skrt., wörtl.: »Spiel«; das göttliche Spiel in der Erscheinungswelt. Die Schöpfung wird von den → Vaishnavas als Līlā Gottes bezeichnet. Līlā ist das Relative im Gegensatz zu → Nitya, dem Absoluten.

Līlāmāyā, **H** Skrt., das Spiel (→ Līlā) der »Täuschung« durch die Erscheinungswelt (→ Māyā); Krishna benutzt die Līlāmāyā, um alle durch seine Liebe anzuziehen und zur Befreiung zu führen.

Lin-chi I-hsüan, 🅉 jap. Rinzai Gigen, gest. 866/67, chin. Zen-Meister; ein Schüler und Dharma-Nachfolger (→ Hassu) des großen Meisters → Huang-po Hsi-yün (jap. Ōbaku Kiun) und der Meister von → Hsing-hua Ts'ung-chiang (jap. Kōke Zonshō) und → Pao-chou Yen-chao (jap. Hōju Enshō). Zur Zeit der großen Buddhistenverfolgung von 842–45 begründete er die nach ihm benannte Lin-chi-Schule (jap. → Rinzai-Schule) des Zen, die während der folgenden Jahrhunderte nicht nur die einflußreichste Schule des Zen, sondern die vitalste aller Schulen des Buddhismus in China war. Sie gehört neben der → Sōtō-Schule zu den beiden Schulen des Zen, die in Japan noch heute lebendig sind. In der Tradition von → Ma-tsu Tao-i (jap. Baso Dōitsu), seinem »Urgroßvater im Zen«, bediente sich Lin-chi solcher Hilfsmittel der Schulung wie des plötzlichen Schreis »Ho!« (jap. Katsu!) und unerwarteter Schläge mit dem Stock (→ Shippei, → Kyosaku) oder dem Fliegenwedel (→ Hossu), wobei er vor allem für seinen Gebrauch des Schreis berühmt war (zu seiner Klassifizierung von vier Arten des Schreis siehe unter → Katsu! und → Bōkatsu).
In Lin-chis Weise der Zen-Schulung, die in vieler Hinsicht eine Synthese der Formen der Schulung seiner Vorgänger im Dharma darstellt, ist die Entwicklung, der → Hui-neng, der 6. Patriarch des Zen in China, entscheidende Anstöße gab, praktisch abgeschlossen: aus der chin. Form des → Dhyāna-Buddhismus ist das sich deutlich von den orthodoxen buddhist. Schulen abhebende, unverwechselbare chin. → Zen geworden. Das einzige neue Element, das nach Rinzai noch als wichtiges Hilfsmittel in die Zen-Schulung Eingang fand, war der Gebrauch des → Kōan (siehe dazu auch → Kanna-Zen, → Yün-men Wen-yen, → Ta-hui Tsung-kao), und es ist vor allem die Rinzai-Schule, die alle diese Elemente bewahrt hat.
Wir begegnen Lin-chi, der 21 Dharma-Nachfolger hatte, im 20. und im 32. Beispiel des → *Pi-yen-lu.* Seine Aussprüche und Unterweisungen sind festgehalten im *Lin-chi-lu* (jap. *Rinzai-roku*), »Aufzeichnung [der Worte] des Lin-chi«. (Engl. Übersetzung: Irmgard Schloegl, *The Record of Rinzai,* London 1975.)
Im 32. Beispiel des *Pi-yen-lu,* einem für Lin-chis Art typischen → Mondō mit einem seiner Schüler, heißt es:
»Der Mönchs-Älteste Ting fragte Lin-chi: ›Was ist der Große Sinn von Buddhas Dharma?‹
Lin-chi trat von seinem Zen-Sitz herunter, packte ihn, schlug ihn mit der Hand und stieß ihn weg.
Ting stand benommen da.
Der Mönch neben ihm sagte: ›Mönchs-Ältester Ting, warum werft Ihr Euch nicht nieder?‹
Ting, als er sich niederwarf, erlebte tiefe Erleuchtung.«

Lin-chi stammte aus Nan-hua in der heutigen nordchin. Provinz Shantung. Er trat schon als Knabe in ein buddhist. Kloster ein und widmete sich zuerst dem Studium der → Vinaya-Schule und der Sūtras. Anfang zwanzig drängte es ihn dann jedoch, den tiefen Sinn der Schriften durch eigene Erfahrung zu begreifen. Er ging auf die gut 2000 km lange Wanderschaft bis nach Südchina, um Unterweisung bei einem Zen-Meister der → Südlichen Schule zu finden. Schließlich kam er in das Kloster von Huang-po, wo er zunächst etwa drei Jahre als ein Mönch unter vielen lebte und die öffentlichen Darlegungen des Dharma durch Huang-po besuchte. → Mu-chou Ch'en-tsun-su (jap. Bokushū Chinsonshuku), der damals als Mönchs-Ältester in Huang-pos Kloster fungierte, erkannte die Begabung des jungen Lin-chi und empfahl ihm, Meister Huang-po zum → Dokusan aufzusuchen. Die Erfahrungen, die Lin-chi dort machte und die schließlich zu seiner Erleuchtung führten, werden in Meister Yüan-wus Darlegungen zum 11. Beispiel des *Pi-yen-lu* berichtet.
Nach seiner Erleuchtung schulte Lin-chi sich weiter unter Huang-po. Später kehrte er in den Norden zurück, wo er eingeladen wurde, sich im Kloster Lin-chi niederzulassen, dessen Name auf ihn überging. Hier sammelten sich bald Mönche und Laien um ihn, die er auf dem Zen-Weg führte. Über Lin-chis Dharma-Nachfolger ist wenig bekannt, was wohl auf die politischen und sozialen Wirren im nördlichen China zu Ende der T'ang-Zeit und in der Zeit der Fünf Dynastien zurückzuführen ist und auch noch eine Nachwirkung der oben erwähnten Verfolgung des Buddhismus sein dürfte.
Schon immer hatten sich die großen Meister des Zen bemüht, ihre Spuren zu verwischen, und in diesen unruhigen Zeiten dürfte es den Dharma-Nachfolgern von Lin-chi noch angebrachter erschienen sein, nicht an die Öffentlichkeit zu treten. Einige von ihnen, wie etwa der »Klausner vom T'ung-feng-Berg« (dem wir im 85. Beispiel des *Pi-yen-lu* begegnen), lebten als Einsiedler und hatten keine oder nur wenige Schüler. Da für die Zen-Überlieferung »von Herz-Geist zu Herz-Geist« (→ I-shin-Denshin) der Rahmen formeller monastischer und klerikaler Organisation nie wesentlich war, überstand die Zen-Tradition die Zeit der Verfolgung besser als alle anderen buddhist. Schulen in China. Sie setzte sich als »Unterströmung« fort und trat nach einigen Generationen machtvoll wieder an die Oberfläche, um zur

vorherrschenden religiösen Tradition während der Sung-Zeit zu werden. Ehe auch die Rinzai-Schule, die inzwischen alle noch lebendigen Linien der Zen-Überlieferung außer dem Sōtō-Zen in sich aufgenommen hatte, nach dem 12. Jh. in China allmählich niederging, wurde sie nach Japan übertragen, wo ihre Traditionslinie bis heute fortbesteht.

Lin-chi-tsung, Z chin. → Rinzai-Schule

Linga H (Liṅga), auch Lingam, Skrt.; meistens eine Steinsäule in der Form eines Phallus. In diesem Symbol wird → Shiva allgemein verehrt. In den Veden ist es noch unbekannt, aber im *Mahābhārata* wird es häufig erwähnt und beschrieben als eine einfache Steinsäule oder ein aus irgendeinem Material geformter Kegel. Im Westen ist dieses Zeichen wenig verstanden und als reines Sexsymbol interpretiert worden. In den Religionen ist vieles widersprüchlich für den Verstand. Dazu gehört wohl auch, daß Shiva, ursprünglich der Gott der Zerstörung, in einem Symbol der Zeugungskraft verehrt wird.

Das *Shiva-Purāna* und das *Nandi-Upa-Purāna* lassen Shiva sagen: »Ich bin allgegenwärtig, aber ganz besonders in zwölf Formen an zwölf heiligen Orten.« Es sind dies die zwölf großen Lingas: 1. Somanātha, »Herr des Mondes«, in Gujarat; 2. Mallikārjuna, »der Berg von Shrī«; 3. Mahākālesvara in Ujjain; 4. Omkāra in Omkāra-Māndhāttā an der Narmadā; 5. Amareshvara, »Gott der Götter«, in Ujjain; 6. Vaidyanātha, »Herr der Ärzte«, in Deogarh, Bengalen; 7. Rāmeshvara, »der Herr Rāmas«, an der Südspitze Indiens, am Übergang nach Ceylon. Dieser Linga soll von Rāma selbst aufgestellt worden sein. Der Tempel ist gut erhalten und einer der größten und bekanntesten in Indien; 8. Bhīmashankara in Dracharam; 9. Vishveshvara oder Vishvanātha, »Herr des Universums«, in Benares, auch Jyotir-Linga (Licht-Linga) genannt; 10. Tryambaka, »Der Dreiäugige«,, am Ufer der Gomatī; 11. Gautamesha, »Herr des Gautama«; 12. Kedārnātha, hoch im Himālaya, wo Shiva in einem Felsblock verehrt wird.

Linga-Purāna H (Liṅga-Purāna), Skrt.; dieses Purāna, das aus 11000 Stanzen besteht, soll von Brahmā selbst den Namen »Linga« erhalten haben. Der Inhalt befaßt sich wenig mit dem Phallus-Symbol, sondern ist in seiner Interpretation ganz spirituell und mystisch. Shiva erklärt hierin als Maheshvara, »der große Gott«, die vier Ziele des Lebens: Artha (Reichtum), Kāma (Vergnügen), Dharma (Pflicht) und Moksha (Befreiung).

Linga-Sharīra, H Skrt. → Sūkshma-Sharīra

Lingāyat H (Liṅgāyat), auch Vīrashaiva, Skrt., Name einer südind. Sekte von Shiva-Anbetern. Da sie die Autorität der Veden nicht anerkennen, gehören sie zu den unorthodoxen Sekten. Sie verehren Shiva im Symbol des → Linga als der manifestierten Allmacht des Göttlichen. Ihre Schriften sind im *Shūnyasampādana* zusammengefaßt, dessen Philosophie von Shūnya, der Leere, handelt (leer von allen Unterscheidungen), womit das Absolute gemeint ist, und von Sampādana, der Verwirklichung oder Erlangung von Erleuchtung. Sie sind der Auffassung, daß nur Mystiker das Ziel erlangen können.

Die Lingāyat-Sekte hatte im 12. Jh. in Südindien ihren Höhepunkt, verlor aber später ihre Bedeutung, da sie vom → Vedānta nicht eingeschlossen wurde wegen ihrer Ablehnung der Veden und der Brahmanen als der beherrschenden Priesterkaste. Ihre Anhänger sind gegen Pilgerfahrten, Opferriten und die Anbetung von Götterbildern, weil für sie das Linga das einzige heilige Symbol ist. Der Monismus des Vedānta wird von ihnen akzeptiert wie auch seine Theorie von der → Māyā als kosmischer Täuschung. Für sie ist Shiva das ewige Prinzip, frei von allen Eigenschaften und identisch mit dem höchsten Selbst (→ Paramātman). Sie suchen die Gesellschaft der Heiligen, besitzen aber keine Tempel, und ihre Priester vollziehen keine → Pūjā. Ihre Einweihung erfolgt nicht mit der heiligen Schnur der Brahmanen, sondern mit dem Symbol des Linga.

Ling-chih, T chin., wörtl.: »zauberwirksames Kraut«; taoist. Unsterblichkeitsdroge. Das Ling-chih wird in verschiedenen Formen dargestellt: manchmal als Gras, manchmal als morchelähnlicher Pilz. Es wächst auf den Inseln der Unsterblichen (→ P'eng-lai, → Ying-chou, → Fang-chang). Der erste historische Kaiser von China, Ch'in Shih-huang-ti, und viele andere sandten Expeditionen aus, um in den Besitz dieses wundertätigen Krautes zu kommen. Es heißt, daß das Verzehren des Ling-chih für mindestens 500 Jahre Unsterblichkeit verleihe.

In der taoist. Kunst symbolisiert das Ling-chih die weibliche Kraft des Yin (→ Yin-yang). – In volkstümlichen Abbildungen sieht man oft einen Hirsch oder einen Kranich, der das Ling-chih im Maul bzw. im Schnabel hält und so ein zweifaches Symbol der Unsterblichkeit darstellt.

Ling-pao ching, T chin., wörtl.: »Schriften des Magischen Juwels«; Korpus von Schriften, der die Lehrgrundlage einer eigenen Richtung des religiösen Taoismus (→ Tao-chiao), der Schule des Magischen Juwels (→ Ling-pao p'ai) bildet. Das Ling-pao ching beschreibt im wesentlichen die Hierarchie des taoist. Pantheons sowie Riten, durch die die Menschen die Gottheiten herbeirufen können, und gibt Anleitungen für die Abhaltung von Totenfeiern u. ä. Die ältesten Teile des Ling-pao ching stammen aus dem 3. Jh.; jene Teile, die die taoist. Lehre erklären, datieren aus dem 4. und 5. Jh. Die Kommentare des taoist. Gelehrten → Sung Wen-ming (Mitte 6. Jh.) machten das Ling-pao ching zum autoritativen Text des religiösen Taoismus.

Nach taoist. Überlieferung entstanden diese Schriften am Anfang der Welt spontan und nahmen die Form von mit goldenen Zeichen beschriebenen Jadetäfelchen an. Sie werden vom Himmlischen Ehrwürdigen des Uranfangs (→ Yüan-shih t'ien-tsun), der allein sie lesen kann, da er sich gleichzeitig mit ihnen spontan gebildet hat, am Anfang eines jeden Weltzeitalters (→ Kalpa) den Gottheiten mitgeteilt. Einige dieser Gottheiten geben sie an Menschen weiter. → Chang Tao-ling soll auf diesem Weg in ihren Besitz gekommen sein.

Ling-pao p'ai, 🅃 chin., wörtl.: »Schule des Magischen Juwels«; Richtung des religiösen Taoismus (→ Tao-chiao), die sich ca. im 4.–5. Jh. n. Chr. entwickelt hat und auf den Schriften des Magischen Juwels (→ Ling-pao ching) basiert. Die Schule des Magischen Juwels reformierte die schon existierenden Riten und Praktiken, um sie in Einklang mit ihrer Lehre, die stark vom Buddhismus beeinflußt ist, zu bringen. Nach ihrer Anschauung ist das Heil des Menschen in hohem Maße von der Hilfe der höchsten Gottheiten (→ T'ien-tsun) abhängig. Dies stellt eine Vereinfachung der urspr. taoist. Lehre dar. Die Gottheiten werden vom Inneren des Körpers (→ Innere-Gottheiten-Hygiene-Schule) ins Äußere projiziert und regieren das gesamte Universum. Dieser Vereinfachung verdankt die Schule des Magischen Juwels ihre rasche Verbreitung. – Die wichtigsten Praktiken des Ling-pao p'ai sind sog. Fastenzeremonien (→ Chai).

Li Shao-chün, 🅃 ?–133 v. Chr.; taoist. Magier (→ Fang-shih), der die Erlangung der Unsterblichkeit durch alchemistische Praktiken zum Ziel des taoist. Weges erklärte. Er gab vor, selbst unsterblich zu sein und die Inseln der Unsterblichen (→ P'eng-lai, → Ying-chou, → Fang-chang) besucht zu haben. Er kannte auch Rezepte zur Verlängerung des Lebens: Er praktizierte Hygieneübungen und verzichtete auf den Genuß von Körnerfrüchten (→ Pi-ku). Li Shao-chün war außerdem der Initiator der Verehrung des Herdgottes (→ Tsao-chün). – Sein Tod – er starb an einer Krankheit – ging als erster Fall einer Lösung vom Leichnam (→ Shih-chieh) in die taoist. Literatur ein.

133 v. Chr. überredete Li Shao-chün den Kaiser Han Wu-ti, Experimente zur Verwandlung von Zinnober in Gold durchzuführen. Dies stellt den ersten belegten alchemistischen Versuch auf der Welt dar. Doch nahm man den verwandelten Zinnober nicht zu sich, wie es später der Fall war, sondern fertigte daraus Eßgeschirr an. Aß man aus diesem Geschirr, erfreute man sich eines langen Lebens, nicht aber der Unsterblichkeit, und konnte die Unsterblichen auf der Insel P'eng-lai erblicken. Li versprach dem Kaiser Unsterblichkeit, wenn er, nachdem er die → Hsien geschaut hatte, bestimmte Opfer darbrächte.

Das Verwandeln von Zinnober in Gold war nach Li Shao-chün nur dann möglich, wenn der Herdgott, Tsao-chün, um Hilfe gebeten würde. Damit nahm der bis heute lebendige Kult des Herdgottes seinen Anfang.

Li T'ieh-kuai, 🅃 → Pa-hsien

Liu-chia ch'i-tsung, 🄱 chin. → Sechs Häuser (und) Sieben Schulen

Liu-fu, 🅃 chin., wörtl.: »Sechs Behälter«; sechs Organe des menschlichen Körpers, denen bei taoist. Atem- und Hygiene-Übungen besondere Beachtung zukommt. Es sind dies Magen, Gallenblase, Dünndarm, Dickdarm, Blase sowie Speiseröhre, Luftröhre und innerer Magenkanal, die als ein »Behälter« angesehen werden.

Liu Ling, 🅃 → Chu-lin ch'i-hsien

Liu Te-jen, 🅃 → Chen-ta-tao chiao

Liu T'ieh-mo, 🅉 jap. Ryū Tetsuma, etwa 9. Jh., eine tief erleuchtete buddhist. Nonne; eine Schülerin von → Kuei-shan Ling-yu (jap. Isan Reiyū). Ihr Familienname war Liu, und sie erhielt den Spitznamen T'ieh-mo, »Eiserner Mühlstein«, weil sie in den Zen-Kreisen ihrer Zeit dafür berühmt und berüchtigt war, jedermann, der sich mit ihr auf ein Dharma-Gefecht (→ Hossen) einließ, zu »zermahlen« wie ein eiserner Mühlstein. Im 24. Beispiel des → *Pi-yen-lu* erleben wir sie in einem Hossen mit ihrem Meister Kuei-shan.

Das Kōan lautet folgendermaßen:
»Liu T'ieh-mo kam zu Kuei-shan. Kuei-shan sagte: ›So, alte Kuh, du bist gekommen!‹
T'ieh-mo sagte: »Morgen wird das große Fest auf dem Berg T'ai sein; der Abt wird wohl dorthin gehen?‹
Daraufhin entspannte Kuei-shan den Körper und legte sich hin. Alsbald ging T'ieh-mo hinaus und weg.«

Liu-tsu-ta-shih, 🅉 jap. Rokuso Daishi, wörtl.: »Sechster Patriarch, Großer Meister«; ein Ehrentitel, mit dem → Hui-neng, der 6. Patriarch des Zen in China, in vielen Schriften benannt wird.

Liu-tsu-ta-shih fa-pao-t'an-ching 🅉, kurz *T'an-ching,* jap. *Rokuso Daishi Hōbōdan-gyō,* kurz *Dan-gyō,* wörtl.: »Des Sechsten Patriarchen Sūtra (gesprochen) vom Hohen Sitz des Dharma-Schatzes«; grundlegende Schrift des Zen, in der die Biographie, die Darlegungen und Aussprüche von → Hui-neng aufgezeichnet sind.

(Eine engl. Übersetzung von Charles Luk erschien in *Ch'an and Zen Teachings,* Third Series, London 1962; eine weitere engl. Übersetzung ist *The Platform Sutra,* übers. v. Wing Tsit-chan, New York 1963.)

Lobha, 🅱 Skrt. → Akushala

Lo-han, 🅱 🆉 chin. (Skrt. Arhat, jap. Rakan); Heiliger, das Ideal des → Hīnayāna. Der → Arhat hat bei der Übertragung des Buddhismus nach China eine besondere Entwicklung durchgemacht und ist zu einer der wichtigsten Figuren im chin. Buddhismus, auch der Mahāyāna-Richtung, geworden. Die Darstellung des Arhat ist in China seit dem 7. Jh. bekannt, wurde aber erst

Sitzender Lo-han. (Keramik, 110 cm, 12. Jh.)

im 9. oder 10. Jh. wirklich populär. Träger der Verehrung dieser Heiligen war das → Zen, damals die in China bedeutendste Schule des Buddhismus. Es sah aufgrund seiner Betonung des Menschlichen und Abneigung gegen jegliche Götterverehrung in diesen Heiligen, die die Erlösung aus eigener Kraft erlangt hatten, dem Geist des Zen entsprechende Wesen.
Den Lo-hans werden als Frucht ihrer Weisheit magische Fähigkeiten (→ Abhijñā) zugeschrieben. Im Laufe der Entwicklung ihrer Ikonographie nahmen sie zum Teil das Aussehen dämonischer Zauberer und verschrobener Gestalten an und wurden ins Übermenschliche gesteigert. Daneben existiert aber auch eine Darstellungsform, die die Lo-hans menschlicher und schlichter auffaßt.
In chin. und jap. Klöstern findet man Gruppen von 500 Lo-han-Standbildern, die in speziellen Hallen aufgestellt sind, und solche von urspr. 16, jetzt meist 18, die sich rechts und links an den Schmalwänden der Haupthalle des Klosters befinden. Jedes einzelne von ihnen weist typische unverwechselbare Züge von höchster Ausdruckskraft auf.

Die Darstellung der 500 Lo-hans geht auf die kanonische Beschreibung des 1. → Konzils zurück, wo 500 Heilige anwesend waren. Auch dem Konzil von Kaschmir sollen 500 Arhats beigewohnt haben. Es entwickelten sich viele Legenden um die 500 Lo-hans: Sie sollen in 500 Höhlen an einem See im K'un-lun-Gebirge hausen, wohin sie der Buddha auf Einladung des Drachenkönigs gebracht hat. An verschiedenen Orten in China findet man daher Höhlen und Hallen der 500 Lo-hans.
In allen chin. Klöstern trifft man auf die Gruppe der 16 bzw. 18 Lo-hans. Der Legende nach soll der Arhat Nandimitra 800 Jahre nach dem Tode des Buddha auf Ceylon verkündet haben, der Buddha habe die Lehre, um ihren Fortbestand zu sichern, 16 Arhats anvertraut. Sie gelten als unsterblich und leben mit ihren Schülern in den verschiedenen Weltgegenden, auf Heiligen Bergen und bewahren die Lehre. Erst wenn die Zeit gekommen ist, da der → Buddha-Dharma für immer untergeht, werden sich die 16 Lo-hans versammeln, die Reliquien des Buddha in einem → Stūpa verwahren, sich in die Lüfte erheben und ins Nirvāna eingehen, während der Stūpa auf den Weltengrund sinkt.
Im 10. Jh. wurde die Reihe der 16 Lo-hans auf 18 erweitert. Sie sind namentlich bekannt; unter ihnen befinden sich z. B. bedeutende Schüler des Buddha. Doch wurden einige durch neue Gestalten wie → Bodhidharma oder selbst Marco Polo ersetzt und die ursprüngliche Gruppe so abgewandelt. Ihre Namen sind allerdings ohne Bedeutung, vielfach werden sie nur nach ihren besonderen Zügen benannt: der Lo-han mit dem Buddha in seinem Herzen (Zeichen der Wiedergeburt als Buddha), der Lo-han mit den langen Augenbrauen (Symbol für ein langes Leben); der Lo-han, der sein Ohr kratzt (Hinweis auf das Himmlische Ohr, Abhijñā); der Lo-han, der den Drachen (schöpferischen Geist) oder den Tiger (Sinnlichkeit) bändigt usw.

Lo-han Kuei-ch'en, 🆉 jap. Rakan Keijin, auch Ti-ts'ang (jap. Jizō) genannt, 867/69–928, chin. Zen-Meister; ein Schüler und Dharma-Nachfolger (→ Hassu) von Hsüan-sha Shih-pei (jap. Gensha Shibi) und der Meister von → Fa-yen Wen-i (jap. Hōgen Bun'eki).

Lo-han Kuei-ch'en ist vor allem durch einige in den Zen-Texten überlieferte → Mondō mit seinem Mei-

sterschüler Fa-yen bekannt. Eines davon findet sich als 20. Beispiel im → *Ts'ung-jung-lu* (jap. *Shōyō-roku*):
»Ti-ts'ang fragte Fa-yen: ›Mönchs-Ältester, wo geht Ihr hin?‹
Fa-yen sagte: ›Absichtslos streife ich umher.‹
Ti-ts'ang sagte: ›Was hat es mit diesem Umherstreifen auf sich?‹
Fa-yen sagte: ›Ich weiß es nicht.‹
Ti-ts'ang sagte: ›Nicht wissen ist am dichtesten (am nächsten).‹«

Lo-han Tao-hsien, Z jap. Rakan Dōkan, 9. Jh., chin. Zen-Meister; ein Schüler und Dharma-Nachfolger (→ Hassu) von → Yen-t'ou Ch'üan-huo (jap. Gantō Zenkatsu) und der Meister von → Ming-chao Te-chien (jap. Meishō [Myōshō] Tokken).

Loka, H Skrt., wörtl.: »Welt«, im Zusammenhang mit der Unterteilung des Universums in verschiedene Welten gebraucht; i. allg. ist es die dreifache Unterteilung (Triloka) in Himmel, Erde und Hölle oder Unterwelt, auf die immer wieder als »die Drei Welten« Bezug genommen wird.

Eine andere Klassifizierung nennt sieben höhere Welten: 1. Bhūr-Loka, die Erde; 2. Bhuvar-Loka, der Raum zwischen Erde und Sonne, die Region der → Munis, → Siddhas usw.; 3. Svar-Loka, der Himmel → Indras; 4. Mahar-Loka, die Stätte von → Bhrigu und anderen Heiligen; 5. Jana-Loka, die Heimat von → Brahmās Söhnen Sanaka, Sānanda und Sanatkumāra; 6. Tapar-Loka, wo die → Vairājas sich aufhalten; 7. Satya-Loka oder Brahmā-Loka, das Reich Brahmās, nach dessen Erlangung es keine Wiedergeburt mehr gibt. Diesen sieben höheren Welten stehen sieben Unterwelten gegenüber, → Pātāla genannt.
Die Schulen der → Sānkhya- und → Vedānta-Philosophie sprechen von acht Lokas oder Regionen, höheren und niederen: 1. Brahmā-Loka, die Welt der höchsten Götter; 2. Pitri-Loka, das Reich der → Pitris, → Rishis und → Prajāpatis; 3. Soma-Loka, das Reich des Mondes und der Planeten; 4. Indra-Loka, das Reich der niederen Gottheiten; 5. Gandharva-Loka, das Reich der himmlischen Geister; 6. Rākshasa-Loka, das Reich der → Rākshasas; 7. Yaksha-Loka, das Reich der Yakshas; 8. Pisācha-Loka, das Reich der Teufel und Unholde.

Lokapāla, H B Skrt., wörtl.: »Welthüter«.
H Wächter-Götter, die über die acht Hauptrichtungen des Weltkreises herrschen: → Indra über den Osten, → Agni über den Südosten, → Yama über den Süden, → Sūrya über den Südwesten, → Varuna über den Westen, → Vāyu über den Nordwesten, → Kubera über den Norden, → Soma über den Nordosten.

Jeder dieser Wächter-Götter besitzt einen Elefanten, der ihm beim Beschützen seines Gebietes hilft; auch sie werden Lokapālas genannt. Indras Elefant heißt Airāvana, Agnis Pundarīka, Yamas Vāmana, Sūryas Kumuda, Varunas Añjana, Vāyus Pushpadanta, Kuberas Sārvabhauma und Somas Supratīka.

B Die Beschützer der vier Kardinal-Himmelsrichtungen; sie sind Hüter der Welt und des buddhist. Glaubens. Standbilder der Lokapālas sind oft als Schützer am Tor zu einem buddhist. Kloster aufgestellt.

Lokāyata, H Skrt.; die Materialisten (→ Chārvāka) der Hindu-Philosophie.

Lokeshvara B (Lokeśvara), Skrt., wörtl.: »Herr der Welt«; Bezeichnung für einen Buddha und für → Avalokiteshvara.
In Kambodscha gilt Lokeshvara als die Verkörperung des höchsten Weltprinzips und ist im Herrscher inkarniert.

Lokeshvararāja B (Lokeśvararāja), Skrt., etwa: »König der Welt«; ein früherer Buddha, vor dem → Amitābha in einer seiner Existenzen 48 Gelübde, ein Buddha zu werden, abgelegt hat.

Lokottara, B Skrt., (Pali: Lokuttara), etwa: »überweltlich«; als überweltlich wird alles, was mit dem Weg zur Erlösung verbunden und auf das Erlangen des → Nirvāna gerichtet ist, betrachtet. Im besonderen bezeichnet Lokottara die einzelnen Stufen des »überweltlichen Pfades« (→ Ārya-Mārga), d. h. Pfad und Frucht des Stromeintritts (→ Shrota-Āpanna), der Einmalwiederkehr (→ Sakridāgāmin), der Niewiederkehr (→ Anāgāmin), der Heiligkeit (→ Arhat) und das Nirvāna.
Im → Mahāyāna wird der Buddha als überweltliches Wesen angesehen, das körperlich und geistig absolut rein ist und über ewiges Leben sowie unendliche Macht verfügt.

Lokottaravādin, B Skrt. → Mahāsānghika, → Hīnayāna

Longchenpa B (Kloṅ-chen-pa), 1308–1364; mit dem Ehrentitel »Allwissender« bezeichneter tibet. Meister und Gelehrter der → Nyingmapa-Schule. Eine besondere Rolle spielt Longchenpa in der Überlieferung der → Dzogchen-Lehren, da er die Traditionen des → Padmasambhava und des Vimalamitra zu einem kohärenten System zusammenfaßte. In seinem relativ kurzen Leben verfaßte er 270 Werke, deren wichtigste als die »Sieben Schätze« bezeichnet werden. Seine Werke zeichnen sich durch ungewöhnliche Tiefe und bestechende Klarheit aus und prägen bis in die Gegenwart die Lehrtradition der Nyingmapa-Schule.

Im Alter von elf Jahren erhielt Longchenpa seine erste

Ordination und verbrachte die folgenden Jahre mit intensivem Studium. Außer den Lehren seiner eigenen Schule hörte er auch die der → Sakyapa-Schule und war Schüler des 3. → Karmapa, Rangjung Dorje (1284–1339). Zwei Ereignisse bestimmten dann seine weitere geistige Entwicklung: Nach einer Vision des Padmasambhava und dessen Gefährtin → Yeshe Tsogyel trat er in unmittelbaren Kontakt mit den Dzogchen-Lehren der → Dākinīs und legte diese als → Terma schriftlich nieder. In Gestalt seines Meisters Kumārarāja (1266–1334) traf Longchenpa ferner auf die Dzogchen-Lehren des Vimalamitra. Nachdem er auch diese überarbeitet hatte, kombinierte er beide Überlieferungen zu einem System.
Obwohl Longchenpa zeitweise Abt des Klosters Samye in Zentraltibet war, verbrachte er die meiste Zeit seines Lebens auf Reisen oder in Zurückgezogenheit. Er renovierte und gründete verschiedene Klöster, vor allem in Bhutan, wo er sich für ein Jahrzehnt in politischem Exil aufhalten mußte. – Von Jigme Lingpa (1730–98) wurden Longchenpas Lehren neu geordnet und gelangten schließlich zu den Lehrern der → Rime-Bewegung.

Lotos **H** **B** (Skrt. Padma); Pflanze aus der Familie der Seerosengewächse (lat. *Nelumbo nucifera,* auch *Nelumbium speciosum*).
H 1. Symbol für die verschiedenen Bewußtseinszentren (→ Chakra) im Körper. 2. Das runde Lotosblatt gilt als Sinnbild der Verhaftungslosigkeit. So, wie es im Wasser schwimmt und doch nicht vom Wasser benetzt wird, so sollte der spirituell Strebende in der Welt leben und doch nicht von ihr berührt werden, »in der Welt, aber nicht von der Welt« (Rāmakrishna). 3. In der Ikonographie symbolisiert der Lotos Schönheit und Heiligkeit. Deshalb wird oft von den »Lotosaugen« und den »Lotosfüßen« der Heiligen und Götter gesprochen. Brahmā wird oft auf einer Lotosblume sitzend dargestellt, die aus dem Nabel des Vishnu gewachsen ist, der seinerseits ebenfalls auf einem Lotos sitzt.
B Im Buddhismus ist der Lotos Symbol für das durch den Schlamm der Welt des → Samsāra und durch das Nichtwissen (→ Avidyā) im Grunde unbefleckt bleibende Wahre-Wesen des Menschen, das durch die Erleuchtung (→ Bodhi) verwirklicht wird. Oft ist die Lotosblüte ein Symbol der Welt mit dem Stengel als Weltachse. Ikonographisch ist sie eine Form des → Thronsitzes des Buddha. – Die Lotosblüte ist auch ein Kennzeichen des → Avalokiteshvara. In der → Reines-Land-Schule ist sie Sinnbild der Lehre des Buddha.

Lotos-Schule, **B** → T'ien-t'ai-Schule

Lotos-Sūtra, **B** **Z** (Skrt. Saddharmapuṇḍarīka-Sūtra, d. h. »Sūtra des Lotos des guten Gesetzes«); eines der bedeutendsten Sūtras des Mahāyāna-Buddhismus, besonders populär in China und Japan. Die Schulen des → T'ien-t'ai (bzw. → Tendai) und → Nichiren basieren auf seiner Lehre, es wird aber auch von allen anderen Schulen anerkannt, da es die wesentlichen Gedanken des Mahāyāna enthält: die Lehre vom transzendenten Wesen des Buddha und die Möglichkeit universeller Erlösung. Es wird im Mahāyāna als das Sūtra angesehen, das die vollständige Lehre des Buddha enthält, im Gegensatz zu den Sūtras des Hīnayāna, die nur Teilaspekte enthalten. Es soll vom Buddha am Ende seiner Lehrtätigkeit verkündet worden sein. Aufgezeichnet wurde es erst um das Jahr 200.

Das *Lotos-Sūtra* ist eine Lehrdarlegung des Buddha auf dem → Geierberg vor einer unendlich großen Menge verschiedener Lebewesen. Der Buddha zeigt darin auf, daß es viele Methoden gibt, durch die ein Geschöpf → Erleuchtung (siehe auch → Bodhi) erlangen kann, die aber als solche nur temporär bestehen und in ihrem Wesen eins sind: Die »Fahrzeuge« der → Shrāvakas, → Pratyeka-Buddhas und → Bodhisattvas unterscheiden sich nur insofern voneinander, als sie den unterschiedlichen Fähigkeiten der Wesen angepaßt sind. Der Buddha hat diese drei Fahrzeuge (→ Triyāna) dank seiner »Geschicklichkeit in der Methode« (→ Upāya) gelehrt. In Wirklichkeit gibt es aber nur ein Fahrzeug, das Buddha-Fahrzeug, das zur Erleuchtung führt und Hīnayāna und Mahāyāna einschließt.
Diese Auffassung wird durch das berühmte Gleichnis des brennenden Hauses illustriert, aus dem ein Vater seine spielenden Kinder retten will. Da sie auf seine Rufe nicht hören, verspricht er ihnen je nach ihren Neigungen einen mit einer Antilope, einer Ziege oder einem Büffel bespannten Wagen, wenn sie vom Spiel ablassen und das Haus verlassen würden. Als sie durch diesen »Trick« gerettet sind, schenkt der Vater jedem von ihnen einen besonders kostbaren, von einem weißen Büffel gezogenen Wagen.
Das *Lotos-Sūtra* betont außerdem die Wichtigkeit des gläubigen Vertrauens (→ Shraddhā) auf dem Weg zur Erlösung, wobei auch die Buddhas und Bodhisattvas ihre Hilfe anbieten. Ein eigenes Kapitel ist dem Bodhisattva → Avalokiteshvara gewidmet, in dem der Gedanke des Beistandes der Bodhisattvas besonders klar zum Ausdruck kommt.
Im *Lotos-Sūtra* wird der Buddha nicht als historische Person aufgefaßt, sondern als Manifestation des Dharmakāya (→ Trikāya), der in Ewigkeit besteht. Jedes Geschöpf hat Anteil an diesem transzendenten Wesen des Buddha (→ Buddha-Natur, → Busshō) und kann deshalb zu einem Buddha »werden«, d. h. zu seinem Wahren-Wesen erwachen.

Lumbinī, **B** einer der vier heiligen Orte des Buddhismus (→ Sārnāth, → Bodh-Gayā, → Kushinagara), der als der Geburtsort des historischen Buddha → Shākyamuni gilt. Lumbinī liegt in der Nähe der Hauptstadt des → Shākya-Reiches, Kapilavastu, im heutigen Nepal.

In Lumbinī befindet sich eine Steinsäule, die König → Ashoka anläßlich einer Pilgerfahrt im Jahr 249 v. Chr. errichten ließ. Die Inschrift lautet: »20 Jahre nach seiner Krönung kam König Devānapiya Piyadasi [d. i. Ashoka] hierher und bezeugte seine Verehrung, weil der Buddha, der Weise aus dem Shākya-Geschlecht, hier geboren worden ist. Er ließ ein Steinrelief und eine Steinsäule errichten, um anzuzeigen, daß hier der Erhabene geboren wurde. Das Dorf Lumbinī befreite er von Steuern und (setzte) seine Naturalabgaben (von dem üblichen Viertel) auf ein Achtel (herab).«

Lung, T chin., wörtl.: »Drache«; nach taoist. Auffassung ist der Drache die Verkörperung des Yang-Prinzips (→ Yin-yang) und wird oft inmitten von Wolken oder Wasser (die das Yin-Prinzip symbolisieren) dargestellt.

In der chin. Mythologie sind fünf Arten von Drachen bekannt: Himmelsdrachen, die die Wohnstätten der himmlischen Gottheiten bewachen; Drachengeister, die über Wind und Regen herrschen und auch Überschwemmungen verursachen können; Erddrachen, die die Flüsse reinigen und Meere vertiefen; Drachen, die Schätze bewachen, und schließlich kaiserliche Drachen, die man daran erkennt, daß sie fünf Krallen und nicht, wie die anderen Arten von Drachen, vier besitzen.

Lung-Gom B (rLung-sgom), tibet., etwa: »Beherrschung der Energieströme«; eine in Zusammenhang mit der Kontrolle des Atems im Yoga (Prānāyāma) und der Beobachtung des Atemvorgangs im frühen Buddhismus (→ Satipatthāna) stehende meditative Praxis des Tibetischen Buddhismus. Wie der Übende sich in den Praktiken der »Inneren Hitze« (→ Nāro Chödrug) auf das Element des Feuers im entsprechenden psychischen Zentrum (Chakra) konzentriert, so spielt für den Ausübenden des Lung-Gom (Lung-Gom-Pa) das Element der Luft die wichtigste Rolle. In der Terminologie des → Vajrayāna steht Luft (tibet. *lung*) für bestimmte Energieströme, die die Körperfunktionen regulieren. Unter den besonderen geographischen Gegebenheiten Tibets wurde die Beherrschung der Energieströme u. a. auch dazu eingesetzt, in kürzester Zeit weite Strecken mühelos zu Fuß zurückzulegen.

Lung-hu, T chin., wörtl.: »Drache (und) Tiger«; in der taoist. Alchemie (→ Nei-tan, → Wai-tan) Symbole für Yang bzw. Yin (→ Yin-yang).

In der Lehre der Inneren Alchemie heißt es, daß der Drache in Li (→ K'an und Li) entsteht: Li entspricht dem Feuer, daher »kommt der Drache aus dem Feuer«; der Tiger, das Yin, wird mit K'an assoziiert, das dem Wasser entspricht. Daher »entsteht der Tiger aus dem Wasser«. Die Vereinigung der beiden Prinzipien führt zur Verwirklichung des → Tao.

Die Farbe des Drachens ist grün; ferner wird er mit dem Osten, der Leber, dem Holz und dem Frühling verbunden. – Die Farbe des Tigers ist weiß; er wird mit dem Westen, der Lunge, dem Metall und dem Herbst verbunden.

Lung-hu-shan, T chin., wörtl.: »Drache-(und-) Tiger-Berg«; berühmter taoist. Berg in der Provinz Chiang-hsi, der vom 3. Jh. bis 1949 Wohnort der Himmlischen Meister (→ T'ien-shih), der Nachkommen von → Chang Tao-ling und Führer der Schule des Fünf-Scheffel-Reis-Taoismus (→ Wu-tou-mi tao, → Tao-chiao) war.

Lung-men, B chin., wörtl.: »Drachentor«; buddhist. Grotten, 13 km südlich von Lo-yang in der chin. Provinz Honan. Die Grotten von Lung-men zählen gemeinsam mit denen von → Yün-kang und → Tun-huang zu den drei großen buddhist. Grottenheiligtümern Chinas.

Die Arbeiten an diesen Höhlen begannen 494 nach der Verlegung der Hauptstadt nach Lo-yang und dauerten bis in die Sung-Dynastie. Es sind über 2100 Höhlen, 750 Nischen, über 40 gemeißelte Pagoden und ungefähr 100 000 Statuen erhalten. Die Statuen stellen – in der Reihenfolge ihrer Häufigkeit – → Amitābha, → Avalokiteshvara, → Shākyamuni, → Maitreya, → Ti-tsang und andere Buddhas und Bodhisattvas dar. Die meisten der Amitābha-Darstellungen stammen aus der T'ang-Dynastie, während der der Amitābha-Kult der → Reines-Land-Schule seinen Höhepunkt erreichte.

Die bedeutendsten Grotten sind die Ku-yang- und Pin-yang-Grotten. In der ersteren, die 495 begonnen und 575 beendet wurde, befinden sich Statuen von Shākyamuni und Maitreya, deren Darstellung auf dem → *Vimalakīrtinirdesha-Sūtra* basiert. Reliefs zeigen Szenen aus dem alltäglichen Leben.

Die Pin-yang-Höhlen, die von der kaiserlichen Familie gestiftet wurden, zeigen in ihren Wandmalereien, wie Mitglieder des Kaiserhauses dem Buddha, der von zwei Bodhisattvas sowie → Ānanda und → Mahākāshyapa umgeben ist, ihre Verehrungen darbringen. Die Skulpturen in diesen Höhlen basieren im wesentlichen auf → Jātaka-Geschichten. Wie aus einer Inschrift hervorgeht, ist die mittlere der drei Pin-yang-Höhlen zwischen 500 und 523 unter der Mitwirkung von 802 366 Handwerkern entstanden.

Lung-men-Schule, ◘ → Ch'üan-chen tao

Lung-t'an Ch'ung-hsin, ◘ jap. Ryūtan (Ryōtan) Sōshin, 9. Jh., chin. Zen-Meister; ein Schüler und Dharma-Nachfolger (→ Hassu) von → T'ien-huang Tao-wu (jap. Tennō Dōgo) und der Meister von → Te-shan Hsüan-chien (jap. Tokusan Senkan). Über Lung-t'an ist wenig bekannt, außer daß er als Knabe oft Reiskuchen als Opfergabe zu Meister Tao-wu vom T'ien-huang-Kloster brachte und schließlich dessen Schüler wurde. Im 28. Beispiel des → *Wu-men-kuan* erleben wir Lung-t'an in einem → Mondō mit seinem Meisterschüler Te-shan (siehe dazu → Te-shan Hsüan-chien).

Lung-wang, ◘ chin., wörtl.: »Drachenkönig(e)«; mythologische Gestalten, die nach taoist. Interpretation unter der Herrschaft des Himmlischen Ehrwürdigen des Uranfangs (→ Yüan-shih t'ien-tsun) stehen. Sie steigen einmal im Jahr zu ihm auf, um ihm ihre Berichte vorzulegen. Sie sind für Regen und Bestattungen zuständig: in einer Trockenperiode muß man sich nur an die Lung-wang wenden, und es wird regnen. Ist bei den Bestattungsfeiern ein Fehler begangen worden, der den Nachkommen des Verstorbenen Unheil bescheren könnte, so sucht man ebenfalls bei den Drachenkönigen Hilfe. Der Taoismus unterscheidet verschiedene Arten von Lung-wang: die himmlischen Drachenkönige, die der vier Meere, die in prachtvollen Palästen am Meeresgrund leben, und die Lung-wang der fünf Himmelsrichtungen.

Lung-ya Chü-tun, ◘ jap. Ryūge Koton, 834/35–920/23, chin. Zen-Meister; ein Schüler und Dharma-Nachfolger (→ Hassu) von → Tung-shan Liang-chieh (jap. Tōzan Ryōkai). Lung-ya hatte fünf Dharma-Nachfolger; wir begegnen ihm im 20. Beispiel des → *Pi-yen-lu.*

Lung-ya war schon als Knabe in ein Kloster seiner Heimatstadt Kiangsi eingetreten. Später ging er auf Pilgerschaft und suchte einige der führenden Zen-Meister seiner Zeit auf, darunter → Ts'ui-wei Wu-hsüeh (jap. Suibi Mugaku) und → Te-shan Hsüan-chien (jap. Tokusan Senkan). Schließlich kam er zu Meister Tung-shan und wurde dessen Schüler. Eines Tages fragte er Tung-shan: »Was ist der Sinn von des Patriarchen Kommen aus dem Westen [→ Seirai-no-I]?«

Tung-shan antwortete: »Ich werde es dir sagen, sobald der Tung-shan-Bach bergaufwärts fließt.«

Bei diesen Worten erfuhr Lung-ya Erleuchtung.

Im Hochgefühl dieser Erfahrung ging er erneut auf Wanderschaft, um andere Zen-Meister in → Hossen mit der gleichen Frage zu konfrontieren und in der Begegnung mit ihnen seine Erfahrung weiter zu vertiefen. Auf dieser Wanderschaft kam er wieder zu Meister Ts'ui-wei und auch zu → Lin-chi I-hsüan (jap. Rinzai Gigen); von der Begegnung mit diesen beiden berichtet das 20. Beispiel des *Pi-yen-lu* (zit. unter → Zemban). Nach acht Jahren der Wanderschaft übernahm er auf Wunsch des Militärgouverneurs von Hu-nan die Leitung eines Klosters auf dem Berg Lung-ya (dessen Name auf ihn überging) südlich des Tung-t'ing-Sees, wo sich bald nicht weniger als 500 Schüler um ihn scharten.

Lü Pu-wei, ◘ → *Lü-shih ch'un-ch'iu*

Lu-shan, ◘ chin., wörtl.: »Berg Lu«; Zentrum des Buddhismus in der heutigen Provinz Kiangsi, das seine Blüte in der Zeit nach 380 hatte. Unter den berühmten Mönchen, die auf dem Lu-shan lebten, befanden sich auch → Hui-yüan und → Tao-sheng. Hui-yüan gründete auf dem Lu-shan die Weißer-Lotos-Gesellschaft und setzte den Anfang des → Amitābha-Kultes.

Das erste Kloster auf dem Lu-shan soll 367 errichtet worden sein; vor dieser Zeit war der Berg ein Refugium taoist. Eremiten, wo auch ein berühmter Heiler gelebt hat, der im Alter von 300 Jahren zu den Unsterblichen aufgestiegen sein soll.

Eine andere Legende besagt, daß → An Shih-kao auf seinen Reisen auf dem Berge Lu eine Riesenschlange bekehrt hat, die die Reinkarnation eines Freundes aus einem früheren Leben war und auf dem Berg als Gott verehrt wurde.

Lü-shih ch'un-ch'iu, ◘ chin., wörtl.: »Frühling und Herbst des Herrn Lü«; philosoph. Werk aus dem 3. Jh. v. Chr., das von Lü Pu-wei (?–235), einem reichen Kaufmann aus der Zeit der Streitenden Reiche, zusammengestellt wurde. Dieser versammelte an seinem Hof bis zu 10000 Gelehrte aller philosoph. Richtungen, deren Lehren er in seinen Annalen niederlegte. Das *Lü-shih ch'un-ch'iu* enthält taoist., konfuzian., legalistisches und mohistisches Gedankengut. (Dt. Übersetzung v. R. Wilhelm, Düsseldorf/Köln 1979.)

Lü-tsung, ◘ chin., etwa: »Schule der Disziplin«; Schule des chin. Buddhismus, die auf Tao-hsüan (596–667) zurückgeht. Grundlage dieser Schule ist der Disziplinkodex der → Dharmaguptakas, enthalten im »Vinaya in vier Teilen« (chin. *Ssu-fen-lü*).

Der Schwerpunkt der Praxis dieser Schule liegt auf dem strikten Einhalten der Vinaya-Regeln, die nach dem *Dharmaguptaka-Vinaya* 250 Regeln für Mönche und 348 für Nonnen umfassen. Obwohl dieses Vinaya hinayanist. Ursprungs ist, wird es auch von den mahayanist. Schulen Chinas als verbindlich angesehen. Diese Schule wurde 745 von → Chien-chen nach Japan gebracht (→ Ritsu-Schule).

Mit der Gründung dieser Richtung wollte Tao-hsüan unterstreichen, daß im Buddhismus das Einhalten der Ordensregeln einen wesentlichen Teil der Praxis darstellt. Er betonte auch die Wichtigkeit der korrekten Durchführung der → Ordination und legte in seinem Kloster die Formalitäten für die Mönchsweihe fest. Die Schule der Disziplin unterscheidet zwei Kategorien von Regeln: 1. »positive« Regeln, die das Verhalten der Ordensmitglieder bei bestimmten Gelegenheiten wie → Uposatha-Feiern, Bettelgang usw. festlegen; 2. »negative« Regeln, die gewisse Handlungen wie Töten, Stehlen, Lügen usw. verbieten. (Siehe dazu auch → Shīla.)

Lü Tung-pin, T → Pa-hsien

M

Mādhava, H Skrt., wörtl.: »Frühling, der Entzückende«; 1. ein Name für → Vishnu wie auch für → Krishna. Die Verehrer Vishnus werden auch Mādhavas genannt; 2. → Madhva.

Madhu, H Skrt.; in der Mythologie der → Purānas die Verkörperung des Dunkels, einer der beiden Urkräfte, die als »erstgeborene« Mächte aus dem Urchaos hervortraten; die Verkörperung der anderen Urkraft, des Lichts, war → Brahmā. Die beiden Gottheiten, die zu den wichtigsten → Devas der ved. Periode gehörten, lagen in ständigem Kampf miteinander, ohne einander zerstören zu können. In der späteren Hindu-Kosmologie wird Madhu von Vishnu in seiner Manifestation als Krishna erschlagen, und Brahmā wird zu einem Aspekt der hinduist. Trinität (→ Trimūrti).

Madhura-Bhāva, H Skrt.; eine der fünf Einstellungen, die ein → Bhakta seinem Erwählten Ideal (→ Ishta-Deva) gegenüber einnehmen kann. Es ist die Einstellung einer Frau oder Geliebten ihrem Ehegatten oder Liebhaber gegenüber. (Siehe dazu auch → Bhāva.)

Madhu-Vidyā, H Skrt., wörtl. *madhu:* »Honig, Soma«, *vidyā:* »Erkenntnis«; die unter Mitwirkung des Soma-Tranks (des »geheimen Honigs«) erlangte Erkenntnis vom göttlichen Spiel (→ Līlā), das von der Schöpfungskraft (→ Shakti) Brahmans erschaffen wird, bzw. die Freude am Erkennen dieses Spiels (auch der »geheime Honig«), das trotz aller Variationen Einheit, Harmonie und Gleichgewicht bewahrt, da → Brahman sein Fundament ist.

Madhva H, auch Madhvāchārya, Mādhva und Ānandatīrtha genannt, 1199–1278; der Hauptvertreter der dualistischen Philosophie des → Dvaita-Vedānta, der dritten der drei Hauptschulen der Philosophie des Vedānta. Er postuliert folgende fünf große Unterschiede: 1. zwischen Gott und Einzelseele; 2. zwischen Gott und Materie; 3. zwischen Einzelseele und Materie; 4. zwischen den einzelnen Seelen; 5. zwischen den einzelnen Teilen der Materie. Für Madhva existieren seit aller Ewigkeit drei getrennte Wesenheiten: Gott, die Seele und die Welt. Obwohl alle drei wirklich und ewig sind, sind die beiden letzteren Gott untergeordnet und abhängig von ihm. Die unabhängige Wirklichkeit (→ Brahman) ist für ihn der absolute Schöpfer des Universums, den er mit Vishnu identifiziert, welcher sich in verschiedenen Formen manifestiert und sich von Zeit zu Zeit als → Avatāra inkarniert.

Madhva wurde in einem Dorf bei Udipi in Südindien geboren, war schon in jungen Jahren ein Kenner der Veden und wurde früh ein → Sannyāsin. Nachdem er einige Jahre in Gebet und Meditation sowie mit Studium und Diskussionen verbracht hatte, begann er zu lehren und zu predigen. Er gründete einen Krishna-Tempel in Udipi; Dort wirkte er bis zu seinem Tod. Seine Hauptwerke sind Kommentare zum → *Vedānta-Sūtra*, zur → *Bhagavad-Gītā*, zu einigen → Upanischaden und vor allem zum → *Bhāgavata-Purāna.* In der Schrift *Anuvyākhyāna* rechtfertigt er seinen Kommentar zum *Vedānta-Sūtra*.

Mādhyamaka, B Skrt.; die von den → Mādhyamikas vertretene »Lehre vom → Mittleren Weg«.

Mādhyamika, B Skrt., Vertreter des »Mittleren Weges« (von *madhyama:* »das Mittlere«); von → Nāgārjuna und → Āryadeva begründete Schule des → Mahāyāna-Buddhismus, die in Indien, Tibet, China und Japan große Bedeutung erlangt hat (→ San-lun-Schule, → Sanron-Schule). Die bedeutendsten Vertreter waren, neben den Begründern, Buddhapālita (5. Jh.), → Bhāvaviveka (6. Jh.), Chandrakīrti, Shāntirakshita und Kamalashīla (8. Jh.), die vor allem auf die Entwicklung des Mādhyamaka in Tibet großen Einfluß ausübten.

Der Name der Schule bezieht sich auf den → »Mittleren Weg«, den diese in Hinsicht auf das Sein oder Nicht-Sein der Dinge vertritt. Mit Hilfe von Acht Verneinungen (→ Nāgārjuna) wird jede Aussage über das Wesen der Dinge als nicht zutreffend abgelehnt und so der illusionäre Charakter und die Relativität aller Erscheinungen aufgezeigt. Da alle Phänomene in Abhängigkeit von bestimmten Bedingungen entstehen (→ Pratītya-Samutpāda), haben sie kein eigenes Sein und sind leer von einem unvergänglichen Selbst (→ Svabhāva).

Die Leere (→ Shūnyatā) hat in der Mādhyamika-Schule doppelten Charakter: Einerseits ist sie die Leerheit von einem Selbst (auch »Selbst-Losigkeit«), andererseits bedeutet sie Erlöstheit, denn die Leere ist identisch mit dem Absoluten. Die Leere zu verwirklichen heißt, Befreiung zu erlangen. Dies wird durch die Reinigung des Geistes von Zustimmung und Verneinung erreicht. Shūnyatā gilt den Mādhyamikas als das letzte Prinzip und wird oft mit dem Dharmakāya (→ Trikāya) identifiziert. Aufgrund dieser Annahme einer radikalen Leerheit aller Dinge wird die Mādhyamika-Lehre auch als Shūnyatāvāda (Lehre von der Leerheit) bezeichnet.

Das Absolute kann aber nur dadurch verwirklicht werden, daß man durch die »relative Wahrheit« hindurchgeht, um zur »Absoluten« oder »Höchsten Wahrheit« zu gelangen. Das stellt den dieser Schule eigenen Gedanken der »Doppelten Wahrheit« dar: Die relative, »verhüllte« Wahrheit (→ Samvriti-Satya) ist die Realität des alltäglichen Lebens. Aus ihrer Sicht gelten konventionelle Begriffe und sind die Erscheinungen real; sie ist charakterisiert durch Dualität. Die Wahrheit im höchsten Sinn (→ Paramārtha-Satya) ist frei von Vielheit, da alle Gegensätzlichkeiten aufgehoben sind. Durch den Intellekt aufgefaßte »Wirklichkeiten« sind zwar nicht letztgültig, haben aber auch ihren Wert. Daher bedeutet das Akzeptieren der Nicht-Realität, der Leerheit aller Dinge, nicht, alle menschlichen Erfahrungen zu entwerten, wie es sich im Leben eines Mādhyamika zeigt: Nach außen hin scheint es, als nähme er die Welt mit ihrem Leiden als wirklich an; er befolgt z. B. die Sittlichkeitsregeln (→ Shīla) und bemüht sich, anderen Wesen auf dem Weg zur Erlösung beizustehen. Andererseits weiß er aber, daß dieses Handeln im Grunde nur ein Kunstgriff ist.

Eine Weiterentwicklung dieser Grundgedanken, die sich in Nāgārjunas Werk finden, erfolgte durch den Fortschritt auf dem Gebiet der Logik und unter dem Einfluß der zweiten großen Strömung des ind. Mahāyāna, dem → Yogāchāra. Die Perfektionierung der Logik zwang die Mādhyamikas, haltbarere Beweise ihrer Lehre zu liefern; die Vertreter des Yogāchāra beantworteten in ihrer Lehre einige Punkte, die das Mādhyamaka offengelassen hatte, wie z. B. die Frage nach der Entstehung der Erscheinungswelt.

Der erste bedeutende Mādhyamika nach Āryadeva war Buddhapālita, der einen Kommentar zum Hauptwerk Nāgārjunas, *Mādhyamaka-Kārikā,* verfaßte, in dem er gegnerische Behauptungen und deren »unerwünschte Folgerungen« *(prasanga)* auf dem Weg der Deduktion ad absurdum führte. Dieser Methode verdankt die von ihm begründete Richtung der Prāsangikas ihren Namen.

Bhāvaviveka verwendete die Lehren des Yogāchāra und die von → Dignāga entwickelte Logik. Er bediente sich in seiner Argumentationsweise »richtiger logischer Kennzeichen«, was seiner Richtung den Namen Svātantrika eintrug. Außerdem setzte auch er sich mit den Argumenten seiner Gegner auseinander. Daraus resultiert seine Kritik an der Methode des Buddhapālita. Für die Entwicklung und Bereicherung der Mādhyamika-Philosophie war entscheidend, daß Bhāvaviveka die Psychologie und Erlösungslehre des Yogāchāra in sein System aufnahm, wenn auch mit Abwandlungen, vor allem in bezug auf die Natur des Bewußtseins, das er als Teil der Erscheinungswelt ansah.

Chandrakīrti war bestrebt, Nāgārjunas Lehren wieder in ihrer Ursprünglichkeit herzustellen. Er sah sich als Nachfolger von Buddhapālita und lehnte Bhāvavivekas Neuerungen ab, vor allem dessen Verwendung logischer Schlußfolgerungen, die seiner Meinung nach gegen die grundlegende Forderung, ein Mādhyamika stelle keine Thesen auf, verstößt.

Ein weiterer wichtiger Vertreter dieser Schule war → Shāntideva (7./8. Jh.), der durch zwei Werke berühmt ist: *Bodhicharyāvatāra* (dt. *Eintritt in das Leben zur Erleuchtung,* Düsseldorf/Köln 1981), in dem er den Weg eines Bodhisattva beschreibt, und *Shikshāmuchchaya* (»Sammlung der Lehren«), in dem er eine Reihe von Vorschriften aufzählt, die ein Bodhisattva auf seinem Weg einhalten muß.

Im → Tibetischen Buddhismus spielte die Mādhyamika-Philosophie schon im letzten Viertel des 8. Jh. eine zentrale Rolle. Der Grund dafür lag im Wirken des ind. Gelehrten Shāntirakshita und seines Schülers Kamalashīla. Diese beiden repräsentierten die zu jener Zeit in Indien aktive Yogāchāra-Mādhyamika-Schule, die in die Lehre des Nāgārjuna Elemente des Yogāchāra auf-

genommen hatte. Kamalashīla soll an einem Disput mit Anhängern des Ch'an (→ Zen) teilgenommen haben, und nach seinem Sieg über diese wurde vom König die ind. Auslegung der Mādhyamika-Lehre für Tibet als verbindlich erklärt.
Im 11. Jh., mit der »Zweiten Ausbreitung der buddhistischen Lehre«, gewann die Mādhyamika-Schule des Chandrakīrti an Bedeutung. Etwa zur gleichen Zeit bildete sich eine weitere Mādhyamaka-Interpretation heraus, die Schule des sog. Shentong (tib., wörtl.: »Leerheit von anderem«), die eine Synthese mit den Lehren des → Asanga zum Gegenstand hatte. Von ihrem Standpunkt aus fielen die anderen Schulen unter die Theorie des Rangtong (»Leerheit von eigenem«).
Zwischen dem 11. und 14. Jh. wurden die verschiedenen Mādhyamika-Lehren in Tibet in ihrer Gesamtheit aufgenommen und weiterentwickelt. Mit der endgültigen Konstituierung der vier Hauptschulen zwischen dem 14. und 16. Jh. hatte die Auslegung dieser Lehren ihren Höhepunkt erreicht, und in den folgenden Jh. wurden sie innerhalb der einzelnen Lehrtraditionen immer wieder kommentiert. Mit der → Rime-Bewegung im 19. Jh. wurden schließlich auch wieder Versuche einer Neuzuordnung der verschiedenen Mādhyamaka-Interpretationen unternommen.
Die unterschiedlichen philosoph. Theorien der Mādhyamika vermittelt die → Siddhānta-Literatur. In Ergänzung dazu wurden im Tibetischen Buddhismus vor allem auf die meditative Praxis ausgerichtete Handbücher verfaßt, die ein unmittelbares Verständnis der Mādhyamika-Lehren zum Ziel hatten.

Mādhyamakā-Kārikā, B Skrt. → Nāgārjuna

Magadha, B Königreich im Norden Indiens zu Zeiten des historischen Buddha → Shākyamuni. Die Hauptstädte waren nacheinander → Rājagriha und → Pātaliputra. Könige von Magadha waren u. a. → Bimbisāra und sein Sohn → Ajātasattu, ferner → Ashoka. – Magadha war das Ursprungsland des Buddhismus, von wo aus er sich nach dem 3. → Konzil über andere Teile Indiens ausbreitete.

Unter der Herrschaft von Ashoka erreichte Magadha seine größte Ausdehnung. – Zwischen der in Magadha gesprochenen Sprache, dem Māgadhī, und dem → Pali des buddhist. Kanons soll eine bisher nicht restlos geklärte Beziehung bestehen.

Mahābhārata, H Skrt., wörtl.: »Das große Epos (vom Kampf) der Nachkommen des → Bharata«; neben dem → *Rāmāyana* das zweite monumentale Heldenepos der Hindus bzw. der ind. Literatur und zugleich das umfangreichste. Es besteht aus 106 000 Versen, die in 18 Bücher *(parva)* eingeteilt sind. Als Verfasser gilt der mythische Weise → Vyāsa, doch haben zwischen dem 5. Jh. v. Chr. und dem 2. Jh. n. Chr. zweifellos eine große Zahl von Autoren und »Ordnern« (Skrt. *vyāsa*) an dem Werk gearbeitet, in das nach und nach der größte Teil des ind. Volksgutes an Göttersagen, Fabeln und märchenhaften Erzählungen Aufnahme fand.
Hauptthema ist der Kampf zwischen den beiden miteinander verwandten Bhārata-Familien, den bösen → Kauravas und den tugendhaften

Kampf zwischen den Pāndavas und Kauravas. (Holzschnitt aus einer *Mahābhārata*-Ausgabe, 1907)

→ Pāndavas, um das von dem blinden → Dhritarāshtra aufgeteilte Königreich. Der bedeutendste philosoph. Teil ist (im 6. Buch) die → *Bhagavad-Gīta;* sie enthält die Unterweisungen Krishnas an → Arjuna unmittelbar vor Beginn der achtzehntägigen Schlacht, deren dramatische Geschehnisse im Mittelpunkt des *Mahābhārata* stehen. Populären Erzählstoff bieten u. a. die Romanze von → Nala und Damayantī im »Waldbuch« sowie die hochpoetische Geschichte von der treuen → Sāvitrī; sie schildert, wie Liebe den Tod besiegt.

»Der Schlüssel zum Verständnis dieses immensen Werks wird von den Indern in seiner moralischen Absicht gesehen, den Triumph der Tugend und die Unterjochung der Laster darzustellen. Die in diesem Werk bewahrten Nachrichten von Legenden, Kulturen, Mythen und Traditionen enthüllen einen tiefen Blick in die vergangene Welt Indiens. Sie zeugen von einem einzigartigen frühen Forschen nach den verborgenen Wahrheiten der Religion und enthalten Ansätze philosophischen Spekulierens. Kein Werk außer der Bibel hatte einen solchen Einfluß auf die moralische Erziehung eines Volkes.« (Helmut Hoffmann)

Vom *Mahābhārata* liegen seit 1824 diverse dt. Teilübersetzungen vor; bei der von Biren Roy herausgegebenen Version des Werks (Düsseldorf/Köln 1961) handelt es sich um eine stark gekürzte Zusammenfassung der wichtigsten Episoden ohne die *Bhagavad-Gīta,* die i. allg. als eigenständiges Werk betrachtet wird.

Mahābhāva, H Skrt.; intensive, ekstatische Liebe zu Gott, die höchste Manifestation der Liebe, wie sie durch → Rādhā verkörpert wird.

Mahābhūta, H B Skrt., wörtl. *mahā:* »groß«, *bhūta:* »Element«.

H Die fünf Elemente Äther, Luft, Feuer, Wasser und Erde, zu denen die fünf → Tanmātras gehören.

B Synonym für → Dhātu; bezeichnet die vier Elemente, die jede Körperlichkeit konstituieren: das feste, flüssige, erhitzende und bewegliche Element. Die Analyse des Körpers, die deutlich macht, daß er aus den Mahābhūtas zusammengesetzt ist, bildet eine Meditationsübung, deren Ziel es ist, die Vorstellung eines »Ich« zu überwinden und alles Körperliche als vergänglich, nicht-wirklich und leidvoll zu erkennen.

Mahābodhi-Kloster, B → Bodh-Gayā, → Dharmapāla, 2 u. 3; → Mahābodhi Society

Mahābodhi Society, B wörtl.: »Gesellschaft der Großen Erleuchtung«; von dem ceylones. Mönch → Dharmapāla im Jahre 1891 gegründete Gesellschaft, die entscheidend zur Wiederbelebung des Buddhismus in Indien beitrug. Ziel der Mahābodhi Society war es, → Bodh-Gayā aus der Hand der Hindus wiederzugewinnen, es wieder zu einem Zentrum des Buddhismus zu machen und dort eine buddhist. Universität und ein Kloster für Mönche aus der ganzen Welt zu errichten.

Zur Zeit der Gründung der Mahābodhi Society war das von Hindus verwaltete buddhist. Heiligtum Bodh-Gayā dem Verfall preisgegeben. Im Oktober 1891 berief die Gesellschaft eine internationale buddhist. Konferenz ein, um die Unterstützung des Projekts durch Buddhisten anderer Länder zu sichern. 1892 begann die Gesellschaft mit der Herausgabe der Zeitschrift *The Mahābodhi Society and the United Buddhist World* (»Die Mahābodhi-Gesellschaft und die vereinte buddhist. Welt«), die das wesentliche Instrument zur Verbreitung ihres Anliegens unter den ind. Intellektuellen und den in Indien lebenden Engländern wurde. Aufgrund des Widerstandes seitens der britischen Autoritäten und der Hindus wurde um Bodh-Gayā ein langwieriger Prozeß geführt, der erst mit der Erlangung der Unabhängigkeit Indiens 1949 ein Ende fand. Von da an waren Buddhisten und Hindus gemeinsam für die Erhaltung der heiligen Stätte verantwortlich.

Die Mahābodhi Society unterhält heute Schulen, Krankenhäuser und andere soziale Einrichtungen, verfügt über Zentren in der ganzen Welt und hat sich die Übersetzung und Herausgabe von Pali-Texten zur Aufgabe gemacht.

Mahādeva H B.

H Skrt., wörtl.: »der große Gott«, eine häufig gebrauchte Bezeichnung für → Shiva.

B → Konzile

Mahākāla, H B Skrt., wörtl.: »die große Zeit«.

H 1. ein Aspekt → Shivas als Personifizierung der auflösenden Kräfte des Kosmos; 2. eines der zwölf großen → Lingas, das sich in einem berühmten Shiva-Tempel in Ujjayinī befindet.

B → Dharmapāla, 1.

Mahākārana, H Skrt., wörtl.: »die große Ursache«; eine Bezeichnung für die transzendente Wirklichkeit, das Absolute.

Mahākāshyapa B Z (Mahākāśyapa), Skrt. (Pali: Mahākassapa), kurz: Kāshyapa (Kassapa); hervorragender Schüler des Buddha → Shākyamuni. Er war berühmt für seine asketische Selbstdisziplin und Sittenstrenge und konnte dank dieser Eigenschaften nach dem Tod des Buddha die Führung des → Sangha übernehmen. – Mahākāshyapa gilt als 1. Patriarch des → Zen.

Beim 1. buddhist. → Konzil, das Mahākāshyapa einberufen hatte, um Tendenzen zur Führung eines lockeren Lebens aufzuhalten, kam es zu Meinungsverschiedenheiten zwischen ihm und → Ānanda, ebenfalls ein berühmter Jünger des Buddha. Ānanda sollte nicht zum Konzil zugelassen werden, da er zu diesem Zeitpunkt noch nicht die → Arhatschaft verwirklicht hatte. Weiterhin warf ihm Mahākāshyapa vor, daß er die Gründung des Nonnenordens (→ Bhikshunī) begünstigt und den Buddha nicht um genaue Instruktionen bezüglich der Aufhebung gewisser Disziplinregeln befragt hatte. Außerdem machte Mahākāshyapa Ānanda den Vorwurf, daß dieser den Buddha nicht um Verlängerung seines irdischen Daseins gebeten hatte.

In chin. Klöstern findet man vielfach in der Haupthalle rechts vor der Statue des Buddha die des Mahākāshyapa, links die des Ānanda, des 2. Patriarchen des Zen. Zur Auffassung, daß Mahākāshyapa der 1. Patriarch des Zen ist, → Nenge-Mishō.

Mahāmaudgalyāyana, B Skrt. (Pali: Mahāmoggalana), kurz: Maudgalyāyana (Moggalana); einer der bedeutendsten Jünger des Buddha → Shākyamuni. Mahāmaudgalyāyana, der aus einer Brahmanen-Familie stammte, trat gemeinsam mit seinem Jugendfreund → Shāriputra in die buddhist. Gemeinde ein und wurde schnell wegen seiner übernatürlichen Fähigkeiten (u. a. Hellsehen und Magie) berühmt. Die Statuen von Mahāmaudgalyāyana und Shāriputra stehen in buddhist. Klöstern oft neben denen des Buddha. Beide wurden kurz vor dem Tode ihres Meisters von Gegnern des Buddhismus ermordet. – Mahāmaudgalyāyana zählt zu den → Zehn Großen Jüngern des Buddha.

Mahāmāyā, H Skrt., wörtl.: »die große Zauberin«; ein Name für → Kālī und → Durgā; auch eine Bezeichnung für die Überdeckung → Brahmans durch seine → Shakti.

Mahāmudrā, B Skrt., wörtl.: »Großes Siegel«; eine der höchsten Lehren des → Vajrayāna, die in Tibet besonders in der Schule der → Kagyüpa überliefert wurde. Der tibet. Terminus für Mahāmudrā, *Phyag-rgya chen-po,* wird kommentiert als das Wissen um die Leere (→ Shūnyatā), die Freiheit vom → Samsāra und die Untrennbarkeit dieser beiden Zustände. Als Meditationssystem wurde die Lehre der Mahāmudrā von → Samantabhadra, einer Verkörperung des Dharmakāya (→ Trikāya), dem Mahāsiddha → Tilopa geoffenbart und gelangte über → Nāropa, → Marpa und → Milarepa nach Tibet. Die »gewöhnliche« Übung der Mahāmudrā beginnt mit dem »Ruhigen Verweilen« (→ Shamatha) und führt zur Verwandlung jeglicher Erfahrung in die Qualitäten von Leerheit und Klarheit; sie wird gelegentlich als das »tibetische Zen« bezeichnet. Die »außergewöhnliche« Übung der Mahāmudrā stellt eine Erweiterung dieser Methode durch die → Nāro Chödrug dar.

Die Lehren der Mahāmudrā werden von der tibet. Tradition unter drei Aspekten zusammengefaßt: Schau, Meditation und Aktivität.

1. Die Schau wird definiert als die Einsicht, daß das zeitlose Wesen oder Wahre-Wesen des Geistes die Einheit von Leerheit und Klarheit ist. Jedes Phänomen trägt das »Siegel« dieses Zustandes.

2. Der Kern der Meditation ist die direkte, von jeglicher Anstrengung freie Erfahrung des Wesens des Geistes. Diese wird durch zwei Arten von vorbereitenden Übungen erreicht: Die ersten vier Übungen bestehen aus der kontemplativen Verinnerlichung der Prinzipien der kostbaren menschlichen Wiedergeburt, der Vergänglichkeit, des → Karma-Gesetzes und der Unzulänglichkeit des Kreislaufs der Existenzen (→ Samsāra). Die vier speziellen Übungen setzen sich aus bestimmten Arten von → Sādhanas zusammen und dienen der Reinigung von → »Körper, Rede und Geist«.

3. Die Erfahrung der Mahāmudrā führt zu einer geistigen Freiheit, die schließlich jegliche Konventionen hinter sich läßt und sich am eindrucksvollsten im Verhalten des »heiligen Narren« (siehe z. B. → Drugpa Künleg) manifestiert. Der Karmapa Rangjung Dorje (1284–1339) schreibt zur Praxis der Mahāmudrā:

»Was zu reinigen ist – der Geist an sich, die Einheit von Leerheit und Klarheit;
was reinigt – die Diamantpraxis der Mahāmudrā;
was gereinigt wird – die momentanen täuschenden Unreinheiten.
Die gereinigte Frucht, der makellose Dharmakāya, möge sie verwirklicht werden!
Das Kappen der falschen Vorstellungen über die Basis – die Schau, daran unbeirrt festzuhalten – die eigentliche Übung, die führt zum vollkommenen Geschick – die höchste Aktivität.
Möge das Vertrauen in diese drei immer präsent sein!«

Mahāparinibbāna-Sutta, B Pali, wörtl.: »Sūtra über das → Parinirvāna«; Teil des → *Dīgha-Nikāya.* Dieses in Pali verfaßte Sūtra des Hīnayāna-Buddhismus behandelt die letzten Lebensjahre des historischen Buddha (→ Siddhārtha Gautama), seinen Tod sowie die Verbrennung des Leichnams und die Verteilung der Reliquien. Das Werk, an dem ab ca. 480 v. Chr. über einen großen Zeitraum mehrere Autoren arbeiteten, liegt in mehreren dt. Übersetzungen vor. Es ist nicht zu verwechseln mit dem → *Mahāparinirvāna-Sūtra.*

Mahāparinirvāna-Sūtra, B Skrt., wörtl.: »Sūtra über das → Parinirvāna«; Sammlung mahayanist. Sūtras, die ihren Namen dem ersten darin enthaltenen Sūtra verdankt und nur in chin. Übersetzung überliefert ist. Das Werk behandelt vor allem die Lehre von der → Buddha-Natur, die allen Wesen immanent ist, aber auch andere zentrale Gedanken des Mahāyāna-Buddhismus. – Im chin. Kanon (→ Tripitaka) zählt es zu den → Vaipulya-Sūtras. Es ist nicht zu verwechseln mit dem → *Mahāparinibbāna-Sutta.*

Mahāprajñāpāramitā-Hridaya-Sūtra, B Skrt. → *Herz-Sūtra*

Mahāprajñāpāramitā-Sūtra, B Skrt. → *Prajñāpāramitā-Sūtra*

Mahāprajāpatī Gautamī, B Stiefmutter des historischen Buddha (→ Siddhārtha Gautama), von der er nach dem Tode seiner Mutter Māyādevi, die einige Tage nach seiner Geburt starb, aufgezogen wurde. Nach dem Tode ihres Mannes bat Mahāprajāpatī den Buddha um seine Einwilligung zur Gründung eines Nonnenordens

(→ Bhikshunī). Der Buddha war angeblich dagegen, da er um die Ordensdisziplin fürchtete. Erst auf Betreiben seines Schülers → Ānanda soll er nachgegeben und daraufhin vorausgesagt haben, daß die Gründung des Nonnenordens die Lebensdauer der Lehre von 1000 auf 500 Jahre verkürzen würde.

Mahāpralaya 🅷, auch Jahānaka und Sanhāra genannt, Skrt., wörtl.: »große Auflösung«; die völlige Auflösung des Universums am Ende eines → Kalpa, wenn die sieben → Lokas und ihre Bewohner, Heilige, Götter und selbst Brahmā verschwinden.

Mahāpurānas 🅷 (Mahāpurāṇas), Skrt., wörtl.: »die großen → Purānas«; eine Bezeichnung für das *Vishnu-Purāna* und das *Bhāgavata-Purāna,* die die beiden großen Purānas der → Vaishnavas sind.

Mahāpurusha 🅷 (Mahāpuruṣa), Skrt., wörtl.: »die große Seele«; die Weltseele als höchstes Wesen, ein Name für → Vishnu. Bedeutende Heilige werden oft von ihren Verehrern mit Mahāpurusha angeredet.

Maharishi 🅷 (Maharṣi), Skrt., wörtl.: »großer Seher«; die alten Seher und Heiligen, denen die Wahrheiten der Veden enthüllt wurden und von denen die Hymnen stammen. Auch die sieben großen → Rishis werden so bezeichnet. Heute ein Ehrentitel für Erleuchtete, wie z. B. → Ramana Mahar(i)shi.

Mahāsamādhi, 🅷 🅱 Skrt., wörtl.: »der große → Samādhi«; oft wird beim Tod eines Heiligen gesagt, er sei in Mahāsamādhi eingegangen.

Mahāsamnipāta-Sūtra, 🅱 Skrt., wörtl.: »Sūtra der großen Versammlung«; eines der → Vaipulya-Sūtras des Mahāyāna-Buddhismus, das im chin. Kanon (→ Tripitaka) enthalten ist. Diese Sammlung von Sūtras, die aus dem 6. Jh. n. Chr. stammt, ist uneinheitlicher Natur, doch wird in vielen Texten die Erkenntnis der Leere (→ Shūnyatā) der Welten betont. Das Werk weist tantrischen Einfluß auf und ist reich an → Dhāranīs und Mantras.

Mahāsānghika 🅱 (Mahāsāṅghika), Skrt., Anhänger der »großen *(mahā)* Gemeinde« (→ Sangha); eine der beiden hinayanist. Schulrichtungen, in die sich die Urgemeinde beim 3. buddhist. → Konzil in Pātaliputra spaltete, bei dem diese Gruppe sich für die fünf Thesen über die Natur des → Arhat aussprach. Die Mahāsānghikas spalteten sich im Laufe der Entwicklung weiter in die Ekavyāvahārikas, aus denen die Lokottaravādins hervorgingen, und in die Gokulikas, die sich in Bahushrutīyas, Prajñaptivādins und Chaitikas teilten.

Die Schulen der Mahāsānghikas gelten als Wegbereiter für die idealistische Ontologie und die Buddhologie des → Mahāyāna. Bei ihnen findet man bereits die Theorie, daß alles nur Vorstellung sei, das Absolute wie das Bedingte, das Nirvāna wie das Samsāra, das Weltliche und das Überweltliche. Alles ist ihrer Auffassung nach nur Name ohne wirkliche Substanz. Mit dieser idealistischen Auffassung stehen sie im Gegensatz zu den realistischen Theorien der → Sthaviras.

Die Mahāsānghikas betrachten den Buddha als überweltlich (→ Lokottara), ausgestattet mit einem völlig reinen Körper und Geist. Im Laufe der Entwicklung wurde er als über der Welt weilend angesehen, worauf sich die Vorstellung des übernatürlichen transzendenten Buddha im Mahāyāna-Buddhismus gründet. Die Mahāsānghikas schreiben ihm einen unendlichen Körper, unendliche Macht und unendliches Leben zu. Er ist allwissend (→ Sarvajñatā) und verharrt in ewigem → Samādhi.

Sie sind auch der Ansicht, ein → Bodhisattva könne aus freiem Willen in den schlechten Existenzweisen (→ Gati) wiedergeboren werden, um z. B. die Qualen der Höllenbewohner (→ Naraka) zu lindern, die Lehre darzulegen und heilsame Faktoren in den Wesen wachzurufen.

Mahāshūnya 🅷 (Mahāśūnya), Skrt., wörtl.: »die große Leere«; im → Vedānta ist Mahāshūnya die Leere der Nicht-Dualität, in der es keine Objekte gibt, die eine duale Beziehung zwischen Subjekt und Objekt, d. h. zwischen dem Seher und dem Gesehenen zulassen.

Mahāsiddha, 🅱 Skrt., etwa: »Großer Beherrscher vollkommener Fähigkeiten«; bezeichnet im → Vajrayāna einen Asketen, der die Lehren der → Tantras gemeistert hat. Er zeichnet sich durch bestimmte magische Fähigkeiten (→ Siddhi) aus, sichtbare Zeichen seiner Erleuchtung. Am bekanntesten ist eine Gruppe von 84 Mahāsiddhas. Sie repräsentierten eine religiöse Bewegung, die sich vom 8. bis 12. Jh. in Indien vor dem Hintergrund und im Gegensatz zur Klosterkultur des Mahāyāna-Buddhismus entwickelte. Unter ihnen fanden sich Männer und Frauen aus allen sozialen Schichten, und das Vorbild ihrer höchst individuellen Verwirklichung der Vajrayāna-Lehren beeinflußte stark den Tibetischen Buddhismus. Von Bedeutung waren auch ihre »Spirituellen Lieder«.

Die in der tibet. Übersetzung erhaltenen Biographien der 84 Mahāsiddhas beschreiben Persönlichkeiten wie Chatrapa, den Bettler, Kantali, den Schneider, und Kumaripa, den Töpfer. Aber auch der König Indrabhūti und seine Schwester Lakshmīnkarā zählen dazu sowie

Gelehrte wie Shāntipa. Was alle trotz ihrer unterschiedlichen Herkunft verbindet, ist die Art und Weise, wie sie eine Lebenskrise durch die Unterweisungen eines Meisters in ein Mittel der Befreiung verwandeln. In unorthodoxem Verhalten und durch die Verwendung von Paradoxa drücken sie dann die Nichterfaßbarkeit der Höchsten Wirklichkeit aus.
Dieser Zug des Zusammenbringens von niedrigsten menschlichen Situationen und höchsten geistigen Verwirklichungen findet sich z. B. in der Biographie des Mahāsiddha Tandhepa. Er verspielt beim Würfeln seinen gesamten Besitz; durch die Unterweisung, die Welt sei genauso leer wie sein Geldbeutel, erlangt er jedoch Erleuchtung und geht ins → Nirvāna ein.
Die als Dohas bekannten Lieder der Mahāsiddhas sind reich an poetischen Bildern und sprechen direkt die Einbildungskraft an. In Tibet wurde diese Tradition u. a. von → Milarepa und → Drugpa Künleg weitergeführt. Den größten Einfluß hatten die Lieder des Pfeilschmiedes Saraha, der die geistige Erfahrung (→ Mahāmudrā) der Mahāsiddhas in folgende Worte faßt:
»Wer versteht, daß es von Anfang an keinen Geist gegeben hat, verwirklicht den Geist der Buddhas der drei Zeiten.«

Mahāsthāmaprāpta, B Skrt., wörtl.: »Der große Kraft erworben hat«; bedeutender → Bodhisattva des Mahāyāna-Buddhismus, der in den Menschen die Erkenntnis der Notwendigkeit der Erlösung reifen läßt. In China und Japan wird Mahāsthāmaprāpta oft gemeinsam mit → Avalokiteshvara als Begleiter des Buddha → Amitābha dargestellt, wobei Mahāsthāmaprāpta rechts von Avalokiteshvara steht und dessen Weisheit symbolisiert. – Mahāsthāmaprāpta wird vielfach mit einer Pagode im Haarschmuck abgebildet.

Mahātattva H, auch Mahat, Skrt., wörtl.: »das große Grundprinzip«; die große kosmische Intelligenz, die mit der Schöpfung entstanden ist.

Mahātmā, H Skrt., wörtl.: »große Seele«; Ehrenbezeichnung für bedeutende spirituelle Lehrer und Führer. Bekannt durch Mahātmā → Gandhi.

Mahāvairochana-Sūtra, B Skrt., wörtl.: »Sūtra des Großen Glänzenden«; Sūtra des Mahāyāna-Buddhismus, ein grundlegendes Werk der tantrischen buddhist. Schulen Chinas (→ Mi-tsung) und Japans (→ Shingon). Es wurde ca. 725 von Shubhākarasimha, einem der drei großen Meister des Tantra, die nach China kamen, ins Chinesische übersetzt. Es enthält die wesentlichen Lehren des Tantra.

Mahāvākya, H Skrt., wörtl.: »Großer Satz«; die bedeutenden ved. Lehrsätze, auch als → Mantra bezeichnet, in denen verkündet wird, daß → Brahman und das Selbst des Menschen identisch sind.
In jedem der vier Veden gibt es einen großen Lehrsatz: 1. → Prajñānam Brahma (»Bewußtsein ist Brahman«) erscheint in der *Aitareya-Upanishad* des *Rigveda;* 2. → Aham Brahman Asmi (»Ich bin Brahman«) finden wir in der *Brihadāranyaka-Upanishad* des *Yajurveda;* 3. → Tat Tvam Asi (»Das bist du«) kommt in der *Chāndogya-Upanishad* des *Sāmaveda* vor; 4. → Ayam Ātman Brahma (»Dieses Selbst ist Brahman«) wird in der *Māndūkya-Upanishad* des *Atharvaveda* erwähnt.

Mahāvamsa B (Mahāvaṃsa), Pali, wörtl.: »Große Geschichte«; Pali-Chronik über die Geschichte Ceylons, die Mahānāma (6. Jh.) zugeschrieben wird. Das *Mahāvamsa* enthält Berichte aus der Zeit des historischen Buddha (→ Shākyamuni), der Kolonisierung Ceylons und der Zeit bis zum 4. Jh. n. Chr.
Das *Chūlavamsa* (»Kleine Geschichte«) bildet einen Anhang des *Mahāvamsa.* Es stammt aus verschiedenen Perioden und von vielen Autoren und gibt einen Überblick über den singhales. Buddhismus bis ins 18. Jh. – Diese »Geschichten« sind wichtige Quellen zum Studium des frühen Buddhismus in Indien und Ceylon.

Mahāvastu, B Skrt., wörtl.: »Große Begebenheit«; Werk aus der hinayanist. Schule der Lokottaravādins (→ Mahāsānghika), das auf die Anfänge unserer Zeitrechnung zurückgeht und die einzelnen früheren Existenzen des historischen Buddha → Shākyamuni behandelt.Dabei beschreibt das *Mahāvastu* bereits die Laufbahn eines Bodhisattva (→ Bhūmi), weswegen man es als Übergangswerk zwischen Hīnayāna und Mahāyāna betrachtet.

Mahāvibhāshā, B Skrt. → Vaibhāshika

Mahāvidyās, H Skrt.; zehn Gottheiten, die angebetet werden, weil sie zur Erkenntnis → Brahmans führen können. Es sind: Kālī, Tārā, Shodashī, Bhuvaneshvarī, Bhairavī, Chinnamastā, Dhūmāvatī, Vagalā, Mātangī und Kamalā. Sie alle sind Personifizierungen der → Shakti Brahmans, und oft wird der Weg zur Erkenntnis Brahmans und damit zur höchsten Erleuchtung für den spirituell Strebenden durch die Anbetung seiner Shakti leichter zugänglich.

Mahāvīra H, auch Mahāvīr, Skrt., wörtl.: »großer Held«; 1. Name des Heiligen, der den → Jainismus als Religionsgemeinschaft gegründet hat. Er lebte im 6./5. Jh. v. Chr. und war der letzte der großen Lehrer des Jainismus, die → Tīrthankara genannt werden; 2. ein Name für → Hanumat.

Mahāvrata, H Skrt., wörtl.: »Großes Gelübde«; → Yama, die erste Stufe des → Rāja-Yoga, wird in → Patañjalis *Yoga-Sūtra* (II, 31) als das für alle acht Stufen des Yoga geltende »Große Gelübde« bezeichnet, d. h. als die unerläßliche Vorbedingung für die erfolgreiche Ausübung des Yoga, von der weder Kaste, Ort, Zeit noch andere Umstände ausgenommen sind.

In ihrer grundsätzlichen Bedeutung für den spirituellen Weg könnte man Yama und → Niyama (die zweite Stufe des Rāja-Yoga) in gewissem Sinne mit den Zehn Geboten der jüdisch-christl. Religion vergleichen. Letztere sind jedoch nicht so systematisch in den spirituellen Weg eingebunden, sondern gelten als allgemeingültige Richtlinien für das tägliche Leben der Juden und der Christen.

Mahāyāna, **B** **Z** Skrt., wörtl.: »Großes Fahrzeug«; eine der beiden großen Schulrichtungen des Buddhismus; die andere ist das → Hīnayāna (»Kleines Fahrzeug«). Das Mahāyāna, das im 1. Jh. v. Chr. aufkam, bezeichnet sich als »Großes Fahrzeug«, da es dank seiner Vielfältigkeit einer großen Anzahl von Menschen den Weg zur Erlösung öffnet, ja, alle Wesen erlösen will.
Hīnayāna und Mahāyāna wurzeln beide in den grundlegenden Lehren des historischen Buddha → Shākyamuni, unterscheiden sich aber durch die Betonung verschiedener Aspekte der Lehre. Während das Hīnayāna die eigene Erlösung anstrebt, will der Anhänger des Mahāyāna die Erleuchtung erlangen, um zum Wohle aller Wesen wirken zu können. Diese Haltung ist im Ideal des Mahāyāna, dem → Bodhisattva, verkörpert, dessen hervorragende Eigenschaft das Erbarmen (→ Karunā) ist.
Das Mahāyāna ist aus den hinayanist. Schulen → Mahāsānghika und → Sarvāstivāda hervorgegangen, die wichtige Elemente seiner Lehre formulierten: Von den Mahāsānghikas stammt die dem Mahāyāna eigene Auffassung des transzendenten Charakters des Buddha, das Ideal des Bodhisattva und der Begriff der Leere (→ Shūnyatā). Bei den Sarvāstivādins sind Ansätze für die → Trikāya-Lehre zu erkennen.
Im Mahāyāna wird weniger Wert auf ein mönchisches Leben gelegt; im Gegensatz zur Lehre des alten Buddhismus können hier auch Laien das → Nirvāna verwirklichen, wobei sie auf die tätige Hilfe durch Buddhas und Bodhisattvas zählen dürfen. Nirvāna bedeutet in dieser Ausformung des Buddhismus nicht nur die Befreiung aus den samsarischen Zwängen (→ Samsāra), sondern darüber hinaus die Bewußtwerdung der eigenen wesenhaften Erlöstheit und Einheit mit dem Absoluten. Dieses allen Wesen immanente Buddha-Prinzip (→ Buddha-Natur, → Busshō) wird wichtiger als die historische Person des Buddha.
Das Mahāyāna teilte sich in eine Reihe weiterer Richtungen, die sich von Indien aus in Tibet, China, Korea und Japan ausbreiteten. Auf ind. Boden entstanden die Schule der → Mādhyamikas, die auf → Nāgārjuna zurückgeht, und die von → Asanga begründete Schule des → Yogāchāra. Parallel zur Entwicklung des → Tantra im Hinduismus bildete sich auch im Buddhismus eine magische Richtung, das → Vajrayāna, das heute vor allem im → Tibetischen Buddhismus lebendig ist.
Zu den wichtigsten mahayanist. Schulen in China zählen die des Ch'an (→ Zen), → Hua-yen, → T'ien-t'ai und die → Reines-Land-Schule, die in Japan z. T. weiterentwickelt wurden (→ Kegon, → Tendai, → Amidismus). – Die Lehren des Mahāyāna sind in den Mahāyāna-Sūtras (→ Sūtra) und → Shāstras aufgezeichnet, unter denen sich einige der tiefgründigsten Schriften des Buddhismus befinden.

Mahāyānashraddhotpāda-Shāstra **B** **Z** (Mahāyānaśraddhotpāda-Śāstra), Skrt., wörtl.: »Abhandlung über die Erweckung des Vertrauens in das Mahāyāna«; mahayanist. Werk aus dem 5./6. Jh., als dessen Autor der Überlieferung nach → Ashvaghosha angesehen wird, der aber schon im 1.–2. Jh. lebte. Da es nur in einer chin. Fassung aus dem Jahre 557 existiert, wird das *Mahāyānashraddhotpāda-Shāstra* oft als rein chin. Werk betrachtet. Die »Vertrauenserweckung« stellt einen Kommentar zum → Mahāyāna-Buddhismus dar, der die Grundgedanken der Lehre erläutert, und wurde vor allem in China als Einführung in das Mahāyāna benützt. Es gehört zu den wenigen Sutras, die auch für die Lehre des → Zen bedeutsam waren.

Das *Mahāyānashraddhotpāda-Shāstra* gliedert sich in fünf Kapitel: 1. Angabe der Gründe, dieses Werk zu verfassen: um alle Wesen vom Leiden zu erlösen; die wahre Lehre zu verbreiten; die auf dem Weg sich Befindenden zu unterstützen; Vertrauen in Anfängern zu erwecken; Mittel zum Freihalten von schlechten Einflüssen aufzuzeigen; richtige Meditationsmethode zu lehren; Vorteile des Rezitierens von → Amitābhas Namen darzulegen; in die Praxis des → Dhyāna (siehe auch → Zen) einzuführen. 2. Erklärung der wichtigsten Ausdrücke des Mahāyāna. 3. Auslegung des Mahāyāna: über die dreifache Natur der »Geistessenz«; über Erleuchtung und Nicht-Erleuchtung; über Nicht-Wissen; Widerlegung von falschen Lehren und Vorurteilen; Aufzeigen der rechten Methode, die zur Erleuchtung führt; über die Verdienste und Tugenden der Boddhisattvas. 4. Praxis des Mahāyāna: Entwickeln des Vertrauens durch die Praxis des Gebens, der Sittlichkeit, der Geduld, der Energie, der Weisheit und des

→ Shamatha-Vipashyanā. 5. Vorteile einer mahayanist. Praxis.

Mahā-Yoga, 🅷 Skrt., wörtl.: »die höchste Vereinigung«; die völlig abstrakte Vereinigung jedes Individuums mit allen anderen Individuen, jedes Objektes mit allen anderen Objekten und die Vereinigung aller Individuen und Objekte mit dem universalen Einen (→ Brahman).

Maheshvara 🅷 (Maheśvara), Skrt., wörtl.: »Großer → Ishvara«; ein Name → Shivas.

Mahinda, 🅱 buddhist. Mönch des 3. Jh. v. Chr.; er wird als Sohn des Königs → Ashoka angesehen. Mahinda war der Führer der Mission nach Ceylon, die um 250 v. Chr. stattfand und die Konvertierung des Königs von Ceylon, Devānam-piya Tissa, zur Folge hatte. Dieser ließ in seiner Hauptstadt, → Anurādhapura, das »Große Kloster« Mahāvihāra errichten, wo ein Zweig des → Bodhi-Baums, den Mahinda vom Festland mitbrachte, aufbewahrt wurde. Mahinda starb mit 60 Jahren auf Ceylon. Über seinen sterblichen Überresten wurde ein → Chaitya errichtet.

Mahīshāsaka 🅱 (Mahīśāsaka), Skrt.; Schule des → Hīnayāna, die sich im 2. Jh. v. Chr. von der Schule der → Vibhajyavādins abspaltete und aus der später die Richtung der → Dharmaguptakas hervorging. Die Schule lehrt u. a. die Realität der Gegenwart, nicht aber der Vergangenheit und Zukunft.

Maidō Soshin, 🆉 jap. für → Hui-t'ang Tsu-hsin

Maitreya, 🅱 🆉 Skrt. (jap. Miroku), wörtl.: »der Liebende«; nach der schon im Hīnayāna vorhandenen, aber erst im Mahāyāna-Buddhismus voll entwickelten Lehre von den fünf irdischen Buddhas die Verkörperung der allumfassenden Liebe. Als fünfter und letzter irdischer Buddha wird er in der Zukunft erwartet. Im Tibetischen Buddhismus ist der Kult des Maitreya sehr verbreitet; der ihm zugeordnete »Himmel« (→ Reines Land) ist Tushita, d. h. »der Freudvolle«. So nannte auch der tibet. Heilige → Tsongkhapa das erste von ihm gegründete Kloster. Als kommender Weltenlehrer soll Maitreya in ungefähr 30 000 Jahren in Erscheinung treten.

Ikonographisch wird er mit auf dem Boden ruhenden Füßen dargestellt, als Andeutung seiner Bereitschaft, sich zu gegebener Zeit von seinem Sitz zu erhemen und in die Welt zu kommen. Werden die fünf irdischen Buddhas (Krakuchchanda, Kanakamuni, Kāshyapa, → Shākyamuni und Maitreya) zu den fünf Buddha-Familien (→ Buddhakula) in Analogie gesetzt, so entsprechen die Eigenschaften des Maitreya denen der Karma-Familie und der alles vollendenden Weisheit.

Maitreya, der Buddha des nächsten Weltzeitalters. (Tibet. Blockdruck.)

Maitreyanātha, 🅱 einer der Begründer der Schule des → Yogāchāra. Er soll im 4.–5. Jh. gelebt haben. Die Geschichtlichkeit von Maitreyanātha ist umstritten, doch sieht die jüngste Forschung in ihm den Meister von → Asanga. Dieser soll der Überlieferung nach die Inspiration zu seiner Lehre des Yogāchāra direkt vom Buddha → Maitreya erhalten haben. Mit Maitreya soll aber hier Maitreyanātha gemeint sein, der somit der eigentliche Begründer des Yogāchāra wäre.

Folgende Werke werden je nach Auffassung entweder Maitreyanātha oder Asanga zugeschrieben: das *Abhidharma-Samuchchaya* (»Sammlung des Abhidharma«), das in Form von Klassifizierungen die Lehre des Yogāchāra darlegt; das *Mahāyānasūtralankāra* (»Zierde der Sūtras des Mahāyāna«); das *Mādhyanta-Vibhanga* (»Unterscheidung zwischen der Mitte und den Extremen«), eine kurze didaktische Abhandlung; sowie das → *Yogāchārabhūmi-Shāstra.*

Maitreyī, 🅷 Skrt.; eine der beiden Gattinnen des Heiligen → Yājñavalkya. Als dieser beabsichtigte, in die Waldeinsamkeit zu gehen, um ein Leben der Entsagung zu führen, wollte er seinen Besitz zwischen seinen beiden Frauen teilen. Maitreyī fragte ihn, ob sie durch diesen Besitz oder alle Reichtümer der Welt Unsterblichkeit erlangen könnte. Als ihr Gatte dies verneint, hat sie nur den einen Wunsch, von ihm über den

Weg zur Unsterblichkeit belehrt zu werden. Der darauf folgende Dialog, in dem Yājñavalkya Maitreyīs Wunsch erfüllt, ist eines der Kernstükke der → *Brihadāranyaka-Upanishad.*

Maitrī, B Skrt. (Pali: Mettā), wörtl.: »Güte, Wohlwollen«; eine der buddhist. Haupttugenden. Maitrī bezeichnet ein von Zuneigung freies Wohlwollen allen Wesen gegenüber. Mettā ist Inhalt einer im → Theravāda geübten Meditation, in der Güte erzeugt und Haß besiegt werden soll. Dabei wird die Empfindung von Güte zuerst auf Menschen, die einem nahestehen, gerichtet, um dann langsam auf gleichgültige und einem feindlich gesinnte Menschen oder Wesen ausgedehnt zu werden (Mettā-Meditation). Die Vorstellung von Maitrī wird vor allem im → *Mettā-Sutta* entwickelt. – Maitrī zählt zu den Vier Göttlichen Verweilungszuständen (→ Brahma-Vihāra).

Maitrī-Karunā, B Skrt., wörtl.: »Güte (und) Erbarmen«; zwei buddhist. Haupttugenden, die Grundlage der Geisteshaltung eines → Bodhisattva. In seinem Wunsch, alle Wesen zur Erlösung zu führen, kommen sie zum Ausdruck.

Man unterscheidet drei Arten von Maitrī-Karunā: 1. als Güte und Erbarmen gegenüber den Wesen im allgemeinen Sinn; 2. als Resultat der Einsicht in die Ichlosigkeit aller Dharmas, wie es den → Shrāvakas und → Pratyeka-Buddhas sowie den Bodhisattvas auf den untersten Stufen ihrer Laufbahn (→ Bhūmi) eigen ist; 3. als Mahāmaitrī-Karunā (große Güte und Erbarmen), das ohne jede Unterscheidung und Bedingung ist und einen Buddha kennzeichnet.

Majjhima-Nikāya, B Pali (Skrt. *Madhyamāgama*), wörtl.: »Mittlere Sammlung«; die zweite Sammlung (→ Nikāya, → Āgama) des → Sūtra-Pitaka. Sie besteht in der Pali-Fassung aus 152 mittellangen Sūtras, in der chin. Übersetzung der verlorengegangenen Sanskrit-Version aus 222 Sūtras; 97 Sūtras sind beiden gemeinsam. Nach der Überlieferung wurde diese Sammlung von → Shāriputra beim 1. buddhist. → Konzil vorgetragen. (Dt. Übersetzung in: K. E. Neumann, *Die Reden Gotamo Buddhos,* Bd. 1.)

Maka Hannyaharamita Shingyō, Z jap. für *Mahāprajñāpāramitā-Hridaya-Sūtra* → *Herz-Sūtra*

Ma-ku Pao-che Z, auch Ma-yü Pao-che, jap. Mayoku Hōtetsu, chin. Zen-Meister der T'ang-Zeit; ein Schüler und Dharma-Nachfolger (→ Hassu) von → Ma-tsu Tao-i (jap. Baso Dōitsu). Ma-ku taucht auf im 31. Beispiel des → *Pi-yen-lu.*

Makyō, Z jap. etwa: »diabolische Phänomene«, von *ma = akuma:* »Teufel« und *kyō:* »Phänomene, objektive Welt«. Makyō sind täuschende Erscheinungen und Empfindungen, wie sie beim → Zazen auftreten können. Zu diesen Phänomenen gehören visuelle sowie andere die Sinne betreffende Halluzinationen wie Laute, Düfte usw., aber auch prophetische Visionen, unfreiwillige Bewegungen und selten auch Levitation. Alle diese Phänomene, seien sie erschreckend oder verlockend, sind durchaus nicht »diabolisch«, solange der Übende ihnen keine Beachtung schenkt und unbeirrt in seiner Übung fortfährt.

In einem tieferen Sinn ist für das Zen die gesamte Erfahrungswelt des unerleuchteten Menschen, die Welt des »Jedermanns-Bewußtseins« (→ Bonpu-no-Jōshiki), nichts als Makyō: eine Halluzination. Das Wahre-Wesen oder Buddha-Wesen (→ Busshō) aller Phänomene wird erst durch → Erleuchtung erlebt.

Mālā, H B Skrt., wörtl.: »Kranz, Rose«, auch Japamālā genannt.

H Der Gebetskranz, der für gewöhnlich beim → Japa benutzt wird. Er besteht i. allg. aus 108 Rudrāksha- oder Tulasī-Beeren.

B Perlenkette, die bei der Rezitation von → Mantras, → Dhāranīs und von Buddhas Namen (→ Nembutsu) zum Zählen der Wiederholungen verwendet wird. Die Anzahl der Perlen einer buddhist. Mālā beträgt meist 108.

Mampuku-ji Z, auch Manpuku-ji, jap., Hauptkloster der → Ōbaku-Schule, das Mitte des 17. Jh. von dem chin. Zen-Meister → Yin-yüan Lung-ch'i (jap. Ingen Ryūki) in Uji südlich von Kyōto gegründet wurde. Das Mampuku-ji ist eines der hervorragendsten Beispiele chin. Tempelarchitektur im Stil der Ming-Zeit in Japan.

Māna, B Skrt. → Anushaya

Manana, H Skrt., wörtl.: »Erwägen, Nachdenken«; das kritische Überdenken aller gehörten und gelesenen Wahrheiten, das zweite der drei Mittel zur Erlangung von Erkenntnis im → Vedānta. Das erste ist → Shravana, das Lesen, Hören und Aufnehmen spiritueller Wahrheiten, das dritte → Nididhyāsana, das Vertiefen des Gehörten und Überdachten durch Meditation.

Manas, H B Skrt.

H Die »Denkfähigkeit«, ein Teil des → Antahkarana, des »Inneren Organs«. Durch Manas empfangen wir die Eindrücke der äußeren Welt, die der → Buddhi unterbreitet werden. Es läßt uns zweifeln und Entschlüsse fassen und setzt den Willen in Handlungen um.

B (Pali: Mano); soviel wie Geist, Verstand. Manas bezeichnet im weitesten Sinne alle geistigen Fähigkeiten und Aktivitäten, die intellektuelle Funktion des Bewußtseins. Als sechste der Sechs Grundlagen (→ Shadāyatana, → Āyatana) bildet Manas die Basis für alle geistigen Tätigkeiten und hat die Funktion der Kontrolle über die ersten fünf »Grundlagen«. Manas als die rationale Fähigkeit des Menschen wird als besonderer »Sinn« angesehen, der an rationale Objekte angepaßt ist wie z. B. das Auge an Sehobjekte. Im → Yogāchāra ist Manas die siebte der acht verschiedenen Arten von Bewußtsein.

Mānasika-Japa, H Skrt. → Japa

Mānava-Dharmashāstra, H Skrt. → *Manu-Samhitā*

Mandala H B (Maṇḍala), Skrt., wörtl.: »Kreis, Bogen, Abschnitt«.

H 1. Die umfangreiche Gedichtsammlung des → *Rigveda* ist in zehn Mandalas (»Liederkreise«) eingeteilt; 2. mystische Zeichnung des

Grundform eines Mandala.

→ Tantra, Diagramme aus Quadraten und Kreisen, Symbole von kosmischen Kräften, die als Hilfsmittel zur Meditation benutzt werden.

B Symbolische Darstellung kosmischer Kräfte in zwei- oder dreidimensionaler Form, die im tantrischen Buddhismus Tibets (→ Tibetischer Buddhismus, → Vajrayāna) eine große Rolle spielt. Mandalas, die oft auf → Thankas dargestellt sind, werden hauptsächlich als Meditationshilfe verwendet; sie sind Vorlagen für bestimmte Visualisierungen. Die Bedeutung des Mandala im Tibetischen Buddhismus erschließt sich aus der tibet. Übersetzung des Sanskrit-Wortes mit *dkyl-khor,* was soviel wie »Zentrum und Peripherie« heißt. Das Mandala wird also verstanden als eine durch Meditation bewirkte Zusammenführung zahlreicher unterschiedlicher Elemente zu einer Einheit. Augenscheinliches Chaos und unübersichtliche Komplexität werden zu einem Muster und einer natürlichen Hierarchie vereinfacht.

Neben ihrer Funktion als Gegenstand der Meditation haben Mandalas im Vajrayāna aber auch die Funktion einer Art zweidimensionalen Schreins, auf den der Meditierende Ritualgegenstände, wie etwa einen → Dorje, oder Opfergaben legt. Dies setzt jedoch die Ermächtigung für die Praxis eines bestimmten → Sādhana voraus, denn in diesem Zusammenhang bildet das Mandala ein Diagramm mit einer zentralen Gottheit. Die Ritualgegenstände oder Opfergaben betonen bestimmte Aspekte der Gottheit, und die rituelle Handlung soll diese göttlichen Attribute hervorrufen.

Sowohl die äußere Welt als auch der Körper und das eigene Bewußtsein können im Vajrayāna als Mandala angesehen werden. Die von der Tradition genau festgelegte Form des Mandala weist in ihrer grundlegenden Struktur einen quadratischen Palast auf mit einem Zentrum und vier Toren in den Haupthimmelsrichtungen. Mandalas können in vierfacher Weise dargestellt werden: durch ein gemaltes Bild (Thanka), durch gefärbten Sand, durch Reishäufchen oder durch ein dreidimensionales Modell, das meist in Metall gegossen ist. Steht im Mittelpunkt des Mandala eine rasende Schutzgottheit (→ Yidam, → Erscheinungsformen), ist das Mandala selbst als Zeichen der Vergänglichkeit der Welt von Leichenstätten umgeben. Den äußeren Rand der Darstellung bilden meist Flammenkreise in den fünf Grundfarben, welche die fünf Buddha-Familien (→ Buddhakula) und den von ihnen gewährten Schutz symbolisieren.

Māndūkya-Upanishad H (Māṇḍūkya-Upaniṣad), Skrt.; eine → Upanischade des → *Atharvaveda,* in der der Laut → OM und die vier Bewußtseinszustände (Wachen, Träumen, Tiefschlaf und → Turīya) behandelt werden. → Gaudapāda schrieb dazu im 8. Jh. seine bekannte → Kārikā. (Dt. Übersetzungen in: P. Deussen, *Sechzig Upanishad's des Veda,* Leipzig 1905; Prabhavananda/F. Dispeker, *Die schönsten Upanischaden,* Zürich 1951.)

Manipūra-Chakra, H B Skrt. → Chakra, 3.

Mañjughosha B (Mañjughoṣa), Skrt., wörtl.: »Der mit der sanften Stimme«; eine andere Bezeichnung für → Mañjushrī.

Mañjushrī, B Z Skrt. (jap. Monju), wörtl.: »Der edel und sanft ist«; der Bodhisattva der Weisheit, eine der wichtigsten Gestalten des bud-

Mañjushrī mit seinen Atributen, dem Schwert der Weisheit und dem Sūtra-Text.

dhist. Pantheons. Er erscheint erstmals im *Ārya-Mañjushrī-Mūlakalpa,* einem Werk, das noch vor dem 4. Jh. entstanden ist. Zumeist wird Mañjushrī ikonographisch mit zwei auf Kopfhöhe befindlichen Lotosblumen dargestellt, auf denen seine Attribute liegen: Schwert und Buch der → Prajñāpāramitā-Literatur. Diese Attribute stehen für die von Mañjushrī verkörperte Weisheit, mit der er das Dunkel der Unwissenheit zerteilt.

Im Tibetischen Buddhismus werden außergewöhnliche Gelehrte, wie z. B. → Tsongkhapa als Inkarnationen (→ Tulku) des Mañjushrī angesehen. Unter dem Namen Mañjughosha (»Der mit der sanften Stimme«) wird dem Bodhisattva der Weisheit häufig zu Beginn von philosoph. Texten Verehrung bezeugt, vor allem wenn es sich um Werke der → Mādhyamikas handelt. Er ist dabei Symbol für die Erfahrung der Erleuchtung, wie sie in der intellektuellen Darlegung zum Ausdruck gebracht wird.
In seiner rasenden Form (→ Erscheinungsformen) wird Mañjushrī als Yamāntaka (»Der dem Herrn des Todes ein Ende bereitet«) bezeichnet und tritt als eine stierköpfige Gottheit in Erscheinung. Diese Form ist einer der bedeutendsten → Yidams der → Gelugpa-Schule.

Manomaya-Kosha **H** (Manomaya-Kośa), Skrt.; die dritte der fünf Hüllen, die den → Ātman umgeben, die Denkhülle. (Siehe dazu auch → Kosha.)

Manomaya-Purusha **H** (Manomaya-Puruṣa), Skrt.; der Mensch *(purusha),* der sich mit der »Denkhülle« (→ Manomaya-Kosha) identifiziert. Er hält sich für ein geistiges Wesen und verbleibt in Nicht-Erkenntnis, weil er glaubt, es gäbe nichts Höheres für ihn zu erreichen.

Manorājya, **H** Skrt., wörtl.: »Phantasie«; das Herumschweifen der Gedanken, das Luftschlösserbauen: eine Gewohnheit, die den spirituellen Fortschritt behindert, weil sie von der Konzentration ablenkt.

Manorata, **Z** 22. Patriarch in der ind. Linie des → Zen

Manovijñāna, **B** Skrt. (Pali: Manovinnāna); jenes Bewußtsein, das den »sechsten Sinn«, den Geist (→ Manas), zur Grundlage hat und dessen Objekte alle materiellen und geistigen Erscheinungen sind. Manovijñāna umfaßt psychische Vorgänge wie Erkennen, Vorstellen, Beurteilen usw. Es bildet die Grundlage für die ersten fünf Arten des Bewußtseins, das Seh-, Hör-, Riech-, Schmeck- und Körperbewußtsein (→ Āyatana).

Mantra **H** **B**, auch Mantram, Skrt.

H 1. ein Name Gottes oder eines → Avatāra, der dem → Ishta-Deva (Erwähltes Ideal) des Schülers entspricht und mit dem er von seinem Guru in das spirituelle Leben eingeweiht wurde. Dieses Mantra, das als eins mit Gott betrachtet wird, enthält den Kern der Anweisungen des Guru. Der Schüler sollte es geheim und heilig halten und über diesen Aspekt Gottes unaufhörlich meditieren. Die regelmäßige Wiederholung des Mantra (→ Japa) läutert das Denken und führt schließlich bei beständiger Übung zur Verwirklichung Gottes (siehe dazu auch → Bīja-Mantra); 2. Bezeichnung für ein → Mahāvākya; 3. Bezeichnung für einen heiligen Sanskrit-Text, auch für den Teil der → Veden, der die Hymnen über die Opferhandlungen enthält.

B Eine kraftgeladene Silbe oder Folge von Silben, die bestimmten kosmischen Kräften und Aspekten der Buddhas Ausdruck gibt, manchmal auch der Name eines Buddha. Als Form der Meditation wird die ständige Wiederholung von Mantras in vielen buddhist. Schulen geübt (z. B. → Amidismus, → Nembutsu); sie spielt jedoch im → Vajrayāna (siehe auch → Tibetischer Buddhismus) eine besondere Rolle. Hier ist Mantra als ein Hilfsmittel definiert, das den Geist schützt. In der durch die spirituelle Praxis herbeigeführten Umwandlung von → »Körper, Rede, Geist« ist das Mantra der Rede zugeordnet und seine Aufgabe liegt in der Sublimierung der

Schwingungen, die im Akt des Sprechens freigesetzt werden. Das Rezitieren des Mantra vollzieht sich immer in Verbindung mit detaillierten Visualisationen und bestimmten Körperhaltungen (→ Mudrā), wie in den → Sādhanas vorgeschrieben.

In der tibet. Überlieferung wird die Funktion der Mantras in den einzelnen Klassen der → Tantras unterschiedlich definiert. Beim Rezitieren wird z. B. die Sammlung auf die heilige Schriftform der Silben von der Sammlung auf deren Klang unterschieden. Konzentriert sich der Meditierende auf die Form des Mantra, so können die Schriftzeichen für die Silben im Raum vor ihm oder im eigenen Körper visualisiert werden. Im Fall der Konzentration auf den Klang des Mantra kann das Rezitieren in einem tatsächlichen Aussprechen des Mantra bestehen oder in einer Vorstellung des Klanges. So heißt es im 5. Kapitel des *Subāhupariprichchā:*

> Zur Zeit des Rezitierens:
> weder zu eilig, noch zu langsam,
> weder zu laut noch zu leise;
> kein Sprechen soll es sein
> und keine Ablenkung.

Mantrayāna, B Skrt. → Vajrayāna

Mantra-Yoga, H Skrt.; der Yoga-Weg, der durch die Wiederholung (→ Japa) eines → Mantra nach Vereinigung mit Gott oder → Brahman strebt. In den → Purānas heißt es, daß in unserem Zeitalter Japa ein leichter Weg zu Brahmavidyā, der Erkenntnis Brahmans, sei.

Manu, H Skrt., wörtl.: »Mensch«; der Stammvater der Menschheit. In der legendären Tradition ist die Vorstellung von Manu eher ein Symbol für ein geistiges Wesen, das zwischen dem Göttlichen und dem Menschen steht und die erwachende Denkfähigkeit (*man:* »denken«) im Menschen charakterisiert.

Den → Veden nach repräsentieren die Manus die ersten göttlichen Gesetzgeber, die die Opferhandlungen und religiösen Zeremonien festlegten. In den → Purānas wird der Name Manu vor allem auf 14 einander folgende Herrscher angewandt, die in ätherischen Regionen beheimatet sind und von dort aus das bewußte Leben der Menschen lenken. Der Manu dieses Zeitalters ist der siebente und trägt den Namen → Vaivasvata (»Der Sonnengeborene«). Die → *Manu-Samhitā,* das bekannte Gesetzbuch, geht angeblich auf Manu zurück. Es bildet noch heute das Fundament der Religion und des gesellschaftlichen Verhaltens der Hindus.

Manu-Samhitā H (Manu-Saṃhitā), auch *Mānava-Dharmashāstra* und *-Smriti*, Skrt.; das Gesetzbuch → Manus. Es soll uralt sein und auf → Manu zurückgehen, trägt aber Kennzeichen der Arbeit mehrerer Autoren. Als Mitverfasser gilt → Vaivasvata.

Dieses erste und wichtigste Werk, das als → Smriti bezeichnet wurde, ist das Fundament der Hindu-Gesellschaft und vor den philosoph. Schulen entstanden. Verbreitet wurde es zuerst von den Mānavas, einer Gruppe von Brahmanen, die Anhänger des *Schwarzen* → *Yajurveda* waren. Es befaßt sich nicht nur mit Gesetzen, sondern auch mit vielen anderen Aspekten der alten Hindu-Gemeinschaft. Ursprünglich bestand es aus 24 Kapiteln mit 100 000 Versen, die von → Nārada auf 12 000 gekürzt wurden. Sumati reduzierte sie auf 4000, heute sind jedoch nur noch 2685 Verse vorhanden.

Mao-shan p'ai, T chin., wörtl.: »Schule des Berges Mao«; Richtung im religiösen Taoismus (→ Tao-chiao), die zu den Schulen der Talismane (→ Fu-lu p'ai) zählt. Sie wurde im 6. Jh. von → T'ao Hung-ching begründet und fußt auf den Lehren der von T'ao verehrten Brüder Mao (2. Jh.).

Die Schule des Mao-shan beruft sich u. a. auf die Schriften des Magischen Juwels *(→ Ling-pao ching).* Ihre Anhänger versuchen mittels Zaubersprüchen und Talismanen Geister zu beschwören. Sie vermeiden den Genuß von Körnerfrüchten (→ Pi-ku), praktizieren → Tao-yin und führen alchemistische Experimente durch. Ihre Blütezeit erreichte die Mao-shan-Schule während der Sui- und T'ang-Dynastie. Im 13. Jh. ging sie im Weg der Rechten Einheit (→ Cheng-i tao) auf.

Mao Tzu-yüan, B → Weißer-Lotos-Schule

Māra, B Skrt., Pali, wörtl.: »Mörder, Zerstörer«; eig. die Verkörperung des Todes, symbolisiert Māra im Buddhismus die die Menschen überwältigenden Leidenschaften sowie alles, was das Entstehen heilsamer Wurzeln (→ Kushala) und den Fortschritt auf dem Weg zur Erleuchtung verhindert.

Māra ist Herr des sechsten Himmels der Sphäre der Begierden (→ Triloka, → Deva) und wird oft hundertarmig, auf einem Elefanten reitend, dargestellt.

Der Legende nach soll Buddha → Shākyamuni während seines Strebens nach Erleuchtung von Māra heimgesucht worden sein, der ihn daran hindern wollte, den Menschen den vom Leiden befreienden Weg zu weisen. Māra bot zuerst eine Unzahl von Teufeln auf, doch Shākyamuni fürchtete sie nicht. Daraufhin entsandte er seine schönsten Töchter, die Shākyamuni verführen sollten, sich aber vor Shākyamunis Augen in häßliche Frauen verwandelten, worauf Māra sich endgültig geschlagen gab.

Marana B (Maraṇa), Skrt., Pali, wörtl.: »Tod«; neben dem Tod im konventionellen Sinn bezeichnet Marana im Buddhismus das beständige Entstehen und Vergehen aller geistigen und körperlichen Phänomene.

Diese Augenblicklichkeit des Daseins wird im → *Visuddhi-Magga* mit folgenden Worten beschrieben: »Im höchsten Sinne haben die Wesen nur einen sehr kurzen Augenblick zu leben, nur so lange, wie ein Bewußtseinsmoment dauert. Gleich wie das Wagenrad beim Rollen wie beim Stillstehen sich jedesmal bloß auf einem einzigen Punkte der Peripherie befindet, genauso währt das Leben der Wesen nur für die Dauer eines einzigen Bewußtseinsmomentes. Ist dieser erloschen, so ist auch das Wesen erloschen. Denn es heißt: Das Wesen des vergangenen Bewußtseinsmomentes hat gelebt, lebt jetzt nicht mehr, wird auch später nicht mehr leben. Das Wesen des zukünftigen Bewußtseinsmoments hat noch nicht gelebt, lebt auch jetzt noch nicht, wird erst später leben. Das Wesen des gegenwärtigen Bewußtseinsmoments hat früher noch nicht gelebt, lebt gerade jetzt, wird aber später nicht mehr leben.« (Zit. n. Nyanatiloka, 1976, S. 125.)

Mārdava, 🅷 Skrt., etwa: »Sanftmut, Freundlichkeit, Güte, gute Behandlung«; eine der Daiva-Gunas, der göttlichen Eigenschaften, die Krishna im 16. Kapitel der *Bhagavad-Gītā,* (V. 1–3), aufzählt.

Mārga, 🅷 Skrt., wörtl.: »Weg«; der Weg der verschiedenen Yoga-Arten, immer als spiritueller Weg zur Vereinigung mit Gott gemeint.

Marpa, 🅱 der »Mann von Mar«, 1012–1097, berühmter Yogi aus Südtibet, auch »der Übersetzer« genannt. Er brachte auf drei Reisen die Lehren der →Mahāmudrā und der →Nāro Chödrug von Indien nach Tibet. Marpa war der Meister des →Milarepa und spielte eine zentrale Rolle in der Überlieferung der →Kagyüpa-Schule. In ihm sieht man das Ideal des verheirateten »Haushälters«, der sich seinen religiösen Aufgaben widmet, ohne seine weltlichen Verpflichtungen zu vernachlässigen.

Schon in jungen Jahren studierte Marpa Sanskrit, und nachdem er seinen gesamten Besitz in Gold umgetauscht hatte, unternahm er die beschwerliche Reise nach Indien. Dort traf er auf den →Mahāsiddha →Nāropa, der ihn 16 Jahre lang unterwies. Zurück in Tibet, widmete Marpa sich intensiv seiner Übersetzertätigkeit, führte das Leben eines Landwirtes und heiratete Dagmema, die ihm mehrere Söhne schenkte.

Auf der Suche nach weiteren Unterweisungen reiste er ein zweites Mal nach Indien und akzeptierte nach seiner Rückkehr →Milarepa als seinen Schüler. Diesen unterzog er schwersten Prüfungen, bevor er ihm die geheimen Lehren übermittelte.

Trotz seines fortgeschrittenen Alters machte er sich wegen einer speziellen Unterweisung zum dritten Mal auf den Weg nach Indien, traf dort →Atīsha und kam ein letztes Mal mit seinem Meister Nāropa zusammen. Marpa benutzte mit Vorliebe Träume, um die Zukunft zu bestimmen, und sah auch die Gründung der Kagyüpa-Schule voraus.

Marut, 🅷 Skrt.; die Sturmgötter, die in den Veden einen bedeutenden Platz einnehmen und dort als Freunde und Verbündete →Indras dargestellt werden.

Man nennt viele Abstammungen für sie: Sie sind Söhne von →Rudra, Söhne oder Brüder von Indra, Söhne des Ozeans, des Himmels oder der Erde. Sie sind mit Blitzen und Donnerkeilen bewaffnet, reiten auf dem Wind und beherrschen die Stürme. Viele Legenden sind entstanden, um die Absätze in den Veden zu erklären, die die Maruts zu Söhnen von Rudra machen.

Mathurā, 🅷 🅱 eine alte Stadt am rechten Ufer der Yamunā im heutigen Uttar-Pradesh (Nordindien).

🅷 Der Geburtsort →Krishnas und eine der sieben heiligen Städte der Hindus. Im *Vishnu-Purāna* wird berichtet, daß sie zuerst Madhuvana hieß, nach dem Dämon Madhu, der dort regierte. Als Shatrughna, der Zwillingsbruder →Lakshmanas, sie eroberte, erhielt sie den Namen Muttra, später Mathurā (nicht zu verwechseln mit Madura bzw. Madurai im heutigen Tamil-Nadu in Südindien).

🅱 Zwischen 150 und 250 war Mathurā ein Zentrum buddhist. Kunst und Kultur, wo gleichzeitig mit →Gandhāra die ersten Buddha-Bildnisse entstanden. Der Buddha wird hier stehend in der Gestalt eines →Yaksha dargestellt.

Sein Körper ist blockhaft geschlossen und athletisch, er trägt ein glattes, faltenlos anliegendes Gewand, das große Teile des Körpers freiläßt. Er ist nicht wie in Gandhāra weltabgewandt, sondern bereit, der erlösungsbedürftigen Welt die Lehre zu verkünden.

Unter dem Einfluß der Gandhāra-Kunst wird die Gestalt des Buddha schlanker und zarter, das glatt anliegende Gewand wird zu einer in symmetrischen Falten fallenden Mönchskutte, bei der der Körper sich nach außen durchzeichnet. Er strahlt aristokratische Menschlichkeit und formale Harmonie aus.

Ma-tsu Tao-i, 🆉 jap. Baso Dōitsu, auch Kiangsi (Chiang-hsi) Tao-i, 709–788, einer der bedeutendsten Zen-Meister Chinas; ein Schüler und der einzige Dharma-Nachfolger (→Hassu) von →Nan-yüeh Huai-jang (jap. Nangaku Ejō). Er ist der Meister vieler großer Zen-Meister, unter denen →Pai-chang Huai-hai (jap. Hyakujō Ekai), →Nan-ch'üan P'u-yüan (jap. Nansen Fugan) und →Ta-mei Fa-ch'ang (jap. Daibai Hōjō) die bekanntesten sind. Mehr als jeder andere Zen-Meister nach →Hui-neng trug Ma-tsu zur Ausformung des typisch chin. Zen bei. Er griff zu Hilfsmitteln der Schulung wie dem plötzlichen Schrei (chin. Ho!, jap. →Katsu!), wortlosen Gesten etwa mit dem →Hossu und überraschenden Stockschlägen (→Shippei, →Kyosaku). Er stieß seine Schüler zu Boden, kniff sie in die Nase, schleuderte ihnen plötzliche Fragen und paradoxe Antworten entgegen, um sie aus der Routine des Jedermanns-Bewußtseins (→ Bonpu-no-Jōshiki) aufzurütteln, sie aus den eingefahrenen Bahnen des begrifflichen Denkens zu befreien und ihnen zu ermöglichen, in einem durch einen Schock ausgelösten plötzlichen Zusammenbruch des bisherigen Denkens und Fühlens zur Erfahrung der → Erleuchtung zu kommen. Die Kraft seines Geistes und die Wirksamkeit seiner Weise der Schulung werden durch die Tatsache bezeugt, daß er 139 Dharma-Nachfolger gehabt haben soll. Ma-tsu taucht im 30. und 33. Beispiel des → *Wu-men-kuan* auf sowie im 3., 53. und 73. Beispiel des → *Pi-yen-lu.*

Ma-tsu muß schon von der äußeren Erscheinung her beeindruckend gewesen sein. Es heißt, er habe einen Blick wie ein Tiger und einen Gang wie ein Büffel gehabt; er konnte seine Nase mit der Zunge zudecken, und auf seinen Fußsohlen befanden sich radförmige Male. Ma-tsu hatte in seiner Jugend eine strenge Schulung unter einem Dharma-Nachfolger in zweiter Generation des 5. Patriarchen (→ Hung-jen) genossen. Nach dem Tod seines Meisters ließ er sich in einer Einsiedelei auf dem Berg Heng nieder, wo er Tag für Tag in Versunkenheit saß (→ Zazen). Hier kam es zu der berühmten Begegnung mit seinem späteren Meister Nan-yüeh. (Siehe dazu auch → Nan-yüeh Huai-jang.)

In einem → Mondō mit dem für die weitere Entwicklung des Zen bedeutendsten seiner Dharma-Nachfolger, Pai-chang Huai-hai, erleben wir ihn im 53. Beispiel des *Pi-yen-lu.* Dieses Kōan ist ein typisches Beispiel für Ma-tsus Weise der Schulung:

»Als der große Meister Ma-tsu sich zusammen mit Pai-chang erging, sahen sie Wildenten vorbeifliegen.
Der große Meister sagte: ›Was ist das?‹
Pai-chang sagte: ›Wildenten.‹
Der große Meister sagte: ›Wohin sind sie geflogen?‹
Pai-chang sagte: ›Sie sind weggeflogen.‹
Daraufhin kniff der große Meister Pai-chang in die Nasenspitze.
Pai-chang schrie vor Schmerz auf.
Der große Meister sagte: ›Warum sind sie nicht weggeflogen?‹«

Wie wir in diesem Kōan nicht mehr erfahren, aber dem → *Ching-te ch'uan-teng-lu* entnehmen können, erfuhr Pai-chang bei den letzten Worten von Ma-tsu Erleuchtung.

Im *Ching-te ch'uan-teng-lu* findet sich auch ein Beispiel für Ma-tsus Zusammenspiel mit seinem großen Zeitgenossen Shih-t'ou (siehe dazu auch → Shih-t'ou Hsi-ch'ien) bei der Schulung von Zen-Mönchen:

»Teng Yin-feng kam, um vom Meister [Ma-tsu] Abschied zu nehmen. Der Meister fragte ihn, wohin er gehe, und er beschied ihn, er gehe zu Shih-t'ou.
›Shih-tou [wörtl. »der Felsengipfel«] ist schlüpfrig‹, sagte Ma-tsu.
›Ich bin mit einer Balancierstange ausgerüstet, die ich jederzeit anzuwenden weiß‹, antwortete Teng Yin-feng.
Als er bei seinem Ziel anlangte, ging er einmal um den Sitz von Shih-t'ou herum, schüttelte seinen Stab und fragte: ›Was ist das?‹
Shih-t'ou rief: ›Du lieber Himmel! Du lieber Himmel!‹
Teng Yin-feng sagte nichts mehr, kehrte zu Ma-tsu zurück und berichtete ihm, was geschehen war. Ma-tsu trug ihm auf, zu Shih-t'ou zurückzukehren; dort sollte er, falls Shih-t'ou wieder ›Du lieber Himmel!‹ ausriefe, zweimal schnaufen und zischen.
Teng Yin-feng kehrte zu Shih-t'ou zurück. Er wiederholte, was er vorher getan hatte, und fragte wiederum: ›Was ist das?‹
Daraufhin schnaufte und zischte Shih-t'ou zweimal.
Wieder ging Teng Yin-feng ohne ein weiteres Wort. Er berichtete Ma-tsu von der Begebenheit, worauf Ma-tsu sagte, er habe ihn ja gewarnt, daß Shih-t'ou schlüpfrig sei.«

Viele bekannte Zen-Sprüche stammen von Ma-tsu, darunter die beiden Antworten, die er auf die Frage »Was ist Buddha?« gab (sie sind unter dem Stichwort → Mondō angeführt). Berühmt sind auch seine → Hossen mit dem erleuchteten Laien → P'ang Yün, die im *P'ang-chü-shih yü-lu* aufgezeichnet sind. Ma-tsus Aussprüche und Unterweisungen sind festgehalten im *Kiangsi Tao-i-ch'an-shih yü-lu* (»Aufzeichnung der Worte des Zen-Meisters Tao-i aus Kiangsi«).

Matsya, **H** Skrt., wörtl.: »Fisch«; die → Avatāra-Inkarnation von Vishnu als Fisch, am frühesten erwähnt im *Shatapatha-Brāhmana* des *Weißen* → *Yajurveda* in Verbindung mit der Hindu-Sage von der großen Flut, ähnlich der Erzählung von der Sintflut in der Bibel.

Den Erzählungen der → Purānas nach inkarnierte Vishnu sich als Fisch-Avatāra, um Vaivasvata, den siebenten → Manu, vor dem Untergang in einer großen Flut zu bewahren. Ein kleiner Fisch schlüpfte in Manus Hand und bat um seinen Schutz. Dieser hütete ihn sorgfältig. Der Fisch wuchs so schnell, daß nur der Ozean ihm noch genügend Platz bot. Da erkannte Manu in ihm den Gott Vishnu, betete ihn an und wurde durch ihn von der nahenden Sintflut unterrichtet. Nach Vishnus Anweisungen baute er ein Schiff, das ihn, die → Rishis und Samen von allem Existierenden aufnahm. An dem riesigen Horn des Fisches befestigt, blieb das Schiff in Sicherheit, bis die Wasser sich verliefen. Das *Bhāgavata-Purāna* fügt noch hinzu, daß Vishnu Manu und die Rishis in der wahren Lehre von der Seele und → Brahman unterwies. – Das 14000 Verse umfassende *Matsya-Purāna* wird so genannt, weil Vishnu in Fischgestalt den Inhalt Manu mitgeteilt haben soll. Vieles ist indessen dem → *Mahābhārata* entnommen.

Mauna, H Skrt.; 1. der Bewußtseinszustand eines → Muni; 2. Schweigen, Schweigegelübde, eine asketische Übung, um den spirituellen Fortschritt zu fördern.

Māyā, H B Z Skrt., wörtl.: »Täuschung, Illusion, Schein«.
H Ein universales Prinzip der → Vedānta-Philosophie, die Basis von Denken und Materie. Māyā ist die Kraft (→ Shakti) Brahmans und so ewig untrennbar mit Brahman verbunden, wie Hitze mit dem Feuer verbunden ist. Māyā und Brahman zusammen werden → Īshvara genannt, der persönliche Gott, der das Universum schafft, erhält und wieder auflöst. Als Nicht-Erkenntnis oder kosmische Illusion überdeckt Māyā Brahman. Māyā verschleiert die Sicht des Menschen, so daß er nur die Vielfalt des Universums erblickt und nicht die eine Wirklichkeit. Māyā hat zwei Aspekte: → Avidyā (Nicht-Erkenntnis) und Vidyā (Erkenntnis). Avidyā führt den Menschen von Gott fort zu größerer Weltlichkeit und Verhaftung, was zu Leidenschaften und Gier führt. Vidyā führt den Menschen zur Verwirklichung Gottes und findet Ausdruck in spirituellen Tugenden. Beide Aspekte bewegen sich in Zeit, Raum und Kausalität und sind somit relativ. Der Mensch geht über Avidyā und Vidyā hinaus, wenn er Brahman, das Absolute, verwirklicht.
B Z Die sich ständig verändernde, unbeständige Welt des Phänomenalen, der Erscheinungen und Formen, der »Illusion« oder »Täuschung«, die ein unerleuchteter Geist als einzige Wirklichkeit ansieht. Der Begriff Māyā wird im Gegensatz zu dem des Unwandelbaren, Essentiellen, Absoluten gebraucht, zu jener Wirklichkeit, die durch den Dharmakāya (→ Trikāya) symbolisiert ist. Das Erkennen aller → Dharmas als Māyā ist gleichbedeutend mit der Erfahrung des »Erwachens« (→ Erleuchtung, → Bodhi) und der Verwirklichung des → Nirvāna. Nach den höchsten Lehren des Buddhismus, wie sie z. B. im Zen formuliert sind, ist es nicht etwa eine Illusion oder Täuschung, die phänomenale Welt als wirklich anzusehen; die Täuschung besteht vielmehr darin, die Welt der Phänomene für das Unwandelbare und die einzige Wirklichkeit zu halten und sich dadurch die Sicht für das Essentielle zu verstellen. Im Grunde sind das Relative und das Absolute eins und identisch, und Māyā (jap. Mayoi, → Verblendung) und Bodhi (Erleuchtung) sind eins.

Māyāvāda, H Skrt.; die Lehre des → Advaita-Vedānta, daß die Welt nur → Māyā, d. h. unwirklich ist, weil sie von der Illusionskraft des Denkens geschaffen wurde. Die Anhänger dieser Lehre werden Māyāvādins genannt.

Mayoi, Z jap., wörtl.: »Irrtum, Wahn, Täuschung«; → Verblendung

Mayoku Hōtetsu, Z jap. für → Ma-ku Pao-che

Ma-yü Pao-che, Z → Ma-ku Pao-che

Meditation, B H T Z Sammelbegriff für eine Vielzahl von religiösen Übungen, die von der Methode her oft sehr verschieden sind, alle jedoch das gleiche Ziel haben: das Bewußtsein des Übenden in einen Zustand zu versetzen, in dem es zu einer Erfahrung des »Erwachens«, der »Befreiung«, der »Erleuchtung« kommen kann. In den esoterischen, d. h. in ihren Praktiken auf die *eigene* religiöse Erfahrung des einzelnen zielenden Schulen der verschiedenen Religionen wurden unterschiedliche »Wege« der Hinführung zu dieser Erfahrung entwickelt, die jeweils den historischen und geographischen Gegebenheiten sowie den Anlagen und Persönlichkeitsmerkmalen verschiedener Individuen oder Gruppen angemessen sind. Sind die einzelnen Religionen jeweils eine Antwort auf einen bestimmten »unheilsamen« Bewußtseinszustand der Menschen in einer Kultur, den zu »heilen« ihr Ziel ist, dann sind die innerhalb der Religionen entwickelten meditativen Schulungswege die »Heilmittel«. Sie sind kein Selbstzweck, dürfen aber auch nicht als bloße Mittel zum Zweck verstanden werden; denn – wie viele religiöse Traditionen betonen – »der Weg *ist* das Ziel«. Gleichzeitig heißt es jedoch, daß es ebenso unnütz sei, an einer »Methode« festzuhalten, wenn man das Ziel erreicht hat, wie ein Boot weiter mit sich herumzuschleppen, nachdem man den Fluß überquert hat.
Gemeinsames Kennzeichen aller Meditationsformen ist, daß ihre Übung den Geist des Übenden sammelt, ihn beruhigt und klärt wie die Oberfläche eines aufgewühlten Gewässers, auf dessen Grund man nur schauen kann, wenn die Oberfläche still und das Wasser klar ist. Das wird, je nach dem Schulungsweg, durch verschiedene Meditationshilfen erreicht, z. B. durch Körper- oder Atemübungen wie im Hatha-Yoga, durch die Sammlung auf symbolische Formen (z. B. Mandala, Thanka, Yantra) oder Klänge (Mantra) wie im ind. Tantra und im tantrischen Buddhismus, auf Empfindungen wie »Liebe«, »Erbarmen« oder auf bildhafte Vorstellun-

gen (Visualisation), auf ein Kōan im Zen oder durch das Verweilen in einem Zustand gesammelter, inhaltsloser Wachheit in der Praxis der Mahāmudrā, des Dzogchen oder des Zen (Shikantaza).
Beharrliche Übung der Meditation führt zu einem nicht-dualistischen Bewußtseinszustand, in dem die Unterscheidung von Subjekt und Objekt verschwunden, der Übende mit »Gott« oder dem »Absoluten« eins geworden ist, Konventionen wie Zeit und Raum in einer Erfahrung des »ewigen Hier und Jetzt« transzendiert sind und die Identität von Leben und Tod, Phänomenalem und Essentiellem, Samsāra und Nirvāna erfahren wird. Wird diese Erfahrung, auf einem Weg endlos sich fortsetzender geistiger Schulung, in das tägliche Leben integriert, so wird damit schließlich der Zustand erreicht, den die Religionen als Erlösung, Befreiung oder Vollkommene Erleuchtung bezeichnen.

Meishō Tokken, Z jap. für →Ming-chao Te-chien

Meisterstab, Z 1. Ju-I, 2. →Kotsu

Mempeki, Z jap. →Menpeki

Meng-tzu, T auch Meng K'o, Mong Dsi, ca. 372–289 v. Chr.; latinisiert Mencius genannter konfuzian. Philosoph. Die Lehre des Meng-tzu stellt die idealistische Strömung innerhalb des Konfuzianismus dar. Seine Grundthese besagt, daß der Mensch von Natur aus gut ist. (Dt. Übersetzung von R. Wilhelm, u. d. T. *Mong Dsi. Die Lehrgespräche des Meisters Meng K'o*, Düsseldorf/Köln 1982.)

Jeder Mensch verfügt über die Gefühle des Mitleids, der Scham und Bescheidenheit und über einen Sinn für Recht und Unrecht, die die »Samen« für Menschlichkeit (→Jen), Rechtschaffenheit (→I), für Sittlichkeit (→Li) und Weisheit darstellen. Diese Samen, die den Menschen vom Tier unterscheiden, müssen entwickelt und gefördert werden, wobei Meng-tzu auch die Bedeutung von Erziehung und Umwelt unterstreicht. Diese Eigenschaften finden in diesem »konfuzian. Heiligen« ihre vollkommene Ausbildung. Im politischen Bereich betont Meng-tzu die Notwendigkeit der ethischen Qualifikationen des Herrschenden; nur ein Weiser kann ein wahrer Herrscher sein. Fehlen dem König diese Qualifikationen, hat das Volk als wichtigstes Element innerhalb des Staates das Recht zu revoltieren. Diese Auffassung beeinflußte die chin. Politik bis ins 20. Jh.

Menju-Kuketsu, Z jap., etwa: »das Mündliche-Geheimnis unter vier Augen übermittelt bekommen«; ein für die Übertragung des →Buddha-Dharma von Herz-Geist zu Herz-Geist (→I-shin-Denshin) vom Zen-Meister auf seinen Schüler angewandter Ausdruck.

Menpeki Z, auch Mempeki, jap., wörtl.: »der Wand gegenüber«; ein Zen-Ausdruck, der sich auf das »Menpeki-Kunen«, das »neunjährige Sitzen in Versunkenheit (Zazen)« von →Bodhidharma, dem 1. Patriarchen des Zen in China, im Shao-lin-Kloster bezieht. Menpeki wurde praktisch zu einem Synonym von →Zazen. In der →Sōtō-Schule ist es üblich, »der Wand gegenüber« oder »zur Wand gewandt« Zazen zu üben, während die Mönche in einem Kloster der →Rinzai-Schule zur Mitte des →Zendō gewandt sitzen. Auf vielen der Zen-Gemälde, die Bodhidharma darstellen, sieht man den Patriarchen einer Felswand zugewandt sitzen.

Der Ausdruck »Menpeki« ist jedoch nicht nur als Bezeichnung der äußeren Umstände der Zazen-Übung zu verstehen – in einem tieferen Sinn bezeichnet er den Bewußtseinszustand des Übenden. Dieser will einerseits auf dem Zen-Weg fortschreiten und →Erleuchtung erfahren, wird jedoch andererseits in der Übung des Zen aller Stützen und aller Hilfsmittel, aller Vorstellungen von einem Weg und einem Ziel beraubt, so daß er sich in der Lage findet, keinen »Schritt vorwärts« mehr tun zu können, als stünde er vor einer massiven Wand. Diese Situation und die daraus entstehende Verzweiflung können dazu führen, daß der Übende einmal alle Gedanken, Wünsche, Vorstellungen und Ziele fahren läßt und in einem plötzlichen intuitiven Sprung die Wand durchbricht – d. h. gewahr wird, daß es niemals eine solche Wand gegeben hat.

Men-shen, T chin., wörtl.: »Gottheit(en) der Tür«; Gottheiten der synkretistischen chin. Volksreligion, die als Türwächter die zweiflügelige Eingangstür zu einem Wohnhaus und zu öffentlichen Gebäuden bewachen. Die Men-shen sind nach gängiger Auffassung zwei Generäle des Kaisers T'ang T'ai-tsung der T'ang-Dynastie, nämlich Ch'in Shu-pao und Hu Ching-te, die seit dem 13./14. Jh. als Türwächter verehrt werden. Der Legende nach sollen sie den schlafenden kranken Kaiser gegen Angriffe von Dämonen verteidigt haben. Auch heute ist es ihre Aufgabe, böse Geister und Gespenster fernzuhalten. Die Beschützerrolle der Men-shen spiegeln viele Volkserzählungen wider.

Buntdrucke mit den Men-shen zieren die Tore von privaten und öffentlichen Gebäuden. Die beiden Gottheiten werden meist in militärischer Uniform und Rüstung dargestellt. Auf den Schultern tragen sie als Rangabzeichen kleine Fähnchen. Sie sind mit Degen und Hellebarden bewaffnet. Um die Dämonen zu erschrecken, verleiht man ihnen einen besonders furchterregenden Gesichtsausdruck. Die Men-shen werden nicht im Rahmen eines Kultes verehrt; man begnügt sich damit, zu Neujahr ihr Bildnis an den Eingangstüren anzubringen. Die hintere Tür des Hauses bewacht die weniger populäre Gottheit Wei Ch'eng, ein ehemaliger Minister des Kaisers T'ang T'ai-tsung.

Merkmale der Vollkommenheit, 🅱 → Dvātrimshadvara-Lakshana

Meru 🅷 🅱, auch Sumeru, Skrt.; der »Weltenberg«, der nach altind. kosmologischer Vorstellung im Zentrum des Universums steht und der Treffpunkt oder Wohnort der Götter ist. Die Vorstellung des Meru ist dem Hinduismus und Buddhismus gemeinsam, doch unterscheiden sich die darauf aufbauenden kosmologischen Systeme.

🅷 Nach hinduist. Vorstellung entspringt auf dem Gipfel des Meru der himmlische Ganges (→ Gangā), der sich dann in vier irdische Ströme aufteilt, die nach den vier Himmelsrichtungen herabfließen. Auf dem Gipfel liegt die viereckige goldene Stadt des → Brahmā, an seinen Ausläufern befinden sich die acht Städte der acht → Lokapālas. Auch die Himmel oder Bereiche (→ Loka) von Krishna und Vishnu liegen auf dem Berg Meru. Unter dem Meru liegen die sieben niederen Welten, in deren niedrigster die Riesenschlange Vāsuki lebt, die den Berg Meru und die anderen Welten trägt und diese am Ende eines Weltzeitalters (→ Yuga) mit ihrem feurigen Atem vernichtet.

🅱 Nach buddhist. Vorstellung ist der Meru von Meeren und Kontinenten umgeben; noch unter diesen liegen die Höllen und der Bereich der Hungrigen Geister (→ Preta), über dem Meru liegen die Bereiche der hohen → Devas und der Götter des Bereichs der »reinen Form« (Skrt. Rūpaloka, → Triloka) sowie der Bereich der Formlosigkeit und schließlich die Buddha-Felder (→ Reines Land). Eine ausführliche Darstellung des buddhist. Meru-Weltsystems findet sich in: M. Tatz und J. Kent, *Karma. Durch Wiedergeburt zur Befreiung,* Düsseldorf/Köln 1978.

Mettā-Sutta, 🅱 Pali, wörtl.: »Sūtra von der Güte«; hinayanist. Sūtra, das die Entfaltung der Güte (→ Maitrī, → Brahma-Vihāra) zum Thema hat. Es ist eines der populärsten Texte des → Theravāda und wird von dessen Mönchen und Laien täglich rezitiert.

Der Text des Mettā-Sutta (zit. n. H. W. Schumann, 1976, S. 100) lautet:

»1) So soll der handeln, der das Heil erstrebt,
nachdem die Stille Stätte er erkannt:
Er sei energisch, aufrecht, unbeirrt,
(doch) sanft und ansprechbar, hat Stolz verbannt.
2) Genügsam (sei er), unschwer zu erhalten,
bescheiden, nicht betriebsam, (ferner) klug,
er zügelt seine Sinne; bei Familien
ist er nicht anspruchsvoll, hat leicht genug.
3) Nicht gilt sein Trachten einem mindren Ziele,
des Andere, Weise, hätten ihn zu zeihn:
den Wesen allen werde Glück und Frieden,
sie alle mögen (vollauf) glücklich sein!
4) Was immer es an Lebewesen gebe –
ob sie umherziehn mögen oder standfest,
(flach) ausgestreckt sind oder hochgestaltig,
klein oder mittel, schwächlich oder handfest,
5) vor Augen oder aber im Verborgnen,
(hier) in der Nähe oder fern daheim,
geboren oder erst noch im Entstehen –:
die Wesen alle mögen glücklich sein!
6) Er sollte niemals einen Andern schmähn
und niemanden, wo immer auch, verachten;
aus Ärger und aus Feindseligkeit soll man
sich gegenseitig nicht nach Unheil trachten.
7) Gleich einer Mutter, die den eignen Sohn,
den einzigen, beschützt mit ihrem Leben,
soll gegenüber allen Wesen er
den Geist von Schranken frei zu machen streben.
8) Zur ganzen Welt soll Güte er entfalten
und seinen Geist von Schranken (ganz) befreien,
nach oben, unten und in flacher Richtung,
nicht eingeengt, von Haß und Feindschaft rein.
9) Ob stehend, gehend, sitzend oder liegend:
Wie immer er der Schlaffheit nicht verfällt
soll diese Geisteshaltung er erzeugen:
Dies nennt man Göttlich Weilen in der Welt.
10) Indem er keiner Falschen Ansicht huldigt,
die Sīlas pflegt, und wenn Erkenntnis sein,
hat er die Gier nach Lüsten überwunden:
Er geht in keinen Mutterschoß mehr ein.«

Mien-pi, 🆉 chin. für → Menpeki

Mikkyō, 🅱 🆉 jap., wörtl.: »die geheime Lehre«; jap. Bezeichnung für den sog. mystischen oder tantrischen Buddhismus (Skrt. Vajrayāna). Diese Form des Buddhismus gelangte Anfang des 9. Jh. mit Saichō (auch Dengyō Daishi), dem Begründer der jap. Tendai-Schule, und Kūkai (auch Kōbō Daishi), dem Begründer der Shingon-Schule, nach Japan. Saichō ließ sich auf dem Hiei-san und Kūkai auf dem Koya-san, das sind zwei Berge in der Nähe der alten Kaiserstadt Kyōto, nieder, und die dort entstehenden Klöster wurden zu den Zentren der jeweiligen Schule des Buddhismus in Japan.

Milam 🅱 (rMi lam), tibet., wörtl.: »Traum«; eine der »Sechs Doktrinen des Naropa« (→ Nāro Chödrug), in deren Verlauf Traumbilder zu spirituellen Entwicklung benutzt werden. Auf der einen Seite wird durch diesen »Traumyoga« bewußter Einfluß auf die Träume als solche genommen, andererseits soll der Übende dazu gebracht werden, die Welt des Wachzustandes als bloßen Traum zu erkennen.

Milarepa B (Mi-la-ras-pa), tibet., etwa: »Mila, der das Baumwollgewand der Asketen trägt«; 1052–1135, der wohl berühmteste Heilige Tibets.

Milarepa in seiner Meditationsgrotte im Himālaya.

Er empfing nach schwersten Prüfungen von seinem Meister → Marpa die vollständigen Lehren der → Mahāmudrā und der → Nāro Chödrug. Seine konsequente und beispielhafte Verwirklichung dieser Lehren führte zur Gründung der → Kagyüpa-Schule. Die im 15. Jh. verfaßte Biographie des Milarepa mitsamt den darin enthaltenen spirituellen Liedern ist heute noch eine der großen Inspirationsquellen des → Tibetischen Buddhismus. (Dt. Übersetzung: W. Y. Evans-Wentz, *Milarepa. Tibets großer Yogi,* Bern 1978.)

Milarepa wurde im westl. Tibet nahe der nepalesischen Grenze geboren. Im Alter von sieben Jahren verstarb sein Vater, und der Familienbesitz kam in die Hände geiziger Verwandter, die Mutter und Sohn schlecht behandelten. Um den ihnen zugefügten Schaden zu rächen, erlernte Milarepa die Beherrschung zerstörerischer Naturkräfte und tötete durch ein Unwetter zahlreiche Menschen. In dem Wunsch, seine Tat zu sühnen, wandte er sich an den → Nyingmapa-Lehrer Röngtön, aber dieser verwies ihn an Marpa. Mit 38 Jahren wurde Milarepa dessen Schüler, hatte aber für die Dauer von sechs Jahren nur die Stellung eines Dieners inne; während dieser Zeit unterzog Marpa ihn einer überaus harten, scheinbar grausamen Schulung, die ihn bis an den Rand seiner Kräfte und dem Selbstmord vor Verzweiflung nahe brachte.

Nachdem somit seine schlechten Taten (→ Karma) gereinigt waren, bereitete ihn Marpa auf ein Leben in der Einsamkeit vor, übertrug ihm die Lehren des → Nāropa, und legte dabei besonderen Wert auf die Übung der »Inneren Hitze« (tibet. Tumo, siehe dazu → Nāro Chödrug). Nur in ein dünnes Baumwollgewand gekleidet, lebte Milarepa jahrelang völlig zurückgezogen in der eisigen Kälte des Himālaya in Berghöhlen und gab sich seiner meditativen Praxis hin. Nach einer Periode von neun Jahren ununterbrochener Einsamkeit nahm er schließlich Schüler an, unter denen der Arzt → Gampopa der wichtigste war, und belehrte das Volk durch seine Lieder.

Milinda, B → Milindapañha

Milindapañha, B Pali, wörtl.: »Die Fragen des (Königs) Milinda«; das bedeutendste nichtkanonische Werk des → Theravāda, verfaßt in Form eines Dialogs zwischen dem Mönch → Nāgasena und König Milinda (auch Milindo), dem griechischen Menandros, der im 1. Jh. v. Chr. Nordindien von Peshavar bis Patna erobert hatte. Aufgrund des Gesprächs mit Nāgasena soll Milinda zum Buddhismus übergetreten sein. (Dt. Übersetzungen: F. O. Schrader, *Die Fragen des Königs Menandros,* Berlin 1907; Nyanatiloka, *Die Fragen des Milindo,* 2 Bde., München 1919–24.)

Das *Milindapañha* scheint als Propagandatext zur Bekehrung der Griechen im Nordwesten Indiens gedient zu haben und dürfte um die Zeitwende entstanden sein. Es ist in Pali und zwei chin. Übersetzungen erhalten. – Die Fragen des Königs Milinda beziehen sich auf die Grundlehren des Buddhismus, vor allem auf die Wiedergeburt, die → Anātman-Lehre und das Gesetz des → Karma, die Nāgasena mit Hilfe bemerkenswerter Gleichnisse erläutert.

Mīmāmsā H (Mīmāṃsā), Skrt., wörtl.: »Erörterung«; Bezeichnung für zwei Schulen der Hindu-Philosophie: die ältere ist → Pūrva-Mīmāmsā, meist nur Mīmāmsā genannt, und die spätere → Uttara-Mīmāmsā, i. allg. → Vedānta genannt. Im Gegensatz zur Uttara-Mīmāmsā, die sich mit der Erkenntnis der Wahrheit befaßt, ist das Hauptanliegen der Pūrva-Mīmāmsā das Ritual. Das Vollziehen von Riten geht i. allg. dem Suchen nach Erkenntnis voran und ist eine Vorbereitung darauf. Das konkrete Vollziehen der Opfer hing von der richtigen Deutung der ved. Texte ab. Über die vielen Probleme der Interpretation wurde jeweils dann entschieden, wenn sie sich erhoben. Die rituellen Anweisungen sind überall in den → Brāhmanas verstreut und oft so unklar, daß sie nicht ohne weiteres zu verstehen sind. → Jaimini war es, der in seinem → *Mīmāmsā-Sūtra* den Versuch unternahm, ein System in alle diese Regeln und Vorschriften zu bringen. Deshalb gilt er als der Begründer der Pūrva-Mīmāmsā-Schule.

Bis auf den heutigen Tag spielt die Pūrva-Mīmāmsā eine große Rolle im Leben der Hindus, da Anbetung und das Vollziehen von Opfern die Erfüllung von Wünschen aller Art versprechen, seien es spirituelle, für die das Ritual eine vorbereitende Läuterung ist, seien es materielle des täglichen Lebens.

Das Licht der geistigen Wahrheit der Veden findet seinen Ausdruck in der rhythmischen Vollkommenheit, dem vollendeten Stil und der sublimen Poesie der im Rahmen der Pūrva-Mīmāmsā rezitierten Verse. Man sagt, sie seien die Basis für die Riten der orphischen und eleusischen Mysterien Griechenlands gewesen, die den Boden für Pythagoras' und Platons Philosophie bereiteten.

Mīmāmsā-Paribhāshā H (Mīmāṃsā-Paribhāṣā), Skrt., wörtl.: »Eine klare Darstellung der Mīmāmsā«; ein Werk über die → Pūrva-Mīmāmsā von Krishna Yajvan. Über den Autor ist wenig bekannt. Eine gewisse Kenntnis der → Mīmāmsā ist zum Verständnis der philosoph. Literatur des Hinduismus wesentlich. Dieses Werk eignet sich besonders als Einführung, da es die kürzeste, am leichtesten faßliche Abhandlung über die wichtigsten Fragen des Rituals ist, ein Extrakt aus Jaiminis → *Mīmāmsā-Sūtra.* (Eine engl. Übersetzung des Werkes ist: Svāmi Mādhavānanda, *Mīmāmsā Paribhāsā of Krsna Yajvan,* Belur Math 1948.)

Mīmāmsā-Sūtra H (Mīmāṃsā-Sūtra), Skrt.; diesem von → Jaimini verfaßten Sūtra, der Grundlage der → Mīmāmsā-Philosophie, geht eine lange Geschichte von Interpretationen der ved. Opferriten voraus. Das Werk faßt in seinen zwölf Kapiteln alle zu Jaiminis Zeiten gebräuchlichen Deutungen der Riten zusammen. Das erste Kapitel ist von besonderem philosoph. Wert, da es die Quellen der Erkenntnis der Veden und ihre Gültigkeit behandelt. Jaimini versucht, jeden einzelnen Teil der Veden zu rechtfertigen. Sein Werk dürfte frühestens im 4. Jh. v. Chr. entstanden sein.

Mīmāmsā-Vārttika H (Mīmāṃsā-Vārttika), Skrt.; eine Abhandlung von → Kumārila Bhatta über die Philosophie der → Mīmāmsā.

Ming, T chin., wörtl.: »Helligkeit«; die Erleuchtung eines Taoisten. Nach → Lao-tzu besteht Ming im Erkennen des Gesetzes der Rückkehr zum Ursprung (→ Fu). Dies ist das beständige (→ Ch'ang) und allen Wesen gemeinsame Gesetz. Das Wissen um dieses beständige Gesetz kennzeichnet den Heiligen, der es lebt, indem er selbst in das → Tao zurückkehrt und dessen Einfachheit, Einheit und Leere selbst verwirklicht.

Ming wird im 16. Kap. des → *Tao-te ching* erläutert:

Die Dinge in all ihrer Menge,
ein jedes kehrt zurück zu seiner Wurzel.
Rückkehr zur Wurzel [Fu] heißt Stille.
Stille heißt Wendung zum Schicksal.
Wendung zum Schicksal heißt Ewigkeit [Ch'ang].
Erkenntnis der Ewigkeit heißt Klarheit [Ming].
Erkennt man das Ewige nicht,
so kommt man in Wirrnis und Sünde.
Erkennt man das Ewige,
so wird man duldsam.
Duldsamkeit führt zur Gerechtigkeit.
Gerechtigkeit führt zur Herrschaft.
Herrschaft führt zum Himmel [→ T'ien].
Himmel führt zum Sinn [Tao].
Sinn führt zur Dauer.
Sein Leben lang kommt man nicht in Gefahr.

(Zit. n. Laotse, *Tao te king,* übers. v. R. Wilhelm, Düsseldorf/Köln 1978, S. 56.)

Ming, T chin., etwa: »Schicksal, Bestimmung, himmlisches Mandat«; Begriff des → Konfuzianismus, in dem Ming anfänglich das himmlische Mandat, den Willen des Himmels (→ T'ien) bezeichnet, später die Gesamtheit aller Kräfte und Bedingungen des Universums, die sich dem Einfluß des menschlichen Willens entziehen. Der Erfolg einer Handlung ist demnach wesentlich von Ming abhängig.

Ming zu kennen *(chih-ming)* bedeutet, nach den jeweiligen Erfordernissen und Pflichten zu handeln, ohne sich um Gelingen oder Nicht-Gelingen einer Handlung zu kümmern. Ming zu kennen, die Unausweichlichkeit der Welt, wie sie ist, zu akzeptieren, ist eine der hervorragenden Eigenschaften des idealen Menschen des Konfuzius.

Auch → Lao-tzu verwendet den Begriff des Ming. In seinem → *Tao-te ching* heißt es im 16. Kapitel:

Rückkehr zur Wurzel [→ Fu] heißt Stille.
Stille heißt Wendung zum Schicksal [Ming].
Wendung zum Schicksal heißt Ewigkeit [→ Ch'ang].
Erkenntnis der Ewigkeit heißt Klarheit [→ Ming, »Helligkeit«].

(Zit. n. Laotse, *Tao te king,* übers. v. R. Wilhelm, Düsseldorf/Köln 1978.)

Ming-chao Te-chien, Z jap. Meishō (Myōshō) Tokken, etwa 10. Jh., chin. Zen-Meister; ein Schüler und Dharma-Nachfolger (→ Hassu) von Meister → Lo-han Tao-hsien (jap. Rakan Dōkan). Ming-chao, der auch der »einäugige Drache« (chin. Tu-yen-lung, jap. Dokugan-ryū) genannt wurde, weil er das linke Auge verloren hatte, begegnen wir im 48. Beispiel des → *Pi-yen-lu.*

Der Meister wirkte 40 Jahre auf dem Berg Ming-chao, dessen Name auf ihn überging. Er zog viele Schüler an und seine Worte waren in den Zen-Kreisen des alten China in aller Munde. Er soll fünf Dharma-Nachfolger gehabt haben.

Ming-men, ▣ chin., wörtl.: »Tor des Schicksals«; zwischen den beiden Nieren gelegene Körperpartie, die als Ursprungsort der vitalen Energie (→ Ch'i) gilt.

Ming-ti, ▣ reg. 58–75, chin. Kaiser der Han-Dynastie; der Legende nach soll ein Traum des Kaisers Ming für die Verbreitung des Buddhismus in China maßgebend gewesen sein. Ming-ti sah im Traum eine goldfarbene Gottheit vor seinem Palast schweben, woraufhin er am nächsten Morgen seinen Ministern befahl, die Identität dieser Gottheit zu klären. Einer von ihnen berichtete, er hätte von einem Weisen in Indien gehört, der Erlösung erlangt und Buddhaschaft verwirklicht hätte. Er besitze einen goldfarbenen Körper und könne fliegen. Kaiser Ming akzeptierte diese Deutung seines Traumes und schickte Gesandte nach Westen, die mehr über diesen Weisen in Erfahrung bringen sollten. Sie kehrten mit dem → *Sūtra in 42 Abschnitten* zurück, für dessen Aufbewahrung der Kaiser einen Tempel errichten ließ. Dies soll der Anfang der Verbreitung des Buddhismus in China gewesen sein. Die Erklärung kann aber nicht als historisch fundiert angesehen werden.

Mīrā Bāī, ▣ nordind. Prinzessin und mystische Dichterin, 1498?–1546, die wegen ihrer großen Liebe zu → Krishna der Welt entsagte. Ihr literarisches Werk *(Padāvalī)* besteht aus Hunderten von Gedichten in Form von verschiedenen → Rāgas. Sie schrieb in ihrer Muttersprache Mārwārī Hindī, durchsetzt mit vielen Gujarātī- und Panjābī-Wörtern. Ihre Gedichte und Lieder erfreuen sich wegen ihrer leidenschaftlichen religiösen Hingabe und ihrer Poesie einzigartiger Beliebtheit und werden noch heute von allen Bevölkerungsschichten in Indien gesungen. Dt. Übersetzungen einzelner Gedichte sind in Anthologien ind. Lyrik enthalten.

Mīrā fühlte sich schon früh von den Lehren der → Vaishnavas angezogen, durch die sie von der Liebe Gottes und seiner Barmherzigkeit erfuhr. Sie begann Gott als Krishna unter dem Namen Giridhara-Nagar anzubeten. Ihre Liebe zum allumfassenden Herrn war so groß, daß sie ihre ganze Zeit damit verbrachte, ihn anzubeten und zu preisen, sehr zum Ärger ihrer eigenen Familie und der ihres Mannes, die nicht nur Anstoß daran nahmen, sondern sie auf alle erdenkliche Weise quälten, um sie davon abzubringen. Trotzdem blieb sie standhaft, und als sie nach dem Tod ihres Gatten von ihrem Schwiegervater aufgefordert wurde, eine Sati zu werden (den Flammentod zu wählen), gehorchte sie nicht, weil sie überzeugt war von der Vermählung ihrer Seele mit der Allseele und sich nicht als Witwe betrachtete. In spiritueller Ekstase sang und tanzte sie im Tempel vor dem Bildnis des Herrn und ging in → Samādhi. Die Leute begannen, sie als Heilige zu betrachten. Schließlich verließ sie den Palast, verbrachte einige Jahre in → Vrindāvan und → Mathurā und blieb dann bis zu ihrem Lebensende im Krishna-Tempel in → Dvārakā.

Miroku, ▣ ▣ jap. für → Maitreya

Mishaka ▣, jap. Name für den 6. Patriarchen in der ind. Linie des → Zen

Mitra, ▣ Skrt.; Name eines Sonnengottes. In den Veden wird Mitra mit → Varuna in Verbindung gebracht, er als Herrscher des Tages, Varuna als Herrscher der Nacht. Zusammen erhalten und beherrschen sie Himmel und Erde, beschützen die Welt, ermutigen die Frommen und bestrafen die Sünder.

Mi-tsung, ▣ chin., wörtl.: »Schule der Geheimnisse«; tantrische Schule des chin. Buddhismus, die im 8. Jh. von drei ind. Meistern des → Tantra nach China gebracht wurde: von Shubhākarasimha (chin. Shan-wu-wei, 637–735), Vajrabodhi (chin. Chin-kang-chih, 663–723) und Amoghavajra (chin. Pu-k'ung, 705–774).
Shubhākarasimha, dem der Titel »Lehrer der Nation« verliehen wurde, übersetzte das Basis-Sūtra der Schule, das → *Mahāvairochana-Sūtra,* ins Chinesische, Amoghavajra übermittelte die dazugehörigen magischen Formeln (→ Mantra, → Dhāranī).

Wichtige Elemente der Praxis dieser Schule bilden das Rezitieren von Mantras, die Verwendung von → Mudrās und → Mandalas und die Einweihungszeremonien (→ Abhisheka). Die esoterischen Lehren der Mi-tsung wurden nur mündlich von Meister zu Schüler weitergegeben, was erklärt, daß diese Schule in China nie eine große Verbreitung fand. Sie verlor nach dem Tode von Amoghavajra, der der persönliche Lehrer von drei chin. Kaisern war, rasch an Bedeutung, da keine Meister des Tantra mehr von Indien nach China kamen.

Diese Richtung wurde von → Kūkai, einem jap. Mönch und Schüler des Mi-tsung-Meisters Hui-kuo, seinerseits Schüler von Amoghavajra, nach Japan gebracht und systematisiert. Sie ist dort unter dem Namen → Shingon bekannt und eine der wichtigsten Richtungen des Buddhismus. (Siehe auch → Mikkyō.)

Mittlerer Weg, 🅱 (Skrt. Madhyamā-Pratipad, Pali: Majjhimāpatipadā); i. allg. Bezeichnung für den Weg des historischen Buddha → Shākyamuni, der die Vermeidung aller Extreme – wie Hingabe an Sinnenfreuden einerseits und Selbstkasteiung und Askese andererseits – lehrte. Insbes. ist damit die von → Nāgārjuna begründete → Mādhyamika-Schule gemeint, die sich weigert, zwischen entgegengesetzten Meinungen zu wählen und die in bezug auf das Sein oder Nicht-Sein aller Dinge einen »mittleren Weg« vertritt.

Im Hīnayāna wird der → Achtfache Pfad als Mittlerer Weg angesehen, da bei seinem Befolgen sowohl das Schwelgen in Sinnenlust als auch Askese vermieden werden und er zur Leidenserlösung führt. Diese Haltung wird in den Texten mit folgenden Worten ausgedrückt: »Zwei Extreme . . . hat der in die → Hauslosigkeit Gezogene zu vermeiden: sich der Sinnenlust hinzugeben, der niedrigen, gemeinen, weltlichen, unedlen und sinnlosen, und sich der Selbstkasteiung hinzugeben, der leidvollen, unedlen und sinnlosen. Diese beiden Extreme hat der Vollendete gemieden und den Mittelpfad gefunden, der die Augen öffnet, Erkenntnis erzeugt und zum Frieden, zur Durchschauung, Erleuchtung und zum Nirwahn führt, nämlich rechte Erkenntnis, rechte Gesinnung, rechte Rede, rechte Tat, rechter Lebenserwerb, rechte Anstrengung, rechte Achtsamkeit und rechte Sammlung.« (*Samyutta-Nikāya,* LVI, 11; zit. n. Nyanatiloka, 1976, S. 122f.)

Manchmal bezeichnet der Mittlere Weg auch das Freisein von Ewigkeits- und Vernichtungsglauben sowie vom Glauben an Sein oder Nicht-Sein der Welt.

Im Mādhyamaka kommt die Auffassung des Mittleren Weges am klarsten in den sog. Acht Verneinungen (→ Nāgārjuna) zum Ausdruck, die die Natur der Dinge analysieren: keine Aufhebung, keine Erzeugung, keine Vernichtung, keine Ewigkeit, keine Einheit, keine Vielheit, keine Ankunft, kein Aufbruch.

Im → Yogāchāra besteht der Mittlere Weg darin, daß weder die Existenz aller Dinge angenommen wird (da äußere Dinge in Wirklichkeit nicht existieren) noch die Nicht-Existenz aller Dinge postuliert wird (da diese aufgrund von Ideation sehr wohl existieren).

Der Mittlere Weg im → T'ien-t'ai (siehe auch → Tendai) gründet auf der Erkenntnis, daß die Dinge leer sind, da sie keine unabhängige Realität besitzen, und gleichzeitig temporäre Gültigkeit haben, da sie als Phänomene für eine bestimmte Zeitdauer existieren. Die Synthese zwischen Leerheit (→ Shūnyatā) und phänomenaler Existenz stellt die Wahrheit des Mittleren Weges dar.

Miu Chi, 🆃 → T'ai-i

Mo-chao ch'an, 🆉 chin. für → Mokushō-Zen

Mo-chia, 🆃 chin. → Mo Ti

Moha, 🅷 🅱 Skrt., etwa: »Bindung, Verhaftung, verblendete Liebe, Täuschung«, abgeleitet vom Verb *muh:* »verwirrt werden«.

🅷 Einer der Āsura-Gunas, d. h. der nicht-göttlichen oder, wie Krishna in der *Bhagavad-Gītā* (XVI, 10) sagt, dämonischen Eigenschaften.

🅱 → Akushala

Mohismus, 🆃 → Mo Ti

Moji-Zen, 🆉 jap. → Kattō

Moksha 🅷 (Mokṣa), Skrt.; endgültige Befreiung und Erlösung von allen weltlichen Bindungen, vom → Karma und dem Kreislauf von Geburt und Tod (→ Samsāra) durch Vereinigung mit Gott oder Erkenntnis der Letzten Wirklichkeit. Moksha ist das höchste der vier Ziele des menschlichen Lebens; die drei anderen sind → Artha (Reichtum), → Kāma (Vergnügen) und → Dharma (Pflicht). Für den spirituell Strebenden ist die Verwirklichung von Moksha der einzige Zweck seines Daseins.

Mokuan Shōtō, 🆉 jap. für → Mu-an Hsing-t'ao

Moku-Funi, 🆉 jap., wörtl.: »schweigendes Nicht-Zwei«; ein Zen-Ausdruck, der besagt, daß sich das nicht-dualistische Wesen der Wirklichkeit, das Wahre-Wesen oder Buddha-Wesen (→ Busshō), das allen Phänomenen inhärent ist, am besten durch Schweigen zum Ausdruck bringen läßt.

Der Ausdruck stammt aus dem → *Vimalakīrtinirdesha-Sūtra,* in dem der Bodhisattva → Mañjushrī den erleuchteten Laien Vimalakīrti, dem das Zen besondere Hochachtung zollt, dafür preist, daß sein Schweigen ein besserer Ausdruck der Nicht-Dualität sei als alle Darlegungen der Lehre. Man spricht in diesem Zusammenhang im Zen auch vom »donnernden Schweigen« des Vimalakīrti. Die Gelehrten betrachten Vimalakīrti i. allg. als eine legendäre Gestalt.

Mokugyō, 🆉 jap., wörtl.: »Holz-Fisch«, auch Gyōrin; eine Holztrommel, die ursprünglich in der Form eines Fisches geschnitzt wurde, heute aber meist kugelige Form hat. Der Mokugyō, der mit einem Schlegel mit gepolstertem Kopf angeschlagen wird, wird in Japan beim Rezitieren von Sūtras in buddhist. Klöstern gebraucht.

Im Buddhismus symbolisieren Fische, da sie niemals schlafen, die Sprungbereitschaft und Wachsamkeit, die auf dem Weg zur → Buddhaschaft erforderlich sind.

Mokusa, 🅱 jap. → Moxa

Mokushō-Zen, 🆉 jap. (chin. *Mo-chao ch'an*), wörtl.: »das Zen der schweigenden Erleuchtung«; ein Ausdruck, der zu Lebzeiten des chin. Zen-Meisters → Hung-chih Cheng-chüeh (jap. Wanshi Shōgaku, 1091–1157) geprägt wurde, um die in der → Sōtō-Schule bevorzugte Weise der meditativen Praxis zu unterscheiden vom »Zen der Betrachtung der Worte« (→ Kanna-Zen), das zur gleichen Zeit zur typischen Praxis der → Rinzai-Schule wurde. Das Mokushō-Zen betont vor allem die Praxis von → Zazen ohne solche Hilfsmittel wie → Kōan, also jene Form der Übung, die der große jap. Zen-Meister → Dōgen Zenji später → Shikantaza nannte.

Wie Kanna-Zen mit dem Zen der Rinzai-Schule, wurde Mokushō-Zen mit dem der Sōtō-Schule gleichgesetzt, obwohl auch im Sōtō-Zen Kōan verwendet wurden und die Praxis der Rinzai-Schule immer auch Elemente des Mokushō-Zen beinhaltet.

Mondō, Z jap. (chin. *Wen-ta*), wörtl.: »Frage-(und-)Antwort«; Zen-Dialog zwischen Meistern oder Meister und Schüler, bei dem der eine eine Frage über den Buddhismus oder ein existentielles Problem stellt, das ihn tief beunruhigt hat, auf die der andere unter Umgehung jeglicher Theorie und Logik in einer Weise antwortet, die im Partner eine Antwort aus tieferen Schichten seines Herz-Geistes (→ Kokoro) hervorrufen kann (siehe auch → Hossen).

Viele überlieferte Mondō wurden später zu → Kōan; berühmte Beispiele solcher Mondō sind:

– Ein Mönch fragte Meister Tung-shan: »Was ist Buddha?« Tung-shan sagte: »Drei Pfund Hanf [jap. *masagin*].«

– Ta-mei fragte einst Ma-tsu: »Was ist Buddha?« Ma-tsu sagte: »Das Bewußtsein ist Buddha.«

– Ein Mönch fragte einst Ma-tsu: »Was ist Buddha?« Ma-tsu sagte: »Nicht Bewußtsein, nicht Buddha.«

– Ein Mönch fragte Chao-chou: »Was ist der Sinn von des Patriarchen Kommen aus dem Westen [→ Seirai-no-I]?« Chao-chou sagte: »Die Eiche da im Vorgarten.«

Monji-Hōshi, Z jap., wörtl.: »(den) Schriften (verhafteter) Dharma-Meister«; Zen-Ausdruck zur Bezeichnung eines buddhist. Lehrers, der am Wortlaut der schriftlich überlieferten Lehren des Buddha (→ Sūtra) hängt, ohne deren tiefen Sinn zu begreifen und zu verwirklichen.

Monju, B Z jap. für → Mañjushrī

Monna, Z jap., wörtl.: »Frage-Wort«; eine Frage, die ein Zen-Schüler seinem Meister in einem → Mondō stellt.

Mosshōryō, Z jap., wörtl.: »das Unausdenkbare, das Unaussprechliche«; Zen-Ausdruck zur Bezeichnung der Wahren-Wirklichkeit. (Siehe dazu auch → Fukashigi, → Fukasetsu.)

Mosshōseki, Z jap., wörtl.: »keine Spur (hinter sich) lassen«; so wie ein fliegender Vogel keine Spur am Himmel und ein schwimmender Fisch keine Spur im Wasser hinterläßt, soll nach Ansicht des Zen ein Mensch, der → Erleuchtung verwirklicht hat, leben. Gemeint ist damit ein Leben in völliger Natürlichkeit, dem keine Spur eines Wissens darum, »Erleuchtung« erlangt zu haben, mehr anhaftet.

Dies ist der Zustand der »zweiten Natürlichkeit« (die »erste Natürlichkeit« ist der Zustand der Unschuld eines Säuglings, aus dem dieser jedoch schon bald herausfällt), der im Grunde das Entdecken der Ur-Natürlichkeit ist, die noch vor der »ersten Natürlichkeit« gegeben ist.

Um den Zustand von Mosshōseki zu erreichen, ist die Verwirklichung von tiefer Erleuchtung Voraussetzung. Wer jedoch noch Spuren von seiner Erleuchtung erkennen läßt, oder gar, wie man im Zen sagt, »nach Erleuchtung stinkt«, der hat das in der Erleuchtung Erfahrene noch nicht vollständig in sein tägliches Leben integriert. (Siehe dazu auch → Goseki.)

Mo Ti T, auch Mo-tzu, Meister Mo, genannt, ca. 468–376 v. Chr.; Gegner des Konfuzius (→ K'ung-tzu), Begründer der Schule des Mohismus (chin. Mo-chia). Seine Gedanken sind in dem Werk *Mo-tzu* enthalten, das wahrscheinlich von seinen Schülern um 400 v. Chr. aufgezeichnet wurde. (Dt. Übersetzung von H. Schmidt-Glintzer, 2 Bde., Düsseldorf/Köln 1975.)

Mo Ti studierte anfänglich die konfuzian. Lehre, doch konnte er dem Begriff des → Li, der Sittlichkeit, nicht zustimmen und entwickelte daraufhin seine eigene Philosophie, deren zentrale Gedanken die der allumfassenden Liebe, die (anders als im Konfuzianismus) keine durch Familien- und Sippenzugehörigkeit gesteckten Begrenzungen kennt, und des Willens des Himmels (→ T'ien) sind. T'ien als höchstes Wesen trägt bei Mo Ti personale Züge. Es greift strafend in das Leben der Menschen ein, wenn diese sich nicht gegenseitig lieben. Mo Ti geht außerdem von der Existenz von Geistern und Dämonen aus, die ebenfalls jene Menschen, die nicht nach dem Prinzip der allumfassenden Liebe leben, bestrafen und andere belohnen.

Ferner lehnt Mo Ti den Angriffskrieg ab, verwirft die aufwendigen konfuzian. Riten und sieht in der für den Konfuzianismus so wichtigen Pflege der Musik nichts als Vergeudung. Für etwa zwei Jahrhunderte war die Lehre des Mo Ti gleichrangig mit der des Konfuzius, wurde später aber vom Konfuzianismus verdrängt. Mo Tis Anhänger waren in straff organisierten Gruppen zusammengefaßt. Es bildeten sich verschiedene Strömungen aus, die sich u. a. mit Fragen der Logik und Dialektik und auch der Technik beschäftigten; materialistische Ansätze wurden hier weiterentwickelt.

Mo-tzu, T chin. → Mo Ti

Moxa, B jap., eig. Mokusa, wörtl.: »Brennkraut«; Einbrennen von Narben mittels kleiner Räucherwerk-Kegel auf dem Kopf eines Mönches oder einer Nonne am Ende der → Ordination, was in China ein weit verbreiteter Brauch war. Die Anzahl der Narben lag je nach Kloster zwischen 3 und 12.

Daneben gibt es eine weitere Praxis des Moxa, die asketische Mönche in China pflegten: sie brannten z. B. eine → Mālā aus 108 Perlen, eine → Svastika oder das chin. Schriftzeichen für »Buddha« auf der Brust ein. Das Einbrennen dieser Symbole erfolgte ebenfalls durch Kräuterkegel. Während dieser äußerst schmerzhaften Prozedur rezitierte der Mönch eine dem Buddha oder einem Bodhisattva gewidmete Verehrungsformel, um sie um Beistand zu bitten.

Mrityuñjaya-Siddhi 🅗 (Mṛtyuñjaya-Siddhi), Skrt., von *mrityu:* »Tod«, *jaya:* »besiegen«; eine der → Siddhis, die beim Aufsteigen der → Kundalinī erlangt werden können. Wem dies gelingt, wird Mrityuñjeya genannt, »Besieger des Todes«. (Siehe dazu auch → Chakra.)

Mu, 🅩 jap. (chin. *Wu*), wörtl.: »nichts, nicht, das Nichts, un-, ist nicht, hat nicht, kein«; das → Wato des berühmten Kōan »Chao-chou, Hund«, das oft auch das »Kōan Mu« genannt wird. Dieses Kōan (→ *Wu-men-kuan,* 1. Beispiel) lautet:
»Ein Mönch fragte Meister Chao-chou respektvoll: ›Hat ein Hund wirklich Buddha-Wesen oder nicht?‹
Chao-chou sagte: ›Mu.‹«
Aufgabe des Zen-Schülers ist es, indem er mit diesem »Mu« → Zazen übt, zur unmittelbaren Erfahrung von dessen tiefstem Gehalt zu kommen – jenseits aller intellektuellen Bedeutung. Da sich dieses Kōan hervorragend als Hosshin-Kōan (→ Kōan) eignet, ist es oft das erste Kōan, das ein Zen-Schüler von seinem Meister erhält. Hat er es bewältigt, so sagt man auch, er habe »die Welt von Mu« kennengelernt. Dieses »Mu« gilt es im Laufe der Zen-Schulung auf immer tieferen Ebenen zu erfahren und zu demonstrieren.

Mu-an Hsing-t'ao, 🅩 jap. Mokuan Shōtō, 1611–1684, chin. Zen-Meister der → Ōbaku-Schule. Er ist der Dharma-Nachfolger (→ Hassu) von → Yin-yüan Lung-ch'i (jap. Ingen Ryūki), dem er 1655 nach Japan folgte.

Hier gründete Yin-yüan die Ōbaku-Schule und setzte Mu-an 1664 als deren 2. Patriarchen ein. Mu-an gründete 1671 das Kloster Zuishō-ji in der Nähe von Edo (heute Tōkyō) und trug als dessen erster Abt viel zur Verbreitung der Ōbaku-Schule in Japan bei.

Mu-chou Ch'en-tsun-su, 🅩 jap. Bokushū (Bokujū) Chinsonshuku, auch Mu-chou Tao-tsung oder Mu-chou Tao-ming, jap. Bokushū Dōmei (Dōmyō), etwa 780–877, chin. Zen-Meister; ein Schüler und Dharma-Nachfolger (→ Hassu) von → Huang-po Hsi-yün (jap. Ōbaku Kiun). Mu-chou ist einer der bedeutendsten Schüler von Huang-po; er war es, der zuerst die große Begabung von → Lin-chi I-hsüan (jap. Rinzai Gigen) erkannte und seinem Meister Huang-po empfahl, sich des jungen Lin-chi anzunehmen. Außerdem ist Mu-chou bekannt als der strenge Meister von → Yün-men Wen-yen (jap. Ummon Bun'en).
Von Mu-chou wird berichtet, daß er stets die Tür seines Raumes geschlossen hielt. Kam ein Mönch zum → Dokusan, dann erkannte er dessen Bewußtseinszustand schon am Geräusch seiner Schritte. Schien ihm dieser Zustand vielversprechend, so rief er »Komm herein!«, packte den Mönch, sobald er eintrat, schüttelte ihn und schrie ihn an: »Sag es! Sag es!« Wenn der Mönch nur einen Moment zögerte, stieß er ihn wieder hinaus und schlug die Tür hinter ihm zu. So erging es eines Tages auch Yün-men, dessen Bein jedoch noch in der Tür steckte, als Mu-chou diese zuschlug. Das Bein brach, und Yün-men schrie vor Schmerz: »Au!« Im gleichen Moment kam er urplötzlich zur Erleuchtung. Wir begegnen Mu-chou im 10. Beispiel des → *Pi-yen-lu.*

Im *Ching-te ch'uan-teng-lu* hören wir, daß Mu-chou sich im Lung-hsin-Kloster von Mu-chou niederließ, nachdem er von Huang-po Abschied genommen hatte. Er verwischte seine Spuren und gab sich nicht als Meister zu erkennen. Er machte Strohsandalen und stellte sie heimlich für die Armen auf die Straße. Erst nach vielen Jahren fanden die Leute heraus, daß die Sandalen von ihm kamen, und gaben ihm den Spitznamen »Strohsandalen-Ch'en«. Wenn buddhist. Gelehrte kamen, ihm Fragen zu stellen, antwortete er augenblicklich. Seine Aussagen waren kurz und folgten keinen orthodoxen Lehren. Deshalb lachten die Unverständigen über ihn, und nur Menschen von tiefer Einsicht begriffen ihn. Schließlich verbreitete sich sein Ruf; Schüler sammelten sich um ihn, und Mu-chou wurde als strenger Zen-Meister bekannt. Im 10. Beispiel des *Pi-yen-lu* erleben wir ihn in einem → Mondō mit einem Mönch:
»Mu-chou fragte einen Mönch: ›Worher kommst du?‹
Sofort schrie der Mönch: ›Ho!‹ [→ Katsu]
Mu-chou sagte: ›Jetzt hat der alte Mönch [ich] ein »Ho!« von dir erhalten.‹
Der Mönch schrie abermals: ›Ho!‹
Mu-chou sagte: ›Ein drittes Ho, ein viertes Ho, und was dann?‹
Der Mönch sagte nichts mehr.
Mu-chou schlug ihn und sagte: ›Dieser Räuberkerl!‹«

Mu-chou Tao-ming, 🅩 jap. Bokushū Dōmei (Dōmyō) → Mu-chou Ch'en-tsun-su

Mu-chou Tao-tsung, 🅩 → Mu-chou Ch'en-tsun-su

Muditā, 🅑 Skrt., Pali, etwa: »Mitfreude«; einer

der → Brahma-Vihāras. Muditā bezeichnet die Mitfreude mit dem Glück anderer Wesen. Das Üben von Muditā hilft, Schadenfreude zu überwinden und die Grenzen zwischen dem eigenen und einem fremden Ich auszulöschen. Als einer der »vier unermeßlichen Geisteszustände eines Buddha« ist Muditā insbes. die grenzenlose Freude über die Erlösung anderer vom Leiden (→ Samsāra).

Mudrā, H B Skrt., wörtl.: »Siegel, Zeichen«; eine Körperhaltung oder symbolische Geste.
H Die Mudrās der rituellen Gottesanbetung (→ Pūjā) der Hindus haben den Zweck, äußere Handlungen mit spirituellen Vorstellungen zu verbinden. Sie sind ein Hilfsmittel zum Konzentrieren des Denkens auf Gott, vergleichbar mit dem Knien und dem Falten der Hände zum Gebet im Christentum.
B In der buddhist. Ikonographie wird jede Buddha-Figur mit einer typischen Handhaltung dargestellt, die einerseits natürlichen Gesten (Lehren, Beschützen u. ä.) entspricht, andererseits bestimmten Aspekten der buddhist. Lehre oder solchen, die der jeweilige Buddha verkörpert. Besondere Bedeutung gewannen die Mudrās im Mahāyāna, vor allem in den esoterischen Schulen (→ T'ien-t'ai, → Mi-tsung, → Vajrayāna). Hier begleiten diese Gesten kultische Handlungen und das Rezitieren von → Mantras. Außerdem helfen sie, bestimmte innere Zustände zu verwirklichen, indem sie ihre körperliche Ausdrucksform vorwegnehmen, und tragen dazu bei, eine Verbindung zwischen dem Menschen und dem in der jeweiligen Übung (→ Sādhana) visualisierten Buddha herzustellen.
Die wichtigsten Mudrās sind: 1. Dhyāni-Mudrā (Meditationsgeste), 2. Vitarka-Mudrā (Lehrgeste), 3. Dharmachakra-Mudrā (Geste des Inbewegungsetzens des Rades der Lehre), 4. Bhūmisparsha-Mudrā (Geste der Erdberührung), 5. Abhaya-Mudrā (Geste der Furchtlosigkeit und Schutzgewährung), 6. Varada-Mudrā (Geste der Wunschgewährung), 7. Uttarabodhi-Mudrā (Geste der Höchsten Erleuchtung), 8. Mudrā der Höchsten Weisheit, 9. Añjali-Mudrā (Gruß- und Verehrungsgeste), 10. Vajrapradama-Mudrā (Geste des unerschütterlichen Vertrauens).

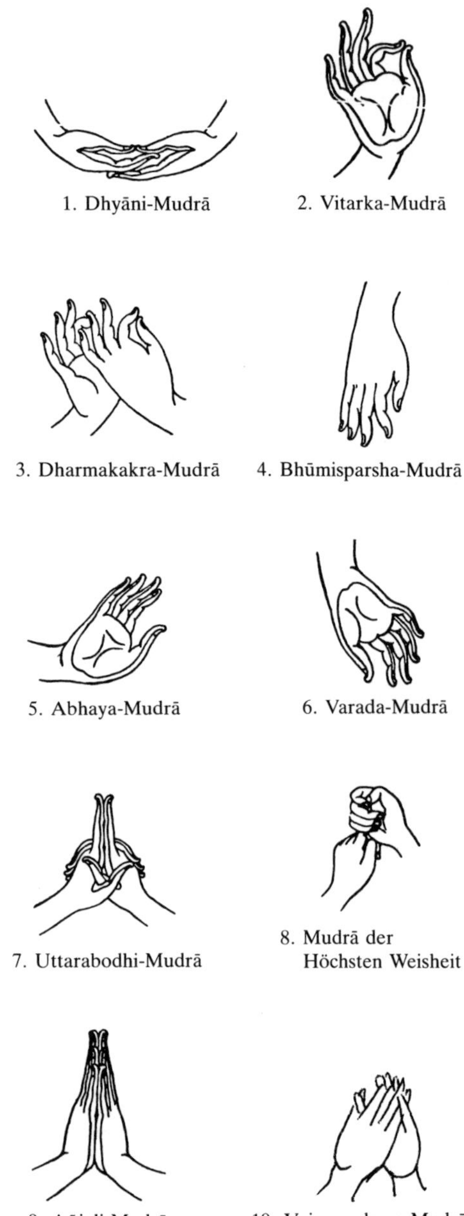

1. Dhyāni-Mudrā
2. Vitarka-Mudrā
3. Dharmakakra-Mudrā
4. Bhūmisparsha-Mudrā
5. Abhaya-Mudrā
6. Varada-Mudrā
7. Uttarabodhi-Mudrā
8. Mudrā der Höchsten Weisheit
9. Añjali-Mudrā
10. Vajrapradama-Mudrā

Die zehn wichtigsten Mudrās.

1. *Dhyāni-Mudrā:* Bei dieser Mudrā liegt der Rücken der rechten Hand so auf der Handfläche der anderen, daß sich beide Daumenspitzen leicht berühren. Die Hände ruhen im Schoß. Die oben liegende rechte Hand symbolisiert den Erleuchtungszustand, die unten liegende die Erscheinungswelt. Diese Geste drückt sowohl die Überwindung der Erscheinungswelt durch die Erleuchtung aus als auch den erleuchteten Bewußtseinszustand, für den → Samsāra und → Nirvāna eins sind.
In einer besonderen Form dieser Mudrā liegen die Mittel-, Ring- und kleinen Finger beider Hände überein-

ander; Daumen und Zeigefinger jeder Hand bilden einander berührende Kreise, die wieder Erscheinungswelt und wahre Wirklichkeit symbolisieren.
Diese Handhaltungen finden sich besonders oft bei Darstellungen des Buddha → Amitābha und werden daher auch als »Mudrā der Meditation des Amitābha« bezeichnet.
Bei der Meditationshaltung des Zen (→ Zazen) liegt die linke Hand oben und die rechte unten, was die Vorherrschaft der passiven linken Körperseite über die aktive rechte in der meditativen Versunkenheit verdeutlicht.
2. *Vitarka-Mudrā:* Die rechte Hand zeigt nach oben, die linke nach unten, beide Handflächen sind nach vorn gewandt. Daumen und Zeigefinger formen jeweils einen Kreis. Die rechte befindet sich in Schulterhöhe, die linke auf Hüfthöhe. Bei einer Variante dieser Lehrgeste liegt die linke Hand mit der Handfläche nach oben im Schoß, die rechte Hand ist auf Schulterhöhe erhoben, Daumen und Zeigefinger der Rechten sind zum Kreis geschlossen. Bei einer weiteren Abwandlung dieser Mudrā sind Zeigefinger und kleiner Finger beider Hände vollkommen gestreckt, Mittel- und Ringfinger etwas eingebogen. Die linke Handfläche zeigt dabei nach oben, die rechte nach unten.
Die Vitarka-Mudrā findet man am häufigsten bei Darstellungen des Buddha Amitābha, aber auch bei solchen des → Vairochana u. a.
3. *Dharmachakra-Mudrā:* Die linke Handfläche ist zum Körper, die rechte vom Körper gewandt, die zu Kreisen zusammengelegten Daumen und Zeigefinger beider Hände berühren einander.
Die *Dharmachakra-Mudrā* findet sich vor allem bei Darstellungen des → Shākyamuni, Amitābha, Vairochana und → Maitreya.
4. *Bhūmisparsha-Mudrā:* Die linke Hand liegt mit der Handfläche nach oben im Schoß, die herabhängende rechte Hand weist mit dem Handrücken nach vorn zur Erde. Manchmal hält die linke Hand eine Almosenschale. Dies ist die Geste, mit der der Buddha Shākyamuni die Erde als Zeugin für die Verwirklichung der → Buddhaschaft anruft. Sie gilt auch als Symbol der Unerschütterlichkeit, daher wird → Akshobhya (»der Unerschütterliche«) meist mit dieser Handhaltung dargestellt.
5. *Abhaya-Mudrā:* Hier ist die rechte Hand mit gestreckten Fingern und nach vorn zeigender Handfläche auf Schulterhöhe erhoben. Dies ist die Geste des Buddha Shākyamuni unmittelbar nach Erlangung der Erleuchtung. → Amoghasiddhi wird auch oft mit dieser Mudrā dargestellt.
6. *Varada-Mudrā:* Die rechte Hand ist, mit der Handfläche nach vorn gewandt, nach unten gerichtet. Wird Shākyamuni mit dieser Handhaltung dargestellt, symbolisiert sie die Anrufung des Himmels als Zeuge seiner Buddhaschaft. Auch bei → Ratnasambhava findet sich diese Mudrā. In einer Variante berühren einander Daumen und Zeigefinger der nach unten gestreckten Hand. Vielfach werden Abhaya- und Varada-Mudrā kombiniert: Die rechte Hand führt die Geste der Furchtlosigkeit, die linke die der Wunschgewährung aus. Oft zeigen stehende Buddha-Figuren diese Handhaltung.
7. *Uttarabodhi-Mudrā:* Beide Hände sind auf Brusthöhe gehalten, die beiden aufgerichteten Zeigefinger berühren einander (und bilden die Spitze eines → Vajra), die übrigen Finger sind ineinander gefaltet, die Daumen berühren einander an den Spitzen oder sind ebenfalls gefaltet. Diese Mudrā sieht man oft bei Vairochana-Statuen.
8. *Mudrā der Höchsten Weisheit:* Der rechte Zeigefinger wird von den fünf Fingern der linken Hand umfaßt. Diese Mudrā, charakteristisch für Vairochana, erfährt im esoterischen Buddhismus viele Interpretationen, die sich meist auf das Verhältnis zwischen der empirischen Welt der Vielfalt und der ihr zugrunde liegenden, im Buddha verkörperten Einheit des Weltprinzips, der Erkenntnis der Einheit in der Vielfalt beziehen.
9. *Añjali-Mudrā:* Beide Handflächen werden vor der Brust aneinandergelegt. Diese Haltung ist die in Indien übliche Grußgeste. Sie drückt, als Mudrā verwendet, die »Soheit« (→ Tathatā) aus.
10. *Vajrapradama-Mudrā:* Die Fingerspitzen beider Hände sind ineinander verschränkt.

Mugaku Sogen, 🅉 jap. für → Wu-hsüeh Tsu-yüan

Mu-Ichimotsu, 🅉 jap., wörtl.: »nicht ein Ding«; ein Ausdruck, der auf → Hui-neng, den 6. Patriarchen des Zen in China, zurückgeht. Er weist darauf hin, daß keinem der Phänomene eine unvergängliche Substanz zugrunde liegt – alle Dinge sind nichts als Manifestationen der Leere (jap. *ku,* Skrt. → Shūnyatā): Da ist »nicht ein Ding«.

Mui-no-Shinnin, 🅉 jap., wörtl.: »wahrer Mensch ohne Rang«; ein Ausdruck, der auf den großen chin. Zen-Meister → Lin-chi I-hsüan (jap. Rinzai Gigen) zurückgeht. Er bezeichnet einen Menschen, der tiefe Erleuchtung verwirklicht hat, oder ist ein Hinweis auf das jedem Menschen immanente Wahre-Wesen oder Buddha-Wesen (→ Busshō).

Mujaku, 🅉 jap. für → Wu-cho

Muji, 🅉 jap., wörtl.: »Schriftzeichen ›Mu‹«; Bezeichnung für das »Kōan Mu« (→ Mu).

Mujōdō-no-Taigen, 🅉 jap., wörtl.: »die Verkörperung *(taigen)* des unübertrefflichen Weges *(mujōdō)*«; Ausdruck für die Verkörperung des in der → Erleuchtung (siehe auch → Satori, → Kenshō) Erlebten im Alltag, die Verwirklichung des Buddha-Wesens (→ Busshō), der keine Spur von Absicht, kein Gedanke an »Erleuchtung« und deren »Verwirklichung« mehr

anhaftet. Es bedeutet ein ständiges Verweilen im »Samādhi unschuldigen Spielens«.
Dieser Zustand ergibt sich nicht von selbst aus dem Satori, sondern es bedarf danach langer Schulung. Wie viele Zen-Meister sagen: »Ein, zwei Leben reichen dazu nicht aus.« Bis der Mensch lebt, was er er-lebt hat, ist es ein sehr langer Weg.

Mujū, **Z** jap. → Ichien

Mujun Shiban, **Z** jap. für → Wu-chun Shih-fan

Mukan Fumon **Z**, auch Daimin Kokushi (→ Kokushi), gest. 1293, jap. Zen-Meister der → Rinzai-Schule; sein erster Meister war → Ben'en (auch Shōichi Kokushi); später ging Mukan nach China, wo er sich zwölf Jahre unter einem Meister des Rinzai-Zen schulte und von diesem das Siegel der Bestätigung (→ Inka-Shōmei) erhielt.
Nach Japan zurückgekehrt, wurde er Ben'ens Nachfolger in dritter Generation als Abt des Klosters Tōfuku-ji in Kyōto. 1293 wurde er von Kaiser Kameyama zum ersten Abt des → Nanzen-ji in Kyōto berufen, starb aber, noch bevor er sein Amt angetreten hatte.

Muktānanda, Svāmi, **H** 1908–1983; in Südindien geboren, ging er den Weg des → Siddha-Yoga, hat auch im Westen gelehrt und wurde als Heiliger verehrt.
Svāmi Muktānanda ging mit 18 Jahren auf Pilgerfahrt und studierte → Vedānta und andere heilige Schriften unter verschiedenen Lehrern. 1947 begegnete er seinem Guru Svāmi Nityānanda und wurde später Leiter des Gurudev Āshram in Ganishpuri bei Bombay. Seine Lehre befaßt sich mit dem wirklichen Selbst (→ Ātman) des Menschen und dessen Identität mit dem absoluten Bewußtsein (→ Brahman). Zu seinen dt. erschienenen Werken gehört *Spiel des Bewußtseins,* Freiburg 1975.

Mukti, **H** Skrt. → Moksha

Mūlādhāra-Chakra, **H** **B** Skrt. → Chakra, 1.

Mūlaprakriti **H** (Mūlaprakṛti), auch → Avyakta, Skrt., wörtl. *mūla:* »Ursprung, Wurzel«, *prakriti:* »Natur«; das Urelement, aus dem sich alle Formen entwickelt haben. Die ersten zarten Schwingungen universalen Lebens entstehen durch die gegenseitige Beeinflussung von → Parabrahman und Mūlaprakriti, des göttlichen, transzendenten Seins und der ersten göttlichen Formwerdung. Mūlaprakriti ist die Keimform der → Prakriti, d. h. aller Formen von den subtilsten bis zu den gröbsten.

Mūlāvidyā, **H** Skrt., von *mūla:* »Ursprung, Wurzel«, → Avidyā: »Nicht-Erkenntnis«; die uranfängliche Nicht-Erkenntnis, die metaphysische erste Ursache der Weltschöpfung.

Mumon Ekai, **Z** jap. → Wu-men Hui-k'ai

Mumonkan, **Z** jap. für → *Wu-men-kuan*

Mumukshutva **H** (Mumukṣutva), Skrt., abgeleitet von *mumukshu:* »nach Befreiung strebend«; ernsthaftes und beständiges Verlangen nach Befreiung, eine der vier Vorbedingungen für den spirituell Suchenden, die → Shankara in seinem Werk *Tattva-bodha* (»Die Erkenntnis der Wahrheit«) fordert. Die anderen drei sind → Viveka (Unterscheidungsvermögen), → Vairāgya (Leidenschaftslosigkeit) und → Shatkasampatti (die »Sechs großen Errungenschaften«).

Mundaka-Upanishad **H** (Muṇḍaka Upaniṣad), auch *Mantra-Upanishad,* Skrt.; eine Upanischade des → *Atharvaveda,* die wegen ihrer Reinheit und Klarheit der Aussage sehr geschätzt wird. Sie hat drei Teile: Der erste schildert die Vorbereitungen zur Brahman-Erkenntnis; der zweite enthält die Lehre von → Brahman; der dritte zeigt den Weg zu Brahman. (Dt. Übersetzungen in: P. Deussen, *Sechzig Upanishad's des Veda,* Leipzig 1905; Prabhavananda/F. Dispeker, *Die schönsten Upanischaden,* Zürich 1951.)

Muni, **H** **B** Skrt.; ein Frommer, Gelehrter, Heiliger, mehr oder weniger von göttlicher Natur, der durch Askese und spirituelle Übungen einen höheren Bewußtseinszustand erlangt hat.
Der Titel findet auf → Rishis und Verfasser bedeutender Texte Anwendung, wie z. B. Pānini und Vyāsa. Die Munis haben ihre übersinnlichen Kräfte meist segensreich angewendet, gelegentlich aber auch zur Verfluchung von Göttern und Menschen.

Mushin, **Z** jap., umgangssprachl. wörtl.: »Unschuld«; im Zen ein Ausdruck für die »Abgeschiedenheit des Geistes«, ein Zustand völliger Natürlichkeit und Freiheit von dualistischem Denken und Fühlen. (Siehe dazu auch → Mosshōseki.)

Mushinjō, **Z** jap., von *mu:* »nicht, kein«, *shin:* »Herz-Geist, Bewußtsein«, *jō* = *sadameru:* »festsetzen, entscheiden, bestimmen, sich entschließen«; Ausdruck des Zen für eine Art Trance, einen durch Meditation herbeigeführten Zustand, in dem das Bewußtsein aufhört zu funktionieren und Geist und Seele völlig veröden. (Siehe dazu auch → Fünf Arten des Zen, 3. Shōjō-Zen.)

Musō Daishi, **Z** Ehrentitel für → Kanzan Egen

Musō Kokushi, **Z** → Musō Soseki

Musō Soseki **Z**, auch Shōkaku Kokushi, bekannt als Musō Kokushi (→ Kokushi), 1275–1351, berühmter jap. Zen-Meister der

→ Rinzai-Schule, der viel zur Verbreitung des Zen in Japan beitrug. Er wurde bereits im Alter von acht Jahren Mönch und widmete sich zuerst

Der Zen-Meister Musō Soseki. (Zeitgen. Porträt.)

dem Studium der → Sūtras und der Lehren der mystischen Schulen des Buddhismus (→ Mikkyō). Dann schulte er sich im Zen und erhielt schließlich von Meister Ken'ichi (auch Bukkoku Kokushi, ?–1314) das Siegel der Bestätigung (→ Inka-Shōmei). Während langer, wechselvoller Wanderjahre lebte er in verschiedenen Klöstern und Einsiedeleien, wo er sich dem Sitzen in Versunkenheit (→ Zazen) widmete. Schließlich wurde er zum Abt des → Tenryū-ji, eines der → Gosan von Kyōto, berufen und hier zur zentralen Figur der buddhist. Kultur in der Kaiserstadt.

Musō Soseki war einer der führenden Autoren der »Literatur der Fünf Berge« (→ Gosan-Bungaku), die dazu beitrug, Wissenschaft und Kunst Chinas nach Japan zu übertragen. Sein Name verbindet sich mit vielen Klostergründungen, und er war Abt von mehreren einflußreichen Zen-Klöstern, darunter dem → Nanzen-ji. Auf seine Veranlassung ließ der Shōgun Ashikaga Takauji außerdem an 66 Orten in Japan »Zen-Klöster zur Befriedung des Landes« (jap. *ankoku-ji*) errichten, wodurch sich das Zen über ganz Japan ausbreitete. Zu seinen Hauptwerken gehört das *Muchū-mondō,* in dem in Form von Frage und Antwort die Prinzipien des Zen dargelegt werden. Außerdem ist er als Meister des »Schrift-Weges« (→ *Shōdō*) und der Gartenbaukunst berühmt. Von Kaiser Go-Daigo erhielt er den Titel Musō Kokushi, von Kaiser Kōmyō posthum den Ehrentitel Musō Shōgaku Shinshū Kokushi.

Myōan Eisai, 🅉 → Eisai Zenji

Myōchō Shūhō 🅉, auch Shūhō Myōchō, bekannt als Daitō Kokushi (→ Kokushi), 1282–1338, jap. Zen-Meister der → Rinzai-Schule; ein Schüler und Dharma-Nachfolger (→ Hassu) von → Shōmyō (bekannt als Daiō Kokushi) und der Meister von → Kanzan Egen (auch Musō Daishi). Diese drei Zen-Meister sind die Begründer der → Ō-tō-kan-Schule, einer besonders wichtigen Linie des Rinzai-Zen in Japan. Myōchō ist der Gründer und erste Abt des → Daitoku-ji in Kyōto, eines der bedeutendsten Zen-Klöster Japans.

Myōchō trat im Alter von zehn Jahren in das Kloster Enkyō-ji auf dem Berg Shosha in der Provinz Hyōgo ein und schulte sich später unter Meister Ken'ichi, dem Abt des Monju-ji in Kyōto. In Meister Shōmyō, dem er in Kyōto begegnete und nach Kamakura folgte, fand er schließlich den Meister, der ihn zur Erleuchtung führte. Im Alter von 25 Jahren wurde er von ihm als Dharma-Nachfolger bestätigt. Myōchō ging zurück nach Kyōto und verwischte hier auf Weisung seines Meisters für etwa 20 Jahre seine Spuren, bevor er als Zen-Meister in Erscheinung trat. Es heißt, daß er während dieser Zeit in äußerster Armut bei Bettlern unter der Gojō-Brücke von Kyōto lebte.

Schließlich ließ er sich in einer Einsiedelei auf einem Hügel am Rande von Kyōto nieder, wo sich bald zahlreiche Schüler um ihn sammelten. Der Andrang von Menschen, die ihn um Unterweisung auf dem Zen-Weg ersuchten, war bald so groß, daß zu ihrer Unterbringung ein großes Kloster, das Daitoku-ji, erbaut wurde. Von dem abgedankten Kaiser Hanazono, der sich zu seinen Schülern zählte, erhielt er den Ehrentitel Kōzen Daitō Kokushi. Das Daitoku-ji wurde bald zu dem Kloster erklärt, in dem für die Gesundheit des Kaisers gebetet wurde, und bei der Klassifizierung der → Gosan von Kyōto diesen übergeordnet. Vom Kaiserhaus erhielt Myōchō posthum die Ehrentitel Daijiun Kyōshi Kokushi und Genkaku Kōen Kokushi.

Trotz der großen Hochachtung, die ihm schon zu Lebzeiten entgegengebracht wurde, blieb Daitō Kokushi ein in äußerster Bescheidenheit lebender Mensch. Zu einer Zeit, da das Rinzai-Zen in Japan einige Generationen nach Daitō bereits im Niedergang begriffen war, besang → Ikkyū Sōjun, einer der bedeutendsten Dharma-Erben Daitōs in der Ō-tō-kan-Linie, den großen Zen-Meister in einem Gedicht mit dem Titel »Auf die letzte Seite einer Biographie von Daitō [wörtl. ›große Leuchte‹] geschrieben«:

Weithin
über den Himmel
erstrahlt Daitōs Licht.
Vor seinem Kloster schart man sich
in schönen Sänften,
dem Meister nachzueifern.

Niemand erinnert sich der Zeit,
da er vom Wind lebte
und an den Wassern schlief –
zwanzig Jahre
unter der Gojō-Brücke.

(Zit. n. Ikkyū Sōjun, *Im Garten der schönen Shin,* Düsseldorf/Köln 1979, S. 33.)

Myōhō-renge-kyō, B Z jap. für → *Lotos-Sūtra*

Myōshō Shūhō, Z → Myōchō Shūhō

Myōshō Tokken, Z jap. für → Ming-chao Te-chien

Myōzen Butsuju, Z → Myōzen Ryōnen

Myōzen Ryōnen Z, auch Myōzen Butsuju, 1184–1225, früher jap. Zen-Meister der Ōryō-Linie des Rinzai-Zen (→ Ōryō-Schule); ein Schüler und Dharma-Nachfolger (→ Hassu) von → Eisai Zenji und nach diesem der zweite Zen-Meister von → Dōgen Zenji. Myōzen ging 1223 zusammen mit Dōgen nach China, wo er nach drei Jahren im T'ien-t'ung-Kloster (jap. Tendō-ji) starb.

N

Nachiketa H (Naciketa), Skrt.; die Geschichte des Knaben Nachiketa wird im *Taittirīya-Brāhmana* und in der → *Katha-Upanishad* erzählt. Ihr philosoph. bedeutender Kern ist Nachiketas Frage an den Todesgott → Yama nach dem Geheimnis der Unsterblichkeit. Um ihn zu prüfen, verweigert Yama zunächst die Antwort. Erst als er von Nachiketas Ernst und Reife überzeugt ist, belehrt er ihn über diese dem Menschen so wichtige Frage.

Nachiketas Vater Vājashravasa wollte in den Himmel kommen und versprach dafür ein großes Opfer. Sein Sohn sagte ihm, daß er noch nicht alles gegeben hätte und fragte: »Wem gibst du mich?« Der Vater ärgerlich: »Dem Tod.« Nachiketa begab sich in das Reich des Todes, mußte aber drei Tage auf Yama warten, der ihm dafür drei Wünsche gestattete. Als erstes wünschte Nachiketa sich, daß sein Vater ihm verzeihen möge. Das wurde ihm gewährt. Dann erbat er Unterweisung im Feueropfer, durch das man in den Himmel gelangt. Yama unterwies ihn und sagte, daß es von nun an Nachiketa-Opfer heißen solle. Als dritten Wunsch wollte er wissen, was mit dem Menschen nach dem Tod geschieht. Yama lehnte ab und sagte, daß selbst die Götter dieses Rätsel nicht zu lösen vermöchten. Statt dessen bot er ihm alle Schätze der → Māyā an. Doch Nachiketa blieb unbeirrt und bestand auf seinem Wunsch, worauf ihn der Gott des Todes in das Geheimnis der Unsterblichkeit einweihte.

Nāda, H Skrt., wörtl.: »Laut, Ton«; Schwingungsenergie, die sich als Klang manifestiert; innerer, mystischer Ton. – *Nāda-Bindu* bezeichnet die uranfängliche Schwingung, den Urklang, aus dem sich das Universum entwickelt hat. – *Nāda-Brahman* ist eine Bezeichnung für das Klangsymbol → OM, der Klang → Brahmans. Man sagt, daß Erleuchtete auf einer sehr hohen Stufe diesen Klang zu hören vermögen.

Nādī H B (Nāḍī), Skrt., wörtl.: »Röhre, Gefäß, Ader«; die Nādīs sind die Energiekanäle, durch welche der lebenswichtige → Prāna zu allen Körperteilen geleitet und der ganze Körper damit versorgt wird. (Siehe dazu auch → Chakra.)

Nāga, H B Skrt., wörtl.: »Schlange«.

H 1. Eine Schlange, besonders die Kobra, als mystisches, halbgöttliches Wesen mit einem menschlichen Gesicht, dem Schwanz einer Schlange und dem gespreizten Nacken der Kobra. 2. Anhänger eines in Indien weitverbreiteten Schlangen-Kults. 3. Ein Volksstamm, der in der Geschichte des ind. Subkontinents einige Spuren hinterlassen hat. Es gab Berge, die seinen Namen trugen, und Nāga-Dvīpa war eine der sieben Unterteilungen des alten Landes Bhāratavarsha (Indien). Die Nāgas waren offenbar keine Hindus; sie sollen Skythen gewesen sein. Ihren Namen erhielten sie wahrscheinlich aufgrund ihrer Verehrung der Schlange; er ist u. a. im heutigen Städtenamen Nāgpur erhalten geblieben.

B Der »Drache«, ein wohltätiges halbgöttliches Wesen, das im Frühling in den Himmel emporsteigt, im Winter tief in der Erde überwintert. Die Nāgas bringen den Regen und bewachen die Himmel. Nāga oder Mahānāga (»Großer Drache«) wird oft auch als Synonym für den Buddha oder der Wiedergeburt entwachsene Weise gebraucht. Nāgarāja (»Drachenkönig[in]«) sind Wassergottheiten, die Quellen, Flüsse, Seen und Meere regieren. In manchen buddhist. Traditionen (z. B. im → Tibetischen Buddhismus) sind die Nāgas Wassergottheiten, die in ihren Meerespalästen buddhist. Schriften bewachen, welche ihnen übergeben wurden, da die Menschheit für ihre Aufnahme noch nicht reif war.

Nagara, H Skrt., wörtl.: »Stadt«; es gibt in Indien sieben heilige Städte, in denen der Hindu ewige Seligkeit (→ Ānanda) erlangen kann. Es sind: 1. Ayodhyā; 2. → Mathurā; 3. → Gayā; 4. → Kāshī (Benares); 5. → Kānchī (Conjeeveram); 6. Avantī (Ujjayinī); 7. → Dvārakā. Sie alle sind Ziele für Pilgerfahrten.

Nāgārjuna, B Z einer der bedeutendsten Philosophen des Buddhismus und Begründer der Schule der → Mādhyamikas. Über sein Leben (2./3. Jh.) sind kaum verläßliche Daten bekannt. Es wird ihm eine große Zahl von Werken zuge-

Typische Darstellung des Nāgārjuna.
(Tibet. Blockdruck.)

schrieben, die aber vermutlich von verschiedenen Autoren stammen. Sein wichtigstes authentisches Werk ist die *(Mūla-)Mādhyamaka-Kārikā* (»Memorialverse über die Mittlere Lehre«, dt. von M. Walleser, Heidelberg 1911/12); sie enthält in 27 kurzen Kapiteln (400 Verse) das Wesentliche seines Denkens. – Ferner gilt Nāgārjuna als Verfasser des *Mahāyāna-Vimshaka* (»20 Lieder über das Mahāyāna«) und des *Dvādashadvāra-Shāstra* (»Abhandlung der zwölf Tore«). Der Überlieferung nach soll er auch Autor des *Mahāprajñāpāramitā-Shāstra* sein, das nur in chin. Übersetzung vorliegt und wahrscheinlich in China entstanden ist. In der Tradition des → Zen gilt er als dessen 14. ind. Patriarch.

Nāgārjunas Verdienst war es, die im → *Prajñāpāramitā-Sūtra* angelegte Lehre zu systematisieren und zu vertiefen. Er entwickelte eine besondere Dialektik, die darauf beruht, die gegnerischen Meinungen ad absurdum zu führen. Ausgehend davon, daß jedes Ding nur durch sein Gegenteil existiert, zeigt er, daß alle Dinge nur relativ und ohne Wesenhaftigkeit (Svabhāvatā), d. h. leer (→ Shūnyatā) sind. Die Ablehnung aller Gegensätze, die Nāgārjunas methodischen Ansatz bildet, ist die Grundlage des → Mittleren Weges der Mādhyamikas und knüpft unmittelbar an die Lehre des Buddha an. Diese Haltung der »Mitte« kommt in den sog. Acht Verneinungen klar zum Ausdruck: keine Aufhebung (→ Nirodha), keine Erzeugung, keine Vernichtung, keine Ewigkeit, keine Einheit, keine Vielheit, keine Ankunft, kein Aufbruch.

Nāgārjunas Name leitet sich von → Nāga, Schlange, und Arjuna, einer Baumart, ab. Der Tradition nach wurde Nāgārjuna unter einem Baum geboren und von Nāgas in ihrem Palast unter dem Meer in den okkulten Wissenschaften unterrichtet. Dort soll er in Höhlen die Schriften des Buddha entdeckt haben.

Nāgārjuna hat als erster in der Geschichte des Buddhismus ein philosoph. »System« geschaffen, in dem er die Unwirklichkeit der Außenwelt, eine These, die im *Prajñāpāramitā-Sūtra* als Erfahrungstatsache dargestellt worden ist, zu beweisen versuchte. Damit legte er den Grundstein für das Mādhyamaka, aber seine Lehre übte auch weitreichenden Einfluß auf die Entwicklung der Philosophien anderer buddhist. Richtungen aus.

Als Ausgangspunkt wählt Nāgārjuna das Gesetz des Bedingten Entstehens (→ Pratītya-Samutpāda), das für ihn das Wesen der Welt ausmacht. Er sieht es als unwirklich und leer an, da dadurch weder Werden noch Vergehen, Ewigkeit noch Veränderlichkeit usw. möglich sind.

Die Leerheit der Welt versucht Nāgārjuna durch die Relativität dieser gegensätzlichen Begriffe aufzuzeigen: Solche Begriffe sind voneinander abhängig; das eine kann nur durch das andere bestehen. Daraus schließt er, daß es diese Dinge nicht wirklich geben kann, weil das Vorhandensein des einen das Vorhandensein des anderen voraussetzt.

Ein in seinen Beweisen der Leere zentraler Begriff ist die Nicht-Wesenhaftigkeit: Die Dinge der phänomenalen Welt besitzen keine Wesenhaftigkeit, da das Wesen ewig, unveränderlich und unabhängig von allem anderen ist, die Dinge der Erscheinungswelt jedoch entstehen und vergehen; sie sind leer.

»Leer« bedeutet nach Nāgārjuna also das Fehlen einer Wesenhaftigkeit der Dinge, nicht aber ihr Nicht-Existieren als Phänomene. Es ist insofern falsch zu sagen, daß die Dinge sind oder daß sie nicht sind. Die Wahrheit liegt in der Mitte, in der Leere. – Der Welt der Phänomene kommt eine gewisse Wahrheit zu, eine Wahrheit auf konventioneller Ebene (→ Samvriti-Satya), aber keine Endgültige Wahrheit (→ Paramārtha-Satya). Von der Ebene der Konventionellen Wahrheit aus gesehen, hat die Welt und auch die buddhist. Lehre ihre Gültigkeit; vom Standpunkt der Endgültigen Wahrheit gesehen, gibt es all dies nicht, da alles nur Erscheinung ist. Die Welt der Phänomene ist für Nāgārjuna durch »Vielfalt« (Prapañcha) gekennzeichnet, auf der alle Vorstellungen beruhen und die die äußere Welt vortäuscht. Die Höchste Wirklichkeit ist hingegen frei von jeder Vielfalt. Freisein von Vielfalt bedeutet → Nirvāna. In ihm ist die Mannigfaltigkeit der Welt und das Gesetz des Bedingten Entstehens aufgehoben, es ist von Natur aus friedvoll.

Nirvāna und phänomenale Welt sind für Nāgārjuna wie im *Prajñāpāramitā-Sūtra* im Grunde identisch; sie sind nur zwei Erscheinungsformen desselben. Was vom Aspekt der Bedingtheit und Abhängigkeit die Erscheinungswelt ausmacht, das ist vom Aspekt der Freiheit von Bedingtheit und Abhängigkeit das Nirvāna. Nirvāna besteht also für Nāgārjuna nicht in etwas, das erlangt werden kann, sondern im Erkennen des Wahren-Wesens der Phänomene, in dem die Vielfalt zur Ruhe kommt.

Nāgasena, B gelehrter Mönch, dessen Gespräch mit König Milinda über schwierige Fragen der buddhist. Lehre im → *Milindapañha* niedergeschrieben wurde. Nāgasena, der im 1. Jh. n. Chr. gelebt haben soll, stammte der Überlieferung nach aus einer Brahmanen-Familie und trat schon mit 15 Jahren in den buddhist. → Sangha ein. Er studierte die Lehre an verschiedenen Orten, u. a. auch in → Pātaliputra, wo er die Stufe eines → Arhat verwirklicht haben soll. Er galt als äußerst begabt: Nach einmaligem Zuhören hat er angeblich das gesamte → Abhidharma-Pitaka auswendig beherrscht. Seine Geschichtlichkeit wird vielfach angezweifelt.

Nagna, H Skrt., wörtl.: »nackt, bloß«; eine Sekte der → Sannyāsins, deren Angehörige immer nackt gehen zum Zeichen, daß sie ihren Geschlechtstrieb überwunden haben.

Naishkarmya-Siddhi H (Naiṣkarmya-Siddhi), Skrt., wörtl. *naishkarmya:* »Untätigkeit, Nicht-Tun«, *siddhi:* »Vollendung«, der Sinn ist: »Verwirklichung der eigenen Identität mit Brahman durch Nicht-Handeln«; ein Werk über den → Advaita-Vedānta von → Sureshvara, einem direkten Schüler von → Shankara. Es besteht aus vier Kapiteln, von denen das erste der Ansicht entgegentritt, daß Selbsterkenntnis durch Tätigkeiten wie Gebet und Meditation oder Tätigkeit kombiniert mit Wissen erlangt werden kann. Das 2. Kap. führt den Suchenden zu einem theoretischen Verständnis der mystischen Texte der → Upanischaden. Das 3. Kap. erklärt den großen Lehrsatz → Tat Tvam Asi (»Das bist du«). Das 4. Kap. beweist, daß diese Ausführungen mit den Lehren von → Gaudapāda und Shankara übereinstimmen. Jedes Buch umfaßt ungefähr hundert Stanzen, die jeweils durch einen Kommentar verbunden sind. (Engl. Übersetzung u. d. T. *Realization of the Absolute,* London 1959.)

Nakagawa Sōen, Z 1908–1983, jap. Zen-Meister der → Rinzai-Schule; ein Schüler und Dharma-Nachfolger (→ Hassu) von Meister → Yamamoto Gempō. Nakagawa Rōshi, langjähriger Abt des Klosters Ryūtaku-ji bei Mishima (Prov. Shizuoka), war wohl einer der bemerkenswertesten Zen-Meister im Japan dieses Jahrhunderts. Wie viele der bekannten Zen-Meister nicht nur von großer Intelligenz, sondern auch außerordentlich künstlerisch begabt, war er ein Meister der »Kunst des Lebens«. Er war dafür bekannt, daß ihm seine alltäglichen Verrichtungen spontan zu einem Kunstwerk gerieten, so etwa, wenn eine telegrafische Mitteilung zu einem → Haiku oder das Anbieten von Kaffee zu einer »Kaffee-Zeremonie« wurde. Im Westen wurde er vor allem durch seine Reisen in die USA und nach Israel bekannt, wo er auch westl. Schüler im Zen unterwies.

Nala, H 1. ein König von Nishadha. Die Geschichte von Nala und seiner Gattin, der »liebreizenden Damayantī« ist eine der bekanntesten Episoden des → *Mahābhārata:* Nala verlor beim Würfelspiel sein Königreich und all seinen Besitz einschließlich seiner Kleider. Später setzte er seine Frau gegen das Königreich und gewann alles zurück.

Die »Wieder-Erhebung« des Königs beschreibt ein berühmtes Gedicht, *Nalodaya,* das früher → Kālidāsa zugeschrieben wurde, was heute bezweifelt wird, da der Stil sehr manieriert wirkt. – Auch das beliebte Kunstepos *Naishadha-Charita* (»Die Taten des Königs von Nishadha«), verfaßt von dem Hofdichter und Philosophen → Harsha (12. Jh.), erzählt von Nala und Damayantī.

2. Name eines Affenhäuptlings, der die Fähigkeit besaß, Steine auf dem Wasser schwimmen zu lassen. Er diente in Rāmas Armee und baute die Steinbrücke von Indien nach Ceylon, über die Rāma mit seinen Truppen marschierte. Die Brücke wurde → Rāmasetu (*setu:* »Damm, Brücke«) oder auch Nalasetu genannt.

Nālandā, **B** Zentrum buddhist. und weltlicher Studien in Nordindien. Die »buddhistische Universität«, wie Nālandā oft genannt wird, wurde ca. im 2. Jh. von Shakrāditya, einem König von → Magadha, als Kloster gegründet und entwikkelte sich dann zu einer Universität, an der vor allem berühmte Vertreter des → Mādhyamaka lehrten. Nālandā war für Jahrhunderte eines der großen Zentren der Gelehrsamkeit in der Welt, nicht zuletzt dank der reichen Bibliothek. – Es bestanden enge Verbindungen zwischen Nālandā und Tibet, wo im Jahre 1351 ein Lehrzentrum gleichen Namens errichtet wurde.

Nach den Berichten der chin. Pilger → Hsüan-tsang und → I-ching, die Nālandā während seiner Hochblüte besuchten, lebten dort bis zu 10 000 Mönche, die die Lehren des Hīnayāna und des Mahāyāna, Logik, Mathematik, Medizin usw. studierten. Bedeutende Lehrer waren u. a. → Dharmapāla, → Dignāga, Hsüan-tsang, → Sthiramati. – Nālandā soll im 12. oder 13. Jh. von Muslimen zerstört worden sein.

Namah **H** (Namaḥ), auch Namas, Skrt., wörtl.: »Verbeugung, Verehrung«, wird in Verbindung mit einem Gebet oder einem Mantra benutzt. In einigen Kombinationen wird daraus Namo, z. B. → OM NAMO NĀRĀYANĀYA, ein huldigender Gruß an eine der Formen von Vishnu. Auch Mönche begrüßen sich untereinander mit dieser Ehrung Gottes.

Nāmajapa, **H** Skrt.; die Wiederholung eines der Namen Gottes (→ Japa), der dann als Mantra benutzt wird.

Nāman, **B** Skrt. (Pali: Nāma), wörtl.: »Name«; bezeichnet das Geistige im Gegensatz zum Körperlichen (→ Rūpa, → Nāmarūpa) und umfaßt die vier → Skandhas Gefühl, Wahrnehmung, Geistesformationen und Bewußtsein, die gemeinsam mit dem fünften Skandha, der Körperlichkeit, ein empirisches Individuum konstituieren.

Nāman als viertes Glied der Kette des Bedingten Entstehens (→ Pratītya-Samutpāda) ist bedingt durch Bewußtsein (→ Vijñāna) und bedingt seinerseits die sechs Sinnesgrundlagen (→ Shadāyatana). Im Mahāyāna wird Nāman in Gegensatz zu »Wirklichkeit« gesetzt, da der »Name« die objektive Welt nicht erfassen oder ausdrücken kann. Aus dieser Auffassung wird die Nicht-Realität aller Phänomene abgeleitet (→ Shūnyatā).

Nāmarūpa, **H** **B** Skrt., wörtl.: »Name/Form«.
H Eine Bezeichnung für → Māyā, die Erscheinungswelt, in der alles Namen und Form besitzt.
B Ein Terminus, der die irdische Persönlichkeit in ihren wesentlichen Bestandteilen, dem Geistigen und dem Körperlichen, bezeichnet. Damit auch eine Umschreibung für die fünf → Skandhas, wobei → Rūpa, Form, für den ersten Skandha und Nāma, Name, für die vier weiteren steht.

Nāmarūpa ist das vierte Glied der Kette des bedingten Entstehens (→ Pratītya-Samutpāda), das sich durch das Eingehen des Bewußtseins (→ Vijñāna) in den Mutterschoß bildet und ein neues Individuum entstehen läßt.

(Siehe dazu auch → Nāman.)

Nampo Shōmyō, **Z** → Shōmyō

Nampo Sōmin, **Z** → Shōmyō

Namu, **Z** jap.; jap. Aussprache der chin. Schriftzeichen, mit denen das Sanskrit-Wort *namas* ins Chinesische übertragen wurde. Es bedeutet soviel wie »verehren, lobpreisen« und wird i. allg. in Hinsicht auf den Buddha und die Drei Kostbarkeiten (→ Sambō) angewandt.

Namu-Sambō, **Z** jap.; Zuflucht zu den Drei Kostbarkeiten (→ Sambō) nehmen.

Nānak, **H** 1469–1538, der Begründer des → Sikhismus, der Religion der Sikhs, die versucht, im praktischen Leben Hinduismus und Islam miteinander zu verbinden. Guru Nānak lehrt, daß man Allah *und* Brahmā gefällig sein kann, wenn man ihrer Schöpfung, den Menschen, dient. Vereinigung mit Gott kann nur durch die eigene Anstrengung erlangt werden. Als Dichter stand Nānak unter dem Einfluß des Mystikers → Kabīr. Seine religiösen Dichtungen wurden Bestandteil des heiligen Buches der Sikhs, → *Ādi Granth.*

Nan-ch'üan P'u-yüan, **Z** jap. Nansen Fugan, 748–835, einer der großen chin. Zen-Meister der T'ang-Zeit; ein Schüler und Dharma-Nachfolger (→ Hassu) von → Ma-tsu Tao-i (jap. Baso Dōitsu). Nan-ch'üan hatte 17 Dharma-Nachfolger, darunter einen der bedeutendsten chin. Zen-Meister, → Chao-chou Ts'ung-shen (jap. Jōshū Jūshin), und → Ch'ang-sha Ching-ts'en (jap. Chōsha Keijin). Nan-ch'üan taucht auf im 14., 19., 27. und 34. Beispiel des → *Wu-men-kuan* sowie im 28., 31., 40., 63., 64. und 69. Beispiel des → *Pi-yen-lu.*

Nan-ch'üan hatte bereits ein intensives Studium der buddhist. Philosophie (u. a. der Lehren der → Fahsiang-Schule, der → Hua-yen-Schule und der → San-lun-Schule des chin. Buddhismus) hinter sich, als er zu Meister Ma-tsu kam, unter dessen Führung er tiefe Erleuchtung erfuhr. Im Jahre 795 baute er sich eine Hütte auf dem Berg Nan-ch'üan, dessen Name auf ihn überging, und lebte dort mehr als 30 Jahre in Zurückgezogenheit. Schließlich bewegten ihn einige Zen-Mönche dazu, vom Nan-ch'üan herabzusteigen, sich in einem Kloster niederzulassen und Schüler auf dem Zen-Weg zu führen. Es heißt, ihre Zahl habe seitdem nie weniger als einige Hundert betragen.

Eines der eindrucksvollsten Kōan mit Nan-ch'üan ist das 40. Beispiel des *Pi-yen-lu:*
»Lu Keng Tai-fu [jap. Riku-kō Taifu] sagte zu Nan-ch'üan im Laufe ihrer Unterhaltung: ›Chao, der Dharma-Lehrer, sagte: ‚Himmel und Erde und ich haben die gleiche Wurzel; die Zehntausend Dinge und ich sind ein Leib.' Höchst wunderbar!‹
Nan-ch'üan, indem er auf eine Blüte im Vorgarten wies, rief Tai-fu und sagte: ›Der Mensch unserer Zeit sieht diesen Blütenbusch gleich wie ein Träumender an.‹«
Von Nan-ch'üan, der für seine lebendigen Worte, seine paradoxen Aussagen bei der Schulung von Zen-Mönchen berühmt ist, stammen einige vielzitierte Zen-Sprüche. So sagte er, in scheinbarem Widerspruch zu seinem Meister Ma-tsu (dessen Aussage siehe → Ta-mei Fa-chang): »Das Bewußtsein ist nicht Buddha; Wissen ist nicht der Weg« (*Wu-men-kuan,* 34). Ebenso bekannt ist das → Wato aus dem 27. Beispiel des *Wu-men-kuan:* »Es ist nicht Geist, es ist nicht Buddha, es ist nicht Dinge.« Das → Mondō mit seinem Meisterschüler Chao-chou, das sich aus dessen Frage »Was ist der Weg?« entspann, siehe unter → Heijōshin kore dō.
Nan-ch'üans Aussprüche und Unterweisungen sind aufgezeichnet im *Ch'ih-chou Nan-ch'üan P'u-yüan-ch'an-shih kuang-lu* (»Große Sammlung der Worte des Zen-Meisters Nan-ch'üan P'u-yüan aus Ch'ih-chou«).

Nandi, H Skrt.; 1. einer der großen Verehrer → Shivas, der die Gestalt eines Stiers annahm, weil der menschliche Körper nicht stark genug war, seine ekstatische Hingabe zu ertragen; 2. der Stier Shivas. Vor den Shiva-Tempeln findet man häufig ein Stierbildnis aus Stein in milchig-weißer Farbe.

Nangaku Ejō, Z jap. für → Nan-yüeh Huai-jang

Nan-hua chen-ching, T chin. → *Chuang-tzu*

Nan-hua chen-jen, T → Chen-jen

Nan'in Egyō, Z jap. für → Nan-yüan Hui-yung

Nansen Fugan, Z jap. für → Nan-ch'üan P'u-yüan

Nanshū-Zen, Z jap. für Nan-tsung-ch'an → Südliche Schule

Nan-t'a Kuang-jun, Z jap. Nantō Kōyū, 850–938, chin. Zen-Meister der → Igyō-Schule; ein Schüler und Dharma-Nachfolger (→ Hassu) von → Yang-shan Hui-chi (jap. Kyōzan Ejaku) und der Meister von → Pa-chiao Hui-ch'ing (jap. Bashō Esei).

Nantō-Kōan, Z jap. → Kōan

Nantō Kōyū, Z jap. für → Nan-t'a Kuang-jun

Nan-t'ou, Z chin. für Nantō(-Kōan) → Kōan

Nan-tsung-ch'an, Z chin. → Südliche Schule

Nan-yang Hui-chung, Z jap. Nan'yō Echū, 675?–775?, früher chin. Zen-Meister; ein Schüler von → Hui-neng. Wie das *Tsu-t'ang-chi* berichtet, sprach er als Knabe bis zu seinem 16. Lebensjahr kein Wort und überquerte nie die Brücke vor dem Haus seiner Eltern. Als sich dann jedoch eines Tages ein Zen-Meister dem Haus näherte, lief er diesem über die Brücke entgegen und bat ihn, ihn als Mönch zu ordinieren und als Schüler anzunehmen. Der Meister, der die große Begabung des Knaben erkannte, schickte ihn in das Kloster von Hui-neng, der ihm voraussagte, daß er ein »allein in der Welt stehender Buddha« sein werde, ihn als Schüler annahm und später als Dharma-Nachfolger (→ Hassu) bestätigte. Nach langer Schulung unter dem 6. Patriarchen zog sich Nan-yang für 40 Jahre auf den Berg Pai-ya (jap. Hakugai) in Nan-yang (daher sein Name) zurück, um seine Zen-Erfahrung weiter zu vertiefen. Im Jahre 761, als Nan-yang etwa 85 Jahre alt war, folgte er widerwillig dem Ruf des Kaisers Su-tsung und ging an den Kaiserhof, um Su-tsungs und seines Nachfolgers Tai-tsung persönlicher Meister zu werden. Als Meister zweier Kaiser der T'ang-Dynastie erhielt Nan-yang als erster Zen-Meister den Ehrentitel »Landesmeister« (chin. → Kuo-shih, jap. → Kokushi) und wird in der Zen-Literatur deshalb i. allg. Chung-kuo-shih (jap. Chū Kokushi) genannt. Wir begegnen ihm im 17. Beispiel des → *Wu-men-kuan* sowie im 18., 69. und 99. Beispiel des → *Pi-yen-lu.*

Eines der berühmtesten Kōan, in denen der Landesmeister Chung auftaucht, ist »Der Landesmeister ruft dreimal« (*Wu-men-kuan,* 17):
»Dreimal rief der Landesmeister seinen Mönchsdiener, und dreimal antwortete jener.
Der Landesmeister sagte: ›Bisher dachte ich, ich wendete dir den Rücken zu. Doch es bist ja du, der mir den Rücken zuwendet.‹«

Nan'yō Echū, Z jap. für → Nan-yang Hui-chung

Nan-yüan Hui-yung, Z jap. Nan'in Egyō, auch Pao-ying Hui-yung genannt, gest. 930, chin.

Zen-Meister; ein Schüler und Dharma-Nachfolger (→ Hassu) von → Hsing-hua Ts'ung-chiang (jap. Kōke Zonshō) und der Meister von → Feng-hsüeh Yen-chao (jap. Fuketsu Enshō). Wie Meister Nan-yüan den hochtrabenden Feng-hsüeh in eine strenge Schulung nahm und schließlich zur Erleuchtung führte, wird in den Darlegungen von Meister → Yüan-wu K'o-ch'in (jap. Engo Kokugon) zum 38. Beispiel des → *Pi-yen-lu* berichtet.

Nan-yüeh Huai-jang, 🅉 jap. Nangaku Ejō, 677–744, früher chin. Zen-Meister; ein Schüler und Dharma-Nachfolger (→ Hassu) von → Hui-neng. Er ließ sich auf dem Berg Nan-yüeh (jap. Nangaku) nieder, dessen Name auf ihn überging. Über Nan-yüeh ist nur wenig bekannt, außer daß er ein Dharma-Nachfolger des 6. Patriarchen und der Meister von → Ma-tsu Tao-i (jap. Baso Dōitsu), einem der größten Zen-Meister der T'ang-Zeit, war. Eines der wenigen Begebnisse aus seinem Leben, die überliefert wurden, wird oft zitiert und häufig mißverstanden:
Als Ma-tsu auf dem Berg Heng lebte, saß er Tag für Tag in Versunkenheit (→ Zazen). Meister Huai-jang kam vorbei, sah ihn und fragte, was er durch das Sitzen erreichen wolle. Ma-tsu antwortete ihm, er wolle Buddhaschaft erlangen. Daraufhin ergriff Huai-jang eine Ziegelscherbe und begann, sie an einem Stein zu reiben. Als Ma-tsu ihn fragte, warum er das tue, antwortete ihm Huai-jang, er wolle die Ziegelscherbe zu einem Spiegel polieren. Daraufhin rief Ma-tsu aus: »Wie kann man aus einer Ziegelscherbe durch Polieren einen Spiegel machen?!« Huai-jang entgegnete: »Wie kann man durch Sitzen in Versunkenheit zu einem Buddha werden!?«
Diese berühmte Episode wird oft dahingehend mißverstanden, daß Nan-yüeh die Notwendigkeit und den Wert der Übung von Zazen überhaupt in Abrede stelle, während er dabei nur Ma-tsu auf eine falsche Einstellung gegenüber der Übung von Zazen aufmerksam macht.
Auf Nan-yüeh Huai-jang geht die zweite Hauptlinie der Zen-Tradition in der T'ang-Zeit zurück (vgl. Traditionstafel des Zen, S. 474).

Nanzen-ji, 🅉 eines der bedeutenden Zen-Klöster von Kyōto; urspr. ein Landsitz des abgedankten Kaisers Kameyama. 1293 ließ er ihn in ein Zen-Kloster umwandeln. Das Nanzen-ji gehörte nicht zu den »Fünf Bergen« (→ Gosan) von Kyōto, sondern war diesen durch shogunalen Beschluß übergeordnet. Es ist auch für seine Landschaftsgärten bekannt.

Nārada, 🄷 einer der sieben großen → Rishis und einer der → Prajāpatis. Ihm werden einige Hymnen des → *Rigveda* zugeschrieben. Die → Purānas berichten viele Geschichten und Legenden über ihn. Er soll der Herr der → Gandharvas, der himmlischen Musikanten, gewesen sein und die Vīnā (Laute) erfunden haben. Im *Mahābhārata* wird er mit Krishna in Verbindung gebracht. Er gilt vor allem als der große Gottliebende, der im → *Bhakti-Sūtra* berühmte Aphorismen über die Liebe zu Gott, seine Anbetung und Verehrung verfaßt hat. Ein anderes Werk von ihm über Gesetze trägt den Titel *Nāradīya-Dharma-Shāstra*. Nārada wird als Nitya-Siddha betrachtet (→ Nitya).

Naraka, 🄷 🄱 Skrt., wörtl.: »Hölle«.
🄷 Ort der Tortur und Folterung, wohin die Seelen der Bösen kommen. → Manu hat einundzwanzig Höllen aufgezählt, die alle einen Namen haben.
🄱 (Pali: Niraya); eine der drei negativen Existenzweisen (→ Gati). Als Orte der Qual und der Vergeltung schlechter Taten sind auch die Höllen endlich, d. h. nach Aufbrauchen des negativen → Karmas ist eine Wiedergeburt in einer anderen, besseren Daseinsform möglich. Ebenso wie die Buddha-Paradiese (→ Reines Land) bezeichnen die Höllen weniger eine Lokalität als einen bestimmten Bewußtseinszustand.
In der buddhist. Kosmologie werden verschiedene Arten von Höllen unterschieden, die im wesentlichen aus dem Hinduismus übernommen wurden: heiße und kalte, die sich in 8 Haupthöllen, von denen Avichi die schrecklichste ist, unterteilen, und jeweils von 16 Nebenhöllen umgeben sind. – Die Höllenbewohner erleiden für verschieden lange Zeiträume unermeßliche Qualen. Sie werden z. B. zerhackt und zerstückelt, von Vögeln mit eisernen Schnäbeln bei lebendigem Leib gefressen, von den klingenscharfen Blättern der Höllenbäume zerschnitten. Die Höllen werden von → Yama regiert.

Nāralīlā, 🄷 Skrt., wörtl. *nāra:* »Mensch«, *līlā:* »Spiel«; das Spiel Gottes, wie es sich im Menschen manifestiert.

Nara-Nārāyana 🄷 (Nara-Nārāyaṇa), Skrt., wörtl. *nara:* »Mensch«, *nārāyana:* »Gott«; die menschliche Seele und Gott in Gemeinschaft und Verschmelzung. Diese Darstellung Gottes als Nārāyana ist ein Symbol für die höchste Wahrheit, daß das Selbst im Menschen (→ Ātman) eins ist mit → Brahman; sie bringt aber zugleich Gott in einer lebendigen, inspirierenden Weise dem Menschen nahe.
Mythologisch werden mit Nara-Nārāyana zwei → Ri-

shis des Altertums bezeichnet, Söhne von → Dharma und → Ahimsā in ihrer als Gottheit personifizierten Form. Mitunter wird diese Bezeichnung auch auf → Krishna und → Arjuna angewandt.

Narasimha 🅗 (Narasiṃha), Skrt., wörtl. *nara:* »Mensch«, *simha:* »Löwe«, auch Nrisimha; Vishnu in seiner vierten Inkarnation als → Avatāra, ein Zwischenglied zwischen Tier und Mensch in Gestalt eines Löwenmenschen. Er symbolisiert die Wende zur Herrschaft des Bewußtseins, das dann im Menschen voll erwacht.

Nārāyana 🅗 (Nārāyaṇa), Skrt., wörtl. *nāra:* »menschlich, den Menschen (den Urmenschen bzw. göttlichen Menschen) betreffend«, *ayana:* »Gang, Weg«; Nārāyana bedeutet das Göttliche, das im Menschen seinen Weg nimmt, d. h. sich in ihm manifestiert. Deshalb bezieht Nārāyana sich hauptsächlich auf Vishnu, der sich immer wieder in anderen Formen inkarniert (→ Avatāra). Es ist aber auch ganz allgemein eine Bezeichnung für Gott. Sadhus und Heilige begrüßen sich deshalb in Indien mit OM NAMO NĀRĀYANĀYA (»Ehre sei Gott im Menschen!«).

Mythologisch wird Nārāyana als der Schöpfergott → Brahmā gedeutet, weil er nach → Manus Aussagen seinen Weg aus dem Wasser (*nāra* im Plural: »Wasser«) genommen habe, was an den Ausspruch des Thales von Milet erinnert: »Alles ist aus dem Wasser entsprungen, alles wird durch das Wasser erhalten. Ozean, gönne uns dein ewiges Walten.« Der Name Nārāyana taucht zuerst im → *Shatapatha-Brāhmana* auf.

Nāro Chödrug 🅑 (Nāro chos-drug), tibet., wörtl.: »Sechs Doktrinen des Nāropa«. Eine Gruppe von Lehren des → Vajrayāna, vor allem eine der Disziplinen, in die der ind. → Mahāsiddha → Nāropa von seinem Lehrer → Tilopa eingeweiht wurde. Nāropa gab sie an den Übersetzer → Marpa weiter, der sie unter Nāropas Namen im 11. Jh. nach Tibet brachte. Die »Sechs Doktrinen« sind neben der → Mahāmudrā-Lehre die wichtigsten Meditationstechniken der → Kagyüpa-Schule. Sie setzen sich aus folgenden Übungen zusammen: 1. die Erzeugung der »Inneren Hitze« (→ Tumo), 2. die Erfahrung des eigenen Körpers als Trugbild (→ Gyulü), 3. der Zustand des Traumes (→ Milam), 4. die Wahrnehmung des »Klaren Lichtes« (→ Ösel), 5. die Lehre des Zwischenzustandes (→ Bardo) und 6. die Praxis der Bewußtseinsübertragung (→ Phowa). Diese Lehren fallen teilweise mit denen des → *Bardo Thödol* zusammen, und das anschaulichste Beispiel für ihre Durchführbarkeit ist → Milarepas Beherrschung der »Inneren Hitze«.

Die »Sechs Doktrinen des Nāropa« wurden aus verschiedensten → Tantras entwickelt und jeweils von bestimmten Lehrern überliefert. So heißt es in einem Werk des Tilopa, daß die Erfahrung des eigenen Körpers als Trugbild und die Wahrnehmung des »Klaren Lichtes« auf → Nāgārjuna zurückgehen, die Erzeugung der »Inneren Hitze« auf Charyapa, die Lehre des Traumzustandes auf Lavapa, und die Lehre des Zwischenzustandes und der Bewußtseinsübertragung auf einen dritten tantrischen Meister, Pukasiddhi.

Die Meisterung der sechs Praktiken führt zu bestimmten übernatürlichen Fähigkeiten (→ Siddhi) und basiert auf der Beherrschung feinstofflicher Körperenergien. Diese sind Ausdruck der Einbeziehung des Körpers in den Prozeß der geistigen Entwicklung und werden von der tibet. Überlieferung in drei Aspekten zusammengefaßt: die Energieströme *(lung),* die auf unterschiedliche Weise die Körperfunktionen regulieren, die Energiebahnen *(tsa),* auf denen diese Energie fließt, und ein bestimmtes Energiepotential *(thig-le),* das diesem System zugrunde liegt.

Durch die verschiedenen Techniken der »Sechs Doktrinen« werden diese Energien aktiviert und als Mittel eingesetzt, um zur Erleuchtung (→ Bodhi) zu gelangen. Das Ziel ist die Verwirklichung der unauflöslichen Einheit von Leere (→ Shūnyatā) und gefühlsmäßiger Erfüllung. Von Milarepa wird diese Erfahrung durch eine sechsfache Wonne beschrieben:

> Flammt die ›Innere Hitze‹ auf im ganzen Körper – Wonne!
> Zentrieren sich die Energieströme in den drei Bahnen – Wonne!
> Fließt von oben des Erleuchtungsgeistes Strom – Wonne!
> Erfüllt sich unten das Energiepotential, das Strahlende – Wonne!
> Harmonisieren in der Mitte Männliches und Weibliches – Wonne!
> Ist voll von ungetrübter Seligkeit der Körper – Wonne!

Nāropa 🅑 (Nā-ro-pa), 1016–1100; zusammen mit seinem Lehrer → Tilopa einer der bekanntesten ind. → Mahāsiddhas und bedeutender Überlieferungsträger der → Mahāmudrā-Lehren. Die nach Nāropa benannten Übungsmethoden (→ Nāro Chödrug) gelangten über seinen Schüler → Marpa nach Tibet und sind bis zum heutigen Tag eine der zentralen Lehrtraditionen der → Kagyüpa-Schule. Nāropa hatte eine bedeutende Position an der buddhist. Klosteruniversität → Nālandā inne, bevor er Schüler des Tilopa wurde. Zu seinen Zeitgenossen zählt auch der Gelehrte → Atīsha.

Nāsadāsīya, 🅗 Skrt.; der Name dieses Liedes ist aus seinen Eingangsworten gebildet. Es ist der berühmte Schöpfungshymnus im *Rigveda* (X, 129), der in sieben Versen immer tiefer in das

Geheimnis des Daseins eindringt. In Vers 4 kommt mit dem Wort *kāma* (Liebe) die tiefe Erkenntnis von der Natur der Dinge, zu der der Dichter sich durchgerungen hat, zum Ausdruck. In Vers 6 läßt er die Götter hinter sich, denn sie sind »diesseits der Schöpfung entsprungen«. Der letzte Vers antwortet auf die Frage, wie die Schöpfung entstanden sei: »Er, der die Schöpfung hat hervorgebracht, / Der auf sie schaut im höchsten Himmelslicht, / Der sie gemacht hat oder nicht gemacht, / Der weiß es! – oder weiß auch er es nicht?« (Übers. v. P. Deussen)

Nāstika, 🅷 Skrt., wörtl.: »atheistisch«; Bezeichnung für die unorthodoxen philosoph. Schulen, die nicht an die Autorität der → Veden glauben. Es sind die → Chārvākas, die Schulen des → Jainismus und des Buddhismus.

Nātaka 🅷 (Nāṭaka), Skrt.; Dramen mit religiösen oder mythischen Stoffen (z. B. → Kālidāsas *Shakuntalā* und *Vikramorvashīya*) und einem Gott, einem Heiligen oder einer Herrscherpersönlichkeit als Helden.

Natarāja 🅷 (Naṭarāja), Skrt., wörtl.: »der König des Tanzes«; → Shiva als König der Tänzer und Herr der Weltbühne. Sein kosmischer Tanz stellt

Shiva als Natarāja, der König des Tanzes. (Bronze, 82 cm.)

seine fünf Aktivitäten dar: Schöpfung, Erhaltung, Zerstörung, Verkörperung und Befreiung. In den berühmten Darstellungen des Natarāja zermalmt ein Fuß Shivas den Dämon Mujalaka, das Symbol für Nicht-Erkenntnis und Weltlichkeit, der andere Fuß, hochgehoben, symbolisiert den überbewußten Zustand. Der Tanz findet in der Materie, der Körperlichkeit statt, individuell wie auch kosmisch. Der Flammenkreis, in dem Natarāja tanzt, ist der Tanz der Naturkräfte im Gegensatz zu Shivas Tanz der Weisheit. Sein Tanz ist auch identifiziert worden mit der Silbe → OM.

Navaratna, 🅷 Skrt.; neun berühmte Dichter, die »Neun Edelsteine« am Hofe des Königs → Vikramāditya. Es waren: 1. Dhanvantari, die Perle; 2. Kshapanaka, der Rubin; 3. Amara-Simha, der Topas; 4. Shanku, der Diamant; 5. Vetālabhatta, der Smaragd; 6. Ghatakarpara, der Lapislazuli; 7. Kālidāsa, die Koralle; 8. Varāhamihira, der Saphir; 9. Vararuchi, nicht mit einem speziellen Edelstein identifiziert.

Navavidhān, 🅷 Skrt. → Keshab Chandra Sen

Nehan, 🅱 🆉 jap. für → Nirvāna

Nehandō, 🆉 jap., wörtl.: »Nirvāna-Halle«; Bezeichnung für das Gebäude in einem Zen-Kloster, in dem die Kranken untergebracht und gepflegt werden. Andere Namen für die Krankenstation sind Enjudō (Halle der Verlängerung des Lebens) und Anrakudō (Halle des Friedens und der Freude).

Nei-ch'i, 🆃 chin., wörtl.: »Innerer Atem«; im Inneren des Körpers gespeicherte Energie. Im Gegensatz dazu wird die eingeatmete Luft, der Atem, als Äußerer Atem (→ Wai-ch'i) bezeichnet. Das Nei-ch'i des Menschen ist nach taoist. Auffassung der Uratem (→ Yüan-ch'i) des Kosmos, die Urenergie, die bei der Entstehung der Welt Himmel (→ T'ien) und Erde bildete. Bei der Geburt des Menschen dringt das Ur-ch'i in den Körper ein und formt den Geist (→ Shen), den Körper, den Speichel (→ Yü-chiang) und den Samen (→ Ching) des Menschen. Der Taoist ist bestrebt, das Nei-ch'i im Innern des Körpers zu erhalten, zu stärken und wieder in seinen urspr. reinen Zustand, in dem es sich zum Zeitpunkt der Geburt befand, zurückzuführen. Entweicht der Innere Atem durch den Mund, so hat dies eine Verkürzung der Lebensspanne zur Folge.

Seit der T'ang-Dynastie betonen die taoist. Autoren immer wieder, daß die Anleitungen zu den verschiedenen Atemübungen wie der Embryonalatmung (→ T'ai-hsi) sich auf den Inneren und nicht den Äußeren Atem beziehen (→ Fu-ch'i, → Hsing-ch'i, → Yen-ch'i). Das Nei-ch'i wird im Ozean der Energie (→ Ch'i-hai) gespeichert. Es zirkuliert in Gleichklang mit dem Äußeren Atem im Körper, ist aber getrennt davon: Wenn das Äußere Ch'i bei der Ausatmung aufsteigt, folgt ihm das Innere, beide dürfen sich aber nicht mischen. Beim ungeübten Menschen verläßt das Innere Ch'i gemeinsam mit dem Äußeren den Körper. Ist es erschöpft, stirbt der Mensch. Der taoist. Adept aber »schluckt« das Innere Ch'i, sobald es in den Mund gelangt (Yen-ch'i) und schickt es beim Einatmen wieder ins Ch'i-hai zurück.

Nei-kuan, auch Nei-shih, chin., wörtl.: »Innere Schau«; taoist. Methode, bei der der Übende das Innere seines Körpers visualisiert, bis auch die kleinsten Einzelheiten klar vor seinem inneren Auge erscheinen. Das Nei-kuan erleichtert das Kreisen-Lassen des Atems (→ Hsing-ch'i). In der → Inneren-Gottheiten-Hygiene-Schule benützt man es, um die Körpergottheiten zu visualisieren und mit ihnen in Kontakt zu treten. Um die Übung des Nei-kuan erfolgreich ausführen zu können, müssen alle störenden äußeren Einflüsse ausgeschaltet und die Gedanken beruhigt werden.

Nei-shih, chin. → Nei-kuan

Nei-tan, chin., wörtl.: »Innerer Zinnober«, das »Innere Elixier«, die »Innere Alchemie«; in

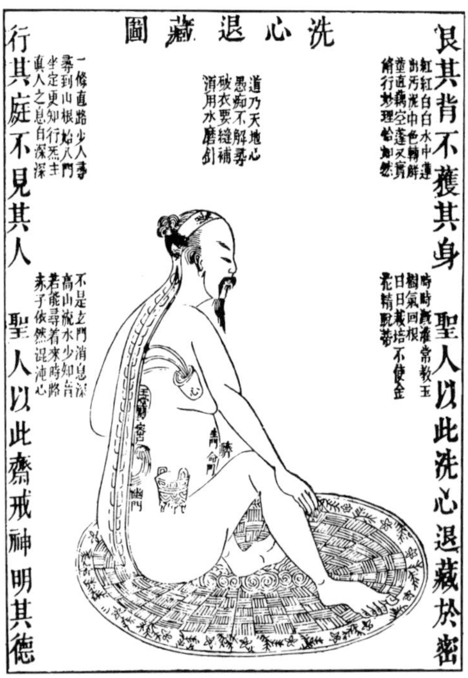

Ein Adept der »Inneren Alchemie« (Nei-tan).

der Sprache der taoist. Schule des Inneren Elixiers steht der Begriff Nei-tan für die Entwicklung einer unsterblichen Seele aus den drei das Leben erhaltenden Kräften: aus der Essenz (→ Ching), der Lebensenergie (→ Ch'i) und dem Geist (→ Shen). Dieser Prozeß wird mit den Begriffen des Äußeren Elixiers (→ Wai-tan) beschrieben, bei dem man versucht, aus einigen chemischen Substanzen ein Unsterblichkeit (→ Ch'ang-sheng pu-ssu) verleihendes Elixier herzustellen: Im menschlichen Körper, der dem Kessel der Äußeren Alchemie gleichgesetzt wird, werden die Essenz und die Lebenskraft, die den chemischen Substanzen des Wai-tan entsprechen, mit Hilfe des Geistes zu einem Heiligen Embryo (→ Sheng-t'ai) gewirkt.

Im Nei-tan werden die inneren »Legierungen« und »Sublimationen« durch die Sammlung der Gedanken vollzogen. Dadurch kann eine Umkehrung all jener Prozesse stattfinden, die normalerweise den Tod eines Menschen bewirken, indem die Lebenskräfte im Inneren konzentriert, geläutert und unabhängig von der sinnlichen Welt werden.

Der Adept läßt in seinem Inneren durch verschiedene meditative Atemtechniken einen neuen Menschen entstehen, den sog. Heiligen Embryo. Diese unsterbliche Seele verläßt im Augenblick des Todes den sterblichen Körper und steigt in den Himmel empor. Diesen Heiligen Embryo bezeichnen die Taoisten auch oft als »Goldene Blüte«, die sich dann öffnet, wenn der Adept Erleuchtung erlangt hat. Philosophisch ausgedrückt besteht die Erleuchtung der Anhänger des Inneren Elixiers in der Rückkehr ins Nichts. Ihr Ziel ist das gleiche wie das des philosoph. Taoismus (→ Tao-chia) eines Lao-tzu oder Chuang-tzu: die Vereinigung mit dem Tao durch den Ausgleich der Unausgewogenheiten von Yin und Yang (→ Yin-yang).

Die Praxis des Nei-tan trat während der Sung-Dynastie nach und nach an die Stelle des Wai-tan. Sie war vor allem in der Schule der Verwirklichung der Wahrheit (→ Ch'üan-chen tao) mit ihren verschiedenen Strömungen verbreitet und wurde stark vom Buddhismus, vor allem dem Zen-Buddhismus, beeinflußt.

Berühmte Vertreter der Schule des Inneren Elixiers sind → Wei P'o-yang, → Ch'en T'uan, → Chang Po-tuan. Ein wichtiger Text ist das → *T'ai-i chin-hua tsung-chih,* bekannt als »Das Geheimnis der Goldenen Blüte«.

Grundgedanke der Schule des Inneren Elixiers ist, daß die drei Lebenskräfte des Menschen, Ching, Ch'i und Shen, jeweils einen materiellen, sichtbaren Aspekt aufweisen, der im Inneren des Körpers wirksam ist, und einen immateriellen, unsichtbaren, der im Universum

wirkt. Ziel der Anhänger des Nei-tan ist es, im meditativen Atemprozeß die Essenz zu läutern und in Ch'i umzuwandeln und dann Ch'i zu läutern und in Shen zu transformieren *(lien-ching hua-ch'i, lien-ch'i hua-shen)*. Die letzte Stufe des Weges besteht darin, den Geist zu läutern und ins Nichts zurückzukehren (*lien-shen fu-hsü*) und die Integration des Selbst mit dem Universum zu erreichen.
Voraussetzung für eine erfolgreiche Praxis des Nei-tan ist es, die eigene Essenz zu stärken. Dazu werden meist Sexualtechniken (→ Fang-chung shu) eingesetzt, die jedoch von manchen taoist. Gelehrten strikt abgelehnt werden. Die wichtigste besteht darin, die Essenz zurückzuführen, um das Gehirn zu stärken (→ Huan-ching pu-nao).
Die eigentliche Arbeit des Alchemisten beginnt mit der Herstellung eines inneren energetischen Kreislaufs, des sog. Kleinen Himmlischen Kreislaufs (Hsiao-chou-t'ien). Dieser beginnt im Herzen und steigt zur Mitte des Bauches, zur Niere, ab. Der Weg des Kreislaufs wird in den taoist. Texten oft mit verschiedenen Kategorien wie den Fünf Elementen (→ Wu-hsing), den Jahreszeiten, Himmelsrichtungen, Organen, Tieren usw. in Verbindung gebracht.
Dieser Kleine Kreislauf ist Grundlage für den Großen, der den ganzen Körper erfaßt. Dabei steigt die Energie vom unteren Ende der Wirbelsäule durch die Wirbelsäule in den Kopf auf und bewegt sich über Kopf, Gesicht weiter über Brust und Bauchoberfläche hinunter zurück zum Ende der Wirbelsäule. Der aufsteigende Strom entlang der Wirbelsäule heißt Tu-mai oder kontrollierte Bahn. Die wichtigsten Zentren dieser Bahn liegen 1. am untersten Ende der Wirbelsäule, 2. in der Gegend der Nieren, 3. in der Mitte der Wirbelsäule, 4. an der Verbindungsstelle zwischen Wirbelsäule und Schädel. Das oberste dieser Zentren ist das sog. Obere Zinnoberfeld (→ Tan-t'ien), genauer das → Ni-huan.
Die absteigende Bahn heißt Jen-mai oder unwillkürliche Bahn. Die wichtigsten Zentren dieser Bahn sind das Mittlere und Untere Zinnoberfeld, die Gelbe Halle *(huang-t'ing)* in der Mitte des Bauches und die Halle des Lichts *(ming-t'ang)* zwischen den Augen.
Der gesamte Kreislauf wird in alchemistischen Texten in zwölf Abschnitte eingeteilt, die durch Hexagramme aus dem → *I-ching* oder durch zyklische Zeichen, die den Monaten oder Zwei-Stunden-Abschnitten des Tages zugeordnet sind, symbolisiert werden.
Die Texte bezeichnen das Auf- und Absteigen der Energie im Kreislauf auch vielfach als die Vereinigung von → K'an und Li oder von Drache (Yang) und Tiger (Yin), wodurch das Ziel des Nei-tan verwirklicht wird.
Ausführliche Darstellungen des Nei-tan finden sich in: Chang Chung-yuan, *Tao, Zen und schöpferische Kraft*, Düsseldorf/Köln 1981; Mokusen Miyuki, *Die Erfahrung der Goldenen Blüte*, Bern 1984.

Nembutsu, B jap., Rezitieren des Namens von Buddha → Amitābha; Meditationsübung der Schulen des Reinen Landes (→ Reines-Land-Schule, → Jōdo-shū, → Jōdo-shin-shū). Die rezitierte Formel lautet »Namu Amida Butsu« (jap. für »Verehrung dem Buddha Amitābha«). Wird es mit vollkommener Hingabe ausgeführt, kann das Nembutsu eine Wiedergeburt im → Reinen Land des Amitābha bewirken, was das höchste Ziel der Praxis dieser Schulen darstellt.

Nempyo Sambyaku Soku, Z wörtl.: »Dreihundert Kōan mit Kommentaren«; von dem jap. Zen-Meister Dōgen Zenji zusammengestellte und mit Darlegungen versehene Kōan-Sammlung. (Siehe dazu auch → Dōgen Zenji.)

Nen, Z jap., umgangssprachlich wörtl.: »Idee, Gedanke«; ein Begriff, der im Zen eine besondere, von der umgangssprachlichen meist verschiedene Bedeutung hat: diese ist aus dem im Japanischen *nen* gelesenen chin. Schriftzeichen herzuleiten, das aus einem Element mit der Bedeutung »gegenwärtig« und einem Element mit der Bedeutung »Herz, Geist, Bewußtsein« (→ Kokoro) besteht. »Bewußtseins-Moment«, »auf den Augenblick gerichteter Geist« oder auch »Aufmerksamkeit« sind deshalb genauere Definitionen des Begriffs, wie er im Zen gebraucht wird. Eine weitere Bedeutung ist »intensiver, gesammelter, nicht-dualistischer Gedanke« – ein Gedanke, der kein Objekt außerhalb von sich selbst hat.

Nenge-Mishō, Z jap., wörtl.: »lächelnd die Blume (zwischen den Fingern) zwirbeln«; ein Zen-Ausdruck, der sich auf die wortlose Übertragung des → Buddha-Dharma von → Shākyamuni Buddha auf seinen Schüler Kāshyapa, später → Mahākāshyapa genannt, bezieht. Die Übertragung von Herz-Geist zu Herz-Geist (→ Ishin-Denshin) ist der Beginn der »besonderen Übermittlung außerhalb der (orthodoxen) Lehre« (→ Kyōge-Betsuden), als die das Zen sich bezeichnet.
Die Geschichte geht zurück auf ein Sūtra, das *Ta-fan-t'ien-wang-wen-fo-chüeh-i-ching* (jap. *Daibontennō-mombutsu-ketsugi-kyō*). Es berichtet, daß einst Brahmā, die höchste Gottheit des hinduist. Götterreigens, eine Versammlung der Jünger Buddhas auf dem Berg Gridhrakūta (→ Geierberg) besuchte. Er brachte dem Buddha eine Blumengirlande dar und bat ihn ehrerbietig, den Dharma darzulegen. Statt jedoch zu predigen, nahm der Buddha nur eine Blume und zwirbelte sie schweigend und lächelnd zwischen den Fingern der erhobenen Hand. Keiner der Versammelten begriff, außer Kāshyapa, der seinem Meister mit einem Lächeln antwortete. Nach der im → *Wu-men-kuan* (6. Beispiel) wie-

dergegebenen, etwas verkürzten Version dieser Episode, sagte der Buddha daraufhin: »Ich habe den Augen-Schatz des Wahren Dharma, das wunderbare Nirvāna-Bewußtsein, Wahre Form der Nicht-Form, das geheimnisvolle Tor des Dharma. Es kann nicht durch Worte und Buchstaben ausgedrückt werden und ist eine besondere Übermittlung jenseits (außerhalb) aller Lehren. Ich betraue Mahākāshyapa damit.«
Der nach dieser Begebenheit Mahākāshyapa genannte Schüler des Buddha wurde damit zum 1. Patriarchen in der ind. Übertragungslinie des Zen (vgl. Traditionstafel des Zen, S. 474).

Nenge-Shunmoku, 🅉 jap., wörtl.: »augenzwinkernd die Blume (zwischen den Fingern) zwirbeln«; ein anderer Ausdruck für → Nenge-Mishō.

Neokonfuzianismus, 🅃 → Konfuzianismus, auch → Chu Hsi

Neotaoismus, 🅃 → Hsüan-hsüeh

Neti, Neti, 🄷 Skrt., wörtl.: »Nicht dies, nicht das«; ein viel benutzter Ausspruch. Diese Worte aus der → *Brihadāranyaka-Upanishad* weisen die Erscheinungen des gesamten Universums als bloße Überdeckungen → Brahmans zurück und stellen fest, daß nur Brahman existiert und nichts anderes. Der auf alle Erscheinungen angewandte Erkenntnisprozeß, daß die Letzte Wirklichkeit »nicht dies, nicht das« ist, stellt den negativen Unterscheidungsprozeß des → Advaita-Vedānta dar, der der intellektuelle Weg des → Jñāni ist.

Neue Lotos-Schule, 🄱 → Nichiren-Schule

Ngöndro, 🄱 tibet. → Körper, Rede, Geist

Nichiren, 🄱 1222–1282, Begründer der → Nichiren-Schule (auch Neue Lotos-Schule) des jap. Buddhismus. Nichiren, für den die Lehre des Buddha im → *Lotos-Sūtra* ihren höchsten Ausdruck fand, war der Überzeugung, daß allein die darin enthaltene Lehre die Menschen zur Erlösung führen kann. Die Essenz der Botschaft ist nach seiner Auffassung im Titel des Sūtra enthalten. Daher besteht die von ihm begründete Praxis im Rezitieren des Titels des Sūtra: »Verehrung dem Sūtra des Lotos des guten Gesetzes« (jap. *Namu Myōhō Renge-kyō*).
Nichiren, der unerbittliche Kritik an allen anderen buddhist. Schulen übte, sah sich als Retter der Nation und wollte durch ein Leben nach der Lehre des *Lotos-Sūtra* Frieden für Japan schaffen. Er warf den Herrschern vor, »häretische« Richtungen des Buddhismus zu unterstützen, was er als Grund für die Schwierigkeiten ansah, in denen sich das Land zu seiner Zeit befand. Als Patriot wollte er Japan zum Zentrum der wahren Lehre des Buddha machen, von wo aus diese sich über die ganze Welt verbreiten sollte. Aufgrund seiner unnachgiebigen Haltung wurde Nichiren zum Tode verurteilt, aber auf wunderbare Weise gerettet und daraufhin auf eine Insel verbannt. 1274 durfte er nach Kamakura zurückkehren.

Nichiren wurde als Sohn eines armen Fischers an der Südostküste Japans geboren. Mit 15 Jahren wurde er in einem Kloster in der Nähe seines Heimatortes zum Mönch ordiniert. Auf der Suche nach einer Antwort auf die Frage, was die wahre Lehre des Buddha sei, ging er nach Kamakura und später auf den Berg Hiei (→ Hieizan), das Zentrum der → Tendai-Schule. Die Philosophie des Tendai, die auf dem *Lotos-Sūtra* basiert, schien ihm der Wahrheit am nächsten zu kommen. 1253 kehrte er in sein Stammkloster zurück, da auf dem Berg Hiei die eigentliche Lehre des *Lotos-Sūtra* zu sehr in den Hintergrund getreten war. Zu dieser Zeit arbeitete er seine eigene Doktrin aus: Die Lehre des *Lotos-Sūtra* allein kann die Menschen in einer Zeit religiösen Niedergangs erretten, da sie den einen und einzigen Weg zur Befreiung aufzeigt. Die Auffassung, daß es genüge, den Titel des Sūtra zu rezitieren, führte zu Nichirens Ausschluß aus dem Kloster, worauf er seine Lehre auf der Straße verbreitete und alle anderen Schulen heftig angriff. Im Reinen Land der → Jōdo-shū sah er die »Hölle«, in ihrem Begründer Hōnen sah er den Feind aller Buddhas und den Verantwortlichen für die Mißstände in Japan. Zen war für ihn Ausdruck teuflischer Mächte, → Shingon bedeutet nationalen Ruin und → Ritsu Hochverrat. Nichiren war überzeugt, daß nationaler Friede und Wohlstand nur durch die Vereinigung aller buddhist. Richtungen in der Lotos-Lehre möglich sei.
Auf die Insel Sado verbannt, verfaßte er einige Werke und sah sich als Retter der Nation und Inkarnation zweier → Bodhisattvas, die nach dem *Lotos-Sūtra* die Lehre verbreiten sollten. Besondere Bedeutung maß er den Gelübden bei, die die Schüler des Buddha in diesem Sūtra ablegen, indem sie versprechen, die Lehre in schlechten Zeiten zu propagieren und alle daraus resultierenden Schwierigkeiten zu ertragen. Er forderte von seinen Anhängern, dem Bodhisattva-Ideal der Selbstaufopferung nachzueifern, wie er es selbst vorlebte.

Nichiren-Schule 🄱 (jap. Nichiren-shū, wörtl.: »Schule des Lotos der Sonne«, auch Neue Lotos-Schule); Schule des jap. Buddhismus, die nach ihrem Begründer → Nichiren (1222–1282) benannt ist. Ihre Lehre liegt im → *Lotos-Sūtra* begründet, dessen Titel nach Ansicht von Nichiren allein die Essenz der Buddha-Lehre beinhaltet. Die von Nichiren befürwortete Praxis besteht im Rezitieren der Formel »Verehrung dem

Sūtra des Lotos des guten Gesetzes« (jap. *Namu Myōhō Renge-kyō*). Wird diese Verehrungsformel voller Hingabe rezitiert, kann dadurch augenblicklich die Buddhaschaft verwirklicht werden. – Die Nichiren-Schule zeigt stark nationalistische Tendenzen und will ein irdisches Buddha-Reich errichten, das von Japan aus die ganze Welt umfassen soll. Sie betont die sozialpolitischen Aufgaben der Religion.

Aus der ursprünglichen Schule des Nichiren entwickelten sich im 20. Jh. eine Reihe neuer Richtungen: Nichiren-shōshū (»die wahre Schule Nichirens«), die auf einen Schüler Nichirens, Nikkō, zurückgeht und Nichiren als den »Buddha der Endzeit« verehrt. Auch moderne jap. Volksreligionen wie → Risshō Koseikai, → Sōka Gakkai, → Nipponzan Myōhōji fußen auf der Nichiren-Schule.

Die Nichiren-Schule verehrt die »Drei Großen Mysterien«: Das 1. ist das von Nichiren selbst stammende, auf dem Berg Minobu aufbewahrte → Mandala (Go-Honzon), das die Lotos-Lehre zusammenfaßt. In der Mitte des Mandala befindet sich die Pagode, die im *Lotos-Sūtra* das Symbol der Buddha-Wahrheit (→ Tathāgata) ist. Die Pagode repräsentiert die fünf Schriftzeichen des Titels des *Lotos-Sūtra*. Um diesen »Großen Titel« (Daimoku) sind in konzentrischen Kreisen die Namen von Bodhisattvas und anderen Wesen angeordnet. – Das 2. Mysterium ist das Daimoku, der Titel des *Lotos-Sūtra*, selbst. Es ist die Verehrungsformel, die die Essenz der Lotos-Lehre verkörpert. Das Rezitieren dieser Formel bewirkt eine Reinigung von → Körper, Rede, Geist und ist an die Stelle der Zufluchtnahme (→ Trisharana) im traditionellen Buddhismus getreten. – Das 3. Mysterium stellt das Kaidan dar, eine Art Weihebühne, die urspr. der Mönchsordination diente, von Nichiren aber ins Symbolische gewandelt wurde: Japan selbst ist als Kaidan ausersehen worden. Diese Vorstellung wurde zur zentralen Idee des chauvinistischen Nichirenismus.

Nicht-Erkenntnis, B Z → Avidyā

Nicht-Selbst, B → Anātman

Nicht-Wissen, B Z → Avidyā

Nidāna, B Skrt., Pali, etwa: »Bindeglied«; die zwölf Glieder, die die Kette des Bedingten Entstehens (→ Pratītya-Samutpāda) bilden: 1. → Avidyā (Nicht-Wissen), 2. → Samskāra (Gestaltungen, Tatabsichten), 3. → Vijñāna (Bewußtsein); 4. → Nāmarūpa (Körperliches und Geistiges); 5. → Shadāyatana (Sechs Grundlagen, d. h. die sechs Objektbereiche der Sinne); 6. → Sparsha (Berührung); 7. → Vedanā (Empfindung); 8. → Trishnā (Durst, Begehren); 9. → Upādāna (»Ergreifen eines Mutterschoßes«); 10. → Bhava (Werden); 11. Jāti (Geburt); 12. Jarā (Alter und Tod).

Nididhyāsana, H Skrt., wörtl.: »betrachten, bedenken«; Meditation über ein bestimmtes Thema als Krönung der Anstrengungen des Studierens und Durchdenkens. Zur Erlangung spiritueller Erkenntnis erachtet der → Vedānta drei Stufen als notwendig: → Shravana, das Lesen, Hören und Aufnehmen spiritueller Wahrheiten; → Manana, das kritische Prüfen und Durchdenken des durch Shravana Aufgenommenen; und Nididhyāsana, seine meditative Verwirklichung.

Nidrā, H Skrt., wörtl.: »Schlaf«; Göttin des Schlafs. In verschiedenen Quellen heißt es, sie sei eine weibliche Form → Brahmās, oder auch, sie sei beim → Umrühren des Ozeans aufgetaucht. (Siehe dazu auch → Yoga-Nidrā.)

Ni-huan, T chin., wörtl.: »Lehmkugel«; in der → Inneren-Gottheiten-Hygiene-Schule des religiösen Taoismus (→ Tao-chiao) der wichtigste Teil des Oberen Zinnoberfeldes (→ Tan-t'ien), in dem das Große Eine (→ T'ai-i), die höchste Körpergottheit, residiert. – Ni-huan kann aber auch das Gehirn i. allg. oder die Gottheit des Gehirns bezeichnen.

Nijūhasso, Z jap., wörtl.: »28 Patriarchen«, auch Saiten-Nijūhasso; die 28 Patriarchen (→ Soshigata) der ind. Übertragungslinie des Zen, von → Mahākāshyapa (siehe auch → Nenge-Mishō) bis → Bodhidharma. (Siehe dazu auch Traditionstafel des Zen, S. 474.)

Nijūshi-Ryū, Z jap., wörtl.: »die 24 Ströme«; die 24 »Schulen« des Zen in Japan. Es handelt sich hierbei um die drei großen Schulen, die → Rinzai-Schule, die → Sōtō-Schule und die → Ōbaku-Schule, sowie um die Nebenlinien der Rinzai-Schule, in die sich das Rinzai-Zen in Japan aufspaltete. Diese Nebenlinien sind i. allg. nach einem großen jap. Zen-Kloster benannt, von dem sie ausgingen und von dessen Äbten sie (auch in den oft zahlreichen Unterklöstern des Hauptklosters) übertragen wurden. So gibt es z. B. eine Engaku-ji-Schule, eine Kenchō-ji-Schule, eine Nanzen-ji-Schule usw., wobei sich die Nebenlinien der Rinzai-Schule dem wesentlichen Gehalt der Zen-Schulung nach aber kaum unterscheiden.

Nikāya, B Skrt., Pali, wörtl.: »Korpus«; Sammlung von Sūtras des Pali-Kanons (→ Pali, → Tripitaka). Der Pali-Terminus Nikāya ist im wesentlichen gleichbedeutend mit dem Sanskrit-Begriff → Āgama. Der Korb der Schriften

(→ Sūtra-Pitaka) des Pali-Kanons besteht aus fünf Nikāyas: *Dīgha-Nikāya, Majjhima-Nikāya, Samyutta-Nikāya, Anguttara-Nikāya* und *Khuddaka-Nikāya* (siehe dort).

Nīlakantha 🅷 (Nīlakaṇṭha), Skrt., wörtl. *nīla:* »blau«, *kantha:* »Kehle«; eine Bezeichnung für → Shiva. Er soll beim → Umrühren des Ozeans das Gift, das dabei emporkam, aus Mitleid mit den Menschen getrunken haben, um sie davor zu bewahren. Dadurch färbte sich seine Kehle blau.

Nimbārka, 🅷 ind. Philosoph des 11./12. Jh., einer der berühmten Kommentatoren des → *Vedānta-Sūtra,* der Hauptvertreter der Philosophie des → Dvaitādvaita-Vedānta und Gründer der Rādhā-Krishna-Sekte, einer Vaishnava-Sekte (→ Vaishnavismus), deren Anhänger Nimbārkas genannt werden. Sie verehren Vishnu in seiner Manifestation als junger Krishna im Spiel mit seiner Geliebten → Rādhā. Da es das Ziel der Vaishnavas ist, dem Göttlichen ewig nahe zu sein, jedoch nicht, mit ihm eins zu werden, wird Gott in seiner manifestierten Form und seinem Spiel (→ Līlā) in der Erscheinungswelt angebetet.

Nimbārkas kurzer Kommentar über das *Vedānta-Sūtra* trägt den Titel *Vedānta-Pārijāta-Saurabha* (»Der Duft der himmlischen Blume des Vedānta«) und ist in schlichten Worten geschrieben, ohne Anspielungen auf die Theorien anderer Kommentatoren. Ferner schrieb er ein kleines Werk, *Dashashlokī,* das von den drei Wirklichkeiten → Brahman (für ihn gleichbedeutend mit Krishna), dem Bewußtsein (→ Chit) und der Materie (Achit) handelt.

Ninkyō-Funi, 🆉 jap., wörtl.: »Mensch/Phänomene nicht zwei«; Ausdruck, der auf die grundlegende Zen-Erfahrung der Nicht-Unterschiedenheit von Subjekt (Mensch) und Objekt (Phänomene) hinweist. Die irrige Ansicht, als erfahrendes Subjekt von der erfahrenen phänomenalen Welt »da draußen« getrennt zu sein, ist ein Ausdruck der → Verblendung, zu deren Überwindung die Schulung im Zen führt.

Nipponzan Myōhōji, 🅱 jap.; nach ihrem Haupttempel benannte buddhist. Erneuerungsbewegung, auch die »Bewegung vom Wunderbaren Gesetz des *Lotos-Sūtra«* genannt. Sie wurde im Jahre 1917 von Fujii Nichidatsu begründet. Nipponzan Myōhōji basiert auf der Lehre des → Nichiren. Die Bewegung setzt sich für den Weltfrieden ein; ihre Anhänger, die »himmlische Trommeln« schlagend und den Namen des → *Lotos-Sūtra* rezitierend für den Frieden marschieren, bauen in der ganzen Welt Friedenspagoden.

Der Gründer trennte sich von den bestehenden Nichiren-Schulen und machte sich auf die Wanderschaft, um gemäß einer Prophezeiung des Nichiren, die die Rückkehr des Buddhismus ins Mutterland Indien voraussagte, Nipponzan Myōhōji in ganz Asien zu verbreiten. Während des 2. Weltkrieges wurde Fujii zum radikalen Pazifisten, was eine Neuorientierung und weltumspannende Aktivitäten der Bewegung mit sich brachte.

Nirakāra-Brahman, 🅷 Skrt.; das eigenschaftslose, gestaltlose → Brahman.

Nirbīja-Samādhi, 🅷 Skrt., wörtl.: »saatloser Samādhi«; ein Begriff der → Yoga-Philosophie für den höchsten, überbewußten Zustand, in dem alle Gedankenwellen zur Ruhe gekommen sind und jede Dualität ausgelöscht ist. Er wird »saatlos« genannt, weil er den Samen des zukünftigen Karma (→ Āgāmi-Karma und → Sanchita-Karma) zerstört, der eine Wiedergeburt bewirken würde. Im Unterschied dazu wird im Sabīja-Samādhi (Samādhi mit Saat) dieser Same nicht zerstört. (Siehe dazu auch → Samprajñāta-Samādhi.)

Nirdvamdva 🅷 (Nirdvaṃdva), Skrt., von *nir:* »nicht-«, *dvamdva:* »Gegensatzpaar«; der Zustand, in dem das Denken keine Vorstellung mehr von Gegensatzpaaren wie etwa warm und kalt, gut und böse hat.

Nirguna-Brahman 🅷 (Nirguṇa-Brahman), Skrt., wörtl.: »Brahman ohne Eigenschaften«; ein Begriff des → Vedānta, mit dem das Absolute, das Eine ohne ein Zweites, beschrieben wird, das keine Eigenschaften hat im Unterschied zu »Brahman mit Eigenschaften« (→ Saguna-Brahman).

Nirgunagunī 🅷 (Nirguṇaguṇī), Skrt., von *nir:* »nicht-«, *guna:* »Eigenschaft«; ein Begriff aus den → Upanischaden, der das Göttliche in seinen zwei Aspekten beschreibt: mit und ohne Eigenschaften. Es ist eine Beschreibung des höchsten Wesens, das immanent wie auch transzendent ist und dennoch über beides hinausgeht. In der *Bhagavad-Gītā* ist Krishna ein Beispiel dafür.

Nirmānakāya, 🅱 🆉 Skrt. → Trikāya

Nirodha, 🅷 🅱 Skrt., wörtl.: »Vernichtung, Aufhebung«.

🅷 Ein Zustand intensiver Konzentration, in der der Unterschied zwischen Subjekt und Objekt aufhört (»vernichtet« wird), wodurch das Denken zur Ruhe kommt und überwunden wird.

🅱 Nirodha wird auf verschiedene Weise interpretiert: als Aufhebung des Leidens im Sinne der dritten der → Vier Edlen Wahrheiten; als

Aufhebung der Leidenschaften, die die Ursache des Leidens darstellen; als Aufhebung der Wiedergeburt und sterblichen Existenz, der Gefühle und Wahrnehmung. Vielfach wird Nirodha gleichgesetzt mit → Nirvāna. Der Begriff betont den Aspekt der aktiven Aufhebung der Ursachen für eine neuerliche Wiedergeburt. (→ Nirodha-Samāpatti)

Nirodha-Samāpatti, B Skrt., Pali: Betrachtung der Aufhebung, Erlöschungszustand, d. h. der Zustand, in dem jede Bewußtseins- und Geistestätigkeit vorübergehend aufgehoben ist. Er kann nach Durchlaufen der → Vier Sphärenstufen erreicht werden und ist einem → Arhat vorbehalten. Voraussetzung ist das Vorhandensein von Gemütsruhe (→ Shamatha) und Hellblick (→ Vipashyanā). Dieser Erlöschungszustand kann mehrere Tage lang andauern.

Nirukta, H Skrt., wörtl.: »Etymologie, Worterklärung«; einer der → Vedāngas. Das bedeutendste Wörterbuch der frühen Sanskrit-Literatur (5. Jh. v. Chr.) ist der Erklärung schwieriger Begriffe der → Veden gewidmet und stammt von → Yāska, einem Vorgänger von → Pānini. Es basiert auf älteren, nicht erhaltenen ved. Wortlisten (Nighantu) und besteht aus drei Teilen: 1. *Nighantuka,* eine Sammlung sinnverwandter Wörter; 2. *Naigama,* eine Sammlung von Wörtern, die speziell in den Veden vorkommen; 3. *Daivata,* Wörter, die sich auf die Gottheiten und Opferhandlungen beziehen. Es ist eine reine Liste von Wörtern und von geringem Nutzen für den Leser. Der wertvollste Teil ist Yāskas Kommentar. Er erklärt die Wörter, untersucht ihre Entstehung und zitiert als Beispiel Texte der Veden. Dieses älteste etymologische Werk zu den Veden wirft Licht auf die wissenschaftlichen und religiösen Zustände seiner Zeit, doch macht die außergewöhnliche Knappheit der Darstellung sein Verständnis schwierig.

Nirupadhishesha-Nirvāna B (Nirupadhiśeṣa-Nirvāṇa), Skrt. (Pali: Anupadisesa-Nibbāna), etwa: »Nirvāna ohne Bedingungsrest«; Nirvāna, in dem die Daseinsgruppen (→ Skandha), die zwölf Sinnesbereiche (→ Āyatana), die achtzehn Elemente (→ Dhātu) und die → Indriyas nicht mehr bestehen. Es tritt mit dem Tod des → Arhat ein, der sich in keiner weiteren Wiedergeburt verkörpert. – Diese Art des Nirvāna wird auch oft als → Parinirvāna bezeichnet. (Siehe dazu auch → Nirvāna.)

Nirvāna H B Z (Nirvāṇa), Skrt., wörtl.: »Verlöschen«.

H Ein Zustand der Befreiung oder Erleuchtung, gekennzeichnet durch das Aufgehen des individuellen, vergänglichen Ich in → Brahman. Nirvāna befreit den Menschen von Leiden, Tod und Wiedergeburt und allen anderen Formen weltlicher Bindung. Es ist das höchste, transzendente Bewußtsein, das in der *Bhagavad-Gītā* Brahma-Nirvāna genannt wird, in den Upanischaden → Turīya, im Yoga → Nirbīja-Samādhi und im Vedānta → Nirvikalpa-Samādhi.

B Z (Pali: Nibbāna, jap. Nehan); das Ziel spiritueller Praxis in allen Richtungen des Buddhismus. Im frühen Buddhismus wird es als das Ausscheiden aus dem Kreislauf der Wiedergeburten (→ Samsāra) und das Eingehen in eine völlig andere Existenzweise verstanden. Es stellt das vollkommene Überwinden der Drei Wurzeln des Unheilsamen, nämlich Gier, Haß und Wahn (→ Akushala) und das Zuruhekommen der Tatabsichten (→ Samskāra) dar. Es bedeutet das Freisein von Determiniertheit durch das → Karma. Nirvāna gilt als nicht-bedingt (→ Asamskrita), seine Kennzeichen sind das Fehlen von Entstehen, Bestehen, Veränderung und Vergehen. Im → Mahāyāna tritt eine Wandlung des Nirvāna-Begriffs ein, die einerseits auf die Einführung des → Bodhisattva-Ideals, andererseits auf die Betonung des einheitlichen Wesens der Welt zurückzuführen ist. Nirvāna wird als die Erfahrung des Einsseins mit dem Absoluten, der Einheit des Samsāra mit dem Transzendenten, aufgefaßt

Eingang des Buddha ins engdültige Nirvāna, das Parinirvāna. (Relief aus dem östl. Indien, 10. Jh.)

sowie als Verweilen in der Erfahrung des Absoluten, Glückseligkeit im Wissen um die eigene Identität mit dem Absoluten und als Freisein von Bindungen an Illusionen, Affekte und Begierden beschrieben (siehe auch → Parinirvāna).
Schon im frühen Buddhismus wurde Nirvāna nicht als bloße Vernichtung aufgefaßt, als die es im Westen oft mißverstanden wird. In vielen Texten wird zur Erklärung dessen, was man mit »Nirvāna« umschreibt, das Gleichnis vom Verlöschen einer Flamme gebraucht: So wie das verlöschende Feuer nicht vergeht, sondern lediglich durch das Eingehen in den Raum (→ Ākāsha) unsichtbar wird, so weist der Terminus »Nirvāna« nicht auf Vernichtung, sondern vielmehr auf das Eingehen in eine andere Existenzweise hin. Wie das Feuer aus dem Raum hervorgeht und in ihn zurückkehrt, ist auch das Nirvāna als ein in der Zeit stattfindendes spirituelles Ereignis in einer ungewordenen und unvergänglichen Sphäre immer schon gegeben. Es ist dies die »Stätte der Unsterblichkeit«, die nicht räumlich lokalisierbar, sondern transzendent, überweltlich (→ Lokottara) ist, da nur dem mystischen Erleben zugänglich. Im frühen Buddhismus wird deshalb das Nirvāna in keine positive Beziehung zur Welt gesetzt, sondern stellt nur einen Ort der Erlösung dar.
An einigen Sūtra-Stellen wird für Nirvāna ein Ausdruck gebraucht, der »Glückseligkeit« bedeutet, aber eine weit größere Anzahl von Stellen charakterisiert das Nirvāna lediglich als einen Vorgang oder Zustand der Beendigung des Leidens (→ Duhkha). Diese Tatsache darf aber nicht als Beweis für eine nihilistische Haltung aufgefaßt werden; sie belegt vielmehr die Unzulänglichkeit der Sprache, das Wesen des Nirvāna, das jenseits von Sprache und Denken liegt, auf positive Weise darzustellen. Als positive Aussage über das Nirvāna ist nur der Hinweis auf das Nicht-Nichts-Sein des Nirvāna möglich. Außerdem genügt dem Buddhismus, der das gesamte Dasein als leidvoll ansieht, bereits die Interpretation von Nirvāna im Sinne einer Beendigung des Leidens als Ziel des spirituellen Strebens; für die spirituelle Praxis ist es irrelevant, ob Nirvāna ein positiver Zustand oder bloße Vernichtung ist. Aus diesem Grund hat der Buddha auch jegliche Aussage über die Natur des Nirvāna verweigert.
Im → Hīnayāna werden zwei Arten von Nirvāna unterschieden: das Nirvāna mit einem Rest von Bedingtheit, das schon vor dem Tod verwirklicht wird, und das Nirvāna ohne Bedingtheit, das nach dem Tode erreicht wird (→ Sopadhishesha-Nirvāna, → Nirupadhishesha-Nirvāna).

Die Auffassungen der einzelnen hinayanist. Schulen variieren zum Teil beträchtlich: Der → Sarvāstivāda sieht im Nirvāna etwas Positives, das ungeworden und unvergänglich ist. Es wird durch die sukzessive Überwindung der Leidenschaften erreicht. Für das Besiegen einer jeden Leidenschaft wird ein eigener »Bereich« angenommen, so daß viele verschiedene Arten von Nirvāna existieren, was ihm einen dinghaften Charakter verleiht. Außerdem ist es nur eines unter vielen nicht-bedingten → Dharmas. Für die → Sautrāntikas ist Nirvāna lediglich das Schwinden der Leidenschaften, nicht aber eine ungewordene, unvergängliche metaphysische Größe.
In der Schule der → Vātsīputrīyas, die eine »Person« (→ Pudgala, → Anātman), die nicht vergänglich ist, annimmt, stellt das Nirvāna einen positiven Zustand dar, in dem eben diese »Person« weiterbesteht.
Bei den → Mahāsānghikas, die als Vorläufer des Mahāyāna angesehen werden können, verliert das restlose Erlöschen zugunsten des Nirvāna mit einem Rest an Bedingtheit an Wichtigkeit. Daraus entwickelte sich in den späteren Schulen die Vorstellung des »nicht fixierten Erlöschens« (→ Apratishthita-Nirvāna), in welchem der Buddha auf das restlose Erlöschen verzichtet und doch nicht an die Welt gebunden ist.

Im Mahāyāna tritt durch die Betonung des Bodhisattva-Ideals die Erlangung des Nirvāna etwas in den Hintergrund, verliert aber nichts von seiner Wichtigkeit, da in keiner Schule des Mahāyāna die Bodhisattvaschaft als letztes Ziel auf dem Weg gilt; das Verlöschen im Nirvāna wird vom Bodhisattva nur hinausgeschoben, bis alle Wesen vom Leid erlöst sind. Hier gewinnt das Nirvāna einen positiven Charakter, da es im wesentlichen den Zustand des Gewahrseins der Identität mit dem Absoluten darstellt. Die Erfahrung der Einheit mit dem Absoluten beschränkt sich nicht auf die Person des Erlebenden, sondern wird als grenzenlose Erfahrung in allen Erscheinungen, einschließlich des eigenen Körpers, erlebt. Nach dieser Auffassung besteht zwischen Samsāra und Nirvāna kein essentieller Unterschied.
Es werden zwei Arten von Nirvāna unterschieden: das »nicht fixierte« (Apratishthita-Nirvāna) und das vollständige Nirvāna (→ Pratishthita-Nirvāna).

Auch in den mahayanist. Schulrichtungen gehen die Auffassungen von Nirvāna auseinander: Die → Mādhyamikas sehen das Nirvāna in der Leere (→ Shūnyatā), die sie als »Beruhigung der Vielfalt« definieren, da diese Beruhigung der Vielfalt auch das Aufhören oder die Abwesenheit alles Welthaft-Unerlösten bedeutet. Das Nirvāna ist das Einssein mit der unausdrückbaren Wirklichkeit, das immer besteht, nur nicht erkannt wird. Nirvāna und Samsāra sind nicht verschieden, wenn man die Welt in ihrem Wahren-Wesen, das Leere ist, wahrnimmt. Es ist unser diskriminierender Geist, der uns daran hindert, dieses Wahre-Wesen zu erkennen.

Der Yogāchāra geht ebenfalls von der Nichtverschiedenheit des Nirvāna und Samsāra, sowie von der Nichtrealität aller Erscheinungen aus. Nirvāna ist für die »Nur-Geist«-Lehre das Aufhören allen Unterscheidens sowie das Bewußtsein, daß »nur Geist« existiert und der Glaube an die objektive Existenz der phänomenalen Welt nichts als eine Verwirrung des Geistes darstellt. Diese Schule kennt zwei Arten von Nirvāna: das des → Arhat, bei dem nach dem Tode nur das absolute Sein übrigbleibt. Es ist ein Zur-Ruhe-Gekommensein, nicht aber bewußt erlebte Seligkeit und wird im Vergleich mit der zweiten Art des Nirvāna, dem des Buddha, als minderwertig angesehen, da Letzteres bewußtes Erlöstsein und bewußtes Ausüben des Erbarmens bedeutet. In dieser Form des Nirvāna, das einen positiven Charakter aufweist und die erlebte Einheit des Absoluten mit allen Wesen darstellt, bleibt das Individuum als empirische Persönlichkeit weiter bestehen.

Im Zen-Buddhismus wird Nirvāna ebenfalls nicht als getrennt von dieser Welt angesehen, sondern als Verwirklichung des Wahren-Wesens des Geistes (der Geistessenz) das identisch ist mit dem Wahren-Wesen des Menschen, dem Buddha-Wesen (→ Busshō). Diese Verwirklichung ist nur durch Weisheit möglich, daher wird Nirvāna oft mit → Prajñā gleichgesetzt. Prajñā und Nirvāna im Sinne des Zen sind zwei Aspekte ein und desselben Zustandes. Nirvāna ist der Zustand, in dem ein Mensch lebt, der Prajñā und damit die Einsicht in den eigenen Geist oder das eigene Wahre-Wesen verwirklicht hat, und Prajñā ist die Weisheit eines Menschen, der Nirvāna verwirklicht hat.

Nirvāna-Schule, B eine Richtung des frühen chin. Buddhismus, die im 5. Jh. entstand. Sie ist keine Schule im eigentlichen Sinn, sondern bezeichnet eine Reihe von Mönchen, die sich vor allem mit dem Inhalt des → *Mahāparinirvāna-Sūtra* auseinandersetzten.

Die wichtigsten Lehren dieses Sūtra sind: Das → Nirvāna ist von ewiger, freudvoller, personaler und reiner Natur, im Gegensatz zur Auffassung des Nirvāna im → *Prajñāpāramitā-Sūtra,* in dem es als Verwirklichung der Leere (→ Shūnyatā) beschrieben wird. Alle Wesen besitzen → Buddha-Natur und können Buddhaschaft verwirklichen; in diesem Sinne ist das wahre Selbst gleich dem → Tathāgata.

Diese Lehren wurden überall in China studiert und von vielen als »häretisch« abgelehnt, da sie in Gegensatz zu den Lehren des *Prajñāpāramitā-Sūtra* stehen. Die hervorragendsten Vertreter dieser revolutionären Thesen waren → Tao-sheng im Süden und Tao-lang im Norden. Die auf dem *Mahāparinirvāna-Sūtra* basierende These des Tao-sheng, daß auch → Ichchantikas Buddha-Natur besitzen und die Buddhaschaft durch »plötzliche« Erleuchtung erlangt wird, führte zu vielen Kontroversen unter den gelehrten Mönchen dieser Zeit.

In der Nirvāna-Schule nahm auch das für den chin. Buddhismus so charakteristische Einteilen der Lehren des Buddha in verschiedene Phasen seinen Anfang: Das *Mahāparinirvāna-Sūtra* wird als die letzte von Buddha gehaltene Lehrrede angesehen; davon ausgehend entwickelten die Chinesen die Vorstellung, daß der Buddha andere Lehren früher in seinem Leben dargelegt haben muß und teilten den gesamten Lehrkomplex je nach Inhalt in verschiedene Perioden und Doktrinen ein, die verschiedenen Phasen im Leben des Buddha entsprechen. Im Laufe der Entwicklung des chin. Buddhismus stellte fast jede der Schulen ihre eigene Klassifizierung auf. – Die erste Einteilung war die in »plötzliche« und »allmähliche« Erleuchtung.

Nirvichāra-Samādhi H (Nirvicāra-Samādhi), Skrt.; ein Begriff der Yoga-Philosophie des → Patañjali, der einen Zustand der Versenkung bezeichnet, in dem das Denken mit dem Objekt der Konzentration eins wird. Wahrnehmungen von Namen, Eigenschaften und Erkenntnissen beunruhigen es dann nicht mehr, da es in einem Aufleuchten intuitiv alles durchschaut.

Nirvikalpa-Samādhi, H Skrt., wörtl.: »wandelloser Samādhi«; ein Begriff der → Vedānta-Philosophie für den höchsten, transzendenten Bewußtseinszustand, die Verwirklichung der vorher nur vorgestellten Denkform »Ich bin Brahman«, bei der es weder Denken noch Dualität, noch Subjekt-Objekt-Beziehung mehr gibt. Es ist der höchste Samādhi-Zustand im nichtdualen Einswerden mit Brahman.

Nirvishaya H (Nirviṣaya), Skrt., wörtl.: *nir:* »nicht-«, *vishaya:* »Objekt, Sinneswelt«; ein Zustand, in dem das Bewußtsein keine Verbindung mehr zu den Sinnesobjekten unterhält.

Nisargadatta Maharaj, H 1897–1981, sein Geburtsname war Maruti Kampli. Durch sein starkes Verlangen nach spiritueller Wahrheit fand er einen Guru und erlangte durch völliges Vertrauen zu ihm und die Befolgung seiner Anweisungen Erleuchtung. In späteren Jahren lebte er in einem ärmlichen Viertel Bombays in bescheidenen Verhältnissen als Haushälter. Er hat sich nie als → Mahātmā, → Bhagavan oder → Paramahamsa bezeichnet, auch keine Schule oder Philosophie gegründet, sondern nur über das gesprochen, was er erkannt und erfahren hatte: sein eigenes, wirkliches Selbst (→ Ātman). Seine Anweisungen und Antworten auf Fragen von Besuchern und Schülern waren reiner → Advaita im Sinne von → Ramana Maharshi und sind in seinen letzten zehn Lebensjahren von Maurice Frydman zusammengetragen und ins Englische übersetzt worden. Dadurch wurde er im Westen bekannt (dt. Ausgabe u. d. T. *Ich bin,* Berlin 1980).

Nishkāma-Karma 🅗 (Niṣkāma-Karma), Skrt., wörtl.: *nishkāma:* »wunschlos, uneigennützig«, *karma:* »Handeln«; Tätigkeiten, die getan werden, ohne Gegenleistungen zu erwarten; selbstloses Tun ohne Erwartung seiner Früchte.

Nishthā 🅗 (Niṣṭhā), Skrt., wörtl.: »Vollendung, Gipfel«; völlige Hingabe, Versenkung in das Objekt, dem diese Hingabe gilt.

Nissoku-kan, 🅩 jap. → Susoku-kan

Nistraigunya 🅗 (Nistraiguṇya), Skrt., wörtl. *nis:* »ohne«, *traigunya:* »die drei Grundeigenschaften«; frei von den drei Eigenschaften (→ Guna) der Natur.

Nīti-Shāstras 🅗 (Nīti-Śāstras), Skrt.; Schriften der Ethik, die sich mit weisem, moralischem Verhalten befassen. Die alte, bewährte Methode Indiens, solche Verhaltensweisen zu lehren, bestand im Gebrauch von Allegorien, Märchen, Fabeln und Legenden. Diese sind meist in Prosa, während besonders beherzigenswerte Maximen in Versform eingeflochten sind.

Nitya, 🅗 Skrt., wörtl.: »stetig, ewig«; die letzte Wirklichkeit, das ewige Absolute; wer mit dieser letzten Wirklichkeit eins geworden ist, wird Nitya-Mukta genannt, ein für immer Befreiter und Erlöster; wer mit Nitya eins geworden ist und trotzdem zum Wohle der Menschen wiedergeboren wird, wird Nitya-Siddha genannt, ein ewig Vollkommener. Zu ihnen zählt man → Nārada und → Shukadeva. Nitya als dem Absoluten steht → Līlā gegenüber als das Relative, die Manifestation des Absoluten als »Spiel« Gottes in der Erscheinungswelt.

Nitya-Karma, 🅗 Skrt., wörtl.: »Pflicht«; religiöse Zeremonien wie Verehrung und Anbetung Gottes, die ein Haushälter täglich durchführen muß, damit frühere Sünden aufgehoben und neue weitgehend vermieden werden. Ein → Sannyāsin ist nicht an diese Pflicht gebunden.

Nitya-Vāk 🅗 (Nitya-Vāc), Skrt., wörtl. *nitya:* »ewig, dauernd, stetig«, *vāk:* »Wort, Sprache«; der innere, unteilbare, dauernde Klang, das göttliche Wort des → *Rigveda.* (Siehe dazu auch → Vāk.)

Niu-t'ou-ch'an, 🅩 → Gozu-Schule

Nīvarana 🅑 (Nīvaraṇa), Skrt., Pali, wörtl.: »Hindernis, Hemmung«; bezeichnet fünf den Geist hemmende und den Klarblick trübende Eigenschaften, die den Menschen hindern, annähernde oder vollkommene Sammlung (→ Samādhi) zu erreichen und die Wahrheit zu erkennen. Die Fünf Hemmnisse sind: 1. Gier (Abhidyā); Bosheit (Pradosha); 3. Starrheit und Schlaffheit (Styāna bzw. Middha); 4. Erregung und Reue (Anuddhatya bzw. Kaukrītya); 5. Zweifel (→ Vichikitsā). – Die Ausschaltung der Fünf Hemmnisse ist Vorbedingung für das Erlangen der Vier Versenkungsstufen (→ Dhyāna).

Nivritti-Mārga 🅗 (Nivṛtti-Mārga), Skrt., wörtl. *nivritti:* »Rückkehr«, *mārga:* »Weg«; der Weg zurück nach innen, zur spirituellen Selbstbesinnung.

Niwa-Zume, 🅩 jap., etwa: »das Stehengelassen-Werden im Hof«; Zeit, die ein Zen-Mönch, der um Aufnahme in ein Kloster gebeten hat, nach einer anfänglichen Zurückweisung in Niederwerfung vor dem Klostertor verharrt, um damit die Ernsthaftigkeit seines Verlangens nach geistiger Schulung unter Beweis zu stellen.

Im Zen ist man sich darüber im klaren, daß nur ein Mensch von großer Entschlußkraft und einem starken »Willen zur Wahrheit« (→ Kokorozashi) geeignet ist, den schweren und langwierigen Weg der geistigen Schulung auf der Suche nach → Erleuchtung zu gehen, der jedem Suchenden das Äußerste, das er geistig wie körperlich zu leisten vermag, abverlangt. Deshalb wurden – vor allem in alter Zeit – Menschen, die um Aufnahme in ein Zen-Kloster oder um Annahme als Schüler eines → Rōshi ersuchten, oft zuerst barsch zurückgewiesen, um sie zu prüfen. Ließen sie sich durch die Zurückweisung entmutigen, so machte dies deutlich, daß ihr Wille zur Wahrheit nicht allzu stark war.

Das »Stehengelassen-Werden im Hof« konnte mehrere Tage dauern, während der der Mönch in niedergeworfener Haltung bei Tag und Nacht und bei jedem Wetter vor dem Klostertor ausharrte, sofern es ihm mit dem Wunsch um Aufnahme in das Kloster ernst war. Diese Zeit der Prüfung hat eine lange Tradition im Zen. Schon der 2. Patriarch des Zen in China, → Hui-k'o, wurde zuerst von → Bodhidharma zurückgewiesen, als er diesen bat, ihn als Schüler anzunehmen. Der Zen-Überlieferung nach verharrte Hui-k'o viele Tage lang in bitterer Kälte im Schnee stehend vor der Höhle, in der Bodhidharma »zur Wand gewandt« (→ Menpeki) Zazen übte, ohne daß Bodhidharma ihm Beachtung schenkte. Erst als Hui-k'o sich als Zeichen seiner Ernsthaftigkeit den linken Arm abhackte und ihn Bodhidharma darbrachte, nahm dieser ihn als Schüler an.

Niyama, 🅗 Skrt.; die zweite Stufe von → Patañjalis auch als Rāja-Yoga bekanntem Yoga-System. Sie gehört wie → Yama, die erste Stufe, zur ethischen Vorbereitung und besteht aus äußerer und innerer Reinheit, Zufriedenheit, Strenge gegen sich selbst, Studium der heiligen Schriften und Hingabe an Gott.

Nō, Z jap.; das höchst verfeinerte und in seinen Ausdrucksmitteln auf das Wesentliche reduzierte klassische Tanz-Drama der Japaner. Wie viele andere jap. Künste ist auch das Nō vom Geist des Zen durchdrungen und geprägt. Als Begründer der klassischen Nō-Form gilt Ze-ami (1363–1443), der größte Autor von Nō-Stücken, der auch das wichtigste theoretische Werk über Nō und seine Ästhetik *(Kadensho)* schrieb.

Nöndro, B tibet., andere Schreibweise für Ngöndro → Körper, Rede, Geist

Nördliche Schule, Z → Südliche Schule

Nōshi, Z jap. → Nōsu

Nōsu Z, auch Nōshi, jap., wörtl.: »Flickengewand«; 1. das Gewand eines buddhist. Mönchs; 2. im Zen eine Bezeichnung für einen Zen-Mönch (der ein »Flickengewand« trägt).

Nrisimha-Tapanīya-Upanishad H (Nṛsiṃha-Tapanīya-Upaniṣad), Skrt., wörtl. *simha:* »Löwe«, *tapanīya,* abgeleitet von *tapana:* »Glühen, asketisches Erleiden von Schmerzen«; eine der Vishnu-Upanischaden. Ihre sechs Bücher zerfallen in einen exoterischen und einen esoterischen Teil. Letzterer ist im letzten Buch enthalten, das auch *Nrisimha-Uttara-*(»spätere, höhere«)*Tapanīya-Upanishad* heißt. Ihre Grundanschauung ist die einer vierfachen Identität: → Ātman gleich → OM gleich → Brahman gleich Nrisimha (Vishnu in seiner Inkarnation als Löwenmensch, → Narasimha), wobei Ātman als individuelles Prinzip mit Hilfe des OM-Lautes dem Brahman als dem kosmischen Prinzip gleichgesetzt wird, und wiederum alle drei in Nrisimha symbolisch angeschaut werden. Dieses sechste, esoterische Buch war den wenigen vorbehalten, die für seinen tiefen Gehalt empfänglich waren. (Dt. Übers. v. P. Deussen in: *Sechzig Upanishad's des Veda,* Leipzig 1905.)

Die ersten fünf Bücher werden auch als *Nrisimha-Pūrva-*(»frühere«)*Tapanīya-Upanishad* bezeichnet und sind der früheren, elementaren Hingabe an Nrisimha gewidmet, die Vishnu in seiner Löwengestalt verherrlicht als Sinnbild der Kraft, als gewaltigen Götterhelden, ein Idol des Volkes, das seinen religiösen Bedürfnissen entspricht. Paul Deussen charakterisiert den Unterschied der beiden Teile mit den Worten: »Im ersten Teil wird die Upanischad-Lehre in den Dienst des Nrisimha-Glaubens gestellt, im zweiten Teil dagegen der Nrisimha-Glaube in den Dienst der Upanischad-Lehre.«

Nü-kua, T Gestalt der chin. Mythologie. Nü-kua gilt als die Schöpferin der Menschheit. In einem Text aus der Han-Dynastie wird berichtet, daß, nachdem sich Himmel und Erde bereits getrennt hatten, Nü-kua begann, aus gelber Erde menschliche Gestalten zu formen. Da diese Methode sehr langwierig war, nahm sie ein Seil und tauchte es in Schlamm und schleuderte es herum, wodurch Schlammtropfen auf den Boden fielen. Die handgefertigten Menschen waren die Vornehmen und Reichen, die aus den Schlammspritzern entstandenen die Armen und Geringen. Außer als Schöpferin der Menschheit ist Nü-kua auch für die Herstellung der Weltordnung nach dem verheerenden Angriff des mythischen Ungeheuers Kung Kung von Bedeutung. In dieser Rolle erscheint sie gemeinsam mit → Fu Hsi, als dessen Frau sie gilt. Sie werden als menschliches Paar mit ineinander verschlungenen Drachenschwänzen dargestellt. Fu Hsi hält in der Hand das Winkelmaß, Nü-kua den Kompaß als Symbole für Himmel und Erde.

Nü-kua wird ferner als Erfinderin der Ehe angesehen. Außerdem zähmte sie wilde Tiere, und gemeinsam mit anderen mythologischen Gestalten unterwies sie die Menschen in der Kunst, Deiche und Dämme zu bauen sowie Kanäle zur Regulierung der Fluten und zur Bewässerung zu graben.

In einem anderen Mythos heißt es, daß jenseits des nordwestlichen Meeres zehn Geister leben, die aus den Eingeweiden von Nü-kua entstanden sind.

Bei → *Lieh-tzu* finden wir einen Bericht über die Tätigkeit der Nü-kua:

»Einst waren die Himmelsrichtungen nicht mehr am rechten Platz. Die Neun Provinzen lagen offen. Der Himmel bedeckte die Erde nicht mehr vollständig, und die Erde stützte den Himmel nur noch teilweise. Das Feuer brannte unaufhörlich, ohne auszugehen. Die Wasser flossen ohne Unterlaß. Wilde Tiere verschlangen die friedfertigen Menschen. Raubvögel trugen Greise und Kinder davon. Da schmolz Nü-kua fünffarbige Steine, um den azurblauen Himmel auszubessern. Sie schnitt einer Schildkröte die Füße ab, um damit die Himmelsrichtungen zu stützen. Sie erschlug den Schwarzen Drachen, um den Staat Ch'i zu erretten. Sie häufte Schilfasche am Ufer auf, um die überfließenden Wasser einzudämmen. Alles war ruhevoll zu jener Zeit. Jedermann lebte in Frieden.« (Zit. n. A. Christie, *Chinesische Mythologie,* 1968, S. 84.)

Nyānatiloka, B 1878–1957, deutscher buddhist. Gelehrter und Übersetzer. Sein urspr. Name war Walter Florus Gueth. Er stammte aus einer katholischen Familie, studierte nach dem Abitur Musik und wurde Geigenvirtuose. Während einer Reise nach Ceylon kam er mit dem Buddhismus in Kontakt. Er ging nach Burma, wo er in den

Orden eintrat. Er gilt als einer der bedeutendsten Pali-Gelehrten, übersetzte u. a. *Die Fragen des Milindo* (1919–1924) *(→ Milindapañha),* das *→ Anguttara-Nikāya* (1922) und das *→ Visuddhi-Magga* (1952), verfaßte zahlreiche Lehrschriften und ein *Buddhistisches Wörterbuch* (1976).

Nyāya 🅷, auch Tarkavidyā (Wissenschaft des Debattierens) oder Vādavidyā (Wissenschaft der Diskussion), Skrt., wörtl.: »richtig« bzw. »Logik«; eines der sechs Philosophiesysteme des Hinduismus (→ Darshana), als dessen Begründer → Gotama gilt, der zwischen dem 6. und 3. Jh. v. Chr. gelebt haben soll. Nyāya ist die Wissenschaft des logischen Beweises und bietet eine fundierte Methode der philosoph. Untersuchung von Objekten und dem Subjekt der menschlichen Erkenntnis. Seine Anhänger, die Niyāyikas, bezeichnen Nyāya als Mittel zur wahren Erkenntnis der Seele und des Zieles der Menschen, wie es den Gesetzen der Natur entspricht. Nyāya bedeutet »einer Sache auf den Grund gehen« durch analytische und logische Erforschung. → Vātsyāyana, der klassische Kommentator des → *Nyāya-Sūtra,* bezeichnet diese Methode als »eine kritische Prüfung von Objekten der Erkenntnis durch logischen Beweis«.

Nyāya-Sūtra, 🅷 Skrt.; das Hauptwerk → Gotamas, des Begründers der → Nyāya-Philosophie. Man schätzt, daß es im 3./4. Jh. v. Chr. entstanden ist. Vor Gotamas Zeit existierten die Grundsätze des Nyāya in einer undifferenzierten Form philosoph. Gedanken. Dieses in fünf Bücher mit je zwei Abteilungen unterteilte Sūtra ist das erste Textbuch des Nyāya. Es versucht, die Ergebnisse des logischen Denkens der Brahmanen (→ Brāhmana) mit ihren religiösen und philosoph. Dogmen in Einklang zu bringen. – Im 3. Jh. verfaßte → Vātsyāyana den bis heute verbindlichen Kommentar *(Nyāya-Bhāshya)* zu dem Werk.

Nyingmapa 🅱 (rNyiṅg-ma-pa), tibet., wörtl.: »Die Schule der Alten«; eine der vier Hauptschulen des → Tibetischen Buddhismus. Sie vereinigt die ältesten buddhist. Überlieferungen, die von → Padmasambhava und den Mönchen Vimalamitra und Vairochana im 8. Jh. von Indien nach Tibet gebracht wurden. Seit dem 15. Jh. existiert eine eigenständige Sammlung dieser Lehren, sie wurde aber nicht in den offiziellen tibet. Kanon (→ Kangyur/Tengyur) aufgenommen. Als wichtigste Unterweisung betrachten die Nyingmapas das → Dzogchen, und seine Neuordnung und Kommentierung durch → Longchenpa gilt als autoritativ.

Die frühen Nyingmapas waren sowohl Laien als auch Mönche und hielten trotz der Verfolgung des Buddhismus durch Langdarma (836–842) ihre Tradition aufrecht. Im 11. Jh. kam die Bezeichnung »Nyingma« auf, um sie von den sich nun entwickelnden »neuen« Schulen zu unterscheiden. Es werden drei Übertragungslinien dieser Schule unterschieden: die Historische, die Direkte und die Visionäre Linie.

Die Historische Linie oder → Kama (Verkündigung) umfaßt alle Unterweisungen, die von → Samantabhadra ausgehend ununterbrochen vom Lehrer zum Schüler weitergegeben wurden. Darunter fallen alle Lehren der Drei Fahrzeuge (→ Yāna), die nur der Nyingmapa-Schule eigen sind: Mahā-Yoga, Anu-Yoga und Ati-Yoga (siehe dazu → Dzogchen).

Unter Direkter Linie oder → Terma werden solche Überlieferungen verstanden, die als Texte von Padmasambhava versteckt wurden, damit sie zu gegebener Zeit aufgefunden und neu interpretiert würden. Das → *Bardo Thödol* ist eines der bekanntesten Terma-Werke. Der unmittelbare geistige Kontakt mit den Lehrern vergangener Generationen, der die Ermächtigung für eine bestimmte Lehre zur Folge hat, wird als Visionäre Linie bezeichnet. Auf diese Weise erhielt Longchenpa die Unterweisungen des Padmasambhava.

Nyoi, 🆉 jap. für → Ju-i

Nyo-Nyo-Chi, 🆉 jap., wörtl.: »die der Soheit (→ Shinnyo) gleiche Weisheit«; jene Weisheit, die aus tiefer → Erleuchtung, der Verwirklichung des eigenen Buddha-Wesens (→ Busshō), entspringt; auch das erleuchtete Bewußtsein.

Nyorai, 🆉 jap. für → Tathāgata

Nyorai-Zō, 🆉 jap., wörtl.: »Tathāgata-Schatzhaus«; ein Synonym für das allen Geschöpfen inhärente Buddha-Wesen (→ Busshō), die beim unerleuchteten Menschen (→ Bonpu-no-Jōshiki) durch → Verblendung überdeckte Wahre-Wirklichkeit (→ Shinnyo).

Nyorai-Zō-Shin, 🆉 jap., wörtl.: »Herz-Geist (→ Kokoro) des Tathāgata-Schatzhauses«; Ausdruck des jap. Buddhismus, der die den vielen Schulen des Mahāyāna-Buddhismus gemeinsame Auffassung bezeichnet, daß der Geist (Herz-Geist) des Menschen im Grunde vollkommen ist und identisch mit dem des Buddha. (Siehe dazu auch → Busshō.)

Nyoze, 🆉 jap., wörtl.: »also, genauso, so wie dies«; ein Ausdruck, der völlige Gewißheit, die Abwesenheit jeden Zweifels, bedeutet. Von einem Meister seinem Schüler gegenüber gebraucht, bedeutet der Ausdruck, daß der Schüler begriffen hat.

Nyūfuni-Hōmon, 🆉 jap., wörtl.: »Eintritt durch

das Dharma-Tor (→ Hōmon) der Nicht-Zweiheit«; zur Wahrheit der Nicht-Dualität erwachen, d. h. → Erleuchtung erfahren. Der Ausdruck stammt aus dem → *Vimalakīrtinirdesha-Sūtra,* wo er als Überschrift eines Kapitels auftaucht.

O

Ōbai, Z jap. für → Huang-mei

Ōbaku Kiun, Z jap. für → Huang-po Hsi-yün

Ōbaku-Schule, Z neben der → Rinzai- und der → Sōtō-Schule die dritte Schule des Zen in Japan. Sie geht zurück auf den chin. Meister → Yin-yüan Lung-ch'i (jap. Ingen Ryūki), der in der Mitte des 17. Jh. in Uji bei Kyōto ihr Hauptkloster, Mampuku-ji, gründete. Die Ōbaku-Schule ist eine Nebenlinie der Rinzai-Schule; sie hat im heutigen Japan jedoch kaum noch aktive Zen-Klöster und ist damit die am wenigsten einflußreiche der drei Schulen des Zen in Japan.

Yin-yüan war ursprünglich Abt des Wan-fu-ssu (jap. Mampuku-ji), eines Klosters auf dem Berge Huang-po (jap. Ōbaku) in China. Im Jahre 1654 kam er nach Japan, wo ihm der Shōgun Tokugawa Tsunayoshi 1661 ein Kloster im chin. Stil der Ming-Zeit erbauen ließ. Diesem Kloster gab Yin-yüan den Namen Ōbaku-san Mampuku-ji. → Mu-an Hsing-t'ao (jap. Mokuan Shōtō), ein chin. Mönch und Schüler von Yin-yüan, der diesen nach Japan begleitet hatte, gründete 1671 das Kloster Zuishō-ji in der Nähe von Tōkyō, das viel zur Verbreitung des Zen in dieser Gegend beitrug. Bis der jap. Mönch Ryūtō als 14. Abt dieses Klosters eingesetzt wurde, wurde die auf Yin-yüan und Mu-an zurückgehende Linie von chin. Dharma-Nachfolgern (→ Hassu) weitergeführt. 1876 wurde diese Linie offiziell als Ōbaku-Schule anerkannt. Als eigene Schule bildete sie sich also erst in Japan aus und wurde nicht, wie aufgrund ihres Namens oft angenommen, von dem großen chin. Meister → Huang-po Hsi-yün (jap. Ōbaku Kiun) gegründet, der der Meister von Lin-chi I-hsüan, dem Begründer der Rinzai-Schule, war.

Ōbaku-shū, Z jap. → Ōbaku-Schule

Öffentlicher Aushang, Z → Kōan

Ojas, H Skrt., wörtl.: »Kraft, Lebenskraft«; die höchste Form der Energie im menschlichen Körper. Durch unentwegtes Üben von Enthaltsamkeit und Läuterung werden andere Energieformen wie Sexualität usw. in Ojas umgewandelt und im Gehirn gespeichert. Sie können sich als spirituelle wie auch als intellektuelle Kräfte auswirken. – *Ojas-Shakti* bezeichnet die Auswirkung der gesammelten Ojas-Kraft, im weltlichen Leben (z. B. von Politikern, Wirtschaftsführern und Feldherren), im geistigen Bereich bei Schöpfern philosoph. Systeme und im Spirituellen auf der höchsten Stufe in Erleuchteten, bei denen die Ojas-Kräfte wieder im absoluten Bewußtsein aufgehen.

Ōjin, Z jap. für Nirmānakāya → Trikāya

OM H B, auch AUM oder Pranava, Skrt.; das umfassendste und erhabenste Symbol der hinduist. spirituellen Erkenntnis, das auch im Buddhismus (vor allem im → Vajrayāna) als mantrische Silbe eine Rolle spielt. OM ist sowohl ein Symbol der Form als auch des Klanges. Diese Silbe ist kein magisches Wort und wird auch

Das OM-Symbol.

nicht als Wort betrachtet, sondern ist eine Manifestation der spirituellen Kraft, ein Symbol, das im ganzen Osten verbreitet ist und die Gegenwart des Absoluten in der → Māyā bezeichnet. Die Welt des Körperlichen, des Geistigen und des Unbewußten werden in dem Buchstaben

OM durch drei Kurven dargestellt und das höchste Bewußtsein durch den Punkt außerhalb und darüber, der die drei anderen erleuchtet und enthüllt. Die Form des OM ist eine konkrete Manifestation der geschauten Wahrheit. Kein Konzept oder Objekt dieses Universums ist unabhängig. Alle sind Umwandlungen des einen Bewußtseins, nehmen in unterschiedlichen Graden an seinem Wesen teil und sind auf diese Weise miteinander verbunden.

Das OM-Symbol besteht aus drei Kurven, einem Halbkreis und einem Punkt und ist ein geschlossenes Ganzes. Die drei Kurven sind miteinander verbunden und erwachsen eine aus der anderen. Der Punkt mit dem Halbkreis steht frei. Er beherrscht das Ganze. Das Symbol deutet auf die drei Bewußtseinszustände Wachen, Träumen und Tiefschlaf sowie auf das höchste Bewußtsein oder Selbst, das ihnen zuschaut und sie durchdringt. Der Halbkreis unter dem Punkt ist nicht geschlossen, er bezeichnet die Unendlichkeit und deutet damit an, daß das begrenzte Denken die Tiefe und Höhe des Punktes nicht zu erfassen vermag.
Die materielle Welt des Wachbewußtseins, die Ebene der äußeren Aktivität und somit die greifbarste wird durch die größere, untere Kurve symbolisiert (1). Die Ebene der Traumzustände, nicht von äußeren Objekten, sondern nur von Denkkonzepten stimuliert, wird durch die zweite, kleine Kurve symbolisiert (2), die sozusagen zwischen Wachen und Schlaf steht. Die obere Kurve (3) symbolisiert das Unbewußte, das wir Tiefschlaf nennen, ist aber noch Bindeglied, denn sie liegt dem Punkt des absoluten Bewußtseins am nächsten. Der Punkt ist das absolute Bewußtsein, das die drei anderen erleuchtet und beherrscht; er ist → Turīya, »das Vierte«. Ohne Turīya gäbe es kein Denken, kein Symbol und kein Universum. Der Punkt beleuchtet die drei Zustände. Er selbst leuchtet durch sein eigenes Licht und wird nur von Menschen erfahren, die über die drei Kurven hinausgelangt sind, den Punkt erreicht haben und mit ihm verschmolzen sind. Der Punkt kann verschieden interpretiert werden: als absolutes Bewußtsein, als Zuschauerbewußtsein hinter Körper und Denken oder als Befreiung von der Erscheinungswelt. – Westliche Interpreten haben OM als AUM mit den drei Gottheiten (→ Trimūrti) gleichgestellt, doch ist diese Auslegung nicht tiefgründig genug.

OM MANI PADME HUM, B Skrt., wörtl.: »OM, Juwel im Lotos, HUM« (tibet. OM MANI PEME HUNG); Sanskrit-Formel, die dem → Avalokiteshvara zugeordnet wird, und das bedeutendste und älteste Mantra des Tibetischen Buddhismus ist. Die einfachste Erklärung des von sog. Keimsilben eingeschlossenen Wortpaares »Juwel im Lotos« ist die Gleichsetzung des Juwels mit dem Erleuchtungsgeist (→ Bodhichitta), der im Lotos des menschlichen Bewußtseins erzeugt werden soll. Die komplexe Bedeutung dieser Lautfolge hängt mit ihrer Wirksamkeit im → Sādhana zusammen und kann unter Einbeziehung der gesamten Symbolik des → Vajrayāna

Das Mantra OM MANI PADME HUM in tibet. Form.

beschrieben werden. Für den tibet. Buddhisten sind die sechs Silben OM MANI PEME HUNG Ausdruck der grundlegenden Haltung des Erbarmens, und in ihrem Rezitieren formuliert sich der Wunsch nach Befreiung (→ Nirvāna) zum »Wohle aller Lebewesen«. Aus diesem Grunde wurden die sechs Silben auch auf die sechs Daseinsformen des Lebensrades (→ Bhava-Chakra) übertragen.

OM MANI PEME HUNG, B tibet. für → OM MANI PADME HUM

OM NAMO NĀRĀYANĀYA, H Skrt., wörtl.: »OM! Ehre sei Gott im Menschen!«; eine traditionelle Grußform unter → Sadhus und Heiligen; auch ein vielbenutztes Mantra. (Siehe dazu auch → Nārāyana.)

OM TAT SAT, H Skrt., wörtl.: »OM! Das ist Sein«; *Das* ist → Brahman, *Sein* ist das absolute Sein, ebenfalls Brahman, aber manifestiert als Erscheinungswelt; der Sinn ist, daß das, was wir als Erscheinungswelt wahrnehmen, in Wirklichkeit Brahman ist. Diese heilige Formel ist vielen Büchern vorangestellt. Die → *Bhagavad-Gītā* beschließt jedes Kapitel mit ihr.

Ordination, B im buddhist. Sinne die Aufnahme in den → Sangha, die buddhist. Gemeinde von Mönchen und Nonnen, die einen Rechtsakt darstellt, der in Gegenwart von Zeugen nach bestimmten Regeln durchgeführt werden muß und dessen Vorbedingung eine freie Willenserklärung, das sog. Hinausziehen (in die → Hauslosigkeit) ist. Die Ordination bindet den Aufgenommenen nicht lebenslang an den Sangha; Austritt und Wiedereintritt sind jederzeit möglich.
Es werden drei verschiedene Arten von Ordination unterschieden: 1. die niedere, durch die man zum Novizen (→ Shrāmanera) wird; 2. die höhere, durch die ein Novize zum Mönch (→ Bhikshu) oder eine Novizin zur Nonne (→ Bhikshunī) geweiht wird. 3. die »Bodhisat-

tva-Ordination« im Mahāyāna. – Die Ordinationszeremonien variieren stark von Land zu Land. Die erste Ordination ist im *Prātimoksha-Sūtra* beschrieben.

Ursprünglich erfolgte die Aufnahme in den Orden durch das Scheren von Bart- und Haupthaar, das Anlegen der unteren und oberen gelben Robe (→ Trichīvara) und das dreifache Rezitieren der Zufluchtsformel (→ Triratna). Doch diese einfache Zeremonie wurde bald als unzureichend empfunden und machte einem komplizierteren Ablauf Platz. Bei der Ordination zum Novizen erscheint dieser mit geschorenem Kopf vor mindestens zehn (in Gebieten, in die der Buddhismus erst spät Eingang fand, auch nur fünf) Mönchen; angehende Novizinnen brauchen sowohl Nonnen als auch Mönche als Zeugen, sonst ist die Ordination ungültig. Aus den Händen des Abtes des Klosters nimmt der Novize die zweiteilige Robe entgegen, wobei er an die Vergänglichkeit des Körpers, den diese bedecken wird, erinnert wird. Daraufhin zieht er sich zum Anlegen der Robe zurück, wobei er eine Formel rezitiert, die ihm bewußt machen soll, daß er die Robe als Schutz und nicht als Schmuck des Körpers tragen wird. Dann bittet er um die Gewährung der Zuflucht und nimmt die zehn → Shīlas auf sich, die der Abt rezitiert und der Novize wiederholt.

Bei der Ordination zum Mönch (Upasampadā) geht der Novize zuerst nochmals durch die niedere Ordination, anschließend befragt ihn ein Prüfer nach einem feststehenden Schema über Alter, Herkunft, Krankheiten u. ä. Der angehende Mönch nennt sodann seine beiden Lehrmeister (→ Āchārya, → Upādhyāya) und einer der beiden überreicht ihm die dreiteilige Robe und die Almosenschale. Es folgen die Erklärung der Verhaltensvorschriften und die der vier Vergehen, die den Ausschluß aus dem Sangha bedeuten (→ Vinaya, → Prātimoksha). Der Kandidat bittet um die Aufnahme und die Ordinationsformel wird dreimal wiederholt, wobei die Gemeinde das Recht auf Einspruch hat. Den Abschluß bildet eine Ansprache des Abtes. In den Ländern des Mahāyāna folgt nach einiger Zeit das Ablegen der Bodhisattva-Gelübde (→ Pranidhāna). In China geht diesem die Zeremonie des → Moxa voraus, wobei auf dem kahlen Kopf des Mönches Räucherkegel abgebrannt werden, die sichtbare Narben hinterlassen.

Orgyen **B** (O-rgyan bzw. U-rgyan), tibet. (Skrt. Oddiyana); ein mythologisches Reich, das im Tibetischen Buddhismus als Geburtsstätte des → Padmasambhava und Heimat der → Dākinīs angesehen wird. Geographisch wird es einem Gebiet zwischen Afghanistan und Kaschmir zugeordnet, etwa dem im heutigen Pakistan liegenden Swat-Tal entsprechend. Die ältesten buddhist. Tantras sprechen dagegen von Orgyen als einer heiligen Stätte, die im Nordosten Indiens, in Bengalen, gelegen haben soll. In beiden Traditionen gilt Orgyen als Ursprungsland bestimmter tantrischer Lehren. Einer der 84 → Mahāsiddhas, Indrabhūti, wird als König von Orgyen bezeichnet.

Ōryō E'nan, **Z** jap. für → Huang-lung Hui-nan

Ōryō-ha, **Z** jap. für → Ōryō-Schule

Ōryōki, **Z** jap., etwa: »Das, was gerade genug enthält«; ein Satz von ineinander passenden Eßschalen, die Zen-Mönche oder -Nonnen bei ihrer Ordination erhalten.

In engerem Sinn bedeutet Ōryōki nur die größte dieser Schalen (auch → Jihatsu), die der einen Eß- und Bettelschale entspricht, welche die ind. Wandermönche in der Nachfolge von → Shākyamuni Buddha besitzen durften.

In übertragenem Sinn bezeichnet Ōryōki auch die zeremonielle Handhabung der Eßschalen während der schweigend eingenommenen Mahlzeiten in einem Zen-Kloster und ist eins der Symbole für den Gehalt des Zen-Lebens der Mönche und Nonnen.

Ōryō-Schule, **Z** (chin. Huang-lung-p'ai, jap. Ōryō-ha [chin. *p'ai,* jap. *ha:* »Flügel«]); eine Linie des Rinzai-Zen, die auf den chin. Meister → Huang-lung Hui-nan (jap. Ōryō oder Ōryū E'nan) zurückgeht. Sie gehört zu den »Sieben Schulen« (→ Goke-Shichishū) des Zen in China und wurde von → Eisai Zenji als erste Schule des Zen nach Japan übertragen. Sie erlosch sowohl in China als auch in Japan schon nach wenigen Generationen. Da die Ōryō-Linie aus der → Rinzai-Schule hervorging, wird sie auch Rinzai-Ōryō-Schule genannt.

Ōsel **B** ('Od-gsal), tibet.; wörtl.: »klares Licht«; 1. Die Lichthaftigkeit des Geistes, deren Erkenntnis als Komplement zur Leerheit (→ Shūnyatā) des Geistes generell das Ziel der höchsten Lehren der → Tantras definiert (→ Mahāmudrā, → Dzogchen); 2. eine der »Sechs Doktrinen des Nāropa« (→ Nāro Chödrug), aufgrund deren Ausführung sich manifestiert »das Licht in seiner Wesensgleichheit mit dem aus sich selbst heraus leuchtenden Geist, so wie die Lampe sich selbst und die Gegenstände ohne Beihilfe von außen beleuchtet« (G. Tucci).

Ōtani, **B** jap. → Jōdo-shin-shū

Ō-Tō-Kan-Schule, **Z** jap.; Linie des jap. Rinzai-Zen, die auf die drei großen Zen-Meister Nampo → Shōmyō (auch Daiō Kokushi), → Myōchō Shūhō (auch Daitō Kokushi) und → Kanzan Egen (auch Musō Daishi) zurückgeht. Der Name dieser Linie leitet sich aus dem jeweils letzten Schriftzeichen von »Daiō« und »Daitō« sowie dem ersten von »Kanzan« ab. Der bedeutende Zen-Meister und große Reformator des Rinzai-Zen in Japan, → Hakuin Zenji, steht in der Tradition dieser Übertragungslinie.

P

Pa-chiao Hui-ch'ing, Z jap. Bashō Esei, etwa 10. Jh., aus Korea stammender, der → Igyō-Schule angehörender Zen-Meister. Pa-chiao kam aus Korea nach China und wurde dort ein Schüler und Dharma-Nachfolger (→ Hassu) von → Nan-t'a Kuang-jun (jap. Nantō Kōyū). Er war der Meister von → Hsiang-yang Ch'ing-jang (jap. Kōyō Seijō). Wir begegnen Pa-chiao im 44. Beispiel des → *Wu-men-kuan.*

Der Ausspruch von Pa-chiao, der hier als Kōan vorgelegt wird, gehört zu den berühmtesten Zen-Aussagen: »Meister Pa-chiao sagte bei der Unterweisung zu seinen Schülern: ›Wenn ihr einen Stock habt, so gebe ich euch einen Stock. Wenn ihr keinen Stock habt, so nehme ich euch den Stock weg.‹«

Padārtha, H Skrt. → Vaisheshika

Padma, H B Skrt. → Lotos

Padmapāni, B → Avalokiteshvara

Padma-Purāna H (Padma-Purāṇa), Skrt.; eines der *Vishnu-Purānas* (→ Purāna), im Stil bezeichnend für die → Vaishnavas, ganz besonders der letzte Teil, in dem Shiva seiner Gemahlin Pārvatī das Wesen und die Eigenschaften Vishnus beschreibt und beide ihn am Ende gemeinsam verehren. Man schätzt, daß es frühestens im 12. Jh. entstanden ist.

Das Werk beschreibt die Welt samt ihren Ereignissen, als diese noch ein goldener Lotos (Padma) war, daher sein Name. Es besteht aus 55 000 Doppelversen, unterteilt in fünf Bücher. Das erste ist der Schöpfung gewidmet, das zweite der Erde, das dritte dem Himmel, das vierte der Unterwelt; das fünfte enthält Ergänzungen. Es existiert auch noch ein sechster Teil, eine Abhandlung über die Praxis der Gottesverehrung. Der gesamte Inhalt ist so heterogen, daß wahrscheinlich mehrere Werke unter diesem Titel zusammengefaßt sind.

Padmasambhava, B Skrt., wörtl.: »Der aus dem Lotos Geborene«; Zeitgenosse des tibet. Königs Trisong Detsen (755–797) und einer der historisch faßbaren Begründer des → Tibetischen Buddhismus. Er prägte vor allem die Lehren der → Nyingmapa-Schule und wird von ihren Anhängern als »zweiter Buddha« verehrt. Seine besondere Aufgabe lag in der Bezähmung der einheimischen Dämonen bzw. der durch sie verkörperten Naturgewalten. Die Methoden des Padmasambhava reichten vom Umgang mit Kultinstrumenten, vor allem dem → Phurbu, bis zur Beherrschung der Meditationstechniken des → Dzogchen. Die in der Tradition der → Mahāsiddhas stehende Gestalt des Padmasambhava nahm im Laufe der Jahrhunderte immer stärker legendären Charakter an, und noch heute wird er in den Himālaya-Ländern unter dem Namen Guru Rimpoche (»Kostbarer Lehrer«) verehrt.

Padmasambhava, der den Buddhismus nach Tibet brachte, und zwei seiner Schülerinnen. (Tibet. Blockdruck.)

Der Legende nach im Lande → Orgyen, im Nordwesten von Kaschmir, geboren, meisterte Padmasambhava bald alle zu seiner Zeit existierenden Wissenschaften, vor allem die Lehren der → Tantras. Im 8. Jh. trat er in die Geschichte ein mit der Missionierung des von Naturreligion und dem → Bön-Glauben beherrschten Tibet. Mit dem Bau des Klosters Samye (775) fanden diese Aktivitäten ihr Ende, und die Angaben über den weiteren Aufenthalt des Padmasambhava in Tibet divergieren von wenigen Monaten bis zu vielen Jahren. Seine Unterweisungen gab er an 25 Hauptschüler weiter, zu denen auch der tibet. König zählte, und von besonderer Bedeutung waren dabei die »Acht Verkündigungen«. Zum Nutzen späterer Generationen versteckte er ferner eine Unzahl von Lehren in Form von Texten (→ Terma). Wichtigste Schülerin des Padmasambhava und Verfasserin seiner Biographie war → Yeshe Tsogyel.

Die Anhänger der Nyingmapa-Schule feiern die bedeutsamen Ereignisse im Leben des Guru Rimpoche am 10. Tag eines jeden Monats. So am 10. des ersten Monats seine Abkehr von der Welt und die Meditation auf den Leichenstätten, am 10. des zweiten Monats die Ordination, am 10. des dritten Monats die Verwandlung von Feuer in Wasser im Königreich Zahor usw. Die bekannteste Anrufung des Padmasambhava ist in sieben Zeilen abgefaßt:

Im Nordwesten des Landes Orgyen
Hast du in einer Lotos-Blüte
Die höchste und wunderbarste
Vollkommenheit erlangt;
Man nennt dich den Lotosgeborenen
Und viele Dākinīs umgeben dich.
Dir folge ich nach,
Komme herbei und segne mich!

Eine Biographie von Padmasambhava findet sich in: W. Y. Evans-Wentz (Hrsg.), *Der geheime Pfad der großen Befreiung,* Bern 1978.

Padmāsana, **H** Skrt.; der Lotossitz, eine Körperhaltung des → Hatha-Yoga, die besonders für die Meditation geeignet ist.

Das *Hatha-Yoga-Pradīpika* beschreibt Padmāsana wie folgt: »Man lege den rechten Fuß auf die linke Hüfte und den linken Fuß auf die rechte Hüfte; dann kreuze man die Hände hinter dem Rücken und ergreife fest die großen Zehen. Man presse das Kinn gegen die Brust und richte den Blick auf die Nasenspitze. Dies wird Padmāsana genannt, das alle Übel des Yami (des Übenden) beseitigt.« Diese Stellung wird auch die »verriegelte« (Baddha-Padmāsana) genannt.

Pagode, **B** buddhist. architektonische Form, die in China, Japan und Korea beheimatet ist und sich aus dem ind. → Stūpa entwickelt hat. Die Pagode ist ein meist vier- oder achteckiger schlanker Stein-, Ziegel- oder Holzbau in mehreren Stockwerken mit hervorspringenden Dächern. Auf der Spitze befindet sich ein Mast mit einer großen Zahl von Ringen.

Die Pagode dient wie der Stūpa der Aufbewahrung von Reliquien (→ Sharīra) oder als Grabmal für berühmte Meister. Der Kern der Pagode, der diese Reliquien birgt, kann auf einer Treppe rituell umwandelt werden. Die Pagode tritt überall in Ostasien auch in Miniaturausgabe als Votivgabe, Räuchergefäß oder als Mittelpunkt eines Hausaltars auf.

In der Entwicklung vom ind. Stūpa zur ostasiat. Pagode wird durch die Vermehrung der Stufen des Unterbaus eine größere Vertikalität erzielt, die dem Bauwerk das Aussehen eines Turmes verleiht. Die trennenden Gesimse werden zu vorspringenden Dächern, die einander in ihrer Breite angeglichen sind, wodurch eine nur geringe Verjüngung nach oben erhalten bleibt. Die für den Stūpa so charakteristische Halbkugel dient nur noch als Basis für die Spitze, die den Mast mit Ringen trägt.

Grundtypus der chinesischen (a, b) und japanischen (c) Stockwerkpagode (nach D. Seckel).

In China war die Form der Pagode schon im 5. Jh. voll ausgebildet, Holzpagoden waren auch schon aus früherer Zeit bekannt. Die chin. Pagoden sind meist aus Ziegel, Stein oder Holz gebaut und reichlich plastisch verziert. Ihre geschwungenen Dächer sind mit glasierten bunten Glasziegeln gedeckt. Von den Spitzen der Dächer und den Ringen der Spitze hängen meist Glöckchen, die durch ihr Läuten symbolisch die buddhist. Lehre in alle Windrichtungen tragen. Im Inneren haben die chin. Pagoden entweder einen Pfeiler, um den Treppen herumführen, so daß die Pagode rituell umwandelt werden kann, oder einen Schacht, in dem sich Buddha-Figuren befinden und von dem aus Gänge nach außen führen, die in Fenstern münden. Viele Pagoden sind an der Außenseite mit Buddha-Reliefs geschmückt, die die zahllosen Buddhas aller Welten symbolisieren.

Über ihre Funktion als buddhist. Heiligtum hinaus haben die Pagoden in China auch die Aufgabe, einen Ort geomantisch günstig zu beeinflussen.

Die Pagoden, wie auch die Stūpas, sind Sinnbilder des Absoluten, das sich in der Gestalt des Buddha personifiziert, der sich symbolisch im Zentrum der Pagode in Form des Mittelpfeilers befindet. Die Achse des Bauwerkes steht im Weltenzentrum, aus dem die Weltenrichtungen erstehen, denen im Mahāyāna verschiedene Buddhas zugeordnet sind, wodurch die Pagode einem → Mandala ähnelt.

Die einzelnen Stockwerke repräsentieren die verschiedenen Welten (→ Triloka), die Stufen des Bodhisattva-Weges (→ Bhūmi) oder den Erleuchtungsweg im allgemeinen. Die in China beliebte achteckige Grundfläche symbolisiert das Rad der Lehre (→ Dharma-Chakra) mit seinen acht Speichen, die ihrerseits auf den → Achtfachen Pfad hinweisen.

Pa-hsien, **T** chin., wörtl.: »Acht Unsterbliche«; Gruppe von acht Unsterblichen (→ Hsien), die zu den bekanntesten Figuren der taoist. Mythologie zählen. Ihre ersten Beschreibungen stammen aus der T'ang-Dynastie, aber erst in der Ming-Dynastie wurden sie in ihrer heute bekannten Gruppierung namentlich festgelegt. Die Acht Unsterblichen sind Li T'ieh-kuai (auch Li Hsüan genannt), Chang Kuo-lao, Ts'ao Kuo-chiu, Han Hsiang-tzu, Lü Tung-pin, Ho Hsien-ku, Lan Ts'ai-ho und Chung Li-ch'üan (auch Han Chung-li genannt). Chang Kuo-lao, Lü Tung-pin, Ts'ao Kuo-chiu und Chung Li-ch'üan sind historische Gestalten.

Der Begriff der Acht Unsterblichen ist in China zu einem Symbol für Glück geworden. Sie verkörpern außerdem acht verschiedene Lebensbedingungen: Jugend, Alter, Armut, Reichtum, Adel, Volk, Weibliches und Männliches.

Die Pa-hsien sind ein beliebtes Thema künstlerischer Darstellungen. Man findet sie auf Porzellanwaren, Fächern, Bildrollen usw. In der chin. Literatur existieren viele Werke, in denen die Acht Unsterblichen die Hauptrolle spielen.

1. *Li T'ieh-kuai* (wörtl.: »Li mit der eisernen Krücke«) wird meist mit einer eisernen Krücke und einem Kürbis, der magische Drogen enthält, dargestellt. Die Königliche Mutter des Westens (Hsi wang-mu) heilte ein Geschwür an seinem Bein und unterwies Li in der Kunst, Unsterblichkeit zu erlangen. Sie schenkte ihm auch die eiserne Krücke.

In einer anderen Legende wird die Verkrüppelung seines Beines auf folgende Weise erklärt: Lao-tzu war vom Himmel herabgestiegen, um Li T'ieh-kuai in der taoist. Lehre zu unterweisen. Kurz danach erlangte er Unsterblichkeit und verließ seinen Körper, um sich auf den heiligen Berg Hua-shan zu begeben. Sein Schüler sollte unterdessen über seinen Körper wachen. Li T'ieh-kuai befahl ihm, diesen zu verbrennen, sollte er nicht innerhalb von sieben Tagen zurückkehren. Nach sechs Tagen erfuhr sein Schüler, daß seine Mutter im Sterben läge. Um seiner Pflicht als Sohn nachkommen zu können, verbrannte er den Körper seines Meisters. Als Li wieder zurückkam, fand er nur mehr einen Haufen Asche vor und war gezwungen, in den Körper eines eben verstorbenen Bettlers einzugehen. So besaß Li nun plötzlich einen Körper mit schwarzem Gesicht, spitzem Kopf, verfilztem Haar, einem verkrüppelten Bein und riesigen Augen. Li wollte nicht in einem solchen Körper wohnen, doch Lao-tzu bat ihn, diesen Körper nicht zu verlassen und schenkte ihm ein goldenes Band, um seine wirren Haare zusammenzuhalten, und eine eiserne Krücke, die ihm beim Gehen behilflich sein sollte.

2. *Chang Kuo-lao* war ein Taoist der T'ang-Dynastie. Von ihm berichtet die Legende, daß er einen weißen Esel besaß, der tausend Meilen pro Tag zurücklegen konnte. Außerdem ließ sich das Tier wie ein Taschentuch zusammenfalten und einstecken. Wollte Chang ihn wiederbeleben, genügte es, ihn mit einer Handvoll Wasser zu benetzen. Sein Symbol ist die sog. Fischtrommel, ein Lärminstrument.

Chang bekleidete einen hohen Beamtenposten und erregte die Neugierde des Kaisers, der einen berühmten taoist. Meister über Chang Kuo-lao befragte. Dieser erwiderte, daß er zwar wisse, wer Chang wirklich sei, doch nicht wage, es zu sagen, denn dann würde er tot umfallen. Nur wenn der Kaiser persönlich barfuß und barhäuptig Chang Kuo-lao um Verzeihung für den »Verrat« bitten würde, könnte er wieder zum Leben erweckt werden. Der Kaiser legte das Versprechen ab und der taoist. Meister verriet ihm, daß Chang Kuo-lao die Inkarnation sei, die aus dem Urchaos entstanden war. Darauf fiel der Taoist tot um. Nachdem der Kaiser Chang um Verzeihung gebeten hatte, erweckte dieser den Taoisten wieder zum Leben, indem er ihn mit Wasser besprengte. Bald darauf wurde Chang Kuo-lao krank und zog sich in die Berge zurück, wo er zwischen 742 und 746 starb. Als seine Schüler das Grab öffneten, fanden sie es leer vor (→ Shih-chieh).

3. *Ts'ao Kuo-chiu* (gest. 1097) war der Schwager eines der Kaiser der Sung-Dynastie, dessen jüngerer Bruder zum Mörder wurde. Aus Scham darüber zog sich Ts'ao in die Berge zurück und beschloß sein Leben als Eremit zu verbringen. Er wird meist mit Kastagnetten in der Hand dargestellt.

Eines Tages, so die Legende, begegneten ihm Chung Li-ch'üan und Lü Tung-pin. Sie fragten ihn, was er in den Bergen täte. Ts'ao antwortete, er studiere den Weg (→ Tao), worauf die beiden ihn fragten, wo der Weg sei. Ts'ao zeigte zum Himmel. Lü und Chung fragten ihn weiter, wo denn der Himmel sei. Ts'ao zeigte auf sein Herz. Da lächelte Chung Li-ch'üan und sagte: »Das Herz ist der Himmel, der Himmel ist der Weg. Du kennst das ursprüngliche Antlitz der Dinge.« Daraufhin unterwiesen sie Ts'ao in der Erlangung von Vollkommenheit, und nach wenigen Tagen war er zum Unsterblichen geworden.

Eine andere Legende berichtet, daß Ts'ao vom Kaiser eine goldene Medaille erhielt, die ihm überall Tür und Tor öffnen sollte. Eines Tages mußte Ts'ao den Gelben Fluß überqueren und zeigte diese Medaille dem Fährmann. Ein ärmlich gekleideter taoist. Priester fragte ihn, warum er, der er den Weg gehe, zu solchen Mitteln greife. Als Ts'ao dies hörte, bat er den Priester, die

Medaille in den Fluß zu werfen. Da nahm ihn der Priester beiseite und sagte: »Kennst du Lü Tung-pin? Das bin ich. Ich bin gekommen, um dir zu helfen, ein Unsterblicher zu werden.

4. *Han Hsiang-tzu* gilt i. allg. als der Neffe eines berühmten Literaten und Staatsmannes der T'ang Dynastie, Han Yü, der mit seiner Erziehung betraut war. Han Hsiang-tzu war von stürmischem Temperament und im Besitz verschiedener übernatürlicher Fähigkeiten. Er wird meist mit einer Flöte, einem Blumenstrauß oder einem Pfirsich in der Hand dargestellt.

So ließ er einst mitten im Winter Pfingstrosen in allen Farben erblühen, auf deren Blütenblätter ein Gedicht geschrieben stand: »Wolken umhüllen die Gipfel des Ch'in-ling-Berges. Wo ist dein Zuhause? Tief ist der Schnee auf dem Passe Lan, und die Pferde gehen nicht weiter.« Han sah darin eine verborgene Bedeutung, sein Onkel aber tat es als Unsinn ab. Bald darauf fiel Han Yü beim Kaiser in Ungnade und wurde verbannt. Als er den Lan-Paß erreichte, lag der Schnee so tief, daß ein Weiterkommen unmöglich war. Han Hsiang-tzu erschien und räumte den Schnee weg. Er prophezeite seinem Onkel, daß er bald wieder auf seinen Posten und in den Schoß der Familie zurückkehren würde, was auch tatsächlich geschah.

5. *Lü Tung-pin* wurde 798 in Nordchina in einer Beamtenfamilie geboren. Als junger unverheirateter Mann unternahm er eine Reise auf den Berg Lü im Süden. Dort begegnete ihm der Feuerdrache, der ihm ein magisches Schwert schenkte, dank dessen er sich im Himmel verstecken konnte.

Auf einer Reise in die Hauptstadt begegnete er dem Unsterblichen Chung Li-ch'üan, der gerade dabei war, Wein zu erwärmen. Lü schlief ein und träumte, er wäre auf einen hohen Beamtenposten befördert worden und verfügte über große Reichtümer. 50 Jahre lang führte er ein Leben in Reichtum, bis ein Verbrechen seine Verbannung und die Ausrottung seiner Familie bewirkte. Als er aus dem Traum erwachte, waren nur wenige Augenblicke vergangen. Durch diesen Traum, der in China sprichwörtlich geworden ist, wachgerüttelt, beschloß er, auf eine Beamtenlaufbahn zu verzichten und Chung Li-ch'üan in die Berge zu folgen. Dieser weihte ihn in die Geheimnisse der Alchemie und die Kunst der Schwertführung ein. Mit hundert hatte Lü Tung-pin noch immer sein jugendliches Aussehen bewahrt und konnte in ein paar Augenblicken eine Strekke von hundert Meilen zurücklegen.

Lü Tung-pin sah im Mitleid den wesentlichen Faktor zur Erlangung der Vollkommenheit. Die Techniken der Äußeren Alchemie (→ Wai-tan) wandelte er in die der Inneren (→ Nei-tan) um. Sein Symbol, das Schwert, diente ihm nicht zum Töten von Gegnern, sondern zum Besiegen von Begehren, Abneigung und Unwissenheit. Mit dieser Haltung beeinflußte er die Entwicklung des Taoismus ganz entscheidend. Von der Schule der Vervollkommnung der Wahrheit (→ Ch'üan-chen tao) wird er als 5. Patriarch verehrt.

6. *Ho Hsien-ku* ist die einzige Unsterbliche in der Gruppe der Pa-hsien. Sie soll in der T'ang-Dynastie zurückgezogen in den Bergen gelebt haben. Als sie ungefähr 14 Jahre alt war, erschien ihr im Traum ein Geist und befahl ihr, einen Stein, der »Mutter der Wolken« heißt, zu zerreiben und das Pulver zu essen. So würde sie federleicht werden und Unsterblichkeit erlangen. Sie tat, wie ihr der Geist befohlen hatte, und legte das Gelübde ab, nie zu heiraten. Seit diesem Zeitpunkt vermochte sie von einem Gipfel zum anderen zu fliegen. Dabei sammelte sie Früchte für ihre Mutter; sie selbst brauchte keine Nahrung mehr zu sich zu nehmen. Eines Tages wurde sie von der Kaiserin an den Hof gerufen, doch auf halbem Weg verschwand sie und wurde eine Unsterbliche. Sie soll später noch mehrmals gesehen worden sein.

Nach einer anderen Legende verirrte sich die junge Ho Hsien-ku beim Teepflücken in den Bergen und begegnete einem → Tao-shih, der ihr einen Pfirsich zu essen gab. Seit diesem Moment fühlte sie keinen Hunger mehr. Dieser Tao-shih war niemand anderer als Lü Tung-pin.

7. *Lan Ts'ai-ho* wird manchmal auch mit weiblichen Zügen dargestellt. Er trägt zerlumpte Gewänder, einen Gürtel aus schwarzem Holz und auf einem Fuß einen Stiefel. Der andere ist barfuß. In der Hand hält er oft einen Korb mit Blumen.

Im Sommer hüllte er sich in einen dicken Mantel, im Winter war er nur leicht gekleidet, und sein Atem glich heißem Dampf. Die Sage erzählt, daß er bettelnd durch die Straßen ging und sich bei seinen Gesängen mit Kastagnetten begleitete. Meistens war er betrunken. Gaben ihm Menschen Geld, pflegte er es auf einer Schnur aufzuziehen und diese hinter sich herzuschleifen. Eines Tages, als er in einem Gasthaus eingekehrt war, warf er seine Stiefel, seinen Mantel und den Gürtel auf den Boden und verschwand, auf einem Kranich reitend, in den Wolken.

8. *Chung Li-ch'üan,* dessen Symbol ein Fächer aus Federn oder aus dem Blatt einer Fächerpalme ist, soll in der Han-Dynastie gelebt haben. Er wird als korpulenter Mann mit einem Bart, der bis zum Nabel reicht, und mit einer Glatze dargestellt. Man kann ihn auch an zwei Haarlocken an den Schläfen erkennen. Über sein Leben gibt es die verschiedensten Berichte: Nach Auffassung mancher war er ein Marschall, der sich im Alter in die Berge zurückzog. Nach anderen Texten war er Vizemarschall und floh nach einer verlorenen Schlacht gegen die Tibeter in die

Berge, wo er von fünf Heiligen in die Lehre der Unsterblichkeit eingeweiht wurde. Jahrhunderte später soll er seinerseits Lü Tung-pin darin unterwiesen haben.

Verschiedene Legenden beschreiben seinen Weg zur Unsterblichkeit: Chung Li-ch'üan soll in einem Wald einem alten taoist. Meister begegnet sein, der ihm auf sein Bitten hin Rezepte zum Erlangen der Unsterblichkeit gab. Als Chung diesen Meister verlassen hatte und beim Weggehen einen letzten Blick auf seine Hütte werfen wollte, war diese verschwunden.

Eine andere Version besagt, daß Chung während einer Hungersnot auf wundervolle Weise Silber herstellte und unter die Armen verteilte. So rettete er unzählige Menschenleben. Eines Tages stürzte während seiner Meditation eine Wand seiner Klause ein und es erschien ein Jadegefäß, das Unsterblichkeitsrezepte enthielt. Er befolgte die Instruktionen und wurde von einer schillernden Wolke unter den Klängen himmlischer Weisen in die Regionen der Unsterblichen getragen.

Pai-chang-ch'ing-kuei, 🅉 jap. *Hyakujō Shingi;* ein Werk, das die von dem chin. Zen-Meister →Pai-chang Huai-hai (jap. Hyakujō Ekai) aufgestellten Regeln für das Leben der Mönche in einem Zen-Kloster (→Tera) enthält; es wurde von dem Mönch Te-hui (jap. Tokuki) redigiert. Die in diesem Werk aufgezeichneten Regeln sind bis auf den heutigen Tag gültig.

Pai-chang Huai-hai 🅉, auch Po-chang Hui-hai, jap. Hyakujō Ekai, 720–814, einer der großen Zen-Meister der T'ang-Zeit; ein Schüler und Dharma-Nachfolger (→Hassu) von →Ma-tsu Tao-i (jap. Baso Dōitsu) und der Meister von →Kuei-shan Ling-yu (jap. Isan Reiyū) und →Huang-po Hsi-yün (jap. Ōbaku Kiun). Pai-chang begründete die seitdem für das Zen eigentümliche monastische Tradition, indem er genaue Regeln für das Leben und den Tagesablauf in einem Zen-Kloster (siehe auch →Tera) aufstellte. Waren die Zen-Meister und ihre Schüler bis dahin meist »zu Gast« in Klöstern anderer buddhist. Schulen, deren Regeln für das Zusammenleben in einer Mönchsgemeinschaft die Zen-Mönche übernahmen, so entwickelten sich auf der Grundlage der Regeln von Pai-chang eigenständige Zen-Klöster, in denen der Tagesablauf ganz auf die Erfordernisse der Schulung auf dem Zen-Weg eingerichtet war.

In der Tradition von →Tao-hsin, dem 4. Patriarchen des Zen in China, der die erste selbstversorgende Gemeinschaft von Zen-Mönchen gegründet hatte, betonte Pai-chang die Bedeutung der Verbindung der meditativen Praxis (→Zazen) mit täglicher Arbeit im Kloster und auf dem Feld. Von Pai-chang stammt der berühmte Zen-Spruch »Ein Tag ohne Arbeit, ein Tag ohne Essen«, nach dem er selbst bis ins hohe Alter lebte (siehe dazu →Samu). Lebten die buddhist. Mönche in China entsprechend der ind. Mönchstradition bis dahin vor allem von den Gaben, die sie auf ihren Bettelgängen erhielten und die die gläubigen Laien den Klöstern darbrachten, so bestritten die Mönche der Zen-Klöster nun ihren Lebensunterhalt hauptsächlich durch eigener Hände Arbeit. Allerdings wurde die Tradition des Bittgangs (→Takuhatsu) als Form der geistigen Schulung im Rahmen der von Pai-chang aufgestellten Regeln beibehalten.

Wenn auch die Schrift, in der Pai-chang seine monastischen Regeln niederlegte, verlorengegangen ist, so sind diese Regeln und ihr Geist in der Zen-Tradition doch erhalten geblieben und werden in den Zen-Klöstern bis auf den heutigen Tag befolgt.

Pai-chang ist aber nicht nur für sein organisatorisches Talent bekannt, sondern vor allem für seine tiefe Zen-Erfahrung und große Weisheit, auf die schon der Mönchsname hinweist, den er von seinem ersten Meister, Tao-chih, erhielt: Huai-hai, d. h. »(Der den) Ozean (der Weisheit im) Busen (trägt)«. Pai-chang ist der Autor des *Tun-wu ju-tao yao-men-lung,* einer grundlegenden Zen-Schrift über die »plötzliche Erleuchtung« (→Tongo) in der er aufzeigt, daß die Lehre der →Südlichen Schule des Zen mit dem tiefsten Gehalt der Lehren der großen Sūtras des Mahāyāna übereinstimmt.

Die Vertrautheit Pai-changs mit den Sūtras, die dieser Text erkennen läßt, zeigt, daß auch in der Schule der plötzlichen Erleuchtung (Südliche Schule) dem Studium der Sūtras noch eine große Bedeutung beigemessen wurde, auch wenn immer wieder die Vorrangigkeit der Erleuchtungserfahrung vor jeglicher »Theorie« betont wird. So beginnt diese Schrift, die Pai-chang in Dialogform verfaßte, mit folgenden Sätzen:

»Frage: Welche Übung müssen wir praktizieren, um Befreiung zu erlangen?

Antwort: Befreiung läßt sich nur durch plötzliche Erleuchtung verwirklichen.

Frage: Was ist plötzliche Erleuchtung?

Antwort: Plötzlich heißt, sich in einem Augenblick von allen verblendeten Gedanken befreien. Erleuchtung heißt die Einsicht, daß Erleuchtung nichts ist, was erlangt werden könnte.

Frage: Wo sollen wir mit dieser Übung beginnen?

Antwort: An der Wurzel selbst.

Frage: Und was ist die Wurzel?

Antwort: Der Geist (das Bewußtsein) ist die Wurzel.«

Eine engl. Übersetzung dieses Textes findet sich in: J. Blofeld, *The Zen Teaching of Hui Hai On Sudden Illumination,* London 1962. Die Aus-

sprüche und Unterweisungen von Pai-chang sind aufgezeichnet im *Hung-chou Pai-chang-shan Ta-chih-ch'an-shih yü-lu* (»Aufzeichnung der Worte des ›Zen-Meisters von großer Weisheit‹ Pai-chang aus Hung-chou«, chin. kurz: *Pai-chang yü-lu*) und im *Pai-chang kuang-lu.* Eine engl. Übersetzung beider Texte findet sich in: *Sayings and Doings of Pai-chang, Ch'an Master of Great Wisdom,* übers. v. Th. Cleary, Los Angeles 1978.
Pai-chang taucht auf im 2. und 40. Beispiel des → *Wu-men-kuan* sowie im 26., 53., 70., 71. und 72. Beispiel des → *Pi-yen-lu.*

Mehr als durch alle historischen Daten über Leben und Bedeutung von Pai-chang erfahren wir aus diesen Kōan über den Geist des großen Zen-Meisters, so z. B. dem 26. Beispiel des *Pi-yen-lu:*
»Ein Mönch fragte Pai-chang: ›Was gibt es Außerordentliches?‹
Pai-chang sagte: ›Hier auf dem (Berg) Ta Hsiung [jap. Dai Yūhō] allein zu sitzen.‹
Der Mönch verneigte sich verehrend. Da schlug ihn Pai-chang.«

Pai-lien-tsung, B chin. → Weißer-Lotos-Schule

Pai-ma-ssu, B chin., wörtl.: »Kloster zum weißen Pferd«; ältestes buddhist. Kloster Chinas in der Nähe von Lo-yang, dessen Geschichte sich bis in das 1. Jh. n. Chr. verfolgen läßt. Es wurde mehrmals umgebaut; die heutige Anlage stammt aus der Ming-Dynastie. Das Kloster gehört der Schule des Zen an.
Wie aus Inschriften hervorgeht, sind hier die ersten Sūtras (u. a. das → *Sūtra in 42 Abschnitten*) von zwei ind. Mönchen, Matanga und Chu-fa-lan, deren Grabstätten sich im Kloster befinden, ins Chinesische übersetzt worden.

Der Name des Klosters geht auf → Ming-ti, einen Kaiser der Han-Dynastie, zurück. Nachdem dieser von einer Gottheit geträumt hatte, entsandte er Minister nach dem Westen, die Näheres über diese Erscheinung in Erfahrung bringen sollten. Sie kehrten auf einem weißen Pferd reitend mit dem *Sūtra in 42 Abschnitten* zurück. Nach einer anderen Überlieferung kamen die beiden Mönche Matanga und Chu-fa-lan auf einem weißen Pferd reitend in Lo-yang an.
Bemerkenswert sind eine Stele aus der T'ang-Dynastie sowie eine dreizehnstöckige Pagode, die im Osten außerhalb der Klostermauern gelegen ist. In der Halle der Ahnen befinden sich Statuen von sechs Patriarchen der → Zen-Schule. Auf der sog. Kühlen Terrasse sollen Matanga und Chu-fa-lan ihrer Übersetzertätigkeit nachgegangen sein.

Pai-yün kuan, T chin., wörtl.: »Kloster der weißen Wolken«; taoist. Kloster (→ Kuan) in Peking, Hauptkloster der Schule der Verwirklichung der Wahrheit (→ Ch'üan-chen tao). Es wurde im Jahre 739 errichtet und 1167 neu aufgebaut.
Im 13. Jh. war das Pai-yün kuan der Aufenthaltsort von Ch'iu Ch'u-chih, dem Begründer der nördlichen (oder Drachentor-)Richtung des Ch'üan-chen tao, der dort auch begraben liegt. Die heutige Anlage stammt aus der Ch'ing-Dynastie. Das Kloster ist der Hauptsitz der Chinesischen Taoistischen Gesellschaft.

Pai-yün Shou-tuan, Z jap. Hakuun Shutan, 1025–1075, chin. Zen-Meister der Yōgi-Linie des Rinzai-Zen (→ Yōgi-Schule); ein Schüler und Dharma-Nachfolger (→ Hassu) von Yang-ch'i Fang-hui (jap. Yōgi Hōe) und der Meister von → Wu-tsu Fa-yen (jap. Goso Hōen).

Pai-yün-tsung, Z chin. → Hakuun-Schule

Pa-kua, T chin., Acht Trigramme; acht Zeichen, die die Grundlage des *Buches der Wandlung(en)* (→ *I-ching*) bilden und aus denen sich dessen 64 Hexagramme ableiten. Die Trigramme bestehen aus Kombinationen von jeweils drei Yin (– –) oder Yang (—) (→ Yin-yang) Linien, die folgende acht Konstellationen ergeben:

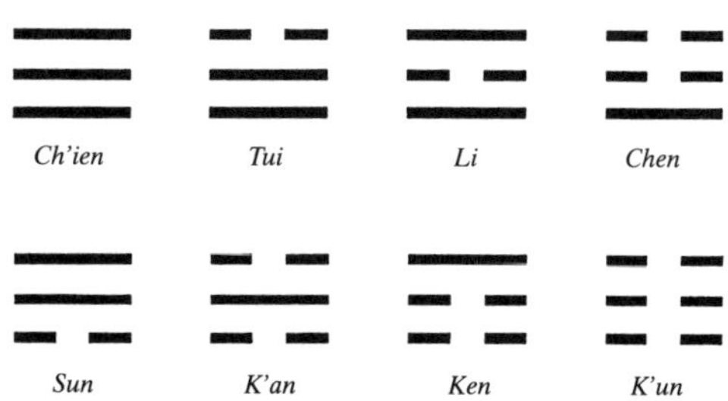

Eine hervorragende Stellung unter den Pa-kua nehmen die Trigramme → Ch'ien und K'un ein, die die Urkräfte, aus denen alle Erscheinungen entstehen, symbolisieren: Ch'ien ist reines Yang, reine männliche Energie, während K'un reines Yin oder weibliche Energie darstellt. Himmel und Erde sind die materiellen Repräsentanten dieser beiden Kräfte. Das Verschmelzen von Ch'ien und K'un bringt die restlichen sechs Trigramme hervor.
Neben Ch'ien und K'un sind → K'an und Li besonders wichtige Trigramme, da sie auch auf den Kopf gestellt ihre Gestalt und Bedeutung nicht verändern. Verdoppelt ergeben sie jeweils die Hexagramme gleichen Namens.
Die Pa-kua werden als Abbilder konkreter Realitäten angesehen:
Ch'ien, das Schöpferische, ist stark, der Himmel, der Vater.

K'un, das Empfangende, ist hingebend, die Erde, die Mutter.
Chen, das Erregende, ist Bewegung, der Donner oder das Holz, der älteste Sohn.
K'an, das Abgründige, ist Gefahr, Wasser oder Wolken, der mittlere Sohn.
Ken, das Stillehalten, ist Innehalten, der Berg, der jüngste Sohn.
Sun, das Sanfte, ist Eindringen, der Wind oder das Holz, die älteste Tochter.
Li, das Haftende, ist leuchtend, die Sonne oder der Blitz, die mittlere Tochter.
Tui, das Heitere, ist Freude, der See, die jüngste Tochter.

Die Acht Trigramme sollen der Überlieferung nach vom legendären Kaiser → Fu Hsi stammen: Ein Drachenpferd entstieg dem Gelben Fluß, auf seinem Rücken trug es das sog. Flußdiagramm (→ Ho-t'u und Lo-shu); aus dem Flusse Lo entstieg eine Schildkröte, die das Diagramm des Flusses Lo auf ihrem Panzer trug. Aus diesen beiden magischen Zahlendiagrammen hat Fu Hsi die Acht Trigramme abgeleitet. Andere Quellen wiederum behaupten, Fu Hsi habe die Pa-kua nach den Vorbildern der Natur geschaffen. Der Historiker Ssu-ma Ch'ien (145–86 v. Chr.) hingegen berichtet, daß sowohl Trigramme als auch Hexagramme auf den König Wen, einen der Begründer der Chou-Dynastie, zurückgehen.

Fu Hsi stellte Entsprechungen zwischen den Trigrammen und den Himmelsrichtungen und Jahreszeiten her. Diese Anordnung ist die »vor-himmlische Reihenfolge«:

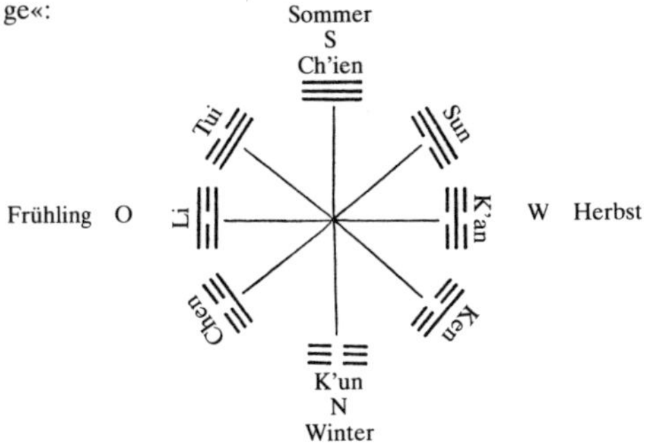

Auf König Wen geht die »nach-himmlische Reihenfolge« zurück:

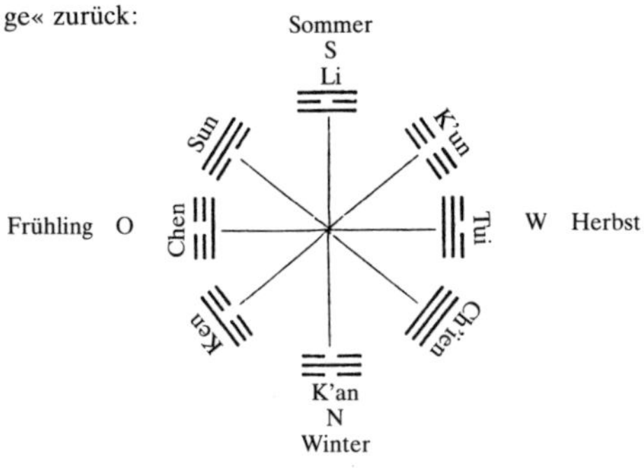

Die Kua spielen auch in der Lehre vom Inneren und Äußeren Elixier (→ Nei-tan, → Wai-tan) der taoist. Alchemisten eine bedeutende Rolle. Im *Ts'an-t'ung-ch'i,* einem Werk des → Wei P'o-yang, heißt es: »Ch'ien und K'un sind Tor und Eingang zum Wandel (d. h. der Beginn aller Wandlung) und Vater und Mutter der anderen Zeichen.« K'an und Li symbolisieren die Funktion von Ch'ien und K'un, d. h. die Einflüsse von Himmel und Erde. Die Alchemisten bezeichnen mit Ch'ien und K'un Ofen und Kessel, mit K'an und Li die verschiedenen Ingredienzien, aus denen sie das Elixier herstellen.

Pali B (Pāli); ind. Dialekt, der sich vom Skrt. ableitet und in dem die kanonischen Texte des → Theravāda abgefaßt sind. Die Meinungen über den Ursprung dieses Dialekts gehen weit auseinander. Rhys-Davids ist der Ansicht, Pali sei der Dialekt von → Koshala im Nordosten des Gangesbeckens; Walleser sieht darin die Sprache von → Pātaliputra, dem heutigen Patna, der Hauptstadt von → Magadha. Manche Forscher fassen Pali als eine Spielart des Dialekts von Magadha auf, die die Sprache des Buddha gewesen sein soll und möglicherweise als Umgangssprache der Elite von Magadha gedient hat. Allerdings zeigen Funde von Inschriften in Māgadhī beträchtliche Unterschiede zwischen Pali und Māgadhī auf. Lamotte vertritt die Meinung, Pali sei ein zentralind. Dialekt, d. h. eine der alten Prākrita-Sprachen.

Pa-ling Hao-chien, Z jap. Haryō Kōkan, 10. Jh., chin. Zen-Meister der → Ummon-Schule; ein Schüler und Dharma-Nachfolger (→ Hassu) von → Yün-men Wen-yen (jap. Ummon Bun'en). Man gab ihm den Spitznamen »der redselige Chien«, da er – ganz im Gegensatz zu seinem Meister Yün-men, der für seine oft im wahrsten Sinn des Wortes »einsilbige« Ausdrucksweise bekannt war – auf die Fragen seiner Schüler gern in eleganten poetischen Formulierungen antwortete. Pa-ling hatte zwei Dharma-Nachfolger; wir begegnen ihm im 13. und im 100. Beispiel des → *Pi-yen-lu.*

Das 13. Kōan des *Pi-yen-lu* gibt uns einen Eindruck von der Ausdrucksweise des Meisters. Ein Mönch fragt ihn in diesem Beispiel nach der »Deva-Schule«; er bezieht sich damit auf Kānadeva, den 15. Patriarchen in der ind. Linie des Zen. Kānadeva war ein Schüler und Dharma-Nachfolger von Nāgārjuna, dem 14. ind. Patriarchen, einem der größten Philosophen der buddhist. Tradition. Wie sein Meister war Kānadeva ein überragender Philosoph und unbezwingbarer Gegner in den zu seiner Zeit im Buddhismus so beliebten philosoph. Disputen. Das Kōan lautet:

»Ein Mönch fragte Pa-ling: ›Was ist die Deva-Schule?‹ Pa-ling sagte: ›Schnee, gehäuft in einer Silberschale.‹«

Pali-Schule, B → Theravāda

Pañchadashi H (Pañcadaśi), Skrt., wörtl.: »Die fünfzehn«; eine berühmte Abhandlung über die Metaphysik des → Advaita-Vedānta von Svāmi → Vidyāranya, einem Anhänger von → Shankara. Seine Lehre ist ganz in Shankaras Sinne. Das Werk ist in 15 Kapitel unterteilt, von denen je fünf ein besonderes Thema haben.

Die ersten fünf Kapitel behandeln die Unterscheidung der Elemente und der Hüllen, die das Selbst umgeben, sowie die Erklärung der → Mahāvākyas, der »großen Lehrsätze«. Die zweiten fünf Kapitel behandeln das Licht der verschiedenen Erkenntnisse, und die letzten fünf Kapitel befassen sich mit der Seligkeit: von der Seligkeit der Objekte über die Seligkeit des Yoga bis zur Seligkeit des Selbst. Es gibt in Indien zahlreiche Ausgaben, die alle schwer verständlich sind. Die engl. Übersetzung von Hari Prasad Shastri (1954) ist in ihrer Klarheit auch dem westl. Leser verständlich (dt. Version von K. Friedrichs, Fulda 1983).

Pañchāgnividyā H (Pañcāgnividyā), Skrt., wörtl. *pañcha:* »fünf«, *agni:* »Feuer«, *vidyā:* »Wissen, Lehre«, d. h. die »Fünffeuerlehre«. Sie schildert, wie das Unsterbliche des Menschen nach seinem Tod und der Verbrennung der Leiche »in lichtfarbener Gestalt« (*Brihadāranyaka-Upanishad* VI., 2, 14) als Glaube zum Himmel aufsteigt und von den Göttern fünfmal hintereinander in den Opferfeuern des Himmels, der Luft, der Erde, des Mannes und der Frau geopfert wird, wodurch es der Reihe nach aus Glaube zu Soma, aus Soma zu Regen, aus Regen zur Nahrung, aus der Nahrung zum Sperma, aus dem Sperma zum Embryo wird und so zu einem abermaligen Dasein auf der Erde führt. Diese altved. Eschatologie ist der Anfang der Seelenwanderungslehre, die sich in der Lehre von den zwei Wegen (→ Devayāna und Dakshināyana oder Pitriyāna) fortsetzt.

Pañcha-Mārga B (Pañca-Mārga), Skrt.; wörtl.: »Fünf Pfade«; eine neben den Stufen des Bodhisattva (→ Bhūmi) wichtige Beschreibung des spirituellen Weges in fünf aufeinanderfolgenden Phasen: 1. Pfad der Ansammlung *(sambhāra-mārga)*; 2. Pfad der Vorbereitung *(prayoga-mārga)*; 3. Pfad des Sehens *(darshana-mārga)*; 4. Pfad der Meditation *(bhāvanā-mārga)*; 5. Pfad des Nicht-mehr-Lernens *(ashaiksha-mārga)*.
Die Inhalte der auf dem jeweiligen Pfad vollzogenen Übungen werden unterschiedlich definiert für die Fahrzeuge der → Shrāvakas, → Pratyeka-Buddhas und → Bodhisattvas; letztere erreichen zu Beginn des »Pfad des Sehens« die erste Bodhisattva-Stufe.

Pañcharātra H (Pañcarātra), Skrt., wörtl.: »fünftägig«; 1. fünftägiges → Soma-Opfer, bei dem der Soma-Saft fünf Tage lang immer wieder frisch ausgepreßt wird; 2. Name der heiligen Schriften verschiedener Vishnu-Sekten.

Pañchatantra H (Pañcatantra), Skrt., wörtl. *pañcha:* »fünf«, *tantra:* »Lehrbuch«; eine berühmte umfangreiche Sammlung von moralisierenden Erzählungen und Fabeln in fünf Büchern aus dem 5. Jh. zur Unterweisung junger Prinzen in politischer Klugheit und gutem Benehmen.

Das Werk wurde von einem Brahmanen namens Vishnusharman zur Erbauung für die Söhne eines Königs zusammengetragen. Es ist mehrfach erweitert, oft nachgeahmt *(→ Hitopadesha)* sowie in viele Sprachen übersetzt worden und diente als Quelle für viele weit verbreitete und beliebte Geschichten, die in das Volksgut zahlreicher Literaturen, auch Europas, eingegangen sind. (Dt. Übersetzungen seit 1859, zuletzt: *Pantschatantra. Das Fabelbuch des Pandit Wischnu Scharma,* Düsseldorf/Köln 1971.)

Pañchatapas H (Pañcatapas), Skrt.; eine außergewöhnliche Form der Askese, bei der man von Sonnenaufgang bis Sonnenuntergang in glühender Sonne inmitten von vier Feuern sitzt, nur mit → Japa und Meditation beschäftigt.

Panchen Lama B (Paṇ-chen bla-ma), Skrt.-tibet.: »Lehrer, der ein großer Gelehrter ist«. Ehrentitel, den der 5. → Dalai Lama im 17. Jh. seinem Meister verlieh, dem Abt des Klosters Tashi Lhünpo. Da der Dalai Lama seit diesem Zeitpunkt als Verkörperung des → Avalokiteshvara angesehen wurde, erklärte er seinen Lehrer übergeordnet als Wiedergeburt des Buddha → Amitābha. Im Gegensatz zum Dalai Lama fielen dem Panchen Lama, der wie dieser immer wieder inkarniert wird (→ Tulku), keinerlei politische Aufgaben zu; nach dem Tode eines Dalai Lama hatte er ausschließlich die Position eines geistigen Stellvertreters inne. Erst im Laufe des 20. Jh. übernahm der Panchen Lama auch politische Ämter.

Pāndavas H (Pāṇḍavas), Skrt.; die Nachkommen von König → Pāndu. Die fünf Pāndava-Prinzen führten den großen Krieg gegen die → Kauravas, der im → *Mahābhārata* ausführlich beschrieben wird. Yudhishthira, Bhīma und Arjuna waren Söhne der Kuntī, Nakula und Sahadeva Söhne der Mādrī, der Schwester des Königs von Madras.

Pandit H (Paṇḍita), Skrt., wörtl.: »Gelehrter«; ein Gelehrter oder Wissenschaftler, der die heiligen Schriften intellektuell als Wissenschaft studiert und auslegt, an der Verwirklichung ihrer Wahrheiten aber selten interessiert ist. Den → Rishis wurden die Wahrheiten offenbart, die Pandits haben sie ausgedeutet und verbreitet. Im Hinduismus haben die haarspalterischen Argumentationen der Pandits seltsame Blüten getrieben.

Pāndu 🅗 (Pāṇḍu), Skrt., wörtl.: »der Bleiche«; der Bruder von → Dhritarāshtra. Pāndu war König von Hastināpura, dem Reich, um das der große Krieg des → *Mahābhārata* entbrannte, und der Vater der fünf → Pāndavas, deren Schicksal das Epos ausführlich schildert.

P'ang Yün 🅩, auch P'ang-chü-shih, jap. Hō Un, auch Hō Koji, 740–808/11, der »Laie P'ang«, der berühmteste Zen-Laie Chinas; ein Schüler und Dharma-Nachfolger (→ Hassu) von → Shih-t'ou Hsi-ch'ien (jap. Sekitō Kisen) und → Ma-tsu Tao-i (jap. Baso Dōitsu) und enger Freund des Zen-Meisters → Tan-hsia T'ien-jan (jap. Tanka Tennen). Die im *P'ang-chü-shih yü-lu* (»Aufzeichnung der Worte des Laien P'ang«) festgehaltenen → Mondō und → Hossen des Laien P'ang mit den großen Zen-Meistern seiner Zeit gehören zu den Höhepunkten der Zen-Literatur. (Engl. Übersetzung: *The Recorded Sayings of Layman P'ang,* übers. v. R. Fuller-Sasaki u. a., New York 1971.) P'ang Yün taucht auf im 42. Beispiel des → *Pi-yen-lu.*

P'ang Yün stammte aus einer Familie kleiner Beamter und hatte wie seine Ahnen die konfuzian. Klassiker studiert. Er wurde sich jedoch der Nichtigkeit von Buchwissen und weltlichen Gütern bewußt, und so packte er eines Tages all seinen Besitz in ein Boot und versenkte es im Fluß vor seinem Heim. Daraufhin zog er, von seiner nicht minder begabten Tochter Ling-chao begleitet, in die Hauslosigkeit. Auf Wanderschaft durch China besuchte er die großen Zen-Meister, um sich in der Begegnung mit ihnen zu schulen.

Bei seiner ersten Begegnung mit Meister Shih-t'ou fragte P'ang Yün diesen: »Wer ist der, der nicht von den Zehntausend Dingen [allen Phänomenen] abhängig ist?«

Augenblicklich hielt Shih-t'ou ihm den Mund zu, und der Laie kam zu einem Durchblick.

Später fragte Shih-t'ou ihn einmal nach seinen täglichen Verrichtungen. P'ang Yün antwortete mit einem Gedicht, das (in freier Übersetzung nach der engl. Übertragung von Chang Chung-yuan) lautet:

> An meinen täglichen Verrichtungen ist nichts Besonderes,
> ich bin einfach in natürlichem Einklang mit ihnen.
> An nichts mich haltend und auch nichts zurückweisend,
> Finde ich keinen Widerstand und bin nie abgetrennt.
> Was soll mir denn der Prunk von purpurnen Gewändern,
> der reine Gipfel ward von keinem Staubkorn je befleckt.
> Das wunderbare Wirken von übernatürlichen Kräften
> Find' ich im Wasserholen und im Holzhacken.

Shih-t'ou bestätigte ihn daraufhin als seinen Dharma-Nachfolger, und P'ang-yün zog weiter zu Ma-tsu. Auch ihn fragte er: »Wer ist der, der nicht von den Zehntausend Dingen abhängig ist?« Ma-tsu antwortete darauf: »Ich werde es dir sagen, wenn du die Wasser des Westflusses mit einem Zuge ausgetrunken hast.« Bei diesen Worten kam P'ang Yün zu tiefer Erleuchtung.

Pānini 🅗 (Pāṇini), Skrt.; der berühmteste Sanskrit-Grammatiker des Hinduismus. Er lebte nach Buddha, wahrscheinlich im 4. Jh. v. Chr. Sein Hauptwerk ist das *Pāninīya,* auch *Ashtādhyāyī* genannt, weil es aus acht *(ashta)* Kapiteln besteht. Es ist noch heute ein Standardwerk der Sanskrit-Grammatik, dessen Regeln unbestritten gelten, und es wird so sehr verehrt und geachtet, daß man behauptet, es sei durch göttliche Inspiration entstanden. Pānini wird deshalb zu den → Rishis gezählt. Er war aber nicht der erste Grammatiker, denn er bezieht sich auf die Werke seiner Vorgänger. Das *Pāninīya* ist in Form von Sūtras verfaßt, die ausgesprochen kompliziert sind und ein besonderes Studium erfordern, um ihre Bedeutung zu erfassen.

Zwischen der abendländischen Auffassung von Grammatik und der des Hinduismus besteht ein großer Unterschied. Für den Westen ist Grammatik nur ein Mittel zum Zweck, um Sprache ganz allgemein reglementieren zu können. Es ist deshalb zunächst schwer verständlich, warum der Hinduismus ihr so viel Wert beimißt. Was haben Philosophie und Erleuchtung, »das Wasser des Lebens«, mit trockener Grammatik zu tun? Man muß sich klarmachen, daß Erleuchtung eine Erfahrung der Transzendenz ist, d. h. jenseits der Worte liegt. Trotzdem haben die Rishis sich immer wieder bemüht, ihre transzendente Erfahrung in Worte zu kleiden, um die nach der Letzten Wahrheit Suchenden zu derselben Erfahrung zu führen. Sie haben das zunächst in kurzen, schwer verständlichen Andeutungen getan, die durch Kommentare erläutert werden mußten. Eine gut durchdachte, sorgfältig ausgebildete Grammatik macht die Sprache präziser und damit das, was sie ausdrücken will, verständlicher. Deshalb wird so großer Wert auf Grammatik gelegt. Selbst Heilige unserer Zeit wie → Rāmakrishna gingen immer wieder der Bedeutung einzelner Worte bis zu ihrer Wurzel nach und gewannen dadurch neue Möglichkeiten der Erklärung transzendenter Wahrheiten.

Westliche Indologen haben Pāninis Werk als eine natürliche Geschichte der Sanskrit-Sprache bezeichnet. Otto Böhtlingk hat Pāninis Grammatik 1887 in deutscher Sprache herausgebracht.

P'an-ku, T Weltenschöpfer, erster Mensch. Nach einem Mythos aus dem 3. Jh. v. Chr. entstieg P'an-ku dem Chaos, das die Form eines Hühnereis hatte. Daraufhin trennten sich die Bestandteile des Eies in schwere, yinhaltige

P'an-ku mit dem Welt-Ei.

(→ Yin-yang), die zur Bildung der Erde führten, und leichte, yanghaltige, die den Himmel entstehen ließen. Während 18000 Jahren nahm die Entfernung zwischen Himmel und Erde täglich um 10 Fuß zu. P'an-ku wuchs mit der gleichen Geschwindigkeit, so daß er den Raum zwischen Himmel und Erde immer ausfüllte. Nach seinem Tode verwandelten sich seine einzelnen Körperteile in die verschiedenen Regionen der Welt. Die Beschreibung dieser Transformation variiert von Quelle zu Quelle.

Nach einem Text aus dem 6. Jh. heißt es, daß sein Kopf zu den vier heiligen Bergen wurde. Die Augen verwandelten sich in Sonne und Mond; sein Fett in die Flüsse und Meere, seine Haare und sein Bart wurden zu Gräsern und Bäumen.

Andere Texte berichten, daß die Tränen des P'an-ku sich in die Flüsse, sein Atem in den Wind, seine Stimme in den Donner und seine Pupillen sich in den Blitz verwandelten.

P'an-shan Pao-chi, Z jap. Banzan Hōshaku, 720–814, chin. Zen-Meister; ein Schüler und Dharma-Nachfolger (→ Hassu) von → Ma-tsu Tao-i (jap. Baso Dōitsu). Nachdem P'an-shan von Ma-tsu das Siegel der Bestätigung (→ Inka-Shōmei) erhalten hatte, ließ er sich in Nordchina auf dem Berg P'an-shan, nicht weit von der heutigen Grenze zu Nord-Korea, nieder. Er war damit einer der wenigen frühen Zen-Meister, die in diesem Gebiet aktiv waren. Wir begegnen ihm im 37. Beispiel des → *Pi-yen-lu.*

Die Geschichte seiner ersten Erleuchtungserfahrung, wie sie im *Wu-teng hui-yüan* aufgezeichnet ist, ist bemerkenswert:

»Als der Meister einst über einen Marktplatz ging, hörte er, wie ein Kunde, der gerade Schweinefleisch kaufte, zu dem Fleischer sagte: ›Schneidet mir ein Stück vom Guten ab.‹ Der Fleischer legte sein Hackmesser nieder, verschränkte die Arme und sagte:
›Herr, was wäre nicht vom Guten?!‹
Bei diesen Worten kam der Meister zu einem Durchblick.«

Nach dieser Erfahrung wurde P'an-shan allerdings noch nicht von seinem Meister bestätigt; das geschah erst später, nach einer wesentlich tieferen Erfahrung, von der W. Gundert in seinen Erklärungen zum Text des 37. Beispiels des *Pi-yen-lu* berichtet:

»Eines Tages stieß er auf einen Leichenchor und vernahm aus dem Gesang die Worte: Dem roten Sonnenball ist es bestimmt, im Westen zu versinken. Die Seele aber, wohin wird sie gehen? – Hinter dem Sarg ging der Sohn des Toten und stieß Klagetöne aus. Es war alles, wie die Sitte es verlangte; man konnte das fast täglich sehen. Den Jüngling [P'an-shan] aber traf es mit der Macht des Weltgesetzes. Er sah den Kreislauf von Geburt und Tod, und damit stieg in ihm das Licht auf, das von diesem Kreislauf unberührt bleibt.«

Pansil, B Pali, Abk. für Pancha-Sīla (→ Shīla); die fünf Sittlichkeitsregeln, die alle Anhänger des → Theravāda einzuhalten verpflichtet sind. Im weiteren Sinn bezeichnet Pansil die Gesamtheit der Formeln, die zu bestimmten Gelegenheiten wie → Pūjās und → Uposatha-Feiern rezitiert werden: Anrufung des Buddha, Zufluchtnahme (→ Trisharana) und Pansil im eigentlichen Sinn.

Pao-feng K'o-wen, Z jap. Hōbō Kokumon, 1025–1102, chin. Zen-Meister der Ōryō-Linie des Rinzai-Zen (→ Ōryō-Schule); ein Schüler und Dharma-Nachfolger (→ Hassu) von → Huang-lung Hui-nan (jap. Ōryō E'nan) und der Meister von → Tou-shuai Ts'ung-yüeh (jap. Tosotsu Jūetsu).

Pao-fu Ts'ung-chan, Z jap. Hofuku Jūten, gest. 928, chin. Zen-Meister; ein Schüler und Dharma-Nachfolger (→ Hassu) von → Hsüeh-feng I-ts'un (jap. Seppō Gison). Pao-fu hatte 25 Dharma-Nachfolger; wir begegnen ihm im 8., 23., 76., 91. und 95. Beispiel des → *Pi-yen-lu.*

Pao-lin-ssu, Z jap. Hōrin-ji; ein um 504 erbautes buddhist. Kloster in Süd-China, in dem

→ Hui-neng, der 6. Patriarch des Zen, eine Zeitlang lebte, und das seitdem eines der bekanntesten Zen-Klöster Chinas ist.

Pao-p'u-tzu, 🅃 chin., wörtl.: »Der das Rohholz (→ P'u) umarmt«; Titel des wichtigsten Werkes von → Ko Hung, das eine systematische Darstellung aller zu seiner Zeit bekannten Methoden zur Erlangung der Unsterblichkeit ist. Der Name des Werks ging später auf den Autor über. Der Ausdruck »Rohholz«, oft auch übersetzt mit »der unbehauene Klotz«, steht für ungekünstelte Einfachheit, den natürlichen Urzustand des Menschen. Deshalb wird Pao-p'u-tzu auch übersetzt mit »Der Meister, der seine Einfachheit bewahrt«.

Pao-ying Hui-yung, 🅉 → Nan-yüan Hui-yung

Pāpa-Purusha 🄷 (Pāpa-Puruṣa), Skrt., wörtl. *pāpa:* »Sünder, Übel, Leid«, *purusha:* »Mensch«; die personifizierte Schlechtigkeit in menschlicher Form. Alle mit Pāpa zusammengesetzten Begriffe haben mit Sünde, Übel, Schlechtigkeit, Verkehrtheit oder Unglück zu tun. Ausnahme: Pāpa-Rahita, wörtl.: »getrennt von Sünde«, bedeutet schuldlos, harmlos.

Para-Bhakti, 🄷 Skrt., von *para,* wörtl.: »höchst«; im Sinne gleichbedeutend mit Mahābhāva und Prema-Bhakti. Wenn → Bhakti, die Liebe zu Gott, intensiver wird, nennt man den Zustand → Bhāva. Der höchste Zustand wird als Para-Bhakti bezeichnet. In diesem Zustand vergißt der Anbetende völlig die Welt um sich herum und sogar seinen eigenen Körper, der dem Menschen sonst so wichtig ist. Der Durchschnittsmensch erreicht diesen Zustand nicht, er gelangt höchstens bis zu Bhāva.

Parabrahman, 🄷 Skrt., wörtl.: »das höchste → Brahman«; ein Ausdruck, der im Grunde irrational ist, da Brahman absolutes Sein, absolutes Bewußtsein und absolute Seligkeit ist und keine Steigerung mehr kennt.

Paramahamsa 🄷 (Paramahaṃsa), Skrt., wörtl.: »der höchste Schwan«; 1. eine Bezeichnung für den höchsten Stand des → Sannyāsin. Auch ein Ehrentitel, den ein Guru einem geeigneten Schüler geben kann, wie im Falle → Yogānandas, dem sein Lehrer → Yukteshvar diesen Titel gab. Pandits (Schriftgelehrte) und Verehrer haben auch → Rāmakrishna so genannt; 2. eine Bezeichnung für einen Mönch, der zu einer besonderen Schule der Anhänger von → Shankara gehört.

Paramānanda, 🄷 Skrt., wörtl.: »höchste Seligkeit«; die Vorstellung des Göttlichen als Zustand äußerster, unaussprechlicher Seligkeit.

Paramapāda, 🄷 Skrt.; die letzte Stufe, der höchste Zustand, die endgültige Seligkeit des absoluten Bewußtseins.

Parama-Rishi 🄷 (Parama-Ṛṣi), Skrt.; Bezeichnung für die sieben ganz großen → Rishis der ved. Zeit.

Paramārtha, 🄷 🄱 Skrt., wörtl.: »höchste Wirklichkeit, höchste Wahrheit«.

🄷 Das Ziel des spirituell Strebenden, durch dessen Erreichen er Befreiung (→ Moksha) erlangt.

🄱 Name eines der vier großen Übersetzer im chin. Buddhismus. Paramārtha (499–569) war ind. Abstammung und kam 546 nach China. Im gleichen Jahr lud ihn der Kaiser, der ihn an die Spitze eines Übersetzungsbüros setzen wollte, in die Hauptstadt (das heutige Nanking) ein. Doch innenpolitische Wirren machten dieses Vorhaben unmöglich. Paramārtha verbrachte die nächsten Jahre an verschiedenen Orten in Südchina, bis er sich in Kanton niederließ, wo er auf Bitte des Präfekten der Stadt wichtige Werke des → Yogāchāra (u. a. das → *Abhidharmakosha,* das *Mahāyāna-Samparigraha* des → Asanga, das *Vimshatikā* des → Vasubandhu und das → *Diamant-Sūtra*) ins Chinesische übertrug. Insgesamt übersetzte Paramārtha 64 Werke in 278 Bänden.

Mit seinen Übersetzungen ermöglichte er die Entwicklung der chin. Form des Yogāchāra, der → Fa-hsiang-Schule, durch → Hsüan-tsang und K'uei-chi; die chin. Fassung des *Abhidharmakosha* setzte den Anfang der sog. → Kosha-Schule in China.

Paramārtha-Satya, 🄱 Skrt., etwa: »Endgültige Wahrheit«; die absolute Wahrheit im Gegensatz zur Konventionellen Wahrheit (→ Samvriti-Satya) oder relativen Wahrheit der Welt der Phänomene.

Paramātman, 🄷 Skrt., wörtl.: »der höchste → Ātman«; das Überselbst, oft auch mit »Weltseele« übersetzt. Als absolutes Bewußtsein identisch mit → Brahman.

Para-Māyā 🄷, auch Daivi-Māyā, Skrt.; es gibt zwei Arten von → Māyā: Para-Māyā oder göttliche Māyā, in der die Erscheinungswelt als eine Manifestation → Brahmans betrachtet wird, und die Māyā der egomäßigen Körperidentifizierung, in der nur die Welt der Sinne wirklich ist.

Parameshvara 🄷 (Parameśvara), Skrt., wörtl. *parama:* »alles übersteigend, transzendent«, *īsh-*

vara: »der Herr, Gott«; der höchste, sich jeder Beschreibung entziehende Herr allen Seins, der durch die spirituelle Kontrolle über seine eigene in der Natur manifestierte Kraft die Weltzyklen und die natürliche Entwicklung der Geschöpfe in diesen Zyklen entfaltet. Er ist der Ursprung, er ist Vater und Mutter zugleich, er ist der Urgrund des Selbst und des Kosmos.
→ Shiva, → Vishnu und → Indra werden oft als Parameshvara bezeichnet. In der weiblichen Form Parameshvarī sind es Namen für → Durgā und → Sītā.

Pāramitā, B Z Skrt., wörtl.: »Das, was das andere Ufer erreicht (hat)«, das Transzendente. Die »Pāramitās«, i. allg. als »Vollkommenheiten« übersetzt, bezeichnen die Tugenden, die ein Bodhisattva während seiner Laufbahn vervollkommnet (→ Bhūmi). Dazu zählen sechs Eigenschaften: 1. Dāna-Pāramitā (Gebefreudigkeit), 2. Shīla-Pāramitā (Sittlichkeit), 3. Kshānti-Pāramitā (Geduld), 4. Vīrya-Pāramitā (Energie), 5. Dhyāna-Pāramitā (Meditation), 6. Prajñā-Pāramitā (Weisheit). Hinzu kommen oft noch weitere vier Tugenden, die erst später in den Kanon aufgenommen wurden: 7. Upāya-Kaushala-Pāramitā (richtige Methode), 8. Pranidhāna-Pāramitā (Gelöbnis), 9. Bala-Pāramitā (Anstrengung um die Zehn Kräfte), 10. Jñāna-Pāramitā (Wissen um die richtige Definition aller Dharmas).

Dāna-Pāramitā besteht in Wohltätigkeit und Geben von materiellen und geistigen Dingen. Dazu gehört auch, barmherzig und freundlich zu sein und erworbenes Verdienst nicht für sich zu behalten, sondern für die Erlösung anderer Wesen hinzugeben (→ Dāna). – *Shīla-Pāramitā* beinhaltet rechtes Verhalten, um alle Leidenschaften zu zerstören, und sich zwecks Erlösung der anderen Wesen eine günstige Wiedergeburt zu sichern (→ Shīla). – *Kshānti-Pāramitā* bezeichnet die aus der Einsicht, daß alle Schwierigkeiten der Wesen aus Ursachen entstehen, stammende Geduld und Nachsicht. – *Vīrya-Pāramitā* ist das entschlossene Bemühen, das sich durch nichts ablenken läßt. – *Dhyāna-Pāramitā* meint hier die Meditation als Weg, die Ich-Illusion aufzuheben und sich nicht getrennt von anderen Wesen zu erleben (→ Dhyāna). – *Prajñā-Pāramitā* stellt die Verwirklichung Höchster Weisheit dar (→ Prajñā).

Parāprakriti H (Parāprakṛti), Skrt., wörtl. *para:* »jenseits«, *prakriti:* »Natur«; die höhere, göttliche Natur, die Göttliche Mutter (→ Shakti), die das Universum schafft.

Parāpratyaksha H (Parāpratyakṣa), Skrt., wörtl. *para:* »jenseits«, *pratyaksha:* »Wahrnehmung«; die jenseitige Sicht, das übersinnliche, transzendente Wahrnehmungsvermögen, das sich als Ergebnis des → Samādhi einstellt. (Siehe dazu auch → Pratyaksha.)

Para-Purusha, H Skrt. → Purushottama

Parārdha, H Skrt., wörtl. *para:* »jenseits«, *ardha:* »Hälfte«; die spirituelle Hälfte des Weges nach dem Tode, gleichbedeutend mit dem → Devayāna, dem »Weg der Götter«. Nach Auffassung der Veden gibt es nach dem Tode zwei Möglichkeiten für die Seele des Menschen: den Weg (Devayāna), der zur Befreiung von der Wiedergeburt führt, und → Pitriyāna oder Dakshinayāna, den Weg, der nach einem Zwischenaufenthalt im Chandraloka (»Mondreich«) wieder zur Erde führt.

Para-Shakti H (Para-Śakti), Skrt.; der höchste Aspekt der Göttlichen Mutter (→ Shakti), die hinter der ganzen Schöpfung steht.

Parāshara H (Parāśara), Skrt.; nach → Manu, → Yajñavalkya und → Nārada der vierte berühmte Gesetzgeber, dessen Schriften oft in Gesetzbüchern (→ Dharma-Shāstra) zitiert werden. Es läßt sich nicht genau feststellen, wann er gelebt hat. Er soll ein Schüler von → Kapila gewesen sein und wird als → Rishi betrachtet, dem einige Hymnen des *Rigveda* zugeschrieben werden.

Parashu-Rāma H (Paraśu-Rāma), Skrt., wörtl.: »Rāma mit der Axt«; der erste → Rāma und der sechste → Avatāra Vishnus. Er manifestierte sich, um die Tyrannei der → Kshatriyas, der Kriegerkaste, zu brechen. Seine Geschichte wird im *Mahābhārata* und in den Purānas erzählt. Er taucht aber auch im *Rāmāyana* auf, hauptsächlich als Gegner von Rāmachandra (d. i. Rāma).

Dem *Mahābhārata* nach hat Parashu-Rāma → Arjuna im Waffengebrauch unterrichtet und einen Kampf mit → Bhīshma ausgefochten, der unentschieden endete. Dieser Parashu-Rāma erschien auf der Welt vor Rāma oder Rāmachandra, der siebenten Inkarnation Vishnus, lebte aber zur selben Zeit. Im *Rāmāyana* wird erzählt, daß Parashu-Rāma als Anhänger Shivas darüber ärgerlich wurde, daß Rāma Shivas Bogen zerbrach. Er forderte ihn deshalb zu einem Zweikampf heraus, der mit seiner Niederlage endete und dazu führte, daß er von einem Platz in der Himmelswelt ausgeschlossen wurde. Die Legende berichtet, daß er die Erde einundzwanzigmal von der Vorherrschaft der Kshatriyas befreit und sie den Brahmanen übergeben habe.

Parātpara, H Skrt.; die transzendente, unendliche und universale Persönlichkeit, die zugleich persönlich und unpersönlich ist, endlich und unendlich, begrenzt und unbegrenzbar, Eines und Viele. Die Gegensätze in der Beschreibung des Parātpara weisen darauf hin, daß dieser Begriff in Wirklichkeit die Möglichkeit der Beschreibung übersteigt, da er transzendent ist.

Parāvairāgya, 🅗 Skrt., wörtl.: »äußerste Gleichgültigkeit, Leidenschaftslosigkeit«; die völlige Bindungslosigkeit eines befreiten Menschen, der allem entsagt hat und keine Ego-Regungen mehr kennt. (Siehe dazu auch → Vairāgya.)

Parāvāk 🅗 (Parāvāc), Skrt., wörtl. *para:* »jenseits«, *vāk:* »Sprache«; 1. die unmanifestierten Schwingungen, die der kosmischen Ideenbildung vorangehen; 2. der achte der »unhörbaren Töne«, der → Nāda.

Para-Vidyā 🅗, auch Brahma-Vidyā, Skrt.; die direkte, absolute Erkenntnis → Brahmans auf der Ebene der Transzendenz, im Unterschied zu → Apara-Vidyā, indirekter Erkenntnis aus der Diesseitigkeit heraus.

Der Unterschied zwischen Para-Vidyā und Apara-Vidyā wird treffend am Beispiel einer fremden Stadt demonstriert. Man kann von ihr hören, über sie lesen und Bilder von ihr betrachten. Das alles gleicht Apara-Vidyā (indirekter Erkenntnis). Besucht man aber selbst die Stadt, dann kennt man sie aus eigener Erfahrung, und das entspricht Para-Vidyā (direkter Erkenntnis).

Paribhū, 🅗 Skrt., wörtl.: »umspannend, lenkend«; der Herr, der alle Aktivitäten des Universums durchdringt, ein Begriff der → Upanischaden.

Pārijāta, 🅗 Skrt.; der mythische Korallenbaum, der beim → Umrühren des Ozeans zum Vorschein kam. Er ist das Entzücken der himmlischen Nymphen, und der Duft seiner Blüten erfüllt die Welt.

Der Pārijāta wuchs in → Indras Himmel und war der Stolz seiner Gemahlin Sachī. Als Krishna Indra besuchte, verführte seine Gattin Satyabhāmā ihn dazu, Indra den Baum wegzunehmen, was zu einem Kampf zwischen den beiden Göttern und ihren Anhängern führte, bei dem Indra unterlag. Der Baum wurde nach Dvārakā gebracht und dort eingepflanzt, doch nach Krishnas Tod kehrte er in Indras Himmel zurück.

Parikalpita, 🅑 Skrt.; Eingebildetes, Vorgestelltes. Nach der Lehre des → Yogāchāra bildet das, was der Mensch für die »objektive« Welt hält, das »Eingebildete« oder »Vorgestellte«, d. h. diese Welt ist Illusion und Täuschung und existiert nur als Schein, nicht aber als wahre Wirklichkeit.

Parikara, 🅗 Skrt., wörtl.: »Schar«, die Schar der Gottliebenden, die am göttlichen Spiel (→ Līlā) teilnehmen und je nach ihrem Wesen und dem Grad ihrer Aufnahmefähigkeit die göttliche Freude und Seligkeit dieser Līlās genießen, wobei es keine Rolle spielt, welchem Bekenntnis sie angehören.

Parināmavāda 🅗 (Pariṇāmavāda), Skrt., wörtl.: »Entwicklungslehre«. Die Entwicklungslehre bildet einen wesentlichen Teil des → Sānkhya. Nach der Theorie dieser Lehre ist die Wirkung schon latent in der Ursache vorhanden und braucht nur noch einen auslösenden Faktor, um sie in Erscheinung treten zu lassen. Ursache und Wirkung sind der unentwickelte und entwickelte Zustand derselben Substanz. Alle Erzeugung und Entstehung ist Ent-Wicklung (*udbhāva*), alle Zerstörung ist (Wieder-)Ein-Wicklung (Anudbhāva) oder Verschwinden in der Ursache; es handelt sich hier also um eine Theorie der Evolution und Involution.

Parinirvāna, 🅑 (Parinirvāṇa), Skrt. (Pali: Parinibbāna); vollständiges Erlöschen, Synonym für → Nirvāna. Parinirvāna wird vielfach gleichgesetzt mit dem nachtodlichen Nirvāna (→ Nirupadhishesha-Nirvāna), kann aber auch das vortodliche Nirvāna (→ Sopadhishesha-Nirvāna) bezeichnen. – Manchmal ist mit Parinirvāna auch nur der Tod eines Mönches oder einer Nonne gemeint.

Parishad 🅗 (Pariṣad), Skrt., etwa: »Disputationsversammlung, Konzil«; eine Schule oder Gemeinschaft von Brahmanen, die über die Veden beraten. Die Abhandlungen, die sie dann verfassen, werden Pārshada genannt.

Parishishta 🅗 (Pariśiṣṭa), Skrt., wörtl.: »Nachtrag, Anhang«; eine Gruppe von Werken, die noch zur ved. Periode gehören, aber den Ausklang und den Übergang zu den → Sūtras bilden. Der Indologe Max Müller schreibt über sie: »Die Parishishtas geben Aufschluß über theologische und zeremonielle Probleme und leiten zu den Sūtras über, behandeln aber alles allgemein und oberflächlich, als wären die Zeiten vorbei, in denen die Studenten zehn oder zwanzig Jahre ihres Lebens damit verbrachten, in die Geheimnisse der Brāhmana-Literatur einzudringen und ihren Inhalt zu meistern.«

Pārvatī, 🅗 Skrt., wörtl.: »dem Gebirge zugehörend«; ein Name für die Gemahlin Shivas, die Göttliche Mutter (→ Shakti).

Pāsha 🅗 (Pāśa), Skrt., wörtl.: »Schlinge, Fessel«; die dreifachen Fesseln der Nicht-Erkenntnis, die uns an den Körper, das Denken und das Leben binden.

Pashyantī 🅗 (Paśyantī), Skrt., von *pashya:* »das

Sehen«; Klang, der sich in Richtung des Sichtbaren entwickelt; der dritte, fortgeschrittene Zustand der → Nāda-Meditation, in dem der Meditierende das ganze Universum als mit Klang erfüllt wahrnimmt, manchmal angedeutet durch den Satz: »Brahman ist Klang.« Mitunter auch in Verbindung mit -Vāk (Sprache), dann bedeutet Pashyantī-Vāk »das sehende Wort«, die zweite Ebene des Sprechens oder der Rede, in der die Wahrheitsschau enthalten ist.

Pātāla, H Skrt., von *pāta:* »gesunken«, *tala:* »Grund, Boden«; ein Name für das in jedem Menschen vorhandene Unterbewußte, von wo alle Arten von irrationalen, erkenntnislosen Instinkten, Eindrücken und Erinnerungen kommen, die auf unser Denken und Handeln Einfluß haben, ohne daß wir ihren Ursprung feststellen können. Viele absurde Träume kommen aus diesem Unterbewußten.

Mit Pātāla werden auch die Regionen der Unterwelten oder Höllen bezeichnet, die von Schlangen (→ Nāga), → Daityas, → Yakshas und anderen Wesen bevölkert werden. Es sind sieben an der Zahl. Das *Vishnu-Purāna* nennt sie: Atala, Vitala, Nitala, Gabhastimat, Mahātala, Sutala und Pātāla.

Im → *Padma-Purāna* werden die sieben Regionen und ihre Herrscher wie folgt angegeben: 1. Atala, der → Mahāmāyā unterworfen; 2. Vitala, beherrscht von einer Form Shivas, die Hātakeshvara genannt wird; 3. Sutala, von → Bali beherrscht; 4. Talātala, von Māyā beherrscht; 5. Mahātala, wo die großen Schlangen hausen; 6. Rasātala, wo die Daityas und Yakshas wohnen; 7. Pātāla, die unterste Region, wo → Vāsuki über die Schlangengötter regiert.

Im *Shiva-Purāna* gibt es acht Pātālas: Pātāla, Tala, Atala, Vitala, Tāla, Vidhipātāla, Sharkarābhūmi und Viyaya. Der Heilige → Nārada soll diese Regionen besucht und einen Bericht darüber gegeben haben.

Pātaliputra, B Skrt. (Pali: Pataliputta), das heutige Patna; unter König → Ashoka Hauptstadt des → Magadha-Reiches und Schauplatz des 3. buddhist. → Konzils.

Patañjali, H ca. 2. Jh. v. Chr.; Begründer der Philosophie jenes Yoga, der auf dem → Sānkhya basiert. Dieser Yoga ist eines der sechs → Darshanas. Patañjali definiert ihn als eine methodische Anstrengung zur Erlangung von Vollkommenheit durch die Beherrschung der verschiedenen Elemente der menschlichen Natur, der physischen wie der psychischen. Der physische Körper, der aktive Wille und das wahrnehmende Denken müssen unter Kontrolle gebracht werden. Patañjali besteht auf bestimmten Übungen, deren Sinn es ist, den Körper von seiner Rastlosigkeit und Unreinheit zu befreien. Wenn diese Übungen die Vitalität stärken sowie die Jugend und das Leben des Menschen verlängern, so geschieht dies im Interesse der Verwirklichung von spiritueller Freiheit. Die weiteren Übungen werden angewandt, um das Denken zu läutern und zu beruhigen. Patañjali liegt nichts an metaphysischer Theorie, sondern es geht ihm darum, den praktischen Weg zur Erlösung und Befreiung durch disziplinierte Aktivität zu zeigen. Zu diesem Zweck hat er das → *Yoga-Sūtra* verfaßt (dt.: *Die Wurzeln des Yoga,* Bern 1976).

Patañjalis Lehrsystem hat folgende acht Stufen: 1. → Yama; 2. → Niyama. Diese beiden umfassen ethische und moralische Übungen als Vorbedingungen; 3. → Āsana, Körperhaltung. Dabei geht es darum, den Körper in eine Position zu bringen, in der er die Konzentration nicht stört; 4. → Prānāyāma, Atemübungen, da der Atem einen großen Einfluß auf das Denken und die Gemütsverfassung ausübt. Aus der dritten und vierten Stufe ist der → Hatha-Yoga hervorgegangen; 5. → Pratyāhāra, das Abziehen der Sinne von den Sinnesobjekten, damit das Denken nicht mehr abgelenkt wird; 6. → Dhāranā, Konzentration; die Fähigkeit, das Denken bei einem Objekt verweilen zu lassen, ohne daß es abschweift und der Kontrolle entgleitet; 7. → Dhyāna (auch → Meditation). Auf dieser Stufe sollte das Denken nicht mehr seine eigenen Vorstellungen auf das Objekt der Meditation projizieren, sondern mit ihm verschmelzen; 8. → Samādhi, auch → Turīya genannt, der überbewußte Zustand, in dem die Dualität und die Erscheinungswelt nicht mehr existieren. Dieser Yoga ist heute allgemein als Rāja-Yoga bekannt. Patañjali hat neben seinem achtstufigen Lehrweg viele Hinweise auf Schwierigkeiten und Hindernisse bei der Meditation hinterlassen sowie Anweisungen zu ihrer Überwindung.

Ob Patañjali, der Verfasser des *Yoga-Sūtra,* identisch ist mit dem Patañjali, der das *Mahābhāshya,* einen berühmten Kommentar zu → Pāninis Grammatik, geschrieben hat, läßt sich nicht mit Sicherheit feststellen. Das Mahābhāshya soll Mitte des 2. Jh. v. Chr. entstanden sein, während die Schätzungen über die Entstehung des *Yoga-Sūtra* zwischen dem 2. Jh. v. Chr. und dem 4. Jh. n. Chr. schwanken.

Patriarch, B Z im chin. Buddhismus der Gründer einer Schule und seine Nachfolger in der Lehrübertragung.

Siehe auch → Soshigata.

Pa-tuan-chin, T chin., etwa: »acht elegante Übungen«; Reihe von taoist. Körperübungen (→ Ch'i-kung), die in ihrer ältesten Form angeblich aus dem 12. Jh. stammen und urspr. aus acht Bewegungselementen bestanden, später aber erweitert wurden.

Man unterscheidet eine schwierige nördliche und eine leichtere südliche Form. Die südliche geht auf Liang Shih-ch'ang, die nördliche auf Yo Fei zurück; beide stammen aber wahrscheinlich von einer noch unbekannten Familientradition ab.

Die acht eleganten Übungen werden sowohl im Sitzen als auch im Stehen ausgeführt.

Nach den ältesten Texten sind folgende acht Übungen im Stehen überliefert:

1. Man hält mit beiden gestreckten Händen den Himmel und reguliert dadurch den »Dreifachen-Erwärmer« (*san-chiao;* ein Akupunkturmeridian).
2. Links- oder rechtsseitige Bogenschützenstellung, wie wenn man einen Adler schießen will.
3. Zum Regulieren und Harmonisieren der Milz und des Magens muß man einen Arm gestreckt hochheben.
4. Mit einem Rückblick auf die Schwierigkeiten und Sorgen des Lebens sieht man nach hinten.
5. Seitliches Hinundherschwenken des Kopfes und Wiegen des Gesäßes vertreibt das Feuer des Herzens.
6. Hinter dem Rücken verschwinden die sieben Betrübnisse und hundert Krankheiten.
7. Mit geballten Fäusten und zornigen Augen erhöht sich die Intensität der Energie.
8. Mit beiden Händen die Fußspitzen umfassen, festigt die Nieren und Hüften. (Vgl. St. Pálos 1980, S. 207.)

Pāvamāna, H Skrt.; freies Fließen des klaren → Soma-Tranks, ein Symbol für das ununterbrochene Fließen des geläuterten spirituellen Unterstroms im Bewußtsein, das für den Strebenden eine große Hilfe ist. Sie erleichtert es ihm immer wieder, sich auf das Ziel seines Bemühens zu richten.

P'ei Hsiu, Z → Huang-po Hsi-yün

Pei-tsung-ch'an, Z chin. für Nördliche Schule → Südliche Schule

P'eng-lai, T chin., wörtl.: »Wucherndes Unkraut«; Insel im Ostchinesischen Meer, die nach taoist. Auffassung von Unsterblichen (→ Hsien) bewohnt ist. Auf P'eng-lai, das in der chin. Mythologie den Inbegriff von Glückseligkeit darstellt, wächst der sagenhafte Pilz der Unsterblichkeit, nach dem auf vielen Expeditionen gesucht wurde. Die ersten Schiffsexpeditionen nach P'eng-lai fanden im 4. Jh. v. Chr. statt. Doch keine war erfolgreich: Jedes Schiff, das sich der sagenumwobenen Insel näherte, wurde entweder vom Wind abgetrieben, kenterte, oder die Inseln versanken vor den Augen der Besatzung im Wasser.

In der taoist. Literatur wird die Insel P'eng-lai erstmals im Werk des Philosophen → Lieh-tzu (Buch 5, Kap. 2) erwähnt. Das Motiv der Suche nach dem Pilz der Unsterblichkeit auf der Insel P'eng-lai ist eines der Elemente, die in der Entstehung des religiösen Taoismus (→ Tao-chiao) wichtig waren.

Lieh-tzu beschreibt die Insel P'eng-lai so:
»Dort oben sah man nichts als Gold und Edelsteine; Vögel und Tiere leuchteten in glänzendem Weiß, Bäume aus Perlen und Korallen wuchsen in dichten Wäldern, und alle Blumen waren duftend, und süß die Früchte. Wenn man von ihnen aß, sah man sich frei von Alter und Tod. Die Leute, die dort lebten, waren alle Feen und Unsterbliche; Tag und Nacht flogen sie zueinander, sich zu besuchen in zahllosen Scharen.« (Zit. n. W. Bauer, München 1974, S. 145.)

Auch der erste historische Kaiser von China, Ch'in Shih Huang-ti, schickte Schiffe aus, um in den Besitz des Pilzes der Unsterblichkeit zu gelangen. Die berühmteste dieser Expeditionen wurde von Hsü Fu geleitet. Er warb 3000 junge Menschen an; sie nahmen verschiedene Getreidesorten und Pflanzensamen mit. Doch auch Hsü Fu kam nie wieder zurück: Er ließ sich mit seiner Mannschaft in einem fruchtbaren Landstrich nieder und ernannte sich zum König.

P'eng-tzu, T Gestalt der chin. Mythologie, Symbol der Langlebigkeit. Er wird im religiösen Taoismus (→ Tao-chiao) als der Begründer der sexuellen Praktiken zur Lebensverlängerung angesehen (→ Fang-chung shu).

P'eng-tzu soll der Sage nach unter der Hsia-Dynastie geboren worden sein und am Ende der Yin-Dynastie bereits 777 Jahre (nach manchen Autoren sogar über 800 Jahre) alt gewesen sein. Er wurde vom König Yin zum Arzt bestellt. Sein Äußeres glich dem eines Jugendlichen; um sich jung zu erhalten, nahm er oft Glimmerstaub und zerriebenes Horn einer Elchart zu sich. Er wandte sich gegen den Rückzug aus der Welt und sprach sich für das Genießen der Freuden der Welt aus, was dem Fortschritt auf dem Weg nicht hinderlich sei.

In seiner Biographie, die im Werk des → Ko Hung erhalten ist, heißt es: »Wer nur in den ›Weg‹ eingehen will, ißt süße, wohlschmeckende Speisen, kleidet sich in leichte, hübsche Gewänder, läßt seine sexuellen Begierden zu ihrem Recht kommen und übernimmt auch Beamten- und Ehrenstellungen. Seine Knochen sind hart und fest, sein Gesicht ist zufrieden und gesund. Er altert, ohne hinfällig zu werden, verlängert, immerwährend gegenwärtig, seine Jahre und erfreut sich so eines ausgedehnten Lebens in der menschlichen Gesellschaft. Kälte und Wärme, Wind und Nebel können ihm nicht schaden, Gespenster und Spukerscheinungen wagen sich nicht an ihn heran, . . . Mißfallen und Freude, Anschwärzung und Lob berühren ihn nicht – und so mag man ihn schon für schätzenswert halten. Nun erreicht aber der Mensch, mit seiner Lebenskraft, selbst wenn er keinerlei magische Mittel kennt, bei richtiger Pflege regelmäßig ein Alter von 120 Jahren, wenn nicht, dann hat er sie (die Lebenskraft) irgendwie (mutwillig) verletzt. Besitzt er auch nur die geringste Ahnung vom ›Weg‹, so kann er 240 Jahre alt werden und, wenn er etwas mehr weiß, 480 Jahre. Und wenn er gar seine Geisteskräfte voll ausschöpft, braucht er überhaupt nicht zu sterben . . . Denn der Weg der Pflege des Langen Lebens besteht ganz einfach darin, (das Leben) bei keiner Gelegenheit zu verletzen. Im Winter fühlt man sich warm, im Sommer kühl und verfehlt nicht die den vier Jahreszeiten innewohnende Harmonie: So paßt man seinen Körper an. Im dunklen Gemach hat man seine Freude an den Frauen und läßt nicht die Verirrung begehrlicher Gedanken aufkommen: So läßt man seiner Lebenskraft freien Lauf. Bei Wagen und Amtsgewändern, bei Macht und Einfluß weiß man, wo es genug ist und hat keine Wünsche darüber hinaus: So sammelt man seinen Willen. Die acht Töne und die fünf Farben nimmt man, um Augen und Ohren zu erfreuen: So leitet man sein Herz.« (Zit. n. W. Bauer, München 1974, S. 157f.)

Petavatthu, 🅑 Pali → *Khuddaka-Nikāya*

Phadampa Sangye, 🅑 → Chöd

Phowa 🅑 ('Pho-ba), tibet., wörtl.: »Wechsel des Ortes«; eine der sechs Übungen des → Nāropa (siehe auch → Nāro Chödrug), die über → Marpa den Übersetzer im 11. Jh. nach Tibet gelangten. Die Übung des Phowa ist eine spezielle Technik, um das Bewußtsein im Moment des Todes willentlich in ein reines Buddha-Paradies, wie das des → Amitābha, zu transferieren. Unter Verwendung von bestimmten Mantras und Meditationsübungen (→ Sādhana) bereitet sich der Adept des Phowa schon zu Lebzeiten auf diesen Moment vor. Im Westen wurden die Lehren des Phowa vor allem durch einen Vertreter der Drigung Kagyü (→ Kagyüpa) verbreitet.

Phurbu 🅑 (Phur-bu), tibet., wörtl.: »Nagel, Keil«; als Dolch zur Bezähmung von Dämonen durch → Padmasambhava in das Ritualwesen des Tibetischen Buddhismus eingeführt. Als Symbol für die unmittelbare Umwandlung negativer Kräfte steht er im Mittelpunkt eines Systems von Meditationsübungen, die von → Yeshe Tsogyel überliefert wurden. Der eigentliche Phurbu setzt sich zusammen aus einer Dreikantklinge und einem nach dem Vorbild des → Dorje modellierten Griff.

In den Maskentänzen der → Lamas wird noch heute das mit dem Phurbu assoziierte Ritual nachvollzogen. Die »Seele« eines in eine Puppe hineingebannten Dämons wird durch den in das Herz der Puppe gestoßenen Phurbu absorbiert, während die dämonischen Kräfte mit der Puppe selbst vernichtet werden. In der Vorstellungswelt des → Vajrayāna wird damit sogar der symbolische Akt des Tötens zu einer von Erbarmen (→ Karunā) motivierten Handlung, da der Dämon mit Hilfe des Phurbu zur Befreiung (→ Nirvāna) geführt wird.

Der Ursprung des Phurbu wird mit einem umfangreichen → Tantra in Verbindung gebracht, das Padmasambhava zu Beginn seiner Reise nach Tibet vorlag. Der als Gottheit personifizierte Phurbu spielt als → Yidam eine große Rolle in der Schule der → Sakyapa und der → Nyingmapa, und in Form von → Terma-Texten wurden noch im 19. Jh. (→ Rime) neue Überlieferungen dieser Gottheit entdeckt.

Phyagchen, 🅑 tibet., Kurzform für Phyag-rgya chen-po → Mahāmudrā

Pi-ch'i, 🅣 chin., wörtl.: »den Atem anhalten«; taoist. Atemübung, bei der der Atem zuerst harmonisiert (→ T'iao-ch'i), dann geschluckt (→ Yen-ch'i) und schließlich so lange wie möglich angehalten wird.

Der Anfänger hält den Atem während 3–9 Herzschlägen an; dies ist die sog. Kleine Runde. Die den Fortgeschrittenen vorbehaltene Große Runde dauert 120 Herzschläge. Hat man diese Stufe erreicht, vermag man eigene Krankheiten zu heilen. Aber erst wenn es gelingt, den Atem während der Dauer von 1000 Herzschlägen anzuhalten, nähert man sich der Unsterblichkeit.

Will man die Technik des Pi-ch'i zur Heilung von Krankheiten einsetzen, muß man sich zuerst auf die erkrankte Körperpartie konzentrieren und den Atem dort sammeln. Dadurch kann der Atem die Blockaden, die meist die Ursache der Krankheit darstellen, auflösen. Dann atmet man wieder aus. Diesen Vorgang wiederholt man 20–50mal, d. h., bis an der erkrankten Stelle Schweiß austritt. Die Übung wird so lange durchgeführt, bis die Krankheit völlig geheilt ist.

Pi-hsia yüan-chün, 🅣 chin., wörtl.: »Prinzessin der azurblauen Wolken«; taoist. Gottheit, Tochter der Gottheit des Berges T'ai (→ T'ai-shan, → T'ai-yüe ta-ti). Pi-hsia yüan-chün ist auch als Dame des T'ai-shan (T'ai-shan niang-niang) oder Heilige Mutter (Sheng-mu) bekannt. Sie ist die Beschützerin der Frauen und Kinder und wird in dieser Rolle oft mit der buddhist. Kuanyin verglichen. Der ihr geweihte Tempel auf dem Gipfel des T'ai-shan ist auch heute noch Ziel vieler Pilger, die sich von der Prinzessin der azurblauen Wolken Kindersegen erbitten.

Der Kult der Pi-hsia yüan-chün kann bis in die Zeit der Han-Dynastie zurückverfolgt werden. Die verschiedensten Legenden ranken sich um ihre Gestalt. Meist wird sie von zwei Gehilfinnen begleitet: von der »Dame der guten Sicht«, die die Kinder vor Augenkrankheiten schützt, und der »Dame, die Kinder schenkt« (Sung-tzu niang-niang). Außerdem treten noch sechs andere Gottheiten mit ihr auf; diese haben die Funktion, die Kinder in den verschiedenen Lebensaltern zu beschützen. Pi-hsia yüan-chün, ihre zwei Gehilfinnen und die sechs ihr untergeordneten Gottheiten bilden eine Gruppe weiblicher Gottheiten, die als die »Neun Damen« (Chiu niang-niang) bekannt sind und denen in ganz China Tempel geweiht waren, die Tempel der Damen (Nai-nai miao) hießen.

Pi-ku, **T** chin., wörtl.: »Vermeiden des Genusses von Körnerfrüchten«; taoist. Praktik, die zur Erlangung der Unsterblichkeit unumgänglich ist. Sie beruht auf der Vorstellung, daß die fünf Arten von Körnerfrüchten, die die Grundlage der Ernährung der Chinesen bilden, nämlich Reis, Hirse, Weizen, Hafer und Bohnen, auch die Nahrung der Drei Würmer (→ San-ch'ung), die Krankheiten hervorrufen und das Leben verkürzen, sind. Ferner werden sie als schädlich angesehen, da ihre wesentliche Eigenschaft die der Essenz der Erde ist. Die durch den Genuß dieser Pflanzen hervorgerufenen Schädigungen sind nach taoist. Auffassung erblich.
Der Verzicht auf den Genuß von Körnerfrüchten muß, um erfolgreich zu sein, von anderen Maßnahmen begleitet sein: Der Adept darf weder Alkohol noch Fleisch zu sich nehmen und muß auch alles Scharfe meiden.

Pingala, **H** bedeutende Autorität auf dem Gebiet der Silbenmeßlehre der Veden. Man nimmt an, daß seine Werke im 3. Jh. v. Chr. entstanden sind. Der Silbenmeßlehre (Prosodie) wird im Sanskrit besondere Bedeutung zugemessen, da man glaubt, daß ein → Mantra nur dann seine volle Wirkung entfalten kann, wenn seine Silben in der richtigen Länge und Betonung gesprochen werden. Deshalb kann ein Mantra nicht einfach aus einem Buch gewählt werden, sondern wird dem Schüler vom Guru bei der Initiation (Einweihung) persönlich vorgesprochen.

Pingalā **H** (Piṅgalā), Skrt.; einer der wichtigsten Kanäle, die den → Prāna zu allen Körperteilen leiten (siehe auch → Nādī). Die Pingalā nimmt den Prāna durch das rechte Nasenloch auf. Dieser Energiekanal ist voller Glut und Antrieb wie die Sonne und entspricht dem Sympathikus des sympathischen Nervensystems. Das Gegenstück zur Pingalā ist → Idā.

Pishāchas **H** (Piśāca), Skrt.; Dämon des Irrlichts, Unholde, böse Geister, in den Veden niedriger als die → Rākshasas eingestuft. Es sind die gemeinsten und bösartigsten aller Wesen. Über ihren Ursprung gehen die Meinungen auseinander.

Im *Mahābhārata* und in den Brāhmanas wurden die Pishāchas zusammen mit den → Asuras und Rākshasas von Brahmā geschaffen, der aus Wassertropfen Götter, Menschen, → Gandharvas etc. schuf. Aus dem versprühenden Wasser entstanden die Pishāchas. → Manu nach stammen sie von den → Prajāpatis. In den Purānas sind sie Nachkommen von → Kashyapa und seiner Gemahlin Pishāchā.

Pitri **H** (Pitṛ), Skrt., wörtl.: »Vater«, Plural: »Ahnen«; Vorväter, Manen. Dieses Wort bezieht sich auf drei verschiedene Klassen von Wesen: 1. die verstorbenen Ahnen, denen zu bestimmten Zeiten Nahrung und Wasser dargebracht werden; 2. die zehn → Prajāpatis, die mystischen Vorfahren der menschlichen Rasse; 3. die ersten Söhne der Götter.

Der Sage nach hatten die Götter → Brahmā beleidigt, weil sie seine Anbetung vernachlässigt hatten. Er verfluchte sie dazu, Narren zu werden. Als sie darauf Buße taten, riet er ihnen, sich von ihren Söhnen belehren zu lassen. Entsprechend über die Riten belehrt, sprachen die Götter ihre Söhne als Väter an. → Yama, der Gott des Todes, soll der König der Pitris gewesen sein. Als solcher wird er Pitripati (»Herr der Pitris«) genannt.

Pitriyāna **H** (Pitṛyāna), Skrt., wörtl.: »Weg der Väter«; der niedrigere, südliche Weg (→ Dakshinayāna), den die abgeschiedenen Seelen beschreiten, um im Chandraloka (»Mondreich«) den Lohn für ihre guten Taten zu ernten. Danach müssen sie wieder auf die Erde zurückkehren, um ihre unerfüllten Wünsche zu befriedigen. Der höhere Weg ist der → Devayāna (»Weg der Götter«), der Weg der Weisheit und spirituellen Erkenntnis. Wem es gelingt, dieses Reich des Lichtes zu erreichen, erlangt Befreiung vom Kreislauf der Wiedergeburten.
Pitriyāna und Devayāna nennt P. Deussen die »Zweiweglehre«, eine Weiterentwicklung der altved. Eschatologie der »Fünffeuerlehre« (→ Pañchāgnividyā). Die in dieser enthaltenen ersten Ansätze zur Wiedergeburtslehre verfestigen sich in der »Zweiweglehre«.

Pi-yen-lu, **Z** chin. (jap. *Hekigan-roku),* wörtl.: »Niederschrift von der blaugrünen Felswand«; neben dem → *Wu-men-kuan* die wichtigste der großen Kōan-Sammlungen der Zen-Literatur und zugleich die älteste von diesen. Sie wurde in der 1. Hälfte des 12. Jh. von dem chin. Zen-Meister → Yüan-wu K'o-ch'in (jap. Engo Kokugon) in der heute vorliegenden Form verfaßt. Er griff dabei auf eine Sammlung von 100 Kōan zurück, die etwa ein Jahrhundert früher der Zen-Meister → Hsüeh-tou Ch'ung-hsien (jap. Setchō Jūken) gesammelt, zusammengestellt und mit gelegentlichen Zwischenbemerkungen sowie mit Lobsprüchen (→ Ju) versehen hatte. Diese Lobsprüche, Gedichte in klassischer chin. Versform, sind nicht nur die berühmtesten ihrer Art in der Zen-Literatur, sie gehören auch zu den Höhepunkten buddhist. inspirierter chin. Dichtkunst.

Den Text von Hsüeh-tou als Skelett nehmend, fügte Yüan-wu die folgenden Textteile hinzu: einen »Hinweis« (jap. *suiji*), der das Augenmerk des Hörers auf den Kernpunkt des jeweiligen Kōan lenkt; Zwischenbemerkungen (→ Jakugo) zum Kōan; Erläuterungen (jap. *hyōshō*) zum Kōan; Zwischenbemerkungen und Erläuterungen zum Lobspruch. – Da der Text so viele verschiedene Schichten hat, ist das *Pi-yen-lu* eine der komplexesten Schriften der Zen-Literatur.

Aufgrund dieser Komplexität des *Pi-yen-lu* sowie der literarischen »Raffinesse« der Texte schätzen manche Zen-Meister das formal einfachere *Wu-men-kuan* mehr, da es ihrer Meinung nach unmittelbarer und unverblümter »zur Sache« kommt. Die Gefahr, die die literarische Schönheit der »Niederschrift von der blaugrünen Felswand« in sich birgt, sah schon der Zen-Meister → Ta-hui Tsung-kao (jap. Daie Sōkō), ein Schüler und Dharma-Nachfolger (→ Hassu) von Yüan-wu. Als er bemerkte, daß seine Schüler dazu neigten, sich eher am Wortlaut des Textes zu ergötzen, als sich um die unmittelbare Erfahrung seines wahren Gehalts zu bemühen, ließ er alle erreichbaren Exemplare des *Pi-yen-lu* einsammeln und verbrennen. Bei allem Respekt vor der großartigen Arbeit seines Meisters lag ihm das Überleben von dessen Dharma mehr am Herzen als die Bewahrung seiner Schriften.

Zum Glück für die Nachwelt blieb dennoch der größte Teil dieses kostbaren Textes in wenigen, wenn auch nicht ganz vollständigen Kopien erhalten. Aus ihnen konnte der Zen-Laie Chang Ming-yüan zu Beginn des 14. Jh. den bis auf wenige Passagen vollständigen Text rekonstruieren.

Etwa zwei Drittel des Textes liegen in der Übersetzung des deutschen Sinologen Wilhelm Gundert unter dem Titel *Bi-yän-lu. Niederschrift von der smaragdenen Felswand* (3 Bde., München 1964, 1967, 1973 [posthum]) vor. Trotz gewisser Schwächen, was die Brauchbarkeit dieser Übertragung für die Zen-Schulung angeht (da Gundert selbst nicht im Zen geschult war), ist diese monumentale und sprachlich hervorragende deutsche Fassung eine Pioniertat auf dem Gebiet der Übertragung von Zen-Texten in eine westl. Sprache. Eine Übersetzung des vollständigen Textes ins Engl. ist: *The Blue Cliff Record,* übers. v. Th. und J. C. Cleary, Boulder, Colorado, 1978; auch in diesem Fall mangelt es den Übersetzern an Zen-Erfahrung, was die Verwendbarkeit des Textes für die Schulung beeinträchtigt.

P'o, 🅣 chin., Körperseele; eine der beiden Arten von Seelen, die ein Mensch nach chin. Auffassung besitzt. Die andere ist die sog. Hauchseele (→ Hun).
Der Mensch verfügt über sieben P'o-Seelen, die der passiven Kraft des Yin (→ Yin-yang) zugeordnet werden und die niedrigen Körperfunktionen regeln. Sie haften am Körper des Menschen; verlassen die P'o-Seelen den Körper, tritt der Tod ein. Dann steigen die P'o-Seelen in die Erde hinab, die reines Yin ist.

Po-chang Hui-hai, 🅩 → Pai-chang Huai-hai

»Pointe« eines Kōan, 🅩 → Wato

Prabhākara, 🅗 Begründer einer der ersten bedeutenden Schulen, die auf der → Pūrva-Mīmāmsā-Philosophie beruhen. Er lebte Anfang des 8. Jh. und befaßte sich hauptsächlich mit der Erörterung richtiger Erkenntnis.

Pradhāna, 🅗 Skrt., wörtl.: »unentfaltete Natur«, das eine Grundprinzip der → Sānkhya-Philosophie, in der Bedeutung gleich mit → Prakriti, der Urmaterie, im Gegensatz zum anderen Grundprinzip (→ Purusha), dem Urgeist.

Pradyumna, 🅗 ein Sohn → Krishnas und seiner Gemahlin Rukminī, der in Gegenwart seines Vaters bei einem Aufruhr von Betrunkenen getötet wurde. Es existieren viele Legenden über ihn, unter anderem soll er eine Wiedergeburt von Kāma, dem Liebesgott, gewesen sein.

Als Pradyumna sechs Tage alt war, wurde er von dem Dämon Shambhara entführt, ins Meer geworfen und von einem Fisch verschluckt. Dieser Fisch wurde später gefangen und in Shambaras Haus gebracht. Als man ihn ausnehmen wollte, kam ein wunderschönes Kind zutage, das Māyādevī, die Herrin des Hauses, in ihre Obhut nahm. Der Heilige → Nārada sagte ihr, wer das Kind sei. Als Pradyumna erwachsen war, verliebte Māyādevī sich in ihn und verriet ihm seine Herkunft. Darauf erschlug er den Dämon Shambhara nach einem schweren Kampf und flog mit Māyādevī zum Palast seines Vaters Krishna, der ihn und »sein tugendhaftes Weib Māyādevī« zu seiner Mutter Rukminī brachte. Außer Māyādevī heiratete er noch Kakudmatī, die ihm den Sohn → Aniruddha gebar.

Pradyumnas Sieg über den Daitya Vajranābha behandelt das siebenaktige Drama *Pradyumna-Vijaya* von Shankara Dīkshita (19. Jh.).

Prahlāda, 🅗 Skrt., wörtl.: »Erquickung, Freude«, ein großer Vishnu-Verehrer, dessen Leben in den Purānas beschrieben wird. Er war der Sohn des → Daitya-Königs Hiranyakashipu.

Prahlādas Vater, ein Shiva-Anhänger, war erbost über die große Hingabe seines Sohnes an Vishnu und befahl in seinem Zorn, Prahlāda zu töten. Doch weder die Waffen der Daityas noch die Fänge der Schlangen, weder die Stoßzähne der Elefanten noch die Flammen des Feuers vermochten dem Knaben etwas anzuhaben. Um ihn von den Nachstellungen seines Vaters zu befreien, nahm Vishnu seine vierte Inkarnation (→ Avatāra) als Löwenmensch an und erschlug Hiranyakashipu. Prahlāda wurde darauf der König des Daityas und dem → *Padma-Purāna* nach schließlich mit Vishnu vereint.

Prajāpati, 🅷 Skrt., wörtl.: »Herr der Geschöpfe«; in den Veden werden → Indra, → Savitri, → Hiranyagarbha und andere Gottheiten so benannt; → Manu nennt Brahmā als Schöpfer und Stütze des Universums Prajāpati. – Gewöhnlich werden zehn → Rishis, die als geistgeborene Söhne Brahmās gelten, die zehn Prajāpatis genannt, und zwar: Marīchi, Atri, Angiras, Pulastya, Pulaha, Kratu, Vasishtha, Prachetas oder Daksha, Bhrigu und Nārada. Nach anderen Quellen gab es nur sieben Prajāpatis, die identisch sind mit den sieben großen Rishis. Im → *Mahābhārata* gibt es 21.

Prajñā, 🅷 🅱 🆉 Skrt., wörtl.: »Bewußtsein« oder »Weisheit«.

🅷 Bewußtsein als Wesen des → Ātman. Nach P. Deussen »das objektlose Subjekt des Bewußtseins, die keine Objekte außer sich habende (daher unbewußte) höchste Seele, welche im Tiefschlaf die individuelle Seele umschlingt. Daher → Prājña, die Seele im Tiefschlaf.«

🅱 🆉 (Pali: Pañña, jap. Hannya); Weisheit; ein zentraler Begriff des → Mahāyāna, der eine nicht begrifflich-intellektuell vermittelte, sondern unmittelbar erfahrene, intuitive Weisheit bezeichnet, deren entscheidendes Moment das Begreifen und die Einsicht in die Leere (→ Shūnyatā), das Wahre-Wesen der Welt, ist. Das Verwirklichen von Prajñā wird vielfach mit dem Erlangen von Erleuchtung gleichgesetzt und ist eines der wesentlichen Kennzeichen der Buddhaschaft. – Prajñā ist eine der »Vollkommenheiten« (→ Pāramitā), die ein Bodhisattva auf seinem Weg (→ Bhūmi) verwirklicht.

Siehe auch → Erleuchtung.

Prājña, 🅷 Skrt.; der Bewußtseinszustand des Tiefschlafs, in dem es kein Denken gibt und daher der → Jīva vorübergehend, aber unbewußt, eins wird mit Brahman. Der → Vedānta unterscheidet vier Bewußtseinszustände: → Vaishvānara, den Wachzustand, → Taijasa, den Traumzustand, Prājña und → Turīya, »das Vierte«. Die → *Māndūkya-Upanishad* befaßt sich ausführlich mit ihnen. Die vier Bewußtseinszustände (Avasthā) werden auch → Jāgrat (Wachen), → Svapna (Traum), → Sushupti (Tiefschlaf) und Turīya genannt.

Prajñādhāra, 🆉 jap. Hannyatara; 27. Patriarch in der ind. Linie des → Zen; siehe auch → Bodhidharma.

Prajñānam Brahma, 🅷 Skrt., wörtl.: »Bewußtsein ist Brahman«; eines der → Mahāvākyas, der großen Lehrsätze, das in der *Aitareya-Upanishad* des *Rigveda* zu finden ist. Am Ende dieser Upanischade heißt es: »Alles, was lebt, was da geht und fliegt und was bewegungslos ist, alles dies ist vom Bewußtsein gelenkt, im Bewußtsein gegründet; vom Bewußtsein gelenkt ist die Welt, das Bewußtsein ist ihr Grund, *das Bewußtsein ist Brahman.*«

Die Vorstellung, daß Bewußtsein mit Brahman identisch ist, enthält für den westl. Verstand gewisse Schwierigkeiten, da er Bewußtsein mit Denken gleichsetzt. Der → Vedānta macht einen klaren Unterschied zwischen Denkbewußtsein und absolutem Bewußtsein und beweist, daß Denkbewußtsein nur im Wachen und Träumen, nicht aber im Tiefschlaf und im → Samādhi existiert und deshalb nicht endgültig wirklich sein kann, während absolutes Bewußtsein in allen vier Zuständen (Wachen, Träumen, Tiefschlaf und Samādhi) vorhanden ist. Im Tiefschlaf sind wir dessen nicht gewahr, aber im Samādhi, wo Bewußtsein ohne Denkprojektionen erfahren wird, werden wir eins mit dem absoluten Bewußtsein und erkennen, daß Bewußtsein Brahman ist – das Eine ohne ein Zweites.

Prajñāpāramitā-Sūtra 🅱, auch *Mahāprajñāpāramitā-Sūtra,* Skrt., wörtl.: »(Großes) Sūtra der das andere Ufer erreichenden [d. h. transzendenten oder erlösenden, → Pāramitā] Weisheit (→ Prajñā)«; Bezeichnung für eine Reihe von ca. 40 mahayanist. Sūtras, die unter diesem Namen zusammengefaßt sind, da sie alle die Verwirklichung von Prajñā zum Inhalt haben. Sie stellen einen Teil der → *Vaipulya-Sūtras* des Mahāyāna dar und sind vermutlich um die Zeitwende entstanden. Einige Sūtras sind in Sanskrit erhalten, die meisten jedoch nur in chin. oder tibet. Übersetzung überliefert. Die im Westen bekanntesten sind das → *Diamant-Sūtra (Vajrachchedikā)* und das → *Herz-Sūtra (Mahāprajñāpāramitā-Hridaya-Sūtra).* Ihr bedeutendster Interpret war → Nāgārjuna. (Dt. Übersetzung von M. Walleser, Göttingen 1914.)

Die *Prajñāpāramitā-Sūtras* sind durch eine ausgesprochen didaktische Tendenz gekennzeichnet, worin sie den Sūtras des Hīnayāna ähneln. Die meisten von ihnen sind → Subhūti gewidmet und sollen auf dem → Geierberg gepredigt worden sein.

Den ältesten Teil stellt wahrscheinlich die 8000 Verse umfassende *Ashtasāhasrikā* dar, Gespräche des Buddha mit mehreren Schülern, die die Grundlage für alle anderen *Prajñāpāramitā-Sūtras* (Umfang: 300 bis 100 000 Verse) bilden und deren Kommentare und Übersetzungen am zahlreichsten sind; die erste chin. Übersetzung stammt aus dem Jahr 179.

Prajñaptivādin, 🅱 Skrt. → Hīnayāna, → Mahāsānghika

Prajñātman, H Skrt., identisch mit → Ātman

Prakāsha H (Prakāśa), Skrt., wörtl.: »Licht, Klarheit«; klarer, strahlender Glanz, Erleuchtung.

Prākrita H (Prākṛta), Skrt., wörtl.: »volkstümlich«, Provinzdialekte des → Sanskrit, die zwischen den heutigen Sprachen Indiens und dem Sanskrit stehen.

Diese Prākritas sind hauptsächlich aus Dramen bekannt, in denen Könige und Brahmanen Sanskrit sprechen, während die unteren Schichten sich der verschiedenen Prākritas bedienen. Manchmal sind sie so verstümmelt, daß man sie weder für Sanskrit noch für eine der Volkssprachen halten kann.

Prakriti H (Prakṛti), Skrt., wörtl.: »Natur, Materie«; die Urmaterie, aus der das Universum besteht. Ihre Struktur wird von den drei → Gunas (Tamas, Rajas und Sattva) bestimmt. Nach der → Sānkhya-Philosophie, in der sie auch → Pradhāna genannt wird, besitzt sie Wirklichkeit und schafft durch ihre Nähe zum → Purusha die Welt des Denkens und der Erscheinungen. Für den → Advaita-Vedānta hat die Materie keine endgültige Wirklichkeit, da nur im Wach- und Traumzustand eine materielle Welt erfahren wird, nicht aber im Tiefschlaf und im → Turīya. Für den Advaita-Vedānta ist jedoch nur wirklich, was in allen vier Bewußtseinszuständen Wirklichkeit hat.

Pralaya, H Skrt., wörtl.: »Auflösung«. Am Ende eines → Kalpa (Weltenzyklus) löst sich die manifestierte Welt auf, d. h., sie geht in einen anderen Zustand über, und zwar vom manifestierten in den unmanifestierten, potentiellen, aus dem sich dann wieder eine neue Welt manifestiert. Der Hinduismus kennt keine einmalige Schöpfung, wie sie das Alte Testament schildert, sondern einen sich zyklisch wiederholenden Wechsel von Manifestation und Nicht-Manifestation, die die Möglichkeit erneuter Manifestation in sich trägt.

Pramāna H (Pramāṇa), Skrt., wörtl.: »Beweis«; Mittel zur Erlangung richtiger Erkenntnis wie → Pratyaksha (Sinneswahrnehmung), mündliches Zeugnis, logischer Schluß, Zeugnis der Veden etc.

Prāna H (Prāṇa), Skrt., wörtl.: »Atem, Lebensodem«; die kosmische Energie, die den Körper durchdringt und erhält und sich in den Geschöpfen am deutlichsten als Atem manifestiert. → Patañjali befaßt sich auf der vierten Stufe (→ Prānāyāma) seines Yoga mit Prāna, und auch im → Hatha-Yoga spielt er eine entscheidende Rolle. Der → *Atharvaveda* personifiziert ihn und widmet ihm eine eigene Hymne.

Der Hinduismus unterscheidet fünf verschiedene Prānas: 1. Prāna, die Essenz des Atems, die reine Lebenskraft als solche; 2. Vyāna, der über den Kreislauf wacht; 3. Samāna, der Nahrungsaufnahme und -verwertung überwacht und durch die damit verbundenen chemischen Prozesse (den Stoffwechsel) das Gleichgewicht des Körpers bewahrt; 4. Apāna, der für die Ausscheidung alles verbrauchten Materials aus dem Körper sorgt und im unteren Teil des Körpers wirkt; 5. → Udāna, der im oberen Teil des Körpers wirkt und die spirituelle Entwicklung dadurch fördert, daß er die Verbindung zwischen dem physischen und spirituellen Teil unseres Wesens bildet.

Pranām H (Praṇāma), Skrt., wörtl.: »Verneigung«; ehrfürchtige Begrüßung sowohl Gottes als auch Heiliger und geachteter Menschen, indem man die Handflächen zusammenlegt oder erst die Füße des anderen und danach die eigene Stirn berührt, oder sich vor ihm niederwirft.

Prānamaya-Kosha H (Prāṇamaya-Kośa), Skrt.; die zweite der fünf → Koshas (Hüllen), die feinstoffliche oder Vitalhülle, die Körper und Denken belebt und zusammenhält. Solange sie im Organismus vorhanden ist, bleibt er am Leben. Ihre grobe Manifestation ist der Atem.

Pranava H (Praṇava), Skrt.; eine Bezeichnung für die mystische heilige Silbe → OM. Wird der Klang beim Aussprechen lang ausgedehnt, nennt man dies Dīrgha-Pranava.

Prāna-Vidyā H (Prāṇa-Vidyā), Skrt.; die Erkenntnis der Lebensenergie (→ Prāna). Sie führt dazu, daß das Einzelleben sich in das universale Leben einfügt, daß der Wille des Menschen aufgeht im Willen Gottes, in der schöpferischen Energie → Īshvaras, und dadurch zu einem dynamischen Kanal für das universale Leben wird.

Prānāyāma H (Prāṇāyāma), Skrt., wörtl.: »Beherrschung des → Prāna«; die vierte Stufe des → Rāja-Yoga. Sie besteht in Atemübungen, die mit einem Mantra verbunden werden können. Der Atem wird in die Phasen des Pūraka (Einatmen), Rechaka (Ausatmen) und → Kumbhaka (Anhalten des Atems) unterteilt.

Eine Einführung in die Praxis des Prānāyāma ist: B. K. S. Iyengar, *Licht auf Prānāyāma,* Bern 1984.

Pranidhāna B (Praṇidhāna), Skrt.; die Bodhisattva-Gelübde, die am Anfang der Laufbahn (→ Bhūmi) eines → Bodhisattva stehen. Sie beinhalten den festen Vorsatz, selbst Erleuchtung (→ Bodhi) zu erlangen und alle Wesen durch die Hinführung zum → Nirvāna zu erlösen. Sie sind Ausdruck des »auf die Erleuchtung gerichteten Geistes« (→ Bodhichitta) und werden im Mahāyāna sowohl von Mönchen als auch von Laienanhängern abgelegt.

Prāpti-Prāpya, 🅷 Skrt.; jemand, der alles erreicht hat, was zu erreichen war, eine Bezeichnung für eine freie Seele (→ Jīvanmukta).

Prārabdha-Karma, 🅷 Skrt., wörtl. *pra:* »vorher«, *ārabdha:* »angefangen, begonnen«, → Karma: »Tat«; Folgen von Taten, die in früheren Geburten begangen wurden und sich im gegenwärtigen Leben auswirken. Sie sind reif, geerntet zu werden, deshalb ist das Geschehen nicht aufzuhalten, so wie man einen Pfeil, der die Sehne verlassen hat, nicht zurückrufen kann. Außer dem Prārabdha-Karma gibt es noch das → Āgāmi-Karma und das → Sanchita-Karma.

Prasāda 🅷, auch Prasād, Skrt.; 1. die Gnade oder Gunst Gottes, sein Wohlwollen; 2. Klarheit, Reinheit, Gemütsruhe; 3. Opferspeisen, die der Gottheit dargebracht wurden und an die Gläubigen verteilt werden oder auch von Heiligen gekostete Nahrung. Solches Prasāda soll spirituelle Kräfte enthalten.

Prāsangika, 🅱 Skrt., wörtl: »Die Folgerungen benutzen«; eine von dem buddhist. Weisen Buddhapālita, einem Schüler von → Nāgārjuna, begründete Schulrichtung der → Mādhyamikas.

Prashna 🅷 (Praśna), Skrt., wörtl.: »Frage«; eine Vedānta-Upanishad des → *Atharvaveda.* Sie behandelt sechs Fragen, die an den Heiligen Pippalāda gerichtet sind. (Dt. Übers. in: P. Deussen, *Sechzig Upanishad's des Veda,* Leipzig 1905; Prabhavananda/F. Dispeker, *Die schönsten Upanischaden,* Zürich 1951.)

Der Inhalt der sechs Fragen betrifft: 1. den Ursprung der Materie und des Lebens aus → Prajāpati; 2. den Vorrang des → Prāna vor den übrigen Lebenskräften; 3. die Verzweigungen des Prāna im menschlichen Körper; 4. Traum und Tiefschlaf; 5. die Meditation über → OM; 6. die »sechzehn Teile« des Menschen. Die Beantwortung der letzten Frage gipfelt in dem Spruch: »Die sechzehn Teile sind die Speichen, die vom Selbst ausgehen, denn dieses Selbst, es ist des Rades Nabe. Das Selbst ist letztes Ziel des Wissens. Erkenne es, und du bist frei vom Tod.« (Zit. n. Prabhavananda/Dispeker.)

Prashnottara 🅷 (Praśnottara), Skrt., wörtl.: »Frage und Antwort«; ein Dialog zwischen Meister und Schüler, bei dem spirituelle Fragen beantwortet werden.

Prasthānatraya, 🅷 Skrt., wörtl. *prasthāna:* »System«, *traya:* »Dreiheit«; eine zusammenfassende Bezeichnung für die drei fundamentalen Werke des → Vedānta: die Upanischaden, die *Bhagavad-Gītā* und die → Brahma-Sūtras.

Prātibhātika 🅷 (Prātibhāṭika), Skrt.; eine scheinbare Wirklichkeit, die durch → Viveka (Unterscheidung) als unwirklich erkannt werden kann.

Pratibimba-Vāda, 🅷 Skrt., wörtl. *pratibimba:* »Spiegelbild«, *vāda:* »These«, die Ansicht, daß der → Jīva eine Reflexion Brahmans im Bereich der Nicht-Erkenntnis ist.

Pratiloma, 🅷 Skrt., wörtl.: »verkehrt, widernatürlich«; dieser Ausdruck bezieht sich auf das Ego, dessen besondere Eigenschaft es ist, sich durch Nicht-Erkenntnis von der kosmischen Einheit abzutrennen und sich dadurch ihrer natürlichen Ordnung zu widersetzen.

Prātimoksha 🅱 (Prātimokṣa), Skrt. (Pali: Pātimokkha); Teil des → Vinaya-Pitaka, der die Disziplinregeln für Mönche (insgesamt 227) und Nonnen (insgesamt 348) enthält und anläßlich jeder → Uposatha-Feier vorgetragen wird, wobei jeder Mönch bzw. jede Nonne eventuelle Verstöße gegen die Regeln bekennen muß.

Pratipaksha-Bhavana 🅷 (Pratipakṣa-Bhavana), Skrt., wörtl. *pratipaksha:* »Feind, Gegner«, *bhavana:* »Werden, Entstehen«; eine Übung des → Rāja-Yoga, um bei der Konzentration nicht durch niedere Gedanken gestört zu werden. Schon bei ihrem Entstehen werden starke, spirituelle Gedanken dagegengesetzt – ein Mittel, das sich auch im täglichen Leben des Rāja-Yogi bewährt, um seinen Gleichmut zu bewahren.

Pratisamkhyā-Nirodha 🅱 (Pratisaṃkhyā-Nirodha), Skrt.; Aufhebung (→ Nirodha), die durch das bewußte, auf Einsicht und Weisheit gegründete Beenden der Befleckungen und Leidenschaften (→ Klesha) erreicht und mit dem → Nirvāna identifiziert wird. Der Pratisamkhyā-Nirodha ist einer der nicht-bedingten (→ Asamskrita) Dharmas des → Sarvāstivāda und → Yogāchāra.

Pratishthā 🅷 (Pratiṣṭhā), auch Ādhāra, Skrt., wörtl.: »Fundament, Grundlage«; in bezug auf die grobe Materie: die Erde; in bezug auf den Menschen: seine drei Grundprinzipien Körper, Geist und Leben, die zusammen der Seele als Fahrzeug dienen.

Pratishthita-Nirvāna 🅱 (Pratiṣṭhita-Nirvāṇa), Skrt., wörtl.: »statisches Nirvāna«; nach mahayanist. Auffassung das nachtodliche Nirvāna, das restlose Erlöschen eines Erlösten, in dem jede Beziehung zur Welt abgebrochen wird und der Erlöste nicht mehr wirksam ist. Es steht im Gegensatz zum → Apratishthita-Nirvāna, in dem der Erlöste weiterhin in der Welt verbleibt. Ein Bodhisattva verzichtet darauf, in Pratishthita-Nirvāna einzugehen, um gemäß seines Gelübdes (→ Pranidhāna) die Wesen auf dem Weg zur Erlösung leiten zu können.

Das Pratishthita-Nirvāna kann mit dem hinayanist. Nirvāna ohne Bedingungsreste (→ Nirupadhishesha-Nirvāna) gleichgesetzt werden. (Siehe dazu auch → Nirvāna.)

Pratītya-Samutpāda, 🅱 Skrt. (Pali: Patichcha-Samuppāda), wörtl.: »bedingtes Entstehen« oder »Entstehen in Abhängigkeit«, oft übersetzt mit »Konditionalnexus«. Der Lehrsatz vom Bedingten Entstehen besagt, daß alle psychischen und physischen Phänomene, die das individuelle Dasein ausmachen, in einem bestimmten Abhängigkeits- und Bedingungsverhältnis zueinander stehen und beschreibt damit, was die Lebewesen in den → Samsāra verstrickt.

Die Kette des Bedingten Entstehens bildet zusammen mit der → Anātman-Doktrin den Kern der Lehre aller buddhist. Schulen. Das Erlangen der Erleuchtung (→ Bodhi), die Verwirklichung der Buddhaschaft, ist abhängig vom Begreifen dieses Lehrsatzes. Der Pratītya-Samutpāda besteht aus zwölf Gliedern (→ Nidāna): Nicht-Wissen (1. → Avidyā), das Nicht-Erkennen der → Vier Edlen Wahrheiten, das Nicht-Wissen um die Leidensnatur des Daseins, bedingt die Gestaltungen oder Tatabsichten (2. → Samskāra), die einer Tat vorausgehen. Diese können gut, schlecht oder neutral sein und beziehen sich auf körperliche, sprachliche und geistige Taten. Sie bedingen ihrerseits das Bewußtsein (3. → Vijñāna) im nächsten Leben des Individuums. Dieses Bewußtsein geht nach dem Tode eines unerlösten Wesens wieder in einen Mutterschoß ein und setzt dort die Entstehung von »Name-und-Form«, von Körperlichem und Geistigem (4. → Nāmarūpa), d. h. eines neuen, aus den fünf → Skandhas bestehenden empirischen Geschöpfes in Gang. Welchen Mutterschoß sich das Bewußtsein wählt, ist von seiner Qualität bestimmt, die ihrerseits abhängt von den Tatabsichten. In Abhängigkeit von Nāmarūpa entstehen die Sechs Grundlagen (5. → Shadāyatana), die sechs Objektbereiche der Sinne, die sich dem Geschöpf nach seiner Geburt darbieten und die Berührung (6. → Sparsha) mit der Umwelt bedingen. Diese Berührung ruft eine Empfindung (7. → Vedanā) hervor, aus der für einen im buddhist. Sinne Nicht-Wissenden Gier (8. → Trishnā) erwächst. Unwissenheit und Gier führen nach dem Tode des Individuums zu einem neuerlichen Ergreifen (9. → Upādāna) eines Mutterschoßes, wo neues Werden (10. → Bhāva) in Gang kommt, gefolgt von Geburt (11. Jāti) in ein neuerlich leidvolles Dasein, das wiederum durch Alter und Tod (12. Jarā) ein Ende findet. Der gesamte Konditionalnexus umfaßt somit 3 Existenzen: 1–2 beziehen sich auf die vergangene Existenz, 3–7 auf die Bedingungen, 8–10 auf die Früchte im jetzigen Leben, 11–12 auf das zukünftige Leben.

Die Lehre vom Bedingten Entstehen zeigt die abhängige Natur des mit den konventionellen Vorstellungen »Ich«, »Mensch«, »Tier« usw. bezeichneten Stroms körperlicher und geistiger Daseinsphänomene. Während die Lehre vom Anātman das Dasein in leere, nicht-wesenhafte Bestandteile aufgliedert, verfährt die Lehre vom Konditionalnexus synthetisch, indem sie zeigt, daß alle Phänomene in irgendeinem Verhältnis der Bedingtheit stehen, was sich sowohl als Gleichzeitigkeit wie auch als Aufeinanderfolge in der Zeit darstellen kann.

Der Pratītya-Samutpāda wurde von den verschiedenen Schulen von unterschiedlichen Gesichtspunkten aus interpretiert. Im Hīnayāna erklärt er die Entstehung des Leidens (→ Duhkha) und stellt dar, daß alles Gestaltete (→ Samskrita) eine Ursache und Bedingung hat und daher ohne Substantialität ist. Der Lehrsatz wird somit zur Begründung der Negation des Selbst herangezogen. Im Mahāyāna erfährt der Konditionalnexus insofern eine Neudeutung, als damit die Unwirklichkeit des Daseins aufgrund seiner Relativität bewiesen wird. Im System der → Mādhyamikas wird Pratītya-Samutpāda mit Leere (→ Shūnyatā) gleichgesetzt, da das Bedingte Entstehen die nur rein empirische Gültigkeit der Erscheinungen und ihre letztliche Nicht-Wirklichkeit aufgrund ihrer Relativität aufzeigt.

Nach Auffassung des → Yogāchāra kann nur durch das wirkliche Begreifen des Pratītya-Samutpāda der Irrtum, Nicht-Existierendes für existierend und Existierendes für nicht-existierend zu halten, überwunden werden.

Die → *Prajñāpāramitā-Sūtras* betonen, daß Pratītya-Samutpāda keine zeitliche Abfolge, sondern die essentielle Abhängigkeit aller Dinge darstellt.

Pratyabhijñā, 🅷 Skrt., wörtl.: »Wiedererkennen«; 1. die Erkenntnis all dessen, was für → Moksha (Befreiung) notwendig ist; die Erkenntnis der Identität von Erscheinungswelt, Seele und Gott; 2. ein anderer Name für den → Shaivismus in Kashmir, der stärker als in Südindien zum → Advaita-Vedānta neigt. Shiva ist darin die einzige Wirklichkeit, das unendliche, reine Selbst, die Basis des Universums, das durch die Kraft seiner → Shakti in Erscheinung tritt und die Ursache aller scheinbaren Unterschiede ist. (Siehe dazu auch → Trika.)

Pratyāhāra, 🅷 Skrt.; die fünfte Stufe des → Rāja-Yoga, das Abziehen der Sinne von den Sinnesobjekten, damit das Denken nicht mehr abgelenkt wird, sondern sich ungestört auf das Objekt der Meditation richten kann; eine unerläßliche Vorbedingung der Konzentration (→ Dhāranā), der nächsten Stufe des Rāja-Yoga.

Pratyaksha 🅷 (Pratyakṣa), Skrt.; direkte Wahrnehmung durch die Sinne, für die Chārvākās (Materialisten) das einzige Mittel richtiger Erkenntnis (→ Pramāna), während sich die anderen philosoph. Schulen nicht nur auf die Wahrnehmung der Sinne verlassen, sondern weitere Erkenntnismittel verlangen.

Pratyeka-Buddha, 🅱 Skrt. (Pali: Pachcheka-Buddha), wörtl.: »Einsam-Erwachter«; Bezeichnung für einen Erwachten (Buddha), der aufgrund der Einsicht in die zwölf → Nidānas die Erleuchtung nur für sich allein und aus sich allein erlangt hat. Es werden ihm nicht die Vorzüge zuerkannt – z. B. Allwissenheit (→ Sarvajñatā), oder die Zehn Kräfte (→ Dashabala) –, die einen → Samyak-Sambuddha, einen Vollkommen-Erwachten, auszeichnen. Er steht auf der Stufe der Heiligkeit zwischen den → Arhats und den Buddhas, die Vollkommene Erleuchtung verwirklicht haben.

Manchmal wird diese Bezeichnung auch auf Erleuchtete angewandt, die in einer buddhalosen Zeit leben und die Erleuchtung durch Einsicht in das Bedingte Entstehen (→ Pratītya-Samutpāda) in früheren Leben erlangt haben.

Das Pratyeka-Yāna (»Fahrzeug der Einsam-Erwachten«) stellt eines der drei Fahrzeuge zum Erlangen des Nirvāna dar (→ Triyāna).

Pravrajyata, 🅱 Srkt. → Hauslosigkeit

Pravritti 🅷 (Pravṛtti), Skrt., wörtl.: »Ursprung, Entstehen«; Evolution, das Entfalten oder Manifestieren dessen, was vorher latent war. Das Gegenteil von → Pralaya.

Prayopaveshana 🅷 (Prayopaveśana), Skrt.; eine Askese, bei der man lange vor einem Götterbild liegt und um die Erfüllung eines Wunsches bittet, ohne zu trinken und zu essen.

Predigt von Benares, 🅱 erste Predigt des Buddha → Shākyamuni nach Verwirklichung des Erwachens (→ Bodhi), die er in Sārnāth bei Benares gehalten hat. Inhalt dieser ersten Lehrrede sind die → Vier Edlen Wahrheiten und der → Achtfache Pfad. Diese Predigt wird auch vielfach als das »Erste Inbewegungsetzen des Rades der Lehre« (→ Dharma-Chakra) bezeichnet.

Prema-Bhakti 🅷, auch Prema, Skrt.; die höchste Gottesliebe, in der der Gottesverehrer nach Gott verlangt wie ein Ertrinkender nach Luft. Dem Sinn nach dasselbe wie Mahābhāva und → Para-Bhakti. Die Seligkeit, die aus dieser Liebe entsteht, wird Premānanda genannt.

Prema-Sāmarthya, 🅷 Skrt.; die Kraft der Liebe, die alles vermag. Eine der Vier Vollkommenheiten des Herzens (→ Kalyāna-Shraddhā).

Preta, 🅱 Skrt. (Pali: Peta), wörtl.: »Abgeschiedene«; diese sog. Hungrigen Geister stellen eine der drei negativen Existenzweisen (→ Gati) dar. Pretas sind Wesen, deren → Karma für eine Wiedergeburt in den Höllen (→ Naraka) zu gut ist, aber für die als → Asura zu schlecht. Geiz, Neid und Eifersucht können nach traditioneller Auffassung eine Wiedergeburt als Preta zur Folge haben. Diese leiden Hungerqualen, da ihre Bäuche riesig, ihre Münder aber nur so groß wie ein Nadelöhr sind; sie sind auch noch verschiedensten anderen Peinigungen ausgesetzt.

Prithā, 🅷 → Kuntī

Prithivī 🅷 (Pṛthivī), Skrt., die Erde. In den Veden wird sie als Mutter aller Wesen personifiziert und zusammen mit dem Himmel angerufen.

Den Veden nach gibt es drei Erden und entsprechend drei Himmel. Unsere Erde wird Bhūmi oder → Bhūrloka genannt. Im *Vishnu-Purāna* erhielt sie ihren Namen von der mystischen Gestalt Prithī, die wie ein Vater zu ihr war.

Prīti, 🅱 Skrt. → Bodhyanga

Prītijushā, 🅷 Skrt. → Ūshā

P'u, 🆃 chin., wörtl.: »Rohholz, der Unbehauene Klotz«; Einfachheit, Schlichtheit, Einfalt. Von Lao-tzu im → *Tao-te ching* verwendetes Symbol für die ursprüngliche, einfache und schlichte Natur des Menschen, die auch manchmal mit der eines Neugeborenen *(ying-erh)* oder roher Seide *(su)* verglichen wird und die es wiederzuerlangen gilt. P'u ist das Endziel der Rückkehr (→ Fu) und manifestiert sich in Begierdelosigkeit und absichtslosem Handeln (→ Wu-wei). Die Rückkehr zu diesem Urzustand unseres Wesens ist nur durch die Verminderung unserer Wünsche möglich: Im *Tao-te ching* (Kap. 19) heißt es:

> Zeigt Einfachheit [Su], haltet fest an Lauterkeit [P'u]!
> Mindert Selbstsucht, verringert die Begierden!
> Gebt auf die Gelehrsamkeit!
> So werdet ihr frei von Sorgen.

Als die Entwicklung hemmende Begierden sieht Laotzu in erster Linie den Wunsch nach Reichtum und Ruhm, da sie zu Neid und Haß führen, und die sinnlichen Begierden an. Hat man einmal die innere Schlichtheit wiedererlangt, verleiht sie Macht über die ganze Welt (Kap. 32):

(Das Tao) als Ewiges ist namenlose Einfalt [P'u].
Obwohl klein,
wagt die Welt (es) nicht zum Diener zu machen.
Wenn Fürsten und Könige (es) so wahren könnten,
so würden alle Dinge sich als Gäste einstellen.
...
Das Volk würde ohne Befehle
von selbst ins Gleichgewicht kommen.

(Zit. n. R. Wilhelm, 1978, S. 72.)

Pudgala, 🅑 Skrt. (Pali: *Puggala*), etwa: »Person«; das Ich oder Selbst, die »Substanz«, die Träger des Kreislaufs der Wiedergeburten ist. Im Buddhismus wird die Existenz solch einer ewigen Person oder Seele verneint, er sieht in der »Person« nichts als einen konventionellen Namen für eine scheinbare Einheit, die sich in Wirklichkeit nur aus sich von Moment zu Moment verändernden körperlichen und geistigen Faktoren zusammensetzt (→ Skandha).

Von der Schule der → Vātsīputrīyas wird Pudgala als offenbare Realität aufgefaßt, die weder mit den Skandhas identisch noch von ihnen verschieden ist. Diese Person wandelt sich dieser Auffassung nach von einem Leben zum andern und besteht selbst nach dem → Parinirvāna weiter. Die Vātsīputrīyas versuchten so, das Problem der Vergeltung der Taten (→ Karma) zu lösen. Ihre Anschauung wurde aber von allen anderen buddhist. Schulen als nicht der Lehre entsprechend abgelehnt.

Außerdem hat Pudgala auch die Bedeutung von »Mensch« wie in → Ārya-Pudgala (»Edler«).

Pudgalavādin, 🅑 Skrt. → Vātsīputrīya

P'u-hsien, 🅑 chin. für → Samantabhadra

P'u-hua 🅩, auch P'u-k'o (jap. Fuke), gest. 860, chin. Zen-Meister; ein Schüler und Dharma-Nachfolger (→ Hassu) von → P'an-shan Pao-chi (jap. Banzan Hōshaku). P'u-hua war bekannt für sein exzentrisches Verhalten; er begründete die → Fuke-Schule, die während der Kamakura-Zeit von Shinchi → Kakushin nach Japan übertragen wurde. Nachdem sein Meister P'an-shan gestorben war, schloß sich P'u-hua dem Kreis der Anhänger von Lin-chi I-hsüan (jap. Rinzai Gigen) an. Er spielte hier die Rolle eines »heiligen Narren«, und im *Lin-chi-lu* (→ Lin-chi I-hsüan) sind einige Anekdoten über seinen unkonventionellen Lebenswandel aufgezeichnet.

Die Begebenheit, die die Übertragung des Dharma von Meister P'an-shan auf P'u-hua markiert, berichtet Meister Yüan-wu in seinen Darlegungen zum 37. Beispiel des → *Pi-yen-lu.* Hier tritt die Eigenart von P'u-hua schon klar zu Tage:

»Als er [P'an-shan] sich der Verwandlung nahe fühlte, sagte er zu der Versammlung seiner Schüler: ›Ist wohl auch einer unter euch, der meine wahre Gestalt von ferne treffen kann?‹
Da zeichnete jeder in der Versammlung ein Bild des Meisters und hielt es ihm hin. Er aber schalt sie alle.
Da trat P'u-hua vor und sagte: ›Ich könnte ein entferntes Abbild von Euch geben.‹
P'an-shan erwiderte: ›Warum zeigst du es mir altem Mönch nicht vor?‹
Da schlug P'u-hua vor dem Meister einen Purzelbaum und ging hinaus. P'an-shan sagte zu den andern: ›Dieser Kerl wird noch einmal mit den Manieren eines Narren Menschen zur Erkenntnis führen.‹« (Zit. n. W. Gundert 1967, S. 84.)

Pūjā, 🅗 🅑 Skrt.; Verehrung, Zeremonie, Gottesdienst.

🅗 Ritueller Gottesdienst mit Gangeswasser, Blumen, einer Glocke (Ghantā), Räucherstäbchen und Mantras, bei dem durch symbolische Gesten (→ Mudrās) ein mystischer Kreis um den Anbetenden gezogen wird, der ihn von der vergänglichen Sinnenwelt abtrennt und ihm hilft, Verbindung mit Gott aufzunehmen. Der Ausübende wird Pūjari oder Pūjaka genannt.

🅑 Zeremonie im → Theravāda, die das Darbieten von Opferspeisen, Blumen, Räucherwerk, Licht und Wasser u. a., das Rezitieren der Zufluchtsformel (→ Trisharana), eine kurze Meditation usw. einschließt, und die grundlegende Form der Verehrung darstellt. Eine Pūjā wird z. B. an den → Uposatha-Tagen abgehalten. Die äußere Form variiert von Land zu Land.

Auch gewisse Zeremonien im → Vajrayāna, die das Rezitieren von heiligen Texten und → Mantras, die Ausführung von → Mudrās und die Anrufung und Visualisierung von Gottheiten sowie die rituelle Darbietung von Opfergaben beinhalten, werden Pūjā genannt.

P'u-k'o, 🅩 chin. → P'u-hua

Pu-nao, 🅣 chin. → Huan-ching

Punarājāti 🅗, auch Punarāvritti, Punarutpatti, Punarjanman und Punarjīvātu, Skrt.; Wiedergeburt. Ind. Religion und Philosophie lehren, daß die Vollkommenheit des Menschen nicht in einem Leben erreicht wird, sondern die Krönung einer langen Reihe von Erfahrungen während vieler aufeinanderfolgender Leben ist. Darauf beruht der allgemeine ind. Glaube an → Karma und Wiedergeburt. (Über die Anfänge der hinduist. Wiedergeburtslehre → Pañchāgnividyā und → Pitriyāna.)

Punya ■ *(Puṇya),* Skrt. (Pali: *Punna*), etwa: »Verdienst«; bezeichnet i. allg. das durch Almosenspenden, Durchführen von → Pūjās, Sūtrarezitationen usw. erworbene karmische Verdienst, das ein besseres Leben in der Zukunft sichern soll. Das Erwerben von Verdiensten stellt einen bedeutenden Faktor im Streben eines buddhist. Laien dar.

Das Mahāyāna spricht sich gegen das egoistische Anhäufen von Verdiensten im Hīnayāna aus und will die angesammelten Verdienste der Erleuchtung allen Wesen zugute kommen lassen, indem sie auf andere übertragen werden. Das Versprechen, einen Teil der erworbenen Verdienste auf Gläubige zu übertragen, bildet einen wichtigen Teil des Bodhisattva-Gelübdes (→ Pranidhāna), und wird auf der achten Stufe der Laufbahn eines Bodhisattva (→ Bhūmi) vervollkommnet.

Punyamitra, ■ 26. Patriarch in der ind. Linie des → Zen

Punyayasha, ■ 11. Patriarch in der ind. Linie des → Zen

Pūraka, ■ Skrt. → Prānāyāma

Purāna ■ (Purāṇa), Skrt., »Alte Erzählungswerke«. Im Gegensatz zu den älteren → Itihāsas, die die legendären Handlungen menschlicher Helden beschreiben, behandeln die 18 Purānas und die ihnen untergeordneten 18 Upa-Purānas (Neben-Purānas) Legenden über die Götter. Sie sind von Gottesliebe (→ Bhakti) erfüllt und deshalb die Hauptschriften der Anhänger Vishnus, Shivas und Brahmās, weshalb man sie auch in Vaishnava-, Shaiva- und Brāhmana-Purānas einteilt.

Die Religion der Veden hüllte ihre tiefe Spiritualität in eine Natursymbolik, die vom einfachen Volk nur schwer zu durchschauen war, das deshalb seine Anbetung nur auf die äußere Natur richtete. In den Purānas mit ihrer Trinität der drei großen Götter Brahmā (durch den alles entsteht), Vishnu (durch den alles erhalten wird) und Shiva (durch den alles zerstört wird, auch alles Schlechte und alle Nicht-Erkenntnis) war der Symbolcharakter dieser drei großen Göttergestalten leichter zu verstehen und erfüllte dadurch das innere religiöse Bedürfnis des Volkes. Deshalb sind die mythologischen Purānas die eigentliche Schatzkammer der Hindu-Religion und noch heute von lebendigem Wert für den Glauben der Hindus. (Dt. Übersetzungen liegen nur in kurzen Auszügen vor.)

Die sechs Vaishnava-Purānas sind: *Vishnu-,* → *Bhāgavata-,* → *Padma-, Nārada-, Garuda-* und *Varāha-Purāna.* Die sechs Shaiva-Purānas sind: *Matsya-, Linga-, Skanda-, Kūrma-, Shiva-* und *Agni-Purāna.* An die Stelle des *Agni-Purāna* tritt mitunter auch das *Vāyu-Purāna,* offensichtlich das älteste Purāna. Die sechs Brāhmana-Purānas sind: *Brahma-, Brahmavaivarta-, Vāmana-, Brahmānda-, Mārkandeya* und *Bhavishya-Purāna.* Die berühmtesten und volkstümlichsten aller Purānas sind das *Vishnu-* und das *Bhāgavata-Purāna,* das Krishnas Geschichte erzählt und den stärksten Einfluß auf den Glauben der Hindus ausgeübt hat und noch ausübt.

Alle Purānas sind in Versen geschrieben (zwischen 5600 und 81 000 Doppelverse) und bilden stets einen Dialog zwischen einem erleuchteten Meister und seinem Schüler, in den Dialoge und Beobachtungen anderer Personen eingeflochten sind. Jedes Purāna sollte fünf Charakteristika (Pañcha-Lakshana) haben, und zwar die Themen: 1. Schöpfung; 2. Zerstörung und Erneuerung der Welt; 3. Geschlechterfolge der Götter und Helden; 4. die Herrschaft der verschiedenen → Manus in den verschiedenen Stadien menschlicher Entwicklung; 5. Leben und Werke der Nachkommen der Manus. Aber nicht alle Purānas halten sich an diese Lakshanas.

Man vermutet, daß das *Vāyu-Purāna* bis ins 6. Jh. zurückreicht, während andere möglicherweise erst im 13. bis 16. Jh. entstanden sind. Eines aber scheint sicher zu sein: Sie müssen alle überarbeitet worden sein, da jedes einzelne Purāna alle anderen aufzählt.

Außer den 18 Purānas und Upa-Purānas gibt es noch → Sthala-Purānas, die über die Geschichte und die Verdienste heiliger Stätten (Sthala) berichten, an denen ihre Rezitation einen wichtigen Bestandteil des täglichen Gottesdienstes bildet.

Der gesamte Purāna-Komplex stellt gewissermaßen »eine Art Enzyklopädie der hinduist. Religionsformen mit ihren zahllosen Traditionen dar, die sich verflechten, kreuzen und überlagern«. (Mario Vallauri)

Purashcharana ■ (Puraścaraṇa), Skrt., wörtl.: »Vorbereitung«; die Vorbereitung auf die Meditation durch das Wiederholen eines → Mantra, verbunden mit Opfergaben und anderen in den Veden vorgeschriebenen Riten. Bei einer bestimmten Form von Purashcharana steigt die Zahl der wiederholten Mantras über einen bestimmten Zeitraum täglich an und nimmt dann wieder ab. Der Übende kann z. B. bei Neumond mit 1000 Wiederholungen anfangen, kommt bei Vollmond auf 15 000 und reduziert sie bis zum nächsten Neumond wieder auf 1000. Diese Übung soll besondere Selbstbeherrschung, Läuterung der Gedanken und Konzentrationskraft bewirken.

Puri, ■ 1. bekannter Pilgerort am Golf von Bengalen, einer der vier besonders heiligen Plätze Indiens, wo der berühmte → Jagannātha-Tempel steht. Die anderen drei sind → Dvārakā, → Kedārnāth und → Rāmeshvara. In Puri befindet sich ein Kloster der → Shankara-Tradition; 2. Beiname der Mönche eines der zehn Mönchsorden der Shankara-Tradition. Dieser Beiname wird an den jeweiligen persönlichen Mönchsnamen angehängt. Weitere bekannte Beinamen dieser Art sind Giri und Ānanda; 3. langjähriger Aufenthaltsort des großen Heiligen → Chaitanya.

Pūrna, B → Zehn Große Jünger des Buddha

Pūrnādvaita-Vedānta H (Pūrṇādvaita-Vedānta), auch Pūrnādvaitavāda, Skrt.; eine moderne philosoph. Richtung, die hauptsächlich von Shrī → Aurobindo vertreten wird. Sie macht den Versuch, alle traditionellen Interpretationen des → Vedānta zusammenzufassen.

Pūrnakāma H (Pūrṇakāma), Skrt., wörtl. *pūrna:* »erfüllt, vollkommen, vollendet«, *kāma:* »Wunsch, Begierde«; ein Mensch, dessen Wünsche erfüllt sind. Wer keine Wünsche mehr hat, schafft kein neues Karma mehr. Wenn sein Karma ausgelaufen ist, wird er nicht mehr wiedergeboren, weil er vollkommen geworden ist.

Pūrna-Yoga H (Pūrṇa-Yoga), Skrt.; die volle Vereinigung mit dem Göttlichen. Shrī → Aurobindo, der dieses Yoga-System entwickelt hat, nennt es integral, weil es nicht nur den Aufstieg des menschlichen Geistes zum Göttlichen, sondern auch das Herabbringen des Göttlichen in die Materie und das alltägliche Leben anstrebt.

Purūravas, H eine mythologische Persönlichkeit, von der, dem → *Bhāgavata-Purāna* nach, zu Beginn des Tretā-Yuga (→ Yuga) der dreifache Veda (Rig-, Sāma- und Yajur-Veda) gekommen ist.

Eine Hymne des *Rigveda* enthält eine Unterhaltung zwischen Purūravas (symbolisiert die Sonne, das unvergängliche Licht der Erkenntnis) und → Urvashī, einer Apsarā oder Quellnymphe (symbolisiert die Nebelschwaden der Dämmerung, die von der Morgensonne angezogen und in Nebel oder Wolken verwandelt werden). Zwischen beiden entspinnt sich eine Liebesbeziehung. Der Indologe Max Müller sieht in der Geschichte von Purūravas und Urvashī einen Mythos, der die Beziehung zwischen Morgendämmerung und Sonne zum Symbol macht für die Liebe zwischen Sterblichem und Unsterblichem. Purūravas ist der Held Vikrama in → Kālidāsas Drama von Vikrama und Urvaśī, dem *Vikramorvashīya* (»Der Held und die Nymphe«), von dem es mehrere dt. Übersetzungen gibt.

Purusha H (Puruṣa), Skrt., wörtl.: »Mensch«, der ursprüngliche, ewige Mensch, das höchste Wesen; eine der beiden Wirklichkeiten der → Sānkhya-Philosophie, in der Purusha das Selbst, das Absolute und reines Bewußtsein bezeichnet. Er ist der »Zuschauer«, der den Wandlungen in der → Prakriti zuschaut, obgleich das Universum nur entsteht durch die Verbindung von Purusha mit Prakriti. Im → Vedānta ist Purusha identisch mit Ātman und somit auch mit Brahman.

Purusha als Mehrzahl sind männliche Götter, aktive göttliche Kräfte. → Agni ist der göttliche Purusha, Purusha-Nārāyana ist der Schöpfergott → Brahmā.

Purushārtha H (Puruṣārtha), Skrt., wörtl.: »Ziel *(artha)* des Menschen *(purusha)*«; die vier verschiedenen Ziele, auf die das menschliche Leben gerichtet sein kann: Artha (Reichtum), Kāma (Wünsche), Dharma (Rechtschaffenheit, Pflicht) und Moksha (Befreiung).

Purusha-Sūkta, H (Puruṣa-Sūkta), Skrt., wörtl.: »das Purusha-Lied«; eine der jüngsten Hymnen des *Rigveda* (X, 90), da nur sie allein die vier Kasten (→ Varna) erwähnt. Sie bildet, nach P. Deussen, den Abschluß der Philosophie des *Rigveda.*

Im »Purusha-Lied« wird die Weltschöpfung als ein Opfer dargestellt, das die Götter brachten. Sie nahmen dazu als Opfertier den Urmenschen (→ Purusha), aus dessen dem Ritus gemäß zerlegten Gliedern die einzelnen Teile der Welt hervorgingen.

Purusha-Yajña H (Puruṣa-Yajña), Skrt., wörtl. »*purusha:* »Mensch«, *yajña:* »Opfer«; das große Opfer des Menschen, bei dem er seine Seele dem Göttlichen darbringt.

Purushottama H (Puruṣottama), auch Para-Purusha oder Uttama-Brahman, Skrt., wörtl.: »höchster Geist, höchste Seele«; eine Bezeichnung für das höchste Selbst. Selbst und Natur, alles Sein und Werden, alles Tun und Schweigen in diesem Universum sind die Selbstwahrnehmung des Purushottama und seine Manifestation als Energie. Er ist größer als das Unwandelbare (Akshara) und das Wandelbare (Kshara) und schließt dennoch diese Gegensätze ein.

Pūrva, H Skrt., wörtl.: »früher als, beginnend mit«; in der Sanskrit-Literatur begegnet man immer wieder den beiden Ausdrücken *pūrva* und *uttara* (»später als, folgend auf, besser, höher«). Zunächst betreffen sie i. allg. die zeitliche Abfolge. Inhaltlich aber haben sie eine tiefere Bedeutung. Pūrva-Texte beziehen sich fast immer auf die Vorbereitung zur Erlangung höherer Erkenntnis. Fast alle Religionen haben die Notwendigkeit einer solchen Vorbereitung erkannt. Meist besteht sie aus ritueller Anbetung, aber auch logisches Denken kann eine Vorbereitung sein, da es der Klarheit der Erkenntnis dient. Wird es allerdings zum Selbstzweck, behindert es die Höherentwicklung des Menschen, der die späteren (Uttara-)Texte gewidmet sind.

Pūrva-Mīmāmsā 🅷 (Pūrva-Mīmāṃsā), Skrt., wörtl. *pūrva:* »früher«, *mīmāmsā:* »Erörterung«; eines der sechs → Darshanas, das sich mit dem Ritual befaßt. Sie geht der → Uttara-Mīmāmsā voraus, und zwar nicht nur zeitlich, sondern vor allem auch in dem Sinne, daß das Ritual durch seine Läuterungswirkung eine Vorbereitung zum Streben nach Erkenntnis (dem Inhalt der Uttara-Mīmāmsā) ist (siehe dazu auch → Mīmāmsā). Als Begründer der Pūrva-Mīmāmsā gilt der Weise → Jaimini.

Pūshan 🅷 (Pūṣan), Skrt., von *push:* »nähren, erhalten, fördern, offenbaren«; eine Gottheit, die häufig in den Veden erwähnt wird und der viele Hymnen gewidmet sind.

Im *Taittirīya-Brāhmana* heißt es, daß, als → Prajāpati die lebenden Wesen schuf, Pūshan sie ernährte. In späteren Werken wird er mit der Sonne identifiziert oder der Bruder → Indras genannt. Pūshan hat keine Zähne, da, wie in den Purānas erzählt wird, Shiva in seiner Manifestation als → Rudra die Opferhandlungen der Götter störte und dabei Pūshans Zähne ausschlug.

Pushkara 🅷 (Puṣkara), Skrt., wörtl.: »blauer Lotos«; Beiname von → Krishna und → Shiva.

Einer der sieben mythischen Kontinente (Dvīpa), die wie die Blätter einer Lotosblüte vom Weltenberg → Meru als ihrem Zentrum ausgehen und von sieben mythischen Meeren umspült werden: dem Meer des Salzwassers, des Zuckerrohrsafts, des Weins, der geklärten Butter, des Quarks, der Milch und des frischen Wassers.

Pu-tai, 🅱 🆉 chin., wörtl.: »Hanfsack«; chin. Mönch, der im 10. Jh. gelebt haben soll. Sein Name geht darauf zurück, daß er mit einem Bettelsack aus Hanf auf dem Rücken durch die Dörfer zog. Um Pu-tai ranken sich unzählige Geschichten, die ihn als wundertätigen Sonderling, in dessen Handlungen der Geist des Zen zum Ausdruck kommt, darstellen. Erst in seiner Todesstunde gab er seine wahre Identität als Inkarnation des zukünftigen Buddha → Maitreya zu erkennen. In chin. Klöstern wird er als → Lachender Buddha dargestellt. Pu-tai ist Verkörperung des im 10. der Zehn Ochsenbilder (→ Jūgyū-no-Zu) dargestellten Ideals des Zen-Buddhismus.

Pu-tai, dessen eigentlicher Name Ch'i-tz'u war, lebte in der heutigen Provinz Chekiang. Er stand bei der Bevölkerung in hohem Ansehen, da er das Wetter voraussagen konnte. Schlief er auf Brücken oder auf der Straße, war schönes Wetter zu erwarten; trug er dagegen Sandalen und suchte einen Unterschlupf, konnte man mit Regen rechnen.

Pu-tai, gemalt von Yin-t'o-lo (14. Jh.).

Sein Charakter zeigt die für das Zen typische Liebe zum Paradoxen. Auf die Frage, wie alt er sei, antwortete er z. B.: »So alt wie der Raum.« Als er sich mitten auf dem Marktplatz befand, fragte ihn jemand, was er denn hier täte. Er antwortete: »Ich suche Menschen.« Auch Wunderhaftes umgibt seine Person: Er konnte bei Schneefall im Freien schlafen, ohne daß Schnee auf seinen Körper fiel. Der Ausspruch, den er in seiner Todesstunde tat, enthüllt der Tradition nach seine Identität als Inkarnation des Buddha Maitreya:

> Maitreya, wahrer Maitreya,
> unzählige Male wiedergeboren,
> von Zeit zu Zeit unter den Menschen erschienen,
> doch die Menschen der Zeit erkennen ihn nicht.

Nach seinem Tode soll er in anderen Gegenden Chinas wieder erschienen sein. Langsam begannen die Mönche und Laien, die sich seiner Beliebtheit im Volke bewußt waren, Darstellungen des Mönchs mit dem Hanfsack anzufertigen, aus denen sich die Gestalt des Lachenden Buddha entwickelte. Seine Figur findet sich heute in jedem chin. Kloster.

Pūtanā, 🅷 eine Dämonin, die Tochter von → Bali. Sie versuchte, das Kind → Krishna aufzusaugen, um es zu töten, wurde aber selbst von ihm aufgesaugt und umgebracht. – Auch in dieser mythologischen Legende steckt, wie in so vielen anderen, eine tiefe Symbolik. Pūtanā, das dämonische Ego, das im Grunde von guter Herkunft ist (Tochter des tugendhaften Königs Bali), will das Göttliche, das ihm so klein erscheint (symbolisiert durch das Kind Krishna), aufsaugen, vernichten. Aber das Umgekehrte geschieht: Das Göttliche ist stärker, es saugt das Ego auf und vernichtet es.

P'u-t'i-ta-mo, Z chin. für → Bodhidharma

P'u-t'i-ta-mo-ssu-hsing-lun, Z (jap. *Bodaidaruma Shigyōron*); eine frühe Schrift des Zen, die → Bodhidharma, dem 1. Patriarchen des Zen in China, zugeschrieben wird.

P'u-t'o-shan, B Inselberg im Ostchinesischen Meer (Prov. Chekiang), der zu den → Vier Berühmten Bergen Chinas zählt. Er ist eines der bedeutendsten Zentren des Buddhismus in China und gilt als das Heiligtum des Bodhisattva Kuan-yin (→ Avalokiteshvara).

Einige Legenden erklären, wie P'u-t'o-shan zum Heiligtum der Kuan-yin wurde. Der Name der Insel leitet sich von »Potalaka«, einer Insel im Indischen Ozean, her, die als Aufenthaltsort des Bodhisattva Avalokiteshvara bekannt ist. 847 erblickte ein ind. Mönch in einer Höhle auf dem P'u-t'o-shan ein Bildnis des Bodhisattva, woraufhin er der Insel den Namen Potalaka gab, der im Chinesischen zu P'u-t'o-shan wurde.

Einer anderen Sage nach hat um 850 hier ein Mönch alle seine Finger verbrannt. Kuan-yin hörte seine Wehklagen und erschien dem Mönch, dem sie die Lehre darlegte.

Eine sehr populäre Legende erzählt von einem jap. Mönch, der eine Kuan-yin-Statue vom → Wu-t'ai-shan in seine Heimat bringen wollte. Auf dem Rückweg wurde sein Schiff auf hoher See von einem Unwetter überrascht. Er gelobte vor dem Bildnis der Kuan-yin, ein Kloster zu errichten, sollte er anlegen können und gerettet werden. Das Boot steuerte daraufhin wie von unsichtbarer Hand gelenkt den P'u-t'o-shan an, wo der Mönch sicher an Land gehen konnte. Zum Dank errichtete er das Kloster Pu-chi. Seitdem wird Kuan-yin hier auch als Patronin der Seefahrer und Reisenden verehrt.

R

Rādhā H, auch Rādhikā; die Gespielin → Krishnas, die bekannteste der → Gopīs von Vrindāvan. Das Motiv des zarten Liebesspiels (Rasalīlā) zwischen Rādhā und Krishna durchdringt den Hinduismus in allen Schattierungen von der physischen Ebene bis zur Transzendenz des Göttlichen; es ist das ewige Spiel zwischen der individuellen Seele und Gott, wie man es in der Mystik fast aller Religionen findet. Im Hinduismus ist das Spiel zwischen Rādhā und Krishna ein Zentralthema der → Vaishnavas, deren Weg der Liebe (→ Bhakti-Yoga) die Gefühle der weltlichen Liebe und Hingabe (deren Symbol Rādhā ist) zur Liebe und Hingabe an Gott in der Gestalt Krishnas erhebt. Zu welchen spirituellen Höhen das führen kann, beweist das Leben → Chaitanyas, des großen bengal. Heiligen des 16. Jh., der von seinen Anhängern noch heute als eine Inkarnation Krishnas verehrt wird.

Rādhākānta, H Skrt., wörtl.: »Rādhās Geliebter«; ein Name für → Krishna. Es gibt in Indien viele Rādhākānta-Tempel. In ihnen sind immer Bildnisse oder Figuren von → Rādhā und Krishna aufgestellt.

Rādhā-Krishna-Sekte, H → Nimbārka

Rādhikā, H → Rādhā

Rāga, H Skrt., wörtl.: »Leidenschaft, Grundmelodie«; Tonarten der indischen Musik, die bestimmte Stimmungen ausdrücken und an genaue Tageszeiten gebunden sind.

Rāga-Bhakti, H Skrt. → Bhakti

Rāhula, B Sohn des Buddha (→ Siddhārtha Gautama). Seine Mutter war → Yashodharā. Rāhula war gerade erst geboren, als Buddha den Entschluß faßte, seine Familie zu verlassen und die Erleuchtung (→ Bodhi) zu suchen. Rāhula trat schon als Kind mit sieben Jahren in den → Sangha ein und wird daher als Schutzpatron der Novizen (→ Shrāmanera) angesehen. Er wurde von → Shāriputra ordiniert. Wahrscheinlich ist er sehr jung, lange vor seinem Vater, gestorben. – Rāhula zählt zu den → Zehn Großen Jüngern des Buddha.

Rāhulabhadra, Z 16. Patriarch in der ind. Linie des → Zen

Rājagriha B (Rājagṛha), Skrt. (Pali: Rājagaha); Stadt 70 km südöstlich von Patna, am Ganges gelegen, war die Hauptstadt des von → Bimbisāra regierten Reiches von → Magadha. In Rājagriha standen dem historischen Buddha 16 Klöster, u. a. das von Bimbisāra gestiftete Venuvana-Kloster offen. → Shākyamuni verbrachte in Rājagriha einige Regenperioden; und hier fand das 1. buddhist. → Konzil kurz nach dem Tode des Buddha statt, bei dem sowohl → Sūtra-Pitaka als auch → Vinaya-Pitaka festgelegt worden sein sollen.

Rājarishi H (Rājarṣi), Skrt., wörtl.: »königlicher Weiser«; ein Heiliger der Kriegerkaste, ein → Kshatriya, der durch sein heiliges Leben auf Erden zu einem → Rishi wurde und als Halbgott in den Himmel → Indras kam. Es hat mehrere solcher Rājarishis gegeben, der berühmteste von ihnen ist → Janaka.

Rajas, H Skrt.; der mittlere der drei → Gunas, der sich in der → Prakriti als Aktivität, Streben, Gier, Ruhelosigkeit und Wagemut zeigt; es ist die Kraft, die Trägheit (→ Tamas) überwinden kann. Wenn Rajas im Tun und Denken eines Menschen vorherrscht, bezeichnet man diesen als Rajasika, d. h. von Rajas durchdrungen.

Rajatādri, H → Kailāsa

Rāja-Yoga, H Skrt., wörtl.: »der königliche Yoga«; einer der vier wichtigsten Yoga-Wege zur Vereinigung mit Gott nach einem System, das → Patañjali in seinem → *Yoga-Sūtra* aufgezeichnet hat. Der Begriff »Rāja-Yoga« wurde allerdings erst lange nach Patañjali geprägt.
Der Rāja-Yoga besteht aus folgenden acht Stufen: 1. → Yama; 2. → Niyama. Diese beiden umfassen ethische und moralische Übungen als Vorbedingungen. 3. → Āsana, Körperhaltung. Dabei geht es darum, den Körper in eine Position zu bringen, in der er die Konzentration nicht stört. 4. → Prānāyāma, Atemübungen, da der Atem einen großen Einfluß auf das Denken und die Gemütsverfassung ausübt. Aus der dritten und vierten Stufe ist der → Hatha-Yoga hervorgegangen. 5. → Pratyāhāra, das Abziehen der Sinne von den Sinnesobjekten, damit das Denken nicht mehr abgelenkt wird. 6. → Dhāranā, Konzentration; die Fähigkeit, das Denken bei einem Objekt verweilen zu lassen, ohne daß es abschweift und der Kontrolle entgleitet. 7. → Dhyāna, → Meditation. Auf dieser Stufe sollte das Denken nicht mehr seine eigenen Vorstellungen auf das Objekt der Meditation projizieren, sondern mit ihm verschmelzen. 8. → Samādhi, der überbewußte Zustand, in dem die Dualität und die Erscheinungswelt nicht mehr existieren.
Einführungen in den Rāja-Yoga sind: Rammurti S. Mishra, *Vollendung durch Yoga,* Bern 1985; Vivekananda, *Rāja Yoga*, Freiburg 1983.

Rakan, B Z jap. für → Lo-han

Rakan Dōkan, Z jap. für → Lo-han Tao-hsien

Rakan Keijin, Z jap. für → Lo-han Kuei-ch'en

Rākshasa H (Rākṣasa), weibl. Rākshasī, Skrt.; mehr oder weniger böse Geister. Es werden drei Arten unterschieden: 1. harmlose Wesen wie die → Yakshas; 2. Titanen oder Feinde der Götter; 3. Dämonen und Teufel, die auf Friedhöfen hausen und Menschen belästigen.
Der Häuptling der dritten Art der Rākshasas war → Rāvana. Der Ursprung der Rākshasas wird unterschiedlich erklärt. Einige sagen, sie entsprangen → Brahmās Fuß. Das *Vishnu-Purāna* läßt sie von → Kashyapa abstammen. Im *Rāmāyana* schuf Gott das Wasser und zu seinem Schutz die Rākshasas. In den alten Epen waren sie die Urbewohner Indiens, die von den Ariern unterworfen wurden. Für die große Gruppe der Rākshasas gibt es viele Bezeichnungen, die ihren jeweiligen Charakter und ihre Tätigkeiten beschreiben.

Rakusu, Z jap.; ein viereckiges, aus kleinen »Flicken« zusammengesetztes Stück Stoff, das an einem Band um den Hals getragen wird. Es symbolisiert das Flickengewand von → Shākyamuni Buddha und seinen Jüngern und wird von Mönchen und Laien-Anhängern des Mahāyāna-Buddhismus getragen. Das Rakusu bekommt man beim Empfang von → Jukai verliehen, der Initiation in den Buddhismus, bei dem man die buddhist. Gelübde (→ Jūjūkai) ablegt.

Rāma H, auch Rāmachandra, Skrt.; ein → Avatāra, der am Ende des Tretā-Yuga (→ Yuga) als siebente Inkarnation Vishnus erschien. Seine Bedeutung als Avatāra wird darin gesehen, daß er → Sattva im Menschen entwickelte. Rāma und seine Gemahlin → Sītā werden von den Hindus als Ideal des Mannes und der Frau verehrt. Rāmas inneren, spirituellen Werdegang schildert → Vālmīki im → *Yoga-Vasishtha.* Vor allem aber ist Rāma der Held des monumentalen Versepos → *Rāmāyana,* das in seiner Grundform ebenfalls dem legendären Heiligen Vālmīki zugeschrieben wird.
Rāma wurde als ältester Sohn des Königs → Dasharatha von Ayodhyā und seiner Hauptgemahlin Kausalyā geboren. Er hatte drei Brüder, mit denen zusammen er den Hof des Königs → Janaka besuchte. Janaka besaß einen Bogen, der von Shiva stammte. Wer diesen Bogen spannen konnte, sollte seine Tochter Sītā zur Frau bekommen. Rāma spannte und zerbrach den Bogen und heiratete Sītā. Als er den Thron besteigen sollte, zettelte seine Stiefmutter → Kaikeyī ein Komplott gegen ihn an, das ihren Sohn Bharata auf den Thron und Rāma in die Verbannung brachte, wohin Sītā und sein Halbbruder → Lakshmana ihm folgten. Dort wurde Sītā von dem Dämonenkönig → Rāvana geraubt und

nach → Lankā entführt. In dem deshalb ausbrechenden Krieg, bei dem Rāma von dem Affenkönig → Hanumat unterstützt wurde, gelang es Rāma, Lankā einzunehmen, Rāvana zu töten und Sītā zu befreien. Rāma wurde später König von Ayodhyā.
Auch → Parashu-Rāma, die sechste Inkarnation Vishnus, und → Balarāma, Krishnas älterer Bruder, werden gelegentlich nur Rāma genannt.

Rāmakrishna, H 1836–1886, ein Heiliger Bengalens, der heute von vielen Hindus als → Avatāra (göttliche Inkarnation) verehrt wird. So wie die Hindus in Jesus den Avatāra der Liebe zu allen Menschen sehen, so sehen sie in Shrī Rāmakrishna den Avatāra, der aus eigener Erfahrung bezeugte, daß alle Religionen den Menschen zur Gottverwirklichung führen können. Seine bedeutendsten Schüler waren Svāmi → Vivekānanda und Svāmi → Brahmānanda.
Shrī Rāmakrishna wurde als Gadādhar Chattopādhyāya in Kamarpukur, einem Dorf in Westbengalen, geboren. Da seine Eltern arm waren, erhielt er nur eine geringe Schulbildung. 1856 wurde er Priester im Kālī-Tempel von Dakshineshvara. Zwölf Jahre lang unterzog er sich unter der Leitung verschiedener Gurus spirituellen Übungen der verschiedensten Religionssysteme und -richtungen, auch des Christentums und des Islam. Auf jedem dieser Wege erlangte er Erleuchtung und erklärte deshalb aus eigener Erfahrung, daß die Anhänger aller Religionen die Letzte Wirklichkeit erfahren können, wenn ihre Hingabe an Gott intensiv genug ist. In einer Vision erkannte er Christus als eine göttliche Inkarnation. Durch die Kraft seiner spirituellen Verwirklichung und mit Hilfe seiner zahlreichen Mönchs- und Haushälterschüler bewirkte er eine Wiederbelebung und Erneuerung des Hinduismus, der durch das materielle Fortschrittsdenken und den christl. Einfluß der engl. Kolonialregierung an Einfluß verloren hatte. 1886 weihte er einige seiner Schüler zu Mönchen und legte damit den Grundstein für den später von → Vivekānanda gegründeten → Rāmakrishna-Orden.
Shrī Rāmakrishnas Biographie und die Aufzeichnung seiner wichtigsten Lehren finden sich in: Rāmakrishna, *Das Vermächtnis,* Bern 1981.

Rāmakrishna-Orden, H ein Mönchsorden der → Shankara-Tradition, zu dem Shrī → Rāmakrishna kurz vor seinem Tod (1886) den Grundstein legte, als er einige seiner Hauptschüler ins Mönchsleben einweihte. Die eigentliche Gründung des Ordens fand in der Nacht zum 25. Dezember 1887 statt, als mehrere Schüler Rāmakrishnas sich zum Mönchsleben entschlossen und unter der Leitung von Svāmi → Vivekānanda, dessen Persönlichkeit ihn besonders dazu befähigte, ein Kloster gründeten. Daß es die Weihnachtsnacht der Christen war, stellten die jungen Mönche erst später fest und sahen darin eine Bestätigung ihrer engen Beziehung zum Christentum, die auf Rāmakrishnas spirituellen Erlebnissen basiert. Der Hauptsitz des Ordens ist der Belur Math am Ganges bei Kalkutta. Außerdem gibt es in Indien ca. 200 weitere Klöster des Ordens.
1900 übernahm Svāmi → Brahmānanda, der zweite Hauptschüler Rāmakrishnas, bis zu seinem Tod (1922) die Leitung des Ordens. Er legte die Hauptbetonung auf die geistige Entwicklung der Mönche, und unter seiner Leitung entwickelten sich große spirituelle Persönlichkeiten. Die Bezeichnung des Ordens »Rāmakrishna Math and Mission« ist insofern irreführend, als der Orden nicht missionieren will, sondern seine Mission darin sieht, getreu Rāmakrishnas Anweisung den Mitmenschen nicht aus Mitleid zu helfen, sondern Gott, der in ihnen wohnt, durch aktive Hilfe zu dienen, also neben dem kontemplativen auch ein aktives soziales Leben zu führen. Deshalb sind vielen ind. Klöstern und Zentren des Ordens Krankenhäuser, Schulen, Waisenhäuser, Ambulanzen, Apotheken und Bibliotheken angeschlossen.
In andere Länder gehen die Mönche (Svāmis) des Rāmakrishna-Ordens nur auf persönliche Einladung interessierter Menschen, und zwar als Gastlehrer, die es sich zur Aufgabe machen, allen Suchenden ungeachtet ihrer Konfession spirituelle Hilfe und Belehrung zuteil werden zu lassen. Um diese Svāmis bilden sich i. allg. Vedānta-Zentren oder -Gesellschaften, von denen es ungefähr 20 gibt.

Rāmalīlā H, auch Rāmlīlā, Skrt., wörtl.: »das Spiel *(līlā)* von Rāma«; ein großes Hindu-Fest, das jährlich in Nordindien gefeiert wird zu Ehren → Rāmas, dessen Leben im Verlauf des Festes durch Aufführungen dargestellt wird.

Ramana Mahar(i)shi, H 1879–1950; einer der größten ind. Heiligen der Neuzeit. Im Alter von 17 Jahren kam Shrī Ramana Maharshi ohne Anleitung eines Guru zu einer tiefen Erfahrung seines wahren Selbst (→ Ātman) und lebte seitdem in ständigem Gewahrsein seiner Identität mit dem Absoluten (→ Brahman). Nach Jahren schweigender Zurückgezogenheit am heiligen Berg Arunāchala in Südindien begann er schließlich wieder zu sprechen und die Fragen zum spirituellen Weg, die Suchende aus aller Welt ihm stellten, zu beantworten. Er folgte dabei keinem besonderen traditionellen Lehrsystem, sondern sprach unmittelbar aus der eigenen Erfahrung der Nicht-Zweiheit (→ Advaita). Ramana Maharshi schrieb kaum etwas; seine

»Lehre« kommt zum Ausdruck in den von anderen aufgezeichneten Gesprächen mit Ratsuchenden und in kurzen Unterweisungen für seine Anhänger sowie einigen religiösen Liedern. Seine Methode der Unterweisung bestand darin, den Fragenden immer wieder ohne Umschweife auf sein wahres Selbst zu verweisen und ihm als Weg zu dessen Verwirklichung die unermüdliche Selbsterforschung mit der Frage »Wer bin ich?« zu empfehlen:

»Frage: ›Svāmi, wer bin ich? Wie kann ich das Heil erreichen?‹

R. M.: ›Durch unaufhörliche Selbsterforschung »Wer bin ich?« wirst du dich erkennen und dadurch Heil erlangen.‹

Fr.: ›Wer bin ich?‹

R. M.: ›Das wirkliche Ich oder das Selbst ist nicht der Körper. Noch sind es die fünf Sinne der Sinneswahrnehmungen oder die Organe des Handelns. Weder ist es Prāna oder das Bewußtsein, auch nicht der tiefe Schlafzustand, in dem dies alles nicht mehr erkannt wird.‹

Fr.: ›Wenn ich nichts von alledem bin, was bin ich also?‹

R. M.: ›Nachdem dies alles ausgeschaltet ist und du sagen kannst »Dies bin ich nicht!« ist das einzige, was zurückbleibt, das wahre Ich, und das ist Bewußtsein.‹

Fr.: ›Was ist die Natur dieses Bewußtseins?‹

R. M.: ›Es ist → Sat-Chit-Ānanda, in dem nicht mehr die leiseste Spur des Ich-Gedankens vorhanden ist. Es wird Mouna, die Stille, genannt oder Ātman, das Selbst. Es ist das einzige, was wirklich existiert. Wenn die Dreiheit von Welt, Ich und Gott als voneinander abgetrennte Ganzheiten angesehen wird, so sind das illusorische Vorstellungen.‹« (Zit. n. A. Osborne, *Ramana Maharshi und der Weg der Selbsterkenntnis*, München-Planegg 1959.)

Die Aufzeichnungen von Ramana Maharshis Gesprächen sind inzwischen bei nach Selbst-Verwirklichung Strebenden auf der ganzen Welt bekannt und wegen ihrer großen inspirativen Kraft jenseits aller Verschiedenheit der Religionen hochgeachtet. (Dt. Ramana Maharshi, *Gespräche des Weisen vom Berge Arunāchala*, Interlaken 1984).

Shrī Ramana Maharshi wurde am 29. Dezember 1879 in Tiruchuli in Tamil Nadu (Südindien) als Sohn des Schreibers und Landadvokaten Shundaram Ayyar geboren und erhielt den Namen Venkatarāman (abgek.: Ramana). Mit 17 Jahren machte er eine spontane Todeserfahrung, in der er erkannte: »Der Körper stirbt, aber das Bewußtsein wird vom Tod nicht berührt. Das besagt: ›Ich‹ bin unsterbliches Bewußtsein. – All dies«, so berichtet er weiter, »waren keine müßigen Gedanken: Sie durchfuhren mich wie eine mächtige lebendige Wahrheit, die ich unmittelbar erkannte, fast ohne jeden Denkvorgang. ›Ich‹ [d. h. das wahre Ich oder Selbst] war eine Wirklichkeit, das einzig wirkliche dieses augenblicklichen Zustandes. Alle bewußte Tätigkeit, die mit meinem Körper verbunden war, mündete ein in dieses ›Ich‹. Von diesem Augenblick an forderte das ›Ich‹ oder das ›Selbst‹ in machtvollem Zauber alle Aufmerksamkeit. Die Todesangst war ein für allemal ausgelöscht. Ich blieb von dieser Zeit an völlig im ›Selbst‹ versunken.«

Nach dieser Erfahrung verlor Venkatarāman alles Interesse an weltlichen Dingen und verließ schließlich ohne Einwilligung der Eltern sein Elternhaus, um sich zum heiligen Berg Arunāchala zu begeben, von dem er früher gehört und dessen Name ihn fasziniert hatte. Hier verbrachte er, zuerst in einem dunklen Winkel eines Tempels in Tiruvannāmalai am Fuße des Arunāchala, später in verschiedenen Höhlen auf dem Arunāchala, einige Jahre in schweigender Versunkenheit in das Selbst, während der er sein körperliches Wohl völlig vernachlässigte und zeitweise geradezu von Insekten aufgefressen wurde. Auch als seine Mutter ihn aufsuchte, um ihn dazu zu bewegen, nach Hause zurückzukehren, brach er sein Schweigen nicht, ja, er tat sogar, als sehe er sie gar nicht. Als seine Anhänger ihn beschworen, doch irgendeine Antwort auf das verzweifelte Flehen seiner Mutter zu geben, schrieb er auf ein Stück Papier die unpersönlichen Worte:

»Das Schicksal der Seele wird beherrscht in Übereinstimmung mit ihrem → Prārabdha-Karma. Was nicht geschehen soll, wird nicht geschehen, so sehr du es auch wünschest. Was aber geschehen soll, wird geschehen, was du auch tun magst, es zu verhindern. Das ist gewiß. Der beste Weg ist deshalb, zu schweigen.«

Als Ramana Maharshi später sein Schweigen brach und begann, auf Fragen nach dem Weg zum Selbst zu antworten, bildete sich schließlich in Tiruvannāmalai ein → Āshrama um ihn, in dem er 1950, an Krebs erkrankt, in → Mahāsamādhi einging. Bis heute ist diese Stätte ein Pilgerort für geistig Suchende aus aller Welt, an dem die ewige Gegenwart des großen Heiligen nach wie vor spürbar ist.

Rāmānanda, **H** ein großer Heiliger des 13. Jh. Er war der erste, der die → Bhakti-Bewegung in Nordindien zum Leben erweckte, als Reaktion auf die politische Eroberung Indiens durch die Muslime.

Von Rāmānandas freien Ansichten über Kaste und Religionszugehörigkeit zeugt sein berühmter Ausspruch: »Niemand sollte nach der Kaste des anderen fragen oder zögern, mit ihm zu essen. Wer Hari verehrt, ist Haris Eigentum.« Das heißt, wer Gottes (→ Hari) Kind ist, ist dem Kastengesetz und der Trennung zwischen Hindus und Moslems enthoben. Der Dichter → Kabīr hat Rāmānandas Gedanken aufgenommen und durch seine volkstümlichen Lieder in ganz Indien verbreitet.

Rāmānuja, 🅷 ca. 1055–1137, gefeierter Philosoph und → Vaishnava-Heiliger Südindiens, der Begründer der Philosophie des → Vishishtādvaita-Vedānta (eigenschaftsbehafteter Nicht-Dualismus), dessen höchstes Lebensideal die Liebe zu Gott (→ Bhakti) war sowie die Erkenntnis, daß alle Wesen und auch alle unbelebten Dinge »Formen Gottes« sind.

Rāmānuja lebte, nachdem er der Welt entsagt hatte, bis zu seinem Tod in Shrīrangam. Sein berühmter Kommentar zum → *Vedānta-Sūtra,* das *Shrībhāshya,* ist das klassische Standardwerk der Vaishnavas. (Dt. Teil-Übersetzung von R. Otto in: *Siddhānta,* Jena 1917.) Ferner schrieb er einen Kommentar zur → *Bhagavad-Gītā* und verfaßte Abhandlungen über seine Philosophie (→ *Vedantasāra, Vedārtha-Samgraha, Vedāntadīpa* u. a.).

Rāmasetu, 🅷 Skrt., wörtl.: »Rāmas Brücke«; eine Brücke aus Korallen, die der Legende nach von dem Affenhäuptling → Nala für → Rāma gebaut wurde, um vom ind. Subkontinent nach Ceylon zu gelangen und → Rāvana zu besiegen. Dieses Ereignis wird in dem Kunstepos *Setubandha* (»Der Brückenbau«) geschildert, dessen Verfasser angeblich → Kālidāsa und der König Pravarasena I. gewesen sein sollen. – Heute heißen die Felsen, die in der Meerenge zwischen Indien und Ceylon (Sri Lanka) liegen, »Adamsbrücke«.

Rāmatāpanīya-Upanishad, 🅷 Skrt.; eine → Upanischade des → *Atharvaveda,* in der → Rāma als höchster Gott verehrt wird und der Heilige → Yājñavalkya seinen Ruhm verkündet.

Rāmāyana 🅷 (Rāmāyaṇa), Skrt., wörtl.: »Der Lebenslauf des Rāma«; das älteste Epos der Sanskrit-Literatur, dem legendären Heiligen → Vālmīki zugeschrieben. Die ältere, reinere Form stammt aus Nordindien (4. Jh. v. Chr.) und erfuhr in den folgenden Jahrhunderten in Bengalen wesentliche Veränderungen. Das Werk umfaßt, in sieben Abschnitte (Kānda) eingeteilt, 24 000 Doppelverse und schildert das Leben → Rāmas und → Sītās, ihre Entführung durch → Rāvana, den Krieg mit den Dämonen, die Rückkehr nach Ayodhyā, schließlich ihren Tod und Aufstieg in den Himmel. Die abenteuerlichen Begebenheiten, die das *Rāmāyana* breit und dramatisch beschreibt, sowie die große Zahl hervorragender Charaktere, die darin auftreten, haben das Werk zu dem – neben dem *Mahābhārata* – wichtigsten Stoffreservoir für alle Gattungen der ind. Literatur gemacht. (Dt. Teil-Übersetzungen seit 1841 von A. Holtzmann, J. Menrad, M. Winternitz u. a., neuerdings von C. Schmölders, Düsseldorf/Köln 1983.)

Das Rāmāyana genießt in Indien und Südost-Asien heute noch große Verehrung. Ein Vers seiner Einleitung sagt: »Wer das heilige, lebenspendende *Rāmāyana* liest und wiederholt, wird von allen Sünden befreit und gelangt in den Himmel.«

Rāma und Sītā auf dem Kampfwagen. Szene aus dem *Rāmāyana*-Epos. (Sandsteinrelief aus Kambodscha, 11. Jh.)

Die sieben Kāndas sind: 1. Bālakānda, die Kindheit Rāmas; 2. Ayodhyākānda, das Leben in der Hauptstadt Ayodhyā und Rāmas Verbannung; 3. Aranyakānda, das Leben im Wald und der Raub Sītās; 4. Kishkindhyākānda, Rāmas Leben bei seinen Affenverbündeten; 5. Sundarakānda, das Übersetzen Rāmas mit seinen Verbündeten nach Ceylon; 6. Yuddhakānda, der Krieg mit Rāvana, dessen Tod, die Befreiung Sītās und die Rückkehr nach Ayodhyā; 7. Uttarakānda, Rāmas Leben in Ayodhyā, die Verbannung Sītās, Wiedervereinigung, Tod und Aufstieg zum Himmel.

Rāmeshvara 🅷 (Rāmeśvara), auch Rāmeshvaram, Skrt.; berühmter Shiva-Tempel und Pilgerort an der Südspitze Indiens. Hier soll → Rāma das große → Linga mit dem Namen Rāmeshvara errichtet haben.

Rām-Nam, 🅷 Skrt., wörtl.: »Huldigung an Rāma«; ein Gottesdienst mit alten Hindu-Gesängen, die die Gegenwart von → Rāma, → Sītā und → Hanumat heraufbeschwören sollen. Er findet am → Ekādashī-Tag statt.

Rāmprasād 🅷, auch Rāmaprasād, 1723–1803, einer der bedeutendsten bengal. Heiligen und Dichter des 18. Jh., ein Verehrer der Göttlichen Mutter → Kālī, dessen Lieder bis auf den heutigen Tag in ganz Bengalen gesungen werden und eine Quelle der Inspiration für den spirituell Strebenden sind.

Es wird erzählt, daß Rāmprasād nach dem Tod seines Vaters Buchhalter bei einem reichen Mann wurde, um die Familie zu ernähren. Seine Gedanken waren aber so mit der Göttlichen Mutter beschäftigt, daß er Gedichte über sie, die ihm während seiner Arbeit in den Sinn kamen, in die Rechnungsbücher schrieb. Als sein Herr eines Tages die Bücher prüfte und die Gedichte darin fand, war er von ihnen derart bewegt, daß er, statt zu schelten, Rāmprasād eine Rente aussetzte, die ausreichte, seine Familie zu ernähren, so daß er sich ganz dem spirituellen Leben widmen konnte.

Rankei Dōryū, Z jap. für → Lan-ch'i Tao-lung

Rasa, H Skrt., wörtl.: »Genuß, Leidenschaft«; der Genuß übersinnlicher Freude in einem Zustand ekstatischer Vereinigung mit dem Göttlichen. Er kann nicht mit der Freude an Sinnesobjekten verglichen werden und entzieht sich jeder Beschreibung durch den Verstand.

Rasalīlā, H Skrt. → Rādhā

Rathayātrā, H Skrt., wörtl. *ratha:* »Wagen«, *yātrā:* »Prozession«; ein Wagenfest im Monat Āshad (Mitte Juni/Juli), bei dem das Bildnis einer Gottheit auf einem Wagen durch den Ort gezogen wird, wobei alle versuchen, die Zugseile des Wagens zu ergreifen, um mitzuziehen. Das bekannteste Wagenfest findet am → Jagannātha-Tempel in → Puri statt.

Ratnakūta-Sūtra, B Skrt., wörtl.: »Sūtra der Anhäufung von Kostbarkeiten«; eines der ältesten Sūtras des Mahāyāna. Es zählt zu den → Vaipulya-Sūtras und stellt eine Sammlung von 49 unabhängigen Sūtras dar. Es ist nur in chin. und tibet. Übersetzung vollständig erhalten. – Im *Ratnakūta-Sūtra* wird der Gedanke des → Mittleren Weges entwickelt, der später die Basis der Mādhyamaka-Lehre des → Nāgārjuna wurde. Außerdem enthält es Sūtras über die transzendente Weisheit *(→ Prajñāpāramitā-Sūtra).*

Ratnasambhava B Z (Ratnasaṃbhava), Skrt., wörtl.: »Der im Juwel Geborene«; einer der fünf transzendenten Buddhas; ihm sind der irdische Buddha Kāshyapa und der transzendente Bodhisattva Ratnapāni zugeordnet. – Ratnasambhava wird meist mit der Handhaltung der Wunschgewährung (→ Mudrā, 6. Varada-Mudrā) auf einem Löwen oder einem Pferd reitend dargestellt.

Rāvana H (Rāvaṇa), Skrt.; der Dämonenkönig von → Lankā, von wo er seinen Halbbruder → Kubera vertrieben hatte, und der Anführer der → Rākshasas, der jede beliebige Form annehmen konnte. Er war, nach der Darstellung im *Rāmāyana,* durch und durch schlecht, eine Verkörperung des Bösen.

Ratnasambhava mit der Varada-Mudrā-Gebärde.

Um Rāvanas Terror ein Ende zu bereiten, inkarnierte sich Vishnu als → Rāma. Als Rāvana Rāmas Gemahlin Sītā entführte, begann der große Kampf, der lange unentschieden blieb, bis Rāma einen Pfeil auflegte, den Brahmā gemacht hatte. Der Pfeil drang durch Rāvanas Brust, flog in den Ozean, wurde von dort zurückgeworfen und fiel wieder in Rāmas Köcher. Rāvana sank tot zu Boden, und die Götter priesen Rāma als Vishnu, der sie vor der Zerstörung durch Rāvana bewahrt hatte.

Rechaka, H Skrt. → Prānāyāma

Reines Land B (chin. Ching-t'u, jap. Jōdo); im → Mahāyāna kennt man »Reine Länder« (auch Buddha-Länder oder -Paradiese genannt), über die jeweils ein Buddha herrscht. Da im Mahāyāna unendlich viele Buddhas angenommen werden, existieren auch unendlich viele Reine Länder. Das wichtigste ist → Sukhāvatī, das Reine Land des Westens oder Westliche Paradies, über das der Buddha → Amitābha herrscht. Ein östliches Paradies ist das Reine Land des → Bhaishajya-guru-Buddha (»Lehrer der Heilmittel«); auch das Paradies → Abhirati des Buddha → Akshobhya liegt im Osten. Im Süden befindet sich das Paradies des Buddha Ratnaketu, im Norden das des Buddha Dundubhīshvara. Ein weiteres Reines Land wird der zukünftige Buddha → Maitreya, der zur Zeit noch im → Tushita-Himmel weilt, hervorbringen.
Diese Reinen Länder sind transzendenter Natur. Sie sind die Hoffnung der Gläubigen, die dort wiedergeboren werden wollen. Dabei spielt

nicht ihr gutes → Karma die entscheidende Rolle, sondern die Hilfe des entsprechenden Buddha, der das Gelübde abgelegt hat, all jenen, die sich in gläubigem Vertrauen an ihn wenden, zu einer Wiedergeburt in seinem Reinen Land zu verhelfen. Im Volksglauben werden diese Paradiese als geographisch lokalisierbare Orte der Seligkeit angesehen, während sie im Grunde für Aspekte des erleuchteten Bewußtseins stehen und die Himmelsrichtungen ikonographische Bedeutung haben. Die Reinen Länder sind aber nicht die letzte Station auf dem Weg, sondern nur die Vorstufe zum → Nirvāna, das in der darauffolgenden Wiedergeburt verwirklicht wird. In einem Reinen Land ist allerdings kein Zurückfallen möglich. (Siehe auch → Reines-Land-Schule.)

Reines-Land-Schule **B** (chin.: Ching-t'u-tsung, jap.: Jōdo-shū), auch Lotos-Schule genannt; Schule des chin. und jap. Buddhismus, die im Jahre 402 von dem chin. Mönch → Hui-yüan gegründet und von Hōnen nach Japan gebracht wurde. Ziel der Anhänger dieser Schule ist es, im → Reinen Land des Buddha → Amitābha, d. h. im »Westlichen Paradies« (→ Sukhāvatī) wiedergeboren zu werden. Die Richtung zeichnet sich durch die Betonung der Wichtigkeit des tiefen Vertrauens in die Kraft und Hilfe des Buddha Amitābha aus. Dieser legte das Gelübde ab, alle Wesen, die sich ihm in gläubiger Hingabe anvertrauen, in seinem Reinen Land Sukhāvatī wiedergeboren werden zu lassen. Daher wird der Weg der Schule des Reinen Landes vielfach auch als »Weg des Glaubens« oder »Leichter Weg« angesehen, da die Anhänger mit äußerer Hilfe durch Amitābha rechnen.

Die Praxis dieser Schule besteht vor allem im Rezitieren von Amitābhas Namen (→ Nembutsu) und im Visualisieren seines Paradieses. Diese Übungen wurden von anderen Schulen des chin. und jap. Buddhismus übernommen. Die Sūtras, die die Grundlage dieser Schule bilden, sind das → *Sukhāvatī-Vyūha,* das → *Amitābha-Sūtra* und das → *Amitāyurdhyāna-Sūtra.* – Die Schule des Reinen Landes ist diejenige buddhist. Richtung in China und Japan, die heute die meisten Anhänger zählt. (Siehe dazu auch → Amidismus.)

Hui-yüan gründete 402 die sog. Weißer-Lotos-Gesellschaft: Mönche und Laien versammelten sich unter seiner Leitung vor einem Bildnis des Buddha Amitābha und gelobten, im Westlichen Paradies wiedergeboren zu werden. Hui-yüan gilt demnach als der erste Patriarch dieser Schule. Wesentlich zur Entwicklung der Reines-Land-Schule hat T'an-luan (jap. Donran, 476–542) beigetragen. Er vertrat die Auffassung, daß in einer Zeit des Verfalls der buddhist. Lehre die eigene Kraft (→ Jiriki) nicht ausreiche, um Erlösung zu erlangen. Er lehnte den »Schweren Weg« der anderen Schulen ab und befürwortete den »Leichten«, bei dem man sich der äußeren Hilfe (→ Tariki) durch den Buddha Amitābha anvertraut. Es genügt seiner Meinung nach, Amitābhas Namen voller Vertrauen zu rezitieren, um im Reinen Land wiedergeboren zu werden. Shan-tao (jap. Zendo, 613–681) gilt als der eigentliche Begründer der organisierten Schule des Reinen Landes. Er verfaßte wichtige Kommentare zum *Amitāyurdhyāna-Sūtra.* Zu seiner Zeit erlebte die Schule einen großen Aufschwung, da ihre Praxis, verglichen mit der anderer Richtungen, relativ leicht erscheint.

Das Rezitieren von Amitābhas Namen dient dazu, den Geist unter Kontrolle zu bekommen. Der Übende legt sich auf eine gewisse, meist sehr große Anzahl von Wiederholungen fest. Diese Meditation soll es ermöglichen, Amitābha und seine beiden Begleiter, → Avalokiteshvara und → Mahāsthāmaprāpta schon zu Lebzeiten zu erblicken und die eigene Todesstunde vorauszuahnen. Dieses Rezitieren kann laut oder still erfolgen, mit oder ohne Konzentration auf eine Statue des Amitābha. Dies ist die gebräuchlichste Übung dieser Schule. – Die zweite Art von Übungen besteht in Visualisationen, vor allem den 16 im *Amitāyurdhyāna-Sūtra* beschriebenen Varianten, die dazu dienen sollen, Amitābha und sein Reines Land vor dem geistigen Auge entstehen zu lassen. Die höchste Stufe der Praxis stellt die Kontemplation des Buddha Amitābha als nicht verschieden von unserem eigenen Wesen dar. Der Höhepunkt des religiösen Strebens der Anhänger dieser Schule liegt darin, Buddha Amitābha in einer Vision zu sehen; dies wird als Garantie für eine Wiedergeburt in seinem Reinen Land betrachtet. Rezitieren und Visualisieren werden als »äußere«, das Vertrauen und die vollkommene Hingabe an Amitābha als »innere« Bedingung für eine erfolgreiche Praxis angesehen; nur wenn beide vorhanden sind, ist eine Wiedergeburt im Westlichen Paradies möglich.

Ri-Bi, **Z** jap., wörtl.: »Wahrheit, Prinzip *(ri)* / das Geheimnisvolle, das Subtile *(bi)*«; ein in der Zen-Literatur häufig auftretender Ausdruck, der eine Art »kosmisches Prinzip« bedeutet. »Ri« meint hier die absolute Wahrheit, die Leere (jap. *ku;* Skrt. → Shūnyatā), die »Soheit« (→ Tathatā) aller Dinge, wie sie in tiefer → Erleuchtung erfahren wird. Diese absolute Wahrheit wirkt und manifestiert sich auf unendlich verschiedene Weisen spontan und ungehindert in der phänomenalen Welt, und zwar in Übereinstimmung mit den jeweiligen Umständen. Dieses spontane, unbehinderte Wirken von »Ri« nennt man »Bi«. In manchem Zusammenhang steht Ri-Bi auch für »Subjekt-Objekt«.

Das Begriffspaar Ri-Bi erinnert an das Begriffspaar Tao/Te im Taoismus, wobei → Tao und → Te ganz ähnlich definiert sind wie Ri und Bi.

Riddhi 🅗 🅑 (Ṛddhi), Skrt., wörtl.: »Wohlstand, Reichtum (auch an Kraft)«.
🅗 Name der Gattin → Kuberas, der Gottheit des Reichtums. Aber auch → Pārvatī, die Gemahlin Shivas, wird so genannt.
🅑 (Pali: Iddhi); Bezeichnung für übernatürliche, magische Kräfte, die einen Teil der → Abhijñā bilden. Darunter werden vor allem folgende Kräfte verstanden: die Kraft, sich zu vervielfältigen, sich zu verwandeln und eine andere Gestalt anzunehmen, unsichtbar zu werden, feste Dinge zu durchdringen, die Fähigkeit, auf dem Wasser zu gehen, Sonne und Mond zu berühren und in die höchsten Himmel aufzusteigen, die Kraft des geistigen Erzeugens (aus diesem Körper einen geistgezeugten hervorgehen lassen), die Macht durchdringender Erkenntnis, die einen in Gefahrensituationen unversehrt läßt, sowie die Kraft vollkommener Sammlung. – Diese Fähigkeiten sind Begleiterscheinungen der verschiedenen Meditations- und Sammlungsübungen. Ein Zurschaustellen und Ausnützen dieser Kräfte stellt einen Verstoß gegen die Ordensregeln dar und das Vorgeben, im Besitz derartiger Kräfte zu sein, ist Grund für den Ausschluß aus der Gemeinde (→ Sangha, → Vinaya).

Riddhipāda 🅑 (Ṛddhipāda), Skrt. (Pali: Iddhipāda), wörtl.: »Machtfährten«; »Bestandteile der Wunderkraft«, nennt man folgende vier Eigenschaften, die Sammlung (→ Samādhi) bewirken und die Grundlage für die Betätigung der magischen Kräfte (→ Riddhi) bilden: Konzentration 1. der Absicht (Chanda), 2. der Willenskraft (→ Vīrya), 3. des Geistes (→ Chitta), 4. des Erforschens und Erwägens (Mīmāmsā).

Rigveda 🅗 (Ṛgveda), Skrt., wörtl.: »Das in Versen *(rig)* niedergelegte Wissen *(veda)*«; die älteste und umfangreichste der vier ved. Textsammlungen (→ Veden), zugleich das älteste Zeugnis der ind. Literatur. Das zwischen dem 12. und 8. Jh. v. Chr. entstandene und in zehn »Liederkreise« (Mandala) gegliederte Werk umfaßt 1028 Hymnen mit 10 580 Versen. Die meisten Mandalas sind mit dem Namen eines bestimmten → Rishi verbunden, der auch als Verfasser gilt, so z. B. Bharadvāja, → Vāmadeva, → Vasishtha, → Vishvāmitra. Der *Rigveda* enthält vor allem jene Hymnen, die der Hotar (der »Rufer«), einer der vier Hauptpriester bei der Opferhandlung, rezitierte, um die Götter zum Genuß des Opfers einzuladen. (Dt. Übers. seit 1875 von K. F. Geldner, A. Hillebrandt, A. Ludwig u. a.)
Die meisten Hymnen richten sich an Personifizierungen der Naturkräfte, die als Gottheiten (z. B. Agni, Indra, Soma sowie → Ashvins und → Maruts) gepriesen und bedankt werden für die Früchte der Erde und persönlichen Schutz. Die Texte sind in einem archaischen Sanskrit verfaßt, das extrem schwer zu interpretieren ist und bereits seit dem 5. Jh. Anlaß zu immer neuen Kommentaren (→ Yāska, → Nirukta) gab. »Allen Schwierigkeiten zum Trotz gehört der *Rigveda* zu den bedeutsamsten linguistischen, mythologisch-religiösen, literarischen und kulturgeschichtlichen Dokumenten der Menschheit. – Im gegenwärtigen Hinduismus hat er seine lebendige religiöse Kraft voll bewahrt, und die unverletzliche Heiligkeit jedes einzelnen seiner Worte, die seine unveränderte Überlieferung durch die Jahrtausende ermöglicht hat, ist auch heute noch im ind. Volk weithin verbindlich.« (Wilhelm Halbfaß)

Rime 🅑 (Ris-med), tibet., wörtl.: »unparteiisch«; Bezeichnung für eine Strömung im → Tibetischen Buddhismus, die im 19. Jh. in Osttibet ihren Ursprung hatte. Aus dem Bedürfnis heraus entstanden, sektiererische Tendenzen bei der Bewertung des Lehrguts der einzelnen Schulen zu beseitigen und jede Überlieferung in ihrer Eigenständigkeit zu akzeptieren, wurde diese Bewegung von dem → Sakyapa-Lehrer Jamyang Khyentse Wangpo (1820–1892) initiiert. Unter seinen zahlreichen Schülern waren die wichtigsten Chogyur Dechen Lingpa (1829–1870) und → Jamgon Kongtrul (1811–1899). In der Person und den Werken Jamgon Kongtruls wird die »unparteiische« Grundhaltung dieser Bewegung am deutlichsten, und besonders in den Schulen der → Karma-Kagyüs und der → Nyingmapas ist ihr Einfluß noch heute spürbar. Das Hauptanliegen dieser Lehrer und der nachfolgenden Schülergenerationen war eine klare Strukturierung des Lehrmaterials, die sich am Vorbild der → Gelugpa-Schule orientierte.
Im Tibetischen Buddhismus zeigten sich seit dem Beginn die beiden Grundhaltungen religiöser Toleranz und uneinsichtigen Parteigängertums. Die Auseinandersetzung zwischen der → Bön-Lehre und dem Buddhismus zur Zeit der Ersten Ausbreitung der buddhist. Lehre war von einem strikten Bemühen um Abgrenzung geprägt, desgleichen die im 11. und 12. Jh. vor allem in West- und Zentraltibet auftretenden Auseinandersetzungen zwischen diesen beiden Glaubensrichtungen. Ein gutes Beispiel dieser Kämpfe findet sich in der Biographie des → Milarepa.
Auf der anderen Seite herrschte aber auch ein Klima des gegenseitigen Verständnisses und das Bemühen um eine Synthese. Eine solche Einstellung dominierte besonders in den südl. Provinzen Tibets und im Osten. In Osttibet entwickelte sich schließlich auch die Rime-Bewegung, deren Auftreten in erster Linie von einem Erstarken der Autorität der Nyingmapa-Schule bestimmt war. Nachdem sich diese Schule bis zum 14. Jh. durch

das Auffinden der sog. Schätze (→ Terma) als eigenständige Tradition konstituiert hatte, sah sie sich in den folgenden Jh. verschiedentlich Verfolgungen ausgesetzt und mußte sich gegen Angriffe hinsichtlich der Echtheit ihrer Lehren verteidigen. Mit der Person des Jigme Lingpa (1730–1798) gewann sie jedoch in Osttibet großen Einfluß, der durch den Begründer der Rime-Bewegung noch verstärkt wurde, welcher als Inkarnation (→ Tulku) des Jigme Lingpa angesehen wurde.

Die Bearbeitung und Neukommentierung von teilweise verloren geglaubten Lehrtraditionen innerhalb der Rime-Bewegung schloß jedoch auch die Traditionen anderer Schulen ein; neben Werken der Kagyüpa- und der Sakyapa-Schule finden sich in ihren Textsammlungen auch Werke der → Kadampa-Schule und der → Chöd-Lehre. Die Rime-Lehrer setzten sich ferner für eine Wiederbelebung der Bön-Lehren ein und fanden neben ihren religiösen Aktivitäten noch Zeit, als Vermittler mit der Zentralregierung in Lhasa politisch tätig zu sein.

Rimpoche, **B** tibet. → Lama

Rinchen Sangpo **B** (Rin-chen bzaṅ-po), tibet., »Schönes Juwel«; 958–1055, wichtige Persönlichkeit im → Tibetischen Buddhismus, dessen Tätigkeit die zweite Ausbreitung der buddhist. Lehre von Westtibet aus einleitete. Er soll 108 verschiedene Klöster gegründet haben, unter denen das bekannteste Toling war. Berühmtheit erlangte er jedoch als Übersetzer von Tantra-Werken. Diese Übersetzungen wurden als »neu« bezeichnet, um sie von denen der alten Schule (→ Nyingmapa) zu unterscheiden. Ausführlich überliefert ist das Zusammentreffen des Rinchen Sangpo mit → Atīsha, den er nach anfänglichen Zweifeln als Lehrer akzeptierte.

Rinne, **Z** jap., wörtl.: »sich im Kreise drehendes *(e)* Rad *(rin)*«; das »Rad des Lebens«. Gemeint ist das im Kreislauf von Geburt und Tod (→ Samsāra) und in den Sechs Bereichen des Daseins (→ Gati) sich drehende Rad.

Rinzai Gigen, **Z** jap. für → Lin-chi I-hsüan

Rinzai-Schule, **Z** (chin. Lin-chi-tsung, jap. Rinzai-shū); eine der bedeutendsten Schulen des Zen in China. Sie geht auf den großen chin. Zen-Meister → Lin-chi I-hsüan (jap. Rinzai Gigen) zurück und gehört zu den → Goke-Shichishū. Zu Beginn des 11. Jh. spaltete sich die Rinzai-Schule in zwei Linien auf, die Rinzai-Yōgi-Linie (→ Yōgi-Schule) und die Rinzai-Ōryō-Linie (→ Ōryō-Schule).

Die Rinzai-Schule ist eine der beiden Schulen des Zen, die in Japan heute noch lebendig sind. Ende des 12. Jh. brachte → Eisai Zenji die Linie des Rinzai-Ōryō-Zen als erste Schule des Zen nach Japan, wo sie jedoch bald erlosch. Das Rinzai-Zen, das in Japan eine neue Blüte erlebte, geht auf chin. und jap. Meister der strengen Rinzai-Yōgi-Linie zurück, aus der große jap. Meister wie → Ben'en (auch Shōichi Kokushi, 1202–1280), → Shōmyō (auch Daiō Kokushi, 1235–1309), → Myōchō Shūhō (auch Daitō Kokushi, 1282–1338) und → Musō Soseki (auch Musō Kokushi, 1275–1351) hervorgingen, die in der Frühzeit des Zen in Japan Wesentliches zur Verbreitung dieses geistigen Schulungsweges in Japan beitrugen. Auch spätere große Meister wie → Bassui Zenji, → Ikkyū Sōjun und der Reformator des Rinzai-Zen in Japan, → Hakuin Zenji, gehören dieser Linie des Rinzai-Zen an. In der Rinzai-Schule wird vor allem das → Kanna-Zen und damit die → Kōan-Praxis als ein besonders schneller Weg zur Verwirklichung von → Erleuchtung (auch → Kenshō, → Satori) betont. In der → Sōtō-Schule, der anderen in Japan noch heute lebendigen Schule des Zen, liegt die Betonung stärker auf dem → Mokushō-Zen und damit auf der Praxis von → Shikantaza.

Rinzai-shū, **Z** jap. → Rinzai-Schule

Rishi **H** (Ṛṣi), Skrt.; allg. Bezeichnung für Seher, Heilige und inspirierte Dichter, besonders aber für die Seher, denen die Hymnen der → Veden offenbart wurden und die als die sieben großen Rishis bekannt sind.

Im → *Shatapatha-Brāhmana* heißen diese sieben großen Rishis: Gotama, Bharadvāja, Vishvāmitra, Janmadagni, Vasishtha, Kashyapa und Atri. Im → *Mahābhārata* heißen sie: Marīchi, Atri, Angiras, Pulaha, Kratu, Pulastya und Vasishtha. Das *Vishnu-Purāna* fügt Bhrigu und Daksha hinzu und nennt sie die neun Brahmarishis. Neben diesen großen Rishis gibt es noch viele andere.

Risshō Koseikai, **B** jap., wörtl.: »Gesellschaft zur Errichtung des Rechten und Gemeinschaft zum Werden (von Buddha)«; moderne buddhist. Volksbewegung Japans, die auf die Lehren von → Nichiren zurückgeht. Sie wurde 1938 von Niwano Nikkyō (geb. 1906) und Naganuma Myōkō (1889–1957) gegründet.

Kennzeichnend für die Risshō Koseikai ist eine Verbindung der ursprünglichen Buddha-Lehre mit dem Glauben an die erlösende Kraft des → *Lotos-Sūtra.* Mittelpunkt der Verehrung ist der Buddha → Shākyamuni als Verkörperung der transzendenten Wahrheit. Die Praxis besteht im Rezitieren des Namens des *Lotos-Sūtra.* – Risshō Koseikai verfügt über Organisationen zur Sozialhilfe und Erziehung, über eigene Verlage und Presseorgane.

Ein Schwerpunkt der Praxis liegt in der Persönlichkeitsbildung der Anhänger, der das → Bodhisattva-Ideal zugrunde liegt. Ein Mittel dazu sind die Gruppengespräche *(hōza),* bei denen Gelegenheit zu Aussprache und Beratung geboten wird und die mit der Beichte im Christentum verglichen werden. Sie sollen innere Reinigung bewirken und Ansporn sein zu gutem Tun. Bestandteil der Praxis ist ferner die tägliche Ahnenverehrung.

Rita 🅗 (Ṛta), Skrt., wörtl.: »Wahrheit, göttliche Ordnung«; die lebendige Wahrheit, die unmittelbar dem Göttlichen entströmt und aus ihm heraus wirkt.

Ritsu-Schule, 🅑 jap., wörtl.: »Disziplin-Schule«; Schule des jap. Buddhismus, die aus der chin. Urform dieser Richtung (→ Lü-tsung) hervorgegangen ist. Sie wurde im Jahr 754 vom chin. Mönch → Chien-chen (jap. Ganjin) nach Japan gebracht. Diese Schule betont die Wichtigkeit des formellen Einhaltens der → Vinaya-Regeln für die buddhist. Praxis. Besonderen Wert legt sie auf die korrekte Durchführung der → Ordinationszeremonien. Die Ritsu-Schule besteht bis heute, doch war sie nie von großer Bedeutung, was auf die starke Tradition einer nicht-formellen Disziplin in den anderen buddhist. Richtungen zurückzuführen ist. Diese messen den Regeln selbst weniger Wert bei als dem Geist, der ihnen zugrunde liegt. Ein weiterer Faktor für den geringen Einfluß der Ritsu-Schule war das Aufkommen einer rein mahayanist. Ordinationsform in der → Tendai-Schule.

Kaiser Shōmu (724–748), der sich sehr für die Verbreitung des Buddhismus in Japan einsetzte, wollte einen kompetenten Lehrer aus China nach Japan holen, um den jap. Mönchen und Nonnen ein profundes Wissen in den Disziplinarregeln zu vermitteln. Nach Chien-chens Ankunft in Japan ließ er für ihn ein Kloster errichten, dem eine eigene Ordinationshalle angeschlossen war. Der Mönch → Saichō wurde ebenfalls in diesem Kloster ordiniert, erklärte aber diese Art der hinayanist. Ordination später als ungültig und entwickelte eine »Bodhisattva-Ordination« nach Tendai-Lehren, die rein mahayanist. und informell war. Doch aufgrund starker Proteste der übrigen Schulen wurde diese Form der Mönchsweihe erst nach seinem Tode durch kaiserliches Dekret anerkannt. Dieser Form der Ordination schlossen sich in der Folge auch andere Schulen wie → Zen und → Jōdo an.

Rō, 🅩 jap., wörtl.: »zwölfter Monat (des Mondkalenders)«; im alten China war es üblich, am Ende des Jahres ein zeremonielles Opfer, genannt *la* (jap. *rō*) darzubringen. Die buddhist. Mönche übernahmen dieses Wort, um die Beendigung von → Ango, der sommerlichen Schulungsperiode, zu bezeichnen. So erhielt das Wort schließlich die Bedeutung von »die Anzahl von Jahren, die ein Mönch im Kloster verbracht hat«, d. h. man sagte, ein Mönch habe bereits soundsoviele »Rō«.

Rōba-Zen, 🅩 jap., wörtl.: »Großmutter-Zen«; so bezeichnet man eine besonders milde Weise der Zen-Schulung, das Gegenteil der »Zange-und-Schmiedehammer«-Methode (→ Kentsui). Die milde Schulungsweise wendet ein Zen-Meister entweder an, weil sie für gewisse Schüler angemessener ist als die »harte«, oder weil es ihm entsprechend seinem Charakter schwerfällt, seine Schüler so hart anzufassen, wie es vielleicht nötig wäre.

Im letzteren Fall beinhaltet der Ausdruck »Rōba-Zen« einen gewissen, wenn auch verständnisvollen Vorwurf gegenüber einem Meister, der »ein weiches Herz hat, wie eine Großmutter ihren Enkelkindern gegenüber«. Schließlich ist ja auch die vermeintliche »Härte« der Kentsui-Methode nichts als ein Ausdruck liebevollen Erbarmens, verhilft sie dem Zen-Schüler doch dazu, *wahres* Glück und Seelenruhe (→ Anjin) zu finden.

Rōhachi, 🅩 jap. → Rōhatsu

Rōhatsu 🅩, auch Rōhachi, jap., wörtl.: »der Achte (Tag) des zwölften Monats«; der besonders im Zen gefeierte Tag, an dem nach der Tradition → Shākyamuni Buddha unter dem → Bodhi-Baum in Versenkung sitzend (→ Zazen) beim Anblick des Morgensterns Vollkommene → Erleuchtung erfuhr.

Das Schriftzeichen für »Rō« bezeichnet genaugenommen den 12. Monat des asiat. Mondkalenders; im heutigen Japan wird Rōhatsu jedoch nach unserer Zeitrechnung am 8. Dezember gefeiert, der nur selten mit dem 8. 12. des Mondkalenders zusammenfällt.

Rōhatsu-Sesshin, 🅩 jap.; ein → Sesshin, das in Zen-Klöstern zum Gedenken an Buddhas Erleuchtung am Morgen des 8. Dezembers (→ Rōhatsu) durchgeführt wird. Dieses Sesshin dauert i. allg. vom 1. bis zum Morgen des 8. Dezember; die letzte Nacht, in der sich die Mönche, anders als in den vorangegangenen Nächten des Sesshin, nicht zum Schlafen niederlegen, ist die »Tetsuya«, was soviel wie »(das Sitzen) die Nacht hindurch« heißt.

Rokudo, 🅩 jap. für die »Sechs Bereiche des Daseins« → Gati

Rokuso, 🅩 jap., wörtl.: »Sechster Patriarch«; ein populärer Name für → Hui-neng, den 6. Patriarchen des Zen in China. (Siehe dazu auch → Soshigata.)

Rokuso Daishi, Z jap. für → Liu-tsu-ta-shih

Rōnō Sotō, Z jap. für → Lao-na Tsu-teng

Rōshi, Z jap., wörtl.: »alter (verehrungswürdiger) Meister«; Bezeichnung für einen Zen-Meister. Die traditionelle Schulung im Zen findet unter einem Rōshi statt, der auch Laie (Mann oder Frau) sein kann, also nicht unbedingt ein Mönch sein muß. Aufgabe des Rōshi ist es, seine Schüler auf dem Weg zur → Erleuchtung (siehe auch → Kenshō, → Satori) zu leiten und zu inspirieren, wozu natürlich Voraussetzung ist, daß er selbst tiefe Erleuchtung (→ Daigo-Tettei) erfahren hat.

In alter Zeit ließ sich der Titel eines Rōshi nur schwer erringen. Die Öffentlichkeit (nicht etwa er sich selbst) legte diesen Titel einem Menschen bei, der den → Dharma des Buddha durch eigene unmittelbare Erfahrung verwirklicht hatte, diese Erfahrung im Alltag zu leben vermochte (→ Mujōdō-no-Taigen) und befähigt war, andere zu dem gleichen Erlebnis zu führen. Zumindest waren dazu ein reiner, standhafter Charakter und eine reife Persönlichkeit erforderlich. Um ein voll entwickelter Rōshi zu werden, waren viele Jahre der Schulung unter einem Zen-Meister erforderlich, zudem tiefe Erleuchtung und die Verleihung des »Siegels der Bestätigung« (→ Inka-Shōmei) durch seinen Lehrer, gefolgt von weiteren Jahren des Ausreifens mittels der »Dharma-Gefechte« (→ Hossen) mit anderen Meistern. Im heutigen Japan, in dem die wahren Meister selten geworden sind, sind die Maßstäbe weniger streng. Sehr zum Schaden der authentischen Zen-Tradition werden Zen-Mönche oft allein schon aus Hochachtung vor ihrer Position und ihrem Alter als »Rōshi« angesprochen.

Rōshō-no-Memmoku, Z jap., wörtl.: »das Antlitz eines neugeborenen Mädchens«; Zen-Ausdruck für den Zustand kindlicher Unschuld, die »erste Natürlichkeit«. Dieser Zustand geht im Laufe eines Menschenlebens i. allg. schon bald verloren, der Mensch fällt in → Verblendung. Um diese Verblendung zu überwinden, bedarf es der Erfahrung des → Honrai-no-Memmoku sowie der Vertiefung der Erleuchtungserfahrung (→ Erleuchtung) und ihrer Verwirklichung im täglichen Leben (→ Mujōdō-no-Taigen). Verwirklicht ein Mensch die Erleuchtung in dem Maße, daß er »keine Spur mehr hinter sich läßt« (→ Mosshōseki), dann hat er zu einer neuen Unschuld, der »zweiten Natürlichkeit«, gefunden, die jedoch eine Unschuld auf einer »höheren Ebene« ist und sich von der kindlichen Unschuld dadurch unterscheidet, daß sie nicht mehr verlorengehen kann. Im Grunde ist mit dieser »zweiten Natürlichkeit« die Ur-Natürlichkeit entdeckt, die noch vor der ersten gegeben, den Menschen jedoch zunächst unbekannt ist.

Ru-chia, T chin. → Konfuzianismus

Rudra, H Skrt., wörtl.: »der Heulende, Schreckliche«; in den Veden hat Rudra viele Eigenschaften und Namen. Er ist der heulende, schreckliche Gott, der Gott der Stürme. Manchmal wird er mit dem Gott des Feuers identifiziert. Später wird er identisch mit → Shiva in seinem zerstörerischen Aspekt.

In einem Aspekt ist Rudra die zerstörerische Gottheit, die Menschen und Vieh krank macht, in einem anderen die segensreiche Gottheit, die hilft und heilt. Im *Weißen → Yajurveda* wird er Mahādeva genannt. Er ist der Vater der Rudras oder → Maruts.

Rūpadhātu, B Skrt. → Triloka

Rūpaloka, B Skrt. → Triloka

Ryōga-kyō, Z jap. für → *Lankāvatāra-Sūtra*

Ryōgon-kyō, Z jap. für → *Shūrangāma-Sūtra*

Ryōkan Daigu, Z 1758?–1831; jap. Zen-Mönch aus der → Sōtō-Schule. Ryōkan ließ sich im Alter von 18 Jahren als Mönch ordinieren; nach vier Jahren der Schulung in einem kleinen Tempel seiner Heimatstadt, ging er in das Zen-Kloster Entsū-ji in Tamashima, dem der Meister Kokusen als Abt vorstand. Nach zwölfjähriger Schulung unter Meister Kokusen erhielt er von diesem das »Siegel der Bestätigung« (→ Inka-Shōmei). Nachdem sein Meister bald darauf gestorben war, pilgerte Ryōkan etwa fünf Jahre lang durch Japan. Schließlich ließ er sich in einer Einsiedelei auf dem Berg Kugami in der Nähe seines Geburtsortes nieder, wo er sich vor allem dem Schreiben von Gedichten widmete, einer Kunst, die er von seinem Vater erlernt hatte. Ryōkans → Haiku und → Waka, und auch seine Gedichte im chin. Stil (jap. *kanshi*) sind poetischer Ausdruck der Zen-Erfahrung und gehören zu den schönsten Zen-Gedichten der jap. Literatur.

Obwohl Ryōkan als Zen-Meister autorisiert war, zog er es vor, keine Schüler anzunehmen und sein Leben in Zurückgezogenheit und äußerster Einfachheit zu verbringen, wobei er auch Zeiten bitterer Armut in Kauf nahm. Er ist bekannt für sein sanftes Gemüt und seine Liebe zu Kindern, mit denen er auf seinen Bettelgängen oft stundenlang selbstvergessen spielte. Seine Gedichte zeugen von außerordentlicher Reinheit und »Unschuld« (→ Mushin, → Rōshō-no-Memmoku) und einer vorbehaltlosen, aus der Geisteshaltung des »Nicht-Haftens« erwachsenen Annahme jeglicher

Umstände. So schrieb er, nachdem ein Dieb ihm die letzte Habe aus seiner ärmlichen Einsiedelei gestohlen hatte, folgendes Haiku:

Der Dieb ließ ihn da:
Dort im Fensterrahmen steht
der leuchtende Mond.

Ryōnen, 🅉 → Myōzen Ryōnen

Ryōtan Sōshin, 🅉 jap. für → Lung-t'an Ch'ung-hsin

Ryūge Koton, 🅉 jap. für → Lung-ya Chü-tun

Ryūtan Sōshin, 🅉 jap. für → Lung-t'an Ch'ung-hsin

Ryū Tetsuma, 🅉 jap. für → Liu T'ieh-mo

S

Sabīja-Samādhi, 🄷 Skrt. → Nirbīja-Samādhi, → Samprajñāta-Samādhi

Saddharmapundarīka-Sūtra, 🄱 🅉 Skrt. → *Lotos-Sūtra*

Sadguru, 🄷 Skrt.; der vollkommene → Guru, der selbst Erleuchtung erlangt hat und eins geworden ist mit dem göttlichen Bewußtsein. Er kann den Weg weisen, der zur Verwirklichung der Wahrheit führt, und kennt alle Hindernisse, die sich auf diesem Weg einstellen; gehen muß der Schüler diesen Weg jedoch selbst.

Sādhakakoti, 🄷 Skrt.; eine Bezeichnung für Menschen, die zu spirituell Suchenden geworden sind und sich auf dem Weg zur Wahrheit befinden. Wahrheit bedeutet hier, daß man nicht Körper und Denken ist, sondern absolutes, unsterbliches Bewußtsein.

Sādhana, 🄷 🄱 Skrt.; abgeleitet von *sādh:* »zum Ziel gelangen«, soviel wie »Mittel zur Vollendung«.

🄷 Übungen, die zur Beherrschung eines der Yoga-Wege führen. Dazu gehören → Japa, Meditation und Verehrung des → Ishta-Deva (Erwähltes Ideal). Wer Sādhana übt, wird Sādhaka genannt.

🄱 Im → Vajrayāna-Buddhismus Bezeichnung für eine bestimmte Art von Ritualtexten und die darin aufgeführten Meditationsübungen. Sādhana-Texte beschreiben detailliert die als geistige Wirklichkeit zu erfahrenden Gottheiten und den gesamten Prozeß von der bildhaften Visualisierung bis zur Auflösung in die formlose Meditation. Zu der Ausführung dieser für den Tibetischen Buddhismus zentralen religiösen Praxis bedarf es der Ermächtigung und der Einweihung in die mit einer bestimmten Gottheit verbundene Übung durch den Meister (→ Guru). Damit verbunden ist die Übermittlung des der Gottheit zugeordneten → Mantra.

Das buddhist. Schrifttum enthält eine Vielzahl von Sādhana-Texten, die oft in besonderen Sammlungen zusammengefaßt wurden. Eine der wichtigsten ist die im 12. Jh. entstandene »Girlande der Sādhanas«, die 312 Sādhanas verschiedener Autoren umfaßt. Auch im tibet. Kanon (→ Kangyur/Tengyur) finden sich diese Sammlungen, und noch im 20. Jh. wurden von den Mitgliedern der → Rime-Bewegung neue Werke kompiliert.

Jede Ausübung eines Sādhana läßt sich in drei Abschnitte zusammenfassen: die Vorbereitung, den Hauptteil und den Schlußteil. Zu Beginn des Sādhana steht der grundlegende Akt der Zuflucht (→ Kyabdro) und die Erzeugung des »Erleuchtungsgeistes« (→ Bodhichitta). Der Hauptteil gliedert sich in eine »aufbauende Phase«, die bildhafte Erschaffung der Gottheit, und in eine »auflösende Phase«, die Schau der Höchsten Wirklichkeit, der Leere (→ Shūnyatā). Den Schlußteil bilden verschiedene Wunschgebete sowie Glücks- und Segenssprüche.

Für den Vajrayāna-Buddhisten ist die Visualisation einer Gottheit keine magische Handlung oder die Anbetung einer äußerlich gedachten Entität. Es ist eher als ein Prozeß der Identifizierung mit einem bestimmten Energieprinzip anzusehen, von dessen Gegenwart der Übende überzeugt ist. Das Grundmuster der visualisierten Gottheiten bilden die fünf → Buddhakulas.

Sādhu, 🄷 Skrt., abgeleitet von *sadh:* »zum Ziel führen«; ein Heiliger, oft ein Mönch, der Gott verwirklichen will und der der Welt entsagt hat.

Sadmaya-Kosha 🄷 (Sadmaya-Kośa), Skrt.; die »Hülle« *(kosha)* des Seins *(sat),* die → Ātman umschließt. Sie ist ein Hilfsmittel der menschlichen Vorstellung, die Ātman nur in dieser Seinshülle begreifen kann. Ohne sie ist Ātman eins mit Brahman, was der → Vedānta immer wieder betont.

Saguna-Brahman 🄷 (Saguṇa-Brahman), Skrt., wörtl.: »Brahman mit Eigenschaften«; die heiligen Schriften unterscheiden zwei Aspekte → Brahmans: den höheren des eigenschaftslosen

Brahman (→ Nirguna-Brahman) und den niederen attributhaften, in welchem Brahman zum Zweck der Verehrung Eigenschaften (→ Upādhi) beigefügt werden. In der *Rāmatāpanīya-Upanishad* heißt es dazu: »Brahman ist reines Bewußtsein, ohne Teile, ohne Form. Um dem Gottsuchenden bei seinem Bemühen um Hingabe zu helfen, sind ihm Symbole und Eigenschaften beigefügt worden.« Brahman mit Eigenschaften (→ Guna) wird zu → Īshvara, dem Persönlichen Gott, der angebetet und verehrt werden kann.

Sahaja, **H** Skrt., wörtl.: »natürlich«; Wahrheit ist nach Auffassung der Weisen das Natürliche, Ursprüngliche, dagegen Nicht-Erkenntnis das durch Denken Konstruierte. Sahaja-Avasthā ist der »natürliche Zustand (→ Avasthā)«, der Bewußtseinszustand, zu dem alle → Sādhanas hinführen sollen, d. h. unser wirkliches Selbst im Zustand des → Samādhi. → Ramana Mahar(i)shi nannte seinen Samādhi Sahaja-Samādhi.

Sahasranāman, **H** Skrt., wörtl.: »tausend Namen«; es gibt sie von vielen Gottheiten, insbesondere von Vishnu, Shiva und → Shakti. Viele Bhaktas (Gottliebende) wiederholen täglich die tausend Namen ihres → Ishta-Deva als Akt der liebenden Hingabe, um die Gottheit zu erfreuen und der Vereinigung mit ihr näherzukommen.

Sahasrāra-Chakra, **H** **B** Skrt. → Chakra, 7.

Sahō kore shūshi, **Z** jap., wörtl.: »die Dharma-Praxis (selbst) ist der Geschmack der Schule«; eine Formulierung, die aus der → Sōtō-Schule stammt. Sie besagt, daß die Betonung meditativer Praxis (→ Zazen) selbst das kennzeichnende Element dieser Schule des Buddhismus ist. Zazen wird hier im Sinne der esoterischen Definition des Zen (siehe dort) als direkte Manifestation des eigenen Buddha-Wesens (→ Busshō) angesehen und nicht als eine »Methode« zur »Erlangung« von → Erleuchtung.

Sai Baba von Shirdi, **H** gest. 1918; einer der größten ind. Heiligen der Neuzeit, der in Indien sehr populär ist und als → Avatāra verehrt wird, im Westen jedoch relativ unbekannt ist. Zu seinen Verehrern gehörten und gehören Hindus ebenso wie Muslime; Sai Baba selbst stand jenseits jeder Religion. Er lebte und handelte aus unmittelbarer Erfahrung der Letzten Wirklichkeit. Sein Lebensstil hatte viel von dem eines heiligen Narren, weshalb er orthodoxen Gläubigen immer unheimlich war. Er machte Gebrauch von → Siddhis wie z. B. der gleichzeitigen körperlichen Manifestation an verschiedenen Orten und wirkte zahlreiche Wunder. Er schrieb und las keine Bücher, weshalb manche ihn für einen Analphabeten hielten, demonstrierte jedoch, wenn es ihm nötig erschien, profunde Kenntnisse des Sanskrit und Wissen um den Gehalt der heiligen Schriften. Sein Leben und Wirken beschreibt Arthur Osborne in *The Incredible Sai Baba,* Neuausg. London 1972.

Sai Baba von Shirdi ist nicht identisch mit dem ebenfalls Sai Baba genannten, 1926 geborenen südind. Heiligen, der in Puttaparthi in seinem Āshram Prasanti Nilayam lebt. Dieser Sai Baba ist auch im Westen bekannt geworden durch seine Geistheilungen und seine → Siddhis (z. B. die Kraft, Gegenstände wie etwa Schweizer Uhren materialisieren zu können). Von seinen Anhängern wird er als Reinkarnation des Sai Baba von Shirdi bezeichnet.

Saichō, **B** genannt Dengyō Daishi, 767–822, Begründer des Klosterzentrums auf dem Berg Hiei und der jap. → Tendai-Schule, deren Lehren er neben jenen des → Hua-yen und des esoterischen Buddhismus (→ Mi-tsung) im Jahre 804 in China studierte. Er betonte die Universalität der Tendai-Lehren und die Wichtigkeit eines moralisch reinen Lebenswandels. Er befürwortete die Praxis des »Shikan« (chin. → Chih-kuan), einer Form der Meditation, in der die Tendai-Mönche auf dem Berge Hiei in einer zwölf Jahre dauernden Schulung unterwiesen wurden. Er wollte in seinem Kloster ein rein mahayanist. Ordinationszentrum schaffen. Dieser Plan scheiterte aber am Widerstand anderer Richtungen. 822 starb Saichō auf dem Berg Hiei.

Saichō im Gespräch mit dem Mönch Gyōja. (Kolorierter Holzschnitt, 15. Jh.)

Die von Saichō begründete Tendai-Schule unterschied sich kaum von der chin. Urform. Sie basierte ebenfalls auf dem → *Lotos-Sūtra,* d. h. auf den Worten des Buddha selbst, was sie in Saichōs Augen den anderen buddhist. Richtungen überlegen machte, die sich im wesentlichen auf Kommentare, nicht aber auf Sūtras stützten.

Ebenfalls im Gegensatz zu anderen Schulen seiner Zeit betonte Saichō die Einheit und Universalität der Tendai-Lehre: Sie ist universell, da alle Geschöpfe die Fähigkeit besitzen, Erleuchtung zu erlangen und Buddha zu werden. Ein weiterer Aspekt dieser Universalität zeigt sich in der Tendai-Auffassung von der wesenhaften Einheit von Buddha und Mensch: Jeder Mensch besitzt → Buddha-Natur (siehe auch → Busshō), ist also ein potentieller Buddha. Der Weg, Buddhaschaft zu erlangen, liegt für Saichō vor allem im Führen eines moralisch reinen Lebens und der Praxis von Sammlung und Einsicht (Shikan).

Saichō pflegte enge Beziehungen zum Kaiserhof. Der Berg Hiei galt als »Zentrum zum Schutz der Nation«. Saichō selbst war überzeugt davon, daß der Mahāyāna-Buddhismus der große Wohltäter und Schützer Japans sei. Er unterschied verschiedene Klassen von Mönchen, die die Schulung in seinem Kloster absolviert hatten: die talentiertesten waren der »Schatz der Nation«, diese mußten im Kloster bleiben und dem Staat durch ihre Praxis dienen. Weniger begabte traten in den Dienst des Staates ein, lehrten oder arbeiteten in der Landwirtschaft und auf anderen Gebieten zum Wohle des Landes.

Zur Bedeutung von Saichō für das Zen → Tao-hsüan Lü-shih.

Saiin Shimyō, 🅉 jap. für → Hsi-yüan Ssu-ming

Saijōjō-Zen, 🅉 jap. → Fünf Arten des Zen, 5.

Saiten-Nijūhasso, 🅉 jap. → Nijūhasso

Sākhya-Bhāva, 🄷 Skrt. → Bhāva

Sakridāgāmin 🄱 (Sakṛdāgāmin), Skrt. (Pali: Sakadāgāmin), wörtl.: »Einmalwiederkehrer«; bezeichnet jene Heilige, die die zweite Stufe auf dem überweltlichen Pfad (→ Ārya-Mārga, → Ārya-Pudgala) erreicht haben. Sie werden vor der Erlangung des Nirvāna nur noch einmal wiedergeboren. Bei ihnen sind die drei Wurzeln des Unheilsamen, Gier, Haß und Wahn (→ Akushala) nur in geringem Maß vorhanden.

Sākshin 🄷 (Sākṣin), Skrt., wörtl.: »der Zuschauer«; die → Vedānta-Lehre spricht vom Sākshin-Chaitanya (→ Chaitanya), dem unbeteiligten Zuschauer-Bewußtsein. Je mehr ein Mensch sich, meist durch spirituelle Übung (→ Sādhana), von der Identifikation mit seinem Körper, seinen Gedanken und Gefühlen löst, desto klarer verwirklicht er das grundlegende Zuschauer-Bewußtsein (oft auch »Zeugen«-Bewußtsein genannt), das alles, was dem Individuum widerfährt (Freude ebenso wie Leid, Glück ebenso wie Trauer) zwar wahrnimmt, es jedoch als Spiel der → Māyā durchschaut und davon nicht berührt oder gar verblendet wird. Das Zuschauer-Bewußtsein bleibt von diesen Vorgängen ebenso unbefleckt wie die weiße Leinwand durch den Film, der auf sie projiziert wird.

Sakugo, 🅉 jap., wörtl.: »um ein Wort ersuchen«; Frage, die ein Zen-Mönch an den Meister stellt, während dieser eine öffentliche Darlegung des Buddha-Dharma (→ Teishō) gibt. Da Fragen bezüglich des wesentlichen Gehalts der Darlegungen eines Zen-Meisters nicht mit bloßen begrifflich-verbalen Informationen zu beantworten sind, kann aus einer solchen Frage ein → Mondō oder → Hossen entstehen.

Sakyapa 🄱 (Sa-skya-pa), tibet.; nach dem in Südtibet gelegenen Kloster Sakya (wörtl.: »Graue Erde«) benannte Hauptschule des → Tibetischen Buddhismus. Gemäß einer Prophezeiung des → Atīsha wurde das Kloster Sakya im Jahre 1073 gegründet, und seine der Khön-Familie zugehörigen Äbte widmeten sich vor allem der Überlieferung eines Zyklus von → Vajrayāna-Lehren, die unter dem Namen »Weg und Ziel« (→ Lamdre) bekannt sind. Diese Schule bemühte sich um eine systematische Ordnung des → Tantra-Schrifttums, wandte ihre Aufmerksamkeit aber auch Problemen der buddhist. Logik zu und hatte zwischen dem 13. und 14. Jh. großen politischen Einfluß in Tibet.

Ihre Gestalt als eigenständige Schule erhielten die Sakyapas vor allem durch fünf Lamas, die zwischen 1092 und 1280 lebten: Sachen Künga Nyingpo (1092–1158), seine beiden Söhne Sönam Tsemo (1142–1182) und Drakpa Gyaltsen (1147–1216), seinen Enkel Sakya Pandita (1182–1251) und dessen Neffe Chögyal Phagpa (1235–1280). Alle fünf Lehrer wurden als Inkarnation des → Mañjushrī anerkannt und bis zum heutigen Tag gehören die Sakyapa-Hierarchen der Khön-Familie an.

Den größten Einfluß von ihnen hatte Sakya Pandita, dessen Gelehrsamkeit alle weltlichen und religiösen Wissenschaften umfaßte. Seine Übersetzungen aus dem Sanskrit machten ihn nicht nur in Indien bekannt, sondern veranlaßten auch einen Enkel des Chingis Khan, ihn in die Mongolei einzuladen. Die missionarischen Aktivitäten des Sakya Pandita waren dort so erfolgreich, daß der Sakyapa-Schule im Jahre 1249 die Herrschaft über Zentraltibet übertragen wurde.

In den folgenden Jahrhunderten spielten die Sakyapas eine wichtige Rolle im geistigen Leben Tibets. So wurde nicht nur → Tsongkhapa und durch ihn die → Gelugpa-Schule durch die Sakyapa-Lehren beeinflußt, sondern auch die heute nicht mehr existenten Schulen der Jonangpa mit ihrem wichtigsten Vertreter Tāranatha (geb. 1575) und die des Historikers Butön (1290–1364) wurden durch die Sakyapas geprägt.

Samādhāna, H Skrt. → Shatkasampatti

Samādhi, H B Z Skrt., wörtl.: »Fixieren, Festmachen«.

H Ein Bewußtseinszustand, der über Wachen, Träumen und Tiefschlaf hinausgeht und in dem das Denken aufhört. Es ist ein völliges Aufgehen in dem Objekt, über das meditiert wurde. Handelt es sich dabei um Gott oder das Absolute, erfolgt die Vereinigung mit ihm. Es gibt verschiedene Samādhi-Stufen. Die höchste ist → Nirvikalpa-Samādhi.

B Z (jap. Sanmai oder Zanmai). Die Sammlung des Geistes auf ein einziges Objekt durch die (allmähliche) Beruhigung der Geistestätigkeit. Samādhi ist ein nicht-dualistischer Bewußtseinszustand, in dem das Bewußtsein des erfahrenden »Subjekts« mit dem erfahrenen »Objekt« eins wird – da ist *nur* der Erfahrungsinhalt. Dieser Bewußtseinszustand wird oft als »Einspitzigkeit des Geistes« bezeichnet; dieser Ausdruck ist jedoch irreführend, weil er die Vorstellung der »Konzentration« auf einen Punkt und der »Gerichtetheit« des Geistes hervorruft. Doch Samādhi ist weder die angespannte Konzentration auf einen Punkt, noch ist der Geist von hier (Subjekt) nach dort (Objekt) gerichtet, was ein dualistischer Erfahrungsmodus wäre. – Die Fähigkeit, den Samādhi-Zustand zu erreichen, ist Vorbedingung für die Versenkung (→ Dhyāna).

Man unterscheidet drei überweltliche (→ Lokottara) Arten von Samādhi, die die Leere (→ Shūnyatā), das Merkmallose (→ Animitta) und das Freisein von Verlangen zum Objekt und das Erlangen von → Nirvāna zum Ziel haben. Jede andere Form des Samādhi, selbst in den höchsten Stufen der Versenkung, gilt als weltlich.

Samādhirāja-Sūtra, B Skrt., wörtl.: »Sūtra des Königs der Sammlung«; Sūtra des → Mahāyāna in 40 bzw. 42 Kapiteln, wovon nur 16 des Sanskrit-Originals erhalten sind, der Rest existiert nur in chin. und tibet. Übersetzung. Seine Lehre ist dem des → *Prajñāpāramitā-Sūtra* verwandt und behandelt die wesenhafte Identität aller Dinge.

Samantabhadra, B Z Skrt. (chin. P'u-hsien, jap. Fugen), wörtl.: »Der Allumfassend Gute« oder »Der Ringsum Segensreiche«; einer der bedeutendsten Bodhisattvas des Mahāyāna-Buddhismus. Er wird als Schützer all jener, die die Lehre darlegen, verehrt und verkörpert die »Weisheit der Wesensgleichheit«, d. h. das Begreifen der Einheit von Gleichheit und Verschiedenheit.

Samantabhadra wird oft gemeinsam mit → Shākyamuni und → Mañjushrī dargestellt. Er reitet auf einem weißen sechszähnigen Elefanten, der

Samantabhadra in seiner tibetischen Form als Ursprungs-Budda (Ādi-Buddha).

die alle Hindernisse überwindende Kraft der Weisheit repräsentiert; die sechs Zähne symbolisieren die Überwindung des Haftens an den sechs Sinnen.

Samantabhadra ist → Vairochana zugeordnet. Seine Symbole sind das alle Wünsche erfüllende Juwel und der Lotos oder aber eine Buchrolle mit dem Text seines Meditations-Sūtra.

In China wird Samantabhadra als einer der vier großen Bodhisattvas verehrt; sein Heiligtum ist der Berg O-mei, wo er sich niedergelassen haben soll, nachdem er von Indien auf einem weißen Elefanten reitend nach China gekommen war.

Im → Vajrayāna ist Samantabhadra der »Ursprungsbuddha« (Ādi-Buddha), der den Erfahrungsgehalt des Dharmakāya (→ Trikāya) repräsentiert.

Sein nackter, tiefblauer Körper symbolisiert die Leere (→ Shūnyatā), und ikonographisch wird er in Vereinigung (→ Yab-Yum) mit seiner weißen Gefährtin dargestellt. (Eine zweite Tradition sieht Vajradhara, den »Träger des Vajra«, als Symbol des Dharmakāya an. Sein Äußeres gleicht dem der Sambhogakāya-Buddhas [→ Trikāya], und er ist von zentraler Bedeutung für die Lehren der → Mahāmudrā.)

Samāpatti, **B** Skrt., Pali; Betrachtung. Beinhaltet die Vier Versenkungen (→ Dhyāna), die → Vier Sphärenstufen und manchmal auch den sog. Erlöschungszustand (→ Nirodha-Samāpatti).

Samarpana **H** (Samarpaṇa), Skrt., wörtl.: »Darbietung«; sich Gott darbieten, sich seinem Willen unterwerfen, nichts Eigenes mehr wollen. Dadurch kann die → Kundalinī geweckt und zum Aufsteigen gebracht werden.

Samatva, **H** Skrt., wörtl.: »Gleichmut«; Gelassenheit, gleichmäßiges Verhalten unter allen Gegebenheiten, eine wichtige Tugend des Yoga, die erreicht wird durch die Überwindung der Gegensätze von Zu- und Abneigung allen Objekten gegenüber.

Sāmaveda, **H** Skrt., der Veda (→ Veden) der Lieder, mit denen der Udgātri (Sänger), einer der vier Hauptpriester bei der Opferhandlung, die Bereitung und Darbringung des → Soma-Opfers begleitet. Das Werk besteht aus 1549 Versen, von denen nur 78 sich nicht auf den → *Rigveda* zurückführen lassen. (Dt. Übersetzung von Th. Benfey, Leipzig 1848.)

Sambhogakāya, **B** **Z** Skrt. → Trikāya

Sambō, **Z** jap., wörtl.: »Drei Kostbarkeiten«; die Drei Kostbarkeiten (Skrt. Triratna, auch übersetzt mit »Drei Schätze«, »Drei Juwele«) bilden die Grundlage des Buddhismus; es gibt kein buddhistisch-religiöses Leben ohne Vertrauen auf sie und ohne Verehrung für sie. Im → Mahāyāna sind diese Begriffe weiter gefaßt als im → Hīnayāna, in dem sie einfach → Buddha, → Dharma und → Sangha bedeuten. Im Rahmen der Zen-Schulung werden die Schüler nach Abschluß der → Kōan-Schulung in das differenzierte Verständnis des Mahāyāna von den Drei Kostbarkeiten eingeführt. Hier gibt es drei Bedeutungsebenen der Sambō, nämlich: A. Die Drei Kostbarkeiten als Eines (*Ittai-Sambō,* wörtl.: die Drei Kostbarkeiten als ein Leib); B. die Drei Kostbarkeiten als Manifestation *(Genzen-Sambō);* C. die Drei Kostbarkeiten als Bewahrung *(Juji-Sambō).* Obwohl sie in Wahrheit Eines sind, werden sie zum Zweck der Erläuterung doch unterteilt.

A. Die Drei Kostbarkeiten als Eines bestehen 1. aus dem Buddha Birushana (Skrt. → Vairochana), der die Erkenntnis der Welt der Leere (→ Shūnyatā, → Erleuchtung), des Buddha-Wesens (→ Busshō), der unbedingten Gleichheit darstellt; 2. aus dem → Dharma, d. h. dem Gesetz anfang- und endlosen Werdens (oder der »Großen Ordnung«), demzufolge alle Erscheinungsformen Ursachen und Bedingungen unterliegen; 3. aus der Durchdringung und Wechselwirkung der beiden ersten, was jene vollkommene Wirklichkeit ausmacht, wie sie von dem Erleuchteten erlebt wird.

B. Die Drei Kostbarkeiten als Manifestation bestehen 1. aus dem historischen Buddha → Shākyamuni, der aufgrund seiner Vollkommenen Erleuchtung die Wahrheit der Drei Kostbarkeiten als Eines in sich selbst verwirklicht hat; 2. aus dem Dharma (als der Lehre des historischen Buddha), der die gesprochenen Worte und Darlegungen des Shākyamuni Buddha enthält, in denen er die Bedeutung der Drei Kostbarkeiten als Eines und den Weg zu ihrer Verwirklichung erläutert hat; 3. aus den Jüngern des Buddha und anderen seiner zeitgenössischen Anhänger, die die Drei Kostbarkeiten als Eines, wie er sie lehrte, hörten, daran glaubten und in ihrem eigenen Leben verwirklichten.

C. Die Drei Kostbarkeiten als Bewahrung bestehen 1. aus der Ikonographie des Buddha, die auf uns gekommen ist; 2. aus den aufgezeichneten Darlegungen und Gesprächen der Buddhas (d. h. vollkommen erleuchteter Wesen), wie sie in den → Sūtras und anderen buddhist. Texten noch vorhanden sind; 3. aus den heutigen Anhängern des Buddhismus, die die rettende Wahrheit der Drei Kostbarkeiten als Eines, die zuerst von Shākyamuni Buddha offenbart wurde, üben und verwirklichen.

Die Drei Kostbarkeiten stehen miteinander in wechselseitigem Zusammenhang. Wer Ittai-Sambō nicht durch Erleuchtung erfahren hat, kann weder zutiefst die Bedeutung der Erleuchtung von Shākyamuni Buddha begreifen, noch weiß er die unendliche Kostbarkeit seiner Lehre zu würdigen, und er kann auch die Bildnisse und Abbilder Buddhas nicht als lebendige Wirklichkeit schätzen. Ittai-Sambō wäre auch unbekannt, hätte Shākyamuni Buddha es nicht in seinem eigenen Körper und Geist offenbart und in dem Weg zu dessen Verwirklichung, wie er ihn erläuterte. Und schließlich wäre Ittai-Sambō ein entlegenes Ideal, das Leben des Shākyamuni Buddha trockene Geschichte und die Worte der Buddhas leblose Abstraktionen, gäbe es in unserer Zeit keine Erleuchteten, die dem Weg des Buddha nachfolgen, um andere auf diesem Pfad zur Selbst-Wesensschau (→ Kenshō, → Satori) zu inspirieren und zu leiten. Und zudem: Da jeder einzelne Ittai-Sambō verkörpert, ist die Grundlage der Drei Kostbarkeiten nichts anderes als das eigene Selbst.

Samghanandi, **Z** 17. Patriarch in der ind. Linie des → Zen

Samghayathata, **Z** 18. Patriarch in der ind. Linie des → Zen

Samhitā **H** (Saṃhitā), Skrt., wörtl.: »Sammlung«; Bezeichnung für die in den verschiedenen ved. Schriften gesammelten und geordneten Lieder und Opfersprüche.

Die Samhitā des *Rigveda* besteht aus 1017 Hymnen mit 10 580 Versen, die des *Sāmaveda* aus 1549 Versen, welche mit Ausnahme von 78 auch im *Rigveda* vorkommen, aber ihrem Zweck entsprechend abgewandelt sind. Die Samhitā des *Weißen* → *Yajurveda* enthält Opfersprüche teils in Prosa, teils in Versen, die der *Rigveda-Samhitā* entnommen sind. Die → *Atharvaveda-Samhitā* besteht aus 760 Hymnen, von denen nur etwa ein Sechstel aus dem *Rigveda* stammt, während die übrigen eine selbständige Stellung im Ganzen der ved. Mantra-Literatur einnehmen.

Sammon, **Z** jap., auch Sanmon, wörtl.: »Berg-Tor«; das Eingangstor zu einem Zen-Kloster (»Berg«, da die Klöster in alter Zeit auf Bergen errichtet wurden). Das Sammon ist i. allg. ein massives, oft mehrstöckiges Turmtor.

Sampai, **Z** jap., wörtl.: »dreimaliges *(san)* Niederwerfen *(hai)*«; Ausdruck der Verehrung durch Niederwerfung, wie er in dem an zeremoniellen Äußerungen sonst recht armen Zen üblich ist. Sampai dürfte auf eine Bezeugung der Verehrung gegenüber den »Drei Kostbarkeiten« (→ Sambō) zurückgehen; zu bestimmten besonderen Gelegenheiten wird auch »neunfaches Niederwerfen«, Kyūhai, geübt.

Samprajñāta-Samādhi **H** (Saṃprajñāta-Samādhi), Skrt., von *samprajñāta:* »bewußt«; die Yoga-Philosophie des → Patañjali unterscheidet zwei → Samādhi-Stufen: den Samprajñāta-Samādhi und den Asamprajñāta-Samādhi. Sie entsprechen in etwa dem → Savikalpa- und → Nirvikalpa-Samādhi der → Vedānta-Philosophie. Im Samprajñāta-Samādhi existieren noch Denkvorgänge, sowie → Kleshas, wodurch dieser Samādhi noch keimhaft (Sabīja-Samādhi) ist; d. h. die abgesunkenen und verborgenen Wünsche (→ Vāsanās) existieren noch im Keim und können wieder auftauchen im Gegensatz zum Asamprajñāta (»überbewußten«) höchsten Samādhi, der keimlos (→ Nirbīja-Samādhi) ist, da alle Kleshas überwunden, alle Vāsanās ausgelöscht und alle Bindungen des → Karma aufgelöst sind.

Samsāra **H** **B** **Z** (Saṃsāra), Skrt., wörtl.: »Wanderung«.

H Der Kreislauf von Geburt, Tod und Wiedergeburt, dem jeder Mensch unterworfen ist, solange er in Nicht-Erkenntnis lebt und seine Identität mit → Brahman nicht erkannt hat.

B **Z** Der »Kreislauf der Existenzen«, eine Folge von Wiedergeburten, die ein Wesen innerhalb der verschiedenen Existenzweisen (→ Gati) durchmacht, solange es nicht Erlösung erlangt hat und ins → Nirvāna eingegangen ist. Das Gefangensein im Samsāra ist durch die drei »Wurzeln des Unheilsamen« (→ Akushala), durch Haß (Dvesha), Gier (→ Trishnā), und Wahn (→ Avidyā), bedingt. Die Art der Wiedergeburten innerhalb des Samsāra wird vom → Karma der Wesen bestimmt. Im Mahāyāna bezeichnet Samsāra die Welt des Phänomenalen und wird als wesenhaft identisch mit dem Nirvāna angesehen.

Die wesenhafte Einheit von Samsāra und Nirvāna beruht auf der Ansicht, daß alles Vorstellung ist und Samsāra und Nirvāna nichts als reine Bezeichnungen ohne wirkliche Substanz, d. h. leer (→ Shūnyatā), sind. Sofern man nicht den phänomenalen Aspekt der Welt, sondern ihr Wahres-Wesen betrachtet, sind Samsāra und Nirvāna nicht voneinander verschieden.

Die Kette der Existenzen ist ohne erkennbaren Anfang. Auf Spekulationen über den Beginn des Samsāra ging der Buddha nie ein, da er diese für die Erlangung der Erlösung nicht als hilfreich ansah. Das Ausscheiden aus dem Samsāra durch das Eingehen ins Nirvāna ist nur während einer Wiedergeburt als Mensch möglich; in allen anderen Existenzformen können die Geschöpfe den Kreislauf nicht beenden, da sie nicht fähig sind, Gier und Unwissenheit als die treibenden Kräfte im Samsāra zu erkennen und zu überwinden.

Samskāra **H** **B** (Saṃskāra), Skrt., wörtl.: »Eindruck, Nachwirkung«.

H Eindrücke, Neigungen und Möglichkeiten im Bewußtsein, die durch Handlungen und Gedanken, auch in früheren Geburten, entstanden sind. Die Gesamtsumme der Samskāras bildet den Charakter des Menschen.

B (Pali: Sankhara); i. allg. übersetzt mit »Gestaltungen«, »psychische Formkräfte« oder »Tatabsichten«, bezeichnet Samskāra sowohl die Tätigkeit des Gestaltens als auch den passiven Zustand des Gestaltetseins (→ Samskrita).

Samskāra bildet den vierten der → Skandhas und das zweite Glied der Kette des Bedingten Entstehens (→ Pratītya-Samutpāda). Die Gestaltungen umfassen alle Willensimpulse oder Tatabsichten, die einer Tat vorausgehen. Da Taten körperlich, sprachlich oder geistig sein können, unterscheidet man körperliche, sprachliche und geistige Tatabsichten. Ihr Vorhandensein bedingt eine neuerliche Wiedergeburt, fehlen sie, wird kein → Karma erzeugt, und es kommt zu keiner weiteren Wiedergeburt. Außerdem bedingen sie auch die Art der Wiedergeburt, da sie gut, schlecht oder neutral sein können und ihre Qualität die des Bewußtseins (→ Vijñāna) prägt, das nach der Lehre des Bedingten Entstehens durch sie entsteht, sich nach dem Tode eines Wesens einen Mutterschoß sucht und das Werden einer neuen empirischen Person bedingt.

Samskrita 🅱 (Saṃskṛta), Skrt. (Pali: Sankhata), etwa: »gestaltet, bedingt«; alle in Beziehung zueinander stehende und einander bedingende Erscheinungen, deren wesentliche Merkmale Entstehen, Bestehen, Veränderung und Vergehen sind. Daher ist alles Bedingte leer, unbeständig, nicht-wesenhaft (siehe dazu → Anātman) und voller Leiden.

Im Hīnayāna wird mit der Tatsache des Bedingtseins aller Phänomene die Vergänglichkeit des menschlichen Lebens erklärt. Das Mahāyāna bezieht den Begriff Samskrita auf sämtliche materiellen und geistigen Erscheinungen der Welt und begründet damit die Doktrin der Leere (→ Shūnyatā) aller Dharmas (die aufgrund ihres bedingten Charakters als »leer«, da bar jeder Selbstnatur [Svabhāva] angesehen werden) und auch die »Nur-Geist-Lehre« des → Yogāchāra.
Die Einteilung der Erscheinungen in bedingt und nicht-bedingt (→ Asamskrita) unterscheidet sich von Schule zu Schule.

Samsvedaja, 🅷 🅱 Skrt. → Chatur-Yoni

Samu, 🆉 jap., wörtl.: »Arbeits-Dienst«; allgemein die körperliche Arbeit, die zum Kloster-Alltag in Zen-Klöstern gehört, besonders die Arbeitsperioden während eines → Sesshin. »Dienst« ist hier im Sinn des Dienstes an den Drei Kostbarkeiten (→ Sambō) zu verstehen. Wird die Arbeit in wacher, ausschließlich auf die Tätigkeit gesammelter Aufmerksamkeit und voller Sorgfalt ausgeführt, so ist sie eine Fortsetzung und andere Form der meditativen Praxis (→ Zazen), bei der der Übende lernt, den meditativen Bewußtseinszustand auch während alltäglicher Verrichtungen aufrecht zu erhalten. Samu ist ein wichtiger Teil der Zen-Schulung in einem Kloster nach den Regeln, die → Pai-chang Huai-hai (jap. Hyakujō Ekai) im 8. Jh. in China festlegte.
Auf ihn geht auch der berühmte Zen-Spruch »Ein Tag ohne Arbeit, ein Tag ohne Essen« zurück. Und Pai-chang selbst handelte danach: Als die Mönche seines Klosters eines Tages seine Gartengeräte versteckten, um den betagten Meister daran zu hindern, die Anstrengung der Arbeit auf sich zu nehmen, aß er auch nichts an jenem Tag. Die Geräte kamen zurück – und Pai-chang arbeitete und aß wieder.

Samudāya, 🅱 Skrt. → Vier Edle Wahrheiten

Samudra, 🅷 Skrt., wörtl.: »Ozean«, unendliche, ewige Existenz; Fluten des höheren Bewußtseins, die aus der Unsterblichkeit dem sterblichen Menschen zuströmen.

Samvriti-Satya 🅱 (Saṃvṛti-Satya), Skrt., etwa: »Konventionelle Wahrheit«; die relative Wahrheit der Welt der Phänomene im Gegensatz zur absoluten oder Endgültigen Wahrheit (→ Paramārtha-Satya). Die »Zwei Wahrheiten« werden von verschiedenen Schulen des Buddhismus verschieden definiert; siehe dazu die Darlegung der buddhist. Lehrmeinungen durch → Tsongkhapa in seiner Schrift *Der kostbare Kranz der Lehrmeinungen,* dt. in: Geshe Lhündub Söpa/Jeffrey Hopkins, *Der Tibetische Buddhismus,* Düsseldorf/Köln 1977.

Samyak-Prahānāni, 🅱 Skrt. → Vier Vollkommene Anstrengungen

Samyak-Sambuddha, 🅱 Skrt. (Pali: Sammā-Sambuddha), wörtl.: »Voll Erwachter«; bezeichnet ein Wesen, das Vollkommene Erleuchtung erlangt, die zur Erlösung führende Lehre, nachdem sie der Welt verlorengegangen war, aus sich selbst heraus wiederentdeckt, selbst verwirklicht und der Welt verkündet hat. Die von ihm verwirklichte Erleuchtung wird Samyak-Sambodhi (Erleuchtung eines Allbuddha) genannt. Ein Samyak-Sambuddha zeichnet sich durch Allwissenheit (→ Sarvajñatā) und den Besitz der Zehn Kräfte (→ Dashabala) aus.
Samyak-Sambuddha ist auch einer der → Zehn Titel eines Buddha.

Samyama 🅷 (Saṃyama), Skrt., wörtl.: »Zügelung, Selbstbeherrschung«; ein Begriff der Yoga-Philosophie des → Patañjali, mit dem die drei letzten Stufen des → Rāja-Yoga (Dhāranā, Dhyana und Samādhi) zusammengefaßt werden.

Im 3. Kap. seines → *Yoga-Sūtra* zählt Patañjali alle okkulten Fähigkeiten auf, die durch die Beherrschung von Samyama erlangt werden können, betont aber zum Schluß, daß, nur wenn die Verhaftung an diese Kräfte aufgegeben wird, die Beherrschung von Samyama zum Ziel des Yoga, zur Erleuchtung und Vereinigung mit dem Absoluten, führt.

Samyojana 🅱 (Saṃyojana), Pali, Skrt., wörtl.: »Fesseln«; im Hīnayāna werden zehn Arten von Fesseln angenommen, die ein Wesen an den Kreislauf der Wiedergeburten (→ Samsāra) ketten: 1. Persönlichkeitsglaube (→ Drishti); 2. Zweifelsucht (→ Vichikitsā); 3. Hängen an Riten und Regeln; 4. Gier (→ Trishnā, → Kāma); 5. Haß; 6. Begehren nach Feinkörperlichkeit; 7. Begehren nach Unkörperlichkeit; 8. Eingebildetsein; 9. Aufgeregtheit; 10. Unwissenheit (→ Avidyā).

Wer frei ist von den ersten drei Fesseln, ist ein → Shrota-Āpanna. Wer auch die vierte und fünfte Fessel weitgehend überwunden hat, hat die Stufe eines → Sakridāgāmin erreicht. Hat man die ersten fünf Fesseln völlig abgelegt, ist man ein → Anāgāmin. Das Freisein von allen zehn Fesseln kennzeichnet den → Arhat.

Samyuktāgama, 🅑 Skrt. → Āgama, → Nikāya, → *Samyutta-Nikāya*

Samyutta-Nikāya, 🅑 Pali (Skrt.: *Samyuktāgama*), wörtl.: »vereinte Sammlung«; 3. Sammlung (→ Nikāya, → Āgama) des Sūtra-Pitaka. Sie besteht aus zahlreichen kurzen Texten, die mit dem Leben und Wirken des Buddha zusammenhängende Begebenheiten behandeln. Sie sind nach dem Anlaß, aus dem sie vorgetragen wurden, den angeführten Rednern, nach ihrem Thema u. ä. geordnet.

Sanātana-Dharma, 🅗 Skrt., von *sanātana:* »unvergänglich, ewig«; die ewige Religion oder Wahrheit des Hinduismus. Die Hindus bezeichnen ihre Religion mit diesem Namen, weil sie auf keinen Religionsgründer zurückgeht; vielmehr wurde die Wahrheit den → Rishis offenbart. Auf diesen Offenbarungen beruhen alle heiligen Schriften (→ Shruti).

Sāñchī, 🅑 Stadt in Mittelindien, wo zwischen dem 3. vorchristl. und 1. nachchristl. Jh. die ersten Denkmäler buddhist. Kunst entstanden sind. Dabei handelt es sich vor allem um → Stūpas, die den Urtypus des Stūpa darstellen, aus dem sich alle anderen Formen entwickelten.

Am berühmtesten ist der Große Stūpa von Sāñchī, dessen Kernbau aus dem 3. Jh. v. Chr. stammt: Auf einer kreisrunden Basis befindet sich eine oben abgeplattete Halbkugel, auf der sich in einem Steingitter ein Pfosten mit drei flachen Schirmen erhebt. Auf der Basis läuft um die Halbkugel ein schmaler Prozessionspfad, der von einem Steinzaun umgeben ist. Dieser ist nur durch Tore in den vier Himmelsrichtungen zu betreten und schließt so das Heiligtum gegen die Außenwelt ab.

San-chieh-Schule, 🅑 (chin. San-chieh chiao, wörtl.: »Schule der Drei Stufen«); Richtung des Buddhismus während der Sui- und T'ang-Dynastie. Der Name der von Hsin-hsing (540–594) begründeten Schule bezieht sich auf die Einteilung der Dauer der buddhist. Lehre in drei Stufen: 1. Periode des Wahren → Dharma, während der man sich strikt an die Worte des Buddha hielt. Diese dauerte 500 Jahre, gerechnet vom → Parinirvāna des Buddha. 2. Periode des verfälschten Dharma, während der die wahre Lehre von pseudo-buddhist. Lehren verdeckt war (1000 Jahre); 3. Periode des Verfalls des Dharma, in der die Lehre in Mißkredit geraten und vom Auslöschen bedroht ist (10 000 Jahre). Angeblich begann diese 3. Periode ca. 550 n. Chr. und dauert noch an.

Hsin-hsing und seine Anhänger waren überzeugt, allein im Besitz der für diese Stufe richtigen Lehre zu sein. Sie betonten die Wichtigkeit des Einhaltens der Regeln (→ Shīla), altruistischer Taten und asketischer Praxis (so nahmen sie z. B. nur einmal pro Tag Nahrung zu sich). Da sie andere Richtungen und selbst die Herrscher beschuldigten, »häretische« Lehren zu vertreten, wurde die Schule der Drei Stufen im Jahre 600 offiziell verboten, hörte aber erst nach 845 tatsächlich auf zu existieren.

Nach Hsin-hsing wurden in der 1. Phase das »Eine Fahrzeug« (→ Ekayāna) und in der 2. Periode die »Drei Fahrzeuge« (→ Triyāna: → Shrāvaka, → Pratyeka-Buddha, → Bodhisattva) gelehrt. Beide sah er als begrenzte Methoden an. Gemäß der Auffassung der Schule der Drei Stufen verlangt die 3. Periode, die damals schon begonnen hat, nach einer universellen Lehre, wie es die ihre sei.

Diese 3. Stufe ist charakterisiert durch die Mißachtung der Sittlichkeits- und → Vinaya-Regeln, durch einen Glauben an Irrlehren und die Vermischung von Gut und Böse. Die Menschen sind daher dazu verurteilt, in den Höllen (→ Naraka) wiedergeboren zu werden. Hsin-hsings Auffassung nach genügten Meditation und Klosterleben in einer derartigen Phase nicht mehr. Er forderte, die Lehre den Umständen anzupassen und trat für eine asketische Praxis und strikte Einhaltung der Disziplinregeln ein. Seine Anhänger lebten nicht in den Klöstern selbst, sondern in ärmlichen Unterkünften in deren Nähe und versuchten, sich weitgehend dem einfachen Volk anzupassen.

Ihrer Auffassung nach sind alle Dinge der phänomenalen Welt Manifestationen der → Buddha-Natur, daher sehen sie alle Wesen als zukünftige Buddhas an. Um dieser Überzeugung Ausdruck zu verleihen, warfen die Anhänger dieser Schule sich oft vor Fremden auf der Straße, aber auch vor Tieren nieder, was sie dem allgemeinen Spott aussetzte.

Die Schule der Drei Stufen legte auch besonderen Wert auf die Praxis des Almosengebens, wodurch sie im Laufe der Jahre erheblichen Reichtum angehäuft hatte, der ihr erlaubte, verschiedene wohltätige Aktionen durchzuführen. Sie verteilte Nahrung, Kleidung und Geld an Bedürftige und verwendete einen Teil ihrer Reichtümer für die Instandhaltung von Klöstern und das Abhalten von Zeremonien.

San-ch'ing, 🅣 chin., wörtl.: »die Drei Reinen«; drei taoist. Himmel (→ T'ien) und die drei Gottheiten, die diese bewohnen.

Der 1. Himmel ist Yü-ch'ing, der Himmel der Jadereinheit, der von → Yüan-shih t'ien-tsun, dem Himmlischen Ehrwürdigen des Uranfangs, bewohnt wird. Er ist auch als T'ien-pao-chün oder Herr des Himmlischen Juwels bekannt. Nach manchen Quellen wird dieser höchste Himmel auch von → Yü-huang, dem Jadekaiser, regiert. Im Volksglauben steht Yü-huang, der als der Herrscher über Himmel und Erde gilt, an erster Stelle.

Der 2. Himmel, Shang-ch'ing, der Himmel der Hohen Reinheit, ist Ling-pao t'ien-tsun, dem Himmlischen Ehrwürdigen des Magischen Juwels vorbehalten. Dieser wird manchmal auch Tao-chün, Herr des Tao, genannt und gilt als der Bewacher der Magischen Schriften (→ Ling-pao ching). Er hat vom Anbeginn der Welt existiert. Seine Aufgabe ist es, die Zeit zu kalkulieren und in die verschiedenen Epochen einzuteilen sowie Yin und Yang (→ Yin-yang) zu regulieren.

Über den 3. Himmel, T'ai-ch'ing, den Himmel der Höchsten Reinheit, herrscht Tao-te t'ien-tsun, der Himmlische Ehrwürdige des → Tao und des → Te, der identisch ist mit T'ai-shang lao-chün, dem Höchsten Herrn Lao, d. h. mit → Lao-tzu (auch → Lao-chün). Dieser Himmlische Ehrwürdige gilt als der Verkünder der taoist. Lehre, wie sie der Himmlische Ehrwürdige des Magischen Juwels in seinen Büchern bewahrt. Er nimmt die verschiedensten Gestalten, so die des Lao-tzu, an, um den Menschen in der Welt des Staubes die Lehre des Tao nahezubringen.

Sanchita-Karma **H** (Saṃcita-Karma), Skrt.; die angesammelten → Samskāras, die ein Mensch in vergangenen Leben geschaffen hat und die darauf warten, sich in einem zukünftigen Leben auszuwirken.

San-ch'ung, **T** chin., wörtl.: »Drei Würmer«; drei transzendente Wesen, die nach taoist. Auffassung in den Drei Zinnoberfeldern (→ Tan-t'ien) wohnen. Diese Wesen haben keine beständige Form; manchmal erscheinen sie als Dämonen, manchmal in menschlicher Gestalt.

Die Drei Würmer trachten danach, das Leben des Menschen, in dessen Körper sie hausen, zu verkürzen und ihm das Erlangen der Unsterblichkeit unmöglich zu machen. Sie verursachen die verschiedensten Krankheiten und melden außerdem dem Himmel die Sünden des Menschen, damit dieser dessen Leben verkürze (→ Ssu-ming). Der nach Unsterblichkeit strebende taoist. Adept muß daher versuchen, sich von den San-ch'ung zu befreien: Er muß auf den Genuß von Körnerfrüchten verzichten (→ Pi-ku), denn diese dienen den Drei Würmern als Nahrung. Als unterstützende Maßnahme kann er an all jenen Tagen, an denen die Drei Würmer in den Himmel steigen wollen, um → Yü-huang, dem Jadekaiser, die guten und schlechten Taten des Menschen zu melden, meditieren und fasten. Dadurch können die Würmer nicht aufsteigen.

Der 1. Wurm lebt im Palast → Ni-huan des Oberen Zinnoberfeldes im Kopf des Menschen. Er ruft Blindheit und Taubheit hervor, läßt Zähne und Haare ausfallen, verstopft die Nase und verursacht übelriechenden Atem. – Der 2. Wurm residiert im Mittleren Zinnoberfeld in der Herzgegend. Er verursacht Herzleiden, Asthma und Melancholie. – Der 3. Wurm bewohnt das Untere Zinnoberfeld in der Nabelgegend und ruft Krankheiten der Eingeweide und der Haut sowie Rheumatismus und Willensschwäche hervor.

Sandhyā **H** (Saṃdhyā), Skrt., wörtl.: »Dämmerung, Zwielicht«; 1. Morgen- und Abendandacht, die von jedem einer Kaste angehörenden Hindu gehalten werden sollte und gewöhnlich mit einer Meditation verbunden wird; 2. Anfang eines Weltzeitalters (→ Yuga).

Sandōkai, **Z** jap. für → *Ts'an-t'ung-ch'i*

Sandoku, **Z** jap., wörtl.: »drei Gifte«; die drei Geistesgifte: Haß (auch Ärger oder Aggression), Gier (dazu gehören auch Habsucht, Geiz, Anhaften usw.) und Torheit (oder Unwissenheit, → Avidyā), die jegliche Erfahrung des in → Verblendung lebenden Menschen vergiften und den Geist des Menschen so »betäuben«, daß er seiner immanenten Vollkommenheit (→ Busshō) nicht gewahr wird. (Siehe dazu auch → Bonpu-no-Jōshiki.)

Sangai, **B** **Z** jap. für → Triloka

Sangai(-Yui)-Isshin, **Z** jap., wörtl.: »Drei Welten (nichts als der) Eine Geist«; Zen-Ausdruck, der darauf hinweist, daß die Drei Welten (Skrt. Triloka, jap. *sangai:* Welt der Begierde, Welt der Form, Welt der Nicht-Form – kurz: die Welt der unerleuchteten Wesen) allesamt aus dem Bewußtsein (Herz-Geist, jap. → Kokoro) des Menschen entspringen und keine gesonderte, »objektive« Existenz besitzen. Die gesamte phänomenale Welt ist nichts als eine Projektion des Geistes.

Sangha **H** **B** **Z** (Saṃgha), Skrt., wörtl.: »Menge, Schar«.

H Eine Gruppe von Suchenden, die sich um einen Meister (→ Guru) schart, um mit seiner Hilfe zu spiritueller Erkenntnis und Verwirklichung der Höchsten Wahrheit zu gelangen.

B Z Die buddhist. Gemeinde. Im engeren Sinn besteht der Sangha aus Mönchen (→ Bhikshu) und Nonnen (→ Bhikshunī) sowie Novizen (→ Shrāmanera). Im weiteren Sinn zählen auch die Laienanhänger (→ Upāsaka) zum Sangha.

Der Sangha bildet die dritte der Drei Kostbarkeiten (→ Triratna, → Sambō); das Leben seiner Mitglieder wird von den im → Vinaya-Pitaka niedergelegten Regeln bestimmt.

Sanhāra, **H** Skrt. → Mahāpralaya

San-hsing, **T** chin., wörtl.: »Drei Sterne«; drei Sternengottheiten oder Glücksgötter. Sie sind ein beliebtes Motiv der chin. Volkskunst: Fu-hsing, der Stern des Glücks, wird meist in der Begleitung eines Kindes oder seiner symbolischen Form, einer Fledermaus, dem Zeichen des Glücks, dargestellt. Lu-hsing, der Stern der Würden, wird oft nur in seiner symbolischen Form als Hirsch abgebildet. Shou-hsing, der Stern der Langlebigkeit, fällt durch seinen enorm hohen kahlen Kopf auf. Er stützt sich oft auf einen knotigen Stock, einem Symbol der Unsterblichen (→ Hsien), und hält in der anderen Hand den Pfirsich der Unsterblichkeit. In symbolischen Darstellungen ist er durch einen Pilz und eine Schildkröte vertreten (→ Shou-lao). Die San-hsing sind historische Persönlichkeiten, die dank ihrer besonderen Verdienste vergöttlicht wurden.

Die drei Glücksgötter (San-shing). Links: Shou-hsing, Mitte: Lu-hsing, rechts: Fu-hsing.

Fu-hsing war nach einer Überlieferung ein Beamter namens Yang Ch'eng, der im 6. Jh. lebte. Er stammte aus dem Ort Tao-chou, dessen Bewohner von außergewöhnlich kleinem Wuchs waren. Jedes Jahr rief der Kaiser, der es liebte, sich mit Zwergen zu umgeben, eine große Anzahl von Bewohnern der Stadt an seinen Hof, so daß die Familien des Ortes stark dezimiert wurden. Yang Ch'eng schrieb ein Ansuchen an den Kaiser und bat diesen, Rücksicht auf die Bewohner zu nehmen. Das berührte den Kaiser so sehr, daß er von diesem Zeitpunkt an davon absah, Bürger der Stadt zu sich zu rufen.

Auch anderen Persönlichkeiten wird die Funktion des Fu-hsing zugeschrieben, vor allem Kuo Tzu-i, einem General, der die T'ang-Dynastie im 8. Jh. nach einer Revolte vor dem Untergang bewahrte. Ihm soll die himmlische Weberin, eine mythologische Gestalt, erschienen sein, die er um Glück und Reichtum bat. Sie aber erwiderte, daß er selbst die Gottheit des Reichtums sei. Diese Szene findet sich in vielen künstlerischen Darstellungen. Oft wird Fu-hsing auch mit dem Herrscher des Himmels (→ San-kuan) verwechselt.

Lu-hsing, der auch Kuan-hsing, der Stern der Beamten, genannt wird, soll Shih Fei, ein Gefolgsmann des Begründers der Han-Dynastie, gewesen sein. Nach anderer Auffassung wird Lu-hsing mit der Gottheit der Literatur (→ Wen-ch'ang) identifiziert.

Shou-hsing wird im späteren Volksglauben Shou-lao genannt und heißt auch »Alter des Südpols«. Die Sage erzählt, daß ein Physiognomist feststellte, daß Chou Yen nicht länger als 19 Jahre zu leben hatte. Er riet dem Kind, an einem bestimmten Tag auf ein bestimmtes Feld zu gehen und einen Krug Wein und getrocknetes Fleisch mitzunehmen. Unter einem Maulbeerbaum würde er zwei Dame-Spieler sitzen sehen. Chao Yen sollte ihnen Wein und Fleisch anbieten, doch nicht auf ihre Fragen antworten. Chao Yen tat, wie ihm geheißen.

Nach der Partie fragte ein Spieler den anderen, wie sie sich für die Bewirtung erkenntlich zeigen könnten. Sie beschlossen, die Ziffern der für den Jungen festgesetzten Lebensjahre umzudrehen, und verwandelten die 19 in 91. Der Physiognomist erklärte Chao Yen später, daß einer der beiden die Gottheit des Nordpols war, die die Geburtstage festlegte, der andere die Gottheit des Südpols, der den Todestag fixierte.

San-hsüan, **T** chin., wörtl.: »Drei Unergründliche«; im Neotaoismus (→ Hsüan-hsüeh) gebräuchlicher Sammelname für das → *Tao-te ching* des Lao-tzu, das → *Chuang-tzu* und das → *I-ching*.

San-huang, **T** chin., wörtl.: »Drei Erhabene«; drei legendäre Kaiser Chinas, nämlich → Fu Hsi,

→ Shen-nung und Yen-ti. Sie sollen gemäß pseudohistorischer Auffassung China zwischen 2852 und 2697, nach anderer Chronologie zwischen 2952 und 2490 v. Chr. regiert haben. Ihnen folgten die fünf legendären Kaiser (→ Wu-ti) nach.

San-i, 🅃 chin., wörtl.: »die Drei Einen«; drei Gottheiten, die nach Auffassung der → Inneren-Gottheiten-Hygiene-Schule des religiösen Taoismus (→ Tao-chiao) über die drei Zinnoberfelder (→ Tan-t'ien) in Kopf, Herzgegend und Bauch wachen. Die Drei Einen unterstehen ihrerseits dem Höchsten Einen (→ T'ai-i), das in einem der Felder des Oberen Zinnoberfeldes lebt. Die Drei Einen haben die Aufgabe, die drei Zinnoberfelder, die die Zentren der Lebenskraft des Menschen darstellen, vor Geistern und bösem Atem zu schützen. Sie sind die Widersacher der Drei Würmer (→ San-ch'ung).
Der Begriff San-i kann auch die Dreiheit von Geist (→ Shen), der Lebenskraft (→ Ch'i) und Essenz (→ Ching) bezeichnen. In taoist. Texten, die aus der Zeit der Han-Dynastie stammen, versteht man unter den Drei Einen das Himmlische Eine (T'ien-i), das irdische Eine (Ti-i) und das Höchste Eine (T'ai-i).

Die Vorstellung der Drei Einen fußt auf einem Abschnitt im 42. Kap. des → *Tao-te ching:*

Das Tao brachte Eins hervor.
Eins brachte Zwei hervor.
Zwei brachte Drei hervor.
Drei brachte die Zehntausend Wesen hervor.

Dieses Eine, das aus dem Tao hervorgeht, wurde im Zuge der Personalisierung der abstrakten Begriffe des Taoismus rasch zu einer persönlichen Gottheit, dem T'ai-i, dem Höchsten Einen, das lange Zeit hindurch die wichtigste Gottheit des religiösen Taoismus darstellte. Die Aufspaltung des einen Einen in Drei Eine wurde durch die Verschmelzung zweier urspr. unabhängiger Praktiken notwendig: 1. die der Meditation und der Vereinigung mit dem Tao, die auf die Lehren des → Lao-tzu und des → Chuang-tzu zurückgeht und deren wesentlichste Übung im → Shou-i, dem Bewahren des Einen, besteht, und 2. die Übung des → Hsing-ch'i, des Kreisen-Lassens des Atems, durch die drei Tan-t'ien des Körpers. Da es drei Zinnoberfelder gibt, in denen sich das Eine befindet, wurde es notwendig, von der Existenz von Drei Einen auszugehen, die zwar eine Einheit bilden, aber an drei verschiedenen Orten residieren.

Sānīpya, 🄷 Skrt., wörtl.: »Nähe«; das Bestreben des Gottliebenden, seinem → Ishta-Deva nahe zu sein; eine Stufe auf dem Wege des → Bhakti-Yoga.

Sankalpa 🄷 (Saṃkalpa), Skrt., wörtl.: »Absicht, Wille«; beherrschte, selbstgewollte Gedankenbewegungen im Gegensatz zu Vikalpa (wörtl.: »Zweifel, falsche Vorstellung«), die als Gegenbewegungen aus dem Unterbewußtsein aufgrund der → Samskāras, der verborgenen Neigungen früherer Erfahrungen, auftauchen. Beide bilden die normale Aktivität des Denkens. Der Yogi versucht, die Vikalpas unter Kontrolle zu bringen, damit er sein Denken völlig beherrschen kann. Er gelangt dann in den Zustand des reinen Sankalpa, unbelästigt von Vikalpas. Dies ist ein Zeichen beständiger Weisheit und Willensfreiheit. Erreicht der Yogi → Samādhi, dann läßt er auch Sankalpa hinter sich.

Sānkhya 🄷 (Sāṃkhya), Skrt.; eines der sechs orthodoxen Philosophiesysteme (→ Darshana) des Hinduismus, das von → Kapila begründet wurde. Es lehrt, daß durch die Vereinigung von → Prakriti (Natur) mit → Purusha (Bewußtsein) das Universum entsteht. Nach seiner Auffassung gibt es so viele Seelen und Bewußtseinseinheiten (Purushas), wie es lebende Wesen gibt. Über seine Entwicklungslehre → Parināmavāda.

Sankīrtan, 🄷 Skrt. → Kīrtana

San-kuan, 🅃 chin., etwa: »Drei Herrscher«; drei taoist. Gottheiten: T'ien-kuan, der Herrscher des Himmels; Ti-kuan, der Herrscher der Erde und Shui-kuan, der Herrscher des Wassers. Diese drei Gottheiten nehmen im religiösen Leben des chin. Volkes einen wichtigen Platz ein. Nach populärer Auffassung verleiht der Herrscher des Himmels Reichtum und Glück, der der Erde vergibt Fehler und Sünden, der Herrscher des Wassers hilft in Schwierigkeiten. Außerdem führen sie ein Register mit den guten und schlechten Taten der Menschen.
Die Verehrung der San-kuan geht bis auf die Anfänge des religiösen Taoismus (→ Tao-chiao) zurück: → Chang Chüeh und → Chang Tao-ling, die Führer des Wegs des Höchsten Friedens (→ T'ai-p'ing tao), und des Fünf-Scheffel-Reis-Taoismus (→ Wu-tou-mi tao), nahmen die Hilfe dieser Drei Herrscher bei ihren Heilungszeremonien in Anspruch.

Im Rahmen der Heilungsrituale schrieben die Kranken ihre Sünden, die als die Verursacher der Krankheiten aufgefaßt wurden, auf drei Papierstreifen, von denen je einer für einen der drei Herrscher bestimmt war. Den für den T'ien-kuan bestimmten Streifen verbrannte man oder hinterlegte ihn auf dem Gipfel eines Berges; den für den Herrscher der Erde bestimmten vergrub man im Boden; den Streifen für den Herrscher des Wassers warf man in einen Bach.
Der Kult der San-kuan wurde unter → K'ou Ch'ien-chih reformiert; die San-kuan sind nunmehr göttliche

Funktionäre, die über die Durchführung der Riten wachen und die Gläubigen belohnen. Früher besaß jede Stadt eine Halle oder einen Tempel, die den Drei Herrschern geweiht waren.
Auf Abbildungen trifft man die San-kuan nur selten gemeinsam an; in diesem Fall sitzen sie nebeneinander und sind als Mandarine gekleidet. In der Hand halten sie ihr Register mit den guten und schlechten Taten der Menschen. Meist wird aber nur der Herrscher des Himmels allein dargestellt: Er steht und hält in beiden Händen eine Rolle mit der Inschrift: »Der Herrscher des Himmels verleiht Glück.« Daher wird er auch als Glücksgottheit verehrt (→ San-hsing).

San-lun-Schule, B chin., wörtl.: »Schule der drei Abhandlungen«; chin. Form des ind. → Mādhyamaka. Der Name bezieht sich auf die drei grundlegenden Werke der Schule: die *Mādhyamaka-Kārikā* und das *Dvādashadvāra-Shāstra* des → Nāgārjuna und das *Shata-Shāstra* des → Āryadeva, die im 5. Jh. von → Kumārajīva ins Chinesische übersetzt und kommentiert wurden. Kumārajīva gab sie an seine Schüler → Tao-sheng, → Seng-chao und Seng-lang weiter. Letzterer grenzte die San-lun-Schule gegen die → Satyasiddhi-Schule ab und kann daher als deren tatsächlicher Begründer angesehen werden. Im 6. Jh. waren die bedeutendsten Vertreter dieser Schule → Fa-lang und → Chi-tsang, unter denen die San-lun-Schule einen großen Aufschwung erlebte. Im 7. Jh. wurde sie von Ekwan, einem korean. Schüler von Chi-tsang, nach Japan gebracht. – Nach Aufkommen der → Fa-hsiang-Schule verlor die San-lun-Schule an Bedeutung.
Zu den Lehren der ind. → Mādhyamikas, die die Chinesen übernahmen, kamen einige rein chin. Auffassungen hinzu: Die San-lun-Schule geht von der Annahme aus, daß der Buddha zwei verschiedene Wege gelehrt hat: den der → Shrāvakas und den der → Bodhisattvas. Die San-lun-Schule zählt sich zu letzterem. In der Lehre unterscheidet die Schule ferner drei Phasen: 1. die des → *Buddhāvatamsaka-Sūtra,* die den Anfang der Lehrtätigkeit des Buddha darstellt. Die in diesem Sūtra enthaltene Lehre ist für Bodhisattvas bestimmt, doch waren die Schüler damals noch nicht reif für diese Art der Unterweisung, daher folgte als 2. die Phase, die vom *Buddhāvatamsaka-Sūtra* bis zum → *Lotos-Sūtra* reicht, alle Lehren des Hīnayāna und Mahāyāna umfaßt und sich an Shrāvakas, → Pratyeka-Buddhas und Bodhisattvas wendet. Als 3. Phase folgt die Periode des *Lotos-Sūtra,* in der die Wesen bereit waren, das eine Buddha-Fahrzeug (→ Ekayāna) zu akzeptieren.

Sanmai, Z jap. → Zammai

San-mei-k'o, Z chin. (jap. *Hōkyō Zanmai*), wörtl.: »(Gesang vom) Schatzhaus-Spiegel-Samādhi«; Schrift des chin. Zen-Meisters → Tung-shan Liang-chieh (jap. Tōzan Ryōkai), in dem er die Erfahrung der »Soheit« (Skrt. Tathatā) der Dinge, also ihres Wahren-Wesens oder Buddha-Wesens (→ Busshō) im erleuchteten Bewußtseinszustand besingt. Eine engl. Übersetzung nach dem chin. Original findet sich in Th. Cleary, *Timeless Spring*, New York 1980; eine dt. Zweitübersetzung nach der Übertragung von Taisen Deshimaru ist *Hokyozanmai, von Meister Tozan*, Berlin 1981.

Sanmotsu, Z jap., wörtl.: »drei Dinge«; hat ein Zen-Meister (→ Rōshi) sich nach seiner Bestätigung als → Shōshi weitere Jahre bei der Führung von Menschen auf dem Zen-Weg bewährt, so werden ihm in einer eigenen Zeremonie (meist in seinem → Zendō) die Sanmotsu verliehen. Dies ist die letzte und endgültige Bestätigung, die ein Meisterschüler von seinem Meister erhält; sie wurde früher nach sehr strengen Maßstäben gehandhabt.
Diese Bestätigung erfolgt durch die Eintragung des Zen-Namens des Bestätigten in die auf drei Papierstreifen (die »drei Dinge«) von ca. 30 × 100 cm jeweils auf andere Weise niedergeschriebene Kette der Namen der Träger der Überlieferung von Shākyamuni Buddha bis auf den heutigen Tag.

Sanne-Ippatsu Z, auch kurz Ehatsu, jap., wörtl.: »drei Gewänder, eine Schale«; die drei Gewänder (eines für den Sommer, eines für den Winter und ein Obergewand) und die Eß- und Bettelschale (→ Jihatsu), die die einzigen Besitztümer eines buddhist. Mönchs sind.

Sannyāsa H (Saṃnyāsa), Skrt., wörtl.: »Entsagung«; 1. die vierte und letzte Lebensstufe (→ Āshrama), die höchste Stufe, auf der der Hindu alle irdischen Dinge fahren läßt und alle selbstsüchtigen Interessen aufgibt. Sein ganzes Streben ist auf → Moksha (Befreiung) und Einswerden mit Gott gerichtet. Jeder, der aus spiritueller Erkenntnis der Welt entsagt, um Gott zu verwirklichen, wird zum → Sannyāsin. Wenn er zur freien Seele geworden ist, durchschaut er das trügerische Spiel materieller Freuden und wandert ungebunden als lebendiger Zeuge der Wirklichkeit Gottes umher, durch seine Erkenntnis anderen zu spiritueller Erkenntnis verhelfend. 2. die Einweihungszeremonie, bei der der Novize sein Mönchsgelübde ablegt und zum Sannyāsin wird.

Sannyāsa-Upanishad H (Saṃnyāsa-Upaniṣad), Skrt., eine Upanischade des → *Atharvaveda,* eine von sieben Upanischaden, die sich alle mit → Sannyāsa befassen und die P. Deussen deshalb unter dem Begriff »Sannyāsa-Upanishads« zusammenfaßt. Sie ist eine sehr alte Upanischade, die in fünf Kapiteln schildert, wie der Haushälter (→ Grihastha) zum Waldeinsiedler (→ Vānaprastha) wird und schließlich als Sannyāsin der Welt ganz entsagt.

Sannyāsin 🅗 (Saṃnyāsin), auch Sannyāsi, von → Sannyāsa; ein Mensch, der der Welt entsagt hat und in völliger Besitzlosigkeit lebt, nur auf die Verwirklichung der Befreiung (→ Moksha) ausgerichtet. Die Besitzlosigkeit des Sannyāsin schließt nicht nur die totale materielle Armut ein, sondern auch das, was in der christlichen Mystik die »Armut im Geiste« genannt wird, d. h. die Freiheit von dualistischen Vorstellungen wie Gut und Böse, von Ab- und Zuneigung, Angst und Gier usw.

Die Verwendung von Begriffen wie Sannyāsin oder → Bhagavan durch die westl. Anhänger moderner Gurus ist ein Beispiel für die Entwertung sinnträchtiger Begriffe: Wird eine Maus als Elefant bezeichnet, dann verliert das Wort »Elefant« seinen Wert als eindeutige Bezeichnung eines wirklichen Elefanten und damit letztlich die Sprache ihre Funktion als Mittel der Kommunikation.

San-pao, 🅣 chin., wörtl.: »Drei Schätze«; Begriff des → *Tao-te ching,* mit dem Liebe, Genügsamkeit und Verzicht auf Ruhm und Ehren gemeint sind.

Im Kapitel 67 des *Tao-te ching* heißt es:

Ich habe drei Schätze,
die ich schätze und wahre.
Der eine heißt: die Liebe;
der zweite heißt: die Genügsamkeit;
der dritte heißt: nicht wagen, in der Welt voranzustehen.
Durch Liebe kann man mutig sein:
Wenn man nicht wagt, in der Welt voranzustehen,
kann man das Haupt der fertigen Menschen sein.
Wenn man nun ohne Liebe mutig sein will,
wenn man ohne Genügsamkeit weitherzig sein will,
wenn man ohne zurückzustehen vorankommen will:
das ist der Tod.
Wenn man Liebe hat im Kampf,
so siegt man.
Wenn man sie hat bei der Verteidigung,
so ist man unüberwindlich.
Wen der Himmel retten will,
den schützt er durch die Liebe.

(Zit. n. d. Übers. v. R. Wilhelm.)

Im religiösen Taoismus (→ Tao-chiao) hat der Begriff San-pao verschiedene Bedeutungen. Er bezeichnet: 1. nach buddhist. Muster den Weg (→ Tao), die taoist. Schriften (→ Tao-tsang) und die Meister der Lehre (→ Tao-shih). Die Anhänger des Taoismus bezeugen im Rahmen von Zeremonien immer wieder ihre Hochachtung vor diesen Drei Schätzen. 2. die drei Zinnoberfelder (→ Tan-t'ien); 3. die sog. Inneren Schätze: Ur-Essenz (→ Ching), Ur-Energie (→ Yüan-ch'i, → Ch'i) und Ur-Geist (→ Shen, → San-yüan).
Im Gegensatz zu diesen drei Inneren Schätzen stellen Ohren, Augen und Mund die drei Äußeren Schätze dar.

Sanron-Schule, 🅑 von jap. *sanron:* »drei Abhandlungen«; jap. Form der chin. → San-lun-Schule, die ihrerseits auf das ind. → Mādhyamaka zurückgeht. Diese Schule wurde von dem korean. Mönch Ekwan im Jahre 625 nach Japan gebracht und von zwei seiner Schüler weiter verbreitet. Diese begründeten zwei Strömungen innerhalb der Sanron-Schule (→ Jōjitsu-Schule).
Die Sanron-Schule war in Japan nie eine unabhängig organisierte Richtung; ihre Lehren wurden von Anhängern aller buddhist. Schulen studiert, da sie für das Verständnis des → Mahāyāna wesentliche Elemente enthalten, die als theoretische Basis für viele Schulen dienten.

Die Sanron-Schule übte großen Einfluß auf Prinz Shōtoku (574–622) aus, der Japan geeinigt hat. In seinem Tempel unterrichteten drei korean. Meister des Sanron. Die Lehren dieser Schule spiegeln sich auch in der »Verfassung« wider, die Shōtoku Japan gab.

San-sheng Hui-jan, 🅩 jap. Sanshō Enen, etwa 9. Jh., chin. Zen-Meister; einer der hervorragendsten Schüler und Dharma-Nachfolger (→ Hassu) von → Lin-chi I-hsüan (jap. Rinzai Gigen). San-sheng kompilierte das *Lin-chi-lu* (jap. *Rinzai-roku*), in dem die Aussprüche und Darlegungen von Lin-chi aufgezeichnet sind. Wir begegnen San-sheng im 49. und 68. Beispiel des → *Pi-yen-lu.*

Nachdem San-sheng von Lin-chi Abschied genommen hatte, wanderte er durch China, um seine Zen-Erfahrung in → Hossen mit anderen Zen-Meistern weiter zu vertiefen. Als er eines Tages zu → Hsiang-yen Chih-hsien (jap. Kyōgen Chikan) kam, ereignete sich folgendes:
Hsiang-yen fragte San-sheng: »Woher kommt Ihr?«
San-sheng antwortete: »Von Lin-chi.«
Hsiang-yen sagte: »Habt Ihr Lin-chis Schwert mitgebracht?«
Noch bevor Hsiang-yen ausgesprochen hatte, trat San-sheng vor, ergriff ein Sitzpolster und schlug Hsiang-yen damit.
Hsiang-yen sagte nichts und lächelte nur.

Sanshō Enen, 🅩 jap. für → San-sheng Hui-jan

Sanskrit 🅗 (Saṃskṛta), Skrt., wörtl.: »vollkommen, vollendet und endgültig gemacht«. Die

Sprache der vom Nordwesten nach Indien eingedrungenen Völkerstämme wurde im Laufe von Jahrhunderten verfeinert und vervollkommnet, um den mystischen Wahrheiten der Transzendenz, die den → Rishis in ihrer Meditation offenbart wurden, Ausdruck verleihen zu können. Im Sanskrit ist eine überaus differenzierte Terminologie entstanden, die Stadien der Meditation, nicht-alltägliche Bewußtseinszustände und geistig-seelische Prozesse erfaßt. Für die meisten dieser Termini gibt es in den europ. Sprachen keine Äquivalente. Sanskrit ist heute eine »tote« Sprache wie Latein, aber immer noch die heilige Sprache der Hindus, da alle religiösen Schriften, von den Veden und Upanischaden bis zur *Bhagavad-Gītā* in Sanskrit verfaßt wurden.

Als asiat. Sprache hat Sanskrit eine eigene Schrift entwickelt, die Devanāgarī (von *deva:* »Gott«, und *nāgara:* »Stadt«), was bedeutet, daß die Sprache eine Wohnstätte gefunden hat für die Aussage der Götter. Sanskrit wurde zur »Sprache der Götter«, weil für den Hindu der Erleuchtete göttliches Bewußtsein erlangt hat und deshalb redet wie Gott (auch für das Abendland keine ganz fremde Auffassung, wenn man sie mit Meister Eckeharts Aussage vergleicht: »Gott sehen heißt, zu sehen wie Gott sieht«).

Bei der Übertragung der Devanāgarī in die latein. Schrift der europ. Sprachen sind Schwierigkeiten und Abweichungen entstanden, über die heute noch gestritten wird. Schon zwischen dem Englischen und dem Deutschen gibt es bei der Sanskrit-Transkription deutliche Unterschiede in bezug auf die Wiedergabe der Devanāgarī-Schriftzeichen, und selbst die deutschen Gelehrten untereinander sind sich hier nicht immer einig. Auch die Reihenfolge der Buchstaben ist völlig anders als in unserem Alphabet. Erst kommen alle Vokale, danach die Konsonanten, der harte immer vor dem weichen, also K vor G, T vor D usw. F, Q, W, X und Z gibt es nicht. K ist der erste Konsonant und hat eine ganz besondere Bedeutung (→ Ka).

Sansō, **Z** jap., wörtl.: »Berg-Mönch«; Bescheidenheitsformel, mit der ein Zen-Meister (→ Rōshi) sich selbst bezeichnet.

Santosha **H** (Saṃtoṣa), Skrt., wörtl.: »Zufriedenheit, Genügsamkeit«; eine der fünf geforderten Tugenden der zweiten Stufe (Niyama) des → Rāja-Yoga, die im *Yoga-Sūtra* des → Patañjali (II, 32) aufgezählt werden. Die anderen vier sind Shaucha (Läuterung), → Tapas (Askese), Svādhyāya (Studium der heiligen Schriften) und → Īshvara-Pranidhāna (Hingabe an Gott).

San-ts'ai, **T** chin., wörtl.: »Drei Kräfte«; im → *I-ching* Bezeichnung für den Himmel (→ T'ien), die Erde und den Menschen.
In anderen Werken meint San-ts'ai auch die Dreiheit von Himmel und Erde, Mensch und den Zehntausend Dingen (→ Wan-wu).

Im *Shuo-kua* (chin., »Erklärung der Trigramme«; → *Shih-i,* → Pa-kua) des *I-ching* heißt es:
»Sie stellten das Tao des Himmels fest und nannten es: das Dunkle [Yin, → Yin-yang] und das Helle [Yang]. Sie stellten das Tao der Erde fest und nannten es: das Weiche und das Feste. Sie stellten das Tao des Menschen fest und nannten es: die Liebe [→ Jen] und die Gerechtigkeit [→ I]. Diese drei Grundkräfte nahmen sie zusammen und verdoppelten sie. Darum bilden im *Buch der Wandlung(en)* immer sechs Linien ein Zeichen.«

San-tsang, **B** → Hsüan-tsang

San-yüan, **T** chin., wörtl.: »Drei Ursprünge, Drei Fundamente«; in der taoist. Literatur werden verschiedene Dreiergruppen als San-yüan bezeichnet:
1. → San-kuan: Himmel, Erde, Wasser; 2. → Tan-t'ien: die Drei Zinnoberfelder; 3. Ur-Essenz (→ Ching), Ur-Energie (→ Yüan-ch'i) und Ur-Geist (→ Shen): d. h. Essenz, Energie und Geist im Zustand vor dem Geborensein, zu dem man nach taoist. Auffassung zurückkehren muß, will man Vollkommenheit erlangen.

Sanzen, **Z** jap., wörtl.: »hingehen (zum) Zen«; zu einem Zen-Meister (→ Rōshi) gehen, um Unterweisungen zu empfangen. In der → Rinzai-Schule wurde Sanzen zu einem Synonym für → Dokusan, bei → Dōgen Zenji bedeutet Sanzen allgemein die rechte Weise, Zen zu üben. (Siehe dazu auch → Sōsan.)

Sarasvatī, **H** Skrt.; 1. ein heute legendärer, teils unterirdischer Fluß, der bei Prayāga mit dem Ganges und der Yamunā zusammenfließt. Er war den Indern schon in alten ved. Zeiten, als sie den Ganges noch nicht erreicht hatten, heilig und wurde von ihnen als Göttin, die später zur Gemahlin Brahmās wurde, verehrt; 2. die Göttin des »Redeflusses«, der Beredsamkeit, Gelehrsamkeit und Intuition, des göttlichen Wortes. Ihr wird die Entstehung des → Sanskrit und seiner Schrift (Devanāgāri) zugeschrieben. Auch ist sie die Schutzherrin der Künste, insbesondere der Musik.

Sārnāth, **B** Stadt bei Benares (heute Isipatana), wo der historische Buddha → Shākyamuni seine erste Lehrrede nach seinem Erwachen (→ Bodhi) hielt. Diese wird in der Überlieferung als das »Inbewegungsetzen des Rades der Lehre« bezeichnet (→ Dharma-Chakra).

Der 44 Meter hohe Dhamek-Stūpa aus dem 4.–6. Jh. n. Chr. bezeichnet noch heute die Stelle, an der der Buddha diese erste Lehrrede vor seinen fünf Jüngern hielt. Als Kern enthält dieser Stūpa einen kleinen Ziegelstūpa aus der Zeit des Königs → Ashoka. Außerdem befand sich in Sārnāth ein weiterer Stūpa mit Reliquien des Buddha; dieser wurde im 18. Jh. niedergerissen. Auch vom Mūlagandhakūtī-Tempel, der den Meditationsplatz des Buddha markiert, sind nur noch die Grundmauern erhalten.

Sarvabhūta, H Skrt., wörtl.: »alle Wesen«; alles Dasein, die gesamte Erscheinungswelt, eine andere Bezeichnung für → Prakriti.

Sarvajñatā, B Skrt., »Allwissenheit«; bezeichnet das Wissen eines Buddha (→ Samyak-Sambuddha), und stellt eines seiner entscheidensten Attribute dar.

Im Hīnayāna wird Allwissenheit als Wissen um alles, was zum Erlangen der Erlösung nötig ist, aufgefaßt, da jede andere Form der Allwissenheit vom Buddha selbst abgelehnt wurde.

Im Mahāyāna wird Sarvajñatā als das Wissen um alle Dharmas und ihr Wahres-Wesen, das leer (→ Shūnyatā) ist, interpretiert und oft mit Weisheit (→ Prajñā) gleichgesetzt.

Sarvam Khalvidam Brahma, H Skrt., wörtl.: »Wahrlich, all dies ist Brahman!«, ein Ausspruch der Heiligen nach Erlangung der Erleuchtung.

Sarvāstivāda, B Skrt., etwa: »die Lehre, die besagt, daß alles *ist*«; hinayanist. Schulrichtung, die sich unter der Herrschaft des Königs → Ashoka von den → Sthaviras abgespalten hat. Der Name dieser Schule geht auf ihre Grundthese zurück, daß alles, Vergangenes, Gegenwärtiges und Zukünftiges, gleichzeitig besteht. Die Sarvāstivādins waren vor allem in Kaschmir und → Gandhāra vertreten. Sie stehen am Übergang zwischen → Hīnayāna und → Mahāyāna.

Die Sarvāstivādins verfügten über einen eigenen, in Skrt. abgefaßten Kanon, der z. T. in chin. und tibet. Übersetzung erhalten ist. Die bedeutendsten Werke dieser Schule sind das → *Abhidharmakosha* von → Vasubandhu, das *Mahāvibhāshā* (»Große Exegese«), das unter dem Vorsitz von → Vasumitra beim Konzil von Kaschmir entstanden ist und dem die Schule den Namen → Vaibhāshika, unter dem sie ebenfalls bekannt ist, verdankt. Das *Mahāvibhāshā* stellt eine Zusammenfassung der Sarvāstivāda-Lehre dar und ist das jüngste der sieben Werke des → Abhidharma-Pitaka. Weitere wichtige Werke sind das *Abhidharmahridaya,* das »Das Herz des → Abhidharma« in zehn Kapiteln wiedergibt. Die *Vibhāshā* von Kātyāyaniputra stellt ebenfalls eine Zusammenfassung der Lehre dar. Eine Beschreibung des mythischen Universums des Buddhismus liefert die *Lokaprajñapti.* Zu Fragen der Disziplin ist nur die *Vinaya-Vibhāshā* erhalten.

Die Lehre des Sarvāstivāda stellt einen radikalen Pluralismus dar, beruhend auf der Verneinung der Wirklichkeit eines »Selbst«, einer Substanz oder Seele (→ Anātman), und der Bejahung der Existenz momentaner Einheiten, sog. → Dharmas.

Die Sarvāstivādins nehmen 75 verschiedene Dharmas an, die (ähnlich der alten Vorstellung von den Atomen) die letzten, unteilbaren Realitäten darstellen. Diese werden von ihnen als wirklich angesehen. Sie unterscheiden bedingte (→ Samskrita) und nicht-bedingte (→ Asamskrita) Dharmas. Zu letzteren zählen sie den Raum (→ Ākāsha), → Apratishthita-Nirvāna und → Pratishthita-Nirvāna.

Die bedingten Dharmas werden in vier Kategorien eingeteilt: Form oder Materie (→ Rūpa); Bewußtsein (→ Vijñāna); Geistfaktoren (→ Chetasika), d. h. alle psychischen Prozesse, und Dharmas, die weder Form noch Bewußtsein sind, wozu z. B. Alter, Vitalität, Erlangung, Nicht-Erlangung, Unbeständigkeit usw. zählen.

Diese bedingten Dharmas entstehen nach Auffassung der Sarvāstivādins aber nicht, sondern bestehen seit jeher und wechseln nur von einem latenten in einen manifesten Zustand über. Daraus resultiert ihre Anschauung, daß »alles *ist*«, da Vergangenheit, Gegenwart und Zukunft gleichzeitig in einem Dharma enthalten sind. Außerdem findet man im Sarvāstivāda eine Frühform der mahayanist. → Trikāya-Lehre und den immer wichtiger werdenden Glauben an den zukünftigen Buddha → Maitreya.

Sarva-Upanishat-Sāra H, auch *Sarva-Upanishad* oder *Sarva-Sāra*, Skrt.; eine Upanischade des → *Atharvaveda,* in der 23 Hauptbegriffe der → Vedānta-Philosophie aufgezählt und erklärt werden. (Dt. Übers. v. P. Deussen in: *Sechzig Upanishad's des Veda,* Leipzig 1905.)

Sat, H Skrt.; absolutes, ewiges, unwandelbares Sein, ebenso wie → Chit und → Ānanda identisch mit → Brahman.

Satata-Yukta, H Skrt., wörtl. *satata:* »immerfort«, *yukta:* »verbunden«; im Bewußtsein stets mit dem Göttlichen verbunden sein.

Satchidānanda H (Saccidānanda), Skrt., wörtl.: »Sein-Bewußtsein-Seligkeit«, zusammengesetzt aus → Sat, → Chit und → Ānanda. Da → Brahman, das Absolute, mit Worten nicht beschrieben werden kann, ist dies eine begriffliche Annäherung, die benutzt wird, um die Intuition des nach Befreiung (→ Moksha) Strebenden anzuregen.

Satī, H Skrt., wörtl.: »treue Gattin«; ein Name für die Gemahlin → Shivas. Dem *Vishnu-Purāna* nach gab sie wegen eines Streits zwischen ihrem Gatten und ihrem Vater → Daksha ihren Körper auf und wurde als Umā, die Tochter Himavats, des Beherrschers des Himālaya, wiedergeboren. Im *Kāshi-Kānda,* einem Teil des *Skanda-Purāna,* heißt es, sie habe sich auf einem Scheiterhaufen verbrannt. Deshalb wurden die Witwen, die sich früher nach dem Tod ihres Gatten freiwillig verbrannten, Satī genannt.

Satipatthāna B (Satipaṭṭhāna), Pali (Skrt. Smriti-Upasthāna), wörtl.: »Vier Erweckungen (Grundlagen) der Achtsamkeit«, eine der grundlegenden Meditationsübungen des Hīnayāna, die darin besteht, die Achtsamkeit der Reihe nach auf Körper, Empfindungen (→ Vedanā), den Geist (→ Chitta) und die Geistobjekte zu richten. Diese Methode ist im → *Satipatthāna-Sutta* ausführlich beschrieben, und der Buddha soll gesagt haben, daß sie allein zum Verwirklichen des Nirvāna führen könne. Satipatthāna ist eine heute auch im Westen viel geübte Form der Meditation, die sowohl als Meditation im Sitzen als auch während aller Tätigkeiten des Lebens geübt werden kann.

Die Achtsamkeit auf den Körper beinhaltet: Achtsamkeit auf das Ein- und Ausatmen (→ Ānāpānasati) sowie die vier Körperhaltungen (Gehen, Stehen, Sitzen, Liegen), Bewußtseinsklarheit bei allen Aktivitäten, die Betrachtung der 32 Körperteile sowie die Analyse der körperlichen Elemente (→ Dhātu-Vavatthāna) und die → Leichenfeldbetrachtung.

Die Achtsamkeit auf die Empfindungen läßt einen die Gefühle als angenehm, unangenehm oder indifferent, weltlich oder überweltlich erkennen und macht ihren vergänglichen Charakter deutlich.

Bei der Achtsamkeit auf den Geist wird jeder aufsteigende Bewußtseinszustand bemerkt und als gierig oder gierlos, gehässig oder frei von Haß, verblendet oder unverblendet erkannt.

Bei der Achtsamkeit auf die Geistobjekte ist man sich der Bedingtheit und Nicht-Wesenhaftigkeit der Dinge bewußt, weiß, ob die Fünf Hemmnisse (→ Nīvarana) anwesend sind, erkennt die Persönlichkeit als aus den → Skandhas bestehend sowie die Grundlagen der Geistprozesse und verfügt über ein wirklichkeitsentsprechendes Verständnis der → Vier Edlen Wahrheiten.

Im Mahāyāna findet sich diese Übung in leicht abgewandelter Form: Körper, Empfindungen, Geist und Geistobjekte werden als wesenhaft leer (→ Shūnyatā) erkannt.

Satipatthāna-Sutta B (Satipaṭṭhāna-Sutta), Pali, wörtl.: »Lehrrede über die Erweckung der Achtsamkeit«; im → *Majjhima-Nikāya* und → *Dīgha-Nikāya* enthaltene Lehrrede über die Methode der Erweckung der Achtsamkeit (→ Satipatthāna), eine der wichtigsten Meditationsformen des Hīnayāna.

Satori, Z jap.; Zen-Terminus für die Erfahrung des Erwachens (→ Erleuchtung). Das Wort ist abgeleitet von dem Verb *satoru:* »erkennen«; es bezeichnet jedoch keine »Erkenntnis« im gewöhnlichen oder philosoph. Sinn, da es in der Erleuchtungserfahrung keine Unterscheidung von Erkennendem und Erkanntem gibt. Als Synonym für »Satori« wird oft auch das Wort → Kenshō gebraucht.

Satsanga H (Satsaṃga), auch Satsang, Skrt., wörtl. *sat:* »gut, echt«, *sanga:* »Umgang«; der Umgang, das Zusammensein mit Heiligen oder aufrichtigen Gottsuchenden.

Die Gegenwart eines Heiligen kann bewirken, daß der Funke der göttlichen Intuition von ihm auf die Anwesenden überspringt, während die Gemeinschaft mit anderen Gottsuchenden durch die gegenseitige Inspiration für den einzelnen eine große Hilfe sein kann. Deshalb wird dem spirituell Strebenden der Satsang empfohlen.

Sattva, H Skrt.; der edelste der drei → Gunas, der Ausgeglichenheit, Rechtschaffenheit, Friedfertigkeit und Gelassenheit bezeichnet.

Sattvasamatā, B Skrt.; Identität aller Wesen. Die feste Überzeugung, daß zwischen den einzelnen Lebewesen kein Unterschied besteht, ist die Grundlage für das Erbarmen (→ Karunā), das das Handeln eines Bodhisattva bestimmt.

Satya, H Skrt., wörtl.: »wahr, echt, wirklich, treu«; Wahrheit, Aufrichtigkeit, eine der fünf Tugenden der ersten Stufe (Yama) des → Rāja-Yoga, die im *Yoga-Sūtra* des → Patañjali (II, 30 u. 31) gefordert werden und das für alle Stufen geltende »Große Gelübde« (→ Mahāvrata) bilden. Die übrigen vier sind: Ahimsā (Nicht-Verletzen anderer), Asteya (Nicht-Stehlen), Brahmacharya (Enthaltsamkeit) und Aparigraha (Besitzlosigkeit).

Satyāgraha, H Skrt., wörtl.: »Festhalten *(graha)* an der Wahrheit *(satya)*«; Mahātmā → Gandhi hat dieses Wort durch seine gleichnamige Bewegung weltweit bekannt gemacht, als er gewaltlosen Ungehorsam gegen Unrecht einsetzte.

Satyakāma, H Skrt., wörtl. *satya:* »Wahrheit«, *kāma:* »Wunsch, Verlangen«; 1. das Verlangen nach Wahrheit; 2. Satyakāma Jabālā, ein → Veda-Lehrer, der außerordentlich wahrheitsliebend war. Die → *Chāndogya-Upanishad* berichtet ausführlich über seine Herkunft und seinen spirituellen Werdegang. Die → *Brihadāranyaka-Upanishad* erwähnt mehrfach seine Aussagen als Lehrer.

Satyakāma war der uneheliche Sohn der Magd Jabālā. Als er von dem Weisen Gautama als Schüler aufgenommen werden wollte, fragte er seine Mutter nach seiner Herkunft. Sie sagte, sie wüßte nicht, wer sein Vater sei, da sie in ihrer Jugend an vielen Plätzen gearbeitet habe. Als der Weise ihn nach seiner Herkunft fragte, teilte Satyakāma ihm offen mit, was seine Mutter gesagt hatte. Gautama war überzeugt, daß solche Ehrlichkeit nur von einem Brahmanen stammen könne und nahm ihn als Schüler an. Er wurde mit dem Hüten der Kühe betraut. Nachdem er viele Jahre mit ihnen im Wald verbracht und ihre Zahl beträchtlich vermehrt hatte, wurde er auf dem Rückweg durch einen Stier, eine Stimme aus dem Feuer, an dem er abends lagerte, durch einen Schwan und einen Tauchervogel über Brahman belehrt. Bei seiner Ankunft rief Gautama aus: »Dein Gesicht leuchtet wie das eines Brahman-Kenners; wer hat dich belehrt?« – »Andere als Menschen«, erwiderte Satyakāma, »aber bitte lehrt auch Ihr mich. Nur das Wissen, das vom Lehrer kommt, führt zum höchsten Gut.« Der Weise lehrte ihn alles und ließ nichts aus.

Satyaloka, H Skrt.; die Welt *(loka)* der höchsten Wahrheit *(satya),* des höchsten Seins, das Ziel des spirituellen Strebens, das durch Läuterung und Meditation erlangt werden kann. Dort herrschen Harmonie, Frieden und Seligkeit, da der am Ziel Angelangte sich eins weiß mit dem Absoluten.

Satyasiddhi-Schule, B Skrt. (chin. Ch'eng-shih; jap. → Jōjitsu), wörtl.: »Schule der Vollkommenheit der Wahrheit«; Schule des chin. Buddhismus, die auf den Lehren der ind. → Sautrāntikas basiert. Grundlegender Text dieser Schule ist die *Satyasiddhi* des → Harivarman (4. Jh.), die im 5. Jh. von → Kumārajīva ins Chinesische übersetzt wurde.

Wichtige Vertreter dieser Schule waren Seng-t'ao und Seng-sung, beide Schüler von Kumārajīva, die die Lehren der Satyasiddhi-Schule in ganz China verbreiteten, so daß diese Richtung Anfang 6. Jh. dort eine der bedeutendsten buddhist. Richtungen war. Sie stand in Opposition zur → San-lun-Schule, die den Meistern der *Satyasiddhi* eine falsche Auslegung des Begriffes der Leere vorwarfen. Die Attacken seitens → Chi-tsang und → Fa-lang, zweier bedeutender Vertreter der San-lun-Schule, führten schließlich dazu, daß das Interesse an der Satyasiddhi-Schule immer mehr abnahm.

Im 7. Jh. wurde die Schule von einem korean. Mönch nach Japan gebracht, wo sie aber nur als Teil der → San-ron-Schule, der jap. Form des chin. San-lun, Bestand hatte.

Diese Schule wird als hinayanist. eingestuft, da sie sich direkt auf die Lehren des Buddha, die Sūtras, beruft. Ihre Grundthese besteht in der Verneinung jeglicher wahren Existenz: Weder Geist noch Materie sind wirklich. Sie lehrt aber eine zweifache Wahrheit: die »weltliche«, konventionelle, und die »höchste« Wahrheit. Gemäß der ersteren erkennt die Satyasiddhi-Schule die phänomenale Existenz der → Dharmas an; diese entstehen bedingt, sind veränderlich und existieren nur für eine begrenzte Zeit. Von der Ebene der Höchsten Wahrheit aus gesehen sind alle Dharmas leer (→ Shūnyatā). Die Satyasiddhi-Schule vertritt somit die Auffassung, daß sowohl die Person (→ Pudgala) als auch die Dharmas leer sind, und wurde deshalb oft als mahayanist. angesehen. Doch im Unterschied zum echten Mahāyāna, das eine transzendente Leere annimmt, ist die Leere der Satyasiddhi-Schule nur durch Destruktion oder Abstraktion zu erreichen: Jedes Objekt wird in seine Moleküle und weiter in seine Atome zerlegt, bis man schließlich zur Leere gelangt. Es ist eine antithetische Leere im Gegensatz zur synthetischen Leere der San-lun-Schule.

Saumyatva, H Skrt.; Sanftheit, Güte. Eine der Vier Vollkommenheiten des Herzens (→ Kalyāna-Shraddhā).

Sautrāntika, B Skrt.; hinayanist. Schulrichtung, die um ca. 150 v. Chr. aus der → Sarvāstivāda-Schule hervorging. Wie ihr Name besagt, stützen die Anhänger sich ausschließlich auf das → Sūtra-Pitaka und lehnen das → Abhidharma-Pitaka des Sarvāstivāda sowie dessen Theorie des »Alles ist« ab.

Die Sautrāntikas gehen von der Existenz eines feinen Bewußtseins aus, das die Basis des menschlichen Lebens bildet und von einer Wiedergeburt in die nächste übergeht. Im Unterschied zu den → Vātsīputrīyas, die die Existenz einer ganzen »Person« postulieren, die von Existenz zu Existenz weiterbesteht, sehen die Sautrāntikas nur das Bewußtsein als Träger des Daseinskreislaufs (→ Samsāra) an; in diesem Bewußtsein gehen die restlichen vier → Skandhas beim Tod des Wesens auf. Diese Vorstellung eines kontinuierlich existierenden Bewußtseins hat starken Einfluß auf die Schule des → Yogāchāra ausgeübt.

Bei den Sautrāntikas ist die Theorie der Augenblicklichkeit alles Existierenden am stärksten ausgeprägt: Sie sehen in jeder Existenz nichts als eine pausenlose Abfolge von Momenten; Dauer ist Schein, eine Illusion, die nur durch die dichte Abfolge einzelner Momente hervorgerufen wird. Das → Nirvāna stellt für die Sautrāntikas ein rein negatives spirituelles Ereignis dar, es ist Nicht-Sein; der Erlöste ist vernichtet.

Savichāra-Samādhi H (Savicāra-Samādhi), Skrt.; ein Begriff der Yoga-Philosophie des → Patañjali. Er bezeichnet einen Zustand, in dem das Denken sich mit dem Objekt der Meditation identifiziert, aber noch vermischt ist mit der Wahrnehmung von Name, Eigenschaft und Erkenntnis. (Siehe dazu auch → Nirvichāra-Samādhi.)

Savikalpa-Samādhi, H Skrt.; ein Bewußtseinszustand, in dem man Gott oder → Brahman erkennt, aber in der Subjekt-Objekt-Beziehung zu ihm verbleibt. Im Gegensatz zum → Nirvikalpa-Samādhi bleibt noch eine Spur von Dualität, die ein Aufgehen in Gott verhindert. Savikalpa-Samādhi läßt sich mit der Visio Dei der christl. Mystiker vergleichen.

Savitri H (Savitṛ), Skrt., wörtl.: »Erzeuger«; 1. in den Veden ein Name für den Sonnengott → Sūrya. Viele Hymnen sind an ihn gerichtet; 2. einer der → Ādityas.

Sāvitrī, H Skrt.; 1. der heilige Vers des → *Rigveda* III, 62, 10, der allgemein als → Gāyatrī bekannt ist; 2. die Gemahlin von → Brahmā, die als Personifizierung des Verses betrachtet wird; 3. die Tochter des Königs Ashvapati und Geliebte von Satyavān. Sie wollte ihn heiraten, obwohl ein → Rishi sie gewarnt hatte, daß er nur noch ein Jahr leben würde. Sie folgte ihm an dem fatalen Tag, und als er sterbend niedersank, sah sie die Gestalt → Yamas, des Todesgottes, der ihren Gatten holen wollte. Als er Satyavān davontrug, folgte sie ihm. Ihre Hingabe gefiel Yama. Deshalb wollte er ihr drei Wünsche erfüllen, nur nicht, daß ihr Gatte am Leben bliebe. Sāvitrī schlug alle Wünsche aus und folgte ihm weiter, so daß Yama schließlich ihrem Gatten das Leben zurückgeben mußte.

Sayadaw, B birman., Lehrer; birman. Titel für buddhist. Mönche, der eigentlich nur den Äbten von Klöstern zusteht, aber vielfach auch als Ehrentitel für Mönche i. allg. verwendet wird.

Sāyana H (Sāyaṇa), auch Sāyanāchārya, ein berühmter Kommentator der Veden aus dem 14. Jh., der ältere Bruder des südind. Gelehrten → Vidyāranya.

Beide Brüder waren gefeierte Gelehrte, die nicht nur wichtige Kommentare zu den Samhitās und Brāhmanas der Veden, sondern auch eigene Werke über Grammatik und Gesetzeskunde verfaßt haben.

Sāyujya-Mukti, H Skrt., wörtl. *sāyujya:* »Vereinigung mit Gott«, *mukti:* »Befreiung«; ein Begriff des → Bhakti-Yoga: Befreiung durch höchste Liebe zu Gott, die Vereinigung mit ihm bringt.

Schöpfungshymnus des Rigveda, H → Nāsadāsīya

Schule der Drei Stufen, B → San-chieh-Schule

Schule des Magischen Juwels, T → Ling-pao p'ai

Schweigen des Buddha, B der historische Buddha → Shākyamuni weigerte sich, auf viele metaphysische Probleme seiner Zeit eine definitive Antwort zu geben. Diese Haltung wird als das »Schweigen des Buddha« bezeichnet.

Seine Schüler fragten ihn immer wieder, ob ein Selbst existiere oder nicht (→ Anātman); ob ein Erleuchteter nach seinem Tod auf irgendeine Weise weiterbestehe oder nicht; ob die Welt ewig und unendlich sei oder nicht. Sein Schweigen auf diese Fragen begründete der Buddha damit, daß Antworten darauf in keiner Weise den Fortschritt auf dem Weg fördern würden, da sie nicht zum Überwinden der Leidenschaften und Erlangen von Weisheit beitrügen. Er befürchtete, die Beschäftigung mit diesen Fragen würde die Menschen vom Beschreiten des Erlösungsweges, der zur Befreiung vom Leiden führt, abhalten.

Der Buddha veranschaulichte seine Haltung in der Parabel des von einem Giftpfeil getroffenen Menschen. Dieser wird unverzüglich zum Arzt gebracht, der den Pfeil sofort herausziehen will. Der Verwundete aber ruft: »Nicht eher soll der Pfeil herausgezogen werden, bis ich jenen Mann kenne, der mich getroffen hat, welcher Familie er angehört, ob er groß, klein oder von mittlerer Gestalt ist, ob seine Hautfarbe schwarz, braun oder gelb ist.«

Wie der vom Pfeil Verwundete sterben würde, bevor er eine Antwort auf seine Fragen erhalten hätte, so würde der Schüler vor der Lösung dieser metaphysischen Probleme dem Leiden der Welt erliegen.

Sechs Häuser (und) Sieben Schulen B (chin. Liu-chia ch'i-tsung); Strömungen in der frühen Phase des chin. Buddhismus (4. Jh.), die alle aus der Beschäftigung mit dem → *Prajñāpāramitā-Sūtra* entstanden sind und besondere Methoden der Exegese des Begriffes → Shūnyatā (Leere) darstellen. Sie entwickelten sich unter dem Einfluß der zu dieser Zeit in gebildeten Kreisen verbreiteten Lehren des Neotaoismus, dessen zentraler Gedanke des → Wu (Nichts) dem buddhist. Konzept von Shūnyatā nahesteht.

Die buddhist. Mönche versuchten anfangs, Shūnyatā mit Hilfe dieses chin. Gedankengutes zu erfassen. Da die verschiedenen Interpretationen von Shūnyatā sich beträchtlich voneinander unterschieden, kam es zur Bildung von »Sechs Häusern und Sieben Schulen«: Schule der Erscheinungen als solche; Schule der gespeicherten Eindrücke; Schule der Illusionen; Schule des Nicht-Sein des Geistes; Schule der kausalen Kombination; Schule des grundlegenden Nicht-Seins und die abgewandelte Schule des grundlegenden Nicht-Seins als Hauptrichtungen.

Seidō Chizō, 🅉 jap. für → Hsi-tang Chih-tsang

Seigan, 🅉 jap. → Shiguseigan

Seigen Gyōshi, 🅉 jap. für → Ch'ing-yüan Hsing-ssu

Seirai-no-I, 🅉 jap., wörtl.: »der Sinn des Kommens aus dem Westen«; ein Ausdruck, der sich auf das Kommen von → Bodhidharma aus Indien nach China bezieht und auf den tiefen Sinn, das innerste Prinzip, des von ihm übertragenen → Buddha-Dharma. Die Frage nach dem Sinn des Kommens aus dem Westen, die in der Zen-Literatur immer wieder auftaucht, ist eine Frage nach der Einen Wahrheit des Zen, die eine Aufforderung zu einem → Mondō oder → Hossen darstellt.

Seiza, 🅉 jap., wörtl.: »still sitzen«; die traditionelle jap. Sitzhaltung, bei der man kniend auf den Fersen sitzt, den Rücken gerade aufgerichtet hält. Seiza wird jenen → Zazen-Übenden als Sitzhaltung empfohlen, denen es nicht möglich ist, die sog. Lotos-Haltung (→ Kekka-Fusa; Skrt. Padmāsana) einzunehmen, die im Fernen Osten als die geeignetste Sitzhaltung für die Meditation angesehen wird.

Sekishu, 🅉 jap., wörtl.: »eine Hand«; Kurzbezeichnung für das → Kōan: »Was ist der Ton des Klatschens *einer* Hand?« Dies ist das bekannteste Kōan, das von einem jap. Zen-Meister, von → Hakuin Zenji, stammt. Hakuin sah es, neben dem »Kōan Mu« (→ Mu), als eines der wirksamsten Hosshin-Kōan an, d. h. als ein Kōan, das besonders geeignet ist, einem damit Übenden zu seiner ersten Erleuchtungserfahrung (→ Kenshō, → Satori) zu verhelfen.

Sekisō Keishō, 🅉 jap. für → Shih-shuang Ch'ing-chu

Sekisō Soen, 🅉 jap. für → Shih-shuang Ch'u-yüan

Sekitō Kisen, 🅉 jap. für → Shih-t'ou Hsi-ch'ien

Selbst-Wesensschau, 🅉 → Kenshō

Sengai Gibon, 🅉 1751–1837, jap. Zen-Meister der → Rinzai-Schule; er wurde mit 11 Jahren Mönch und ging mit 19 auf die Pilgerschaft (→ Angya). Er wurde ein Schüler und Dharma-Nachfolger (→ Hassu) von Meister Gessen Zen-ji. Nachdem seine Schulung unter Gessen abgeschlossen war, ging er erneut auf Wanderschaft und wurde 1790 zum 123. Abt des Shōfuku-ji in Hakata auf Kyūshū berufen, das 1195 von → Eisai Zenji als erstes Zen-Kloster in Japan gegründet worden war.

Sengai war für seine unorthodoxe aber äußerst wirksame Weise der Schulung von Zen-Schülern und für seinen Humor bekannt, Eigenschaften, die sich auch in seinen inzwischen von Kunstliebhabern in aller Welt geschätzten Tuschegemälden und Schriftkunstwerken widerspiegeln.

Seng-chao, 🅑 374 oder 378–414, bedeutender Vertreter der → San-lun-Schule des chin. → Mādhyamaka. Seng-chao, der aus Ch'ang-an (heute Xian) stammte, beschäftigte sich anfänglich mit den Lehren des → Lao-tzu und des → Chuang-tzu. Nach der Lektüre des → *Vimalakīrtinirdesha-Sūtra* wurde er Mönch und studierte unter → Kumārajīva die Texte des → Nāgārjuna. Seine Berühmtheit als Denker und Schriftsteller beruht vor allem auf drei Abhandlungen: über die Unveränderlichkeit der Dinge; über die Leerheit (→ Shūnyatā) des Nicht-Wirklichen; über » → Prajñā ist nicht Wissen«. Darin versucht er aufzuzeigen, daß das Absolute und das Relative, das Phänomenale und das Essentielle nichts Getrenntes und Gegensätzliches sind. Die Vielfalt der Erscheinungen basiert nicht auf einer unveränderlichen Substanz; für Seng-chao sind Substanz und Erscheinung dasselbe.

Seine Werke, die hohes literarisches Niveau aufweisen, stellen eine echte Synthese zwischen chin. und ind. Gedankengut dar.

Die »Unveränderlichkeit der Dinge« besteht für Seng-chao darin, daß Vergangenes weder »ruhig« und identisch mit Gegenwärtigem ist, noch daß Vergangenes sich durch Bewegung zum Gegenwärtigen entwickelt: Für ihn existieren weder Ruhe noch Bewegung.

Sein Konzept von Shūnyatā ist, daß Dinge sowohl existieren als auch nicht existieren: Alles entsteht bedingt; fällt die Ursache weg, hört ein Ding auf zu existieren. Dinge ähneln Seng-chaos Auffassung nach einem magisch geschaffenen Menschen, der einerseits nicht wirklich ist; da er aber als magisch Geschaffener existiert, ist er andererseits nicht nicht-wirklich.

In seinem Werk über Prajñā definiert Seng-chao Prajñā als »Wissen«, das das Absolute zum Objekt hat; das Absolute ist aber leer und ohne Qualitäten, kann also eigentlich kein Objekt sein. Es ist aber auch nicht getrennt von den Dingen. Der Weise verweilt also einerseits im Bereich der Leere und Nicht-Aktivität, andererseits im Bereich der Aktivität.

Senge, 🅉 jap., wörtl.: »in die Verwandlung eingehen«; ein Ausdruck, mit dem man im Buddhismus den Tod eines Menschen, insbesondere eines buddhist. Meisters, bezeichnet. Hier kommt zum Ausdruck, daß der Buddhismus den Tod nicht als ein Ende versteht, sondern nur als eine Umwandlung der äußeren Form; die Essenz des Menschen, sein Buddha-Wesen (→ Busshō), ist ewig, d. h. zeitlos und jenseits von Werden und Vergehen.

Seng-ts'an, 🅩 jap. Sōsan, gest. 606?; der 3. Patriarch (→ Soshigata) des Zen in China; der Dharma-Nachfolger (→ Hassu) von → Hui-k'o und Meister von → Tao-hsin. Über das Leben des 3. Patriarchen sind kaum Einzelheiten bekannt, und seine Gestalt und die Begegnung mit Hui-k'o sind von Legenden umrankt. Nach einer dieser Legenden litt Seng-ts'an an Lepra, als er dem 2. Patriarchen begegnete. Hui-k'o soll ihm mit den Worten entgegengetreten sein: »Du leidest an Lepra; was könntest Du von mir wollen?« Seng-ts'an soll ihm entgegnet haben: »Auch wenn mein Körper krank ist, so ist der Herz-Geist [→ Kokoro] eines Kranken doch nicht verschieden von Eurem Herz-Geist.« Dies überzeugte Hui-k'o von den geistigen Fähigkeiten von Seng-ts'an; er nahm ihn als Schüler an und bestätigte ihn später als seinen Dharma-Nachfolger und als den 30. Patriarchen (= 3. chin. Patriarch) in der auf → Shākyamuni Buddha zurückgehenden Übertragungslinie des Zen.

Die Begebenheit, die die »Übertragung von Herz-Geist zu Herz-Geist« (→ Ishin-Denshin) von Hui-k'o auf Seng-ts'an markiert, wird im → *Denkō-roku* folgendermaßen wiedergegeben:

»Der 30. Patriarch, Kanchi Daishi [*daishi:* Großer Meister] ging (zur Unterweisung) zum 29. Patriarchen und fragte: ›Der Leib des Schülers ist von tödlicher Krankheit umfangen. Ich bitte Euch, Meister, löscht meine Sünden aus.‹

Der Patriarch [Hui-k'o] sagte: ›Bring mir deine Sünden her; ich werde sie dir auslöschen.‹

Der Meister [Seng-ts'an] saß eine Weile still da und sagte: ›Obgleich ich nach meinen Sünden gesucht habe, kann ich sie doch nicht finden.‹

Der Patriarch sagte: ›Dann habe ich deine Sünden schon gründlich ausgelöscht. Du solltest in Übereinstimmung mit Buddha, Dharma und Sangha [→ Sambō] leben.‹«

Es heißt, daß Seng-ts'an während der Buddhistenverfolgung im Jahre 574 Geisteskrankheit vortäuschen mußte, um der Exekution zu entgehen, und daß er sich schließlich zehn Jahre lang auf dem Berg Huan-kung verbarg. Seine bloße Anwesenheit dort soll die wilden Tiger besänftigt haben, die bis dahin die Einwohner dieser Gegend in Angst und Schrecken versetzt hatten. Seng-ts'an wird die Urheberschaft des *Hsin-hsin-ming* (jap. *Shinjimei*) zugeschrieben, einer frühen Schrift des Zen, die die Grundprinzipien des Zen in Gedichtform darlegt und die starke taoist. Einflüsse erkennen läßt. Das *Hsin-hsin-ming* beginnt mit einem berühmten Satz, der in der späteren Zen-Literatur (z. B. 2. Beispiel des → *Pi-yen-lu*) immer wieder anklingt: »Der Erhabene Weg ist gar nicht schwer, nur abhold wählerischer Wahl.« In diesem frühen Zen-Gedicht tritt zum ersten Mal die für das spätere Zen typische Verschmelzung der einander kongenialen Lehren des Mahāyāna-Buddhismus und des Taoismus zu Tage.

Sengyo, 🅩 jap., wörtl.: »Fischreuse«; ein Zen-Ausdruck, der darauf hinweist, daß die Wirklichkeit, um deren unmittelbare Erfahrung sich der Übende auf dem Zen-Weg bemüht, nicht in den Schriften und Methoden der Übung zu suchen ist. Diese sind bestenfalls Hilfsmittel, die uns helfen können, zu einer solchen Erfahrung zu kommen, enthalten jedoch niemals die Wirklichkeit selbst. Deshalb soll man sich nicht an Begriffe und Methoden klammern, sondern diese »vergessen«, um die Erfahrung der Wahren-Wirklichkeit (→ Erleuchtung) zuzulassen. Der Ausdruck geht auf den großen taoist. Weisen Chuang-tzu, einen der geistigen Vorväter des Zen in China, zurück. Er schreibt:

»Die Fischreuse ist da, um Fische zu fangen; wir wollen die Fische behalten und die Reuse vergessen. Die Schlinge ist da, um Hasen zu fangen; wir wollen den Hasen behalten und die Schlinge vergessen. Worte sind da, um einen tiefen Sinn zu vermitteln; wir wollen den Sinn behalten und die Worte vergessen.« (*Chuang-tzu,* Buch 31.)

Senkan, 🅩 jap. für Hsüan-chien → Te-shan Hsüan-chien

Senshō-Fuden, 🅩 jap., wörtl.: »von tausend Weisen unübertragbar«; ein Zen-Ausdruck, der darauf verweist, daß die Zen-Erfahrung nicht mitteilbar ist: Auch tausend Weise könnten sie einem Menschen nicht durch Worte übermitteln, ein jeder muß aus und für sich selbst dazu erwachen. (Siehe dazu auch → Fukasetsu.)

Sentsang, 🅑 → Hsüan-tsang

Seppō Gison, 🅩 jap. für → Hsüeh-feng I-ts'un

Sesshin, 🅩 jap., wörtl.: »Sammeln *(setsu)* des Herz-Geistes (*shin* → Kokoro)«; Tage besonders intensiver, strenger Übung des gesammelten Geistes (→ Zazen), wie sie in Zen-Klöstern in regelmäßigen Abständen durchgeführt werden.

Während der normale Alltag in einem Zen-Kloster neben einigen Stunden der Übung von Zazen längere Perioden der körperlichen Arbeit, Bittgänge (→ Takuhatsu) und andere Formen der Fürsorge für die Gläubigen enthält, widmen sich die Mönche während der Sesshin, die als Höhepunkte der Zen-Schulung gelten, ausschließlich der meditativen Versenkung. Lange Perioden des Zazen werden nur von wenigen Stunden Schlaf in der Nacht, Rezitationen, einer kurzen Arbeitszeit (→ Samu) und kurzen Ruhepausen nach dem Mittags- und Abendmahl unterbrochen. Die Sammlung des Geistes auf die jeweilige Übung, die der Mönch von seinem Meister erhalten hat (z. B. → Kōan-Praxis oder → Shikantaza) geht jedoch während all dieser Aktivitäten möglichst ununterbrochen weiter. Besondere Inspiration und Ansporn für die Mönche sind während der Sesshin-Tage die → Teishō des → Rōshi und die Einzelunterweisungen (→ Dokusan), die die Mönche im Sesshin oft mehrmals am Tag erhalten.

Sesshu Tōyō, **Z** 1420–1506; ein der → Rinzai-Schule angehöriger Zen-Mönch, der als einer der größten Maler Japans und wohl als der bedeutendste jap. Zen-Maler gilt.

Sesson Yūbai, **Z** 1288–1346, jap. Zen-Meister der → Rinzai-Schule. Er war zunächst Schüler des chin. Meisters → I-shan I-ning (jap. Issan Ichinei) im → Kenchō-ji in Kamakura. 1307 ging er nach China, wo er zunächst als Spion verdächtigt und für zehn Jahre ins Gefängnis gesteckt wurde. Danach wanderte er durch China und suchte chin. Zen-Meister auf. 1328 nach Japan zurückgekehrt, ließ er sich auf Wunsch des Shōgun Ashikaga Takauji im Kloster Manju-ji in Kyōto nieder. 1345 wurde er zum Abt des → Kennin-ji berufen. Mit seinem ersten Meister I-shan I-ning gilt er als Begründer der »Literatur der Fünf Berge« (→ Gosan-Bungaku).

Setchō Jūken, **Z** jap. für → Hsüeh-tou Ch'ung-hsien

Shabda **H** (Śabda), Skrt., wörtl.: »Klang«; jeder Klang hat im Sanskrit zwei Aspekte, den gröberen des hörbaren Klanges und das feinere Klangelement, eine Klangschwingung transzendenter Natur. Dieser innere Sinn des Klanges ist der eigentliche Shabda, der auch Sphota genannt wird und sich mit erleuchtender Kraft (Shakti) aus dem Unbewegten, Ewigen erhebt. Wenn sein Gefährt, das gesprochene Wort (Dhvani), in innerlich und äußerlich vollkommener Weise erklingt, versetzt es die innere Kraft in Schwingung, die dann in der Lage ist, Einsicht bis hin zur Erleuchtung zu vermitteln. (Siehe dazu auch → Mantra.)

Shabda-Brahman **H** (Śabda-Brahman), Skrt.; die Welt des Klanges (→ Shabda) wird im Sanskrit als eine Manifestation Brahmans beschrieben. In der frühen ved. Sprache ist Brahman das Wort für Mantra oder Gebetskraft. In den späteren Schriften der Upanischaden ist Brahman die letzte Transzendenz, während mit Shabda-Brahman der »geschriebene Veda« bezeichnet wird, d. h. die Worte des ewigen, unvergänglichen → Veda als Manifestation Brahmans.

Shadāyatana **B** (Ṣaḍāyatana), Skrt. (Pali: Salāyatana), etwa: »sechs Grundlagen, Bereiche«; bezeichnet die sechs Objekte der Sinnesorgane: Seh-, Hör-, Riech-, Schmeckobjekte, Körpereindruck und Geistobjekte (→ Āyatana).
Als 5. Glied der Kette des Bedingten Entstehens (→ Pratītya-Samutpāda) stellen sie die Bereiche der Sinnentätigkeit dar, die sich den Sinnesorganen des entstandenen Wesens (→ Nāmarūpa) nach seiner Geburt darbieten und die Berührung (→ Sparsha) mit den Gegenständen der Umwelt ermöglichen.

Shaiva, **H** Skrt. → Shaivismus

Shaiva-Siddhānta **H** (Śaiva-Siddhānta), Skrt., wörtl.: »das höchste Ziel der Shaivas«; Bezeichnung für den südind. → Shaivismus, der dem → Vishishtādvaita-Vedānta (eigenschaftsbehafteter Nicht-Dualismus) des → Rāmānuja insofern ähnelt, als er weder die absolute Identität noch die absolute Verschiedenheit von Gott, Seele und Welt postuliert. Der höchste Gott ist → Shiva mit seiner Gemahlin Ambā (dem weiblichen Aspekt, der → Shakti).

Die Quellen dieser Schule gehen sowohl auf die arische als auch auf die dravidische Kultur zurück, auf den ved. → Rudra, den Rudra-Shiva-Kult der → Brāhmanas, das → *Mahābhārata,* die → *Shvetāshvatara-Upanishad* und die Shaiva-Āgamas. Die wichtigsten Schriften dieser Schule sind das *Shaiva-Siddhānta-Shāstra,* Nīlakanthas Kommentar zu den → *Brahma-Sūtras* und Apyaya Dīkshitas Kommentar *Shivārkamanidīpika.*

Shaivismus **H**, auch Shivaismus; eine der drei großen Richtungen der Gottesverehrung im modernen Hinduismus. Die beiden anderen sind → Vaishnavismus und → Shaktismus. Die Shaivas sehen in Shiva das höchste Wesen und geben sich nur seiner Anbetung und Verehrung hin. Für sie ist er der Schöpfer, Erhalter und Zerstörer des Weltalls. Der südind. Shaivismus wird → Shaiva-Siddhānta genannt, der Shaivismus in Kashmir → Pratyabhijñā.

Shākhā **H** (Śākhā), Skrt., wörtl.: »Zweig«, Zweig des Veda, Vedaschule. Die → Veden wurden zunächst mündlich von Generation zu Generation übermittelt, und dabei entstanden die verschiedenen Vedaschulen, wodurch jeder der vier Veden in verschiedenen Formen (Shākhās) nebeneinander existierte. Jede Shākhā hatte vor allem ihr eigenes → Brāhmana, das einerseits aus Anleitung *(vidhi)* und Erklärung *(atharvāda)*, den beiden *rituellen* Textbüchern bestand, andererseits aus dem Vedānta (Veda-Ende, Schlußbetrachtung), d. h. der Upanischade, dem *dogmatischen* Textbuch. Die → Upanischaden waren urspr. nichts anderes als die dogmatischen Textbücher der einzelnen Vedaschulen.

Shako, Z jap., wörtl.: »Dies!«; ein im Zen gebräuchlicher Ausruf, der ein unmittelbares Deuten auf die Wahre-Wirklichkeit ist.

Shākta, H Skrt. → Shaktismus

Shakti H (Śakti), Skrt., wörtl: »Kraft, Macht, Energie«; die Gemahlin → Shivas, die als »Göttliche Mutter« in ganz Indien unter immer neuen Namen (z. B. Ambā, Durgā, Kālī) verehrt wird. Sie ist die Personifizierung der Ur-Energie, der Kraft → Brahmans, der dynamische Aspekt Gottes, durch den er schafft, erhält und auflöst. Die Hindus glauben, daß die Gnade der Shakti notwendig ist, damit man den transzendenten Aspekt Gottes erfassen kann.

Das → Tantra befaßt sich besonders intensiv mit der Shakti. So wird unter anderem jedes → Chakra von einer besonderen Shakti beherrscht: Mūladhāra von Kākindī, Svādhishthāna von Rākinī, Manipūra von Lākinī, Anāhata von Kākinī, Vishuddha von Shākinī und Ājñā von Hākinī. (Siehe dazu auch → Kundalinī.)

Shakti-Sānchāra H (Śakti-Sāṃcāra), Skrt., wörtl.: »Kräfte in Bewegung setzen«; Erwekkung der spirituellen Kräfte durch Übertragung der Fähigkeiten des Gurus auf den Schüler.

Shaktismus H (Śaktismus), auch Tantrismus genannt; eine der drei großen Richtungen der Gottesverehrung im modernen Hinduismus. Die beiden anderen sind → Vaishnavismus und → Shaivismus. Die Shāktas beten → Shakti an und verehren sie als die Kraft, die alles Leben ermöglicht und das Universum erhält. Es ist dies die grundlegende Schöpferkraft, deren ursprünglichster Ausdruck die die Grundpolarität männlich/weiblich vereinende und neues Leben hervorbringende sexuelle Kraft ist. Deshalb ist die Symbolik des Shaktismus sexueller Natur (→ Yonī, → Linga), und die Gottheiten des Shaktismus werden oft in sexueller Vereinigung dargestellt. Als Weg zur Erfahrung der Letzten Wirklichkeit dienen den Shāktas sexuelle Praktiken, wie sie z. B. im → *Kāma-Sūtra* dargestellt sind, in Verbindung mit Übungen des → Kundalinī-Yoga. In manchen Formen des Shaktismus sind die sexuellen Ausdrucksformen nur noch Symbole innerer meditativer Prozesse; die Vereinigung wird hier auf geistiger, nicht mehr auf körperlicher Ebene vollzogen (siehe dazu auch → Tantra). Eine Einführung in die geistigen Grundlagen des Shaktismus ist: Ajit Mookerjee/ Madhu Khanna, *Die Welt des Tantra in Bild und Deutung,* Bern 1978.

Shakujō, Z jap., wörtl.: »Kupfer-Stab«; der Priesterstab, der zur Ausrüstung eines Zen-Mönchs (→ Unsui) auf der Pilgerschaft (→ Angya) gehört.

Der Shakujō ist ein Holzstab mit einem Aufsatz aus Metall, an dem metallene Ringe lose aufgehängt sind, so daß sie beim Gehen ein klingendes Geräusch machen. Dieses Geräusch soll Käfer, Schlangen und anderes Kleingetier, auf das der Wanderer treten könnte, vor dem Herannahen des Mönches warnen, damit sie sich vom Weg entfernen können und der Mönch, zu dessen Lebenswandel die Absicht gehört, keinem Lebewesen Leid zuzufügen, sie nicht versehentlich tötet oder verletzt.

Shakuntalā H (Śakuntalā), Skrt., eine → Apsarā (himmlische Nymphe), die Mutter des Königs → Bharata. Die Geschichte ihrer Liebe zu König Dushyanta ist der Inhalt des berühmten Dramas *Shakuntalā* von → Kālidāsa. Der Stoff ist dem *Mahābhārata* und dem *Padma-Purāna* entnommen. (Dt. Übersetzungen seit 1791, zuletzt 1960.)

Shakuntalā lebte in der Einsiedelei eines Rishi. Als König Dushyanta sie im Wald erblickte, verliebte er sich in sie und verführte sie zu einer Gandharva-Heirat, einer einfachen gegenseitigen Erklärung der Ehe. Ehe er sie verließ, gab er ihr einen Ring als Pfand. Shakuntalā war so in Gedanken an Dushyanta versunken, daß sie es versäumte, einem heiligen Gast der Einsiedelei genügend Achtung zu zollen. Er verfluchte sie dazu, von ihrem Geliebten vergessen zu werden, versprach aber, daß der Fluch aufgehoben würde, wenn Dushyanta den Ring sähe. Auf dem Weg zum König badete Shakuntalā in einem See und verlor dabei den Ring, den ein großer Fisch verschluckte. Ein Fischer fing den Fisch und verkaufte ihn dem König, der sich beim Anblick des Ringes an Shakuntalā erinnerte und sie, zusammen mit ihrem inzwischen geborenen Sohn Bharata, als seine Gemahlin zu sich nahm.

Goethe las Georg Forsters Übertragung des Dramas und ließ sich von der Gestalt der Shakuntalā zu einem berühmt gewordenen Distichon inspirieren, das auch etwas von seinem Hinduismus-Verständnis zum Ausdruck bringt:

»Willst du die Blüte des frühen, die Früchte des späteren Jahres, / Willst du, was reizt und entzückt, willst du, was sättigt und nährt, / Willst du den Himmel, die Erde mit Einem Namen begreifen, / Nenn' ich, Sakontala, dich, und so ist alles gesagt.«

Shākya ◻ (Śākya), Skrt. (Pali: Sakka); Adelsgeschlecht, aus dem der historische Buddha, → Siddhārtha Gautama, stammt und das einen der 16 Staaten, in die das damalige Indien gespalten war, regierte. Die Shākyas bewohnten das Gebiet des heutigen Südnepal, ihre Hauptstadt war → Kapilavastu, wo der Buddha geboren wurde und aufgewachsen ist. Der Vater des Buddha, Suddhodana, war damals König des Staates der Shākyas.

Die Shākyas bildeten eine aristokratische Republik, die von einem Ältestenrat (Sangha) regiert wurde, aber bis zu einem gewissen Maß vom Staat → Koshala abhängig war. Der Stamm wurde noch zu Lebzeiten des Buddha von einem feindlichen König aus Koshala fast gänzlich vernichtet.

Viele Shākyas traten dem buddhist. Orden bei, als der Buddha nach seiner Erleuchtung nach Kapilavastu zurückkehrte, um Lehrreden zu halten. Der einfache Barbier → Upāli wurde als erster zum Mönch ordiniert und war so innerhalb des Sangha höhergestellt als die führenden Persönlichkeiten des Staates.

Shākyamuni ◻ (Śākyamuni), Skrt., wörtl.: »der Weise aus dem Geschlecht der → Shākyas«; Bei-

Typische Darstellung des Buddha Shākyamuni mit der Erdberührungsgeste (Bhūmisparsha-Mudrā).

name von → Siddhārtha Gautama, dem Begründer des Buddhismus (→ Buddha-Dharma) und historischen Buddha, der dem Stamm der Shākyas angehörte. Diesen Beinamen erhielt Siddhārtha, nachdem er sich von seinen Lehrern getrennt hatte und beschloß, den Weg zur Erlösung allein zu finden.

»Shākyamuni« wird oft in Verbindung mit »Buddha« (Buddha Shākyamuni) gebraucht, um den historischen von anderen Buddhas abzugrenzen.

Shama ◻ (Śama), Skrt.; Beherrschung des Denkens, die ungeteilte Konzentration auf ein Objekt, über das meditiert werden soll. In → Shankaras → *Tattvabodha* eine der Sechs Errungenschaften (→ Shatkasampatti).

Shamatha ◻ (Śamatha), Skrt., wörtl.: »Ruhiges Verweilen«. In der → Gelugpa-Schule des Tibetischen Buddhismus wird betont, daß die »Sammlung« (→ Samādhi) eine gezielte Entwicklung von »Ruhigem Verweilen« und »Besonderer Einsicht« (→ Vipashyanā) voraussetzt. Der Aspekt des Ruhigen Verweilens bringt den Geist zur Ruhe, während die Besondere Einsicht durch analytische Überprüfung zur Schau der Wahren-Wirklichkeit, der Leere (→ Shūnyatā), führt. In einer vorbereitenden Übung wird anfangs Shamatha entwickelt und später in Verbindung mit Vipashyanā immer mehr verfeinert. Das Ruhige Verweilen wird mit einem stillen und heiteren See verglichen, in dem sich der »Fisch der Besonderen Einsicht« tummelt.

Die verschiedenen Hindernisse, die der Entwicklung von Shamatha entgegenstehen, werden durch neun Stadien des Geistes, sechs Kräfte und vier geistige Aktivitäten beseitigt.

I. Die *Geistesstadien* sind: 1. Gerichtetsein des Geistes auf das Meditationsobjekt; 2. Festigung des Geistes; 3. Ständiges Erneuern der Aufmerksamkeit; 4. Beschränkung aufs Objekt; 5. Zähmung des Geistes; 6. Beruhigung des Geistes; 7. Feine Beruhigung; 8. In eins gesammelter Geist; 9. Samādhi.

II. Die *Kräfte* sind: 1. Hören der Lehre (entspr. I, 1); 2. Reflektieren (entspr. I, 2); 3. Kraft der Achtsamkeit (entspr. I, 3 und 4); 4. Klares Verständnis (entspr. I, 5 und 6); 5. Konzentrierte Energie (entspr. I, 7 und 8); 6. Natürliche Vertrautheit (entspr. I, 9).

III. Die *geistigen Aktivitäten* sind: 1. Verbindung des Geistes mit dem Objekt (entspr. I, 1 und 2); 2. Wiederherstellung der Aufmerksamkeit (entspr. I, 3 bis 7); 3. Ungebrochene Aufmerksamkeit (entspr. I, 8); 4. Müheloses Verweilen (entspr. I, 9).

Die Konzepte dieses Übungsprogramms stammen aus der Literatur der → Yogāchāra-Schule und wurden in Tibet als einheitliches Meditationssystem praktiziert. Der gesamte Prozeß wird gern durch ein Schaubild deutlich gemacht; die beiden hemmenden Tendenzen der Trägheit und Übererregtheit des Geistes werden dabei durch einen Elefanten und einen Affen dargestellt. Diese werden im Verlauf der Übung bezähmt.

Shambhala B (Śambhala), Skrt.; Name eines mythischen Königreiches, dessen geographische Zuordnung nicht sicher ist, das aber der Legende nach im Nordosten von Indien liegt. Es gilt als Ursprungsland der → Kālachakra-Lehren und spielt mitsamt seiner Symbolik als »Quelle des Glücks« eine zentrale Rolle im → Tibetischen Buddhismus. Ausschlaggebend ist dabei der Mythos, daß aus Shambhala die Retter der Menschheit kommen werden, wenn die Welt von Krieg und Zerstörung beherrscht wird.

Die verschiedenen Spekulationen bezüglich der genauen Lage von Shambhala reichen von Gebieten in Zentralasien über China bis zum Nordpol. Seine Bedeutung verdankt dieses Reich aber weniger der Möglichkeit einer konkreten geographischen Lokalisierung, als einer »geistigen« Qualität, die mit ihm assoziiert wird. Die tibetische Überlieferung zählt Shambhala zu den sog. »Versteckten Tälern«, bestimmten Lokalitäten, die in Notzeiten zur Verfügung stehen.

Die 25 Verkünder der Kālachakra-Lehren spielen auch im Mythos von Shambhala eine Rolle. Mit dem letzten Verkünder wird ein Goldenes Zeitalter anbrechen, und es kommt zum Sieg über jegliche negativen Kräfte. Aufgrund dieser Prophezeiung wurde Shambhala im Laufe der Zeit mit dem Epos des → Gesar und der Ankunft des → Maitreya verbunden.

Der 3. → Panchen Lama verfaßte einen in Tibet sehr verbreiteten Wegführer zu diesem Reich, der auf einem im tibetischen Kanon (→ Kangyur/Tengyur) erhaltenen Werk basiert. Eine ausführliche Darstellung des Shambhala-Mythos ist: E. Bernbaum, *Der Weg nach Shambhala,* Hamburg 1982.

Shāmbhava H (Śāṃbhava), Skrt., abgeleitet von Shambu (»der Segensreiche«), einem Beinamen → Shivas; die Philosophie, die dem → Tantra zugrunde liegt. Sie ist der Auffassung, daß Shiva unpersönlich und inaktiv ist und alles durch seine → Shakti bewirkt.

Shānavāsin, Z 3. Patriarch in der ind. Linie des → Zen

Shāndilya-Vidyā H (Śāṇḍilya-Vidya), Skrt.; eine umfassende Weisheit, die nach dem Heiligen Shāndilya benannt ist. Sie umfaßt die Seele in ihrer Beziehung sowohl zur materiellen Welt als auch zu den spirituellen Quellen, aus denen Licht und Erkenntnis kommen.

Shang-ch'ing, T chin. → San-ch'ing

Shankara H (Śaṃkara), auch Shankarāchārya, 788–820, einer der größten Heiligen und Philosophen Indiens; sein Name bedeutet »heilbringend« und ist auch ein Beiname Shivas als Oberhaupt der → Rudras. Shankara war der Hauptvertreter des → Advaita-Vedānta und der Erneuerer des Hinduismus, nachdem dieser zeitweise vom Buddhismus verdrängt worden war. Trotz seines kurzen Lebens hat der vielseitig gebildete Schüler von → Gaudapādas Schüler Govindapāda zahlreiche Schriften verfaßt. Die wichtigsten sind: → *Ātmabodha,* → *Tattvabodha,* → *Upadesha-Sahasri,* → *Viveka-Chūdāmani* sowie der große Kommentar zum Vedānta-Sūtra, *Shārīraka-Bhāshya* (»Erörterung der Weltseele«, dt. von P. Deussen, 1887 in *Die Sūtras des Vedānta*). Ferner verfaßte er Kommentare zur → *Bhagavad-Gītā,* zu zehn Upanischaden und Hymnen zum Lob verschiedener Gottheiten.

Shankara wurde in Kāladi an der Malabarküste geboren und starb in Kedārnāth im Himālaya im Alter von 32 Jahren. Mit acht Jahren entsagte er der Welt und wanderte durch ganz Indien. Sein Wissen und seine Heiligkeit waren so groß, daß man ihn als eine Inkarnation Shivas betrachtete, daher sein Name. Er gründete zahlreiche Klöster, um durch ihre Mönche seine Lehren zu verbreiten. Das Hauptkloster ist Shringeri im Süden Indiens. Die drei nächstwichtigsten sind → Puri im Osten, → Dvārakā im Westen und Badrināth im Himālaya. Er war zugleich Philosoph und Dichter, Gelehrter und Heiliger, Mystiker und Reformator. Einige seiner Schüler schrieben Werke über sein Leben. Die wichtigsten sind Vidyāranyas *Shankaradigvijaya* und → Ānandagiris *Shankaravijaya.*

Shānta H (Śānta), Skrt., wörtl.: »innerer Frieden«; der erste der fünf → Bhāvas des Gottliebenden (Bhakta), eine friedliche, heitere Stimmung, in der er sich Gott nahe fühlt, ohne eine bestimmte Beziehung zu ihm aufgebaut zu haben.

Shāntanu H (Śāntanu), Skrt., ein König der Lunar-Rasse, der Vater von → Bhīshma und Großvater von → Dhritarāshtra und → Pāndu.

Von Shāntanu wird gesagt, daß er durch Berührung mit der Hand jeden alten Menschen jung machen konnte. Er wurde Satyavachana (»die Wahrheit sprechend«) genannt, und seine Wohltätigkeit, Güte, Bescheidenheit und Gottesverehrung wurden besonders gelobt.

Shan Tao, T → Chu-lin ch'i-hsien

Shānti H (Śānti), Skrt., wörtl.: »Friede«; der innere Friede, den man durch die spirituelle Erkenntnis erlangt, daß man nicht der sterbliche Körper ist, sondern unvergängliches Bewußtsein.

Shāntideva B (Śāntideva), Skrt., Vertreter der mahayanist. Schule der → Mādhyamikas. Shāntideva, nach der Legende ein Königssohn aus Südindien, wirkte im 7./8. Jh. als Mönch an der

Klosteruniversität → Nālandā. Er ist der Verfasser zweier erhaltener Werke, des *Shikshāmuchchaya* (»Sammlung der Regeln«) und des *Bodhicharyāvatāra* (»Eintritt in das Leben zur Erleuchtung«). Letzteres wird bis heute im → Tibetischen Buddhismus als Lehrtext verwendet (dt. v. E. Steinkellner, Düsseldorf/Köln 1981).

Darin schildert Shāntideva den Werdegang eines Bodhisattva von der Aufnahme des Erleuchtungsgedankens (→ Bodhichitta) bis zur Gewinnung der Einsicht (→ Prajñā), entsprechend den sechs »Vollkommenheiten« (→ Pāramitā). Das *Bodhicharyāvatāra* ist vor allem als Anleitung für Laien und Anfänger gedacht. Shāntideva erklärt darin zwei Meditationsmethoden, die dem zukünftigen Bodhisattva helfen sollen, den Grund für seine Zuwendung zu anderen Wesen zu erkennen und aus dieser Erkenntnis heraus zu handeln. Zum einen handelt es sich um die Übung der Gleichheit des Anderen und des Selbst (Parātmasamatā), zum anderen um die Übung der Austauschung des Anderen und des Selbst (Parātmaparivartana).

Shāntirakshita, B → Mādhyamika

Shan-wu-wei, B chin. für Shubhākarasimha → Mi-tsung

Shao-lin-Kloster Z (chin. Shao-lin-ssu, jap. Shōrin-ji); buddhist. Kloster auf dem → Sungshan, das 477 vom Kaiser Hsiao-wen aus der Nördlichen Wei-Dynastie erbaut wurde. Zu Beginn des 6. Jh. lebte der ind. Mönch Bodhiruchi in diesem Kloster und übersetzte zahlreiche Sūtras ins Chinesische. Hierher zog sich in der 1. Hälfte des 6. Jh. auch → Bodhidharma zurück, nachdem er in Südchina erfahren hatte, daß die Zeit zur Aufnahme seines Dharma in China noch nicht gekommen war. Es heißt, daß Bodhidharma im Shao-lin-Kloster »neun Jahre der Wand gegenüber« (→ Menpeki) in schweigender Versunkenheit (→ Zazen) verbrachte, bis sein späterer Dharma-Nachfolger (→ Hassu), → Hui-k'o, zu ihm fand.

Heute assoziieren viele Menschen – inzwischen auch im Westen – mit dem Shao-lin-Kloster die Übung des Kung-fu, eine Form des → Ch'i-kung, die oft als »Kampfsport« mißverstanden wird, obwohl sie urspr. eine Form der geistig-praktischen Schulung war. Der Legende nach soll das Kung-fu von buddhist. Mönchen im Shao-lin-Kloster entwickelt worden sein.

Shāriputra B (Śāriputra), Skrt. (Pali: Sāriputta); Hauptschüler des Buddha. Shāriputra war brahmanischer Abstammung. Kurz nach dem Erwachen (→ Bodhi) des Buddha trat er gemeinsam mit seinem Jugendfreund → Mahāmaudgalyāyana dem buddhist. Orden bei und erlangte aufgrund seiner Weisheit schnell Berühmtheit. Er soll ein paar Monate vor dem Buddha gestorben sein. Oft findet man in Klöstern die Statuen Shāriputras und Mahāmaudgalyāyanas vor der des Buddha. Shāriputra zählt zu den → Zehn Großen Jüngern des Buddha.

Die Bekehrung des Shāriputra, der urspr. einen agnostischen Skeptizismus vertrat, soll nach den Schriften durch die Begegnung mit dem Mönch Assaji erfolgt sein. Shāriputra fragte ihn nach seinem Glauben, Assaji antwortete mit dem Vers:

> Bei Dhammas, die aus Ursachen entspringen,
> hat der Vollendete die Ursache erklärt.
> Und auch, wie sie zur Aufhebung zu bringen,
> wird von dem großen Samana gelehrt.

(Zit. n. H. W. Schumann, 1976, S. 37.)

Shāriputra, der sofort den Sinn dieser Zeilen erfaßte, berichtete seinem Freund Mahāmaudgalyāyana davon, und beide ließen sich vom Buddha in den → Sangha aufnehmen.

Sharīra H B (Śarīra), Skrt., wörtl.: »Leib, Hülle«.

H Vergängliche Form; drei Hüllen umgeben den → Ātman: a) Sthūla-Sharīra, der grobstoffliche Leib, identisch mit → Annamaya-Kosha; b) Sūkshma-Sharīra, auch Linga-Sharīra genannt, der feinstoffliche Leib, der aus → Prānamaya-Kosha, → Manomaya-Kosha und Vijñānamaya-Kosha gebildet wird; c) → Kārana-Sharīra, die Ursachehülle, identisch mit → Ānandamaya-Kosha.

B Reliquien des Buddha → Shākyamuni oder eines Heiligen, die vor allem in → Stūpas und → Pagoden aufbewahrt und verehrt werden.

Der Reliquienkult hat wahrscheinlich unmittelbar nach dem Tode des Buddha Shākyamuni begonnen. Seine Asche wurde aufgeteilt, was zu Streitigkeiten zwischen den einzelnen Stämmen geführt hat. Zu Reliquien im weitesten Sinn zählen auch → Sūtras, → Dhāranīs und Bildwerke des Buddha; sie können einem Stūpa oder einer Pagode »heiligen« Charakter verleihen.

Die Verehrung der Reliquien gewährt nach volkstümlicher Auffassung Schutz vor Mißgeschick.

Reliquien des historischen Buddha wurden in seiner Heimatstadt → Kapilavastu und in → Vaishālī gefunden.

Ein Zahn des Buddha soll in Candy auf Ceylon in einem eigenen Tempel aufbewahrt werden, Haare in einer Pagode in Burma. Auch die Almosenschale des Buddha soll noch erhalten sein: dem → *Mahāvamsa* zufolge wurde sie unter → Ashoka nach Ceylon gebracht, nach Marco Polo soll sie auf Befehl des Kublai Khan von Ceylon nach China überführt worden sein.

Sharya, Z jap. → Ajari

Shaseki-shū, Z jap. → Ichien

Shāstra 🅗 🅑 (Śāstra), Skrt., wörtl.: »Belehrung, Lehrbuch«.

🅗 Die → Veden und alle anderen heiligen Schriften, die mit ihnen übereinstimmen, die Gesetzbücher und andere gelehrte Schriften wie Kommentare usw.

🅑 Abhandlungen über dogmatische und philosophische Fragen der buddhist. Lehre, die von mahayanist. Denkern verfaßt wurden und die philosoph. Aussagen der → Sūtras systematisch interpretieren. Sie haben stark didaktischen Charakter. – Die Shāstras stellen einen wesentlichen Teil des chin. → Tripitaka dar.

Shatapatha-Brāhmana 🅗 (Śatapatha-Brāhmaṇa), Skrt.; das → Brāhmana des *Weißen* → *Yajurveda.* Es wird dem Rishi → Yājñavalkya zugeschrieben und ist das vollständigste, systematischste und bedeutendste aller Brāhmanas. Sein → Āranyaka ist die → *Brihadāranyaka-Upanishad.*

Shatkasampatti 🅗 (Ṣatkasaṃpatti), Skrt., wörtl. *shatka:* »aus sechs bestehend«, *sampatti:* »Zuteilwerden, Gelingen, Erreichen«; in → Shankaras Werk *Tattvabodha* die »Sechs großen Errungenschaften«, eine der vier Vorbedingungen, die ein Schüler des → Vedānta erfüllen muß. Die drei anderen sind → Mumukshutva (rechtes Verlangen), → Viveka (Unterscheidungsvermögen) und → Vairāgya (Leidenschaftslosigkeit).

Die Sechs großen Errungenschaften sind: 1. → Shama, innere Beherrschung, vor allem des Denkens; 2. Dama, Beherrschung der Sinnesorgane; 3. → Uparama, Erfüllung der eigenen Pflichten (Dharma); 4. Titikshā, das geduldige Ertragen aller Gegensatzpaare; 5. → Shraddhā, Glaube an die heiligen Schriften und Vertrauen in den → Guru; 6. Samādhāna, die Fähigkeit zur Sammlung und zur Kontemplation an einem einsamen Ort über die Texte des Vedānta und die Worte des Guru, sowie die Unterweisung geeigneter Schüler.

Shaucha 🅗 (Śauca), Skrt., wörtl.: »Läuterung, Reinheit«; eine der fünf geforderten Tugenden der zweiten Stufe (Niyama) des → Rāja-Yoga, die im → *Yoga-Sūtra* des → Patañjali (II, 32) aufgezählt werden. Die anderen vier sind → Santosha (Genügsamkeit), → Tapas (Askese), → Svādhyāya (Studium der heiligen Schriften) und → Īshvara-Pranidhāna (Hingabe an Gott).

Shayata, 🅩 jap. Name für den 20. Patriarchen in der ind. Linie des → Zen

Shen, 🅣 chin., Gottheit, Geist; im Taoismus bezeichnet Shen einerseits die Gottheiten, die das Universum und nach Auffassung einiger Schulen das Innere des Körpers bewohnen. Andererseits ist damit auch der persönliche Geist, eine der drei Lebenskräfte des Menschen, gemeint.

Der Makrokosmos, das Universum, ist von 36 000 Gottheiten bewohnt, die nach Auffassung der → Inneren-Gottheiten-Hygiene-Schule auch im Inneren des Körpers eines Menschen existieren. Diese Shen muß der taoist. Adept, will er Unsterblichkeit erlangen, durch verschiedene meditative und gesundheitliche Übungen am Verlassen des Körpers hindern. Jedes dieser Shen hat einen Namen und ist genau lokalisiert und beschrieben. Die höchsten Shen sind die Drei Reinen (→ San-ch'ing).

Daneben ist Shen auch der persönliche Geist eines Menschen, der aus der Vereinigung von → Ching, der Essenz, mit der Ur-Energie (→ Yüan-ch'i) des Universums entstanden ist und mit dem ersten Atemzug des Menschen in dessen Körper eindringt. Im Augenblick des Todes entweicht er wieder. Er bestimmt die Gefühls- und Gedankenwelt des Menschen. Shen hat seinen Sitz im Oberen Zinnoberfeld (→ Tan-t'ien).

Nach konfuzian. Auffassung ist Shen das spirituelle Element, das sich in der Ahnentafel, die von den Angehörigen des Verstorbenen verehrt wird, befindet.

Shen im Sinne von Geist umfaßt nach Auffassung der meditativen Richtungen des Taoismus zwei Aspekte: Shih-shen, das Jedermannsbewußtsein, und Yüan-shen, das spirituelle Bewußtsein. Das Shih-shen besteht aus den menschlichen Sinnen, den Gefühlen, Gedanken, Wahrnehmungen usw., die man sich im Lauf des Lebens aneignet.

Das Yüan-shen, die spirituelle Komponente, hat schon vor der Geburt bestanden. Es ist Teil der Kraft, die das gesamte Universum durchdringt. Nach der Geburt wird es unsichtbar, da es vom Shih-shen verdeckt wird. Durch Meditation (→ Nei-tan) kann nach taoist. Auffassung das Yüan-shen wieder an die Oberfläche gebracht und das Shih-shen ausgeschaltet werden.

Der Begriff Shen wird vielfach dem von → Kuei gegenübergestellt. In diesem Fall bezeichnet Shen die himmlischen Yang-Geister im Gegensatz zu den Yin-Dämonen, Kuei (→ Yin-yang).

Sheng-jen, 🅣 chin., wörtl.: »Weiser, Heiliger«; einer der Namen, die → Chuang-tzu seinem Ideal des Menschen, der Vollkommenheit erlangt hat, verleiht (→ Chih-jen, → Chen-jen, → Shen-jen). Im 1. Kap. des 2. Buches des *Chuang-tzu* werden die Eigenschaften eines Sheng-jen beschrieben.

»Der Heilige steht außerhalb der Welt, aber er stellt

keine Behauptungen auf. Steht er in der Welt und stellt Behauptungen auf, so kritisiert er nicht. In den »Frühlings- und Herbstannalen« (ein Buch, das zur Züchtigung des Zeitgeistes und zur Darlegung der Gedanken der Könige des Altertums geschrieben wurde) kritisiert der Heilige, aber er streitet nicht. Denn wollte er etwa Unterscheidungen treffen? Es gibt Dinge, die man nicht unterscheiden kann. Wollt ihr Streitgespräche führen? Es gibt Bereiche, in denen man keine Streitgespräche führen kann. Was also tun? Der Heilige umfaßt alles. Jene, die Streitgespräche führen, tun dies um der Wirkung willen. Deshalb sage ich: Wenn ihr Streitgespräche führt, gibt es Dinge, die ihr nicht seht. Im größten → Tao wird nichts ausgesprochen. Im größten Streitgespräch wird nichts gesagt. Die größte Güte ist nicht gut. Die größte Demut ist nicht bedürftig. Der größte Mut ist nicht aggressiv. Fängt das Tao zu glänzen an, ist es nicht mehr das Tao. Wird das Wort zum Streitgespräch, erreicht es sein Ziel nicht mehr. Wird die Güte zur Gewohnheit, so ist sie nicht mehr vollkommen. Übt man die Demut bewußt, wird sie zur Heuchelei. Führt der Mut zur Aggression, bringt er keinen Sieg. Die fünf Qualitäten des Umfassenden verlieren sich in kleinen lächerlichen Pannen. Wer vermag es, Streitgespräche ohne Worte zu führen, sich des Tao ohne Ausdruck zu bedienen? Wer dazu in der Lage ist, würde einen himmlischen Schatz besitzen, den er mehren könnte, ohne ihn je voll zu machen, aus dem er schöpfen könnte, ohne ihn je zu erschöpfen; und niemand wüßte, woher er diesen Reichtum hat. Dies nenne ich ›verborgen gehaltenen Glanz‹.« (Zit. n. M. Kaltenmark 1981, S. 134.)

Sheng-mu, 🅃 → Pi-hsia yüan-chün, → T'ai-shan

Sheng-t'ai, 🅃 chin., wörtl.: »Heiliger Embryo«; nach taoist. Vorstellung durch die Verschmelzung des Inneren Ch'i (→ Nei-ch'i, → Ch'i) und der Essenz (→ Ching) im Unteren Zinnoberfeld (→ Tan-t'ien) geschaffener »Embryo«, der vom Atem genährt wird und sich langsam zu einem neuen reinen Körper innerhalb des physischen Körpers entwickelt. Dieser Embryo ist die »unsterbliche Seele« des Taoisten. Stirbt der physische Körper, verläßt dieser reine Körper die sterbliche Hülle und der Übende wird ein Unsterblicher (→ Hsien).

In der Lehre der Inneren Alchemie (→ Nei-tan) wird die Entstehung des Heiligen Embryos in manchen Texten mit Begriffen der Äußeren Alchemie (→ Wai-tan) genau beschrieben und analog zur Praxis des Wirkens des neunfach geläuterten Zinnobers der Alchemisten in neun Stufen gegliedert.

1. Das lebendige Ch'i zirkuliert frei und ungehindert im ganzen Körper. 2. Die Essenz, der Samen (Ching), sammelt sich im Unteren Zinnoberfeld an. 3. Der Heilige Embryo beginnt sich zu bilden und nimmt die Form eines menschlichen Embryos an. 4. Die beiden Seelen (→ Hun und → P'o) des Sheng-t'ai entstehen. 5. Der Embryo ist voll ausgebildet und verfügt über verschiedene übernatürliche Kräfte. 6. Inneres und äußeres Yin und Yang (→ Yin-yang) erreichen höchste Intensität und der Embryo bildet eine Einheit mit dem Körper des Adepten. 7. Die Fünf Eingeweide (→ Wutsang) sind durch die Wirkung des Ch'i zu denen eines Unsterblichen transformiert. 8. Es entsteht eine Art Nabelschnur, durch die die Embryonalatmung (→ T'ai-hsi) fließt. 9. Form und → Tao vereinigen sich; unter den Füßen des Übenden bilden sich Wolken, auf denen er gen Himmel steigen kann (→ Fei-sheng); die Metamorphose ist vollendet.

In anderen Texten, in denen der Einfluß der Äußeren Alchemie weniger stark ist, wird der Heilige Embryo am Beginn seiner Entwicklung als Perle oder rostfarbener Tropfen beschrieben. → Wei P'o-yang spricht von einem Perlenkind; in anderen Schriften ist er als mysteriöse Perle *(hsüan-chu)* bekannt. Manchmal wird er auch mit einem Getreidekorn oder einem Wassertropfen verglichen. In den synkretist. Richtungen, die Taoismus, Buddhismus und Konfuzianismus verbinden, wird die taoist. Vorstellung des Sheng-t'ai gleichgestellt mit der buddhist. des Tathāgata-Garbha oder des Dharmakāya.

Der Terminus Sheng-t'ai findet sich auch in Texten von Tsung-mi, einem Patriarchen der Hua-yen-Schule des chin. Buddhismus. In einer Schrift über die Ursprünge des Zen spricht er davon, den Geist (→ Shen) zu nähren und den Heiligen Embryo wachsen zu lassen. Auch Ma-tsu Tao-i, einer der berühmtesten Zen-Meister des 8. Jh., verwendete diesen Begriff.

Shen-hsiang, 🄱 → Kegon-Schule

Shen-hsiu, 🅉 jap. Jinshū, 605?–706, einer der Meisterschüler von → Hung-jen, dem 5. Patriarchen des Zen in China. Der Überlieferung nach unterlag Shen-hsiu in dem denkwürdigen »Wettstreit« um die Nachfolge des 5. Patriarchen dem später als der 6. Patriarch anerkannten → Hui-neng. Shen-hsiu beanspruchte jedoch die Nachfolge des Hung-jen für sich und gründete die Nördliche Schule des Zen in China, in der das vom traditionellen ind. Meditations-Buddhismus (→ Dhyāna-Buddhismus) geprägte und auf dem → *Lankāvatāra-Sūtra* als der grundlegenden Schrift aufbauende Zen der frühen chin. Patriarchen noch für einige Generationen weiterlebte.

Shen-hsiu war ein mit großer Intelligenz begabter konfuzian. Gelehrter, der sich, von innerem Ungenügen getrieben, dem Buddhismus zuwandte und etwa im Alter von 46 Jahren zum Kloster von Hung-jen auf dem Berg Huang-mei (jap. Ōbai) fand. Er wurde hier zu einem der hervorragendsten der Schüler des 5. Patriarchen, von denen elf in späteren Aufzeichnungen als bedeutende buddhist. Meister erwähnt werden. Nach dem Tod von Hung-jen verließ Shen-hsiu dessen Kloster und wanderte fast zwei Jahrzehnte durch das Land. Was seinen Ruf und die Zahl seiner Anhänger anging, wurde er während dieser Wanderjahre noch von Fa-ju, einem weiteren Schüler des 5. Patriarchen, überflügelt. Daß es dennoch Shen-hsiu war, der bis in die Mitte des 8. Jh. offiziell als Erbe des 5. Patriarchen anerkannt wurde, ist wohl auf seine Verbindung mit dem damaligen Kaiserhof zurückzuführen. Shen-hsiu war bereits über 90 Jahre alt und als hervorragender Zen-Meister und Befürworter strenger Praxis des → Zazen bekannt, als ihn Kaiserin Wu an den Kaiserhof berief – wohl da sie es aus politischen Gründen für opportun hielt, eine von den etablierten Schulen abweichende Schule des Buddhismus zu favorisieren. Shen-hsiu soll diesem Ruf nur zögernd gefolgt sein. Als »Dharma-Meister von Ch'ang-an und Lo-yang« (den beiden Kaiserstädten) eingesetzt, unterwies er eine große Anhängerschaft von Mönchen und Gelehrten aus ganz Nordchina, die er durch seinen scharfen Intellekt und die Ernsthaftigkeit seiner meditativen Praxis beeindruckte.

Ob Shen-hsiu tatsächlich der Hui-neng nach dem Leben trachtende eifersüchtige Bösewicht war, als den ihn manche Anhänger der → Südlichen Schule des Zen später darstellten, läßt sich – nachdem die Legendenbildung um die Nachfolge des 5. Patriarchen schon früh einsetzte – heute kaum noch feststellen. Historische Tatsache ist jedoch, daß die von ihm begründete Nördliche Schule des Zen, wahrscheinlich nicht zuletzt aufgrund ihrer Allianz mit den Herrschern der T'ang-Dynastie, bereits nach wenigen Generationen niederging und ausstarb, während die von Hui-neng gegründete Südliche Schule aufblühte und alle bedeutenden Schulen und überragenden Meister des Zen in China hervorbrachte.

Shen-jen, 🅃 chin., wörtl.: »geistiger Mensch«; einer der Namen, die → Chuang-tzu seinem Ideal des Menschen, der das Tao verwirklicht hat, verleiht (→ Chen-jen, → Chih-jen, → Sheng-jen). Im 1. Buch, Kap. 1 des *Chuang-tzu* heißt es:

»Der höchste Mensch [Chih-jen] ist frei vom Ich; der geistige Mensch [Shen-jen] ist frei von Werken; der berufene Heilige [Sheng-jen] ist frei vom Namen.« (Zit. n. R. Wilhelm, Düsseldorf/Köln 1969, S. 31.)

Shen-nung, 🅃 chin., wörtl.: »göttlicher Landmann«; Gestalt der chin. Mythologie, einer der Drei Erhabenen (→ San-huang). Shen-nung hat den Pflug erfunden und die Menschen in der Kunst des Ackerbaus unterwiesen. Auch das Urbarmachen des Waldes lernte die Menschheit von ihm. Der Gebrauch von Heilmitteln geht ebenfalls auf ihn zurück. Shen-nung gilt ferner als der Gott des Windes. Er ist die Idealfigur gewisser naturschwärmerischer und zivilisationsfeindlicher Richtungen in der chin. Geschichte.

Shesha-Nāga 🄷 (Śeṣa-Nāga), Skrt.; der König der → Nāgas (Schlangen) und der unteren Region, die → Pātāla genannt wird.

Shesha-Nāga hat tausend Köpfe und ist Vishnus Sitzplatz, auf dem er zwischen den Schöpfungen ausruht. Wenn er gähnt, verursacht er Erdbeben. Am Ende eines Zeitalters (→ Kalpa) spuckt er Feuer aus, das die Schöpfung zerstört. Er wird auch Ananta, der Endlose, genannt, als Symbol für die Ewigkeit. Seine Nackenhaube heißt Manidvīpa (»Insel der Juwelen«), sein Palast Manimandapa (»Juwelenpalast«).

Shiban Mangen, 🅉 1625?–1710; ein der → Rinzai-Schule des Zen angehöriger jap. Zen-Mönch, der das *Empō Dentō-roku* kompilierte, eine Schrift, die die Biographie von mehr als 1000 Zen-Mönchen enthält.

Shibayama Zenkei, 🅉 1894–1975, jap. Zen-Meister der → Rinzai-Schule, einer der hervorragenden → Rōshis im modernen Japan. Mit 14 als Mönch ordiniert, trat er mit 20 in das Zen-Kloster Nanzen-ji in Kyōto ein, wo er sich zehn Jahre lang schulte und schließlich von Meister Bukai Kono das Siegel der Bestätigung (→ Inka-Shōmei) erhielt. Er lehrte acht Jahre lang an den Universitäten Hanazono und Ōtani. 1948–67 war er der Abt des → Nanzen-ji und außerdem seit 1959 Oberhaupt der gesamten Nanzen-ji-Schule des Rinzai-Zen in Japan, der etwa 500 Zen-Klöster und -Tempel im ganzen Land angehören.

Im Westen wurde Shibayama Zenkei durch zwei Bücher bekannt: eine engl. Übersetzung des → *Wu-men-kuan,* die mit seinen → Teishō zu den einzelnen Kōan versehen ist (dt. *Zu den Quellen des Zen,* Bern 1976), und eine Sammlung von Zen-Essays, die in der engl. Originalausgabe den sprechenden Zen-Titel »A Flower Does Not Talk« (→ Nenge-Mishō) trägt und dt. unter dem Titel *Zen in Gleichnis und Bild* (Bern 1974) erschien.

Shichishū, 🅉 jap., wörtl.: »Sieben Schulen«; die sieben Schulen des Zen im China der Sung-Dynastie; → Goke-Shichishū.

Shifuku, 🅉 jap. für → Tzu-fu

Shiguseigan 🅉, auch Shiguzeigan oder kurz Guzei bzw. Seigan, jap., wörtl.: »die Vier Großen Gelübde«; zu den Gelübden eines Bodhisattva gehörende Gelübde, wie sie in einem Zen-Kloster bei Beendigung der Übung von → Zazen

dreimal hintereinander rezitiert werden. Diese Gelübde, die so alt sind wie der Mahāyāna-Buddhismus, lauten:
»1. Der Geschöpfe sind zahllose – ich gelobe, sie alle zu retten (jap. *shujō muhen seigando*). 2. Der Leidenschaften sind unzählige – ich gelobe, sie alle auszurotten (jap. *bonnō mujin seigandan*). 3. Der Dharma-Tore sind mannigfache – ich gelobe, durch alle zu gehen (jap. *homon muryō seigangaku*). 4. Der Buddha-Weg ist unübertrefflich – ich gelobe, ihn zu verwirklichen (jap. *butsudō mujō seiganjo*).«

Shih, **B** chin. → Hua-yen-Schule

Shih-chieh, **T** chin., wörtl.: »Lösung vom Leichnam«; in der taoist. Tradition zur Erklärung des physischen Todes eines Unsterblichen (→ Hsien) entstandene Theorie, nach der sich ein Unsterblicher zum Schein in eine Leiche verwandelt, bevor er bei hellem Tag gen Himmel steigt (→ Fei-sheng), womit die Lösung vom Irdischen und die Verwandlung vollzogen ist.

In den meisten Fällen von Shih-chieh ist der Sarg, wenn man ihn einige Zeit nach dem »Tode« öffnet, leer. Statt des Leichnams findet man den Stock, das Schwert, die Sandalen oder ein Kleidungsstück des zum Unsterblichen gewordenen Adepten.

In einem taoist. Werk heißt es über die Lösung vom Leichnam: »›Lösung vom Leichnam‹ bedeutet, seinen Körper zum Schein als tot zu präsentieren, ohne dabei wirklich tot zu sein... Wenn bei einem Toten der Körper noch so aussieht, als lebte er, wenn die Füße nicht fahl werden, die Haut nicht verrunzelt ist und der Glanz der Augen nicht erloschen, genauso als lebte er...: wenn (der Tote) dann nach dem Tod wieder zum Leben zurückkehrt oder seinen Leichnam verschwinden (läßt), noch ehe er begraben, (so daß) nur seine Kleider (im Sarg) zurückbleiben, sein Körper selbst aber sich auflöst, oder wenn seine Haare abfallen und sein Leib entschwebt – in all diesen Fällen spricht man von einer ›Lösung vom Leichnam‹.« (Zit. n. W. Bauer, 1974, S. 160.)

Die Anhänger des Taoismus konnten kaum darüber hinwegsehen, daß auch die Unsterblichen den physischen Tod erleiden mußten. Nur von einigen Hsien heißt es, sie seien in die Berge gegangen, hätten dort jahrhundertelang als Eremiten gelebt und nur hin und wieder den Menschen ihre wahre Identität preisgegeben. So sah der religiöse Taoismus den Tod selbst als die Überwindung des Todes: Das Sterben wurde als unumgängliche Voraussetzung für die zur Erlangung der Unsterblichkeit notwendige Verwandlung begriffen.

Shih-i, **T** chin., wörtl.: »Zehn Flügel«; die Kommentare (I-chuan) zum → *I-ching*, die die Erklärungen zum Hauptteil des *Buches der Wandlung(en)* aus konfuzian. Sicht enthalten.

Die Zehn Flügel sind: *Tuan-chuan*, Kommentar (2 Teile) zu den Entscheidungen; *Hsiang-chuan*, Kommentar (2 Teile) zu den Bildern; *Hsi-tz'u*, Beigefügte Urteile, auch *Ta-chuan*, Großer Kommentar (2 Teile), genannt; *Wen-yen*, Kommentar zu den Textworten; *Shuo-kua*, Besprechung der Zeichen (→ Pa-kua); *Hsü-kua*, Anordnung der Zeichen; *Tsa-kua*, Vermischte Zeichen.

Das *Tuan-chuan* erklärt die grundlegenden Begriffe der einzelnen Hexagramme aufgrund ihrer Struktur.

Das *Hsiang-chuan* besteht aus dem Kommentar zu den »großen Bildern« und dem zu den »kleinen Bildern«. Die großen Bilder beziehen sich auf die Trigramme, die jeweils ein Hexagramm bilden, die kleinen auf die einzelnen Striche eines Zeichens. Diesem Kommentar liegt die Auffassung zugrunde, daß jedes Trigramm eines Hexagramms bestimmte »Bilder« darstellt, die objektive Gegebenheiten und die Gesetze des Wandels der Dinge in der Welt widerspiegeln. Das Verstehen dieser Trigramme und der einzelnen Striche ist Voraussetzung für ein wirkliches Erfassen des Sinnes der einzelnen Hexagramme.

Das *Hsi-tz'u* ist der wichtigste Kommentar des *I-ching*. Er erklärt die grundlegenden Konzepte des Buches und deren Anwendung in Natur und Gesellschaft. Das *Hsi-tz'u* geht davon aus, daß ein Yin und ein Yang (→ Yin-yang) das → Tao bilden und sieht die Abfolge von Yin und Yang, Ruhe und Bewegung, Weichem und Hartem und anderen gegensätzlichen Kräften als Grundgesetz der Natur an.

Das *Wen-yen* behandelt die beiden Hexagramme → Ch'ien und K'un. Diese beiden sind die wichtigsten Zeichen des *I-ching*, da sie den Ausgangspunkt für alle anderen bilden.

Das *Shuo-kua* erklärt die Acht Trigramme (Pa-kua) und die von ihnen repräsentierten Dinge und Konzepte.

Das *Hsü-kua* erläutert, warum die 64 Hexagramme des *Buches der Wandlung(en)* in ihrer heutigen Reihenfolge angeordnet sind.

Das *Tsa-kua* behandelt die Beziehungen der einzelnen Zeichen untereinander in paarweiser Gegenüberstellung. Die Anordnung der Zeichen in diesem letzten Kommentar weicht erheblich von der heutigen ab.

Die Zehn Flügel gehen nach traditioneller Auffassung direkt auf Konfuzius (→ K'ung-tzu) zurück. Forschungen haben jedoch ergeben, daß sie aus der Zeit der Streitenden Reiche, der Ch'in- oder Han-Dynastie stammen.

Shihō, **Z** jap., wörtl.: »Dharma-Übertragung«; → Hassu, → Inka-Shōmei, → *Denkō-roku*

Shih-shuang Ch'ing-chu, **Z** jap. Sekisō Keisho, 807–888/89, chin. Zen-Meister; ein Schüler und Dharma-Nachfolger (→ Hassu) von → Tao-wu Yüan-chih (jap. Dōgo Enchi). Shih-shuang hatte mehrere Dharma-Nachfolger, darunter → Chang-cho Hsiu-ts'ai (jap. Chōsetsu Yūsai). Das → *Ching-te ch'uan-teng-lu* berichtet, daß Shih-shuang im Alter von 13 Jahren von dem Zen-Meister Shao-luan mit dem Scheren seines Haupthaares die erste Mönchsweihe empfing; mit 23 Jahren empfing er auf dem → Sung-shan, einem der »heiligen Berge« Chinas, die volle Ordination. Später arbeitete er in der Küche des Klosters von → Kuei-shan Ling-yu (jap. Isan Reiyū).

Hier ließ Shih-shuang in einer Begegnung mit Kuei-shan seine Begabung erkennen:
»Eines Tages siebte Shih-shuang Reis, als Kuei-shan zu ihm sagte: ›Du solltest nicht fortwerfen, was unsere Gönner uns gegeben haben.‹
Shih-shuang sagte: ›Ich werfe nichts fort.‹
Kuei-shan hob ein Reiskorn vom Boden auf und sagte: ›Du sagst, du werfest nichts fort; wo kommt dann dies her?‹
Shih-shuang wußte keine Antwort.
Kuei-shan sagte weiterhin: ›Achte dieses eine Reiskorn nicht gering, hunderttausend Körner entstehen aus diesem einen Korn.‹
Shih-shuang sagte: ›Hunderttausend Körner kommen aus diesem einen Korn, aber wo kommt dieses eine Korn her?‹
Kuei-shan lachte laut und kehrte in seinen Raum zurück. Am Abend stieg er in die Halle hinauf und sagte: ›(Achtung) Ihr alle! Da ist ein Wurm im Reis!‹«

Schließlich wurde Shih-shuang ein Schüler von Tao-wu. Nach einer Zeit der Schulung unter ihm verwischte er seine Spuren, indem er sich als Arbeiter in einer Töpferwerkstatt in Ch'ang-sha verdingte. Tagsüber arbeitete er, nachts saß er → Zazen. Als → Tung-shan Liang-chieh (jap. Tōzan Ryōkai) ihn später von einem Mönch aufspüren ließ, wurde man auf seine Fähigkeiten aufmerksam, und er wurde gebeten, Abt des Klosters auf dem Berg Shih-shuang (»Felsfrost«) zu werden, auf dem er sich dann auch niederließ und dessen Name auf ihn überging.
Als Tao-wu sein Ende kommen sah, suchte er Shih-shuang, den er als seinen wahren Dharma-Nachfolger betrachtete, auf, verlieh ihm das Siegel der Bestätigung (→ Inka-Shōmei) und starb wenig später.

Shih-shuang wurde für seine strenge meditative Schulung bekannt. Es heißt, daß seine Schüler immer nur saßen und sich niemals niederlegten, weshalb seine Mönchsgemeinde auch als die »Versammlung der toten Bäume« (siehe auch → Koboku-Dō) bekannt wurde. Der T'ang-Kaiser Hsi-tsung hörte von seinem Ruhm und sandte Boten zu ihm, um ihm die purpurroten Gewänder eines »Landesmeisters« zu überreichen, doch Shih-shuang wies diese standhaft zurück.

Shih-shuang Ch'u-yüan, **Z** jap. Sekisō Soen, auch Ch'i-ming genannt (jap. Jimyō), 986–1039, chin. Zen-Meister der → Rinzai-Schule; ein Schüler und Dharma-Nachfolger (→ Hassu) von → Fen-yang Shan-chao (jap. Fun'yō Zenshō) und der Meister von → Yang-ch'i Fang-hui (jap. Yōgi Hōe) und → Huang-lung Hui-nan (jap. Ōryō E'nan). Shih-shuang wurde mit 22 Jahren Mönch und suchte viele bekannte Zen-Meister seiner Zeit auf. Obwohl seine Lebensspanne mit 53 Jahren für die eines Zen-Meisters recht kurz war, trug er doch viel zur Neubelebung des Rinzai-Zen bei. Unter seinen Dharma-Nachfolgern waren mehrere hervorragende Zen-Meister, von denen Yang-ch'i als Begründer der → Yōgi-Schule und Huang-lung als Begründer der → Ōryō-Schule die bedeutendsten waren. Wir begegnen Shih-shuang im 46. Beispiel des → *Wu-men-kuan*.

Das Kōan lautet:
»Meister Shih-shuang sprach: ›Von der Spitze eines 100 Fuß hohen Pfostens, wie gehst du da weiter?‹
Wiederum sagte ein alter Meister: ›Wer auf der Spitze eines 100 Fuß hohen Pfostens sitzt, und mag er auch ‚eingedrungen' sein, vollzieht noch nicht die Wahrheit. Er muß noch einen Schritt weitergehen und seinen ganzen Leib in den Zehn Weltrichtungen offenbaren.‹«

Shih-t'ou Hsi-ch'ien, **Z** jap. Sekitō Kisen, 700–790, früher chin. Zen-Meister; der Schüler und Dharma-Nachfolger (→ Hassu) von → Ch'ing-yüan Hsing-ssu (jap. Seigen Gyōshi) und Meister von Yüeh-shan Wei-yen (jap. Yakusan Igen), → T'ien-huang Tao-wu (jap. Ten'ō Dōgō) und → Tan-hsia T'ien-jan (jap. Tanka Ten'en). Wie im Falle seines Meisters Ch'ing-yüan weiß man auch über das Leben von Shih-t'ou so gut wie nichts. Aus den Quellen geht nur hervor, daß er der führende Meister eines berühmten Zentrums des Zen war, das sich in den Heng-Bergen in Hunan (wörtl.: »südlich des Sees«) gebildet hatte. Zwischen diesem und dem anderen großen Zen-Zentrum jener Zeit, das sich in der Provinz Kiangsi (wörtl.: »westlich des Flusses«) um den großen Zen-Meister → Ma-tsu Tao-i (jap. Baso Dōitsu) gebildet hatte, herrschte ein reger Austausch. Die beiden Großmeister ließen ihre Schüler oft zwischen diesen beiden Zentren hin und her wandern, damit sie ihre Zen-Erfahrung in → Mondō und → Hossen mit anderen Meistern vertiefen konnten. Dabei warnte Ma-tsu seine Schüler gelegentlich vor der »Schlüpfrigkeit des Felsengipfels« (chin. *shih-t'ou:* »Felsengipfel«), womit er seiner Hochachtung vor der »Unbezwingbarkeit« der Zen-Erfahrung von Meister Shih-t'ou Ausdruck gab. So hieß es in den buddhist. Chroniken der T'ang-Zeit: »Westlich des Flusses lebte Ma-tsu, südlich des Sees Shih-t'ou. Zwischen diesen beiden wanderten die Menschen hin und her, und wer diese beiden großen Meister niemals traf, der blieb ein Unwissender.« Auf Shih-t'ou gehen drei der »Fünf Häuser« des Zen in China zurück (→ Goke-Shichi-shū; vgl. Traditionstafel des Zen, S. 474).

Shika, Z jap., wörtl.: »Der um die Gäste weiß«; urspr. der für die Betreuung der Gäste zuständige Mönch in einem Zen-Kloster. Heute oft allgemeine Bezeichnung für den Mönchs-Ältesten, dem die Verwaltung des Klosters obliegt. Der Shika ist ein auf dem Zen-Weg fortgeschrittener Mönch, der in manchen Belangen schon als Stellvertreter für den → Rōshi fungieren kann; so gehört es zu seinen Aufgaben, die Eignung von Mönchen, die um Aufnahme in das Kloster ersuchen, während des → Tanga-Zume zu prüfen.

Shikan, B jap. für → Chih-kuan

Shikantaza, Z jap., wörtl.: »nichts als *(shikan)* treffend *(ta)* sitzen *(za)*«; eine Form der Übung von → Zazen, bei der es keine stützenden Hilfsmittel mehr gibt wie das von Anfängern geübte Zählen der Atemzüge (→ Susoku-kan) oder ein → Kōan. Nach → Dōgen Zenji ist Shikantaza – d. h. das Verweilen in einem Zustand gedankenfreier, hellwacher Aufmerksamkeit, die auf kein Objekt gerichtet ist und an keinem Inhalt haftet – die höchste oder reinste Form des Zazen, das Zazen, wie es alle Buddhas der Vergangenheit geübt haben.

Der moderne japanische Zen-Meister → Hakuun Ryōko Yasutani sagt in seinen »Einführenden Unterweisungen zur Übung des Zen«: »Shikantaza ist die Geisteshaltung eines Menschen angesichts des Todes. Stellen Sie sich vor, Sie nehmen an einem Duell im Schwertkampf jener Art teil, wie er einst im alten Japan geübt wurde. Angesichts Ihres Gegners sind Sie jeden Augenblick auf der Hut, entschlossen und bereit. Wenn Sie auch nur eine Sekunde in Ihrer Wachheit nachließen, so würden Sie augenblicklich niedergestochen. Eine Menge Volks sammelt sich, um den Kampf zu sehen. Da Sie nicht blind sind, sehen Sie die Volksmenge aus dem Augenwinkel, und da Sie nicht taub sind, hören Sie sie. Aber Ihre Aufmerksamkeit wird von solchen Sinneswahrnehmungen nicht einen einzigen Augenblick gefangen genommen.« (Zit. n. Ph. Kapleau, 1981, S. 90.)

Shiki, Z jap., wörtl.: »Bewußtsein«; im Buddhismus unterscheidet man acht Bewußtseinsarten. Die ersten sechs sind: Gesicht, Gehör, Geruch, Geschmack, Tastsinn und Denken (Intellekt). Wenn der Verstand auch die Illusion eines Subjekts, des »Ich«, schafft, das von den Dingen der Welt abgelöst ist, ist er sich doch nicht beständig dieses »Ich« bewußt. Nur auf der siebenten Bewußtseinsebene, dem (Unter-)Bewußtsein (Skrt. Manas), ist die Bewußtheit eines abgetrennten Ich konstant. Manas befördert auch die Keim-Essenz der sinnlichen Wahrnehmung zur achten Ebene des Bewußtseins (Skrt. Ālaya-Vijñāna), von der aus als Reaktion auf Veranlassungen und Gegebenheiten spezifische »Keime« mittels Manas wieder zurückgeführt werden, die dann neue Handlungen herbeiführen, welche wiederum andere »Keime« hervorbringen. Diese Vorgänge sind gleichzeitig und endlos.

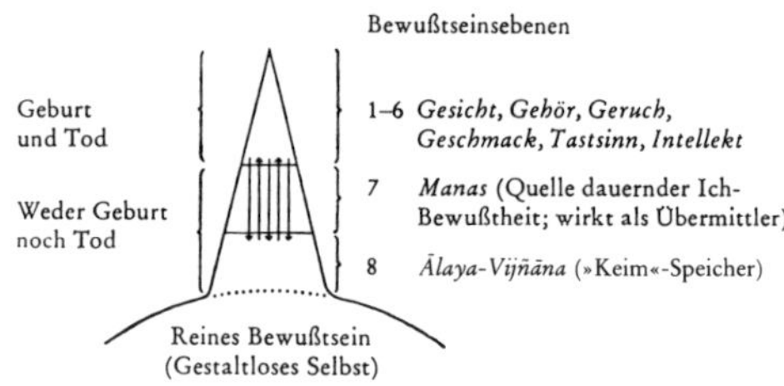

Obiges Diagramm, das auf einem Schema des modernen jap. Zen-Meisters → Daiun Sōgaku Harada beruht, zeigt die Beziehung der acht Bewußtseinsarten zu Geburt-und-Tod (→ Samsāra) und zu Geburt-und-Todlosigkeit. Der dreieckige Teil stellt das Leben des Individuums dar und zeigt seine Verbindung zum Reinen Bewußtsein oder Gestaltlosen Selbst. Dieses Leben ist einer Welle im weiten Meer nicht unähnlich: Seine kurze Existenz scheint vom Meer getrennt zu sein – und in gewissem Sinn ist es auch nicht das Meer –, aber seiner Substanz nach ist es nichts als das Meer, aus dem es sich erhob und in das es zurückströmt, und aus dem es als neue Welle wieder hervorgehen wird. In gleicher Weise geht das individuelle Bewußtsein aus dem Reinen Bewußtsein hervor, und es ist seinem Wesen nach nicht davon zu unterscheiden. Ihr gemeinsames Element, die »lebendige Leere«, wird bei dem Diagramm durch den alles durchziehenden weißen Hintergrund ausgedrückt. (Quelle: Ph. Kapleau, 1981, S. 429 f.)

Shikin, B Skrt; Buddha eines früheren Weltzeitalters; siehe auch → Buddha, 1.

Shiko Rishō, Z jap. für → Tzu-hu Li-tsung

Shikshā H (Śikṣā), Skrt.; einer der → Vedāngas, die Wissenschaft, die sich mit der richtigen Aussprache und Betonung (Phonetik) beim Rezitieren der → Veden befaßt. Es gibt zahlreiche Abhandlungen zu diesem Thema. Welche Bedeutung ihm im Hinduismus zukommt, wird unter → Shabda näher erläutert.

Shīla 🅑 (Śīla), Skrt. (Pali: Sīla), »Verpflichtungen, Gebote«; bezeichnet die ethischen Richtlinien, die im Buddhismus das Verhalten von Mönchen, Nonnen und Laien bestimmen und die die Voraussetzung für jeden Fortschritt auf dem Weg zum Erwachen (→ Bodhi) bilden. Die zehn Shīlas für Mönche und Nonnen (→ Bhikshu, Bhikshunī) und Novizen (→ Shrāmanera) sind: 1. Vermeiden von Töten; 2. Nicht Gegebenes nicht nehmen; 3. Vermeiden von unerlaubter sexueller Betätigung; 4. Vermeiden von unrechter Rede; 5. Abstehen vom Genuß berauschender Getränke; 6. Vermeiden, nach der Mittagsstunde feste Nahrung zu sich zu nehmen; 7. Meiden von Musik, Tanz, Schauspiel und anderen Vergnügungen; 8. Abstehen von der Verwendung von Parfums und Schmuckgegenständen; 9. Vermeiden, in hohen weichen Betten zu schlafen; 10. Vermeiden, mit Geld und anderen Wertsachen in Berührung zu kommen. Die ersten fünf Shīlas gelten auch für buddhist. Laien (→ Upāsaka, Upāsikā), die an bestimmten Tagen wie → Uposatha die ersten acht einhalten.

Die Shīlas stellen eine natürliche Sittlichkeit dar, im Gegensatz zu den in den Ordensregeln (→ Vinaya) vorgeschriebenen Regeln, die das Verhalten in allen seinen Aspekten nach den Erfordernissen des Klosterlebens bestimmen.

Shīla als Sittlichkeit ist eines der drei Gebiete, die der → Achtfache Pfad umfaßt, ein Bestandteil der Dreifachen Schulung (→ Trishiksha) sowie eine der Vollkommenheiten (→ Pāramitā).

Shin, 🅩 jap. → Kokoro

Shinchi Kakushin, 🅩 jap. → Kakushin

Shin fuka toku, 🅩 jap., wörtl.: »der Geist (*shin* → Kokoro) läßt sich nicht festhalten«; Zen-Ausdruck, der darauf verweist, daß alles, was in unserem Geist (Bewußtsein) an Phänomenen auftaucht, in ständigem Fluß ist und keine dauerhafte Wirklichkeit hat, wie auch der Eine Geist als absolute Wirklichkeit ungreifbar ist und alle Abgrenzungen (Definitionen) transzendiert.

Shinge-Mubeppō, 🅩 jap., wörtl.: »außerhalb des Geistes (*shin* → Kokoro) (gibt es) keine anderen Dharmas«; das Wort »Dharma« ist hier im Sinn von »Phänomene« gebraucht. Der Ausdruck besagt, daß nichts außerhalb des Geistes (Bewußtseins, → Shiki) existiert, da alle Phänomene Projektionen des Bewußtseins sind.

Shingetsu Shōryō 🅩, auch Shingetsu Seiryō, jap. für → Chen-hsieh Ch'ing-liao

Shingi, 🅩 jap., wörtl.: »klarer Maßstab, klare Regel«; Bezeichnung für die Regeln, nach denen der Alltag in einem Zen-Kloster (→ Tera) geregelt ist, auch die Regeln für Mönche und Laien im täglichen Leben außerhalb des Klosters. Als Suffix taucht *-shingi* im Namen vieler jap. Schriften auf, die Aspekte der Maßstäbe für das religiöse Leben behandeln.

Shingon-Schule, 🅑 jap., wörtl.: »Schule des Wahren Wortes (→ Mantra)«; Schule des esoterischen Buddhismus, die von → Kūkai (Kobo Daishi, 774–835) begründet wurde. Kūkai hat die Lehren des → Mi-tsung in China studiert und dann im Shingon systematisiert. Die »Schule des Wahren Wortes« mißt den »Drei Geheimnissen« (→ Körper, Rede, Geist) besonders große Bedeutung bei. Jeder Mensch besitzt diese drei Fähigkeiten, die alle Geheimnisse, die zur Erlangung der Buddhaschaft führen, in sich bergen.

Die mit den Drei Geheimnissen verbundenen Rituale werden im Shingon mündlich vom Meister an den Schüler weitergegeben, was einen wesentlichen Unterschied zu den exoterischen, für die Öffentlichkeit bestimmten Schulen des Buddhismus darstellt. Diese esoterischen Lehren wurden nach Auffassung der Shingon-Schule von → Vairochana, dem kosmischen Buddha, als absolute Wahrheit dargelegt, und nur der Initiierte kann sie begreifen lernen. Vairochana, der der zentrale Buddha der Schule ist, ist das Universum selbst, ohne Anfang und Ende. Er zeichnet sich durch die vollkommene Harmonie der sechs Elemente Erde, Wasser, Feuer, Luft, Raum und Bewußtsein aus.

Nach der Lehre dieser Schule kann die wahre Bedeutung der esoterischen Lehren nicht durch Worte, sondern nur durch künstlerische Darstellungen erfaßt werden. Daraus erklärt sich die Wichtigkeit der → Mandalas im Shingon.

Die Shingon-Schule verleugnet aber trotz ihres esoterischen Charakters nicht die Wichtigkeit unserer Welt und des Glücks im jetzigen Leben. Aus der korrekten Durchführung der einzelnen Rituale kann unmittelbarer materieller Nutzen gezogen werden. Diese Auffassung hat im Lauf der Entwicklung das Aufkommen abergläubischer Praktiken begünstigt, wogegen sich verschiedene Strömungen innerhalb des Shingon richten. Die Shingon-Schule ist auch heute noch eine der größten buddhist. Schulen Japans.

Das »Geheimnis des Körpers« findet Ausdruck in den

verschiedenen Handhaltungen (→ Mudrā), den Meditationshaltungen und dem Verwenden bestimmter ritueller Gegenstände wie → Vajra oder → Lotos, die mit dem jeweils invozierten Buddha oder Bodhisattva in Übereinstimmung stehen.
Das »Geheimnis der Rede« bezieht sich auf das Rezitieren von Mantras und → Dhāranīs; das »Geheimnis des Geistes« auf die sog. Fünf Weisheiten, die ein Erfassen der Wahrheit ermöglichen, und auf → Samādhi. Durch bestimmte Rituale, die in diesen Drei Geheimnissen wurzeln, wird eine Verbindung zwischen dem Buddha und dem Übenden hergestellt, wodurch der Zustand des »Buddha in mir, ich im Buddha« verwirklicht wird, d. h. Buddhaschaft in diesem Leben erlangt werden kann.
Die zwei im Shingon wichtigen Mandalas sind das Garbhadhātu-Mandala und das Vajradhātu-Mandala. Das erste (»Mandala des Mutterschoßes«) symbolisiert die Matrix aller Dinge, das allem zugrunde liegende Prinzip, und stellt den statischen Aspekt des Kosmos dar. In der Mitte dieses Mandala sitzt Vairochana in einer roten Lotosblüte, auf den acht Blütenblättern die vier transzendenten Buddhas und vier Bodhisattvas.
Das Vajradhātu-Mandala (»Mandala des diamantenen Bereichs«) symbolisiert den aktiven Aspekt des Kosmos, die Weisheit des Vairochana, die aus dem »Prinzip« entsteht und dessen spiritueller Ausdruck sie ist. Im Zentrum dieses Mandala befindet sich ebenfalls Vairochana. Er sitzt auf einer weißen Lotosblüte, um ihn herum die vier transzendenten Buddhas. Beide Bereiche können getrennt voneinander nicht existieren.
In einer wichtigen Zeremonie dieser Schule muß der Schüler eine Blume auf die Mandalas werfen. Denjenigen Buddha, auf den die Blume fällt, muß er dann besonders verehren und als seinen geistigen Führer ansehen. Weitere wichtige Riten sind die Zeremonie des → Abhisheka und der → Ordination.

Shin-In, Z jap., wörtl.: »Geist-Siegel«; Kurzform von → Busshin-In

Shinji Kakushin, Z → Kakushin

Shinjinmei, Z jap. für *Hsin-hsin-ming* → Seng-ts'an

Shinnyo, Z jap. Aussprache der Schriftzeichen, mit denen das Sanskrit-Wort *tathatā* ins Chinesische übertragen wurde. Es wird i. allg. mit »Soheit« ins Deutsche übersetzt (jap. *shinnyo:* »Wahre Soheit«). Die Soheit ist das Wahre-Wesen aller Dinge, die Wahre-Wirklichkeit, die zwar in der → Erleuchtung unmittelbar erfahrbar, jedoch »unausdenkbar« (→ Fukashigi) ist und sich jeder Beschreibung entzieht (→ Fukasetsu). Es ist die für das Denken unfaßbare Einheit von Relativem und Absolutem, von Eigenschaften und Eigenschaftslosem, von Form und Leere – der »Urgrund«, aus dem alle Dinge entstehen und gleichzeitig diese Dinge selbst. Das Buddha-Wesen (→ Busshō) wird als das allen Geschöpfen (auch den unerleuchteten) inhärente Shinnyo angesehen und ist praktisch ein Synonym für dieses.

Shinran B, eig. Shōnin Shinran, 1173–1262, Begründer des → Jōdo-shin-shū des jap. Buddhismus, Schüler von Hōnen (→ Jōdo-shū). Der von Shinran vertretene Buddhismus hat nur mehr wenig Ähnlichkeit mit der urspr. Lehre. Die Drei Kostbarkeiten des Buddhismus (→ Triratna) wurden in eine verwandelt: das grundlegende Gelübde des Buddha → Amitābha (jap. Amida), d. i. das 18. seiner insgesamt 48 Gelübde. Das Mönchsideal wurde aufgegeben: Shinrans Anhänger bilden eine reine Laiengemeinschaft, er selbst heiratete. Nach Shinrans Lehre ist das Streben nach Erleuchtung durch eigene Anstrengung sinnlos. Er geht von der Erfahrung der »anderen Kraft« (→ Tariki) des Buddha Amida aus. Die Befreiung ist ausschließlich durch die Hilfe und Gnade des Amida zu erlangen. Shinran reduziert die Praxis auf das Rezitieren von Amidas Namen (→ Nembutsu), das er als Ausdruck des Dankes diesem Buddha gegenüber auffaßt und das sogar überflüssig wird, wenn der innere Glaube an Amida stark genug ist.
Shinrans Aussprüche wurden von seinem Schüler Yuiembō gesammelt und sind unter dem Titel *Tannishō* bekannt. Yuiembō versuchte damit, die Lehren seines Meisters festzulegen, um Spaltungstendenzen unter seinen Anhängern zu unterbinden. In Shinrans *Shō-shin nembutsu ge* (»Hymne an den Wahren Glauben in Nembutsu«), das von seinen Anhängern täglich rezitiert wird, sind die Grundlagen der Praxis der Schule des → Reinen Landes zusammengefaßt.

Shinran wurde von der Mönchsgemeinde in Kyōto ausgeschlossen und in eine nördl. Provinz verbannt, da er mit einer Frau zusammenlebte und so gegen die Ordensregeln verstieß. Auf Bitten seines Lehrers Hōnen hin soll er die Frau geheiratet haben, um zu zeigen, daß mönchische Disziplin nicht der wesentliche Faktor für die Erlangung der Erlösung ist. Dies führte zu einer Spaltung unter den Schülern von Hōnen, da ein großer Teil am Zölibat festhielt.
Für Shinran hingegen war das Aufgeben des Ordenslebens ein logischer Schritt, der in voller Übereinstimmung mit dem Glauben an Amida stand: Da nach seiner Auffassung allein das Vertrauen in die Hilfe und grenzenlose Gnade Amidas zum Erlangen der Erlösung ausreichen, ist es sinnlos, so zu handeln, als ob man durch einen bestimmten Lebensstil etwas aktiv zur Erlösung beitragen könnte.
Shinran, der als Außenseiter der Gesellschaft lebte,

verbrachte sein Leben unter dem gewöhnlichen Volk. Ihm ging es darum, seine Lehre vor allem jenen Menschen, die heilsam und unheilsam nicht unterscheiden können, nahezubringen und wandte sich besonders an »schlechte« Menschen. Seiner Auffassung nach müßte Amida bereiter sein, »schlechten« Menschen zu helfen, da diese nichts außer ihrem Glauben an Amida besitzen, während »gute« Menschen oft der irrigen Anschauung verfallen, durch ihre Tugenden und Verdienste etwas zu ihrer Befreiung beitragen zu können.
Shinrans Auffassung von der Praxis des Nembutsu unterscheidet sich ebenfalls von verwandten Richtungen (→ Reines-Land-Schule) und von der seines Lehrers Hōnen: Shinran sah in Hōnens Wiederholung des Namens, die den Glauben in Amida stärken sollte, einen Rückgriff auf die »eigene Kraft« (→ Jiriki), die für Shinran aber nicht existiert. Ein einmaliges ehrliches Anrufen des Buddha Amida reicht, um der Gnade des Amida teilhaftig zu werden, alle weiteren sind nichts als Ausdruck des Dankes gegenüber Amida.
Shinran reduzierte die Grundlage seiner Lehre auf das 18. Gelübde des Amida und verwarf alle anderen Sūtras.

Shin-Schule, B jap. → Jōdo-shin-shū

Shinshō, B jap. für Shen-hsiang → Kegon-Schule

Shin-shū, B jap. → Jōdo-shin-shū

Shintoismus, B Z (jap. Shintō, wörtl.: »Weg der Götter«); Urreligion Japans. Als organisiertes Glaubens- und Ritensystem existiert der Shintoismus ungefähr seit Beginn unserer Zeitrechnung. In der frühen Form war er eine primitive Naturreligion, die die Verehrung von Naturgottheiten zum Inhalt hatte. Im 5. und 6. Jh. wurde er stark vom chin. Konfuzianismus, von dem er die Ahnenverehrung übernahm, und vom Buddhismus, von dem er einige philosoph. Gedanken und Riten entlehnte, beeinflußt und konstituierte sich als komplexes religiöses System, spielte aber nur eine untergeordnete Rolle. 1868 wurde er zur Staatsreligion erhoben, der jap. Kaiser als göttlich verehrt. 1945 verlor er seine Vorrangstellung als Staatsreligion, 1946 verzichtete der Kaiser auf jeden Anspruch auf »Göttlichkeit«.
Der frühe Shintoismus ist charakterisiert durch den Glauben an eine Vielzahl von Gottheiten: Jeder Berg, jeder Fluß, alle Naturerscheinungen sind von einer Gottheit (Kami) beherrscht. Die wichtigsten Gottheiten sind Vater Himmel und Mutter Erde, die die jap. Inseln und die übrigen Gottheiten erschaffen haben. Amaterasu Omikami (»Himmelsscheinende große Gottheit«) ist die wichtigste ihrer Schöpfungen: Sie wurde nach shintoist. Glauben ins Firmament entsandt und zum Herrscher über die Sonne gemacht. Sie schickte ihren Enkel zur Erde herab, der von jenen Inseln Besitz ergriff, die Japan bilden, und der eine ewig dauernde Dynastie gründete. Diese mythologische Vorstellung von der Gründung Japans und der Errichtung der kaiserlichen Linie bildet die zentrale Idee des Shintō-Glaubens.
Bis zum Jahre 1868 spielte der Shintoismus neben dem Buddhismus eine nur untergeordnete Rolle. In Verbindung mit buddhist. Gedankengut, vor allem unter dem Einfluß der Schulen → Tendai und → Shingon wurden viele Shintō-Gottheiten als Inkarnationen von Buddhas und Bodhisattvas aufgefaßt und zu Beschützern der buddhist. Lehre umfunktioniert.
In der Tokugawa-Periode (Anfang 16.– Mitte 19. Jh.) kam es zu einer partiellen Verbindung des Shintoismus mit dem konfuzianist. Gedankengut des → Chu Hsi, der besondere Wichtigkeit auf die Verehrung des Kaisers legte. Zur gleichen Zeit bildeten sich verschiedene Richtungen innerhalb des Shintoismus heraus, die auf der volkstümlichen Ausformung des Glaubens beruhen. Insgesamt unterscheidet man 13 Haupt- und zahlreiche Nebenströmungen, die den ethischen Aspekt betonen und u. a. die Verehrung von Bergen und Geistheilung praktizieren. Ihre Rituale entstammen der Frühzeit des Shintoismus.

Shippei Z, auch Chikuhei, jap., wörtl.: »Bambusrute«; ein ca. 50 cm langer Stock aus gespaltenem und mit Bast umwickeltem Bambus, den die Zen-Meister im alten China benutzten, um ihre Schüler anzuspornen. In Kōan spielt der Shippei oft eine ähnliche Rolle wie der → Hossu. Aus dem Shippei entwickelte sich später der → Kyosaku.

Shi-Ryōken, Z jap., wörtl.: »vier Sichtweisen«; nach Meinung der → Rinzai-Schule gibt es vier Weisen, die Welt anzuschauen. Diese sind: 1. Es gibt kein Subjekt ohne Objekt. 2. Die gesamte Welt ist eine bloße Projektion des eigenen Bewußtseins. 3. Es gibt einen Zustand, in dem die Dualität von Subjekt und Objekt transzendiert ist. 4. Letztlich gibt es weder Subjekt noch Objekt. In ihrer Reihenfolge von 1 bis 4 stellen diese Sichtweisen ein Fortschreiten vom dualistischen Bewußtseinszustand des → Bonpu-no-Jōshiki zum erleuchteten Bewußtsein (→ Erleuchtung) dar.

Shishibodai, Z jap. für → Simhabodhi

Shishin Goshin, Z jap. für → Ssu-hsin Wu-hsin

Shishō, Z jap., wörtl.: »Lehrer, Lehrmeister«. Die Schulung von Zen-Mönchen beginnt oft in jungen Jahren in einem kleinen, lokalen Tempel (→ Tera) unter der Obhut des Tempelpriesters. Diesen ersten Führer auf dem Weg zur → Erleuchtung, der kein Zen-Meister (→ Rōshi) zu sein braucht, und den der Mönch sein Leben lang als eine Art geistigen Mentor betrachtet, bezeichnet man im Zen als »Shishō«; in der Umgangssprache benennt man damit jeden Lehrmeister einer Kunst oder eines Handwerks.

Ist der junge Mönch, der in alter Zeit oft schon als Kind der Obhut seines Shishō anvertraut wurde, nach Meinung des Shishō reif für eine weitergehende Schulung, dann schickt ihn sein Mentor auf die Pilgerschaft (→ Angya) zu einem Zen-Kloster.

In der chin. wie der jap. Literatur gibt es bewegende Berichte über die Rückkehr eines Mönchs zu seinem Shishō nach Jahrzehnten der Schulung, wobei der inzwischen vielleicht zu einem Zen-Meister herangereifte Mönch seinem ersten geistigen Lehrer zu dessen großer Freude die Tiefe seiner Verwirklichung des → Buddha-Dharma demonstriert.

Shishya, H Skrt., identisch mit → Chela

Shi-Tennō, B jap. → Himmelskönige

Shitsu-Nai, Z jap. → Kōan

Shiva H (Śiva), Skrt., wörtl.: »der Gütige, der Freundliche«; die dritte Gottheit in der Hindu-Trinität (→ Trimūrti) Brahmā, Vishnu und Shiva, in der er der Gott der Auflösung und Zerstörung ist; als Zerstörer der → Avidyā (Nicht-Erkenntnis) ist er eine segensvolle Gottheit. Sein Symbol ist der → Linga; er wird oft in Vereinigung mit seiner Gemahlin → Shakti dargestellt, deren Symbol → Yoni ist.

Linga mit drei Aspekten des Shiva.

Der Name Shiva kommt in den Veden nicht vor. Dort ist Rudra der Name für diese Gottheit, und daraus hat sich Shiva mit seinen Manifestationen, den → Rudras, entwickelt. Im *Rigveda* wird das Wort Rudra für → Agni gebraucht, seine Söhne sind die → Maruts. Im *Rāmāyana* ist Shiva ein großer Gott, aber mehr im Sinne eines persönlichen Gottes und nicht als höchste Göttlichkeit. Im *Mahābhārata* ist manchmal Vishnu größer, dann wieder ist Shiva der Herr und Schöpfer von Brahmā und Vishnu und wird von allen Göttern verehrt. Später wurde Shiva zu Mahādeva, dem großen Gott, dem Zerstörer der Nicht-Erkenntnis, dem Herrn der Yogis.

Wird er als »Erwähltes Ideal« (→ Ishta-Deva) angebetet, dann ist er die ganze Gottheit, die Höchste Wirklichkeit. In Beziehung zu seinen dynamischen Kräften, die als Shakti, Pārvatī, → Kālī oder Durgā bekannt sind, ist Shiva das transzendente Absolute. Jede dieser weiblichen Gottheiten wird auch als »Gemahlin« von Shiva bezeichnet, da er oft in sexueller Vereinigung (→ Shaktismus) mit diesen Verkörperungen seiner »weiblichen« Kräfte visualisiert wird. Er hat viele andere Namen wie Shambu, Shankara, Īshāna, Vishvanātha, Kedārnāth und → Natarāja, der in der Kunst als Shiva-Natarāja, der tanzende Shiva, dargestellt wird, der Herr des Universums. Er reitet auf → Nandi, dem Stier des → Dharma, und wird als Guru aller Gurus angebetet, als Zerstörer aller Weltlichkeit, der Weisheit gewährt und die Verkörperung von Entsagung und Mitleid ist.

Shivaismus, H → Shaivismus

Shiva-Linga, H Skrt. → Linga

Shivānanda, H ind. Heiliger, 1887–1963, entstammte einer südind. Familie von Weisen, Asketen und Gelehrten und war seit 1912 als Arzt tätig. 1923 gab er diesen Beruf und allen Besitz auf, zog als Bettler durch Indien, ließ sich von Weisen unterrichten und suchte die großen Pilgerorte auf, bevor er in Hrishīkesh zum Mönch geweiht wurde. 1936 gründete er hier The Divine Life Society (»Gemeinschaft des Göttlichen Lebens«), 1948 die Yoga-Vedānta Forest Academy. Die wichtigsten Anliegen der Gesellschaft und der Akademie sind: Verbreitung von Unterweisungen (Publikationen) über Erziehung, Philosophie und geistige Erkenntnis ohne Berücksichtigung der Kaste oder des Glaubens. Alle Religionen sollen gleichgeachtet und allen Suchenden durch Kost, Medizin und Erkenntnis geholfen werden. Unter dieser Devise stand auch das World Parliament of Religion, das Shivānanda 1953 ins Leben rief. Von seinen zahlreichen Schriften erschienen auf Deutsch u. a.: *Kundalini-Yoga,* München 1953; *Konzentration und Meditation,* München 1959; *Hatha-*

Yoga, Gelnhausen 1964; *Erfolg in Leben und Selbstverwirklichung,* Weilheim 1965.

Shivarātri 🅗 (Śivarātri), Skrt., wörtl.: »Shivas Nacht«; eine spirituelle Nachtwache zu Ehren → Shivas, die im Frühling stattfindet und mit Fasten, Gebet und Meditation verbunden ist.

Shiva-Samhitā 🅗 (Śiva-Saṃhitā), Skrt.; ein klassisches Werk über den → Hatha-Yoga, in dem die strengen Vorschriften beschrieben werden, die der Schüler dieses Yogas befolgen muß, und Anleitungen gegeben werden, wie er dies bewerkstelligen kann.

SHIVO'HAM 🅗 (Śivo'Ham), Skrt.; ein bekanntes → Mantra: »Ich bin Shiva.«

Shloka 🅗 (Śloka), Skrt., wörtl.: »Ruf, Schall, Strophe«; das wichtigste Versmaß der → Veden und anderer Sanskrit-Klassiker (z. B. *Mahābhārata, Rāmāyana*). Es wurde wahrscheinlich von → Vālmīki eingeführt und ergibt eine Strophenform aus zwei Verszeilen zu je zwei Gliedern *(pāda)* zu je acht Silben.

Shō, 🅩 jap., wörtl.: »Wesen, Natur, Naturell«; der Sinn dieses Begriffs, wie er im Zen verwendet wird, entspricht ziemlich genau dem, was Meister Eckehart mit »Wesen« bezeichnet. Im Englischen wird dieser Begriff mit *nature* und in Anlehnung daran oft auch im Deutschen mit »Natur« übersetzt; der Unterschied von Natur und Wesen wird jedoch klar an den Adjektiven: natürlich/wesentlich, naturhaft/wesenhaft usw. So ist es die Natur des Menschen, daß er sterblich ist, sein Wesen jedoch ist unsterblich, zeitlos, transzendent. In der Bedeutung von »Wesen« taucht dieses Shō in Begriffen wie Buddha-Wesen (→ Busshō), Selbst-Wesensschau (→ Kenshō) usw. auf.

Shōbō-genzō, 🅩 jap.; »Das Schatzkammer-Auge des Wahren Dharma«; das Hauptwerk des großen jap. Zen-Meisters → Dōgen Zenji. Es ist eine Sammlung von → Teishō und Schriften aus den letzten beiden Jahrzehnten seines Lebens. Das *Shōbō-genzō* gilt als eine der tiefgründigsten Schriften in der gesamten Zen-Literatur und als das hervorragendste Werk der religiösen Literatur Japans.

Shōbō-genzō Zuimonki, 🅩 jap.; eine Sammlung von Aussprüchen und Unterweisungen des großen jap. Zen-Meisters → Dōgen Zenji, wie sie von seinem Schüler Ejō (1198–1280) aufgezeichnet wurden.

Shō-chū-hen, 🅩 jap. → Fünf Grade (der Erleuchtung), 1.

Shō-chū-rai, 🅩 jap. → Fünf Grade (der Erleuchtung), 3.

Shōdō, 🅩 jap., wörtl.: »Schrift-Weg«; einer der jap. Wege geistiger Schulung (→ Dō). Diese »Kunst des Schreibens« oder »Schriftkunst« gilt im Fernen Osten als die »wesentlichste« der Künste, da in ihr der Herz-Geist (→ Kokoro) des Künstlers besonders deutlich zum Ausdruck kommt. So ist denn auch die häufig anzutreffende Übersetzung »Kalligraphie« unzutreffend, da es beim Shōdō nicht darauf ankommt *schön* zu schreiben, sondern den eigenen Herz-Geist »mitzuteilen« (jap. *kokoro-o ataeru*). Dies wird besonders deutlich in den Schriftkunstwerken der chin. und jap. Zen-Meister (→ Bokuseki), von denen viele den Schrift-Weg praktizierten und deren Werke zu den großartigsten Beispielen dieser Kunst gehören.

Shōgen Sōgaku, 🅩 jap. für → Sung-yüan Ch'ung-yüeh

Shōichi Kokushi, 🅩 → Ben'en

Shōitsu Kokushi, 🅩 → Ben'en

Shōji, 🅩 jap., wörtl.: »Geburt (und) Tod«; der Kreislauf von Geburt und Tod, das Wandern durch eine Existenz nach der anderen; der jap. Ausdruck für → Samsāra.

Shōjiki, 🅩 jap., wörtl.: »Rezitation (vor dem) Mahl«; zeremonielle Rezitation vor den Mahlzeiten in einem Zen-Kloster (→ Tera).

Shōji soku nehan, 🅩 jap., wörtl.: »Geburt (und) Tod selbst (sind) Nirvāna«; für den vollkommen Erleuchteten (→ Erleuchtung) sind die Welt des Phänomenalen und die des Essentiellen nicht voneinander verschieden, sondern völlig identisch: → Samsāra (Geburt-und-Tod) und → Nirvāna sind eins.

Shōjō, 🅩 jap. für → Hīnayāna

Shōjō-Zen, 🅩 jap. → Fünf Arten des Zen, 3.

Shōjū Rōjin, 🅩 → Dōkyō Etan

Shōkaku Kokushi, 🅩 → Musō Soseki

Shōkan, 🅩 jap. → Shōken

Shōkei Eki, 🅩 jap. für → Chang-ching Huai-hui

Shōken 🅩, auch Shōkan, jap., wörtl.: »Einander-Sehen«; das erste → Dokusan eines Zen-Schülers bei seinem Meister (→ Rōshi), bei dem der nach → Erleuchtung Strebende vom Rōshi offiziell als Schüler angenommen wird. Nach einem festgelegten Zeremoniell sucht der künftige Schüler den Meister in der Zurückgezogenheit seines Raumes auf, bringt ihm als dem Stellvertreter der Drei Kostbarkeiten (→ Sambō) eine

Opfergabe dar und bittet darum, vom Rōshi auf dem Zen-Weg geführt zu werden. Er legt dem Meister dar, aus welchen Motiven er ihn um Unterweisung ersucht, und wenn der Rōshi von der Ernsthaftigkeit seines »Willens zur Wahrheit« (→ Kokorozashi) überzeugt ist und davon, daß er selbst der richtige Meister für diesen Menschen ist, nimmt er ihn als Schüler an.

Bei Shōken wird ein karmisches Band zwischen Meister und Schüler geknüpft – oder besser: das Vorhandensein einer solchen tiefen Beziehung bekräftigt. Der Meister verpflichtet sich dabei, den Schüler nach bestem Vermögen auf dem Weg zur Erleuchtung zu schulen und der Schüler seinerseits, dem Rōshi voller Hingabe, Offenheit, Ehrlichkeit und Vertrauen zu folgen, solange beide es für richtig erachten. Gibt es schwerwiegende Gründe dafür, so kann das Band vom Meister wie vom Schüler jederzeit gelöst werden – kein echter Meister wird versuchen, einen Schüler gegen dessen Willen an sich zu »binden«. Kommt es jedoch nicht zu einer solchen Lösung, so wird das Band – auch wenn der Schüler längst → Inka-Shōmei erhalten hat und selbst zu einem Meister geworden sein sollte – bis zum Tod von Meister oder Schüler und über den Tod hinaus bestehen bleiben.

Shōkyō Eki, **Z** jap. für → Chang-ching Huai-hui

Shōmyō **Z**, auch Nampo Shōmyō (Jōmyō) oder Nampo Sōmin, ebenfalls bekannt als Daiō Kokushi (→ Kokushi), 1235–1309, früher jap. Zen-Meister der Yōgi-Linie des Rinzai-Zen (→ Yōgi-Schule); ein Schüler und Dharma-Nachfolger (→ Hassu) des chin. Meisters → Hsü-t'ang Chih-yü (jap. Kidō Chigu). Shōmyō übertrug jene Linie des Zen nach Japan, in deren Tradition → Hakuin Zenji steht, und trug wesentlich dazu bei, das Zen in Japan heimisch zu machen.

Shōmyō begann seine Schulung unter dem nach Japan übersiedelten chin. Meister → Lan-ch'i Tao-lung (jap. Rankei Dōryū) im → Kenchō-ji in Kamakura. 1259 reiste er nach China, wo er unter Meister Hsü-t'ang Erleuchtung erfuhr und von diesem das Siegel der Bestätigung (→ Inka-Shōmei) erhielt. Nach Japan zurückgekehrt, wirkte er in Kamakura, auf der Insel Kyūshū und in Kyōto als Zen-Meister. Anders als manch einer der frühen jap. Zen-Meister (z. B. → Eisai Zenji, → Ben'en, → Kakushin) vermischte Shōmyō das Zen nicht mit Elementen aus der → Tendai- oder der → Shingon-Schule, sondern übertrug das reine → Kanna-Zen der strengen Yōgi-Schule nach Japan. So berufen sich denn auch spätere Meister in dieser Übertragungslinie wie → Ikkyū Sōjun und Hakuin Zenji zu einer Zeit, da das Rinzai-Zen in Japan bereits im Niedergang war, auf Shōmyōs Meister Hsü-t'ang und bezeichnen sich als dessen eigentliche Dharma-Erben. Shōmyōs berühmtester Dharma-Nachfolger war → Myōchō Shūhō (auch bekannt als Daitō Kokushi).

Shōrin-ji, **Z** jap. für → Shao-lin-Kloster

Shōshi, **Z** jap., wörtl.: »wahrer Meister«; die Bestätigung, mit der ein Zen-Schüler, der zuvor bereits → Inka-Shōmei erhalten hat und schon selbst ein → Zendō führt, von seinem Meister als fähiger Zen-Meister anerkannt wird.

Mit Inka-Shōmei wird dem Zen-Schüler bestätigt, daß er tiefe → Erleuchtung erfahren und die Zen-Schulung unter seinem Meister beendet hat. Doch nicht jeder so Bestätigte kommt auch in die Lage, ein Zendō zu eröffnen und als Meister zu wirken. Bedenkt man, was alles dazu gehört, ein Zendō gut zu führen, so ist es erstaunlich, daß überhaupt einige der Überlieferungslinien bis auf den heutigen Tag überlebt haben.

Shōsō-Funi, **Z** jap., wörtl.: »Wesen (und) Form (sind) Nicht-Zwei«; Ausdruck für die in der → Erleuchtung erfahrene Nicht-Dualität von Absolutem und Relativem, Leere und Form, Eigenschaftslosem und Eigenschaften.

Shou, **T** chin., wörtl.: »langes Leben«; Vorstufe zur Unsterblichkeit (→ Ch'ang-sheng pu-ssu). Dem chin. Schriftzeichen Shou als Symbol des

Drei ornamentale Zeichen für Shou.

taoist. Ideals wird fast magische Wirkung zugeschrieben; es taucht in künstlerischen Darstellungen in jeder nur denkbaren Form auf.

Nach taoist. Auffassung kann die individuelle Lebensspanne durch verschiedene Übungen verlängert werden. Von besonderer Bedeutung sind Atem- und Gymnastikübungen, Meditation, Vermeiden bestimmter Speisen, sexuelle Techniken usw.

Shou-chu, **Z** → Tung-shan Shou-chu

Shou-hsing, **T** → San-hsing

Shou-i, **T** chin., wörtl.: »das Eine bewahren«; taoist. Meditationsmethode. Sie besteht in der Visualisation von Gottheiten, die das Innere des Körpers (→ Shen, → Innere-Gottheiten-Hygiene-Schule) bewohnen, um diese im Körperinneren zu bewahren. Meist wird dabei das Höchste Eine (→ T'ai-i), die wichtigste Körpergottheit, visualisiert, daher die Bezeichnung »Shou-i«. Ziel dieser Meditationstechnik ist es, eine Vereinigung mit dem Höchsten Einen zu verwirklichen.

Die älteste Form dieser Meditation ist im → *T'ai-p'ing ching* als »Verfahren zur Bewahrung des Lichts des Einen« beschrieben: »Das Verfahren zur Bewahrung des Lichts des Einen ist die Grundlage der Kunst des Langen Lebens [→ Ch'ang-sheng pu-ssu]. Es gestattet, die Gottheiten aufzusuchen und aus ihrem Sitz in strahlendem Licht hervortreten zu lassen. Wenn man das Licht des Einen bewahrt, so muß man, sobald man etwas wie das Aufzucken einer ersten Flamme wahrnimmt, dieses Bild festhalten und nicht entschwinden lassen. Zunächst ist es rot, wird dann weiß und nach längerer Zeit schließlich grün. Es ist eine strahlende Helligkeit, die sich anscheinend immer weiter ausbreitet. Doch muß man sie sammeln und zusammenfassen. Dann wird im Innern alles erhellt. Auf diese Weise werden alle Krankheiten vertrieben. Und wenn (man dieses innere Licht) ohne Fehl unterhält, läßt sich sagen, daß man damit die Kunst besitzt, 10 000 Jahre zu leben.« (Zit. n. M. Kaltenmark, 1981, S. 241.)
Diese Form der Lichtmeditation wurde schon in der Frühphase des Taoismus geübt; auch → Lao-tzu spricht oft von einem inneren Licht. Im → *Huai-nan-tzu* symbolisiert das Erscheinen eines Lichts in der leeren Kammer des Herzens die Gegenwart des Tao.
Die Inneren Gottheiten wurden erst mit der Personifizierung des T'ai-i und der Aufspaltung in die Drei Einen (→ San-i) Objekt der Meditation. Im späteren Taoismus wird angenommen, daß sich durch das Bewahren des Einen die Essenz (→ Ching) im ganzen Körper verbreiten kann und die Drei Einen sichtbar werden sowie durch die Transformation des Atems (→ Ch'i) der Heilige Embryo (→ Sheng-t'ai) entsteht. Ist dem Adepten diese Verwandlung gelungen, hat er Unsterblichkeit erlangt und wird bei hellem Tag gen Himmel steigen (→ Fei-sheng).

Shou-lao, T chin., taoist. Gottheit des Langen Lebens (→ Ch'ang-sheng pu-ssu). Shou-lao ist der populäre Name der Sternengottheit des langen Lebens, Shou-hsing (→ San-hsing). – Sein Kennzeichen ist der durch den Gehalt an Energie enorm vergrößerte Kopf. In der Hand hält Shou-lao meist einen knorrigen Stab und eine Kürbisflasche, die das Lebenswasser enthält, und den Pfirsich der Unsterblichkeit, der oft noch einen Kranich, ein Symbol der Unsterblichkeit, birgt.

Shou-shan Sheng-nien, Z jap. Shuzan Shōnen, auch Shou-shan Hsing-nien, 926–993, chin. Zen-Meister der → Rinzai-Schule; ein Schüler und Dharma-Nachfolger (→ Hassu) von → Feng-hsüeh Yen-chao (jap. Fuketsu Enshō) und der Meister von → Fen-yang Shan-chao (jap. Fun'yō Zenshō).
Shou-shan war es, durch den die Rinzai-Linie der Zen-Übertragung vor dem Verlöschen bewahrt wurde. Sein Meister, Feng-hsüeh, fürchtete bereits, daß der Dharma seines »Urgroßvaters im Zen«, des großen Meisters → Lin-chi I-hsüan (jap. Rinzai Gigen) mit ihm aussterben werde, da er in seinem Kloster keinen geeigneten Dharma-Nachfolger fand, als Shou-shan, der sich dem Kreis seiner Schüler erst spät angeschlossen hatte, sich als würdiger Erbe erwies. Nachdem dieser das Siegel der Bestätigung (→ Inka-Shōmei) von Feng-hsüeh erhalten hatte, »verwischte er seine Spuren und verbarg sein Licht«. Erst als die seit dem Niedergang der T'ang-Dynastie chaotischen Verhältnisse im Land sich unter der Sung-Dynastie wieder stabilisiert hatten, gab er sich als Zen-Meister zu erkennen und begann, Schüler auf dem Zen-Weg zu führen. Von seinen 16 Dharma-Nachfolgern war es vor allem Fenyang, durch den das Rinzai-Zen einen neuen Aufschwung nahm und zur führenden Schule des Buddhismus im China der Sung-Zeit wurde. – Wir begegnen Meister Shou-shan im 43. Beispiel des → *Wu-men-kuan*.
Das Kōan lautet:
»Meister Shou-shan hielt seinen Stab hoch und sagte bei der Unterweisung, indem er ihn den Schülern zeigte: ›Ihr Mönche, wenn ihr das einen Stab nennt, so ist das ein Verstoß. Wenn ihr das »nicht-ein-Stab« nennt, so ist das Widersinn. Ihr Mönche, sagt einmal, wie nennt ihr es?‹«

Shōyō-roku, Z jap. für → *Ts'ung-jung-lu*

Shraddhā H B (Śraddhā), Skrt., wörtl.: »Glaube, Vertrauen«.
H Der Glaube an das, was die heiligen Schriften lehren, das Vertrauen, daß sie die Wahrheit verkünden; eine der »sechs großen Errungenschaften« (→ Shatkasampatti) aus Shankaras → *Tattvabodha*.
Shraddhā ist eine Grundvoraussetzung für das Suchen nach Gott, aber der Glaube allein genügt im Hinduismus nicht, er bleibt eine Hypothese, eine »Arbeitshypothese«, und wird erst erfüllt, wenn Gott oder → Brahman verwirklicht ist, d. h. wenn der Strebende Vereinigung mit ihm erlangt hat.
B (Pali: Saddhā). Die innere Haltung des Vertrauens und der Hingabe an den Buddha und die von ihm verkündete Lehre. Shraddhā bildet somit die Grundlage für die ersten beiden Glieder des → Achtfachen Pfades, rechte Ansicht und rechter Entschluß, und ist eines der fünf → Balas. Im Mahāyāna spielt Shraddā eine noch wichtigere Rolle, da sie als die Tugend, aus der sich alle anderen entwickeln, angesehen wird und auch Menschen, die den Weg der Meditation und Selbstdisziplin nicht gehen können, den Zugang zum Heilsziel öffnet. Dem Buddhismus ist allerdings Glauben im Sinne des »Reinen Glau-

bens« des Christentums fremd. Shraddhā besteht vielmehr in der Überzeugung, die dem Schüler aus der Prüfung der Lehre durch eigene, direkte Erfahrung erwächst. Blinder Glaube in die Worte des Buddha oder eines Meisters sind dem Wesen des Buddhismus entgegengesetzt, und der Buddha hat seine Anhänger selber davor gewarnt.

Das gläubige Vertrauen in den Buddha → Amitābha ist jedoch der wesentliche Faktor in der Praxis der Schule des → Reinen Landes, die oft mit einem »Weg des Glaubens« gleichgesetzt wird.

Shraddhā bildet auch eine der Grundlagen für den Einstieg in den überweltlichen Pfad: ein → Shrota-Āpanna kann ein »Anhänger des Glaubens« (→ Shraddhānusārin) oder ein »Anhänger der Lehre« (→ Dharmānusārin) sein und wird je nachdem ein durch den Glauben Erlöster (Shraddhāvimukta) oder ein »Sehender« (Drishtiprāpta), sofern er ein Anhänger der Lehre war.

Shrāddha H (Śrāddha), Skrt., wörtl.: »Totenmahl«; eine religiöse Zeremonie, bei der den verstorbenen Angehörigen Speise und Trank dargebracht werden. Im *Mahābhārata,* in dem → Manu, der Stammvater der Menschheit, als ein Bruder Yamas, des Todesgottes, in Erscheinung tritt, werden beide als Shrāddha-Deva bezeichnet.

Shraddhānusārin, B Skrt. (Pali: Saddhānusārin); Anhänger des Glaubens bzw. eine der zwei Arten von Anwärtern auf den »Stromeintritt« (→ Shrota-Āpanna). Der Shraddhānusārin tritt nicht wie der → Dharmānusārin, der Anhänger der Lehre, dank seines intellektuellen Verständnisses der buddhist. Lehre in den überweltlichen Pfad (→ Ārya-Mārga) ein, sondern aufgrund seines gläubigen Vertrauens (→ Shraddhā) in die Lehre.

Shramana B (Śramaṇa), Skrt. (Pali: Samanna; chin. Shamen); Asket, Mönch. Eine andere Bezeichnung für buddhist. Mönche, die urspr. auf solche, die ein asketisches Leben führten, angewandt wurde.

Shrāmanera B (Śrāmaṇera) bzw. Shrāmanerikā, Skrt.; Novize, Novizin; Bezeichnung für männliche bzw. weibliche buddhist. Novizen, die sich bei der niederen → Ordination verpflichtet haben, die zehn → Shīlas einzuhalten. Die Novizen sind oft Kinder. Das Mindestalter für die Ordination zum Shrāmanera beträgt sieben Jahre; das war das Alter des Sohnes des historischen Buddha, → Rāhula, des Patrons der Shrāmaneras, als er dem → Sangha beitrat.

Die Novizen werden Mönchen (→ Bhikshu) oder Nonnen (→ Bhikshunī) anvertraut, die sie in der Lehre und den Disziplinregeln unterweisen und sie auf ihrem Weg führen. Dafür sind die Novizen die Diener der Mönche und Nonnen und nehmen ihnen die alltäglichen Arbeiten ab. Ein Shrāmanera oder eine Shrāmanerikā können, haben sie das erforderliche Alter erreicht, nach einer Probezeit von vier Monaten zum Mönch oder zur Nonne ordiniert werden.

Shrāvaka B (Śrāvaka), Skrt., wörtl.: »Hörer«; bezeichnet ursprünglich die persönlichen Schüler Buddhas oder Schüler im allgemeinen. Im Mahāhyāna sind damit, im Gegensatz zu → Pratyeka-Buddhas und Bodhisattvas, jene Schüler gemeint, die nach persönlicher Erleuchtung streben und diese nur durch das Hören der Lehre, die Einsicht in die → Vier Edlen Wahrheiten und die Nicht-Wirklichkeit des Phänomenalen erlangen können. Das höchste Ziel stellt für sie das Nirvāna ohne Erdenrest dar (→ Nirupadhishesha-Nirvāna). Der Shrāvaka entspricht somit der Stufe des → Arhat.

Shrāvakayāna B (Śrāvakayāna), Skrt., wörtl.: »Fahrzeug der Hörer«; bezeichnet das erste der drei sog. »Fahrzeuge«, die zur Erlangung des Nirvāna führen können (→ Triyāna). Das Shrāvakayāna führt zur Arhatschaft und kann mit dem → Hīnayāna gleichgesetzt werden.

Shravana H (Śravaṇa), Skrt., wörtl.: »Hören, Lernen«; die erste der drei Stufen, die der → Vedānta für notwendig hält zur Erlangung spiritueller Erkenntnis. Shravana besteht darin, von der Höchsten Wahrheit zu hören, über sie zu lesen und sie aus den heiligen Schriften zu lernen. Die weiteren Stufen sind → Manana und → Nididhyāsana.

Shrī H (Śrī), Skrt., wörtl.: »Pracht, Schönheit, Glück; Wohlstand, Reichtum; Majestät; Ehrwürdiger, Erhabener«; 1. in der letzten wörtl. Bedeutung ein ehrender Beiname vor Götter- und Menschennamen; 2. ein anderer Name für → Lakshmī, die Göttin des Glücks und der Schönheit.

Shrīharsha, H → Harsha, 2.

Shrīmālādevī-Sūtra B (Śrīmālādevī-Sūtra), Skrt., »Sūtra der Prinzessin Shrīmālā«; Mahāyāna-Sūtra, das im 5. Jh. zum ersten Mal ins Chinesische übersetzt wurde. Es spielte in der Anfangszeit des Buddhismus in Japan eine bedeutende Rolle; Prinz Shōtoku soll einen Kommentar dazu verfaßt haben.

Prinzessin Shrīmālā vertritt in diesem Sūtra die Überzeugung, daß der Buddha alle seine Lehren um des Mahāyāna willen verkündete und dieses letztlich alle drei »Fahrzeuge« (→ Triyāna) umfaßt.
Shrīmālā erwähnt drei Arten von Wesen, die den Weg des Mahāyāna gehen können: 1. solche, die die tiefste Weisheit (→ Prajñā) allein verwirklichen; 2. solche, die die Weisheit durch Hören der Lehre verwirklichen; 3. Wesen, die gläubiges Vertrauen (→ Shraddhā) in den → Tathāgata haben, obwohl sie die höchste Weisheit nicht verwirklichen können.

Shrīmat 🅗 (Śrīmat), Skrt., wörtl.: »schön, angesehen, glückbringend«; ein Wort, das Heiligkeit, Glück und Erkenntnis andeutet und anderen Namen vorangesetzt wird, z. B. in *Shrīmat → Bhāgavata(-Purāna)*.

Shrī-Yantra, 🅗 Skrt., wörtl.: »Yantra des Erhabenen«; das wichtigste → Yantra des hinduist. → Tantra. Es besteht im wesentlichen aus neun einander überlagernden Dreiecken, die um einen Punkt (→ Bindu) konzentriert sind. Die fünf mit der Spitze nach unten gerichteten Dreiecke stellen → Shakti dar, die vier nach oben gerichteten Dreiecke → Shiva.

Grundform des Shrī-Yantra.

Mookerjee und Khanna schreiben über dieses Yantra: »Das Shrī-Yantra ist ein Symbol für die der Shakti eigene Gestalt *(svarūpa),* ihre Mächte und Emanationen, und damit ein Symbol für das stufenweise Herabschreiten der Shakti in das Sichtbare, d. h. es zeigt die Gestalt des Universums *(vishvarūpa).* Es ist eine bildliche Illustration des kosmischen Feldes der Schöpfung. Wie die Schöpfung selbst, so trat auch das Shrī-Yantra durch die Kraft des uranfänglichen Verlangens ins Sein. Der Impuls des Verlangens *(kāmakalā),* hervorgebracht durch → Prakriti, erzeugt eine Bewegung *(spanda),* die sich in der Schwingung des Klanges (→ Nāda) äußert. Diese Manifestation wird durch einen Punkt oder Bindu dargestellt . . . Dieser ist der Kern der verdichteten Energie, der Keim des Urklanges und der dynamische sowie der statische Aspekt der Zwei (Shiva/Shakti) in einem. Er beinhaltet alle Möglichkeiten des Werdens . . . Der Punkt nimmt einen Radius an, die Polarisation von Shiva und Shakti vollzieht sich, die dynamischen und statischen Energien treten in Wechselbeziehung, und es ergeben sich zwei weitere Punkte, wodurch eine Triade von Punkten gebildet wird – das uranfängliche Dreieck oder Mūla-Trikona.« (Zit. n. Mookerjee/Khanna, 1978, S. 73 f.)

Der Prozeß der aus dem Bindu ausfließenden Schöpfung, der vom Shrī-Yantra dargestellt wird, wie er sich über mehrere Stufen bis zur Schaffung der irdischen Welt fortsetzt, wird vom Meditierenden in seiner vom Shrī-Yantra geleiteten Meditation von der materiellen Ebene ausgehend in umgekehrter Richtung zurückverfolgt, bis der Meditierende im Bindu seinen gestaltlosen Ursprung, das »ganz aus Seligkeit Bestehende« *(sarva-ānandamaya)* erfährt und mit diesem eins wird.

Shrota-Āpanna 🅑 (Śrotāpanna), Skrt. (Pali: Sotāpanna), wörtl.: »In den Strom Eingetretener«; bezeichnet den ersten Grad der Heiligkeit im Hīnayāna (→ Ārya-Mārga, → Ārya-Pudgala), den ein Anhänger des Glaubens (→ Shraddhā) oder der Lehre (→ Dharmānusārin) erreichen kann. Ein in den Strom Eingetretener ist frei von den ersten drei Fesseln der individualistischen Ansicht, des Zweifels und des Hängens an Riten und Regeln (→ Samyojana), hat sich aber noch nicht von den Leidenschaften (→ Klesha) befreit. Er muß höchstens siebenmal wiedergeboren werden, und dies nur in einer der guten Existenzweisen (→ Gati), um die Erlösung zu erlangen. Hat er aber teilweise schon den Hang zur Sinnenlust (→ Kāma) und Böswilligkeit gemeistert, so braucht er nur mehr zwei bis drei Wiedergeburten.

Shruti 🅗 (Śruti), Skrt., wörtl.: »hören«; alle heiligen Schriften des Hinduismus werden in Shruti und → Smriti unterteilt. Zur Shruti werden alle Schriften gerechnet, die auf göttlicher Offenbarung beruhen und deshalb unbedingte Autorität besitzen. Es sind die → Veden, deren ewiger, heiliger Klang von den → Rishis »gehört« wurde. Allerdings zählen von den ved. Texten nur die → Samhitās, → Brāhmanas, → Upanischaden und ein Teil der Sūtras zur Shruti.

Shubhākarasimha, 🅑 → Mi-tsung

Shuddhādvaita-Vedānta, **H** Skrt. → Vallabha

Shūdra, **H** Skrt. → Varna

Shūhō Myōchō, **Z** → Myōchō Shūhō

Shui-kuan, **T** → San-kuan

Shukadeva **H** (Śukadeva), auch Shuka, Skrt.; ein großer Heiliger, der Sohn → Vyāsas, des Erzählers des → *Bhāgavata-Purāna*. Er gilt als das Ideal des → Sannyāsin und wird zu den Nitya-Siddhas (→ Nitya) gezählt.

Shūmitsu, **Z** jap. für Tsung-mi → Kuei-feng Tsung-mi

Shun, **T** 2255–2205, nach anderer Rechnung 2233–2184 v. Chr.; einer der legendären Fünf Kaiser (→ Wu-ti), Nachfolger des → Yao, der ihn auf Anraten der »Vier Berge«, der Führer der vier Himmelsrichtungen, anstelle seines Sohnes zum Herrscher machte. Shun, so heißt es in den klass. Schriften, sei ein Mann der »Ostbarbaren« gewesen, der sich aufs Töpfern verstand und den Acker selbst bebaute. Er soll die vier Himmelsgegenden bereist und die vier unheilvollen Wesen, die die Tore der vier Richtungen bewachten, verbannt haben. Sein Nachfolger war Yü der Große (→ Ta-yü).
Shun und sein Vorgänger Yao werden in den *Gesprächen (Lun-yü)* des Konfuzius (→ K'ung-tzu) und anderen konfuzian. Schriften als ideale Herrscher des Goldenen Zeitalters beschrieben, deren Regierungsweise allen Königen und Kaisern als Vorbild dienen sollte.

Shun'o Reizan, **Z** 1344–1408, jap. Zen-Meister der → Rinzai-Schule. Er gründete das Kloster Kōon-ji im Nordwesten von Edo (heute Tōkyō) und gab 1405 die bis heute maßgebliche jap. Edition des → *Wu-men-kuan* (jap. *Mumonkan*) heraus. (Siehe dazu auch → Kakushin.)

Shūnyatā **B** **Z** (Śūnyatā), Skrt. (Pali: Sunnatā, jap. Kū), wörtl.: »Leere, Leerheit«; zentraler Begriff des Buddhismus. Im alten Buddhismus erkannte man, daß alle zusammengesetzten Dinge (→ Samskrita) leer, unbeständig (→ Anitya), nicht-wesenhaft (→ Anātman) und leidvoll (→ Duhkha) sind. Die Leere wurde im Hīnayāna nur auf die »Person« bezogen; im → Mahāyāna dagegen werden *alle* Dinge als nicht-wesenhaft, d. h. als leer von einer Selbstnatur (→ Svabhāva) angesehen. Alle Dharmas sind im Grunde ohne selbständige, dauerhafte Substanz, sind nichts als reine Erscheinungen; sie existieren nicht außerhalb der Leere. Shūnyatā trägt und durchdringt alle Phänomene und macht erst ihre Entwicklung möglich. Aus dieser Auffassung der Leerheit alles Seienden darf man allerdings nicht auf einen bloßen Nihilismus schließen: Sie bedeutet nicht, daß die Dinge nicht existieren, sondern nur, daß sie nichts als Erscheinungen darstellen. Shūnyatā wird im Mahāyāna vielfach mit dem Absoluten gleichgesetzt, da es frei von Dualität und empirischen Formen ist. Darüber hinaus liefern die einzelnen Schulen unterschiedliche Interpretationen von Shūnyatā.

Das Mahāyāna veranschaulicht den Unterschied zwischen hinayanist. und mahayanist. Auffassung mit folgendem Gleichnis: Im Hīnayāna ähneln die Dinge leeren Gefäßen, das Mahāyāna leugnet sogar die Existenz der Gefäße und kommt damit zu einer vollständigen Substantialitätslosigkeit.
In den → Prajñāpāramitā-Texten wird Shūnyatā als das Gemeinsame aller gegensätzlichen Erscheinungen betrachtet; sie betonen die Nicht-Verschiedenheit von Leere und Form *(→ Herz-Sūtra)*. Den → Mādhyamikas gelten die Dinge als leer, da sie bedingt entstanden sind (→ Pratītya-Samutpāda). Das Wahre-Wesen der Welt ist Shūnyatā, das als »Beruhigung der Vielfalt« erklärt wird: Leere bedeutet, daß auf das damit bezeichnete Wesen der Welt jegliche Vielfalt, d. h. jeglicher Begriff und sprachliche Aussage, auch »Nicht-Sein«, nicht zutrifft. Für die Mādhyamikas hat Shūnyatā drei Funktionen: sie ist Voraussetzung für die Entstehung der Wesen sowie die Vergänglichkeit der Wesen, ermöglicht aber auch die Befreiung aus → Samsāra. Das Begreifen der Leere durch Weisheit (→ Prajñā) ist die Verwirklichung des → Nirvāna.
Im → Yogāchāra sind die Dinge deswegen leer, weil sie aus dem Geist (→ Chitta) entstanden sind. Geist wird in dieser Schule mit Shūnyatā gleichgesetzt.
Das Konzept der »Leere« und seine zu einer direkten Erfahrung führende Vermittlung spielte auch bei der Einführung der Mādhyamika-Lehren nach Tibet eine zentrale Rolle. In der Auseinandersetzung zwischen dem ind. Gelehrten Kamalashila und der chin. → Zen-Schule ging es vor allem um die Frage, ob der Weg zu einem Erwachen zur Höchsten Wirklichkeit in Stufen zurückgelegt wird oder sich diese in einer plötzlichen Schau offenbart. Die Entscheidung für den von der ind. Partei propagierten Stufenweg führte ab dem 11. Jh. zur Ausbildung verschiedener philosoph. Methoden, deren Argumentationsweisen schließlich in der → Siddhānta-Literatur zusammengefaßt wurden. Alle Schulen der »Mittleren Lehre« gehen dabei von der von → Nāgārjuna formulierten These der beiden Wahrheiten aus. 1. Die vordergründige Wahrheit (auch Konventionelle Wahrheit, → Samvriti-Satya), von den gewöhnlichen Menschen für wirklich gehalten, aber im Grunde nicht existierend, sondern nur durch das »Abhängige Entstehen« (Pratītya-Samutpāda) in Erscheinung getreten. 2. Die Höchste Wahrheit (auch Endgültige Wahrheit, → Paramārtha-Satya), die jenseits von Existenz und Nicht-Existenz liegende »Leerheit« aller Phänomene, die nicht in Worten auszudrücken, sondern nur direkt erfahrbar ist. Die Unterschiede der ein-

zelnen Mādhyamika-Schulen bestanden in verschiedenen Auffassungen über die Natur der beiden Wahrheiten und wie eine Erfahrung der Leere zu erlangen sei. Die als Ziel der religiösen Übung (→ Erleuchtung) angesehene Verwirklichung der Leerheit wurde aber nicht nur durch philosoph. Argumentationen vorbereitet, in der Symbolik der → Tantras wurde sie direkt erfahrbar. Besonders in den Lehren der → Mahāmudrā und des → Dzogchen wird der Weg zu dieser Erfahrung beschrieben. Während im traditionellen Madhyamaka die Leerheit durch das umschrieben wird, was sie nicht ist, faßten sie diese Systeme in positive Begriffe. Als Höchste Wirklichkeit wurde die Shūnyatā nun zur »Offenheit«, die untrennbar mit dem Aspekt der Klarheit verbunden ist.

Shūnyatāvāda, B → Mādhyamika

Shūrangama-Sūtra B Z (Śuraṃgama-Sūtra), Skrt. (jap. *Ryōgen-kyō*); das »Sūtra des Heldenhaften«, das nur in chin. Übersetzung erhalten ist, hat auf die Entwicklung des Mahāyāna-Buddhismus in China großen Einfluß ausgeübt. Es betont die Kraft des → Samādhi, wodurch Erleuchtung erlangt werden kann, und erklärt die verschiedenen Methoden der Leerheitsmeditation (→ Shūnyatā), durch deren Praxis jeder, egal ob Mönch oder Laie, die Erleuchtung eines → Bodhisattva verwirklichen kann. Das Sūtra ist vor allem im Zen sehr beliebt.

Shushna H (Śuṣṇa), Skrt.; Falschheit, Unaufrichtigkeit; Leid erzeugende Kräfte, die aus unreinen Gedanken und Ego-Regungen entstehen und Erkenntnis verhindern.

Im *Rigveda* ist Shushna ein Dämon (Symbol für die der Erkenntnis entgegenstehenden Kräfte), der von dem Gott Indra, dem Herrn der Sinne (→ Indriya), getötet wird. Mit anderen Worten, durch die Beherrschung der Sinne können alle Kräfte, die der Erkenntnis entgegenstehen, überwunden werden.

Shussoku-kan, Z jap. → Susoku-kan

Shutsunyusoku-kan, Z jap. → Susoku-kan

Shuzan Shōnen, Z jap. für → Shou-shan Sheng-nien

Shvetaketu H (Śvetaketu), Skrt.; 1. ein Heiliger aus dem → *Mahābhārata;* 2. ein Heiliger, über dessen Belehrung durch seinen Vater → Uddālaka Āruni in der → *Chāndogya-Upanishad* berichtet wird. Die Unterweisungen über das Selbst und Brahman enden alle mit dem Ausspruch: »Das bist du« (→ Tat Tvam Asi).

Shvetaketu hatte zwölf Jahre lang bei einem Lehrer die Veden studiert und war stolz auf sein Wissen. Als er heimkehrte, prüfte sein Vater ihn mit der Frage nach dem Wissen, wodurch das Unhörbare gehört, das Unsichtbare gesehen und das Unerkennbare erkannt werde. Als Shvetaketu darauf keine Antwort wußte, erklärte sein Vater ihm dies Wissen, indem er es an verschiedenen Beispielen erläuterte, die alle mit den Worten schließen: »Das ist die Wahrheit. Das ist das unsichtbare Wesen aller Dinge. Das ist das Selbst. Und Das, o Shvetaketu, *Das bist du*!«

Shvetāshvatara H (Śvetāśvatara), Skrt.; eine Upanischade des *Schwarzen* → *Yajurveda.* Sie ist jünger als die → *Katha-Upanishad* und so bedeutend, daß alle Abhandlungen des → Vedānta daraus zitieren. Ihre Lehren reichen vom Theismus bis zum → Advaita-Vedānta. → Shankara hat einen Kommentar dazu geschrieben.

Shyāmā H (Śyāmā), Skrt., wörtl.: »die Schwarze«; ein Name für → Kālī, die Göttliche Mutter und Gemahlin → Shivas.

Siddha, H Skrt., wörtl.: »vollkommen, vollendet«; ein Vollkommener, der das höchste Ziel des spirituellen Strebens, die Befreiung (→ Moksha), erreicht hat, ein erleuchteter Heiliger. In den → Purānas ist ein Siddha ein halb göttliches Wesen von großer Reinheit und Kraft.

Siddhānta, B Skrt., etwa: »Lehrmeinung«. Im → Tibetischen Buddhismus Bezeichnung für die durch schriftliche Überlieferung und Beweisführung festgelegte Meinung der verschiedenen philosoph. Schulen Indiens und ihre Zusammenstellung in Form von Kompendien. Schon bei der Einführung des Buddhismus nach Tibet existierten solche Werke, aber erst die Schule der → Gelugpa legte besonders konzise Darstellungen vor. Die Lehrmeinungen selbst werden unterteilt in die der »Außenstehenden« (Nicht-Buddhisten) und die der »Innenstehenden« (Buddhisten). Die verschiedenen Systeme der buddhistischen Lehre sind → Vaibhāshika und → Sautrāntika sowie → Yogāchāra und → Mādhyamaka. Zu den bedeutendsten Autoren der Siddhānta-Literatur zählen Jamyang Shäpa (1648–1721) und Könchok Jigme Wangpo (1728–81).

Den tibetischen Lehrbuchautoren ging es vor allem um ein Verständnis der verschiedenen Auslegungen der Lehre des Buddha → Shākyamuni, die sich in Indien zu verschiedenen Systemen buddhist. Philosophie entwikkelt hatten. Dem Buddha selbst wurden drei Arten der Verkündigung zugeschrieben: die → Vier Edlen Wahrheiten, die dem → Hīnayāna zugeordnet sind, die → Prajñāpāramitā-Lehre, auf die sich die Mādhyamikas berufen, und die Verkündigung der rechten Unterscheidung, die Lehre des Yogāchāra.

Die Unterschiedlichkeit der Auffassungen zeigt sich an der von allen buddhist. Schulen anerkannten Tatsache, daß zusammengesetzte Erscheinungen (→ Samskāra) vergänglich sind. Die Vaibhāshikas fassen dies in dem alltäglichen Sinne auf, daß zur Zeit des Todes alle Din-

ge vergehen müssen. Die Sautrāntikas finden, daß darunter die Unbeständigkeit der Erscheinungen zu verstehen ist, die sich mit jedem Augenblick ändern.
Für die Anhänger des Yogāchāra deutet dieses Beispiel an, daß das Hervorkommen der Erscheinungen nicht von der Natur der äußeren Gegenstände abhängt, sondern einfach die Natur des inneren Geistes ist. Eine Unterschule der Mādhyamikas sagt, dies sei nicht ausreichend, sondern der Gegenstand werde durch Hinzufügung seiner eigenen Natur hervorgebracht. Die höchste Schule der Mādhyamikas behauptet schließlich, daß die Erscheinungen einzig und allein durch Zuschreibung von Begriffen und Bezeichnungen entstehen. Diese Meinung wird als die korrekte angesehen und stellt somit die wahre Auslegung der Lehre der Vergänglichkeit dar.
In diesem Sinne überprüfen die Siddhānta-Texte das gesamte buddhist. Lehrgut und stellen die niedrigeren Systeme als Mittel dar, in die höheren einzudringen. Besonders wichtig ist dabei die Diskussion des Begriffs der »Leere« (→ Shūnyatā), und seine Auslegung in den Unterschulen der Mādhyamikas.

Siddhārtha Gautama, 🅱 🆉 Skrt. (Pali: Siddhatta Gotama); Begründer des Buddhismus (→ Buddha-Dharma), der historische → Buddha. Siddhārtha wurde 566 oder 563 v. Chr. in

Siddhārtha Gautama als Asket. (Steinskulptur aus Gandhāra, 2. Jh.)

eine adelige Familie des Geschlechts der Shākya in Kapilavastu, einer Stadt im heutigen Nepal, geboren. Sein Vater, Suddhodana, war das Oberhaupt der Shākyas; seine Mutter, Māyādevi, die Siddhārtha im Lumbinī-Hain zur Welt brachte, starb sieben Tage nach seiner Geburt. Siddhārtha wurde von seiner Tante mütterlicherseits, Mahāprajāpatī, aufgezogen. In begüterten Verhältnissen wohlbehütet aufgewachsen, heiratete er mit 16 Jahren Yashodharā. Mit 29, nach der Geburt seines Sohnes Rāhula, zog er in die Hauslosigkeit und schloß sich verschiedenen asketischen Lehrern an, ohne sein Ziel, die Befreiung, zu erreichen. Er gab daher den asketischen Lebenswandel auf, wendete sich der Meditation zu und verwirklichte mit 35 die Vollkommene Erleuchtung, das »Erwachen« (Bodhi). Nach anfänglichem Schweigen – da er sich der Nicht-Mitteilbarkeit des in der Erleuchtung Erfahrenen bewußt war –, begann er auf Bitten anderer seine auf der Erfahrung der Erleuchtung basierenden Einsichten darzulegen. Für den Rest seines Lebens zog er lehrend von Ort zu Ort, und eine große Anzahl von Jüngern sammelte sich um ihn. Siddhārtha Gautama, dem der Name Shākyamuni (»der Weise aus dem Geschlecht der Shākyas«) verliehen wurde, starb mit 80 an einer verdorbenen Speise.

Um Siddhārthas Geburt ranken sich einige Legenden: Seine Mutter soll geträumt haben, ein → Bodhisattva gehe in Gestalt eines weißen Elefanten in ihren Leib ein. Siddhārtha soll dann aus der rechten Hüfte seiner Mutter ausgetreten sein, während sie sich stehend an den Zweigen eines Baumes festhielt. Das Neugeborene hat der Überlieferung nach sieben Schritte in alle Himmelsrichtungen getan, wobei es, den einen Arm zum Himmel, den anderen zur Erde gestreckt, folgende Worte gesprochen haben soll: »Ich bin der Größte in der Welt, dies ist meine letzte Geburt, enden werde ich das Leiden von Geburt, Alter und Tod.« Unter jedem seiner Schritte wuchs eine Lotosblüte aus dem Boden. In künstlerischen Darstellungen findet man diese Legende oft abgebildet.
Siddhārtha wies schon bei der Geburt die Merkmale der Vollkommenheit auf, und Wahrsager prophezeiten, er würde entweder ein Weltenherrscher (→ Chakravartin) oder ein »Erwachter« (Buddha) werden. Vier Zeichen sollten ihm zeigen, welcher Weg für ihn bestimmt sei. Sein Vater, der in Siddhārtha seinen Nachfolger sehen wollte, ließ seinem Sohn die bestmögliche Erziehung angedeihen und versuchte zu verhindern, daß er irgendwelcher Zeichen, die ihn auf einen religiösen Weg bringen könnten, ansichtig würde. Vor allem aber versuchte der Vater, ihn von Sorgen und jeglichem Elend fernzuhalten.
Siddhārtha zog jedoch in die Hauslosigkeit, nachdem er bei vier Ausfahrten die vier Zeichen erblickt hatte: nämlich einen Alten, einen Kranken, einen Toten und einen Mönch. Der Legende nach sollen diese vier Gestalten Manifestationen von Göttern gewesen sein, die

Siddhārtha erschienen, um ihn auf den Weg zur Buddhaschaft zu führen. Siddhārtha erkannte, daß die ersten drei Zeichen das Leid in der Welt symbolisierten, während er im Mönch seine eigene Bestimmung sah. Er setzte sich zum Ziel, das Leiden zu überwinden, und schloß sich verschiedenen Lehrern an, die gemäß damaliger ind. Auffassung in der Askese den einzigen Weg zur Verwirklichung sahen. Die wichtigsten waren Ārāda Kālāma und Rudraka Rāmaputra. Doch ihre Lehren befriedigten Siddhārtha nicht, und er beschloß, das Heil allein zu suchen. Fünf Jünger folgten ihm. Nach Jahren unfruchtbarer strengster Askese dem Tod nahe, erkannte er diese Praxis als nicht zum Ziel führend und nahm wieder Nahrung zu sich, worauf ihn seine Gefährten enttäuscht verließen.

Siddhārtha ging daraufhin nach Bodh-Gayā, wo er sich unter einem → Bodhi-Baum niederließ, und gelobte, so lange in Meditation zu verharren, bis er das Rätsel des Leidens gelöst hätte. Nach 49 Tagen intensiver Meditation erlangte er im Alter von 35 Jahren trotz einiger Verführungsversuche durch → Māra Vollkommene Erleuchtung. Von diesem Augenblick an war Siddhārtha ein Buddha, ein »Erwachter«, und er wußte, daß es für ihn nun keine Wiedergeburt mehr geben würde.

Da dem Erwachten klar war, daß der wesentliche Gehalt seiner Erleuchtungserfahrung weder in Worte zu fassen noch in irgendeiner Form anderen zu übermitteln war, verharrte er weiter in schweigender Meditation unter dem Bodhi-Baum. Als er seinen früheren Gefährten wieder begegnete, sahen sie, daß er völlig verwandelt war. Seine Ausstrahlung war derart, daß sie, die ihm im ersten Augenblick mit Mißtrauen gegenübergetreten waren, überzeugt waren, er müsse die Befreiung gefunden haben, nach der auch sie auf dem Weg der Askese bisher vergeblich gestrebt hatten. Sie baten ihn um Unterweisung, und von Erbarmen mit dem Leid aller Lebewesen bewegt, brach der Buddha sein Schweigen.

Er begann, den Weg aufzuweisen, der zur Erfahrung des Erwachens und damit der Befreiung führt. Dazu formulierte er auf der Grundlage seiner Erleuchtungserfahrung seine Lehre von den → Vier Edlen Wahrheiten, vom Gesetz des Bedingten Entstehens (→ Pratītya-Samutpāda) und vom → Karma. Im Gazellenhain von Benares hielt er seine erste Lehrrede; in der buddhist. Tradition wird dies als »Inbewegungsetzen des Rades der Lehre« bezeichnet. Seine früheren fünf Gefährten wurden seine ersten Jünger und bildeten den Kern des → Sangha. Es folgte eine jahrelange Lehrtätigkeit. Der Buddha hielt sich vorwiegend in der Gegend von → Rājagriha und → Vaishālī auf, zog von Ort zu Ort und lebte von erbettelter Nahrung. Die Zahl seiner Schüler wuchs schnell. Für die Entwicklung des Sangha war es von besonderer Bedeutung, daß König → Bimbisāra von Magadha sich ihm als Laienanhänger (→ Upāsaka) anschloß und dem Buddha in der Nähe von Rājagriha, der Hauptstadt von Magadha, ein Kloster schenkte. Seine bedeutendsten Schüler waren → Ānanda, → Shāriputra und → Mahāmaudgalyāyana. Zu dieser Zeit wurde auch der Nonnenorden (→ Bhikshunī) gegründet.

Der Buddha hatte sich aber auch gegen Anfeindungen zu behaupten. Sein Cousin → Devadatta, der Oberhaupt der Gemeinde werden wollte, beabsichtigte, den Buddha töten zu lassen, doch schlug der Plan fehl. Devadatta verursachte jedoch immerhin eine Spaltung unter den Mönchen von Vaishālī, indem er im Gegensatz zum Buddha für ein asketisches Leben eintrat.

Nach dem → *Mahāparinibbāna-Sutta* soll der Buddha 486 oder 483 v. Chr. in Kushinagara eine verdorbene Speise zu sich genommen haben und auf der rechten Seite liegend, nach Westen gewandt, ins → Parinirvāna eingetreten sein. Gemäß der Pali-Überlieferung starb der Buddha am Vollmondtag des Monats April/Mai; nach den Sanskrit-Texten am Tag des Vollmonds im November.

Die Beisetzung des Buddha soll von Wundern begleitet gewesen sein. Die Verteilung seiner Reliquien führte zu Streitigkeiten, da mehrere Gemeinden Anspruch auf sie erhoben. Sie sollen in acht Teile aufgeteilt worden sein und in → Stūpas aufbewahrt werden. Obwohl die historischen Fakten von Siddhārtha Gautamas Biographie sehr bald von Legenden überlagert wurden, wird er heute aufgrund der Erforschung philologischer und archäologischer Quellen selbst von den zweifelsüchtigen westl. Gelehrten als historische Persönlichkeit und Begründer des Buddhismus anerkannt.

Siddhi, **H** **B** Skrt., etwa: »vollkommene Fähigkeit«.

H Psychische, sogenannte übernatürliche Fähigkeit(en), die sich als Nebenprodukt spiritueller Entwicklung von selbst einstellen (können), wenn Kräfte entwickelt werden, die den Zugang zu kosmischen Bereichen öffnen. Durch bestimmte tantrische und Yoga-Übungen können Siddhis gezielt erworben werden. Zu diesen okkulten Kräften gehören Gedankenlesen, Hellsehen, Materialisierungen, Levitation, Unsichtbarmachung und das Eintreten in andere Körper. → Patañjali erwähnt sie in seinem Yoga-Sūtra. Alle großen Meister warnen davor, Siddhis um ihrer selbst willen anzustreben, da diese Kräfte, auch wenn sie »übernatürlich« erscheinen, doch gänzlich dem Bereich des Phänomenalen angehören, da sie nichts zur Verwirklichung der absoluten Wahrheit beitragen und das Haften an solchen Fähigkeiten ein ernstes Hindernis auf dem Weg der spirituellen Entwicklung darstellt.

So warnte z. B. der große Heilige → Ramana Mahar(i)shi immer wieder vor dem Hängen an Siddhis und machte selbst keinen Gebrauch von ihnen, während andere große Heilige, wie z. B. → Sai Baba von Shirdi, sie zum Wohl ihrer Anhänger und zu deren geistiger Schulung anwendeten. Bei Menschen, die jedoch noch keinen ähnlich hohen Grad der geistigen Entwicklung erreicht haben, besteht leicht die Gefahr des Machtmißbrauchs bei der Anwendung von Siddhis, was alle spirituellen Bemühungen zunichte machen würde.

B Im Kontext des buddhist. Yoga, wie er vor

allem im → Vajrayāna geübt wird, die vollkommene Beherrschung der Kräfte des Körpers und der Natur. Das Vajrayāna kennt acht gewöhnliche Siddhis: 1. das Schwert, das unbesiegbar macht; 2. das Augenelixier, mit dem die Götter gesehen werden; 3. Schnelligkeit beim Laufen; 4. Unsichtbarkeit; 5. die jungerhaltende Lebensessenz; 6. die Fähigkeit zu fliegen; 7. die Herstellung bestimmter Pillen; 8. Macht über die Welt der Geister und Dämonen. Von diesen acht Fähigkeiten wird die Erleuchtung (das Erwachen, → Bodhi) als »außergewöhnliche« oder höchste Siddhi unterschieden. In den Biographien der 84 → Mahāsiddhas wird die Erlangung dieser Fähigkeiten detailliert beschrieben.

Sieben heilige Städte, 🅗 → Nagara

Siegel der Übertragung, 🅩 → Inka-Shōmei

Sikhismus, 🅗 eine von Guru → Nānak (1469–1538) gegründete Religion, durch die er versuchte, eine Synthese der religiösen Lehren der Hindus und der eingedrungenen Muslime zu schaffen. Der Sikh legt keinen Wert auf bloßes Ritual und behauptet, daß es feige Flucht sei, der Welt zu entsagen. Er betont statt dessen, daß sowohl Allah als auch Brahmā Hingabe an Gott und liebevoller Dienst am Mitmenschen gefällt. Kastenunterschiede kennt er nicht. Er glaubt an Evolution, das → Karma-Gesetz und die Wiedergeburtslehre. Befreiung oder Vereinigung mit Gott ist nach seiner Auffassung nur durch eigene Anstrengung möglich. Der Gruß der Sikhs lautet: *Sat Siri Akal* (»Gott ist wahr; die Wahrheit ist ewig«). Ihr heiliges Buch ist das → *Ādi Granth.*

Simhabodhi, 🅩 jap. Shishibodai; 24. Patriarch in der ind. Linie des → Zen

Singh, 🅗 wörtl.: »der Löwe«, von Skrt. Siṃha; Guru Govind Singh, 1666–1708, der Begründer einer Sikh-Bruderschaft (→ Sikhismus), die gegen die Mogul-Eindringlinge kämpfte. Nach seiner Aufnahme in die Religionsgemeinschaft erhält jeder Sikh als zweiten Namen »Singh«.

Sītā, 🅗 Skrt., wörtl.: »Ackerfurche«. In den Veden ist Sītā die Furche, die personifizierte Landwirtschaft, und wird als Gottheit verehrt, die über Landwirtschaft und Früchte herrscht. Im *Rāmāyana* ist sie die Tochter des Königs → Janaka und die Gemahlin → Rāmas. Ihr Vater Janaka hatte gesagt: »Als ich mein Feld pflügte, sprang hinter dem Pflug ein Mädchen auf und erhielt deshalb den Namen Sītā, die Furche. Das Mädchen kam aus der Erde und wuchs als meine Tochter auf.«

Sītā wurde Rāmas Gemahlin, nachdem er sie gewonnen hatte, weil er Janakas Bogen, der von Shiva stammte, spannen konnte. Sie folgte ihm in die Verbannung und wurde dort von → Rāvana geraubt. Nachdem Rāma den deshalb ausgebrochenen Krieg gewonnen und sie zurückerobert hatte, verstieß er sie, weil er glaubte, sie habe ihre Ehre verloren. Später rief sie ihre Mutter Erde an, damit sie ihre Unschuld beweise. Der Boden öffnete sich, und sie kehrte zurück, woher sie gekommen war.

Sivananda, 🅗 → Shivānanda

Sīvathikā, 🅑 Pali → Leichenfeldbetrachtung

Skanda, 🅗 Skrt.; der Gott der Krieger, der dem Erkenntnislosen Kampf bringt und dem spirituell Strebenden Kraft für seine Entwicklung. Ein anderer Name für Skanda ist → Kārttikeya.

Skandha, 🅑 🅩 Skrt. (Pali: Khanda), wörtl.: »Gruppe, Anhäufung«; Bezeichnung für die fünf Gruppen, die alles, was allgemein als »Persönlichkeit« angesehen wird, konstituieren: 1. Körperlichkeit (→ Rūpa); 2. Empfindungen (→ Vedanā); 3. Wahrnehmung (Skrt. Samjñā, Pali: Sannā); 4. psychische Formkräfte, Gestaltungen (→ Samskāra); 5. Bewußtsein (→ Vijñāna). Diese Gruppen werden auch häufig als »Gruppen des Anhaftens« (Upādāna-Skandha) bezeichnet, da sich außer bei → Arhats und Buddhas die Gier (→ Trishnā) an sie haftet und sie an sich zieht und sie so Objekte des Anhaftens bilden und Leiden bewirken.

Die Merkmale der Skandhas sind: Geburt, Alter und Tod, Dauer, Veränderung. Sie werden als nicht-wesenhaft (→ Anātman), nicht-beständig (→ Anitya), leer (→ Shūnyatā) und leidvoll (→ Duhkha) angesehen.

Die Gruppe der Körperlichkeit oder Materie setzt sich aus den vier Elementen, dem Festen, Flüsssigen, Erhitzenden und Bewegenden (→ Mahābhūta), aus den Sinnenorganen und ihren Objekten usw. zusammen. Die Gruppe der Empfindungen besteht aus allen Empfindungen, egal ob leidvoll, angenehm oder neutral. Die Wahrnehmungen umfassen die Wahrnehmung von Form, Ton, Geruch, Geschmack, von körperlichen Eindrücken und von Geistobjekten. Die Gruppe der psychischen Formkräfte (auch mit »Geistformationen«, »Geistregungen« übersetzt) umfaßt die Mehrzahl der psychischen Tätigkeiten wie Willensregungen, Aufmerksamkeit, Urteilskraft, Freude, Glück, Gleichmut, Entschluß, Energie, Tatendrang, Sammlung usw. Die Bewußtseinsgruppe umfaßt die sechs Arten von Bewußtsein (Seh-, Hör-, Riech-, Schmeck-, Körper- und Geistbewußtsein), deren jede aus der Berührung des Gegenstandes mit dem entsprechenden Organ entstehen.

Die Leidhaftigkeit und Vergänglichkeit der fünf Skandhas bildet ein zentrales Thema der buddhist. Literatur. Die Leidhaftigkeit wird mit Unbeständigkeit und Vergänglichkeit begründet; aus der Unbeständigkeit der von den Skandhas gebildeten Persönlichkeit leitet der Buddhismus das Nichtvorhandensein eines Selbst (→ Anātman) ab: Alles Vergängliche und damit Leidhafte kann kein Selbst darstellen, da dies nach ind. Vorstellung Unvergänglichkeit und Leidfreiheit miteinschließt. Die Erkenntnis der »Nicht-Wesenhaftigkeit« der Skandhas enthält bereits die zur Erlösung führende Einsicht. Nyānatiloka erläutert, welche Konsequenzen diese Einsicht für die Vorstellung von der Existenz eines Ich hat:

»Unser sogenanntes individuelles Dasein ist in Wirklichkeit nichts weiter als ein bloßer Prozeß dieser körperlichen und geistigen Phänomene, ein Prozeß, der seit undenkbaren Zeiten schon vor unserer Geburt im Gange war und der auch nach dem Tode sich noch für undenkbar lange Zeitperioden fortsetzen wird. Diese fünf Daseinsgruppen aber bilden, weder einzeln noch zusammengenommen, irgendeine in sich abgeschlossene wirkliche Ich-Einheit oder Persönlichkeit, und auch außerhalb derselben existiert nichts, was man als eine für sich unabhängig bestehende Ichheit bezeichnen könnte, so daß der Glaube an eine im höchsten Sinne wirkliche Ichheit, Persönlichkeit usw. eine bloße Illusion ist.« (Nyānatiloka, 1976, S. 107.)

Smriti H B (Smṛti), Skrt., wörtl.: »Erinnerung, Tradition«.

H Der Hinduismus unterteilt seine heiligen Schriften in → Shruti (offenbart) und Smriti. Zu letzteren zählen alle auf Tradition beruhenden Schriften. Sie gelten aber nur als verbindlich, wenn anzunehmen ist, daß sie auf eine Shruti zurückgehen. Hauptsächlich gehören zur Smriti die → Vedāngas, die Shrauta- und Grihya-Sūtras, die → *Manu-Samhitā,* das → *Mahābhārata,* das → *Rāmāyana,* die → Purānas und die → Nīti-Shāstras.

B (Pali: Sati). Im Buddhismus verstanden als »Achtsamkeit« oder »Wachsamkeit«, bezeichnet Smriti die Achtsamkeit auf alle geistigen und körperlichen Vorgänge. Damit ist die »rechte Achtsamkeit« gemeint, die das 7. Glied des → Achtfachen Pfades, eines der Sieben Erleuchtungsglieder (→ Bodhyanga) und eine der Fünf Fähigkeiten (→ Bala) darstellt und deshalb als »recht« angesehen wird, weil sie dem Ziel des Buddhismus, der Aufhebung des Leidens, dient. Da sie frei von verfälschenden Einflüssen ist, kann sie Einsicht in die vergängliche, unbefriedigende und nicht-wesenhafte Natur aller Erscheinungen vermitteln, was Vorbedingung für das Erlangen der Leidfreiheit und der Erlösung ist. In diesem Sinne wird Achtsamkeit in den Vier Grundlagen der Achtsamkeit (→ Satipatthāna) geübt.

Smriti-Shuddhi H (Smṛti-Śuddhi), Skrt., wörtl. *smriti:* »Erinnerung«, *shuddhi:* »Läuterung, Klarheit«; Reinheit der Erinnerung, die eine sofortige Gewahrwerdung der Dinge bringt, die man sucht oder über die man meditiert.

Snānayātrā, H Skrt.; Badefest im Monat Jyaishtha (→ Bengali-Kalender), bei dem das Bildnis der Gottheit gebadet wird (→ Jagannātha).

Sōdō, Z jap., wörtl.: »Mönchs-Halle«; Bezeichnung für ein Zen-Kloster (→ Tera).

Soe-Tae San, B → Won-Buddhismus

SO'HAM, H Skrt., wörtl.: »Er bin ich«; eine der heiligen Formeln (→ Mantra) des nicht-dualistischen → Vedānta, die die Identität des → Ātman mit → Brahman zum Ausdruck bringt.

Sōji-ji, Z jap., eines der beiden Hauptklöster der → Sōtō-Schule in Japan. Das Sōji-ji wurde im 8. Jh. von dem Mönch Gyōgi als Kloster der Hossō-Schule (chin. Fa-hsiang-tsung) des jap. Buddhismus gegründet und lag ursprünglich in der Präfektur Ishikawa. Seit → Keizan Jōkin 1321 Abt dieses Klosters wurde, ist es ein Zen-Kloster. 1898 wurde das Sōji-ji nach einem Brand, der es völlig zerstörte, nach Yokohama, seinem heutigen Standort, verlegt. Das andere Hauptkloster der Sōtō-Schule ist das von → Dōgen Zenji gegründete → Eihei-ji.

Sōka Gakkai, B jap., wörtl.: »Wissenschaftliche Gesellschaft zur Schaffung von Werten«; moderne buddhist. Massenbewegung in Japan, die 1930 von dem Volksschullehrer Makiguchi Tsunesaburō (1871–1944) gegründet wurde. Ihre Lehren wurzeln im Gedankengut von → Nichiren. Die Verehrung des Nichiren sowie der »Drei großen Mysterien« (→ Nichiren-Schule) und des → *Lotos-Sūtra* bilden die Grundlage der Praxis der Sōka Gakkai.

Der urspr. Name der Bewegung war »Wissenschaftliche Vereinigung für werteschaffende Erziehung«. Im Rahmen dieser Vereinigung versuchte Makiguchi, seine »Werttheorie« zu verbreiten: Seiner Auffassung nach sind das Nützliche, Schöne und Gute die Hauptwerte, durch die ein glückliches Leben, das höchste Ziel, erreicht werden kann. Unter dem Einfluß eines Kollegen schloß sich Makiguchi der »Wahren Schule Nichirens« an, was eine religiöse Vertiefung seiner Weltanschauung bewirkte. Bald trat die Werttheorie hinter die Verehrung Nichirens und des *Lotos-Sūtra* zurück. 1943 wurden Makiguchi und andere führende Mitglieder der Sōka Gakkai festgenommen, da sie sich weigerten, an shintoist. Riten (→ Shintoismus) teilzunehmen und gegen den Zusammenschluß bestehender religiöser Gemeinschaften waren. 1944 starb Makiguchi im Gefängnis.

Unter seinem Nachfolger Toda Josei (1900–1958)

wurde Sōka Gakkai zu einer Massenbewegung. Die Werttheorie Makiguchis verlor an Bedeutung, im Religiösen verschob sich der Akzent von der Verehrung des *Lotos-Sūtra* auf die der Gestalt des Nichiren. Dank einer speziellen Methode des Werbens um Mitglieder (Shakubuku), die auf Nichiren zurückgeht, schnellte die Mitgliederzahl in die Höhe. Beim Shakubuku (wörtl.: »den Irrtum zerstören und zum Folgen zwingen«) werden die »falschen Ansichten« mittels Makiguchis Werttheorie aufgedeckt und der Nutzen der Verehrung der Drei Mysterien betont.

1960 wurde Daisaku Ikeda (geb. 1928) Präsident der Bewegung und 1964 die politische Partei Kōmeitō (»Partei der Sauberkeit«) gegründet, die eine buddhist. ausgerichtete Demokratie und einen humanistischen Sozialismus vertritt, sich für die Verminderung der Korruption und für allgemeine Wohlfahrt sowie die Schaffung des Weltfriedens einsetzt. Dieses politische Engagement geht ebenfalls auf Nichiren zurück. Sōka Gakkai verfügt über eigene Presse, Schulen, Universitäten und verschiedene soziale Einrichtungen.

Sokushin-Sokubutsu, Z jap.; berühmter Zen-Spruch, der soviel bedeutet wie »Herz-Geist an sich (ist) Buddha an sich«.

Soma, H Skrt.; der berauschende Saft einer Kletterpflanze, der den Göttern dargebracht wird und den die Brahmanenpriester trinken. Im → *Rigveda* spielt der Soma-Trank eine bedeutende Rolle.

Da der Soma scheinbar übernatürliche Kräfte verlieh, wurde er als Gott verehrt. Die Hindus nannten ihn auch den »Wein der Unsterblichkeit« (→ Amrita). Er ist das Symbol für das Ersetzen gewöhnlicher Sinnesfreuden durch göttliche Seligkeit (→ Ānanda). Bereitet wird er, indem die Schößlinge der Soma-Pflanze (Amshu) von einem Priester zwischen Steinen gepreßt werden. Der so gewonnene, durch ein Sieb passierte Saft wird mit Gerstensaft und Milch vermischt und den Göttern dargebracht. Er ist süß und braun und hat die Kraft, eine vorübergehende Ekstase zu erzeugen.

Sopadhishesha-Nirvāna B (Sopadhiśeṣa-Nirvāṇa), Skrt. (Pali: Savupadisesa-Nibbāna); Nirvāna mit einem Rest von Bedingtheit, vor-todliches Nirvāna. In dieser Art des Nirvāna sind alle Leidenschaften (→ Klesha), die die wesentliche Ursache für eine Wiedergeburt in einer neuen Existenz nach dem Tode darstellen, aufgehoben. Es wird vor dem Tode erlangt; die Daseinsgruppen (→ Skandha) bleiben bestehen, d. h. das Individuum ist weiterhin empirisch faßbar.

Im Sopadhishesha-Nirvāna ist der Erlöste noch nicht völlig frei von Leiden, da er noch die restlichen Folgen seines alten Karma durchleben muß. Ein Freisein von Leiden ist nur zeitweilig während bestimmter Versenkungszustände möglich. Mit dem Tode tritt der Erlöste ins vollständige Nirvāna (→ Nirupadhishesha-Nirvāna) ein, womit seine empirische Existenz und mit ihr alles Leiden ein Ende finden. Das Sopadhishesha-Nirvāna wird mit der Erlangung der → Arhatschaft verwirklicht.

Aus dieser hinayanist. Auffassung des Nirvāna entwikkelte sich im Mahāyāna die des → Apratishthita-Nirvāna. (Siehe dazu auch → Nirvāna.)

Sōrin, Z jap., wörtl.: »Mönchs-Hain«; Bezeichnung für ein großes Zen-Kloster (→ Tera), in dem viele Mönche leben.

Sōsan, Z jap. für → Seng-ts'an

Sōsan, Z jap., wörtl.: »allgemeines Sanzen«; eine Form des → Sanzen: ein zeremonielles Zusammentreffen in einem Zen-Kloster, bei dem ein Meister oder ein fortgeschrittener Zen-Schüler eine kurze Darlegung gibt und dann mit jedem, der sein Wahres-Begreifen auf die Probe stellen, eine Frage stellen oder etwas vorbringen will, einen Zen-Dialog (→ Hossen, → Mondō) eingeht. Manchmal werden solche Sōsan in Anwesenheit und unter Mitwirkung der versammelten Zen-Meister einer Linie abgehalten, bevor ein Schüler, der sich in einem solchen Sōsan bewähren muß, offiziell als Dharma-Nachfolger (→ Hassu) seines Meisters anerkannt wird.

Sōsan werden manchmal auch die öffentlichen Unterweisungen eines Zen-Meisters zu Fragen der Übung genannt, die nicht den Charakter eines → Teishō haben.

Soshi, Z jap., wörtl.: »der Patriarch«; eine Bezeichnung für → Bodhidharma. (Siehe dazu auch → Soshigata.)

Soshigata, Z jap.; die »Patriarchen« in der Übertragungslinie des Zen. Die Patriarchen sind große Meister, die den → Buddha-Dharma von ihrem jeweiligen Meister in der »Übertragung von Herz-Geist zu Herz-Geist« (→ Hassu, → *Denkō-roku*) empfangen und an ihre Dharma-Nachfolger weitergegeben haben. In Indien folgten auf → Shākyamuni Buddha 28 und in China 6 Patriarchen, wobei → Bodhidharma sowohl der 28. ind. als auch der 1. chin. Patriarch ist.

Der 6. chin. Patriarch, → Hui-neng, hat das Patriarchat niemals in aller Form an einen Nachfolger weitergegeben, und so ist es erloschen. Hui-neng hatte allerdings fünf Meister-Schüler und Dharma-Nachfolger, auf die alle Schulen des Zen, die sich nach Hui-neng in mehreren parallelen Traditionslinien entwickelten, zurückgehen (vgl. Traditionstafel des Zen, S. 474). In diesen Linien werden die hervorragenden Meister der auf Hui-neng folgenden Generationen, sowohl in China als auch in Japan, aus Verehrung und

Hochachtung für ihre großen Leistungen oft als »Patriarchen« bezeichnet.

Soshi-no Shin-In, Z jap., wörtl.: »das Geist-Siegel der Patriarchen«; Ausdruck für eine von einem in lebendiger Zen-Tradition stehenden Meister bestätigte Erfahrung der → Erleuchtung. Auch ein Ausdruck für das Wahre-Wesen oder Buddha-Wesen (→ Busshō) oder für die unverfälschte Überlieferung des Buddha-Dharma innerhalb der Übertragungslinien des Zen (siehe auch → Hassu, → Inka-Shōmei).

Soshi-Seirai, Z jap., wörtl.: »das Kommen des Patriarchen aus dem Westen«; ein Zen-Ausdruck, der Bezug nimmt auf das Kommen von → Bodhidharma, dem 1. chin. Patriarchen des Zen, aus Indien nach China. (Siehe dazu → Seirai-no-I.)

Soshi-Zen, Z jap., wörtl.: »Patriarchen-Zen«; eine Bezeichnung für das Zen der → Südlichen Schule.

Soshun, Z jap. für → Ch'u-chün

Sōtō-Schule Z (chin. Ts'ao-tung-tsung, jap. Sōtō-shū); neben der → Rinzai-Schule die bedeutendste Schule des Zen. Sie gehört zu den → Goke-Shichishū und geht auf den großen chin. Zen-Meister → Tung-shan Liang-chieh (jap. Tōzan Ryōkai) und dessen Schüler → Ts'ao-shan Pen-chi (jap. Sōzan Honjaku) zurück. Nach dem jeweils ersten Schriftzeichen der Namen der beiden Gründer wurde sie Ts'ao-tung- (jap. Sōtō-)-Schule genannt.
In der 1. Hälfte des 13. Jh. wurde die Tradition der Sōtō-Schule durch den jap. Meister → Dōgen Zenji von China nach Japan übertragen; dort gehört das Sōtō-Zen neben dem Rinzai-Zen zu den bis heute lebendigen Übertragungslinien des Zen. Während das Ziel der Schulung in beiden Schulen im Wesentlichen dasselbe ist, unterscheiden sich Sōtō- und Rinzai-Zen doch in der Art und Weise der Schulung – wenngleich die Grenzen auch hier nicht scharf zu ziehen sind. Im Sōtō-Zen wird das → Mokushō-Zen und damit die Praxis des → Shikantaza, im Rinzai-Zen das → Kanna-Zen und damit die → Kōan-Praxis stärker betont. Im Sōtō-Zen ist das Halten von → Dokusan, eines der wichtigsten Elemente der Zen-Schulung, seit Mitte der Meiji-Zeit ausgestorben.

Sōzan Honjaku, Z jap. für → Ts'ao-shan Pen-chi

Sparsha B (Sparśa), Skrt. (Pali: Phassa), »Berührung, Kontakt«; bezeichnet das Zusammentreffen von Sinnesorganen und entsprechendem Sinnesobjekt unter Hinzutreten von Bewußtsein (→ Vijñāna), das Empfindungen (→ Vedanā) hervorruft. Sparsha stellt den bloßen Kontakt des Bewußtseins mit dem Objekt dar, das erste Gewahrwerden eines Sinneseindrucks ohne Wahrnehmung von charakteristischen Eigenschaften. Man unterscheidet sechs Arten von Sparsha: Seh-, Hör-, Riech-, Schmeck-, Körper- und Geistberührung. Sparsha gehört zu der Daseinsgruppe der psychischen Formkräfte (→ Skandha, Samskāra) und ist das sechste Glied der Kette des Bedingten Entstehens (→ Pratītya-Samutpāda).

Speicherbewußtsein, B → Ālaya-Vijñāna

Sphota, H Skrt. → Shabda

Srishti H (Sṛṣṭi), Skrt., wörtl.: »Schöpfung, Entstehung«; Projektion oder langsame Entfaltung von etwas, was in einer Ursache verborgen lag. Das Wort wird hauptsächlich benutzt für die Entwicklung des Universums aus seinem Keimzustand.

Ssu-hsiang, T chin., wörtl.: »Vier Bilder«; Begriff des → *I-ching*. Die Vier Bilder sind die Bausteine der 64 Hexagramme und bestehen aus je zwei Linien, die entweder Yin- oder Yang-Charakter (→ Yin-yang) haben können. Die Yin-Linie ist eine gebrochene Linie (– –), die Yang-Linie eine durchgehende (—). Yin symbolisiert die Erde, Yang den Himmel. Die Vier Bilder mit ihren Kombinationen von Yin- und Yang-Linien stellen die vier möglichen Verbindungen von Himmel und Erde dar, die die vier Jahreszeiten bestimmen.

Das 1. Bild besteht aus zwei Yang-Linien ⚌ und heißt T'ai-yang, reifes Yang; es ist der Sommer.
Das 2. Bild besteht aus einer Yang-Linie und darüber einer Yin-Linie ⚍ und heißt Shao-yin, junges Yin; es ist der Frühling.
Das 3. Bild besteht aus einer Yin-Linie unten und darüber einer Yang-Linie ⚎ und heißt Shao-yang, junges Yang; es ist der Herbst.
Das 4. Bild besteht aus zwei Yin-Linien ⚏ und heißt T'ai-yin, reifes Yin; es ist der Winter.
Fügt man als unterste Linie einen weiteren Strich dazu, der den Menschen als Bindeglied zwischen Himmel und Erde symbolisiert, erhält man die Acht Trigramme (→ Pa-kua), die Grundzeichen des *Buches der Wandlung(en)*.
Der Terminus Ssu-hsiang kann in anderem Zusammenhang aber auch die vier Jahreszeiten oder Wasser, Feuer, Holz und Metall oder auch die vier Himmelsrichtungen bezeichnen.
Im Kommentar *Hsi-tz'u (→ Shih-i)* des *I-ching* wird die Entstehung der Vier Bilder erklärt:

»Im Wandel gibt es das Höchste Letzte (→ T'ai-chi). Es erschuf die Zwei Formen (→ Liang-i). Diese beiden Formen erschufen die Vier Bilder, und diese Vier Bilder erschufen die Acht Trigramme.«

Ssu-hsin Wu-hsin, 🅉 jap. Shishin Goshin, 1044–1115, chin. Zen-Meister der Ōryō-Linie des Rinzai-Zen (→ Ōryō-Schule); ein Schüler und Dharma-Nachfolger (→ Hassu) von → Hui-t'ang Tsu-hsin (jap. Maidō Soshin). Wir begegnen Meister Ssu-hsin im 39. Beispiel des → *Wu-men-kuan.*

Ssu-ming, 🅃 chin., wörtl.: »Herr des Schicksals«, bekannter als → Tsao-chün, der Herdgott; eine der wichtigsten Gottheiten des religiösen Taoismus (→ Tao-chiao). Er ist der Herr des Schicksals, der über die Lebensspanne des einzelnen entscheidet. Er führt ein Register über die Verdienste und Verfehlungen, die er dem Höchsten Einen (→ T'ai-i) meldet und dabei bittet, die jedem Menschen zugeteilte Lebensspanne dementsprechend zu verlängern oder zu verkürzen. Im Buch des Todes des Ssu-ming sind die Namen all jener, die sterben müssen, verzeichnet, im Buch des Lebens vermerkt er die Namen der Unsterblichen (→ Hsien).
Nach Auffassung der → Inneren-Gottheiten-Hygiene-Schule lebt er wie das Höchste Eine in einem der Abteile des Oberen Zinnoberfeldes (→ Tan-t'ien).

Die Gottheit Ssu-ming ist etwa seit dem 8. Jh. v. Chr. bekannt. Sie ist eine jener Gottheiten, mit denen die Schamanen, die Vorläufer der taoist. → Fang-shih, in Verbindung traten. Schon damals war es ihre Aufgabe, die Lebenszeit der Menschen zu bestimmen. Im Laufe der Entwicklung (→ Li Shao-chün) wurde Ssu-ming mit dem Herdgott Tsao-chün identifiziert, der noch heute die wichtigste Gottheit der chin. Volksreligion darstellt.

Ssu-shih-erh-chang ching, 🄱 chin. für → *Sūtra in 42 Abschnitten*

Sthavira, 🄱 Skrt., etwa: »Anhänger der Ältesten«; eine der beiden hinayanist. Schulrichtungen, in die sich die Urgemeinde beim 3. → Konzil von Pātaliputra gespalten hat. Die Spaltung erfolgte aufgrund von Streitigkeiten über die Natur des → Arhat. Ein Mönch namens Mahādeva soll folgende fünf Thesen darüber vorgebracht haben: 1. Ein Arhat kann noch verführt werden, d. h. er kann nächtliche Samenergüsse haben; 2. er ist noch nicht frei von Unwissenheit (→ Avidyā); 3. er unterliegt noch Zweifeln über die Lehre; 4. er kann mit fremder Hilfe auf dem Weg zur Erlösung fortschreiten; 5. er kann, u. a. durch das Aussprechen gewisser Laute, die Sammlung (→ Samādhi) und so das Vorankommen auf dem Erlösungsweg fördern. Die Gruppe der Sthaviras lehnte diese Thesen ab, ihre Gegner, die → Mahāsānghikas, stimmten ihnen zu.
Die Sthavira spalteten sich um 240 v. Chr. weiter in die Schulen der → Vātsīputrīyas, des → Sarvāstivāda und der → Vibhajyavādins.

Sthiramati, 🄱 Philosoph des → Yogāchāra, der im 6. Jh. lebte. Er schrieb einige bedeutende Kommentare zu den Werken des → Vasubandhu (z. B. zum → *Abhidharmakosha*) und des → Nāgārjuna, wobei er versuchte, Verbindendes in den Lehren des Yogāchāra und der → Mādhyamikas herauszuarbeiten. Er vertrat einen gemäßigten Idealismus.

Sthita-Prajñā, 🄷 Skrt., wörtl.: »von fester Erkenntnis«; eine Bezeichnung für den, der in spiritueller Erkenntnis fest gegründet ist. Er wird von den Gegensatzpaaren der Dualität wie Freude und Leid, Gewinn und Verlust, Glück und Unglück, Sieg und Niederlage nicht mehr berührt.

Sthūla-Sharīra 🄷 (Sthūla-Śarīra), Skrt., wörtl. *sthūla:* »grob«, *sharīra:* »Leib, Hülle«; die äußere, grobstoffliche Hülle, die → Ātman, das Selbst, umgibt, also der Körper. Diese Hülle ist identisch mit → Annamaya-Kosha. (Siehe dazu auch → Kosha, → Sharīra.)

Stotra, 🄱 Skrt., wörtl.: »Hymne, Lobgesang«; ein Lobgesang auf den Buddha bzw. große Meister oder Gottheiten des Buddhismus. (Siehe auch → Kangyur/Tengyur.)

Stūpa, 🄱 Skrt. (Pali: Thūpa, singhales. Dagoba, tibet. Chörten), wörtl.: »Haarknoten«; charakteristische Ausdrucksform buddhist. Baukunst, ei-

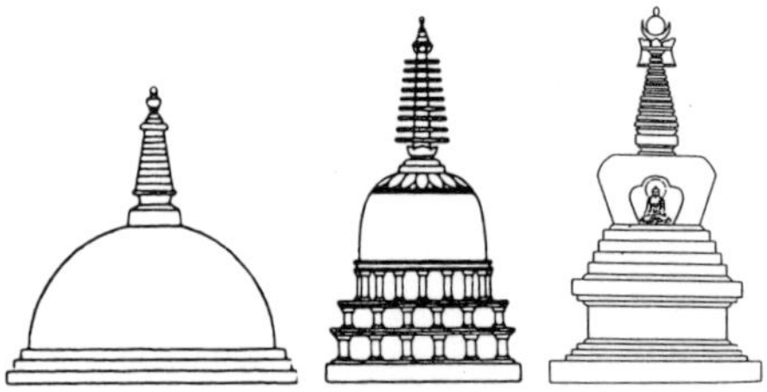

Verschiedene Formen des Stūpa: Indischer Grundtypus, Gandhāra-Typ und tibetische Form (Chörten).

nes der Hauptsymbole des Buddhismus und Mittelpunkt von Tempeln und Klöstern.
Urspr. war der Stūpa ein Grabmal über den sterblichen Überresten (→ Sharīra) des historischen Buddha und anderer Heiliger; er diente aber auch als Symbol für verschiedene entscheidende Ereignisse in Buddha → Shākyamunis Leben und wurde an den jeweiligen Orten (→ Lumbinī,

→ Bodh-Gayā, → Kushinagara, → Sārnāth usw.) errichtet. Spätestens unter König → Ashoka (3. Jh. v. Chr.) war die Verehrung von Heiligen allgemein üblich; aus seiner Zeit sind auch die ersten Stūpas erhalten.
Nicht jeder Stūpa birgt Reliquien im eigentlichen Sinne; an deren Stelle werden im Innern des Stūpa auch heilige Texte, Bildwerke u. ä. verwahrt, die ihnen ihre sakrale Substanz verleihen. Vielfach sind Stūpas auch reine Symbolbauten wie z. B. → Borobudur und die plastischen → Mandalas in Tibet.
Seit der Frühzeit des Buddhismus ist die Verehrung des Stūpa, in dem der Buddha »anwesend« ist, bekannt. Diese erfolgt meist durch das Umwandeln im Sinne des Sonnenlaufs, aber auch durch andere Formen der Verehrung (→ Pūjā). Dabei werden aber nicht die Reliquien als solche verehrt; die Stūpas sind vielmehr Hilfsmittel zur Meditation und Symbol des Erleuchtungszustandes.

Den Urtypus des Stūpa stellen die Stūpas in → Sāñchī dar. Auf einer kreisrunden Basis erhebt sich eine oben abgeplattete Halbkugel, auf der in einem quadratischen Steingitter ein kurzer Pfosten mit drei flachen Schirmen steht. Das Gitter hat häufig die Form eines Kastens, der von Platten überdacht ist. Die Schirme sind Würde- und Ehrenzeichen; die Basis dient als Pfad für die rituellen Umwandlungen. Ein Steinzaun mit vier Steintoren als Eingängen schließt das Heiligtum von der Außenwelt ab. Die Reliquienbehälter, die selbst oft die Form eines Stūpa haben und aus kostbaren Materialen hergestellt sind, befinden sich meist in der Mittelachse des Stūpa, am Boden der Halbkugel oder am Scheitel.
Von diesem Typus des Stūpa, der zwischen dem 3. Jh. v. Chr. und dem 1. Jh. n. Chr. verbreitet war, leiten sich alle Formen des Stūpa und der → Pagode, der ostasiatischen Variante des Stūpa, ab.
In der zweiten Phase der Entwicklung des Stūpa, die in → Gandhāra stattfindet, wird die kreisförmige Basis zu einem Zylinder erhöht. Dieser ist in Zonen gegliedert. Die Halbkugel erfährt ebenfalls eine Längsstreckung und wird im Verhältnis zur Basis kleiner. Diese Veränderungen schaffen Raum für eine differenzierte architektonische Gliederung durch Buddha-Bildnisse, Kultstatuen und erzählende Reliefs. Der Aufsatz wird ebenfalls länger und mit einer großen Anzahl von Schirmen versehen, die im Laufe der Entwicklung eine konische Spitze bilden.
Zwischen 150 und 400 n. Chr. wird aus der kreisrunden Basis ein quadratischer Sockel, der in mehrere Stufen gegliedert ist und über den Treppen zum Wandelpfad führen. Diese Form des Stūpa findet sich auch in Zentralasien.
In Ceylon und Thailand bleibt die Grundform mit kreisrunder, niedriger Basis erhalten, die Halbkugel erfährt eine vertikale Streckung und nimmt oft Glockenform an. Sie wird von einer sehr schlanken langen Spitze abgeschlossen.

In Tibet und im lamaist. China lebt der alte Typus mit Halbkugelkörper zwischen Basis und Spitze weiter. Die Chörten (»Opferbehältnisse«) genannten dreidimensionalen Formen werden im Tibetischen Buddhismus als Symbole für Körper, Rede und Geist des Buddha angesehen. Ihre Größe reicht von kleinen Objekten, die auf Altären stehen, bis zu weithin sichtbaren monumentalen Bauwerken. Ab einer gewissen Größe werden die Chörten rituell umwandelt und zwei der bedeutendsten Chörten in Nepal sind noch heute Ziel von Pilgerreisen.
Die Symbolik des Chörten orientiert sich am Gedankengut des → Mahāyāna. Die vier unteren Stufen stehen für die vier positiven Geisteszustände Liebe, Erbarmen, Freude und Gelassenheit; die zehn Stufen, die an der darauf befindlichen Basis beginnen und bis zum Mittelteil reichen, werden als die zehn Stufen (→ Bhūmi) der spirituellen Entwicklung des Bodhisattva interpretiert. Das Zentrum oder der »Körper« des Chörten symbolisiert den Erleuchtungsgeist (→ Bodhichitta) und enthält zuweilen das Bildnis einer Gottheit.
Über diesem Mittelteil erheben sich 13 Schirme von unterschiedlicher Größe; sie sollen verschiedene Methoden darstellen, mit denen die buddhist. Lehre (→ Dharma) verbreitet wird. Auf diesen Schirmen ruht ein fünfblättriger Lotos, Symbol für die Eigenschaften der fünf Buddha-Familien (→ Buddhakula), und die Spitze des Chörten bildet eine auf einer Mondsichel ruhende Sonnenscheibe, das Zeichen der kosmischen Erhabenheit der Lehre.
Es existiert ferner eine Typologie von acht in ihrer Anlage nur geringfügig verschiedenen Chörten, die sich aus der Erinnerung an die acht wesentlichen Akte im Leben des Buddha Shākyamuni entwickelte. Der Kult des Chörten als sichtbares Zeichen der Lehre wurde vor allem von → Atīsha nach Tibet eingeführt und der Chörten ist heute noch Sinnbild der → Kadampa-Lehre.

Subhūti, **B** Schüler des Buddha, der sich durch seine Fähigkeiten in der Meditation der Güte (→ Maitrī, → *Mettā-Sutta*) auszeichnete. In den → *Prajñāpāramitā-Sūtras* des Mahāyāna erklärt meist Subhūti aufgrund seiner tiefen Einsicht die Lehre von → Shūnyatā (Leere). Subhūti zählt zu den → Zehn Großen Jüngern des Buddha.

Südliche Schule 🅩 (chin. Nan-tsung-ch'an, jap. Nanshū-Zen); jene Schule des Zen, die auf → Hui-neng, den 6. Patriarchen des Zen in China, zurückgeht und aus der alle bedeutenden Meister und Übertragungslinien des Zen hervorgegangen sind (siehe dazu → Goke-Shichishū, vgl. auch Traditionstafel des Zen, S. 474). Der Begriff »Südliche Schule« wurde gebraucht im Gegensatz zu der auf → Shen-hsiu zurückgehenden Schule, deren Vertreter in Nordchina lebten und die daher die Nördliche Schule genannt wird. Während die letztere noch stark vom traditionellen ind. Meditationsbuddhismus (→ Dhyāna-Buddhismus) beeinflußt war, der das Zen der Patriarchen (→ Soshigata) vor Hui-neng geprägt hatte, stellte das Zen der Südlichen Schule eine unorthodoxe, stark vom bodenständigen chin. Taoismus und vom chin. Volkscharakter geprägte Weise der Verwirklichung und Übermittlung des → Buddha-Dharma dar. Während die Nördliche Schule großen Wert auf das Studium und die intellektuelle Durchdringung der heiligen Schriften des Buddhismus, besonders des → *Lankāvatāra-Sūtra,* legte und die Meinung vertrat, daß → Erleuchtung »allmählich« durch ein langsames Fortschreiten auf dem Weg meditativer Schulung erreicht werde (→ Zengo), betonte die Südliche Schule die »Plötzlichkeit« der Erleuchtungserfahrung (→ Tongo) und die Vorrangigkeit der unmittelbaren Einsicht in das Wahre-Wesen (→ Kenshō) vor aller intellektuellen Auseinandersetzung mit begrifflichen Aussagen über diese.

In manchen innerhalb der Südlichen Schule überlieferten → Kōan hören wir von Anhängern der Nördlichen Schule, die im Bewußtsein ihrer umfassenden Schriftgelehrtheit die Begegnung mit Meistern der Südlichen Schule suchten, um diese der Unwissenheit zu überführen, denen die Adepten der Südlichen Schule jedoch mit einer einzigen Frage oder Bemerkung deutlich machten, daß ihre Gelehrtheit den tiefen Sinn der Schriften nicht zu begreifen vermochte und die Erfahrung der Erleuchtung eher verhinderte als förderte.

Während die Südliche Schule zur T'ang- und Sung-Zeit aufblühte und buchstäblich Hunderte von tief erleuchteten Meistern hervorbrachte, ging die Nördliche Schule während weniger Generationen nieder und erlosch schließlich ganz. (Siehe dazu auch → Hui-neng, → Shen-hsiu.)

Das Zen der Südlichen Schule wird auch »Patriarchen-Zen« (chin. *Tsu-shih-ch'an,* jap. *Soshi-Zen*) genannt.

Suibi Mugaku, 🅩 jap. für → Ts'ui-wei Wu-hsüeh

Suigan Reisan, 🅩 → Ts'ui-yen Ling-ts'an

Sukhāvatī, 🅑 Skrt., wörtl.: »das Glückvolle«; das sog. Westliche Paradies, das → Reine Land des Westens, eines der bedeutendsten im Mahāyāna aufgekommenen Buddha-Länder. Es wird von Buddha → Amitābha beherrscht, der es durch sein karmisches Verdienst geschaffen hat. Durch gläubige Hingabe an Amitābha und durch das Rezitieren seines Namens kann man dort wiedergeboren werden und bis zum endgültigen Eingehen ins Nirvāna ein glückvolles Leben führen.

Sukhāvatī wird in den dem Amitābha gewidmeten Sūtras *(→ Amitābha-Sūtra, → Sukhāvatī-Vyūha, → Amitāyurdhyāna-Sūtra)* ausführlich beschrieben. Wenn diese Beschreibungen im Volksglauben auch als die einer »Lokalität« verstanden wurden, so sind sie doch im tieferen Sinn Umschreibungen eines Bewußtseinszustands.

Als Vorbild für dieses Paradies diente vor allem Kusavati, die Stadt des legendären und im Pali-Kanon oft erwähnten Königs Mahasudassana. Sukhāvatī ist im Westen gelegen. Es wird vom unermeßlichen Lichtglanz, der von Amitābha ausgeht, überflutet. Dieses Land ist erfüllt von den erlesensten Wohlgerüchen, ist blühend, reich und fruchtbar. Es wachsen dort wunderbare Blumen und Edelsteinbäume. Es gibt dort weder Höllen noch Tiere, noch Tote oder → Asuras. Durch das Land fließen Flüsse, die Wasser mit süßen Düften führen, auf denen Blumensträuße treiben; ihr Rauschen ist Musik.

Die kraft ihres Vertrauens in Sukhāvatī Wiedergeborenen finden sich in einer Lotosblüte wieder; ihnen werden alle Wünsche erfüllt, es gibt weder Trauer, Unglück, Schmerz noch sonstige Widrigkeiten. In diesem Buddha-Land halten sich alle Wesen an die Wahrheit der Lehre, bis sie für immer ins Nirvāna eingehen. Ihr höchstes Glück ist das Vernehmen der Lehre, die Amitābha verkündet, der im Zentrum des Landes lebt und von → Avalokiteshvara und → Mahāsthāmaprāpta umgeben ist.

In Sukhāvatī fehlen die Freuden der Liebe, da niemand als Frau dort wiedergeboren wird.

Sukhāvatī-Vyūha, 🅑 Skrt., wörtl.: »Sūtra des Landes der Glückseligkeit«, auch *Aparimitāyur-Sūtra* (»Sūtra des unendlichen Lebens«) genannt; eines der drei grundlegenden Sūtras der → Reines-Land-Schule. Es existiert in einer längeren und einer kürzeren *(→ Amitābha-Sūtra)* Fassung, und wurde zwischen 147 und 713 zwölfmal ins Chinesische übersetzt. Dieses Sūtra beschreibt den Werdegang des Buddha → Amitābha sowie die Herrlichkeiten seines Reinen Landes → Sukhāvatī.

Es beginnt mit einem Dialog zwischen → Ānanda und dem Buddha, in dem dieser von einem

Mönch namens Dharmākara erzählt, der sich als König, durch eine Rede des Buddha bewogen, zum Buddhismus bekehrte und den Thron aufgab, um sich ganz der Erlangung der Buddhaschaft widmen zu können. Er legte 48 Gelübde ab, in denen er gelobte, bei Erlangung der Buddhaschaft ein → Reines Land zu errichten, in dem alle, die sich voll gläubigen Vertrauens an ihn wenden, wiedergeboren und bis zu ihrem endgültigen Eingehen ins Nirvāna ein Leben in Frieden und Glückseligkeit führen würden.

Die wichtigsten Gelübde des Amitābha sind:
1. Im Reinen Land soll es keine schlechten Existenzweisen (→ Gati) geben. 2. Im Reinen Land gibt es keine Frauen; alle Frauen, die dort wiedergeboren werden wollen, verwandeln sich im Moment des Todes in Männer. Die Geburt erfolgt in einer Lotosblüte, die schon durch die Praxis des Rezitierens vorbereitet wurde. 3. Es soll dort keine Unterscheidungen im Aussehen geben; jedes Wesen soll einen goldenen Körper, der die Zweiunddreißig Merkmale der Vollkommenheit (→ Dvātrimshadvara-Lakshana) aufweist, besitzen. 4. Jeder soll über das Wissen um alle früheren Existenzen verfügen. 5./6. Jeder soll mit dem »Göttlichen Auge« und »Himmlischen Gehör« (→ Abhijñā) ausgestattet sein. 7. Jedes Wesen wird die Fähigkeit haben, sich auf übernatürliche Weise fortzubewegen und 8. die Gedanken anderer zu erfassen . . . 17. Die Wesen in den Welten aller zehn Himmelsrichtungen sollen beim Hören des Namens von Amitābha → Bodhichitta erwecken und geloben, nach dem Tode im Westlichen Paradies wiedergeboren werden zu wollen. Die für die Gläubigen bedeutungsvollsten Gelübde sind: 18. Amitābha gelobt, all jenen, die durch das Hören seines Namens Bodhichitta entwickelt haben, im Moment ihres Todes zu erscheinen, um ihren Geist vor Angst zu bewahren. 19. Er gelobt ferner, daß alle Wesen, die durch das Hören seines Namens ihr Denken auf eine Wiedergeburt in seinem Reinen Land gerichtet und entsprechende karmische Verdienste angehäuft haben, in diesem Paradies wiedergeboren werden. . . 24. Bei einer Wiedergeburt im Reinen Land soll man nur noch eine Wiedergeburt bis zum Eingehen ins Nirvāna benötigen; ein Rückfallen ist nicht möglich.

Sūkshma-Sharīra 🅷 (Sūkṣma-Śarīra), auch Linga-Sharīra, Skrt., wörtl. *sūkshma:* »fein«, *sharīra:* »Leib, Hülle«; im → Vedānta die zweite, feinstoffliche Hülle, die → Ātman umgibt. Sie besteht aus Denken, Wollen und Empfinden und entspricht der Zusammenfassung von → Prānamaya-Kosha, → Manomaya-Kosha und Vijñānamaya-Kosha. (Siehe dazu auch → Kosha, → Sharīra.)

Sumeru, 🅷 🅱 Skrt. identisch mit → Meru

Sung-shan, 🆉 chin. (jap. Sūsan, Sūzan); in der chin. Provinz Honan gelegener heiliger Berg, auf dem viele berühmte Klöster lagen, u. a. das → Shao-lin-Kloster, das vor allem dadurch bekannt ist, daß → Bodhidharma, der 1. Patriarch des Zen in China, dort lebte.

Sung Wen-ming, 🆃 taoist. Schriftsteller und Reformator des 6. Jh., der nach buddhist. Vorbild das Zölibat für taoist. Mönche popularisierte. Er schrieb Kommentare zu den Werken von → Chang Tao-ling und war maßgeblich an der Verbreitung des → Ling-pao p'ai beteiligt.

Sung-yüan Ch'ung-yüeh, 🆉 jap. Shōgen Sōgaku, 1139–1209, chin. Zen-Meister der Yōgi-Linie des Rinzai-Zen (→ Yōgi-Schule); ein »Enkel im Dharma« von Meister → Hu-ch'in Shao-lung (jap. Kukyū Jōryū). Über Meister Sung-yüan verläuft die Linie des Zen, in deren Tradition → Hakuin Zenji, der große Erneuerer des Rinzai-Zen in Japan, steht. Wir begegnen Meister Sung-yüan im 20. Beispiel des → *Wu-men-kuan.*

Meister Sung-yüan ist der historisch späteste der Zen-Meister, die im *Wu-men-kuan* auftauchen. Im 20. Beispiel heißt es hier:
»Meister Sung-yüan sagte: ›Wie kommt es, daß der Mann von großer Kraft die Beine nicht aufhebt?‹
Und wiederum sagte er: ›Es ist nicht die Zunge, mit der wir sprechen.‹«

Sun Ssu-miao, 🆃 581–682, berühmter taoist. Arzt und Gelehrter der T'ang-Dynastie, dem aufgrund seiner ärztlichen Fähigkeiten von Kaiser Sung Hui-tsung der Titel »Wahrer Mensch« (→ Chen-jen) verliehen wurde.

Sun Ssu-miao systematisierte die klinischen Erfahrungen seiner Zeit, sammelte Rezepte und befaßte sich mit Akupunktur. Auf ihn gehen u. a. die sog. Tausend-Dukaten-Rezepte (Ch'ien-chin fang), eine Sammlung von Atemübungen, zurück. Außerdem verfaßte er Abhandlungen über die Verlängerung des Lebens, über die Meditation des Ts'un-shen (→ Ts'un-ssu) und das Schmelzen des Atems (→ Lien-ch'i).

Surabhī 🅷, auch Kāmadhenu, Skrt.; die »Kuh des Überflusses«, die beim → Umrühren des Ozeans zum Vorschein kam und alle Wünsche erfüllt. Sie wird verehrt als Quelle von Milch und Quark und soll dem Heiligen → Vasishtha gehört haben.

Sureshvara 🅷 (Sureśvara), auch Sureshvarāchārya, ein Heiliger, der ein direkter Schüler von → Shankara war. Seine tiefgründigen Untersuchungen über den → Advaita-Vedānta hat er in seinem Werk → *Naishkarmya-Siddhi* festgehalten. Weitere Advaita-Vedānta-Werke von ihm sind *Mānasollāsa* und *Vārttika,* in dem seine Kommentare zu verschiedenen Klassikern bzw. Upanischaden zusammengefaßt sind.

Sūrya H, auch Savitri, Skrt.; die Sonne, der Sonnengott. Sūrya gehört zu den Hauptgottheiten der Veden und wird als die große Quelle von Licht und Wärme verehrt.

Die Texte über Sūrya sind eher poetisch als genau. Manchmal ist er identisch mit Savitri, manchmal mit → Āditya. Es gibt verschiedene Sonnentempel in Indien. Der berühmteste ist in Konarak bei → Puri.

Sūryadvāra, H Skrt., wörtl.: »Tor *(dvāra)* zur Sonne *(sūrya)*«; die Sonne ist hier das Symbol für spirituelle Erleuchtung als Tor zur höchsten Verwirklichung.

Sushumnā H (Suṣumnā), Skrt.; der wichtigste der Energiekanäle (→ Nādī), der sich in der Wirbelsäule von ihrem unteren Ende bis zum Gehirn erstreckt. Wird die → Kundalinī geweckt, so steigt sie in der Sushumnā auf, die die ausgleichende Mitte zwischen → Idā und → Pingalā darstellt. (Siehe dazu auch → Chakra.)

Sushupti H (Suṣupti), Skrt.; der Tiefschlaf, in dem weder Denken noch Ego existieren und in dem wir uns weder unseres Körpers noch des Universums bewußt sind. Sushupti ist keine Bewußtlosigkeit, sondern nur das Aussetzen des Denkens. Sie ist eine der vier → Avasthās und wird im Vedānta auch → Prājña genannt.

Susoku-Kan, Z jap., wörtl.: »Betrachtung des Zählens der Atemzüge«; eine meditative Übung, die i. allg. von Anfängern im → Zazen praktiziert wird. Man unterscheidet vier Arten des Susoku-Kan: 1. Shutsunyusoku-Kan (Aus- und Einatmung getrennt zählen); 2. Shussoku-Kan (Ausatmung zählen); 3. Nissoku-Kan (Einatmung zählen) und 4. Zuisoku-Kan (dem Atem folgen).

Die Übung von Susoku-Kan hilft, die für Zazen nötige Sammlung zu gewinnen. Der moderne jap. Zen-Meister → Hakuun Ryōko Yasutani sagt in seinen »Einführenden Unterweisungen zur Übung des Zen« über Susoku-Kan:

»Für Anfänger ist es am leichtesten, die Atemzüge beim Ein- und Ausatmen zu zählen. Der Wert gerade dieser Übung liegt darin, daß alle Überlegungen ausgeschaltet werden und das unterscheidende Denken zur Ruhe gebracht wird. So werden die Wogen der Gedanken geglättet, und man erreicht allmählich, daß der Geist sich sammelt.« (Zit. n. Ph. Kapleau, 1981, S. 64.)

Bei dieser Methode sammelt man seine Aufmerksamkeit beim Einatmen auf »eins«, beim Ausatmen auf »zwei«, beim Einatmen auf »drei« usw. bis »zehn« und beginnt dann wieder bei »eins«. Man kann diese Übung auch dahingehend modifizieren, daß man nur beim Ausatmen oder nur beim Einatmen zählt; immer aber wird bis »zehn« gezählt und dann wieder bei »eins« begonnen. Bei der letzten Art, dem Zuisoku-Kan, folgt man nur noch gesammelt der Bewegung des Atems, ohne die Atemzüge zu zählen. Sich ohne in Gedanken abzuschweifen oder den Faden der Zählung zu verlieren für längere Zeit auf das »Zählen der Atemzüge« zu sammeln, ist für den im Zazen Ungeübten nicht einfach; beharrliches Üben einer der Arten des Susoku-Kan hat sich als hervorragendes Fundament für weitergehende Übungen auf dem Zen-Weg erwiesen und kann sogar bis zum Durchbruch zu einer Erleuchtungserfahrung führen.

Sūtra, H B Z Skrt., wörtl.: »Leitfaden«.

H Die Sūtras kürzen den Inhalt der → Brāhmanas, auf denen sie beruhen, ab und fassen ihn zum praktischen Gebrauch in kurzen, lapidaren Sätzen zusammen, die ohne Kommentar meist unverständlich bleiben.

Seite aus einem *Lotos-Sūtra*, das in den Höhlen von Tun-huang gefunden wurde (7. Jh.).

Man unterscheidet drei Arten von Sūtras: 1. die Shrauta-Sūtras, die auf der Shruti (göttliche Offenbarung) beruhen und die Durchführung großer Opfer betreffen; 2. die Grihya-Sūtras, welche die häuslichen Gebräuche bei Geburt, Hochzeit und Tod regeln; 3. die Dharma-Sūtras, die die Pflichten der Kasten und Lebensstadien festlegen. Aus ihnen sind die späteren Gesetzbücher (z. B. des → Manu) hervorgegangen. Auch alle → Darshanas (Philosophiesysteme des Hinduismus) waren ursprünglich in Sūtra-Form verfaßt. Die bekanntesten sind die → Vedānta- oder Brahma-Sūtras und Patañjalis → *Yoga-Sūtra*.

B Z (Pali: Sutta, jap. Kyō); Lehrrede des → Buddha. Die Sūtras sind im 2. Teil des buddhist. Kanons (→ Tripitaka), dem sog. »Korb der Lehrreden« (Sūtra-Pitaka) zusammengefaßt.

Die Sūtras sind uns in Pali, Sanskrit sowie in chin.

und tibet. Übersetzungen erhalten. Nach der Tradition sollen sie direkt auf den Buddha zurückgehen. Die Grundform jedes Sūtra bildet ein Prosatext, der jeweils mit den Worten »Also habe ich gehört« eingeleitet wird. Diese Worte werden → Ānanda, einem Schüler des Buddha, in den Mund gelegt; er soll die Lehrreden des Buddha im Gedächtnis behalten und beim 1. buddhist. → Konzil unmittelbar nach dem Tode des Buddha rezitiert haben. Nach diesen einleitenden Worten werden die Umstände, die den Buddha veranlaßt haben, diese Lehrrede zu halten, sowie Ort, Jahreszeit usw. angegeben. Danach folgt die eigentliche Unterweisung, manchmal in Form eines Dialogs. Der Stil der Sūtras ist einfach, populär und didaktisch orientiert. Sie sind reich an Parabeln und Allegorien. In manche Sūtras sind auch »Lieder« (Gāthā) eingefügt. Jedes Sūtra bildet eine in sich geschlossene Einheit.

Die hinayanist. Sūtras sind in »Sammlungen« gegliedert, die im Pali-Kanon → Nikāya, in der Sanskrit-Fassung → Āgama heißen; es sind: *Dīgha-Nikāya, Majjhima-Nikāya, Samyutta-Nikāya, Anguttara-Nikāya* und *Khuddaka-Nikāya* (siehe dort).

Neben diesen hinayanist. Sūtras sind auch eine Vielzahl von mahayanist. Sūtras erhalten. Sie sind urspr. in Sanskrit abgefaßt, liegen aber zum Großteil nur in chin. oder tibet. Übersetzung vor. Ihre Entstehungszeit ist zwischen dem 1. Jh. v. Chr. und dem 6. Jh. n. Chr. anzunehmen. Sie haben ihre äußere Form den Sūtras des Hīnayāna entlehnt, beginnen ebenfalls mit den Worten »Also habe ich gehört« und der Angabe des Ortes, des Anlasses und der anwesenden Personen. Man unterscheidet drei Arten von Mahāyāna-Sūtras: → Vaipulya-Sūtras, → Dhāranīs und unabhängige Sūtras.

Inhaltlich sind zwei Traditionsströmungen zu erkennen:

1. Die auf Glauben (→ Shraddhā) aufgebauten Sūtras, die die Buddhologie und die → Bodhisattva-Lehre behandeln und den Aspekt der Hingabe betonen. Ihr Ursprungsgebiet ist wahrscheinlich Nordindien. In diesen Sūtras sind der Phantasie keine Grenzen gesetzt, Buddhas und Bodhisattvas vollbringen im unbegrenzten Raum und unendlicher Zeit unzählige Wunder. Sie werden zu göttlichen Wesen emporgehoben – eine Tendenz des Mahāyāna, die dem Verehrungsbedürfnis der Laien entgegenkommt, aber auch auf dem Wesen des Mahāyāna mit seiner Lehre der Substanzlosigkeit, der Leere (→ Shūnyatā), beruht, die in der Auffassung des illusionären Charakters der Welt (→ Māyā) ihren Ausdruck findet. Demnach sind alle Wunder, wie auch die Welt der Erscheinungen, nichts als ein Produkt der Illusion.
2. Philosoph. ausgerichtete Sūtras, die den Hauptgedanken des Mahāyāna, die Leere, zum Inhalt haben. Ihr Ursprung liegt im Ostteil Mittelindiens. Diese Art von Sūtras wurde von den Denkern des Mahāyāna unterschiedlich interpretiert, was Anlaß zur Bildung der verschiedenen Schulrichtungen gab.

Die wichtigsten unabhängigen Sūtras sind: *Saddharmapundarīka-Sūtra (→ Lotos-Sūtra), Lankāvatāra-Sūtra, Lalitavistara, Samādhirāja-Sūtra, Sukhāvati-Vyūha-Sūtra, Dashabhūmika, Bhadrakalpika-Sūtra, Brahmajāla-Sūtra, Gandavyūha-Sūtra, Shrīmālādevī-Sūtra, Amitābha-Sūtra, Amitāyurdhyāna-Sūtra, Vimalakīrtinirdesha-Sūtra, Shūrangama-Sūtra* (siehe jeweils dort).

Sūtra des Goldenen Lichtes B (Skrt. Suvarnaprabhāsa-Sūtra); Mahāyāna-Sūtra, das eine wesentliche Rolle für die Verankerung des Buddhismus in Japan spielte, da es u. a. den politischen Aspekt des Buddhismus betont und daher bei der herrschenden Klasse Japans in hohem Ansehen stand.

Das Sūtra beginnt mit einer Erläuterung des Wesens des Buddha, der nicht allein als irdische Persönlichkeit, sondern auch als universelle absolute Wahrheit existiert. Er ist in allem gegenwärtig, und alles Existierende genießt sein unendliches Erbarmen. Ferner lehrt das Sūtra, daß die Tore zum Lotosparadies, in dem der Buddha weilt, allen offenstehen, da jedes Wesen ein Buddha werden kann. Die in diesem Sūtra empfohlenen Methoden, diese Wandlung herbeizuführen, bestehen in Reue und Selbstaufopferung: Höhepunkt des Sūtra ist die Parabel vom Buddha, der sich einem hungrigen Löwen opfert.

Der zentrale Gedanke des Sūtra kreist um die Tugend der Weisheit (→ Prajñā), die Gutes und Schlechtes unterscheidet: Jeder Mensch, vom Herrscher bis zum Untergebenen, muß diesem »inneren Licht« folgen.

Der politische Aspekt kommt am klarsten im Kapitel über die Gesetze zum Ausdruck, wo es heißt, daß Regierung und Religion durch das → Dharma vereint sind. Die menschlichen Gesetze müssen als höchstes Ziel den Frieden haben. Ein König, der das Gesetz verletzt, wird bestraft; solange er aber das Gesetz respektiert, wird ihm unermeßliches Heil beschieden. Ein Land, in dem die Lehre dieses Sūtra verbreitet ist, wird von den → Himmelskönigen und → Devas geschützt.

Während der Nara-Periode (8. Jh.) stand das Sūtra des Goldenen Lichtes bei den jap. Herrschern in so hohem Ansehen, daß sie ihre Politik darauf begründen wollten.

Sūtra in 42 Abschnitten, B (Skrt. *Dvāchatvārimshat-Khanda-Sūtra*), erstes Sūtra, das ins Chinesische übersetzt wurde. Das *Ssu-shih-erh-chang ching* soll von Gesandten des Kaisers

→ Ming-ti, die in den westlichen Gebieten Chinas (d. i. Zentralasien) nach buddhist. Schriften suchten, mitgebracht und von den ind. Mönchen Matanga und Chu-fa-lan im Jahre 67 übersetzt worden sein. In diesem Sūtra, das zugleich das erste buddhist. Schriftstück in chin. Sprache darstellt, werden die wesentlichen Lehren des → Hīnayāna wie die der Vergänglichkeit (→ Anitya) und der Gier (→ Trishnā) erklärt. Es sind viele verschiedene Fassungen dieses Sūtra erhalten, die sich zum Teil inhaltlich beträchtlich voneinander unterscheiden.

Sūtra-Pitaka **B** **Z** (Sūtra-Piṭaka), Skrt. (Pali: Sutta-Pitaka); wörtl.: »Korb der Schriften«; ein Teil des buddhist. Kanons (→ Tripitaka). Das Sūtra-Pitaka enthält die der Tradition nach vom historischen Buddha → Shākyamuni stammenden Lehrreden (→ Sūtra).
Das Sūtra-Pitaka besteht in seiner Sanskrit-Version aus vier Sammlungen (→ Āgama), in seiner Pali-Rezension, die als einzige vollständig überliefert ist, aus fünf → Nikāyas.

Sūtrātman, **H** Skrt., wörtl.: »Faden-Selbst«; eine Bezeichnung für die kosmische Seele, die wie ein Faden alle Wesen und das Universum zusammenhält. In der Bedeutung gleich mit → Hiranyagarbha.

Sutta-Nipāta, **B** Pali → *Khudakka-Nikāya*

Sutta-Pitaka, **B** Pali → Sūtra-Pitaka

Suzuki Daisetsu Teitaro, **Z** 1870–1966; jap. buddhist. Gelehrter, der als der im Westen bekannteste moderne Interpret des Zen wesentlich dazu beitrug, das Interesse für Zen im Abendland zu wecken. Als Laienschüler des Meisters Shaku Sōen vom → Engaku-ji in Kamakura unterzog er sich auch in gewissem Maße der Zen-Praxis, beschäftigte sich jedoch vor allem mit der intellektuellen Ausdeutung der Lehren des Zen und wurde nie als Zen-Meister bestätigt. Etliche seiner Bücher liegen auch in deutscher Übersetzung vor (siehe Literaturverzeichnis).

Suzuki Shunryū, **Z** 1905–1971, jap. Zen-Meister der → Sōtō-Schule. Er ging 1958 in die USA und gründete dort mehrere Zen-Zentren, darunter auch das Zen-Center in San Francisco und das Zen Mountain Center in Tassajara, das erste Sōtō-Zen-Kloster im Westen. Einige seiner Darlegungen zur Einführung in die Zen-Praxis finden sich in: Shunryū Suzuki, *Zen-Geist, Anfänger-Geist,* Zürich 1975. Suzuki Shunryū ist nicht zu verwechseln mit → Suzuki Daisetsu Teitaro.

Svabhāva, **H** **B** Skrt., wörtl.: »Selbstnatur«.

H Die eigene innere Natur, der eigene Charakter, der Drang jeder Individualität, sich selbst zum Ausdruck zu bringen.
B Im Mahāyāna werden in Weiterentwicklung der → Anātman-Lehre des Hīnayāna alle Dinge als leer von einer Selbstnatur, d. h. frei von einer sich selbst genügenden, unabhängigen Existenz oder einer dauerhaften Substanz aufgefaßt. Dies bedeutet jedoch nicht, daß sie gar nicht existieren, sondern nur, daß sie nichts als bloße Erscheinungen sind und nicht die Wahre-Wirklichkeit darstellen, d. h. keine Wesenhaftigkeit (Svabhāvatā) besitzen. Diese Art von Leere (→ Shūnyatā) wird als Svabhāva-Shūnyatā bezeichnet und ist ein zentraler Gedanke in der → Prajñāpāramitā-Literatur und der Schule der → Mādhyamikas.

Svadharma, **H** Skrt., wörtl. *sva:* »eigen«, *dharma:* »Gesetz«; das eigene innere Gesetz, das Denken und Handeln bestimmt und in Harmonie mit dem göttlichen Willen sein muß.

Svādhishthāna-Chakra, **H** **B** Skrt. → Chakra, 2.

Svādhyāya, **H** Skrt.; »eigenes Studium«, insbesondere der → Veden, aber auch anderer heiliger Texte. Damit sie sich besser einprägen, sollen sie mit leiser Stimme wiederholt werden, eine erprobte Technik des Auswendiglernens. Die Veden sind, wie die meisten heiligen Schriften, anfangs lange Zeit mündlich vom Lehrer an den Schüler weitergegeben worden, der sie deshalb auswendig lernen mußte.
Svādhyāya ist eine der fünf geforderten Tugenden der zweiten Stufe (→ Niyama) des → Rāja-Yoga, die im *Yoga-Sūtra* des → Patañjali (II, 32) aufgezählt werden. Die anderen vier sind: → Santosha (Genügsamkeit), → Shaucha (Läuterung), → Tapas (Askese) und → Īshvara-Pranidhāna (Hingabe an Gott).

Svāhā, **H** Skrt.; ein ritueller Ausruf, der nach jeder Darbringung einer Opfergabe erfolgt. Er bedeutet: »So sei es!« oder »Möge Gutes daraus entstehen!«

Svāmi **H**, auch Svāmin, Skrt., wörtl.: »Herr«, engl. und neuind. Schreibweise: Swami; 1. Anrede, die i. allg. Mönchsnamen vorangestellt wird; 2. Ehrentitel hinter dem Namen eines spirituellen Lehrers oder eines als heilig verehrten Mannes.

Svapna, **H** Skrt.; der Traumzustand während des Schlafes. In ihm agiert das Denken unabhängig vom Körper und der Außenwelt. Er wird im

Wachbewußtsein für unwirklich und für eine Täuschung gehalten. Svapna ist eine der vier → Avasthās. Im → Vedānta wird er → Taijasa genannt.

Svar, H Skrt.; eine → Vyāhriti, das dritte Wort der → Gāyatrī. Aus diesem Wort, das → Prajāpati bei der Schöpfung sprach, entstand der Himmel.

Svarloka, H Skrt.; der Himmel *(svar)* → Indras und die Welt *(loka)* des Lichts, der reinen Gedanken und Gefühle. Name für den reinen Bewußtseinszustand, der für den Menschen der wahre Himmel ist.

Svarūpa-Jñāna, H Skrt., wörtl. *svarūpa:* »Wesen, Beschaffenheit«, *jñāna:* »Erkenntnis«; dieser Ausdruck bezieht sich auf den → Ātman, der seinem Wesen nach Jñāna ist, d. h. sich seiner Identität mit → Brahman bewußt ist. Jñāna ist hier gleich Bewußtsein, denn Erkenntnis ist ohne Bewußtsein nicht möglich.

Svastika, H B Skrt., abgeleitet von *svasti:* »Glück, Heil«.
H Glückbringende Kreuzfigur, ein mystisches Religionszeichen, das als Hakenkreuz überall auf Tempeln und Kunstobjekten zu finden ist.
B Das uralte Svastika-Zeichen, das Hakenkreuz, wird im Buddhismus interpretiert als Symbol des Rades der Lehre (→ Dharma-Chakra) oder der buddhist. Lehre im allgemeinen.
In China ist der Svastika Symbol der Zahl 10 000, d. h. des Unendlichen, des Ewigen, das sich im Geist des Buddha offenbart. Daher wird er bei chin. Buddha-Darstellungen auf der Brust in Höhe des Herzens angebracht. – Im Zen symbolisiert er das »Siegel des Buddha-Geistes« (→ Busshin-In), das von Patriarch zu Patriarch weitergegeben wird.

Svayam-Bhagavan, H Skrt., wörtl. *svayam:* »aus sich selbst seiend«, *bhagavan:* »Gott«; der höchste → Ātman, wahrgenommen als Herr des Universums, ausgestattet mit unendlicher Macht, grenzenlosem Erbarmen, unbegrenzter Erkenntnis, bedingungsloser Liebe und unbeschreibbarer Schönheit.

Svayambhū, H Skrt., wörtl.: »aus sich selbst existierend«; alle Dinge der Erscheinungswelt existieren aus sich selbst durch die Kraft der Idee, die in ihnen verborgen liegt.
Im Schöpfungsbericht des → Manu ist Svayambhū der durch sich selbst Seiende, die unerklärliche erste Ursache, aus der Brahmā hervorgegangen ist. (Siehe dazu auch → Hiranyagarbha.)

Svayamprakāsha, H Skrt., wörtl.: »selbstleuchtend«; das höchste Sein, das selbstleuchtend ist, als absolutes Bewußtsein seiner selbst gewahr, dies ist unmittelbare, höchste Erkenntnis.

Svedaja, H Skrt., wörtl.: »schweißgeboren«; im Hinduismus die erste der vier Entstehungsarten des Lebens, die Insekten. Die anderen drei sind keimgeboren (die Pflanzen, eigeboren (Vögel, Fische und Amphibien) und schoßgeboren (Säugetiere und Menschen).

Swami, H → Svāmi

Syādvāda, H Skrt., wörtl. *syat:* »es kann sein«, *vāda:* »Lehre«; ein vom → Jainismus entwickelter Begriff: die Theorie von den vielseitigen Betrachtungsmöglichkeiten der Wirklichkeit. Jedes Urteil ist subjektiv und Bedingungen und Begrenzungen unterworfen, und verschiedene Feststellungen über dieselbe Wirklichkeit können richtig sein, jede aus ihrer eigenen Perspektive betrachtet.

T

Tādātmya, H Skrt., wörtl.: »Wesenseinheit«; die Wesenseinheit des Selbst mit → Brahman; die spirituelle Erkenntnis, nicht Körper und Denken zu sein, die vergehen, sondern ewiger, unsterblicher → Ātman (Selbst), der identisch ist mit → Tat (»Das«), d. h. Brahman.

Tagore, Devendranāth H (Bengāli: Thākur), 1817–1905; der Vater des großen Dichters Rabīndranāth Tagore war, nach Rāja Rammohan Roy, dem Begründer des → Brāhmo-Samāj, der Organisator dieser sozialen und religiösen Reformbewegung. Sein durchdringender Intellekt, sein spirituelles Niveau und seine aristokratische Erscheinung machten ihn zum Leitbild der gebildeten Bengalen. Sie redeten ihn respektvoll mit »Mahar(i)shi« (großer Seher) an. Er war ein Sanskrit-Gelehrter und entnahm seine Inspiration ausschließlich den → Upanischaden. Daneben war er ein unerbittlicher Gegner der Bildnisanbetung und kämpfte gegen das Eindringen christlicher Ideen in den Brāhmo-Samāj.

Tagore, Rabīndranāth 🅗 (Bengāli: Thākur), 1861–1941, der bedeutendste ind. Dichter der Neuzeit; Sohn von Devendranāth Tagore, dem langjährigen Leiter des → Brāhmo-Samāj. Verfaßte in der Sprache seiner Heimat Bengalen und auf Englisch Romane, Dramen, politische und philosoph.-pädagogische Schriften, vor allem aber Gedichte (mehr als 40 Sammlungen). Zu seinen lyrisch-mystischen Hauptwerken gehört *Gītāñjali* (dt. *Liedopfer,* 1914 u. 1958) mit Zwiegesprächen zwischen der menschlichen Seele und Gott (Vishnu). Sein Roman *Gorā* (dt. 1924) ist eine Art → *Mahābhārata* des modernen Indien. 1911 gründete Tagore eine Schule für Philosophie und Kunst, die er Shāntiniketan (»Wohnstatt des Friedens«) nannte; sie ist seit 1951 staatliche Universität. 1913 erhielt Tagore den Nobelpreis für Literatur.

Ta-hui Tsung-kao, 🅩 jap. Daie Sōkō, 1089–1163, chin. Zen-Meister der Yōgi-Linie des Rinzai-Zen (→ Yōgi-Schule); der hervorragendste Schüler und Dharma-Nachfolger (→ Hassu) des großen Meisters → Yüan-wu K'o-ch'in (jap. Engo Kokugon). Er war es, der alle erreichbaren Exemplare des von seinem Meister herausgegebenen → *Pi-yen-lu* einsammeln und verbrennen ließ, als er merkte, daß seine Schüler mehr am Wortlaut dieser Schrift hingen, als sich um die unmittelbare Erfahrung des Dharma seines Meisters zu bemühen. (Zum Glück nachfolgender Generationen blieb jedoch der größte Teil dieses kostbaren Textes in wenigen, wenn auch nicht ganz vollständigen Kopien erhalten.)
Ta-hui war ein leidenschaftlicher Verfechter der Kōan-Schulung (→ Kōan), und seine – offenbar in freundschaftlichem Geist geführte – Auseinandersetzung mit dem Sōtō-Meister → Hung-chih Cheng-chüeh (jap. Wanshi Shōgaku) hinsichtlich der Vorteile des → Kanna-Zen der → Rinzai-Schule gegenüber dem von der → Sōtō-Schule befürworteten → Mokushō-Zen markiert die endgültige Ausprägung der Kōan-Schulung und ihre Verankerung als fester Bestandteil der Schulung im Rinzai-Zen. Meister Ta-hui hielt seine Schüler dazu an, sich in die als Kōan überlieferten Worte der alten Meister zu vertiefen, ohne im geringsten zu versuchen, sie durch Überlegung mit Hilfe des Verstandes zu lösen – eine Weise der Schulung, die seitdem unzählige Male ihre Wirkung als Hilfsmittel der Zen-Schulung bewiesen hat.

Ta-i, 🅣 chin. → T'ai-i

Taiba Hōjō, 🅩 jap. für → Ta-mei Fa-ch'ang

T'ai-chi, 🅣 chin., wörtl.: »Firstbalken«, soviel wie das Größte oder Höchste Letzte, das Große Allerletzte; Begriff des → *I-ching,* wo es die Letzte Wirklichkeit, den Urgrund des Seins, aus dem alles entsteht, bezeichnet. Es erlangte besondere Bedeutung in der Philosophie des Neokonfuzianismus (→ Chu Hsi). – Tai-chi ist im wesentlichen gleichbedeutend mit → T'ai-i, dem Höchsten Einen.

Im *I-ching* heißt es: »Darum gibt es in den Wandlungen den Großen Uranfang [T'ai-chi]. Dieser erzeugt die zwei Grundkräfte [→ Yin-yang]. Die zwei Grundkräfte erzeugen die vier Bilder [→ Ssu-hsiang]. Die vier Bilder erzeugen die acht Zeichen [→ Pa-kua].«
Im Neokonfuzianismus stellt T'ai-chi die Verbindung der zwei Grundprinzipien des Universums, die alles bedingen, dar: die Verbindung von Li, dem normativen Prinzip, der Struktur, und → Ch'i, der gestaltbaren Ursubstanz, der Materie. T'ai-chi selbst ist unbegrenzt; der darin enthaltene Aspekt des Li befähigt es, in sich alle Dinge entstehen zu lassen. Indem es alles schafft, geht es durch zwei Phasen: aus der Ruhe in die Aktivität, von der Aktivität in die Ruhe. Ruhe ist Yin, Aktivität ist Yang. T'ai-chi verbindet beide. Das Alternieren dieser beiden Kräfte bringt die Fünf Elemente (→ Wu-hsing) hervor, die die Grundlage jeder materiellen Existenz bilden.

T'ai-chi-ch'uan, 🅣 chin., wörtl.: »die Faust (-kampfmethode) des Höchsten Letzten (→ T'ai-chi)«; eine aus einer Methode der Selbstverteidigung entstandene Meditation in Bewegung.
T'ai-chi-ch'uan, dessen Ursprünge bis ins 14. Jh. zurückgehen sollen, besteht aus einer Abfolge weicher, fließender, langsam ausgeführter Bewegungen, die durch das Koordinieren von Bewußtsein, Atem und Bewegung eine Harmonisierung der Kräfte von Yin und Yang (→ Yin-yang) bewirken. Es hat gesundheitsfördernde Wirkung, löst Spannungen im Körper und Blockaden in den Energie-Meridianen. Heute kennt man 5 Hauptstile des T'ai-chi-ch'uan. Der bekannteste ist der sog. Yang-Stil, benannt nach seinen Begründern Yang Lu-ch'an und Yang Ch'en-fu.
Tai-chi-ch'uan wird meist als Einzelübung praktiziert, die Partnerübungen sind als T'ui-shou (etwa: »schiebende Hände«) bekannt. T'ai-chi-ch'uan kann auch mit Lanze, Messer oder Schwert ausgeführt werden.

T'ai-ch'ing, 🅃 chin. → San-ch'ing

T'ai-chi-t'u, 🅃 chin., wörtl.: »Diagramm des Höchsten Letzten (→ T'ai-chi)«. Vom neokonfuzian. Philosophen Chou Tun-i (1017–1073) geschaffenes kosmologisches Diagramm zur Veranschaulichung des Prozesses der Entstehung der Zehntausend Dinge (→ Wan-wu) aus dem höchsten Prinzip, dem T'ai-chi, das er mit → Wu-chi, dem Unbedingten, identifiziert. Aus diesem entstehen die beiden Kräfte des → Yinyang, die ihrerseits die vier Jahreszeiten und die Fünf Elemente (→ Wu-hsing) und die Zehntausend Dinge schaffen.
Im T'ai-chi-t'u verbindet Chou Tun-i konfuzian. mit religiös-taoist. Vorstellungen.

In seinem Kommentar zum Diagramm sagt Chou Tun-i:
»Das Unbedingte ist auch das Höchste Letzte. Das Höchste Letzte bewegt sich und schafft das Yang. Hat die Bewegung ihr Äußerstes erreicht, kehrt sie zurück zur Stille. Durch diese Stille wird das Yin geschaffen. Hat die Stille ihr Extrem erreicht, geht sie wieder in Bewegung über. Bewegung und Stille wechseln einander ab und bedingen einander. Wenn Yin und Yang gesondert wirken, sind die Zwei Kräfte [→ Liang-i] klar erkennbar. Durch die Vereinigung von Yin und Yang wandeln sie sich um in die Fünf Elemente Feuer, Wasser, Holz, Metall und Erde [→ Wu-hsing]. Diese fünf Atem [→ Ch'i, d. h. die Elemente] verbreiten sich in harmonischer Ordnung, und die vier Jahreszeiten werden geschaffen. Die Fünf Elemente sind dasselbe wie Yin und Yang; Yin und Yang sind dasselbe wie das Höchste Letzte. Das Höchste Letzte ist ursprünglich das Unbedingte. Wenn die Fünf Elemente hervorgebracht werden, besitzt ein jedes seine spezifische Natur. Die Wirklichkeit des Unbedingten und die Essenzen der beiden Kräfte und der Fünf Elemente bilden zusammen auf wunderbare Art und Weise eine Einheit. Das Ch'ien-Prinzip wird zum Männlichen, das K'un-Prinzip wird zum Weiblichen (→ Ch'ien und K'un). Durch Verschmelzung erschaffen die beiden Kräfte Yin und Yang die Zehntausend Dinge. Durch ihre unablässige Produktion und Reproduktion verwandeln sich die Zehntausend Dinge und erschöpfen sich nie.«

T'ai-hsi, 🅃 chin., wörtl.: »Embryonalatmung«; taoist. Meditationsübung zur Verlängerung des Lebens, die darin besteht, zu lernen, wie ein Embryo im Mutterleib zu atmen. Sie stellt im wesentlichen eine Kombination aus Anhalten des Atems (→ Pi-ch'i) und Kreisen-Lassen des Atems (→ Hsing-ch'i) dar. Ihr Ziel ist, einen »Unsterblichkeitskörper«, der vom Atem genährt wird, zu schaffen (→ Sheng-t'ai). Beim Tod des Adepten löst sich dieser Embryo vom Leichnam (→ Shih-chieh) und der Übende wird ein Unsterblicher (→ Hsien).

Am Anfang der Übung des T'ai-hsi steht das Anhalten des Atems: In täglichen Übungen hält man den Atem zuerst für 3, 5, 7, 9 Herzschläge lang an und steigert langsam bis ungefähr 1000. Ab diesem Punkt kann der Übende seine Krankheiten durch die Atmung heilen und nähert sich der Unsterblichkeit. Gleichzeitig mit

Kuan-yin inmitten von Zauberformeln zur Herstellung der Embryonalatmung.

dem Anhalten des Atems wird der Atem durch den Körper geführt. Das Führen des Atems geschieht durch die Innere Schau (→ Nei-kuan). Normalerweise wandert die eingeatmete Luft durch Herz und Milz in Leber und Nieren, aber der Taoist versucht den Atem bis ins Untere Zinnoberfeld (→ Tan-t'ien) in der Nabelgegend und weiter bis in die Fußsohlen zu führen. Dann soll der Atem entlang dem Rückgrat ins Gehirn, d. h. ins Obere Zinnoberfeld, hinunter in den Brustkorb (Mittleres Zinnoberfeld) und über die Lunge zurück zur Kehle strömen. Nachdem der Atem in die Kehle zurückgekehrt ist, schluckt man ihn nach und nach: Man ernährt sich von Atem.
Gleichzeitig mit dem Kreisen-Lassen des Atems versucht man, möglichst viel Speichel (→ Yü-chiang) zu produzieren, was dadurch gefördert wird, daß man die Zunge gegen den Gaumen preßt. Man schluckt ihn gemeinsam mit dem Atem.
Atem und Speichel sind die beste Nahrung für den nach Unsterblichkeit Strebenden: Der Körper wird leicht und transparent, so daß er auf Wolken reiten kann.

Um die Bedeutung der Embryonalatmung im Taoismus zu verstehen, muß man sich vor Augen halten, daß nach taoist. Auffassung der Mensch aus Atem, d. h. aus Energie (→ Ch'i), besteht. Den Körper des Menschen bilden grobe Erdenergien, während die Lebenskraft des Menschen die Energie ist, die zwischen Himmel und Erde zirkuliert. Will man Unsterblichkeit erlangen, muß man die groben Energien durch reine ersetzen. Daher ist es notwendig, gleichzeitig mit der Übung des T'ai-hsi auch auf den Genuß von Körnerfrüchten zu verzichten (→ Pi-ku), die ebenfalls aus grober Energie bestehen.

Die Auffassung über das Wesen der Embryonalatmung wandelte sich im Lauf der Zeit grundlegend: Anfangs war man der Meinung, daß der Atem, den man im Körper kreisen läßt, die eingeatmete Luft sei. Doch seit der T'ang-Dynastie heißt es, es sei der Innere Atem (→ Nei-ch'i), der gleich dem Ur-Atem (→ Yüan-ch'i) ist und den Kräften entspricht, die Himmel und Erde entstehen ließen. Diesen Ur-Atem muß der Adept im Inneren des Körpers halten. Normalerweise strömt er durch den Mund aus; der Taoist hingegen versucht, ihn im Unteren Zinnoberfeld zu speichern und jede Vermischung mit dem Äußeren Atem, der eingeatmeten Luft, zu vermeiden. Beide bewegen sich synchron im Körper: Steigt der äußere im Zuge des Ausatmens auf, steigt auch der innere aus dem Zinnoberfeld auf und umgekehrt.

Das Kreisen-Lassen des Inneren Atems beginnt mit dem Schlucken (→ Yen-ch'i), womit das Austreten gemeinsam mit dem Äußeren Atem verhindert werden soll. Dann wird er durch die Kraft der Sammlung durch die Speiseröhre ins Untere Zinnoberfeld (auch → Ch'i-hai, Ozean des Atems, genannt) geführt, anschließend weiter durch den ganzen Körper. Man kann ihn aber auch frei im Körper zirkulieren lassen, dies ist die Methode des Schmelzens des Atems (→ Lien-ch'i).

T'ai-hsü, **B** 1889–1947, bedeutender chin. Mönch, der wesentlich an der Belebung und Reformierung des Buddhismus in China durch eine Regenerierung des → Sangha, ein modernen Bedürfnissen angepaßtes Studium der buddhist. Lehre und einer Neuordnung des Klostersystems beteiligt war. Er ist der Gründer der Buddhistischen Gesellschaft Chinas, die 1947 über 4 Millionen Anhänger zählte, und des seit 1922 bestehenden Instituts für buddhistische Studien, das maßgeblich zur Wiederbelebung der → Fahsiang-Schule beitrug. T'ai-hsü betonte die Übereinstimmung dieser Lehre mit den Erkenntnissen der modernen Wissenschaften und zog dadurch eine große Anzahl junger Intellektueller an. Eine seiner wichtigsten Leistungen bestand in der Harmonisierung der Philosophien der Fahsiang-, → Hua-yen- und → T'ien-t'ai-Schule, womit er sein Ziel, eine Synthese der wichtigsten Richtungen des chin. Buddhismus herzustellen, verwirklichte.

T'ai-hsü trat mit 16 in den buddhist. Mönchsorden ein und widmete sich vor allem dem Studium des → *Shūrangama-Sūtra* und der Lehren der T'ien-t'ai- und Hua-yen-Schule, spezialisierte sich später aber auf die Fa-hsiang-Schule. 1911 wurde er Abt eines Klosters in Kanton und Mitglied der Allchinesischen buddhistischen Gesellschaft. Er setzte sich für die Verteidigung und Reformierung des Buddhismus und des Ordenssystems ein und verlangte eine Hebung des Bildungsniveaus der Sangha-Mitglieder, womit er eine buddhist. Erneuerungsbewegung initiierte. 1918 gründete er die Zeitschrift *Hai-ch'ao-yin* (»Rauschen der Meereswellen«), die über 30 Jahre die maßgebende buddhist. Zeitschrift Chinas bleiben sollte. In Paris rief er das Institut für Buddhismuskunde ins Leben und setzte damit den Anfang für die Verbreitung der buddhist. Lehren durch chin. Mönche im Westen. 1931 errichtete er in der Provinz Szechwan ein Institut für das Studium des tibet. Buddhismus.

T'ai-i, **T** chin., wörtl.: »das Höchste Eine«, auch Ta-i, »das große Eine« genannt; Begriff des Taoismus, der im Lauf der Entwicklung einen großen Bedeutungswandel erfuhr. Im philosoph. Taoismus (→ Tao-chia) stellt T'ai-i die allen Erscheinungen zugrunde liegende Einheit dar und ist gleichbedeutend mit → Tao.

In der → Inneren-Gottheiten-Hygiene-Schule wird das Höchste Eine als die wichtigste Gottheit im menschlichen Körper angesehen. Im Zuge der Personifizierung abstrakter Begriffe wurde T'ai-i zu → San-i, der höchsten Gottheit des religiösen Taoismus (→ Tao-chiao).

Oft ist T'ai-i gleichbedeutend mit → T'ai-chi.

Die Wurzeln der Vorstellung von einem Höchsten Einen gehen auf den chin. Schamanismus zurück. In den »Neun Gesängen« *(Chiu-ko),* die schamanist. Gedankengut aus dem 4. und 3. Jh. v. Chr. enthalten, werden dem Höchsten Einen bereits Opfergaben dargebracht. Im philosoph. Taoismus läßt sich die Vorstellung des Einen bis auf das → *Tao-te ching* zurückverfolgen. Im Kap. 42 heißt es: »Das Tao bringt Eins hervor, Eins brachte Zwei hervor, Zwei brachte Drei hervor, Drei brachte die Zehntausend Dinge hervor.«

Auch im → *Chuang-tzu* begegnen wir dem Begriff des T'ai-i oder Ta-i. Etwas später heißt es im → *Lü-shih ch'un-ch'iu:* »T'ai-i bringt die zwei Formen hervor; die zwei Formen lassen Yin und Yang (→ Yin-yang) entstehen.« Auf philosoph. Ebene stellt die Idee des T'ai-i den Versuch dar, eine der Vielfalt aller Erscheinungen zugrunde liegende Einheit zu finden. Zuerst wurde das Höchste Eine als die Einheit aufgefaßt, die vor der Entstehung der Zehntausend Dinge (→ Wan-wu) existierte; später wandelte es sich zur Einheit, die die Gegensätze von Yin und Yang in sich vereint.

Während der Han-Dynastie wurde dieses Höchste Eine als Teil der Triade der Drei Einen (San-i) verehrt und wurde zu einer persönlichen Gottheit. Der taoist. Magier Miu Chi führte im 2. Jh. v. Chr. den Kult des T'ai-i im Herrscherhaus ein. Man opferte ihm im Palast des Langen Lebens. Der Gehilfe des Höchsten Einen war in dieser Vorstellung der Herr des Schicksals (→ Ssu-ming). T'ai-i wurde die höchste Gottheit, die im Polarstern residiert, und die fünf legendären Kaiser, die die fünf Himmelsrichtungen beherrschen, waren ihre Untertanen. Nach Auffassung der späteren Inneren-Gottheiten-Hygiene-Schule wohnt das T'ai-i in einem der neun Felder des Oberen Zinnoberfeldes (→ Tan-t'ien) im Kopf und steht über der Triade der Drei Einen. Der taoist. Adept, der nach den Lehren dieser Richtung übte, versuchte das T'ai-i als höchste Gottheit in seinem Körper zu visualisieren und mit ihm in Verbindung zu treten, um es am Verlassen des Körpers zu hindern. Würde es diesen verlassen, müßte der Schüler sterben.

In anderen Schulen wiederum wird das T'ai-i gemeinsam mit dem Gott der Sonne verehrt.

T'ai-i chin-hua tsung-chih, 🅃 chin., wörtl.: »Lehre von der Goldenen Blüte des Höchsten Einen (→ T'ai-i)«; taoist. Werk aus dem 17. Jh. Es steht in der Tradition einer der großen Schulen des religiösen Taoismus, der Schule der Verwirklichung der Wahrheit (→ Ch'üan-chen tao) und stellt eine Synthese der Lehre des Inneren Elixiers (→ Nei-tan) vom meditativen Atmen und des chin. Zen-Buddhismus dar.

Dieses Werk wurde im Westen dank der (unvollständigen) Übersetzung des deutschen Sinologen Richard Wilhelm und des Kommentars von C. G. Jung (Zürich 1929) bekannt, der in den Bildern des »Geheimnisses der Goldenen Blüte« Parallelen sieht zu Symbolen des psychischen Prozesses, wie er in seiner Psychologie dargestellt wird. Eine vollständige Übersetzung des Werkes von dem jap. taoist. Gelehrten Mokusen Miyuki liegt unter dem Titel *Die Erfahrung der Goldenen Blüte* (Bern 1984) vor.

Die zentrale Lehre des *T'ai-i chin-hua tsung-chih* ist das Kreisen des Lichts (Fan-chao). Das Licht, das nichts anderes als das reine Yang (→ Yin-yang) ist, d. h. der wahre vor-himmlische (→ Hsien-t'ien) Atem, wird durch die Übung des Kreisen-Lassens (→ Hsing-ch'i) in der Goldenen Blüte kristallisiert, wodurch aus dem sterblichen Leib ein neuer unsterblicher Leib, der Heilige Embryo (→ Sheng-t'ai), geboren werden kann.

Das richtige Zirkulieren des Lichts ist die Rückkehr zum Ursprung (→ Fu), es ist die »Heimkehr zum Anfang, wo Form und Geist im Bewußtsein noch nicht zu Wissen und Verstehen auseinandergefallen sind. Dies ist nichts anderes als das Suchen nach der Ganzheit innerhalb unseres Leibes, die war, bevor Himmel und Erde entstanden«. (Zit. n. Mokusen Miyuki.)

Die praktischen Anweisungen zur Meditation lehnen sich zum Teil an die buddhist. Methode des → Chih-kuan an.

T'ai-i tao, 🅃 chin., wörtl.: »Weg des Höchsten Einen«; von Hsiao Pao-chen im 12. Jh. gegründete Schule des religiösen Taoismus (→ Tao-chiao), die mit der älteren Richtung des → Cheng-i tao, des Wegs der Rechten Einheit, verwandt ist. Der Weg des Höchsten Einen versucht, Krankheiten durch die Verwendung von Talismanen (→ Fu-lu), Beschwörungen und Zauberformeln zu heilen. Außerdem enthält diese Lehre konfuzian. Elemente. Ihre Anhänger sind verpflichtet, strenge Ordensregeln zu befolgen. – Diese Schule erlosch gegen Mitte der Yüan-Dynastie.

Taijasa, 🄷 Skrt., wörtl.: »lichtvoll«; im → Vedānta der Traumzustand, eine der vier → Avasthās, identisch mit → Svapna. Die drei anderen Bewußtseinszustände werden im Vedānta → Prājña (Tiefschlaf), → Vaishvānara (Wachzustand) und → Turīya (»das Vierte«) genannt. Die *Māndūkya-Upanishad* befaßt sich ausführlich mit ihnen.

Das Bewußtsein des Träumenden schafft i. allg. durch sein Denken Bilder und Vorstellungen, die mit denen des Wachbewußtseins nicht identisch sind, aber dort ihren Ursprung haben und als umgewandelte Tageserlebnisse in einer Zeit-Raum-Verschiebung wiederkehren. Von ihnen heben sich die visionären Träume ab, die aus höheren Bewußtseinsebenen inspiriert werden.

Taikō Koke, 🅉 jap. für → Ta-kuang Chü-hui

Tailadhāra, 🄷 Skrt., wörtl.: »Ölstrom«; fließendes Öl, das sich lautlos und ohne Unterbrechung ergießt. Es wird oft als Symbol benutzt für das ölgleich fließende Unterbewußtsein, das die Verbindung zu Gott nie abreißen läßt, ein für den Sādhaka (→ Sādhana) erstrebenswerter und sehr hilfreicher Zustand.

T'ai-p'ing ching, 🅃 chin., wörtl.: »Buch vom Höchsten Frieden«; taoist. Werk, das in verschiedenen Fassungen existierte; eine davon wird → Yü Chi zugeschrieben. Heute sind nur mehr Fragmente erhalten. Das *T'ai-p'ing ching* bildet die Lehrgrundlage der Bewegung des Tao des Höchsten Friedens (→ T'ai-p'ing tao). Das Buch vom Höchsten Frieden umfaßt alle Aspekte der taoist. Lehre der Frühzeit: → Yin-yang, die Fünf Elemente (→ Wu-hsing), Beschreibungen von Gottheiten usw. Es enthält die älteste Anleitung zur taoist. Meditation des → Shou-i.

T'ai-p'ing tao, 🅃 chin., wörtl.: »Weg des Höchsten Friedens«; frühtaoist. Schule, die zwischen 172 und 178 n. Chr. von → Chang Chüeh begründet wurde. Ihren Namen leitet diese Richtung von ihrem Basiswerk, dem → *T'ai-ping ching,* ab.

Chang Chüeh versammelte dank seiner spektakulären Heilmethoden eine riesige Anhängerschaft um sich, was ihm aufgrund der schlechten Lebensbedingungen der Bauern, die von den Han-Herrschern unterdrückt und von Seuchen und Naturkatastrophen heimgesucht waren, leicht gelingen konnte. Seine Heilmethode nannte er T'ai-p'ing tao. Sie war rein magischer Natur. Seine Anhänger mußten, um Heilung erlangen zu können, ihre Sünden in Massenzeremonien beichten, denn in Sünden sah Chang Chüeh die Wurzeln von Krankheiten. Ein weiteres wichtiges Ritual des T'ai-p'ing tao waren Fastenzeremonien (→ Chai). Außerdem verwendeten die Führer des T'ai-p'ing tao Talismane (→ Fu-lu), geweihtes Wasser (Fu-shui), Zaubersprüche u. ä. Das T'ai-p'ing tao beruft sich auch auf das → *Tao-te ching,* das es allerdings auf sehr eigenwillige Art und Weise interpretiert. In seiner Lehre weist es große Ähnlichkeit mit dem Fünf-Scheffel-Reis-Taoismus (→ Wu-tou-mi tao) auf. Die Massenbewegung des T'ai-p'ing tao war auch politisch organisiert. Ihre Anhänger waren in eine streng hierarchische Ordnung eingebunden, die auch militärische Funktion hatte. Das Einflußgebiet des T'ai-p'ing tao, das acht Provinzen umfaßte, wurde in 36 Bezirke mit je 7000 bis 10000 Anhängern unterteilt. Jeder dieser Bezirke unterstand einem »General«; die höchsten Führer waren Chang Chüeh und seine Brüder. Chang nannte sich selbst »Himmelsfürst-General«, seine Brüder »Erdfürst-General« bzw. »Menschenfürst-General«.

Im Jahr 184 rebellierten 360000 Anhänger des Wegs des Höchsten Friedens gegen die Zentralregierung. Da die Rebellen gelbe Kopftücher trugen, ist diese Rebellion als »Aufstand der Gelben Turbane« (Huang-chin) in die Geschichte eingegangen. Chang Chüeh und seine beiden Brüder wurden nach Niederschlagung des Aufstandes exekutiert, doch stellten die Gelben Turbane auch noch später eine nicht zu vernachlässigende politische Macht dar.

Chang Chüeh verkündete den Anbruch eines neuen Zeitalters und versprach dem Volk die Errichtung einer utopischen Ordnung wie sie bereits im *T'ai-p'ing ching* beschrieben ist. Dieses Zeitalter sollte hereinbrechen, wenn der »Blaue Himmel« (d. h. die Herrschaft der Han-Dynastie) vom »Gelben Himmel« (dem T'ai-p'ing tao, der → Huang-ti, den Gelben Kaiser, als einen seiner Begründer verehrt) abgelöst würde. Diese Wende sollte im Jahre 184 eintreten. Die Rebellion der Gelben Turbane war von dem Wunsch nach Gleichheit getragen, die allerdings ohne Frieden für die Anhänger von Chang Chüeh nicht erstrebenswert schien.

T'ai-shan, ◼ wichtigster der heiligen Berge Chinas. Er liegt in der Provinz Shantung im Osten Chinas und wird daher der Heilige Berg des Ostens genannt. Seit frühesten Zeiten steht er im Mittelpunkt eines intensiven religiösen Lebens; die Gottheit des T'ai-shan, der Große Kaiser des Östlichen Gipfels (→ T'ai-yüeh ta-ti), ist eine der berühmtesten taoist. Gottheiten. Im populären Glauben spielt auch die Tochter des Großen Kaisers des Östlichen Gipfels, Sheng-mu, die Heilige Mutter, eine wichtige Rolle: Sie ist die Patronin der Frauen und Kinder.

Der Große Kaiser des Östlichen Gipfels wird i. allg. als Herrscher über die Erde und die Menschen angesehen, der direkt dem Jadekaiser (→ Yü-huang) untersteht. Seine wichtigste Aufgabe besteht darin, den Tag der Geburt bzw. des Todes eines Menschen festzulegen.

Während der ersten Jahrhunderte unserer Zeitrechnung galt T'ai-yüeh ta-ti auch als die Gottheit der Toten: Die Seelen der Menschen verließen den T'ai-shan, um geboren zu werden, und kehrten nach dem Tod wieder in ihn zurück. Der Ort, wo sie sich versammelten, ist ein Hügel am Fuße des T'ai-shan, der Hao-li-shan. Doch ging die Bedeutung des T'ai-yüeh ta-ti im Lauf der Zeit weit über die des Totengottes hinaus. Der Jadekaiser übertrug ihm alle weltlichen Angelegenheiten.

Der T'ai-shan selbst ist 1545 m hoch. Die sog. Treppe des Himmels führt mit ca. 7000 Stufen auf den Gipfel. Der Weg ist gesäumt von Tempeln, die den bedeutendsten taoist. Gottheiten geweiht sind; auf dem Gipfel befindet sich ein Tempel des Jadekaisers. Der T'ai-shan ist seit Jahrhunderten ein Anziehungspunkt für Künstler, die entlang der Wege auf den Gipfel unzählige in den Felsen gemeißelte Inschriften zurückließen. Nicht zuletzt ist der T'ai-shan für seinen atemberaubend schönen Sonnenaufgang bekannt.

T'ai-shang kan-ying p'ien, ◼ chin., wörtl.: »Abhandlung über Tat und Vergeltung«; taoist. Werk aus der Sung-Dynastie, das vor allem den moralischen Aspekt des Taoismus unterstreicht. Der zentrale Gedanke ist die Belohnung guter und Bestrafung schlechter Taten durch den Himmel, dem von den Drei Würmern (→ San-ch'ung) und dem Herrscher des Schicksals (→ Ssu-ming) Bericht erstattet wird. Je nach Anzahl der begangenen Sünden wird das Leben eines Menschen verkürzt: Jedes schwere Vergehen kostet 12 Jahre, jedes leichte 100 Tage. 300 gute Taten lassen den Gläubigen zum irdischen Unsterblichen (→ Hsien), 1300 zum himmlischen Unsterblichen werden.

Das Werk zählt eine Reihe von Tugenden auf, die nicht spezifisch taoist. sind; es flossen die

Moralvorstellungen des Buddhismus und Konfuzianismus mit ein.

Bestraft werden u. a. Sünden wie Widerspruch gegen den Lehrer, Vater oder älteren Bruder, Befehlsverweigerung und Verleumdung. Frauen sind dazu verpflichtet, ihrem Mann zu gehorchen und ihn zu respektieren. In diesen Ansprüchen ist der konfuzian. Einfluß stark spürbar. Ferner darf ein Taoist nicht unehrlich, grausam, prahlerisch und falsch sein; er darf nicht Ehebruch begehen und muß die Alten respektieren. Auch das Töten von Tieren ist ihm untersagt. Diese Verbote spiegeln den buddhist. Einfluß wider.

T'ai-shang lao-chün, ▣ chin., wörtl.: »Höchster Herr Lao«; → Lao-chün

T'ai-shang tao-chün, ▣ chin., wörtl.: »Höchster Herr des → Tao«, auch Ling-pao t'ien-tsun (wörtl.: »Himmlischer Ehrwürdiger des Magischen Juwels«) genannt; eine der drei höchsten Gottheiten des religiösen Taoismus (→ Tao-chiao). T'ai-shang tao-chün bewohnt einen der Drei Reinen Himmel (→ San-ch'ing), nämlich den Himmel der Hohen Reinheit (Shang-ch'ing). Außerdem ist der Höchste Herr des Tao der Patron der 2. Abteilung (Tung) des taoist. Kanons (→ Tao-tsang).

T'ai-shang tao-chün wird auch manchmal mit T'ai-shang lao-chün identifiziert. Tao-chün bzw. → Lao-chün werden als die Inkarnation der taoist. Lehre, des Tao, angesehen, das sich in den verschiedensten Gestalten den Menschen manifestiert. → Lao-tzu ist eine dieser Verkörperungen, die die Funktion haben, die Menschheit in der taoist. Lehre zu unterweisen.

T'ai-shan niang-niang, ▣ → Pi-hsia yüan-chün

T'ai-shih, ▣ chin.; 1. etwa: »Embryonalernährung«; taoist. Übung zur Verlängerung des Lebens, Vorübung zur Embryonalatmung (→ T'ai-hsi). Die Übung des T'ai-shih besteht darin, daß der taoist. Adept beim Einatmen die Mundhöhle mit Speichel (→ Yü-chiang) füllt, indem er die Zunge gegen den Gaumen preßt. Dann lehnt er den Kopf zurück und schluckt den angesammelten Speichel in drei Schlucken, damit er aufsteigen kann, um das Gehirn zu stärken (→ Huan-ching pu-nao) und hinabsteigen kann, um die Fünf Eingeweide (→ Wu-tsang) zu benetzen.
2. wörtl.: »der große Anfang«; Urbeginn der Welt, Zustand, bevor die Formen entstanden (→ *Huai-nan-tzu*).

Taishō Issaikyō, ▣ jap., moderne Ausgabe des chin. → Tripitaka, die in den Jahren 1924–34 von dem jap. Buddhismusforscher Takakusu herausgegeben wurde. Sie umfaßt 100 Bände mit 3360 → Sūtras und anderen Schriften.

Der Hauptteil, bestehend aus 55 Bänden, enthält 21 Bände mit Sūtras, 3 Bände mit → Vinaya-Texten, 8 Bände → Abhidharma, 12 Bände chin. Kommentare, 4 Bände über die einzelnen chin. und jap. Schulen des Buddhismus, 7 Bände mit Geschichtsdarstellungen, Biographien, Katalogen. – Ferner gehören zum Taishō Issaikyō 30 Bände mit 736 Werken von jap. Verfassern und 15 Bände mit Illustrationen und Registern.

Tai-Sō-Yu, ▣ jap., wörtl.: »Essenz-(oder: Substanz-)Form-Wirken«; mit diesem Ausdruck werden drei Ebenen der Wirklichkeit bezeichnet, die im Grunde eins sind, zum Zweck der Erläuterung verschiedener Aspekte der einen Wirklichkeit jedoch unterschieden werden. Sie entsprechen den durch die »drei Körper eines Buddha« (→ Trikāya) symbolisierten Ebenen.

Taittirīya-Upanishad ▣ (Taittirīya Upaniṣad), Skrt.; ein Werk des *Schwarzen → Yajurveda.* Es ist in drei → Vallī unterteilt: 1. die Shikshā-Vallī befaßt sich mit Anweisungen an den Schüler hinsichtlich der richtigen Aussprache und Betonung der Segenswünsche und Gebete; 2. die Ānanda-Vallī handelt vom → Ātman und seiner Unfaßbarkeit für den Verstand sowie von → Brahman, das als → Satchidānanda beschrieben wird. Sie führt aus, wie die Erkenntnis der Identität von Ātman und Brahman zur Seligkeit (→ Ānanda) führt; 3. die Bhrigu-Vallī enthält die Belehrung → Bhrigus durch seinen Vater Varuna über die Wege, die zur Erkenntnis Brahmans führen.

Taittirīya ist der Name einer jüngeren Schule des *Schwarzen Yajurveda* (die älteren Schulen dieses Veda sind → Kathaka und Maitrāyanīya). Sie vereinigt, wie auch die beiden anderen Schulen, die Opfersprüche (Mantras) und die Anweisungen für ihren Gebrauch (Brāhmanam) in ihrer → Samhitā. Als → Āranyaka schließen sich die beiden Upanischaden dieser Schule an, die *Mahānārāyana* sowie die *Taittirīya,* die zu den bekannten und bedeutenden Upanischaden gehört. (Dt. Übers. in: P. Deussen, *Sechzig Upanishad's des Veda,* Leipzig 1905; Prabhavananda/F. Dispeker, *Die schönsten Upanischaden,* Zürich 1951.)

T'ai-yüeh ta-ti, ▣ chin., wörtl.: »Großer Herrscher des Heiligen Bergs des Ostens (→ T'ai-shan)«; wichtigste und populärste der taoist. Berggottheiten. Er gilt als der Regent der Erde und der Menschen und untersteht dem Jadekaiser (→ Yü-huang). Seine Aufgabe ist es, das menschliche Leben zu regeln und den Zeitpunkt der Geburt und des Todes festzusetzen. Er führt über das Leben seiner Untergebenen Register und verfolgt die verschiedenen Leben und Wiedergeburten eines Menschen. Außerdem liegt es in seiner Hand, über die soziale Stellung, den Reichtum und die Nachkommen eines Menschen zu bestimmen.

T'ai-yüeh ta-ti wird meist in kaiserlichem Gewand mit unpersönlichem Gesichtsausdruck dargestellt. In den Häusern taoist. Familien werden allerdings nicht sein Abbild, sondern sein Siegel oder ihm geweihte Amulette verehrt, die die bösen Geister vertreiben sollen.

Um allen seinen Aufgaben gerecht werden zu können, hat der Herrscher des Ostens eine immense Verwaltung, die ein getreues Abbild der Administration Chinas darstellt, zu seiner Verfügung. Innerhalb dieser sind verschiedene Abteilungen für die einzelnen Aspekte des Lebens zuständig: Eine Abteilung regelt die Geburten, eine andere die Todesfälle. Eine weitere korrigiert das Schicksal eines Menschen je nach seinen guten und bösen Taten. Außerdem unterstehen T'ai-yüeh ta-ti Büros für alle Berufsgruppen, aber auch für Naturerscheinungen, Krankheiten usw. Das Personal dieser Verwaltung wird unter den Toten rekrutiert, manchmal übernehmen aber auch noch Lebende derartige Funktionen.

Taizui Hōshin, Z jap. für → Ta-sui Fa-chen

Tajō-Ippen, Z jap., wörtl.: »treffend (sitzend) aus einem Stück (sein)«; Transzendierung der Dualität in der Ausübung des → Zazen. Ein Terminus der → Sōtō-Schule, in der das Zazen selbst als Manifestation und Verwirklichung des dem Menschen immanenten Buddha-Wesens (→ Busshō) angesehen wird und nicht als ein »Mittel« zur »Erlangung« von → Erleuchtung. (Siehe dazu auch → Zen, esoterische Definition, und → Shikantaza.)

Takuan, Z jap.; 1. in Salz und Kleie eingelegter getrockneter Rettich, der zur täglichen Nahrung in einem Zen-Kloster gehört.
2. Der Name, den sich der jap. Zen-Meister Sōhō (1573–1645) gab und unter dem er bekannt ist. Der zur → Rinzai-Schule gehörende Takuan war eine der bedeutendsten Persönlichkeiten im jap. Zen zu Beginn der Tokugawa-(oder Edo-)Zeit. Takuan wurde schon in seiner Kindheit Mönch und schulte sich unter den Zen-Meistern Enkan Kokushi Shūshuku und Mindō Kokyō; von letzterem erhielt er → Inka-Shōmei. 1609 wurde er Abt des → Daitoku-ji in Kyōto und siedelte 1638 auf Veranlassung des Shōgun Tokugawa Iemitsu nach Shinagawa bei Edo (später Tōkyō genannt) über, wo er der erste Abt des Klosters Tōkai-ji wurde. Takuan war nicht nur ein hervorragender Zen-Meister, sondern machte sich auch einen Namen als Dichter von → Waka, als Maler und als Meister des Schrift- und des Tee-Weges (→ Shōdō, → Chadō). Er war der Meister des Künstlers und Schwertfechters Miyamoto Niten, den er in einem berühmten Brief über den Geist des Schwert-Weges (→ Kendō) über die Einheit von Zen-Weg und Schwert-Weg unterwies.

Ta-kuang Chü-hui Z, oder Ta-kuang Chü-tun (jap. Daikō [Taikō] Koke), 836/37–903, chin. Zen-Meister; ein Schüler und Dharma-Nachfolger (→ Hassu) von → Shih-shuang Ch'ing-chu (jap. Sekisō Keisho). Wir begegnen Ta-kuang im 93. Beispiel des → *Pi-yen-lu*.

Takuhatsu, Z jap., wörtl.: »bitten *(taku)* mit der Eßschale (*hachi* oder *hatsu*)«; der traditionelle religiöse Bittgang buddhist. Mönche, wie er von Zen-Mönchen noch heute geübt wird.

Die Mönche gehen beim Takuhatsu gewöhnlich in Gruppen von zehn oder fünfzehn, einer hinter dem anderen, und rezitieren vor den Wohnhäusern Sūtras zum Wohl der Bewohner. Gläubige und Wohlwollende geben ihnen, wenn sie die Sūtras hören, Spenden, entweder in Form von Geld, das sie in ihre hölzernen Schalen werfen, oder ungekochten Reis, den die Mönche in einem Stoffsack sammeln. Empfänger und Geber verneigen sich dann voreinander in wechselseitiger Dankbarkeit, in Demut und Hochachtung.
Die häufige Übersetzung von Takuhatsu mit »Bettelgang« ist nicht ganz zutreffend, da hier beide Seiten die »Empfangenden« sind. Der Gedanke, auf dem Takuhatsu beruht, ist folgender: Die Mönche, die die Wächter des → Dharma sind, bieten es der Öffentlichkeit am Beispiel ihres eigenen Lebens dar; im Austausch dafür werden sie von denen unterstützt, die an die Wahrheit des Dharma glauben. Aus traditioneller buddhist. Sicht gilt das Almosengeben zudem als eine Tugend, die das gute → Karma vermehrt. Die Mönche geben der Öffentlichkeit mit dem Takuhatsu die Möglichkeit, diese Tugend zu üben.

Tala, H Skrt.; ein Zustand der Dunkelheit, Selbstverhüllung und Selbstverzerrung. Die sieben Talas sind die unteren Ebenen der → Lokas, es sind die sieben unwürdigen Zustände, manchmal auch Hölle genannt.

Ihre Namen sind: 1. Atala, die nicht-materielle Welt, ein Zustand geistiger Auflösung; 2. Vitala, ein Drang zur Materie, der noch dunkel und ungeformt ist, ein Zustand, in dem das Spirituelle verdunkelt bleibt, weil eigene Anstrengungen noch fehlen; 3. Sutala, eine materielle Ebene, die von Wünschen und Leidenschaften beherrscht ist; 4. Rasātala, die Erscheinungswelt des Sinnenvergnügens; 5. Talātala, eine nicht mehr rein materielle Ebene der Sinne und der Zügellosigkeit; 6. Mahātala, der große Ort des Schattendaseins, wo Ego und Selbstsucht herrschen; 7. → Pātāla, das Unterbewußtsein in jedem Wesen, aus dem die irrationalen und erkenntnislosen Instinkte stammen, sowie Impulse und Erinnerungen, deren Ursache man nicht ergründen kann. – Die einzelnen → Purānas teilen Tala verschieden auf, das *Vishnu-*

und das *Padma-Purāna* in sieben Regionen, das *Shiva-Purāna* in acht, jeweils mit unterschiedlicher Bedeutung.

Ta-luo-t'ien, T chin. → T'ien

Tamas, H Skrt., wörtl.: »Finsternis, Verblendung, Unwissenheit«; einer der drei → Gunas, die die Struktur der → Prakriti bilden. Es sind die dumpfen, inaktiven Kräfte in der Natur, die sich als Nicht-Erkenntnis, Trägheit, Unfähigkeit, Unklarheit und Dunkelheit manifestieren. Tamas bildet die unterste Schicht der drei Gunas.

Ta-mei Fa-ch'ang, Z jap. Daibai (Taiba) Hōjō, 752–839, chin. Zen-Meister; ein Schüler und Dharma-Nachfolger (→ Hassu) von → Ma-tsu Tao-i (jap. Baso Dōitsu) und der Meister von → Hang-chou T'ien-lung (jap. Kōshū Tenryū). Ta-mei taucht auf im 30. Beispiel des → *Wu-men-kuan.*

Ta-mei hatte bereits mehr als 30 Jahre lang buddhist. Philosophie studiert, bevor er zu Matsu kam. Als er dem großen Meister der »plötzlichen Erleuchtung« (→ Tongo) gegenübertrat, fragte Ta-mei, dem all seine Studien noch nicht das Wesen des → Buddha-Dharma offenbart hatten: »Was ist Buddha?« Ma-tsu antwortete darauf: »Das Bewußtsein ist Buddha« – und Tamei erfuhr bei diesen Worten Erleuchtung.

Nachdem er von Ma-tsu das Siegel der Bestätigung (→ Inka-Shōmei) erhalten hatte, zog Ta-mei sich auf einen Berggipfel zurück, um dort während 30 Jahren der einsamen Übung von Zazen seine Erfahrung weiter zu vertiefen, bevor er schließlich selbst als Meister Schüler auf dem Zen-Weg führte.

Tan, Z jap., wörtl.: »Zettel«; der einem Mönch in einem Zen-Kloster zugewiesene Sitzplatz, auf dem er → Zazen übt. Der Name des Mönchs steht auf einem Zettel, der über seinem Sitzplatz aufgehängt ist, weshalb dieser Platz »Tan« genannt wird. Die Bezeichnung »Tan« ging schließlich über auf das knapp einen Meter oder weniger hohe und etwa zwei Meter tiefe hölzerne Podest, das sich an den beiden Längswänden des → Zendō eines Zen-Klosters hinzieht. Am Tage sitzen die Mönche dort Zazen, während der → Sesshin schlafen sie auch nachts darauf.

Tan, T chin., wörtl.: »Zinnober«; wichtigste in der taoist. Alchemie verwendete Substanz. Die Vertreter der Äußeren Alchemie (→ Wai-tan) versuchen durch zyklische Transformation gereinigten Zinnober zu erhalten, dem lebensverlängernde Wirkung zugeschrieben wird. Der mächtigste Zinnober ist der neunmal zurückgeführte Zinnober *(chiu-huan-tan),* der neunmal sublimiert wird. Bei jeder »Wandlung« gewinnt man einen in seiner lebensverlängernden Wirkung gesteigerten Zinnober.

Der große taoist. Alchemist → Ko Hung beschreibt in seinem Werk *Pao-p'u-tzu* die Eigenschaften des Zinnobers:

»Nimmt man den Zinnober der 1. Wandlung ein, braucht man 3 Jahre, um ein Unsterblicher (→ Hsien) zu werden. Das gleiche Ziel erreicht man mit dem Zinnober der 2. Wandlung in 2 Jahren und mit dem der 3. Wandlung in 1 Jahr. Der Zinnober der 4. Wandlung läßt den Übenden innerhalb eines halben Jahres zum Unsterblichen werden, der der 5. Wandlung innerhalb von 100 Tagen. Nimmt man den Zinnober der 6. Wandlung ein, ist man bereits nach 40 Tagen ein Hsien. Verwendet man Zinnober der 7. Wandlung, dauert der Prozeß 30 Tage und nur 10 Tage beim achtmal geläuterten Zinnober. Der neunfach geläuterte Zinnober macht einen innerhalb von 3 Tagen zum Unsterblichen. Der neunfach sublimierte Zinnober ist das beste Präparat unter allen Drogen der Unsterblichkeit. Allerdings erfordert seine Herstellung zahlreiche Zutaten, die nur schwer zu erlangen sind, vor allem in unruhigen Zeiten. Überdies muß das Feuer sorgsam gehütet werden, um seine Stärke den verschiedenen Phasen der Operation anzupassen.«

In der symbolischen Sprache der Inneren Alchemie (→ Nei-tan) stellt der Zinnober die Kernenergie des verbundenen Yin und Yang (→ Yinyang) dar, die im Kessel des Alchemisten, d. h. in seinem Unteren Zinnoberfeld (→ Tan-t'ien) durch verschiedene Atemtechniken »entzündet« wird und die spirituelle Unsterblichkeit des Alchemisten bewirkt.

T'an-ching, Z chin. → *Liu-tsu-ta-shih fa-pao-t'an-ching*

Tanden, Z jap., wörtl. *tan:* »eins, einzig, einfach, einzigartig, individuell«, *den:* »Übertragung«; eine Formel für die unverfälschte Übertragung des → Buddha-Dharma innerhalb der Tradition des Zen. »Tanden« läßt sich übersetzen als »Übertragung des Einen«, aber auch als die »eine«, »einzige« usw. Übertragung (auch → Ishin-Denshin).

Tanden, Z jap. für chin. Tan-t'ien, wörtl.: »Zinnober-Feld«; ein anderes Wort für → Hara.

Tanga Z, auch Tanka, jap., wörtl.: »Bleiben bis zum Morgen«; Übernachtung eines wandernden Priesters oder eines Mönchs auf der Pilgerschaft (→ Angya) in einem Zen-Kloster. Jedes Kloster hat für diesen Zweck besondere Gasträume, die Tanga-Ryō.

Im heutigen Japan ist es üblich, Mönche während des → Niwa-Zume am Abend in das Kloster einzulassen und über Nacht im Tanga-Ryō unterzubringen; am nächsten Tag müssen sie allerdings nach dem Frühstück wieder ihre Wartestellung am Klostertor oder im Vorraum einnehmen, bis sie schließlich zum → Tanga-Zume ins Kloster eingelassen werden.

Tanga-Zume, 🅉 jap., wörtl.: »Verweilen im Gästeraum«; Zeit der Prüfung eines Mönchs, der um Aufnahme in ein Zen-Kloster bittet, die sich an das → Niwa-Zume anschließt. Beim Tanga-Zume muß der Mönch bis zu einer Woche allein in einem Gästeraum des Klosters verbringen und → Zazen üben.

Er wird während dieser Zeit von einem älteren Mönch, der ihn mit Essen versorgt, beobachtet. Außerdem geht er jeden Morgen nach dem Frühstück zum Mönchs-Ältesten, dem die Verwaltung des Klosters obliegt (→ Shika), und dankt ihm für seine Gastfreundschaft. Dies gibt dem Shika, der selbst ein auf dem Zen-Weg fortgeschrittener Mönch ist, Gelegenheit, den Mönchs-Aspiranten kennenzulernen und zu prüfen.

Tangen Ōshin 🅉, auch Tangen Shin'o → Tan-yüan Ying-chen

Tan-hsia T'ien-jan, 🅉 jap. Tanka Tennen, 739–824, chin. Zen-Meister; ein Schüler und Dharma-Nachfolger (→ Hassu) von → Shih-t'ou Hsi-ch'ien (jap. Sekitō Kisen) und der Meister von → Ts'ui-wei Wu-hsüeh (jap. Suibi Mugaku). Wir begegnen Tan-hsia im 76. Beispiel des → *Pi-yen-lu*.

Wie Meister Yüan-wu in seinen Darlegungen zum 76. Beispiel des *Pi-yen-lu* berichtet, hatte Tan-hsia, dessen Herkunft unbekannt ist, die konfuzian. Klassiker studiert und wollte in der Hauptstadt Ch'ang-an die Beamtenprüfung für den Staatsdienst ablegen. Auf dem Weg dorthin traf er einen Zen-Mönch, der ihn nach seinem Ziel fragte. »Ich habe mich entschlossen, Beamter zu werden«, sagte Tan-hsia. »Was ist schon der Entschluß, Beamter zu werden, gegen den Entschluß, ein Buddha zu werden«, entgegnete der Mönch. »Wohin soll ich gehen, wenn ich ein Buddha werden will?« fragte Tan-hsia darauf. Der Mönch empfahl ihm, den großen Zen-Meister → Ma-tsu Tao-i (jap. Baso Dōitsu) aufzusuchen, zu dem sich Tan-hsia unverzüglich auf den Weg machte. Ma-tsu schickte ihn bald weiter zu Shih-t'ou, unter dem er sich einige Jahre schulte und zu dessen Dharma-Nachfolgern er zählt.
Später kehrte er zurück zu Ma-tsu; in dessen Kloster angekommen, setzte er sich rittlings auf den Nacken einer Statue des → Mañjushrī. Als die Mönche dem Meister aufgeregt von dem ungehörigen Verhalten des Ankömmlings berichteten, kam dieser, nach Tan-hsia zu sehen, und begrüßte ihn mit den Worten: »Du bist sehr natürlich, mein Sohn.« Auf diese Begebenheit geht der Mönchsname von Tan-hsia, »der Natürliche« (T'ien-jan), zurück. Nach dem Tod von Ma-tsu ging Tan-hsia auf Wanderschaft und besuchte weitere große Zen-Meister seiner Zeit, um sich in → Hossen mit ihnen weiter zu schulen. Im Alter von 81 Jahren ließ er sich in einer Einsiedelei auf dem Berg Tan-hsia nieder, dessen Name auf ihn überging. Dort sammelten sich bald bis zu 300 Schüler um ihn und errichteten ein Kloster. Vier Jahre, nachdem er zum Berg Tan-hsia gekommen war, sagte er eines Tages plötzlich: »Ich gehe wieder auf die Reise.« Er nahm seinen Hut, das Pilgergewand und den Wanderstab; als er seine Pilgersandalen anzog, war er in die Verwandlung eingegangen, noch bevor sein Fuß wieder den Boden berührte.

Über Tan-hsia, der eng mit dem Zen-Laien → P'ang Yün befreundet war, gibt es viele Geschichten, die von seinem unkonventionellen Verhalten berichten. In der berühmtesten dieser Geschichten hören wir, daß er während seiner Wanderjahre einmal in einem Zen-Tempel übernachtete. Da die Nacht sehr kalt war, nahm er eine Buddha-Statue vom Altar, machte ein Feuer damit und wärmte sich daran. Als der Tempelpriester ihn dafür tadelte, daß er sich an einer »heiligen« Statue vergangen habe, sagte Tan-hsia: »Ich will die Knochen des Buddha [als Reliquie] aus der Asche nehmen.« – »Wie kannst du glauben, in dem Holz die Knochen des Buddha zu finden«, fragte der Priester daraufhin. Und Tan-hsia entgegnete: »Was tadelt Ihr mich dann, wenn ich das Holz verbrenne?!«

Tan-hsia Tzu-ch'un, 🅉 jap. Tanka Shijun, gest. 1119, chin. Zen-Meister der → Sōtō-Schule; ein Dharma-Erbe von → Yün-chü Tao-ying (jap. Ungo Dōyō) in 6. Generation und der Meister von → Hung-chih Cheng-chüeh (jap. Wanshi Shōgaku) und → Chen-hsieh Ch'ing-liao (jap. Shingetsu Shōryō). Tan-hsia war der »Urgroßvater im Dharma« von → Dōgen Zenji.

Tanka, 🅉 jap. → Tanga

Tanka Shijun, 🅉 jap. für → Tan-hsia Tzu-ch'un

Tanka Tennen, 🅉 jap. für → Tan-hsia T'ien-jan

Tankū, 🅉 jap., wörtl.: »Nur-Leere« → Futan-Kū

Tanmātra, 🄷 Skrt., wörtl.: »Urstoff«; die Grundprinzipien oder feinen Elemente, aus denen sich die groben Elemente (→ Mahābhūtas) ableiten.

Es gibt fünf Tanmātras: 1. Shabda (Klang); 2. Sparsha (Berührung); 3. Rūpa (Sehen); 4. Rasa (Geschmack); 5. Gandha (Geruch). Die fünf Mahābhūtas (groben Elemente) sind: 1. Ākāsha (Äther); 2. Vāyu (Luft); 3. Tejas (Feuer); 4. Apas (Wasser); 5. Prithivī (Erde).

Tannishō, 🄱 jap. → Shinran

Tan-t'ien, 🅃 chin., wörtl.: »Zinnoberfeld«, Elixierfeld; drei Körperregionen, durch die die Lebensenergie (→ Ch'i) strömt: das Obere Zinnoberfeld befindet sich im Gehirn; das Mittlere in der Herzgegend und das Untere in der Nabelgegend.

Diese drei vitalen Zentren des menschlichen Körpers sind nach Auffassung mancher taoist. Schulen Sitz von Körpergottheiten (→ Innere-Gottheiten-Hygiene-Schule, → Shen), aber auch von schädlichen Wesen (→ San-ch'ung).

Das Untere Tan-t'ien, das manchmal mit dem → Ch'i-hai, dem Ozean der Energie, gleichgesetzt wird, ist von besonderer Bedeutung für verschiedene lebensverlängernde Praktiken: In ihm wird das Ch'i akkumuliert; außerdem birgt es bei Männern den Samen (→ Ching) und bei Frauen das Menstruationsblut. (Siehe auch → Huan-ching, → Nei-tan, → T'ai-hsi, → Wai-tan.)

Jedes der drei Tan-t'ien besteht aus 9 Feldern, die in 2 Reihen von 5 bzw. 4 Feldern angeordnet sind. Genaue Beschreibungen sind nur von den verschiedenen Abteilungen des Oberen Zinnoberfeldes im Gehirn erhalten. Zu den wichtigsten zählen der »Palast der Regierung« (Ming-t'ang-kung), in dem nach Auffassung der Inneren-Gottheiten-Hygiene-Schule → Huang-lao-chün mit seinem Gefolge residiert. Im zentralen Feld des Oberen Tan-t'ien, dem Palast des → Ni-huan (oder Niwan, nach dem buddhist. Begriff des → Nirvāna), lebt die höchste Körpergottheit, das → T'ai-i, das Höchste Eine.

Tantra, **H** **B** Skrt., wörtl.: »Gewebe, Zusammenhang, Kontinuum«.

H Das Tantra gehört nach dem Veda, den Upa-

Tantrische Darstellung der Chakras und Haupt-Energiebahnen (Nādīs) im Körper.

nischaden, den Purānas und der *Bhagavad-Gītā* zu den Grundlagen des → Sanātana-Dharma, der »Ewigen Religion« des Hinduismus. Sein zentrales Thema ist die göttliche Energie und Schöpfungskraft (→ Shakti), die, personifiziert als Devī oder Göttin, die jeweilige weibliche Form eines Gottesaspektes als seine Gemahlin darstellt, hauptsächlich als Gemahlin → Shivas. Entsprechend Shivas verschiedenen segensreichen oder furchterregenden Formen nimmt auch seine Shakti segensreiche Gestalten wie Maheshvarī, Lakshmī, Sarasvatī, Umā, Gaurī und andere, oder furchterregende wie Kālī und Durgā, an.

Die ebenfalls als Tantra bezeichneten tantrischen Schriften und die tantrische Praxis bergen für Menschen, die nicht gewillt sind, sich einer strengen spirituellen Disziplin zu unterwerfen, Gefahren. Zwei tantrische Schulen haben sich herausgebildet: 1. der ungeläuterte, gefahrvolle Weg des Vāmāchāra (»Linke-Hand-Weg«), der sich ungezügelten Riten und sexuellen Ausschweifungen hingibt; 2. der → Dakshināchāra (»Rechte-Hand-Weg«) mit einem läuternden Ritual und strenger spiritueller Disziplin, die absolute Hingabe an die Göttliche Mutter in ihren mannigfachen Formen fordert.

Jedes Tantra sollte fünf Themen beinhalten: 1. die Schöpfung der Welt; 2. ihre Zerstörung oder Auflösung; 3. die Anbetung Gottes in seinem männlichen oder weiblichen Aspekt, d. h. die Anbetung einer der zahlreichen männlichen oder weiblichen Gottheiten; 4. die Erlangung übernatürlicher Fähigkeiten; 5. die verschiedenen Wege der Vereinigung mit dem Höchsten durch entsprechende Meditation. Sie setzen sich aus den verschiedenen älteren Yoga-Praktiken wie → Karma-Yoga, → Bhakti-Yoga, → Kundalinī-Yoga und anderen Yoga-Wegen zusammen.

Die tantrischen Abhandlungen sind meistens in Form eines Dialoges zwischen Shiva, dem göttlichen Herrn, und seiner Shakti, der göttlichen Energie, abgefaßt. Sie versuchen, den ganzen Menschen zu göttlicher Vollkommenheit zu erheben, indem sie ihn lehren, die kosmische Kraft in sich (→ Kundalinī-Shakti) durch besondere Riten und Meditationen zu erwecken.

Fünf Dinge werden für die Riten des Tantra benötigt: 1. Madya, Wein; 2. Mānsa, Fleisch; 3. Matsya, Fisch; 4. Mudrā, geröstetes Getreide und mystische Gesten; 5. Maithuna, Geschlechtsverkehr.

Eine Einführung in die geistigen Grundlagen des hinduist. Tantra ist: A. Bharati, *Die Tantra-Tradition,* Freiburg 1977.

B Im → Tibetischen Buddhismus Bezeichnung für verschiedene Arten von Texten (medizinische Tantras, astrologische Tantras etc.), in erster Linie jedoch Oberbegriff für die Grundwerke des → Vajrayāna und die von diesen beschriebenen Meditationssysteme. Die Verkündigung der Tantras wird Buddha → Shākyamuni zugeschrieben in seiner Manifestation als Dharmakāya (→ Trikāya). Tantra heißt hier »Kontinuum« oder »System«. Diese stark auf die menschliche Erlebnisfähigkeit ausgerichtete Überlieferung beschreibt die spirituelle Entwicklung in Hinsicht auf die Kategorien Basis, Weg und Frucht. Die Basis ist die praktizierende Person, der Weg besteht aus den meditativen Pfaden, die diese Basis reinigen, und die Frucht ist der Zustand, den diese Praktiken als Wirkung herbeiführen. Um diese drei Phasen geht es in allen Ausdrucksformen des Tantra.

Die tibet. Tradition spricht von vier »Tantraklassen«: Kriyā-Tantra (Handlungs-Tantra), Charyā-Tantra (Ausübungs-Tantra), Yoga-Tantra und Höchstes Yoga-Tantra. Die Kriterien für diese Unterteilung sind die Unterschiede in den geistigen Fähigkeiten der Übenden und die Wirksamkeit der Mittel, die zur Erleuchtung (→ Bodhi) verhelfen. Zu den wichtigsten Werken des Höchsten Yoga-Tantra zählen z. B. das *Guhyasamāja-Tantra* und das → *Kālachakra-Tantra.*

Die »Alten Tantras« der → Nyingmapa-Schule unterteilen das Höchste Yoga-Tantra in drei weitere Klassen: Mahā-, Anu- und Ati-Yoga (→ Dzogchen). Diese Tantras akzeptieren die schon immer gegebene Reinheit des Geistes als Grundlage ihrer Praxis; das bekannteste unter ihnen ist das *Guhyagarbha-Tantra.* Das Denken der Tantras in Polaritäten findet seinen stärksten Ausdruck in einer vielschichtigen sexuellen Symbolik. Die Aufhebung der Dualität von männlichem Prinzip (Methode, → Upāya) und weiblichem Prinzip (Weisheit, → Prajñā) durch ihre Einswerdung wird als herausragendes Merkmal des Höchsten Yoga-Tantra bezeichnet.

Eine Einführung in das Tantra des Tibetischen Buddhismus ist: *Tantra in Tibet. Das geheime Mantra des Tsong-ka-pa*, hrsg. von J. Hopkins, Düsseldorf/Köln 1980.

Tantra-Yoga, 🅷 Skrt., identisch mit → Kundalinī-Yoga

Tantrismus, 🅷 → Shaktismus

Tan-yüan Ying-chen 🅩, oder Tan-yüan Chenying (jap. Tangen Ōshin oder Tangen Shin'ō), 8./9. Jh., chin. Zen-Meister; ein Schüler und Dharma-Nachfolger (→ Hassu) von Nan-yang Huichung (jap. Nan'yō Echū). Über Tan-yüan ist wenig bekannt; er ist der Diener des »Landesmeisters Chung« aus dem 17. Beispiel des → *Wu-men-kuan* (siehe dazu → Nan-yang Huichung) und taucht außerdem im 18. Beispiel des → *Pi-yen-lu* auf. Von seinem Meister Nan-yang, einem Schüler des 6. Patriarchen des Zen in China (→ Hui-neng), bekam Tan-yüan ein von Huineng entworfenes geheimes System der Unterweisung mit Hilfe von 97 jeweils in einen Kreis eingeschriebenen Symbolen überliefert (siehe dazu → Igyō-Schule). Tan-yüan gab es seinerseits an → Yang-shan Hui-chi (jap. Kyōzan Ejaku) weiter, einen der Stammväter der Igyō-Schule des Zen, bevor er in hohem Alter in die Verwandlung einging.

Tao, 🅣 chin., wörtl.: »Weg«; zentraler Begriff des Taoismus (→ Tao-chia, → Tao-chiao), der davon seinen Namen ableitet. Die Idee des Tao steht im Mittelpunkt des → *Tao-te ching* und des → *Chuang-tzu.*

Die urspr. Bedeutung des Schriftzeichens *tao* ist »Weg«, es kann aber auch »Lehre« meinen. Schon früh wurde der Begriff im Sinne von menschlichem Verhalten und moralischen Regeln, vom »Weg des Menschen« gebraucht; diesen Sinn hat das Zeichen in konfuzian. Texten. Im *Tao-te ching* des → Lao-tzu wird dem Tao erstmals eine metaphysische Bedeutung verliehen: Es ist dort das allumfassende Erste Prinzip, das allen Erscheinungen zugrunde liegt. Es ist eine Wirklichkeit, aus der das Universum entspringt und die Lao-tzu nur in Ermangelung eines adäquaten Begriffs Tao nennt:

> Da ist etwas, vollendet und verschwommen,
> Das existierte schon vor Himmel und vor Erde.
> Still, unsichtbar,
> Unveränderlich als eines feststehend,
> Unaufhörlich, immer kreisend,
> Vermag es die Mutter der Welt zu sein.
> Ich kenne seinen Namen nicht, benenne es mit Tao.

(Zit. n. Chang Chung-yuan, *Tao, Zen und schöpferische Kraft,* Düsseldorf/Köln 1981, S. 33.)

Das Tao ist also namenlos, nicht benennbar. Dies ist eine seiner hervorstechendsten Eigenschaften. In Kap. 1 des *Tao-te ching* heißt es:

> Das Tao, das mit dem Namen genannt wird,
> ist nicht das ewige [→ Ch'ang] Tao.
> Der Name, der sich aussprechen läßt,
> ist nicht der ewige Name.

Das Tao ist die »Mutter«, die die Zehntausend Wesen (→ Wan-wu) gebiert und ernährt. Es ist somit der Urquell alles Seins. In Kap. 6 des *Taote ching* wird das Tao mit einem tierischen Weibchen verglichen, dessen Tor Ursprung des Himmels und der Erde ist. (Auf diese Stellen berufen sich im späteren Taoismus all jene, die sexuelle Praktiken [→ Fang-chung shu] zur Erlangung der Einheit mit dem Tao anwenden.)

In das Tao kehren aber auch alle Dinge wieder zurück. Dies ist ein universelles Gesetz. Erleuchtung (→ Ming) im taoist. Sinn ist Einsicht in dieses universelle Gesetz der Rückkehr der Wesen ins Tao (→ Fu). Die Rückkehr ist aber auch das ureigene Gesetz des Tao selbst: »Rückkehr ist die Bewegung des Tao, Schwachheit ist die Wirkkraft des Tao.«

In Kap. 14 wird das Tao ferner beschrieben als unsichtbar, unhörbar, unergründlich, ewig und durch keine äußeren Einflüsse veränderbar. Es ist die Form des Formlosen; es umfaßt Sein und Nicht-Sein. Sein ist die Funktion des Tao, Nicht-Sein seine Essenz. Es ist das Große Eine, in dem alle Gegensätze aufgehoben sind.

Du schaust danach und siehst es nicht, man nennt's das Unsichtbare.
Du hörst darauf und hörst doch nichts, man nennt's das Unhörbare.
Du greifst danach und faßt doch nichts, man nennt's das Unergründliche.
Jedes der drei entzieht sich aller Nachforschung,
Darum verschmelzen sie in Eins.
Oben macht kein Licht es lichter,
Unten macht keine Dunkelheit es dunkler.
Unaufhörlich dauert es fort,
Doch ist's unmöglich, es zu definieren.
Wieder kehrt es ins Nichts zurück.
Darum beschreibt man es als Form des Formlosen,
Das Bild des Abbildlosen.
Und nennt es das Unfaßbare.
Man trifft's, doch niemand sieht sein Angesicht,
Man folgt ihm nach, doch kehrt es niemandem den Rücken.
Der Alten Tao zu bewahren,
Der Forderung des Augenblickes nachzukommen,
Um so die Uranfänge zu begreifen,
Das nennt man die Befolgung des Tao.

(Zit. n. Chang, a. a. O., S. 30.)

Das Tao wirkt spontan und gemäß seiner Natur (→ Tzu-jan). Sein Handeln ist ohne Aktion und ohne Absicht (→ Wu-wei), wodurch es nichts gibt, was ungetan bleibt. In der phänomenalen Welt zeigt sich das Tao durch seine Kraft, seine »Tugend« (→ Te); dies ist, was alle Dinge vom Tao erhalten und wodurch sie zu dem werden, was sie sind.

Die Einheit mit dem Tao zu verwirklichen, ist das Ziel aller Taoisten. Verstandesmäßiges Wissen um das Tao genügt dazu nicht; der Adept muß mit dem Tao einswerden, indem er in sich selbst die Einheit, Einfachheit (→ P'u) und Leerheit des Tao verwirklicht.

Dies erfolgt durch intuitive Erkenntnis.

Chuang-tzu beschreibt das intuitive Erkennen des Tao in Buch 22, Kap. 2:

»Vom Tao kann man durch keinen Gedanken und kein Nachsinnen etwas wissen. Man nähert sich ihm, indem man im Nichts ruht, indem man nichts nachgeht und nichts verfolgt . . . Der Weise lehrt eine Doktrin, die nicht in Worten Ausdruck findet.« (Zit. n. Chang, a. a. O., S. 39.)

Das Tao wird also durch das Verweilen in Stille verwirklicht, die der wesentlichste Zugang zum Tao ist. Man findet zur Stille durch die Methode des Verlierens: »Nach Wissen zu suchen heißt, Tag für Tag dazugewinnen; das Tao suchen heißt, Tag für Tag verlieren.« Stille ist im *Tao-te ching* das Zurückkehren zum Ursprung. Durch das Verharren in Stille kommt jedes innere oder äußere Geschehen zur Ruhe, alle Begrenzungen und Bedingungen schwinden. Chuang-tzu sagt, daß dann das Himmlische Licht erstrahlt, wodurch man sein wahres Selbst sehen und das Absolute verwirklichen kann (Buch 23, Kap. 2).

Lao-tzu beschreibt das Eintauchen in die Stille in Kap. 16:

Gib dich hin der äußersten Leere;
Versenke dich inbrünstig in Stille.
Alle Dinge sind zusammen in Aktion,
Doch ich schaue ihre Nichtaktion.
Denn die Dinge sind stets in Bewegung, ruhelos,
Und doch kehrt ein jedes zurück in seinen Ursprung.
Zum Ursprung zurückkehren, das ist Stille.

(Zit. n. Chang, a. a. O., S. 44.)

Der Taoismus hat im Lauf seiner Entwicklung eine ganze Reihe von Methoden hervorgebracht, die die Erlangung des Tao erleichtern sollen. Hinweise auf Versenkungsübungen finden sich im *Tao-te ching* (Kap. 16) und im *Chuang-tzu*. Von besonderer Bedeutung sind Atemübungen, die schon in den frühesten taoist. Texten zur Unterstützung des meditativen Vorgangs empfohlen werden; auch bei Lao-tzu und Chuang-tzu finden sich Hinweise darauf. Sie wurden in der Schule des Inneren Elixiers (→ Nei-tan) voll ausgearbeitet.

Das Tao war schon im vorkonfuzian. China ein Symbol für menschliche Ideale. Es wurde von den verschiedensten philosoph. Richtungen in das jeweilige System eingegliedert. Chuang-tzu bemerkt dazu:

»Es gibt viele Meister in den philosophischen Schulen der heutigen Welt. Jeder von ihnen beansprucht, die richtige Antwort gefunden zu haben. Wenn wir fragen ›Wo ist die Philosophie des altehrwürdigen Tao?‹, so könnten wir antworten ›Sie findet sich in jedem der Systeme‹.« (Zit. n. Chang, a. a. O., S. 25.)

Für die chin. Buddhisten, die sich anfangs taoist. Terminologie bedienten, um ihre Begriffe im Chinesischen wiedergeben zu können, war Tao der Weg zum → Nirvāna. Im → Zen gibt es einen berühmten Ausspruch: »Im Wasserschleppen und im Holzhacken, darin besteht das wundervolle Tao.«

Tao-an, **B** 312–385, bedeutendster chin. buddhist. Gelehrter des 4. Jh. Sein wesentlicher Beitrag zur Entwicklung des chin. Buddhismus bestand in der Verbindung zweier Aspekte der buddhist. Praxis: → Prajñā und → Dhyāna. Er gilt als Begründer einer Richtung des frühen chin. Buddhismus, die er aus seiner Beschäftigung mit dem → *Prajñāpāramitā-Sūtra* entwikkelte: die Lehre vom »Grundlegenden Nicht-Sein« (→ Sechs Häuser und Sieben Schulen).

Tao-an erstellte außerdem den ersten Katalog von Sūtras, die zu seiner Zeit schon in chin. Übersetzung vorlagen, regelte die Namensgebung der Mönche und stellte in Ermangelung eines vollständigen → Vinaya-Pitaka Richtlinien für das Zusammenleben seiner Anhänger auf. Ferner gilt er als der Urheber des → Maitreya-Kultes. Aufgrund seiner Betonung der Wichtigkeit der Praxis der Meditation wird er als einer der Väter des → Dhyāna-Buddhismus in China und von manchen als der eigentliche Begründer des → Zen angesehen.

Tao-an wurde in Nordchina in eine konfuzianist. Familie geboren, trat aber schon mit 12 Jahren als Novize dem buddhist. Orden bei. Er studierte unter → Fo T'u-teng die verschiedenen Prajñā-Texte und Sūtras über die Praxis des Dhyāna, die er sehr bald kommentierte, womit seine Lehrtätigkeit ihren Anfang nahm.

Die von ihm begründete Schule des grundlegenden Nicht-Seins sieht in diesem Nicht-Sein die Basis für jeden phänomenalen Prozeß. Die Befreiung des Menschen von allen Fesseln kann durch das Verweilen des Geistes in diesem Nicht-Sein erlangt werden.

Außerdem wurde sich Tao-an der Unzulänglichkeit der damals in China vorhandenen Vinaya-Regeln bewußt, woraufhin er seine eigenen Richtlinien erstellte, die sich einerseits auf die Verehrungszeremonien des Buddha, z. B. das Umwandeln von Statuen, andererseits auf die Methode der Sūtra-Darlegung, die gemeinsamen Mahlzeiten und die → Uposatha-Feierlichkeiten bezogen.

Den Grundstein zur Entstehung des Maitreya-Kultes, der aber bald der Verehrung des → Amitābha Platz machte, wurde dadurch gelegt, daß Tao-an und seine Schüler vor einer Statue des Maitreya den Wunsch formulierten, im → Tushita-Himmel wiedergeboren zu werden.

Tao-chia, T chin., philosophischer Taoismus; eine der beiden Strömungen, die den sog. Taoismus bilden; die zweite ist der religiöse Taoismus (→ Tao-chiao). Der philosoph. Taoismus beruft sich auf die Werke des → Lao-tzu *(→ Tao-te ching)* und → Chuang-tzu, die als seine Begründer gelten. → Lieh-tzu und → Yang Chu sind ihre Erben.

Ziel der Anhänger des philosoph. Taoismus ist eine mystische Vereinigung mit dem → Tao durch Meditation und das Nachahmen des Wesens des Tao in Denken und Handeln. Sie sind im Unterschied zu den Vertretern des religiösen Taoismus nicht an der Erlangung der Unsterblichkeit interessiert.

Der Begriff Tao-chia wurde zum ersten Mal während der Han-Dynastie verwendet und weist auf den für diese taoist. Strömung zentralen Begriff des Tao, des Weges, hin. Das Tao wird als allumfassendes Prinzip, aus dem alle Dinge entstehen, aufgefaßt. Das Gedankengut des philosoph. Taoismus enthält eine starke politische Komponente. Eine zentrale Stellung nimmt dabei der Begriff des → Wu-wei, des absichtslosen Handelns, ein. Diese Haltung will der philosoph. Taoismus auf das Handeln der Fürsten übertragen sehen. Ethisch steht er in klarem Gegensatz zum → Konfuzianismus, dessen Kardinaltugenden der Menschlichkeit (→ Jen) und der Rechtschaffenheit (→ I) er ablehnt, da sie seiner Meinung nach die wahre Natur der Menschen verschleiern und das Tao stören.

Die politischen Vorstellungen des Tao-chia wurden bald von anderen philosoph. Richtungen übernommen, doch in der Han-Dynastie verlor der philosoph. Taoismus an Einfluß, da Kaiser Wu-ti (156–87 v. Chr.) den Konfuzianismus zur Staatsreligion erhob. Gleichzeitig aber faßte das Gedankengut des philosoph. Taoismus im Volk Fuß und war wesentlich am Aufkommen des religiösen Taoismus beteiligt, der den »vergöttlichten« Lao-tzu als seinen Begründer ansieht.

Während der Wei- und Chin-Dynastien erfuhr der philosoph. Taoismus im sog. Neo-Taoismus (→ Hsüan-hsüeh) eine Renaissance, und es kam zu einer Verschmelzung von konfuzian. und taoist. Vorstellungen. – Der philosoph. Taoismus spielte auch bei der Sinisierung des Buddhismus eine wesentliche Rolle: ohne ihn ist die Entstehung der Schule des → Zen undenkbar.

Die Philosophie des Lao-tzu und Chuang-tzu wirkt bis heute im Geist des chin. Volkes weiter; in der chin. Malerei und Poesie findet sie ihren direkten Ausdruck.

Tao-chiao, T chin., religiöser Taoismus; eine der beiden großen Strömungen, die den sog. Taoismus ausmachen; die andere ist der philosophische Taoismus (→ Tao-chia). Zum Tao-chiao werden all jene Schulen und Richtungen gezählt, die das Erlangen der Unsterblichkeit (→ Ch'ang-sheng pu-ssu) zum Ziel haben. Die wichtigsten dieser Schulen sind: → Innere-Gottheiten-Hygiene-Schule, Fünf-Scheffel-Reis-Taoismus (→ Wu-tou-mi tao), Weg des Höchsten Friedens (→ T'ai-p'ing tao), Schule des Magischen Juwels (→ Ling-pao p'ai), Weg der Rechten Einheit (→ Cheng-i tao), und der Verwirklichung der Wahrheit (→ Ch'üan-chen tao).

Die zur Erlangung der Unsterblichkeit angewandten Methoden reichen von Meditation über alchemistische Praktiken zu Gymnastik- und Atemübungen und sexuellen Techniken.

Zur Bildung des religiösen Taoismus trugen verschiedene Strömungen bei: die Philosophie des → Lao-tzu, → Chuang-tzu und → Lieh-tzu (350–250 v. Chr.), die die Grundlage des philosoph. Taoismus bilden, aber auch auf das Tao-chiao wirkten. Zur gleichen Zeit existierte bereits eine Hygiene-Schule, die durch Atem- und Gymnastikübungen (→ Hsing-ch'i, → Tao-yin) ein langes Leben erreichen wollte. Daneben finden wir die Lehre der Fünf Elemente (→ Wu-hsing), die von → Tsou Yen (Ende 4. Jh. v. Chr.) formuliert wurde und dessen Anhänger nach dem Elixier der Unsterblichkeit (→ Wai-tan, → Nei-tan) forschten. Außerdem spielte auch die Suche nach den bereits im *Lieh-tzu* erwähnten Inseln der Unsterblichen (→ P'eng-lai, → Fang-chang, → Ying-chou) eine Rolle.

Ungefähr zwischen 220 und 120 v. Chr. vermischten sich die Lehren der einzelnen Strömungen. Diese Entwicklung ging von den → Fang-shih, den taoist. Magiern, aus (→ Li Shao-chün). Zu dieser Zeit fand auch die Verehrung von Gottheiten Eingang in den religiösen Taoismus (→ Tsao-chün, → T'ai-i, → San-i).

In den ersten Jahrhunderten unserer Zeitrechnung entstanden die Innere-Gottheiten-Hygiene-Schule und taoist. Massenbewegungen, die in der westl. Literatur meist als »taoistische Kirche« bezeichnet werden und das eigentliche Tao-chiao bilden.

In der 1. Hälfte des 2. Jh. n. Chr. gründete → Chang Tao-ling den Fünf-Scheffel-Reis-Taoismus. Seine Anhänger verehrten Lao-tzu als den Gründer der Schule und beriefen sich auf das → *Tao-te ching*. Ihre Führer nannten sich Himmlische Meister (→ T'ien-shih). Etwas später entstand die Schule des Wegs des Höchsten Friedens unter → Chang Chüeh. Seine Anhänger, die sog. Gelben Turbane, rebellierten 184 gegen die Regierung. Beide Schulen versuchten, u. a. mit Hilfe von Talismanen (→ Fu-lu) und Massenzeremonien (→ Chai, → Ho-ch'i) Krankheiten zu heilen, was ihre außerordentlich große Popularität erklärt.

Um 140 verfaßte → Wei P'o-yang sein berühmtes Werk *Chou-i ts'an-t'ung-ch'i,* das als ältester Text über Alchemie in Ost und West gilt. Einen Versuch, die verschiedenen Strömungen des Tao-chiao zusammenzufassen, machte → Ko Hung in seinem enzyklopädischen Werk *Pao-p'u-tzu,* das der Kunst, ein Unsterblicher (→ Hsien) zu werden, gewidmet ist. Zur gleichen Zeit kam die Lehre des Magischen Juwels auf, die nach und nach die Schule der Inneren Gottheiten verdrängte.

→ K'ou Ch'ien-chih reformierte im 5. Jh. den Taoismus, indem er ihn von den seiner Meinung nach schädlichen Einflüssen der Familie Chang (→ T'ien-shih) reinigte und Sittlichkeitsregeln festlegte. Er begründete damit den Nördlichen Weg der Himmlischen Meister, während Lu Hsiu-ching, der sich auf die Familie Chang berief, den Südlichen Weg der Himmlischen Meister ins Leben rief.

Im 6. Jh. wendeten sich die Alchemisten von der Suche nach einem Äußeren Elixier ab und der nach dem Inneren zu; langsam kam es zu einer Verschmelzung der Praktiken des Inneren Elixiers, des Inneren Atems (→ Nei-ch'i) und des Zen-Buddhismus. Einer der bedeutendsten Vertreter dieser synkretistischen Richtung war später → Chang Po-tuan.

Im 7. Jh. wurde der Taoismus unter Kaiser T'ang Wu-tsung de facto zur Staatsreligion: Jeder Bezirk mußte über einen taoist. Tempel verfügen. Während der Sung-Dynastie wurde der taoist. Kanon (→ Tao-tsang) kompiliert, dann erstmals gedruckt, und der Taoismus selbst erlebte dank kaiserlicher Förderung eine Hochblüte.

Nach der Sung-Dynastie verschmolzen der Südliche und der Nördliche Weg des Himmlischen Meisters und andere Strömungen. In der Yüan-Dynastie bildeten sie den Weg der Rechten Einheit. 1167 gründete Wang Ch'un-yang die Schule der Verwirklichung der Wahrheit, in die Elemente des Konfuzianismus und des Zen-Buddhismus einflossen.

In der Übergangszeit zwischen Chin- und Yüan-Dynastie entstanden einige kleine Schulen wie die des Wegs des Höchsten Einen (→ T'ai-i tao), die aber nur sehr kurzlebig waren. Es blieben nur die beiden großen Richtungen des Ch'üan-chen tao und Cheng-i tao bestehen.

Die Hauptlehren des Tao-chiao fußen in der Vorstellung des → Tao, das als Leere und Urgrund allen Seins aufgefaßt wird. Der Kosmos, die Fünf Elemente, → Yin-yang, die Zehntausend Dinge (→ Wan-wu) entstehen aus ihm. Die Objekte der Verehrung sind u. a. die Drei Reinen (→ San-ch'ing), die als Personifizierungen des Tao interpretiert werden, sowie die Himmlischen Ehrwürdigen (→ T'ien-tsun), deren bedeutendster Tao-te t'ien-tsun, d. h. Lao-tzu, ist.

Das Ziel des Strebens eines Anhängers des religiösen Taoismus, die Unsterblichkeit, wird als physische Unsterblichkeit aufgefaßt. Die Methoden, diese zu erlangen, sind u. a. Tao-yin, Embryonalatmung (→ T'ai-hsi), Nei-tan (Inneres Elixier), Wai-tan (Äußeres Elixier), Fu-lu (Talismane), → Pi-ku (Enthaltsamkeit von Körnerfrüchten) und sexuelle Praktiken (→ Fang-chung shu). Die wichtigsten Zeremonien sind Fastenfeste (→ Chai), kollektive Beichten und Rituale zur Verehrung von Gottheiten.

Tao des Himmlischen Meisters, **T** → T'ien-shih

Tao-hsin, **Z** jap. Dōshin, 580–651, der 4. Patriarch (→ Soshigata) des Zen in China; der Dharma-Nachfolger (→ Hassu) von → Seng-ts'an und Meister von → Hung-jen. Er soll den 3. Patriarchen getroffen haben, als er noch keine 20 Jahre alt war, und sich durch eine besondere Vorliebe für die Meditation ausgezeichnet haben. Es heißt, er habe mit einer Intensität und Hingabe → Zazen geübt, wie keiner der Patriarchen seit → Bodhidharma.

Die Begebenheit, die die Übertragung des → Buddha-Dharma von Seng-ts'an auf Tao-hsin markiert, wird im *Denkō-roku* wiedergegeben:

»Der 31. Patriarch [= 4. chin. Patriarch], Daii Zenji [Ehrentitel für Tao-hsin], verneigte sich vor Kanshi

Daishi [Ehrentitel für Seng-ts'an] und sagte: ›Ich bitte Euch, Meister, habt Erbarmen mit mir; bitte erteilt mir das Dharma-Tor der Befreiung.‹
Der Patriarch [Seng-ts'an] sagte: ›Wer bindet dich?‹
Der Meister [Tao-hsin] sagte: ›Da ist niemand, der mich bindet.‹
Der Patriarch sagte: ›Warum suchst du dann noch nach Befreiung?‹
Bei diesen Worten erlebte der Meister große Erleuchtung.«

Tao-hsin, dessen bürgerlicher Name Ssu-ma lautete, stammte aus Honan. Er verließ sein Heim schon mit sieben Jahren, um den Buddhismus zu studieren, und traf Seng-ts'an wenige Jahre später. Nachdem Seng-ts'an ihm, der sich als glänzender Schüler erwies, das Patriarchat übertragen hatte, trug er Tao-hsin auf, sich in einem buddhist. Kloster auf dem Berg Lu niederzulassen und dort Schüler im → *Lankāvatāra-Sūtra,* das seit → Bodhidharma im Zen eine besondere Rolle spielt, und in der Praxis des Zazen zu unterweisen. Nach einiger Zeit auf dem Lushan folgte Tao-hsin einem Omen und ließ sich auf einem benachbarten Berg nieder, der als der Shuang-feng-(»Zwei-Gipfel-«)Berg bekannt wurde. Hier sammelten sich bald viele Schüler um ihn, die er dazu ermunterte, eine selbstversorgende Mönchsgemeinschaft zu bilden, welche das Muster für spätere Klostergemeinschaften des Zen wurde. Im Laufe der 30 Jahre, die er auf dem Shuang-feng verbrachte, sollen sich bis zu 500 Schüler um ihn geschart haben.
Waren die ihm vorausgegangenen Patriarchen des Zen noch stark von der orthodoxen Mahāyāna-Tradition und den Sūtras beeinflußt, so zeigt sich bei Tao-hsin bereits deutlich eine Tendenz, die für das spätere Zen bezeichnend sein sollte: die Absage an Schriftgelehrtheit und die Betonung der Vorrangigkeit der meditativen Praxis.

So heißt es in einem Absatz der von ihm erhaltengebliebenen Schriften:
»Sitze mit eifrigem Bemühen in Meditation [Zazen]! Das Sitzen in Meditation ist die Grundlage . . . Schließe die Tür und sitze! Lies nicht die Sūtras, sprich nicht zu den Menschen. Wenn du so übst und dich lange Zeit mühst, ist die Frucht süß, wie (für den) Affen, (der) den Kern aus der Nußschale nimmt. Solcher sind nur wenige.« (Zit. n. H. Dumoulin, *Zen – Geschichte und Gestalt,* Bern 1959, S. 84.)

Unter den vielen Schülern von Tao-hsin zeichnete sich besonders Hung-jen, der spätere 5. Patriarch, durch tiefe Verwirklichung des Dharma seines Meisters aus. Ihn beauftragte Tao-hsin gegen Ende seines Lebens, ein Mausoleum am Hang des Shuang-feng zu bauen. Nach dessen Fertigstellung zog Tao-hsin sich dorthin zurück und ging, in Versunkenheit sitzend, in die Verwandlung ein.

Tao-hsüan, **B** → Lü-tsung

Tao-hsüan Lü-shih, **Z** jap. Dōsen Risshi, 702–760, chin. Meister der → Vinaya-Schule, der 732 in die damalige jap. Hauptstadt Nara kam und hier nicht nur die Lehren der Vinaya-Schule, sondern auch der → Hua-yen-Schule des Buddhismus und der Nördlichen Schule des Zen (→ Südliche Schule) mitbrachte.
Er war ein Dharma-Nachfolger (→ Hassu) in 3. Generation von → Shen-hsiu und unterwies den jap. Mönch Gyōhō (722–797) in der Zen-Meditation. Gyōhō wiederum unterwies den Mönch → Saichō (767–822) im → Zazen. Saichō, der später nach China ging, auf dem Berg T'ien-t'ai die Lehren der T'ien-t'ai-Schule studierte und nach seiner Rückkehr nach Japan dort die → Tendai-Schule begründete, begegnete in China auch einem Meister der → Gozu-Schule. Aufgrund seiner Berührung mit dem Zen flossen Elemente des Zen in die Praxis der Tendai-Schule ein. In der Frühzeit des Zen in Japan (12./13. Jh.) waren es dann vor allem die Tendai-Klöster, die die ersten Zen-Meister in Japan bei sich aufnahmen und ihnen eine Wirkungsstätte zur Verfügung stellten.

T'ao Hung-ching, **T** 456–536, taoist. Gelehrter und Arzt, Anhänger des → Ko Hung. T'ao Hung-ching stellte als erster in der Geschichte des Taoismus eine Klassifizierung der taoist. Gottheiten auf, indem er die strenge konfuzian. Staatshierarchie auf die Welt der Unsterblichen (→ Hsien) und Gottheiten (→ Shen) übertrug. In seinen Schriften versucht T'ao Hung-ching, eine Verbindung von Konfuzianismus, Buddhismus und Taoismus herzustellen.
T'ao Hung-ching lebte auf dem Berge Mao, wo er in die Geheimnisse der Talismane (→ Fu-lu) und anderer magischer Praktiken eingeweiht wurde. Auf seiner Suche nach lebensverlängernden Drogen durchstreifte er alle berühmten taoist. Berge. Er war berühmt für seine Kenntnisse in der Wissenschaft des → Yin-yang, der Astrologie und Geomantik. Seine Prophezeiungen in bezug auf Ereignisse von nationaler Wichtigkeit erwiesen sich oftmals als richtig, so daß der Kaiser ihn mehrmals an den Hof einlud, doch T'ao weigerte sich, die Berge zu verlassen. Der Kaiser schätzte ihn aber so sehr, daß er ihn persönlich in seiner Klause aufsuchte und sich von ihm beraten ließ. Diese Funktion als kaiser-

licher Berater trug ihm den Titel »Premierminister in den Bergen« ein.
T'ao Hung-ching war aber auch ein profunder Kenner der Heilkräuter; seine Klassifizierung der Heilpflanzen stellte einen wichtigen Schritt in der Entwicklung der chin. Pharmakologie dar.
In seiner Hierarchie der Götterwelt teilt T'ao Hung-ching die Gottheiten und Unsterblichen in sieben Ränge ein. Jeder Rang wird von einer im Zentrum angesiedelten Hauptgottheit beherrscht; dieser sind zahlreiche Gottheiten unterschiedlicher Bedeutung untergeordnet: je weiter sie vom Zentrum entfernt sind, desto unwichtiger sind sie. Ab dem 5. Rang finden wir auch Gestalten ohne fest zugeordnete Position.
Jeder Rang entspricht einem Himmelspalast, der die Gottheiten und Unsterblichen der jeweiligen Stufe beherbergt. Der 1. ist der Rang der Jadereinheit; die zentrale Gottheit ist der Himmlische Ehrwürdige des Uranfangs (→ Yüan-shih t'ien-tsun). Auf dem 3. Rang befinden sich die wichtigsten Gestalten der chin. Mythologie wie → Yao, → Shun, Yü der Große (→ Ta-yü), aber auch historische Gestalten wie Konfuzius (→ K'ung-tzu). → Lao-tzu rangiert hier als Unsterblicher der linken Seite, nimmt aber unter einem anderen Namen auch den zentralen Platz des 4. Ranges ein. Links von ihm befindet sich u. a. → Chang Tao-ling.

Tao-i, **Z** → Ma-tsu Tao-i

Taoismus, **T** im Westen gebräuchlicher Sammelbegriff für zwei ihrem Wesen nach unterschiedliche Strömungen der chin. Philosophie und Religion, nämlich den philosoph. Taoismus (→ Tao-chia) mit seinen bedeutendsten Vertretern → Lao-tzu und → Chuang-tzu, und den religiösen Taoismus (→ Tao-chiao) mit seinen verschiedenen Schulen. Das Tao-chia stellt eine mystische Lehre dar, die um die Begriffe des → Tao, d. h. des Weges, und des → Wu-wei, des absichtslosen Handelns, zentriert ist, während im Mittelpunkt der verschiedenen Spielarten des religiösen Taoismus das Streben nach Unsterblichkeit (→ Ch'ang-sheng pu-ssu) steht.
(Siehe dazu auch → Cheng-i tao, → Ch'üan-chen tao, → Lieh-tzu, → Nei-tan, → Wai-tan, → Wu-tou-mi tao.)

Tao-sheng, **B** 355–434, bedeutender chin. Mönch und Begründer der → Nirvāna-Schule des frühen chin. Buddhismus. Er war Mitarbeiter von → Kumārajīva, mit dem er an der Übersetzung des → *Lotos-Sūtra* und des → *Vimalakīrtinirdesha-Sūtra* arbeitete. Tao-sheng vertrat einige revolutionäre Thesen, die großen Einfluß auf die weitere Entwicklung des Buddhismus in China hatten: Er war der Auffassung, daß ausnahmslos alle Wesen, also auch die → Ichchantikas, → Buddha-Natur besitzen, die durch eine plötzliche Erleuchtung verwirklicht werden kann. Er schuf eine Synthese zwischen den Lehren des → *Mahāparinirvāna-Sūtra* und des → *Prajñāpāramitā-Sūtra.* – Von seinen Werken ist nichts mehr erhalten; sie sind nur fragmentarisch in Sammelwerken und Kommentaren überliefert.

Tao-sheng zeichnete sich durch große Begabung aus; bei seiner Ordination zum Mönch war er schon ein anerkannter Lehrer. 397–401 hielt er sich auf dem → Lu-shan, dem bedeutenden Zentrum buddhist. Studien, auf. 405 ging er in die Hauptstadt Ch'ang-an, wo er mit Kumārajīva zusammenarbeitete und seine aufsehenerregenden Thesen entwickelte, die zu seinem Ausschluß aus der dortigen Mönchsgemeinde führten. Taoshengs Thesen fanden zwar im *Mahāparinirvāna-Sūtra* Bestätigung, dieses war aber zur Zeit ihrer Formulierung noch nicht vollständig ins Chin. übersetzt. Nach Veröffentlichung der Übersetzung wurde Tao-sheng rehabilitiert.
Seine Überzeugung, daß auch Ichchantikas Buddha-Natur besitzen und Buddhaschaft verwirklichen können, stützte er auf die mahayanist. Auffassung, daß ausnahmslos alle Wesen Buddha-Natur haben, die nur durch Unwissenheit verschleiert ist. Die durch plötzliche Erleuchtung verwirklichte Buddha-Natur stellt ein unmittelbares vollkommenes Verwirklichen der Wahrheit dar. Allerdings ist eine vorbereitende Praxis dafür notwendig. Tao-sheng begründet seine Auffassung von der plötzlichen Erleuchtung damit, daß Erleuchtung das Einssein mit der Höchsten Wahrheit, die unteilbar ist, bedeutet. Daraus folgert er, daß dieses Unteilbare nicht durch eine allmähliche Erleuchtung verwirklicht werden könne. In dieser Erleuchtung erkenne man, daß → Samsāra und → Nirvāna nichts Getrenntes sind und die Wirklichkeit der Buddha-Natur nicht verschieden ist von der Welt der Erscheinungen.
Für Tao-sheng sind die Buddha-Natur, wie sie im *Mahāparinirvāna-Sūtra* interpretiert wird, und die Leere (→ Shūnyatā) des *Prajñāpāramitā-Sūtra* ein und dasselbe: Beide sind ohne Merkmale, unteilbar und transzendieren alle Formen. Buddha-Natur und Shūnyatā sind nichts anderes als Nirvāna, ein Zustand, in dem es keine Trennung zwischen Subjekt und Objekt gibt. – Ferner verneint Tao-sheng die Existenz eines → Reinen Landes des Buddha, da der Buddha nicht getrennt ist von unserer Welt, sondern sich in jedem Wesen befindet.
Die letzten Jahre seines Lebens verbrachte Tao-sheng wieder auf dem Berge Lu. Eines Tages im Jahre 434 hielt er eine seiner berühmten Lehrreden. Als er den Lehrersitz verlassen wollte, ließ er plötzlich seinen Stab fallen: Er war aufrecht sitzend ins Nirvāna eingegangen.

Tao-shih, **T** chin., taoist. Gelehrter und Priester des religiösen Taoismus (→ Tao-chiao). Seit ca. dem 4. Jh. bilden die Tao-shih, deren Amt erblich ist, die Oberhäupter der taoist. Gemeinden.

Sie regeln alle religiösen Angelegenheiten, leiten die verschiedenen Rituale und Zeremonien (→ Chai) und stehen den Gemeindemitgliedern in allen Schwierigkeiten zur Seite. Sie helfen mit Talismanen (→ Fu-lu), Zaubersprüchen, vertreiben Dämonen usw.
Die Tao-shih der Schule der Rechten Einheit (→ Cheng-i tao) leben mit ihrer Familie in der Nähe eines Klosters (→ Kuan); sie unterstehen dem Himmlischen Meister (→ T'ien-shih). Jene der Schule der Verwirklichung der Wahrheit (→ Ch'üan-chen tao) leben in strengem Zölibat. Der Titel des Tao-shih kam mit der Entstehung der Schule des Fünf-Scheffel-Reis-Taoismus (→ Wu-tou-mi tao) auf. Die Tao-shih tragen meist ein langes graues oder schwarzes Gewand mit weiten Ärmeln. Sie lassen ihre Haare wachsen und stecken sie zu einem Knoten auf. Bei Zeremonien tragen sie eine aus 240 Teilen zusammengesetzte Robe, die von zehn Stoffbändern unterteilt und von einem mit Wolken verzierten Gürtel zusammengehalten wird. Auf dem Kopf tragen sie eine fünfzackige Krone.
Diejenigen Tao-shih, die in einem Kloster leben, sind einer strengen Disziplin unterworfen. Sie müssen eine große Anzahl von Fastentagen einhalten. Ihr tägliches Leben wird von fünf Verhaltensrichtlinien bestimmt: Sie dürfen nicht töten, kein Fleisch und keine alkoholischen Getränke zu sich nehmen, nicht lügen oder stehlen und nicht heiraten oder anderweitige sexuelle Beziehungen pflegen.

Neben diesen grundlegenden Sittlichkeitsregeln kennt der klösterliche Taoismus Gruppen von 10, 27 und mehr Regeln. In der Schule der Verwirklichung der Wahrheit werden die Vorschriften in drei verschiedene Schwierigkeitsgrade eingeteilt: Am Anfang muß der Tao-shih die Regeln des Beginns der Wahrheit (Ch'u-chen chieh) einhalten; auf dieser Stufe gilt er als Edler im Wandel. Die 2. Stufe umfaßt die 300 Regeln des Mittleren Ziels (Chung-chi chieh); er ist ein Edler in der Tugend. Die höchste Stufe hat ein Tao-shih erlangt, wenn er die Regeln eines Himmlischen Unsterblichen (T'ien-hsien) einhält; dann gilt er als Edler im → Tao. Diese Vorschriften und Richtlinien bestimmen das Verhalten des einzelnen und das Zusammenleben innerhalb der klösterlichen Gemeinschaft. Sie umfassen genaue Gebote, was Kleidung, Nahrung, Benützung der Klostereinrichtungen usw. betrifft, Bestimmungen über die religiösen Übungen, das Verhältnis Schüler–Lehrer sowie Hilfestellung auf dem spirituellen Weg zur Erleuchtung. Die Ordination zum Tao-shih verlangt die Anwesenheit einer bestimmten Anzahl von vollordinierten Tao-shih. In Analogie zu den buddhist. Bräuchen nimmt ein Tao-shih Zuflucht zum Tao, den Schriften (→ Tao-tsang) und den taoist. Meistern.

Tao-te ching, ■ chin., wörtl.: »Das Buch vom Weg und seiner Kraft«; ein → Lao-tzu zugeschriebenes Werk in 5000 Zeichen (daher wird es in China oft »Text der 5000 Zeichen« genannt), das das Basiswerk des philosoph. Taoismus (→ Tao-chia) wie auch des religiösen Taoismus (→ Tao-chiao) darstellt (dt. Übers. siehe Literaturverzeichnis). Der Überlieferung nach ist es im 6. Jh. von Lao-tzu verfaßt worden, doch wird heute im allgemeinen angenommen, daß es nicht vor dem 4. oder 3. Jh. v. Chr. entstanden sein kann. Das älteste vorhandene Exemplar stammt aus der Zeit zwischen 206 und 195 v. Chr.
Das *Tao-te ching,* das nach traditioneller Auffassung von Lao-tzu dem Paßwächter → Yin Hsi vor seinem Verschwinden im Westen übergeben wurde, besteht aus 81 kurzen Kapiteln, wovon die ersten 37 das »Buch vom Weg« (→ Tao), die restlichen 44 das »Buch vom → Te« bilden. Diese Einteilung geht darauf zurück, daß das 1. Kapitel vom Tao und das 38. vom Te handelt.
Der Inhalt des *Tao-te ching* ist nicht einheitlicher Natur. Neben rein taoist. Gedanken enthält es auch solche anderer philosoph. Richtungen. Die Philosophie des *Tao-te ching* kristallisiert sich in den Begriffen des Tao, des Weges, und des Te, der Tugend oder Kraft. Weitere zentrale Vorstellungen sind die des absichtslosen Handelns (→ Wu-wei) und der Rückkehr aller Dinge zu ihrem Ursprung (→ Fu).

Im *Tao-te ching* wird das Tao als das allumfassende Letzte Prinzip, das vor Himmel und Erde existierte, interpretiert. Es ist unnennbar und unbeschreibbar; es ist die Mutter aller Dinge; es läßt alles entstehen und handelt doch nicht. Seine Kraft, das Te, ist das, was die Erscheinungen vom Tao erhalten und sie zu dem macht, was sie sind.
Um die Einheit mit dem Tao, das Ziel der Anhänger des philosoph. Taoismus, zu verwirklichen, muß der »Heilige« das allen Wesen gemeinsame Gesetz der Rückkehr zum Ursprung (Fu) in sich realisieren. Dies kann er dadurch erreichen, daß er sich die Leerheit (→ Wu) und Einfachheit (→ P'u) des Tao zu eigen macht und im absichtslosen Handeln (Wu-wei) verweilt. Letzteres zeichnet im *Tao-te ching* auch einen guten Herrscher aus, dessen Tugenden einen breiten Raum im *Tao-te ching* einnehmen: Der beste Fürst ist der, von dessen Existenz das Volk nichts merkt, weil er so wenig wie möglich in den natürlichen Lauf der Dinge eingreift. Er reduziert Gesetze auf ein Minimum, wodurch auch die Zahl der Verbrecher sinkt, und mißt den traditionellen konfuzian. Tugenden der Rechtschaffenheit (→ I) und Menschlichkeit (→ Jen) keinen Wert bei. Er versucht die Wünsche und Begierden zu reduzieren, indem er die Objekte des Begehrens ver-

mindert. Dann werden die Herzen der Menschen nicht verwirrt, und Schlichtheit, P'u, kann erreicht werden. Das Werk trug urspr. den Titel »Lao-tzu«. Den Titel *Tao-te ching* erhielt es erst von einem Kaiser der Han-Dynastie. Durch die Bezeichnung »Ching« (Klassiker) wurde es auf eine Stufe mit den konfuzian. Klassikern gestellt. – Heute sind über 50 Kommentare zum *Tao-te ching* erhalten, die es von den verschiedensten Gesichtspunkten interpretieren. Nicht nur Vertreter der taoist. Schulen, sondern auch der Yin-yang-Schule (→ Yin-yang chia), der Staatsrechtler, Anhänger der Schule des → *I-ching* usw. berufen sich auf das *Tao-te ching.*

Der religiöse Taoismus, der Lao-tzu unter dem Titel → Lao-chün als seinen Begründer verehrt, führt seinen Glauben auf den wichtigsten Begriff des *Tao-te ching,* das Tao, zurück. Daher wurde das *Tao-te ching* von den Vertretern des Tao-chiao als eines der heiligen Bücher hochgehalten: → Chang Tao-ling und seine Nachfolger unterrichteten ihre Anhänger in seinen Lehren und wendeten seine Prinzipien an; auch das Basiswerk des → T'ai-p'ing tao, das → *T'ai-p'ing ching,* greift auf das *Buch vom Weg und seiner Kraft* als seine philosoph. Grundlage zurück. Alchemisten wie → Wei P'o-yang oder → Chang Po-tuan berufen sich auf die Lehren des Lao-tzu; und Herrscher wie der Han-Kaiser Wen-ti, der T'ang-Kaiser Hsüan-tsung oder der Ming-Kaiser T'ai-tzu machten seine Doktrinen zur Grundlage ihrer Regierung.

Tao-tsang, 🅃 chin., taoist. Kanon; Sammlung von Texten, die die Grundlage der taoist. Lehre bilden. Die frühesten Teile des Tao-tsang gehen bis ins 5. Jh. zurück; die heute erhaltene Fassung des Kanons stammt aus der Ming-Dynastie und umfaßt 1476 Werke in 5486 Bänden. Die einzelnen Werke tragen weder den Namen des Autors noch sind sie datiert.

Das Tao-tsang beinhaltet außer rein taoist. Werken, die alle Aspekte der Lehre umfassen, auch Texte über Medizin, Chemie, Botanik, Astronomie usw. Die meisten der rein taoist. Schriften sind nach traditioneller Auffassung auf dem Weg einer medialen Offenbarung gewonnen worden und stellen ein Mittel der Kommunikation zwischen den Gottheiten (→ Shen) und den Menschen dar. Diese können durch das Verstehen der taoist. Texte in die Geheimnisse der Unsterblichkeit eindringen.

Bereits zu Beginn unserer Zeitrechnung existierten Werke über taoist. Gottheiten und Unsterbliche (→ Hsien); Vorläufer des taoist. Kanons sind die im 5./6. Jh. erstellten Kataloge der damals existenten Werke. Die eigentliche Kompilierung des Tao-tsang begann im 8. Jh.; nach verschiedenen Angaben wurden 3744, 5700 oder sogar 7300 Bände als Tao-tsang zusammengefaßt. Dieser erste Kanon fand weite Verbreitung, doch ging er im 10. Jh. verloren. 1010 wurde ein taoist. Gelehrter vom Kaiser mit einer neuerlichen Zusammenstellung betraut, diese Ausgabe umfaßt 4359 Bände. Sie wurde einige Jahre später auf 4565 Bände erweitert und in drei große Hauptabteilungen sowie vier Unterabteilungen gegliedert: Die drei Hauptabteilungen nennt man Tung, was soviel wie »Grotte« (viele der Texte sollen nach taoist. Glauben in Grotten verborgen gewesen sein), aber auch »in ein Geheimnis eindringen« bedeuten kann. Am Anfang eines jeden Tung steht ein Text, der durch eine der wichtigsten Gottheiten des taoist. Pantheons offenbart wurde. Die 1. Abteilung steht im Zeichen des Himmlischen Ehrwürdigen des Uranfangs (→ Yüan-shih t'ien-tsun), die 2. untersteht dem Höchsten Herrn des Tao (→ T'ai-shang tao-chün), die 3. dem Höchsten Herrn Lao (T'ai-shang lao-chün), d. h. → Lao-tzu selbst. Im Laufe der Entwicklung setzte sich aber die Überzeugung durch, alle drei Tung seien von Lao-tzu offenbart worden.

Diese Fassung wurde nochmals erweitert und schließlich in den Jahren 1111–18 in 5481 Bänden gedruckt. Diese Version diente allen weiteren Ausgaben als Vorlage. Während der Kämpfe zwischen Taoisten und Buddhisten unter der Yüan-Dynastie wurden viele taoist. Schriften verbrannt, wobei ein Teil des Kanons für immer verlorenging.

Tao-wu Yüan-chih, 🅉 jap. Dōgo Enchi, 768/69–853, chin. Zen-Meister; ein Schüler und Dharma-Nachfolger (→ Hassu) von → Yüeh-shan Wei-yen (jap. Yakusan Igen) und der Meister von → Shih-shuang Ch'ing-chu (jap. Sekisō Keisho). Wir begegnen Tao-wu im 55. und 89. Beispiel des → *Pi-yen-lu.* Im → *Ching-te ch'uan-teng-lu* findet sich folgendes → Hossen zwischen Tao-wu und seinem Meister Yüeh-shan:

»Eines Tages fragte Yüeh-shan den Meister [Tao-wu]: ›Woher kommt Ihr?‹

Tao-wu sagte: ›Von einem Spaziergang in den Bergen.‹

Yüeh-shan sagte: ›Rasch, sagt ein Wort, ohne diesen Raum zu verlassen!‹

Tao-wu sagte: ›Die Raben in den Bergen sind weiß wie Schnee; die Fische im Teich schwimmen unablässig hin und her.‹«

Im 89. Beispiel des → *Pi-yen-lu* finden wir ein → Mondō zwischen Tao-wu und → Yün-yen T'an-sheng (jap. Ungan Donjō), einem weiteren Schüler und Dharma-Nachfolger von Yüeh-shan:

»Yün-yen fragte Tao-wu: ›Der große erbarmende Bodhisattva benutzt viele Hände und Augen. Wie ist das?‹

Tao-wu sagte: ›Es ist wie bei einem Menschen, der mitten in der Nacht mit den Händen hinter sich das Kissen zurechtrückt.‹

Yün-yen sagte: ›Ich begreife.‹

Tao-wu sagte: ›Was begreift Ihr?‹

Yün-yen sagte: ›Sein ganzer Leib ist Hände und Augen.‹

Tao-wu sagte: ›Was Ihr gesagt habt, ist gut gesagt. Doch damit sind nur acht Zehntel gesagt.‹

Yün-yen sagte: ›Was meint denn der Meister?‹
Tao-wu sagte: ›Sein ganzer Leib ist Hände und Augen.‹«

Tao-yin, ◼ chin., wörtl.: »Strecken und Zusammenziehen (des Körpers)«; taoist. Übung der Atemführung, eine Kombination von Atem- und Gymnastikübungen, die das Zirkulieren des Atems im Körper fördern und erleichtern, indem sie Spannungen und Blockaden lösen. Tao-yin kann auch als reine Gesundheitsübung für sich allein geübt werden; nach taoist. Überzeugung vertreibt es Krankheiten sowie das schlechte → Ch'i und verlängert das Leben. Es wird als Vorübung zum Kreisen-Lassen des Atems (→ Hsing-ch'i) durchgeführt.

Es sind verschiedene Tao-yin-Übungsfolgen bekannt, die von Unsterblichen (→ Hsien) wie z. B. → P'eng-tzu oder Lü Tung-pin (→ Pa-hsien) stammen.

Heute werden meist acht Übungen durchgeführt. Wesentlich dabei ist es, alle Bewegungen, Entspannung und Anspannung sowie das Fließen des Atems mit wacher Aufmerksamkeit zu begleiten.

1. »Zähneklappern und Trommel« (→ K'ou-ch'ih, → T'ien-ku).
2. »Nach links drehen, nach rechts schauen« und umgekehrt: Dabei bewegt man Kopf und Schultern in entgegengesetzter Richtung, um diese Partie zu lockern und zu entspannen.
3. »Umrühren des Meeres und Schlucken des Speichels«: Dabei wird die Zunge kreisend in der Mundhöhle bewegt und gegen den Gaumen gepreßt, wodurch die Speichelproduktion gefördert wird. Anschließend wird der Speichel geschluckt (→ Yüchiang).
4. »Massage der Kreuzbeingegend mit beiden Händen«: Zuerst erwärmt man durch Reiben die Handflächen und massiert dann die Kreuzbeingegend beidseitig mit gestreckten Händen in senkrechter Richtung. Diese Übung hilft bei Kreuzschmerzen und Menstruationsbeschwerden.
5. »Armstrecken«: Die Hände werden zur Faust geballt und die Arme seitwärts ausgestreckt. Dann zieht man sie zum Rumpf, als wollte man etwas zu sich heranholen. Diese Übung hilft bei Wirbelsäulenverkrümmung.
6. »Doppelte Winde«: Beide Hände liegen zur Faust geschlossen auf dem Brustkorb, Schultern und Arme werden dann vor- und rückwärtskreisend bewegt. Dies regt die Tätigkeit der Atmungsorgane an.
7. »Heben der Handflächen«: Man streckt die Arme mit nach oben gekehrten Handflächen vorwärts aus. Dann winkelt man die Unterarme an, und zwar so, daß die Handflächen vor das Gesicht weisen. Diese Übung fördert die Harmonie der Magen- und Darmtätigkeit.
8. »Entspannte Muskeln, lockere Gelenke«: Man streckt im Sitzen die Beine aus, senkt den Kopf, streckt die Arme ebenfalls vorwärts und ergreift die Zehen. Diese Übung dient der Entspannung und der Anregung der Kreislauftätigkeit.

(Vgl. St. Pálos, *Chinesische Heilkunst,* Bern 1984, S. 175 f.)

Tapas ◼, auch Tapasyā, Skrt., wörtl.: »Glut, Hitze, Askese, Kasteiung«; intensive spirituelle Übungen, getragen von der brennenden Sehnsucht, Gott oder → Brahman zu verwirklichen. Tapas ist eine der fünf geforderten Tugenden der zweiten Stufe (→ Niyama) des → Rāja-Yoga. Die anderen vier sind → Shaucha (Reinheit), → Santosha (Genügsamkeit), → Svādhyāya (Studium der heiligen Schriften) und → Īshvara-Pranidhāna (Hingabe an Gott).

Im heißen Indien wurde Hitze zum Symbol für Anstrengung und Kasteiung. Durch Tapas können die aufs Ego bezogenen Rajas-Eigenschaften im Menschen umgewandelt werden in eine höhere spirituelle Kraft, die dem Strebenden hilft, durch glühende Hingabe und intensive Konzentration sein spirituelles Ziel zu erlangen.

In der ved. Kosmogonie wird durch Tapas (Hitze) die Welt »ausgebrütet« (→ Hiranyagarbha), wobei auch die Vorstellung der Selbstkasteiung in dem Sinne mit einbezogen wird, daß die Schöpfung von seiten des Schöpfers einen Akt der Selbstentäußerung darstellt. Im *Shatapatha-Brāhmana* heißt es: »Prajāpati war diese Welt zu Anfang nur allein. Er begehrte: ›Ich will (vieles) sein, will mich fortpflanzen.‹ Er mühte sich ab, er übte Tapas. Aus ihm, da er sich abmühte und Tapas übte, wurden die drei Welten geschaffen, die Erde, der Luftraum und der Himmel. Er bebrütete diese drei Welten.« (Übers. v. P. Deussen)

Tārā, ◼ Skrt. (tibet. Dölma), wörtl.: »die Retterin«; eine Emanation des Bodhisattva → Avalokiteshvara, die aus seinen Tränen entstanden sein soll, um ihn in seinem Wirken zu unterstützen. Sie verkörpert den weiblichen Aspekt des Erbarmens und ist im → Tibetischen Buddhismus eine sehr populäre Gottheit. Der Kult der Tārā wurde im 11. Jh. vor allem durch → Atīsha verbreitet; seither ist die Tārā einer der am meisten verwendeten → Yidams. Es gibt 21 Formen der Tārā, die ikonographisch durch Farbe, Körperhaltung und Attribute unterschieden werden und sich wiederum in friedvoller oder rasender → Erscheinungsform manifestieren können. Die häufigsten Formen sind die Grüne und die Weiße Tārā; die beiden Gemahlinnen des tibet. Königs Songtsen Gampo (7. Jh.) werden als Verkörperungen dieser beiden Tārās angesehen.

Eine Studie über die Bedeutung der Tārā für den Tibetischen Buddhismus ist: S. Beyer, *The Cult of Tārā,* Berkeley 1973.

Tariki, ◼ ◼ jap., wörtl.: »Kraft des Anderen«;

Die Grüne Tārā. (Tibet. Blockdruck.)

Erlösung durch die Kraft eines Anderen. Gemeint ist hier die Kraft des Buddha → Amitābha, der nach Überzeugung der Schulen des Reinen Landes all jene, die seinen Namen voller Hingabe rezitieren und ihm absolut vertrauen, erlöst und in seinem Reinen Land (Sukhāvatī) wiedergeboren werden läßt.

Tariki wird gebraucht im Gegensatz zu → Jiriki (»eigene Kraft«). Im Sinne dieser Unterscheidung wird vor allem das Zen als eine Jiriki-Schule bezeichnet.

Tarkavidyā, H Skrt. → Nyāya

Tārkikā-Buddhi, H Skrt., wörtl. *tārkikā,* abgeleitet von *tarka:* »Widerlegung, Argument«, *buddhi:* »Intelligenz, Intellekt«; ein Intellekt, der gern unentwegt argumentiert. Dies wird vom → Vedānta abgelehnt, da jedes Argument ein Gegenargument findet und kein spiritueller Nutzen daraus entsteht.

Ta-shih, Z chin., wörtl.: »Großer Meister«; → Daishi

Ta-sui Fa-chen, Z jap. Taizui Hōshin, etwa 9. Jh., chin. Zen-Meister; ein Schüler und Dharma-Nachfolger (→ Hassu) von Ch'ang-ch'ing Ta-an (jap. Chōkei Daian, 8./9. Jh.), der wiederum ein Dharma-Nachfolger von → Pai-chang Huai-hai (jap. Hyakujō Ekai) war. Wir begegnen Ta-sui im 29. Beispiel des → *Pi-yen-lu.*

Bevor Ta-sui zu Ch'ang-ch'ing kam, schulte er sich unter → Tung-shan Liang-chieh (jap. Tōzan Ryōkai), → Kuei-shan Ling-yu (jap. Isan Reiyu) und anderen Zen-Meistern. Nach seiner Erleuchtung zog er sich auf den Berg Ta-sui zurück, von dem er zehn Jahre lang nicht wieder herabstieg. Er soll dort im hohlen Stamm eines großen Baumes gelebt haben. Später sammelten sich Mönche um ihn, und er begann, sie zu unterweisen.

Tat, H Skrt., wörtl.: »Das«; die Heiligen der Veden haben häufig *tat* als Hauptwort benutzt, um das unaussprechliche Prinzip, das unergründliche Geheimnis, das unendliche Absolute oder Gott auszudrücken. Wenn sie ihre Schüler in die letzten Erkenntnisse des → Vedānta einweihen wollten, haben sie zu ihnen gesagt: → Tat Tvam Asi (»Das bist du«).

Tathāgata, B Z Skrt., Pali, wörtl.: »Der so Dahingelangte (so Gekommene, Vollendete)«; bezeichnet einen auf dem Weg der Wahrheit zur Höchsten Erleuchtung (→ Samyak-Sambuddha) Gelangten und ist einer der → Zehn Titel des Buddha, dessen er sich selbst bediente, wenn er von sich oder anderen Buddhas sprach.

Im Mahāyāna stellt der Tathāgata den Buddha in seinem Aspekt des Nirmānakāya (→ Trikāya) dar. Er ist sowohl der vollendete Mensch, der alle Formen annehmen kann und mit den Zehn Kräften eines Buddha (→ Dashabala) ausgestattet ist, als auch das kosmische Prinzip, die Essenz des Universums, das Nicht-Bedingte. Er ist der Vermittler zwischen dem Essentiellen und der phänomenalen Welt. Vielfach wird Tathāgata als Absolutes mit → Prajñā und → Shūnyatā gleichgesetzt.

Tathāgata-Garbha, B Skrt., wörtl.: »Keim des Tathāgata«, soviel wie »den Tathāgata (d. h. den Buddha) in sich enthaltend«; mahayanist. Konzept, das besagt, daß allen Lebewesen der mit dem Absoluten, der universalen Realität identische Buddha in Form seines Körpers der Großen Ordnung (Dharmakāya, → Trikāya) innewohnt. Tathāgata-Garbha bezeichnet daher die jedem Wesen eigene Buddhaschaft in verborgener, nicht manifester Form, die den Keim der Erlösung (→ Bodhi) darstellt. Der Tathāgata-Garbha ist ein positiver Aspekt der Lebewesen, der auch nach dem Eingehen ins → Nirvāna als spirituelles Ereignis unverändert weiterbesteht.

Tathāgata-Garbha wird in den mahayanist. Texten gleichbedeutend mit → Buddha-Natur, → Dharmatā, → Tathatā verwendet. – Eine weitere Bedeutung ist: Gesamtheit der Lehren des Buddha.

Tathatā, B Skrt., »Soheit«; zentraler Begriff des

→Mahāyāna, der das Absolute, das Wahre-Wesen aller Dinge bezeichnet. Im allg. wird Tathatā als unveränderlich, unbeweglich, jenseits aller Begriffe und Unterscheidungen liegend interpretiert. Die »Soheit« ist das Gegenteil vom »Scheinbaren« der Phänomene, ist formlos, ungeschaffen und frei von Selbstnatur (→Svabhāva). Tathatā als das So-Sein der Dinge und ihre Nicht-Zweiheit stellt das Erwachen (→Bodhi) als Höchste Erleuchtung durch die Verwirklichung der Identität von Subjekt und Objekt dar. – Tathatā ist gleichbedeutend mit →Tathāgata-Garbha, →Buddha-Natur, Dharmakāya (→Trikāya), →Dharmatā.

Tattva, 🅷 Skrt., wörtl.: »Wahrheit, wahres Wesen, Grundprinzip«; *tat* als »Das« bezeichnet das Wesentliche in allen Dingen, darum ist Tattva die »Istheit« oder das wirkliche Sein. Jede ind. Philosophie hat eine gewisse Zahl von Tattvas als Fundament ihres Denksystems.

Im →Vedānta wird Tattva als eine Zusammensetzung von *tat* und *tvam* (»Das« und »Du«) betrachtet, womit angedeutet werden soll: »Das (ewige →Brahman) bist du (wenn du dich als →Ātman erkennst).« In der →Sānkhya-Philosophie gibt es 25 Tattvas oder fundamentale Prinzipien: →Avyakta, →Buddhi, →Ahamkāra, fünf →Tanmātras, fünf →Mahābhūtas, fünf Buddhīndriyas, die fünf →Karmendriyas, →Manas und →Purusha.

Tattvabodha, 🅷 Skrt., wörtl.: »Die Erkenntnis der Wahrheit«; ein klassisches Werk über die Philosophie des →Advaita-Vedānta von →Shankara. Die verhältnismäßig kurze Abhandlung befaßt sich mit dem →Jīva, seiner Einstellung zu →Īshvara und der Möglichkeit, sein wahres Selbst als →Ātman zu erkennen, sowie dessen Identität mit →Brahman. (Dt. Übers. in: Shankara, *Kleinod der Unterscheidung,* Bern 1981.)

Tattva-Jñāna, 🅷 Skrt.; die Erkenntnis des Prinzips in allen Dingen. Tattva ist das Wesen, die »Istheit« aller Dinge, und →Jñāna die Weisheit, die aus dieser Erkenntnis entsteht.

Tat Tvam Asi, 🅷 Skrt., wörtl.: »Das bist du«, d. h. »das Absolute ist mit dir wesenseins«; eines der bekanntesten und bedeutendsten der →Mahāvākyas, der großen Lehrsätze der →Vedānta-Philosophie, enthalten in der →*Chāndogya-Upanishad.*

Wenn der Lehrer mit diesem Satz seinem Schüler die letzte Wahrheit übermitteln will, so sind auf seiten des Schülers verschiedene Voraussetzungen notwendig: Erstens muß er wissen, daß mit »Das« nur →Brahman, das Absolute, Ewige, Unwandelbare gemeint ist, und zweitens muß er sich über das »du« im klaren sein. »Du« kann materiell wie geistig vielseitig ausgelegt werden. Der Schüler muß durch eigene Erfahrungen erkannt haben, daß er weder Körper noch Denken ist, sondern →Ātman, geburtloses, todloses, absolutes Bewußtsein, jenseits aller Dualität und Körperidentifizierung. Sieht er sich im angesprochenen »du« als Ātman, so kann er spontan Erleuchtung erlangen, da Ātman und Brahman identisch sind. Intellektuell ist diese Erleuchtung nicht herbeizuführen, und keine Anstrengung im Kausalbereich kann sie bewirken.

Ta-tung chen-ching, 🆃 chin., wörtl.: »Wahres Buch vom großen Geheimnis«; Werk der taoist. →Innere-Gottheiten-Hygiene-Schule, das im 2.–4. Jh. entstanden ist. In 39 Kapiteln, die jeweils von einer anderen Gottheit offenbart wurden, beschreibt dieses Werk in esoterischer Sprache die wichtigsten Körpergottheiten in allen ihren Einzelheiten und hilft so dem Übenden, die Gottheiten wiederzuerkennen, wenn er sie in seinen meditativen Visionen erschaut. Die höchste Gottheit des *Ta-tung chen-ching* ist das Höchste Eine (→T'ai-i).

Täuschende Erscheinungen und Empfindungen, 🆉 →Makyō

Ta-yü, 🆃 chin., wörtl.: »Yü der Große«; mythologischer Begründer der Hsia-Dynastie, der auch »Meister der Fluten« genannt wird. Er gilt als eine Art Weltenschöpfer, der eine große Sintflut beendete: er schuf Abflüsse für die Gewässer, die bereits bis zum Himmel angestiegen waren, indem er die Gebirge durchbohrte. Außerdem durchmaß Ta-yü die neun (neun ist ein Symbol der Ganzheit) Provinzen der Welt und machte das Land urbar, indem er den Lauf der Gewässer herstellte und die neun Gegenden miteinander verband. Bei dieser seiner Arbeit strengte er sich so sehr an, daß er zu hinken begann. Sein Gang wurde zum Vorbild für den Schritt des Yü (→Yü-pu), einen magischen Tanz der taoist. Meister.

Nach einer Legende soll der Große Yü von einer Schildkröte, die aus dem Gelben Fluß auftauchte, das Diagramm des Flusses (→Ho-t'u und Lo-shu) erhalten haben.

Eine Überlieferung berichtet, daß Yü sich während seiner Arbeit in einen Bären zu verwandeln pflegte. Seine Frau brachte ihm jeden Tag das Essen, sobald er eine Trommel schlug. Eines Tages war er dabei, Felsen zu zerkleinern, die unter Trommellärm zusammenprallten. Seine Frau eilte herbei und floh, als sie einen Bären sah. Yü verfolgte sie, doch sie rannte so lange, bis sie erschöpft zu Boden fiel und zu Stein erstarrte. Damals war sie schwanger; der Stein wuchs weiter an, und am Ende des zehnten Monats öffnete Yü mit einem Säbelhieb ihren Leib, und sein Sohn Ch'i (wörtl.: »der Öffner«) war geboren.

Te, **T** chin., wörtl.: »Tugend, Kraft«; Wirkkraft des → Tao, das jedem Ding inhärente Prinzip, bzw. Eigenschaften und Gesetzmäßigkeiten, die jedes einzelne Ding vom Tao erhält und die es zu dem machen, was es ist und wodurch es sich in der phänomenalen Welt manifestiert. Te bezeichnet daneben aber auch die durch die Verwirklichung des Tao gewonnene »Tugend«.

Te wird im → *Tao-te ching* mit den gleichen Attributen beschrieben wie das Tao selbst: es ist tief, geheimnisvoll; es befähigt den Menschen zur kindlichen Unschuld, zur Schlichtheit (→ P'u), zurückzukehren.

Konfuzius (→ K'ung-tzu) sieht in Te eine Eigenschaft, die ein edler kultivierter Mensch besitzt. Aufgrund seines Te stellt der Weise ein Kulturideal dar und wird zum Vorbild für seine Umgebung.

In Kap. 52 des *Tao-te ching* heißt es über das Tao und das Te:

> Das Tao erzeugt.
> Das Te nährt.
> Die Umgebung gestaltet.
> Die Einflüsse vollenden.
> Darum ehren alle Wesen das Tao
> und schätzen das Te.
> Das Tao wird geehrt,
> das Te wird geschätzt
> ohne äußere Ernennung, ganz von selbst.
> Also: das Tao erzeugt, das Te nährt,
> läßt wachsen, pflegt,
> vollendet, hält,
> bedeckt und schirmt.

Teishō, **Z** jap., wörtl.: »Darbringung der Rezitation, Darlegung«; im Zen die »Darlegung« der Zen-Erfahrung durch den Zen-Meister (→ Rōshi) während eines → Sesshin.

Das Wort leitet sich her von *tei:* »tragen, darbringen, vorbringen, vorlegen, verkünden«; *shō:* »rezitieren, verkünden«. Der Rōshi bringt das Teishō, das i. allg. ein → Kōan oder eine andere wichtige Passage aus der Zen-Literatur zum Thema hat, vor den versammelten Übenden dem Buddha dar. Es ist keine Erläuterung, kein Kommentar, keine Erklärung im üblichen Sinn und schon gar kein Vortrag oder eine Vorlesung im akademischen Sinn. Deshalb ist auch die häufige Übersetzung von Teishō mit »Lehrvortrag« irreführend und »Darlegung« zutreffender. Hier wird niemand »belehrt«, und es wird auch kein Faktenwissen vermittelt. Die Darbringung des Rōshi ist frei von allem Intellektuellen, eine unmittelbare Demonstration seines Wahren-Begreifens des behandelten Themas, und damit rührt sie unmittelbar das Tiefste in den Hörenden an.

Tejas, **H** Skrt., wörtl.: »Glanz, Glut«; 1. ein Licht, das manchmal das Haupt eines Meditierenden oder spirituellen Meisters umstrahlt, dem Westen als Aureole bekannt; 2. feuriger Geist, eine der Vier Vollkommenheiten des Herzens (→ Kalyāna-Shraddhā).

Tejobindu-Upanishad **H** (Tejobindu-Upaniṣad), Skrt., wörtl.: »der Punkt, der die Kraft Brahmans bedeutet«; eine Yoga-Upanishad des → *Atharvaveda.* Ihr Name, mit dem der Text beginnt, bezieht sich auf den Punkt im → OM-Zeichen, der die Kraft Brahmans symbolisiert. In nur 14 Versen behandelt sie nacheinander die Hauptpunkte des → Vedānta. (Dt. Übersetzung von P. Deussen in: *Sechzig Upanishad's des Veda,* Leipzig 1905.)

Die Upanishad ist klar gegliedert in fünf Abschnitte. Der erste behandelt die Schwierigkeit der Meditation (→ Dhyāna); der zweite zählt auf, welchen Anforderungen der zur Meditation Berufene genügen muß; der dritte befaßt sich mit Brahman als dem Objekt der Meditation; der vierte schildert die für den Verstand nicht erfaßbare Natur Brahmans; der fünfte beschreibt den bei Lebzeiten Erlösten (→ Jīvanmukta).

Tekiden, **Z** jap., wörtl.: »autorisierte Übertragung«; die durch → Inka-Shōmei bestätigte Übertragung des → Buddha-Dharma von einem in einer lebendigen Zen-Tradition stehenden Zen-Meister (→ Rōshi) auf seinen Schüler (→ Hassu). (Siehe dazu auch → Sanmotsu.)

Tempyō, **Z** jap. für → T'ien-p'ing

Tendai-Schule, **B** jap. Ausformung der chin. → T'ien-t'ai-Schule, die → Saichō (Dengyō Daishi) im 8. Jh. von China nach Japan brachte. In der Lehre bestehen keine wesentlichen Unterschiede zwischen der chin. und der jap. Form der Schule. Ein bedeutender Vertreter der Tendai-Schule war → Ennin.

In Japan entstanden drei Richtungen innerhalb dieser Schule: Sammon, Jimon und Shinsei; im Zentrum der Lehre der Shinsei-Richtung steht die Verehrung des Buddha → Amitābha.

Tendai Tokushō, **Z** jap. für → T'ien-t'ai Te-shao

Tendō Nyojō, **Z** jap. für → T'ien-t'ung Ju-ching

Tengyur, 🅱 tibet. → Kangyur/Tengyur

Tenjin 🆉, auch Tenshin, jap., wörtl.: »Erleuchtung (*ten* = *tenjiru:* erleuchten) des Geistes (*jin* = *shin* → Kokoro)«; Ausdruck des Zen für eine Erfrischung, eine kleine Zwischenmahlzeit, auch für eine bestimmte Art von kleinen Kuchen, die als Zwischenmahlzeit gegessen werden.

Zen-Mönche, die vom → Takuhatsu zurückkehren, werden gelegentlich von Laien, die das jeweilige Kloster unterstützen, zum Essen ins Haus gebeten. Das Essen, das man den Mönchen dann vorsetzt und das eine ähnliche Funktion hat wie die Gaben beim Takuhatsu, nennt man ebenfalls Tenjin.

Tenjō tenge yuiga dokuson, 🆉 jap., wörtl.: »über dem Himmel (und) unter dem Himmel (bin) ich allein verehrungswürdig«; Ausspruch, den → Shākyamuni Buddha nach seiner Vollkommenen → Erleuchtung getan haben soll. Er bezeugt das Gewahrsein der Identität des Ich (des eigenen Wahren-Wesens oder Buddha-Wesens [→ Busshō], nicht zu verwechseln mit dem Ego-Ich [→ Ich]) mit dem Wahren-Wesen des gesamten Universums. Da ist nur Ein-Wahres-Wesen, und sonst nichts. Wer das realisiert hat, hat, wie das Zen sagt, »das Weltall verschluckt«.

Tennō Dōgo, 🆉 jap. für → T'ien-huang Tao-wu

Tenryū, 🆉 jap. für T'ien-lung → Hang-chou T'ien-lung

Tenryū-ji, 🆉 jap.; eines der großen Zen-Klöster von Kyōto, das der Shōgun Ashikaga Takauji im Jahre 1339 bauen ließ und dessen erster Abt → Musō Soseki war, der auch den berühmten Landschaftsgarten des Klosters entwarf. Das Tenryū-ji gehört zu den »Fünf Bergen« (→ Gosan) von Kyōto.

Tenzo, 🆉 jap.; Bezeichnung für den »Küchenmeister« in einem Zen-Kloster. Seine Aufgabe wird als eine der verantwortungsvollsten in einem Kloster angesehen und deshalb i. allg. fortgeschrittenen, älteren Mönchen übertragen.

So haben im alten China etliche Mönche, die später zu großen Zen-Meistern wurden, als Tenzo gedient, wie z. B. → Kuei-shan Ling-yu, → Tung-shan Shou-ch'u oder → Hsüeh-feng I-ts'ung. Das Wirken des Tenzo unterscheidet sich vor allem durch die zugrunde liegende Geisteshaltung von der Arbeit eines gewöhnlichen Kochs. Der Tenzo sieht seine Arbeit als Dienst an den Drei Kostbarkeiten (→ Sambō) und als Gelegenheit an, sich selbst geistig zu schulen. Trägt er den Bedürfnissen der Mönche, was Menge und Qualität der Speisen angeht, voll Rechnung, führt er jeden Handgriff mit wacher Aufmerksamkeit aus, vermeidet er jede Verschwendung und geht mit Nahrungsmitteln und Küchengeräten um, wie es ihnen gebührt, so wird seine Küchenarbeit zu einer Übung, den Geist des Zen im Alltag zu bewähren.

Der große jap. Zen-Meister → Dōgen Zenji verfaßte eine kleine Schrift, *Tenzo Kyokun* (»Unterweisungen für den Küchenmeister«), über die Aufgaben und die Geisteshaltung des Tenzo. Eine deutsche Übersetzung dieser Schrift findet sich in: Kosho Uchiyama, *Zen für Küche und Leben,* Freiburg 1976.

Tera, 🆉 jap. (auch O-Tera oder, einem Namen nachgestellt, -dera oder -ji, wobei *ji* die sinojap. Lesart des Schriftzeichens für »Tera« ist); Tempel oder Kloster. Dabei kann es sich um einen Gebäudekomplex handeln, der aus Haupthalle, Lehrhalle, dem Raum des Gründers und den Wohnquartieren der Mönche innerhalb des Grundstücks besteht, das man durch ein massives Turmtor (→ Sanmon) betritt. Es kann aber auch ein einzelnes kleines Bauwerk sein. Wohnen Mönche in einem Tera, so ist die Übersetzung »Kloster« angebracht, dient es nur der Anbetung, so ist es ein »Tempel«.

Unter allen buddhist. Schulen im heutigen Japan hält das Zen allein ein authentisches klösterliches System aufrecht, das nach Grundprinzipien organisiert ist, wie sie → Pai-chang Huai-hai im 8. Jh. in China festgelegt hat. Einfachheit und Genügsamkeit zeichnen dieses Klosterleben aus. Ziel der Schulung in den Zen-Klöstern ist nicht allein die → Erleuchtung (auch → Kenshō, → Satori); es gilt auch Tapferkeit, Bescheidenheit und Dankbarkeit – mit anderen Worten: einen starken Charakter – zu entwickeln. Zur klösterlichen Schulung gehören vor allem tägliches → Zazen, regelmäßige → Sesshin, körperliche Arbeit (→ Samu) und → Takuhatsu.

In der Zen-Schule müssen Novizen durchschnittlich drei Jahre in einem Zen-Kloster verbringen, ehe sie dazu qualifiziert sind, als Tempel- oder Klosterpriester zu dienen; ein solcher Priester ist allerdings noch lange kein Zen-Meister (→ Rōshi, → Hassu, → Inka-Shōmei). Tempel und Klöster sind im heutigen Japan oft in der Familie der Priester erblich, was zu einem Verfall der Zen-Tradition führen muß, wenn diesen Priestern Erleuchtung fehlt.

Terma 🅱 (gTer-ma), tibet., wörtl.: »Schatz«. Im Tibetischen Buddhismus Bezeichnung für einen religiösen Text, der während der ersten Verbreitung des Buddhismus im 8. Jh. an geheimen Orten verborgen wurde, um zu gegebener Zeit von einer qualifizierten Person, dem sog. Tertön, entdeckt und neu interpretiert zu werden. Vor allem in der → Nyingmapa-Schule, aber auch in der → Bön-Schule und später in der → Rime-Bewegung gelten die Termas als autoritative Werke. Das Aufbewahren religiöser Literatur an versteckten Orten ist schon aus früher ind. Zeit überliefert. So soll → Nāgārjuna die Lehren, die er später verbreitete, im Reich der Schlangengeister (→ Nāga) gefunden haben, die sie dort vor Unbefugten behüteten.

Die weitaus umfangreichste Terma-Literatur besitzen die Nyingmapas, wobei die wichtigsten Schriften auf → Padmasambhava und seine Gefährtin → Yeshe Tsogyel zurückgehen. Diese Schriften beruhen nicht nur auf ind. Quellen, sondern auch auf Lehren aus dem Lande → Orgyen. Nach seiner Biographie soll Padmasambhava seine Werke an 108 verschiedenen Orten Tibets, in Felshöhlen, Statuen etc. versteckt haben. Zu den bekanntesten Terma-Texten zählt eben diese Biographie des Padmasambhava sowie das »Tibetische Totenbuch« (→ *Bardo Thödol*). Auch Werke zur Astrologie und der Grundtext der tibet. Medizin sind als Terma überliefert worden.

Zwischen dem 10. und 14. Jh. traten periodisch die Entdecker der Termas auf, deren Berufung häufig in Traumerlebnissen und Visionen erfolgte. Auf eine solche Weise im Besitz eines Hinweises oder Schlüssels, stellten sie die gefundenen Werke neu zusammen und kommentierten sie. Unter den zahlreichen Tertöns schätzt die Nyingmapa-Schule am meisten die fünf »Könige der Schatzfinder«, unter denen Orgyän Pema Lingpa (1445–1521) als Inkarnation des → Longchenpa angesehen wird. – Zum Teil wurden die einmal entdeckten Werke ein zweites Mal versteckt, da die Zeit für ihre Verbreitung noch nicht reif war. Diese Texte sind bekannt als »Zweimal verborgene Schätze«.

Tertön, **B** tibet. → Terma

Te-shan Hsüan-chien, **Z** jap. Tokusan Senkan, etwa 781–867, großer chin. Zen-Meister; ein Schüler und Dharma-Nachfolger (→ Hassu) von → Lung-t'an Ch'ung-hsin (jap. Ryūtan Sōshin). Te-shan hatte neun Dharma-Nachfolger, von denen → Yen-t'ou Ch'üan-huo (jap. Gantō Zenkatsu) und → Hsüeh-feng I-ts'un (jap. Seppō Gison) die bekanntesten sind. Als Meister von Hsüeh-feng, auf den sowohl die → Ummon-Schule als auch die → Hōgen-Schule zurückgehen, war er einer deren Vorväter und einer der bedeutendsten Zen-Meister der T'ang-Zeit. Er taucht auf im 13. und 28. Beispiel des → *Wumen-kuan* sowie im 4. Beispiel des → *Pi-yen-lu*.

Te-shan war ein buddhist. Gelehrter aus Szechwan. Sein bürgerlicher Rufname war Chou, und da er besonders bewandert in den Lehren des → *Diamant-Sūtra* war und zu diesem einen gelehrten Kommentar verfaßt hatte, wurde er »Diamant-Chou« genannt. In dieser Schrift heißt es, daß es Tausende von Weltzeitaltern braucht, bis jemand Buddhaschaft erlangt hat. Als Teshan hörte, daß es im Süden eine buddhist. Schule gebe (die → Südliche Schule), die behauptete »(Dein) Geist selbst ist Buddha«, packte er seine Kommentare ein und machte sich auf gen Süden, um die Vertreter dieser – wie er meinte – Irrlehre zu widerlegen. Auf dem Weg begegnete ihm eine alte Frau, die ihm mit einer einzigen Bemerkung deutlich machte, daß er, der große Gelehrte, den tiefen Sinn des *Diamant-Sūtra* nicht wirklich begriffen hatte. Als Te-shan sie nach einem Meister fragte, der diesen tiefen Sinn verwirklicht habe, schickte sie ihn zu Meister Lung-t'an (Näheres dazu in den Darlegungen von Meister Yüan-wu K'o-ch'in zum 4. Beispiel des *Pi-yen-lu*).

Im 28. Beispiel des *Wu-men-kuan* hören wir von Te-shans Erleuchtung unter Meister Lung-t'an:

»Einst bat Te-shan Lung-t'an bis spät in die Nacht um Unterweisung. Lung-t'an sagte: ›Es ist tiefe Nacht. Willst du dich nicht zurückziehen?‹ Te-shan empfahl sich, hob den Türbehang und ging hinaus. Als er die Dunkelheit draußen gewahrte, wandte er sich um und sagte: ›Dunkel draußen.‹

Daraufhin zündete Lung-t'an eine Papierfackel an und reichte sie ihm. Te-shan war im Begriff, sie zu nehmen, da blies Lung-t'an sie aus.

Da kam Te-shan urplötzlich zu einem Durchblick. Er warf sich nieder.

Lung-t'an sagte: ›Was für eine Wahrheit hast du geschaut?‹

Te-shan sagte: ›Von jetzt an wird dieser hier [ich] nicht mehr Zweifel an den Worten des alten Meisters (berühmt überall) unter dem Himmel hegen.‹

Am nächsten Tage stieg Lung-t'an auf den hohen Sitz und sagte: ›Unter euch da ist ein Kerl mit Fangzähnen gleich einem Schwertbaum und mit einem Mund gleich einer Schale voll Blut. Versetzt man ihm einen Schlag, so wird er nicht den Kopf wenden. Eines Tages wird er sich auf einem einsamen Gipfel niederlassen und unseren Weg dort begründen.‹

Te-shan nahm daraufhin seine Kommentare [zum *Diamant-Sūtra*], ging vor die Dharma-Halle, hob eine Fackel hoch und sagte: ›Auch wenn wir die tiefgründigen Doktrinen gemeistert haben, ist es doch nur, als legte man ein Haar in den weiten Raum; auch wenn wir das wesentliche Wissen der Welt erschöpft haben, ist es doch nur, als ließe man einen Tropfen in den großen Abgrund fallen.‹

Er nahm seine Kommentare auf und verbrannte sie. Daraufhin verneigte er sich und ging.«

Nach dreißig Jahren des Lebens in Verborgenheit gab Te-shan schließlich widerwillig dem Drängen des Gouverneurs von Wu-lin in Ho-nan nach, die Führung des Klosters auf dem Berg Te-shan zu übernehmen, dessen Name auf ihn überging. Te-shan wurde berühmt für seinen Gebrauch des Stocks (→ Shippei, → Kyosaku) in der Schulung seiner Schüler (auch → Bōkatsu). Von ihm ist der Ausspruch überliefert: »Dreißig Hiebe wenn du sprichst; dreißig Hiebe wenn du schweigst!«

Tetsuya, Z jap., wörtl.: »(das Sitzen) die Nacht hindurch«; die letzte Nacht des → Rōhatsu-Sesshin.

Tha, H Skrt. → Hatha-Yoga

Thākur, H Bengāli für → Tagore

Thangka, B tibet. → Thanka

Thangtong Gyelpo B (Thaṅ-stoṅ rgyal-po), tibet., wörtl.: »König der Wildnis«. Ein berühmter Lehrer des → Tibetischen Buddhismus im 15. Jh., von dem es heißt, er sei 125 Jahre alt geworden.

Einer seiner wichtigsten Beiträge ist ein Text zur Praxis der Meditation (→ Sādhana) über → Avalokiteshvara, der noch heute in der → Karma-Kagyü-Schule verwendet wird und im 19. Jh. von Lehrern wie → Jamgon Kongtrul und dem 15. → Karmapa Khachab Dorje kommentiert wurde. Thangtong Gyelpo errichtete von Eisenketten gehaltene Brücken in ganz Tibet, und die von ihm begründete Schule trug auch den Namen »Eisenbrücke-Schule«. Er gilt ferner als Begründer verschiedener Aspekte der tibet. Volkskultur, wie etwa des Schauspiels, und es ist auch eine auf ihn zurückgehende Tradition der → Chöd-Lehre überliefert. Für die Schule der → Nyingmapa spielt Thangtong Gyelpo eine wichtige Rolle als einer der sog. Schatzfinder (→ Terma).

Thanka B (Thaṅ-ka), auch Thangka transkribiert, etwa: »Bild, Malerei«. Im → Tibetischen Buddhismus ein in Seidenstoff eingefaßtes Rollbild, das verschiedene religiöse Funktionen erfüllt. Die Ikonographie der traditionell festgelegten Motive beruht auf drei Prinzipien: Ausdruck, Proportionen, Detailarbeit; der Auftrag zur Herstellung eines Thanka und das Malen selbst werden als äußerst verdienstvolle Handlung angesehen.

Die mit pflanzlichen und mineralischen Farben auf Leinwand aufgetragenen Motive dienen einerseits der visuellen Vergegenwärtigung allg. buddhist. Lehrgutes, wie im Falle von Darstellungen des Lebensrades (→ Bhava-Chakra) oder der Vorgeburtsreihen des Buddha (→ Jātaka). Andererseits nehmen Thankas eine wichtige rituelle Funktion ein, wie etwa die ikonographisch detaillierten Malereien von zentralen Persönlichkeiten einer bestimmten Lehre oder Schule für den Akt der Zufluchtnahme (→ Kyabdro). Die größte Bedeutung kommt dem Thanka jedoch bei der Ausübung eines → Sādhana zu, wo das Bild die Aufgabe einer Gedächtnisstütze zur Visualisierung übernimmt. Gemalte → Mandalas erfüllen den gleichen Zweck.

Bis zum 16. Jh. entwickelten sich in Tibet verschiedene Kunsttraditionen der Thanka-Malerei. Zu den bekanntesten zählt der *Kar ma sgar bris*-Stil der → Karma-Kagyü.

Theosophische Gesellschaft, H esoterische Vereinigung, gegründet 1875 in New York von Helena Petrowna Blavatsky und Colonel Henry S. Olcott, der auch ihr erster Präsident war. 1882 wurde der Hauptsitz der Gesellschaft nach Adyar, einem Vorort von Madras (Indien), verlegt. Seitdem nennt sie sich Adyar Theosophische Gesellschaft. Zu ihren Zielsetzungen gehört das intensive Studium der alten Weltreligionen zum Zweck der Ableitung einer universalen Ethik. Die Gesellschaft stand zunächst besonders dem Buddhismus nahe, ab 1894 dem Hinduismus. Durch einen eigenen Verlag hat sie viel zur Verbreitung der Hindu-Philosophie im Westen beigetragen.

Thera, B Pali; Mönche (→ Bhikshu), die entweder schon viele Jahre dem Orden angehören oder sich durch besondere Weisheit und Gelehrtheit bzw. durch folgende vier Eigenschaften auszeichnen: ehrenhafter Charakter; vollkommenes Beherrschen der wichtigsten Lehren des Buddhismus; Praxis in der Versenkung (→ Dhyāna); das Bewußtsein, durch das Auslöschen geistiger Befleckungen Freiheit erreicht zu haben.

Thera-Gāthā, B Pali → *Khuddaka-Nikāya*

Theravāda, B Pali, wörtl.: »Lehre der Ordensältesten«; hinayanist. Schule (auch Pali-Schule genannt), die zur Gruppe der → Sthaviras gehört und sich aus der Richtung der → Vibhajyavādins entwickelt hat. Sie wurde von Moggaliputta Tissa (→ Konzile) gegründet und 250 v. Chr. von → Mahinda nach Ceylon gebracht, wo sie von den Mönchen des Klosters Mahāvihāra vertreten wurde. Uneinigkeiten über disziplinäre Fragen führten aber auch innerhalb des Theravāda zu Spaltungen. Heute ist der Theravāda in den südasiatischen Ländern (Sri Lanka, Burma, Thailand, Kambodscha, Laos) verbreitet.

Theravāda, die einzige bis heute überlebende Schule des Hīnayāna, betrachtet sich als die ursprünglichste

Form des Buddhismus. Sein in Pali verfaßter Kanon stammt nach Auffassung der Theravādins direkt aus dem Munde des Buddha (→ Tripitaka). Die Lehre des Theravāda besteht im wesentlichen in den → Vier Edlen Wahrheiten, dem → Achtfachen Pfad, dem Lehrsatz vom Abhängigen Entstehen (→ Pratītya-Samutpāda) und der → Anātman-Doktrin. Die Betonung liegt im Theravāda auf der Erlösung des einzelnen, die aus eigener Kraft erfolgt und durch das Einhalten der Sittlichkeitsregeln (→ Shīla) und durch das Führen eines mönchischen Lebens erlangt werden kann. Die Idealfigur des Theravāda ist der → Arhat.

Im Theravāda, der einen stark analytischen Charakter aufweist, nimmt der → Abhidharma einen wichtigen Platz ein. – Wichtige nichtkanonische Werke dieser Schule sind das → *Visuddhi-Magga,* und das → *Milindapañha;* zu den hervorragendsten Dogmatikern zählen → Buddhaghosha, → Dhammapāla, → Anuruddha und → Buddhadatta.

Therī, Pali; Älteste in der Gemeinschaft von buddhist. Nonnen (→ Bhikshunī), gerechnet ab dem Eintritt in den → Sangha. (Siehe dazu auch → Thera.)

Therī-Gāthā, B Pali → *Khuddaka-Nikāya*

Thronsitz des Buddha, B wird meist in dreierlei Form gestaltet: als Löwenthron, als Lotosblüte oder als sanduhrförmiger Berg → Meru. Der Löwe ist einerseits das Symbol des Herrschers, andererseits verkörpert er auch die alles besiegende Macht der buddhist. Lehre.

Die Lotosblüte ist Symbol der Reinheit, wird aber auch als Sinnbild des Kosmos interpretiert. Sie kommt dem Buddha als universellem geistigen Herrscher und Verkörperung des Absoluten zu. Diese Form des Sitzes des Buddha finden wir erstmals in der Kunst von → Gandhāra im 3./4. Jh., vor allem bei Darstellungen des die Lehre darlegenden Buddha.

Der dritte Typus ist vor allem in China und Japan verbreitet und besteht aus einem rechteckigen oder runden, nach oben und unten ausladenden Podest, das sich gegen die Mitte hin verjüngt, also die Form einer Sanduhr aufweist. Dieser Thronsitz symbolisiert den Weltenberg Meru.

Manchmal wird der Buddha auch auf dem zusammengerollten Leib einer neunköpfigen Schlange sitzend dargestellt, wobei die Schlange ihre Köpfe schützend über den Buddha hält. Diese Form, die besonders in Hinterindien verbreitet ist, geht auf die Geschichte über einen Besuch des Buddha bei einem Schlangenkönig (→ Nāga) zurück. Bei einer weiteren Variante knieen zwei Gazellen, meist das Rad der Lehre (→ Dharma-Chakra) zwischen sich haltend, vor dem Thronsitz. Dies erinnert an die erste Darlegung der Lehre im sog. Gazellenhain in → Sārnāth bei Benares.

Ti, T chin., wörtl.: »Herr, Gott« (auch Shang-ti: »Höchster Herr«); älteste chin. Bezeichnung für ein höchstes Wesen. Ti ist urspr. der Urahn des Volkes von Shang (2. Jahrtausend v. Chr.); der Begriff findet sich in unterschiedlicher Bedeutung auch in taoist. Texten.

Wie aus Orakelinschriften hervorgeht, wurde Ti in früher Zeit als ein höchster Herrscher angesehen, der über übernatürliche Kräfte verfügt und Naturerscheinungen wie Regen, Dürre, Ernte usw. beeinflussen kann. Außerdem galt er als der Lenker des menschlichen Schicksals, wurde aber als solcher nicht in religiösen Riten verehrt. In späterer Zeit wurde Ti als Ehrentitel für den Ahnherrn der Könige verwendet.

Bereits während der Zeit des Konfuzius war der Begriff Ti oder Shang-ti durch den des Himmels (→ T'ien) verdrängt worden. Im *Chuang-tzu* wird Ti im Sinne von Gott verwendet; der Tod wird z. B. als die »Lösung der Bande durch Ti« aufgefaßt. Im *Tao-te ching* wird Ti dem → Tao untergeordnet. – Bei anderen Philosophen wird Ti aber auch als persönlicher Gott interpretiert.

T'iao-ch'i, T chin., wörtl.: »Harmonisieren der Atem«; taoist. Atemübung, die als Vorübung zu anderen Atemtechniken durchgeführt wird (→ Fu-ch'i, → Hsing-ch'i, → Lien-ch'i).

Beim T'iao-ch'i nimmt man die korrekte Körperhaltung ein (meist den Lotossitz) und atmet dreimal aus und ein, um Blockaden zu lösen. Dann beruhigt man den Geist und versucht, den Körper zu »vergessen«. Man atmet ruhig und tief ein. Nach einiger Zeit atmet man den unreinen Atem durch den Mund aus, um wieder reinen Atem durch die Nase einzuatmen. Dies wiederholt man sechs- bis siebenmal.

Tibetischer Buddhismus, B in der westl. Literatur auch Lamaismus genannt, eine nicht nur in Tibet, sondern auch in den angrenzenden Himālaya-Ländern praktizierte Form des → Mahāyāna-Buddhismus. Das Spezifische des Tibetischen Buddhismus ist die Verschmelzung der alten Mönchsregeln des → Sarvāstivāda mit den kultischen Methoden des → Vajrayāna. Die Grundlagen des Tibetischen Buddhismus wurden im 8. Jh. unter der Schutzherrschaft des Königs Trisong Detsen (755–797) von dem ind. Gelehrten Shāntirakshita und → Padmasambhava gelegt. Diese sog. Erste Verbreitung der buddhist. Lehre in Tibet endete Mitte des 9. Jh. Die Schule der → Nyingmapa beruft sich in ihren Unterweisungen auf diese Epoche. Nach der politisch motivierten Verfolgung des Buddhismus kam es erst im 11. Jh. zu einer Wiederbelebung. Es entwikkelten sich u. a. die Schulen der → Kagyüpa und der → Sakyapa, und ein Großteil des buddhist. Schrifttums Indiens wurde ins Tibetische übersetzt (→ Kangyur/Tengyur). Vom Ende des 14. Jh. an entwickelte sich die Schule der → Gelugpa, die letzte der vier Hauptschulen des Tibetischen Buddhismus. Jede dieser vier großen Lehrtraditionen zeichnet sich aus durch eine eigene Synthese von philosoph. Theorie und deren praktischer Anwendung in der Meditation.

Vor der Einführung des Buddhismus dominierte in Tibet ein von der → Bön-Religion getragenes Königtum. Unter dem König Songtsen Gampo (620–649) wandte sich das tibet. Herrscherhaus dem Buddhismus zu. Fünf Generationen später wurde der Buddhismus zur Staatsreligion erklärt, und mit der Gründung des Klosters Samye (775) wurden die ersten tibet. Mönche ordiniert.

Nach internen Auseinandersetzungen mit dem chin. → Zen-Buddhismus wurde die Lehre der → Mādhyamikas zur allgemein verbindlichen Doktrin erklärt. Durch das Wiedererstarken der Bön-Religion kam es jedoch unter König Langdamra (838–842) zur Verfolgung des Buddhismus und seiner ordinierten Anhänger. Davon ausgenommen waren nur Mitglieder der sog. Weißen Gemeinde, verheiratete Laien, die eine weiße Robe trugen. Auf ihre Überlieferung beruft sich die Nyingmapa-Schule.

Die Zweite Verbreitung der buddhist. Lehre setzte von Westtibet mit der Missionstätigkeit des → Atīsha ein. Das neu erwachte Interesse für den Buddhismus, in dessen Mittelpunkt die Autorität und Gültigkeit der Unterweisungen durch direkte Übertragung vom Lehrer auf den Schüler stand, führte zur Gründung des Hauptklosters der Sakyapa-Schule (1073) und zu den Reisen des Übersetzers → Marpa, dem Vater der Kagyüpa-Schule. Der Ausbau einer klösterlichen Tradition und die intensiven Bemühungen um die Fortführung des ind. Buddhismus wurden maßgeblich von einzelnen buddhist. Meistern (→ Lama) bestimmt, die dem Tibetischen Buddhismus seine eigene Gestalt verliehen. Der bedeutendste Meister war der Reformator → Tsongkhapa, der in einer Gesamtschau die verschiedenen Überlieferungen neu ordnete und mit der Gründung des Klosters Ganden (1409) die Schule der Gelugpa ins Leben rief.

Weitere Lehrtraditionen, wie z.B. die des → Chöd, brachten zwar eine bemerkenswerte Literatur hervor, bildeten aber keine Klosterkultur aus und flossen schließlich in die Hauptschulen ein. Der Grund dafür lag in einer mit den klösterlichen Bestrebungen parallel verlaufenden Bewegung, die sich am Ideal der ind. → Mahāsiddhas orientierte.

Neben den Disziplinarregeln (→ Vinaya) bilden die Mahāyāna-Lehren des → Nāgārjuna und des → Asanga die beiden Grundpfeiler des Tibetischen Buddhismus. Als Hilfsmittel zum Verständnis der Dogmatik wird die Logik betrachtet. Die → Tantras betonen schließlich die Umsetzung der Theorie in eine direkte Erfahrung.

Tibetisches Totenbuch, **B** → *Bardo Thödol*

T'ien, **T** chin., wörtl.: »Himmel«; der religiöse Taoismus (→ Tao-chiao) kennt nach buddhist. Muster 36 Himmel, die in 6 Stufen angeordnet und jeweils von bestimmten Gottheiten bewohnt sind.

Die unterste Stufe der T'ien besteht aus den 6 Himmeln der Welt der Begierde. Anschließend daran folgen die 18 Himmel der Welt der Formen. Darüber liegen die 4 Himmel der Formlosigkeit, gefolgt von den 4 Brahma-Himmeln. An vorletzter Stelle befinden sich die Himmel der Drei Reinen (→ San-ch'ing), die von den Himmlischen Ehrwürdigen (→ T'ien-tsun) bewohnt werden und die wichtigsten taoist. Himmel sind. Der höchste Himmel des Taoismus ist Ta-luo-t'ien, der Himmel des Großen Netzes. Die Angaben in den Texten über diesen letzten Himmel sind nicht einheitlich: Manchmal gilt er als leer, manchmal als Sitz des Himmlischen Ehrwürdigen des Uranfangs (→ Yüan-shih t'ien-tsun). Dieser letzte Himmel trennt das Universum von der großen Finsternis.

Im *Tao-te ching* wird T'ien meist als Synonym von → Tao verwendet. Im *Lü-shih ch'un-ch'iu* heißt es: »Der Himmel ist unsichtbar und zeugt, die Erde ist sichtbar und gestaltet.« Nach den Lehren des → *I-ching* entspricht der Himmel, der durch das Hexagramm Ch'ien (→ Ch'ien und K'un) symbolisiert wird, dem reinen Yang (→ Yin-yang). Er ist das Männliche, im Gegensatz zur Erde, die Yin und weiblich ist.

T'ien war ein zentraler Begriff des chin. Denkens während der Chou-Dynastie. T'ien bezeichnete ein Höchstes Wesen, das auf das Schicksal der Menschen durch ein Ordnungsgesetz (→ T'ien-ming) einwirkt. Der Himmel bewahrt Ordnung und Ruhe, verursacht aber auch Katastrophen und straft den Menschen. Dieses Höchste Wesen offenbart sich nur demjenigen, der sein Inneres, seine Tugend kultiviert. Im *Shih-ching* (»Buch der Lieder«), einem der konfuzian. Klassiker, heißt es: »Als der Himmel die Menschheit hervorbrachte, gab er jeder Fähigkeit und jeder Beziehung sein Gesetz. Der Mensch, der dieses Wesen besitzt, sollte danach streben, seine Gabe zur höchsten Vollendung auszubilden«. (Zit. n. Chang Chung-yuan, Düsseldorf/Köln 1981, S. 56.)

Im Konfuzianismus bedeutet T'ien i. allg. Gott, kann aber auch den materiellen Himmel, das Schicksal oder die Natur bezeichnen. T'ien als ethisches Prinzip ist das höchste Prinzip des Universums.

Ein Symbol für den Himmel ist die sog. Pi-Scheibe, eine runde Scheibe, deren äußerer Rand doppelt so breit ist wie der Durchmesser des kreisrunden Loches in der Mitte.

Der Kaiser wird Himmelssohn (T'ien-tzu) genannt und

als Mittler zwischen Himmel und den Menschen angesehen. Er vereinigt weltliche und sakrale Macht in sich. Er erhält sie in Form des Himmlischen Mandats vom Himmel.

T'ien-huang Tao-wu, ■ jap. Tennō Dōgo, 738/48–807, chin. Zen-Meister; ein Schüler und Dharma-Nachfolger (→ Hassu) von → Shih-t'ou Hsi-ch'ien (jap. Sekitō Kisen) und der Meister von → Lung-t'an Ch'ung-hsin (jap. Ryūtan Soshin).

T'ien-i, ■ chin. → San-i

T'ien-ku, ■ chin., wörtl.: »Himmlische Trommel«; taoist. Gesundheitsübung. Beim Schlagen der Himmlischen Trommeln legt man die Handflächen so über die Ohren, daß sich die Finger am Hinterkopf berühren. Dann drückt man den linken Zeigefinger auf den rechten Mittelfinger und läßt ihn von dort abrutschen, was man als einen Ton hört, der einem Trommelschlag ähnlich ist.
Diese Übung, die vor den verschiedenen Atemübungen durchgeführt wird, hält schädliche Einflüsse ab.

T'ien-kuan, ■ → San-kuan

T'ien-lung, ■ → Hang-chou T'ien-lung

T'ien-ming, ■ chin., wörtl.: »Mandat des Himmels«; das Himmlische Mandat, kraft dessen der Himmelssohn (d. h. der chin. Kaiser) regiert. Die Vorstellung des Himmlischen Mandats läßt sich bis in die Yin- und Chou-Dynastie zurückverfolgen. Der Herrscher erhielt seinen Regierungsauftrag direkt vom Himmel, wodurch die Herrschaft legitimiert und ihr auch gleichzeitig Grenzen gesetzt wurden. Der Herrscher mußte die Zeichen himmlischen Zorns oder himmlischer Zustimmung erkennen und dementsprechend handeln. Abnormale Naturphänomene ließen auf die Mißgunst des Himmels schließen; der Herrscher war dann gezwungen, seine Regierungsweise zu überprüfen und zu korrigieren, um wieder dem Willen des Himmels zu entsprechen.
Diese Auffassung des Himmlischen Mandats findet sich auch noch in der Philosophie des Konfuzius (→ K'ung-tzu). Er faßte T'ien-ming als den Willen des Himmels, als eine auf ein Ziel gerichtete Kraft, auf. In den *Gesprächen (Lun-yü)* des Konfuzius heißt es: »Mit 50 kannte ich den Willen des Himmels« (II, 4).

T'ien-p'ing, ■ jap. Tempyō, 8./9. Jh., chin. Zen-Meister; ein Dharma-Nachfolger von → Hsüeh-feng I-ts'un (jap. Seppō Gison) in vierter Generation. Wir begegnen Meister T'ien-p'ing im 98. Beispiel des → *Pi-yen-lu.*

T'ien-shih, ■ chin., wörtl.: »Himmlischer Meister«; Titel aller von → Chang Tao-ling abstammenden taoist. Meister. Die Himmlischen Meister waren die Oberhäupter der Schule des Fünf-Scheffel-Reis-Taoismus (→ Wu-tou-mi tao) und der später daraus hervorgegangenen Schule der Rechten Einheit (→ Cheng-i tao).
Der Titel wurde innerhalb der Familie Chang bis heute weitergegeben. Die T'ien-shih lebten bis zur kommunist. Machtübernahme auf dem → Lung-hu-shan in der Provinz Kiangsi; heute lebt der letzte T'ien-shih auf Taiwan.

In der westl. Literatur wird der T'ien-shih meist fälschlich »taoist. Papst« genannt. Der religiöse Taoismus (→ Tao-chiao) kennt aber seit seinen Anfängen keine zentrale Autorität, der alle Richtungen und Schulen untergeordnet sind. Jedes Kloster, jede Gemeinde hatte ihre eigene Hierarchie. In bestimmten Fällen unterstanden einige Klöster (→ Kuan) dem Führer der Schule, der sie angehörten, meist war aber der Abt, der → Tao-shih, die höchste Persönlichkeit. Die Autorität des T'ien-shih ist eine mehr formelle als faktische. Er stellt Diplome in zwei Schwierigkeitsgraden aus, die er den Tao-shih verleiht. Diese können sich dann an einem beliebigen Ort mit ihren Familien niederlassen, um ihr Gewerbe, im wesentlichen Exorzismus, auszuüben.

T'ien-shu, ■ chin., wörtl.: »Himmlische Schrift«; im Taoismus sind zwei Arten von T'ien-shu bekannt: 1. das sog. natürliche T'ien-shu. Dies sind chin. Schriftzeichen ähnliche Wolkenformationen am Himmel, die nur von Menschen, die das → Tao verwirklicht haben, verstanden werden. 2. Mit »Wolkenschrift« (→ Yün-chuan) geschriebene taoist. Texte.

T'ien-t'ai-Schule, ■ chin., wörtl.: »Schule der himmlischen Plattform«; Schule des Buddhismus, die von → Chih-i (538–597) ihre endgültige Form erhielt. Ihre Lehre basiert auf dem → *Lotos-Sūtra,* daher wird sie oft auch als »Lotos-Schule« bezeichnet.
Die T'ien-t'ai-Schule sieht in → Nāgārjuna ihren 1. Patriarchen, da ihre Auffassung von den Drei Wahrheiten auf die von Nāgārjuna vertretene These zurückgeht, daß alles bedingt Entstandene leer (→ Shūnyatā) ist. Die Schule geht davon aus, daß alle Phänomene Ausdruck des Absoluten, der »Soheit« (→ Tathatā) sind, was in den Drei Wahrheiten zum Ausdruck kommt. Sie unterscheidet die Wahrheit von der Leere, der zeitlichen Begrenztheit, d. h. des Scheinbaren, und der Mitte:

Die 1. Wahrheit besagt, daß die → Dharmas keine unabhängige Wirklichkeit besitzen und daher leer sind.
Die 2. Wahrheit besagt, daß ein Dharma aber über eine zeitlich begrenzte »scheinbare« Existenz als Phänomen verfügt und durch die Sinne wahrgenommen werden kann.
Die 3. Wahrheit ist eine Synthese der 1. und 2. Sie ist die Wahrheit der »Mitte«, die über den beiden anderen steht und sie einschließt. Diese Wahrheit der Mitte wird gleichgesetzt mit der »Soheit«, dem wahren Zustand, der nicht außerhalb der Phänomene zu finden ist. Demnach sind Phänomen und Absolutes eins.
Diese Auffassung betont die Idee der Totalität und des gegenseitigen Durchdringens: Das Ganze und seine Teile sind eins, alle Dharmas sind so miteinander verschmolzen, daß jedes die anderen mitenthält. Leere, Scheinbarkeit und Mitte sind identisch und gehen in einem Dasein auf: »Der ganze Kosmos ist in einem Senfkorn enthalten«, und »ein Gedanke ist die 3000 Welten«, wie es die Meister dieser Schule ausdrükken, d. h. ein Gedanke ist die Universalität aller Dinge.
Die Praxis der Schule besteht im Üben der Meditationsmethode → Chih-kuan und beinhaltet esoterische Elemente wie die Verwendung von → Mudrās und → Mandalas.
Die T'ien-t'ai-Schule wird i. allg. als eine umfassende Richtung des Buddhismus angesehen, da sie alle Extreme und Einseitigkeiten anderer Schulen synthetisiert, was sich in ihrer Klassifizierung der Lehre des Buddha in »Fünf Perioden und Acht Lehren« widerspiegelt. Sie gilt als »universell«, da sie die Vorstellung der universellen Erlösung vertritt, die möglich ist, weil alle Lebewesen und Dinge → Buddha-Natur besitzen und weil sie alle zur Verfügung stehenden Mittel zur Verwirklichung von Erleuchtung anwendet. Die wichtigsten Werke der T'ien-t'ai-Schule sind: *Mahā-Shamata-Vipashyanā* (chin. *Mo-he chih-kuan*), die *Sechs wunderbaren Tore des Dharma* (chin. *Liu-miao-fa-men*) sowie Kommentare zum *Lotos-Sūtra,* die alle von Chih-i stammen.
Die Schule wurde im 9. Jh. von → Saichō (767–822), einem Schüler des 10. Patriarchen der Schule, Tao-sui, nach Japan gebracht, wo sie unter dem Namen → Tendai bekannt ist, und eine der bedeutendsten buddhist. Richtungen darstellt.

Die zentrale Praxis des Chih-kuan hat zwei Aspekte: *Chih* ist Konzentration oder Sammlung und läßt uns erkennen, daß alle Dharmas leer sind. Dadurch wird das weitere Entstehen von Illusionen verhindert. *Kuan* (Einsicht, Betrachtung) läßt uns erkennen, daß die Dharmas zwar leer sind, aber scheinbare, temporäre Existenz haben und konventionelle Funktion erfüllen.
Die Klassifizierung der Sūtras und der Lehren des Buddha in »Fünf Perioden und Acht Lehren« durch Chih-i stellt einen Versuch dar, Buddhas Lehre zu systematisieren, und ist eine Einteilung nach chronologischen und inhaltlichen Gesichtspunkten, um die Entstehung verschiedener Lehren innerhalb des Buddhismus zur Lösung metaphysischer Probleme zu erklären. Dies zeigt, daß die T'ien-t'ai-Schule wie keine andere bestrebt ist, alle Formen des Buddhismus in sich zu vereinen, indem sie den unterschiedlichsten Sūtras ihren Platz einräumt und → Hīnayāna wie auch → Mahāyāna als eine authentische Lehräußerung des Buddha betrachtet.
Die Einteilung in fünf Perioden erfolgte nach chronologischen Gesichtspunkten: 1. Periode des → *Buddhāvatamsaka-Sūtra;* 2. der → Āgamas; 3. der → *Vaipulya-Sūtras* (als 1. Stufe des Mahāyāna); 4. des → *Prajñāpāramitā-Sūtra;* und 5. des → *Lotos-Sūtra* und des → *Mahāparinirvāna-Sūtra.*
Die 1. Phase in der Lehrdarlegung des Buddha, die drei Wochen dauerte, beinhaltet nach Chih-i das *Buddhāvatamsaka-Sūtra,* das der Buddha unmittelbar nach seiner Erleuchtung gelehrt haben soll. Den Grundgedanken des Sūtra, nämlich daß das Universum Ausdruck des Absoluten ist, verstanden aber seine Schüler nicht, worauf der Buddha beschloß, die Āgamas zu predigen (2. Periode). Dabei lehrte er nicht die volle Wahrheit, sondern ging nur so weit, wie es das Verständnis seiner Schüler erlaubte: Er legte die → Vier Edlen Wahrheiten, den → Achtfachen Pfad und die Lehre vom Bedingten Entstehen (→ Pratītya-Samutpāda) dar. Diese Phase dauerte zwölf Jahre.
In der 3. Periode, die eine Zeitspanne von acht Jahren umfaßt, lehrte Buddha die erste Stufe des Mahāyāna. Er betonte dabei die Überlegenheit eines → Bodhisattva über einen → Arhat und unterstrich die Einheit von Buddha und Mensch, von Absolutem und Relativem.
Die 4. Periode, die 22 Jahre dauerte, beinhaltet die Lehren des *Prajñāpāramitā-Sūtra,* d. h. die Lehre von Shūnyatā und der Nicht-Existenz aller Gegensätze.
In der 5. und letzten Periode, die den letzten acht Lebensjahren des Buddha entspricht, unterstrich dieser die absolute Identität alles Gegensätzlichen. Die Drei Fahrzeuge (→ Triyāna) der → Shrāvakas, → Pratyeka-Buddhas und Bodhisattvas haben nur temporäre Gültigkeit und gehen in dem einen Fahrzeug, dem Buddha-Fahrzeug (→ Ekayāna) auf. In dieser letzten Periode, der des *Lotos-Sūtra,* hat der Buddha gemäß der T'ien-t'ai-Auffassung die vollkommene Lehre dargelegt.
Dies stellt eine zeitliche Einteilung der Lehren dar. Doch die Schule vertritt die Auffassung, daß der Buddha die Lehren der fünf Perioden auch gleichzeitig gepredigt hat, was zur Systematisierung der Lehre in acht Doktrinen führte, wobei vier vom Gesichtspunkt der

Methode und vier vom Gesichtspunkt der Natur der Lehre betrachtet werden müssen:
Die erste Gruppe umfaßt: 1. Die plötzliche Methode, die bei den talentiertesten Schülern angewendet wird, die die Wahrheit unmittelbar verstehen. Es ist die Methode des *Buddhāvatamsaka-Sūtra.*
2. Die allmähliche Methode, die von elementaren zu komplexeren Doktrinen führt und die *Āgama-, Vaipulya-Sūtra-* und *Prajñāpāramitā-Sūtra*-Perioden umfaßt. Das *Lotos-Sūtra* ist hier ausgenommen, da es weder »plötzlich« noch »allmählich« ist, sondern die Letzte Wahrheit des Buddha enthält.
3. Die geheime Methode, die vom Buddha nur dann angewandt wird, wenn er sich nur an eine Person wendet und nur von dieser verstanden wird. Es können andere Zuhörer anwesend sein, doch aufgrund der übernatürlichen Kräfte des Buddha erkennen diese sich gegenseitig nicht.
4. Die unbestimmte Methode, bei deren Anwendung die einzelnen Schüler des Buddha voneinander wissen, aber seine Worte in unterschiedlicher Weise hören und verstehen. – Die zwei letzten Methoden werden vom Buddha dann eingesetzt, wenn er Schüler mit ungleichen Fähigkeiten zur selben Zeit unterrichten will.
Dazu kommen die vier Kategorien, die nach dem Inhalt der Lehre zu verstehen sind: 1. die Lehre des Hīnayāna, bestimmt für Shrāvakas und Pratyeka-Buddhas; 2. die allgemeine Lehre, die Hīnayāna und Mahāyāna gemeinsam ist und für Shrāvakas, Pratyeka-Buddhas und Bodhisattvas auf niederer Stufe gedacht ist; 3. die spezielle Lehre für Bodhisattvas; und 4. die vollkommene, »runde« Lehre, die den → Mittleren Weg der gegenseitigen Identifikation lehrt. Die Periode des *Buddhāvatamsaka-Sūtra* umfaßt spezielle und »runde« Lehren, die der Āgamas nur die Lehren des Hīnayāna, die Vaipulya-Phase alle vier Doktrinen; die des *Prajñāpāramitā-Sūtra* enthält »runde«, aber auch allgemeine und spezielle Lehren. Nur das *Lotos-Sūtra* kann als wirklich »rund« und vollkommen angesehen werden.

T'ien-t'ai Te-shao, Z jap. Tendai Tokushō, 891–972, chin. Zen-Meister; ein Schüler und Dharma-Nachfolger (→ Hassu) von → Fa-yen Wen-i (jap. Hōgen Bun'eki) und der Meister von → Yung-ming Yen-shou (jap. Yōmyō Enju).

T'ien-ti, T chin., wörtl.: »Himmel und Erde«; stereotyper Ausdruck für das Universum (→ Wan-wu).

T'ien-tsun, T chin., wörtl.: »Himmlischer Ehrwürdiger«; Titel der höchsten Gottheiten des religiösen Taoismus (→ Tao-chiao, → Shen). Die wichtigsten dieser Himmlischen Ehrwürdigen sind: der Himmlische Ehrwürdige des Uranfangs (→ Yüan-shih t'ien-tsun), der Himmlische Ehrwürdige des Magischen Juwels (Ling-pao t'ien-tsun), der Himmlische Ehrwürdige des Tao und des Te (Tao-te t'ien-tsun, → San-ch'ing). Auch der Jadekaiser, → Yü-huang, wird als T'ien-tsun verehrt.

Die Himmlischen Ehrwürdigen des Taoismus sind den Bodhisattvas des Mahāyāna-Buddhismus nachempfunden. Der Titel des T'ien-tsun wurde seit dem 3. Jh. n. Chr. für taoist. Gottheiten verwendet, zu einer Zeit, in der der Buddhismus in China zusehends an Macht gewann. Die Taoisten waren gezwungen, ein Gegengewicht zu den buddhist. Idealfiguren zu schaffen.
Die Himmlischen Ehrwürdigen steigen, ähnlich den Bodhisattvas im populären Glauben, vom Himmel herab, um die Menschen zu belehren, oder sie übergeben die Lehre an niedrigere Gottheiten oder Unsterbliche (→ Hsien), die sie ihrerseits den Menschen darlegen. So kommen die Menschen in den Besitz der heiligen Texte und der Rezepte zur Erlangung der Unsterblichkeit. Als der Buddhismus nach China kam, war ein Titel des Buddha T'ien-tsun, doch wurde dieser zugunsten des Titels Shih-tsun (»Irdischer Ehrwürdiger«) aufgegeben, um eine Verwechslung mit dem taoist. Begriff zu vermeiden.

T'ien-t'ung Ju-ching, Z jap. Tendō Nyojō, 1163–1228, chin. Zen-Meister der → Sōtō-Schule; ein Schüler und Dharma-Nachfolger (→ Hassu) von → Chen-hsieh Ch'ing-liao (jap. Shingetsu Shōryō) und der Meister des großen jap. Meisters und Begründers des jap. Sōtō-Zen → Dōgen Zenji.

T'ien-wang, B chin. → Himmelskönige

Ti-i, T chin. → San-i

Ti-kuan, T → San-kuan

Tilopa B (Ti-lo-pa), tibet., etwa: »Mann, der Sesam zerstößt«; 988–1069, einer der berühmtesten → Mahāsiddhas und erster menschlicher Lehrer der → Mahāmudrā-Überlieferung. Er vereinigte verschiedene buddhist. → Tantra-Systeme Indiens und gab diese Methoden an seinen Schüler → Nāropa weiter. Unter dessen Namen (→ Nāro Chödrug) breiteten sich die Lehren des Tilopa in Tibet aus und waren vor allem für die Schule der → Kagyüpa von großer Bedeutung. Der Name »Tilopa« leitet sich von der Tatsache ab, daß er seinen Lebensunterhalt durch die Herstellung von Sesamöl verdiente.

Ti-lun-Schule, B chin., wörtl.: »Schule der Abhandlung über die Länder«; Richtung des frühen chin. Buddhismus, die sich auf einen Kommentar des → Vasubandhu zum → *Dashabhūmika* gründet, der von → Bodhiruchi, Ratnamati und Buddhasanta im Jahre 508 n. Chr. ins Chinesische übersetzt wurde. Ein Zweig dieser Richtung ist der Vorläufer der → Hua-yen-Schule.

Die Lehre der Ti-lun-Richtung greift die wesentlichen Gedanken des → Yogāchāra, vor allem die Theorie vom Speicherbewußtsein (→ Ālaya-Vijñāna) auf, worüber es innerhalb der Schule verschiedene Meinungen gab. Die nördliche Richtung, vertreten von Tao-ch'ung, einem Schüler des Bodhiruchi, war der Auffassung, das Speicherbewußtsein sei unwirklich, falsch und getrennt von der »Soheit« (→ Tathatā), und die → Buddha-Natur werde erst mit Erlangung der Buddhaschaft erworben, sei also nicht angeboren. – Der südliche und bedeutendere Zweig unter Hui-kuang, einem Schüler von Ratnamati, sieht das Speicherbewußtsein als wirklich und identisch mit der »Soheit« und die Buddha-Natur als angeboren an. Aus dieser südlichen Variante entwickelte sich die Hua-yen-Schule; die nördliche Richtung wurde von der → Fa-hsiang-Schule absorbiert.

Ting Shang-tso, Z jap. Jō Jōza, etwa 9. Jh., chin. Zen-Meister; ein Schüler und Dharma-Nachfolger (→ Hassu) von Lin-chi I-hsüan (jap. Rinzai Gigen). Wir begegnen dem »Mönchs-Ältesten Ting« im 32. Beispiel des → *Pi-yen-lu* (zitiert unter → Lin-chi I-hsüan).

Tīrthankara H (Tīrthaṅkara), Skrt., wörtl.: »Furtbereiter«, auch Jina; der → Jainismus kennt 24 Tīrthankaras oder Meister, die die Grundlagen des Glaubens der Jainas über Jahrhunderte übertragen haben. Der letzte dieser Lehrer war → Mahāvīra, der den Jainismus als Religionsgemeinschaft begründete.

Mahāvīra und seine elf Schüler waren die ersten, die sich gegen das Brahmanentum wandten. Ihre Lehre wird als die unorthodoxe Religion Indiens bezeichnet, da sie die brahman. Opferhandlungen sowie die Autorität der → Veden ablehnt. Die Jainas fordern, daß ein Mensch mindestens zwölf Jahre seines Lebens asketisch leben sollte.

Titikshā, H Skrt. → Shatkasampatti

Ti-ts'ang, B chin. (Skrt. → Kshitigarbha), wörtl.: »Schoß der Erde«; 1. Einer der vier großen Bodhisattvas im chin. Buddhismus, der nach volkstümlicher Auffassung die Höllenbewohner (→ Naraka) erlöst. Der ihm zugeordnete Berg ist der Chiu-hua-shan in Südchina, wo er während der T'ang-Dynastie in der Gestalt eines korean. Prinzen gelebt haben soll. Nach seinem Tode verweste seine Leiche nicht; über ihr wurde ein Tempel errichtet, der noch heute existiert.

Ti-ts'ang wird als Mönch dargestellt, der in der rechten Hand einen Metallstab hält, an dem sechs klingelnde Ringe befestigt sind und der ihm die Tore zur Hölle öffnet. In der linken Hand hält er das wunscherfüllende Juwel, dessen Strahlen die Höllen erleuchten und die Qualen der Verdammten lindern. Auf seinem Kopf trägt Ti-ts'ang manchmal eine Krone, wie sie chin. Mönche bei Totenfeiern aufsetzen. Manchmal wird er auch auf einem Lotosthron sitzend dargestellt.

Parshva, der 23. Tīrthankara (8. Jh. v. Chr.).

Vor unendlich langer Zeit war Ti-ts'ang ein Brahmane, der vor dem Buddha seiner Zeit das Gelübde ablegte, ebenfalls ein Buddha zu werden, aber nicht bevor er alle Wesen aus dem Kreislauf von Leben und Tod (→ Samsāra) befreit habe. In einer seiner unzähligen Existenzen war er ein Mädchen, dessen Mutter Lebewesen tötete, um sie zu essen. Nach deren Tod meditierte die Tochter so lange, bis sie eine Stimme hörte, die ihr befahl, den Namen des Buddha zu rezitieren. Sie geriet in Ekstase und gelangte zu den Pforten der Hölle, wo sie erfuhr, daß sie ihre Mutter durch ihre Meditationen aus den Qualen der Hölle gerettet hatte.

Ti-ts'ang kann dank seiner übernatürlichen Kräfte gleichzeitig sechs verschiedene Formen annehmen, um den Wesen in allen sechs Daseinsformen (→ Gati) beistehen zu können. – In einer speziellen Zeremonie, die i. allg. am 100. Tag nach dem Tod eines Angehörigen von Mönchen abgehalten wird, rufen diese Ti-ts'ang vor einer für den Verstorbenen aufgestellten Ahnentafel an und bitten ihn, den Toten in das → Reine Land des Buddha Amitābha zu führen. Dann folgt das Rezitieren eines → Mantra, wodurch der Verstorbene zurückgerufen werden soll, damit er die Darlegung der Lehre vernehmen kann. Die Zeremonie endet mit Anrufungen des Amitābha und des Ti-ts'ang.

2. Chin. Zen-Meister, → Lo-han Kuei-ch'en.

Tōhō Anshu 🅩, auch Tōhō Anju, jap. für → T'ung-feng An-chu

Tokudo, 🅩 jap., wörtl.: »Erlangen des Überschreitens«; 1. Bezeichnung der Zeremonie, mit der ein buddhist. Mönch ordiniert oder ein Laie in den Buddhismus initiiert wird. Sie beinhaltet das Empfangen der buddhist. Gelübde (→ Jūjū-kai). Die Mönchsordination heißt Shukke-Tokudo, die Initiation von Laien Zaike-Tokudo.

2. Eine Umschreibung der Erfahrung von → Erleuchtung.

Tokusan Senkan, 🅩 jap. für → Te-shan Hsüan-chien

Tongo, 🅩 jap., wörtl.: »plötzliche *(ton)* Erleuchtung *(go* → Satori)«; die Lehre von der plötzlichen Erleuchtung, wie sie sich mit der → Südlichen Schule verbindet, im Gegensatz zu der von der Nördlichen Schule vertretenen Lehre von der allmählichen Erleuchtung (→ Zengo). Die Unterscheidung von »plötzlich« und »allmählich« ist allerdings eine oberflächliche, während die tiefere Zen-Erfahrung deutlich macht, daß zwischen »plötzlich« und »allmählich« durchaus kein Widerspruch besteht. So betont Hui-neng, der 6. Patriarch des Zen in China, der als Begründer der Schule der plötzlichen Erleuchtung gilt, in seinem → *Liu-tsu-ta-shih fa-pao-t'an-ching* immer wieder, daß »plötzlich« und »allmählich« nicht im Dharma sind: »Im Dharma gibt es weder plötzlich noch allmählich. Aufgrund von Verblendung oder Erleuchtung geht es langsam und schnell.«

Tōsan Shusho, 🅩 jap. für → Tung-shan Shou-chu

Tosotsu Jūetsu, 🅩 jap. für → Tou-shuai Ts'ung-yüeh

Tōsu Daidō, 🅩 jap. für → T'ou-tzu Ta-t'ung

Tou-mu, 🅣 chin., wörtl.: »Mutter des Großen Wagens«; taoist. Gottheit. Sie überwacht die Register von Leben und Tod jedes einzelnen und wird von all jenen verehrt, die auf ein langes Leben hoffen. Sie personifiziert das Mitleid.

In den taoist. Tempeln sind ihr meist ganze Hallen geweiht. Sie wird auf einem Lotosthron sitzend dargestellt, hat vier Köpfe mit je drei Augen, rechts und links je vier Arme. In den Händen hält sie verschiedene kostbare Gegenstände. – Tou-mu wird auch von den chin. Buddhisten verehrt.

Tou-shuai Ts'ung-yüeh, 🅩 jap. Tosotsu Jūetsu, 1044–1091, chin. Zen-Meister der Ōryō-Linie des Rinzai-Zen (→ Ōryō-Schule); ein Schüler und Dharma-Nachfolger (→ Hassu) von → Pao-feng K'o-wen (jap. Hōbō Kokumon). Von Meister Tou-shuai stammen die berühmten »Drei Schranken«, die das 47. Beispiel des → *Wu-men-kuan* darstellen.

Dieses Kōan lautet:

»Der Zweck, zu verlassenen Grasplätzen zu gehen und Zazen zu üben, ist die Suche nach dem Wahren-Wesen. Wo ist jetzt, in diesem Augenblick, dein Wahres-Wesen?

Wenn du dein Wahres-Wesen erlebt hast, kannst du dich von Geburt und Tod befreien. Wie kannst du dich befreien, wenn dir die Augen brechen?

Hast du dich von Geburt und Tod befreit, kennst du den Ort, wohin du gehst. Wenn sich dein Körper in die vier Elemente aufgelöst hat, wohin gehst du dann?«

T'ou-tzu Ta-t'ung, 🅩 jap. Tōsu Daidō, 819–914, chin. Zen-Meister; ein Schüler und Dharma-Nachfolger (→ Hassu) von → Ts'ui-wei Wu-hsüeh (jap. Suibi Mugaku). Wir begegnen ihm im 41., 79., 80. und 91. Beispiel des → *Pi-yen-lu*. Wie das → *Ching-te ch'uan-teng-lu* berichtet, verließ T'ou-tzu sein Heim in jungen Jahren, um buddhist. Meditation zu praktizieren. Als Mönch der Hua-yen-Schule des chin. Buddhismus hatte er eine erste Erleuchtungserfahrung. Später wurde er Schüler von Ts'ui-wei, unter dem er tiefe Erleuchtung erfuhr.

Eines der im *Ching-te ch'uan-teng-lu* aufgezeichneten → Mondō mit seinem Meister verlief so:

»Eines Tages, als Ts'ui-wei in der Dharma-Halle herumging, trat T'ou-tzu an ihn heran und fragte: ›Meister, wie zeigt Ihr den Menschen den geheimen Sinn des Kommens aus dem Westen [→ Seirai-no-I]?‹

Ts'ui-wei hielt für einen Moment inne.

T'ou-tzu fragte erneut: ›Bitte, Meister, unterweist mich!‹

Ts'ui-wei sagte: ›Willst du, daß ich noch einen zweiten Kübel fauliges Wasser über dich ausschütte?‹

T'ou-tzu warf sich dankbar nieder und zog sich zurück.«

Nach langen Jahren der Wanderschaft, während der T'ou-tzu sich in → Hossen mit anderen Meistern weiter schulte, zog er sich in eine Einsiedelei auf dem Berg T'ou-tzu zurück, dessen Name auf ihn überging. Nachdem der große Zen-Meister → Chao-chou Ts'ung-shen (jap. Jōshū Jūshin) ihn dort aufgesucht hatte (ein Teil des Hossen zwischen den beiden Meistern findet sich als 41. Beispiel im *Pi-yen-lu*), verbreitete sich T'ou-tzus Ruhm, Zen-Mönche sammelten sich um ihn, und er führte sie während mehr als 30 Jahren auf dem Zen-Weg.

Im 80. Beispiel des *Pi-yen-lu* erleben wir ihn in einem Mondō mit einem wandernden Zen-Mönch:
»Ein Mönch fragte Chao-chou: ›Benutzt der Säugling seine sechs Sinne oder nicht?‹
Chao-chou sagte: ›Er spielt Ball auf dem raschen Wasser.‹
Später fragte der Mönch T'ou-tzu: ›Was heißt das, ‚auf dem raschen Wasser Ball spielen'?‹
T'ou-tzu sagte: ›Bewußtsein, Bewußtsein hört nicht auf zu fließen.‹«

Tōzan Ryōkai, Z jap. für → Tung-shan Liang-chieh

Tōzan Shusho, Z jap. für → Tung-shan Shou-chu

Traidhātuka, B Skrt. → Triloka

Trailanga Svāmi, H ein Heiliger, der im 19. Jh. in Benares in einem Tempel am Manikarnikā-Ghat, dem großen Verbrennungsplatz am Ganges, lebte.

Er hatte erkannt, daß durch Reden und Diskutieren die Unterschiede in der Welt nicht überwunden werden können. Solange der Mensch noch diskutiert, ist er sich noch der Vielfältigkeit der Welt bewußt. Nach seiner Erleuchtung, in der er seine Einheit mit dem Universum und allen lebenden Wesen erfahren hatte, legte Trailanga Svāmi ein Schweigegelübde ab. → Rāmakrishna, der ihn in Benares besuchte, war überzeugt, daß er ein echter → Paramahamsa sei.

Trailokya, B Skrt. → Triloka

Trātaka H (Trāṭaka), Skrt.; die Augen auf einen Fleck zwischen den Augenbrauen richten oder auf ein bestimmtes Objekt konzentrieren; auch das Starren, ohne mit den Augen zu blinzeln; eine → Kriyā-Übung des → Hatha-Yoga.

Tretā-Yuga, H Skrt. → Yuga

Trichīvara, B Skrt., »dreiteilige Robe«; bezeichnet die Robe eines buddhist. Mönches oder einer Nonne. Sie besteht aus dem Unterkleid *(antaravāsaka),* einem um die Lenden und Oberschenkel geschlungenen Tuch aus fünf Stoffteilen; dem Oberkleid *(uttarāsanga),* das ebenfalls aus Stoffteilen zusammengesetzt ist und beim täglichen Bettelgang, Zeremonien u. ä. getragen wird, sowie aus dem Mantel *(sanghāti),* der nur zu festlichen Anlässen getragen wird und aus 9–25 Stoffteilen besteht. Die Robe ist gewöhnlich aus Baumwolle, kann aber auch aus Seide und anderen Materialien sein. Die gebräuchlichste Farbe ist ockergelb, doch variiert sie stark von Land zu Land. So tragen die chin. Mönche z. B. blaue oder braune, tibet. Mönche rote und die jap. Zen-Mönche schwarze Roben. Sie sind aus mehreren Stoffteilen zusammengesetzt, da ursprünglich die Kleidung der Mönche und Nonnen ein Flickengewand aus Lumpen war, das ihre Armut unterstrich.

Triguna, H Skrt., die drei → Gunas

Trigunātīta H, auch Traigunyātīta, Skrt., identisch mit → Gunātīta

Trika, H Skrt., wörtl.: »drei bildend«; dieser Ausdruck bezieht sich auf die Wiedererkennungslehre (→ Pratyabhijñā) des nördlichen → Shaivismus, die sich aus drei Elementen zusammensetzt: 1. Die Welt entsteht einzig aus dem Wunsch des höchsten Gottes (→ Shiva). Er erweckt den Anschein, als existiere die Welt, die in Wirklichkeit nur in ihm selbst durch seinen bloßen Wunsch und Willen Form annimmt, außerhalb von ihm. 2. Nur durch Shivas Gnade gelangt der Mensch zu der »Wiedererkenntnis«, daß sein Wahres-Wesen (→ Ātman) immer eins gewesen ist mit der höchsten Wirklichkeit (Shiva bzw. → Brahman). 3. Hat der Mensch diese Wiedererkenntnis erlangt, so ist er berufen, andere zu ihr zu führen.

Zu den Hauptwerken dieser dreifachen → Vedānta-Lehre zählen: Vasuguptas *Shiva-Sūtra* (9. Jh. n. Chr.) und *Spanda-Kārikā* mit der *Vritti* seines Schülers Kallata; Somānandas *Shivadrishti* (900 n. Chr.); Utpalas *Pratyabhijñā-Sūtra* (930 n. Chr.); Abhinavaguptas *Paramārthasāra, Pratyabhijñāvimarshini* und *Tantrāloka;* sowie Kshemarājas *Shivasūtravimarshinī* und *Spandasandoha.*

Trikāla-Jñāna, H Skrt., wörtl. *trikāla:* »drei Zeiten« (auf Vergangenheit, Gegenwart und Zukunft bezogen), *jñāna:* »Erkenntnis«; beim Aufsteigen der → Kundalinī durch die verschiedenen → Chakras werden verschiedene → Siddhis erlangt. Es sind okkulte, magische Kräfte. Ein Trikāla-Jñāni besitzt die Fähigkeit, die Vergangenheit, Gegenwart und Zukunft zu kennen. (Siehe dazu auch → Chakra.)

Trikāya, B Z Skrt., wörtl.: »Drei Körper«; bezeichnet die drei Körper, die ein Buddha nach mahayanist. Auffassung besitzt. Die Basis dieser Lehre bildet die Überzeugung, daß der Buddha eins ist mit dem Absoluten und sich in der Welt des Relativen manifestiert, um sich aktiv für das Heil aller Wesen einsetzen zu können. Die drei Körper sind:

1. Dharmakāya (»Körper der Großen Ordnung«): das Wahre-Wesen des Buddha, das mit der transzendenten Wirklichkeit, der Essenz des Universums, identisch ist. Der Dharmakāya ist die Einheit des Buddha mit allem Seienden. Zugleich stellt er auch das »Gesetz« (→ Dharma), die von Buddha gepredigte Lehre, dar.

2. Sambhogakāya (»Körper des Entzückens«): der Körper der Buddhas, die in einem »Buddha-Paradies« (→ Reines Land) die in ihnen verkörperte Wahrheit genießen.
3. Nirmānakāya (»Körper der Verwandlung«): der irdische Körper, in dem die Buddhas den Menschen erscheinen, um ihren Entschluß zu erfüllen, alle Wesen zur Erlösung zu führen.

ad 1. Der Dharmakāya wurde in der frühesten Auffassung mit der Lehre, wie sie → Shākyamuni, der historische Buddha, dargelegt hat, identifiziert; erst später wurde er mit den beiden anderen Arten von Körpern zu einer Reihe verbunden. Er ist zeitlos, unvergänglich, ohne Kennzeichen, frei von jeglicher Dualität, der geistige Leib der Buddhas, ihr Wahres-Wesen, das allen Buddhas gemein ist. Der Dharmakāya wird mit verschiedenen Namen belegt, je nachdem, ob er als das Wahre-Wesen des Seins (Dharmatā, Dharmadhātu, Tathatā, Bhūtatathatā, Shūnyatā, Ālaya-Vijñāna) oder das der Buddhas aufgefaßt wird (Buddhatā, Buddha-Natur, Tathāgata-Garbha). In manchen Schulen wird der Dharmakāya als etwas Impersonales angesehen, in anderen wiederum als etwas Personales (siehe z. B. → *Lankāvatāra-Sūtra*, → *Buddhāvatamsaka-Sūtra*). Der Dharmakāya wird durch → Prajñā verwirklicht.
ad 2. Der Sambhogakāya ist das Resultat früherer guter Taten und wird infolge von Bodhisattva-Verdiensten durch Erleuchtung verwirklicht. Er weist die 32 Hauptmerkmale (→ Dvātrimshadvara-Lakshana) und 80 Nebenmerkmale eines Buddha auf und kann nur von Bodhisattvas wahrgenommen werden, die die letzte Stufe der Bodhisattva-Laufbahn (→ Bhūmi) erlangt haben. Der »Körper des Entzückens« stellt den Buddha der »Andacht« dar: Die Beschreibungen der Buddhas, die die Mahāyāna-Sūtras einleiten, beziehen sich auf diesen Aspekt. Die Buddhas in ihrer Sambhogakāya-Erscheinungsform bevölkern die Buddha-Länder (→ Sukhāvatī, → Abhirati), in denen wiedergeboren zu werden die Hoffnung vieler Buddhisten ist (→ Reines Land-Schule, → Jōdo-shū).
ad 3. Der Nirmānakāya verkörpert sich in den irdischen Buddhas und Bodhisattvas, die von den Sambhogakāya-Buddhas aufgrund ihres Erbarmens mittels ihrer Meditation in die Welt projiziert werden. Ihre Aufgabe besteht darin, die Lehre darzulegen. Sie stellen Wegweiser auf dem Weg zur Leidfreiheit dar, können die Gläubigen aber nicht unmittelbar dorthin bringen. Sie unterliegen wie alle Menschen dem Elend von Krankheit, Altern und Tod, besitzen aber das Himmlische Auge und Himmlische Gehör. Nach ihrem Tode ist die Individualität der Nirmānakāya-Buddhas aufgelöst.
Diese Lehre von den drei Körpern eines Buddha, die erst bei → Asanga voll entwickelt zu sein scheint, geht auf die Anschauungen der → Mahāsānghikas zurück, die die mahayanist. Buddhologie wesentlich prägten. Die Betonung lag bei ihnen auf dem überweltlichen, absoluten Charakter eines Buddha; die Gestalt des historischen Buddha trat immer mehr in den Hintergrund. Der Buddha ist körperlich und geistig rein, besitzt ewiges Leben und unendliche Macht. Die Buddhas, wie die Menschen sie erleben, sind dieser Auffassung nach nichts als magisch projizierter Geist, der unter ihnen erscheint, um sie zu erlösen.
Bei der Entwicklung dieser Lehre spielte auch die Vorstellung des unendlichen Raumes, der von unendlich vielen Welten erfüllt ist, eine wichtige Rolle, denn dadurch mußte die Zahl der Erlöser vervielfacht werden, damit alle Wesen in allen Welten zur Befreiung geführt werden können, was die große Anzahl an Bodhisattvas erklärt.

Für das Zen bezeichnen die drei Körper des Buddha drei Ebenen der Wirklichkeit, die jedoch, in wechselseitiger Beziehung stehend, ein Ganzes bilden. Der Dharmakāya (jap. Hosshin) ist das kosmische Bewußtsein, das Eins-Sein, das jenseits aller Begriffe liegt. Dieses Substrat von Vollendung und Vollkommenheit, aus dem alle belebten und unbelebten Formen sowie die moralische Ordnung erwachsen, verkörpert sich in → Vairochana (jap. Birushana).
Der Sambhogakāya (jap. Hōjin) ist das Erlebnis der Ekstase der → Erleuchtung, des Dharma-Geistes des Buddha und der Patriarchen und der geistigen Übungen, die sie überliefert haben. Er wird symbolisiert durch → Amitābha (jap. Amida).
Der Nirmānakāya (jap. Ōjin) ist der strahlende transformierte Buddha-Leib, personifiziert durch → Shākyamuni Buddha.

Die Wechselbeziehung zwischen den drei »Körpern« wird im Zen durch folgende Analogie veranschaulicht: Der Dharmakāya ist dem ärztlichen Wissen vergleichbar, der Sambhogakāya der Ausbildung des Arztes, durch die er dieses Wissen erwirbt, und der Nirmānakāya mit der Anwendung dieses Wissens bei der Behandlung der einzelnen Patienten, die dadurch aus Kranken zu Gesunden werden.

Im → Vajrayāna dient das Trikāya-Konzept dazu, die verschiedenen Erfahrungsebenen der Erleuchtung auszudrücken. Der Dharmakāya steht für die fundamentale Wahrheit der Leere (→ Shūnyatā), die allumfassende Höchste Wirklichkeit, die Erleuchtung an sich. Der Sambhogakāya und der Nirmānakāya, die sog. Formkörper, werden als Hilfsmittel angesehen, um die Erfahrung des Absoluten zu vermitteln. Im → Tibetischen Buddhismus werden Körper, Rede und Geist des Meisters (→ Guru) mit den drei Körpern gleichgesetzt und durch die Mantras OM – AH – HUNG symbolisiert.

Die allesdurchdringende und -umfassende Kraft des Dharmakāya wird hier durch → Samantabhadra verkörpert. Die Lehren der → Mahāmudrā und des → Dzogchen sollen zu dieser ganzheitlichen Erfahrung

der Unbegrenztheit und Offenheit des Geistes führen. Der Sambhogakāya repräsentiert den Aspekt der Eigenschaften des »Körpers der Lehre« und wird als unmittelbar aus diesem entstanden aufgefaßt. Seine ikonographisch dargestellten Formen kristallisieren sich in den fünf → Buddhakulas und werden als visualisierte Gottheiten im → Sādhana zum Kommunikationsmittel mit der Höchsten Wirklichkeit. Der »Körper des Entzückens« kann sich in einer friedvollen oder einer rasenden Form (→ Erscheinungsformen) zeigen und umfaßt auch die verschiedenen → Yidams und → Dharmapālas.
Der Nirmānakāya bezeichnet die bewußte Verkörperung des »Körpers der Lehre« in menschlicher Gestalt. Bezieht sich dies im Mahāyāna i. allg. auf den historischen Buddha Shākyamuni, so ist der Nirmānakāya im Vajrayāna jede Person, die im Besitz spiritueller Fähigkeiten eines zuvor verstorbenen Lehrers ist (siehe dazu → Tulku).
Die drei Körper sind nicht verschiedene Entitäten, sondern stellen eine Einheit dar, die als Svābhāvikakāya (»Wesenskörper«) bezeichnet wird. In bestimmten → Tantras wird eine weitere Erfahrungsebene beschrieben: die gefühlsmäßige Erfüllung der Existenz oder Mahāsukhakāya (»Körper der Großen Glückseligkeit«).

Trilakshaṇa B (Trilakṣaṇa), Skrt. (Pali: Tilakkhana), »Drei Merkmale«; bezeichnet die drei Merkmale alles bedingt Entstandenen: Vergänglichkeit (→ Anitya), Leiden (→ Duhkha) und Unpersönlichkeit (→ Anātman).

Trilochana H (Trilocana), Skrt., wörtl.: »dreiäugig«, ein Name für → Shiva.
Das *Mahābhārata* berichtet, daß aus Shivas Stirn ein drittes Auge mit einer großen Flamme sich auftat, als seine Gemahlin spielend mit ihren Händen über seine Augen fuhr, nachdem er im Himālaya Askese geübt hatte. Dieses Auge wirkte zerstörerisch. Es verwandelte → Kāma, den Gott der Liebe, zu Asche.

Triloka, H B Skrt., wörtl.: »Drei Welten, Drei Sphären«.
H Die drei Welten der hinduist. Kosmologie, → Svarga (der Himmel), Bhūmi (die Erde) und Pātāla (die Unterwelt, Hölle).
B auch Trailokya, Traidhātuka. Drei verschiedene Welten oder Sphären, die das → Samsāra darstellen und innerhalb derer der Kreislauf der Existenzen aller Wesen durch die Sechs Daseinsformen (→ Gati) stattfindet. Die 3 Sphären sind: 1. Kāmaloka (Sphäre der Begierde, auch Kāmadhātu): hier herrschen sexuelle und andere Formen der Begierde. Kāmaloka umfaßt die Höllenbewohner (→ Naraka), die Menschen, Tiere, sechs Klassen von Göttern (→ Deva) und die → Asuras.
2. Rūpaloka (Sphäre der begierdelosen Körperlichkeit, auch Rūpadhātu): hier ist Begierde nach Sexualität und Nahrung weggefallen, doch die Möglichkeit des Genießens besteht weiter. Diese Sphäre beinhaltet diejenigen Götter, die in den Dhyāna-Himmeln weilen. Eine Wiedergeburt in dieser Welt ist durch das Praktizieren der Vier Versenkungen (→ Dhyāna) möglich.
3. Arūpaloka (Sphäre des Körperlosen, auch Arūpadhātu): dieser Bereich stellt ein rein geistiges Kontinuum dar und besteht aus den vier Himmeln, in denen man durch das Üben der → Vier Sphärenstufen wiedergeboren werden kann.

Trimārga, H Skrt., wörtl.: »Dreiweg«; die Zusammenfassung der drei Yoga-Wege: → Karma-Yoga, → Bhakti-Yoga und → Jñāna-Yoga. Da → Rāja-Yoga nur eine spätere Bezeichnung des von Patañjali in seinem → *Yoga-Sūtra* dargelegten Yoga-Weges ist, wird er beim Trimārga nicht mit aufgezählt.

Trimūrti, H Skrt., wörtl.: »dreigestaltig«; die Hindu-Trinität der drei Götter → Brahmā, → Vishnu und → Shiva, die das Prinzip von Schöpfung, Erhaltung und Zerstörung symbolisieren. Trimūrti wird dargestellt als ein Körper mit drei Köpfen, in der Mitte Brahmā, rechts

Die Hindu-Trinität Shiva, Vishnu, Brahmā.

Vishnu und links Shiva. In den Veden ging der oben erwähnten Göttertrinität zunächst die Vorstellung der Trinität von → Agni, → Vāyu und → Sūrya voraus. Ein bekanntes Steinbildnis des Trimūrti befindet sich in einer Höhle auf der Insel Elefanta bei Bombay.
Brahmā ist die Verkörperung von Rajas-Guna (→ Guna), d. h. von Leidenschaften und Wünschen, durch die die Welt in Erscheinung trat. Vishnu ist die Verkörperung von Sattva-Guna, den Eigenschaften von Barmherzigkeit und Güte, durch die die Welt erhalten wird. Shiva ist die Verkörperung von Tamas-Guna, den Eigenschaften der Dunkelheit, des Zorns und des zerstörerischen Feuers, durch die die Welt ausge-

löscht wird. Die drei existieren in Einem und das Eine in den dreien, so wie die Veden in drei (Samhitā, Brāhmana und Sūtra) unterteilt und doch eins sind. Sie alle sind enthalten in dem einen Wesen, das das wahre Selbst aller Dinge ist.

Das → *Padma-Purāna,* ein Vaishnava-Werk, das Vishnu den Vorzug gibt, sagt: »Am Anfang der Schöpfung, als der große Vishnu den Wunsch hatte, die ganze Welt zu erschaffen, wurde er zur Dreifaltigkeit: dem Schöpfer, dem Erhalter und dem Zerstörer. Um diese Welt zu erschaffen, erzeugte der höchste Geist aus seiner rechten Seite Brahmā. Um sie zu erhalten, schuf er aus seiner linken Seite Vishnu. Zu ihrer Auflösung ließ er aus seiner Mitte Shiva entstehen. Einige verehren Brahmā, andere Vishnu und andere Shiva. Da die drei eine Einheit sind, sollte der Fromme keinen Unterschied zwischen ihnen machen.« – Die Verehrung Brahmās ist fast ausgestorben, während Vishnu und Shiva von ihren Anhängern mit großer Hingabe als höchstes Wesen verehrt werden.

Tripitaka 🅱 (Tripiṭaka), Skrt. (Pali: Tipitaka), wörtl.: »Dreikorb«; Kanon der buddhist. Schriften, bestehend aus drei Teilen: → Vinaya-Pitaka, → Sūtra-Pitaka, → Abhidharma-Pitaka. Der erste »Korb« enthält Berichte über die Entstehung des buddhist. → Sangha sowie die Disziplinregeln, die das Zusammenleben der Mönche bzw. Nonnen regeln. Der zweite umfaßt Lehrreden, die aus dem Munde des Buddha oder seiner unmittelbaren Schüler stammen sollen, und ist in fünf »Sammlungen« angeordnet: *Dīgha-Nikāya, Majjhima-Nikāya, Samyutta-Nikāya, Anguttara-Nikāya, Khuddaka-Nikāya* (siehe dort). Der dritte »Korb« stellt ein Kompendium buddhist. Psychologie und Philosophie dar.

Das Vinaya-Pitaka enthält einige der ältesten Teile des Kanons, die schon in den ersten Jahrzehnten nach dem Tode des Buddha entstanden sind. Nach der Spaltung in einzelne Schulen wurde dem Kanon der Abhidharma, der sich von Schule zu Schule unterscheidet, zugefügt, womit die Einheit der Überlieferung ein Ende fand. Jede Richtung besaß ihren eigenen Kanon; die einzelnen Fassungen unterschieden sich meist aber nur unwesentlich voneinander. Von diesen verschiedenen Versionen sind uns nur wenige erhalten.

Vollständig überliefert ist nur der sog. »Pali-Kanon«, benannt nach der Sprache, in der er abgefaßt ist. Dieser geht vermutlich auf den Kanon der → Sthaviras in Mittelindien zurück. Das Vinaya-Pitaka und Sūtra-Pitaka des Pali-Kanons sollen der Überlieferung zufolge beim 1. → Konzil (480 v. Chr.) schriftlich niedergelegt worden sein, auf dem → Upāli über Disziplin und → Ānanda über die Lehre befragt wurden. Ihre Antworten stellen die Grundlage für die Abfassung der beiden »Körbe« dar. Manchen Quellen zufolge soll damals auch schon das Abhidharma-Pitaka entstanden sein. Außerdem besitzen wir große Teile des Kanons des → Sarvāstivāda, der in Sanskrit abgefaßt ist und für den nordwestind. Raum maßgeblich war.

Von den Schriften der anderen Schulen, z. B. der → Mahāsānghika- und → Dharmaguptaka-Schule, sind nur Übersetzungen in chin. Sprache erhalten. Der für China und Japan maßgebliche chin. Kanon geht auf den der Dharmaguptakas zurück. Er ist im Aufbau weniger streng als der Pali-Kanon und im Lauf der Zeit oft verändert worden. Der älteste Katalog aus dem Jahre 518 n. Chr. erwähnt 2113 Werke. Der Kanon ist zum ersten Mal im Jahre 972 gedruckt worden. (Siehe dazu auch → Taishō Issaikyō, → Kangyur/Tengyur.)

Triputi 🅷 (Tripuṭi), Skrt., wörtl.: »dreifältige Hülle«; die dreigeteilte Manifestation der einen Höchsten Wirklichkeit in Raum und Zeit. Es ist die Aufteilung in Subjekt und Objekt und die Beziehung zwischen den beiden. Bekannte Beispiele der Dreiheit sind Erkenner, Erkanntes und Erkenntnis oder Liebender, Geliebtes und Liebe. Triputi wird im → *Drig-Drishya-Viveka* als täuschende Vorstellung ausführlich behandelt.

Triratna, 🅱 Skrt. (Pali: Tiratana), wörtl.: »Drei Kostbarkeiten«, auch »Drei Juwele oder Kleinodien«; die drei wesentlichen Bestandteile des Buddhismus: → Buddha, → Dharma, → Sangha, d. h. der Erwachte, die von ihm dargelegte Wahrheit und die gemäß dieser Wahrheit lebenden Anhänger. Festes Vertrauen in die Drei Kostbarkeiten bedeutet den »Stromeintritt« (→ Shrota-Āpanna). Die drei Kostbarkeiten sind Gegenstand der Verehrung und stellen Orte der »Zuflucht« dar: Der Buddhist nimmt zu ihnen Zuflucht, indem er die dreifache Zufluchtsformel spricht und sich so öffentlich als Buddhist bekennt (→ Trisharana). – Die Betrachtungen über die Drei Kostbarkeiten bilden drei der Zehn Betrachtungen (→ Anussati).

Siehe auch → Sambō.

Trisharana 🅱 (Triśaraṇa), Skrt. (Pali: Tisarana), wörtl.: »Dreifache Zuflucht«; Zufluchtnahme zu den Drei Kostbarkeiten (→ Triratna), Buddha, Dharma, Sangha, durch das Sprechen der dreifachen Zufluchtsformel, wodurch der Anhänger des Buddhismus sich als solcher bekennt. Dabei nimmt er Zuflucht zum Buddha als Lehrer, zur Lehre (Dharma) als »Medizin« und zu der Sangha genannten Gemeinschaft von Gefährten auf dem Weg. Die Zufluchtnahme ist Bestandteil der täglichen Praxis.

In China bildet die Zufluchtnahme einen Teil der Ordination zum Laienanhänger (→ Upāsaka, Upāsikā), wobei der Laie einzeln oder gemeinsam mit anderen unter der Schirmherrschaft eines Mönches die Zufluchtsformel rezitiert und anschließend einen Dharma-Namen erhält. Dies stellt die offizielle Aufnahme in den buddhist. Sangha dar.
Die Formel für die Zufluchtnahme lautet in Pali: *Buddham saranam gachchami, dhammam saranam gachchami, sangham saranam gachchami* (»Ich nehme meine Zuflucht zum Buddha, ich nehme meine Zuflucht zur Lehre, ich nehme meine Zuflucht zur Gemeinschaft«).

Trishiksha 🅑 (Triśikṣa), Skrt. (Pali: Tisso-Sikkhā), wörtl.: »Dreifache Schulung«; die drei miteinander untrennbar verbundenen Bereiche der buddhist. Praxis. Diese sind: 1. Schulung in Sittlichkeit (Adhishīla-Shiksha, → Shīla); 2. Schulung des Geistes (Adhichitta-Shiksha, → Samādhi); 3. Schulung in Weisheit (Adhiprajñā-Shiksha, → Prajñā). Diese drei Bereiche umfassen die gesamte buddhist. Lehre.
Unter »Schulung in Sittlichkeit« versteht man das Vermeiden von karmisch unheilsamen Aktivitäten. Die »Schulung des Geistes« erfolgt durch Sammlung (Samādhi); die »Schulung in Weisheit« hat das Entwickeln von Prajñā durch das Begreifen der buddhist. Wahrheiten zum Ziel. Diese drei Glieder sind voneinander abhängig: Das alleinige Kultivieren eines Aspektes kann nicht zum erwünschten Ziel, zur Befreiung (→ Vimukti), führen.

Trishnā 🅗 🅑 (Tṛṣṇā), Skrt., wörtl.: »Durst, Gier, Verlangen, Begehren«.
🅗 Lebensdurst, das Verlangen nach Sinnesobjekten, das durch spirituelle Übungen (→ Sādhana) überwunden werden kann und muß, weil Trishnā ein Hindernis für die spirituelle Entwicklung ist.
🅑 (Pali: Tanha); zentraler Begriff des Buddhismus. Trishnā ist jedes Begehren, das durch die Berührung eines Sinnesorgans mit einem entsprechenden Objekt entsteht und die Ursache des Anhaftens und damit des Leidens (→ Duhkha) bildet und die Wesen an den Daseinskreislauf (→ Samsāra) bindet. Das Überwinden und Aufgeben von Trishnā ist durch die Bewachung der Sinnesorgane, wodurch bei einer Berührung mit Sinnesobjekten keinerlei Leidenschaft und Begehren mehr aufkommt, möglich und führt zum Ende des Leidens.
Trishnā wird nach verschiedenen Gesichtspunkten klassifiziert:
1. Man unterscheidet sinnliches Begehren (Skrt. Kāma-Trishnā), Daseinsbegehren (Skrt. Bhava-Trishnā) und Selbstvernichtungsbegehren (Skrt. Vibhava-Trishnā). Diese drei Arten von Gier bilden den Inhalt der 2. der → Vier Edlen Wahrheiten von der Entstehung des Leidens. Sie veranlassen eine Tat und tragen die Frucht der Vergeltung bereits in sich.
2. Hinsichtlich der Sinnesobjekte unterscheidet man Gier nach Form, Klang, Duft, Geschmack, Körper- und Geisteindrücken.
3. Bezüglich der Drei Welten (→ Triloka) werden sinnliches Begehren, Begehren nach feinkörperlichem Dasein (Skrt. Rūpa-Trishnā) und nach unkörperlichem Dasein (Skrt. Arūpa-Trishnā) unterschieden.
Im Rahmen der Kette des Bedingten Entstehens (→ Pratītya-Samutpāda) wird Trishnā bedingt durch → Vedanā, die Empfindungen, und ruft seinerseits Ergreifen (→ Upādāna) eines Mutterschoßes hervor.
In der frühen Phase des Buddhismus wurde Trishnā allein als die Ursache des Leidens und damit des Gefangenseins im Existenzenkreislauf angesehen. Doch reichte die Vernichtung der Gier als Erklärung für die Befreiung aus dem Kreislauf nicht aus und es wurde eine weitere Vorstellung, die Lehre vom Nicht-Ich (→ Anātman) dazu herbeigezogen: die Tatsache, daß die Persönlichkeit als unabhängiges, an sich bestehendes Ich (→ Ātman) angesehen wird, führt dazu, daß allem, was mit ihr in Verbindung steht, besonderer Wert beigelegt wird, wodurch erst die Begierde aufkommen kann. Die Erlösung erfolgt dadurch, daß alles, was fälschlicherweise als unabhängiges Ich angesehen wurde, als nicht-wesenhaft erkannt wird, womit die Begierde wegfällt.

Trishula 🅗 (Triśula), wörtl.: »Dreizack«; das berühmte Emblem → Shivas, mit dem er häufig abgebildet wird. Die → Sādhus unter den Shiva-Anhängern tragen deshalb oftmals einen Dreizack mit sich und pflanzen ihn bei ihrer → Pūjā auf.

Trivikrama, 🅗 Skrt., wörtl.: »Dreifacher Schritt«; ein Beiname → Vishnus, der sich auf die »drei Schritte« bezieht, die er getan haben soll und deren Sinn symbolisch verschieden gedeutet wird.
In einem alten ved. Kommentar heißt es, Vishnu habe mit drei Schritten das ganze Weltall durchmessen: mit dem ersten Schritt als Feuergott → Agni die Erde, mit dem zweiten als Windgott → Vāyu die Luft und mit dem dritten als Sonnengott → Sūrya den Himmel. Nach einer anderen Deutung symbolisieren die drei Schritte den Aufgang, die Kulmination und den Untergang der Sonne. Der berühmte Kommentator → Sāyana versteht sie als Vishnus drei Schritte in seiner Inkarnation (→ Avatāra) als Zwerg → Vāmana.

Triyāna, 🅑 Skrt., wörtl.: »Drei Fahrzeuge«; drei

»Fahrzeuge«, die zum Erlangen des → Nirvāna führen: Shrāvaka-Yāna, Pratyeka-Yāna und Bodhisattva-Yāna (→ Shrāvaka, → Pratyeka-Buddha, → Bodhisattva). Das → Mahāyāna setzt das Shrāvaka-Yāna gleich mit dem → Hīnayāna, das zur Arhatschaft (→ Arhat) führt; das Pratyeka-Yāna mit dem »Mittleren Fahrzeug« (Mādhyamayāna), das zur Buddhaschaft, die für sich selbst erlangt wird, führt, und das Bodhisattva-Yāna mit dem Mahāyāna, das nach unzähligen Leben von Selbstaufopferung zur höchsten Buddhaschaft führt.

Im → *Lotos-Sūtra* werden diese drei Fahrzeuge als Teile des Einen Fahrzeuges oder Buddha-Fahrzeuges (→ Ekayāna) aufgefaßt, das je nach Vermögen der Schüler in diesen drei verschiedenen Formen gelehrt wird. Sie werden darin durch einen von Ziegen bzw. Rentieren und Ochsen gezogenen Wagen symbolisiert.

Ts'ai-shen, 🅃 chin., Gottheit des Reichtums; eine der wichtigsten Gottheiten des religiösen Taoismus (→ Tao-chiao) und der chin. synkretistischen Volksreligion. Der im Taoismus als Ts'ai-shen Verehrte ist nach traditioneller Auffassung Chao Hsüan-t'an Yüan-shuai, d. h. General Chao der Dunklen Terrasse. Der Sage nach soll er in der Ch'in-Dynastie gelebt und auf einem Berg Erleuchtung verwirklicht haben. Es heißt, daß → Chang Tao-ling bei seiner Suche nach dem lebensverlängernden Elixier um eine Schutzgottheit gebeten habe, worauf der Jadekaiser (→ Yü-huang) ihm General Chao schickte.

Die Gottheit des Reichtums verfügt über allerlei magische Kräfte: Sie vermag auf einem schwarzen Tiger zu reiten, Blitz und Donner abzuwehren, Krankheiten zu bekämpfen und bei kaufmännischen Geschäften Profit zu sichern.

Ts'ai-shen wird mit einem schwarzen Gesicht und einem dichten Schnurrbart dargestellt; auf dem Kopf trägt er eine eiserne Kappe, in der Hand hält er eine eiserne Waffe.

Neben General Chao gibt es noch eine Vielzahl von anderen Persönlichkeiten, die als Ts'ai-shen verehrt werden. Im Volksglauben nimmt er eine zentrale Stellung ein. Er wird von den meisten Familien verehrt, wobei sich um seine Gestalt aber kein spezieller Kult ausgebildet hat. Die ärmeren Familien begnügen sich damit, die zwei Zeichen seines Namens auf ein Blatt Papier zu schreiben und dieses auf die Tür zum wichtigsten Raum des Hauses zu kleben. Die reicheren stellen eine Statue des Ts'ai-shen auf. An seinem Geburtstag (16. Tag des 3. Monats) pflegt man ihm einen Hahn zu opfern, mit dessen Blut die Türschwelle bestrichen wird.

Manchmal werden auch zwei Figuren als Ts'ai-shen verehrt: der militärische und der zivile, die je nach Region verschiedene Persönlichkeiten sind.

Ts'an-t'ung-ch'i, 🅉 chin. (jap. *Sandōkai*), wörtl.: »Das Zusammenfallen von Verschiedenheit und Gleichheit«; Gesang des chin. Zen-Meisters → Shih-t'ou Hsi-ch'ien (jap. Sekitō Kisen), in dem der alle Dualität transzendierende erleuchtete Bewußtseinszustand (→ Erleuchtung) besungen wird. Das *Ts'an-t'ung-ch'i* wird bis heute in Zen-Klöstern (vor allem der Sōtō-Schule) rezitiert. Eine engl. Übersetzung nach dem chin. Original findet sich in Thomas Cleary, *Timeless Spring*, New York 1980; eine dt. Zweitübersetzung nach der Übertragung von Taisen Deshimaru ist *Sandokai* von Sekito Kisen, Berlin 1980.

Tsao-chün, 🅃 chin., wörtl.: »Herr des Herdes«, Herd- und Küchengott; taoist. Gottheit, die bis heute den wichtigsten Platz in der chin. Volksreligion einnimmt. Ein Bildnis des Herdgottes wird über dem Herd angebracht, und an den Neumond- und Vollmondtagen wird Tsao-chün im Rahmen einer kleinen Zeremonie von der Familie verehrt.

Von seinem Platz über dem Herd registriert der Herdgott alles, was im Haus vor sich geht, und berichtet darüber dem Jadekaiser (→ Yü-huang) an jedem Neujahrstag. Daher ist es Sitte, am Vorabend seinem Abbild Honig um den Mund zu schmieren, damit er dem höchsten Gott nur Gutes über die Familie berichte.

Auf Neujahrs-Buntdrucken sieht man Tsao-chün von einer Kinderschar umringt, da er zugleich auch der Beschützer der Familie ist.

Der Legende nach geht die Verehrung des Tsao-chün bis ins 2. Jh. v. Chr. zurück. Dem taoist. Magier → Li Shao-chün gewährte der Herdgott demnach ewige Jugend und Bedürfnislosigkeit. Li versprach dem Kaiser Hsiao Wu-ti (140–86 v. Chr.) dieselben Fähigkeiten, sollte er den Kult des Herdgottes per Dekret schützen. Li ließ den Herdgott in der Nacht erscheinen, worauf der Kaiser Tsao-chün ein Opfer darbrachte. Er glaubte, nun in den Besitz einer Pille der Unsterblichkeit zu kommen und in das Geheimnis des Goldmachens eingeweiht zu werden. Als aber die Hoffnungen des Kaisers unerfüllt blieben, versuchte Li Shao-chün einen anderen Trick: Er beschrieb ein Stück Seide mit einigen Zeichen und gab es einem Ochsen zu fressen. Er prophezeite, daß man beim Schlachten des Ochsens eine wunderbare Botschaft finden würde. Doch zu seinem Unglück erkannte der Kaiser Li's Handschrift und ließ ihn bestrafen. Doch der Kult des Tsao-chün war schon in die kaiserlichen Praktiken aufgenommen worden und blieb seit dieser Zeit Bestandteil der Volksreligion der Chinesen.

Im Glauben des Volkes gibt es über die Entstehung der Gestalt des Tsao-chün eine Fülle von Legenden. Nach einer heißt es, daß »ein Mann namens Chang Lang mit einer sehr tugendhaften Frau verheiratet war, die seinem Haushalt Glück und Segen brachte. Eines Tages verstieß er sie um eines leichten Mädchens willen, und sie kehrte zu ihren Eltern zurück. Damit verließ ihn aber auch sein Glück. Das Mädchen wandte sich von ihm ab, er wurde blind und mußte schließlich sein Leben als Bettler fristen. Auf der Suche nach Almosen gelangte er eines Tages, ohne es zu wissen, in das Haus seiner verstoßenen Frau. Sie erkannte ihn, ließ ihn ein und setzte ihm sein Lieblingsgericht vor. Dies erinnerte ihn an sein verlorenes Glück, und weinend erzählte er ihr davon. Da befahl sie ihm, die Augen zu öffnen, und plötzlich konnte er wieder sehen und erkannte sie. Aus Scham über die Art und Weise, wie er sie behandelt hatte, versuchte er sich zu verstecken und sprang schließlich in den Ofen, ohne zu ahnen, daß Feuer darin war. Die Frau versuchte ihn zu retten, erwischte aber nur ein Bein, das in ihrer Hand blieb. Seither wird der Feuerhaken als Bein des Chang Lang bezeichnet. Die Frau trauerte um ihn, stellte ein Seelentäfelchen über dem Herd auf, wo er sein Leben gelassen hatte, und brachte ihm Opfer dar. Seither wird er als Küchengott verehrt«. (Zit. n. E. Unterrieder, *Glück ein ganzes Mondjahr lang,* Klagenfurt 1984, S. 12.)

Ts'ao Kuo-chiu, ◼ → Pa-hsien

Ts'ao-shan Pen-chi, ◼ jap. Sōzan Honjaku, 840–901, chin. Zen-Meister, ein Schüler und Dharma-Nachfolger (→ Hassu) von → Tung-shan Liang-chieh (jap. Tōzan Ryōkai). Zusammen mit seinem Meister Tung-shan begründete Ts'ao-shan die Ts'ao-tung-Schule (jap. → Sōtō-Schule) des Zen, die nach den jeweils ersten Schriftzeichen der Namen der Initiatoren benannt ist. Die Sōtō-Schule ist eine der beiden Schulen des Zen, die in Japan bis auf den heutigen Tag lebendig sind. Wir begegnen Ts'ao-shan im 10. Beispiel des → *Wu-men-kuan;* seine Unterweisungen und Aussprüche sind enthalten im *Fu-chou Ts'ao-shan Pen-chi-ch'an-shih yü-lu* (»Aufzeichnung der Worte des Zen-Meisters Ts'ao-shan Pen-chi aus Fu-chou«).

Ts'ao-shan, der in seiner Jugend die konfuzian. Klassiker studiert hatte, verließ sein Heim mit 19 Jahren und wurde buddhist. Mönch. Mit 25 Jahren empfing er die volle Ordination. Von dem Kloster auf dem Ling-shih-Berg in Fu-chou aus besuchte er häufig die öffentlichen Darlegungen des → Buddha-Dharma des Meisters vom Tung-shan in Kiangsi. Eines Tages kam es zu einem → Mondō zwischen Tung-shan und Ts'ao-shan, in dem der Meister Ts'ao-shans Begabung erkannte und ihn daraufhin als Schüler annahm.

Ts'ao-shan kam unter Tung-shan zu tiefer Erleuchtung. Als er sich von Tung-shan verabschiedete, kam es zu folgendem Wortwechsel, der im → *Ching-te ch'uan-teng-lu* aufgezeichnet ist:

»Tung-shan fragte: ›Wohin gehst du?‹

Ts'ao-shan sagte: ›Dorthin, wo es keine Veränderung gibt.‹

Tung-shan sagte: ›Wie kannst du dort hingehen, wo es keine Veränderung gibt?‹

Ts'ao-shan sagte: ›Mein Gehen ist keine Veränderung.‹«

Nach seinem Abschied von Tung-shan wanderte Ts'ao-shan durch das Land und unterwies die Menschen im Buddha-Dharma, wie es die jeweiligen Umstände erforderten. Schließlich wurde er eingeladen, sich in einem Kloster auf dem Ts'ao-shan (Berg Ts'ao) niederzulassen, dessen Name auf ihn überging. Später lebte er auf dem Berg Ho-yü; an beiden Orten sammelte sich eine große Schar von Schülern um ihn.

Im 10. Beispiel des *Wu-men-kuan* erleben wir Ts'ao-shan in einem → Hossen mit seinem Schüler Ch'ing-jui (jap. Seizei):

»Ein Mönch kam einst zu Meister Ts'ao-shan: ›Ch'ing-jui [ich] ist einsam und arm. Seid so gut, Meister, gebt mir bitte Hilfe zum Gedeihen.‹

Ts'ao-shan sagte: ›Āchārya [→ Ajari] Jui!‹

Ch'ing-jui sagte: ›Ja!?‹

Ts'ao-shan sagte: ›Du hast schon drei Becher vom (erlesenen) Wein aus dem Pai-Haus von Ch'üan-chou getrunken und sagst noch, du habest dir nicht die Lippen genetzt!‹«

Ts'ao-tung-tsung, ◼ chin. für → Sōtō-Schule

Tso-ch'an, ◼ chin. für → Zazen

Tsogchen, ◼ tibet. → Dzogchen

Tsongkhapa ◼ (Tsoṅ-kha-pa), tibet., wörtl.: »Mann aus dem Zwiebeltal«. Der als Reformator bekannte Gelehrte (1357–1419) begründete die Schule der → Gelugpa und schuf eine der bedeutendsten Lehrtraditionen des → Tibetischen Buddhismus. Zu einer Zeit geboren, als die Redaktion des tibet. Kanons (→ Kangyur/ Tengyur) abgeschlossen war, unterzog Tsongkhapa diese Lehren einer gründlichen Überarbeitung und faßte sein Ergebnis vor allem in zwei Hauptwerken zusammen: *Lamrim Chenmo* (»Große Darlegung der Stufen des Weges«, auch: »Stufenweg zur Erleuchtung«) und *Ngagrim Chenmo* (»Große Darlegung des Geheimen Mantra«). Die größten Klöster Tibets wie Drepung, Sera und Ganden gehen auf Tsongkhapas Wirken zurück.

Im Nordosten von Tibet, in Amdo, geboren, wurde Tsongkhapa schon in jungen Jahren mit der Religion vertraut; im Alter von drei Jahren nahm er die Laiengelübde unter dem 4. → Karmapa, Rölpe Dorje (1340–1383). Er studierte alle Wissensgebiete unter

Der Reformator Tsongkhapa. (Tibet. Blockdruck.)

zahlreichen Lehrern und hörte vor allem die Unterweisungen der → Sakyapa- und → Kadampa-Schule.
Die herausragende Fähigkeit des Tsongkhapa als umfassender Gelehrter zeigt sich in seinen Werken, die 18 Bände füllen und von den nachfolgenden Schülergenerationen als Textbücher verwendet wurden. Er betonte vor allem das Studium von fünf Wissensgebieten, deren Meisterung gründliches Hören der Unterweisungen voraussetzte, ihre kritische Überprüfung und ihre Verwirklichung in der Meditation.
Der philosoph. Sicht ordnete er die »Mittlere Lehre« (→ Mādhyamaka) und die Logik zu, die Unterweisungen zur Meditation bestanden in den Lehren des → *Prajñāpāramitā-Sūtra* und des → Abhidharma, und der rechte Lebenswandel wurde durch die Disziplinar-Regeln (→ Vinaya) gewährleistet.
Tsongkhapa werden außerdem vier große Taten zugeschrieben: die Renovierung einer bedeutenden Statue des → Maitreya, sein Bestehen auf der Einhaltung des Vinaya, die Einrichtung des Mönlam, eines Neujahrfestes, und die Konstruktion bestimmter Klosterbauten.

Tsou Yen, **T** 3. Jh. v. Chr., bedeutendster Vertreter der Schule des Yin-yang (→ Yin-yang chia). Nach dem großen Historiker Ssu-ma Ch'ien bestand die Methode des Tsou Yen darin, die kleinen Dinge genau zu untersuchen und dann die Analyse auf größere auszuweiten, bis das Grenzenlose erreicht ist. Er wandte die Lehre der Fünf Elemente (→ Wu-hsing) auf die Geschichte und Geographie an. Er klassifizierte die chin. Flüsse, Berge, Täler, Tiere usw. und behauptete, daß China, das Reich der Mitte, nur ein Einundachtzigstel der Welt ausmache, die insgesamt aus neun Kontinenten bestehe und von einem großen Ozean umgeben sei.
Tsou Yen entwickelte eine neue Sicht der Geschichte, indem er die Ereignisse in Politik und sozialem Leben mit der Abfolge der Fünf Elemente in Zusammenhang brachte. Die Abfolge der Dynastien, die ihrem Wesen nach einem bestimmten Element entsprechen, wiederholt die Abfolge der Fünf Elemente: der Gelbe Kaiser (→ Huang-ti) regierte unter dem Element Erde, das vom Element Holz der Hsia-Dynastie »besiegt« wurde. Das Holz wurde seinerseits vom Element Metall der Shang-Dynastie besiegt, dieses wiederum vom Element des Feuers, unter dessen Zeichen die Chou-Dynastie regierte. Das Feuer würde, so Tsou Yen, vom Wasser der folgenden Dynastie abgelöst, darauf müßte wiederum eine vom Element Erde regierte Dynastie folgen.
Im → *Lü-shih ch'un-ch'iu* (Buch 13, Kap. 2) wird die Geschichtsphilosophie des Tsou Yen dargelegt, ohne daß allerdings sein Name genannt wird:
»So oft ein Herrscher oder König im Begriff ist aufzutreten, offenbart der Himmel sicher glückliche Vorzeichen unter den Menschen. Zur Zeit des Huang-ti ließ der Himmel erst einen großen Regenwurm und eine große Maulwurfsgrille erscheinen. Huang-ti sprach: ›Die Kraft der Erde ist siegreich.‹ Weil die Erdkraft im Siegen war, machte er gelb zur höchsten Farbe und nahm die Erde in seinen Handlungen zum Vorbild.
Zur Zeit des Yü [→ Ta-yü] ließ es der Himmel zuerst geschehen, daß Gräser und Bäume im Herbst und Winter nicht abstarben. Da sprach Yü: ›Die Kraft des Holzes ist siegreich.‹ Weil die Holzkraft im Siegen war, machte er grün zur vornehmsten Farbe und nahm das Holz in seinen Handlungen zum Vorbild.
Zur Zeit des T'ang [Gründer der Shang-Dynastie] ließ der Himmel erst eine Metallklinge im Wasser erscheinen. T'ang sprach: ›Die Kraft des Metalls ist siegreich.‹ Weil die Metallkraft im Siegen war, darum machte er weiß zur vornehmsten Farbe und nahm in seinen Handlungen das Metall zum Vorbild.
Zur Zeit des Königs Wen [Gründer der Chou-Dynastie] ließ der Himmel zuerst eine rote Krähe erscheinen, die einen roten Brief im Schnabel hielt und sich auf dem Erdaltar von Chou niederließ. Der König Wen sprach: ›Die Kraft des Feuers ist siegreich.‹ Weil die Feuerkraft im Siegen war, darum machte er rot zur vornehmsten Farbe und nahm in seinen Handlungen das Feuer zum Vorbild.
Wenn ein anderes Geschlecht die Herrschaft des Feuers ablösen wird, so wird es sicher durch die Kraft des Wassers geschehen. Und der Himmel wird erst offenbaren, daß die Kraft des Wassers im Siegen sein wird, darum wird er schwarz zur vornehmsten Farbe machen und in seinen Handlungen sich das Wasser zum Vorbild nehmen. Wenn die Kraft des Wassers da sein wird, und man versteht es nicht, den schicksalsschweren Augen-

blick zu ergreifen, so werden die Wirkungen sich wieder nach der Kraft der Erde hin verrücken.« (Zit. n. *Frühling und Herbst des Lü Bu We,* übers. v. R. Wilhelm, Düsseldorf/Köln 1979, S. 160.)

Tso-wang, T chin., wörtl.: »Sitzen (und) Vergessen«; taoist. Meditationsmethode, die die höchste Stufe der taoist. Versenkung darstellt. Dabei nimmt der Meditierende keinerlei Meditationsobjekte zu Hilfe, sondern läßt seinen Geist frei schweben, ohne einzugreifen. So verharrt er im Nicht-Handeln (→ Wu-wei) und verwirklicht die Einheit mit dem → Tao. Er läßt alle Formen und Beschränkungen hinter sich und ist frei von Wünschen und Begierden.
Die Methode des Tso-wang wird im → *Chuang-tzu* (Buch 6, Kap. 7) beschrieben.

»Yen Hui sagte: ›Ich bin zur Ruhe gekommen und habe alles vergessen‹ [Tso-wang].
K'ung-tzu sprach bewegt: ›Was meinst du damit, daß du zur Ruhe gekommen bist und alles vergessen hast?‹
Yen Hui sprach: ›Ich habe meinen Leib dahinten gelassen, ich habe abgetan meine Erkenntnis. Fern vom Leib und frei vom Wissen bin ich eins geworden mit dem, das alles durchdringt. Das meine ich damit, daß ich zur Ruhe gekommen bin und alles vergessen habe.‹
K'ung-tzu sprach: ›Wenn du diese Einheit erreicht hast, so bist du frei von allem Begehren; wenn du dich so gewandelt hast, so bist du frei von allen Gesetzen und bist weit besser als ich, und ich bitte nur, daß ich dir nachfolgen darf.‹«

Ts'ui-wei Wu-hsüeh, Z jap. Suibi Mugaku, 9. Jh., chin. Zen-Meister; ein Schüler und Dharma-Nachfolger (→ Hassu) von → Tan-hsia T'ien-jan (jap. Tanka Tennen) und der Meister von → T'ou-tzu Ta-t'ung (jap. Tōsu Daidō). Wir begegnen ihm im 20. Beispiel des → *Pi-yen-lu.*
Über Ts'ui-wei ist wenig bekannt, außer daß er wie sein Meister Tan-hsia ein von den Fesseln aller Konventionen freier Charakter war und allem Buchwissen abhold, weshalb er sich auch Wu-hsüeh, der Ungebildete, nannte. Er hatte fünf Dharma-Nachfolger, von denen vor allem T'ou-tzu als großer Zen-Meister bekannt wurde.

Ts'ui-yen Ling-ts'an, Z jap. Suigan Reisan, 9.–10. Jh., chin. Zen-Meister; ein Schüler und Dharma-Nachfolger (→ Hassu) von → Hsüeh-feng I-ts'un (jap. Seppō Gison). Ts'ui-yen hatte zwei Dharma-Nachfolger, über die – wie über ihren Meister – so gut wie nichts bekannt ist. Wir begegnen Ts'ui-yen im 8. Beispiel des → *Pi-yen-lu.*

Ts'ung-jung-lu, Z chin. (jap. *Shōyō-roku*), etwa: »Buch des Gleichmuts«; Sammlung von 100 Kōan, die im 12. Jh. von dem chin. Zen-Meister → Hung-chih Cheng-chüeh (jap. Wanshi Shōgaku) zusammengestellt wurde. Der Titel ist vom Namen der Einsiedelei des Meisters, der »Klause des Gleichmuts«, abgeleitet. Mehr als ein Drittel der Beispiele des *Ts'ung-jung-lu* sind mit Kōan des → *Pi-yen-lu* und des → *Wu-men-kuan* identisch (eine engl. Übersetzung von Thomas Cleary erschien unter dem Titel *The Book of Equanimity*, New York 1985).
Die Tatsache, daß Meister Hung-chih, der der → Sōtō-Schule angehörte – und zudem gerade der Meister ist, der oft als heftiger Gegner der Kōan-Praxis (→ Kanna-Zen) der → Rinzai-Schule dargestellt wird –, selbst eine solche Sammlung von Kōan zusammenstellte, macht deutlich, daß die Meinungsverschiedenheiten und Unterschiede in der Schulungsmethode im alten China wie auch später in Japan nicht so gravierend gewesen sind. Auch das Sōtō-Zen bediente sich des Kōan als eines hervorragenden Hilfsmittels der Schulung.

Tsung-mi, B 780–841, 5. und letzter Patriarch der → Hua-yen-Schule des chin. Buddhismus. Tsung-mi tritt in seinen Werken für eine Kombination der philosoph. Hua-yen-Schule mit der Praxis des Zen ein. Er erläutert die komplizierten Theorien des Hua-yen, vor allem die des Fa-tsang, in verständlicher Form. Seine Abhandlung über die »Ur-Natur des Menschen« (chin. *Yüan-jen lun*) ist eines der Standardwerke für die Schulung buddhist. Mönche in Japan geworden. Darin stellt er die Lehren der einzelnen buddhist. Richtungen seiner Zeit systematisch und kritisch dar und grenzt sie gegen andere Geistesströmungen ab.
Tsung-mi wuchs in einer konfuzianist. Familie auf. 807 wollte er die Prüfungen für die Beamtenlaufbahn machen, als er einem Zen-Meister begegnete, der ihn so beeindruckte, daß er Mönch wurde. Er studierte zuerst die Lehren des Zen. Nachdem er aber einen Kommentar zum *Buddhāvatamsaka-Sūtra* gelesen hatte, wurde er Schüler von Ch'eng-kuan, einem bedeutenden Vertreter des Hua-yen. Bald darauf begann er seine Lehrtätigkeit, wobei er sich auf die Auslegung dieses Sūtra konzentrierte. Daneben befaßte er sich aber sein ganzes Leben intensiv mit der Praxis des Zen. Sein Ruf als Hua-yen-Meister war so groß, daß er mehrmals an den Kaiserhof geladen und ihm der Titel eines »Meisters der purpurnen Robe« verliehen wurde. Zu seiner Bedeutung für den Zen-Buddhismus siehe unter → Kuei-feng Tsung-mi, seinem Zen-Namen.

Ts'ung-shen, Z → Chao-chou Ts'ung-shen

Ts'un-shen, T chin. → Ts'un-ssu

Ts'un-ssu, T chin., wörtl.: »den Gedanken aufrechterhalten«; taoist. Meditationsmethode, bei der man über ein bestimmtes Objekt meditiert. Als Meditationsobjekte dienen vor allem die

Drei Juwele (→San-pao): das Tao, die taoist. Schriften (vor allem die Schriften des Magischen Juwels [→*Ling-pao ching*]) und der Meister, in diesem Fall →Lao-chün. Bei einer Variante des Ts'un-ssu versucht man, die Gottheiten (→Shen), die im Inneren des Körpers wohnen, zu visualisieren (→Innere-Gottheiten-Hygiene-Schule). Diese Spielart heißt Ts'un-shen (wörtl.: »Aufrechterhalten der Gottheiten«; →Nei-kuan). – Ziel dieser Meditation ist es, durch die Entwicklung reiner Energien langes Leben zu erlangen.

Tukārām, **H** 1608–1649, bedeutendster religiöser Dichter der im westl. Indien entstandenen Literatur in der Marāthī-Sprache. In seinen zahlreichen kurzen Liedern, *Abhangs* genannt, schildert er seine spirituellen Erfahrungen. Gegen den Protest der gelehrten Brahmanen erfreuten sich seine sog. *Kīrtanas* (Predigten mit Gesang) beim einfachen Volk wie auch bei der herrschenden Klasse großer Beliebtheit.

Tukārām entstammte einer wohlhabenden Getreidehändlerfamilie aus Dehu bei Puna. Da er sich aber ganz seinen religiösen Übungen und der Dichtkunst widmete, fühlte er sich zur Armut verpflichtet und lehnte die Honorare, mit denen ihn die Reichen seiner Zeit belohnen wollten, ab. In seinen Liedern singt er vom Schmerz der Trennung von Gott, von dem Trost, daß Gott ihn wie ein Kind an die Hand nimmt, und schließlich von der Freude, die Sinne überwunden und Vereinigung mit Gott gefunden zu haben.

»Gleich dem ihm in mancher Hinsicht verwandten bengalischen Heiligen →Chaitanya, von dem er vielleicht mittelbar beeinflußt worden ist, soll er seinen Tod auf merkwürdige Weise gefunden haben: Als er mit seinen Anhängern am Ufer der Indrāyanī in ekstatischer Verzückung seine Hymnen sang, entschwand er plötzlich ihren Blicken und wurde nicht mehr gesehen.« (H. v. Glasenapp)

T'u-ku na-hsin **T**, kurz T'u-na, chin., wörtl.: »Altes abgeben und Neues aufnehmen«; taoist. Atemübung. Die verbrauchte Luft wird so vollständig wie möglich durch den Mund ausgeatmet, dann wird durch die Nase frische Luft eingeatmet. Dabei versucht man, die Lungen maximal mit frischer Luft zu füllen. Durch diese Atemtechnik wird der »tote Atem« (Ssu-ch'i, →Ch'i) ausgeschieden und »lebendiger Atem« (Sheng-ch'i) aufgenommen, was eine wesentliche Vorbedingung für die Erlangung der Unsterblichkeit darstellt. Das T'u-na zählt zu den verschiedenen Methoden des Nährens des Körpers oder des Lebens (→Yang-hsing, →Yang-sheng). Das Ausatmen der verbrauchten Luft kann von sechs verschiedenen Lauten begleitet werden, die jeweils auf ein bestimmtes inneres Organ wirken und eine spezifische Heilkraft besitzen.

Atmet man die Luft mit dem Laut *Ch'i* aus, spricht man die Lungen an und kann Tbc heilen. Der Laut *Ho* entspricht dem Herzen und hilft bei Kopfschmerzen. *Hsü* wirkt auf die Leber und heilt eine phlegmatische Gemütsverfassung. *Hu* spricht die Milz an und läßt Fieber sinken. *Ch'ui* entspricht den Nieren und beugt Erkältungen vor. *Hsi* beeinflußt die Speiseröhre, den Magen und das Urogenitalsystem und lindert rheumatische Schmerzen.

Tulku **B** (Sprul-sku), tibet., wörtl.: »Körper der Verwandlung«; im →Tibetischen Buddhismus Bezeichnung für eine Person, die nach bestimmten Prüfungen als Reinkarnation einer zuvor verstorbenen Persönlichkeit angesehen wird. Diese Vorstellung entwickelte sich aus der →Trikāya-Lehre und wurde in Tibet mit der Auffindung des 2. →Karmapa, Karma Pakshi (1204–1283), geschaffen. Der Tulku wurde als ein wichtiges Mittel angesehen, um die spirituelle und politische Kontinuität der Klosterinstitutionen zu gewährleisten. Neben den vier Oberhäuptern der Hauptschulen des Tibetischen Buddhismus gab es eine große Zahl von Tulku-Linien.

Schon in den Lehren des →Mahāyāna wird die Macht, die Umstände der Wiedergeburt bestimmen zu können, als eine besondere Fähigkeit erwähnt. Es ist eine der Eigenschaften, die einen Bodhisattva auf der 8. Stufe (→Bhūmi) seiner spirituellen Entwicklung auszeichnet. Dies bildet, zusammen mit dem Konzept des Nirmānakāya (→Trikāya), in dem die Höchste Wirklichkeit als körperliche Erscheinung manifest wird, die doktrinäre Grundlage des Tulku-Phänomens.

In der →Karma-Kagyü-Schule wurde das Prinzip der bewußten Wiedergeburt zuerst in all seinen Möglichkeiten ausgeschöpft. Vor allem diente es der ungebrochenen Überlieferung der Lehren der →Mahāmudrā. Das Potential des jeweils als Tulku erkannten Kindes wurde von den Lehrern intensiv gefördert, so daß der Tulku schließlich die gesamte Lehrtradition beherrschte und sie seinerseits an die Reinkarnationen seiner Lehrer weitergeben konnte. Aber auch die politische Dimension spielte eine gewisse Rolle, wie am Beispiel einiger →Dalai Lamas zu sehen ist. – Die wichtigsten zeitgenössischen Tulkus sind der Dalai Lama Tenzin Gyatso (geb. 1935), Oberhaupt der →Gelugpas; Karmapa Rigpe Dorje (1924–1982), Oberhaupt der Kagyüpas; Düjom Rimpoche (geb. 1904), Oberhaupt der →Nyingmapa; und der →Sakyapa Sakya Trizin (geb. 1945).

Tulsīdās **H**, auch Tulasīdās, 1532–1623, größter ind. Dichter seiner Zeit. Seine Hindi-Version von Vālmīkis →*Rāmāyana* ist in Nord- und Mittelindien bis heute das beliebteste und einflußreichste Buch. Der *Rāmcharit-Mānas* (»Der heilige See der Taten Rāmas«) hat das moralische und spirituelle Leben von Millionen von Hindus geformt. Von den ihm zugeschriebenen 37 Werken sind nur 12 mit Sicherheit von ihm verfaßt. Sein zweites großes Werk, die *Vinaya-Patrikā* (»Die Bittschrift«), enthüllt in ergreifenden Hymnen sein ganz von Gottesliebe erfülltes Herz. (Übersetzungen nur in engl. u. franz. Sprache.)

Tulsīdās kam als Sohn eines Brahmanen in einem Dorf in der Provinz Uttar Pradesh (Nordindien) zur Welt. Wegen einer ungünstigen Konstellation bei seiner Geburt wurde er verstoßen und von einem → Sādhu erzogen. Er heiratete und war von leidenschaftlicher Liebe zu seiner Frau erfüllt. Als er ihr eines Tages unaufgefordert in ihr Elternhaus folgte, wies sie ihn mit den Worten zurück: »Wenn du nur halb so viel Liebe zu Rāma hättest wie zu diesem vergänglichen Körper, hätte all dein Kummer ein Ende, und du würdest Erleuchtung erlangen.« Durch diese scharfen, aber weisen Worte erkannte Tulsīdās die Unwirklichkeit der Welt. Er entsagte ihr und weihte sein ganzes Leben Rāma als einer Manifestation der Höchsten Wirklichkeit. Um sein Leben ranken sich viele Legenden.
Der *Rāmcharit-Mānas* ist keine bloße Hindi-Übersetzung von Vālmīkis großem Sanskrit-Epos. Tulsīdās läßt Shiva die Geschichte von Rāma seiner Gemahlin Pārvatī erzählen. Diese Geschichte ist zunächst wie ein See in Shivas Innerem verborgen, ähnlich dem großen Sarovara-See in der Nähe des Berges → Kailāsa, Shivas Wohnsitz. Erst durch Pārvatīs Fragen nach dem wahren Wesen Rāmas tritt dieser in Shivas Innerem verborgene See zum Wohl der Menschheit zutage.

Tumo 🅑 (gTum-mo), tibet.: »Innere Hitze«. Eine der »Sechs Doktrinen des Nāropa« (→ Nāro Chödrug), die vor allem durch die Biographie des → Milarepa im Westen bekannt wurde. Durch Regulierung des Atemrhythmus, Konzentration auf das Nabelzentrum (→ Chakra), und Visualisation bestimmter Silben wie etwa RAM und HAM (→ Mantra), gelingt es dem Übenden, seine Körperwärme willkürlich bis zu einem solchen Grad zu steigern, daß er gewissermaßen »in Flammen steht«. Diese aus Methoden des ind. Yoga entwickelte Technik war in Tibet nicht nur ein spezielles Mittel, um Erleuchtung zu erlangen, sondern wurde auch als Schutz gegen die extreme Kälte eingesetzt.

T'ung Chung-shu, 🅣 → Konfuzianismus

T'ung-feng An-chu, 🅩 jap. Tōhō Anshu (Anju), 9. Jh., chin. Zen-Meister; ein Schüler und Dharma-Nachfolger (→ Hassu) von → Lin-chi I-hsüan (jap. Rinzai Gigen). Wir begegnen ihm im 85. Beispiel des → *Pi-yen-lu;* wie einige der Dharma-Nachfolger von Lin-chi lebte er als Einsiedler.

Tung-shan Liang-chieh, 🅩 jap. Tōzan Ryōkai, 807–869, chin. Zen-Meister. Er gilt als Schüler und Dharma-Nachfolger (→ Hassu) von → Yün-yen T'an-sheng (jap. Ungan Donjō) und ist der Meister von → Ts'ao-shan Pen-chi (jap. Sōzan Honjaku), → Yüeh-chou Ch'ien-feng (jap. E'-shū Kempō) und → Yün-chü Tao-ying (jap. Ungo Dōyō). Tung-shan Liang-chieh (nicht zu verwechseln mit → Tung-shan Shou-chu!) ist zusammen mit Ts'ao-shan Pen-chi der Begründer der → Sōtō-Schule und war einer der bedeutendsten Zen-Meister der T'ang-Zeit. Er formulierte die → Fünf Grade (der Erleuchtung), die bis heute eine wichtige Rolle in der Zen-Schulung spielen, wobei sie in der → Rinzai-Schule am Ende der → Kōan-Schulung stehen. Die Darlegungen von Tung-shan Liang-chieh sind aufgezeichnet im *Shui-chou Tung-shan Liang-chieh-ch'an-shih yü-lu* (»Aufzeichnung der Worte des Zen-Meisters Tung-shan Liang-chieh aus Shui-chou«), das im 17. Jh. von dem Mönch Yüan-hsin (1571–1646) und anderen kompiliert wurde. Wir begegnen Tung-shan Liang-chieh im 43. Beispiel des → *Pi-yen-lu.*
Als Tung-shan Liang-chieh, noch Novize, in einem Kloster der → Vinaya-Schule des Buddhismus seinen Meister nach der Bedeutung einer Zeile aus dem → *Herz-Sūtra* fragte, konnte ihm dieser keine Antwort geben. So machte Tung-shan sich auf, bei Meistern der Zen-Schule nach Antwort auf seine bohrenden Fragen zu suchen. Mit 21 Jahren erhielt er auf dem → Sung-shan die volle Mönchsweihe und pilgerte daraufhin durch das Land, wobei er die großen Zen-Meister seiner Zeit aufsuchte. Zuerst kam er zu → Nan-ch'üan P'u-yüan (jap. Nansen Fugan), der nach einem Gespräch mit Tung-shan dessen Begabung erkannte und ihn als Schüler annahm. Nach einiger Zeit der Schulung wanderte er weiter zu → Kuei-shan Ling-yu (jap. Isan Reiyū), der ihn nach einiger Zeit weiterschickte zu Yün-yen T'an-sheng, dessen hervorragendster Schüler er wurde und unter dem er seine erste Erleuchtungserfahrung machte.

Als Tung-shan auch von Yün-yen wieder Abschied nahm, so berichtet das → *Ching-te ch'uan-teng-lu,* fragte er ihn: »Wie soll ich Euren Dharma beschreiben, wenn mich nach Eurem Dahinscheiden einmal jemand danach fragt?« Yün-yen antwortete darauf: »Sag nur: ›Bloß Dies, Dies!‹« – eine Antwort, die Tung-shan nicht begriff. Als er auf seiner weiteren Wanderschaft jedoch durch einen Fluß watete und dabei sein Spiegel-

bild im Wasser erblickte, erlebte er tiefe Erleuchtung (→ Daigo-Tettei) und begriff plötzlich.
Mit etwa 50 Jahren wurde Tung-shan Abt eines Klosters auf dem Berg Hsin-feng und ließ sich später auf dem Berg Tung-shan nieder (dessen Name auf ihn überging), wo sich zahlreiche Schüler um ihn sammelten und er sie auf dem Zen-Weg führte, bis er in seinem 63. Lebensjahr in Versunkenheit sitzend in die Verwandlung einging.
Ein Beispiel für Tung-shans Lehrweise findet sich im *Pi-yen-lu* (43. Beispiel):
»Ein Mönch fragte Tung-shan: ›Kälte und Hitze kommen und gehen. Wie vermeidet man sie?‹
Tung-shan sagte: ›Warum gehst du nicht dahin, wo es keine Kälte und Hitze gibt?‹
Der Mönch sagte: ›Wo ist der Ort ohne Kälte und Hitze?‹
Tung-shan sagte: ›Wenn es kalt ist, tötet die Kälte den Āchārya [dich], wenn es heiß ist, tötet die Hitze den Āchārya.‹«

Tung-shan Shou-chu, Z jap. Tōsan (Tōzan) Shusho, 910–990, chin. Zen-Meister; ein Schüler und Dharma-Nachfolger von → Yün-men Wen-yen (jap. Ummon Bun'en). Er ist nicht zu verwechseln mit → Tung-shan Liang-chieh (jap. Tōzan Ryōkai), einem der beiden Gründer der → Sōtō-Schule, der auf dem Berg Tung-shan in Kiangsi lebte. Der ebenfalls Tung-shan genannte Berg, auf dem Tung-shan Shou-chu als Zen-Meister wirkte und dessen Name auf ihn überging, lag indessen im Norden der Provinz Hupeh.
Tung-shan Shou-chu stammte aus Shensi in Nordwestchina. Er legte eine Fußwanderung von mehr als 2000 Kilometern in die Provinz Kwangtung in Südostchina zurück, bis er schließlich zu Meister Yün-men gelangte – angesichts der unruhigen Zeiten und der unwegsamen Landstriche, die er dabei durchqueren mußte, ein eindrucksvoller Beweis seines »Willens zur Wahrheit« (→ Kokorozashi).
Die Geschichte der Erleuchtung von Tung-shan Shou-chu findet sich als 15. Beispiel im → *Wu-men-kuan*.
Das Kōan lautet:
»Einst als Tung-shan zur Unterweisung zu Yün-men kam, fragte Yün-men: ›Woher kommst du?‹
Tung-shan sagte: ›Von Ch'a-tu.‹
Yün-men sagte: ›Wo warst du während des Sommers?‹
Tung-shan sagte: ›Im Pao-tzu(-Kloster) in Hunan [wörtl.: „südlich des Sees"].‹
Yün-men sagte: ›Wann bist du dort weggegangen?‹
Tung-shan sagte: ›Am 25. August.‹
Yün-men sagte: ›Ich erspare dir sechzig Schläge!‹
Am nächsten Tag kam Tung-shan zu Yün-men und fragte: ›Gestern erlitt ich, daß der Meister mir sechzig Schläge ersparte. Ich weiß nicht, worin mein Fehler lag.‹
Yün-men sagte: ›Ach, du Reissack! Was läufst du da herum westlich des Flusses und südlich des Sees!‹
Bei diesen Worten erlebte Tung-shan tiefe Erleuchtung.«
(Zu »westlich des Flusses und südlich des Sees« → Shih-t'ou Hsi-ch'ien.)
Außer dem , was wir im 15. und 18. Beispiel des → *Wu-men-kuan* sowie in Meister Yüan-wus Darlegung zum 12. Beispiel des → *Pi-yen-lu* (das mit *Wu-men-kuan,* 18 identisch ist) über Tung-shan Shou-chu hören, ist kaum etwas über ihn bekannt. Seine berühmte Antwort auf die Frage »Was ist Buddha?« gehört jedoch zu den berühmtesten »Ein-Wort-Schranken« (→ Ichiji-Kan) im Zen:
»Ein Mönch fragte Tung-shan: ›Was ist Buddha?‹
Tung-shan sagte: ›Drei-Pfund-Hanf [jap. *masagin*]!‹«

Tung-shan wu-wei, Z chin., wörtl.: »Fünf Grade des Tung-shan«; → Fünf Grade (der Erleuchtung)

Tun-huang, B Oasenstadt in der Provinz Kansu im Nordwesten Chinas, wo sich berühmte Höhlen, die unter dem Namen Mo-kao-k'u bekannt sind, befinden. Es ist dies die größte erhaltene Anlage buddhist. Kulthöhlen der Welt. Die frühesten stammen aus dem Anfang des 5. Jh. Heute sind noch 492 Höhlen erhalten, die sich in fünf Ebenen über eine Länge von 1 km erstrecken. Die Höhlen sind vor allem berühmt wegen ihrer Wandgemälde, die eine Fläche von 45 000 qm bedecken; sie bergen außerdem über 2400 bemalte Statuen. In einer der Höhlen (Nr. 16) wurden Tausende von Schriftrollen, in der Mehrzahl Sūtras, entdeckt, die für die Erforschung des Buddhismus in Zentralasien und China von unschätzbarem Wert sind.
Die Wandmalereien illustrieren Geschichten aus den Sūtras oder stellen einzelne Buddha-Figuren dar sowie Szenen aus dem alltäglichen Leben. Die vor dem Ende des 6. Jh. entstandenen Malereien zeigen Begebenheiten aus dem Leben des Buddha → Shākyamuni; ab der T'ang-Dynastie herrschen Fresken vor, die das Westliche Paradies (→ Sukhāvatī) zeigen. Weitere Motive sind der Buddha → Maitreya, Illustrationen zum → *Buddhāvatamsaka-Sūtra,* → *Lotos-Sūtra* und → *Vimalakīrtinirdesha-Sūtra.*
Die Statuen stellen Buddhas, Bodhisattvas (vor allem den tausendarmigen → Avalokiteshvara

und → Ti-ts'ang), → Lo-hans, verschiedene Arten von Göttern und andere mythologische Gestalten dar.

Die Mo-kao-Grotten, die vom Wüstensand verschüttet waren, wurden um 1900 von einem Bauern entdeckt, der die Grotte Nr. 16 freilegte, in der sich über 40 000 Schriftrollen (Dokumente, Sūtras, taoist. und konfuzianist. Schriften, Malereien) und Ritualgegenstände befanden, die von den in den Höhlen lebenden Mönchen bei ihrer Flucht vor einfallenden Fremdvölkern zurückgelassen wurden. Der Finder, der sich des Wertes dieser Gegenstände nicht bewußt war, verkaufte einen Teil davon. 1907 fand die erste Expedition westl. Forscher nach Tun-huang statt: Sir Aurel Stein kaufte 150 Stück Brokatseide, über 500 Malereien und 6500 Sūtra-Rollen auf. 1908 verließ Paul Pelliot, ein französischer Sinologe, Tun-huang mit 6000 Schriftrollen. Ihnen folgten Engländer und Japaner. Ein großer Teil der Kunstschätze befindet sich heute in westl. Museen.

Die Grundform der Höhlen ist rechteckig oder quadratisch. Die frühesten Grotten aus der Wei-Dynastie (Mitte 4.– Mitte 5. Jh.) bestehen meist nur aus einem Raum mäßiger Größe mit Apsis, in der sich die Statuen befinden. Die späteren gliedern sich in mehrere Räume. Die Statuen stehen meist mitten im Raum auf einem Sockel und an der Rückwand der Höhlen. Unter der Sung-Dynastie wurden die einzelnen Höhlen mit Balkonen und Leitern untereinander verbunden. Die Wände sind in Felder aufgeteilt und zeigen Darstellungen aus den → Jātakas und der Buddha-Reiche in Tempera-Technik.

Die Figuren aus der Wei-Dynastie lassen deutlich ind. Einfluß erkennen und zeichnen sich durch einen linearflächigen Stil aus. Sie haben breite Gesichter, lange Nasen, geschwungene Augenbrauen und strahlen majestätische Stärke aus. Die Gewänder sind leicht und dünn. Als Ornamente wurden symmetrische Formen, Blattmotive, Tiere aus der chin. Mythologie verwendet. Die Statuen der Sui-Dynastie (581–618) stellen neben Buddhas und Bodhisattvas erstmals auch → Ānanda dar. In dieser Periode beginnt eine starke Sinisierung. Die Figuren mit ihren großen Köpfen und Oberkörpern wirken unproportioniert und fallen durch ihre reiche Verzierung auf.

Die Darstellungen aus der T'ang-Dynastie (618–907) sind realistisch und lebensnah. Gewänder und Schmuck sind in allen Details ausgearbeitet. Aus dieser Periode stammen die Kolossalstatuen: Die größte Buddha-Darstellung erreicht eine Höhe von 33,25 m. Die Wandmalereien zeigen Szenen aus den Sūtras; oft wird auch nur ein Bodhisattva dargestellt, was auf die Wichtigkeit der Bodhisattva-Verehrung zu dieser Zeit zurückgeht. Außerdem finden sich hier die ersten → Mandalas. – Aus späterer Zeit sind kaum Originalhöhlen vorhanden; meist wurden schon vorhandene umgestaltet, wobei aber keine wesentlich neuen Elemente eingeführt wurden.

T'un-t'o, 🅃 chin. → Yü-chiang

Turīya, 🄷 Skrt., wörtl: »das Vierte«; der überbewußte Zustand der Erleuchtung, der deshalb der Vierte genannt wird, weil er über die drei vertrauten Bewußtseinszustände (→ Avasthā) Wachen, Träumen und Tiefschlaf hinausgeht. Dieser Zustand des Absoluten Bewußtseins ist jenseits von Denken, Kausalität und Körperidentifizierung, er ist unbeschreibbar. Psychologisch wird er Turīya, philosophisch → Brahman genannt. Die → *Māndūkya-Upanishad,* die alle Bewußtseinszustände analysiert, umschreibt Turīya negativ als »weder subjektive noch objektive Erfahrung, weder Bewußtsein noch Unbewußtsein, weder Erkenntnis der Sinne, noch relative Erkenntnis noch abgeleitete Erkenntnis«. Seine positive Beschreibung lautet: »Reines, einheitliches Bewußtsein, unaussprechlicher Friede« und »das Wesen des → Ātman«. (Siehe dazu auch → Brahma-Chaitanya.)

Tushita 🄱 (Tuṣita), Skrt., wörtl.: »die Stillzufriedenen«; der von den »Stillzufriedenen Göttern« (→ Deva) bewohnte Himmel. Der Tushita-Himmel ist allen Buddhas vorbehalten, die nur noch einmal auf der Erde wiedergeboren werden müssen, um die letzten Karma-Reste abzustreifen. So gilt er als der Sitz des zukünftigen Buddha → Maitreya.

Tushita als der Himmel des Maitreya war Objekt der Sehnsucht der Gläubigen Chinas, die dort wiedergeboren werden wollten. Sie sahen in Maitreya eine Art Erlöser, der nicht nur die Lehre verkündet, sondern auch die Welt von Not und Leiden befreien und in einen Zustand ungetrübter Freude führen würde. Eine Wiedergeburt im Tushita-Himmel kann durch Zufluchtnahme zum Buddha Maitreya und das Rezitieren seines Namens erlangt werden. Im Laufe der Entwicklung trat Tushita allerdings hinter das Paradies des Buddha → Amitābha zurück (→ Reines Land, → Sukhāvatī).

Tu-shun 🄱, auch Fa-shun genannt, 557–640, 1. Patriarch der → Hua-yen-Schule. Nach Beginn seiner Lehrtätigkeit schlossen sich ihm die Anhänger der → Ti-lun-Schule an, was den Anfang der Hua-yen-Schule darstellt.

In seiner Jugend ging Tu-shun zur Armee, wurde aber mit 18 Jahren Mönch und begann mit der Praxis von → Dhyāna. Später spezialisierte er sich auf das → *Buddhāvatamsaka-Sūtra.* Er stellte als erster die Theorie der »Zehn geheimnisvollen Tore« auf, die die Grundlehren des Hua-yen beinhalten und später von Fa-tsang, dem eigentlichen Begründer der Schule überarbeitet wurden.

Da er viele »Wunder« gewirkt haben soll, wurde er der »Bodhisattva von → Tun-huang« genannt. Der regierende Kaiser verlieh ihm den Ehrentitel »Kaiserliches Herz« und stellte ihm eine beträchtliche Summe zur Bestreitung seines Lebensunterhalts zur Verfügung.

T'u-t'an-chai, ◼ chin. → Chai

T'u-ti, ◼ chin.; Gottheit eines bestimmten Territoriums, die dem Stadtgott (→ Ch'eng-huang) untersteht. Jedes Stadtviertel, jede Straße, jeder Tempel oder öffentliches Gebäude einer chin. Stadt hat seinen eigenen Schutzgott. Die Funktion eines T'u-ti wird manchmal berühmten historischen Persönlichkeiten übertragen.

Die Aufgaben der T'u-ti sind die gleichen wie die der Ch'eng-huang: Sie führen Register über Leben und Tod der Bewohner des ihnen unterstellten Gebiets. Jeder Todesfall muß ihnen mitgeteilt werden: Weinende Frauen begeben sich zum Heiligtum der Gottheit und bringen ihr Räucherwerk und Papiergeld dar. Außerdem hängen gute Ernten von ihrer Gunst ab.

Tu-yen-lung, ◼ → Ming-chao Te-chien

Tvashtri ◼ (Tvaṣṭṛ), Skrt., wörtl.: »Zimmermann«; im *Rigveda* ist diese Gottheit der ideale Künstler, der göttliche Handwerker, der Beherrscher aller Fertigkeiten. Er schärft und trägt die große Eisenaxt und schmiedete → Indras Donnerkeil.

Im → *Shatapatha-Brāhmana* heißt es von Tvashtri: »Er schuf eine Vielzahl von Wesen, er gab Himmel und Erde und allen Dingen ihre Form. Er ist der Herr des Universums, der erstgeborene Beschützer und Führer und kennt die Regionen der Götter. Er erhält die Anbetenden und beschützt ihre Opferhandlungen. Er hat, wie die anderen Götter, Freude an den Hymnen seiner Verehrer, denen er Wohlstand spendet.« In den → Purānas wird Tvashtri mit → Vishvakarma, dem Architekten der Götter, und manchmal mit → Prajāpati identifiziert.

Tyāga, ◼ Skrt., wörtl.: »aufgeben, loslassen«; Entsagung, selbstloses Tun, das nicht nach Früchten oder Ergebnissen trachtet; ein Grundprinzip des → Karma-Yoga. Der 18. Gesang der *Bhagavad-Gītā* behandelt den Begriff ausführlich. Krishna erklärt darin → Arjuna, was rechte Entsagung ist. Wer sich darin übt, wird Tyāgi genannt.

Tzu, ◼ chin., wörtl.: »Ahnen«; die Verehrung der Ahnen nimmt in der chin. Religion einen zentralen Platz ein. Die Ahnen, die in jeder Familie in Form der Ahnentäfelchen zugegen sind, schützen die Familienmitglieder und stellen eine Verbindung zwischen den Lebenden und den höheren Welten dar. An bestimmten Tagen werden den Ahnen Opfer dargebracht.
Die im Familienschrein aufbewahrten Ahnentäfelchen bestehen aus einem etwa 10–12 cm breiten und doppelt so hohen Holzbrettchen, auf dem der Name und evtl. der Titel, manchmal auch Geburts- und Sterbedatum des Toten eingraviert sind. Bei reichen Familien stehen die Ahnentäfelchen in einem besonderen Ahnentempel, in dem die Täfelchen aller Angehörigen aufbewahrt werden. Bei weniger begüterten Familien stehen sie an der Nordwand des Hauptzimmers. Sie sind mit Kerzen und Räucherwerk geschmückt.

Die Ahnentafeln werden gemäß dem Rang der Toten in der Familienhierarchie aufgestellt: Neben denen der Männer stehen jene ihrer Hauptfrauen. Je mehr Täfelchen eine Familie besitzt, desto größer ihr Stolz.
Normalerweise werden zweimal im Monat, am Neumond- und am Vollmondtag, kleine Zeremonien zu Ehren der Ahnen abgehalten, wobei das Familienoberhaupt die Kerzen und Räucherstäbchen anzündet und sich vor den Täfelchen verneigt. Daneben gibt es aber auch größere Feierlichkeiten, die sich in ihrem Ablauf jedoch von Familie zu Familie unterscheiden. Sie finden meist am Geburts- und Todestag des Ahnen statt. In vielen Fällen wird den Verstorbenen zu diesem Anlaß eine vollständige Mahlzeit geopfert.

Tzu-fu, ◼ jap. Shifuku, 9./10. Jh., chin. Zen-Meister der Igyō-Schule; ein »Enkel im Dharma« von → Yang-shan Hui-chi. Über Tzu-fu ist so gut wie nichts bekannt; er muß jedoch ein herausragender Meister gewesen sein, was schon aus der Tatsache zu ersehen ist, daß er zu den wenigen ausgewählten Meistern gehörte, die innerhalb der Igyō-Schule jeweils in den Gebrauch der 97 Kreissymbole (dazu → Igyō-Schule) eingeweiht wurden. Wir begegnen Tzu-fu im 33. und 91. Beispiel des → *Pi-yen-lu*. In beiden Beispielen bedient er sich eines Kreissymbols, um seiner Erfahrung der lebendigen Wahrheit Ausdruck zu geben.

Tzu-hu Li-tsung, ◼ jap. Shiko Rishō, etwa 800–880, chin. Zen-Meister; ein Schüler und Dharma-Nachfolger (→ Hassu) von → Nan-ch'üan P'u-yüan (jap. Nansen Fugan). Tzu-hu taucht auf in Meister Hsüeh-t'ous Lobsprüchen (→ Ju) zum 17. und zum 96. Beispiel des → *Pi-yen-lu*.

Von Tzu-hu Li-tsung heißt es, der habe vor dem Eingang zu dem Kloster, dem er als → Rōshi vorstand, folgendes Warnschild aufgestellt: »Achtung, am Tzu-hu(-Berg) haust ein Hund. Er frißt den Leuten Kopf, Herz und Füße weg. Wer zögert oder diskutiert, verliert hier Leib und Leben.«
Tzu-hu ist auch dafür bekannt, daß er die in den damaligen Zen-Kreisen wegen ihrer scharfen Zunge gefürchtete tief erleuchtete Nonne → Liu T'ieh-mo (jap. Ryū Tetsuma) einst den Stock schmecken ließ.

Tzu-jan, ◼ chin., wörtl.: »(von-)selbst-so seiend«; natürlich, spontan, ein Begriff des philosoph. Taoismus (→ Tao-chia). Tzu-jan ist alles,

was spontan und frei von menschlicher Willkür und von äußeren Einflüssen ist. Es ist die Harmonie mit sich selbst, das Sein in seiner höchsten Verwirklichung. Es ist die absolute Treue zu sich selbst.
Der Begriff des Tzu-jan ist eng mit jenem des → Wu-wei, des absichtslosen Handelns, verbunden. Ziel des Wu-wei ist Tzu-jan; Tzu-jan ist die Norm für das Wu-wei.
In Kap. 25 des *Tao-te ching* wird Tzu-jan folgendermaßen definiert:
»Vier Große gibt es im Universum, und der Mensch ist einer davon. Der Mensch richtet sich nach der Erde, die Erde richtet sich nach dem Himmel, der Himmel richtet sich nach dem → Tao und das Tao richtet sich nach der Natur (wörtl.: ist-selbst-so)«.

Nach dem jap. Tao-te ching-Spezialisten Akira Ōhama ist Tzu-jan eine dem Tao inhärente, immanente spontane Kraft, die Selbstentfaltung seiner Wirkung: »Das Tao wirkt wie eine immanente Kraft, eine geheimnisvolle Präsenz mitten in der Welt der Zehntausend Dinge [→ Wan-wu]. So sind die Einzelwirkungen der Zehntausend Wesen (falls sie ihrer eigenen Natur folgen können und nicht daran gehindert sind) gemäß dem Tzu-jan des Tao. Nicht die selbstbewußt, voluntaristisch erstrebte Vereinigung mit Tao ist entscheidend, sondern die Tatsache, daß die menschliche Aktivität in sich mit dem in dem Menschen anwesenden, in ihm wirkenden Tao identisch ist. Das ist Tzu-jan.« (Zit. n. G. Béky, *Die Welt des Tao,* 1972, S. 126.)

U

U-Ango, 🅩 jap. → Ango

Uchchishta 🅗 (Ucciṣṭa), Skrt., wörtl.: »übriggeblieben«; der Rest der Speisen, der bei einer Opferhandlung übrigbleibt. Nach ved. Auffassung sind göttliche Kräfte in ihm enthalten (→ Prasāda).

Paul Deussen verweist auf einen Hymnus des → *Atharvaveda* (XI, 7), nach dem alle Namen und Formen der Welt auf dem Uchchishta beruhen, d. h. auf dem Rest, der nach Abzug aller Namen und Formen bleibt. Auch das Innere des Menschen, in dem Hymnus dreimal als »das in mir« und einmal als »der Glanz in mir« bezeichnet, wird auf das Uchchishta zurückgeführt. Beide, das »Übrige« der Welt und das »Übrige« im Innern des Menschen, lassen sich vom Verstand nicht erfassen, weil sie über ihn hinausreichen. Durch diese Gedanken wird der Hymnus zum unmittelbaren Vorläufer der Lehre vom → Ātman in den → Upanischaden.

Udāna, 🅗 🅑 Skrt.; 1. eine bestimmte Form des → Prāna: der sich aufwärts bewegende Prāna-Strom, der den physischen und metaphysischen Teil unseres Wesens verbindet und, wenn er aktiviert wird, die spirituelle Entwicklung fördert. Durch ihn verläßt die Seele beim Tod den Körper.
🅑 2. → *Khuddaka-Nikāya.*

Udbhijja, 🅗 Skrt., wörtl.: »aus der Erde sprossend«, keimgeboren; die zweite der vier Entstehungsarten des Lebens, die der Pflanzen. Die drei anderen sind schweißgeboren (Insekten), eigeboren (Vögel, Fische und Amphibien) und schoßgeboren (Säugetiere und Menschen); siehe auch → Chatur-Yoni.

Uddālaka Āruni, 🅗 ein Heiliger, dessen berühmte, an seinen Sohn → Shvetaketu gerichtete Unterweisungen über die All-Einheit (Identität von Ātman und Brahman) in der → *Chāndogya-Upanishad* enthalten sind.

Uddhava, 🅗 ein Freund und Vertrauter Krishnas. Er war sein Vetter, da sein Vater Devabhāga und Vasudeva, Krishnas Vater, Brüder waren. Im 11. Skandha (Abschnitt) des → *Bhāgavata-Purāna* empfängt er ähnliche, ausführliche Belehrungen von Krishna wie → Arjuna in der → *Bhagavad-Gītā.*

Udgātri 🅗 (Udgātṛ), auch Udgātar, Skrt.; einer der vier Hauptpriester bei der Opferzeremonie. Seine Aufgabe ist es, die Gebete und Hymnen des → *Sāmaveda* vorzutragen. Dieser Vortrag oder Gesang wird Udgītha genannt. Die → *Chāndogya-Upanishad* setzt den Udgītha gleich mit der heiligen Silbe → OM.

Uktha, 🅗 Skrt.; ein Preislied des → *Rigveda.* Die *Kaushītaki-Upanishad* sagt, es sei »das schönste, ruhmvollste und kraftvollste der Preislieder«, und setzt es mit → Brahman gleich.

Ukyū, 🅩 jap. für → Wu Chiu

Ullambana, 🅑 Skrt.; Fest der Hungrigen Geister (→ Preta); Festtag im chin. Buddhismus, der am 15. Tag des 7. Monats gefeiert wird. An diesem

Tag werden Zeremonien abgehalten, bei denen Speisen, Blumen, Papiergeld, Kleider usw. geopfert und Sūtras rezitiert werden, um die Qualen der Verstorbenen in den schlechten Existenzweisen (→ Gati) zu lindern. Dieses Fest hat das erste Mal im Jahre 538 stattgefunden und wird auch heute noch gefeiert.

Der Ursprung dieser Zeremonien geht auf die Legende von → Mahāmaudgalyāyana zurück, der dank seines »Göttlichen Auges« (→ Abhijñā) sah, daß seine Mutter als Hungriger Geist wiedergeboren wurde, und sie erretten wollte. Der Buddha sagte ihm, daß nur die vereinte Anstrengung aller buddhist. Mönche die Qualen der Leidenden lindern könnte. Aus dieser Überlieferung entwickelte sich der Brauch, Nahrung, Kleidung usw. für die Hungrigen Geister zu opfern. Diese Opfer sollen auch sieben Generationen von Ahnen des Spenders der Gaben von jeglichen Leiden befreien. Aus der Kombination von buddhist. Gedankengut mit der volkstümlichen chin. Sitte der Ahnenverehrung erklärt sich die ungeheure Popularität dieses Festes in China, an dem nicht nur Buddhisten, sondern auch Taoisten und Konfuzianisten teilnehmen.

Seit der T'ang-Dynastie ist das Ullambana-Fest einer der wenigen Tage, an dem die Schätze eines Klosters dem Publikum zugänglich sind. In der Sung-Dynastie nahm das Fest immer mehr den Charakter eines echten Volksfestes an, das tagelang dauerte und während dem z. B. auch Theaterstücke, die Mahāmaudgalyāyanas Geschichte zum Inhalt haben, aufgeführt werden.

Umā, H ein Name für die Gattin → Shivas. Als Umā-Haimavatī (»vom Himālaya stammend«) ist sie ein Symbol für den höchsten Gipfel des Seins, die höchste Kraft des Einen (→ Brahman), das Göttliche in seiner höchsten Manifestation.

Die erste Erwähnung Umās findet sich in der → *Kena-Upanishad*, wo sie als Vermittlerin zwischen Brahmā und den anderen Göttern auftritt. Sie ist die Tochter von → Himavat, dem König des Himālaya. Shiva trägt als ihr Gemahl den Beinamen Umāpati (»Umās Gatte«).

Umban, Z jap. → Umpan

Ummon Bun'en, Z jap. für → Yün-men Wen-yen

Ummon-Schule, Z (chin. Yün-men-tsung, jap. Ummon-shū); eine Schule des → Zen, die auf den großen chin. Meister → Yün-men Wen-yen (jap. Ummon Bun'en) zurückgeht. Sie gehört zu den »Fünf Häusern« (→ Goke-Shichishū) des Zen in China und brachte u. a. den großen Meister → Hsüeh-tou Ch'ung-hsien (jap. Setchō Jūken) hervor, der die später von → Yüan-wu K'o-ch'in (jap. Engo Kokugon) im *Pi-yen-lu* herausgegebenen Kōan sammelte und mit den berühmten Lobsprüchen (→ Ju) versah. Hsüeh-tou war zugleich der letzte bedeutende Meister der Ummon-Schule, die seit der Mitte des 11. Jh. niederging und im 12. Jh. schließlich erlosch.

Umpan Z, auch Umban, jap., wörtl.: »Wolken-Platte«; ein flacher Gong aus Bronze, wie er in Zen-Klöstern für verschiedene Signale gebraucht wird. Der Name rührt daher, daß die Bronzeplatte die Form einer Wolke hat (siehe auch → Unsui) und oft mit Wolken-Ornamenten verziert ist.

Klanggeräte wie das Umpan, das → Han oder das → Inkin werden in Zen-Klöstern, in denen die Mönche vor allem während der → Sesshin völliges Schweigen wahren, benutzt, um die verschiedenen Abschnitte und Tätigkeiten des Tages anzuzeigen. Außerdem hat der Klang von Glocken, Gongs, von Holzbrett oder Holzklappern in der in einem Zen-Kloster vorherrschenden Stille eine besondere Wirkung auf das Bewußtsein der Übenden. Die Wirkung des plötzlichen Tons eines solchen Klanginstruments auf den gesammelten Herz-Geist (→ Kokoro) eines Zazen-Übenden kann je nach dessen momentanem Zustand im ganzen Spektrum zwischen »erfrischend« und »markerschütternd« liegen, ja, er kann sogar auslösendes Moment für den Durchbruch zu einer Erleuchtungs-Erfahrung (→ Kenshō, → Satori) sein.

Umrühren des Ozeans, H in der Hindu-Mythologie wird immer wieder auf dieses Ereignis Bezug genommen. Es handelt sich dabei um die Sage, daß nach einer großen Überschwemmung oder Sintflut viele Dinge von Wert im Ozean verschwunden waren. Um sie wiederzugewinnen, tauchte Vishnu in seiner Inkarnation als Schildkröte (→ Kūrma) auf den Grund des Ozeans und machte seinen Rücken zum Fundament für den Berg Mandara, um den die Götter und Dämonen die große Schlange → Vāsuki wickelten. Darauf zogen die Götter am einen Ende der Schlange, die Dämonen am anderen Ende und rührten auf diese Weise den Ozean um, bis alle erwünschten Dinge wieder zum Vorschein kamen. Es handelte sich dabei besonders um → Amrita (das Wasser der Unsterblichkeit), → Dhanvantari (den Arzt der Götter, der die Schale mit Amrita trug), → Lakshmī (die Göttin des Glücks und der Schönheit), Kaustubha (einen gefeierten Edelstein), → Surabhī (die Kuh des Überflusses) und noch anderes mehr. Es wurde aber auch ein Gift dabei aufgerührt, das Shiva aus Barmherzigkeit austrank, um die Menschheit zu retten. Man sagt, daß dieses Gift seine Kehle blau färbte.

Ungai Shichi, Z jap. für → Yün-kai Shou-chih

Ungan Donjō, Z jap. für → Yün-yen T'an-sheng

Ungo Dōyō, Z jap. für → Yün-chü Tao-ying

Unnō, Z jap., wörtl.: »Wolken-Gewand«; ein anderes Wort für → Unsui.

Unsui, Z jap., wörtl.: »Wolken-Wasser«; Unsui werden die Novizen in einem Zen-Kloster genannt, und Ornamente in Zen-Klöstern und -Tempeln zeigen oft stilisierte Wolken- und Wassermotive. Absichtslos kommen, frei sich bewegen, sich bilden und umbilden gemäß den äußeren Umständen und ohne Widerstreben vergehen wie die Wolken, wie das Wasser weich und ohne Zögern um jedes Hindernis herumfließen und sich, wie das Wasser einem Gefäß, vollkommen jeglicher Gegebenheit anpassen – das wird als ein Leben im Geiste des Zen angesehen. Ein anderes Wort für Unsui ist → Unnō.

Wolken und Wasser als ein Vorbild für die Lebensführung zu nehmen, ist eine Vorstellung, die aus dem Taoismus stammt, welcher ebenso stark zur Prägung des Zen beitrug wie der Buddhismus. Zahllose taoist. Dichter haben die »weißen Wolken« als ein Sinnbild des losgelösten Lebens besungen, und der taoist. Gelehrte Nan Yao aus dem 11. Jh. schreibt in seinem *Tao-cheng:*

»Von allen Elementen sollte der Weise das Wasser als seinen Lehrmeister wählen. Wasser ist der All-Besieger ... Wasser weicht allen Widerständen in einer Art trügerischer Bescheidenheit aus, aber keine Macht kann es hindern, seiner vorbestimmten Bahn zum Meer zu folgen. Wasser siegt durch Demut; es greift niemals an und gewinnt dennoch die letzte Schlacht. Der Weise, der sich selbst wie das Wasser macht, zeichnet sich durch seine Demut aus; er wirkt durch Passivität, handelt durch Nicht-Handeln und besiegt dadurch die Welt.« (Zit. n. J. Blofeld, *Rad des Lebens,* Zürich 1961, S. 82 f.)

Unwissenheit, Z → Verblendung

Upādāna, B Skrt., Pali; jedes Anhaften, das Bindungen schafft, die die Wesen an das Dasein fesseln und von Wiedergeburt zu Wiedergeburt treiben. – Objekte des Anhaftens bilden die fünf → Skandhas; sie werden daher oft als Upādāna-Skandha bezeichnet. Im Rahmen der Kette des Bedingten Entstehens (→ Pratītya-Samutpāda) bewirkt Gier (→ Trishnā) das »Ergreifen eines Mutterschoßes« und setzt damit neues Werden (→ Bhava) in Gang.

Der → *Abhidharmakosha* unterscheidet vier Arten von Upādāna: sinnliches Anhaften, Anhaften an Ansichten, an Regeln und Riten sowie Anhaften an den Persönlichkeitsglauben (→ Anātman).

Upādāna-Skandha, B Skrt. → Skandha

Upadesha-Sahasri H (Upadeśa-Sahasri), Skrt., wörtl. *upadesha:* »Anweisung, Belehrung«, *sahasri:* »tausendfältig«; eines der Hauptwerke von → Shankara. Der erste Teil ist in Prosa verfaßt, der zweite in Versen.

Der Prosateil umfaßt nur drei Kapitel. Sie handeln von der Methode, die zur Erleuchtung des Schülers führt, von der Erkenntnis des wandellosen, nicht-dualen Selbst (→ Ātman), und geben Anweisungen für die Wiederholung und geistige Durchdringung heiliger Texte. Der Versteil erklärt das Wesen des Bewußtseins, des »Zuschauers« und der Denkvorgänge und endet mit der Erklärung des Lehrsatzes → »Tat Tvam Asi« (Das bist du). Für einen spirituell Strebenden und Schüler des → Vedānta ist das Werk von großer Bedeutung.

Upadesha-Vākya H (Upadeśa-Vākya), Skrt., wörtl. *upadesha:* »Anweisung Belehrung«, *vākya:* »Rede, Satz«; die Worte, die der → Guru benutzt, um den Schüler in die Wahrheit einzuweihen. Es müssen Worte sein, die der eigenen Verwirklichung entspringen; rein akademische Wortgefüge haben keine Wirkung.

Upādhi, H Skrt., wörtl.: »Hinzufügung«; eine begrenzende Beifügung. Ein Begriff der → Vedānta-Philosophie, der sich auf alle Namen und Formen der Nicht-Erkenntnis bezieht, die sich der → Ātman selbst aufbürdet, wenn er sich mit Körper, Intellekt, Sinnen und Ego identifiziert. Mit Upādhi wird alles bezeichnet, was → Brahman überdeckt und verhüllt.

Upādhyāya, B Skrt.; buddhist. Lehrer, der für die Einhaltung der Riten und Regeln und der Disziplin innerhalb der Mönchsgemeinde zuständig ist. (Siehe auch → Āchārya.)

Upagupta, Z 4. Patriarch in der ind. Linie des → Zen

Upāli, B Schüler des → Buddha. Upāli war urspr. der Barbier der → Shākya-Fürsten, hatte aber innerhalb des → Sangha eine ihnen übergeordnete Stellung inne, da er vom Buddha vor ihnen ordiniert wurde. Sein früherer Beruf bestimmte ihn dazu, die Köpfe der Mönche zu scheren. – Die Tradition sieht in ihm den Spezialisten für Disziplin- und Ritualfragen. Beim 1. Konzil wurde Upāli über die Regeln befragt; seine Antworten bildeten die Grundlage für die Kodifizierung des → Vinaya-Pitaka. – Er ist einer der → Zehn Großen Jünger des Buddha.

Upanayana, H Skrt., wörtl.: »Weihe, Aufnahme«; die Zeremonie der Bekleidung mit der heiligen Schnur, durch die der Sohn eines Brahmanen endgültig in die Brahmanenkaste (→ Varna) aufgenommen wird. Er legt ein Gelübde ab,

Reinheit, Wahrhaftigkeit und Selbstbeherrschung zu üben, und wird in das → Gāyatrī-Mantra eingeweiht. Danach ist es ihm gestattet, die rituelle Gottesanbetung (→ Pūjā) auszuüben.

Upanischaden, 🅷 Skrt.: Upanishad (Upaniṣad), wörtl. *upa:* »nahe bei«, *ni:* »nieder«, *sad:* »sitzen«, »sich nahe zu jemandem niedersetzen«, d. h. zu Füßen des Guru sitzen, um die vertrauliche, geheime Lehre zu empfangen. Die Upanischaden bilden den Schlußteil der → Shruti (des geoffenbarten Teils der Veden) und die hauptsächliche Basis des → Vedānta, der philosoph. Schlußfolgerung aus den Veden. Was sie besonders auszeichnet und für den Weisheitssucher so wertvoll macht, ist ihre gewaltige Gedankenfreiheit und Ausweitung in die Transzendenz. Wie »Schlingpflanzen« (→ Vallī) lehnen sie sich an die vorangegangenen Teile des jeweiligen Veda an und bewahren doch ihre volle Selbständigkeit und Freiheit von allen Erstarrungen priesterlicher Dogmen. In ihrem Mittelpunkt steht immer wieder die Bedeutung von → Ātman und → Brahman, die Erkenntnis der Identität der beiden, sowie die Bedeutung der heiligen Silbe → OM.

Von den zwölf bedeutendsten Upanischaden gehören zum → *Rigveda* die *Aitareya* und *Kaushītaki*, zum → *Sāmaveda* die → *Chāndogya* und → *Kena*, zum → *Yajurveda* die *Taittirīya, Katha, Shvetāshvatara, Brihadāranyaka* und *Īshā*, und zum → *Atharvaveda* die *Prashna, Mundaka* und *Māndūkya*.

Jeder der vier Veden wurde in verschiedenen → Shākhās (»Zweigen«), d. h. Veda-Schulen gelehrt. Die älteren Upanischaden waren ursprünglich die dogmatischen Textbücher der einzelnen Veda-Schulen. Jedoch haben im *Yajurveda* und vor allem im *Atharvaveda* die Upanischaden durchaus nicht mehr immer Bezug auf eine bestimmte Veda-Schule. Die Schule der *Shvetāshvatara-Upanishad* ist z. B. gänzlich verschollen, während die Upanischaden des *Atharvaveda* zum großen Teil apokryphen Charakter haben.

Jede Shākhā hat ihr eigenes → Brāhmana, an das sich als Anhang ein → Āranyaka anschließt, in das die Upanishad eingebettet ist. Brāhmana und Āranyaka sind im Hinblick auf die brahmanische Lebensordnung (→ Āshrama, 2.) entstanden, nach welcher es der zweiten Stufe (→ Grihastha) oblag, die Opferriten auszuführen. Der dritten Stufe (→ Vānaprastha) war die Verinnerlichung der Zeremonien vorbehalten. An die Stelle des Opfers, zu dessen Ausführung der ältere Mensch oft nicht mehr in der Lage war, trat ein geistiges Schauen der tiefen mystischen Bedeutung des Veda. Erst jetzt war der Mensch, der den Text der Upanischaden auf der ersten Stufe (→ Brahmacharya) gelernt hatte, fähig, ihre tiefen Einsichten über das Wesen der Welt und über das eigene Selbst völlig zu verstehen.

Die Belehrungen der Upanischaden sind vielfach in Erzählungen gekleidet. Oft besuchen die großen Weisen Könige, die ihre Schüler werden und sie um Unterweisung bitten, wie die höchste Wahrheit erfahren werden kann.

Dt. Übersetzungen: P. Deussen, *Sechzig Upanishad's des Veda,* Leipzig 1905; Prabhavananda/F. Dispeker (Übers.), *Die schönsten Upanischaden,* Zürich 1951; P. Thieme (Übers.), *Upanischaden,* Stuttgart 1966; A. Hillebrandt (Übers.), *Upanischaden. Die Geheimlehre der Inder,* Köln 1983.

Upa-Purāna, 🅷 Skrt. → Purāna

Uparama 🅷, auch Uparati, Skrt., wörtl.: »das Aufhören«; alles, was zur Beruhigung des Denkens beiträgt, damit man sich ungestört konzentrieren kann. Dazu gehört es, seine Pflicht (→ Dharma) zu erfüllen, da unerledigte Pflichten das Denken beunruhigen, aber auch, sich nicht über andere religiöse Meinungen zu ereifern, sondern Toleranz zu üben. Uparama gehört zu den Sechs Errungenschaften (→ Shatkasampatti), die in Shankaras Werk → *Tattvabodha* zu den Vorbedingungen eines Vedānta-Schülers gehören.

Upāsaka, 🅱 weibl.: Upāsikā, Skrt., Pali, wörtl.: »Dabeisitzender«; buddhist. Laienanhänger, die sich durch die Dreifache Zufluchtnahme (→ Trisharana) als solche bekennen und geloben, die fünf → Shīlas einzuhalten.

Nach hinayanist. Auffassung sind die Laien vom letzten Ziel, der Erlösung, noch weit entfernt, da sie nicht bereit sind, ihr weltliches Leben mit seinen Genüssen aufzugeben. Doch können sie vor allem durch das Üben der Tugend der Freigebigkeit (→ Dāna) Verdienste (→ Punya) anhäufen, die ihnen eine Wiedergeburt als Mönch bzw. Nonne und im weiteren als Heiliger (→ Arhat) ermöglichen und so auf dem Weg zum Nirvāna fortschreiten.

Im Hīnayāna sind die Laien die Träger des buddhist. Kultes, indem sie Lebensmittel, Kleider, Musik, Prozessionen usw. als Opfergaben darbringen. Von seiten der Mönchsgemeinde wird erwartet, daß die Laien für das materielle Wohl der Mönche und Nonnen sorgen.

Im Mahāyāna kommt den Laien eine größere Bedeutung zu, da ihnen die Möglichkeit, Erlösung zu erlangen, nicht länger abgesprochen wird. Die Idealfigur des Mahāyāna, der → Bodhisattva, ist Laie.

In China kennt man formelle Laienordinationen, die meist als Teil einer Ordination von Mönchen stattfinden. Eine Laienordination besteht im Geloben, die fünf Shīlas einzuhalten. Können aus irgendeinem Grund eines oder mehrere dieser Shīlas nicht eingehalten werden, ist es möglich, nur die restlichen auf sich zu nehmen. Als Zeichen ihrer Ordination werden den Upāsakas drei oder mehr Male in die Innenseite des Unterarmes gebrannt. Meist legen die Laien anschließend an die Laienordination auch die Bodhisattva-Gelübde (→ Pranidhāna) ab.

Upasampadā, 🅑 Skrt. → Ordination

Upāsana, 🅗 Skrt.; Verehrung und Anbetung Gottes in einer seiner zahlreichen Formen oder Manifestationen. In den → Upanischaden besteht Upāsana aus Meditation und spielt nach → Rāmānujas Auffassung eine wesentliche Rolle bei der Intensivierung der Liebe zu Gott (→ Bhakti).

Upāsana-Kānda 🅗 (Upāsana-Kāṇḍa), Skrt.; gelegentlich wird der Unterteilung der → Veden in Karma-Kānda (Werkteil) und Jñāna-Kanda (Erkenntnisteil) noch eine dritte hinzugefügt: der Upāsana-Kānda (Anbetungsteil), der Andacht, Gebet, Meditation und liebevolle Hingabe an Gott umfaßt und für den → Bhakti-Yoga von besonderer Bedeutung ist. Alle in ihm enthaltenen Riten, Zeremonien und Anbetungsformen werden Upāsana-Vākya genannt.

Upaveda, 🅗 Skrt.; untergeordneter Veda, Veda im Sinne von Wissenschaft. Die Upavedas zählen nicht zu den → Shrutis wie die Veden.

Es gibt vier Upavedas: 1. den *Āyurveda* (über Medizin); 2. den *Gandharvaveda* (über Musik und Tanz); 3. den *Dhanurveda* (über Bogenschießen); 4. den *Sthāpatyaveda* (über Architektur).

Upāya, 🅑 Skrt.; Geschicklichkeit in der Methode. 1. Fähigkeit des → Bodhisattva, andere Wesen durch »Geschicklichkeit in der Methode« zum Erlangen der Befreiung zu führen, wobei alle erdenklichen Methoden und Tricks, von der einfachen Predigt bis zu dem aufsehenerregendsten Wunder, zur Anwendung gelangen können. Diese Fähigkeit, die eine der → Pāramitās darstellt, vervollkommnet der Bodhisattva auf der 7. Stufe seiner Laufbahn (→ Bhūmi).

2. Geschicklichkeit in der Darlegung der Lehre. Manche Schulen des Mahāyāna (→ T'ient'ai, → Hua-yen) sind der Auffassung, daß der historische Buddha selbst diese Methode angewandt habe, indem er nach dem Vermögen seiner Schüler gelehrt und zunächst nur das unvollständige Hīnayāna und erst am Ende seines Lebens das vollständige Mahāyāna, speziell das → *Lotos-Sūtra* gelehrt habe.

Upāya ist die Aktivität des Absoluten in der phänomenalen Welt, die sich in Erbarmen (→ Karunā) manifestiert. Upāya steht in Gegensatz zur Weisheit (→ Prajñā), die das Eine, Universale repräsentiert. Es ist das Prinzip der Vielfalt. Vom Standpunkt reinen Erleuchtungswissens, d. h. mit dem Auge der Weisheit gesehen, nehmen die Bodhisattvas keine leidenden Einzelwesen wahr, denn es existiert nichts außer dem Dharmakāya (→ Trikāya), dem Absoluten. Betrachten sie aber das Universum vom Standpunkt des Erbarmens, so erkennen sie überall das Leiden, das durch Anhaften an die Formen entsteht. Um den Wesen aus ihrem Leidenszustand zu helfen, ersinnen sie alle möglichen Hilfsmittel, die auf das Erlangen des Nirvāna gerichtet sind und vom unendlichen Erbarmen des Dharmakāya getragen werden.

Avalokiteshvara, dessen tausend Arme seine »Geschicklichkeit in der Methode« (Upāya) symbolisieren.

Upāya-Pratyaya, 🅗 Skrt., wörtl. *upāya:* »Ankunft, Ankommen«, *pratyaya:* »Grund, Ursache«; das Aufgehen des individuellen Bewußtseins, des Denkbewußtseins, in der letzten Ursache, dem absoluten Bewußtsein (→ Brahman), woraus → Samādhi resultiert.

Upekshā 🅗 🅑 (Upekṣā), Skrt., wörtl.: »Nichtbeachtung, Vernachlässigung«.

🅗 Nicht nur die Nichtbeachtung von Fehlern oder Lastern anderer, sondern auch die kritische Prüfung der eigenen vermutlichen Verhaltensweise in einer entsprechenden Situation, um daraus für sich und andere zu lernen.

🅑 (Pali: Upekkhā); Gleichmut, eine der wichtigsten buddhist. Tugenden. Upekshā bezeichnet 1. einen Zustand, der weder Freude noch Leid, sondern unabhängig von beiden ist; 2. den Geist, der sich im Gleichgewicht befindet und über alle Unterscheidungen erhaben ist; in den buddhist. Texten ist Upekshā meist im zweiten Sinn zu verstehen. Upekshā bildet eines der Sieben Erleuchtungsglieder (→ Bodhyanga) und eines der Vier → Brahma-Vihāras.

Uposatha, B Pali, wörtl.: »Fasten«; an den Tagen der Mondviertel stattfindende Feiern. Uposatha ist einer der wichtigsten Feiertage in den südostasiat. Ländern des → Theravāda-Buddhismus. Er ist der religiösen Besinnung der im Weltleben stehenden Laien gewidmet, die sich an diesem Tag einer strengeren Praxis unterziehen. Die Laien finden sich im Kloster ein, um an Verehrungen und Darlegungen der Lehre teilzunehmen, sowie die Einhaltung der Sittenregeln (→ Shīla) zu geloben. Viele von ihnen halten an den Uposatha-Tagen acht Shīlas ein, fasten und verbringen den Tag in Meditation. An den Tagen des Voll- und Neumondes wird außerdem vor den versammelten Mönchen die Ordenssatzung (→ Pratimoksha) vorgetragen.

Die Mönche sind verpflichtet, an den Uposatha-Feierlichkeiten teilzunehmen, die in einem besonderen Raum des Klosters (→ Vihāra) stattfinden, der groß genug sein muß, um die örtliche Mönchsgemeinde aufzunehmen. Ist ein Mönch verhindert, so erklärt er einem anderen Mönch, daß er sich keines der Vergehen, die im Pratimoksha enthalten sind, bewußt ist. Die Feierlichkeiten können nicht stattfinden, wenn ein Mönch aus einem anderen Grund als Krankheit nicht teilnehmen kann. Mönche, die irgendein Vergehen begangen haben, müssen dieses vor Beginn der Feiern einem anderen Mönch mitteilen. Während der Uposatha-Feiern wird das Pratimoksha vom Klostervorsteher vorgetragen, der die Mönche dreimal auffordert, ihre Schuld zu bekennen. Bei dieser Zeremonie sind Laien, Novizen, Nonnen und ausgestoßene Mönche nicht zugelassen.

Ur-Antlitz Z, auch Ur-Angesicht → Honrai-no-Memmoku

Ūrdhva-Budhna, H Skrt., wörtl. *ūrdhva:* »nach oben, über . . . hinaus«, *budhna:* »Tiefe, Grund«; ein Ausdruck für die in der Sprache (→ Vāk) liegende Kraft, die durch ihre Schwingungen die Lebenskräfte aus der Tiefe aufsteigen und den Menschen spirituell über sich hinauswachsen lassen kann, indem sie sein Denken erleuchtet.

Man erinnere sich daran, wie ein Lob den Menschen erhebt, ein beleidigendes Wort hingegen ihn kränken und zurückwerfen kann. Das Wort allein bewirkt dies nicht; es ist die Kraft der Schwingung, die das Wort belebt. Darauf beruht auch die Feststellung: »Der *Ton* macht die Musik.«

Urvashī H (Urvaśī), Skrt.; eine himmlische Nymphe von außergewöhnlicher Schönheit, die zuerst im *Rigveda* erwähnt wird.

Urvashī erweckte den Zorn von → Mitra und → Varuna, die sie dazu verdammten, auf Erden zu leben. Sie wurde die Gemahlin von → Purūravas. Die Liebesgeschichte von Urvashī und Purūravas wird von → Kālidāsa in seinem Drama *Vikramorvashīya* erzählt.

Ūshā H, eine → Daitya-Prinzessin, die Tochter von → Bāna und Enkelin von → Bali. Sie wird auch Prītijushā genannt.

Im Traum verliebte Ūshā sich in einen Prinzen und erkannte durch die Hilfe ihrer Freundin Chitralekha, daß es → Aniruddha war. Chitralekha brachte ihn durch ihre okkulten Kräfte zu ihr, aber ihr Vater Bāna entführte ihn auf magische Weise und hielt ihn gefangen. Als Krishna, → Pradyumna und → Balarāma davon hörten und ihn befreien wollten, entbrannte eine große Schlacht, nach deren Ende Aniruddha mit Ūshā als seiner Gemahlin nach Dvārakā zurückkehrte.

Ushas H (Uṣas), Skrt., wörtl.: »Morgenröte«; die Göttin der Morgenröte, die Tochter des Himmels und Schwester der → Ādityas. Ihr sind nur wenige Hymnen der Veden gewidmet, die aber zu den zartesten, schönsten und poesievollsten gehören.

Ushas ist die Freundin der Menschen. Sie erscheint als schöne Jungfrau, die ihre Schwester, die Nacht, ablöst und aus dem Dunst im Osten immer höher emporsteigt, um mit ihren Lichtwellen Himmel und Erde zu übergießen. Sie kommt in jedes Haus, weder die Großen noch die Kleinen verachtend und jedem Wohlstand bringend. Selbst ewig jung, läßt sie dennoch die Menschen altern.

Utkata-Karma H (Utkaṭa-Karma), Skrt., *utkata* wörtl.: »übermäßig, voll«; → Karma, das fällig geworden ist und deshalb zur Auswirkung kommen muß; auch Taten und Gedanken, die nicht mehr rückgängig gemacht oder geändert werden können, so wie der Pfeil, der abgeschossen worden ist, nicht mehr zurückgeholt oder in seinem Lauf verändert werden kann. Identisch mit → Prārabdha-Karma.

Utsāha, H Skrt.; Kraft, Vitalität, Ausdauer, ständiges Wachsein. Nur durch Ausdauer, beharrliches Bemühen und zähe eigene Anstrengungen ist es möglich, auf dem spirituellen Weg Fortschritte zu machen. Deshalb ist Utsāha eine sehr wesentliche Eigenschaft.

Uttara, H Skrt. → Pūrva

Uttarabodhi-Mudrā, B Skrt. → Mudrā, 7.

Uttara-Mīmāmsā H (Uttara-Mīmāṃsā), Skrt., wörtl. *uttara:* »später als, folgend auf«, *mīmāmsā:* »Erörterung«; die Uttara-Mīmāmsā, eines der sechs → Darshanas, im allgemeinen als

→Vedānta bezeichnet, folgt nicht nur zeitlich, sondern auch sinngemäß auf die →Pūrva-Mīmāmsā. In ihr geht es um das Streben nach Erkenntnis, dem i. allg. eine Läuterung, wie sie die Pūrva-Mīmāmsā durch das Ritual bewirkt, vorangehen sollte. (Siehe auch →Mīmāmsā.)

Uttarayāna, H Skrt. →Devayāna

V

Vāch, H Skrt. →Vāk

Vachchagotta B (Vaccagotta), einer der 41 »großen Mönche«, die im →*Anguttara-Nikāya* angeführt sind und zu den direkten Schülern des Buddha →Shākyamuni zählen. Vachchagotta war berühmt als Meditationsmeister und, wie es heißt, im Besitz vieler magischer Kräfte. Außerdem ist ein Wanderasket gleichen Namens bekannt, der den Buddha, wie es im →*Samyutta-Nikāya* heißt, gefragt hat, ob ein Selbst existiere oder nicht. Der Buddha verweigerte die Antwort auf diese Frage.

Vādavidyā, H Skrt. →Nyāya

Vāhana, H Skrt., wörtl.: »Fahrzeug«; Fortbewegungsmittel der meisten hinduist. Götter. Jedem ist in der Ikonographie ein typisches Vāhana in mehr oder weniger fabulöser Tiergestalt zugeordnet:

Gottheit	*Vāhana*
Agni	Widder
Brahmā	Schwan (→Hamsa)
Durgā	Löwe od. Tiger
Ganesha	Ratte
Indra	Elefant
Kārttikeya	der Pfau Paravāni
Shiva	Stier (→Nandi)
Varuna	Fisch
Vāyu	Antilope
Vishnu	der »Vogel« →Garuda
Yama	Büffel

Vaibhāshika B (Vaibhāṣika), Skrt., wörtl.: »Anhänger der Mahāvibhāshā«; Bezeichnung für die späte Phase des →Sarvāstivāda. Sie leitet sich von den zwei Werken (*Mahāvibhāshā* und *Vibhāshā*) ab, auf die sich diese Strömung beruft. Es sind wichtige Kommentare zu einem Teil des →Abhidharma der Sarvāstivāda-Schule.

Vaidhī-Bhakti, H Skrt. →Bhakti

Vaikhari-Japa, H Skrt. →Japa

Vaikuntha H (Vaikuṇṭha), Skrt.; Vishnus Paradies, das manchmal auf den Berg →Meru verlegt wird und manchmal in den nördlichen Ozean. Mitunter wird Vishnu selbst Vaikuntha genannt, ebenso Indra.

Vaipulya-Sūtra, B Skrt., wörtl.: »umfängliches Sūtra«; umfangreiche Sūtras des Mahāyāna, manchmal sogar Sammlungen selbständiger Sūtras, die alle einen bestimmten Aspekt der Lehre zum Inhalt haben. Zu den Vaipulya-Sūtras gehören: das →*Prajñāpāramitā-Sūtra,* das →*Buddhāvatamsaka-Sūtra* (kurz: *Avatamsaka-Sūtra*), und das →*Ratnakūta-Sūtra.* Der chin. Kanon zählt außerdem das →*Mahāparinirvāna-Sūtra,* das →*Mahāsamnipāta-Sūtra* und das →*Lotos-Sūtra* dazu.

Vairāgya, H Skrt., wörtl.: »Leidenschaftslosigkeit«, im Westen oft nicht ganz richtig mit Entsagung übersetzt, da für Entsagung i. allg. ein Zwang notwendig ist. Vairāgya bezeichnet jedoch im →Vedānta ein Herauswachsen aus den vergänglichen Dingen der Diesseitigkeit, weil man die unvergängliche Wirklichkeit Brahmans gefunden hat. Wer Freude am Studium heiliger Schriften hat, braucht sich nicht zu zwingen, keine Kinderbücher mehr zu lesen, er ist ihnen entwachsen. In Shankaras Werk →*Tattvabodha* ist Vairāgya eine der vier Vorbedingungen für einen spirituell Strebenden. Die drei anderen sind →Viveka, →Mumukshutva und →Shatkasampatti. Wer Vairāgya erlangt hat, wird ein Vairāgi genannt.

Vairochana H B Z (Vairocana), Skrt., wörtl.: »der Sonnengleiche«.

H auch Virochana; ein →Asura, der Sohn von →Prahlāda und Vater von →Bali. In der *Chāndogya-Upanishad* (VIII, 7–8) wird erzählt, wie er sich zusammen mit Indra um die Erforschung des Selbst (→Ātman) bemühte.

Die Götter und die Dämonen wollten das Selbst erforschen und schickten deshalb Indra und Vairochana zu →Prajāpati mit der Bitte um Belehrung. Prajāpati belehrte sie mit den Worten: »Das, was sich im Auge spiegelt, das ist das Selbst.« Sie fragten darauf: »Ist das,

Vairochana mit der Mudrā der Höchsten Weisheit.

was sich im Wasser spiegelt, das Selbst?« – »Ja, es ist das Selbst, das sich dort widerspiegelt«, antwortete Prajāpati. »Betrachtet euch im Wasser, und wenn ihr etwas nicht versteht, so sagt es mir.« Beide betrachteten sich im Wasser. Vairochana glaubte, nun das Selbst erkannt zu haben, und kehrte zu den Asuras zurück, während Indra Bedenken kamen und er noch mehrmals Fragen an Prajāpati richtete, bis er volle Gewißheit über das Selbst und somit Erleuchtung erlangt hatte.

Dies schildert einen bezeichnenden Unterschied zwischen dämonischen und göttlichen Naturen, von denen Krishna in der *Bhagavad-Gītā* spricht. Die einen geben sich mit dem äußeren Anschein, der äußeren Welt zufrieden, während die anderen nicht eher Ruhe finden, als bis sie Erleuchtung erlangt haben.

B Z Einer der fünf transzendenten Buddhas, dem → Samantabhadra als transzendenter Bodhisattva und Buddha Krakuchchanda als irdischer Buddha zugeordnet sind. Vairochana wird vielfach mit der Geste der Höchsten Weisheit oder des Lehrens (→ Mudrā) dargestellt. Seine Symbole sind das Rad der Lehre (→ Dharma-Chakra) oder die Sonne.

Um das 10. Jh. kam es im Mahāyāna-Buddhismus zu einer Erweiterung der Lehre der transzendenten Buddhas und ihrer entsprechenden Bodhisattvas. Es wurde ein höchster Buddha, der sog. Ādi-Buddha, eingeführt. Dieser gilt als das Absolute, die Personifizierung des Dharmakāya (→ Trikāya). Vairochana als erster der transzendenten (oder Dhyāni-)Buddhas wurde im Laufe der Entwicklung mit diesem Ādi- oder Ur-Buddha identifiziert.

In Japan wird Vairochana (jap. Birushana) als Sonnen-Buddha angesehen und bildet das Zentrum eines Systems, in dem die vier anderen Dhyāni-Buddhas wie Planeten um ihn kreisen (→ Shingon-Schule).

Vaishālī B (Vaiśālī), Skrt. (Pali: Vesāli); in der frühen Phase des Buddhismus bedeutende Stadt (heute Basarh), 40 km nordwestlich vom heutigen Patna zwischen Ganges und Himālaya gelegen. Vaishālī war die Hauptstadt der Lichchavis, die der Vajjī-Konföderation angehörten, welche → Ajātasattu angreifen wollte. → Shākyamuni besuchte häufig Vaishālī, wo ihm die Kurtisane Ambapāli ein → Vihāra schenkte. Hier sollen einige bedeutende Lehrreden gehalten worden sein. – 386 v. Chr. wurde in Vaishālī das 2. → Konzil abgehalten.

1958 wurde in einem Stūpa eine kleine Schale mit Knochenüberresten, Asche und verschiedenen Beigaben entdeckt; möglicherweise handelt es sich dabei um die den Lichchavis zugeteilten Reliquien des Buddha.

Vaishampāyana H (Vaiśampāyana), ein gefeierter Heiliger; Schüler des großen → Vyāsa, der ihn das *Mahābhārata* lehrte, das er später dem König Janamejaya auf einem Fest vortrug. Der → *Harivamsha* soll auch von ihm übermittelt sein.

Vaisharadya, B Skrt. → Vier Gewißheiten

Vaisheshika H (Vaiśeṣika), Skrt., wörtl.: »sich auf die Unterschiede (→ Vishesha) beziehend«; das älteste der sechs orthodoxen Hindu-Philosophiesysteme (→ Darshana). Es wurde von → Kanāda gegründet, teilt die Mannigfaltigkeit der Natur in sechs Kategorien, die Padārthas, ein und ist eher wissenschaftlich als philosophisch ausgerichtet. Es ist jedoch der Auffassung, daß durch besondere Pflichterfüllung die sechs Padārthas erkannt werden können und daß diese Erkenntnis zur Seligkeit führt.

Die sechs Padārthas sind: 1. Dravya (Substanz, Materie); 2. Guna (Qualität, Eigenschaft); 3. Karma (Tätigkeit); 4. Sāmānya (Gemeinsamkeit); 5. Vishesha (Verschiedenheit); 6. Samavāya (Inhärenz, Verknüpfung von Teil und Ganzem, Qualität und Substanz, Wirkung und Wirkendem, Allgemeinem und Besonderem). Die sechs Padārthas sind keine bloßen Begriffe, sondern reale Wesenheiten (Artha), welche durch die entsprechenden Worte (Pada) bezeichnet werden. Kanāda hat sein System im *Vaisheshika-Sūtra* dargelegt, das aus zehn Adhyāyas (Kapiteln) besteht.

Vaishnava H (Vaiṣṇava), Skrt.; Anhänger des → Vaishnavismus, einer der drei Hauptrichtungen der Gottesverehrung im modernen Hinduismus. Hauptschriften der Vaishnavas sind die Vaishnava-Purānas (→ Purānas).

Unter den Vaishnavas gibt es verschiedene Richtungen, je nach dem Aspekt, unter dem sie Vishnu verehren: die → Rāmānujas, die Īshvara als höchstes Wesen anbeten; die → Nimbārkas und die Vallabhāchāryas, Verehrer von Krishna und Rādhā; die Mādhavas, die Vishnu als höchstes Wesen verehren; die Rāmānandins, in deren Mittelpunkt die Verehrung von Rāma und Sītā steht. → Kabīr und → Tulsīdās waren ihre größten Dichter. Von letzterem stammt die Hindi-Version des *Rāmāyana*.

Vaishnavismus 🅗 (Vaiṣṇavismus), auch Vishnuismus; eine der drei großen Richtungen der Gottesverehrung im modernen Hinduismus. Die beiden anderen sind → Shaivismus und → Shaktismus. Die → Vaishnavas sehen in Vishnu das höchste Wesen und verehren ihn in seinen verschiedenen Inkarnationen (→ Avatāra), vor allem als Rāma und Krishna.

Vaishvānara 🅗 (Vaiśvānara), auch Virāj, Skrt., wörtl.: »auf alle Menschen bezogen«, im → Vedānta der Wachzustand der Menschen allgemein. Auf einen einzelnen Menschen bezogen, wird diese Ebene Vishva genannt. Sie ist eine der vier → Avasthās und identisch mit → Jagrat. Die drei anderen Bewußtseinszustände werden im Vedānta als → Prājña (Tiefschlaf), → Taijasa (Traumschlaf) und → Turīya (»das Vierte«) bezeichnet. Die *Māndūkya-Upanishad* befaßt sich ausführlich mit ihnen.

Vaishvānara beherrscht Körper, Denken und Empfindungen der Menschen im Wachzustand. Im *Rigveda* bedeutet Vaishvānara Sonne und Feuer. Deshalb wird → Agni gelegentlich so genannt.

Vaishvānara-Vidyā 🅗 (Vaiśvānara-Vidyā), Skrt., wörtl. *vaishvānara:* »auf alle bezogen, alle umfassend«, *vidyā:* »Wissen, Erkenntnis«; die Erkenntnis, daß in allen das kosmische Selbst lebendig ist; die Gewißheit, daß alle eins sind mit dem universalen Bewußtsein.

Vaishya, 🅗 Skrt. → Varna

Vaivasvata, 🅗 Skrt., wörtl.: »der Sonnengeborene«; der siebente → Manu, der Manu des gegenwärtigen Zeitalters. Er war der Sohn von → Vivasvat und Vater von Ikshvāku, dem Gründer der Solar-Rasse der Könige, und hat die → *Manu-Samhitā* mitverfaßt. Krishna erwähnt ihn in der *Bhagavad-Gītā* (IV, 1).

Vajra, 🅗 🅑 🅩 Skrt.

🅗 1. der Blitzstrahl → Indras oder sein »Donnerkeil«, der aus den Knochen des → Rishi Dadhīchi gemacht sein soll. Es ist eine kreisförmige Waffe mit einem Loch in der Mitte. Der Vajra hat viele Namen wie »der Spalter«, »der Brüllende«, »der Zerstörer«; 2. der Sohn von → Aniruddha. Seine Mutter ist die Daitya-Prinzessin → Ūshā. Krishna machte ihn kurz vor seinem Tod zum König des Yādava-Stammes.

🅑 🅩 (tibet. Dorje); der »Diamant«. Der Vajra hat im Buddhismus eine andere Bedeutung als im Hinduismus, wo Vajra der »Donnerkeil« Indras ist. Er ist hier keine Waffe, sondern ein Symbol des Unzerstörbaren, weshalb er als »Diamant« bezeichnet wird und die Überset-

Vajra als Symbol des Absoluten.

zung »Donnerkeil« im buddhist. Kontext falsch ist. Hier steht er für die Wahre-Wirklichkeit, die Leere (→ Shūnyatā), das Wesen oder die Essenz alles Seienden. Wie der Diamant ist diese Leere unzerstörbar, d. h. unvergänglich da un-geworden, und die makellose Reinheit und Durchsichtigkeit des Diamanten symbolisiert die – trotz aller Erscheinungen, die die Leere trägt – vollkommene Makellosigkeit der Leere. Es ist dieser Aspekt der Wirklichkeit, den das Zen meint, wenn es angesichts der zahllosen Phänomene sagt: »Da ist nicht ein Ding.« Diese Leere ist jedoch nicht von den Dingen, allen Phänomenen, verschieden; sie ist eins und identisch mit ihnen – was sich nicht begrifflich »verstehen«, sondern nur in der → Erleuchtung erfahren läßt.

Zur besonderen Bedeutung des Vajra im Tibetischen Buddhismus siehe → Dorje.

Vajrachchedikā-Prajñāpāramitā-Sūtra, 🅑 🅩 Skrt. → *Diamant-Sū*tra

Vajradhara, 🅑 Skrt. → Samantabhadra

Vajradhātu-Mandala, 🅑 Skrt. → Shingon-Schule

Vajrapradama-Mudrā, 🅑 Skrt. → Mudrā, 10.

Vajrasattva, 🅑 Skrt., wörtl.: »Diamant-Wesen«;

im → Vajrayāna-Buddhismus das Prinzip der Reinheit und der Läuterung. Vajrasattva verkörpert die Fähigkeit, geistige Verunreinigungen aller Art zu beseitigen, vor allem die vernachlässigten Pflichten gegenüber dem Lehrer und der eigenen spirituellen Entwicklung. Vajrasattva ist eine Form des Sambhogakāya (→ Trikāya); er vereinigt in sich die Gesamtheit der fünf Buddha-Familien (→ Buddhakula), so wie in seiner ikonographisch weißen Körperfarbe alle fünf Farben enthalten sind. Die rechte Hand des Vajrasattva hält einen → Dorje zum Herzen, der seine unzerstörbare Essenz bedeutet; seine Linke ruht mit einer Glocke auf der Hüfte als Zeichen seines Erbarmens. Das ihm zugeordnete Mantra von 100 Silben wird in allen Schulen des Tibetischen Buddhismus zur Reinigung des Geistes verwendet.

Vajrayāna, **B** Skrt., wörtl.: »Diamant-Fahrzeug«; eine sich um die Mitte des 1. Jahrtausends vor allem in Nordost- und Nordwestindien konstituierende Schulrichtung des Buddhismus. Sie entwickelte sich aus den Lehren des → Mahāyāna und gelangte mit diesem von Indien und Zentralasien nach Tibet, China und Japan. Aus dem Bedürfnis heraus entstanden, die Vorstellungswelt des Buddhismus auf alte »magische« Praktiken auszudehnen, zeichnet sich diese Bewegung durch ein ausgeprägtes, als psychologische Methode zu verstehendes Ritualwesen aus. Seinen Ursprung hatte das Vajrayāna in kleinen Gruppen von Schülern, die sich um einen Meister (→ Guru) sammelten; die Verfügbarkeit des Vajrayāna in Form von schriftlich fixierten Texten (→ Tantra) sowie seine Aufnahme in klösterliche Institutionen stellt ein relativ spätes Stadium dieser Bewegung dar. Wegen der Verwendung bestimmter heiliger Silben (→ Mantra) bezeichnet der Tibetische Buddhismus das Vajrayāna auch als Mantrayāna.

Die Lehren des Vajrayāna bildeten eine esoterische Tradition aus, die Elemente des Yoga und der alten indischen Naturreligion mit originalem buddhist. Gedankengut verband. Ausschlaggebend waren dabei die Einflüsse aus dem Nordwesten Indiens, die zu einer ausgeprägten Lichtsymbolik führten, und die stark die Ikonographie bestimmenden Sexualkulte aus dem Nordosten.

Anfangs nur mündlich überliefert, kam es zwischen dem 6. und dem 10. Jh. zur Schaffung kohärenter Lehrsysteme. Zu den wichtigsten Werken zählen das *Guhyasamāja-Tantra* und das → *Kālachakra-Tantra,* deren textliche Formulierung den Anfang und das Ende dieser Phase dokumentieren. Bedeutende Überlieferungsträger des Vajrayāna sind neben dem komplexen Schrifttum der Tantras auch die spirituellen Lieder der → Mahāsiddhas, die der Erfahrung der → Mahāmudrā gewidmet sind.

Etwa z. Zt. der Übertragung dieser Lehren nach Tibet hatte die Tradition des Vajrayāna ihren festen Platz im Buddhismus eingenommen. Als unerläßlich für die Beherrschung der Methoden des Vajrayāna wird im Tibetischen Buddhismus ein Verständnis der → Prajñāpāramitā-Lehren vorausgesetzt, wie sie von → Nāgārjuna und → Asanga erklärt wurden. Daher heißen die Prajñāpāramitā-Lehren auch »Fahrzeug der Ursache« und die Vajrayāna-Lehren »Fahrzeug der Wirkung«.

Eine entscheidende Rolle spielen im Diamant-Fahrzeug die von einem autorisierten Meister vollzogene Einweihung in die mit einer bestimmten Gottheit verbundene meditative Praxis (→ Sādhana) und eine sich notwendigerweise daraus ergebende Verpflichtung. Zu den bei dieser Einweihung übertragenen Mitteln, die eine Sublimierung des Individuums in seiner Gesamtheit zum Ziel haben, zählen neben dem Rezitieren von Mantras die Betrachtung von → Mandalas und spezielle rituelle Gesten, sog. → Mudrās.

Für den Vajrayāna-Buddhisten wird die Aufhebung jeglicher Dualität, die Erfahrung der zugrunde liegenden Einheit in der Erleuchtung durch den → Vajra symbolisiert.

Vāk **H**, auch Vāch (Vāc), Skrt., wörtl.: »Rede, Stimme, Sprache«; in den → Veden ist sie die Trägerin der Offenbarung. Im *Rigveda* wird die heilige, im Veda-Wort verkörperte Rede gepriesen als die schaffende, alle Götter tragende Urkraft. In ihrer poetischen Art schildern die alten Hindu-Schriften, wie das Universum ins Dasein gesungen wurde von → Brahmās göttlichem Gedanken, der ihm durch Vāk, die göttliche Stimme, entströmte.

Dies alles erinnert an den Beginn des Johannes-Evangeliums: »Im Anfang war das Wort.« Im *Shatapatha-Brāhmana* schuf → Prajāpati mittels der Rede, die sich über die ganze Welt ergoß, das Wasser, aus dem die Erde und alle lebenden Wesen entstanden. Deshalb wird Vāk oft als Göttin, als Mutter des Universums, personifiziert und auch mit → Sarasvatī, der Göttin der Beredsamkeit und Gelehrsamkeit, identifiziert.

Im Lauf der Zeit verminderte sich die heilige Bedeutung von Vāk immer mehr. → Manas machte ihr den Rang streitig. Prajāpati, der beide geschaffen hatte, sollte entscheiden, wem der Vorrang gebühre. Er erkannte ihn Manas, dem Verstand, zu, weil die Rede nur kundtue, was Manas zuvor gedacht habe. Hier ist die Rede zur Alltagssprache herabgesunken und hat ihre schöpferische Bedeutung verloren.

Vākyanu-Sādhana, **H** Skrt.; Meditation *(sādhana)* über die → Mahāvākyas, die großen Lehrsätze der → Shrutis, und die Ergründung ihres tiefen Sinnes.

Vākyavritti **H** (Vākyavṛtti), Skrt., wörtl.: »Die

Auslegung *(vritti)* des Satzes *(vākya)*«, die Auslegung des → Tat Tvam Asi (»Das bist du«), ein kleines, aber wichtiges Werk des → Advaita-Vedānta von → Shankara, das in 53 Verspaaren (Shlokas) die eminente Bedeutung des Axioms *Tat Tvam Asi* erklärt.

Dieser Satz ist der Eckpfeiler des Vedānta. Die Identität *(asi)* von *tat* (das) und *tvam* (du) läßt sich nicht durch den Verstand begründen, sondern nur durch unmittelbare eigene Erfahrung erkennen. Das kurze Werk ist für diejenigen gedacht, die die Wahrheit dieser Identität erfahren und ihren unbeschreiblichen Frieden genießen wollen.

Vallabha 🅷, auch Vallabhāchārya, ein → Vaishnava-Heiliger und Philosoph des 15. Jh. Seine Philosophie, der sog. Shuddhādvaita-Vedānta (*shuddha,* wörtl.: »unverfälscht, rein, ursprünglich«) steht zwischen → Shankaras Advaita-Vedānta und → Rāmānujas Vishishtādvaita-Vedānta.

Der Shuddhādvaita hält die Beziehung zwischen der Seele und der Welt für wirklich, nicht für eine Erscheinung der → Māyā. Die Seele ist eine feine Form Brahmans, die nicht unter dem Einfluß der Māyā verändert worden ist, sondern bei der nur der Seligkeitsaspekt (→ Ānanda) verhüllt erscheint. In ihrem ursprünglichen (Shuddha-)Zustand ist sie identisch mit Brahman. Als Krishna-Verehrer hielt Vallabha → Bhakti für das Hauptmittel zur Befreiung, erkannte aber auch die Nützlichkeit des → Jñāna an. Seine Hauptwerke, in denen er eine von Shankaras und Rāmānujas Interpretationen abweichende theistische Auslegung des Vedānta gibt, sind *Anubhāshya, Siddhānta-Rahasya* und *Bhāgavatatīkāsubodhini.* Außerdem schrieb er einen bedeutenden Kommentar zum → *Vedānta-Sūtra.*

Vallī, 🅷 Skrt., wörtl.: »Schlingpflanze«; eine treffende Bezeichnung für die Art, in der eine → Upanischade sich an das → Brāhmanam anschmiegt und dabei doch bis in die Wurzeln hinein ihre volle Selbständigkeit bewahrt. Insbesondere werden die drei Unterteilungen der → *Taittirīya-Upanishad* als Vallī bezeichnet.

Vālmīki, 🅷 Verfasser des berühmten Sanskrit-Epos → *Rāmāyana,* das er, wie es in den Veden heißt, »gesehen« haben soll. Sich selbst erwähnt er darin, als hätte er an einigen Ereignissen selbst teilgenommen. So beherbergte er angeblich die verbannte → Sītā in seiner Einsiedelei und erzog ihre Zwillinge Kusha und Lava.

Vālmīki gilt als der erste namentlich bekannte Kunstdichter *(ādikavi)* der ind. Literatur, und wenn er auch sicherlich nicht der alleinige Verfasser des *Rāmāyana* war, so verdankt es ihm doch zweifellos das prägende epische Versmaß des → Shloka, in dem das Epos um Rāma ebenso wie der größte Teil des *Mahābhārata* geschrieben sind. Auch das Epos → *Yoga-Vasishtha* soll ein Werk Vālmīkis sein.

In seiner Jugend fristete Vālmīki unter einem anderen Namen sein Leben als Straßenräuber. Eines Tages überfiel er → Nārada, um ihn zu berauben. »Nimm alles«, sagte Nārada, »aber laß mich erst ein paar Fragen stellen. Warum lebst du als Räuber? Ist dir nicht klar, daß du dadurch Sünden begehst, die Strafe nach sich ziehen werden?« – »Ja«, antwortete der Mann, »aber meine Eltern und meine Familie werden meine Schuld mittragen.« – »Hast du sie je danach gefragt?« – »Nein, aber dessen bin ich sicher.« Da forderte Nārada ihn auf, seine Familie zu befragen und ihn solange an einen Baum zu fesseln. Als der Räuber seiner Familie erzählte, womit er ihren Lebensunterhalt verdiente, wollte keiner seine Schuld und deren Konsequenzen mittragen. Das öffnete ihm die Augen, er ging in sich, kehrte zu Nārada zurück, befreite ihn und begann ein intensives spirituelles Leben. Er meditierte, bis ein Ameisenhügel (*vālmīki:* Ameise) um ihn emporwuchs, und wurde später als Heiliger verehrt.

Vāmāchāra 🅷, auch Vāmamārga, Skrt. → Tantra

Vāmāchāris, 🅷 Skrt.; Anhänger des Vāmāchāra → Tantra

Vāmadeva, 🅷 ein ved. → Rishi, der als Verfasser von → *Rigveda IV* gilt. In einer seiner Hymnen läßt er sich selbst schon vor seiner eigenen Geburt sprechen. Der Kommentator → Sāyana sagt dazu: »Der Rishi Vāmadeva wollte, als er noch im Mutterleib weilte, nicht auf normale Weise geboren werden und beschloß, durch die Seite seiner Mutter auf die Welt zu kommen.« In einer anderen Hymne sagt Vāmadeva: »Wie ein Habicht schoß ich heraus.« Ein Kommentator erklärt: »Er nahm die Form eines Habichts an und kam durch Yoga-Kräfte aus dem Mutterleib, denn er hatte von der Empfängnis an göttliche Erkenntnis.«

Vāmadeva heißt auch ein Heiliger aus dem → *Mahābhārata,* der zwei Pferde von sagenhafter Geschwindigkeit besaß, die Vājas genannt wurden. Außerdem ist Vāmadeva ein Beiname für → Shiva und einen der → Rudras.

Vāmana, 🅷 Skrt., wörtl.: »Zwerg«; Vishnus fünfte Inkarnation als → Avatāra im Tretā-Yuga (→ Yuga). Schon im *Rigveda* tritt Vishnu durch seine Heldentat der »drei Schritte« (→ Trivikrama) hervor. Das vermutlich im 14. Jh. in Benares entstandene *Vāmana-Purāna* enthält einen 7000 Stanzen umfassenden Bericht Brahmās über Vishnus Zwerginkarnation, verteilt seine Huldigung jedoch unparteiisch auf Vishnu und Shiva.

Die berühmten drei Schritte tat Vāmana, als die Götter Vishnu um Unterstützung baten gegen den Daitya-König → Bali, der durch seine große Frömmigkeit und Askese die Herrschaft über die drei Welten errungen hatte und die Vorherrschaft der Götter bedrohte. Daraufhin nahm Vishnu die Gestalt des Zwerges Vāmana an und überlistete König Bali mit Hilfe der drei Schritte.

Vānaprastha, 🅗 Skrt., wörtl.: »Waldaufenthalt«; die dritte Lebensstufe (→ Āshrama, 2.) der Hindus, auf der sich der Mensch, nachdem er die Pflichten des Haushälters erfüllt und der Gemeinschaft gedient hat, in die Waldeinsamkeit zurückzieht, um sich ganz dem Studium der Philosophie und der heiligen Schriften hinzugeben und intensive Meditation zu üben.

Varada-Mudra, 🅑 Skrt. → Mudrā, 6.

Varna 🅗 (Varṇa), Skrt., wörtl.: »Farbe, Kaste«; eine Gesellschaftsordnung, die von den Ariern nach ihrem Eindringen in Indien eingeführt wurde. Sie umfaßt vier Hauptkasten: 1. die Brahmanen (Brāhmanas), die gebildete Klasse. Zu ihr gehören Priester, Philosophen, Gelehrte und religiöse Führer; 2. die Kshatriyas, die Kriegerkaste. Dazu gehören Politiker, Feldherren, Offiziere und weltliche Machthaber; 3. die Vaishyas, die Händler und Bauern, auch Versorger genannt; 4. die Shūdras, die Arbeiter und Diener. Die unterste Schicht der Hindu-Gesellschaft bilden die Parias, die Unberührbaren, die außerhalb des Kastensystems stehen. Die Angehörigen der drei oberen Kasten werden auch → Dvija (»zweifach Geborene«) genannt. Die *Bhagavad-Gītā* lehrt, daß derjenige, der die Erfüllung der Pflichten, die seine jeweilige Kastenzugehörigkeit mit sich bringt, als Hingabe an Gott betrachtet, seine Kaste und alle anderen karmischen Begrenzungen überwinden kann, um spirituelle Vollkommenheit zu erreichen, die jedes Menschen Geburtsrecht ist.

Die erste Erwähnung der Kasten findet sich in einer späten Hymne des *Rigveda* (→ Purusha-Sūkta). Wahrscheinlich entstand die Einteilung zuerst durch die jeweilige Beschäftigungsart des einzelnen. Nach ved. Überlieferung hatte die Kasteneinteilung den Zweck, rücksichtslose Konkurrenz innerhalb der Gesellschaft auszuschalten. Daß die Brahmanenkaste den obersten Rang einnimmt zeigt, daß man Entsagung und Weisheit den Vorrang gab vor Kampf, Reichtum und körperlicher Tüchtigkeit. In früheren Jahrhunderten gab es keine strenge Kastentrennung, und über lange Zeit haben die vier harmonisch zusammenarbeitenden Hauptkasten ein soziales Gleichgewicht halten können. Erst als die Mogulkaiser mit den gleichmachenden Lehren des Islam in Indien einfielen und auch andere Kolonialmächte die soziale Struktur des Landes bedrohten, wurden dem alten, orthodoxen System eiserne Vorschriften hinzugefügt, die eine strikte Trennung der Kasten bewirkten. Die Reformbewegung des 19. Jh. und Gandhis Vorarbeit haben die heutige Regierung veranlaßt, das Kastensystem stufenweise abzubauen und die Unberührbaren in die Gemeinschaft einzugliedern.

Varuna 🅗 (Varuṇa), Skrt., wörtl.: 1. »der Allumfassende« (*varas:* »Weite, Raum«); 2. »Ozean, Sonne«; einer der ältesten ved. Götter, die Personifizierung des allumfassenden Himmels, der Schöpfer und Erhalter von Himmel und Erde bzw. der König des Universums, der Götter und der Menschen; die höchste Gottheit, der besondere Ehre gebührt. In späteren Zeiten wurde er zum Herrn der Sonnengötter (→ Ādityas) und noch später der Gott der Meere und Flüsse, als der er auch heute noch gilt.

In den Veden steht Varuna nicht unmittelbar mit dem Wasser in Verbindung, sondern mit den Anteilen des Wassers in den Elementen Atmosphäre und Erde. Kosmische Funktionen werden ihm zugeschrieben. Er läßt die Sonne am Firmament scheinen. Der Wind, der durch die Lüfte braust, ist sein Atem. Er hat das Bett der Flüsse geschaffen, die nach seinem Befehl fließen und ihr Wasser in die Ozeane ergießen, ohne sie überlaufen zu lassen. Nach seinen Gesetzen leuchtet der Mond und erscheinen die Sterne am nächtlichen Himmel, um am Tage geheimnisvoll wieder zu verschwinden. Nichts geschieht ohne sein Wissen, keine Kreatur kann sich ohne ihn rühren. Er schaut der Wahrheit und Falschheit der Menschen zu, er weihte den Rishi → Vasishtha in Geheimnisse und Weisheiten ein, die er keinem Toren enthüllt. Er hat unbegrenzte Kontrolle über das Schicksal der Menschen, weiß für alles Rat und ist selbst denen gnädig, die gesündigt haben. Er ist der weise Hüter der Unsterblichkeit. Die Eigenschaften und Funktionen, die Varuna zugeschrieben werden, heben ihn über alle anderen ved. Gottheiten hinaus. In den → Purānas ist er der Herr der Gewässer, sein Lieblingsort ist Pushpagiri, der »Blumenberg«. Er besitzt einen aus der Nackenhaube einer Kobra gefertigten Schirm namens Ābhoga, den kein Wasser durchdringt. Zahlreiche Legenden sind mit seinem Namen verknüpft, die zum Teil an die klassischen Sagen um Neptun erinnern.

Vāsanānanda, 🅗 Skrt.; Freude und Seligkeit *(ānanda),* die von den unvergänglichen Eindrükken *(vāsanā)* spiritueller Erlebnisse hinterlassen werden.

Vāsanās, 🅗 🅑 Skrt., wörtl.: »Vorstellung, Verlangen; Eindruck«.

🅗 Abgesunkene und verborgene Wünsche, Neigungen und Ambitionen, die jederzeit wieder an die Oberfläche kommen können. Sie sind eng

verwandt mit den → Samskāras, bilden mitunter einen Bestandteil von ihnen und werden gelegentlich als Synonym für sie gebraucht.
B → Ālaya-Vijñāna

Vasishtha H (Vasiṣṭha), berühmter Heiliger (Brahmane), der Verfasser von → *Rigveda VII.* Es bestand eine große Rivalität zwischen ihm und dem Heiligen → Vishvāmitra, der zunächst ein → Kshatriya war. Das Verhältnis der beiden zueinander spiegelt deutlich den sich zu jener Zeit abspielenden Kampf wider um die Vorherrschaft zwischen den Brahmanen und den Kshatriyas, die häufig weise Könige waren und sich von den oftmals arroganten Brahmanenpriestern keine Vorschriften machen lassen wollten. Vasishtha und Vishvāmitra vertrugen sich schließlich, nachdem letzterer durch intensive spirituelle Übungen zur Brahmanenkaste aufgestiegen war.

Nach → Manu war Vasishtha einer der sieben großen → Rishis und einer der zehn → Prajāpatis, die von Brahmā abstammten. Trotzdem läßt eine Hymne des *Rigveda* ihn als Sohn von → Varuna erscheinen. In einer anderen Hymne wird er als Beschützer der Behausungen bezeichnet: Einmal hatte er einen Hund angesprochen, der ihn anbellte, als er Varunas Haus betreten wollte. Der Hund wurde still und schlief ein. Deshalb werden diese Verse bei ähnlichen Gelegenheiten von Dieben und Einbrechern gesprochen.
Vasishtha besaß → Surabhī (»die Kuh des Überflusses«), die ihm alle Wünsche erfüllen konnte und um die Vishvāmitra ihn beneidete. Es gibt zahlreiche Fabeln und Geschichten über Vasishtha, die fast alle von seinem Streit mit Vishvāmitra handeln und ausführlich im *Rāmāyana* beschrieben werden. Er war der Familienpriester von König Dasharatha, dem Vater von → Rāma. → Vālmīki wird ein Sanskrit-Werk → *Yoga-Vasishtha* zugeschrieben, in dem die Unterweisungen Vasishthas an seinen Schüler Rāma aufgezeichnet sind.

Vasubandhu, B Z hervorragender Gelehrter der Schule des → Sarvāstivāda und des → Yogāchāra, der auch als der 21. Patriarch in der ind. Linie des Zen gilt. Die Frage nach der historischen Persönlichkeit Vasubandhus wirft einige Probleme auf: Er wurde im heutigen Peshavar geboren, lebte in Kaschmir und starb in Ayodhyā. Er gilt als Bruder und Schüler von → Asanga, dem Begründer des Yogāchāra. Asanga soll ihn zum Mahāyāna-Buddhismus bekehrt haben. Demnach hätte Vasubandhu im 4. oder 5. Jh. gelebt. Der Indologe E. Frauwallner nimmt zwei verschiedene Vasubandhu an: den Yogāchārin (Vasubandhu der Ältere, 4. Jh.) und den Sarvāstivādin (Vasubandhu der Jüngere, 5. Jh.).
Der Sarvāstivādin ist Autor des → *Abhidharmakosha,* eines der bedeutendsten Werke seiner Schule. Der Yogāchārin Vasubandhu gilt zusammen mit Asanga als Begründer des Yogāchāra; ihm werden eine Reihe grundlegender Werke dieser Schule zugeschrieben: die *Vimshatikā-Vijñaptimātratāsiddhi* (»Nachweis, daß alles nur Erkenntnis ist, in 20 Strophen«), kurz *Vimshatikā.* Es sind sowohl das Original in Skrt., als auch chin. und tibet. Übersetzungen erhalten. Es stellt eine Zusammenfassung der Lehren des Yogāchāra dar.

Außerdem ist er der Verfasser einer Dichtung in 30 Liedern *(Trimshikā),* die ebenfalls die Lehren des Yogāchāra erläutert, sowie einer Anzahl von Kommentaren zu Werken von Asanga und zu wichtigen Sūtras des Mahāyāna, u. a. zum *Dashabhūmika, Diamant-Sūtra, Lotos-Sūtra, Sukhāvatī-Vyūha.*

Vāsudeva, H der Vater von Krishna. Seine Schwester war → Kuntī, die Mutter der → Pāndava-Prinzen. In der *Bhagavad-Gītā* wird Krishna Vāsudeva genannt. Nach dem *Mahābhārata* bedeutet dieser Name, daß Krishna in allen Wesen wohnt (Skrt. *vāsanat*).

Vāsudeva heiratete sieben Schwestern, deren jüngste, → Devakī, Krishnas Mutter war. Nach dem Tod von Krishna und → Balarāma starb auch Vāsudeva, und vier seiner Frauen verbrannten sich zusammen mit seiner Leiche. Vāsudeva wurde auch Ānaka Dundubhi genannt, weil die Götter, die wußten, daß er der Vater des göttlichen Krishna sein würde, bei seiner Geburt die Trommeln *(dundubhi)* des Himmels ertönen ließen.

Vāsuki, H der König der Nāgas oder Schlangen, die im Pātāla, einer Region der Unterwelt, leben. Die Götter und → Asuras benutzten ihn als Ring um den Berg Mandara, als sie den Ozean aufwühlten (→ Umrühren des Ozeans).

Vasumitra, Z 7. Patriarch in der ind. Linie des → Zen

Vasus, H Skrt.; eine Gruppe von acht Göttern, die als Diener → Indras bekannt sind. In ved. Zeit waren sie Personifizierungen von Naturerscheinungen. Es sind: Āpas (Wasser), Dhruva (Polarstern), Soma (Mond), Dharā (Erde), Anila (Wind), Anala (Feuer), Prabhāsa (Licht) und Pratyūsha (Morgendämmerung).

Vātsalya, H Skrt., wörtl.: »Zärtlichkeit«; die zärtliche Liebe der Eltern zu ihrem Kind, eine der fünf Haltungen (Bhāvas) eines Gottliebenden auf dem Wege des → Bhakti-Yoga.

Vātsīputrīya, B Skrt.; Anhänger einer buddhist. Schule, die sich um 240 v. Chr. von den → Sthaviras abgespalten hat. Ein anderer Name dieser Schule ist Pudgalavāda. Es ist diejenige Richtung des alten Budhismus, die sich am weitesten von der orthodoxen Lehrauffassung entfernt hat.

Der Begründer der Schule, Vātsīputra, ein von den Sthaviras bekehrter Brahmane, stellte die These auf, es gäbe eine Person (→ Pudgala), die weder identisch mit den Fünf Daseinsgruppen (→ Skandha) noch verschieden von ihnen sei. Sie ist der Träger der Wiedergeburten, sichert die Vergeltung der Taten (→ Karma) und existiert sogar im → Nirvāna weiter. Diese Schule war eine der größten ihrer Zeit, doch stieß sie bei den Vertretern anderer Richtungen auf heftigen Widerstand, da man in der »Person« der Vātsīputrīyas nichts als ein abgewandeltes → Ātman, eine Seele, sah, deren Existenz vom Buddha geleugnet worden sein soll.

Vātsyāyana, 🄷 Gelehrter des 4. Jh., der auch über erotische Themen schrieb. Er ist der Verfasser des → *Kāma-Sūtra* und des *Nyāya-Bhāshya,* des klassischen Kommentars über das *Nyāya-Sūtra* von → Gotama.

Vāyu, 🄷 Skrt., wörtl.: »Luft, Wind«; der Gott der Winde. In den Veden erscheint er zusammen mit Indra und fährt im selben Wagen mit ihm, wobei Indra sein Wagenlenker ist. Nur wenige Hymnen sind ihm gewidmet. Drei Götter stehen in den Veden in besonderer Beziehung zueinander: → Agni, dessen Platz auf der Erde ist, Vāyu, dessen Platz in der Luft ist, und → Sūrya, dessen Platz am Himmel ist.

Vāyu soll dem Atem → Purushas entsprungen sein. Im *Bhāgavata-Purāna* forderte → Nārada ihn auf, die Spitze des Berges → Meru abzubrechen. Er entfachte einen gewaltigen Sturm, der ein Jahr andauerte, aber Vishnus Vogel → Garuda schützte den Berg mit seinen Flügeln, so daß alle Sturmböen machtlos waren. Nārada riet ihm, den Berg in Garudas Abwesenheit anzugreifen. Er tat es, brach den Gipfel ab und schleuderte ihn ins Meer, wo er zur Insel → Lankā wurde. Vāyu hat u. a. Beinamen wie »Träger der Düfte«, »der ewig sich Bewegende«.

Veda, 🄷 Skrt., wörtl.: »Wissen, heilige Lehre« → Veden

Vedanā, 🄱 Skrt., Pali; »Empfindung« oder »Gefühl«; der Oberbegriff für alle Gefühle und Empfindungen. Hinsichtlich der Qualität lassen diese sich in drei Kategorien – angenehm, unangenehm und neutral – und fünf Klassen – geistig angenehm und unangenehm, körperlich angenehm und unangenehm, indifferent – einteilen. Bezüglich der sechs Sinnesorgane werden durch Seh-, Hör-, Riech-, Schmeck-, Körper- und Geisteindruck bedingte Gefühle unterschieden. Vedanā ist der 2. der fünf → Skandhas und bildet im Rahmen der Kette des Bedingten Entstehens (→ Pratītya-Samutpāda) das 7. Glied, das durch Berührung (→ Sparsha) bedingt ist und seinerseits Begehren (→ Trishnā) hervorruft.

Vedānga 🄷 (Vedāṇga), Skrt., wörtl.: »Glieder des Veda«; Ergänzungen zu den → Veden, um sie richtig lesen, verstehen und anwenden zu können. Die Vedānga-Schriften behandeln, meist im Sūtra-Prosastil, lehrbuchartig die Themen der sechs ved. Hilfswissenschaften: 1. Phonetik (→ Shikshā); 2. Metrik (→ Chandas); 3. Grammatik (Vyākarana); 4. Etymologie (→ Nirukta), besonders berühmt das von → Yāska verfaßte Werk gleichen Namens; 5. Astronomie (→ Jyotisha); 6. Opferritual *(→ Kalpa-Sūtra).* – Die Vedāngas gehören zum hinduist. Schriftgut der → Smriti.

Vedānta, 🄷 Skrt.; Zusammensetzung aus → Veda und *anta:* »Ende«; das Ende, d. h. die Schlußbetrachtungen der Veden, wie sie zunächst in den → Upanischaden enthalten sind. Die in ihnen verstreuten Offenbarungen und tiefen Einsichten, die sich vor allem mit Brahman und Ātman und dem Verhältnis der beiden zueinander beschäftigen, hat Bādarāyana in seinem → *Vedānta-Sūtra* zusammengefaßt, das die Basis der Vedānta-Philosophie (→ Uttara-Mīmāmsā) bildet. Radhakrishnan schreibt in seinem Werk *Indische Philosophie* (1955) in der Einleitung des Kapitels über das *Vedānta-Sūtra:* »Die Vedānta-Philosophie ist von allen Hindu-Gedankensystemen am engsten mit der indischen Religion verknüpft und beeinflußt in der einen oder anderen Form die Weltanschauung jedes Hindu-Denkers der heutigen Zeit.«

Drei Hauptzweige haben sich im Vedānta herausgebildet: 1. der → Advaita-Vedānta (Nicht-Dualismus), dessen wichtigste Lehrer Gaudapāda, Shankara, Padmapāda, Sureshvara und Vidyāranya sind. Shankara ist der bedeutendste von ihnen; 2. der → Vishishtādvaita-Vedānta (eigenschaftsbehafteter Nicht-Dualismus), dessen Hauptvertreter → Rāmānuja ist; 3. der → Dvaita-Vedānta (dualistischer Vedānta), dessen Hauptvertreter → Madhva ist.

Vedānta-Paribhāshā 🄷 (Vedāntaparibhāṣā), Skrt.; ein Werk über den → Advaita-Vedānta von Dharmarāja, der im 17. Jh. n. Chr. in Südindien gelebt hat und zur Schule des → Padmapāda gehört. Das Buch hat acht Kapitel und behandelt die verschiedenen Erkenntnismethoden, die großen Lehrsätze (→ Mahāvākya) der Veden und die verschiedenen Bewußtseinszustände. Es betont die Autorität der ved. Schriften und betrachtet Erleuchtung als höchstes Ziel des Lebens.

Vedāntasāra, **H** Skrt., wörtl.: »Kern des Vedānta«; 1. ein Werk von → Rāmānuja; 2. ein Werk von Sadānanda (15. Jh.), das wegen seiner Klarheit und Präzision eine der am meisten gelesenen → Vedānta-Schriften ist. Es schildert u. a. die Verhüllungskraft des Nicht-Wissens und die Überdeckung des Selbst mit den grob- und feinstofflichen Hüllen und behandelt ausführlich die großen Lehrsätze (→ Mahāvākya) der Veden und den Zustand des → Jīvanmukta, des zu Lebzeiten Erlösten.

Vedānta-Sūtra **H**, auch *Brahma-Sūtra,* Skrt.; die Entstehungszeit des Sūtra schwankt je nach Ansicht der Gelehrten zwischen 400 v. Chr. und 200 n. Chr. Der Indologe Max Müller hält es für älter als die → *Bhagavad-Gītā.* Auch über die Frage des Verfassers sind sich die Gelehrten nicht einig. Manche nennen → Vyāsa, andere Bādarāyana, und wieder andere glauben, daß beide identisch seien. Auf jeden Fall hat der Verfasser die in den Upanischaden verstreuten Einsichten und Offenbarungen über Brahman und Ātman und ihre Beziehung zueinander in diesem Werk zusammengefaßt, das die Basis der → Vedānta-Philosophie bildet. Sein zweiter Name *(Brahma-Sūtra)* bezieht sich darauf, daß Brahman in seinem Mittelpunkt steht.

Das Sūtra besteht aus 555 meist nur zwei oder drei Worte umfassenden Abschnitten, die ohne Erklärung unverständlich bleiben. Deshalb gibt es zahlreiche Kommentare dazu. Die wichtigsten stammen von → Shankara, → Rāmānuja, → Bhāskara, → Nimbārka, → Madhva und → Vallabha.

Der Verfasser des Sūtra akzeptiert zwei Auffassungen von Brahman: 1. Brahman als absolute, unpersönliche Intelligenz (Nirvishesha, → Chinmātra) verstanden; 2. Brahman als persönlicher Gott (Savishesha) gesehen. Aus dem Sūtra geht nicht hervor, wie der Verfasser diese beiden Ansichten in seinem Denken auf einen Nenner bringt. Das Sūtra versichert lediglich, sich auf die → Shruti stützend, daß Brahman sich selbst zum Universum entwickelt habe und doch transzendent bleibe. Das erklärt, weshalb es allen Vedānta-Richtungen vom Advaita- bis zum Dvaita-Vedānta als Basis dienen konnte. Das Werk ist in vier Kapitel eingeteilt. Das erste behandelt die Theorie von Brahman als der zentralen Wirklichkeit; das zweite weist Einwände gegen diesen Standpunkt zurück und kritisiert gegnerische Theorien; das dritte zeigt Mittel und Wege zur Erlangung der Brahman-Erkenntnis; das vierte handelt von den Früchten bzw. Auswirkungen dieser Erkenntnis.

Vedavyāsa, **H** Skrt., wörtl.: »Sammler der Veden«; eine Bezeichnung für → Vyāsa, wobei dieser Name jedoch für viele verwendet wurde, die Aphorismen oder Geschichten zusammengetragen haben.

Veden **H**, Skrt.: Veda, wörtl.: »Wissen, heilige Lehre«; die Gesamtheit der ältesten Texte der ind. Literatur, denen der orthodoxe Hindu übermenschlichen Ursprung und göttliche Autorität zuschreibt. Dieser große Schriftenkomplex vom sechsfachen Umfang der Bibel gliedert sich in vier Abteilungen: 1. den → *Rigveda,* den Veda der Verse; 2. den → *Sāmaveda,* den Veda der Lieder; 3. den → *Yajurveda,* den Veda der Opfersprüche; 4. den → *Atharvaveda,* den Veda des Atharvan, eines mystischen Feuerpriesters.

Jeder dieser vier Veden läßt sich nach Inhalt, Darstellungsform und Entstehungszeit in drei verschiedene Schriftgattungen unterteilen: a. die → Samhitā (Sammlung); b. das → Brāhmana (rituelle Erklärung), an sie schließen sich die → Āranyakas (»Wald«- oder »Wildnis«-Texte) an, und auch die → Upanischaden gehören z. T. zu den Brāhmanas; c. das → Sūtra (Leitfaden). Hinsichtlich seiner Aussage unterteilt man jeden Veda in den → Karma-Kānda, den Werkteil, und den → Jñāna-Kānda, den Erkenntnisteil.

Die vier Veden dienten zunächst den jeweiligen Hauptpriestern als Handbücher für die Hymnen und Sprüche beim Opferkult und für ihren rechten Gebrauch. Zu einer vollständigen Opferhandlung gehörten vier verschiedene Hauptpriester: 1. der Hotar (Rufer), der die Verse der Hymnen rezitiert, um dadurch die Götter zum Genuß des → Soma oder eines anderen Opfers einzuladen. Er benutzte den *Rigveda;* 2. der Udgātar (Sänger), der die Bereitung und Darbringung des Soma mit seinem Gesang begleitet. Er benutzte den *Sāmaveda;* 3. der Adhvaryu (ausübender Priester), der die heilige Handlung vollzieht und dabei die entsprechenden Verse und Opfersprüche (Yajus) murmelt. Er benutzte den *Yajurveda;* 4. der Oberpriester, dem die Beaufsichtigung und Leitung der ganzen Opferhandlung obliegt. Der *Atharvaveda* steht jedoch in keiner besonderen Beziehung zu ihm.

Für die gesamte Entstehung der Veden muß ein großer Zeitraum angesetzt werden (ab 1500 v. Chr.), da sie zunächst mündlich von Generation zu Generation übermittelt wurden, wobei die verschiedenen → Shākhās (»Zweige«) entstanden, je nach den Schulen, denen sie zum Studium dienten. Über die Ursprünge der Veden gibt es verschiedene Versionen, aber alle sind sich darin einig, daß ihre Erkenntnisse den → Rishis in tiefer Kontemplation enthüllt wurden. Daher werden die Veden auch → Shruti (»Was offenbart wurde«) genannt.

Verblendung **Z**, auch Täuschung, Wahn (jap. *mayoi*); verblendet sein heißt vollends irregehen. Verblendung bezeichnet den Glauben an etwas, das der Wirklichkeit widerspricht. Im Buddhismus ist Verblendung soviel wie Nicht-Wissen (→ Avidyā), ein Nicht-Gewahrwerden des Wahren-Wesens oder Buddha-Wesens

(→ Busshō) der Dinge oder der wahren Bedeutung des Daseins.
Nach buddhist. Ansicht werden wir von unseren Sinnen – zu denen als sechster Sinn auch der Intellekt, das unterscheidende, diskursive Denken gehört – verblendet. Das den Sinnen verhaftete Bewußtsein führt uns in die Irre, indem es uns veranlaßt, die Welt der Erscheinungen für die ganze Wirklichkeit zu halten, während sie tatsächlich nur ein begrenzter, flüchtiger Aspekt der Wirklichkeit ist.
Zu der irrigen Sicht, die uns die Sinne vorgaukeln, gehört auch der Glaube, die Welt sei außerhalb von uns (Subjekt-Objekt-Spaltung), während sie in Wahrheit eine Projektion unserer selbst ist. Das heißt jedoch nicht, daß die phänomenale Welt überhaupt keine Wirklichkeit hat. Wenn die buddhist. Meister sagen, daß alle Phänomene trügerisch sind, so meinen sie den Glauben an die *objektive* Existenz der durch die Sinne wahrgenommenen Dinge und an deren Status als *ganze* Wirklichkeit. Das Ziel des Buddhismus ist es, dem Beispiel von Buddha Shākyamuni folgend, diese verblendete Sicht durch Erleuchtung zu überwinden, wobei unter allen buddhist. Schulen besonders das Zen die zentrale Rolle der Erleuchtungserfahrung (→ Erleuchtung, → Kenshō, → Satori) betont.
Nach den tiefsten Lehren des Buddhismus, die den Kern und Angelpunkt des Zen darstellen, sind Verblendung und Erleuchtung, phänomenale Welt und absolute Wirklichkeit, Form und Leere, → Samsāra und → Nirvāna jedoch völlig eins. Zu dieser Aussage kann man, wie manche buddhist. Schulen, allein durch logisch-philosophische Analyse oder, wie die moderne Naturwissenschaft, durch Schlußfolgerungen aus experimentellen Beobachtungen kommen. Das Zen betont jedoch, daß das von Verblendung getragene und motivierte Denken und Trachten des Menschen, das zu endlosem Leiden in und an der phänomenalen Welt führt, letztlich nur durch die eigene unmittelbare Erfahrung dieser Einheit (d. h. Erleuchtung) überwunden wird.

Vesak **B**, auch Vesakha, Pali; bedeutendster Feiertag in den Ländern des → Theravāda-Buddhismus, der am Vollmondtag im Mai begangen wird. An diesem Tag werden gleichzeitig die Geburt, Erleuchtung und das Eingehen ins → Parinirvāna des historischen Buddha gefeiert. Die Vesak-Feierlichkeiten bestehen in der Darlegung der Lehre, einem Sich-Besinnen auf das Leben des Buddha, Prozessionen um das Heiligtum, den Schrein, des Klosters, Rezitationen usw. Die Bedeutung des Vesak-Festes geht über das rein historische Moment hinaus und ist eine Mahnung an die Notwendigkeit und Möglichkeit der Erleuchtung jedes einzelnen.

Vibhajyavādin, **B** Skrt., wörtl.: »Verteidiger des zu Unterscheidenden«; hinayanist. Schulrichtung, die sich ca. 240 v. Chr. von den → Sthaviras abspaltete. Aus dieser Schule gingen die → Mahīshāsakas und der → Theravāda hervor. Ihre Lehre steht in vielen Punkten in Gegensatz zu der des → Sarvāstivāda. – Die Schule der Vibhajyavādins ist wahrscheinlich schon seit dem Ende des 7. Jh. ausgestorben.

Vibhanga, **B** Skrt. → Abhidharma

Vibhīshana **H** (Vibhīṣaṇa), auch Bibhīshana, Skrt., wörtl.: »schrecklich, einschüchternd«; ein Bruder → Rāvanas, aber im Gegensatz zu ihm edel und voller Tugenden. Er wurde → Rāmas Verbündeter.

Wie sein Bruder hatte auch Vibhīshana Brahmās Gunst erworben und durfte einen Wunsch äußern. Er bat darum, niemals eine unwürdige Handlung begehen zu müssen, auch nicht im äußersten Fall. Da er die Tätigkeiten der → Rākshasas ablehnte, geriet er in Streit mit Rāvana und floh, als er von ihm verfolgt wurde, auf den Berg Kailāsa. Dort riet ihm Shiva, sich mit Rāma zu verbünden, der ihn wie einen Freund aufnahm und ihn nach Rāvanas Tod auf den Thron von Lankā setzte.

Vibhūti, **H** Skrt., wörtl.: »durchdringend, mächtig; Offenbarung, Macht«; 1. Fähigkeiten und Kräfte, die aus Übungen erwachsen, wie sie im *Yoga-Sūtra* des → Patañjali (Kap. 3, 16–55) aufgezeichnet sind, z. B. Kenntnis der Vergangenheit und Zukunft, Gedankenlesen, Kenntnis früherer Geburten und der eigenen Todesstunde usw. Sie sind weitgehend identisch mit den → Siddhis; 2. die Manifestation göttlicher Kraft in Form von Erkenntnis, Liebe, Energie und Stärke. Im Menschen finden sich diese Vibhūtis bei spirituellen Lehrern, genialen Wissenschaftlern und Künstlern. Sie bewirken im einzelnen und in kleinem Umfang dasselbe wie die → Avatāras: Sie helfen den Menschen, sich spirituell weiterzuentwickeln.

Vichāra **H** (Vicāra), Skrt., wörtl.: »Unterscheidung, Prüfung, Ergründung«; alle materiellen und geistigen Probleme müssen erforscht und ergründet werden. Die höchste Art der Ergründung beschäftigt sich damit herauszufinden, weshalb unsterbliches Bewußtsein (→ Ātman) sich für einen sterblichen Körper (→ Jīva) hält. Wer dieses Problem löst, erlangt Erleuchtung. Der

→ *Pañchadashi* fordert immer wieder zu dieser Art des Vichāra auf. Shastri sagt in einer Anmerkung zu einem Vers dieses Werkes (9, 14): »Der intellektuelle Prozeß des Vichāra erreicht seinen Höhepunkt in der auf ein einziges gerichteten (one-pointed) Kontemplation (→ Nididhyāsana). Reines Nididhyāsana ist ein Mittel zur direkten Erkenntnis (→ Para-Vidyā).«

Vichikitsā B (Vicikitsā), Skrt. (Pali: Vicikichchā); Zweifel, Zweifelsucht, eines der Fünf Hemmnisse (→ Nīvarana) und eine der drei auf der ersten Stufe des Überweltlichen Pfades (→ Ārya-Mārga, → Shrota-Āpanna) abgeworfenen Fesseln (→ Samyojana). Im Buddhismus bedeutet Zweifelsucht soviel wie »Nichtverstehenwollen. Sie hat als Merkmal das Unschlüssige, als Wesen das Schwanken, als Äußerung die Unentschiedenheit oder das unsichere Zufassen, als Grundlage, daß man dem Zweifel verkehrte Aufmerksamkeit schenkt. Als Hemmung des Fortschritts hat man die Zweifelsucht zu betrachten« (*Visuddhi-Magga,* XIV).

Videha, H Skrt., wörtl.: »vom Körper gelöst«; 1. ein Beiname des Königs → Janaka, der besagt, daß dieser sich von der Verhaftung an die Welt gelöst hatte; 2. Janakas Volk und Königreich mit der Hauptstadt Mithilā (im heutigen Nord-Bihar).

Videhamukti, H Skrt., wörtl. *videha:* »körperlos«, *mukti:* »Befreiung«; Befreiung durch die Erkenntnis, nicht der Körper zu sein, sondern absolutes Bewußtsein (→ Ātman).

Vidhātri H (Vidhātṛ), Skrt., wörtl.: »Schöpfer«; ein Name, der für → Brahmā, → Vishnu und → Vishvakarma gebraucht wird.

Vidvat-Sannyāsa H (Vidvat-Saṃnyāsa), Skrt., wörtl.: »die Entsagung des Erleuchteten«; ein im Grunde in sich widersprüchlicher Begriff, da der Erleuchtete nicht zu entsagen braucht. Seine Wünsche sind verschwunden, er ist dem Hängen an den Sinnesobjekten entwachsen. Der Begriff »Entsagung« bedeutet das Geschehen »unbeteiligt« sehen.

Vidyā, H Skrt., wörtl.: »Wissen, Lehre, Erkenntnis«; der Hinduismus unterscheidet zwei Arten der Vidyā: 1. geringere Erkenntnis (→ Apara-Vidyā), intellektuell erworbenes Wissen; 2. höhere Erkenntnis (→ Para-Vidyā), intuitive, spirituelle Erfahrung, die bis zur Erleuchtung, Befreiung und Erfassung der letzten Wirklichkeit führt.

Vidyā-Māyā, H Skrt. → Māyā

Vidyāranya H (Vidyāraṇya), auch Madhāvāchārya ein Philosoph des 14. Jh., der Shankaras Philosophie des → Advaita-Vedānta vertrat und mit seinem → *Pañchadashi* ein Standardwerk dieser Vedānta-Schule schuf. Weitere bedeutende Werke von ihm sind sein *Jīvanmukti-Viveka* und sein *Vivarana-Prameya-Samgraha.*

In seiner weltlichen Laufbahn war Vidyāranya der Minister eines südind. Königreiches, entsagte dann aber der Welt und wurde Mönch. Vidyāranya ist sein Mönchsname und bedeutet »Wald der Gelehrsamkeit«.

Vidyā-Shakti H (Vidyā-Śakti), Skrt., wörtl. *vidyā:* »Erkenntnis«, *shakti:* »Kraft«, die Kraft Brahmans, die den → Jīva aus der Nicht-Erkenntnis (→ Avidyā) zur Verwirklichung Brahmans führt.

Vier Berühmte Berge, B vier Berge in China, die im Buddhismus als die »Heiligtümer« der sog. Vier Großen → Bodhisattvas gelten. Diese sollen der Überlieferung nach dort erschienen sein und die Lehre dargelegt haben.

1. *Wu-t'ai-shan* (Prov. Shansi) ist dem Bodhisattva → Wen-shu (Skrt. → Mañjushrī) geweiht; 2. *P'u-t'o-shan* (Prov. Chekiang) gilt als der Berg des Bodhisattva → Kuan-yin (Skrt. → Avalokiteshvara); 3. *O-mei-shan* (Prov. Szechwan) ist der heilige Berg des Bodhisattva P'u-hsien (Skrt. → Samantabhadra); 4. *Chiu-hua-shan* (Prov. Anhwei) ist das Heiligtum des Bodhisattva → Ti-ts'ang (Skrt. → Kshitigarbha).

Vier Edle Wahrheiten B (Skrt. Ārya-Satya, Pali: Ariya-Satta); sie sind die Grundlage der buddhist. Lehre. Die Vier Edlen Wahrheiten sind: 1. die Wahrheit vom Leiden (→ Duhkha); 2. die Wahrheit von der Entstehung (Samudāya) des Leidens; 3. die Wahrheit von der Aufhebung (→ Nirodha) des Leidens; 4. die Wahrheit vom Weg, der zur Aufhebung des Leidens führt.

Die 1. Wahrheit besagt, daß alles Dasein leidvoll und unbefriedigend ist. Alles ist Leiden: Geburt; Krankheit; Tod; Vereinigung mit dem, was man nicht liebt; Trennung von dem, was man liebt; das Nicht-Erlangen dessen, was man begehrt; und die fünf Gruppen des Anhaftens (→ Skandha), die die Persönlichkeit bilden.

Die 2. Wahrheit gibt als Ursache des Leidens das Begehren, den Durst (→ Trishnā) nach Sinnenlust, Werden und Vergehen an. Dieses Begehren bindet die Wesen an den Daseinskreislauf (→ Samsāra).

Die 3. Wahrheit besagt, daß durch die restlose Aufhebung des Begehrens dem Leiden ein Ende gesetzt werden kann.

Die 4. Wahrheit gibt als Mittel zur Beendigung des Leidens den → Achtfachen Pfad an.

Nicht-Kenntnis der Vier Edlen Wahrheiten ist Nicht-Wissen (→ Avidyā).

Die Entdeckung der Vier Edlen Wahrheiten durch den Buddha stellt nach den verschiedenen Überlieferungen seine eigentliche Erleuchtung (→ Bodhi) dar. Buddha hat diese Wahrheiten in der → Predigt von Benares unmittelbar nach seiner Erleuchtung, als Beginn seiner Lehrtätigkeit, dargelegt.

In den Sūtras werden die Vier Edlen Wahrheiten mit folgenden Worten erklärt:

»Was aber, ihr Mönche, ist die edle Wahrheit vom Leiden? Geburt ist Leiden, Krankheit ist Leiden, Sterben ist Leiden, Kummer, Jammer, Schmerz, Trübsal und Verzweiflung sind Leiden; das Nicht-Erlangen dessen, was man begehrt, ist Leiden; kurz gesagt: die fünf mit Anhaften verbundenen Gruppen des Daseins sind Leiden.

Was aber, ihr Mönche, ist die Edle Wahrheit von der Leidensentstehung? Es ist jenes Wiederdasein erzeugende, von Lust und Gier begleitete, bald hier, bald dort sich ergötzende Begehren, nämlich das sinnliche Begehren, das Daseinsbegehren, das Selbstvernichtungsbegehren.

Was aber, ihr Mönche, ist die Edle Wahrheit von der Leidenserlöschung? Es ist eben dieses Begehrens restloses Erlöschen, Aufgeben, Loslassen, Befreiung und Loslösung davon.

Was aber, ihr Mönche, ist die Edle Wahrheit von dem zur Leidenserlöschung führenden edlen Pfade? Es ist jener Edle Achtfache Pfad, nämlich: vollkommene Erkenntnis, vollkommener Entschluß, vollkommene Rede, vollkommenes Handeln, vollkommener Lebenserwerb, vollkommene Anstrengung, vollkommene Achtsamkeit, vollkommene Sammlung.« (Zit. n. Nyanatiloka, 1976, S. 186.)

Vier Erweckungen (Grundlagen) der Achtsamkeit, B → Satipatthāna

Vier Gewißheiten B (Skrt. Vaisharadya); ein Kennzeichen eines Buddha. Die Vier Gewißheiten sind: 1. Gewißheit, daß ihm die vollkommene Erleuchtung nicht abgesprochen werden kann; 2. Gewißheit, daß alle Befleckungen (→ Āsrava) erschöpft sind; 3. Gewißheit, daß alle Hindernisse überwunden sind; 4. Gewißheit, den Pfad zum Verlassen des → Samsāra verkündet zu haben.

Vier Sphärenstufen B (Skrt., Pali: Arūpasamādhi); Meditationsübungen aus der Frühzeit des Buddhismus, die das Ziel haben, sich stufenweise in immer höhere Bereiche des Unkörperlichen zu erheben. Die Vier Sphärenstufen sind: 1. die Sphäre der Unendlichkeit des Raumes (→ Ākāsha), die durch die vollständige Überschreitung der Form (→ Rūpa) und die Aufhebung aller Reaktionen und Unterscheidungen erreicht wird; 2. die Sphäre der Unendlichkeit des Erkennens (→ Vijñāna); 3. die Sphäre des Nichts; 4. die Sphäre jenseits von bewußt und unbewußt.

Diese Übungen, die der Buddha wahrscheinlich aus der alten ind. Tradition übernommen hat und die ihrem Wesen nach nicht zu den übrigen Meditationsübungen passen, wurden im Laufe der Entwicklung mit den Vier Versenkungsstufen (→ Dhyāna) zu einer Übungsreihe verschmolzen. Die Vier Sphärenstufen bilden Glied 5–8 der neuen Reihe, in der die 4. Versenkungsstufe, die zwar zur Erlangung der höchsten Erkenntnis führen kann, nun nicht mehr an letzter Stelle zu stehen kommt, da in dieser noch nicht alle Bewußtseinsinhalte ausgeschaltet sind. Aus diesem Grund ist sie, dem Grundgedanken der Sphärenstufenleiter entsprechend, als niedriger anzusehen.

Vier Unermeßlichkeiten, B → Brahma-Vihāra

Vier Versenkungsstufen, B → Dhyāna

Vier Vollkommene Anstrengungen B (Skrt. Samyak-Prahānāni, Pali: Sammā-Padhāna); eine der vom Buddha empfohlenen Meditationsübungen, die darauf abzielt, zukünftige unheilsame Dinge zu vermeiden und vorhandene zu beseitigen. Die Vier Vollkommenen Anstrengungen sind: 1. Anstrengung zwecks Zügelung (d. h. Vermeiden unheilsamer Dinge); 2. Anstrengung zwecks Überwindung (unheilsamer Dinge); 3. Anstrengung zwecks Entfaltung (heilsamer Dinge, vor allem der Erleuchtungsglieder, → Bodhyanga); 4. Anstrengung zwecks Erhaltung (heilsamer Dinge).

Die Vier Vollkommenen Anstrengungen sind identisch mit dem 6. Glied des → Achtfachen Pfades, der »Vollkommenen Anstrengung«.

Vigraha, H Skrt., wörtl.: »Form«; das Göttliche, dargestellt als Form. Ein Bildnis, das durch → Mantras geweiht und durch Verehrung und Anbetung des Gottsuchenden verklärt worden ist, wird zur Gottheit selbst. Deshalb kann Vigraha nicht mit Idol oder Götzenbild übersetzt werden.

Als → Vivekānanda am Hof eines Mahārājas dessen westlich erzogenen Berater gegen den Götzenkult seiner Landsleute wettern hörte, nahm er schweigend die große Fotografie des Herrschers von der Wand und sagte zu ihm: »Spucken Sie darauf!« Als der Berater erbleichend vom Bild auf den Mahārāja blickte, fuhr Vivekānanda fort: »Wenn ein Stück Papier unter Glas für Sie der Mahārāja ist, warum sollen andere in einem Bildnis nicht Gott erblicken? Beides sind doch nur Symbole, die von der Vorstellungskraft des Menschen benutzt werden.«

Vihāra, B Skrt., Pali, wörtl.: »Aufenthaltsort«; Aufenthaltsort der Mönche (→ Bhikshu), an den diese sich auch für Meditationen zurückziehen können. Die ersten Vihāras waren Häuser, die dem historischen Buddha → Shākyamuni für die entstehende Mönchsgemeinde (→ Sangha) zur Verfügung gestellt wurden.
Heute ist Vihāra meist gleichbedeutend mit Kloster; in Sri Lanka und Thailand wird Vihāra auch als Bezeichnung der Halle verwendet, in der sich das Buddha-Bildnis befindet.

Vijātīya-Vritti H (Vijātīya-Vṛtti), Skrt., wörtl. *vijātīya:* »verschiedenartig, entgegengesetzt«, *vritti:* »Gedankenwelle«; Turbulenz von Gedanken, die nicht zur Meditation gehören und durch ihre Unbeherrschbarkeit jede echte Konzentration verhindern. Sie sind eines der größten Hindernisse bei der Meditation.

Vijayā, H Skrt.; der letzte Tag des Festes Durgā-Pūjā, an dem das Bildnis der Göttin Durgā im Wasser versenkt wird. Vijayā ist noch heute ein besonderer Festtag im Hinduismus, an dem Grüße und gute Wünsche ausgetauscht werden.

Vijñāna, H B Skrt., wörtl.: »Bewußtsein, Erkennen«.
H Der höchste Zustand spiritueller Verwirklichung, in dem der Erleuchtete → Brahman nicht in einem gesonderten → Samādhi-Zustand wahrnimmt, sondern mitten in der Erscheinungswelt, die für ihn nichts anderes ist als eine Manifestation Brahmans. Der → Vedānta nennt diese höchste Erkenntnis »Brahman mit offenen Augen sehen« und den, der sie verwirklicht hat, einen Vijñānin.
B (Pali: Viññāna); die sechs Arten von Bewußtsein (d. h. die der fünf Sinnesorgane und das Geistbewußtsein), die jeweils aus der »Berührung« (auch »Kontakt«) des Gegenstandes mit dem dazugehörigen Organ entstehen. Vijñāna ist eines der fünf → Skandhas und das 3. Glied der Kette des Bedingten Entstehens (→ Pratītya-Samutpāda).
Vijñāna stellt das zentrale psychische »Organ« dar, das aber mit den anderen Wahrnehmungsorganen gleichgestellt ist, um zu vermeiden, daß es als Träger der Persönlichkeit, eines Selbst, angesehen wird (→ Anātman, → Pudgala). Vijñāna ist nur eine der Komponenten, die eine empirische Persönlichkeit ausmachen.

Vijñānakāya, B Skrt. → Abhidharma

Vijñānamaya-Kosha, H Skrt. → Kosha

Vijñānavāda, B Skrt. → Yogāchāra

Vijñaptimātratā-Siddhi, B Skrt. → Hsüan-tsang

Vikalpa, H Skrt. → Sankalpa

Vikāra, H Skrt., wörtl.: »Umwandlung«; die reale Umwandlung einer ursprünglichen Substanz in eine andere, z. B. Milch in Quark. Die Urquelle aller Substanzen ist → Prakriti, aus der durch Umwandlung die ganze Erscheinungswelt hervorgeht. Vikāra ist ein Teil des → Parināmavāda der Sānkhya-Philosophie.

Vikramāditya, H ein berühmter König, der in Ujjayinī, einer der sieben heiligen Städte Indiens (→ Nagara), herrschte. Die Samvatsara-Āra, deren Zeitrechnung 56 v. Chr. begann, trägt seinen Namen. An seinem Hofe, an dem die Dichtkunst blühte, versammelte er neun erlauchte Dichter und Gelehrte, die »Neun Edelsteine«, um sich. Es waren Dhanvantari, Kālidāsa, Vararuchi, Kshapanaka, Amara-Simha, Vetālabhatta, Ghatakarpara, Shanku und Varāhamihira.

Vikshepa H (Vikṣepa), Skrt., wörtl.: »Ausbreitung«; einer der beiden Vorgänge, in die → Avidyā (Nicht-Erkenntnis) sich hinsichtlich der Unfähigkeit, Brahman zu erkennen, aufteilt. Avidyā bedeutet i. allg. nur Unwissenheit, d. h. die Unfähigkeit, zwischen Wirklichem und Unwirklichem, Unvergänglichem und Vergänglichem, zu unterscheiden. Wenn aber Brahman nicht erkannt wird, so geschieht zweierlei durch Avidyā: 1. wird die wahre Natur Brahmans nicht erkannt; und 2. wird das nicht Erkannte dadurch verhüllt (→ Āvarana), daß etwas anderes darüber ausgebreitet wird. Dieser zweite Vorgang wird als Vikshepa bezeichnet oder auch als Adhyāropa (wörtl. »fälschliche Überdeckung«). → Shankara illustriert ihn durch sein Beispiel von dem Tau (Brahman), das in der Dunkelheit nicht nur *nicht* als Tau erkannt wird, sondern mit der Vorstellung einer Schlange (Erscheinungswelt) überdeckt wird (Vikshepa oder Adhyāropa).

Vimalakīrtinirdesha-Sūtra B Z (Vimalakīrtinirdeśa-Sūtra), Skrt., wörtl.: »Die Predigt des Vimalakīrti«; bedeutendes Werk des Mahāyāna-Buddhismus, das vor allem in China und Japan großen Einfluß hat. Es ist ungefähr im 2. Jh. n. Chr. entstanden. Das Original ist verlorengegangen. Es existieren einige chin. Übersetzungen, die wichtigste stammt von → Kumārajīva (406). Seinen Namen leitet das Sūtra von der Hauptfigur, Vimalakīrti, ab, einem reichen Anhänger des Buddha, der mitten im weltlichen Leben steht und doch den Weg eines Bodhisattva geht. Der Betonung der Gleichwertigkeit des Lebens als Laienanhänger und als Mönch verdankt dieses Sūtra seine Popularität.

Das *Vimalakīrtinirdesha-Sūtra* ist eine Illustration der zur Erlösung führenden buddhist. Lebenseinstellung und der praktischen Anwendung der Erkenntnis der Leerheit (→ Shūnyatā) des Daseins. Es wird vor allem im Zen sehr geschätzt.

Die Rahmenhandlung erzählt die Geschichte des Vimalakīrti, der krank zu Hause liegt. Der Buddha will seine Schüler schicken, um sich nach seinem Befinden zu erkundigen. Doch alle weigern sich; sie fühlen sich, beschämt von Vimalakīrtis überlegener Weisheit, dessen nicht würdig. Schließlich willigt → Mañjushrī ein, und alle folgen ihm. Nach seinem Befinden befragt, begründet Vimalakīrti seine Krankheit mit folgenden Worten:

»Aus der Torheit entstand die Liebe, und das ist der Grund meiner Krankheit. Seitdem alle Wesen krank sind, bin auch ich krank. Wenn sie geheilt sein werden, werde auch ich geheilt sein. Und warum? Ein Bodhisattva tritt in das Werden und Vergehen um aller Wesen willen ein; wo Geburt und Tod sind, da ist auch immer Krankheit. Wenn alle Wesen von Krankheit frei wären, dann wäre auch der Bodhisattva frei davon. Wenn z. B. der einzige Sohn eines Millionärs erkrankt, dann erkranken auch seine Eltern aus Sorge um ihn, und wenn er hergestellt ist, dann werden auch die Eltern wieder gesund. Genauso ist es auch mit einem Bodhisattva; er liebt alle Wesen wie seinen Sohn, und solange alle Wesen krank sind, ist auch er krank, und wenn sie gesunden, gesundet auch er. Du hast mich nach der Ursache meiner Krankheit gefragt; die Krankheit eines Bodhisattva wird einzig und allein verursacht durch das große Mitleid.« (Zit. n. Fischer/Takezo, 1944, S. 53 f.)

Anschließend folgen Erklärungen der wichtigsten Lehren des Mahāyāna: des transzendenten Wesens des Buddha und vor allem der Nichtdualität der Wahren-Wirklichkeit, die Vimalakīrti durch Schweigen erklärt. Der Inhalt dieses Sūtra inspirierte viele künstlerische Darstellungen, Szenen daraus finden sich in den Höhlen von → Lung-men und Yün-kang in China. – Eine deutsche Übersetzung des Werkes ist: Jakob Fischer/Yokota Takezo (Übers.), *Das Sutra Vimalakirti,* Tōkyō 1944.

Vimalamitra, 🅱 → Dzogchen

Vimāna-Vatthu, 🅱 Pali→ *Khuddaka-Nikāya*

Vimoksha, 🅱 Skrt. → Drei Befreiungen

Vimukti, 🅱 Skrt. (Pali: Vimutti); Befreiung, Erlösung von dem Leiden durch Erkennen der Leidensursache und Vernichten des Leidens, d. h. durch das Realisieren der → Vier Edlen Wahrheiten und das Aufheben der Befleckungen (→ Āsrava). Vimukti ist das Auslöschen aller Illusionen und Leidenschaften. Es stellt die Befreiung aus dem karmischen Kreislauf von Leben und Tod (→ Samsāra) und das Verwirklichen des → Nirvāna dar.

Vinaya-Pitaka 🅱 (Vinaya-Piṭaka), Skrt., Pali, wörtl.: »Korb der Disziplin«; dritter Teil des → Tripitaka, der die Regeln und Verordnungen betreffend des Zusammenlebens von Mönchen bzw. Nonnen enthält. Das Vinaya-Pitaka ist in verschiedenen Fassungen erhalten (z. B. Vinaya-Pitaka des → Theravāda, der → Dharmaguptaka, des → Sarvāstivāda).

Das Vinaya-Pitaka besteht aus drei Teilen: 1. Bhikshuvibhanga (»Erklärung der Mönchsregeln«), 2. Bhikshunīvibhanga (»Erklärung der Nonnenregeln«) und 3. Khandhaka.

1. Der Bhikshuvibhanga besteht aus 8 Kapiteln: a. Pārājika, endgültiger Ausschluß von Mönchen, die sich eines Mordes, eines Diebstahls oder der Unzucht schuldig gemacht oder sich zu Unrecht ihrer Heiligkeit gerühmt haben; b. Sanghāvashesha (Pali: Sanghādisesa), vorübergehender Ausschluß der Mönche, die einen der 13 Hauptfehler wie Verleumdung, Stiftung von Unfrieden, Berührung einer Frau usw. begangen haben; c. Aniyata, »unbestimmte« Fehler; d. Naihsargika (Pali: Nissaggiya), 30 Fälle von »Aufgeben« unredlich erstandener Dinge wie Kleidung, Nahrung, Arzneien usw.; e. Pātayantika (Pali: Pāchittiya), 90 Fälle von »Bußübungen« für leichte Vergehen wie Beschimpfung, Ungehorsam, Lügen; f. Pratideshanīya (Pali: Pātidesanīya), 4 Fehler, die sich auf die Mahlzeiten beziehen; g. Shikshakaranīya (Pali: Sekhiya), Regeln der Umgangsformen; h. Adhikaranashamatha, Verordnungen zur Schlichtung von Streitigkeiten.

2. Der Bhikshunīvibhanga enthält die gleichen Kapitel wie der Abschnitt für die Mönche. Die Regeln für Nonnen sind allerdings wesentlich zahlreicher.

3. Das Khandhaka enthält Vorschriften, die je nach Vinaya-Pitaka unterschiedlich angeordnet sind und sich auf das Alltagsleben der Mönche bzw. Nonnen beziehen (Bestimmungen betreffend der → Uposatha-Feiern, Kleidung, Nahrung, des Verhaltens während der Regenzeiten, das Ziehen in die → Hauslosigkeit usw.). Zum Vinaya-Pitaka gehört ferner der → Prātimoksha, der eine Zusammenfassung der Disziplinregeln für Mönche bzw. Nonnen darstellt und anläßlich der Uposatha-Feiern verlesen wird. Jeder Mönch und jede Nonne sind verpflichtet, Verstöße gegen die Regeln öffentlich zu bekennen.

Vinaya-Schule, 🅱 🆉 eine Schulrichtung des Buddhismus in China und Japan, die vor allem die strenge Einhaltung der im Vinaya-Pitaka, dem dritten Teil des Tripitaka, niedergelegten Regeln betont. Hier wird das Leben von Mönchen bzw. Nonnen in allen Einzelheiten nach moralischen, ethischen und spirituellen Gesichtspunkten geregelt und die genauen Formen für das Zusammenleben in einem Kloster, die Ordination von Mönchen usw. dargelegt. In den großen buddhist. Klöstern in China und Japan, die oft Meister verschiedener buddhist. Denominationen beherbergten, war i. allg. ein Vinaya-Meister (Skrt. Upādhyāya) für die Mönchsordination zuständig.

Siehe auch → Lü-tsung, → Ritsu-Schule.

Vinaya-Vibhāshā, B Skrt. → Sarvāstivāda

Viparīta-Bhāvana, H Skrt., wörtl. *viparīta:* »verkehrt«, *bhāvana:* »Vorstellung«; der falsche Glaube, die irrige Überzeugung, daß die sichtbare Erscheinungswelt die einzige Wirklichkeit sei.

Vipāka, B Skrt., Pali, wörtl.: »Reifen, Frucht«; in der Lehre vom → Karma wird unter Vipāka das Reifen der »Frucht« (Phala) einer Tat verstanden. Ist diese Frucht reif, wirkt sie sich in irgendeiner Weise auf den Täter aus. Das Reifen der Taten kann in diesem Leben oder aber auch erst in der nächsten oder einer noch späteren Wiedergeburt eintreten. Es gilt als positiv, wenn eine negative Tat schon im gegenwärtigen Leben zur Reifung gelangt.

Viparyaya, H Skrt., wörtl.: »Irrtum, Mißverständnis«; eine fehlerhafte Ansicht, die durch Nicht-Erkenntnis verursacht wurde, aber nach längerem Studium als solche erkannt wird.

Vipashyanā B (Vipaśyanā), Skrt. (Pali: Vipassanā); Einsicht, Hellblick; intuitives Erkennen der Drei Merkmale des Daseins (→ Trilakshana), nämlich der Vergänglichkeit (→ Anitya), Leidhaftigkeit (→ Duhkha) und Unpersönlichkeit (→ Anātman) aller körperlichen und geistigen Erscheinungen. Im Mahāyāna-Buddhismus wird Vipashyanā als die analytische Überprüfung des Wesens der Dinge, die zur Einsicht in das Wahre-Wesen der Welt, der Leere (→ Shūnyatā) führt, aufgefaßt. Diese Einsicht verhindert das Entstehen neuer Leidenschaften. – Vipashyanā ist einer der beiden für die Erlangung der Erleuchtung (→ Bodhi) wesentlichen Faktoren; der andere ist → Shamatha (Beruhigung des Geistes).

Vipashyin, B Skrt.; Buddha eines früheren Weltzeitalters, siehe auch → Buddha, 1.

Vipassanā, B Pali → Vipashyanā

Vīrabhadra, H Skrt.; ein Geschöpf → Shivas, »ein Wesen wie das Feuer des Schicksals«, von furchterregender Gestalt und gewaltigen Kräften. In den Höhlen von Elephanta (auf der Insel Gharapuri vor Bombay) und Ellora (bei Aurangabad) befinden sich Skulpturen von ihm.

Daksha, ein Sohn Brahmās, brachte Vishnu ein großes Opfer dar, zu dem er viele Götter einlud, Shiva aber überging. In seinem Zorn darüber schuf Shiva Vīrabhadra, der die Opferzeremonie stören und die eingeladenen Götter verjagen sollte. Eine mächtige Schar ebenfalls von Shiva geschaffener Halbgötter begleitete Vīrabhadra, und es kam zu einer furchtbaren Katastrophe. Voller Schrecken beugte Daksha sich vor dem erzürnten Shiva und erkannte seine Überlegenheit an. Diese Legende hat vermutlich ihren Ursprung in der Rivalität zwischen den Anhängern Vishnus und Shivas. Vīrabhadra wird hauptsächlich im Westen Indiens verehrt.

Virāj, H Skrt., wörtl.: »strahlend, herrschend«; im Vedānta eine Bezeichnung für → Saguna-Brahman, der als → Īshvara die gesamte Erscheinungswelt durchdringt und beherrscht.

Viraja-Homa, H Skrt., wörtl. *viraja:* »leidenschaftslos«, *homa:* »im Feuer opfern«; das Opfern aller Dinge dieser Erscheinungswelt, die ihre Wurzeln in → Ajñāna (Nicht-Erkenntnis der Wirklichkeit) hat, im Feuer des Unterscheidungsvermögens (→ Viveka). Dies ist nur dem möglich, der auf dem Weg vollkommener Entsagung (→ Sannyāsa) ist. Das Opfer wird Viraja genannt, weil es freimacht von → Rajas, dem → Guna von Gier und Leidenschaft. Es ist das Läuterungsritual für den, der alles aufgegeben hat.

Vīrashaiva, H Skrt. → Lingāyat

Virāt, H auch Viraj, Skrt., → Vaishvānara

Virochana, H Skrt. → Vairochana

Vīrya, B Skrt. (Pali: Viriya); Energie, Willenskraft; die Energie, die der unermüdlichen Anstrengung zugrunde liegt, Heilsames entstehen zu lassen und Unheilsames zu vermeiden, Unreines in Reines zu verwandeln.

Vīrya ist identisch mit dem 6. Glied des → Achtfachen Pfades und den → Vier Vollkommenen Anstrengungen; außerdem ist Vīrya eine der Fünf Kräfte (→ Bala), einer der → Pāramitā, eines der Sieben Erleuchtungsglieder (→ Bodhyanga), und eines der → Indriya.

Visamvāda-Bhrama H (Visaṃvāda-Bhrama), Skrt., wörtl. *visamvādin:* »widersprechend, unzutreffend«, *bhrama:* »Irrtum«; ein Irrtum, der dadurch entsteht, daß etwas Vorhandenes verkannt wird, indem man es für etwas anderes hält, als es ist, und das Denken auf diese Weise in die Irre führt. → Shankara gibt dafür das treffende Beispiel von einem Tau, das in der Dunkelheit für eine Schlange gehalten wird.

Vishāda H (Viṣāda), Skrt., wörtl.: »Verzagtheit, Niedergeschlagenheit«; der Zustand, in dem Arjuna sich zu Beginn der *Bhagavad-Gītā* befindet, ein schwerwiegendes Hindernis auf dem Wege der spirituellen Entwicklung. Der Zustand ist auf Identifizierung mit dem Körper und Vorstellungen von Begrenzung und Unzulänglichkeit zurückzuführen, die der → Vedānta für eine große Schwäche hält.

Vishaya-Chaitanya 🅷 (Viṣaya-Caitanya), Skrt., wörtl. *vishaya:* »Sinneswelt«, *chaitanya:* »Bewußtsein«; das Bewußtsein, das Körper und Denken benutzt, um alle Objekte der manifestierten Welt erscheinen zu lassen, die nach Auffassung des → Vedānta Projektionen des Denkens sind.

Vishaya-Shakti 🅷 (Viṣaya-Śakti), Skrt., wörtl.: »Kraft der Sinneswelt«; die geheimnisvolle Kraft, die unser Denken nach außen führt und uns immer wieder zu den Objekten der Sinneswahrnehmung hindrängt, auch wenn wir uns nach innen wenden wollen.

Vishesha 🅷 (Viśeṣa), Skrt., wörtl.: »Unterschied, Verschiedenheit, Besonderheit«; der fünfte der sechs Padārthas (Kategorien) des → Vaisheshika, des ältesten der sechs orthodoxen Systeme (→ Darshana) der Hindu-Philosophie, von dem das System seinen Namen ableitet.

Vishishtādvaita-Vedānta 🅷 (Viśiṣṭādvaita-Vedānta), Skrt., eigenschaftsbehafteter Nicht-Dualismus, von *advaita:* »Nicht-Zweiheit, Nicht-Dualismus« und *vishishta* abgeleitet von *vishesha:* »Besonderheit, Spezifisches«; es ist der Advaita-Vedānta mit einer Eigenschaft, und zwar derjenigen der Pluralität, die ein spirituelles Prinzip (→ Brahman) als Basis der Welt anerkennt, von dem sich die individuelle Seele und die unbelebte Natur ihrem Wesen nach unterscheiden. Der Begründer dieses Vedānta-Zweiges, → Rāmānuja, konzentriert seine Aufmerksamkeit auf die Beziehung zwischen Gott und -der Welt. Er ist der Auffassung, daß Gott wirklich und unabhängig ist, betont aber, daß die einzelnen Seelen und die Welt genauso wirklich sind, jedoch nicht unabhängig, da ihre Wirklichkeit völlig auf der Wirklichkeit Gottes beruht und von ihr abhängt. Persönliche Werte sind der unpersönlichen Letzten Wirklichkeit untergeordnet, aber für den Gott Liebenden (→ Bhakta) besitzen Wahrheit, Schönheit und Güte eine Wirklichkeit, die sich nicht mit der unpersönlichen Abstraktion des Advaita in Einklang bringen läßt. Dieser Zwiespalt führte Rāmānuja, der ein Bhakta war, zur Begründung des Vishishtādvaita-Vedānta.

Vishnu 🅷 (Viṣnu), Skrt.; einer der Hauptgötter des Hinduismus. Im *Rigveda* ist er als der »Wirkende« (*vish:* »wirken«) ein Sonnengott, tritt aber nur hervor durch die Heldentat der »drei

Vishnu in Gestalt des Ebers Varāha. (Relief vom Vishnu-Tempel in Belur.)

Schritte«, mit denen er den Weltraum durchmißt. Sie gelten als Symbol für den Aufgang, Kulminationspunkt und Untergang der Sonne. Der Kulminationspunkt, »Vishnus höchster Schritt«, bezeichnet den Aufenthalt der Seligen. Während er im *Rigveda* nur selten erwähnt wird, entwickelt er sich in der Folgezeit zu einem machtvollen Gott, mit dem andere Göttergestalten wie Hari und Nārāyana verschmelzen und zu seinen Beinamen werden. In der epischen Periode erscheint er im Wechsel mit → Brahmā und → Shiva als höchster Gott, der vorwiegend in der Gangesebene verehrt wird, während Shivas Bereich der Himālaya ist. Erst in den Purānas kommt es zu einem Gleichgewicht der drei Götter, dem → Trimūrti, in dem Vishnu der Erhalter ist neben Brahmā, dem Schöpfer und Shiva, dem Zerstörer. Vishnu ist der Hüter des → Dharma; er eilt jedesmal, wenn die Welt aus den Fugen gerät, zu Hilfe und inkarniert sich als → Avatāra, um der Menschheit neue Wege zur Weiterentwicklung zu zeigen. Seine Verehrer, die Vaishnavas, haben den → Vaishnavismus entwickelt, der heute eine der drei großen Richtungen der Gottesverehrung im Hinduismus bildet.

Vishnu hat, wie auch → Shakti, »tausend Namen« (Sahasranāma), deren Wiederholung ein verdienstvoller Akt der Hingabe ist, der von vielen Vaishnavas täglich vollzogen wird. Seine Anbetung trägt einen fröhlichen Charakter. Seine Gemahlin ist → Lakshmī, sein Himmel Vaikuntha und sein Gefährt der Vogel Garuda. Er wird dargestellt als schöner Jüngling mit vier Armen (Mehrarmigkeit ist stets das Symbol für einen Gott). In einer Hand hält er ein Muschelhorn, in der zweiten ein Wurfgeschoß, in der dritten eine Keule und in der vierten einen Lotos. Seinen Füßen entspringt die heilige Gangā (der Ganges). Sein Bogen heißt Shārnga, sein Schwert Nandaka. Mitunter sitzt er auf einem Lotosblatt, seine Gemahlin Lakshmī an seiner Seite; dann wieder ruht er auf der Schlange Shesha oder reitet auf seinem gewaltigen Vogel Garuda.

Vishnu-Purāna H (Viṣnu-Purāṇa), Skrt.; eines der sechs Vaishnava-Purānas, der Haupttexte der → Vaishnavas.

Vishuddha-Chakra H B, Skrt. → Chakra, 5.

Vishva H, Skrt. → Vaishvānara

Vishvabhū, B Skrt.; Buddha eines früheren Weltzeitalters, siehe auch → Buddha, 1.

Vishva-Devās H (Viśva-Devās), auch Vishve-Devās, Skrt., wörtl.: »alle Götter«. Anfangs bezeichnet dieses Wort im *Rigveda* alle Götter zusammen. In diesem Zusammenhang spricht Paul Deussen über eine Besonderheit der Gottesverehrung im *Rigveda.* Er sagt, der ved. Glaube sei kein Polytheismus, in dem jeder Gott eine geschlossene Individualität besitze und zu den anderen Göttern in einer bestimmten Rangordnung stehe, sondern jeder stehe auf seiner eigenen Höhe. Wer sich einem Gott nahe und ihn anrufe, für den verschwänden alle anderen Götter, es existiere nur dieser eine. Deshalb werden dieselben Großtaten wie die Schöpfung der Erde, die Stützung des Himmelsgewölbes, das Heraufführen der Sonne usw. bald dem einen, bald dem anderen Gott zugeschrieben, und schließlich alle auf → Soma oder → Brahmanaspati vereinigt. Es ist, als wäre im tiefsten Grunde des Gemütes schon das Bewußtsein der Einheit des Göttlichen vorhanden, und als benutze dieses Gottesbewußtsein die verschiedenen Götter nur als Schemata, um sich zum Ausdruck zu bringen.

Dieser Gedanke von der Einheit findet seine großartige Durchführung in dem Einheitslied des blinden Heiligen Dīrghatamas (Rigveda I, 164) und dem berühmten Schöpfungshymnus *Rigveda* X, 129 (→ Nāsadāsīya). Später, bei zunehmender Systematisierung, wird aus den Vishva-Devās eine besondere Göttergruppe von neun oder zehn Göttern.

Vishvakarma H (Viśvakarma), Skrt., wörtl.: »allwirkend, allschaffend«; im *Rigveda* die personifizierte Schöpfertätigkeit, der »Allschaffer«. Als solcher wird Vishvakarma in den beiden Hymnen des *Rigveda* (X, 81/82) gefeiert, in denen er sich selbst in die Welt umwandelt, ohne dabei auf eine Materie außerhalb seiner selbst zurückgreifen zu müssen. Er ist zugleich der Urwirkende und die Urmaterie. In den Epen und den Purānas wird er zum Ratgeber, Bauherrn und Waffenschmied der Götter, der die Wissenschaften der Architektur und der Mechanik erfand.

Vishvāmitra H (Viśvāmitra), ein berühmter Heiliger, angeblich der Hauptverfasser von → *Rigveda* III, der als → Kshatriya geboren wurde, aber durch intensive Askese in die Brahmanenkaste aufstieg und einer der sieben großen → Rishis wurde. In den vielen Legenden, die sich um ihn ranken, steht fast immer sein Streit mit dem brahmanischen Rishi → Vasishtha im Mittelpunkt. Beide spielten eine wichtige Rolle in jener ved. Zeit, als die Brahmanen mit den Kshatriyas um die Vorherrschaft kämpften.

Vishvāmitra war der Sohn von Gāthin und wurde deshalb auch Gādhinandana genannt. Über seine Geburt berichtet das *Vishnu-Purāna,* daß Gāthin eine Tochter Satyavatī hatte, die mit einem Brahmanen verheiratet war. Da sie eine Kshatriyā war, wollte ihr Mann einen Sohn mit den Eigenschaften eines Brahmanen haben und gab ihr ein Gericht, das dies bewirken sollte. Er gab auch ihrer Mutter ein Gericht, durch das sie einen Sohn mit den Eigenschaften eines Kriegers gebären sollte. Die Gerichte wurden vertauscht, und die Mutter gebar Vishvāmitra, einen Kshatriya mit den Eigenschaften eines Brahmanen; Satyavatī hingegen gebar Jamadagni, den Vater von → Parashu-Rāma, dem kriegerischen Brahmanen, dem Vernichter der Kshatriyas. Das *Mahābhārata* und das *Rāmāyana* berichten, daß die Götter über Vishvāmitras strenge Askese bestürzt waren und die Nymphe Menakā beauftragten, ihn zu verführen. Es gelang, und → Shakuntalā wurde geboren. Der Heilige war darüber so beschämt, daß er sich in die Berge zurückzog und noch härtere Askese übte.

Vishvanātha H (Viśvanātha), Skrt., wörtl.: »Herr des Weltalls«; 1. eine der Hauptgottheiten in → Kāshī (Benares). Der dortige Shiva-Tempel trägt den gleichen Namen; 2. Verfasser des *Rāghava-Vilāsa* (eine Lebensbeschreibung → Rāmas) und des *Sāhitya-Darpana* (eine Abhandlung über die Dichtkunst). Er wird auch Vishvanātha Kavirāja genannt.

Vishvarūpa-Darshana 🅗 (Viśvarūpa-Darśana), Skrt.; die Vision der universalen göttlichen Form. Im 11. Kapitel der → *Bhagavad-Gītā* enthüllt sich Krishna → Arjuna auf dessen Bitten in seiner allumfassenden, universalen Form.

Vishvasrij 🅗 (Viśvasṛj), Skrt., wörtl.: »Allschöpfer«; ein Name für → Brahmā, der im → Trimūrti, der Hindu-Trinität, den Schöpfungsaspekt symbolisiert.

Vishveshvara 🅗 (Viśveśvara), auch Vishvesha, Skrt., wörtl.: »Herr des Weltalls«; 1. ein Beiname → Shivas; 2. das → Linga, das in Benares als Shiva-Symbol verehrt wird.

Visionen, 🅩 → Makyō

Visuddhi-Magga, 🅑 Pali, wörtl.: »Weg der Reinheit«; bedeutendstes postkanonisches Werk des → Theravāda. Es wurde im 5. Jh. von → Buddhaghosha verfaßt. Der *Visuddhi-Magga* gibt die Lehre der Mahāvihāra-Richtung der Pali-Schule in systematischer Form wieder. Er gliedert sich in drei Teile mit insgesamt 23 Kapiteln: Kapitel 1–2 behandeln die Sittlichkeit (→ Shīla), Kapitel 3–13 die Sammlung (→ Samādhi) und Kapitel 14–23 die Weisheit (→ Prajñā). Der der Sammlung gewidmete Teil beschreibt ausführlich die verschiedenen Meditationsmethoden und -objekte des Theravāda, die die Entfaltung der Sammlung ermöglichen und stellt auch die Früchte der Meditation dar. Im Abschnitt über Prajñā werden grundlegende Aspekte der buddhist. Lehre dargestellt (die Vier Edlen Wahrheiten, Pratītya-Samutpāda, Achtfacher Pfad u. ä.). Dt. Übers. v. Nyanatiloka, Konstanz 1952.

Vitala, 🅗 Skrt.; der zweite der sieben Zustände der niederen Welt (→ Tala), die auch als Unterwelt oder Hölle bezeichnet wird. Der Gegenpol von Vitala in der höheren Welt ist Tapar-Loka (→ Loka), wo intensiv → Tapas (Askese) geübt wird. Vitala gehört zur Welt der dumpfen Materie, in der die geistige Welt verdunkelt ist, weil keine bewußten Anstrengungen in Form von spirituellen Übungen unternommen werden, um das dumpfe, alles Licht verhüllende Nicht-Wissen zu überwinden.

Vīta-Rāga, 🅗 Skrt., wörtl. *vīta:* »vergangen, gewichen«, *rāga:* »Leidenschaft«; das Freisein von Leidenschaften, die durch die Überwindung der Ichsucht und die Läuterung des Denkens vergangen sind.

Vitarka-Mudrā, 🅑 Skrt. → Mudrā, 2.

Vitarkas, 🅗 Skrt., wörtl.: »Zweifel«; Gedanken, die in der Lage sind, die Persönlichkeit zu zerstören. Sie gehören zu den dämonischen Neigungen des Menschen, die ein destruktives Denken in ihm entwickeln, durch das Depressionen, Unmoral und Selbstmordideen entstehen.

Vivarta, 🅗 Skrt., wörtl.: »Umwandlung«; im Gegensatz zur realen Umwandlung von → Vikāra die nur scheinbare Umwandlung einer Substanz in eine andere, insbesondere Brahmans in die Erscheinungswelt, von der Brahman selbst nicht berührt wird, da es unwandelbar ist. Vivarta ist ein Begriff der → Advaita-Vedānta-Philosophie.

Vivasvat, 🅗 ein → Āditya, der Vater von → Yama und → Manu. Krishna erwähnt ihn in der *Bhagavad-Gītā* (IV, 1).

Viveka, 🅗 Skrt., wörtl.: »Unterscheidung«; im spirituellen Bereich das Unterscheidungsvermögen zwischen dem Wirklichen und dem Unwirklichen, dem Ewigen und dem Vergänglichen. In Shankaras Werk → *Tattvabodha* eine der vier Vorbedingungen für einen spirituell Strebenden. Die anderen drei sind Vairāgya, Mumukshutva und Shatkasampatti (siehe dort). Viveka ist der zentrale Begriff im → *Viveka-Chūdāmani,* einem der Hauptwerke Shankaras.

Viveka-Chūdāmani 🅗 (Viveka-Cūḍāmaṇi), Skrt., wörtl.: »Kronjuwel der Unterscheidung«; ein wichtiges Werk über den → Advaita-Vedānta von → Shankara, das von der Unterscheidung zwischen der Wirklichkeit und der Erscheinungswelt handelt. Eine deutsche Übersetzung des Werkes findet sich in: Shankara, *Das Kleinod der Unterscheidung,* Bern 1981.

Vivekānanda 🅗, Svāmi, 1863–1902 (Geburtsname: Narendranāth Datta), der bedeutendste Schüler → Rāmakrishnas. Sechs Jahre saß er zu Füßen seines Meisters, der schon bei der ersten Begegnung erkannte, daß dieser Schüler seine Botschaft von der Einheit und Wahrheit aller Religionen, die er an sich selbst erfahren hatte, in aller Welt verbreiten würde. Nach Rāmakrishnas Tod lebte Vivekānanda zunächst mit anderen Mönchsschülern zusammen und gründete 1887 mit ihnen den → Rāmakrishna-Orden, dessen Leiter er bis kurz vor seinem Tode blieb. Jahrelang durchwanderte er als Sadhu ganz Indien, wobei er die materielle Not wie auch den spirituellen Reichtum seiner Heimat in allen Aspekten kennenlernte.

Uneingeladen fuhr er 1893 mit finanzieller Unterstützung eines Schülers, des Mahārāja von Khetri, nach Chikago, wo anläßlich der großen

Weltausstellung ein Weltkongreß der Religionen stattfand, auf dem er als letzter Redner sprach und auf alle Versammelten tiefen Eindruck machte. Nach dem Kongreß hielt er in vielen Städten der USA Vorträge und gründete einige Vedānta-Gesellschaften. Auf dem Rückweg nach Indien besuchte er England, Frankreich und die Schweiz. Nach zwei Jahren in Indien ging er 1899 wieder in den Westen, zuerst nach London, dann nach New York. Wegen seiner angegriffenen Gesundheit kehrte er 1900 in seine Heimat zurück und widmete sich ganz der Rāmakrishna-Mission, einer inneren Mission, die der Orden gegründet hatte, um getreu nach Rāmakrishnas Lehre Gott im notleidenden Mitmenschen zu dienen. Am 4. Juli 1902 gab er im Belur-Math nach eigenem Willen in → Samādhi seinen Körper auf.

Vivekānanda wurde in Kalkutta als Sohn des Juristen und Skeptikers Vishvanāth Datta geboren und erhielt den Vornamen Narendranāth. Sein Großvater hatte im späteren Alter der Welt entsagt. Seine Mutter war tief religiös und machte ihn früh mit den spirituellen Schätzen der Veden, Purānas und Epen seines Volkes bekannt. Naren, wie er genannt wurde, war ein hochintelligenter, mit einem ungewöhnlichen Gedächtnis begabter Schüler, der auf der Schule und der Universität ständig von der Frage bedrängt wurde, ob es Gott wirklich gäbe. Er fragte Theologen, Lehrer, Wissenschaftler und Heilige, ob sie Gott gesehen hätten, bekam aber stets eine verneinende oder ausweichende Antwort. Bei seiner ersten Begegnung mit Rāmakrishna stellte er auch ihm diese Frage und erhielt zur Antwort: »Ja, ich habe Gott gesehen, so wie ich dich vor mir sehe, nur viel wirklicher.« Dies schuf eine Verbindung, die trotz Narens Skepsis ein Leben lang dauerte und ihn zum Verkünder des Rāmakrishna-Vedānta machte.

Näheres über seine Biographie und seine Lehre findet sich in: Swami Nikhilananda, *Vivekananda. Leben und Werk,* München 1972. Vivekananda schrieb mehrere Bücher über die ind. Yoga-Wege, darunter *Jnana Yoga* und *Raja Yoga* (Freiburg 1983) und *Karma Yoga und Bhakti Yoga* (Freiburg 1977/83).

Vividisha-Sannyāsa 🅗 (Vividiṣa-Saṃnyāsa), Skrt.; die Entsagung *(sannyāsa)* des spirituell Suchenden, die eine schwere Entscheidung von ihm fordert. Der Strebende kann nicht zwei Herren dienen, er muß das Kurzlebige, Vergängliche aufgeben, um das Unvergängliche zu erlangen. So schwer es fällt, den Sinnesobjekten zu entsagen, so groß ist der in Aussicht stehende Lohn: Befreiung.

Vraja, 🅗 Skrt. → Vrindāvan

Vrindāvan 🅗 (Vṛndāvana), auch Brindāban, Brindāvan, Vraja oder Braja, Skrt.; ein heiliger Wald, auch heute noch ein Ort am Fluß Yamunā in der Nähe von Mathurā, dem Geburtsort Krishnas. In Vrindāvan verbrachte Krishna seine Jugend, dort spielte er mit den Gopīs, den Hirtenmädchen, vor allem mit → Rādhā. Das Spiel von Rādhā und Krishna hat im Hinduismus eine tiefe symbolische Bedeutung als das göttliche Spiel der Seele mit ihrem Herrn, vergleichbar der Gottesminne der deutschen Mystiker. Deshalb ist Vrindāvan für die → Vaishnavas ein ganz besonders heiliger Ort, den sie vielfach symbolisch mit ihrem Herzen, dem Schauplatz des göttlichen Spiels, identifizieren.

Vrishti 🅗 (Vṛṣti), Skrt., wörtl.: »Regen«; der Regen des Lichtes der Welt, das Herabströmen erleuchtender Gedanken. Vrishti ist die Manifestation des Überbewußten in unserem Leben, die spirituelle Fülle.

Vritra 🅗 (Vṛtra), Skrt., wörtl.: 1. »Gewitterwolke«; 2. ein von Indra besiegter Dämon; die dunkle Wolke der Trägheit und Erkenntnislosigkeit als Symbol für jene Kräfte, die der Erleuchtung entgegenstehen, personifiziert im Schlangendämon Vritra, der das Licht der Erkenntnis verdunkelt, verhüllt und es den Menschen vorenthält. Er wird erschlagen von Indra, dem Gott des Himmels und des Lichts, was bedeutet, daß das Licht der göttlichen Erkenntnis den Dämon der Finsternis, Erkenntnislosigkeit und Trägheit in uns vernichtet.

Im → *Rigveda* ist Vritra der Dämon der Trockenheit, der in seiner Wolkenburg die Regenkühe festhält. Indra muß immer wieder mit ihm kämpfen und mit seinem Donnerkeil die Burg spalten, damit die Kühe herauskommen und der Erde ihren labenden Regen spenden können. Diese Sage symbolisiert die von Zeit zu Zeit wiederkehrende innere Trockenheit (auch die christlichen Mystiker erwähnen sie häufig), die durchgestanden werden muß, bis das göttliche Licht sie vertreibt und den Strebenden aufs neue erquickt.

Vritti 🅗 (Vṛtti), Skrt., wörtl.: »Abrollen (eines Gedankens), (Gedanken-)Welle«; alle Gedanken des Wachbewußtseins und des Traumes, die wie Wellen über das Bewußtsein hinwegrollen. Solche Gedankenschwingungen entstehen unaufhörlich in uns und verhüllen das absolute Bewußtsein.

Vritti-Jñāna 🅗 (Vṛitti-Jñāna), Skrt.; Erkenntnis, die durch die Aktivität des Denkens gewonnen wird. Das Denken spaltet durch seine Gebundenheit an die Dualität, die aus Subjekt und Objekt besteht, das Eine in Vielheit auf und breitet dadurch die Erscheinungswelt vor uns aus. Denkerkenntnis ist an das empirische Weltbild gebunden und deshalb begrenzt.

Vyāhriti 🅗 (Vyāhṛti), Skrt.; der Ausruf bestimmter kurzer Formeln, insbesondere der drei heiligen

Opferrufe → Prajāpatis: Bhūr, Bhuvar, Svar, die auch die drei Klarheiten genannt werden. Diese drei mantrischen Silben entnahm der ved. Schöpfergott den drei → Veden: *Rigveda, Yajurveda, Sāmaveda,* als deren Urheber er gilt. Aus Bhūr schuf er die Erde, aus Bhuvar den Luftraum und aus Svar den Himmel. Diese drei sind die Anfangsworte der → Gāyatrī.

Dies wird im *Aitareya-Brāhmana* (V, 32) beschrieben, und weiter heißt es dort, daß Prajāpati aus den drei heiligen Opferrufen die drei Buchstaben A, U und M hervorgehen ließ und sie zu der heiligen Silbe OM zusammenfaßte.

Vyākarana, 🅷 Skrt. → Vedānga

Vyakta, 🅷 Skrt., wörtl.: »das Wahrnehmbare«; das Entwickelte, Manifestierte, die Erscheinungswelt, ein Produkt der → Prakriti. Der Gegensatz dazu ist → Avyakta (das Unmanifestierte).

Vyākulata, 🅷 Skrt.; erregter, leidenschaftlicher, unbezähmbarer Eifer, der unwiderstehliche Drang eines Menschen, Gott zu verwirklichen. → Rāmakrishna sagte: »Wenn ein Mensch so sehr nach Gott verlangt wie ein Ertrinkender nach Luft, dann wird er sicherlich Gott schauen.«

Vyāpakatva, 🅷 Skrt., wörtl. *vyāpaka:* »durchdringend, ausgebreitet«, und *tva:* »du« (wortgleich mit *tvam* in → Tat Tvam Asi); im Kashmir-Shaivismus (→ Pratyabhijñā) die spirituelle Erfahrung, daß alles von Shiva als dem höchsten Gott, der einzigen Wirklichkeit durchdrungen ist; die Erkenntnis der Identität von Erscheinungswelt, Seele und Gott.

Vyāsa, 🅷 Skrt.; diesen Namen tragen viele der alten Verfasser und »Sammler« *(vyāsa)* von Sanskrit-Werken, vor allem Veda-Vyāsa, der die → Veden zusammengetragen hat und wegen der Unvergänglichkeit seines Werkes Shāshvata (»der Unsterbliche«) genannt wird, sowie der Zusammensteller des → *Mahābhārata,* der Gründer der → Vedānta-Philosophie und der Sammler der → Purānas usw. Die Purānas erwähnen nicht weniger als achtundzwanzig Vyāsas, die zu verschiedenen Zeiten auf die Erde gekommen sein sollen, um die Veden zusammenzustellen und auch, um sie zu verbreiten.

Vyatireka, 🅷 Skrt., wörtl.: »Kontrast, Aussonderung«; eine Methode der Klassifikation von Objekten in der hinduist. Philosophie durch Einteilung in folgende Unterschiede: 1. Unterschiede der Art, wie zwischen Kuh und Pferd; 2. Unterschiede innerhalb der Art, wie zwischen einer schwarzen und einer weißen Kuh; 3. Unterschiede am selben Objekt, wie Stamm, Zweige und Blätter eines Baumes.

Vyāvahārika, 🅷 Skrt.; das konventionelle, relativ Wirkliche; die Betrachtungsweise der Menschen, die sich mit dem Körper identifizieren und das relative, grobstoffliche Universum für die einzige Wirklichkeit halten.

W

Wai-ch'i, 🆃 chin., wörtl.: »Äußerer Atem«; die Luft, die wir einatmen, im Gegensatz zum Inneren Atem (→ Nei-ch'i), der die kosmische Urenergie (→ Yüan-ch'i) im menschlichen Körper darstellt.

Bis in die T'ang-Dynastie herrschte in taoist. Kreisen die Meinung vor, daß bei Atemübungen wie dem Anhalten des Atems (→ Pi-ch'i) oder dem Zirkulieren des Atems (→ Hsing-ch'i) das Wai-ch'i eingesetzt wird: Der Übende versuchte, die eingeatmete Luft so lange wie möglich im Körper zu bewahren bzw. dort zirkulieren zu lassen. Diese Übung war nicht spezifisch taoist.; sie spielte auch in der chin. Medizin eine wesentliche Rolle. In der Mitte der T'ang-Dynastie fand eine Neuinterpretation dieser Übungen statt. Es setzte sich die Auffassung durch, daß beim Zirkulieren des Atems nicht der Äußere, sondern der Innere Atem im Körper strömt, was die gefährliche Übung des Atemanhaltens (man versuchte, die Luft 200 und mehr Herzschläge lang anzuhalten) unnötig macht. Durch diese neue Deutung der Übungen konnten diese von den reinen Gesundheitsübungen der chin. Medizin abgegrenzt werden.

Wai-tan, 🆃 chin., wörtl.: »Äußerer Zinnober«; das »Äußere Elixier«, die »Äußere Alchemie«, eine Strömung der taoist. Alchemie, die andere ist → Nei-tan, die Innere Alchemie. Die Anhänger des Wai-tan sind bestrebt, durch Umwandlung chemischer Substanzen eine Droge der Unsterblichkeit (→ Ch'ang-sheng pu-ssu) herzustellen. Die wichtigsten Ingredienzien beim Wirken des Äußeren Elixiers sind Zinnober (→ Tan) und Gold. Dieses wird dank seiner Beständigkeit, das Zinnober genannte Quecksilbererz wegen seiner roten Farbe und seiner chemischen Eigenschaften verwendet.

Die Vertreter des Wai-tan waren der Ansicht, daß die Lebenskraft des Menschen die sog. Urenergie (→ Yüan-ch'i), die kosmische Energie, darstellt. Der Verlust des Yüan-ch'i bringe Krankheit und Tod. Dieses Yüan-ch'i wird als eine besondere Mischung von Yin und Yang (→ Yin-yang) aufgefaßt. Nach Auffassung der Lehre des Wai-tan können nur Zinnober und Gold im Organismus jenen Urzustand wiederherstellen, in dem Yin und Yang vereint, also nicht zu unterscheiden sind.

Die bedeutendsten taoist. Alchemisten waren → Wei P'o-yang und → Ko Hung. Im Laufe der Entwicklung des Taoismus wurde allerdings die Auffassung, Unsterblichkeit durch das Einnehmen einer Droge erlangen zu können, verdrängt; an ihre Stelle trat die Lehre des Inneren Elixiers.

Das Äußere Elixier wird im Kessel der Alchemisten gewirkt, in dem nach taoist. Auffassung die in der Natur stattfindenden Wandlungen beschleunigt werden können. Durch eine Reihe von Sublimationen wird gereinigter Zinnober gewonnen. Die größte Wirkung als Unsterblichkeitsdroge soll der neunmal geläuterte Zinnober *(chiu-huan-tan)* haben: Nimmt man diesen ein, kann man bei hellem Tag gen Himmel steigen (→ Fei-sheng). Die Eigenschaften von Gold und Zinnober werden von Ko Hung folgendermaßen beschrieben:

»Der Zinnober ist eine Substanz, die um so wunderbarere Verwandlungen durchläuft, je länger man sie erhitzt. Umgekehrt verändert das Gold, auch wenn man es in die Flammen legt und hundertmal schmilzt, nie seine Wesensart. Auch wenn man es eingräbt, zersetzt es sich bis an das Ende der Zeiten nicht. Nimmt man diese beiden Substanzen ein, so bewirken sie eine Sublimation des menschlichen Körpers . . . Auch noch der minderwertigste Zinnober ist der vorzüglichsten Heilpflanze um vieles überlegen. Verbrennt man Pflanzen, so werden sie zu Asche. Zinnoberkörner hingegen, wenn man sie erhitzt, lassen Quecksilber entstehen; sublimiert man diese weiter, so erhält man abermals Zinnober. (Kap. 4 des *Pao-p'u-tzu* von Ko Hung, zit. n. M. Kaltenmark, 1981, S. 231.)

Waka, **Z** jap.; traditionelle jap. Gedichtform mit einer festgelegten Zeilenlänge von 5-7-5-7-7 Silben. Wie die → Haiku-Dichtung ist auch die Waka-Dichtung stark vom Geist des Zen durchdrungen und wird oft von jap. Zen-Meistern gewählt, wenn sie ihrer Zen-Erfahrung poetischen Ausdruck geben möchten.

Wakuan Shitai, **Z** jap. für → Huo-an Shih-t'i

Wang Ch'un-yang, **T** → Ch'üan-chen tao

Wang Hsiao-yang, **T** → Ch'üan-chen tao

Wang Jung, **T** → Chu-lin ch'i-hsien

Wang Pi, **T** 226–249, einer der bedeutendsten Kommentatoren des → *Tao-te ching* und des *Buches der Wandlung(en) (→ I-ching);* Vertreter des → Hsüan-hsüeh.

Die von Wang Pi edierte Version des *Tao-te ching* wird heute noch als maßgeblich angesehen. In seinem Kommentar vertritt er die Ansicht, daß das → Tao mit der Leere (→ Wu) gleichzusetzen sei: »Auch wenn wir vom Tao sagen, daß es das Nicht-Sein ist, dürfen wir nicht vergessen, daß alle Dinge ihm ihre Vollendung verdanken. Und wenn wir behaupten, es ist das Sein, so können wir seine Form doch nicht schauen.«

Wu ist also der Urgrund allen Seins: »Alle Dinge dieser Welt entstehen aus dem Sein. Der Ursprung des Seins aber wurzelt im Nicht-Sein. Um das wirkliche Sein zu erreichen, ist es notwendig, ins Nicht-Sein zurückzukehren.«

In seinem Kommentar zum *I-ching* interpretiert Wang Pi es als Weisheits- und nicht als Orakelbuch und reinigt es von den Überinterpretationen der Yin-yang-Schule (→ Yin-yang chia).

Wanshi Shogaku, **Z** jap. für → Hung-chih Cheng-chüeh

Wan-wu, **B** **T** **Z** chin., wörtl.: »Zehntausend Dinge oder Wesen«, stereotyper Ausdruck für die Gesamtheit der Erscheinungsformen im Universum. »Zehntausend« bedeutet hier einfach »unzählige« oder »alle«.

Wasan, **Z** jap., wörtl.: »Preisgesang«; allg. ein buddhist. Preisgesang, in dem ein Buddha, Bodhisattva, Patriarch (→ Soshigata) oder andere buddhist. Themen besungen werden. Im Bereich des Zen ist vor allem der von dem großen jap. Zen-Meister → Hakuin Zenji verfaßte »Preisgesang des Zazen« *(→ Hakuin Zenji Zazen-wasan)* bekannt, in dem die grundlegende Bedeutung der Praxis des → Zazen zur Entdeckung des immer gegenwärtigen Wahren-Wesens gepriesen wird.

Wato, **Z** jap., wörtl.: »Wort-Kopf«; die »Pointe«, das Kernstück eines → Kōan, das Wort, in das sich das Kōan auflöst, wenn man mit dem Kōan als geistigem Schulungsmittel ringt. Ein

Kōan kann nur ein, aber auch mehrere Wato haben, und das Wato kann aus einem einzigen Wort bestehen (→ Ichiji-Kan) oder eine längere Aussage sein.

Weg der Verwirklichung der Wahrheit, 🅃 → Ch'üan-chen tao

Weg des Höchsten Friedens, 🅃 → T'ai-p'ing tao

Wei Ch'eng, 🅃 chin. → Men-shen

Wei-lang, 🅉 → Hui-neng

Wei P'o-yang, 🅃 2. Jh. n. Chr., einer der bedeutendsten Vertreter der taoist. Alchemie und Autor des *Chou-i ts'an-t'ung-ch'i* (chin. etwa »Über die Vereinigung der Entsprechungen«), des ersten Werkes über Alchemie auf der Welt. Es behandelt die Herstellung des Elixiers der Unsterblichkeit (→ Ch'ang-sheng pu-ssu), wobei Wei P'o-yang Elemente des *Buches der Wandlung(en)* (→ *I-ching)* miteinbezieht. Er verwendet eine höchst esoterische Sprache, die verschiedene Interpretationen zuläßt: Das *Chou-i ts'an-t'ung-ch'i* wird sowohl als Anweisung zur Herstellung des Äußeren Elixiers als auch des Inneren aufgefaßt; manche Taoisten sehen darin aber auch Elemente taoist. Sexualpraktiken (→ Fang-chung shu). Im späteren Taoismus wird es i. allg. als Werk der Inneren Alchemie verstanden. Das Buch verdankt seine Berühmtheit z. T. auch dem Kommentar, den der neokonfuzian. Philosoph → Chu Hsi im 12. Jh. dazu verfaßte.

Ein anderer Kommentator (→ Yü Yen) umreißt die zentrale Idee des *Chou-i ts'an-t'ung-ch'i* damit, daß »der Mensch sich die geheimen Kräfte von Himmel und Erde zunutze macht, um damit für sich selbst das große Elixier der goldenen Flüssigkeit zu destillieren, und so mit Himmel und Erde von Anbeginn zu sein . . . Jedesmal wenn Himmel sich mit Erde vereinigt, mache dir selbst die geheimen Antriebskräfte der schöpferischen Aktivitäten von Yin und Yang zu eigen.« (Zit. n. Chang Chung-yuan, 1981, S. 117.)

Eine berühmte Anekdote läßt Wei P'o-yang als Anhänger des Äußeren Elixiers erscheinen:

»Eines Tages begab sich Wei P'o-yang mit drei Schülern in die Berge, um das Elixier zu bereiten. Zuerst gaben sie es einem Hund, der sofort tot umfiel. Wei P'o-yang wandte sich an seine Schüler und fragte sie, ob auch er das Elixier nehmen und dem Hund folgen solle. Sie antworteten, indem sie die Frage an ihren Meister zurückgaben. Er sagte: ›Ich entsagte den weltlichen Wegen und verließ die Familie und die Freunde, um in die Berge zu gehen. Ich würde mich schämen zurückzukehren, ohne das Tao der heiligen Unsterblichen [→ Hsien] gefunden zu haben. An dem Elixier zu sterben, kann nicht schlimmer sein, als ohne es zu leben. Ich muß es nehmen.‹ So tat er und fiel tot zu Boden. Einer der drei Schüler folgte dem Beispiel seines Meisters, die anderen beiden gingen jedoch zurück in die Welt. Nachdem sie gegangen waren, erwachten Wei P'o-yang, der Schüler und der weiße Hund wieder zum Leben und schickten den beiden Schülern einen Brief, in dem sie ihnen für ihre Freundlichkeit dankten. Als die beiden Schüler ihn lasen, füllten sich ihre Herzen mit Gram und Bedauern.« (Zit. n. S. Colegrave, 1980, S. 226f.)

Wei-shan Ling-yu, 🅉 → Kuei-shan Ling-yu

Weißer-Lotos-Gesellschaft, 🄱 → Reines-Land-Schule

Weißer-Lotos-Schule 🄱 (chin. Pai-lien-tsung); Richtung des → Reines-Land-Buddhismus, die von Mao Tzu-yüan im 12. Jh. gegründet wurde. Die Weißer-Lotos-Schule war eine Vereinigung von Mönchen, Nonnen und Laien, deren Ziel es war, durch regelmäßiges Anrufen des Buddha → Amitābha und Einhalten der → Shīlas gutes Karma zu erzeugen, alle Leidenschaften zu überwinden und im Reinen Land wiedergeboren zu werden. Eine Besonderheit in der Praxis der Weißer-Lotos-Schule bestand in der täglichen »Bußübung«. Die Mitglieder waren strenge Vegetarier, die auch weder Wein noch Milch und Zwiebeln zu sich nahmen.

Diese Richtung des Buddhismus kam bald in Verruf, mit Dämonen in Verbindung zu stehen, und wurde mehrmals verboten, lebte aber weiter. In der Folge wurde neben Amitābha auch → Maitreya, der zukünftige Buddha, verehrt, und es drangen nichtbuddhist. Elemente ein. So wurde die Weißer-Lotos-Schule zu einer der sog. Geheimgesellschaften, die im 13.–15. Jh. eine wichtige Rolle bei Rebellionen und Bauernaufständen spielte.

Mao Tzu-yüan, ein Mönch der → T'ien-t'ai-Schule, interessierte sich schon früh für die Lehren der Reines-Land-Schule. → Hui-yüans Beispiel ließ ihn die Weißer-Lotos-Schule gründen. Ziel seiner Anhänger war es, im Reinen Land wiedergeboren zu werden, das nicht als eine geographische Region, sondern als ein Bewußtseinszustand zu verstehen ist. Amitābha als Herrscher über das Reine Land ist das Wahre-Wesen des Menschen. Selbst wenn die weltlichen Bindungen nicht aufgegeben und keine strenge Praxis außer dem Rezitieren von Amitābhas Namen befolgt werden, ist Maos Auffassung nach eine Wiedergeburt im Reinen Land möglich.

Wei-t'o, 🄱 chin. (Skrt. Veda); Gestalt in den buddhist. Klöstern Chinas, die sich mit der Statue des → Lachenden Buddha in der Halle der vier → Himmelskönige befindet. Wei-t'o, einer der Generäle des Hüters des Südens, trägt volle Kriegerrüstung: Seinen Kopf schmückt ein Helm, in der Hand hält er einen → Vajra oder eine Streitkeule, mit der er alle Feinde der buddhist. Wahrheit vernichtet, was ihn zum Hüter der Lehre macht.

Wei-t'o soll den Buddha von Angesicht zu Angesicht gesehen haben, als dieser ihn mit dem Schutz des → Dharma beauftragte. Daher steht seine Statue gegenüber dem Buddha-Bild in der Haupthalle des Klosters. Im Rahmen der täglichen Verehrungen wird in den meisten Klöstern auch Wei-t'o angerufen. Ihm wird vielfach symbolisch die Wahl des Abtes eines Klosters übertragen: Papierstreifen mit den Namen der einzelnen Kandidaten werden vor seinem Standbild in ein Gefäß gelegt. Der scheidende Abt oder ein Vertreter ziehen einen Streifen, sind dabei aber nur Medium für Wei-t'os Willen.

Wei-yang-tsung, Z chin. → Igyō-Schule

Weltvereinigung der Buddhisten, B engl. World Fellowship of Buddhists, kurz: WFB; internationale Vereinigung von Buddhisten, die 1950 von dem ceylones. Buddhismusforscher Malalasekera gegründet wurde. Ziel der Weltvereinigung der Buddhisten ist es, die buddhist. Lehre zu verbreiten und eine Annäherung zwischen den verschiedenen Strömungen innerhalb des Buddhismus zu erreichen.

Die WFB wählte eine sechsfarbige Flagge und das Rad der Lehre (→ Dharma-Chakra) als Symbole der Lehre; der Vollmondtag des Monats Mai wurde zum »Buddha-Tag« erklärt. – Von der Weltvereinigung der Buddhisten werden in unregelmäßigen Abständen buddhist. Weltkonferenzen abgehalten; die 1. fand 1950 in Sri Lanka statt. Die von der Vereinigung herausgegebene Zeitschrift heißt *World Buddhism.* Ihr Hauptsitz befindet sich in Bangkok.

Wen-ch'ang, T taoist. Gottheit der Literatur. Wen-ch'ang ist eig. eine Konstellation von sechs Sternen in der Nähe des Großen Bären; leuchten diese Sterne, dann blüht die Literatur. Die Sterngottheit Wen-ch'ang steigt immer wieder auf die Erde herab und manifestiert sich in menschlicher Gestalt: In taoist. Werken wird von 17 Existenzen des Wen-ch'ang auf Erden berichtet. Er wird von all jenen verehrt, die Unterstützung bei den Prüfungen zum Eintritt in die Beamtenlaufbahn suchen. Als Gottheit der Literatur hat Wen-ch'ang selbst ein umfangreiches literarisches Werk geschaffen, das den Menschen auf medialem Weg offenbart wurde.

Viele gebildete Chinesen stellen für Wen-ch'ang ein Täfelchen oder seltener sein Bildnis auf, worauf er im Kostüm eines Mandarins mit einem wunscherfüllenden Zepter (→ Ju-i) in der Hand dargestellt wird. Wen-ch'ang wird von K'uei-hsing, ebenfalls eine Sternengottheit, und Chu-i, dem Rotgewandeten, begleitet. K'uei-hsing verteilt die Beamtengrade, Chu-i ist der Patron der schlecht vorbereiteten Kandidaten zur Beamtenprüfung.

Wen-ch'ang begleitet von Chu-i und K'uei-hsing bei der Anhörung von Gelehrten.

Wen-shu, B chin. Name für → Mañjushrī, der einer der sog. Vier Großen Bodhisattvas im chin. Buddhismus ist. Der Ort, wo er in China erschienen sein und die Lehre dargelegt haben soll, ist der Berg Wu-t'ai-shan (→ Vier Berühmte Berge), der bis heute das Ziel chin. Pilger ist, die Wen-shu ihre Verehrungen darbringen wollen. (Über die Form der Darstellung → Mañjushrī.)

Nach chin. Tradition wurde Wen-shu vom Buddha → Shākyamuni dazu bestimmt, in China die Lehre zu verkünden. Er hat demnach im 1. Jh. n. Chr. während der Regierungszeit des Kaisers Ming-ti gewirkt und wurde von diesem persönlich verehrt.

Wen-ta, Z chin. für → Mondō

Wesen, Z → Shō

Wesensschau, Z → Kenshō

Westliches Paradies, B → Sukhāvatī

Wiedergeburtslehre (ihre Anfänge), **H** → Pañchāgnividyā, → Pitriyāna

Wille zur Wahrheit, **Z** → Kokorozashi

Won-Buddhismus, **B** korean., *won* wörtl.: »kreisrund«; moderne buddhist. Volksbewegung in Südkorea, die von Soe-Tae San (1891–1943) begründet wurde.

Die Praxis des Won-Buddhismus umfaßt zwei Aspekte: die Verwirklichung der → Buddha-Natur und die Übung des »zeitlosen und ortlosen Zen«, womit gemeint ist, daß die Anhänger des Won-Buddhismus danach streben, in allen Dingen den Buddha zu sehen und gemäß dieser Einsicht zu leben. Diese Art der Meditation wird »zeitlos und ortlos« genannt, weil sie nicht an bestimmte Meditationsstunden und -hallen gebunden ist, sondern immer und überall geübt wird.

Der Won-Buddhismus kennt nur ein einziges Meditationsobjekt: einen schwarzen Kreis auf einem weißen Feld, der den kosmischen Buddha-Leib, den Dharmakāya (→ Trikāya) symbolisiert; von diesem Kreis leitet sich der Name dieser Richtung ab.

Der Won-Buddhismus ist keine reine Mönchsreligion; den Mönchen ist die Heirat gestattet. Er kennt keine bestimmten Zeremonien und Rituale, sondern ist bestrebt, sich den Bedürfnissen des modernen Menschen anzupassen. So wurden die wichtigsten Sūtras in leicht verständliches Koreanisch übersetzt. Die Anhänger des Won-Buddhismus engagieren sich im sozialen und karitativen Bereich; in den Nachkriegsjahren errichteten sie zahlreiche Kindergärten, Schulen und Universitäten.

Soe-Tae San unterzog sich in seiner Jugend jahrelangen asketischen Übungen, bis er 1915 die »große Erleuchtung« erlangte. Neun Schüler schlossen sich ihm an, um gemeinsam mit ihm die buddhist. Lehre zu studieren und zu praktizieren. 1924 gründeten sie den »Verein zum Studium des Buddha-Gesetzes«, der unter der jap. Kolonialherrschaft in seiner Wirkung aber sehr beschränkt blieb. Erst seit 1946 verbreiteten sich seine Lehren unter dem Namen »Won-Buddhismus« in ganz Südkorea. Heute verfügt er über eine zahlreiche Anhängerschaft.

Wu, **T** **Z** chin., wörtl.: »Nicht-Sein«.

T Leere, Leerheit; einer der Grundbegriffe der taoist. Philosophie: das Fehlen sinnlich wahrnehmbarer Eigenschaften. Wu ist das wesentliche Kennzeichen des → Tao. Wu kann aber auch das Wesen des Taoisten beschreiben, der ganz vom Tao erfüllt ist, da er frei von Begierden und Leidenschaften, d. h. leer ist.

Im *Tao-te ching* wird das Wesen der Leerheit im 11. Kapitel beschrieben:

»Die dreißig Speichen eines Rades haben eine einzige Nabe gemeinsam. Auf ihrer Leerheit beruht die Wirksamkeit des Wagens. Bildet man aus Lehm ein Gefäß, so beruht dessen Nutzen auf seiner Leere.

Man baut ein Haus mit Türen und Fenstern. Auf der Leere (der Öffnungen) beruht der Nutzen des Hauses. Nun glauben wir zwar, daß uns die sinnlichen Dinge Nutzen bringen, das Wahrnehm- und Fühlbare. Aber tatsächlich beruht der wirkliche Nutzen auf dem, was wir nicht wahrnehmen (auf der Leerheit).« (Zit. n. M. Kaltenmark, 1981, S. 78.)

Und im Kapitel 5 heißt es: »Der Raum zwischen Himmel und Erde ist vergleichbar mit einem Blasebalg. Dieser ist leer, doch unerschöpflich. Bewegt er sich, so bringt er unablässig hervor.« (a. a. O., S. 78.)

Z → Mu

Wu, **Z** chin. für → Satori

Wu-an P'u-ning, **Z** jap. Gottan Funei, 1197–1276, chin. Zen-Meister der → Rinzai-Schule; ein Dharma-Nachfolger (→ Hassu) von → Wu-chun Shih-fan (jap. Bushun [Mujun] Shiban).

Wu-an ging 1260 nach Japan, wo er einige Jahre im Kloster → Kenchō-ji in Kamakura wirkte. Er führte den Shōgun Hōjō Tokiyori zu einer Erleuchtungserfahrung (→ Kenshō) und gründete in Kyōto das Kloster Shōden-ji. Später kehrte er nach China zurück, wo er auf der Pilgerschaft starb. In Japan erhielt er posthum den Ehrentitel Shūgaku Zenji.

Wu-ch'ang, **T** chin., wörtl.: »fünf Konstanten«; die fünf Kardinaltugenden des Konfuzianismus (→ K'ung-tzu), die das menschliche Verhalten regeln: → Jen (Menschlichkeit), → I (Rechtlichkeit), → Li (Riten und Sitten), Chih (Weisheit, Einsicht) und Hsin (Vertrauen). Siehe dazu auch → Wu-lun.

Wu-chen pien, **T** chin., wörtl.: »Essay über das Erwachen zur Wahrheit«; wichtigstes Werk des Alchemisten → Chang Po-tuan (983–1082), in dem er seine Interpretation der Lehre des Inneren Elixiers (→ Nei-tan) darlegt. Diese bildet die Grundlage der späteren Südlichen Schule des → Ch'üan-chen tao.

In 100 Kapiteln in Versform erklärt Chang Potuan die verschiedenen Methoden, das Innere Elixier zu wirken. Er lehnt das Verfahren des Äußeren Elixiers (→ Wai-tan) ab, da er der Überzeugung ist, daß jeder Mensch die »Droge« der Unsterblichkeit in sich trüge; es sei nicht notwendig, Kräuter zu sammeln und Hygieneübungen zu praktizieren.

Nach Chang Po-tuan muß man das »Wahre Blei« und das »Wahre Quecksilber« kennen, um das Innere Elixier wirken zu können. Wahres Blei ist die Essenz von Yang, wahres Quecksilber die von Yin (→ Yin-yang). Yin muß von Yang eingefangen und absorbiert werden; dies ist nach dem Wu-chen pien die »Vermählung von Yin und Yang«: während der Alchemist um Mitternacht oder zur Wintersonnenwende auf seinem Bett liegt, vermählt er in seinem Magen diese beiden Essenzen mit Hilfe des → Ch'i, der vitalen Energie, und gebiert einen »Embryo« (→ Sheng-t'ai), der in dem Maße wächst, in dem das Yang wächst. Dadurch kann der Alchemist ein Unsterblicher (→ Hsien) werden.

Wu-chi, 🆃 chin., wörtl.: »Gipfel des Nichts«; das Grenzenlose, Unbedingte, Eigenschaftslose, der Uranfang, das Gestaltlose und Unsichtbare, wohin alles zurückkehrt (→ Fu). Der Philosoph Chou Tun-i setzt das Wu-chi mit dem T'ai-chi gleich (→ T'ai-chi-t'u).

Wu-ch'in-hsi, 🆃 chin. → Hua T'o

Wu-chi-t'u, 🆃 chin. → Ch'en T'uan

Wu Chiu, 🆉 jap. Ukyū, etwa 8.–9. Jh., chin. Zen-Meister; ein Schüler und Dharma-Nachfolger (→ Hassu) von → Ma-tsu Tao-i (jap. Baso Dōitsu). Wu Chiu taucht auf im 75. Beispiel des → *Pi-yen-lu*. Er war einer der ersten Zen-Meister, die den Stock (→ Shippei, → Kyosaku) bei der Schulung der Zen-Mönche einsetzten.

Wu-cho, 🆉 jap. Mujaku, 821–900, chin. Zen-Meister der → Igyō-Schule; ein Schüler und Dharma-Nachfolger (→ Hassu) von → Yang-shan Hui-chi (jap. Kyōzan Ejaku). In seiner Jugend wanderte er durch das Land, um verschiedene Zen-Meister aufzusuchen. Auf dieser Pilgerschaft soll sich zugetragen haben, was im → *Pi-yen-lu* als 35. Beispiel berichtet wird.

Der Name Wu-cho, »Keine Verhaftung«, wurde dem Meister vom chin. Kaiser verliehen, als dieser nach seiner Erleuchtung unter Yang-shan selber als Zen-Meister wirkte.

Wu-chun Shih-fan, 🆉 jap. Bushun (Mujun) Shiban, 1177–1249, chin. Zen-Meister der → Rinzai-Schule. Er war der Meister des jap. Zen-Meisters → Ben'en, der dazu beitrug, das Zen in Japan heimisch zu machen.

Wu-chun war einer der hervorragenden Zen-Meister seiner Zeit. Er wirkte als Abt bedeutender chin. Klöster, darunter des Wan-shou-Klosters auf dem Berg Ching in der Provinz Chekiang, dem ersten der »Fünf Berge« (chin. *wu-shan*, jap. → Gosan) von China.

Wu-feng Ch'ang-kuan, 🆉 jap. Gohō Jōkan, etwa 8.–9. Jh.; chin. Zen-Meister; ein Schüler und Dharma-Nachfolger (→ Hassu) von → Pai-chang Huai-hai (jap. Hyakujō Ekai). Wir begegnen ihm im 70. und 71. Beispiel des → *Pi-yen-lu*.

Wu-hsin, 🆉 chin. für → Mushin

Wu-hsing, 🆃 chin., wörtl.: »Fünf Beweger«, auch Wu-te, wörtl.: »Fünf Tugenden«; die Fünf Elemente, Fünf Wandlungsphasen oder Fünf Kräfte, die den Ablauf der Naturerscheinungen regeln. Diese werden Wasser, Feuer, Holz, Metall und Erde genannt. Diese »Fünf Elemente« sind nicht als reale Substanzen zu verstehen, sondern vielmehr als abstrakte Kräfte und Symbole für bestimmte grundlegende Eigenschaften der Materie: Die Natur des Wassers ist es, zu befeuchten und hinabzusteigen; die des Feuers ist es, zu erhitzen und aufzusteigen; die des Holzes ist, sich zu biegen und wieder aufzurichten; die Natur des Metalls ist Formbarkeit und die der Erde Fruchtbarkeit. In der Zeit der Streitenden Reiche kam die Vorstellung auf, daß die Elemente einander bedingen und fördern und auch besiegen und zerstören können *(hsiang-sheng hsiang-k'o):* Holz bedingt Feuer, Feuer bedingt Erde, Erde bedingt Metall, Metall bedingt Wasser und Wasser bedingt Holz. Gleichzeitig besiegt Wasser Feuer, Feuer besiegt Metall, Metall besiegt Holz, Holz besiegt Erde, Erde besiegt Wasser. Diese Theorie ist auch in der chin. Medizin von Bedeutung.

In einem komplizierten System von Entsprechungen werden die Fünf Elemente mit den Jahreszeiten, Himmelsrichtungen, Farben, Geschmäckern, Zahlen, inneren Organen und anderen Kategorien in Verbindung gebracht.

Die Lehre von den Wu-hsing bestand als unabhängige Schule im 4. und 3. Jh. v. Chr. Bedeutendster Vertreter war → Tsou Yen (3. Jh. v. Chr.), der die Theorie der Fünf Elemente auf den Bereich der Politik übertrug, indem er den Ablauf der Geschichte mit dem der Fünf Elemente in Beziehung brachte und eine zyklische Geschichtsauffassung entwickelte. Diese Schule vereinigte sich während der Han-Dynastie mit der des Yin und Yang (→ Yin-yang chia) und wird heute als Teil von dieser betrachtet.

Die Abfolge der Jahreszeiten stimmt mit dem Sichbedingen der Fünf Elemente überein: Das Holz dominiert im Frühling und bedingt das Feuer, das Element des Sommers. Das Feuer bedingt die Erde, die dem »Zentrum« (d. h. dem 3. Sommermonat) zugeordnet ist. Sie bedingt das Metall, das im Herbst vorherrscht und seinerseits das Wasser des Winters bedingt.

Jedem Element entspricht auch eine Farbe, ein Geschmack und eine Himmelsrichtung: Dem Wasser entspricht der Norden, das Schwarze und das Salzige. Das Feuer wird dem Süden, dem Roten und dem Bitteren zugeordnet. Das Holz korreliert mit dem Osten, dem Grünen und dem Sauren. Das Metall entspricht dem Westen, dem Weißen und dem Scharfen. Die Erde

schließlich entspricht dem Zentrum (das in der chin. Weltanschauung ebenfalls als Himmelsrichtung gilt), dem Gelben und dem Süßen.
Im mikrokosmischen Bereich werden die Fünf Elemente verschiedenen Körperorganen und Gefühlen zugeordnet. Diese Entsprechungen spielen eine wesentliche Rolle in der chin. Medizin. Das Element Holz entspricht Augen, Sehnen, Galle, Leber und dem Gefühl des Zorns. Das Feuer wird Zunge, Blutgefäßen, Dünndarm, Herz und dem Gefühl der Freude zugeordnet. Die Erde steht in Zusammenhang mit Mund, Muskeln, Magen, Milz und dem Gefühl der Besorgnis. Das Metall entspricht Nase, Behaarung, Dickdarm, Lunge und dem Gefühl der Traurigkeit. Das Wasser steht in Beziehung zu Ohren, Knochen, Harnblase, Nieren und dem Gefühl der Angst.
Außerdem werden die Wu-hsing mit den Planeten Merkur, Venus, Mars, Jupiter und Saturn sowie mit den zyklischen Zeichen des chin. Mondkalenders in Beziehung gebracht.
In der Schule des Yin und Yang wurden den Fünf Elementen Zahlen zugeordnet: dem Wasser die Eins und die Sechs, dem Feuer die Zwei und die Sieben, dem Holz die Drei und die Acht, dem Metall die Vier und die Neun, der Erde die Fünf und die Zehn, wobei die geraden Zahlen als Zahlen der Erde und die ungeraden als Zahlen des Himmels gelten. Die Eins läßt das Wasser entstehen, die Sechs bringt es zur Vervollkommnung. Die Zwei produziert das Feuer, die Sieben vollendet es. Die Drei bringt das Holz hervor, die Acht vervollkommnet es. Die Vier läßt das Metall entstehen, die Neun vollendet es. Die Fünf produziert die Erde, die Zehn vervollkommnet sie. Dieses Zuordnungsschema spielt auch im *Buch der Wandlung(en) (→ I-ching)* eine Rolle.
Nach der Geschichtsauffassung des Tsou Yen ahmt die Abfolge der einzelnen Dynastien die der Elemente nach: Die Erde, unter deren Zeichen der legendäre Gelbe Kaiser (→ Huang-ti) regierte, wurde vom Holz der Hsia-Dynastie besiegt; das Holz wurde vom Metall der Shang-Dynastie besiegt, dieses wiederum vom Feuer der Chou-Dynastie. Das Feuer wird nach Tsou Yen vom Wasser der darauffolgenden Dynastie besiegt werden. Dieses wird von der Erde einer weiteren Dynastie besiegt, wodurch sich der Zyklus schließt. Jeder Herrscher nahm die entsprechende Farbe als die seine an und regierte gemäß der Qualität des jeweiligen Elementes und paßte den Kalender, die Farbe der Kleidung usw. diesem an.

Wu-hsüeh Tsu-yüan, **Z** jap. Mugaku Sogen, 1226–1286, chin. Zen-Meister der → Rinzai-Schule; er schulte sich u. a. unter → Wu-chun Shih-fan (jap. Bushun Shiban) und wurde Abt des Klosters Chen-ju von T'ai-chou. 1279 lud ihn der Shōgun Hōjō Tokimune nach Kamakura in Japan ein. Er wurde dort als Nachfolger von → Lan-ch'i Tao-lung (jap. Rankei Dōryū) Abt des → Kenchō-ji und gründete später das Kloster → Engaku-ji, dem er ebenfalls als Abt vorstand. Kenchō-ji und Engaku-ji gehören zu den → Gosan von Kamakura, den wichtigsten Klöstern dieses bedeutenden Zentrums des Zen in Japan. Posthum erhielt er die Ehrentitel Bukkō Kokushi (auch Bukkō Zenji) und Emman Jōshō Kokushi.

Wu-lun, **T** chin., wörtl.: »Fünf Beziehungen«; fünf Arten von Beziehungen, die im konfuzian. Gesellschaftsmodell die Verhältnisse der Menschen zueinander regeln. Diese Fünf Beziehungen sind die zwischen Eltern und Kindern, Herrscher und Untertan, Ehemann und Ehefrau, älterem und jüngerem Bruder, Freund und Freund. (Siehe auch → Wu-ch'ang.)

Wu-men Hui-k'ai, **Z** jap. Mumon Ekai, 1183–1260, chin. Zen-Meister der Yōgi-Linie des Rinzai-Zen (→ Yōgi-Schule); ein Schüler und Dharma-Nachfolger (→ Hassu) von → Yüeh-lin Shih-kuan (jap. Gatsurin Shikan) und der Meister von Shinchi → Kakushin, der das Zen der Yōgi-Schule und das von Meister Wu-men herausgegebene → *Wu-men-kuan* nach Japan brachte. Wu-men, der als der hervorragendste Rinzai-Meister seiner Zeit gilt, ist heute vor allem dafür bekannt, daß er das *Wu-men-kuan* verfaßte, d. h. dessen 48 Kōan kompilierte und sie, mit seinen Darlegungen und einem Lobspruch (→ Ju) versehen, veröffentlichte.
Wu-men wurde in Hang-chou geboren. Da Hang-chou seit der T'ang-Zeit eines der Zentren des Zen in China war, kam er wahrscheinlich schon früh damit in Berührung und suchte schließlich Unterweisung im Zen. Sein erster Meister war Kung Ho-shang; später kam er zu Meister Yüeh-lin, der ihn in eine strenge Schulung nahm. Er gab Wu-men das »Kōan Mu« (→ Mu) zur Übung, und Wu-men rang sechs Jahre damit, ohne zu einem Durchbruch zu kommen. Schließlich war er so verzweifelt, daß er sich schwor, nicht mehr zu schlafen, bis er das Kōan gelöst habe. Er übte ohne Unterlaß mit diesem Kōan → Zazen, und wenn er schläfrig wurde, ging er auf den Gang der Meditationshalle und stieß mit dem Kopf gegen einen Holzpfeiler, um sich wach zu halten.
Eines Tages, als die große Trommel geschlagen wurde, um die Mittagszeit anzuzeigen, erfuhr er beim Klang der Trommel plötzlich Erleuchtung. Er schrieb daraufhin ein Gedicht, das mit den Worten beginnt: »Aus heiterem Himmel, bei strahlendem Sonnenschein – plötzlich ein Donnerschlag ...« – Nachdem Meister Yüeh-lin ihn geprüft und seine Erleuchtungserfahrung bestätigt hatte, schrieb er ein weiteres Gedicht, ein Kurzgedicht im Versmaß mit fünf Schriftzeichen, das folgendermaßen lautet:

Mu Mu Mu Mu Mu
Mu Mu Mu Mu Mu
Mu Mu Mu Mu Mu
Mu Mu Mu Mu Mu

Später wurde er ein im ganzen Land hochgeachteter Zen-Meister. 1288 vollendete er das *Wu-men-kuan,* die neben dem *Pi-yen-lu* berühmteste Kōan-Sammlung, und im folgenden Jahr wurde sie zum ersten Mal gedruckt.

Kaiser Li-tsung berief Wu-men 1246 zum Abt eines großen Zen-Klosters in der Nähe der Hauptstadt und verlieh ihm den Ehrentitel »Buddha-Auge«. Gegen Ende seines Lebens zog er sich in ein kleines Kloster in den Bergen zurück. – Trotz seines Ruhmes und der Ehrerbietung, die ihm allenthalben entgegengebracht wurde, blieb er bis zu seinem Tod ein äußerst bescheidener Mann, der stets nur ein einfaches, grobes Gewand trug und im Geiste des → Pai-chang Huai-hai (jap. Hyakujō Ekai) stets bei der Handarbeit im Kloster mit anfaßte. Sein Sterbegedicht lautet (in freier Übersetzung nach der engl. Übertragung von R. H. Blyth):

Die Leere ist ungeboren,
die Leere vergeht auch nicht.
Wenn du die Leere kennst,
so bist du davon nicht verschieden.

Wu-men-kuan, Z chin. (jap. *Mumonkan*), wörtl.: »Die torlose Schranke«; eine der beiden wichtigsten Kōan-Sammlungen der Zen-Literatur; die andere ist das → *Pi-yen-lu.* Das *Wu-men-kuan* wurde von dem chin. Zen-Meister → Wu-men Hui-k'ai (jap. Mumon Ekai) kompiliert. Es besteht aus 48 → Kōan, die Wu-men sammelte, zusammenstellte und, mit einer kurzen Darlegung seines Wahren-Begreifens des jeweiligen Kōan sowie einem Lobspruch (→ Ju) versehen, im Jahre 1229 veröffentlichte. 1254 wurde das *Wu-men-kuan* von dem jap. Meister → Kakushin, einem Schüler und Dharma-Nachfolger (→ Hassu) von Wu-men, nach Japan gebracht. Shun'ō Reizan (1344–1408), ein Dharma-Erbe von Kakushin in vierter Generation, gab 1405 im Kloster Kōonji die bis heute maßgebliche jap. Edition dieses Werkes heraus. Versuche einer dt. Übersetzung des *Wu-men-kuan* sind: *Mumonkan. Die Schranke ohne Tor,* übers. v. Heinrich Dumoulin, Mainz 1975; Zenkei Shibayama, *Zu den Quellen des Zen,* Bern 1976. Was die letztere Ausgabe bemerkenswert macht (obwohl es sich um eine Zweitübersetzung aus dem Englischen handelt), sind die beigefügten → Teishō des bedeutenden modernen Zen-Meisters → Shibayama Zenkei zu den Beispielen der alten Meister.

Das *Wu-men-kuan* beginnt mit dem berühmten »Kōan Mu« (→ Mu), mit dem Meister Wu-men selbst zu tiefer Erleuchtung kam. Es eignet sich besonders als Hosshin-Kōan, also als Kōan, das einem damit Übenden zu einer ersten Erleuchtungserfahrung (→ Kenshō, → Satori) verhelfen kann. Es wird noch heute vielen Anfängern auf dem Zen-Weg als erstes Kōan gegeben. Weil dem so ist und das *Wu-men-kuan* vom Literarischen her »anspruchsloser« erscheint als das *Pi-yen-lu,* wird es oft für weniger tiefgründig als dieses gehalten. Dabei wird jedoch übersehen, daß ein Kōan wie das »Mu« auf immer tieferen Ebenen der Erleuchtungserfahrung immer wieder neu begriffen werden kann, und daß das *Wu-men-kuan* ebenso Beispiele enthält (z. B. 38. Beispiel), die zu den Nantō-Kōan, den besonders schwer zu lösenden Kōan, gehören.

Die Kōan entstanden als unmittelbarer Ausdruck der Zen-Erfahrung der alten Meister – einer Erfahrung, die nicht begrifflich faßbar (→ Fukasetsu), nicht »verstehbar« ist. Ihr Wesen ist das Paradoxon, also das, was jenseits (griech. *para*) des Denkens (griech. *dokein*) oder »jenseits des Vorstellbaren« ist. Deshalb gehören Zen-Texte zu den am schwersten zu übersetzenden Texten der Weltliteratur. Selbst für jemanden, der Chinesisch oder Japanisch perfekt beherrscht, ist es, wenn er selbst keine tiefe Zen-Erfahrung hat, so gut wie unmöglich, eine angemessene, d. h. für die Zen-Schulung brauchbare, Übersetzung von Kōan zu geben. So kranken denn auch die meisten in europäischen Sprachen vorliegenden Übersetzungen des *Wu-men-kuan* und anderer Zen-Texte daran, daß den Übersetzern, auch dann, wenn sie philologische Kompetenz besitzen, das »Zen-Auge« fehlt.

Der Leser von Zen-Texten, der die Kōan befremdlich findet, muß sich immer wieder vor Augen halten, daß die Kōan »per definitionem« unverständlich, dem Verstand unzugänglich sind – sind sie doch gerade Aufforderungen, die logisch-begrifflichen Grenzen des Verstehens zu transzendieren. Auch dort, wo sich einleuchtende »Deutungen« eines Kōan anbieten, sind diese vom Standpunkt des Zen falsch, wenn sie »ausgedacht« sind, und werden als solche schnell von jedem echten Zen-Meister entlarvt. Texte wie das *Wu-men-kuan* sind Hilfsmittel der Zen-Schulung und sollen weder »schöne Literatur« noch historische Dokumentation sein. Für den mit einem Kōan → Zazen Übenden geht es nicht darum, darüber informiert zu sein, was ein chin. Zen-Meister vor Hunderten von Jahren erlebt oder gesagt hat, sondern darum, daß er selbst hier und jetzt die lebendige Wahrheit, auf die das Kōan hinweist, erlebt und verwirklicht. Viele der Kōan des *Wu-men-kuan* und anderer Sammlungen mögen oberflächlich als amüsante Anekdoten erscheinen, zumal viele Zen-Meister einen tiefen Sinn für Humor haben, aber ihre »erleuchtende« Kraft – und diese allein ist für das Zen von Bedeutung – erweist sich erst im Kontext einer von einem → Rōshi geleiteten Zen-Schulung.

Wu-shih, T chin., wörtl.: »Fünf Leichname«; fünf Arten unreiner Energie in den fünf inneren Organen des Körpers (→ Wu-tsang), denen die Farben rot, grün, weiß, gelb und schwarz zugeordnet sind. Ihre Anwesenheit im menschlichen Körper vermindert die Lebensdauer. Um Unsterblichkeit zu erlangen, muß man sich daher der Fünf Leichname durch Meditation und Fasten entledigen.

Wu-shih ch'i-hou, ▪ chin., etwa: »Fünf Perioden und sieben Zeitspannen«; verschiedene Phasen, die ein Taoist in seiner Meditationspraxis durchläuft. Sie reichen von der einfachen Beruhigung des Geistes bis hin zur höchsten spirituellen Verwirklichung.

Die Wu-shih sind:
1. Der Geist ist bewegt und unruhig und nur selten still.
2. Der Geist ist bereits etwas weniger bewegt und unruhig.
3. Stille und Bewegung halten einander die Waage.
4. Der Geist ist die meiste Zeit still und nur selten bewegt, man konzentriert sich auf ein Meditationsobjekt.
5. Der Geist verweilt in reiner Stille; äußere Eindrücke können ihn nicht mehr in Bewegung versetzen.

Anschließend durchläuft der Übende die Ch'i-hou:
1. Sorgen und Kummer verschwinden; die Leidenschaften legen sich, man realisiert das → Tao.
2. Das Äußere des Adepten wird dem eines Kindes ähnlich, der Körper ist geschmeidig, der Geist friedlich; man ist im Besitz übernatürlicher Kräfte.
3. Der Übende erlangt langes Leben: die Stufe des Unsterblichen (→ Hsien) ist erreicht.
4. Man läutert den Körper und vervollkommnet die Energie (→ Ch'i); die Stufe des Wahren Menschen (→ Chen-jen) ist erreicht.
5. Der Taoist läutert die Energie und vervollkommnet den Geist (→ Shen), dies ist die Stufe des Heiligen (→ Shen-jen).
6. Man läutert den Geist und bringt ihn in Einklang mit den Formen; die Stufe des Vollkommenen Menschen ist erreicht.
7. Der Adept hat alle Regeln und Riten hinter sich gelassen, alles absichtsvolle Tun ist weggefallen. Dies ist höchste Verwirklichung in der taoist. Praxis.

Wu-t'ai-shan, ▪ chin., wörtl.: »Berg der fünf Terrassen«; einer der → Vier Berühmten Berge Chinas, in der Provinz Shansi gelegen. Er ist eines der wichtigsten Ziele chin. Pilger, die auf dem Wu-t'ai-shan den Bodhisattva → Wen-shu (Skrt. Mañjushrī) verehren, der hier gelehrt haben soll. Der Berg ist ein bedeutendes Zentrum des mongol. Buddhismus. Die ersten Klöster wurden im 4.–5. Jh. errichtet; im 6. Jh. existierten bereits über 200, wovon 58 bis heute erhalten sind.

Der Glaube, daß dieser Bodhisattva auf dem Wu-t'ai-shan gewirkt haben soll, ist auch in Indien und Nepal verbreitet und fußt auf einer Stelle im → *Buddhāvatamsaka-Sūtra,* wo es heißt, daß Mañjushrī in einem im Nordosten gelegenen Land erscheinen und die Lehre darlegen wird. Ähnliche Aussagen finden sich auch in anderen Texten.

Wu-te, ▪ chin. → Wu-hsing

Wu-ti, ▪ chin., wörtl.: »Fünf Kaiser«; legendäre Kaiser, die China zwischen 2697 und 2205 v. Chr. (nach anderer Rechnung zwischen 2674 und 2184 v. Chr.) regiert haben. Die Fünf Kaiser sind der Gelbe Kaiser (→ Huang-ti), Chuan Hsü, Ku, → Yao und → Shun. Die Entstehung der Vorstellung von den Fünf Kaisern geht auf historische Spekulationen des 2. und 1. Jh. v. Chr. zurück; Konfuzius kannte nur Yao und Shun. Die Wu-ti-Gruppierung spiegelt das System kosmologischer Zuordnungen wider: Die Fünf entspricht den Fünf Elementen (→ Wu-hsing), wobei jedem der Fünf Kaiser ein Element zugeordnet wird.

Wu-tou-mi tao, ▪ chin., wörtl.: »Fünf-Scheffel-Reis-Taoismus«; frühtaoist. Schule (→ Tao-chiao), die zwischen 126 und 144 von → Chang Tao-ling in der westchin. Provinz Szechwan gegründet wurde und etwa bis ins 15. Jh. bestand. Der Name Fünf-Scheffel-Reis-Taoismus geht darauf zurück, daß alle, die dieser Schule beitreten wollten, fünf Scheffel Reis an die → Tao-shih zu zahlen hatten. Das Wu-tou-mi tao ist auch unter dem Namen Tao des Himmlischen Meisters (→ T'ien-shih) bekannt, da das Oberhaupt der Schule den Titel Himmlischer Meister trug. Der Fünf-Scheffel-Reis-Taoismus beruft sich auf die Lehren des Lao-tzu, der von seinen Anhängern als → T'ai-shang lao-chün verehrt wird; das Basiswerk der Schule ist das → *Tao-te ching,* das allerdings auf sehr spezielle Art und Weise interpretiert wird.

Wie bei anderen taoist. Richtungen dieser Zeit war auch beim Wu-tou-mi tao das Heilen von Krankheiten, die als Folge böser Taten angesehen wurden, ein wesentlicher Bestandteil des religiösen Rituals. Eine besondere Bedeutung hatten dabei Massenbeichten, bei denen die Gläubigen ihre Sünden den Drei Herrschern (→ San-kuan) Himmel, Erde und Wasser gestanden. Dazu kam rituelles Fasten (→ Chai), die Verwendung von Talismanen (→ Fu-lu), orgiastische Feiern (→ Ho-ch'i) sowie Totenzeremonien.

Die Anhängerschaft des Wu-tou-mi tao war streng hierarchisch gegliedert. Die Masse der Gläubigen bestand aus sog. Dämonensoldaten, die von Trankopferdarbringern (chin. Chi-chiu) geleitet wurden. Ihnen unterstand jeweils ein Bezirk. An der Spitze der Organisation stand der Himmlische Meister, T'ien-shih.

Nach dem Tode des Begründers Chang Tao-ling folgte ihm als Oberhaupt der Schule Chang Heng nach, diesem wiederum → Chang Lu. Er errichtete am Ende der Östlichen Han-Dynastie im Norden des damaligen chin. Reiches ein Staatswesen, in dem es keine Trennung zwischen Politik und Religion gab. Die religiöse Hierarchie war gleichzeitig eine militärische. Dieser Staat bestand bis 215. In den folgenden Jahrhunderten war diese Spielart des religiösen Taoismus vor allem unter den Bauern verbreitet und spielte eine beträchtliche Rolle bei verschiedenen Bauernaufständen der Chin-Dynastie.

Im 5. Jh. nahm → K'ou Chien-chih, unter dessen Einfluß der Taoismus zur Staatsreligion erhoben wurde, den alten Titel eines Himmlischen Meisters wieder an und versuchte den Taoismus von den seiner Meinung nach negativen Einflüssen des → Chang Chüeh zu reinigen. Er führte konfuzian. Gedankengut ein; wesentliche Bestandteile der Praxis des Wu-tou-mi tao waren gute Taten und Hygieneübungen. Diese neue Form des Fünf-Scheffel-Reis-Taoismus ist auch als Nördlicher Zweig des Tao der Himmlischen Meister bekannt.

Im Süden war der bedeutendste Vertreter Lu Hsiu-ching, der buddhist. Gedanken und Riten aufnahm und den Südlichen Zweig der Schule begründete. Er legte genaue Regeln für die verschiedenen Zeremonien fest. Während der T'ang- und der Sung-Dynastie kam es zu einer Verschmelzung des Fünf-Scheffel-Reis-Taoismus mit anderen taoist. Strömungen wie der Schule des magischen Juwels (→ Ling-pao p'ai). In der Yüan-Dynastie ist das Wu-tou-mi tao in der Richtung des mehrere Schulen umfassenden Wegs der Rechten Einheit (→ Cheng-i tao) aufgegangen.

Wu-tsang, ■ chin., wörtl.: »Fünf Eingeweide«; nach taoist. Auffassung werden zwei Gruppen von inneren Organen unterschieden: die Sechs Behälter (→ Liu-fu) und die Fünf Eingeweide. Diese sind: Lungen, Herz, Milz, Leber und Nieren. Den Fünf Eingeweiden werden im taoist. System der Entsprechungen zwischen Mikro- und Makrokosmos die Wandlungsphasen (→ Wu-hsing), Farben, Jahreszeiten, Geschmäkker usw. zugeordnet.

Wu-tsu Fa-yen, ■ jap. Goso Hōen, ca. 1024–1104, chin. Zen-Meister der Yōgi-Linie des Rinzai-Zen (→ Yōgi-Schule); ein Schüler und Dharma-Nachfolger (→ Hassu) von → Pai-yün Shou-tuan (jap. Hakuun Shutan) und der Meister von → K'ai-fu Tao-ning (jap. Kaifuku Dōnei) und → Yüan-wu K'o-ch'in (jap. Engo Kokugon). Wir begegnen Meister Wu-tsu im 35., 36., 38. und 45. Beispiel des → *Wu-men-kuan.*

Wu-tsu heißt wörtlich »fünfter Patriarch«; Meister Wu-tsu Fa-yen ist jedoch nicht der 5. Patriarch des Zen in China (→ Hung-jen), sondern ein späterer Zen-Meister, der nach dem Berg Wu-tsu benannt ist, wie der Berg → Huang-mei später auch genannt wurde, auf dem einst der 5. Patriarch wirkte.

Wu-tsu wurde mit 35 Jahren Mönch; zuerst studierte er die Sūtras und die Schriften der → Yogāchāra-Schule des Buddhismus. Da ihn die philosoph. Studien jedoch nicht befriedigten, wandte er sich dem Zen zu und suchte verschiedene Meister auf, bis er schließlich bei Meister Pai-yü blieb. Dort erlebte er Erleuchtung, als er eines Tages hörte, wie Meister Pai-yün einen anderen Schüler über das »Kōan Mu« (→ Mu) unterwies. Im 36. Beispiel des *Wu-men-kuan* stellt Meister Wu-tsu eine Frage, die in der Zen-Literatur oft zitiert wird: »Wu-tsu sagte: ›Begegnest du auf dem Weg einem Meister, so grüße ihn weder mit Worten noch mit Schweigen. Sag einmal, auf welche Weise grüßt du ihn?‹«

Wu-tsung, ■ ■ 814–846, chin. Kaiser der T'ang-Dynastie, der ein fanatischer Anhänger des Taoismus war. Er umgab sich mit taoist. Priestern (→ Tao-shih) und Alchemisten, hielt Fastenfeste (→ Chai) ab und versuchte sich in der Herstellung von lebensverlängernden Elixieren.

Auf Rat seiner taoist. Berater erließ er im Jahr 842 eine Reihe von antibuddhist. Dekreten. Diese Verfolgung des Buddhismus erreichte 845 ihren Höhepunkt: 260000 buddhist. Mönche und Nonnen wurden gezwungen, ins weltliche Leben zurückzukehren. Die Kunstschätze von 4600 Klöstern wurden beschlagnahmt und selbst buddhist. Familien mußten ihre Statuen und andere Ritualgegenstände den kaiserlichen Beamten übergeben. Dies stellte die folgenschwerste Verfolgung des Buddhismus dar, von der nach und nach auch alle anderen »ausländischen« Religionen betroffen wurden.

Wu-wei, ■ chin. → Fünf Grade (der Erleuchtung)

Wu-wei, ■ ■ chin., wörtl.: »Nicht-Tun«; absichtsloses Handeln, ein Begriff des → *Tao-te ching,* der die Haltung des Nicht-Eingreifens in den natürlichen Lauf der Dinge bezeichnet, ein spontanes Handeln, das sich völlig unvorbedacht und frei von Absichten der jeweiligen Situation anpaßt. Diese Haltung ist die eines taoist. »Heiligen«.

Lao-tzu beschreibt das Wu-wei im Kap. 48 des *Tao-te ching* mit folgenden Worten:

»Wer sich dem Studium widmet, wächst jeden Tag (hinsichtlich seiner Anstrengungen, seiner Ansprüche).

Wer sich dem Tao widmet, nimmt jeden Tag ab (hinsichtlich seiner Aktivitäten, seiner Begierden).

Indem er von Stufe zu Stufe abnimmt, gelangt er zum Wu-wei, zum ›Nicht (mehr) Handeln‹. Indem er nicht mehr handelt, gibt es nichts, das er nicht bewirkt.« (Zit. n. M. Kaltenmark, 1981, S.

94.) Wu-wei bezeichnet also nicht ein absolutes Nichts-Tun, sondern ein von jeder Begierde und Gerichtetheit freies Handeln.
Der taoist. Adept, der nach dem Ideal des Wu-wei strebt, ahmt das Tao selbst nach, dessen Wirkungskraft gerade durch das Wu-wei universell ist:
»Das Tao ist beständig ohne Aktion (Wu-wei), wodurch es nichts gibt, was nicht geschieht.« (Kap. 37, a. a. O., S. 95.) Der Taoist hütet sich, in Nachahmung des Tao in den Lauf der Dinge einzugreifen, und gibt allem die Möglichkeit, sich gemäß seiner eigenen Natur frei zu entfalten. Nur so kann ihm Erfolg beschieden sein. Wu-wei kann also im wesentlichen als Handeln innerhalb der Grenzen des Natürlichen und Notwendigen verstanden werden.

Im *Tao-te ching* wird die Haltung des Wu-wei auch auf die Handlungsweise des Herrschers ausgedehnt. Laotzu erläutert die Wirkungsweise des absichtslosen Handelns am Beispiel eines Fürsten, dessen Anwesenheit im Idealfall vom Volk nicht einmal bemerkt wird. Erst die Haltung des Wu-wei macht es dem Herrscher möglich, Macht und Einfluß zu gewinnen.

Im Kap. 37 des *Tao-te ching* wird die Regierungsweise eines Fürsten, der sich am Ideal des Wu-wei orientiert, beschrieben: »Wenn die Herren und die Könige sich daran halten könnten (nämlich an die Haltung des Nicht-Eingreifens nach dem Vorbild des Tao), würden die Zehntausend Wesen [→Wan-wu] sogleich von sich aus ihrem Beispiel folgen. Wenn dann Leidenschaften aufträten, so bändigte ich sie durch die Schlichtheit des Namenlosen; dann wären sie ohne Begierden. Wären sie ohne Begierden, wären sie ruhig und der Frieden würde sich von selbst einstellen.« (a. a. O., S. 95.)

Diese Auffassung teilt auch Konfuzius. In seinen *Gesprächen* (*Lun-yü,* 15.4) heißt es:

»Der Meister sprach: ›Wer ohne etwas zu tun (das Reich in Ordnung hielt), das war Schun (legendärer Kaiser). Denn wahrlich: was tat er? Er wachte ehrfürchtig über sich selbst und wandte ernst das Gesicht nach Süden, nichts weiter!« (Zit. n. R. Wilhelm, 1982, S. 154.)

Das Ideal des Wu-wei spielt auch im chin. Zen-Buddhismus eine zentrale Rolle.

Y

Yab-Yum, **B** tibet., wörtl.: »Vater (und) Mutter«; Bezeichnung für die in der tibet. Kunst häufig erscheinende Darstellung von männlichen und weiblichen Gottheiten in geschlechtlicher Vereinigung. In der differenzierten Symbolik des →Vajrayāna wird dadurch die Einheit des männlichen Prinzips (→Upāya) und des weiblichen Prinzips (→Prajñā) zum Ausdruck gebracht. Die als Statuen gefertigte und auf →Thangkas gemalten Yab-Yum-Motive dienen vor allem als Konzentrationshilfe für die durch das →Sādhana zu bewirkende Verschmelzung von femininer und maskuliner Energie im Übenden selbst.

Männliches und weibliches Prinzip in Vereinigung. (Tibet. Blockdruck.)

Yajña, **H** Skrt., wörtl.: »Opfer«; 1. ein Beiname →Vishnus; 2. in den →Purānas der Sohn von Ruchi und Gatte von →Dakshinā. Er hatte den Kopf eines Hirsches und wurde von →Vīrabhadra bei einer Opferhandlung getötet. Brahmā holte ihn in das Reich der Planeten und machte ihn zum Sternbild des Hirschkopfes.

Yājñavalkya, **H** ein berühmter Heiliger am Hofe König →Janakas. Sein Familienname war Vājasaneya. Er war der Begründer einer Schule des *Weißen →Yajurveda,* der sog. Vājasaneyins, der Verfasser der *Vājasaneyi-Samhitā,* des *Dharma-*

Smriti und des → *Shatapatha-Brāhmana,* zu dessen → Āranyaka die → *Brihadāranyaka-Upanishad* gehört. Sie enthält neben der berühmten Unterweisung an Maitreyī (eine seiner beiden Frauen) auch die Streitgespräche, die er am Hofe König Janakas mit den Philosophen führte, unter denen sich auch eine Frau namens Gargī befand und in denen er stets Sieger blieb.

Yajurveda, 🅷 Skrt.; der Veda (→ Veden) der Opfersprüche, die der Adhvaryu, einer der vier Hauptpriester beim Opfer, während des Vollziehens der heiligen Handlung murmelt. Man unterscheidet den archaischen *Schwarzen Yajurveda,* der von vier Schulen in fünf Büchern mit unterschiedlichen Versionen (Samhitās) kompiliert wurde (ab 1000 v. Chr.), und den jüngeren und einheitlicheren *Weißen Yajurveda,* der weitgehend auf den Heiligen → Yājñavalkya zurückgehen soll.

Man nennt den Schwarzen Yajurveda auch den »ungeordneten« oder »gemischten«, weil in ihm abwechselnd Mantra-Sprüche für das Ritual und Prosaabschnitte mit theologischen Auslegungen (Brāhmanas) aufeinanderfolgen, während der »geordnete« *Weiße* nur aus Mantras besteht. – Es liegen nur engl. Teilübersetzungen vor.

Yakkogin-no-Zen, 🆉 jap., wörtl.: »Quecksilber-Zen«; ein »Zen«, das nur die äußere Erscheinung des Zen imitiert, jedoch kein echtes Zen ist – so wie Quecksilber kein echtes Silber ist.

Yakō-Zen, 🆉 jap., wörtl.: »Wildfuchs-Zen«; das Zen jener Menschen, die ohne echte Zen-Erfahrung vorgeben, erleuchtet zu sein, und mit der Nachahmung äußerer Formen und dem Nachreden von Wahrheiten, die sie nicht selbst verwirklicht haben, andere Menschen täuschen. Der Fuchs ist in China, wo dieser Begriff herkommt, das Reittier von Dämonen oder selbst ein Dämon, der menschliche Gestalt annehmen kann und in dieser Gestalt Menschen in die Irre führt.

Yaksha 🅷 🅱 (Yakṣa), Skrt.

🅷 Eine Gruppe übernatürlicher Wesen, Diener von → Kubera, dem Gott des Reichtums. Sie haben keine besonderen Eigenschaften und sind nicht gewalttätig, weshalb sie Punyajana (»gute Wesen«) genannt werden. Kubera trägt als ihr Herr den Beinamen Punyajaneshvara. → Kālidāsa legt einem Yaksha sein Gedicht *Meghadūta* (»Der Wolkenbote«) in den Mund.

🅱 (Pali: Yakkha); im buddhist. Kanon erwähnte Wesen, die götterartiger Natur sind und übernatürliche Kräfte besitzen. In manchen Fällen sind Yakshas wilde dämonische Wesen, die an einsamen Plätzen wohnen und den Menschen, vor allem jenen, die ein spirituelles Leben führen, feindlich gesinnt sind. Sie stören oft durch ihren Lärm die Meditation der Mönche und Nonnen.

Yakusan Igen, 🆉 jap. für → Yüeh-shan Wei-yen

Yakuseki, 🆉 jap., wörtl.: »Arzneistein«; die letzte Mahlzeit eines Tages in einem Zen-Kloster; sie wird am Spätnachmittag eingenommen.

Der Name kommt daher, daß sich früher die Mönche zur Beschwichtigung ihres knurrenden Magens einen erhitzten Stein auf den Bauch legten, da nach dem orthodoxen buddhist. Verhaltenskodex das Mittagessen die letzte Mahlzeit des Tages war. Später wurde der Stein durch ein einfaches Mahl aus den Resten des Mittagsmahls ersetzt.

Yama, 🅷 🅱 Skrt.

🅷 1. wörtl.: »Selbstbeherrschung«, die erste der acht Stufen des → Rāja-Yoga. Sie besteht aus fünf ethischen Übungen: Nicht-Verletzen (Ahimsā), Wahrhaftigkeit (Satya), Nicht-Stehlen (Asteya), Keuschheit (Brahmacharya) und Begierdelosigkeit (Aparigraha). Sie müssen in Gedanke, Wort und Tat geübt werden; 2. der Verfasser des Gesetzbuches *Dharma-Shāstra;* 3. der Gott des Todes. Die *Katha-Upanishad* beschreibt, wie er → Nachiketa belehrt.

Yama (chin. Yen-lo) ist der Sohn von → Vivasvat und Zwillingsbruder von → Yamunā. Yama und Yamunā werden als das erste menschliche Paar betrachtet. In den älteren Hymnen des *Rigveda* dürfen die guten Menschen als besondere Gnade der Götter nach dem Tod unter Yamas Führung bei ihnen fortleben. In späteren Hymnen ist Yama der erste Mensch, der den Weg zu den lichten Höhen des Himmels gefunden hat und dort als Fürst im Reich der Seligen thront. Um zu ihm zu gelangen, muß die Seele vorbei an Yamas beiden Hunden, die den Himmelseingang bewachen und nicht jedem den Eintritt gestatten (*Rigveda* X, 14), die erste Andeutung des Totengerichts (Vichārabhū), das Yama später ausübt. Die Taube ist Yamas Todesbote. Ferner hat er Fußschlingen und Fangnetze, die den Schrecken des Todes symbolisieren. Er trägt Beinamen wie »Vollender« und »König der Gerechtigkeit«.

🅱 In der buddhist. Mythologie der Herrscher der Höllen (→ Naraka). Yama war urspr. ein König von → Vaishālī, der sich während eines blutigen Krieges wünschte, Herr der Höllen zu sein. Diesem Wunsch entsprechend wurde er als Yama wiedergeboren. Seine acht Generäle und 80 000 Gefolgsleute stehen ihm im Purgatorium beiseite. Dreimal pro Tag wird ihm und seinen Helfern als Strafe flüssiges Kupfer in den Mund gegossen, so lange, bis ihre Schandtaten gesühnt sind. Yama sendet den Menschen Alter, Krankheit und nahenden Tod als seine Boten, die die Menschen anhalten sollen, kein unmoralisches, leichtsinniges Leben zu führen. Yama residiert südlich von → Jambudvīpa in einem Palast von Kupfer und Eisen. – Yami, Yamas Schwester, regiert über die weiblichen Höllenbewohner.

Yamaka, 🅑 Skrt. → Abhidharma

Yamamoto Gempō, 🅩 1866–1961; einer der hervorragendsten jap. Zen-Meister der Neuzeit, oft der »Hakuin des 20. Jahrhunderts« genannt. Der Findling Yamamoto Gempō verließ, als ihm, Anfang Zwanzig, die völlige Erblindung drohte, seine Frau und seinen Besitz, ging auf die Pilgerschaft und trat schließlich in ein Zen-Kloster ein. Mit 49 Jahren erhielt er das Siegel der Bestätigung (→ Inka-Shōmei) von dem Zen-Meister Sōhan des Klosters Empuku-ji. Er restaurierte das Kloster Ryūtaku-ji bei Mishima in der Provinz Shizuoka, das → Hakuin Zenji einst als Abt geleitet hatte, und stand ihm viele Jahre als Abt vor. Mit 82 Jahren nahm er widerstrebend eine Berufung als Abt des Myōshin-ji in Kyōto an.

Bis ins mittlere Alter aufgrund seiner Lebensumstände und seiner schlechten Augen praktisch ein Analphabet, wurde Yamamoto Gempō, dessen Sehvermögen sich während seiner geistigen Schulung wieder etwas besserte, später einer der bekanntesten modernen Meister des Schrift-Weges (→ *Shōdō*). Er ist außerdem für seinen exzentrischen Lebensstil, seine Liebe zum Reiswein und seine Zuneigung zu Frauen bekannt. Als einer der ersten jap. Zen-Meister reiste er in alle Welt: nach Indien, Afrika, Europa und in die Vereinigten Staaten von Amerika.

Yamaoka Tesshū, 🅩 1836–1888; ein tief erleuchteter Zen-Laie (jap. *kōji*). Er war wohl der größte Meister des Schwert-Weges (→ Kendō) im Japan des 19. Jh., ein hervorragender Maler und Schrift-Künstler und einer der bedeutendsten jap. Staatsmänner seiner Zeit. Er trug wesentlich dazu bei, zu Beginn der Meiji-Restauration, der Wiedereinsetzung der kaiserlichen Macht nach langer Herrschaft der Shōgune, eine Kraftprobe zwischen den Verbündeten des Kaisers und den Anhängern des Shōgun Saigō Takamori und damit einen Bürgerkrieg zu verhindern. Leben und Werk von Yamaoka Tesshū sind dargestellt in: John Stevens, *The Sword of No-Sword. Life of the Master Warrior Tesshū*, Boulder/Col. 1984.

Yami, 🅑 Skrt. → Yama

Yamunā 🅗, auch Jamunā oder Jumnā, Skrt.; ein Nebenfluß des Ganges, personifiziert als Tochter von → Vivasvat. Sie und ihr Zwillingsbruder → Yama gelten als das erste Menschenpaar.

Yāmunāchārya 🅗 (Yāmunācārya), ein König, Gelehrter und südindischer → Vaishnava-Heiliger des 10. Jh., der dem Thron entsagte, um Mönch zu werden. Er lehrte, daß Unterwerfung unter Gottes Willen das höchste Ideal des menschlichen Lebens sei.

Yāna, 🅑 Skrt., wörtl.: »Fahrzeug«. Das schon im Hīnayāna-Buddhismus entwickelte Konzept des »Gefährtes«, mit dem der Übende den Weg zur Erleuchtung (→ Bodhi) zurücklegt. Die verschiedenen Fahrzeuge entsprechen der jeweiligen Perspektive der spirituellen »Reise«, der Grundhaltung des Übenden und den Mitteln der Fortbewegung. Die Wahl des Fahrzeuges hängt nach Ansicht des → Tibetischen Buddhismus von der geistigen Reife des Schülers und der Befähigung des Meisters ab. Hier werden drei Fahrzeuge unterschieden: → Hīnayāna, → Mahāyāna und → Vajrayāna. Vom Standpunkt des Vajrayāna aus können die drei Fahrzeuge simultan praktiziert werden; diese Ansicht wird als → Ekayāna (»das eine Fahrzeug«) bezeichnet.

Zur Zeit der »Ersten Verbreitung« der buddhist. Lehre in Tibet existierten unterschiedliche Einteilungen der Fahrzeuge, von denen die der »Neun Fahrzeuge« in der Schule der → Nyingmapa weiterlebte und im 19. Jh. von der → Rime-Bewegung wieder aufgenommen wurde. Nach dieser Systematisierung gehören zum Bereich der exoterischen Lehren: 1. das Fahrzeug der → Shrāvakas; 2. das der → Pratyeka-Buddhas; 3. das der Bodhisattvas, also Hīnayāna und Mahāyāna. Die esoterischen Lehren werden in zwei Kategorien eingeteilt, die äußeren und die inneren → Tantras. Die äußeren Tantras sind die auch von den anderen Schulen anerkannten ersten drei »Tantra-Klassen«; es sind dies die Fahrzeuge: 4. Kriyā-Tantra (Handlungstantra); 5. Charyā-Tantra (Ausübungstantra); 6. Yoga-Tantra. Die der Nyingmapa-Schule eigene weitere Unterteilung des höchsten Yoga-Tantra stellt die drei inneren Tantras dar, die Fahrzeuge: 7. Mahā-Yoga; 8. Anu-Yoga; 9. Ati-Yoga (→ Dzogchen).

Nach der Lehre der Nyingmapas wurden die ersten drei Fahrzeuge von Buddha → Shākyamuni, einer Manifestation des Nirmānakāya (→ Trikāya) überliefert. Die äußeren Tantras haben ihren Ursprung in den Sambhogakāya-Formen, z. B. in → Vajrasattva; die inneren Tantras stammen von → Samantabhadra, einer Manifestation des Dharmakāya. Diese Vorstellung beeinflußte auch die Zahl der »Stufen« (→ Bhūmi) der spirituellen Entwicklung des Bodhisattva. Nach dem System der Nyingmapa gibt es nicht, wie der Mahāyāna-Buddhismus lehrt, 10 solcher Stufen, sondern 16, so wie man hier 9 und nicht nur 3 Fahrzeuge unterscheidet.

Yang-ch'i Fang-hui, 🅩 (jap. Yōgi Hō'e), 992–1049, chin. Zen-Meister der → Rinzai-Schule; ein Schüler und Dharma-Nachfolger

(→ Hassu) von → Shih-shuang Ch'u-yüan (jap. Sekisō Soen) und der Meister von → Pai-yün Shou-tuan (jap. Hakuun Shutan). Yang-ch'i begründete die nach ihm benannte Yōgi-Schule des Rinzai-Zen, eine der beiden Linien, in die sich die Tradition der Rinzai-Schule nach Meister Shih-shuang aufgabelte. Das strenge Zen der Yōgi-Linie wurde von chin. und jap. Meistern nach Japan übertragen, wo es noch heute lebendig ist.

Yang-ch'i-p'ai, 🅉 chin. für → Yōgi-Schule

Yang-ch'i-tsung, 🅉 chin. für → Yōgi-Schule

Yang Chu, 🅃 4.–3. Jh. v. Chr., taoist. Philosoph. Sein Werk ist nicht erhalten; seine Grundlehren sind u. a. im → *Chuang-tzu* und im → *Lü-shih ch'un-ch'iu* überliefert. Das ihm im → *Lieh-tzu* gewidmete Kapitel kann nicht mit Sicherheit als authentisch angesehen werden.

Yang Chu war ein Gegner der konfuzian. Schule (→ K'ung-tzu). Seine Grundidee ist die der Wertschätzung des Lebens und der Achtung des Selbst. Er ist bestrebt, das Leben zu erhalten und zu schützen. Er will das darin enthaltene Wahre nähren und es den äußeren Dingen nicht erlauben, das Leben und die Person zu korrumpieren. So heißt es von ihm, daß er nicht einmal ein Haar opfern würde, auch wenn er dadurch die ganze Welt erretten könnte. Daher wird seine Philosophie manchmal als extrem egoistisch oder hedonistisch eingestuft.

Yang Chu konzentriert sich ganz auf das diesseitige Leben, dem der Tod seiner Meinung nach ein absolutes Ende setzt. Daher gibt es für ihn auch keine Ideale. Jedes Streben des Menschen, sei es nach Ruhm oder moralischer Vollkommenheit, bringt den Menschen nur vom »Leben« ab, das sein einziges Gut ist und voll »ausgelebt« werden muß. Das Individuum muß sich nach Yang Chu rückhaltlos seinen natürlichen Empfindungen hingeben und sich von ihnen treiben lassen, gleichgültig, welche Folgen dies mit sich bringen kann. Er wendet sich energisch gegen jedes Eingreifen von außen in diese Natur. Damit verwirft er die Kultur; gesellschaftliche Normen sind für ihn willkürliche Konventionen. Mit dieser Auffassung steht er in krassem Gegensatz zu den Konfuzianern.

Yang-hsing, 🅃 chin., wörtl.: »das Lebensprinzip nähren«; Sammelbegriff für alle taoist. Übungen zur Lebensverlängerung und Erlangung der Unsterblichkeit. Dazu zählen all jene Praktiken, die den Körper nähren (→ Yang-sheng) und den Geist nähren (→ Yang-shen).

Yang-shan Hui-chi, 🅉 jap. Kyōzan Ejaku, 807–883 oder 813/14–890/91; einer der großen Zen-Meister Chinas; ein Schüler und Dharma-Nachfolger (→ Hassu) von → Kuei-shan Ling-yu (jap. Isan Reiyū) und der Meister von → Nan-t'a Kuang-jun (jap. Nantō Kōyū). Yang-shan war einer der bedeutendsten Zen-Meister seiner Zeit; seine großen Fähigkeiten trugen ihm den Spitznamen »der kleine Shākyamuni« ein. Schon bevor er 20 Jahre alt war, hatte er mehrere große Zen-Meister, darunter → Ma-tsu Tao-i (jap. Baso Dōitsu) und → Pai-chang Huai-hai (jap. Hyakujō Ekai), besucht und sich einen Namen als hervorragender Zen-Schüler gemacht. Unter Kuei-shan erfuhr er schließlich tiefe Erleuchtung. Als seinem Meister ebenbürtiger Dharma-Nachfolger gilt er neben diesem als einer der Begründer der → Igyō-Schule des Zen, die nach dem jeweils ersten Schriftzeichen der Namen der beiden Gründer benannt ist. Von Meister → Tan-yüan Ying-chen (jap. Tangen Ōshin), unter dem er seine erste Erleuchtungserfahrung machte, wurde er in den Gebrauch des Systems der 97 Kreissymbole eingeweiht, das später in der Igyō-Schule eine große Rolle spielte.

Die im *Yüan-chou Yang-shan Hui-chi-ch'an-shih yü-lu* (»Aufzeichnung der Worte des Zen-Meisters Yang-shan Hui-chi aus Yüan-chou«) festgehaltenen → Mondō und → Hossen von Yang-shan mit seinem Meister Kuei-shan und anderen Zen-Meistern gelten als hervorragende Beispiele der Verwirklichung des Zen-Geistes. Yang-shan taucht auf im 25. Beispiel des → *Wu-men-kuan* sowie im 34. und 68. Beispiel des → *Pi-yen-lu*.

Yang-shan wollte bereits im Alter von 15 Jahren Mönch werden, aber seine Eltern hielten ihn zurück. Mit 17 Jahren schnitt er sich schließlich zwei Finger ab und präsentierte sie seinen Eltern als Zeichen seiner Entschlossenheit; daraufhin ließen sie ihn ziehen. Nachdem er etliche große Zen-Meister aufgesucht hatte und sein Dharma-Auge unter ihnen schon zu einem gewissen Grad geöffnet hatte, fand er in Kuei-shan schließlich den ihm in idealer Weise entsprechenden Meister, der ihn zu tiefer Erleuchtung führen konnte. Zwischen Kuei-shan und Yang-shan herrschte ein solcher Einklang des Temperaments und der geistigen Schau, daß man von ihnen sagte: »Vater und Sohn singen mit einem Mund.«

Yang-shen, 🅃 chin., wörtl.: »den Geist nähren«; taoist. Praktik zur Erlangung der Unsterblichkeit. Sie besteht darin, die Gottheiten, die im Inneren des Körpers wohnen, durch Meditation am Verlassen des Körpers zu hindern (→ Innere-Gottheiten-Hygiene-Schule).

Bei dieser Form der taoist. Meditation sammelt man seine Aufmerksamkeit auf Körpergottheiten, so daß man sie in allen ihren Einzelheiten vor seinem inneren

Auge erscheinen lassen kann. Durch diese Sammlung bewacht man sie und hindert sie am Verlassen des Körpers. Dadurch kann der Tod nicht eintreten. Übt man das Yang-shen gemeinsam mit den Techniken des »Nährens des Körpers« (→ Yang-sheng), erlangt man Unsterblichkeit. Anfänglich sieht der Übende nur die unbedeutenden Gottheiten. Im Laufe der Übung gelingt es ihm aber, mit den höchsten Gottheiten, die im Oberen Zinnoberfeld (→ Tan-t'ien) im Gehirn wohnen, in Verbindung zu treten.

Eine höhere Stufe im Nähren des Geistes ist erreicht, wenn man den Geist von allen äußeren Einflüssen unberührt und frei von allen Bindungen halten kann. So kann man seine Einheit mit dem Tao verwirklichen. Durch die Erfahrung dieser unauflösbaren Einheit wird physische Unsterblichkeit nebensächlich. Menschen, die diese Stufe erreicht haben, verfügen über magische Kräfte und handeln absichtslos (→ Wu-wei). Dies ist der Weg, den Lao-tzu und Chuang-tzu weisen.

Auch die Meditationen des → Tso-wang und des → Ts'un-ssu sowie die des → Shou-i werden manchmal zu den Übungen des Yang-shen gezählt.

Yang-sheng, 🅃 chin., wörtl.: »das Leben nähren«, auch »den Körper nähren« genannt; taoist. Übungen zur Erlangung der Unsterblichkeit. Dazu zählen die verschiedenen Atemübungen wie das Kreisen-Lassen des Atems (→ Hsing-ch'i), das Schmelzen des Atems (→ Lien-ch'i), das Absorbieren des Atems (→ Fu-ch'i), das Schlucken des Atems (→ Yen-ch'i), die Embryonalatmung (→ T'ai-hsi) und die Übung »Altes abgeben und Neues aufnehmen« (→ T'u-ku na-hsin). Ferner rechnet man zu Yang-sheng auch die Enthaltsamkeit von Körnerfrüchten (→ Pi-ku) sowie verschiedene Gymnastikübungen (→ Tao-yin). Auch sexuelle Praktiken (→ Fang-chung shu) zählen zu Yang-sheng.

Diese Übungen werden von vielen Taoisten als wesentlich für die Verlängerung des Lebens und die Erlangung der Unsterblichkeit angesehen. Dagegen billigt der philosoph. Taoismus (→ Tao-chia) diesen Techniken zum Nähren des Körpers nur einen sekundären Platz zu. Zur Unsterblichkeit führen nach seiner Ansicht vielmehr all jene Meditationstechniken, die unter dem Begriff → Yang-shen (den Geist nähren) zusammengefaßt werden.

Yantra, 🄷 Skrt., wörtl.: »Stütze, Instrument«; ein mystisches Diagramm, das als Symbol des Göttlichen sowie seiner Kräfte und Aspekte benutzt wird und vor allem im → Tantra Anwendung findet. Der → Karma-Kānda, der Werkteil der Veden, befaßt sich mit Opferhandlungen, Riten und Beschwörungszeremonien. Zur Unterstützung ihrer Ausübung wurden in späteren Zeiten aus geometrischen Formen aufgebaute Kultbilder in Form von Yantras und → Mandalas entwickelt. In den Meditationspraktiken des Tantra (z. B. Kundalinī-Yoga) spielen sie eine

Das Kālī-Yantra.

wichtige Rolle als »Stützen« der Meditation, sie sind Vorlagen für »Visualisierungen«, bei denen der Meditierende sich Aspekte und Kräfte des Göttlichen in einer inneren Schau vergegenwärtigt. Das bekannteste aller Yantras ist das → Shrī-Yantra.

Heinrich Zimmer gibt noch eine zusätzliche Deutung des Wortes Yantra; er schreibt: »Das Yantra hat den Namen, weil es Bezwingung *(niyantrana)* aller Übel bewirkt, die aus Lust, Zorn und anderen Fehlern erwachsen. Darum sollte man ein glückbringendes Yantra samt Umrahmung aufzeichnen und vor dem inneren Auge entwickeln, nachdem man alles, was dazu wissenswert ist, aus dem Munde des Lehrers erfahren hat.«

Yao, 🅃 2333–2234 (nach anderer Rechnung 2356–2255 v. Chr.), einer der legendären Fünf Kaiser Chinas (→ Wu-ti). Von ihm wird berichtet, daß er den Kalender festgesetzt und offizielle Posten, die für die Nutzung der vier Jahreszeiten zuständig waren, eingeführt habe. Er bestimmte → Shun an Stelle seines Sohnes als seinen Nachfolger, unterzog ihn jedoch drei Jahre lang harten Prüfungen, bevor er ihn mit dem höchsten Amt betraute. Als Shun nach Yaos Tod den Thron bestieg, sollen am Himmel gleichzeitig zehn Sonnen erschienen sein, die die Erde zu verbrennen drohten. Doch der Himmlische Bogenschütze, Shen I, vermochte mit Hilfe eines magischen Bogens neun Sonnen vom Himmel herunterzuschießen.

Ferner berichtet die Legende, daß Yao mit Hilfe des Shen I die Ordnung im Reich wiederherstellte, nachdem von einem Ungeheuer im Süden große Stürme entfesselt worden waren. Daher gilt er als Bändiger der Winde. Mit der Unterstützung einer anderen mythologischen Gestalt, Kun, dem Urenkel des Gelben Kaisers (→ Huang-ti), bemühte er sich, die Fluten des Gelben Flusses einzudämmen, die angeblich bis zum Himmel reichten.

Yao-shan Wei-yen, Z → Yüeh-shan Wei-yen

Yasha, B Skrt. → Konzile, buddhistische

Yashodā H (Yaśodā), Skrt.; → Krishnas Pflegemutter. Sie beschützte den jungen Gott vor der Dämonin → Pūtanā und gilt nach zahlreichen ved. Legenden als Behüterin der Kinder.

Yashodharā B (Yaśodharā); Frau von → Siddhārtha Gautama, dem historischen Buddha und Mutter seines Sohnes → Rāhula.

Yāska, H der im 5. Jh. v. Chr. lebende Verfasser des → *Nirukta,* des ältesten Glossariums über die Texte der ved. Hymnen. Yāska hat vor → Pānini gelebt, der sich auf sein Werk bezieht. Er war aber nicht der erste, der ein solches etymologisches Wörterbuch geschrieben hat, denn auch er bezieht sich auf verschiedene Vorgänger.

Yasutani Rōshi, Z → Hakuun Ryōko Yasutani

Yatātman, H Skrt., wörtl.: »sich beherrschend«; 1. die Zügelung von Gedanken und Leidenschaften; 2. die Herrschaft des wahren Selbst (→ Ātman) über Körper, Denken und Empfindungen, mit denen es sich nicht mehr identifiziert.

Yathābhūtam, B Skrt., Pali; wirklichkeitsgemäßes Erkennen; Erkennen der wahren Wirklichkeit, der »Soheit« (→ Tathatā, → Bhūtatathatā).

Yati, H Skrt., wörtl.: »Asket«; Bezeichnung für einen Wahrheitssucher, der im Streben nach der letzten Wahrheit zu einem → Sādhu wird.

Yātrā, H Skrt., wörtl.: »Festlichkeit, Prozession«; 1. ein großes religiöses Fest mit Gesang und Darbietungen. Die Wagenfeste, bei denen riesige Wagen mit Götterbildern durch die Straßen gezogen werden, gehören dazu; 2. eine ländliche Theatervorstellung mit religiösem Inhalt.

Yaza, Z jap., wörtl. *ya = yoru:* »Nacht«, *za:* »sitzen«; → Zazen nach der in einem Zen-Kloster üblichen Schlafenszeit.

Yayāti, H der fünfte König der Lunar-Rasse. Er hatte zwei Frauen, Devayānī und Sarmishthā. Die erste gebar ihm Yadu, die zweite Puru. Sie sind die Ahnherren der Yādava- und Paurava-Stämme.

Über Yayātis Liebesgeschichten gibt es, vor allem im *Vishnu-Purāna,* zahlreiche Berichte. Er wurde einmal von → Indra in den Himmel eingeladen, der Mātali, seinen Wagenlenker, schickte, um ihn abzuholen. Auf dem Weg führten sie philosoph. Gespräche, die Yayāti so beeindruckten, daß er nach der Rückkehr zur Erde seine Untertanen von Leidenschaften und Vergänglichkeit befreite. Darauf beklagte sich → Yama, daß niemand mehr stürbe, und Indra schickte Kāma, den Gott der Liebe, und seine Tochter Ashruvindumatī, um in Yayātis Brust wieder Leidenschaften zu wecken. Dem → *Harivamsha* nach erhielt Yayāti von Indra einen Himmelswagen, mit dem er in sechs Nächten die Erde eroberte und selbst die Götter überwand. Er wurde später ein Waldeinsiedler und kam nach dem Tod in den Himmel.

Yen-ch'i, T chin., wörtl.: »den Atem schlukken«; taoist. Atemübung, die Bestandteil der Embryonalatmung (→ T'ai-hsi) ist. Der Atem, der dabei geschluckt wird, ist das Innere Ch'i (→ Nei-ch'i), das dem Äußeren Ch'i (→ Wai-ch'i) im Zuge der Ausatmung vom Unteren Zinnoberfeld (→ Tan-t'ien) in die Kehle folgt. Doch darf das Innere Ch'i nicht entweichen, da sonst gesundheitliche Schädigungen zu befürchten sind. Daher schließt der Übende, wenn der Äußere Atem die Kehle verläßt, schnell den Mund, schlägt die Himmlischen Trommeln (→ T'ien-ku) und schluckt das Innere Ch'i gemeinsam mit dem Speichel (→ Yü-chiang). Er führt es dann bis in den Ozean des Atems (→ Ch'i-hai) zurück. Nach dreimaligem Schlukken des Atems ist das Ch'i-hai gefüllt.
Ziel dieser Übung ist es, das Innere Ch'i am Entweichen zu hindern; nur wenn es vollständig im Inneren des Körpers gehalten wird und sich im Ozean des Atems akkumulieren kann, ist es möglich, Unsterblichkeit zu erlangen.
Anschließend an die Übung des Yen-ch'i kann auch das Kreisen-Lassen des Atems (→ Hsing-ch'i) oder das Schmelzen des Atems (→ Lien-ch'i) geübt werden, eine Reihenfolge, die besonders wirksam ist.

Yen-kuan Ch'i-an, Z jap. Enkan Seian (Saian), etwa 750–842, chin. Zen-Meister; ein Schüler und Dharma-Nachfolger (→ Hassu) von → Ma-tsu Tao-i (jap. Baso Dōitsu). Yen-kuan taucht auf im 91. Beispiel des → *Pi-yen-lu.*

Yen-lo, B chin. für → Yama

Yen-t'ou Ch'üan-huo, Z jap. Gantō Zenkatsu, 828–887, chin. Zen-Meister; ein Schüler und Dharma-Nachfolger (→ Hassu) von → Te-shan Hsüan-chien (jap. Tokusan Senkan) und der Meister von → Jui-yen Shih-yen (jap. Zuigan

Shigen). Yen-t'ou taucht auf im 13. Beispiel des → *Wu-men-kuan* sowie im 51. und 66. Beispiel des → *Pi-yen-lu.*

Yen-t'ou war bekannt für sein klares Auge und seinen scharfen Geist. Als Te-shan starb, war Yen-t'ou 35 Jahre alt. Nach einer Zeit des Lebens in Einsamkeit sammelten sich Schüler um ihn und er wurde der Abt eines großen Klosters. Während der Wirren zur Zeit des Niedergangs der T'ang-Dynastie überfielen plündernde Horden das Kloster. Die Mönche waren, vorher gewarnt, geflohen; nur Meister Yen-t'ou blieb im Kloster zurück. Die Plünderer fanden ihn in Versunkenheit sitzend; enttäuscht darüber, keine Beute gemacht zu haben, ermordeten sie den Meister. Yen-t'ou soll, als sie ihn erstachen, einen Schrei ausgestoßen haben, der zehn chin. Meilen *(li)* weit zu hören war; er ist in der Zen-Überlieferung als »Yen-t'ous Schrei« berühmt. Dieser Schrei hat manchem späteren Zen-Schüler, dem er nicht zu seinen Vorstellungen vom Leben und Sterben eines Zen-Meisters passen wollte, Kopfzerbrechen bereitet. So ging es auch dem großen jap. Meister → Hakuin Zenji; erst als Hakuin Erleuchtung erfahren hatte, begriff er und rief aus: »Fürwahr, Gantō [Yen-t'ou] lebt, stark und gesund!«

Yeshe Tsogyel B (Ye-shes mtsho-rgyal), tibet., wörtl.: »Prinzessin des Sees der Weisheit«, 757–817; engste Vertraute des → Padmasambhava und bedeutendste Frauengestalt in der Überlieferung der → Nyingmapa-Schule. Nach einem Wunder bei ihrer Geburt benannt, dem Ansteigen eines nahegelegenen Sees, zog die Tochter aus der Adelsfamilie Kharchen schon im Alter von zwölf Jahren die Aufmerksamkeit des tibet. Königs Trisong Detsen auf sich und traf an dessen Hof auch auf den ind. Gelehrten Shāntirakshita. Von Padmasambhava zur Partnerin genommen, wurden ihr von diesem vor allem die Lehren des → Phurbu-Zyklus übermittelt. Yeshe Tsogyel kodifizierte zahllose Unterweisungen ihres Lehrers in → Terma-Texten und verfaßte auch seine Biographie. Gegen Ende ihres Lebens wirkte sie vor allem in Osttibet, und bis zum heutigen Tag wird sie als → Dākinī verehrt.

Yidam B (Yid-dam), tibet., wörtl.: »fester Geist«. Im → Vajrayāna-Buddhismus Bezeichnung für die persönliche Gottheit, deren Charakter der individuellen psychologischen Veranlagung des Übenden entspricht. Yidams sind Manifestationen des → Sambhogakāya und werden bei meditativen Übungen (→ Sādhana) visualisiert, d. h. mit dem inneren Auge geschaut. Sie können eine friedvolle oder rasende → Erscheinungsform annehmen und gehören jeweils zu einer speziellen Buddha-Familie (→ Buddhakula). Zu den verbreitetsten Yidams gehören z. B. → Chenresi, die Grüne → Tārā, oder Gottheiten, die nur in streng geheimen Lehren auftauchen wie Dorjephagmo (»Diamantsau«).

Der Tibetische Buddhismus betrachtet die Yidams weniger als Schutzgottheiten (wie die persönlichen Gottheiten [Ishta-Devatā] im hinduist. Tantra verstanden werden), sondern sieht ihre Funktion in der Anerkennung der Persönlichkeitsstruktur des Übenden, die als Hilfsmittel zu seiner Transformation verwendet wird. Die Yidams dienen auch dazu, den Übenden in eine enge Verbindung mit der Übertragungslinie zu bringen, deren Lehren er folgt.
Bei den Yidams lassen sich folgende Klassen mit jeweils einer grundlegenden Eigenschaft unterscheiden:

männlicher Yidam:	friedvoll: Bhagavat halbrasend: Dāka rasend: Heruka	tätiges Mitgefühl (Erbarmen)
weiblicher Yidam:	friedvoll: Bhagavatī halbrasend: und rasend: Dākinī	Erkenntnis der Höchsten Wirklichkeit

Das tibet. Pantheon stellt die männlichen und weiblichen Yidams auch in Vereinigung (→ Yab-Yum) dar, wie z. B. die Gottheiten Chakrasamvara und Vajrabhairava, und hat dabei eine überaus komplexe Ikonographie entwickelt.

Ying-chou, T chin., wörtl.: »Weltmeer-Kontinent«; eine der drei Inseln der Seligen im Ostchinesischen Meer, die die Heimat von Unsterblichen (→ Hsien) sind und den Inbegriff der Glückseligkeit darstellen (→ P'eng-lai, → Fang-chang).

Yin Hsi T, auch als Kuan-yin-tzu bekannt; der Paßwächter am Paß Hsien-ku, dem → Lao-tzu, als er nach Westen ging, begegnet sein soll. Auf Verlangen des Yin Hsi legte Lao-tzu seine Lehre in einem Werk nieder, das aus 5000 Zeichen besteht und seine Gedanken über das Tao und sein → Te enthält. Es ist heute als das → *Tao-te ching* bekannt. Dann verschwand Lao-tzu im Westen. Aufgrund dieser Begegnung wurde Yin Hsi eine wichtige Figur im religiösen Taoismus: Er wurde als Unsterblicher (→ Hsien) in das taoist. Pantheon aufgenommen. – Er gilt als der Autor des Werkes *Kuan-yin-tzu,* in dem die taoist. Meditation erklärt wird.

Yin Hsi lebte der Legende nach im Verborgenen; niemand kannte ihn. Er pflegte die Essenzen von Sonne und Mond in sich aufzunehmen (→ Fu jih-hsiang). Als Lao-tzu sich näherte, erkannte er bereits an dessen → Ch'i, daß es sich bei ihm um einen Wahren Menschen (→ Chen-jen) handelte. Später folgte er Lao-tzu nach Westen und wurde ebenfalls nie mehr gesehen.

Yin-yang, T chin.; zwei polare Kräfte, die durch ihr Wechselspiel und ihre Interaktion das gesamte Universum entstehen lassen. Yin und Yang sind die polaren Manifestationen des Tao oder

des Höchsten Letzten (→ T'ai-chi). Ihre konkreten Erscheinungen sind Erde und Himmel.
Aus der Vermischung von Yin und Yang gehen die Fünf Elemente (→ Wu-hsing) hervor; diese wiederum sind die Grundlage für das Entstehen der Zehntausend Dinge (→ Wan-wu). Dieser Prozeß des Hervorbringens aller Erscheinungen wird zyklisch gesehen, als endloses Entstehen und Vergehen, in dem alles in seinen Gegenpol umschlägt, wenn es seine extreme Ausbildung erreicht hat. Diese ständige »Wandlung« hervorzubringen, ist die Grundeigenschaft von Yin und Yang. Der Wandel ist die Bewegung des Tao.
Auch der Aufbau der Hexagramme des *Buches der Wandlung(en) (→ I-ching),* aus dem das Begriffspaar Yin-yang stammt, spiegelt die Auffassung wider, daß alle Dinge und Situationen aus einer Kombination von Yin und Yang entstehen. Die beiden Hexagramme → Ch'ien und K'un repräsentieren das reine Yang bzw. das reine Yin, alle anderen sind Kombinationen der beiden Grundkräfte.
Urspr. bezeichnete der Begriff Yin den nördlichen, von der Sonne abgewandten Hang eines Berges und wurde mit kaltem trübem Wetter und wolkenbedecktem Himmel assoziiert. Yang bezeichnete den der Sonne zugewandten Hang und wurde mit Helligkeit und Wärme verbunden.
Im System der Entsprechungen zwischen Mikro- und Makrokosmos werden Yin und Yang verschiedene weitere Eigenschaften und Erscheinungen zugeordnet: Yin ist das Weibliche, Passive, Empfangende, Dunkle, Weiche. Yin-Symbole sind der Mond, das Wasser, Wolken, Tiger und Schildkröte, die Farbe Schwarz, der Norden, das Blei und gerade Zahlen.
Yang hingegen ist das Männliche, Aktive, Schöpferische, Helle, Harte. Yang-Symbole sind u. a. die Sonne, das Feuer, der Drache, die Farbe Rot, der Süden, das Quecksilber und ungerade Zahlen. Yin und Yang werden in einem bekannten Symbol dargestellt:

Yin-yang-Symbol.

Es zeigt die Zusammensetzung des Universums aus Yin und Yang, die nur zusammen ein Ganzes bilden. Die beiden Punkte deuten darauf hin, daß jede der beiden Kräfte auf dem Höhepunkt ihrer Ausbildung schon den Keim ihrer polaren Entsprechung in sich trägt und beginnt, in diese umzuschlagen.

Das erste Mal finden wir das Begriffspaar Yin-yang im 5. Kap. des Kommentars *Hsi-tz'u (→ Shih-i)* des *Buches der Wandlung(en)* erwähnt. Dort heißt es: »Ein Yin, ein Yang, das ist das Tao.« Im → *Lü-shih ch'un-ch'iu* (5. Buch, 2. Kap.) wird die Entstehung der Dinge aus Yin und Yang, dem Hellen und dem Dunklen, beschrieben: »Das Große Eine erzeugt die zwei Pole [d. h. Himmel und Erde]; die zwei Pole erzeugen die Kraft des Dunkeln [Yin] und des Lichten [Yang]. Die Kraft des Trüben und des Lichten wandelt sich; die eine steigt in die Höhe, und die andere sinkt in die Tiefe; sie vereinigen sich und bilden die Körper, wogend und wallend. Sind sie getrennt, so vereinigen sie sich wieder; sind sie vereint, so trennen sie sich wieder. Das ist der ewige Lauf des Himmels. Himmel und Erde sind im Kreislauf begriffen. Auf jedes Ende folgt wieder ein Anfang, auf jedes Äußerste folgt eine Wiederkehr. Alles ist aufeinander abgestimmt... Das, woraus alle Wesen entstehen und ihren Ursprung haben, ist das große Eine; wodurch sie sich bilden und vollenden, ist die Zweiheit des Dunklen und Lichten.« (Zit. n. *Frühling und Herbst des Lü Bu We,* 1979, S. 56.)
Die Kräfte des Yin und des Yang sind auch in der chin. traditionellen Medizin von Bedeutung. Nur wenn sich Yin und Yang im Gleichgewicht befinden, ist der Körper gesund. Überstarkes Yang ruft eine gesteigerte Organtätigkeit hervor; herrscht das Yin vor, besteht eine Unterfunktion der Organe.

Yin-yang chia, **T** chin., wörtl.: »Schule des → Yin-yang«; philosoph. Schule Chinas, die am Ende der Zeit der Streitenden Reiche (3. Jh. v. Chr.) florierte. Urspr. verstand man unter dem Begriff Yin-yang chia nur jene Lehren, die das Universum durch das Zusammenspiel der Kräfte Yin und Yang zu erklären versuchten; in der Han-Dynastie erfuhr der Begriff eine Ausweitung: Die Vertreter des Yin-yang chia befaßten sich auch mit der Lehre von den Fünf Elementen (→ Wu-hsing).
Die Theorien der Schule des Yin-yang finden wir in den Kommentaren zum *Buch der Wandlung(en) (→ I-ching),* den sog. Zehn Flügeln *(→ Shih-i),* die die Tradition Konfuzius zuschreibt.
Nach Auffassung des Yin-yang chia entsteht das Universum aus der Vereinigung des Männlichen und des Weiblichen, von Yang und Yin, die im *I-ching* durch die Trigramme → Ch'ien, der Him-

mel, bzw. K'un, die Erde, symbolisiert werden und die die anderen Trigramme hervorbringen. Jedes von ihnen entspricht einer bestimmten Naturkraft (→Pa-kua).

Die Lehren des Yin-yang chia basieren auf den Acht Trigrammen des *I-ching,* die verschiedenen Naturerscheinungen und Familienbeziehungen entsprechen:
Ch'ien ist der Himmel, der Herrscher und Vater, das reine Yang.
K'un ist die Erde, die Mutter, das reine Yin.
Chen ist der Donner, der älteste Sohn.
Sun ist der Wind und der Regen, die älteste Tochter.
K'an ist das Wasser und die Wolken, der mittlere Sohn.
Li ist das Feuer und der Blitz, die mittlere Tochter.
Ken ist der Berg, der jüngste Sohn.
Tui ist der See, die jüngste Tochter.
Die Schule versuchte außerdem, das Mysterium des Universums mit einer Zahlentheorie zu erklären und ordnete dem Himmel (Yang) die ungeraden Zahlen 1, 3, 5, 7, 9 und der Erde (Yin) die geraden Zahlen 2, 4, 6, 8, 10 zu, die sich gegenseitig vervollständigen. Später bediente sich das Yin-yang chia der Zahlen, um die Kräfte des Yin und des Yang mit den Fünf Elementen in Verbindung zu setzen.

Yin-yüan Lung-ch'i, Z jap. Ingen Ryūki, 1592–1673, chin. Zen-Meister der →Rinzai-Schule, der Abt des Wan-fu-Klosters (jap. →Mampuku-ji) auf dem Berg Huang-po (jap. Ōbakusan) in China war. Yin-yüan ging 1654 nach Japan und begründete dort die →Ōbaku-Schule. Vom jap. Kaiserhaus erhielt er den posthumen Titel Daikō Fushō Kokushi (→Kokushi). Seine Unterweisungen und Aussprüche sind in den Werken *Ōbaku-hōgo,* im *Fushō-kokushi-kōroku* und im *Ingen-hōgo* aufgezeichnet.

Yoga, H B Skrt., wörtl.: »Joch«, im Sinne von Anschirren an Gott, Vereinigung mit ihm suchen. Da jeder Weg zur Gotterkenntnis als Yoga bezeichnet werden kann, gibt es im Hinduismus zahlreiche Namen für die verschiedenen Yoga-Wege, die den jeweiligen Veranlagungen der nach Gotterkenntnis Strebenden angepaßt sind. Die im Westen bekanntesten und am ausführlichsten interpretierten hinduist. Yoga-Wege sind: →Karma-Yoga, selbstloses Handeln; →Bhakti-Yoga, hingebende Liebe zu Gott; →Rāja-Yoga, der »königliche Yoga«, der identisch ist mit dem Yoga des →Patañjali, einem der sechs →Darshanas; der tantrische →Kundalinī-Yoga; →Jñāna-Yoga, der Weg der abstrakten Erkenntnis.
Wird im Abendland von Yoga gesprochen, so meint man meist den →Hatha-Yoga, der auf Körperübungen (→Āsana) in Verbindung mit Atemübungen (→Prānāyāma) basiert. Dieser »körperliche« Yoga gilt in Indien jedoch nur als eine Vorbereitungsübung für die geistigen Yoga-Formen, die mit verschiedenen Meditationstechniken arbeiten.
Als Weg der Gotterkenntnis ist Yoga in seinem allgemeinsten Sinn kein ind. Privileg. Alle nach der fundamentalen Einheitserfahrung (sog. mystische Erfahrung) Strebenden, seien sie indianische Schamanen oder christliche Mystiker, sind in diesem Sinne Yogis. So bezeichnet man auch die tantrischen Praktiken des →Tibetischen Buddhismus als »Yoga« und seine großen Heiligen (z. B. →Milarepa) als Yogi.

Yoga-Bhrashta H (Yoga-Bhraṣṭa), Skrt., wörtl. *brashta:* »vergangen, verschwunden, losgekommen, befreit«; die geistige Schulung, die den Yogi, wenn er sie methodisch verfolgt, zur Befreiung führt.

Yogāchāra B (Yogācāra), Skrt., wörtl.: »das Ausüben des Yoga« (auch Vijnānavāda, wörtl.: »die Schule, welche das Erkennen lehrt« genannt); von →Maitreyanātha, →Asanga und →Vasubandhu begründete Schule des ind. Mahāyāna-Buddhismus.
Dem zentralen Gedanken des Yogāchāra zufolge ist alles Wahrnehmbare »nur Geist« *(chittamātra);* die Dinge bestehen nur als Erkenntnis*vorgänge,* nicht als »Objekte«; außerhalb der Erkenntnis haben sie keinerlei Realität. Die »Außenwelt« ist demnach »reiner Geist«. Ebenso wie es keine Dinge als Objekte gibt, gibt es auch kein Subjekt der Erfahrung. Die Wahrnehmung ist ein Vorgang schöpferischer Imagination, der die Bilder der vermeintlichen äußeren Objekte schafft. Dieser Prozeß wird mit Hilfe des Begriffs »Speicherbewußtsein« (→Ālaya-Vijñāna) erklärt. Im Yogāchāra fand ferner die Lehre von den drei Körpern des Buddha (→Trikāya) ihre endgültige Form.
Bedeutende Vertreter der Schule waren neben den Begründern auch →Sthiramati und →Dharmapāla, die beide neue Richtungen innerhalb des Yogāchāra schufen (→Fa-hsiang-Schule, →Hossō-Schule).

Der Name der Schule des Yogāchāra geht darauf zurück, daß ihre Anhänger besonderen Wert auf das Üben des »Yoga« legen, womit hier ganz allgemein eine meditative Praxis bezeichnet wird, die der Vervollkommnung all jener Eigenschaften dient, die von einem zukünftigen Buddha, einem Bodhisattva, gefordert werden.
Der Mechanismus des Entstehens der äußeren Welt wird im Yogāchāra auf folgende Weise erklärt: Im

Ālaya-Vijñāna als der Grundlage des Erkennbaren und Speicher aller früheren Eindrücke entwickeln sich Keime (Bīja), die geistige Phänomene hervorbringen. Als Speicher aller Keime ist das Ālaya-Vijñāna der bestimmende Faktor für das Reifen (→ Vipāka), wodurch der Yogāchāra den Prozeß des → Karma erklärt. Im Speicherbewußtsein wirken die Keime außerdem aufeinander ein, so daß ihre Interaktion die Täuschung hervorruft, daß etwas real existiert. Das Ālaya-Vijñāna wird oft mit einem Strom verglichen, dessen Wasser sich immer wieder erneuert und der nach dem Tode eines Wesens weiterfließt und somit die Kontinuität von Existenz zu Existenz darstellt.

Die einzelnen Formen von Sinnesbewußtsein gehen aus der Aktivität der Keime und des Geistes (→ Manas) hervor; dieser ist »befleckt« und wird als Hauptfaktor für das Entstehen der Subjektivität angesehen. Er täuscht ein Ich vor, wo im Grunde nur psychische Phänomene existieren, also nur die »Erfahrung« selbst und kein Subjekt als »Erfahrender«. Das vom Geist Erkennbare, die Phänomene, sind dreifacher Natur: vorgestellt *(parikalpita),* abhängig *(paratantra)* und vollkommen *(parinishpanna).* Als »vorgestellte« sind die Phänomene bloße »Einbildungen«, falsche Vorstellungen. »Abhängig« sind sie, weil sie in Abhängigkeit von anderen Faktoren entstehen. »Vollkommen« sind sie in ihrem Wahren-Wesen, das Leere (→ Shūnyatā) ist; es wird auch als ihre »Soheit« (→ Tathatā) bezeichnet. Das Merkmal dieser »Soheit« ist die Nicht-Zweiheit. Das Verwirklichen dieses Wahren-Wesens ist Erleuchtung (→ Bodhi). Sie ist allen Dingen immanent. Die »Soheit« wird manchmal auch das »Selbst des Buddha« genannt, was dem Yogāchāra den Vorwurf einbrachte, einen Substantialismus zu vertreten.

Der Erlösungsweg wird im Yogāchāra in Anlehnung an den alten Buddhismus in vier Stufen gegliedert und setzt das Praktizieren der → Pāramitās und der Sammlung (→ Samādhi) voraus: 1. Vorbereitender Weg: Hier bekennt sich der Bodhisattva zur Lehre des »Nichts als Geist«. 2. Weg des Anschauens (→ Darshana-Mārga): Auf dieser Stufe dringt der Bodhisattva wirklichkeitsgemäß in die Lehre ein, erlangt das »vorstellungsfreie Wissen« und betritt das erste der zehn »Länder« (→ Bhūmi) in der Laufbahn eines Bodhisattva. Er verwirklicht eine höhere intuitive Erkenntnis, in der Subjekt und Objekt eins sind. Auf dem Weg des Anschauens beginnt die »Beseitigung der Befleckungen« (→ Klesha) und die »Umwälzung der Grundlage«. 3. Weg der geistigen Schöpfung (Bhāvanā-Mārga): Hier durchläuft der Bodhisattva nacheinander die zehn »Länder« und entwickelt die schon erreichten Erkenntnisse weiter. Die »Umwälzung der Grundlage« und »Befreiung von den Befleckungen« schreitet fort. 4. »Endweg«: Auf dieser letzten Stufe sind alle Befleckungen ausgelöscht und die »Umwälzung der Grundlage« vollendet. Damit ist dem Daseinskreislauf (→ Samsāra) ein Ende gesetzt. Der Bodhisattva hat den »Körper der Großen Ordnung« (Dharmakāya, → Trikāya) verwirklicht.

Die Schule des Yogāchāra erlebte ihre Blütezeit im 6. Jh. Ein Zentrum der Lehre war die Klosteruniversität → Nālandā in Nordindien. Dort lehrte Dharmapāla einen absoluten Idealismus und konzentrierte sich auf das »Nichts als Vorstellung«.

Neben der Schule von Nālandā existierte die Schule von Valabhī, die von Gunamati begründet wurde und als deren bedeutendster Vertreter → Sthiramati gilt. Dieser trat für einen gemäßigten Idealismus ein und versuchte, die Lehren des Yogāchāra mit jenen des → Nāgārjuna zu verbinden. Schwerpunkt seines Denkens war der Begriff der Leere (→ Shūnyatā). Aus einer Verbindung des Gedankenguts des Yogāchāra und der → Sautrāntikas ging die logisch-erkenntnistheoretische Schule des → Dignāga und seines Schülers Dharmakīrti hervor.

Gegner des Yogāchāra war die Schule des → Mādhyamaka, die heftige Kritik am gesamten System des Yogāchāra übte, worin sie ein Aufleben des Substantialitätsgedankens sah.

Yogāchārabhūmi-Shāstra, **B** Skrt., wörtl.: »Abhandlung über die Länder des Yogāchāra«; grundlegendes Werk der Schule des → Yogāchāra, das der Überlieferung nach von → Asanga stammt und diesem vom zukünftigen Buddha → Maitreya eingegeben worden sein soll. Von der jüngsten Forschung wird es → Maitreyanātha zugeschrieben. Es ist eines der umfangreichsten Werke der buddhist. Literatur und stellt die Summe der Lehren des Yogāchāra dar. Das Original in Skrt. ist nur in Fragmenten erhalten, wir besitzen aber vollständige Übersetzungen in chin. und tibet. Sprache.

Das Werk ist in Prosa mit Verseinlagen abgefaßt und gliedert sich in fünf Teile: 1. die 17 »Länder« (→ Bhūmi), die das Fortschreiten auf dem Weg zur Erleuchtung mit Hilfe des Yogāchāra darlegen; dies ist der Hauptteil; 2. Interpretationen zu diesen »Ländern«; 3. Erklärung jener Sūtras, auf die sich die Lehre der Yogāchāra-Länder stützt; 4. »Abteilungen«, die in diesen Sūtras enthalten sind; 5. Gegenstände des buddhist. Kanons (→ Sūtra, → Vinaya-Pitaka, → Abhidharma). Eine Kurzfassung dieses Werks ist das ebenfalls von Asanga verfaßte *Āryashāsana-Prakarana* (»Beweis der heiligen Lehre«), von dem es zwei chin. Übersetzungen gibt, eine stammt von → Paramārtha, die zweite von → Hsüan-tsang.

Yogānanda **H**, Paramahamsa, 1893–1952; der Name bedeutet wörtlich »die Seligkeit des Yoga«. Yogānanda wurde in Gorakhpur in einer → Kshatriya-Familie geboren. Sein Geburtsname war Mukunda Lal Ghosh. 1914 trat er, seinen spirituellen Neigungen folgend, in einen Mönchsorden ein und nahm den Namen Yogānanda an. Sein Guru → Yukteshvar gab ihm die Einweihung und verlieh ihm den Titel Parama-

hamsa. 1917 gründete er in Ranchi eine Yoga-Schule, die er Satsanga-Brahmacharya-Vidyālaya nannte. 1920 reiste er zu einem Kongreß in die USA und blieb dort, um in den größeren Städten Vorträge zu halten. 1925 gründete er in Los Angeles ein Yoga-Institut, gab dort Kurse und gründete die Self-Realisation-Fellowship (S.R.F.). 1935 fuhr er über Europa, wo er u. a. Therese Neumann in Konnersreuth besuchte, nach Indien und traf dort mit → Ramana Maharshi, Mahātma Ghandi und → Ānandamayī Mā zusammen. Als 1936 sein Guru starb, war Yogānanda bei ihm. Im selben Jahr kehrte er über England nach Kalifornien zurück, wo er 1937 in Encinitas einen größeren Āshrama gründete. In den darauffolgenden Jahren entstanden in den USA wie auch in Europa zahlreiche S.R.F.-Zentren, in denen der von Yogānanda befürwortete → Kriyā-Yoga gelehrt wird. Die deutsche Organisation trägt den Namen »Gemeinschaft der Selbstverwirklichung«. Seit Yogānandas Tod wird die S.R.F. von seinen Schülern fortgeführt.
Leben und Lehre von Yogānanda sind beschrieben in seiner *Autobiographie eines Yogi,* Neuausgabe, Bern 1975, die im Westen zu den populärsten Büchern über ind. Spiritualität gehört. Weitere Werke siehe Literaturverzeichnis.

Yoga-Nidrā, **H** Skrt., von → Yoga und *nidrā:* »Schlaf«; 1. der sogenannte Yoga-Schlaf, in dem es den Anschein hat, als ob der Körper schlafe, da er völlig entspannt ist. Der Yogi bleibt dabei klar bewußt, ohne von Gedanken (→ Vritti) beeinträchtigt zu sein, da er frei von Wünschen und Ablenkungen ist; 2. eine der verschiedenen Körperhaltungen (→ Āsana) des → Hatha-Yoga.

Yoga-Shakti **H** (Yoga-Śakti), Skrt.; die durch → Yoga erworbenen Kräfte (→ Shakti), die es dem Strebenden ermöglichen, alle Hindernisse zu überwinden und Vereinigung mit Gott oder dem Absoluten zu erlangen.

Yoga-Sūtra, **H** Skrt.; die Aphorismensammlung des → Patañjali. Er begründete damit die Philosophie jenes → Yoga, der zu den sechs orthodoxen Philosophiesystemen (→ Darshana) des Hinduismus gehört und heute allgemein als → Rāja-Yoga bekannt ist.
Das *Yoga-Sūtra* ist das älteste Textbuch des Yoga-Systems. Es hat vier Teile. Der erste erklärt den → Samādhi-Zustand, der zweite zeigt die Mittel, durch die dieses Ziel erreicht werden kann, der dritte behandelt die übernatürlichen Kräfte (→ Siddhi), die durch Yoga-Übungen erlangt werden können, der vierte beschreibt die Befreiung. Man nimmt an, daß das Werk im 2. Jh. v. Chr. verfaßt wurde, obwohl einige seine Entstehung in das 4. Jh. n. Chr. verlegen.

Yoga-Vasishtha **H** (Yoga-Vasiṣṭha), Skrt.; ein → Vālmīki zugeschriebenes Werk, in dem der Heilige → Vasishtha seinen Schüler Prinz → Rāma darüber belehrt, wie man zur unwandelbaren Wirklichkeit gelangen kann, die von der flüchtigen Welt der Sinneswahrnehmung überdeckt wird. Das Werk umfaßt 32 000 Verse. Prof. Hari Prasad Shastri hat es in einer gekürzten Zusammenfassung herausgebracht, deren deutsche Fassung 1981 unter dem Titel *Yoga Vasishtha. Die Welt in unserem Denken* beim Vedanta-Zentrum in Wiesbaden erschien.

Yogeshvara **H** (Yogeśvara), Skrt., wörtl. Zusammenziehung von *yoga:* »Vereinigung« und *īshvara:* »Herr, Gott«; 1. eine Bezeichnung für den, der mit Gott vereinigt oder eins ist (z. B. in der *Bhagavad-Gītā* ein Titel für Krishna), oder der Erleuchtung erlangt hat; 2. eine Bezeichnung für den, der »Herr des Yoga« geworden ist, d. h. durch die Beherrschung des Yoga übernatürliche Kräfte (→ Siddhi) erworben hat.

Yogi, **H** **B** Skrt.; einer, der den → Yoga übt. Die weibliche Form ist Yoginī.

Yōgi-ha, **Z** jap. für → Yōgi-Schule

Yōgi Hō'e, **Z** jap. für → Yang-ch'i Fang-hui

Yōgi-Schule, **Z** (chin. Yang-ch'i-tsung oder Yang-ch'i-p'ai, jap. Yōgi-shū oder Yōgi-ha [chin. *p'ai,* jap. *ha:* Flügel]; eine Schule des Zen, die auf den chin. Zen-Meister → Yang-ch'i Fang-hui (jap. Yōgi Hō'e) zurückgeht. Sie gehört zu den »Sieben Schulen« (→ Goke-Shichishū) des Zen in China und ist die bedeutendere der beiden Linien, in die sich die → Rinzai-Schule nach Meister → Shih-shuang Ch'u-yüan (jap. Sekisō Soen) aufspaltete. Als Traditionslinie des Rinzai-Zen wird sie auch Rinzai-Yōgi-Linie genannt.
Die Yōgi-Schule brachte bedeutende Zen-Meister wie → Wu-men Hui-k'ai (jap. Mumon Ekai), den Kompilator des → *Wu-men-kuan,* hervor, dessen Schüler und Dharma-Nachfolger (darunter → Kakushin) das Zen der Rinzai-Yōgi-Linie nach Japan übertrugen, wo es bis heute lebendig ist.
Als das Zen in China nach dem Ende der Sung-Zeit langsam niederging, wurde die Rinzai-Yōgi-Linie zum Sammelbecken aller anderen Schulen des Zen in China, die mehr und mehr an Bedeutung verloren und schließlich erloschen. Nach einer Vermischung mit der Reines-Land-Schule des Buddhismus verlor das Zen in

China während der Ming-Zeit die typische Prägung des Zen und hörte damit auf, als echte Übertragungslinie des Buddha-Dharma »von Herz-Geist zu Herz-Geist« (→ Ishin-Denshin) zu existieren.

Yojana, B Skrt.; altind. Längenmaß, das auch in buddhist. Schriften oft verwendet wird. Es basiert auf der Entfernung, die eine Armee an einem Tag zurücklegen kann, d. h. 15–20 km.

Yōka Genkaku, Z jap. für → Yung-chia Hsüan-chüeh

Yōmyō Enju, Z jap. für → Yung-ming Yen-shou

Yoni, H Skrt., wörtl.: »Schoß, Ursprung, Quelle«; der Urgrund, die Quelle alles Werdens. Ein nach unten gerichtetes Dreieck stellt die Yoni dar, das weibliche Geschlechtsorgan als Symbol des kosmischen Mysteriums. Allein oder in Verbindung mit dem → Linga wird das Symbol der Yoni von den Shāktas (den Verehrern der → Shakti) angebetet.

Yōsai, Z → Eisai Zenji

Yü, T → Ta-yü

Yüan-ch'i, T chin., wörtl.: »Ur-Atem«; die Ur-Energie, in der Yin und Yang (→ Yin-yang) noch innig vermischt sind und die das gesamte Universum hervorbringt. Aus ihr entspringt die Vielfalt der Zehntausend Dinge (→ Wan-wu).
Das Yüan-ch'i entspricht dem Inneren Ch'i (→ Nei-ch'i) im menschlichen Körper. Im → *Yün-chi ch'i-ch'ien* heißt es: »Als die Atem noch nicht voneinander getrennt waren, um Form anzunehmen, waren sie verknotet und ähnelten einem Ei. Sie bildeten eine vollkommene Einheit. Das ist das Große Eine [→ T'ai-i]. Das Yüan-ch'i [d. h. die noch nicht voneinander getrennten eiförmigen Energien] stieg, als es noch rein war, auf und bildete den Himmel, als es bereits getrübt war, stieg es hinab und war die Erde.«
Das Konzept des Yüan-ch'i ist auch in der traditionellen chin. Medizin von großer Bedeutung.
Nach Auffassung der chin. Medizin entsteht das Yüan-ch'i in der Nierengegend im Tor des Schicksals (Ming-men) und wird im Unteren Zinnoberfeld (→ Tan-t'ien) bzw. im Ozean des Atems (→ Ch'i-hai) akkumuliert. Es folgt der Bahn des Dreifacher-Erwärmer-Meridians und durchfließt alle Teile des Körpers. Es ermöglicht die Aktivität der Fünf Eingeweide (→ Wu-tsang) und der Sechs Behälter (→ Liu-fu). Gelingt es, das Yüan-ch'i aus dem Kosmos aufzunehmen und in sich zu stärken, kann man seine Lebensdauer wesentlich verlängern.

Yüan-chüeh-ching, Z chin. (jap. *Engaku-kyō*), »Sūtra der vollkommenen Erleuchtung«; ein Sūtra, das von dem buddhist. Mönch Buddhatrāta im Jahre 693 ins Chinesische übersetzt wurde. Darin werden zwölf Bodhisattvas, darunter → Mañjushrī (jap. Monju) und → Samantabhadra (jap. Fugen) im Gehalt der vollkommenen → Erleuchtung unterwiesen. Dieses Sūtra hatte großen Einfluß auf das Zen.

Yüan-shih t'ien-tsun, T chin., wörtl.: »Himmlischer Ehrwürdiger des Uranfangs«; eine der höchsten Gottheiten des religiösen Taoismus (→ Tao-chiao). Er ist einer der Drei Reinen (→ San-ch'ing) und residiert im Himmel der Jadereinheit. Der Himmlische Ehrwürdige des Uranfangs entstand, wie sein Name sagt, am Uranfang der Welt durch die Verschmelzung der reinen Atem. Dann erst erschuf er Himmel und Erde.
Am Anfang eines jeden Zeitalters oder Kalpa gibt er die Schriften des Magischen Juwels (→ Ling-pao ching) an Gottheiten weiter, die ihrerseits die Menschen in der Lehre des Tao unterrichten. Er rettet die in den Höllen gefangenen Seelen und läßt sie frei. Urspr. stand der Himmlische Ehrwürdige des Uranfangs an der Spitze der himmlischen Verwaltung, doch hatte er wie ein weiser König zu Gunsten seines Assistenten, des Jadekaisers (→ Yü-huang), abgedankt. Daher übertrifft ihn der Jadekaiser heute an Bedeutung.
Yüan-shih t'ien-tsun wird erstmals in einem Werk des Alchemisten → Ko Hung erwähnt. Nach und nach trat diese Gottheit an die Stelle der bisher wichtigsten Gottheit der Frühzeit des Taoismus, → Huang-lao-chün, der nunmehr einen untergeordneten Platz einnimmt.
Yüan-shih t'ien-tsun ist ohne Beginn und das höchste aller Wesen, ja, er stellt das Prinzip aller Wesen dar. Aus ihm sind alle Dinge entstanden. Er ist ewig, unsichtbar und grenzenlos. Er ist die Quelle aller Wahrheit, die in den Schriften des Magischen Juwels ihren Ausdruck findet. – In einer Variante der himmlischen Hierarchie wird der Himmlische Ehrwürdige des Uranfangs über den Himmeln der Drei Reinen im Ta-luo-t'ien (→ T'ien) angesiedelt.

Yüan-wu K'o-ch'in, Z jap. Engo Kokugon, 1063–1135, chin. Zen-Meister der Yōgi-Linie des Rinzai-Zen (→ Yōgi-Schule); ein Schüler und Dharma-Nachfolger (→ Hassu) von → Wu-tsu Fa-yen (jap. Goso Hōen) und der Meister von → Hu-kuo Ching-yüan (jap. Gokoku Keigen), → Hu-ch'in Shao-lung (jap. Kukyū Jōryū) und → Ta-hui Tsung-kao (jap. Daie Sōkō). Yüan-wu war einer der bedeutendsten Zen-Meister seiner Zeit; mit Meistern wie ihm und dem um 20 Jahre jüngeren → Wu-men Hui-k'ai (jap.

Mumon Ekai), der ebenfalls in der Tradition der Yōgi-Schule stand, erlebte das Zen in China eine letzte Blütezeit, bevor der durch die Patriarchen (→ Soshigata) von Herz-Geist zu Herz-Geist übertragene Dharma (→ Ishin-Denshin) nach Japan kam und dort weiterlebte, während er in China allmählich niederging.

Meister Ta-hui, einer von Yüan-wus Meisterschülern, trug Wesentliches zur Ausformung der Kōan-Praxis bei; → Hakuin Zenji, der große Erneuerer des Rinzai-Zen in Japan, steht in der auf Yüan-wu zurückgehenden Traditionslinie. Yüan-wu selbst ist vor allem als Herausgeber der neben dem → *Wu-men-kuan* berühmtesten Kōan-Sammlung, dem → *Pi-yen-lu,* bekannt. Seine Hinweise, Zwischenbemerkungen (→ Jakugo) und Darlegungen zu den von Meister → Hsüeh-tou Ch'ung-hsien gesammelten und mit Lobsprüchen (→ Ju) versehenen einhundert Kōan dieser Sammlung tragen dazu bei, das *Pi-yen-lu* zu einer der großartigsten und für die Schulung hilfreichsten Schriften der Zen-Literatur zu machen.

Der Sohn einer Familie aus Szechwan, deren Oberhäupter schon seit Generationen konfuzian. Gelehrte waren, lernte bereits als Kind die konfuzian. Klassiker auswendig. Schon früh fühlte er sich zum Buddhismus hingezogen und trat in ein buddhist. Kloster ein, wo er sich in das Studium der Sūtras vertiefte. Als ihn eine Krankheit dem Tode nahebrachte, sah er ein, daß ihn die bloße Schriftgelehrtheit der lebendigen Wahrheit des Buddha-Dharma nicht näherbringen konnte, und so machte er sich auf, einen erleuchteten Meister des Zen zu finden. Als → Unsui pilgerte er bis nach Südchina, wo er schließlich bei Meister Wu-tsu blieb und diesem viele Jahre lang als Aufwärter diente. Auch nachdem er unter Wu-tsu tiefe Erleuchtung erfahren und von diesem das Siegel der Bestätigung (→ Inka-Shōmei) erhalten hatte, blieb er noch bis zum Tod seines Meisters bei diesem, um sich weiter zu schulen.

Dann machte er sich nach Norden auf, wo er von hohen Staatsbeamten und schließlich von Kaiser Hui-tsung selbst zum Abt verschiedener großer Zen-Klöster berufen wurde. Die Eroberung Nordchinas durch die Kitan verschlug ihn schließlich wieder nach Südchina, von wo er jedoch bald in seine Heimatprovinz zurückkehrte, um dort bis zu seinem Tod als Zen-Meister zu wirken.

Yü Chi 🅃, auch Kan Chi genannt, gest. 197 n. Chr., taoist. Gelehrter, der im Osten Chinas als Wunderheiler wirkte. Er war Spezialist in der Lehre der Fünf Elemente (→ Wu-hsing), in Magie und Medizin. Bei der Heilung von Krankheiten verwendete er Räucherwerk und geweihtes Wasser.

Um ca. 145 verfaßte er das *T'ai-p'ing ch'ing-ling shu* (»Das Buch vom Höchsten Frieden und der Reinheit«, siehe auch → *Tai-p'ing ching*), auf das sich die Schule des Höchsten Friedens (→ T'ai-p'ing tao) stützte. Der Legende nach soll Yü Chi das Werk allerdings nicht selbst geschrieben haben, sondern auf wunderbare Weise in seinen Besitz gekommen sein. – 197 wurde er von einem Verwandten ermordet.

Yü-chiang, 🅃 chin., wörtl.: »Jadeflüssigkeit«; Bezeichnung für den Speichel, der in den taoist. Gesundheitsübungen eine große Rolle spielt. Er muß sorgfältig im Körper bewahrt bleiben, da sein Verlust, z. B. durch Ausspucken, eine gefährliche Abnahme der Vitalität zur Folge haben kann. Daher praktizieren die Taoisten das Schlucken des Speichels (T'un-t'o), das meist die Atemübungen begleitet: Der angesammelte Speichel wird in kleinen Portionen geschluckt. Der Speichel steigt dann ins Gehirn auf, um es zu nähren, und hinab in die Fünf Eingeweide (→ Wu-tsang), um sie zu benetzen. Dieser Vorgang heißt in taoist. Terminologie Embryonalernährung (→ T'ai-shih). Das Schlucken des Speichels kann die Drei Würmer (→ San-ch'ung) vertreiben, stärkt Zähne und Haare und macht widerstandsfähig gegen Krankheiten.

Das Schlucken des Speichels, der nach taoist. Auffassung in zwei Gefäßen unterhalb der Zunge gebildet wird, übt man am besten frühmorgens. Man nimmt eine sitzende Stellung ein, schließt die Augen, vertreibt alle störenden Gedanken, klappert 27mal mit den Zähnen (→ K'ou-ch'ih), bis der Mund mit Speichel gefüllt ist. Sodann spült man mit dem Speichel die Zähne. Schließlich schluckt man ihn, wobei man ihn durch die Kraft der Gedanken ins Gehirn und dann hinunter bis zum Ozean des Atems (→ Ch'i-hai) schickt. So werden die → San-yüan genährt.

Yü-ch'ing, 🅃 chin. → San-ch'ing

Yudhishthira 🄷 (Yudhiṣṭhira), Skrt., der älteste und beliebteste der fünf → Pāndavas, der als gelassen, von leidenschaftslosem Urteil und unbestechlicher Gerechtigkeit geschildert wird. Er war als Herrscher berühmt, nicht als Krieger. Als König → Dhritarāshtra ihn statt seines eigenen Sohnes Duryodhana zu seinem Nachfolger bestimmte, brach der im *Mahābhārata* beschriebene große Krieg zwischen den → Pāndavas und den → Kauravas aus.

Duryodhana und die anderen Kauravas waren nach Dhritarāshtras Entscheidung eifersüchtig. Sie luden Yudhishthira ein und veranstalteten ein Würfelspiel. Ein Onkel von Duryodhana, ein Spieler und Betrüger, brachte Yudhishthira dazu, daß er alles verlor, sein Königreich, sich selbst, seine Brüder und seine Gemahlin. Alle mußten in die Verbannung gehen. Dort versuchte

Duryodhana, sie in ihrem Haus zu verbrennen, aber → Bhīma vereitelte den Plan. Als die Pāndavas später zurückkehren wollten, wurde es ihnen von den Kauravas verwehrt, worauf der große Krieg ausbrach. Nach dem Sieg der Pāndavas wurde Yudhishthira wieder als Herrscher eingesetzt und regierte gerecht und gütig, so daß die Menschen ohne Furcht vor Kriegen oder Störungen leben und sich ganz ihren religiösen Pflichten widmen konnten. Nach → Krishnas Tod ernannte Yudhishthira Parikshit, einen Enkel von → Arjuna, zu seinem Nachfolger, und die fünf Brüder zogen in den Himālaya, um der Welt zu entsagen. Die Geschichte dieser Reise wird in den Schlußversen des *Mahābhārata* mit großer Schönheit geschildert.

Yüeh-an Shan-kuo, Z jap. Gettan Zenka, 1079–1152, chin. Zen-Meister der Yōgi-Linie des Rinzai-Zen (→ Yōgi-Schule); ein Schüler und Dharma-Nachfolger (→ Hassu) von → K'ai-fu Tao-ning (jap. Kaifuku Dōnei) und der Meister von → Lao-na Tsu-teng (jap. Rōnō Sotō). Wir begegnen Meister Yüeh-an im 8. Beispiel des → *Wu-men-kuan.*

Yüeh-chou Ch'ien-feng, Z jap. E'shū Kempō, chin. Zen-Meister der T'ang-Zeit; ein Schüler und Dharma-Nachfolger (→ Hassu) von → Tung-shan Liang-chieh (jap. Tōzan Ryōkai). Wir begegnen ihm im 48. Beispiel des → *Wu-men-kuan.*

Yüeh-lin Shih-kuan, Z jap. Gatsurin (Getsurin) Shikan, 1143–1217, chin. Zen-Meister der Yōgi-Linie des Rinzai-Zen (→ Yōgi-Schule); ein Schüler und Dharma-Nachfolger (→ Hassu) von → Lao-na Tsu-teng (jap. Rōnō Sotō) und der Meister von → Wu-men Hui-k'ai (jap. Mumon Ekai).

Yüeh-shan Wei-yen Z, auch Yao-shan Wei-yen, jap. Yakusan Igen, 745–828 oder 750–834, chin. Zen-Meister; ein Schüler und Dharma-Nachfolger (→ Hassu) von → Shih-t'ou Hsi-ch'ien (jap. Sekitō Kisen) und der Meister von → Tao-wu Yüan-chih (jap. Dōgo Enchi) und → Yün-yen T'an-sheng (jap. Ungan Donjō). Aus dem → *Ching-te ch'uan-teng-lu* erfahren wir nur, daß er mit 17 Jahren sein Zuhause verließ und 774 auf dem Heng-Berg von dem Vinaya-Meister Hsi-ts'ao als Mönch ordiniert wurde (→ Vinaya). Er ist wohl der prominenteste der Schüler, die von Shih-t'ou zu → Ma-tsu Tao-i (jap. Baso Dōitsu) geschickt wurden (siehe dazu → Shih-t'ou Hsi-ch'ien).

Im → *Denkō-roku* hören wir von dieser Begebenheit, die zugleich die Dharma-Übertragung von Shih-t'ou (Sekitō) auf Yüeh-shan markiert:

»Der 36. Patriarch, Kōdō Daishi [Ehrentitel für Yüeh-shan], ging zu Sekitō und sagte: ›Ich kenne fast die Lehren der Drei Fahrzeuge und der Zwölf Zweige der Lehre. Einmal hörte ich, daß es im Süden das Direkte Hinweisen auf den Geist des Menschen gibt, das den Menschen zum Buddha macht, und er sein Wesen ver-

Ein Schüler kommt zum Dokusan bei Meister Yüeh-shan Wei-yen. (Zen-Gemälde von Ma Kung-hsien, 12. Jh.)

wirklicht. Das ist mir noch nicht klar. Indem ich mich verneige, ersuche ich den Meister, Erbarmen zu haben und mich, bitte, zu unterweisen.‹

Sekitō sagte: ›Wenn du sagst, es ist dies, so verfehlst du es. Dies, Nicht-Dies, beide verfehlen ES. Was meinst du hierzu?‹

Der Meister [Yüeh-shan] wußte nicht, was antworten.

Sekitō sagte: ›Dein Karma bezieht sich nicht auf diesen Ort [mit »dieser Ort« bezeichnen die Zen-Meister oft die eigene Person]. Geh für ein Weilchen zu Baso Daishi [Ma-tsu].‹

Der Meister gehorchte dem Befehl, ging zu Baso, erwies ihm seine Verehrung und stellte die frühere Frage.

Der Patriarch [Ma-tsu] sagte: ›Manchmal lasse ich ihn die Augenbrauen hochziehen und mit den Augen blinzeln, und manchmal lasse ich ihn nicht die Augenbrauen hochziehen und mit den Augen blinzeln. Manchmal ist das, was die Augenbrauen hochzieht und mit den Augen blinzelt, eben DAS! Manchmal ist das, was die Augenbrauen hochzieht und mit den Augen blinzelt, nicht DAS! Was meinst du hierzu?‹

Der Meister erlebte bei diesen Worten große Erleuchtung. Er warf sich nieder.
Der Patriarch sagte: ›Was für eine Tatsache ist dir klar geworden, daß du dich niederwirfst?‹
Der Meister sagte: ›Als ich bei Sekitō war, war es grad wie eine Mücke auf einen Eisenochsen stoßend.‹
Der Patriarch sagte: ›Du bist schon dazu gekommen. Bewahre es selber gut. Doch dein Meister ist Sekitō.‹«

Als Yüeh-shan im Alter von 84 Jahren sein Ende nahen sah, rief er aus: »Die Dharma-Halle bricht zusammen! Die Dharma-Halle bricht zusammen! Ihr [Mönche] alle, stützt sie ab!« Dann hob er eine Hand und sagte: »Ihr Mönche versteht meine Worte nicht«, und ging in die Verwandlung ein.

Yuga, **H** Skrt.; Oberbegriff für die vier Weltzeitalter, deren Dauer nach Götterjahren berechnet ist. Um diese in Menschenjahre umzurechnen, muß man das Götterjahr mit 360 multiplizieren. Jedem Weltzeitalter geht eine Periode der »Morgendämmerung« (Sandhyā) voraus. Am Ende folgt eine Periode gleicher Länge, die »Abenddämmerung« (Sandhyānsha). Jede dieser beiden Perioden umfaßt ein Zehntel des jeweiligen Yuga. Die vier Yugas sind:
1. Krita- oder Satya-Yuga (1 728 000 Menschenjahre); 2. Tretā-Yuga (1 296 000 J.); 3. Dvāpara-Yuga (864 000 J.); 4. Kali-Yuga (432 000 J.). Die Gesamtsumme von 4 320 000 Menschenjahren (12 000 Götterjahre) ergibt ein Mahā-Yuga, ein »großes Weltzeitalter«. 2000 Mahā-Yugas ergeben einen Tag und eine Nacht Brahmās (→ Kalpa).

Im *Rigveda* wird dieses ausgeklügelte Zahlensystem noch nicht erwähnt, sondern erst bei → Manu und im *Mahābhārata*. Dort werden die vier Zeitalter wie folgt beschrieben: Krita ist das ideale oder goldene Zeitalter. Es gibt darin weder Haß noch Neid, Kummer, Angst oder Bedrohung. Es gibt nur *einen* Gott, *einen* Veda, *ein* Gesetz und *einen* Ritus. Die Kasten haben verschiedene Aufgaben und erfüllen selbstlos ihre Pflicht. Im Tretā beginnen die Opferhandlungen; die Rechtschaffenheit läßt um ein Viertel nach. Die Opferhandlungen erfordern Riten und Zeremonien. Die Menschen handeln mit Absichten, erwarten Belohnungen für ihre Riten und Gaben, und das Pflichtgefühl läßt nach. Im Dvāpara ist Rechtschaffenheit auf die Hälfte geschrumpft. Es gibt vier Veden, die nur noch von wenigen studiert werden. Die Riten nehmen überhand, nur wenige Menschen halten sich noch an die Wahrheit. Wünsche und Krankheiten tauchen auf, das Unrecht nimmt zu. Im Kali bleibt nur ein Viertel der Rechtschaffenheit. Spirituelle Bemühungen schlafen ein, Erkenntnisse geraten in Vergessenheit, das Böse dominiert. Krankheiten, Erschöpfung, Zorn, Hunger, Furcht und Verzweiflung greifen um sich, und die Menschen sind ohne Ziel. Dieses Zeitalter soll 3102 v. Chr. begonnen haben und dauert demnach noch an.

Nach Svāmi Shrī → Yukteshvar, einem großen ind. Heiligen der Neuzeit, ist diese Berechnung der Yugas jedoch falsch. Nach der in seiner Schrift *Die heilige Wissenschaft* dargelegten Methode der Berechnung der Yugas sind diese wesentlich kürzer. Die oben angeführte und von den heutigen Gelehrten akzeptierte Berechnung basiert seiner Meinung nach auf Irrtümern von Sanskrit-Gelehrten, die in einem Kali-Yuga, einem dunklen Zeitalter, lebten und deshalb die alten Überlieferungen nicht mehr richtig verstanden. Yukteshvars Berechnungsmethode beruht auf astrologischen Zyklen.

Yü-huang, **T** chin., wörtl.: »Jadekaiser«; eine der wichtigsten Gottheiten der chin. Volksreligion und des religiösen Taoismus (→ Tao-chiao), einer der Drei Reinen (→ San-ch'ing). Yü-huang regelt persönlich und direkt alle himmlischen und irdischen Angelegenheiten. Damit er dieser Aufgabe gerecht werden kann, untersteht ihm eine riesige himmlische Administration, die ein getreues Abbild der irdischen Verwaltung des chin. Kaiserreichs darstellt. Jede der Gottheiten hat eine klar definierte Aufgabe. Einmal pro Jahr, am Neujahrstag, berichten sie dem Jadekaiser über ihre Arbeit. Sie steigen in seinen Palast im höchsten aller Himmel auf. Je nach ihren Leistungen kann der Jadekaiser sie befördern oder versetzen.
Auf der Erde ist der Jadekaiser durch den Gott des Berges T'ai (→ T'ai-yüeh ta-ti), die Stadtgötter (→ Ch'eng-huang) sowie den Herdgott (→ Tsao-chün) und lokale Gottheiten (→ T'u-ti) vertreten. Yü-huang wird meist auf einem Thron sitzend im kaiserlichen Zeremoniengewand dargestellt: Er trägt ein langes mit Drachen (dem kaiserlichen Symbol) besticktes Gewand und auf dem Kopf den kaiserlichen Kopfschmuck, von dem vorn und hinten je 13 Perlenschnüre herabhängen. In der Hand hält er die kaiserliche Zeremonientafel. Sein strenger Gesichtsausdruck soll Ruhe und Würde ausdrücken. In der taoist. himmlischen Hierarchie war Yü-huang ursprünglich der Assistent des Himmlischen Ehrwürdigen des Uranfangs (→ Yüan-shih t'ien-tsun), der aber zugunsten des Jadekaisers abdankte. Seitdem ist dieser die wichtigste Gottheit des Pantheons.
Der Sage nach war Yü-huang der Sohn eines Königs. Vor seiner Geburt war seiner Mutter → Lao-chün im Traum erschienen und übergab

ihr ein Kind. Der Prinz übernahm nach dem Tode seines Vaters den Thron, doch dankte er bereits nach einigen Tagen ab, um sich in die Berge zurückzuziehen und das Tao zu ergründen. Nachdem er Vollkommenheit erlangt hatte, widmete er sich den Rest seines Lebens den Armen und Kranken und zeigte ihnen den Weg. Nach 3200 → Kalpas wurde er zum »Goldenen Unsterblichen«, nach weiteren hundert Millionen Kalpas war er der Jadekaiser.

Der Kult des Yü-huang begann im 11. Jh. n. Chr. Kaiser Sung Chen-tsung sah sich im Jahr 1005 gezwungen, einen erniedrigenden Vertrag mit einem Fremdvolk zu schließen, wodurch er Gefahr lief, die Unterstützung seines Volkes zu verlieren. Um es friedlich zu stimmen, gab sich der Kaiser als Visionär aus, der in direkter Verbindung mit dem Himmel stehe. In einem Traum sei ihm ein Unsterblicher (→ Hsien) erschienen, der ihm einen Brief von Yü-huang übergeben habe. Darin versprach dieser angeblich, vor ihm den Gründer der Dynastie erscheinen zu lassen. Dies geschah auch tatsächlich. Damit begann die Verehrung des Jadekaisers, dem 1115 von Sung Hui-tsung der erste Tempel errichtet und der Titel Shang-ti (Gott) verliehen wurde.

Der Palast des Yü-huang befindet sich im höchsten aller taoist. Himmel, dem Ta-luo-t'ien (→ T'ien). Von dort aus regiert er das gesamte Universum: die untergeordneten Himmel, die Erde und die darunterliegenden Gebiete. Der Palast wird vom Transzendenten Beamten (Ling-kuan) bewacht, der im 15. Jahrhundert sehr populär war und dem in Peking sogar ein Tempel errichtet wurde.

Der Jadekaiser lebt nicht allein, er hat eine große Familie: eine seiner Schwestern ist die Mutter von → Erhlang, der die bösen Geister vertreibt, indem er die Himmlischen Hunde (T'ien-kou) auf sie hetzt. Eine seiner Frauen ist die Göttin mit dem Pferdekopf, die über die Seidenraupen gebietet. Eine seiner Töchter, das Siebte Fräulein (Ch'i ku-niang) wird von allen Mädchen angerufen, die im voraus wissen wollen, wer ihr Gatte sein wird.

In der unermeßlich großen Administration des Jadekaisers gibt es »Ministerien« für alle erdenklichen Aspekte des Lebens: Ministerien für Donner und Wind, Wasser, Feuer, Zeit, die heiligen Berge, Krieg, Literatur, Reichtum, Medizin, Epidemien usw. Jedes dieser Ministerien hat einen Präsidenten, dem eine Vielzahl von Funktionären untersteht. Doch nur wenige haben tatsächlich Bedeutung für das religiöse Leben der Chinesen erlangt.

Alle diese Beamten-Gottheiten setzen sich für das psychische und materielle Wohlergehen der Menschen ein und werden von Yü-huang bestraft, wenn sie ihre Pflicht vernachlässigen. Tatsächlich war es aber die chin. Regierung, die diese Aufgabe wahrnahm. Hatte z. B. eine Gottheit, die für Regen zuständig ist, ihr Amt vernachlässigt, wurde sie zuerst von einem kaiserlichen Beamten verwarnt, der ihr mit logischen Argumenten ins Gewissen redete. Zeigte diese Intervention nicht den gewünschten Erfolg, wurde die Gottheit mit dem Verlust ihres Ranges bedroht. Als letzte Maßnahme wurde ihr per kaiserlichem Dekret ihr »Adelstitel« aberkannt oder sie mußte sich mit einem niedrigeren Rang begnügen. Derartige Veränderungen in der himmlischen Hierarchie sowie die Einsetzung neuer Gottheiten wurden von taoist. Priestern (→ Tao-shih) im Rahmen bestimmter Zeremonien durchgeführt.

Yuige, 🅩 jap., wörtl.: »zurückgelassenes *(yui)* Gedicht *(ge,* Skrt. *gāthā)*«; ein Vers, den ein Zen-Meister bei seinem Tod seinen Schülern hinterläßt.

In diesen meist kurzen Gedichten geben die Meister noch einmal »in einer Nußschale« ihrer Zen-Erfahrung Ausdruck, um ihre Schüler zu inspirieren und anzuspornen, auch nach ihres Meisters Eingehen in die Verwandlung (→ Senge) nicht in ihren Anstrengungen auf dem Zen-Weg nachzulassen.

Yü-jen, 🅣 chin., wörtl.: »Federmensch«; andere Bezeichnung eines taoist. Priesters (→ Tao-shih). Urspr. waren die Federmenschen fliegende Unsterbliche (→ Hsien), deren Körper mit einem Federkleid bedeckt ist. Da die Tao-shih nach taoist. Überzeugung nach Erlangung der Unsterblichkeit (→ Ch'ang-sheng pu-ssu) am hellen Tag gen Himmel steigen (→ Fei-sheng), werden sie ebenfalls Yü-jen genannt.

Yukta, 🅗 Skrt.; ein Mensch, der die Vereinigung mit der Weltseele, die das ganze Universum durchdringt, erreicht hat und von allem Haften an Weltlichem befreit ist.

Yukteshvar, 🅗 1855–1936, ind. Heiliger; sein voller Name lautet Jñānāvatār Svāmi Shrī Yukteshvar Giri. »Giri« weist darauf hin, daß er einem Shankara-Orden angehörte. Sein Lehrer war der Heilige Lahiri Mahāsaya. Im Abendland ist Yukteshvar vor allem als Guru von → Yogānanda Paramahamsa bekannt geworden. Er ist der Verfasser der Schrift *Kaivalya-Darshana* (dt. 1984 u. d. T. *Die Heilige Wissenschaft*), aus der »die grundlegende Übereinstimmung zwischen dem schwer verständlichen biblischen Buch der Offenbarung und der → Sānkhya-Philosophie Indiens zu erkennen ist« (Yogānanda).

Yün-chi ch'i-ch'ien, 🅣 chin., wörtl.: »Wolkenbuchkassette und sieben Bambusstreifen«; taoist. Enzyklopädie in 122 Bänden aus dem 11. Jh. Spezielle Behälter, in denen taoist. Schriften aufbewahrt werden, heißen »Wolkenbuchkassetten«; die sieben Bambusstreifen beziehen sich auf die vier Haupt- und sieben Nebenabteilungen, in die der taoist. Kanon (→ Tao-tsang) gegliedert ist. Das *Yün-chi ch'i-ch'ien* liefert einen vollständigen Überblick über taoist. Übungen zur Verlängerung des Lebens und der Meditation bis zur Sung-Dynastie.

Das außerordentlich umfangreiche Werk enthält Informationen über alle Aspekte des religiösen Taoismus: Biographien von Unsterblichen (→ Hsien), Anweisungen zu Hygiene- und Atemübungen, Abhandlungen über die Methoden des Inneren und Äußeren Elixiers (→ Nei-tan, → Wai-tan), sexuelle Techniken (→ Fang-chung shu), magische Praktiken (→ Fang-shih), Fastenzeremonien usw. – Für die Erforschung des Taoismus ist das *Yün-chi ch'i-ch'ien* nicht zuletzt deswegen von Bedeutung, weil es auch Teile von verlorengegangenen Werken enthält.

Yün-chuan, 🅃 chin., wörtl.: »Wolkenschrift«; im religiösen Taoismus (→ Tao-chiao) verwendete Schriftart, die der chin. Siegelschrift ähnelt und aus geschwungenen Linien besteht. Ihre Formen sind den Schäfchenwolken nachempfunden, daher der Name.

Die Wolkenschrift, deren Zeichen komplex und nur schwer lesbar sind, ist nur Eingeweihten verständlich und wird vor allem auf Talismanen und Amuletten (→ Fu-lu) verwendet. Sie ist wundertätig: Sie kann böse Geister und Dämonen abhalten und Krankheiten heilen.

Yün-chü Tao-ying, 🅉 jap. Ungo Dōyō, gest. 901/2, chin. Zen-Meister; ein Schüler und Dharma-Nachfolger (→ Hassu) von → Tung-shan Liang-chieh (jap. Tōzan Ryōkai). Yün-chü ist der Schüler von Tung-shan, der jene Linie der von Tung-shan und → Ts'ao-shan Pen-chi (jap. Sōzan Honjaku) begründeten → Sōtō-Schule des Zen weiterführte, in deren Tradition → Dogen Zenji und damit das heutige Sōtō-Zen in Japan stehen.

Yung-chia Hsüan-chüeh, 🅉 jap. Yōka Genkaku, 665–713; früher chin. Zen-Meister, der als ein Schüler von → Hui-neng gilt. Er verließ schon in seiner Jugend sein Zuhause, um ein buddhist. Mönch zu werden, und studierte alle wichtigen buddhist. Schriften. Besonders bewandert war er in den Lehren der T'ien-t'ai-Schule (jap. Tendai-Schule, → Mikkyō) des Buddhismus, in deren Tradition er auch in der Übung der Versenkung (→ Zazen) unterwiesen wurde, die er im »Gehen, Stehen, Sitzen und Liegen« (→ Gyō-Jū-Za-Ga) vollkommen verwirklichte. Als er von Hui-neng hörte, suchte er ihn im Pao-lin-Kloster von Ts'ao-ch'i auf.
Nach den im → *Ching-te ch'uan-teng-lu* aufgezeichneten beiden → Hossen zwischen Hui-neng und Yung-chia, zu denen es bei ihrer ersten Begegnung kam, konnte Hui-neng nur noch die tiefe Erleuchtung von Yung-chia bestätigen. Er bat Yung-chia, der sofort wieder aufbrechen wollte, doch wenigstens für eine Nacht in seinem Kloster zu bleiben, weshalb Yung-chia auch als der »Meister der Erleuchtung vom Bleiben für eine Nacht« bekannt ist.

In seiner Weise, den Buddha-Dharma zu lehren, kombinierte Yung-chia Hsüan-chüeh die Philosophie der T'ien-t'ai-Schule mit der Praxis des Zen, in dessen theoretischen Überbau er außerdem die Dialektik des → Mādhyamaka einbrachte. Seine Schriften sind erhalten in den »Gesammelten Werken des Ch'an-Meisters Yung-chia Hsüan-chüeh«.

Yung-ming Yen-shou, 🅉 jap. Yōmyō Enju, 904–975, chin. Zen-Meister; ein Schüler und Dharma-Nachfolger (→ Hassu) von → T'ien-t'ai Te-shao (jap. Tendai Tokushō). Yung-ming, der seinen Meister nur um drei Jahre überlebte, war einer der letzten bedeutenden Meister der → Hōgen-Schule des Zen.

Yün-kai Shou-chih, 🅉 jap. Ungai Shichi, 1025–1115, chin. Zen-Meister der Ōryō-Linie des Rinzai-Zen (→ Ōryō-Schule); ein Schüler und Dharma-Nachfolger (→ Hassu) von → Huang-lung Hui-nan (jap. Ōryō E'nan).

Yün-kang, 🄱 chin., wörtl.: »Wolkenhügel«; Grottenanlage in der Nähe der nordchin. Stadt Ta-t'ung (Provinz Shansi), die aus der Zeit zwischen 460 und 540 stammt und eines der größten Denkmäler buddhist. Kunst in China darstellt. Es existieren heute 53 Höhlen in einer Felswand, die sich über eine Länge von mehr als 1 km erstreckt. Dort sind insgesamt 50 000 Abbildungen von Buddhas, Bodhisattvas und verschiedenen Gottheiten enthalten. Die größte Buddha-Statue erreicht eine Höhe von 17 m und ist eine der größten in China.
Die ersten Grotten entstanden um 460. Die Arbeiten in der ersten Phase wurden von dem Mönch T'an-yao geleitet, unter dem die Grotten Nr. 16–20 aus dem Stein gemeißelt wurden. Das Motiv für diese Arbeiten war es, ein unzerstörbares Symbol der buddhist. Lehre zu schaffen. Der Grundriß der ersten Höhlen ist oval; in der 2. Phase (Höhlen 5–10) nahm er rechteckige Form an. In der Mitte dieser Grotten befindet sich jeweils eine Buddha-Statue, die den Buddha meist sitzend mit stehenden Begleitfiguren zeigt. Auf den Wänden, am Eingang und auf der Kuppel befinden sich viele kleine Buddha-Bilder, Darstellungen von Gottheiten, Illustrationen von Geschichten aus Sūtras und ornamentale Verzierungen. Die bedeutendsten Höhlen sind Nr. 5 und 6, in denen die Lebensgeschichte des Buddha → Shākyamuni von seiner Geburt bis

zur Erlangung der Erleuchtung dargestellt ist. In anderen Höhlen finden sich Illustrationen zum → *Vimalakīrtinirdesha-Sūtra.* – Die spätesten Grotten stammen aus der Zeit der Sui-Dynastie (589–618).

Die Grotten von Yün-kang sind ein Zeichen der »Reue« für die Verfolgung des Buddhismus unter Kaiser Wu im Jahre 446 und Symbol des Schutzes, den seine Nachfolger dem Buddhismus angedeihen ließen. Wie aus Inschriften hervorgeht, erfolgte die Finanzierung des Projekts durch den Kaiserhof und durch Laienanhänger, die dabei verschiedene Ziele verfolgten: Der Bau der Grotten sollte dem Reich und seinen Herrschern Wohlstand und ein langes Leben sichern; den Ahnen der Spender sollte dadurch eine Wiedergeburt im → Reinen Land ermöglicht werden. Außerdem wollten sie dadurch zur Verbreitung und Stärkung des Buddhismus im chin. Volk beitragen.

Die Kunst von Yün-kang ist stark von der ind. (→ Gandhāra) und zentralasiat. Kunst beeinflußt; die Buddha-Bildnisse machen einen unbewegten, vielfach auch »steifen« Eindruck, wogegen die Bodhisattvas lebendiger und lebensnaher dargestellt sind. Verschiedene Ornamente wie Drachen, Vögel, Lotosblüten und die die Buddha-Köpfe umgebenden Aureolen sind bereits rein chin. Elemente.

Yün-men Wen-yen, 🅉 jap. Ummon Bun'en, auch K'uang-chen genannt, 864–949, chin. Zen-Meister; ein Schüler und Dharma-Nachfolger (→ Hassu) von → Hsüeh-feng I-ts'un (jap. Seppō Gison) und der Meister von → Hsiang-lin Ch'eng-yüan (jap. Kyōrin Chōon), → Tung-shan Shou-chu (jap. Tōsan Shusho) und → Pa-ling Hao-chien (jap. Haryō Kōkan). Yün-men war einer der bedeutendsten chin. Zen-Meister und einer der letzten »Zen-Giganten« in der Geschichte des chin. Zen. Wir begegnen ihm im 15., 16., 21., 39. und 48. Beispiel des → *Wu-men-kuan* sowie im 6., 8., 14., 15., 22., 27., 34., 39., 47., 50., 54., 60., 62., 77., 83., 86., 87. und 88. Beispiel des → *Pi-yen-lu.* Die wichtigsten seiner Aussprüche und Unterweisungen sind aufgezeichnet im *Yün-men K'uang-chen-ch'an-shih kuang-lu* (»Aufzeichnung der wesentlichen Worte des Zen-Meisters K'uang-chen vom Berg Yün-men«).

Zu der Begebenheit, die zu Yün-mens erster Erleuchtungserfahrung unter Meister Mu-chou führte, siehe → Mu-chou Ch'en-tsun-su. Yün-men, der selbst mehr als 60 Dharma-Nachfolger hatte, wurde wie sein Meister Mu-chou als besonders strenger Zen-Meister bekannt. Er begründete die Yün-men-Schule (jap. → Ummon-Schule) des Zen, die zu den »Fünf Häusern« (→ Goke-Shichishū) der Zen-Tradition in China gehörte und bis ins 12. Jh. bestand. Die Dharma-Erben von Yün-men trugen viel zur Erhaltung der Zen-Literatur für spätere Generationen bei. Der bekannteste von ihnen ist Yün-mens »Urenkel im Dharma«, der große Meister → Hsüeh-tou Ch'ung-hsien (jap. Setchō Jūken), der jene 100 Beispiele alter Meister (→ Kōan) sammelte und mit berühmten Lobsprüchen (→ Ju) versah, die Meister → Yüan-wu K'o-ch'in (jap. Engo Kokugon) später zur Grundlage seiner Edition des *Pi-yen-lu* machte.

Yün-men gehört zu den ersten der großen chin. Zen-Meister, die die Worte vorausgegangener Meister systematisch zur Schulung der Mönche anwendeten – eine Weise der Schulung, aus der sich schließlich die Kōan-Praxis (→ Kanna-Zen, → Ta-hui Tsung-kao) als eines der wirksamsten Hilfsmittel der Zen-Schulung entwickelte. Dabei gab Yün-men oft zusätzlich eine »andere Antwort« (chin. *pieh-yü,* jap. *betsugo*) als jene, die in dem von ihm zitierten → Mondō oder → Hossen gegeben wurde. Dann wieder stellte er eine Frage und beantwortete sie an Stelle seiner Schüler selbst mit einem »stellvertretenden Wort« (chin. *tai-yü,* jap. *daigo*) wie etwa im 6. Beispiel des *Pi-yen-lu;* die hier gegebene Antwort wurde zu einem der berühmtesten Sprüche in der Zen-Tradition:

»Yün-men sagte bei der Unterweisung: ›Ich frage nicht nach den Tagen vor dem Fünfzehnten. Aber hinsichtlich der Tage nach dem Fünfzehnten kommt mit einem Wort daher und sprecht!‹ Statt ihrer sagte er selbst: ›Tag für Tag guter Tag.‹«

Manchmal kombinierte er auch das »stellvertretende Wort« mit dem »anderen Wort« und gab bei einer späteren Darlegung eine andere Antwort auf eine von ihm selbst gestellte und stellvertretend beantwortete Frage.

Meister Yün-mens Aussprüche und Antworten sind in der Zen-Tradition hoch geachtet; keines anderen Meisters Worte werden in den großen Kōan-Sammlungen so häufig angeführt wie seine. Es heißt, daß seine Worte stets drei der wichtigsten Anforderungen an ein wirksames Zen-Wort erfüllen: 1. entsprechen seine Antworten der gestellten Frage, wie »der Deckel auf die Dose« paßt; 2. haben sie die Kraft, die Verblendung, das dualistische Denken und Fühlen seiner Schüler abzuschneiden wie ein scharfes Schwert; 3. folgen seine Antworten dem jeweiligen Auffassungsvermögen und momentanen Bewußtseinszustand des Fragenden so natürlich, »wie eine Welle der vorausgegangenen Welle folgt«.

Yün-mens prägnante Antworten bestanden oft nur aus einem einzigen Wort und gehören zu den berühmtesten »Ein-Wort-Schranken« (→ Ichiji-Kan) im Zen.

Solche »Ein-Wort-Schranken« sind Yün-mens »Kan!« aus dem 8. Beispiel des *Pi-yen-lu* (zitiert unter → Ichiji-Kan) oder sein berühmtes → Kan-Shiketsu aus dem 21. Beispiel des *Wu-men-kuan*. Ein weiteres Beispiel für ein Ichiji-Kan von Yün-men finden wir als 77. Kōan im *Pi-yen-lu:*
»Ein Mönch fragte Yün-men: ›Was sind die Reden der erhabenen Buddhas und der hervorragenden Patriarchen?‹
Yün-men sagte: ›Bauernknödel!‹«
Yün-men war jedoch nicht nur ein Meister des Wortes, sondern auch der wortlosen Geste, wie das folgende 22. Beispiel aus dem *Pi-yen-lu* zeigt:
»Hsüeh-feng sagte bei der Unterweisung der Mönche: ›Am Südberg gibt es eine Schildkröten-Nasen-Schlange. Ihr alle solltet sie euch auf jeden Fall ansehen!‹
Ch'ang-ch'ing sagte: ›Heute gibt es viele hier in der Dharma-Halle, die dann Leib und Leben verlieren.‹
Ein Mönch berichtete das Hsüan-sha.
Hsüan-sha sagte: ›Das ist eben Bruder Leng [Ch'ang-ch'ing], der das erfassen kann. Doch obgleich das auch so sein mag, so meine ich das doch nicht.‹
Der Mönch fragte: ›Was meint denn Ihr, Meister?‹
Hsüan-sha sagte: ›Wozu braucht er da den Südberg?‹
Yün-men nahm seinen Stab, warf ihn vor sich hin und machte eine Gebärde des Erschreckens.«
Yün-men, der selber von den »lebendigen Worten« der alten Meister so geschickten Gebrauch zu machen wußte, war gleichzeitig gegenüber dem geschriebenen Wort, das allzu leicht nur dem Buchstaben nach verstanden, nicht aber wirklich begriffen wird, äußerst mißtrauisch. So verbot er auch seinen Schülern, seine Aussprüche niederzuschreiben. Einem seiner Anhänger, der Yün-mens Darlegungen in ein papierenes Gewand gekleidet besuchte und sich trotz dieses Verbotes darauf Notizen machte, ist es zu verdanken, daß viele der unsterblichen Worte und Darlegungen des großen Zen-Meisters erhalten sind.

Yün-yen T'an-sheng, 🅉 jap. Ungan Donjō, 781?–841, chin. Zen-Meister; ein Schüler und Dharma-Nachfolger (→ Hassu) von → Yüeh-shan Wei-yen (jap. Yakusan Igen) und der Meister des großen Zen-Meisters → Tung-shan Liang-chieh (jap. Tōzan Ryōkai). Im → *Ching-te ch'uan-teng-lu* erfahren wir, daß er in jungen Jahren sein Zuhause verließ und zuerst von → Pai-chang Huai-hai (jap. Hyakujō Ekai) geschult wurde, unter ihm jedoch noch keine Erleuchtung erfuhr. Nachdem er Meister Pai-chang 20 Jahre gedient hatte, starb dieser, und Yün-yen ging in das Kloster von Yüeh-shan, wo sich sein Dharma-Auge öffnete und er von Yüeh-shan als Dharma-Nachfolger bestätigt wurde. Später ließ er sich auf dem Berg Yün-yen (»Wolkenklippe«) in Hunan nieder, dessen Name auf ihn überging. Wir begegnen Yün-yen im 70., 72. und 89. Beispiel des → *Pi-yen-lu.*

Im *Ching-te ch'uan-teng-lu* finden sich einige Beispiele von → Mondō mit seinem berühmten Schüler und Dharma-Nachfolger Tung-shan, darunter das folgende:
»Eines Tages sagte Yün-yen zu den versammelten Mönchen: ›Da ist ein Sohn aus einer gewissen Familie; fragt man ihn, so gibt es nichts, auf das er nicht antworten könnte.‹
Tung-shan fragte: ›Wieviele Schriften waren in seinem Haus?‹
Der Meister sagte: ›Nicht ein einziges Wort.‹
Tung-shan sagte: ›Woher wußte er dann so viel?‹
Der Meister sagte: ›Tag und Nacht schlief er niemals.‹
Tung-shan sagte: ›Könnte ich ihn noch etwas fragen?‹
Der Meister sagte: ›Auch wenn er es sagen könnte, er würde es nicht sagen.‹«

Als Yün-yen sein Ende nahen fühlte, rief er den Mönchsältesten und trug ihm auf, ein Festessen für die Mönche bereiten zu lassen. Am Abend des nächsten Tages ging er in die Verwandlung (→ Senge) ein.

Yü-pu, 🅃 chin., wörtl.: »Schritt des Yü« (→ Ta-yü); taoist. magischer Tanz, der auf den Großen Yü, den Begründer der Hsia-Dynastie und Meister der Fluten, zurückgehen soll. Er wird von den taoist. Meistern (→ Tao-shih) meist in Trance ausgeführt. Er erlaubt es ihnen, mit übernatürlichen Kräften in Verbindung zu treten und hat den Zweck, böse Geister und Dämonen zu vertreiben. Der Schritt des Yü gilt als älteste aller magischen taoist. Künste.

Über den Ursprung des Schrittes des Yü gibt es verschiedene Auffassungen: Nach einer Legende beobachtete Yü Vögel, die in diesem Schrittmuster hüpfend Steine zum Bersten brachten. Eine andere besagt, daß der Große Yü sich beim Bezwingen der Fluten so sehr angestrengt hatte, daß er zu hinken begann. Sein hinkender Gang soll in diesem Tanz nachgeahmt werden. Manchmal heißt es auch, daß himmlische Geister Yü diese Schrittfolge lehrten, um ihm Macht über die Kräfte der Natur zu verleihen.

Yü-wang Cho-an, 🅉 jap. Ikuō Setsuan, chin. Zen-Meister → Dainichi Nōnin

Yü Yen, 🅃 1258–1314, taoist. Gelehrter, der ein Meister in der Auslegung des *Buches der Wandlung(en) (→ I-ching)* und ein Experte der Alchemie war. In seinen Werken verbindet er Taoismus mit Neokonfuzianismus. Er verfaßte Kommentare zum *I-ching,* zum *Chou-i ts'an-t'ung-ch'i* des → Wei P'o-yang und zu anderen Schriften.

Z

Zabuton, ◻ jap., wörtl.: »Sitzmatte«; eine meist mit Kapok gefüllte und mit dunkelblauem Stoff bezogene Matte, auf der man → Zazen übt. Das Zabuton ist quadratisch und gerade so groß, daß ein in der Lotos-Haltung (→ Kekka-Fusa) sitzender Japaner Gesäß und Knie darauf unterbringt.

Zadan, ◻ jap., wörtl.: »sitzend abschneiden«; das »Abschneiden« aller verblendeten Gedanken und Gefühle (→ Verblendung), d. h. der dualistischen Weltsicht, in der Übung von → Zazen. Ein anderer Ausdruck für Zadan ist → Zasetsu.
Werden die Projektionen des unerleuchteten Bewußtseins (→ Bonpu-no-Jōshiki) abgeschnitten, so kann der Mensch der Wahren-Wirklichkeit inne werden, der Leere (jap. *ku,* Skrt. → Shūnyatā), die allen Phänomenen zugrunde liegt, sie trägt und hervorbringt. Solange der Mensch dem phänomenalen Aspekt der Wirklichkeit verhaftet ist und ihn für die alleinige Wirklichkeit hält, ist ihm das Essentielle durch das Phänomenale verdeckt. In der Übung des Zazen wird den die Wahre-Wirklichkeit verdeckenden Projektionen systematisch die Grundlage entzogen, bis die davon aufrechterhaltene dualistische Weltsicht einmal ganz zusammenbricht und es zum »Großen Tod« (→ Daishi) des → Ich kommt, der allein zur »Großen Wiedergeburt«, dem »Großen Leben«, d. h. zum erleuchteten Alltagsleben (→ Mujōdō-no-Taigen) führt.

Zafu, ◻ jap., wörtl.: »Sitzkissen«; ein rundes Kissen aus schwarzem Stoff, das fest mit Kapok gestopft ist und zum → Zazen benutzt wird. Dieses Zafu ist das Kissen, das in dem berühmten Zen-Spruch »Du mußt einmal auf dem Kissen sterben« (→ Daishi) gemeint ist.

Zage, ◻ jap., wörtl.: »Sitz-Sommer«; ein anderer Ausdruck für → Ango.

Zagu, ◻ jap., wörtl.: »Sitz-Zeug«; ursprünglich eine leichte Sitzmatte, die zu den sechs erlaubten Besitztümern eines buddhist. Mönchs (jap. *rokumotsu*) gehörte. War der Mönch auf Pilgerschaft, dann trug er diese Matte zusammengefaltet unter seinem Gewand. Im Zen wurde daraus ein Tuch, das sog. Zen-Tuch, das heute vor allem noch zu bestimmten zeremoniellen Gelegenheiten gebraucht wird, wenn ein Zen-Meister es z. B. auf dem Boden ausbreitet, um sich darauf niederzuwerfen. Das Zagu spielt in diesem Zusammenhang in einigen alten Kōan eine Rolle.

Zaike, ◻ jap., wörtl.: »Haus-Bewohner«; ein Mensch, der in seinem Heim lebt, ein buddhist. Laie im Gegensatz zu einem Mönch, der auch als ein »Hausloser« bezeichnet wird.

Zammai ◻, auch Sanmai; jap.; jap. Aussprache des Sanskrit-Wortes »Samādhi«. Bezeichnet »Samādhi« im Mahāyāna-Buddhismus i. allg. inneres Gleichgewicht, Ruhe und Sammlung des Geistes, so bedeutet Zammai im Zen darüber hinaus einen Zustand völliger Versunkenheit des Geistes in sich selbst bei völliger Wachheit. Es ist ein nicht-dualistischer Bewußtseinszustand, in dem es keine Unterscheidung von Subjekt und Objekt, Innen und Außen gibt, in dem also nicht der »Geist« eines Meditierenden (Subjekt) auf einen Meditationsgegenstand (Objekt) gerichtet oder auf einen »Punkt« konzentriert ist (sog. »Einspitzigkeit des Geistes«); Subjekt und Objekt sind im Zammai eins.
Vom Standpunkt der vollkommenen → Erleuchtung aus sind Zammai und Erleuchtung identisch, d. h. wesensgleich. Von den Stufen aus gesehen, die zur Erleuchtung (→ Satori, → Kenshō) hinführen, sind jedoch Zammai und Erleuchtung verschieden. Das heißt, eine vorübergehende Erfahrung des Zammai-Zustandes, zu der es im Leben jedes Menschen unter gewissen Umständen kommen kann, ist noch nicht gleichbedeutend mit Erleuchtung.

Zasetsu, ◻ jap., wörtl.: »sitzend töten«; das Auslöschen der → Verblendung in der Übung von → Zazen. Ein anderer Ausdruck für → Zadan.

Zazen, ◻ jap. (chin. Tso-ch'an), wörtl. *za:* »Sitzen«, *zen:* (in) »Versunkenheit«; meditative Praxis, wie das Zen sie als den direktesten Weg zur → Erleuchtung (auch → Satori, → Kenshō) lehrt. Zazen ist allerdings keine Meditation im herkömmlichen Sinn, denn diese schließt, zumindest anfangs, ein Fixieren des Geistes auf ein »Meditationsobjekt« (z. B. ein Mandala oder die bildhafte Vorstellung eines Bodhisattva) oder das Nachsinnen über abstrakte Eigenschaften (z. B. »Vergänglichkeit« oder »liebendes Mitgefühl«) ein. Zazen jedoch soll den Geist aus der Knechtschaft jeglicher Gedankenformen, Visionen, Dinge oder Vorstellungen befreien – wie erhaben und heilig diese immer sein mögen.
Auch solche Hilfsmittel der Zazen-Übung wie das → Kōan sind keine Meditationsobjekte im üblichen Sinn; das Wesen des Kōan ist das Paradoxon, also das, was – wie die wörtliche Übersetzung des griechischen Wortes sagt – »jenseits (gr. *para*) des Denkens (gr. *dokein*)« oder »jenseits des Vorstellbaren« ist.
In seiner reinsten Form ist Zazen das Verweilen in einem Zustand gedankenfreier, hellwacher Aufmerksamkeit, die jedoch auf kein Objekt ge-

Ein Mönch übt Zazen auf der Holzplattform (Tan) in der Zen-Halle (Zendō).

richtet ist und an keinem Inhalt haftet (→ Shikantaza). Mit Beharrlichkeit und Hingabe über einen längeren Zeitraum geübt, versetzt Zazen den Geist des »Sitzenden« in einen Zustand vollkommener inhaltloser Wachheit, aus dem heraus er in einem plötzlichen Durchbruch zur Erleuchtung seines eigenen Wahren-Wesens oder Buddha-Wesens (→ Busshō), das mit dem Wesen des gesamten Weltalls identisch ist, gelangen kann.

Wie die Benennung »Zen«, d. h. »Versunkenheit«, schon deutlich macht, ist Zazen, das »Sitzen in Versunkenheit«, das Alpha und Omega des Zen; ohne Zazen kein Zen. Kōan wie jenes, in dem ein großer Zen-Meister seinen Schüler darauf hinweist, daß man »durch Sitzen (Zazen) nicht zu einem Buddha werden« könne (siehe dazu → Nan-yüeh Huai-jang), werden gelegentlich dahingehend mißverstanden, daß diese Meister Zazen letztlich für unnötig hielten, da man ja längst ein Buddha ist. Nun ist die Aussage, daß alle Geschöpfe von Anbeginn Buddha sind, zwar eine Kernaussage des Buddhismus und auch des Zen, doch das Zen betont, daß es einen großen, ja *den* entscheidenden Unterschied macht, ob man diese Aussage nur gläubig »für wahr hält« oder ob man ihre Wahrheit in ihrem tiefsten Gehalt unmittelbar selbst erfährt. Diese Erfahrung ist das »Erwachen« (Erleuchtung), zu dem die Übung von Zazen hinführen soll.

Wie bereits der 1. Patriarch des Zen in China (→ Bodhidharma) durch sein neun Jahre währendes Sitzen in Versunkenheit (→ Menpeki) im Shao-lin-Kloster demonstrierte, ist Zazen also die zentrale Praxis des Zen und wird deshalb von allen Zen-Meistern als der, wie → Dōgen Zenji sagte, »Torweg zur vollkommenen Befreiung« gepriesen. In seinem → *Zazen-wasan,* dem »Preisgesang des Zazen«, singt der große jap. Zen-Meister → Hakuin Zenji:

> Zazen, wie das Mahāyāna es lehrt:
> Kein Lob kann sein Verdienst erschöpfen.
> Die sechs Pāramitā wie Almosengeben, das Halten der Gebote und andere gute Taten, verschiedentlich aufgezählt,
> Sie alle kommen aus Zazen.
> Wer auch nur das Verdienst von einmaligem Zazen erwirbt,
> löscht die Schuld, zahllos gehäuft in der Vergangenheit.

Zazen-Kai, 🅉 jap., wörtl.: »Zazen-Treffen«; ein Treffen von Zen-Anhängern, um gemeinsam → Zazen zu üben, die Darlegung des Buddha-Dharma (→ Teishō) durch einen → Rōshi zu hören und zum → Dokusan zu gehen.

Zazen-wasan, 🅉 jap. → Hakuin Zenji Zazenwasan

Zazen Yōjinki, 🅉 jap., »Vorkehrungen, die beim Zazen zu beachten sind«; eine bekannte Schrift über das Üben von Zazen, die im 14. Jh. von → Keizan Jōkin, einem Patriarchen der jap. → Sōtō-Schule des Zen, verfaßt wurde.

Zehn Betrachtungen, 🄱 → Anussati

Zehn Ekelobjekte, 🄱 → Ashubha

Zehn Flügel, 🅃 → Shih-i

Zehn Große Jünger des Buddha, 🄱 🅉 die zehn wichtigsten Schüler des Buddha, die vor allem in den Sūtras des Mahāyāna häufig angeführt sind: 1.→ Mahākāshyapa, der als der 1. Patriarch der indischen Linie des Ch'an (→ Zen) angesehen wird; 2. → Ānanda, der »viel gehört hat«, der 2. ind. Patriarch des Zen. Er wird oft gemeinsam mit Mahākāshyapa vor der Gestalt des Buddha dargestellt. 3. → Shāriputra, der sich durch seine Weisheit auszeichnet und in den → Hīnayāna-Sūtras der wichtigste Schüler des Buddha ist; 4. → Subhūti, der Erklärer der Leerheit (→ Shūnyatā) des Seienden; 5. Pūrna, der Erklärer des → Dharma; 6. → Mahamaudgalyāyana, der sich durch seine übernatürlichen Kräfte auszeichnet; er bildet mit Shāriputra das wichtigste Jüngerpaar im Mahāyāna; 7. Katyāyana, der Meister der Diskussion und Exegese; 8. Aniruddha, der Meister in der Verwendung des »Himmlischen Auges« (→ Abhijñā); 9. → Upāli, der zuständig ist für Disziplin- und Ritualfragen; 10. → Rāhula, der Sohn des Buddha, Meister esoterischer Handlungen.

Zehn Kräfte, **B** → Dashabala

Zehn Ochsenbilder, **Z** → Jūgyū(-no)-Zu

Zehn Titel eines Buddha, **B** stereotype Bezeichnungen für einen Buddha, die sich in vielen Sūtras finden: Vollendeter (→ Tathāgata), Heiliger (→ Arhat), völlig Erleuchteter (→ Samyak-Sambuddha), mit Wissen und Wandel Begabter, Wohlgegangener, Weltenkenner, unübertrefflicher Menschenerzieher, Lehrer von Göttern und Menschen, Erwachter (Buddha), Erhabener.

Zemban, **Z** jap., wörtl.: »Zen-Brett«; ein Holzbrett, das die Zen-Mönche in alter Zeit benutzten. Während langer Perioden intensiver Schulung, in denen die Mönche ununterbrochen → Zazen übten, ohne sich zum Schlafen niederzulegen, stellten sie bei großer Müdigkeit das Zen-Brett in die übereinandergelegten Hände und stützten das Kinn darauf, um nicht vornüber zu sinken, wenn sie doch einmal einnickten.

Das Zen-Brett spielt in manchen alten Kōan eine Rolle, so z. B. im 20. Beispiel des → *Pi-yen-lu,* in dem die Zen-Meister → Ts'ui-wei Wu-hsüeh (jap. Suibi Mugaku), → Lin-chi I-hsüan (jap. Rinzai Gigen) und → Lung-ya Chü-tun (jap. Ryūge Koton) auftreten:

»Lung-ya fragte Ts'ui-wei: ›Was ist der Sinn von des Patriarchen Kommen aus dem Westen [siehe dazu → Seirai-no-I]?‹

Ts'ui-wei sagte: ›Gib mir einmal das Zen-Brett.‹

Lung-ya reichte Ts'ui-wei das Zen-Brett. Ts'ui-wei nahm es und schlug ihn.

Lung-ya sagte: ›Wenn ich geschlagen werde, so lasse ich mich schlagen; kurzum: des Patriarchen Kommen aus dem Westen hat keinen Sinn.‹

Später fragte Lung-ya Meister Lin-chi: ›Was ist der Sinn von des Patriarchen Kommen aus dem Westen?‹

Lin-chi sagte: ›Reich mir einmal das Polster.‹

Lung-ya nahm das Polster und reichte es Lin-chi. Lin-chi nahm es und schlug ihn.

Lung-ya sagte: ›Wenn geschlagen wird, so lasse ich mich schlagen; kurz: des Patriarchen Kommen aus dem Westen hat keinen Sinn.‹«

Zembyō **Z**, auch Zenbyō, jap., wörtl.: »Zen-Krankheit«; 1. ein Ausdruck für die täuschenden Empfindungen und Erscheinungen (→ Makyō), die bei der Übung von → Zazen auftreten können; 2. jegliche Verhaftung an die eigene Erleuchtungserfahrung; auch die Verhaftung an die Leere (jap. *ku,* Skrt. → Shūnyatā) ist eine Zen-Krankheit. Eine besonders schwere Form von Zembyō liegt vor, wenn jemand gar viel Aufhebens um seine auf dem Zen-Weg gemachten Erfahrungen macht und sich deshalb für etwas »Besonderes« hält; auch wenn jemandem allzu deutlich anzumerken ist, daß er Erleuchtung erfahren hat (siehe dazu → Mosshōseki), bezeichnet man das als Zen-Krankheit.

Zen, **B** **Z** jap.; eine Abkürzung des Wortes »Zenna« (auch »Zenno«), der jap. Lesart des chin. »Ch'an-na« (abgek. »Ch'an«), das wiederum die Übertragung des Sanskrit-Wortes → Dhyāna ist und die Sammlung des Geistes und die Versunkenheit bezeichnet, in der alle dualistischen Unterscheidungen wie Ich/Du, Subjekt/Objekt, wahr/falsch aufgehoben sind. Zen läßt sich exoterisch und esoterisch definieren:

Exoterisch gesehen, ist Zen eine Schule des → Mahāyāna-Buddhismus, die sich im China des 6. und 7. Jh. aus der Begegnung des von → Bodhidharma nach China übermittelten → Dhyāna-Buddhismus mit dem Taoismus entwickelte. Als solche ist Zen eine Religion, deren Lehren und Praktiken darauf gerichtet sind, zur Selbst-Wesensschau (→ Kenshō, → Satori) und schließlich zum vollen Erwachen (→ Erleuchtung) hinzuführen, wie es → Shākyamuni Buddha nach intensiver meditativer Selbstschulung unter dem Bodhi-Baum erlebte. Wie keine andere Schule des Buddhismus betont das Zen die Vorrangigkeit der Erleuchtungserfahrung und die Nutzlosigkeit von rituellen religiösen Übungen und intellektueller Auseinandersetzung mit der Lehre für die Erlangung der Befreiung (Erleuchtung). Als kürzesten, aber auch steilsten Weg zum Erwachen lehrt Zen die Praxis des → Zazen, des »Sitzens in Versunkenheit«.

Das Charakteristische des Zen läßt sich in vier kurzen Aussagen zusammenfassen: 1. »(Eine) besondere Überlieferung außerhalb der (orthodoxen) Lehre« *(→ Kyōge-Betsuden);* 2. »Unabhängigkeit von (heiligen) Schriften« *(→ Furyū-Monji);* 3. »(und das) unmittelbare Deuten (auf des) Menschen Herz« *(→ Jikishi-Ninshin);* 4. »(führen zur) Schau des (eigenen) Wesens (und zur) Buddha-Werdung« *(→ Kenshō-Jōbutsu).* Diese prägnante Charakterisierung des Zen wird von der Zen-Tradition Bodhidharma, dem 1. Patriarchen des Zen in China, zugeschrieben, während manche modernen Gelehrten vermuten, daß sie eher von dem späteren Zen-Meister → Nan-ch'üan P'u-yüan (jap. Nansen Fugan) stammt.

Der Legende nach begann die »besondere Überlieferung außerhalb der orthodoxen Lehre« mit der berühmten Predigt von Shākyamuni auf dem → Geierberg (Gridhrakūta). Damals soll der Buddha, als eine große Schar von Jüngern sich um ihn versammelt hatte, um seine Darlegung des Dharma zu hören, nur schweigend eine Blüte in die Höhe gehalten haben. Einzig sein Schüler Kāshyapa begriff und lächelte – angesichts der Geste seines Meisters war er urplötzlich zur erleuchteten Sicht durchgebrochen und hatte damit die Essenz der Lehre des Buddha erfaßt (siehe dazu auch → Nenge-Mishō). Damit hatte die erste Übertragung der »wortlosen Lehre« des Zen von Herz-Geist zu Herz-Geist (→ Ishin-Denshin) stattgefunden. Der Buddha bestätigte → Mahākāshyapa, wie sein erleuchteter Schüler von nun an genannt wurde, als 1. indischen Patriarchen in der Übertragungslinie. Im Zen, das oft auch als die »Schule des Buddha-Geistes« bezeichnet wird, spielt die »plötzliche Erleuchtung« (→ Tongo) seither eine hervorragende Rolle.

Über eine ungebrochene Kette der Übertragung soll der → Buddha-Dharma bis auf den 28. ind. Patriarchen, Bodhidharma, weitergegeben worden sein. Die ind. Periode und die von späteren chin. Texten angeführte Traditionslinie wird von den Historikern als »legendär« bezeichnet, da keinerlei historische Dokumente über sie vorliegen. Für das Zen selbst, in dem die von jedem erleuchteten Meister (solange er nicht lau geworden ist) leicht überprüfbare Echtheit der Erleuchtungserfahrung im Vordergrund steht, spielt die Historizität der frühen Patriarchen jedoch keine Rolle. Hier ist Wirklichkeit im wahrsten Sinn des Wortes »das, was wirkt«, die »lebendige Wahrheit« – die nichts gemein hat mit der toten »Realität« (d. h. »Dinglichkeit«, von lat. *res:* Ding) der gesicherten Daten, auf die die Wissenschaften eine ihnen unbegreifliche Wirklichkeit reduzieren möchten.

Als Bodhidharma Anfang des 6. Jh. seine Linie des Dhyāna-Buddhismus von Indien nach China übertrug, wurde er damit zum 1. Patriarchen der chin. Linie des Zen. Im Laufe der Übertragung bis auf den 6. chin. Patriarchen, → Hui-neng (638–713), entwickelte sich aus der Verbindung der geistigen Essenz des Dhyāna-Buddhismus mit der dem Buddhismus in vielen Aspekten kongenialen Lehre und Lebensart des Taoismus jene Form der geistigen Schulung, die wir heute als Zen bezeichnen. Dies ist vor allem das Zen der auf Hui-neng zurückgehenden → Südlichen Schule, welche die Lehre von der plötzlichen Erleuchtung (Tongo) betont. Eine andere Schulrichtung des Zen, die → Nördliche Schule, die auf → Shen-hsiu, einen »Rivalen« von Hui-neng, zurückging und die allmähliche Erleuchtung (→ Zengo) lehrte, war nur von kurzer Lebensdauer.

Mit Hui-neng und seinen Dharma-Nachfolgern (→ Hassu) begann die große Zeit des Zen, die vor allem in der T'ang-, aber auch noch zu Beginn der Sung-Zeit eine Vielzahl von großen Meistern hervorgebracht hat. Unter diesen trugen überragende Meister wie → Ma-tsu Tao-i (jap. Baso Dōitsu), → Pai-chang Huai-hai (jap. Hyakujō Ekai), → Te-shan Hsüan-chien (jap. Tokusan Senkan), → Tung-shan Liang-chieh (jap. Tōzan Ryōkai), → Chao-chou Ts'ung-shen (jap. Jōshū Jūshin) und → Lin-chi I-hsüan (jap. Rinzai Gigen) Wesentliches zur weiteren Ausformung der typischen Schulungsweise des Zen bei. Die Übertragungslinie der Südlichen Schule des Zen fächerte sich in die »Fünf Häuser, Sieben Schulen« (→ Goke-Shichishū) auf, das sind sieben nur in Details der Schulungsweise, nicht aber im wesentlichen Gehalt verschiedene Schulrichtungen der Zen-Tradition. Diese sind: die → Sōtō-Schule, die → Ummon-Schule, die → Hōgen-Schule, die → Igyō-Schule, die → Rinzai-Schule und als Unterschulen des Rinzai-Zen die → Yōgi-Schule sowie die → Ōryō-Schule (siehe auch Traditionstafel des Zen, S. 474).

Von diesen Linien gelangten zwei, nämlich die Rinzai-Schule und die Sōtō-Schule, im 12. bzw. Anfang des 13. Jh. nach Japan, wo sie bis heute lebendig sind. Während das Zen in China nach der Sung-Zeit niederging und durch eine Vermischung mit der → Reines-Land-Schule des Buddhismus während der Ming-Zeit als echte Linie der Übertragung des Buddha-Dharma »von Herz-Geist zu Herz-Geist« aufhörte zu existieren, erlebte es in Japan eine neue Blüte. → Dōgen Zenji, der das Sōtō-Zen nach Japan brachte, sowie → Eisai Zenji, Shinchi → Kakushin, → Shōmyō u. a., die in der Tradition der Rinzai-Schule standen, begründeten zusammen mit einigen nach Japan eingeladenen chin. Zen-Meistern die jap. Zen-Tradition. Eine von dem chin. Meister → Yin-yüan Lung-ch'i (jap. Ingen Ryūki) Mitte des 17. Jh. in Japan gegründete Zen-Schule, die → Ōbaku-Schule, ist heute praktisch bedeutungslos und hat nur noch ein aktives Kloster, das → Mampuku-ji in Uji bei Kyōto. Eine der hervorragendsten Gestalten des jap. Zen war → Hakuin Zenji, der das jap. Rinzai-Zen im 18. Jh. nach einer Zeit des Niedergangs reformierte und ihm zu einem neuen Aufschwung verhalf.

Da seit einigen Jahrzehnten auch Menschen aus dem Westen in Japan Führung auf dem Zen-Weg

suchen, übermitteln heute jap. Meister ihr Dharma auch Europa und den USA, und es gibt bereits einige westliche Dharma-Nachfolger. So könnte es sein, daß Zen einen weiteren Schritt auf seiner Wanderung über die Kontinente macht. Die Tatsache, daß einige Menschen im Westen inzwischen von einem oberflächlichen intellektuellen Interesse zu einer echten Zen-Praxis unter Anleitung autorisierter Meister fortgeschritten sind, läßt vermuten, daß das Zen auch im Abendland Wurzeln schlagen und Früchte tragen kann.
Esoterisch gesehen, ist Zen keine Religion, sondern die nicht definierbare, nicht vermittelbare (→ Fukasetsu), von jedem einzelnen nur für sich selbst erfahrbare Wurzel – frei von jeglichen Namen, Bezeichnungen und Begriffen –, aus der als *Ausdrucksform* dieser Erfahrung alle Religionen erst entspringen. In diesem Sinne ist Zen an keine religiöse Tradition, auch nicht an die buddhistische, gebunden. Es ist die von den großen Weisen, Heiligen und Religionsstiftern aller Zeiten und Kulturen erfahrene und mit den verschiedensten Namen bezeichnete »Ur-Vollkommenheit« alles Seienden, die der Buddhismus die »Identität von → Samsāra und → Nirvāna« genannt hat. Das Zazen ist daher keine »Methode«, die den in Unwissenheit (→ Avidyā) lebenden Menschen zum »Ziel« der Befreiung hinführt, sondern unmittelbarer Ausdruck und die Aktualisierung der in jedem Menschen in jedem Augenblick gegenwärtigen Vollkommenheit.

Zenbyō, ◼ → Zembyō

Zendō, ◼ jap., wörtl.: »Zen-Halle« (auch Dōjō: »Weg-Halle«); eine große Halle oder ein Raum, in Klöstern ein besonderes Bauwerk, in dem → Zazen geübt wird.
Wenn ein im traditionellen Stil erbautes Zendō der Übung von Zazen auch sehr zuträglich ist, so betonen die Meister des Zen jedoch immer wieder, daß es zur Praxis des Zen im Grunde keines besonderen Raumes in einer stillen und idyllischen Umgebung bedarf – auch wenn solche Umstände natürlich hilfreich und für Anfänger im Zazen meist unerläßlich sind. So sagt → Dōgen Zenji: »*Waga shin kore dōjō* – Dein eigenes Herz, das ist die Übungshalle.«

Zen'en, ◼ jap., wörtl.: »Zen-Garten«; ein Zen-Kloster (→ Tera), ein anderer Ausdruck für → Zenrin.

Zengen Chūkō, ◼ jap. für → Chien-yüan Chung-hsing

Zengo, ◼ jap., wörtl.: »allmähliche Erleuchtung«; die Lehre von der allmählichen Erleuchtung (auch »schrittweise« oder »stufenweise« Erleuchtung genannt), wie sie sich mit der Nördlichen Schule des Zen in China verbindet, im Gegensatz zur Lehre von der »plötzlichen Erleuchtung« (→ Tongo), die die → Südliche Schule des Zen charakterisiert.

Zenji, ◼ jap., wörtl.: »Zen-Meister« (*ji* = *shi:* Meister); Ehrentitel mit der Bedeutung »großer« oder »berühmter Zen-Meister«. Es ist ein Titel, der i. allg. posthum verliehen wird; einige Meister erhielten diese Auszeichnung allerdings bereits zu Lebzeiten.

Zenjō, ◼ jap. Aussprache der chin. Schriftzeichen, mit denen das Sanskrit-Wort → Dhyāna ins Chinesische übertragen wurde (chin. Aussprache *ch'an-na*). Das Wort steht für den Zustand meditativer Versunkenheit oder die Übung derselben, die als → Zazen die grundlegende Praxis des Zen darstellt. (Siehe dazu auch → Zen.)

Zenke, ◼ jap., wörtl.: »Zen-Haus, Zen-Familie«; 1. ein Zen-Tempel oder -Kloster (→ Tera); 2. die »Familie« der Zen-Anhänger, die den großen Schulen der wahren Zen-Tradition (→ Goke-Shichishū) angehörenden Mönche, Nonnen und Laien.

Zenkō Kokushi, ◼ → Eisai Zenji

Zenna, ◼ jap. → Zen

Zenno, ◼ jap. → Zen

Zenrin, ◼ jap., wörtl. »Zen-Wald«; die Gemeinschaft der Zen-Mönche oder ein Zen-Kloster.

Zenrin-kushū, ◼ jap., wörtl.: »Sammlung von Aussprüchen aus dem Zen-Wald«; eine 1688 von dem Zen-Laien Ijūshi herausgegebene Anthologie von Aussprüchen aus den Sūtras, den Schriften der großen chin. Zen-Meister, konfuzian. und taoist. Texten sowie Zeilen aus Gedichten der großen chin. Dichter. Sie basiert auf einer Ende des 15. Jh. von dem jap. Zen-Meister Tōyō Eichō, einem Dharma-Nachfolger (→ Hassu) in 7. Generation von → Kanzan Egen, kompilierten kürzeren Spruchsammlung. Das *Zenrin-kushū* besteht aus ca. 6000 Eintragungen, die nach der Zahl der Schriftzeichen der Aussprüche geordnet sind. Seit → Hakuin Zenji, der dieses Werk in seiner Jugend kennenlernte, ist es im jap. Rinzai-Zen eine beliebte Quelle von → Jakugo. Eine engl. Übersetzung von 1234 Sprüchen aus dem *Zenrin-kushū* ist: *A Zen-Forest. Sayings of the Masters*, übers. v. Sōiku Shigematsu, New York 1981.

Zenshū, ◼ jap. für → Ch'an-tsung

Zensu, Z jap., wörtl.: »Zen-Kind«; ein Zen-Schüler, der von einem Meister (→ Rōshi) auf dem Zen-Weg geführt wird.

Zinnoberfeld, T → Tan-t'ien

Zuflucht, B → Kyabdro

Zuflucht, Dreifache, B → Trisharana

Zuigan Shigen, Z jap. für → Jui-yen Shih-yen

Zuisoku-Kan, Z jap. → Susoku-Kan

Zweimal verborgene Schätze, B → Terma

Zweiunddreißig Merkmale der Vollkommenheit, B → Dvātrimshadvara-Lakshana

Traditionstafel des Zen

Diese Traditionstafel enthält nur die wichtigsten Meister und anerkannten Übertragungslinien des Zen von Buddha Shākyamuni bis zur Übertragung des Zen nach Japan. In Japan verzweigen sich die Übertragungslinien so stark, daß eine Darstellung in der vorliegenden graphischen Form nicht mehr möglich ist. (Die für die Geschichte des Zen besonders bedeutsamen Meister sind im Satz halbfett hervorgehoben.)

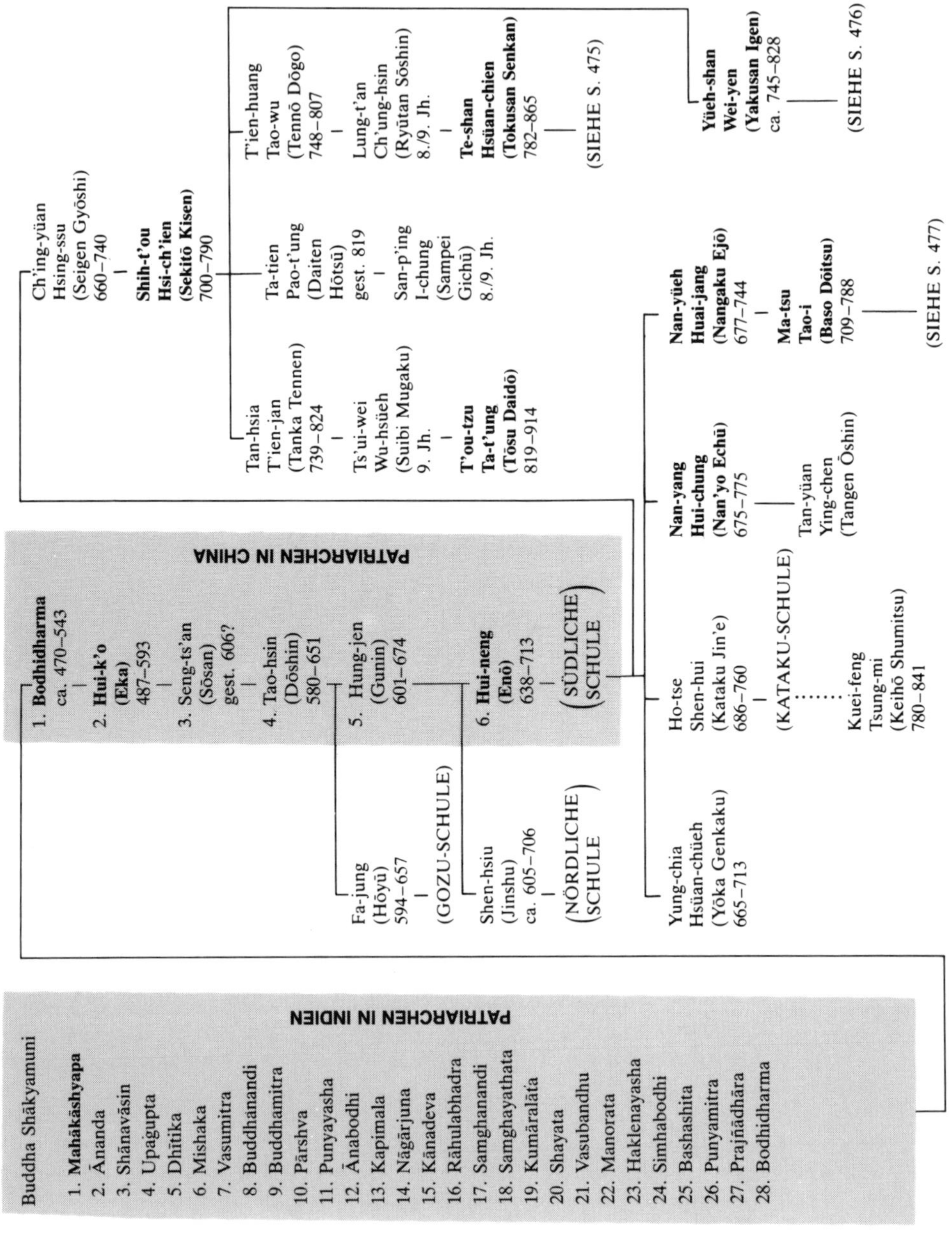

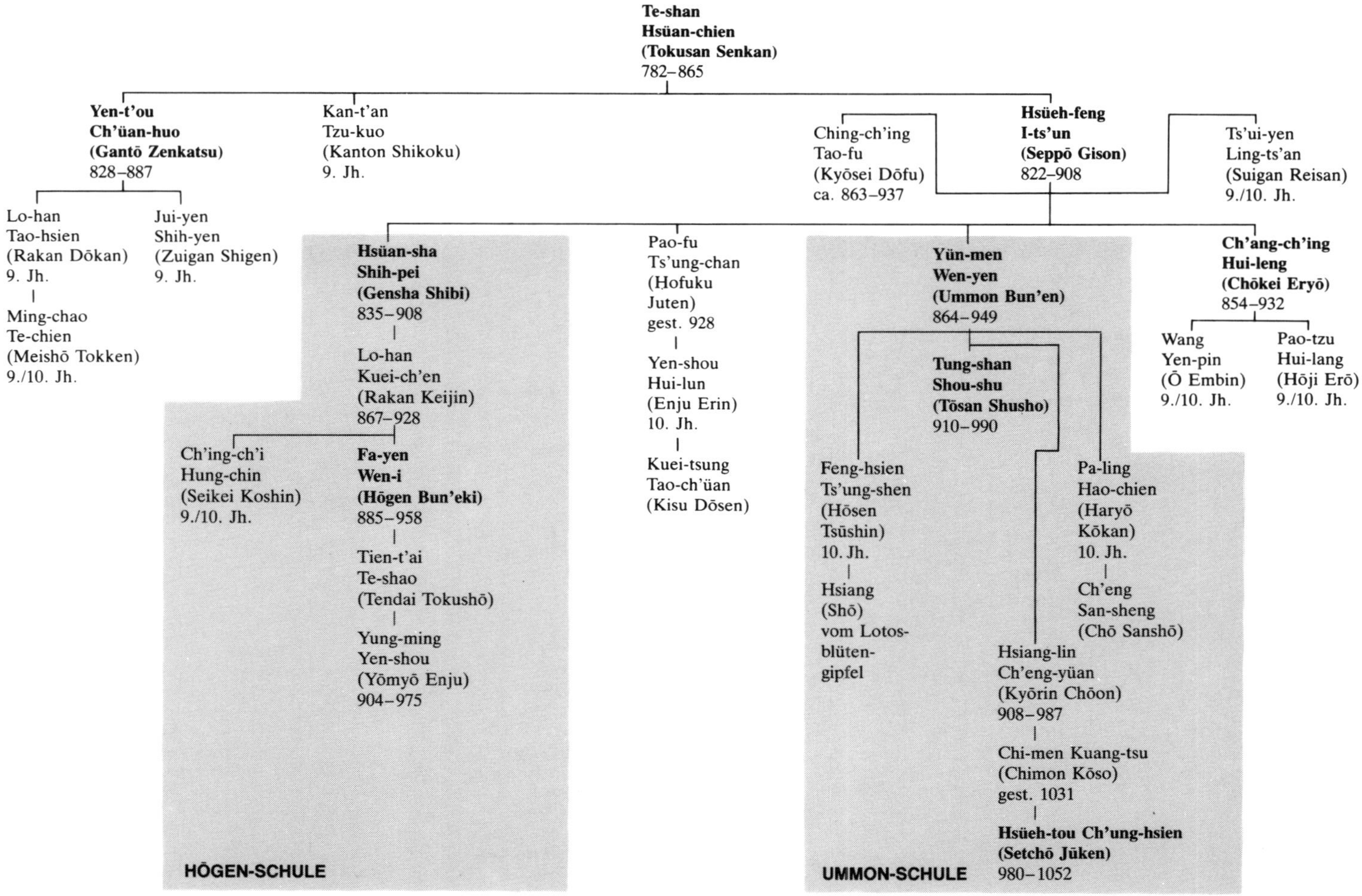
Te-shan
Hsüan-chien
(Tokusan Senkan)
782–865
Yen-t'ou
Ch'üan-huo
(Gantō Zenkatsu)
828–887
Lo-han
Tao-hsien
(Rakan Dōkan)
9. Jh.
Ming-chao
Te-chien
(Meishō Tokken)
9./10. Jh.
Jui-yen
Shih-yen
(Zuigan Shigen)
9. Jh.
Kan-t'an
Tzu-kuo
(Kanton Shikoku)
9. Jh.
Ching-ch'ing
Tao-fu
(Kyōsei Dōfu)
ca. 863–937
Hsüeh-feng
I-ts'un
(Seppō Gison)
822–908
Ts'ui-yen
Ling-ts'an
(Suigan Reisan)
9./10. Jh.
Hsüan-sha
Shih-pei
(Gensha Shibi)
835–908
Lo-han
Kuei-ch'en
(Rakan Keijin)
867–928
Ch'ing-ch'i
Hung-chin
(Seikei Koshin)
9./10. Jh.
Fa-yen
Wen-i
(Hōgen Bun'eki)
885–958
Tien-t'ai
Te-shao
(Tendai Tokushō)
Yung-ming
Yen-shou
(Yōmyō Enju)
904–975
HŌGEN-SCHULE
Pao-fu
Ts'ung-chan
(Hofuku
Juten)
gest. 928
Yen-shou
Hui-lun
(Enju Erin)
10. Jh.
Kuei-tsung
Tao-ch'üan
(Kisu Dōsen)
Yün-men
Wen-yen
(Ummon Bun'en)
864–949
Tung-shan
Shou-shu
(Tōsan Shusho)
910–990
Feng-hsien
Ts'ung-shen
(Hōsen
Tsūshin)
10. Jh.
Hsiang
(Shō)
vom Lotos-
blüten-
gipfel
Pa-ling
Hao-chien
(Haryō
Kōkan)
10. Jh.
Ch'eng
San-sheng
(Chō Sanshō)
Hsiang-lin
Ch'eng-yüan
(Kyōrin Chōon)
908–987
Chi-men Kuang-tsu
(Chimon Kōso)
gest. 1031
Hsüeh-tou Ch'ung-hsien
(Setchō Jūken)
980–1052
UMMON-SCHULE
Ch'ang-ch'ing
Hui-leng
(Chōkei Eryō)
854–932
Wang
Yen-pin
(Ō Embin)
9./10. Jh.
Pao-tzu
Hui-lang
(Hōji Erō)
9./10. Jh.

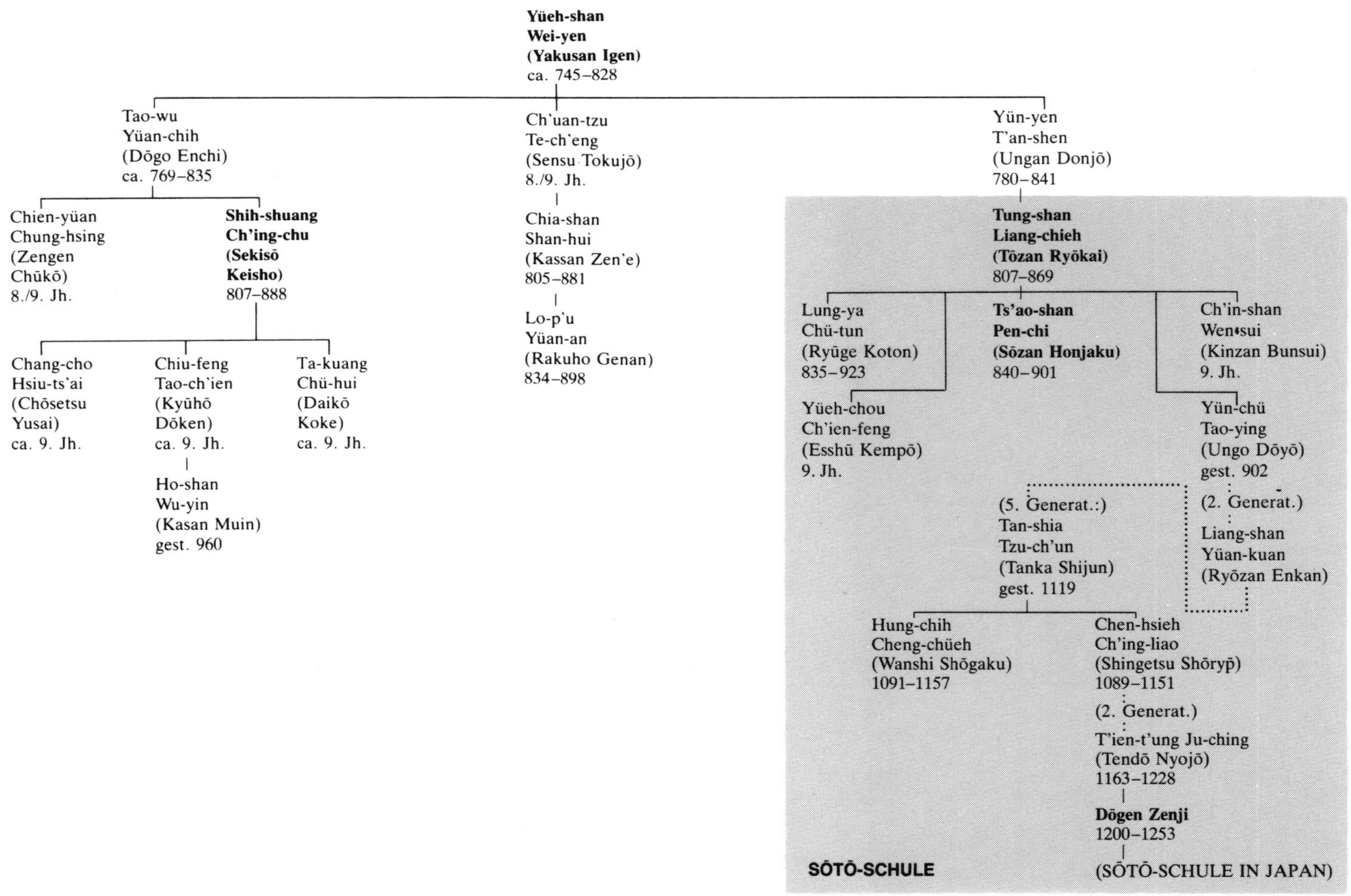
Yüeh-shan
Wei-yen
(Yakusan Igen)
ca. 745–828
Tao-wu
Yüan-chih
(Dōgo Enchi)
ca. 769–835
Ch'uan-tzu
Te-ch'eng
(Sensu Tokujō)
8./9. Jh.
Yün-yen
T'an-shen
(Ungan Donjō)
780–841
Chien-yüan
Chung-hsing
(Zengen
Chūkō)
8./9. Jh.
Shih-shuang
Ch'ing-chu
(Sekisō
Keisho)
807–888
Chia-shan
Shan-hui
(Kassan Zen'e)
805–881
Lo-p'u
Yüan-an
(Rakuho Genan)
834–898
Chang-cho
Hsiu-ts'ai
(Chōsetsu
Yusai)
ca. 9. Jh.
Chiu-feng
Tao-ch'ien
(Kyūhō
Dōken)
ca. 9. Jh.
Ho-shan
Wu-yin
(Kasan Muin)
gest. 960
Ta-kuang
Chü-hui
(Daikō
Koke)
ca. 9. Jh.
Tung-shan
Liang-chieh
(Tōzan Ryōkai)
807–869
Lung-ya
Chü-tun
(Ryūge Koton)
835–923
Ts'ao-shan
Pen-chi
(Sōzan Honjaku)
840–901
Ch'in-shan
Wensui
(Kinzan Bunsui)
9. Jh.
Yüeh-chou
Ch'ien-feng
(Esshū Kempō)
9. Jh.
Yün-chü
Tao-ying
(Ungo Dōyō)
gest. 902
(2. Generat.)
Liang-shan
Yüan-kuan
(Ryōzan Enkan)
(5. Generat.:)
Tan-shia
Tzu-ch'un
(Tanka Shijun)
gest. 1119
Hung-chih
Cheng-chüeh
(Wanshi Shōgaku)
1091–1157
Chen-hsieh
Ch'ing-liao
(Shingetsu Shōryp̄)
1089–1151
(2. Generat.)
T'ien-t'ung Ju-ching
(Tendō Nyojō)
1163–1228
Dōgen Zenji
1200–1253
(SŌTŌ-SCHULE IN JAPAN)
SŌTŌ-SCHULE

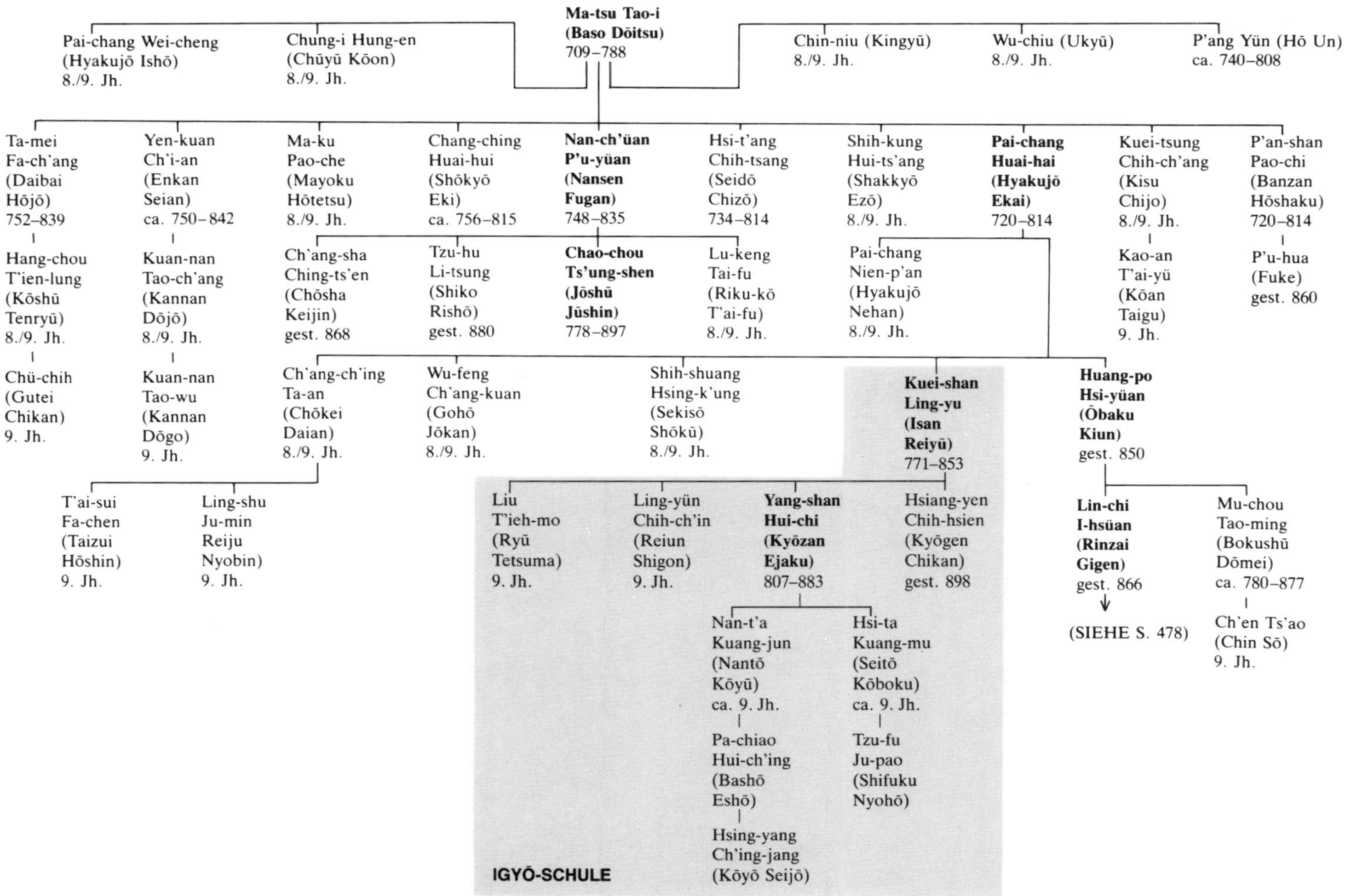
Ma-tsu Tao-i (Baso Dōitsu) 709–788
Pai-chang Wei-cheng (Hyakujō Ishō) 8./9. Jh.
Chung-i Hung-en (Chūyū Kōon) 8./9. Jh.
Chin-niu (Kingyū) 8./9. Jh.
Wu-chiu (Ukyū) 8./9. Jh.
P'ang Yün (Hō Un) ca. 740–808
Ta-mei Fa-ch'ang (Daibai Hōjō) 752–839
Yen-kuan Ch'i-an (Enkan Seian) ca. 750–842
Ma-ku Pao-che (Mayoku Hōtetsu) 8./9. Jh.
Chang-ching Huai-hui (Shōkyō Eki) ca. 756–815
Nan-ch'üan P'u-yüan (Nansen Fugan) 748–835
Hsi-t'ang Chih-tsang (Seidō Chizō) 734–814
Shih-kung Hui-ts'ang (Shakkyō Ezō) 8./9. Jh.
Pai-chang Huai-hai (Hyakujō Ekai) 720–814
Kuei-tsung Chih-ch'ang (Kisu Chijo) 8./9. Jh.
P'an-shan Pao-chi (Banzan Hōshaku) 720–814
Hang-chou T'ien-lung (Kōshū Tenryū) 8./9. Jh.
Kuan-nan Tao-ch'ang (Kannan Dōjō) 8./9. Jh.
Ch'ang-sha Ching-ts'en (Chōsha Keijin) gest. 868
Tzu-hu Li-tsung (Shiko Rishō) gest. 880
Chao-chou Ts'ung-shen (Jōshū Jūshin) 778–897
Lu-keng Tai-fu (Riku-kō T'ai-fu) 8./9. Jh.
Pai-chang Nien-p'an (Hyakujō Nehan) 8./9. Jh.
Kao-an T'ai-yü (Kōan Taigu) 9. Jh.
P'u-hua (Fuke) gest. 860
Chü-chih (Gutei Chikan) 9. Jh.
Kuan-nan Tao-wu (Kannan Dōgo) 9. Jh.
Ch'ang-ch'ing Ta-an (Chōkei Daian) 8./9. Jh.
Wu-feng Ch'ang-kuan (Gohō Jōkan) 8./9. Jh.
Shih-shuang Hsing-k'ung (Sekisō Shōkū) 8./9. Jh.
Kuei-shan Ling-yu (Isan Reiyū) 771–853
Huang-po Hsi-yüan (Ōbaku Kiun) gest. 850
T'ai-sui Fa-chen (Taizui Hōshin) 9. Jh.
Ling-shu Ju-min Reiju Nyobin) 9. Jh.
Liu T'ieh-mo (Ryū Tetsuma) 9. Jh.
Ling-yün Chih-ch'in (Reiun Shigon) 9. Jh.
Yang-shan Hui-chi (Kyōzan Ejaku) 807–883
Hsiang-yen Chih-hsien (Kyōgen Chikan) gest. 898
Lin-chi I-hsüan (Rinzai Gigen) gest. 866
(SIEHE S. 478)
Mu-chou Tao-ming (Bokushū Dōmei) ca. 780–877
Ch'en Ts'ao (Chin Sō) 9. Jh.
Nan-t'a Kuang-jun (Nantō Kōyū) ca. 9. Jh.
Hsi-ta Kuang-mu (Seitō Kōboku) ca. 9. Jh.
Pa-chiao Hui-ch'ing (Bashō Eshō)
Tzu-fu Ju-pao (Shifuku Nyohō)
Hsing-yang Ch'ing-jang (Kōyō Seijō)
IGYŌ-SCHULE

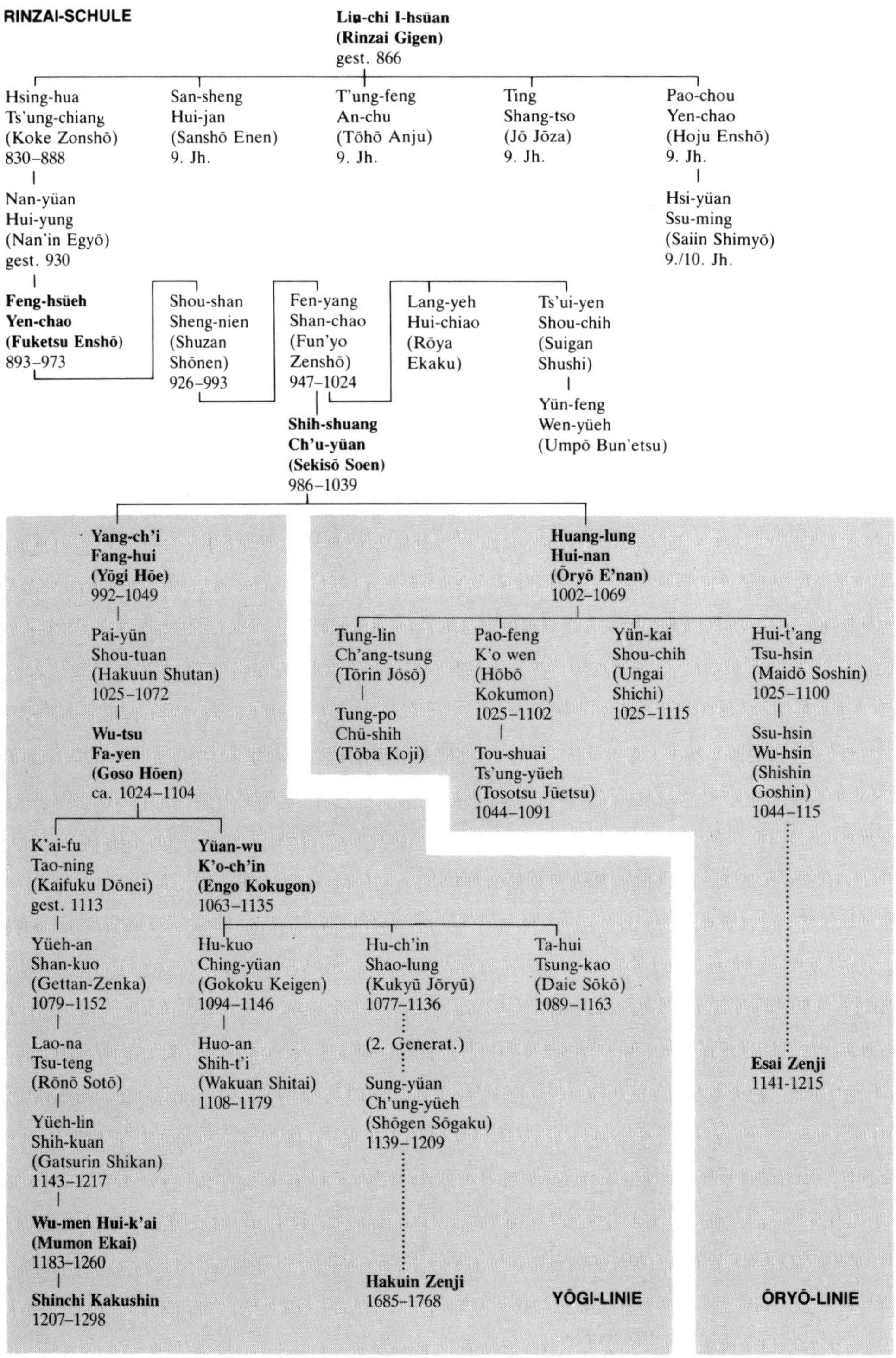
RINZAI-SCHULE
Lin-chi I-hsüan (Rinzai Gigen) gest. 866
Hsing-hua Ts'ung-chiang (Koke Zonshō) 830–888
San-sheng Hui-jan (Sanshō Enen) 9. Jh.
T'ung-feng An-chu (Tōhō Anju) 9. Jh.
Ting Shang-tso (Jō Jōza) 9. Jh.
Pao-chou Yen-chao (Hoju Enshō) 9. Jh.
Nan-yüan Hui-yung (Nan'in Egyō) gest. 930
Hsi-yüan Ssu-ming (Saiin Shimyō) 9./10. Jh.
Feng-hsüeh Yen-chao (Fuketsu Enshō) 893–973
Shou-shan Sheng-nien (Shuzan Shōnen) 926–993
Fen-yang Shan-chao (Fun'yo Zenshō) 947–1024
Lang-yeh Hui-chiao (Rōya Ekaku)
Ts'ui-yen Shou-chih (Suigan Shushi)
Yün-feng Wen-yüeh (Umpō Bun'etsu)
Shih-shuang Ch'u-yüan (Sekisō Soen) 986–1039
Yang-ch'i Fang-hui (Yōgi Hōe) 992–1049
Huang-lung Hui-nan (Ōryō E'nan) 1002–1069
Pai-yün Shou-tuan (Hakuun Shutan) 1025–1072
Tung-lin Ch'ang-tsung (Tōrin Jōsō)
Tung-po Chü-shih (Tōba Koji)
Pao-feng K'o wen (Hōbō Kokumon) 1025–1102
Tou-shuai Ts'ung-yüeh (Tosotsu Jūetsu) 1044–1091
Yün-kai Shou-chih (Ungai Shichi) 1025–1115
Hui-t'ang Tsu-hsin (Maidō Soshin) 1025–1100
Ssu-hsin Wu-hsin (Shishin Goshin) 1044–115
Wu-tsu Fa-yen (Goso Hōen) ca. 1024–1104
K'ai-fu Tao-ning (Kaifuku Dōnei) gest. 1113
Yüan-wu K'o-ch'in (Engo Kokugon) 1063–1135
Yüeh-an Shan-kuo (Gettan-Zenka) 1079–1152
Lao-na Tsu-teng (Rōnō Sotō)
Yüeh-lin Shih-kuan (Gatsurin Shikan) 1143–1217
Wu-men Hui-k'ai (Mumon Ekai) 1183–1260
Shinchi Kakushin 1207–1298
Hu-kuo Ching-yüan (Gokoku Keigen) 1094–1146
Huo-an Shih-t'i (Wakuan Shitai) 1108–1179
Hu-ch'in Shao-lung (Kukyū Jōryū) 1077–1136
(2. Generat.)
Sung-yüan Ch'ung-yüeh (Shōgen Sōgaku) 1139–1209
Hakuin Zenji 1685–1768
Ta-hui Tsung-kao (Daie Sōkō) 1089–1163
Esai Zenji 1141-1215
YŌGI-LINIE
ŌRYŌ-LINIE

Literaturverzeichnis

Buddhismus *Basistexte*

Abhidhamma-Pitaka, Übersetzung s. Davids 1974.

Abhidharmakosha, Übersetzungen s. Lamotte 1976; Vallée-Poussin 1923/26

Akshayamati-Pariprichchā, Übersetzung s. Chang 1983.

Anguttara-Nikāya, Übersetzung s. Nyanaponika 1985.

Ashokadatta-Vyākarana, Übersetzung s. Chang 1983.

Ashtasāhasrikā-Prajñāpāramitā-Sūtra, Übersetzung s. Conze 1973 (a).

Ashtashataka-Prajñāpāramitā-Sūtra, Übersetzung s. Conze 1955.

Ashvaghosha, Übersetzungen s. Bailey 1951; Weller 1926, 1928.

Asmussen, Jes Peter (Übers.): *The Khotanese Bhadracaryādeśanā,* Kopenhagen 1961.

Atīsha, Übersetzung s. Sherburne 1983.

Aung, Shwe Zan / Davids, Caroline Rhys (Übers.): *Points of Controversy,* Pali Text Society (Transl. Series 5), Oxford 1915.

Avatamsaka-Sūtra s. *Buddhāvatamsaka-Sūtra*

Bardo Thödol, Übersetzung s. Dargyay 1980.

Batchelor, Stephen / Sherpa Tulku (Übers.): *A Guide to the Bodhisattva's Way of Life,* Dharamsala 1979.

Bays, Gwendolyn: *The Voice of Buddha,* 2 Bde., Boulder, Col., 1983.

Beyer, Stephan: *The Buddhist Experience,* Encino, Cal., 1974.

Blofeld, John (Übers.): *The Sutra of 42 Sections,* London 1947.

Brahmajāla-Sūtra, Übersetzung s. Weller 1971.

Buddhavamsa, Übersetzung s. Horner 1974/75.

Buddhāvatamsaka-Sūtra, Übersetzungen s. Asmussen 1961; Chang 1971; Hurvitz 1969.

Chan, Wing-tsit (Übers.): »The Thirty Verses of the Mind-Only-Doctrine«, in *Sourcebook of Chinese Philosophy,* Princeton 1957.

Chandragarbha-Prajñāpāramitā-Sūtra, Übersetzung s. Conze 1973 (b).

Chandragomin, Übersetzung s. Tatz 1985.

Chandrakīrti, (Teil-)Übersetzung s. Sprung 1979.

Chang, Garma C. C. (Übers.): *The Buddhist Teaching of Totality,* London 1971.

–: *The Hundred Thousand Songs of Milarepa,* 2 Bde., Boulder, Col., 1977 (NA).

– (Hrsg.): *A Treasury of Mahayana Sutras,* Pennsylv. University Press 1983.

Chariyāpitaka, Übersetzung s. Horner 1974/75.

Chihman, Upāsikā (Übers.): *The Two Buddhist Books of Mahayana,* Hongkong 1936.

Conze, Edward (Übers.): »The Diamond Sutra«, in *Buddhist Wisdom Books,* London 1958.

–: *Pañcavimśati-Sāhasrika. The Large Sutra on Perfect Wisdom,* 2 Bde., London 1961/64.

–: *The Perfection of Wisdom in Eight Thousand Lines,* Berkeley, Cal., 1973 (a).

–: *Prajñāpāramitās. Selected Sayings from the Perfection of Wisdom,* London 1955.

–: *The Short Prajñāpāramitā Texts,* London 1973 (b).

Cowell, Edward B. (Übers.): *The Jātaka,* 6 Bde., Cambridge 1895/1907.

Dahlke, Paul (Übers.): *Suttapitaka. Das Buch der buddhistischen Urschriften,* 3 Bde., Berlin 1919/23.

Dargyay, Eva K. und Lobsang (Übers.): *Das tibetische Buch der Toten,* Bern 1980.

Davids, Caroline Rhys (Übers.): *Abhidhamma Pitaka. A Buddhist Manual of Psychological Ethics,* Pali Text Society (Transl. Series 41), London 1974.

Dhammapadam, Übersetzungen s. Dahlke 1919; Eberhardt 1922; Franke 1923; Neumann 1893; Schroeder 1892; Schultze 1885; Schmidt 1954; Sparham 1983.

Dhammasangani, Übersetzung s. Davids 1974.

Dharmakīrti, Übersetzung s. Steinkellner 1973.

Diamant-Sūtra s. *Vajrachchedikā-Prajñāpāramitā-Sūtra*

Dīgha-Nikāya, Übersetzungen s. Dahlke 1920; Franke 1913; Neumann 1957.

Dīpamkarashrījñāna, Übersetzung s. Eimer 1978.

Dowman, Keith (Übers.): *Sky Dancer. The Secret Life and Songs of the Lady Yeshe Tsogyel,* London 1984.

Dvāchatvārimshat-Khanda-Sūtra, Übersetzungen s. Blofeld 1947; Hackman 1927; Hsüan Hua 1977; Soyen Shaku / Suzuki 1906.

Dhvajāgra-Mahāsūtra, Übersetzung s. Waldschmidt 1959.

Eimer, Helmut (Übers.): *Bodhipathapradīpa,* Asiat. Forschungen, Nr. 59, 1978.

Ensink, Jacob (Übers.): *The Question of Rāstrapāla,* Zwolle, Niederl. 1952.

Evans-Wentz, W. Y. (Hrsg.): *Milarepa. Tibets großer Yogi,* Bern 1978 (NA).
Fischer, Jakob / Takezo, Yokota (Übers.): *Das Sūtra Vimalakīrti, Das Sūtra der Erlösung,* Tōkyō 1944.
Franke, Rudolf Otto (Übers.): *Dhamma-Worte,* Jena 1923.
–: *Dīghanikāya. Das Buch der langen Texte,* Göttingen 1913.
Frauwallner, Erich (Übers.): *Philosophie des Buddhismus,* Berlin 1969.
Gampopa, Übersetzung s. Guenther 1959.
Gangottarā-Pariprichchā, Übersetzung in Chang 1983.
Geiger, Wilhelm (Übers.): *Samyutta-Nikaya. Die in Gruppen geordnete Sammlung,* 2 Bde., München 1925/30.
Goddard, Dwight: *The Buddha's Golden Path,* London 1931.
Guenther, Herbert V. (Übers.): *The Jewel Ornament of Liberation by sGam.po.pa,* London 1959.
–: *Kindly Bent to Ease Us. A Translation of Longchenpa's »Trilogy of Finding Comfort and Ease«,* 3 Bde., Emeryville, Cal., 1975/76.
–: *The Life and Teaching of Naropa,* London 1963.
–: *The Royal Song of Saraha. A Study in the History of Buddhist Thought,* London 1969.
– / Kawamura, Leslie (Übers.): *Mind in Buddhist Psychology. A Translation of Ye-shes rgyal-mtshan's »The Necklace of Clear Understanding«,* Emeryville, Cal., 1975.
Hackman, H. F. L. (Übers.): »Dvāchatvārimshat-Khanda-Sūtra«, in *Acta Orientalia,* Nr. 5, 1927.
Herz-Sūtra s. *Mahāprajñāpāramitā-Hridaya-Sūtra*
Hopkins, Jeffrey / Lati Rimpoche (Übers.): *The Buddhism of Tibet and the Key to the Middle Way by Tenzin Gyatso,* London 1975.
–: *Compassion in Tibetan Buddhism by Tsongka-pa,* London 1980 (a)
–: *The Precious Garland and the Song of the Four Mindfulnesses by Nāgārjuna and the Seventh Dalai Lama,* London 1975.
–: *Tantra in Tibet. Das Geheime Mantra des Tsong-ka-pa,* Düsseldorf/Köln 1980 (b).
Horner, I. B. (Übers.): *Minor Anthologies of the Pali Canon,* Teil III u. IV, Sacred Books of the Buddhists, London 1974/75.
–: *A General Explanation of the Vajra Prajñā Pāramitā Sūtra,* London 1974.
Hsüan Hua (Übers.): *General Explanation of the Buddha Speaks. Sutra in Fourty-Two-Selections,* San Francisco 1977.
–: *The Wonderful Dharma Flower Sutra,* San Francisco 1974.
Hurvitz, Leon N. (Übers.): »Mahāprajñāpāramitā-Hridaya-Sūtra«, in Lewis R. Lancaster (Hrsg.): *Prajñāpāramitā and Related Systems,* Berkeley, Cal., 1977.
–: *Scripture of the Lotus Blossom of the Fine Dharma,* New York 1976.
–: »The Vow to Live the Life of Samantabhadra«, in W. Th. De Bary, *The Buddhist Tradition . . .,* New York 1969.
Huth, Georg (Übers.): *Prātimoksha-Sūtra. Die tibetische Version der Naiḥsargika-prāya citika-dharmas,* Straßburg 1891.
Itivuttaka, Übersetzung s. Seidenstücker 1922.
Jātaka, Übersetzungen s. Cowell 1895/1907; Lüders o. J.
Kalzang, Thubten u. a. (Übers.): *Three Discourses of the Buddha,* Patna 1973.
Kāshyapa-Parivarta, Übersetzung s. Weller 1962/70
Kathavatthu, Übersetzung s. Aung/Davids 1915.
Katō, Bunnō u. a. (Übers.): *The Threefold Lotus Sutra,* New York 1975.
Kaushika-Prajñāpāramitā-Sūtra, Übersetzung s. Conze 1955.
Kawamura, Leslie (Übers.): *Golden Zephyr. The Garland of White Flowers. A Commentary on Nāgārjuna's »A Letter to a Friend«,* Emeryville, Cal., 1975.
Khuddakapātha, Übersetzung s. Seidenstücker 1910.
Lalitavistara, Übersetzung s. Bays 1983.
Lamotte, Etienne (Übers.): *Abhidharmakosha,* Löwen 1976.
–: *L'Enseignement de Vimalakīrti,* Löwen 1962; engl. London 1976.
Lankāravatāra-Sūtra, Übersetzung s. Suzuki 1932.
Law, Bimala Churn (Übers.): *Designation of Human Types,* Pali Text Society (Transl. Series 12), Oxford 1924.
Lévi, Sylvain (Übers.): *Mahākarmavibhanga,* Paris 1932.
Lhalungpa, Lobsang P.: *The Life of Milarepa,* New York 1977.
Longchenpa, Übersetzung s. Guenther 1975/76.
Lotos-Sūtra s. *Saddharmapundarīka-Sūtra*
Lüders, Else (Übers.): *Buddhistische Märchen aus dem alten Indien,* Düsseldorf/Köln o. J.
Luk, Charles, d. i. Lu K'uan Yü (Übers.): *The Śūraṅgama Sūtra, London 1966.*

–: *The Vimalakīrti Nirdeśha Sūtra,* Berkeley 1972.
Mahākarmavibhanga, Übersetzung s. Lévi 1932.
Mahāparinirvāna-Sūtra, Übersetzung s. Yamamoto 1973/75.
Mahāprajñāpāramitā-Hridaya-Sūtra, Übersetzungen s. Blofeld 1980; Conze 1957; Hurvitz 1977; Rabten 1983; Suzuki 1934; Thomas 1952; Wayman 1977.
Majjhima-Nikāya, Übersetzungen s. Dahlke 1923; Neumann 1956; Schmidt 1978.
Marpa, Übersetzung s. Trungpa 1982.
Matics, Marion L. (Übers.): *Entering the Path of Enlightenment,* New York 1970.
Milarepa, Übersetzungen s. Chang 1977; Evans-Wentz 1978; Lhalungpa 1977.
Milindapanha, Übersetzungen s. Nyanatiloka 1919/24; Schrader 1907.
Muralt, Raoul v. (Hrsg.): *Meditations-Sūtra des Mahāyāna-Buddhismus,* 2 Bde., Obernhain 1973.
Murano, Senchū (Übers.): *The Lotus Sutra,* Tōkyō 1974.
Nāgārjuna, Übersetzungen s. Conze 1957; Walleser 1911.
Ñānamoli, Bhikku (Übers.): *The Guide,* Pali Text Society (Transl. Serie 33), London 1962.
Nārada, U. (Übers.): *Conditional Relations,* Pali Text Society (Transl. Series 37, 42), London 1969.
–: *Discourse on Elements,* Pali Text Society (Transl. Series 34), London 1962.
–: *Pitaka Disclosure,* Pali Text Society (Transl. Series 35), London 1962.
Nāropa, Übersetzung s. Guenther 1963.
Nettipakarana, Übersetzung s. Ñānamoli 1962.
Neumann, Karl Eugen (Übers.): *Die Reden Gotamo Buddhos,* Bd. 1: *Mittlere Sammlung,* Zürich 1956 (NA).
–: dass. Bd. 2: *Längere Sammlung,* Zürich 1957 (a).
–: dass. Bd. 3: *Sammlung der Bruchstücke. Die Lieder der Mönche und Nonnen. Der Wahrheitspfad,* Zürich 1957 (b).
Nyanaponika (Übers.): *Die Lehrreden des Buddha aus der angereihten Sammlung,* 5 Bde., Freiburg 1985 (NA).
–: *Sutta-Nipāta,* Konstanz 1977 (rev. NA).
Nyanatiloka, Bhikku (Übers.): *Die Fragen des Milindo,* 2 Bde., München 1919/24.
–: *Visuddhi-Magga,* Konstanz 1952.
–: *Das Wort des Buddha,* München 1921.
Oldenberg, Hermann (Übers.): *Reden des Buddha,* München 1922.
Pañchashatikā-Prajñāpāramitā-Sūtra, Übersetzung s. Conze 1973 (b).
Pañchavimshatisāhasrikā-Prajñāpāramitā-Sūtra, Übersetzung s. Conze 1961/64.
Patthāna, Übersetzung s. Nārada 1969.
Paul, Diana (Hrsg.): *Die Frau im Buddhismus,* Hamburg 1981.
Petakopadesa, Übersetzung s. Ñanamoli 1964.
Petavatthu, Übersetzung s. Stede 1914.
Prajñāpāramitā-Pañchashatikā-Sūtra, Übersetzung s. Conze 1973 (b).
Prajñāpāramitā-Sūryagarbha-Sūtra, Übersetzung s. Conze 1973 (b).
Prajñāpāramitā-Vajraketu- und *-Vajrapāni-Sūtra,* Übersetzung s. Conze 1973 (b).
Prātimoksha-Sūtra, Übersetzung s. Huth 1891.
Pratītyasamutpādādivibhanga-Nirdesha-Sūtra, Übersetzung s. Frauwallner 1969.
Price, A. F. (Übers.): *The Jewel of Transcendental Wisdom,* London 1947.
Puggalapannatti, Übersetzung s. Law 1914.
Rabten, Geshe: *Echoes of Voidness,* Annapolis, MD, 1983.
Rājadesha-Sūtra, Übersetzung s. Kalzang 1973.
Rāshtrapāla-Paripichchā, Übersetzung s. Ensink 1952.
Ratnarāshi-Nāma-Mahāyānasūtra, Übersetzung s. Chang 1983.
Robinson, James B. (Übers.): *Buddha's Lions. The Lives of the Eighty-Four Siddhas,* Berkeley 1979.
Rockhill, William W. (Übers.): *The Life of the Buddha,* London 1884.
Saddharmapundarīka-Sutra, Übersetzungen s. Hurvitz 1976; Katō 1975; Murano 1974.
Samantabhadra-Prajñāpāramitā-Sūtra, Übersetzung s. Conze 1973 (b).
Samyutta-Nikāya, Übersetzung s. Geiger 1925/30.
Saraha, Übersetzung s. Guenther 1969.
Schmidt, Kurt (Übers.): *Buddhas Reden. Majjhimanikāya,* Berlin 1978.
–: *Dhammapada. Sprüche und Lieder,* Konstanz 1954.
Schrader, F. O. (Übers.): *Die Fragen des Königs Menandros,* Berlin 1907.
Schroeder, Leopold v. (Übers.): *Dhammapadam. Worte der Wahrheit,* Leipzig 1892.
Schultze, Theodor (Übers.): *Das Dhammapada,* Leipzig 1885.
Seidenstücker, Karl (Übers.): *Itivuttaka, Das Buch der Herrenworte,* Leipzig 1922.
–: *Udāna,* Augsburg 1920.
Shālistambha-Sūtra, Übersetzung s. Frauwallner 1969.

Shāntideva, Übersetzungen s. Batchelor / Tulku 1979; Matics 1970; Steinkellner 1981.

Sherburne, Richard (Übers.): *A Lamp for the Path and Commentary by Atīśa,* London 1983.

Shīlasamyukta-Sūtra, Übersetzung s. Kalzang 1973.

Shrīmālādevī-Sūtra, Übersetzungen s. Chang 1983; Wayman 1973.

Shūrangama-Sūtra, Übersetzung s. Luk 1966.

Sokei-an (Übers.): *The Prajnā-Pāramitā-Sūtra,* New York 1945.

Soyen Shaku / Suzuki, D. T. (Übers.): *Sermons of a Buddhist Abbot,* Chicago 1906.

Sparham, Gareth (Übers.): *The Tibetan Dhammapada,* New Delhi 1983.

Sprung, Mervyn (Übers.): *Lucid Exposition of the Middle Way. The Essential Chapters from the Prasannapadā of Candrakīrti,* London 1979.

Stede, Wilhelm (Übers.): *Die Gespenstergeschichten des Peta Vatthu,* Leipzig 1914.

Steinkellner, Ernst (Übers.): »Buddha-Parinirvana-Stotra«, in *Wiener Zeitschr. f. d. Kunde d. Morgenlandes,* Nr. 17, 1973.

–: *Eintritt in das Leben zur Erleuchtung,* Düsseldorf/Köln 1981.

Streng, Frederick J.: *Emptiness. A Study in Religious Meaning,* Nashville, NY, 1967.

Sumatidārikā-Pariprichchā, Übersetzung s. Paul 1981.

Surata-Pariprichchā, Übersetzung s. Chang 1983.

Suttanipāta, Übersetzungen s. Neumann 1957 (b); Nyanaponika 1977.

Suzuki, Daisetsu Teitaro (Übers.): *The Lankāvatāra-Sūtra,* London 1932.

Svalpāksharā-Prajñāpāramitā-Sūtra, Übersetzung s. Conze 1955.

Tarthang Tulku (Übers.): *Mother of Knowledge. The Enlightenment of Ye-shes mTsho-rgyal,* Berkeley 1983.

Tatz, Mark (Übers.): *Candragomin. Difficult Beginnings. Three Works on the Bodhisattva Path,* Boston 1985.

Theragāthā u. *Therīgāthā,* Übersetzung s. Neumann 1957 (b).

Thittila, P. (Übers.): *The Book of Analysis,* Pali Text Society (Transl. Series 39), London 1969.

Thomas, E. J. (Übers.): *Perfection of Wisdom,* London 1952.

Thurman, Robert A. F. (Übers.): *The Holy Teaching of Vimalakīrti,* London 1976.

Trikāya-Sūtra, Übersetzung s. Rockhill 1884.

Trungpa, Chögyam (Hrsg.): *The Life of Marpa The Translator,* Boulder, Col., 1982.

Tsongkhapa, Übersetzungen in Hopkins 1980 (a u. b); Wayman 1978.

Udāna, Übersetzung s. Seidenstücker 1920.

Udānavarga, Übersetzung s. Willemen 1978.

Udayanavatsarāja-Pariprichchā, Übersetzung s. Paul 1979.

Vajrachchedikā-Prajñāpāramitā-Sūtra, Übersetzungen s. Conze 1958; Hsüan Hua 1974; Price 1947; Sokei-an 1945; Walleser 1914.

Vallée-Poussin, Louis de la (Übers.): *L'Abhidharmakośa de Vasubandhu,* Paris 1923/26.

Vasubandhu, Übersetzungen s. Chan 1957; Frauwallner 1969; Vallée-Poussin 1923/26.

Vibhanga, Übersetzung s. Thittila 1969.

Vimalakīrtinirdesha-Sūtra, Übersetzungen s. Fischer / Takezo 1944; Lamotte 1962/67; Luk 1972; Thurman 1976.

Vimanavatthu, Übersetzung s. Horner 1974.

Visuddhi-Magga, Übersetzung s. Nyanatiloka 1952.

Waldschmidt, Ernst (Übers.): »Dhvajāgra-Mahāsūtra«, in *Nachr. d. Akad. d. Wiss.,* Göttingen 1959.

Walleser, Max (Übers.): *Die mittlere Lehre des Nagarjuna,* Heidelberg 1911.

–: *Prajñāpāramitā, die Vollkommenheit der Erkenntnis,* Göttingen 1914.

Wangyal, Geshe (Übers.): *The Prince Who Became a Cuckoo,* New York 1982.

Wayman, Alex (Übers.): *Calming the Mind and Discerning the Real. Buddhist Meditation and the Middle View,* New York 1978.

–: *The Lion's Roar of Queen Srimala,* New York 1973.

–: »Mahāprajñāpāramitā-Hridaya-Sūtra«, in Lewis R. Lancaster (Hrsg.): *Prajñāpāramitā and Related Systems,* Berkeley, Cal., 1977.

Weller, Friedrich (Übers.): »Das Brahmajālasūtra des chinesischen Dīrghagama«, in Asiat. Studien, Nr. 25, 1971.

–: *Kāshyapa-Parivarta,* 2 Bde., Berlin 1962/70

–: *Das Leben des Buddha von Aśvaghośa,* 2 Bde., Leipzig 1926/28.

Willemen, Charles (Übers.): *The Chinese Udānavarga,* Mélanges Chinoise et Bouddhique, Nr. 19, 1978.

Yamamoto, Kōshō (Übers.): *The Mahāyāna Mahāparinirvāna-Sūtra,* 2 Bde., Karinbunko, Japan, 1973/75.

Yeshe Tsogyel, Übersetzungen s. Dowman 1984; Tarthang Tulku 1983.

Buddhismus *Sekundärliteratur*

Anderson, Walt: *Der tibetische Buddhismus als Religion und Psychologie,* Bern 1983.

Arnold, Paul: *Unter tibetischen Lamas. Chronik einer geistigen Erfahrung,* Berlin 1971.

Bacot, Jacques: *Le Bouddha,* Paris 1947.

Bareau, André: *Die Religionen Indiens,* Bd. 3, Stuttgart 1964.

Bechert, Heinz / Gombrich, Richard: *Die Welt des Buddhismus,* München 1984.

Beckh, Hermann: *Buddha und seine Lehre,* Stuttgart 1980.

Bernbaum, E.: *Der Weg nach Shambhala,* Hamburg 1982.

Beyer, Stephan: *The Cult of Tara, Magic and Ritual in Tibet,* Berkeley 1973.

Birnbaum, Raoul: *Der Heilende Buddha,* Bern 1982.

Blofeld, John: *Die Macht des heiligen Lautes. Die geheime Tradition des Mantra,* Bern 1978.

–: *Rad des Lebens,* Zürich 1961.

–: *Selbstheilung durch die Kraft der Stille,* Bern 1983.

–: *Der Weg zur Macht,* Weilheim 1970.

Burang, Theodor: *Tibetische Heilkunde,* Zürich 1974 (3. A.).

Chan, Wing-tsit: *Religiöses Leben im heutigen China,* München 1955.

Chang, Garma C. C.: *Mahamudra-Fibel,* Wien 1979.

Ch'en, Kenneth S. C.: *Buddhism in China,* Princeton 1964.

Clifford, Terry: *Tibetische Heilkunst,* Bern 1986.

Conze, Edward: *Buddhist Thought in India,* London 1962.

–: *Eine kurze Geschichte des Buddhismus,* Frankfurt/M 1984.

Dalai Lama (Tenzin Gyatso): *Das Auge der Weisheit. Grundzüge der buddhistischen Lehre,* Bern 1975.

Dargyay, Eva K. u. Geshe Lobsang (Hrsg.): *Das tibetische Buch der Toten.* Bern 1980.

David-Néel, Alexandra: *Heilige und Hexer,* Leipzig 1931 u. ö.

–: *Meister und Schüler. Die Geheimnisse der lamaistischen Weihen aufgrund eigener Erfahrungen,* Leipzig 1934 u. ö.

–: *Vom Leiden zur Erlösung. Sinn und Lehre des Buddhismus,* Leipzig 1937.

–: *Ralopa. Der Meister geheimer Riten,* Bern 1980.

–: *Unsterblichkeit und Wiedergeburt,* Wiesbaden 1962.

De Bary, William Th. (Hrsg.): *The Buddhist Tradition in India, China and Japan,* New York 1969.

Dowman, Keith: *Der heilige Narr. Das liederliche Leben und die lästerlichen Gesänge des tantrischen Meisters Drukpa Künleg,* Bern 1982.

Dumoulin, Heinrich: *Begegnung mit dem Buddhismus,* Freiburg 1982 (NA).

– (Hrsg.): *Buddhismus der Gegenwart,* Freiburg 1970.

–: *Östliche Meditation und christliche Mystik,* Freiburg 1966.

Eimer, Helmut: *Skizzen des Erlösungswegs in buddhistischen Begriffsreihen,* Bonn 1976.

Evans-Wentz, W. Y. (Hrsg.): *Der geheime Pfad der großen Befreiung,* Bern 1978 (3. A.).

–: *Das Tibetanische Totenbuch,* Freiburg 1980 (4. A.).

Finckh, Elisabeth: *Grundlagen tibetischer Heilkunde,* Ülzen 1975.

Frauwallner, Erich: *Geschichte der indischen Philosophie,* 2 Bde., Salzburg 1953/56.

–: *Die Philosophie des Buddhismus,* Berlin 1969.

Fremantle, Francesca u. Chögyam Trungpa (Hrsg.): *Das Totenbuch der Tibeter,* Düsseldorf/Köln 1979 (2. A.).

Glasenapp, Helmuth v.: *Entwicklungsstufen des indischen Denkens,* Halle 1940.

–: *Die Weisheit des Buddha,* Baden-Baden 1946.

–: *Der Pfad zur Erleuchtung,* Düsseldorf 1956.

Govinda, Lama Anagarika: *Grundlagen tibetischer Mystik. Die geheime Lehre des großen Mantra,* Bern 1985 (6. A.).

–: *Mandala. Der heilige Kreis,* Zürich 1980 (4. A.).

–: *Die psychologische Haltung der frühbuddhistischen Philosophie,* Wien 1982 (2. A.).

–: *Schöpferische Meditation und Multidimensionales Bewußtsein.* Freiburg i. Br. 1977.

–: *Buddhistische Reflexionen,* Bern 1983.

–: *Der Stupa,* Freiburg i. Br. 1978.

–: *Der Weg der weißen Wolken. Erlebnisse eines buddhistischen Pilgers in Tibet,* Bern 1983 (8. A.).

Greschat, Hans Jürgen: *Die Religion der Buddhisten,* Stuttgart 1980.

Grönbold, Günter: *Der buddhistische Kanon. Eine Bibliographie,* Wiesbaden 1985.

Guenther, Herbert V.: *Matrix of Mystery. Scientific and Humanistic Aspects of rDzog-chen Thought,* London 1984.

–: *Philosophy and Psychology in the Abhidharma,* Berkeley, Cal., 1976.
–: *Tantra als Lebensanschauung,* Bern 1974.
– / Chögyam Trungpa: *Tantra im Licht der Wirklichkeit,* Freiburg 1976.
Gyatso, Geshe Kelsang: *Clear Light of Bliss, Mahamudra in Vajrayana Buddhism,* London 1982.
–: *Buddhism in the Tibetan Tradition: A Guide,* London 1984.
–: *Meaningful to Behold. View, Meditation and Action in Mahayana Buddhism, An Oral Commentary to Shantideva's Bodhisattvacharyavatara,* Ulverston, Cumbria, 1980.
Hedinger, Jürg: *Aspekte der Schulung in der Laufbahn eines Bodhisattva,* Wiesbaden 1985.
Humphreys, Christmas: *Karma und Wiedergeburt,* Bern 1980 (2. A.).
Ikeda, Daisaku: *Der Buddha lebt,* München 1985.
Jamgon Kongtrul: *Das Licht der Gewißheit.* Freiburg 1979.
Jaspers, Karl: *Lao-tse, Nagarjuna. Zwei asiatische Metaphysiker,* München 1978.
Karwath, Walter: *Buddhismus für das Abendland,* Wien 1971.
Katz, Nathan (Hrsg.): *Buddhist and Western Psychology,* Boulder, Col., 1983.
Khetsun Sangpo Rinbochay: *Tantric Practice in Nying-Ma,* London 1982.
Kornfield, Jack: *Living Buddhist Masters,* Santa Cruz 1977.
Lati Rimpoche (Rinbochay) u. a.: *Meditative States in Tibetan Buddhism. Concentrations and Formless Absorptions,* London 1983.
–: *Mind in Tibetan Buddhism,* London 1980.
Lati Rimpoche / Hopkins, Jeffrey: *Stufen zur Unsterblichkeit,* Düsseldorf/Köln 1983.
Lauf, Detlev I.: *Geheimlehren tibetischer Totenbücher,* Freiburg 1979 (3. A.).
Lehmann, Johannes: *Buddha. Leben, Lehre, Wirkung,* Gütersloh 1980.
Lommel, Andreas: *Kunst des Buddhismus,* Freiburg 1984.
Losang, Rato Khyongla Nawang: *My Life and Lives, The Story of a Tibetan Incarnation,* New York 1977.
Lu Kuan-yü: *Geheimnisse der chinesischen Meditation,* Zürich 1967.
Malasekera, G. P. (Hrsg.): *Encyclopedia of Buddhism,* Colombo 1961 ff.
Meier, Erhard: *Kleine Einführung in den Buddhismus,* Freiburg 1984.
Mipam, Lama, u. Tarthang Tulku: *Ruhig und klar,* Haldenwang/Allg. 1977.
Murti, Tirupattur R. V.: *The Central Philosophy of Buddhism,* London 1980.
Nyanaponika: *Geistestraining durch Achtsamkeit. Die buddhistische Satipatthana-Methode,* Konstanz 1984 (3. A.).
Nyanatiloka: *Buddhistisches Wörterbuch,* Konstanz 1976 (2. rev. A.).
–: *Der Weg zur Erlösung,* Konstanz 1956.
Nydahl, Ole (Hrsg.): *Der Diamantweg,* Wien 1979 (2. A.).
Oldenberg, Hermann: *Buddha. Sein Leben, seine Lehre, seine Gemeinde,* Stuttgart 1959.
Pallis, Marco: *A Buddhist Spectrum,* London 1980.
Pálos, Stephan: *Lebensrad und Bettlerschale,* München 1968.
Percheron, Maurice: *Buddha, in Selbstzeugnissen und Bilddokumenten,* Reinbek 1975 (rowohlts monographien 12).
Rabten, Geshe: *Leben und Lehren eines tibetischen Meditationsmeisters,* Hamburg 1981.
–: *Mahamudra, der Weg zur Erkenntnis der Wirklichkeit,* Zürich 1979.
Rahula, Walpola; *Was der Buddha lehrte,* Zürich 1963.
Rhys-Davids, T. W., u. William Stede: *The Pali Text Society's Pali-English Dictionary,* London 1979.
Rivière, Jean M.: *Kalachakra. Initiation tantrique du Dalai Lama,* Paris 1985.
Rousselle, Erwin: *Vom Sinn der buddhistischen Bildwerke in China,* Darmstadt 1959.
Sangharakshita: *Die drei Kleinode. Eine Einführung in den Buddhismus,* München 1971.
Schlingloff, Dieter: *Die Religion des Buddhismus,* 2 Bde., Berlin 1962/63.
Schluchter, Wolfgang (Hrsg.): *Max Webers Studie über Hinduismus und Buddhismus.* Frankfurt/M. 1984.
Schumann, Hans Wolfgang: *Buddhismus,* Olten 1976.
Seckel, Dieter: *Kunst des Buddhismus,* Baden-Baden 1980.
Snellgrove, David: *A Cultural History of Tibet,* Boulder, Col., 1980 (NA).
–: *Himalayan Pilgrimage. A Study of Tibetan Religion,* Boulder, Col., 1981 (NA).
–: *The Nine Ways of Bon,* Boulder, Col., 1980 (NA).
Soni, R. L.: *The Only Way to Deliverance,* Boulder, Col., 1980.
Söpa, Geshe Lhündub / Hopkins, Jeffrey: *Der tibetische Buddhismus,* Düsseldorf/Köln 1978.
Tarthang Tulku: *Psychische Energie durch inneres Gleichgewicht,* Freiburg 1979.

–: *Raum, Zeit und Erkenntnis,* Bern 1983.
–: *Ruhig und klar. Das Rad der analytischen Meditation,* München 1981 (2. A.).
–: *Selbstheilung durch Entspannung. Die tibetische Heilkunst des Kum Nye,* Bern 1980.
–: *Der verborgene Geist der Freiheit,* Basel 1985.
Tatz, Mark / Kent, Jody: *Karma. Durch Wiedergeburt zur Befreiung. Das tibetische Orakelspiel,* Düsseldorf/Köln 1978.
Trungpa, Chögyam: *Aktive Meditation,* Freiburg 1978 (3. A.).
–: *Feuer trinken, Erde atmen. Die Magie des Tantra,* Düsseldorf/Köln 1982.
–: *Jenseits von Hoffnung und Furcht. Gespräche über Abhidharma,* Wien 1978.
–: *Das Märchen von der Freiheit und der Weg der Meditation,* Freiburg i. Br. 1978.
–: *Mudra,* Rheinberg 1980.
–: *Spiritueller Materialismus. Vom wahren geistigen Weg,* Freiburg 1975.
Tucci, Giuseppe: *Geheimnis des Mandala,* Weilheim 1972.
– / Heissig, Walter: *Die Religionen Tibets und der Mongolei,* Stuttgart 1970.
Waldschmidt, Ernst: *Die Legende vom Leben des Buddha,* Berlin 1929.
Walleser, Max: *Die buddhistische Philosophie in ihrer geschichtlichen Entwicklung,* 4 Bde., Heidelberg 1904/27.
–: *Die philosophischen Grundlagen des älteren Buddhismus,* Heidelberg 1904.
Wangyal, Geshe: *Tibetische Meditationen,* Zürich 1975.
Welch, Holmes: *The Practice of Chinese Buddhism,* Cambridge, Mass., 1973.
Zago, Marcello: *Der Buddhismus,* Aschaffenburg 1984.
Zimmer, Heinrich (Hrsg.): *Buddhistische Legenden,* Frankfurt/M. 1985.
–: *Yoga und Buddhismus,* Frankfurt/M. 1973.
Zürcher, Erik: *The Buddhist Conquest of China,* 2 Bde., Leiden 1972.

Hinduismus *Basistexte*

Arnold, Edwin / Hartmann, Franz (Übers.): *Die Bhagavad Gita oder Das Hohe Lied,* poet. Fassung, München 1975 (3. A.).
Ashtavakra-Gītā, Übersetzung s. Schroeder/ Zimmer 1983.
Ātmabodha, Übersetzungen s. Menon 1964; Nikhilananda 1956.
Bäumer, Bettina (Übers.): *Patañjali. Die Wurzeln des Yoga* (Yoga-Sūtren), komm. v. P. Y. Deshpande, Bern 1976.
Bhagavad-Gītā, Übersetzungen s. Arnold / Hartmann 1975, 1980; Boxberger 1955; Garbe 1978; Hartmann 1980; Kappes 1981; Krämer 1984; Lienhard 1958; Schroeder / Zimmer 1983.
Bhakti-Sutras, Übersetzung s. Schang 1980.
Bhoosnurmath, S. S. / Menezes, L. M. A. (Übers.): *Sūnyasaṃpādane,* Bd. 2 u. 3, Dharwar 1968/69.
Bloomfield, Maurice (Übers.): *Hymns of the Atharva-Veda,* Sacred Books of the East, Bd. XLII, Oxford 1897 u. ö.
Bose, Abinash Chandra (Übers.): *Hymns from the Vedas,* New York 1966.
Boxberger, Robert (Übers.): *Bhagavadgita. Das Lied der Gottheit,* bearb. u. komm. v. Helmuth v. Glasenapp, Stuttgart 1955.
Bühler, Georg (Übers.): *The Laws of Manu,* Sacred Books of the East, Bd. XXV, New York 1969 (NA).
Chandiramani, G. L. (Übers.): *Pantschatantra. Das Fabelbuch des Pandit Wischnu Scharma,* Düsseldorf/Köln 1971.
Cowell, E. B. / Gough, A. E. (Übers.): *Mādhavāchārya. Sarvadarshana-Samgraha,* London 1914.
Deussen, Paul (Übers.): *Sechzig Upanishad's des Veda,* Leipzig 1905 u. ö.
–: *Die Sutras des Vedanta,* Leipzig 1887.
Friedrichs, Kurt (Übers.): *Vidyāranya. Pañchadashi,* nach dem Engl. v. Hari Prasad Shastri, Vedanta-Zentrum Wiesbaden, Fulda 1983.
–: *Valmiki. Yoga-Vasishtha,* nach dem Engl. v. Hari Prasad Shastri, Vedanta-Zentrum Wiesbaden, Fulda 1981.
Garbe, Richard (Übers.): *Die Bhagavadgita,* Darmstadt 1978.

Geldner, Karl F. (Übers.): *Der Rigveda,* 3 Bde., Göttingen 1951/57.

Ghate, V. S.: *The Vedanta Bhardarkar,* Poona 1926.

Gotama, Übersetzung s. Vidyabhushana 1911/23.

Graul, Karl (Übers.): *Tamulidische Schriften zur Erläuterung des Vedanta-Systems,* Osnabrück 1969 (NA).

Griffity, Ralph T. H. (Übers.): *The Hymns of the Rigveda,* Varanasi 1963.

Hartmann, Franz (Übers.): *Die Bhagavadgita. Das Lied von der Gottheit oder Die Lehre vom göttlichen Sein und von der Unsterblichkeit,* Prosafassung, München 1980 (3. A.).

Hillebrandt, Alfred (Übers.): *Upanishaden,* Düsseldorf/Köln 1984 (39. Tsd.).

Hohenberger, A.: *Ramanuja. Ein Philosoph indischer Gottesmystik. Seine Lebensanschauung nach den wichtigsten Quellen dargestellt,* Bonner Orient. Studien, Nr. 10, Wiesbaden 1960.

–: *Ramanuja's Vedantadipa,* Bonner Orient. Studien, Nr. 14, Wiesbaden 1964.

Holtzmann, A. (Übers.): *Das Mahabharata und seine Teile,* 4 Bde. in 1 Bd., Osnabrück 1971 (NA).

Hume, R. E. (Übers.): *The Thirteen Principal Upanishads,* Oxford 1931.

Jacobi, Hermann (Übers.): *Jaina Sutras,* Sacred Books of the East, Bd. XXII, XLV, Oxford 1895 u. ö.

–: *Das Ramayana. Geschichte und Inhalt, nebst Concordanz der gedruckten Rezensionen,* Darmstadt 1976 (NA).

Jaimini, Übersetzung s. Jha 1916. Thadani 1952.

Jha, Ganganatha (Übers.): *Jaimini. Pūrva-Mīmāmsā-Sūtra,* Allahabad 1916.

Kappes, Heinz / Hinder Rolf (Übers.): *Bhagavadgita,* nach dem Engl. v. Sri Aurobindo, Gladenbach 1981.

Krämer, Ilse (Übers.): *Bhagavadgita. Gesang des Erhabenen,* nach dem Engl. v. Swami Prabhavananda u. Christopher Isherwood, Freiburg 1984 (4. A.).

Lienhard, Siegfried (Übers.): *Die Bhagavadgita,* mit Einl. u. Komm. v. S. Radhakrishnan, Baden-Baden 1958.

Kernwart, E. A. (Übers.): *Die Uttara Gita oder Die Initiation Arjunas durch Sri Krishna in Yoga und Jnana,* München 1973.

Mādhavāchārya, Übersetzung s. Cowell/Gough 1914.

Mahābhārata, Übersetzungen s. Holtzmann 1971; Roy 1961.

Mangoldt, Ursula v. (Übers.): *Shankara. Das Kleinod der Unterscheidung* (Viveka-Chūdāmani), Bern 1981 (bearb. NA).

Menon, V. P. N. (Übers.): *Atma Bodha,* Palghat 1964.

Mīmāmsā-Sūtra, Übersetzungen s. Jha 1961; Thadani 1952.

Müller, Max (Übers.): *The Upanishads,* Sacred Books of the East, Bd. U. u. XV, Oxford 1884 u. ö.

–: *Vedic Hymns,* Sacred Books of the East, Bd. XXXII u. XLVI, Oxford 1897 u. ö.

Nandimath, S. C. / Menezes, L. M. A. / Hiremath, R. C. (Übers.): *Sūnyasaṃpādane,* Bd. 1, Dharwar 1965.

Nārada, Übersetzung s. Schang 1980.

Nikhilananda (Übers.): *Atmabodha,* Frankfurt/ M. 1956.

–: *The Upanishads,* 4 Bde., New York 1949.

Nyāya-Sūtras, Übersetzungen s. Ruben 1928; Vidyabhushana 1911/23.

Otto, Rudolf (Übers.): *Siddhānta des Ramanuja,* Jena 1917.

Pañchadashi, Übersetzung s. Friedrichs 1983.

Pañchatantra, Übersetzung s. Chandiramani 1971.

Patañjali, Übersetzung s. Bäumer 1976.

Prabhavananda, Swami / Dispeker, Frank (Übers.): *Die schönsten Upanischaden,* Zürich 1951.

Radhakrishnan, Sarvepalli (Übers.): *The Principal Upanishads,* London 1953.

Rāmānuja, Übersetzungen s. Hohenberger 1960, 1964; Otto 1917.

Rāmāyana, (Teil-)Übersetzungen s. Jacobi 1976; Schmölders 1983; Simon 1977.

Richter, Egbert (Übers.): *Im Wandel das Bleibende. Vier Upanischaden. Mundaka, Katha, Isha, Shvetashvatara,* Bremen 1969.

Rigveda, Übersetzungen s. Geldner 1951/57; Thieme 1964; Wilson 1977.

Roy, Biren (Hrsg.) / Roemer, Elisabeth (Übers.): *Mahabharata. Indiens großes Epos,* Düsseldorf/Köln 1961 u. ö.

Ruben, Walter (Übers.): *Die Nyāyasutra's,* Leipzig 1928.

Sarvadarshana-Samgraha, Übersetzung s. Cowell/Gough 1914.

Schang, Doris (Übers.): *Narada, Bhakti Sutras,* Stühlingen 1980.

–: *Shankara. Bhaja Govindam. Eine Hymne der Entsagung,* Stühlingen 1980.

Schmölders, Claudia (Übers.): *Das Ramayana des Valmiki,* Düsseldorf/Köln 1983.

Schroeder, Leopold v. / Zimmer, Heinrich

(Übers.): *Bhagavadgita-Aschtavakragita. Indiens heilige Gesänge,* Düsseldorf/Köln 1983 (3. A.).
Shankara, Übersetzungen s. Mangoldt 1981; Schang 1980.
Shastri, V. L. (Übers.): *One Hundred and Ten Upanisads,* Bombay 1948.
Shūnyasampādane, Übersetzungen s. Bhoosnurmath 1968/69; Nandimath 1965.
Siddhānta, Übersetzung s. Otto 1917.
Simon, Richard (Übers.): *Die Erzählungen des Affen Hanumat,* Saarbrücken 1977.
Smith, H. Daniel (Übers.): *Selections from Vedic Hymns,* Berkeley 1968.
Thadani, N. V. (Übers.): *Mimamsa. The Secret of the Sacred Books of the Hindus,* Delhi 1952.
Thibaut, George (Übers.): *Bādarayāna. Vedānta Sūtras,* Sacred Books of the East, Bd. XXXIV, XXXVIII, XLVIII, Oxford 1890/1904.
Thieme, Paul (Übers.): *Gedichte aus dem Rig-Veda,* Stuttgart 1964.
–: *Upanischaden,* Stuttgart 1966.
Upanischaden, Übersetzungen s. Deussen 1905; Hillebrandt 1984; Hume 1931; Müller 1884; Nikhilananda 1949; Prabhavananda/Dispeker 1951; Radhakrishnan 1953; Richter 1969; Shastri 1948; Thieme 1966.
Uttara-Gītā, Übersetzung s. Kernwart 1973.
Valmiki, Übersetzungen s. Friedrichs 1981; Jacobi 1976; Schmölders 1983.
Vedāntadipa, Übersetzung s. Hohenberger 1964.
Vedānta-Sūtras, Übersetzungen s. Deussen 1887; Thibaut 1890/1904.
Veden, (Teil-)Übersetzungen s. Bloomfield 1897; Bose 1966; Geldner 1951/57; Griffity 1963; Hillebrandt 1983; Müller 1897; Smith 1968; Thieme 1964.
Vidyabhushana, S. (Übers.): *The Nyāya Sūtras of Gotama,* Allahabad 1911/23.
Vidyāranya, Übersetzung s. Friedrichs 1983.
Wilson, H. H. (Übers.): *Rig-Veda Samhita. A Collection of Ancient Hindu Hymns of the Rig-Veda,* New Delhi 1977.
Yoga Vasishtha, Übersetzung s. Friedrichs 1981.

Hinduismus *Sekundärliteratur*

Abhedananda, Swami: *How to Be a Yogi,* Kalkutta 1943.
–: *The Sayings of Ramakrishna,* Kalkutta 1946.
Abhishiktananda: *Guru and Disciple,* London 1974.
Abs, P. Joseph: *Indiens Religion. Der Sanatana-Dharma. Eine Darstellung des Hinduismus,* Bonn 1923.
Allen, Marcus: *Tantra im Westen,* Dachsberg 1981.
Anandamayi Ma: *Matri Vani,* 2 Bde., Varanasi 1977.
–: *Worte der glückseligen Mutter,* Heiligkreuzsteinach 1980.
Aurobindo, Sri: *Badschi Prabhu. Ein indisches Heldengedicht,* Planegg 1976.
–: *Briefe über den Yoga,* 4 Bde., München 1978/83.
–: *Essays über die Gita,* Gladenbach 1977.
–: *Flammenworte,* Planegg 1972.
–: *Gedanken und Aphorismen,* Planegg o. J.
–: *Gedichte,* Planegg 1974.
–: *Das göttliche Leben,* 3 Bde., Gladenbach 1974/75.
–: *Das göttliche Leben auf Erden,* Planegg 1983.
–: *Die Grundlagen der indischen Kultur,* Gladenbach 1984.
–: *Das Ideal einer geeinten Menschheit,* Gladenbach 1982.
–: *Der integrale Yoga,* Reinbek o. J.
–: *Kaskaden des Lichts,* 4 Bde., Planegg 1977.
–: *Licht auf Yoga,* Gladenbach 1980.
–: *Die Mutter – The Mother,* Planegg 1971.
–: *Das Rätsel dieser Welt,* Planegg 1977 (NA).
–: *Sawitri. Eine Sage und ein Sinnbild,* Gladenbach 1985.
–: *Die Synthese des Yoga,* Gladenbach 1976 (2. A.).
–: *Zyklus der menschlichen Entwicklung,* Planegg 1983.
– / Mutter, Die: *Botschaften und Verwirklichungen,* Planegg 1974.
– / Mutter, Die: *Handbuch des integralen Yoga,* Planegg 1984.

– / Mutter, Die: *Über die Liebe,* Planegg 1977.
– / Mutter, Die: *Über Heilung,* Planegg 1984.
– / Mutter, Die: *Einführung zu Sawitri,* Planegg 1975.
Avalon, Arthur: *Die Girlande der Buchstaben. Varnamālā – Studien über das Mantra-Shāstra,* Weilheim 1968.
–: *Die Schlangenkraft. Die Erfahrung schöpferischer Kräfte im Menschen,* Bern 1982 (3. A.).
–: *Shakti und Shakta. Lehre und Ritual der Tantras,* Weilheim 1962.
Besant, Annie: *Raja-Yoga – der königliche Yoga,* München 1984.
Bhandarkar, R. G.: *Vaisnavism, Saivism, and Other Minor Religious Systems,* Straßburg 1913.
Bharati, Agehananda: *Die Tantra-Tradition,* Freiburg 1977.
Bhave, Vinoba: *Gespräche über die Gita,* Gladenbach 1974.
Bishop, Donald H. (Hrsg.): *Indian Thought,* New Delhi 1975.
Bohm, Werner: *Die Wurzeln der Kraft. Chakras – die Kraft der Lotosblumen,* Bern 1980 (NA).
Bose, A. C.: *The Call of the Vedas,* Bombay 1960.
Brunton, Paul: *Als Einsiedler im Himalaya,* Bern 1975 (NA).
–: *Entdecke dich selbst,* Freiburg 1985.
–: *Die Philosophie der Wahrheit. Tiefster Grund des Yoga,* Freiburg 1978 (3. A.).
–: *Der Weg nach Innen,* Bern 1978 (7. A.).
–: *Von Yogis, Magiern und Fakiren,* München 1983.
Bruteau, Beatrice: *Worthy to the World. The Hindu Philosophy of Sri Aurobindo,* Cranbury 1971.
Chattopadhyaya, D.: *Lokayata. A Study in Ancient Indian Materialism,* New Delhi 1959.
Chaudhuri, Haridas: *Integral Yoga,* London 1965.
Chetananda, Swami: *Meditation und ihre Methoden im Vedanta,* Vedanta-Zentrum Wiesbaden, Fulda 1979.
Chinmoy, Sri: *Tod und Wiedergeburt,* Zürich 1982 (2. verb. A.).
–: *Yoga und das spirituelle Leben,* Zürich 1982 (3. verb. A.).
Colaco, Paul: *The Absolute in the Philosophy of Aurobindo Ghose,* Rom 1954.
Conio, Caterina: *Der Hinduismus. Geistlicher Gehalt, Geschichte, religiöses Leben,* Aschaffenburg 1984.
Das, A. C.: *A Modern Incarnation of God,* Kalkutta 1958.
Dasgupta, Surendranath: *A History of Indian Philosophy,* 5 Bde., Cambridge 1963 u. ö.
–: *A History of Sanskrit Literature.* Classical Periode, Bd. 1, Kalkutta, 1947.
–: *Indian Idealism,* Cambridge 1962 (NA).
Date, V. H.: *Brahma Yoga of the Gītā,* Bombay 1970.
De Bary, William Th.: *Sources of Indian Tradition,* New York 1964.
Deussen, Paul: *Allgemeine Geschichte der Philosophie, mit besonderer Berücksichtigung der Religionen,* Bd. 1–3, Leipzig 1894/1908 u. ö. Bd. 1: *Allgemeine Einleitung und Philosophie des Veda bis auf die Upanishad's;* Bd. 2: *Die Philosophie der Upanishad's;* Bd. 3: *Die nachvedische Philosophie der Inder.*
–: *Vier philosophische Texte des Mahabharata,* Bielefeld 1980 (NA).
Deutsch, Eliot: *Advaita Vedanta. A Philosophical Reconstruction,* Honolulu 1969.
– / Buitenen, J. A. B. v.: *A Source Book of Advaita Vedanta,* Honolulu 1971.
Devamata, Schw.: *Indische Klostertage,* Vedanta-Zentrum Wiesbaden, Fulda 1977.
Dhavamony, Mariasusai: *Love of God According to the Saiva Siddhānta,* Oxford 1971.
Distelbarth, Margret / Fuchs, Rudolf: *Umgang mit der Upanishad. Ishavasya-Upanishad,* Gladenbach 1982.
Diwakar, R. R.: *Mahayogi Sri Aurobindo,* Bombay 1962.
Donnelly, Morwenna: *Die Gründung des göttlichen Lebens. Einführung in den Integralen Yoga,* Bietigheim 1973.
Douglas, Nik / Slinger, Penny: *Das große Buch des Tantra,* Basel 1985.
Dowson, John: *A Classical Dictionary of Hindu Mythology and Religion, Geography, History and Literature,* London 1950.
Dunn, Jean (Hrsg.): *Seeds of Consciousness. The Wisdom of Sri Nisargadatta Maharaj,* New York 1982.
Easwaran, Eknath: *Dialogue with Death. The Spiritual Psychology of the Katha Upanishad,* Petaluma, Cal., 1981.
Eliade, Mircea: *Yoga. Unsterblichkeit und Freiheit,* Frankfurt/M. 1985.
Embree, A. T. (Hrsg.): *The Hindu Tradition,* New York 1966.
Farquhar, J. N.: *Modern Religious Movements in India,* New York 1918.
Feuerstein, Georg A.: *The Essence of Yoga,* London 1974.

–: *Introduction to the Bhagavad Gītā,* London 1974.
–: *Textbook of Yoga,* London 1975.
– / Miller, Jeanine: *A Reappraisal of Yoga,* London 1971.
Frauwallner, Erich: *Geschichte der indischen Philosophie,* 2 Bde., Salzburg 1953/56.
Gail, Adalbert: *Bhakti im Bhagavatapurana,* Münch. indol. Studien, Nr. 6, Wiesbaden 1969.
Gandhi, Mohandas Karamchand: *My Religion,* Bombay 1955.
Garber, William: *The Mind of India,* New York 1967.
Garrison, Omar: *Tantra. The Yoga of Sex,* New York 1964.
Gehrts, Heino: *Mahabharata. Das Geschehen und seine Bedeutung,* Abh. z. Kunst-, Musik- u. Litwiss., Nr. 178, Bonn 1975.
Ghate, V. S.: *Le Vedanta,* Paris 1918.
Glasenapp, Helmuth v.: *Von Buddha zu Gandhi,* Wiesbaden 1962.
–: *Indische Geisteswelt* (Sonderausg. v. *Glaube und Weisheit der Hindus* und *Weltliche Dichtung* . . . in 1 Bd.), Baden-Baden 1958.
–: *Die Literaturen Indiens,* Stuttgart 1961.
–: *Der Stufenweg zum Göttlichen,* Baden-Baden 1948.
Gonda, J.: *The Vedic God Mitra,* Leiden 1972.
Goudriaan, Teun / Gupta, Sanjukta: *Hindu Tantric and Sakta Literature,* Wiesbaden 1981.
Hacker, Paul: *Die Schüler Śaṅkaras,* Wiesbaden 1951.
Hanefeld, Erhardt: *Philosophische Haupttexte der älteren Upanisaden,* Freiburger Beitr. z. Indologie, Nr. 9, Wiesbaden 1976.
Harharananda, Swami: *Kriya Yoga. Einführung in den geistigen Weg Sri Yukteswars und Yoganandas*, München 1983.
Hauer, J. E.: *Der Yoga. Ein indischer Weg zum Selbst.* Südergellersen 1983.
Hinze, Oscar Marcel: *Tantra Vidya. Wissenschaft des Tantra*, Freiburg 1983.
Hiriyanna, M.: *Essentials of Indian Philosophy*, London 1967.
–: *Outlines of Indian Philosophy*, London 1951.
Inhoffen, Hubertus v.: *Yoga. Wissen der Vergangenheit – Wissenschaft der Zukunft*, München 1983.
Isherwood, Christopher: *Vedanta und wir*, Zürich 1959.
Iyengar, B. K. S.: *Licht auf Pranayama*, Bern 1984.
–: *Licht auf Yoga*, Bern 1975 (2. A.).
Kapur, Daryai Lal: *Gespräche mit Sawan Singh. Die Sant-Mat-Philosophie und der Surat-Shabd-Yoga*, Freiburg 1982.
Keilhauer, Anneliese u. Peter: *Die Bildsprache des Hinduismus*, Köln 1983.
Keith, A. B.: *A History of the Sāmkhya Philosophy*, Delhi 1975.
Khanna, Madhu: *Das große Yantra-Buch*, Freiburg 1980.
Kinsley, David R.: *Flöte und Schwert. Krishna und Kali*, Bern 1979.
Krishna, Gopi: *Höheres Bewußtsein. Die evolutionäre Kundalini-Kraft*, Freiburg 1975.
–: *Kundalini. Erweckung der geistigen Kraft im Menschen*, Bern 1983 (NA).
–: *Über Bewußtseinserweiterung, Meditation und Yoga*, Stuttgart 1985.
Krishnamurti, Jiddu: *Autorität und Erziehung*, Bern 1979 (3. A.).
–: *Einbruch in die Freiheit*, Berlin 1973.
–: *Fragen und Antworten*, München 1985.
–: *Frei sein!*, Bern o. J.
–: *Gespräche über das Sein*, Bern 1977.
–: *Ideal und Wirklichkeit*, Bern 1980 (3. A.).
–: *In Kommunion mit dem Leben*, Hopferau-Heimen o. J.
–: *Konflikt und Klarheit*, Bern 1983 (3. A.).
–: *Leben*, Frankfurt/M. 1983 (6. A.).
–: *Leben ohne Illusion*, Hopferau-Heimen 1982.
–: *Leidlos inmitten der Welt*, Hopferau-Heimen 1983.
–: *Das Netz der Gedanken*, Hopferau-Heimen 1983.
–: *Religiöse Erneuerung*, Bern 1978 (2. A.).
–: *Revolution durch Meditation*, Bern 1982 (2. A.).
–: *Schöpferische Freiheit*, Bern 1979 (3. A.).
–: *Das Tor zu neuem Leben*, Hopferau-Heimen 1981.
–: *Verstand und Liebe*, Bern 1982.
–: *Der Weg aus dem Chaos*, Hopferau-Heimen 1983.
–: *Wegweiser zum wahren Leben*, Freiburg 1961.
Lemaitre, Solange: *Ramakrishna*, Reinbek 1963.
Le Saux, Henri: *Das Feuer der Weisheit*, Bern 1979.
–: *Der Weg zum anderen Ufer. Die Spiritualität der Upanishaden*, Düsseldorf/Köln 1980.
Lord, A. B.: *Singer of Tales*, Cambridge, Mass., 1960.
Macdonnell, A. A.: *The Vedic Mythology*, New Delhi 1971.
Mahadevan, T. M. P.: *The Philosophy of Advaita*, Madras 1957.

Majumdar, R. V.: *The Vedic Age*, London 1951.
Mishra, Rammurti S.: *Vollendung durch Yoga. Lehrbuch des Raja-Yoga*, Bern 1985 (NA).
Mookerjee, Ajit: *Kundalini. Die Erweckung der inneren Energie*, Basel 1984.
–: *Tantra Asana*, Basel 1971.
– / Khanna, Madhu: *Die Welt des Tantra in Bild und Deutung*, Bern 1978.
Mukerji, Dhan Gopal: *Das Antlitz des Schweigens*, München 1938.
Muktananda, Paramahamsa: *Kundalini. Die Erweckung der kosmischen Energie im Menschen*, Freiburg 1982 (2. A.).
–: *Das Mantra So'Ham, Eine Meditationstechnik für jedermann*, Freiburg 1977 (2. A.).
–: *Spiel des Bewußtseins – Chitshakti Vilas. Die geheime Kundalini-Praxis*, Freiburg 1975.
–: *Von der Natur Gottes. Der Siddha-Yoga-Weg zum höchsten Ziel*, Freiburg 1979.
Murty, Satchidananda: *Revelation and Reason in Advaita Vedanta*, New York 1959.
Nandimath, S. C.: *A Handbook of Vīraśaivism*, Dharwar 1942.
Narayanananda, Swami: *Das ideale Leben und Freiheit*, Efringen-Kirchen 1982.
–: *Das Mysterium von Mensch, Geist und Geistesfunktionen*, Efringen-Kirchen 1984.
–: *Die Urkraft im Menschen – Kundalini Shakti*, Efringen-Kirchen 1981.
–: *Der Weg zu Samadhi*, Efringen-Kirchen 1977.
Nicolas, Antonio T. de: *Meditations Through the Rg Veda*. Boulder, Col. 1978.
–: *Der Hinduismus*, München 1960.
–: *Vivekananda. Leben und Werk*, München 1972.
Nisargadatta Maharaj: *Ich bin*, Berlin 1980.
Nityabodhananda, Swami: *Mythes et religions de l'Inde*, Paris 1967.
–: *Science du Yoga*, Paris 1965.
–: *Wahrheit und Toleranz*, Stuttgart 1964.
Osborne, Arthur: *The Incredible Sai Baba*, London 1972.
– (Hrsg.): *Ramana Maharshi. Seine Lehren*, München 1983.
Otto, Rudolf: *Die Lehrtraktate der Bhagavad-Gita*, Tübingen 1935.
–: *Die Urgestalt der Bhagavad-Gita*, Tübingen 1934.
Pandit, Sri Madhav P.: *Guide to the Upanishads*, Pondicherry 1967.
–: *Kundalini-Yoga*, München 1981 (2. A.).
–: *The Teaching of Sri Aurobindo*, Madras 1959.
–: *Verborgene Aspekte im Leben*, Südergellersen 1984.
–: *The Yoga of Knowledge*, Pomona, Cal., 1979.
–: *The Yoga of Works*, Pondicherry 1976.
Paradkar, M. D.: *Studies in the Gītā*, Bombay 1970.
Pelet, Emma v.: *Worte des Ramakrishna*, Leipzig 1930.
Prabhavananda, Swami / Isherwood, Christopher: *Gotterkenntnis durch Yoga*, München 1962.
– / Manchester, Frederick: *The Spiritual Heritage of India*, New York 1963.
Prem, Sri Krishna: *The Yoga of the Bhagavad Gita*, London 1938.
Radha, Swami Sivananda: *Kundalini Yoga for the West*, Boulder, Col., 1981.
Radhakrishnan, Sarvepalli: *The Brahma Sutra. The Philosophy of Spiritual Life*, London 1927.
–: *Indische Philosophie*, Darmstadt 1955.
–: *Die Lebensanschauung der Hindus*, Leipzig 1928.
–: *The Philosophy of the Upanishads*, London 1924.
Rajagopalachari, P.: *Der Meister*, Bern 1977.
Raju, P. T.: *The Philosophical Traditions of India*, London 1971.
Ramakrishna, Sri: *Leben und Gleichnis*, Bern 1983.
–: *Setzt Gott keine Grenzen*, Freiburg 1984.
–: *Das Vermächtnis*, Bern 1981.
Ramana Maharshi: *Gespräche des Weisen vom Berge Arunachala*, Interlaken 1984.
–: *Die Suche nach dem Selbst*, Interlaken 1985 (2. A.).
Ramanujan, A. K.: *Speaking of Shiva*, Harmondsworth, Middlesex, 1963.
Renou, Louis: *The Destiny of the Veda in India*, New Delhi 1965.
–: *Religions of Ancient India*, New York 1968.
Rolland, Romain: *Das Leben des Ramakrishna*, Leipzig 1931.
–: *Mahatma Gandhi*, Erlenbach/ZH 1923.
–: *Vivekananda*, 2 Bde., Leipzig 1930.
Roy, A.: *Sri Aurobindo and the New Age*, London 1940.
Roy, Dilip Kumar / Devi, Indra: *Der Weg der großen Yogis*, Frankfurt/M. 1977.
Sadhu, Mouni: *Meditation*, London 1967.
–: *Samadhi*, London 1962.
Saradananda, Swami: *Sri Ramakrishna. The Great Master*, Madras 1956.
Saraswati, Swami K.: *Die Bhagavadgita im täglichen Leben*, Südergellersen 1984.
Sarma, D. S.: *Hinduism Through the Ages*, Bombay 1967.

–: *What is Hinduism?* Mylapore 1941.
Sarma, K. Lakshma: *Maha Yoga. Die Lehren Sri Ramana Maharshis,* Frankfurt/M. 1958.
Sastri, T. V. Kapali: *Lights on the Veda,* Madras 1947.
–: *Further Lights. The Veda and the Tantra,* Pondicherry 1951.
Satprem: *Der Mensch hinter dem Menschen,* Bern 1981.
–: *Sri Aurobindo oder Das Abenteuer des Bewußtseins,* Bern 1973 (NA).
Schluchter, Wolfgang (Hrsg.): *Max Webers Studie über Hinduismus und Buddhismus,* Frankfurt/M. 1984.
Schreiner, Peter: *Begegnungen mit dem Hinduismus,* Freiburg 1984.
Sivananda, Swami: *Erfolg in Leben und Selbstverwirklichung,* Weilheim 1965.
–: *Hatha-Yoga,* Gelnhausen 1964.
–: *Kundalini-Yoga,* München-Planegg 1953.
–: *Übungen zu Konzentration und Meditation,* München-Planegg 1959.
–: *Yoga-Praxis für den Westen,* Bern 1976 (2. A.).
Siddheswarananda, Swami: *Meditation im Yoga-Vedanta,* Vedanta-Zentrum Wiesbaden, Fulda 1977.
Singh, Mohan: *Botschaft eines Yogi. Universaler Einklang im Yoga,* Bern 1985 (2. A.).
–: *Mystik und Yoga der Sikh-Meister,* Bern 1985 (2. A.).
Speyer, J. S.: *Die indische Theosophie,* Leipzig 1914.
Stevenson, Mrs. Sinclair: *The Heart of Jainism,* New Delhi 1970.
Stutley, Margaret u. James: *Dictionary of Hinduism,* London 1977.
Subba Row, T.: *Die Philosophie der Bhagavad Gita,* München 1959.
Tagore, Rabindranath: *Sadhana,* München 1960.
Taimini, Iqbal K.: *Bhakti-Yoga, der Yoga der Hingabe,* München 1984.
–: *Die Wissenschaft des Yoga,* München 1981.
Tattwananda, Swami: *The Quintessence of Vedānta,* Kalandy 1960.
Thirleby, Ashley: *Das Tantra der Liebe,* Bern 1979.
Thompson, Edward J.: *Rabindranath Tagore. His Life and Work,* Oxford 1926.
Tipperudraswami, H.: *The Vīraśaiva Saints,* Mysore 1968.
Torwesten, Hans: *Ramakrishna – Schauspieler Gottes,* Frankfurt/M. 1981.
–: *Ramakrishna und Christus,* Planegg 1980.
–: *Vedanta – Kern des Hinduismus,* Freiburg 1985.
Tyberg, Judith M.: *The Language of the Gods. Sanskrit Keys to India's Wisdom,* Los Angeles 1976.
Vivekananda, Swami: *The Complete Works,* 8 Bde., Kalkutta 1957/59 (NA).
–: *Jnana-Yoga. Der Pfad der Erkenntnis,* 2 Bde., Freiburg 1977/83.
–: *Karma-Yoga – Bhakti-Yoga,* Freiburg 1983.
–: *Raja Yoga,* Freiburg 1983.
–: *What Religion Is,* Kalkutta 1972.
Vogl, Carl: *Sri Ramakrischna, der letzte indische Prophet,* München 1921.
Wolf, Otto (Hrsg.): *So spricht Aurobindo,* München-Planegg 1957.
–: *Sri Aurobindo,* Reinbek 1967.
Yesudian, Selvarajan/Haich, Elisabeth: *Raja-Yoga. Yoga in den zwei Welten,* München 1975 (4. A.).
Yogananda, Paramahamsa: *Autobiographie eines Yogi,* Bern 1975 (NA).
–: *Flüstern aus der Ewigkeit,* Wörgl 1984.
–: *Kosmische Lieder,* Wörgl 1985.
–: *Meditation zur Selbstverwirklichung,* Bern 1983 (8. A.).
–: *Religion als Wissenschaft,* Bern 1982 (4. A.).
–: *Wissenschaftliche Heil-Meditationen,* Bern 1983 (7. A.).
–: *Worte des Meisters,* Bern 1973.
Yukteswar Giri, Jnanavatar Swami Sri: *Die Heilige Wissenschaft,* Bern 1984 (bearb. NA).
Zaehner, R. C.: *Der Hinduismus,* München 1964.
Zimmer, Heinrich: *Indische Mythen und Symbole,* Köln 1984 (2. A.).
–: *Die indische Weltmutter,* Frankfurt/M. 1979.
–: *Maya. Der indische Mythos,* Frankfurt/M. 1978.
–: *Philosophie und Religion Indiens,* Frankfurt/M. 1976.
–: *Der Weg zum Selbst. Leben und Lehre des Shri Ramana Maharshi,* Köln 1985 (5. A.).
–: *Yoga und Buddhismus,* Frankfurt/M. 1983.

Taoismus *Basistexte*

Blofeld, John (Übers.): *I Ching. The Book of Change,* London 1965; dt. *I Ging. Das Buch der Wandlung,* Bern 1983.

Chang Chung-yuan (Übers.): *Tao. A New Way of Thinking. A Translation of the Tao Te Ching,* New York 1975.

Chia-yü, Übersetzung s. Wilhelm 1981 (a).

Chuang-tzu, Übersetzungen s. H. A. Giles 1961; Graham 1981; Legge 1962; Liou / Grynpas 1980; Watson 1968; Wilhelm 1969.

Debon, Günther (Übers.): *Tao-Te-King. Das Heilige Buch vom Weg und von der Tugend,* Stuttgart 1979 (rev. NA).

Dschuang Dsi s. *Chuang-tzu*

Giles, Herbert A. (Übers.): *Chuang Tzu. Taoist Philosopher and Chinese Mystic,* London 1961 (NA).

Giles, Lionel (Übers.): *Sun Tzu. The Art of War,* London 1910.

Graham, A. C. (Übers.): *Chuang Tzu. The Inner Chapters,* London 1981.

Huang-ti nei-ching su-wen, Übersetzung s. Veith, 1966.

I-ching, Übersetzungen s. Blofeld 1965 (1983); Wilhelm 1956.

I Ging s. *I-ching*

K'ung-tzu (auch Konfuzius, Konfutse), Übersetzungen s. *Chia-yü; Lun-yü; Shih-ching; Shu-ching.*

Lao-tzu (auch Lao-tse, Lau-dse), Übersetzungen s. *Tao-te ching*

Lau, D. C. (Übers.): *Lao Tzu. Tao Te Ching,* London 1963.

Legge, James (Übers.): *The Texts of Taoism,* Bd. 1: *The Tao Te Ching of Lao Tzu; The Writings of Chuang Tzu.* Bd. 2: *The Writings of Chuang Tzu; The T'ai Shang Tractate of Actions and Their Retributions,* New York 1962 (NA).

Liä Dsi s. *Lieh-tzu*

Li-chi, Übersetzung s. Wilhelm 1981 (c).

Lieh-tzu, Übersetzungen s. Liou/Grynpas 1980; Wilhelm 1981 (b).

Lin Yutang (Übers.): *The Wisdom of Laotse,* New York 1948.

Liou Kia-hway / Grynpas, Benedykt (Übers.): *Philosophes taoïstes. Lao-tseu, Tschouang-tseu, Lie-tseu,* Paris 1980.

Lun-yü, Übersetzungen s. Moritz 1983; Wilhelm 1982 (a).

Lü-shih ch'un-ch'iu, Übersetzung s. Wilhelm 1979.

Meng-tzu, Übersetzung s. Wilhelm 1982 (b).

Miyuki, Mokusen (Übers.): *Die Erfahrung der Goldenen Blüte. Basistext taoistischer Meditation,* Bern 1984 (NA).

Moritz, Ralf (Übers.): *Kungfutse. Gespräche,* Frankfurt/M. 1983.

Mo Ti, Übersetzung s. Schmidt-Glintzer 1975.

Schmidt-Glintzer, Helwig (Übers.): *Mo Ti. Solidarität und allgemeine Menschenliebe,* und *Mo Ti. Gegen den Krieg,* Düsseldorf/Köln 1975.

Schwarz, Ernst (Übers.): *Laudse. Daudedsching,* München 1980.

Shih-ching, Übersetzung s. Weber-Schäfer 1967.

Shu-ching, Übersetzung s. Wilhelm 1931.

Strauss, Victor v. (Übers.): *Lao-tse. Tao Te King,* Zürich 1959 (NA).

Sun Tzu, Übersetzung s. L. Giles 1910.

T'ai-hsüan ching, Übersetzung s. Walters 1983.

T'ai-i chin-hua tsung-chih, Übersetzungen s. Miyuki 1984; Wilhelm 1929.

T'ai-shang kan-ying-p'ien-ku, Übersetzung s. Legge 1962.

Tao-te ching, Übersetzungen s. Chang Chung-yuan 1975; Debon 1979; Lau 1963; Legge 1962; Lin Yutang 1948; Liou/Grynpas 1980; Schwarz 1980; Strauss 1959; Ulenbrook 1962; Waley 1958; Wilhelm 1978.

Ulenbrook, Jan (Übers.): *Lau Dse. Dau Dö Djing,* Bremen 1962.

Veith, Ilza (Übers.): *The Yellow Emperor's Classic of Internal Medicine,* Berkeley 1966 (NA).

Waley, Arthur (Übers.): *The Way and its Power. A Study of the Tao Te Ching and Its Place in Chinese Thought,* New York 1958 (NA).

Walters, Derek (Übers.): *The T'ai Hsüan Ching. The Hidden Classic. A Lost Companion of the I Ching,* Wellingborough, Northampt., 1983.

Watson, Burton (Übers.): *The Complete Works of Chuang Tzu,* New York 1968.

Weber-Schäfer, Peter (Übers.): *Buch der Lieder,* Köln 1967.

Wilhelm, Richard (Übers.): *Das Geheimnis der Goldenen Blüte,* (Teilübers.) m. Komm. v. C. G. Jung, Zürich 1929.

–: *Buch der Schriften,* Jena 1931.

–: *I Ging. Das Buch der Wandlungen,* Düsseldorf/Köln 1956 (NA).

–: *Dschuang Dsi. Das wahre Buch vom südlichen Blütenland,* Düsseldorf/Köln 1969 (NA).

–: *Laotse – Tao te king,* Düsseldorf/Köln 1978 (erw. NA).

–: *Frühling und Herbst des Lü Bu We*, Düsseldorf/Köln 1979 (NA).
–: *Kungfutse. Schulgespräche (Gia Yü)*, Düsseldorf/Köln 1981 (a) (NA).
–: *Liä Dsi. Das wahre Buch vom quellenden Urgrund*, Düsseldorf/Köln 1981 (b) (NA).
–: *Li Gi. Das Buch der Riten, Sitten und Gebräuche*, Düsseldorf/Köln 1981 (c) (NA).
–: *Kungfutse. Gespräche (Lun Yü)*, Düsseldorf/Köln 1982 (a) (NA).
–: *Mong Dsi. Die Lehrgespräche des Meisters Meng K'o*, Düsseldorf/Köln 1982 (b) (NA).

Taoismus *Sekundärliteratur*

Bauer, Wolfgang: *China und die Hoffnung auf Glück*, München 1974 (dtv 4158).
Béky, Gellért: *Die Welt des Tao*, Freiburg/München 1972.
Blofeld, John: *Das Geheime und Erhabene. Mysterien und Magie des Taoismus.* München 1985 (NA).
–: *Jenseits der Götter*, München 1986 (NA).
–: *Selbstheilung durch die Kraft der Stille*, Bern 1983.
–: *Taoism. The Quest for Immortality*, London 1979.
Carus, Paul: *Chinese Thought*, La Salle, Ill., 1907.
Chan, Wing-tsit: *Commentary on Lao-tzu*, Honolulu 1979.
Chang Chung-yuan: *Tao, Zen und schöpferische Kraft*, Düsseldorf/Köln 1981 (2. A.).
Christie, Anthony: *Chinesische Mythologie*, Wiesbaden 1968.
Colegrave, Sukie: *Yin und Yang*, Bern 1980.
Cooper, J. C.: *Chinese Alchemy*, Wellingborough, Northampt., 1984.
–: *Der Weg des Tao*, Bern 1977.
–: *Yin & Yang. The Taoist Harmony of Opposites*, Wellingborough, Northampt., 1981.
Delius, Rudolf v.: *Kungfutse. Seine Persönlichkeit und seine Lehre*, Leipzig 1930.
Diederichs, Ulf (Hrsg.): *Erfahrungen mit dem I Ging*, Köln 1984.
Doré, Henri: *Recherches sur les superstitions en Chine*, 18 Teile, Shanghai 1911/38.
Durdin-Robertson, Lawrence: *The Goddesses of India, Tibet, China and Japan*, Clonegal 1976.
Eberhard, Wolfram: *Lexikon chinesischer Symbole*, Köln 1983.
Eisenberg, David: *Encounters with Qi. Exploring Chinese Medicine*, New York 1985.
Fung Yu-lan: *A History of Chinese Philosophy*, Princeton 1953.
Granet, Marcel: *Das chinesische Denken*, München 1963.
–: *Die chinesische Zivilisation*, München 1976.
Gulik, Robert van: *Sexual Life in Ancient China*, Leiden 1961.
Homann, Rolf: *Die wichtigsten Körpergottheiten des Huang-t'ing-ching*, Göppingen 1971.
Hook, Diana ffarington: *I Ging für Fortgeschrittene*, Köln 1983.
Jaspers, Karl: *Lao-tse. Nagarjuna. Zwei asiatische Metaphysiker*, München 1978.
Jou, Tsung Hwa: *The Tao of Meditation*, Piscataway, N. J., 1983.
–: *The Tao of Tai-chi Chuan*, Piscataway, N. J., 1980.
Kaltenmark, Max: *Lao-tzu und der Taoismus*, Frankfurt/M. 1981.
Kielce, Anton: *Taoismus*, München 1985.
Lai, T. C.: *The Eight Immortals*, Hongkong 1972.
Legeza, Laszlo: *Tao Magic*, London 1975.
Li, Dun Jen: *The Civilization of China*, New York 1975.
Lu K'uan Yü: *Geheimnisse der chinesischen Meditation*, Zürich 1967.
Malek, Roman: *Das Chai-chieh lu. Materialien zur Liturgie im Taoismus*, Frankfurt/M. 1985.
Maspéro, Henri: *Le taoisme et les religions chinoises*, Paris 1971.
Needham, Joseph: *Science and Civilization in China*, 5 Bde., Cambridge 1954/65.
–: *Wissenschaftlicher Universalismus. Über Bedeutung und Besonderheit der chinesischen Wissenschaft*, Frankfurt/M. 1977.
Opitz, Peter J. (Hrsg.): *Chinesisches Altertum und konfuzianische Klassik*, München 1968.
Pálos, Stephan: *Atem und Meditation*, Bern 1980 (NA).
Porkert, Manfred: *China – Konstanten im Wandel*, Stuttgart 1978.

Rawson, Philip / Legeza, Laszlo: *Tao. Die Philosophie von Sein und Werden*, München/Zürich 1974.

Robinet, Isabelle: *Méditation taoiste*, Paris 1979.

Rossbach, Sarah: *Feng Shui. The Chinese Art of Placement*, New York 1983.

Saso, Michael: *The Teachings of Taoist Master Chuang*, New Haven 1968.

Schipper, Kristof: *Le corps taoiste*, Paris 1982.

Schluchter, Wolfgang (Hrsg.): *Max Webers Studien über Konfuzianismus und Taoismus*, Frankfurt/M. 1982.

Sherril, Wallace A. / Wen Kuan Chu: *An Anthology of I Ching*, London 1977.

–: *Astrologie des I Ging*, Düsseldorf/Köln 1982.

Simbriger, Heinrich: *Geheimnis der Mitte. Aus dem geistigen Vermächtnis des alten China*, Düsseldorf/Köln 1961.

Siu, R. G. H.: *Ch'i. A Neo-Taoist Approach to Life*, Cambridge, Mass., 1974.

Sivin, Nathan: *Chinese Alchemy. Preliminary Studies*, Cambridge, Mass., 1968.

Skinner, Stephen: *Chinesische Geomantie. Die gesamte Lehre des Feng-Shui*, München 1983.

Smith, D. Howard: *Confucius*, Frogmore, Herts., 1974.

Twam, Kim: *Geheime Übungen taoistischer Mönche*, Freiburg 1982.

Unterrieder, Else: *Glück ein ganzes Mondjahr lang*, Klagenfurt 1984.

Watts, Alan: *Der Lauf des Wassers. Eine Einführung in den Taoismus*, Bern 1976.

Welch, Holmes: *The Parting of the Way*, London 1957.

Werner, E. T. C.: *A Dictionary of Chinese Mythology*, New York 1961.

Wilhelm, Helmut: *Sinn des I-Ging*, Düsseldorf/Köln 1972.

–: *Die Wandlung. Acht Essays zum I Ging*, Zürich 1958.

Wing, R. L.: *Das Arbeitsbuch zum I Ging*, Düsseldorf/Köln 1984 (4. A.).

Zenker, E. V.: *Der Taoismus der Frühzeit*, Wien 1941.

Zöller, Josephine: *Das Tao der Selbstheilung*, Bern 1984.

Zen *Basistexte*

Bankei Eitaku, Übersetzung in Ausz. s. Waddell 1984.

Blofeld, John (Übers.): *The Zen Teaching of Huang Po on the Transmission of Mind*, London 1958; dt. *Huang-po, Der Geist des Zen*, Bern 1983 (2. rev. A.).

–: *The Zen Teaching of Hui Hai on Sudden Illumination*, London 1962.

Chan, Wing-tsit (Übers.): *The Platform Sutra*, New York 1963.

Chang Chung-yuan (Übers.): *Original Teachings of Ch'an Buddhism, Selected from The Transmission of the Lamp*, New York 1969.

Ching-te ch'uan-teng-lu, Übers. in Ausz. s. Chang Chung-yuan 1969.

Chao-chou-ch'an-shih yü-lu, Übersetzung s. Hoffmann 1978.

Cleary, Thomas (Übers.): *The Book of Serenity*, New York 1986.

–: *The Blue Cliff Record*, Boulder, Col., 1978 (a).

–: *The Original Face. An Anthology of Rinzai Zen*, New York 1978 (c).

–: *Record of Things Heard from the Treasury of the Eye of the True Teaching*, Boulder, Col., 1980 (a).

–: *Sayings and Doings of Pai-chang, Ch'an Master of Great Wisdom*, Los Angeles 1978 (b).

–: *Timeless Spring. A Soto Zen Anthology*, New York 1980 (b).

Cook, Francis Dojun: *How to Raise an Ox. Zen Practice As Taught in Zen Master Dogen's Shobogenzo*, Los Angeles 1978.

Demiéville, Paul (Übers.): *Entretiens de Lin-tsi*, Paris 1972.

Dumoulin, Heinrich (Übers.): *Mumonkan. Die Schranke ohne Tor*, Mainz 1975.

Fischer, Jakob / Takezo, Yokota (Übers.): *Das Sūtra Vimalakīrti. Das Sūtra der Erlösung*, Tōkyō 1944.

Fuller Sasaki, Ruth (Übers.): *The Record of Linchi*, Kyōto 1975.

– / Yoshitaka Iriya / Fraser, Dana R. (Übers.): *The Recorded Sayings of Layman P'ang*, New York 1971.

Genjō-Kōan, Übersetzung s. Maezumi 1978.
Gundert, Wilhelm (Übers.): *Bi-Yän-Lu. Meister Yüan-wu's Niederschrift von der Smaragdenen Felswand,* 3 Bde., München 1964/73.
Han Shan, Übersetzung s. Schuhmacher 1974.
Hoffmann, Yoel (Übers.): *Every End Exposed. The 100 Perfect Kōans of Master Kidō,* Brookline, Mass., 1977.
–: *Radical Zen. The Sayings of Jōshū,* Brookline, Mass., 1978.
Hokyozanmai, von Meister Tozan, hrsg. u. komm. v. Taisen Deshimaru, Berlin 1981.
Hsin-hsin-ming, Übersetzung s. *Shinjinmei von Meister Tozan* 1979.
Hsü-t'ang yü-lu, Übersetzung s. Hoffmann 1977.
Huang-po-shan Tuan-chi-ch'an-shih ch'uan-hsin-fa-yao, Übersetzung s. Blofeld 1958.
Hung-chou Pai-chang-shan Ta-chih-ch'an-shih yü-lu, Übersetzung s. Cleary 1978 (b).
Ikkyu Sōjun, Übersetzung s. Shuichi Katō / E. Thom 1979.
Kyōun-shū, Übersetzung s. Shuichi Katō / E. Thom 1979.
Lin-chi-lu, Übersetzungen s. Demiéville 1972; Fuller Sasaki 1975; Schloegl 1975.
Liu-tsu-ta-shih Fa-pao-t'an-ching, Übersetzungen s. Luk, 1962; Wing 1963; Wong 1953.
Luk, Charles, d. i. Lu K'uan Yü (Übers.): *Ch'an and Zen Teachings,* 3 Bde., London 1960/62.
–: *The Śūraṅgama Sūtra,* mit Kommentar des Zen-Meisters Han Shan (1546–1623), London 1966.
–: *The Transmission of the Mind Outside the Teaching,* Bd. I, London 1974.
–: *The Vimalakīrti Nirdeśa Sūtra,* Berkeley 1972.
Maezumi, Hakuyu Taizan: *The Way of Everyday Life. Zen Master Dōgen's Genjokoan with Commentary,* Los Angeles 1978.
Masunaga, Reihō (Übers.): *A Primer of Sōtō Zen. A Translation of Dōgen's Shōbōgenzō Zuimonki,* London 1972.
Nishiyama, Kosen / Stevens, John (Übers.): *Shōbōgenzō. The Eye and Treasury of the True Law,* bisher 3 Bde., Tōkyō 1975/83; 1 Bd. dt. *Dōgen Zenji's Shōbōgenzō,* Zürich o. J.
Orategama u. a. Werke von Hakuin Zenji, Übersetzungen s. Shaw 1963; Yampolski 1971.
Pai-chang kuang-lu, Übersetzung s. Cleary 1978.
P'ang-chü-shih yü-lu, Übersetzung s. Fuller Sasaki 1971.
Pi-yen-lu, Übersetzungen s. Cleary 1978 (a); Gundert 1964/73; Sekida 1977.
Renondeau, G. (Übers.): *Le Bouddhisme japonais. Textes fondamentaux de quatre grands moines de Kamakura: Hōnen, Shinran, Nichiren et Dōgen,* Paris 1965.
Ryōkan Daigu, Übersetzungen seiner Gedichte s. Stevens 1977; Watson, 1977.
Sandokai, von Meister Sekito, hrsg. u. komm. v. Taisen Deshimaru, Berlin 1980.
San-mei-k'o, Übersetzungen s. Cleary 1980 (b); *Hokyozanmai* 1981.
Schloegl, Irmgard (Übers.): *The Record of Rinzai,* London 1975.
Schuhmacher, Stephan (Übers.): *Han Shan. 150 Gedichte vom Kalten Berg,* Düsseldorf/Köln 1974.
Sekida, Katsuki (Übers.): *Two Zen Classics. Mumonkan and Hekigan–roku,* New York 1977.
Shaw, R. D. M. (Übers.): *The Embossed Tea Kettle. Orate Gama and Other Works of Hakuin Zenji,* London 1963.
Shibayama Zenkei: *Zen Comments on the Mumonkan,* engl. Übers. v. Sumiko Kudo, New York 1974; dt. *Zu den Quellen des Zen,* Bern 1976.
Shigematsu, Sōiku (Übers.): *A Zen Forest. Sayings of the Masters,* New York 1981.
Shinjinmei, von Meister Tozan, hrsg. u. komm. v. Taisen Deshimaru, Berlin 1979.
Shōbō-genzō, Übersetzungen s. Nishiyama / Stevens 1975/83; Ausz. Cook 1978.
Shōbō-genzō Zuimonki, Übersetzungen s. Cleary 1980 (a); Masunaga 1972; Renondeau 1965.
Shuichi Katō / Thom, Eva (Übers.): *Ikkyu Sojun. Im Garten der schönen Shin. Die lästerlichen Gedichte des Zen-Meisters »Verrückte Wolke«,* Düsseldorf/Köln 1979.
Stevens, John (Übers.): *One Robe, One Bowl. The Zen Poetry of Ryōkan,* New York 1979.
Ts'an-t'ung-ch'i, Übersetzungen s. Cleary 1980 (b); *Sandokai* 1980.
Ts'ung-jung-lu, Übersetzung s. Cleary 1986.
Tun-wu ju-tao yao-men-lung, Übersetzung s. Blofeld 1962.
Vimalakīrtinirdesha-Sūtra, Übersetzungen s. Fischer / Takezo 1944; Luk 1972.
Waddell, Norman (Übers.): *The Unborn. The Life and Teaching of Zen Master Bankei,* San Francisco 1984.
Watson, Burton (Übers.): *Ryōkan. Zen Monk-Poet of Japan,* New York 1977.
Wong Mou-lam (Übers.): *The Sutra of Wei Lang (Hui Neng),* London 1953 u. Berkeley 1969.
Wu-men-kuan, Übersetzungen s. Dumoulin

1965; Sekida 1977; Shibayama 1974 (1976); Yamada 1979.
Yamada, Kōun (Übers.): *Gateless Gate,* Los Angeles 1979.
Yampolski, Philip B. (Übers.): *The Zen Master Hakuin. Selected Writings,* New York 1971.
Zenrin Kushū, Übersetzung in Ausz. s. Shigematsu 1981.

Zen *Sekundärliteratur*

Aitken, Robert: *The Mind of Clover. Essays in Zen Buddhist Ethics,* San Francisco 1984.
–: *Taking the Path of Zen,* San Francisco 1982.
–: *A Zen Wave. Bashō's Haiku and Zen,* New York 1978.
Bancroft, Anne: *Zen,* München 1985.
Benoit, Hubert: *Die Hohe Lehre,* München-Planegg 1958.
Benz, Ernst: *Zen in westlicher Sicht. Zen-Buddhismus – Zen-Snobismus,* Weilheim 1962.
Blyth, Reginald Horace: *Haiku,* 4 Bde., Tōkyō 1949/52.
–: *A History of Haiku,* 2 Bde., Tōkyō 1963/64.
–: *Zen and Zen Classics,* 5 Bde., Tōkyō 1960/70.
Brinker, Helmut: *Zen in der Kunst des Malens,* Bern 1985.
Buksbazen, John Daishin: *To Forget the Self. An Illustrated Guide to Zen Meditation,* Los Angeles 1977.
Chang Chung-yuan: *Tao, Zen und schöpferische Kraft,* Düsseldorf/Köln 1975.
Chang, Garma C. C.: *Die Praxis des Zen,* Freiburg 1982.
Davidson, A. K.: *Zen Gardening,* London 1982.
Deshimaru, Taisen: *Za-Zen. Die Praxis des Zen,* Berlin 1979 (2. A.).
–: *Zen-Buddhismus und Christentum,* Berlin 1978.
–: *Zen in den Kampfkünsten Japans,* Berlin 1978.
Dürckheim, Karlfried v.: *Zen und Wir,* Bern 1976 (rev. NA).
– (Hrsg.): *Wunderbare Katze und andere Zen-Texte,* Bern 1979 (4. A.).
Dumoulin, Heinrich: *Der Erleuchtungsweg des Zen im Buddhismus,* Frankfurt/M. 1976.
–: *Geschichte des Zen-Buddhismus,* Bd. I, *Indien und China,* Bern 1985.
–: *Zen. Geschichte und Gestalt,* Bern 1959.
Enomiya-Lassalle, Hugo M.: *Zen-Buddhismus,* Köln 1974 (3. erw. A.).
–: *Zen-Meditation für Christen,* Bern 1978 (4. A.).
–: *Zen – Weg zur Erleuchtung,* Wien 1979 (3. A.).
Fromm, Erich / Suzuki, Daisetz Teitaro / Martino, Richard de: *Zen-Buddhismus und Psychoanalyse,* Frankfurt/M. 1972.
Grames, Eberhard / Müller, Michael (Hrsg.): *Zen,* Hamburg 1985 (2. A.).
Groening, Lies: *Die lautlose Stimme der einen Hand. Zen Erfahrungen in einem japanischen Kloster,* Reinbek 1985.
Hammitzsch, Horst: *Zen in der Kunst der Teezeremonie,* Bern 1983 (4. A.).
Hasumi, Toshimitsu: *Zen in der Kunst des Dichtens,* Bern 1986 (NA).
–: *Zen in der japanischen Kunst,* München-Planegg 1960.
Herrigel, Eugen: *Zen in der Kunst des Bogenschießens,* Bern 1985 (24. A.).
–: *Der Zen-Weg,* Bern 1984 (7. A.).
Herrigel, Gusty L.: *Zen in der Kunst der Blumenzeremonie,* Bern 1979 (NA).
Hisamatsu, Hoseki Shinichi: *Die Fülle des Nichts,* Pfullingen 1984 (3. A.).
Hoffmann, Yoel: *Der Ton der einen Hand,* Bern 1978.
Hoover, Thomas: *Die Kultur des Zen,* Düsseldorf/Köln 1978.
–: *The Zen Experience,* New York 1980.
Humphreys, Christmas: *Zen-Buddhismus,* München 1952.
Ital, Gerta: *Meditationen aus dem Geist des Zen,* Freiburg 1978 (2. A.).
–: *Der Meister, die Mönche und ich,* Bern 1977 (4. A.).
Izutsu, Toshihiko: *Philosophie des Zen-Buddhismus,* Reinbek 1979.
Kammer, Reinhard: *Zen in der Kunst, das Schwert zu führen,* Bern 1985 (NA).
Kapleau, Philip (Hrsg.): *Die Drei Pfeiler des Zen. Lehre – Übung – Erleuchtung,* Bern 1981 (5. bearb. A.).

Kennett, Jiyu: *Selling Water by the River. A Manual of Zen Training,* New York 1972.
–: *Zen Is Eternal Life,* Emeryville, Cal., 1976.
Legget, Trevor: *A First Zen Reader,* Rutland, Vermont, 1960.
–: *The Tiger's Cave. Translations of Japanese Zen Texts,* London 1964.
–: *The Warrior Koans,* London 1985.
–: *Zen and the Ways,* London 1978.
Luk, Charles, d. i. Lu K'uan Yü: *Geheimnisse der chinesischen Meditation,* Zürich 1967.
–: *The Transmission of the Mind Outside the Teaching,* Bd. 1, London 1974.
Maezumi, Hakuyu Taizan / Glassman, Bernard T.: *Der verschleierte Mond der Erleuchtung. Vom falschen Ziel zum wahren Weg,* Bern 1981.
– / –: *On Zen Practice,* 2 Bde., Los Angeles 1976/77.
Merton, Thomas: *Mystics and Zen Masters,* New York 1961.
–: *Weisheit der Stille. Die Geistigkeit des Zen und ihre Bedeutung für die moderne christliche Welt,* Bern 1975.
–: *Zen and the Birds of Appetite,* New York 1968.
Miura, Isshū / Fuller Sasaki, Ruth: *The Zen Koan,* New York 1965.
Mountain, Marian: *The Zen Environment. The Impact of Zen Meditation,* New York 1982.
Munsterberg, Hugo: *Zen-Kunst,* Köln 1978.
Ōhasama, Shūeji / Faust, August: *Zen. Der lebendige Buddhismus in Japan,* Gotha/Stuttgart 1925.
Ōmori, Sōgen / Terayama, Katsujō: *Zen and the Art of Calligraphy,* London 1983.
Reps, Paul: *Ohne Worte, ohne Schweigen,* Bern 1976.
Sasaki, Joshu: *Buddha is the Center of Gravity,* San Cristobal, New Mexico, 1974.
Schloegl, Irmgard: *The Wisdom of the Zen Masters,* London 1975.
Sekida, Katsuki: *Zen Training. Methods and Philosophy,* New York 1975.
Shibayama, Zenkei: *Zen in Gleichnis und Bild,* Bern 1974.
Shimano, Eido: *Der Weg der wolkenlosen Klarheit,* Bern 1982.
Sokei-an, Shigetsu Sasaki: *Sokei-an's Übertragung des Zen,* Zürich 1985.
–: *Der Zen-Weg zur Befreiung des Geistes,* Zürich 1985.
Stein, Hans Joachim: *Die Kunst des Bogenschießens – Kyūdō,* Bern 1985.
Stevens, John: *The Sword of No-Sword. Life of the Master Warrior Tesshu,* Boulder, Col., 1984.
Stryk, Lucien / Ikemoto, Takashi / Takayama, Taigan (Hrsg.): *Zen Poems of China and Japan,* Garden City, NY, 1973.
Sung Bae Park: *Buddhist Faith and Sudden Enlightenment,* Albany, NY, 1983.
Suzuki, Daisetsu (Daisetz) Teitaro: *Die große Befreiung,* Bern 1984 (11. A.).
–: *Essays in Zen Buddhism,* First – Third Series London 1950/53.
–: *Erfülltes Leben aus Zen,* Bern 1973 (Taschenbuch – Ausg. u. d. T. *Leben aus Zen,* Frankfurt 1982).
–: *Die Kraft des inneren Glaubens,* Bern 1979 (NA).
–: *Living by Zen,* London 1972 (NA).
–: *Manual of Zen Buddhism,* Kyōto 1935.
–: *Studies in the Lankavatara Sutra,* London 1930.
–: *Studies in Zen,* London 1955.
–: *Ur-Erfahrung und Ur-Wissen. Die Quintessenz des Buddhismus,* Wien 1983.
–: *Der Weg zur Erleuchtung. Die Übung des Koan als Mittel, Satori zu verwirklichen oder Erleuchtung zu erlangen,* Baden-Baden 1957.
–: *Der westliche und der östliche Weg,* Frankfurt/M. 1971.
–: *What is Zen,* London 1971.
–: *The Zen Doctrine of No-Mind,* London 1949.
–: *Zen und die Kultur Japans,* Reinbek 1958.
–: *Die Zen-Lehre vom Nicht-Bewußtsein,* München Planegg 1957.
Suzuki, Shunryū: *Zen-Geist, Anfänger-Geist,* Zürich 1975.
Uchiyama, Kosho: *Zen für Küche und Leben,* Freiburg 1976.
Viallet, François A.: *Einladung zum Zen,* Olten/Freiburg 1978 (2. A.).
–: *Zen – Weg zum Andern,* Bern 1972.
–: *Zurück mit leeren Händen. Zen-Erfahrung,* Olten/Freiburg 1978.
Watts, Alan W.: *Dies ist ES. Über Zen und spirituelle Erfahrung,* Basel 1979.
–: *Vom Geist des Zen,* Basel 1956.
–: *Zen-Buddhismus. Tradition und lebendige Gegenwart,* Reinbek 1961.
Wetering, Janwillem van de: *Ein Blick ins Nichts. Erfahrungen in einer amerikanischen Zen-Gemeinde,* Reinbek 1985.
–: *Der leere Spiegel. Erfahrungen in einem japanischen Zen-Kloster,* Reinbek 1981.
Wood, Ernest: *Zen Dictionary,* New York 1957.

